PRINCÍPIOS *de* ADMINISTRAÇÃO FINANCEIRA

14ª edição

PRINCÍPIOS *de* ADMINISTRAÇÃO FINANCEIRA

14ª edição

Lawrence J. Gitman
San Diego State University

Chad J. Zutter
University of Pittsburgh

Tradução
Cristina Yamagami

Revisão técnica
Elizabeth Krauter
Doutora em Administração
Professora Doutora do Departamento de Administração da Faculdade de Economia, Administração e Contabilidade de Ribeirão Preto, da Universidade de São Paulo (FEA-RP/USP)

Vinicius Augusto Brunassi Silva
Doutor em Administração de Empresas (Finanças) pela FGV
Professor Pesquisador e Coordenador do Instituto de Finanças da FECAP

© 2018 by Pearson Education do Brasil Ltda.
© 2015, 2012, 2009 by Pearson Education, Inc

Todos os direitos reservados. Nenhuma parte desta publicação poderá ser reproduzida ou transmitida de qualquer modo ou por qualquer outro meio, eletrônico ou mecânico, incluindo fotocópia, gravação ou qualquer outro tipo de sistema de armazenamento e transmissão de informação, sem prévia autorização, por escrito, da Pearson Education do Brasil.

GERENTE DE PRODUTOS	Alexandre Mattioli
SUPERVISORA DE PRODUÇÃO EDITORIAL	Silvana Afonso
COORDENADOR DE PRODUÇÃO EDITORIAL	Jean Xavier
EDITOR DE TEXTO	Luiz Salla
EDITORAS ASSISTENTES	Karina Ono e Mariana Rodrigues
ESTAGIÁRIO	Rodrigo Orsi
PREPARAÇÃO DE TEXTO	Regiane Stefanelli
REVISÃO DE TEXTO	Luiza Del Monaco
ESTUDOS DE CASO PARA A SALA VIRTUAL	Prof. Dr. Marcelo Ambrozini
CAPA	Natália Gaio sobre o projeto original de Jonathan Boylan (imagens de capa: Dja65/Shutterstock; Ensuper/Shutterstock; Steven Chang/Shutterstock; Deamles for Sale/Shutterstock; Yasnaten/Fotolia; SP-PIC/Fotolia)
DIAGRAMAÇÃO E PROJETO GRÁFICO	Casa de Ideias

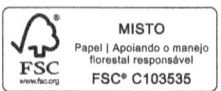

Printed in Brazil by Reproset RPPA 224012

Dados Internacionais de Catalogação na Publicação (CIP)
(Câmara Brasileira do Livro, SP, Brasil)

Gitman, Lawrence J.
    Princípios de administração financeira / Lawrence J. Gitman, Chad J. Zutter ; tradução Cristina Yamagami ; revisão técnica Elizabeth Krauter, Vinicius Augusto Brunassi Silva. -- 14. ed. -- São Paulo : Pearson Education do Brasil, 2017.

    Título original: Principles of managerial finance
    ISBN 978-85-430-0674-1

    1. Administração financeira 2. Administração industrial 3. Corporações - Finanças 4. Empresas - Finanças I. Zutter, Chad J. II. Título.

17-10832   CDD-658.15

Índice para catálogo sistemático:
1. Administração financeira : Empresas   658.15
2. Finanças : Empresas : Administração   658.15

2017

Direitos exclusivos cedidos à
Pearson Education do Brasil Ltda.,
uma empresa do grupo Pearson Education
Av. Francisco Matarazzo, 1400,
7º andar, Edifício Milano
CEP 05033-070 - São Paulo - SP - Brasil
Fone: 19 3743-2155
pearsonuniversidades@pearson.com

Distribuição
Grupo A Educação
www.grupoa.com.br
Fone: 0800 703 3444

Dedico à memória de minha mãe, Edith Gitman, que incutiu em mim a importância da educação e do trabalho árduo.
L. J. G.

Dedico aos meus filhos maravilhosos, Logan, Henry, Evelyn e Oliver, que enchem a minha vida de agitação, diversão e afeto.
C. J. Z.

Sumário

PARTE 1 Introdução à administração financeira

Capítulo 1 O papel da administração financeira 2

1.1 Finanças e empresas 4
O que são finanças? 4
Oportunidades de carreira em finanças 4
Formas jurídicas de organização de empresas 5
Por que estudar administração financeira? 9

1.2 O objetivo da empresa 11
Maximizar a riqueza dos acionistas 11
Maximizar os lucros? 12
E quanto aos outros stakeholders? 13
O papel da ética empresarial 14
Ética e o preço das ações 16

1.3 A função de administração financeira 16
Estrutura da função financeira 16
Relação com a economia 17
Relação com a contabilidade 18
Principais atividades do administrador financeiro 20

1.4 Governança e a questão do
principal–agente 20
Governança corporativa 20
A relação principal–agente 22

Capítulo 2 O ambiente do mercado financeiro 31

2.1 Instituições e mercados financeiros 33
Instituições financeiras 33
Bancos comerciais, bancos de investimento e o sistema bancário paralelo 34
Mercados financeiros 35
A relação entre instituições e mercados 35
O mercado monetário 36
O mercado de capitais 36

2.2 A crise financeira 42
Instituições financeiras e financiamento imobiliário 42
Queda de preços dos imóveis residenciais e hipotecas inadimplentes 43
Crise de confiança nos bancos 44
A grande recessão e suas repercussões 45

2.3 Regulamentação de instituições e mercados financeiros 46
Regulamentação das instituições financeiras 46
Regulamentação dos mercados financeiros 47

2.4 Tributação de empresas 47
Resultados ordinários 48
Ganhos de capital 50

CASO INTEGRATIVO 1
Merit Enterprise Corp **56**

PARTE 2 Ferramentas financeiras

Capítulo 3 Demonstrações financeiras e análise de índices 58

3.1 O relatório da administração 60
Carta aos acionistas 60
As quatro principais demonstrações financeiras 60
Notas explicativas às demonstrações financeiras 69
Consolidação das demonstrações financeiras internacionais 69

3.2 Usando índices financeiros 69
Partes interessadas 70
Tipos de comparações de índices 70
Precauções ao usar a análise de índices 72
Categorias de índices financeiros 73

3.3 Índices de liquidez 74
Índice de liquidez corrente 74
Índice de liquidez seca 75

3.4 Índices de atividade 76
Giro do estoque 76
Prazo médio de recebimento 77
Prazo médio de pagamento 78
Giro do ativo total 78

3.5 Índices de endividamento 79
Índice de endividamento 81
Índice dívida/patrimônio líquido 81
Índice de cobertura de juros 81
Índice de cobertura de pagamento fixo 82

3.6 Índices de rentabilidade 83
Demonstração de resultados de tamanho comum 83
Margem de lucro bruto 83
Margem de lucro operacional 84
Margem de lucro líquido 85
Lucro por ação (LPA) 85
Retorno sobre ativo total (ROA – *return on total assets*) 85
Retorno sobre patrimônio líquido (ROE – *return on equity*) ...86

3.7 Índices de valor de mercado 86
Índice preço/lucro (P/L) 87

Índice valor de mercado/valor contábil (VM/VC)............ 87
3.8 Uma análise completa de índices.................. 88
Resumindo todos os índices 88
Sistema de análise DuPont.. 89

Capítulo 4 Fluxo de caixa e planejamento financeiro... 118

4.1 Análise do fluxo de caixa da empresa......... 120
Depreciação... 120
Métodos de depreciação.. 121
Elaboração da demonstração de fluxos de caixa........... 123
Fluxo de caixa livre... 127

4.2 O processo de planejamento financeiro 130
Planos financeiros de longo prazo (estratégicos) 130
Planos financeiros de curto prazo (operacionais)........... 130

4.3 Planejamento de caixa: orçamentos de caixa... 132
A previsão de vendas.. 133
Preparação do orçamento de caixa............................. 133
Avaliação do orçamento de caixa................................ 138
Lidando com a incerteza no orçamento de caixa........... 139
Fluxo de caixa dentro do mês..................................... 140

4.4 Planejamento de lucro: demonstrações projetadas 140
Demonstrações financeiras do ano anterior 141
Previsão de vendas 141

4.5 Preparação da demonstração de resultados projetada..................................... 142
Considerando tipos de custos e despesas..................... 143

4.6 Preparação do balanço patrimonial projetado.. 144

4.7 Avaliação das demonstrações projetadas 146

Capítulo 5 Valor do dinheiro no tempo 164

5.1 O papel do valor do dinheiro no tempo em finanças 166
Valor futuro *versus* valor presente............................... 166
Ferramentas de cálculo.. 167
Padrões básicos de fluxo de caixa 169

5.2 Montantes únicos... 169
Valor futuro de um montante único.............................. 170
Valor presente de um montante único.......................... 173

5.3 Anuidades 176
Tipos de anuidades 176
Determinação do valor futuro de uma anuidade comum 177
Determinação do valor presente de uma anuidade comum 178
Determinação do valor futuro de uma anuidade antecipada 180

Determinação do valor presente de uma anuidade antecipada.. 181
Determinação do valor presente de uma perpetuidade 183

5.4 Séries mistas 184
Valor futuro de uma série mista.................................. 184
Valor presente de uma série mista.............................. 185

5.5 Capitalização de juros com frequência maior que a anual 187
Capitalização semestral 187
Capitalização trimestral.. 188
Equação geral para capitalização mais frequente do que uma vez ao ano.. 188
Uso de ferramentas computacionais para capitalização mais frequente do que uma vez ao ano 189
Capitalização contínua 190
Taxas de juros anuais nominal e efetiva 191

5.6 Aplicações especiais do valor do dinheiro no tempo... 194
Determinação dos depósitos necessários para acumular um montante futuro 194
Amortização de empréstimo 195
Determinação de taxas de juros ou de crescimento 198
Determinação de um número desconhecido de períodos 199

CASO INTEGRATIVO 2
Track Software, Inc. 220

PARTE 3 Avaliação de valores mobiliários

Capítulo 6 Taxas de juros e avaliação de títulos de dívida........................... 226

6.1 Taxas de juros e retornos exigidos.............. 228
Fundamentos da taxa de juros 228
Estrutura a termo das taxas de juros............................ 232
Prêmios pelo risco: características do emitente e da emissão... 236

6.2 Títulos de dívida corporativos 238
Aspectos legais dos títulos de dívida corporativos 238
Custo dos títulos de dívida para a empresa emitente 239
Características gerais de uma emissão de títulos de dívida . 240
Rendimentos dos títulos de dívida............................... 241
Preços dos títulos de dívida.. 241
Ratings de títulos de dívida....................................... 242
Tipos comuns de títulos de dívida 243
Emissões internacionais de títulos de dívida 245

6.3 Fundamentos de avaliação.......................... 246
Principais dados 246
Modelo básico de avaliação....................................... 248

6.4 Avaliação de títulos de dívida..................... 249
Fundamentos de títulos de dívida 249

Avaliação básica de títulos de dívida 249
Comportamento do valor de título de dívida 251
Rendimento até o vencimento (YTM — *yield to maturity*) 254
Juros semestrais e valor do título de dívida 256

Capítulo 7 Avaliação de ações 272

7.1 Diferenças entre capital de terceiros e capital próprio 274
Voz na administração 274
Direitos sobre resultados e ativos 274
Prazo de vencimento 275
Tratamento fiscal 275

7.2 Ações ordinárias e ações preferenciais 275
Ações ordinárias 276
Ações preferenciais 280
Emissão de ações ordinárias 281

7.3 Avaliação de ações ordinárias 286
Eficiência de mercado 286
A hipótese de mercado eficiente 287
Equação básica de avaliação de ações ordinárias 288
Modelo de avaliação do fluxo de caixa livre 293
Outras abordagens à avaliação de ações ordinárias 296

7.4 Tomada de decisão e valor da ação ordinária 299
Mudanças nos dividendos esperados 299
Mudanças no risco 300
Efeito combinado 301

CASO INTEGRATIVO 3
Encore Internacional 313

PARTE 4 Risco e taxa de retorno exigida

Capítulo 8 Risco e retorno 316

8.1 Fundamentos de risco e retorno 318
Definição de risco 318
Definição de retorno 319
Preferências com relação ao risco 320

8.2 Risco de um ativo individual 321
Avaliação de risco 321
Mensuração de risco 323

8.3 Risco de uma carteira 328
Retorno e desvio padrão de uma carteira 329
Correlação 330
Diversificação 331
Correlação, diversificação, risco e retorno 333
Diversificação internacional 333

8.4 Risco e retorno: o modelo de precificação de ativos financeiros (CAPM) 336
Tipos de risco 336
O modelo: CAPM 337

Capítulo 9 O custo de capital 362

9.1 Visão geral do custo de capital 364
O conceito básico 365
Fontes de capital de longo prazo 366

9.2 Custo de capital de terceiros de longo prazo 367
Recebimentos líquidos 367
Custo de capital de terceiros antes do imposto de renda ... 367
Custo de capital de terceiros após imposto de renda 369

9.3 Custo de ações preferenciais 370
Dividendos de ações preferenciais 371
Cálculo do custo de ações preferenciais 371

9.4 Custo de ações ordinárias 371
Determinação do custo do capital próprio
  (ações ordinárias) 372
Custo de lucros retidos 374
Custo de novas emissões de ações ordinárias 375

9.5 Custo médio ponderado de capital 376
Cálculo do custo médio ponderado de capital (CMPC) .. 376
Bases de ponderação 378

CASO INTEGRATIVO 4
Eco Plastic Company 391

PARTE 5 Decisões de investimento de longo prazo

Capítulo 10 Técnicas de orçamento de capital 394

10.1 Visão geral do orçamento de capital 396
Motivos dos investimentos em bens de capital 396
Etapas do processo 396
Terminologia básica 397
Técnicas de orçamento de capital 398

10.2 Período de payback 399
Critérios de decisão 399
Prós e contras da análise de *payback* 400

10.3 Valor presente líquido (VPL) 403
Critérios de decisão 404
VPL e o índice de lucratividade 405
VPL e valor econômico adicionado 406

10.4 Taxa interna de retorno (TIR) 407
Critérios de decisão 408
Cálculo da TIR 408

10.5 Comparação das técnicas de VPL e TIR 410
Perfis de valor presente líquido 410
Classificações conflitantes 412
Qual abordagem é melhor? 415

Capítulo 11 Fluxos de caixa de orçamento de capital 433

11.1 Fluxos de caixa relevantes 435

Principais componentes de fluxo de caixa 436
Decisões de expansão e de substituição 436
Custos irrecuperáveis e custos de oportunidade 437
Orçamento de capital internacional e investimentos de longo prazo 437

11.2 Determinação do investimento inicial.......... 439
Custo instalado do novo ativo 439
Recebimentos após imposto de renda com a venda do ativo antigo 441
Variação do capital de giro líquido 443
Cálculo do investimento inicial 444

11.3 Determinação dos fluxos de caixa operacionais... 445
Interpretação do termo *após imposto de renda* 446
Interpretação do termo *fluxos de caixa* 446
Interpretação do termo *incremental* 449

11.4 Determinação do fluxo de caixa terminal 450
Recebimentos com a venda de ativos 450
Imposto de renda sobre a venda de ativos 450
Variação do capital de giro líquido 451

11.5 Resumo dos fluxos de caixa relevantes 452

Capítulo 12 Risco e refinamentos em orçamento de capital..................... 470

12.1 Introdução ao risco em orçamento de capital 472

12.2 Abordagens comportamentais para lidar com o risco 472
Análise de equilíbrio 473
Análise de cenários 474
Simulação 475

12.3 Considerações de risco internacional 477

12.4 Taxas de desconto ajustadas ao risco 479
Determinação das taxas de desconto ajustadas ao risco (TDARs) 479
Aplicação de TDARs 481
Efeitos de carteira 485
As TDARs na prática 485

12.5 Refinamentos no orçamento de capital 487
Comparação de projetos com durações diferentes 487
Identificando opções reais 490
Racionamento de capital 492
Abordagem do valor presente líquido 494

Caso integrativo 5
Lasting Impressions Company 509

PARTE 6 Decisões financeiras de longo prazo

Capítulo 13 Alavancagem e estrutura de capital ... 512

13.1 Alavancagem 514

Análise de equilíbrio 515
Alavancagem operacional 518
Alavancagem financeira 522
Alavancagem total 525

13.2 Estrutura de capital da empresa 529
Tipos de capital 529
Avaliação externa da estrutura de capital 530
Estrutura de capital de empresas não norte-americanas 531
Teoria da estrutura de capital 532
Estrutura ótima de capital 541

13.3 Abordagem LAJIR–LPA para a estrutura de capital 543
Representação gráfica de um plano de financiamento 543
Comparação de estruturas de capital alternativas 545
Inclusão do risco na análise LAJIR–LPA 545
Uma limitação básica da análise LAJIR–LPA 546

13.4 Escolha da estrutura ótima de capital 546
Vinculação 547
Estimativa do valor 547
Maximização do valor e maximização do LPA 549
Outras considerações importantes 549

Capítulo 14 Política de dividendos..................... 566

14.1 Fundamentos da política de dividendos 568
Elementos da política de dividendos 568
Tendências de lucros e dividendos 568
Tendências de dividendos e recompra de ações 570

14.2 Mecanismos da política de dividendos 572
Procedimentos de pagamento de dividendos em dinheiro... 573
Procedimentos de recompra de ações 573
Tratamento tributário de dividendos e de recompra 576
Planos de reinvestimento de dividendos 578
Reações do preço da ação aos pagamentos de uma empresa 578

14.3 Relevância da política de distribuição 579
Teoria residual dos dividendos 579
A teoria da irrelevância dos dividendos 580
Argumentos favoráveis à relevância dos dividendos 581

14.4 Fatores que afetam a política de dividendos 582
Restrições legais 582
Restrições contratuais 583
Perspectivas de crescimento 583
Considerações relacionadas aos proprietários 584
Considerações de mercado 584

14.5 Tipos de políticas de dividendos 584
Política de dividendos com taxa de distribuição constante... 585
Política de dividendos regulares 585
Política de dividendos regulares baixos mais dividendos extraordinários 586

14.6 Outras modalidades de dividendos 587
Dividendos em ações 587
Desdobramentos de ações 589

CASO INTEGRATIVO 6
O'Grady Apparel Company **602**

PARTE 7 Decisões financeiras de curto prazo

Capítulo 15 Administração do capital de giro e do ativo circulante 606

15.1 Fundamentos do capital de giro líquido 608
Administração do capital de giro 608
Capital de giro líquido 608
Trade-off entre rentabilidade e risco 609

15.2 Ciclo de conversão de caixa 611
Cálculo do ciclo de conversão de caixa 611
Necessidades de financiamento resultantes do
 ciclo de conversão de caixa 613
Estratégias de administração do ciclo de
 conversão de caixa 615

15.3 Administração de estoque 616
Diferentes pontos de vista sobre o nível de estoque 616
Técnicas comuns de administração de estoque 617
Administração internacional de estoque 622

15.4 Administração de contas a receber 623
Seleção e padrões de crédito 623
Termos de crédito 627
Monitoramento de crédito 630

15.5 Administração de recebimentos e pagamentos 632
Float 632
Agilizar os recebimentos 633
Postergar os pagamentos 634
Concentração de caixa 634
Contas de saldo zero 636
Investimento em títulos negociáveis 637

Capítulo 16 Administração do passivo circulante 649

16.1 Passivos espontâneos 651
Administração de contas a pagar a fornecedores 651
Contas a pagar 656

16.2 Fontes de empréstimos de curto prazo sem garantia 657
Empréstimos bancários 657
Commercial paper 662
Empréstimos internacionais 664

16.3 Fontes de empréstimos de curto prazo com garantia 666
Características dos empréstimos de curto prazo
 com garantia 666
Uso de contas a receber como garantia 667

Uso de estoques como garantia 669

CASO INTEGRATIVO 7
Casa de Diseño **681**

PARTE 8 Tópicos especiais em administração financeira

Capítulo 17 Títulos híbridos e derivativos 684

17.1 Visão geral de títulos híbridos e derivativos 686

17.2 Arrendamento 686
Tipos de arrendamento 686
Modalidades de arrendamento 687
Decisão de arrendar *versus* comprar 689
Efeitos do arrendamento sobre financiamentos futuros 693
Vantagens e desvantagens do arrendamento 694

17.3 Títulos conversíveis 695
Tipos de títulos conversíveis 696
Características gerais dos títulos conversíveis 696
Financiamento por meio de títulos conversíveis 698
Determinação do valor de um título de
 dívida conversível 699

17.4 *Warrants* de compra de ações 702
Principais características 702
Preço implícito de um *warrant* associado 703
Valor de *warrants* 704

17.5 Opções 706
Opções de compra e opções de venda 706
Mercados de opções 707
Negociação de opções 708
O papel das opções de compra e de venda no
 levantamento de fundos 709
Cobertura de exposições a moedas estrangeiras
 com opções 709

Capítulo 18 Fusões, aquisições alavancadas, alienações e falência de empresas 723

18.1 Fundamentos de fusões 725
Terminologia 725
Motivos para a fusão 727
Tipos de fusão 729

18.2 Aquisições alavancadas e alienações 730
Aquisições alavancadas (LBOs) 730
Alienações 731

18.3 Análise e negociação de fusões 733
Avaliação da empresa-alvo 733
Transações de troca de ações 735
Processo de negociação de fusões 740
Holdings 742
Fusões internacionais 744

18.4 Fundamentos da quebra de empresas 746
  Tipos de quebra de empresas 746
  Principais causas de quebra de empresas 747
  Acordos voluntários 748

18.5 Reorganização e liquidação 750
  Legislação de falência e recuperação 750
  Reorganização (Capítulo 11) 751
  Liquidação (Capítulo 7) 753

**Capítulo 19 Administração financeira
                internacional** 766

19.1 A empresa multinacional e seu ambiente ... 768
  Os principais blocos econômicos 768
  GATT e OMC 770
  Formas jurídicas de organização de empresas 770
  Impostos 771
  Mercados financeiros 773

19.2 Demonstrações financeiras 775
  Caracterização de subsidiárias e moeda funcional 775
  Conversão de contas individuais 775

19.3 Risco 777
  Riscos de câmbio 777
  Riscos políticos 782

19.4 Decisões de investimento e de
  financiamento de longo prazo 784
  Investimento estrangeiro direto (IED) 784
  Fluxos de caixa e decisões de investimento 785
  Estrutura de capital 786
  Capital de terceiros de longo prazo 788
  Capital próprio 789

19.5 Decisões financeiras de curto prazo 790
  Administração de caixa 792
  Administração de crédito e estoques 795

19.6 Fusões e *joint ventures* 796

CASO INTEGRATIVO 8
  Organic Solutions **803**

Créditos 806

Índice remissivo 807

Nosso comprovado sistema de ensino e aprendizagem

Os usuários de *Princípios de administração financeira* elogiam o sistema de ensino e aprendizagem, uma das características distintivas do livro. O sistema, baseado em um conjunto de objetivos de aprendizagem meticulosamente elaborados, foi mantido e aprimorado nesta 14ª edição. O "passo a passo" apresentado nas páginas a seguir ilustra e descreve os principais elementos desse sistema. Incentivamos alunos e professores a se familiarizarem, no início do semestre, com os vários recursos oferecidos pelo livro.

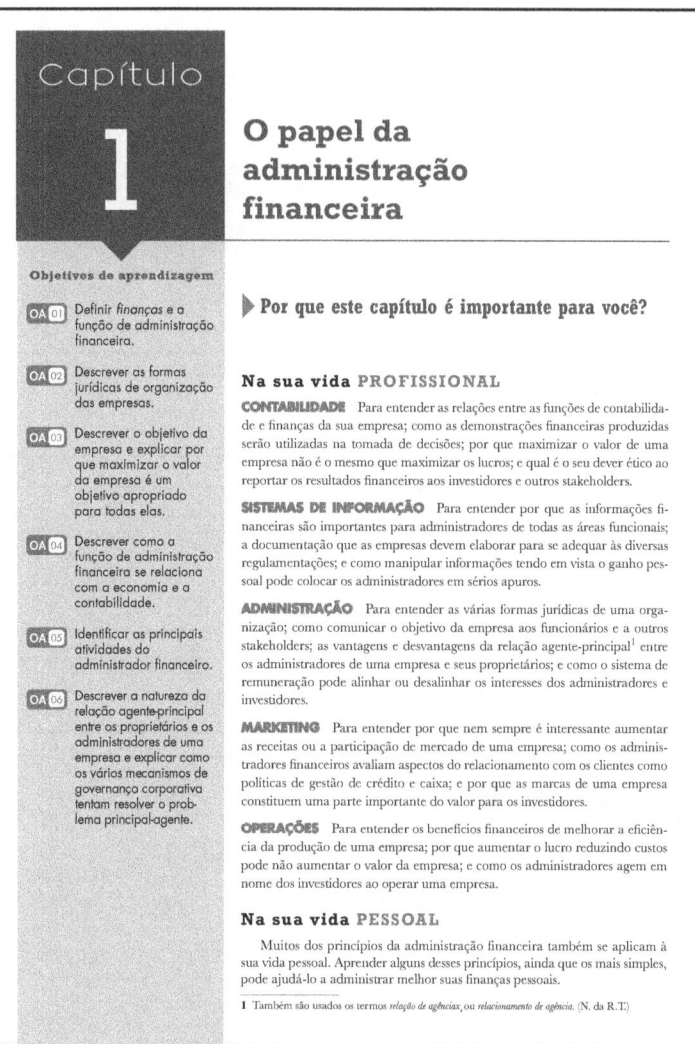

Seis **objetivos de aprendizagem** apresentados no início de cada capítulo destacam os conceitos e técnicas mais importantes do capítulo. Os alunos são lembrados dos objetivos de aprendizagem ao longo do capítulo por **ícones de objetivo de aprendizagem** estrategicamente posicionados.

Os capítulos começam com a seção **Por que este capítulo é importante para você?**, que ajuda a instigar o interesse dos alunos destacando os benefícios, tanto profissionais quanto pessoais, de atingir os objetivos de aprendizagem do capítulo.

A primeira parte dessa seção, **Na sua vida profissional**, discute o modo como os tópicos de finanças abordados no capítulo se relacionam com outras importantes disciplinas de negócios. A sessão incentiva alunos com especialização em contabilidade, sistemas de informação, gestão, marketing e operações a entender como o conhecimento em finanças os ajudará a alcançar seus objetivos profissionais.

A segunda parte, **Na sua vida pessoal**, identifica os temas mais relevantes para as finanças pessoais. Essa sessão também ajuda os alunos a entender as tarefas realizadas em uma empresa demonstrando que não são necessariamente diferentes das tarefas relevantes em sua vida pessoal.

Todos os capítulos começam com um breve **estudo de caso** descrevendo um evento ocorrido em uma empresa real e relacionado com o tema do capítulo. Essas histórias instigam o interesse no capítulo, demonstrando sua relevância para o mundo dos negócios.

Os **ícones de objetivos de aprendizagem** associam o conteúdo do capítulo com os objetivos de aprendizagem e aparecem ao lado das seções, do resumo de fim do capítulo e dos exercícios.

Para ajudar no estudo e na revisão, os **principais termos** aparecem em negrito e suas definições são apresentadas na lateral da página em que aparecem pela primeira vez.

Quadros intitulados **Fatos e dados** apresentam fatos empíricos interessantes para contextualizar e aprofundar o conteúdo abordado no capítulo.

Nosso comprovado sistema de ensino e aprendizagem

IRF Finanças pessoais
Exemplo 6.8

Tim Sanchez quer determinar o valor corrente do título de dívida da Mills Company. *Presumindo que os juros da emissão dos títulos de dívida da Mills Company são pagos anualmente* e que o retorno exigido é igual ao cupom do título de dívida, temos que: $I = \$ 100$, $r_d = 10\%$, $M = \$ 1.000$ e $n = 10$ anos.

Os cálculos envolvidos na determinação do valor do título de dívida são representados graficamente na linha do tempo a seguir.

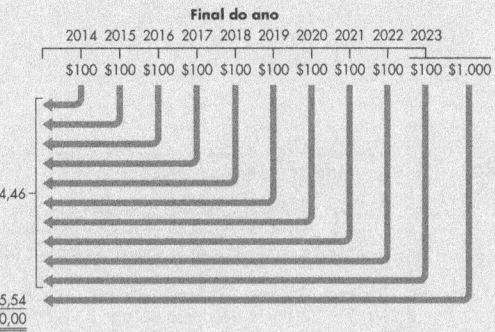

Linha do tempo para avaliação de título de dívida da Mills Company (cupom de 10%, vencimento em dez anos, valor de face de $ 1.000, emissão em 1º de janeiro de 2014, juros pagos anualmente e taxa de retorno exigida de 10%).

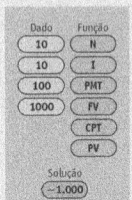

Uso da calculadora Utilizando os dados da Mills Company apresentados na imagem da calculadora ao lado, você deve constatar que o valor do título de dívida é exatamente $ 1.000. Observe que *o valor calculado do título de dívida é igual a seu valor de face. Isso sempre acontecerá quando o retorno exigido for igual ao cupom.*[4]

Uso de planilha O valor do título de dívida da Mills Company também pode ser calculado como mostramos na planilha de Excel a seguir.

	A	B
1	AVALIAÇÃO DE TÍTULO DE DÍVIDA ANUAL	
2	Valor de face	$ 1.000
3	Cupom	10%
4	Pagamento anual de juros	$ 100
5	Taxa de retorno exigido	10%
6	Número de anos até o vencimento	10
7	Valor do título de dívida	–$ 1.000

O conteúdo da célula B7 é =PV(B3,B6,B4,B2,0).
O sinal negativo aparece antes de $ 1.000, em B7, porque o preço do título de dívida é um custo para o investidor.

Os **Exemplos** são um componente importante do sistema de aprendizagem do livro. Enumerados e claramente diferenciados do texto, eles proporcionam uma demonstração imediata e concreta da aplicação dos conceitos financeiros, ferramentas e técnicas apresentadas.

Alguns exemplos demonstram técnicas de valor do dinheiro no tempo. Esses exemplos mostram o uso de linhas do tempo, equações, calculadoras financeiras e planilhas (com as respectivas fórmulas).

Novo! Um ícone IRF (*Interest Rate Factor*), que aparece em alguns exemplos, indica que o exemplo pode ser resolvido usando fatores de taxa de juros. O documento *Interest Rate Factor* — disponível (em inglês) na Sala Virtual —, é um suplemento independente que explica como o leitor deve usar os fatores de taxa de juros e documenta como os exemplos do capítulo podem ser resolvidos com a aplicação desses fatores.

IRF Finanças pessoais
Exemplo 5.7

Fran Abrams quer determinar quanto dinheiro terá no final de cinco anos se ela escolher a anuidade A, a anuidade comum. Ela fará depósitos anuais de $ 1.000 no *final de cada um* dos próximos cinco anos, em uma conta poupança que rende juros anuais de 7%. Essa situação é representada na linha do tempo a seguir.

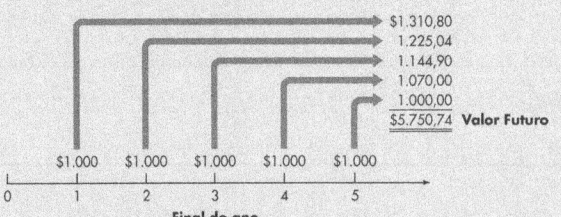

Linha do tempo para o valor futuro de uma anuidade comum (depósito de $ 1.000 no final de cada ano, rendendo 7%, no final de cinco anos).

Como mostra a figura, no final do ano 5, Fran terá $ 5.750,74 em sua conta. Observe que, como os depósitos são feitos no final de cada ano, o primeiro depósito renderá juros por quatro anos, o segundo, por três anos e assim por diante. Substituindo os valores relevantes na Equação 5.3, temos:

$$VF_5 = \$ 1.000 \times \left\{ \frac{[(1 + 0{,}07)^5 - 1]}{0{,}07} \right\} = \$ 5.750{,}74$$

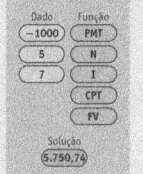

Uso da calculadora Utilizando os valores apresentados na imagem da calculadora ao lado, você pode confirmar que o valor futuro da anuidade comum é igual a $ 5.750,74. Neste exemplo, o valor da anuidade de $ 1.000 é digitado como um número negativo porque é uma saída de caixa, o que por sua vez faz com que a calculadora trate corretamente o valor futuro resultante como uma entrada de caixa (ou seja, o retorno do investimento).

Os **Exemplos de finanças pessoais** demonstram como os alunos podem aplicar conceitos, ferramentas e técnicas da administração financeira às suas decisões financeiras pessoais.

As **principais equações** são apresentadas em quadros ao longo do texto para ajudar os leitores a identificar as relações matemáticas mais importantes.

$$B_0 = I \times \left[\sum_{t=1}^{n} \frac{1}{(1+r_d)^t} \right] + M \times \left[\frac{1}{(1+r_d)^n} \right] \quad (6.5)$$

Questões para revisão são propostas ao fim das seções mais importantes. Essas questões desafiam os leitores a parar para testar sua compreensão dos principais conceitos, ferramentas, técnicas e práticas antes de passar para a próxima seção.

→ **QUESTÕES PARA REVISÃO**

11.5 Explique como cada um dos dados a seguir é usado para calcular o *investimento inicial*: (**a**) custo do novo ativo, (**b**) custos de instalação, (**c**) recebimentos com a venda do ativo antigo, (**d**) imposto de renda sobre a venda do ativo antigo e (**e**) variação do capital de giro líquido.

11.6 Como se calcula o *valor contábil* de um ativo? Quais são as duas principais formas de rendimento tributável?

11.7 Quais são as três situações tributárias que podem resultar da venda de um ativo que está sendo substituído?

11.8 Em relação ao formato básico para cálculo do investimento inicial, explique como uma empresa poderia determinar o *valor depreciável* do novo ativo.

Quadros **Na prática** oferecem insights sobre temas importantes da administração financeira por meio de experiências de empresas reais, tanto grandes quanto pequenas. Estes quadros se dividem em três categorias:

Foco na Ética é apresentado em todos os capítulos e ajudam os leitores a entender as importantes questões éticas e problemas relacionados à administração financeira.

Foco na Prática apresenta uma visão corporativa relacionando um evento ou situação a uma técnica ou conceito financeiro específico.

Foco Global se concentra especificamente nas experiências de empresas internacionais na área da administração financeira.

Todos os quadros *Na prática* terminam com *Questões para reflexão* para ajudar os leitores a **ampliar a discussão** apresentada pelo quadro.

Nosso comprovado sistema de ensino e aprendizagem ◀ xvii

Resumo

ÊNFASE NO VALOR

Este capítulo apresentou o principal objetivo de uma empresa: **maximizar a riqueza dos proprietários em cujo nome ela é administrada.** Para as empresas de capital aberto, o valor, a qualquer momento, se reflete no preço das ações. Desse modo, a administração deve explorar apenas as oportunidades que prometem criar valor para os proprietários por meio do aumento do preço das ações. Para fazer

REVISÃO DOS OBJETIVOS DE APRENDIZAGEM

OA 01 Definir *finanças* e a função de administração financeira. Finanças é a ciência e a arte de administrar o dinheiro, e afeta praticamente todos os aspectos de um negócio. A administração financeira diz respeito às atribuições do *administrador financeiro* da empresa, que é responsável pelas finanças de todo tipo de empresas: de capital aberto e fechado, grandes e pequenas, com e sem fins lucrativos. Ele pode realizar as mais diversas tarefas, como desenvolver um planejamento financeiro ou orçamento, conceder crédito aos clientes, avaliar propostas envolvendo grandes dispêndios e captar recursos para financiar as operações da empresa.

OA 02 Descrever as formas jurídicas de organização das empresas. Entre as modalidades jurídicas de organização de empresas, as três mais comuns nos Estados Unidos são a firma individual, a *partnership* (sociedade de pessoas) e a sociedade anônima de capital aberto. Esta última é a que prevalece em termos de receitas e os proprietários da empresa são seus acionistas. Os acionistas esperam ganhar por meio de dividendos ou pela realização de ganhos decorrentes do aumento do preço das ações.

O **Resumo** no fim do capítulo consiste de duas seções. A primeira seção, **Ênfase no valor**, explica como o conteúdo do capítulo está relacionado ao objetivo da empresa de maximizar a riqueza dos proprietários. A seção ajuda a reforçar a compreensão da relação entre as decisões do administrador financeiro e o valor das ações da empresa.

A segunda parte do *Resumo*, a **Revisão dos objetivos de aprendizagem**, repete os objetivos de aprendizagem e resume os principais pontos apresentados para assegurar sua plena compreensão. Essa revisão proporciona aos alunos uma oportunidade de retomar o que aprenderam com o objetivo de aprendizagem e a confirmar seu entendimento antes de prosseguir.

Revisão da abertura do capítulo

Na abertura deste capítulo, vimos que o Facebook vendeu ações aos investidores ao preço de US$ 38 cada quando realizou sua IPO (oferta pública inicial de ações). Depois de um ano, o preço das ações da empresa girava em torno de US$ 26. Qual foi a queda percentual das ações do Facebook no primeiro ano depois de abrir o capital? Logo depois da IPO, Mark Zuckerberg, o CEO do Facebook, detinha 443 milhões de ações. Qual era o valor total de suas ações imediatamente após a IPO e um ano depois? Quanta riqueza Zuckerberg perdeu ao longo do ano?

Exercícios de autoavaliação

 AA6-1 Avaliação de títulos de dívida. A Lahey Industries têm em circulação um título de dívida com valor de face de $ 1.000 e cupom de 8%. O título de dívida tem 12 anos restantes até sua data de vencimento.

a. Se os juros forem pagos *anualmente*, encontre o valor do título da dívida quando o retorno exigido for de: (1) 7%, (2) 8% e (3) 10%.
b. Indique, para cada caso do item **a**, se o título de dívida é vendido com deságio, ágio ou ao valor de face.
c. Utilizando o retorno exigido de 10%, encontre o valor do título de dívida quando os juros são pagos *semestralmente*.

A **Revisão da abertura do capítulo** apresentada no fim dos capítulos revisa o estudo de caso e propõe aos alunos que apliquem as lições do capítulo à situação do estudo de caso.

Os **Exercícios de autoavaliação**, atrelados aos objetivos de aprendizagem, dão aos leitores a chance de reforçar sua compreensão do tema resolvendo um exercício ilustrativo. Para reforçar o aprendizado, as soluções dos *Exercícios de autoavaliação* são apresentadas, em inglês, na Sala Virtual do livro. O ícone IRF indica que o *Exercício de autoavaliação* pode ser resolvido usando os fatores de taxa de juros.

Exercícios de aquecimento

A2.1 O que significa dizer que os indivíduos, como um grupo, são fornecedores líquidos de fundos para as instituições financeiras? Quais você acha que seriam as consequências nos mercados financeiros se os indivíduos consumissem uma parcela maior de sua renda e, dessa forma, reduzissem a oferta de fundos disponíveis para as instituições financeiras?

A2.2 Você é o diretor financeiro da Gaga Enterprises, uma badalada empresa de design de moda. A sua empresa precisa de $ 10 milhões para expandir a produção. Como você acha que o processo de levantar esse dinheiro vai variar se você o fizer com a ajuda de uma instituição financeira ou então levantando os recursos diretamente nos mercados financeiros?

A2.3 Para que tipos de necessidades você acha que uma empresa emitiria títulos no mercado monetário? E no mercado de capitais?

Os *Exercícios de autoavaliação* são seguidos de **Exercícios de aquecimento**. Esses exercícios breves e numéricos permitem que os alunos pratiquem a aplicação das ferramentas e técnicas apresentadas no capítulo.

Os **Exercícios**, atrelados aos objetivos de aprendizagem, são mais longos e mais complexos do que os *Exercícios de aquecimento*. Nessa seção, os leitores encontram vários exercícios abordando os principais conceitos, ferramentas e técnicas do capítulo.

Um breve descritor identifica o conceito essencial ou técnica apresentados no exercício. Os exercícios identificados como **Integrativos** reúnem temas relacionados.

Exercícios

E2.1 Imposto de renda de pessoa jurídica. A Tantor Supply, Inc. é uma pequena sociedade anônima que atua como distribuidora exclusiva de uma importante linha de equipamentos esportivos. Em 2013, a empresa lucrou $ 92.500 antes do imposto de renda.

a. Calcule o imposto total devido pela empresa usando as alíquotas de impostos para...

b. ...

c. ...

E11-25 Integrativo: determinação dos fluxos de caixa relevantes. A Lombard Company está pensando em comprar um novo esmeril de alta velocidade para substituir o existente. O esmeril existente foi comprado dois anos atrás a um custo instalado de $ 60.000 e está sendo depreciado pelo MACRS usando um período de recuperação de cinco anos; espera-se que tenha mais cinco anos de vida útil. O novo esmeril custa $ 105.000 e requer $ 5.000 em custos de instalação; tem uma vida útil de cinco anos e seria depreciado pelo MACRS também usando um período de recuperação de cinco anos. A Lombard pode vender o esmeril existente hoje por $ 70.000 sem incorrer em custos de remoção ou limpeza. Para sustentar o aumento do volume de negócios resultante da compra do novo esmeril, as contas a receber aumentarão em $ 40.000, os estoques em $ 30.000, e os fornecedores em $ 58.000. No final de cinco anos, o esmeril existente teria um valor de mercado igual a zero; o novo seria vendido por $ 29.000 líquido após os custos de remoção e limpeza e antes do imposto de renda. A empresa está sujeita à alíquota de imposto de renda de 40%. O *lucro antes de depreciação, juros e imposto de renda* estimado para cinco anos, tanto para o esmeril novo quanto para o existente estão apresentados na tabela a seguir. (Consulte as taxas de depreciação aplicáveis na Tabela 4.2.)

Os **Exercícios de finanças pessoais** dizem respeito especificamente a situações de finanças pessoais e aos *Exemplos de finanças pessoais* de cada capítulo. Esses exercícios ajudam os alunos a entender como podem aplicar as ferramentas e técnicas de administração financeira para gerenciar as próprias finanças.

O último item da seção de *Exercícios* de cada capítulo é um **Problema de ética**. O *Problema de ética* dá aos alunos a chance de refletir sobre os princípios de ética aplicados a situações de administração financeira.

Exercício de finanças pessoais

E5-9 Amortização de empréstimo em um único pagamento. Uma pessoa toma $ 200 emprestados a ser devolvido em oito anos, a juros de 14% capitalizados anualmente. O empréstimo pode ser pago no final de qualquer ano anterior, sem penalidade por pagamento antecipado.

a. Que montante seria devido se o empréstimo fosse pago no final do ano 1?

b. Qual seria o montante devido se fosse pago no final do ano 4?

E11.30 Problema de ética. As projeções de fluxo de caixa são o principal componente da análise de novas propostas de investimento. Na maioria das empresas, a pessoa responsável por fazer essas projeções não é a mesma que gerou a proposta de investimento. Por quê?

Todos os capítulos incluem um **Exercício com planilha**. Esse exercício dá aos alunos a chance de usar o Excel para criar uma ou mais planilhas para analisar um problema financeiro. A planilha a ser criada, em geral, baseia-se em uma tabela ou planilha Excel apresentada no capítulo.

Exercício com planilha

A CSM Corporation tem uma emissão de título de dívida em circulação no final de 2015. O título de dívida tem 15 anos restantes até o vencimento e cupom de 6%. Os juros do título de dívida são capitalizados semestralmente. O valor de face do título de dívida da CSM é de $ 1.000 e está sendo negociado anualmente por $ 874,42.

TAREFA

Crie uma planilha semelhante aos exemplos de planilhas de Excel apresentados neste capítulo para o rendimento até o vencimento e juros semestrais de acordo com as especificações a seguir:

a. Crie uma planilha semelhante aos exemplos de planilhas de Excel apresentados neste capítulo para calcular o rendimento até o vencimento.

b. Crie uma planilha semelhante aos exemplos de planilhas de Excel apresentados neste capítulo para calcular o preço do título de dívida se o rendimento até o vencimento for 2% mais alto.

c. Crie uma planilha semelhante aos exemplos de planilhas de Excel apresentados neste capítulo para calcular o preço do título de dívida se o rendimento até o vencimento for 2% mais baixo.

Um **Caso integrativo** no fim de cada parte do livro desafia os alunos a usar o que aprenderam ao longo de vários capítulos.

CASO INTEGRATIVO 3

ENCORE INTERNATIONAL

No mundo de novas tendências da moda, intuição e talento em marketing são pré-requisitos para o sucesso. Jordan Ellis tinha os dois. Em 2015, sua empresa internacional de vestuário casual, a Encore, apresentou vendas de $ 300 milhões depois de dez anos de atividade. Sua linha de produtos cobria a mulher jovem da cabeça aos pés, com chapéus, blusas, vestidos, camisas, saias, calças, pulôveres, meias e sapatos. Em Manhattan, havia uma loja da Encore a cada cinco ou seis quarteirões e cada uma exibia uma cor diferente. Algumas lojas expunham toda a linha em roxo, enquanto outras, em amarelo-canário.

A Encore era um sucesso. Ninguém teria previsto o espetacular crescimento histórico da empresa. No entanto, analistas de valores mobiliários especulavam que a Encore não conseguiria manter esse ritmo. Eles alertavam que a concorrência é feroz no setor da moda e que a empresa poderia apresentar crescimento baixo ou nulo no futuro. Eles estimavam que os acionistas também não deveriam esperar por crescimento dos dividendos futuros.

Prefácio

O desejo de escrever *Princípios de administração financeira* teve origem em minha experiência lecionando o curso introdutório de administração financeira. Os professores que já ministraram o curso introdutório muitas vezes sabem das dificuldades que alguns alunos têm de absorver e aplicar os conceitos financeiros. Os alunos querem um livro em linguagem simples e que ligue os conceitos à realidade. Esses estudantes querem mais do que meras descrições, querem demonstrações dos conceitos, ferramentas e técnicas. Este livro foi escrito com as necessidades dos alunos em mente e apresenta os recursos que eles precisam para absorver bem o conteúdo do curso introdutório de finanças.

Os cursos e os alunos mudaram desde a primeira edição deste livro, mas os objetivos do texto permaneceram os mesmos. O tom informal e a ampla utilização de exemplos no texto continuam caracterizando *Princípios de administração financeira*. Com base nesses pontos fortes e após 14 edições, inúmeras traduções e mais de meio milhão de usuários nos Estados Unidos, a obra evoluiu com base nas sugestões tanto de professores quanto de alunos — que adotam ou não o livro — e profissionais do setor. Na presente edição, Larry e eu nos empenhamos para garantir que o livro incorpore a mentalidade e os métodos pedagógicos modernos para reforçar ainda mais a qualidade que os nossos usuários passaram a esperar.

MUDANÇAS NA 14ª EDIÇÃO

Ao planejar a 14ª edição, avaliamos meticulosamente o feedback dos usuários da edição anterior, bem como de professores que não utilizam nosso livro, sobre quais mudanças de conteúdo poderiam melhorar esta ferramenta de ensino e aprendizagem.

Em todos os capítulos, mudanças foram pensadas para fazer com que o material ficasse mais atualizado e fosse mais relevante para os alunos. Uma série de novos temas foi incluída e novos recursos foram acrescentados a cada capítulo:

- O quadro *Fatos e dados* apresenta detalhes adicionais e fatos empíricos interessantes que ajudam os alunos a entender as implicações práticas dos conceitos financeiros. Muitos desses recursos foram atualizados ou substituídos na 14ª edição.
- Todos os estudos de caso de abertura de capítulo foram substituídos ou totalmente revistos. Criamos esses estudos de caso para mostrar aos estudantes que o material que verão em cada capítulo é relevante para as empresas do "mundo real".
- Concluímos cada capítulo com uma *Revisão da abertura do capítulo* sugerindo aos alunos que revejam a abertura de capítulo e respondam a uma pergunta com base no que aprenderam no capítulo.
- Também fizemos alterações em muitos exercícios apresentados no fim de cada capítulo.

A sequência dos capítulos permaneceu basicamente inalterada em relação à edição anterior, mas fizemos algumas mudanças em cada capítulo. A presente edição contém 19 capítulos divididos em oito partes. Cada parte começa com uma breve visão geral, destinada a dar aos alunos uma ideia melhor dos capítulos incluídos em cada parte.

A Parte 1 contém dois capítulos: o primeiro apresenta uma visão geral do papel da administração financeira em uma empresa, o segundo descreve o contexto do mercado financeiro em que as empresas operam e fornece informações ampliadas e atualizadas da recente crise financeira e suas consequências. Esse capítulo não só explora as causas e os efeitos da crise financeira como também discute as mudanças no cenário regulatório no qual as instituições financeiras e os mercados operam.

A Parte 2 contém três capítulos focados em conhecimentos financeiros básicos, como análise de demonstrações financeiras, análise do fluxo de caixa e cálculos de valor do dinheiro no tempo.

A Parte 3 concentra-se na avaliação de ações e títulos de dívida. Incluímos os dois capítulos que tratam destes assuntos antes do capítulo sobre risco e retorno para expor aos alunos textos básicos sobre títulos de dívida e ações, que são mais fáceis de entender do que alguns dos conceitos mais teóricos da parte seguinte.

A Parte 4 contém o capítulo sobre risco e retorno e o capítulo sobre o custo de capital. Acreditamos que incluir o capítulo sobre o custo de capital depois do capítulo sobre risco e retorno ajuda os alunos a entender o importante princípio de que as expectativas dos investidores orientam o modo como a empresa deve abordar as principais decisões de investimento (abordadas na Parte 5). Em outras palavras, a Parte 4 foi elaborada para ajudar os alunos a entender as origens da "taxa de corte" de um projeto antes de começarem a usar as taxas de corte em problemas de orçamento de capital.

A Parte 5 contém três capítulos sobre vários temas relacionados ao orçamento de capital. O primeiro desses capítulos concentra-se em métodos de orçamento de capital, como análise de valor presente líquido e *payback*. O segundo capítulo dessa parte explica como os analistas financeiros elaboram as projeções de fluxo de caixa, que constituem um componente obrigatório das análises de valor presente líquido. O capítulo final dessa seção descreve o modo como as empresas analisam os riscos associados a investimentos em bens de capital.

A Parte 6 aborda os temas da estrutura de capital e da política de dividendos. Os dois capítulos dessa parte apresentam um conteúdo atualizado sobre as tendências de uso de alavancagem por parte das empresas e suas práticas de distribuição de dividendos.

A Parte 7 contém dois capítulos focados em questões de capital de giro. Um grande avanço no mundo dos negócios tem sido a extensão em que as empresas encontraram novas formas de economizar em investimentos de capital de giro. O primeiro capítulo da Parte 7 explica por que e como as empresas trabalham duro para extrair recursos de seus investimentos em ativo circulante, como caixa e estoques. O segundo capítulo dessa parte se concentra mais na administração do passivo circulante.

Por fim, a Parte 8 inclui três capítulos abordando uma variedade de temas, como títulos híbridos, fusões e outras formas de reestruturação, bem como finanças internacionais. Esses temas incluem algumas das áreas mais dinâmicas da prática financeira e fizemos uma série de alterações para refletir as práticas atuais.

Embora o conteúdo do texto seja sequencial, os professores podem ensinar praticamente qualquer capítulo como uma unidade independente, o que lhes possibilita adaptar o texto para várias estratégias de ensino e duração de cursos.

Do mesmo modo que as edições anteriores, a 14ª edição incorpora um sistema de aprendizado comprovado, que integra métodos pedagógicos com conceitos e aplicações práticas. O texto se concentra no conhecimento necessário para tomar boas decisões financeiras em um ambiente de negócios cada vez mais competitivo. Os robustos métodos pedagógicos e a generosa utilização de exemplos — incluindo os exemplos de finanças pessoais — faz do texto um recurso de fácil acesso para a aprendizagem dentro ou fora da sala de aula, como cursos on-line e programas autodidatas.

ORGANIZAÇÃO

A organização do texto associa conceitualmente os atos da empresa com seu valor no mercado financeiro. Todas as principais áreas de decisão são apresentadas em termos de fatores de risco e retorno e seu impacto potencial sobre a riqueza dos proprietários. O quadro *Ênfase no valor* e o *Resumo* de cada capítulo ajudam a reforçar a compreensão do aluno sobre a relação entre os atos do administrador financeiro e o valor das ações da empresa.

Ao organizar cada capítulo, nos concentramos na perspectiva da tomada de decisão do administrador, relacionando as decisões ao objetivo geral da empresa de maximização da riqueza. Uma vez desenvolvido um conceito, sua aplicação é ilustrada com um exemplo, uma marca característica deste livro. Esses exemplos demonstram e gravam na mente do aluno as considerações da tomada de decisões financeiras e suas consequências.

CONSIDERAÇÕES INTERNACIONAIS

Vivemos em um mundo em que as considerações internacionais não podem ser separadas do estudo da administração de empresas, em geral, e das finanças, em particular. Como nas edições anteriores, discussões sobre as dimensões internacionais dos temas apresentados no capítulo são apresentadas ao longo do livro. Textos sobre finanças internacionais foram integrados aos objetivos de aprendizagem e às sessões de fim de capítulo. Além disso, para quem quiser se aprofundar no estudo do tema, um capítulo especial dedicado à administração financeira internacional conclui o livro.

INTEGRAÇÃO COM AS FINANÇAS PESSOAIS

A 14ª edição contém vários recursos projetados para ajudar os alunos a entender o valor da aplicação dos princípios e das técnicas financeiras em sua vida pessoal. No início de cada capítulo, o quadro *Por que este capítulo é importante para você* ajuda a instigar o interesse dos alunos discutindo o modo como o tema do capítulo se relaciona com outras importantes áreas dos negócios e com as finanças pessoais. Em cada capítulo, *Exemplos de finanças pessoais* relacionam explicitamente os conceitos, as ferramentas e as técnicas de cada capítulo a aplicações de finanças pessoais. Nos exercícios propostos, o livro apresenta inúmeros problemas de finanças pessoais. O objetivo é demonstrar aos alunos a utilidade da administração financeira tanto em transações financeiras empresariais quanto pessoais.

PROBLEMAS ÉTICOS

Como sempre, a ética nos negócios continua sendo muito importante. Os alunos precisam conhecer as questões éticas enfrentadas pelos administradores financeiros ao tentar maximizar o valor para os acionistas e resolver os problemas da empresa. Desse modo, todos os capítulos incluem um quadro *Na prática* que se concentra em problemas éticos contemporâneos.

EXERCÍCIOS

Naturalmente, a prática é essencial para o aprendizado dos conceitos, das ferramentas e das técnicas da administração financeira. Para atender essa necessidade, o livro oferece uma rica e variada seleção de exercícios: *Exercícios de aquecimento* breves e numéricos; um conjunto abrangente de *Exercícios*, incluindo mais de um exercício para cada importante conceito ou técnica, bem como exercícios de finanças pessoais; um *Problema de ética* para cada capítulo; um *Exercício com planilha*; e, no fim de cada parte do livro, um *Caso integrativo*.

Da sala de aula à sala de reuniões do conselho, a 14ª edição de *Princípios de administração financeira* pode ajudar os usuários a chegar a seu destino. Acreditamos que esta seja a melhor edição até o momento: mais relevante, mais precisa e mais eficaz do que nunca.

Lawrence J. Gitman
La Jolla, Califórnia

Chad J. Zutter
Pittsburgh, Pensilvânia

Material de apoio do livro

No Site (www.grupoa.com.br), professores e estudantes podem acessar os seguintes materiais adicionais:

Para professores:

- Apresentações em PowerPoint.
- Manual do professor (em inglês).
- Banco de exercícios (em inglês).

Esse material é de uso exclusivo para professores e está protegido por senha. Para ter acesso a ele, os professores que adotam o livro devem entrar em contato através do e-mail divulgacao@grupoa.com.br.

Para estudantes:

- Exercícios de múltipla escolha.
- Apêndice A com respostas dos exercícios de autoavaliação (em inglês).
- Estudos de caso nacionais.
- Soluções dos exercícios com planilha (em inglês).
- Suplemento sobre fatores de taxa de juros (em inglês).

Agradecimentos

AOS NOSSOS COLEGAS, AMIGOS E FAMILIARES

A Pearson contou com a orientação de um grande número de excelentes colaboradores, sendo que todos eles contribuíram para as revisões deste livro. As pessoas relacionadas a seguir fizeram comentários e sugestões extremamente inteligentes e úteis para a elaboração da 14ª edição:

Steven L. Beach, *Radford University*
Denis O. Boudreaux, *University of Louisiana Lafayette*
Shannon Donovan, *Bridgewater State University*
Hsing Fang, *California State University—Los Angeles*
John Gonzales, *University of San Francisco*
Adina Schwartz, *Lakeland College*
Tammie Simmons-Mosley, *California State University East Bay*
Charlene Sullivan, *Purdue University, Krannert School of Management*
Toby White, *Drake University*
David Wilhelm, *Metropolitan Community College*

Somos especialmente gratos às pessoas a seguir, que analisaram o manuscrito das edições anteriores:

Saul W Adelman	Robert J. Bondi	Mike Cudd
M. Fall Ainina	Jeffrey A. Born	Donnie L. Daniel
Gary A. Anderson	Jerry D. Boswell	Prabir Datta
Ronald F. Anderson	Denis O. Boudreaux	Joel J. Dauten
James M. Andre	Kenneth J. Boudreaux	Lee E. Davis
Gene L. Andrusco	Wayne Boyet	Iry DeGraw
Antonio Apap	Ron Braswell	Richard F. DeMong
David A. Arbeit	Christopher Brown	Peter A. DeVito
Allen Arkins	William Brunsen	R. Gordon Dippel
Saul H. Auslander	Samuel B. Bulmash	James P. D'Mello
Peter W. Bacon	Francis E. Canda	Carleton Donchess
Richard E. Ball	Omer Carey	Thomas W. Donohue
Thomas Bankston	Patrick A. Casabona	Lorna Dotts
Alexander Barges	Johnny C. Chan	Vincent R. Driscoll
Charles Barngrover	Robert Chatfield	Betty A. Driver
Michael Becker	K. C. Chen	David R. Durst
Omar Benkato	Roger G. Clarke	Dwayne O. Eberhardt
Scott Besley	Terrence M. Clauretie	Ronald L. Ehresman
Douglas S. Bible	Mark Cockalingam	Ted Ellis
Charles W Blackwell	Kent Cofoid	F. Barney English
Russell L. Block	Boyd D. Collier	Greg Filbeck
Calvin M. Boardman	Thomas Cook	Ross A. Flaherty
Paul Bolster	Maurice P. Corrigan	Rich Fortin

Timothy J. Gallagher	Ashok K. Kapoor	Lance Nail
George W. Gallinger	Daniel J. Kaufman Jr.	Donald A. Nast
Sharon Garrison	Joseph K. Kiely	Vivian F. Nazar
Gerald D. Gay	Terrance E. Kingston	G. Newbould
Deborah Giarusso	Raj K. Kohli	Charles Ngassam
R. H. Gilmer	Thomas M. Krueger	Alvin Nishimoto
Anthony J. Giovino	Lawrence Kryzanowski	Gary Noreiko
Michael Giuliano	Harry R. Kuniansky	Dennis T. Officer
Philip W. Glasgo	William R. Lane	Kathleen J. Oldfather
Jeffrey W. Glazer	Richard E. La Near	Kathleen F. Oppenheimer
Joel Gold	James Larsen	Richard M. Osborne
Ron B. Goldfarb	Rick LeCompte	Jerome S. Osteryoung
Dennis W. Goodwin	B. E. Lee	Prasad Padmanabahn
David A. Gordon	Scott Lee	Roger R. Palmer
J. Charles Granicz	Suk Hun Lee	Don B. Panton
C. Ramon Griffin	Michael A. Lenarcic	John Park
Reynolds Griffith	A. Joseph Lerro	Ronda S. Paul
Arthur Guarino	Thomas J. Liesz	Bruce C. Payne
Lewell F. Gunter	Hao Lin	Gerald W. Perritt
Melvin W. Harju	Alan Lines	Gladys E. Perry
John E. Harper	Larry Lynch	Stanley Piascik
Phil Harrington	Christopher K. Ma	Gregory Pierce
George F. Harris	James C. Ma	Mary L. Piotrowski
George T. Harris	Dilip B. Madan	D. Anthony Plath
John D. Harris	Judy Maese	Jerry B. Poe
Mary Hartman	James Mallet	Gerald A. Pogue
R. Stevenson Hawkey	Inayat Mangla	Suzanne Polley
Roger G. Hehman	Bala Maniam	Ronald S. Pretekin
Harvey Heinowitz	Timothy A. Manuel	Fran Quinn
Glenn Henderson	Brian Maris	Rich Ravichandran
Russell H. Hereth	Daniel S. Marrone	David Rayone
Kathleen T. Hevert	William H. Marsh	Walter J. Reinhart
J. Lawrence Hexter	John F. Marshall	Jack H. Reubens
Douglas A. Hibbert	Linda J. Martin	Benedicte Reyes
Roger P. Hill	Stanley A. Martin	William B. Riley Jr.
Linda C. Hittle	Charles E. Maxwell	Ron Rizzuto
James Hoban	Timothy Hoyt McCaughey	Gayle A. Russell
Hugh A. Hobson	Lee McClain	Patricia A. Ryan
Keith Howe	Jay Meiselman	Murray Sabrin
Kenneth M. Huggins	Vincent A. Mercurio	Kanwal S. Sachedeva
Jerry G. Hunt	Joseph Messina	R. Daniel Sadlier
Mahmood Islam	John B. Mitchell	Hadi Salavitabar
James F. Jackson	Daniel F. Mohan	Gary Sanger
Stanley Jacobs	Charles Mohundro	Mukunthan Santhanakrishnan
Dale W. Janowsky	Gene P. Morris	
Jeannette R. Jesinger	Edward A. Moses	William L. Sartoris
Nalina Jeypalan	Tarun K. Mukherjee	William Sawatski
Timothy E. Johnson	William T. Murphy	Steven R. Scheff
Roger Juchau	Randy Myers	Michael Schellenger

Michael Schinski	Philip R. Swensen	Herbert Weinraub
Tom Schmidt	S. Tabriztchi	Jonathan B. Welch
Carl J. Schwendiman	John C. Talbott	Grant J. Wells
Carl Schweser	Gary Tallman	Larry R. White
Jim Scott	Harry Tamule	Peter Wichert
John W. Settle	Richard W. Taylor	C. Don Wiggins
Richard A. Shick	Rolf K. Tedefalk	Howard A. Williams
A. M. Sibley	Richard Teweles	Richard E. Williams
Sandeep Singh	Kenneth J. Thygerson	Glenn A. Wilt Jr.
Surendra S. Singhvi	Robert D. Tollen	Bernard J. Winger
Stacy Sirmans	Emery A. Trahan	Tony R. Wingler
Barry D. Smith	Barry Uze	I. R. Woods
Gerald Smolen	Pieter A. Vandenberg	John C. Woods
Ira Smolowitz	Nikhil P. Varaiya	Robert J. Wright
Jean Snavely	Oscar Varela	Richard H. Yanow
Joseph V. Stanford	Kenneth J. Venuto	Seung J. Yoon
John A. Stocker	Sam Veraldi	Charles W. Young
Lester B. Strickler	James A. Verbrugge	Philip J. Young
Gordon M. Stringer	Ronald P. Volpe	Joe W. Zeman
Elizabeth Strock	John M. Wachowicz Jr.	John Zietlow
Donald H. Stuhlman	Faye (Hefei) Wang	J. Kenton Zumwalt
Sankar Sundarrajan	William H. Weber III	Tom Zwirlein

Nossos agradecimentos especiais a Thomas J. Boulton, da Miami University, por seu trabalho nos quadros *Foco na Ética*, e para Alan Wolk, da University of Georgia, por verificar o conteúdo quantitativo do livro. Estamos muito satisfeitos com o trabalho deles, que nos deu muito orgulho.

Nenhum livro-texto estaria completo, ou seria útil, se não fosse acompanhado de complementos para professor e aluno. Somos especialmente gratos às seguintes pessoas por seu trabalho de criação, revisão e verificação de todos os recursos para o professor e o aluno que complementam este livro: Kate Demarest, da Carroll Community College, e Shannon Donovan, da Bridgewater State University.

Uma grande salva de palmas para a equipe editorial da Pearson — incluindo Donna Battista, Elissa Senra-Sargent, Mary Kate Murray, Alison Eusden, Melissa Honig, Miguel Leonarte e outras pessoas que trabalharam no livro — por toda a inspiração e transpiração que definem o trabalho em equipe. Nossos agradecimentos especiais também à formidável força de vendas da Pearson na área de finanças, cujo empenho incansável garante que o negócio continue sendo divertido![1]

Finalmente, e o mais importante, somos extremamente gratos à nossa família pela paciência, pelo apoio, pela compreensão e pelo bom humor durante o processo de revisão. Seremos eternamente gratos a eles.

Lawrence J. Gitman
La Jolla, California

Chad J. Zutter
Pittsburgh, Pennsylvania

---

[1] Agradecimentos à equipe que trabalhou na edição original do livro, em inglês. (N. do E.)

Sobre os autores

Lawrence J. Gitman é professor emérito de finanças da San Diego State University. Publicou mais de 50 artigos em periódicos acadêmicos, bem como livros didáticos abordando finanças corporativas, investimentos, finanças pessoais e introdução à administração em nível de graduação e pós-graduação. Presidiu a Academy of Financial Services, o San Diego Chapter of the Financial Executives Institute, a Midwest Finance Association e a FMA National Honor Society. Atuou como vice-presidente de Educação Financeira da Financial Management Association, como diretor do San Diego MIT Enterprise Forum e no CFP® Board of Standards. Graduou-se em Administração Industrial pela Purdue University, tem mestrado pela University of Dayton e doutorado pela University of Cincinnati. Ele e sua esposa têm dois filhos e moram em La Jolla, Califórnia. É um ciclista ávido, tendo competido duas vezes na Race Across America, cruzando os Estados Unidos de costa a costa.

Chad J. Zutter é professor associado de finanças da University of Pittsburgh e Joseph P. and Angela A. Campolo Faculty Fellow. Suas pesquisas têm um enfoque prático e aplicado e foram tema de artigos da *The Economist* e da *CFO Magazine*, entre outras publicações de renome. Seus artigos acadêmicos são citados em debates na Suprema Corte dos Estados Unidos e em consultorias em empresas como Google e Intel. Recebeu o Prêmio Jensen pelo melhor artigo publicado no *Journal of Financial Economics* e ganhou também um prêmio de melhor artigo do *Journal of Corporate Finance*. Foi agraciado também com prêmios da área da educação na Indiana University e na University of Pittsburgh. Tem mestrado em administração de empresas pela University of Texas em Arlington e doutorado pela Indiana University. Ele e sua esposa têm quatro filhos e moram em Pittsburgh, Pensilvânia. Antes de entrar na área acadêmica, foi tripulante de submarino na Marinha dos Estados Unidos.

PARTE 1
Introdução à administração financeira

Capítulos desta parte

1 O papel da administração financeira
2 O ambiente do mercado financeiro

CASO INTEGRATIVO 1 ▶ Merit Enterprise Corp.

▶ Na Parte 1 de *Princípios de administração financeira* veremos o papel dos administradores financeiros nas empresas e o ambiente de mercado financeiro no qual as empresas operam. Argumentamos que o objetivo dos administradores deve ser maximizar o valor da empresa e, com isso, maximizar a riqueza de seus proprietários. Os administradores financeiros agem em nome dos proprietários da empresa, tomando decisões operacionais e de investimento cujos benefícios excedem seus custos. Essas decisões devem gerar cada vez mais riqueza para os acionistas, e isso é importante porque as empresas operam em um ambiente de mercado financeiro altamente competitivo que oferece muitas alternativas de investimento. Para levantar os recursos financeiros necessários para financiar as operações atuais da empresa e as oportunidades de futuros investimentos, os administradores precisam entregar valor aos investidores da companhia. Sem bons administradores financeiros e acesso aos mercados financeiros, as empresas dificilmente sobreviveriam, muito menos atingiriam seu objetivo de longo prazo de maximizar o seu valor.

Capítulo 1

O papel da administração financeira

Objetivos de aprendizagem

OA 01 Definir *finanças* e a função de administração financeira.

OA 02 Descrever as formas jurídicas de organização das empresas.

OA 03 Descrever o objetivo da empresa e explicar por que maximizar o valor da empresa é um objetivo apropriado para todas elas.

OA 04 Descrever como a função de administração financeira se relaciona com a economia e a contabilidade.

OA 05 Identificar as principais atividades do administrador financeiro.

OA 06 Descrever a natureza da relação principal–agente entre os proprietários e os administradores de uma empresa e explicar como os vários mecanismos de governança corporativa tentam resolver o problema de agência.

▶ Por que este capítulo é importante para você?

Na sua vida PROFISSIONAL

CONTABILIDADE Para entender as relações entre as funções de contabilidade e finanças da sua empresa; como as demonstrações financeiras produzidas serão utilizadas na tomada de decisões; por que maximizar o valor de uma empresa não é o mesmo que maximizar os lucros; e qual é o seu dever ético ao reportar os resultados financeiros aos investidores e outros stakeholders.

SISTEMAS DE INFORMAÇÃO Para entender por que as informações financeiras são importantes para administradores de todas as áreas funcionais; a documentação que as empresas devem elaborar para se adequar às diversas regulamentações; e como manipular informações tendo em vista o ganho pessoal pode colocar os administradores em sérios apuros.

ADMINISTRAÇÃO Para entender as várias formas jurídicas de uma organização; como comunicar o objetivo da empresa aos funcionários e a outros stakeholders; as vantagens e desvantagens da relação principal–agente[1] entre os administradores de uma empresa e seus proprietários; e como o sistema de remuneração pode alinhar ou desalinhar os interesses dos administradores e investidores.

MARKETING Para entender por que nem sempre é interessante aumentar as receitas ou a participação de mercado de uma empresa; como os administradores financeiros avaliam aspectos do relacionamento com os clientes como políticas de administração de crédito e caixa; e por que as marcas de uma empresa constituem uma parte importante do valor para os investidores.

OPERAÇÕES Para entender os benefícios financeiros de melhorar a eficiência da produção de uma empresa; por que aumentar o lucro reduzindo custos pode não aumentar o valor da empresa; e como os administradores agem em nome dos investidores ao operar uma empresa.

Na sua vida PESSOAL

Muitos dos princípios da administração financeira também se aplicam à sua vida pessoal. Aprender alguns desses princípios, ainda que os mais simples, pode ajudá-lo a administrar melhor suas finanças pessoais.

---

1 Também são usados os termos *relação de agência* ou *relacionamento de agência*. (N. da R.T.)

Facebook

Não há muito o que "curtir" em uma IPO

Nos seus primeiros oito anos de vida, o Facebook, Inc. foi uma empresa de capital fechado. A empresa tinha relativamente poucos acionistas e não tinha qualquer obrigação de reportar seus resultados financeiros ao público ou aos órgãos reguladores, como a Securities and Exchange Commission (SEC),[2] o que permitiu a seu cofundador Mark Zuckerberg se concentrar no rápido crescimento da empresa. Apenas seis anos depois de sua criação, no dormitório de Zuckerberg na Universidade de Harvard, a base de usuários do Facebook ultrapassou a marca dos 500 milhões e Zuckerberg foi cada vez mais pressionado a "abrir o capital da empresa" por meio de uma oferta pública inicial (IPO — do inglês, *initial public offering*) de ações ordinárias. Essa manobra permitiria aos primeiros investidores do Facebook vender suas ações e enriqueceria dezenas de funcionários da empresa, especialmente seus fundadores.

Em 18 de maio de 2012, o Facebook lançou sua IPO vendendo 421 milhões de ações a US$ 38 por ação. Quase imediatamente o preço das ações do Facebook foi às alturas, chegando a US$ 45 por ação, mas nem tudo foi um mar de rosas. Problemas técnicos na bolsa de valores Nasdaq levaram à colocação errada de milhões de ordens para o Facebook.[3] Pior ainda, no primeiro mês que se seguiu à IPO do Facebook, o preço de suas ações chegou a cair para US$ 30. Os investidores abriram dezenas de processos judiciais, alegando que foram prejudicados não só pelas falhas operacionais da Nasdaq, mas também pela liberação seletiva de informações financeiras desfavoráveis pelos banqueiros de investimento do Facebook e por sua alta administração.

Quando as empresas abrem o capital, vendendo ações ao público, elas se submetem a uma série de novas pressões que as empresas de capital fechado não precisam enfrentar. Em vista disso, por que uma empresa decidiria abrir o capital? Muitas vezes as empresas tomam essa decisão com a intenção de proporcionar uma estratégia de saída para os investidores privados, para obter acesso a capital de investimento, estabelecer um preço de mercado para as ações da empresa, ganhar visibilidade ou por todas essas razões em conjunto. Abrir o capital ajuda as empresas a crescer, mas esse e outros benefícios devem ser ponderados com os custos desse processo. Os administradores de uma empresa de capital aberto trabalham para os investidores da empresa e devem responder a eles. Além disso, órgãos reguladores requerem que as empresas proporcionem aos investidores relatórios frequentes divulgando informações relevantes sobre o desempenho da empresa. As exigências regulatórias impostas aos administradores das empresas de capital aberto podem desviar a atenção dos administradores de aspectos importantes da gestão dos negócios. Neste capítulo, veremos os dilemas enfrentados pelos administradores financeiros ao tomar decisões que visam a maximizar o valor de suas empresas.

---

2 Órgão americano equivalente à Comissão de Valores Mobiliários brasileira. (N. da T.)
3 No dia da IPO, houve atraso na entrega de confirmação de ordens de compra e venda por parte da Nasdaq. (N. da R.T.)

1.1 Finanças e empresas

O campo de finanças é amplo e dinâmico e afeta tudo o que as empresas fazem, desde a contratação de pessoal para construir fábricas até o lançamento de novas campanhas publicitárias. Considerando que qualquer aspecto de uma empresa inclui importantes dimensões financeiras, há muitas oportunidades de carreira em finanças para quem dominar os princípios descritos neste livro. Mesmo se você não planejar trabalhar diretamente em finanças, perceberá que conhecer algumas ideias-chave sobre o tema o ajudará a ser um consumidor e um investidor melhor quando o assunto é o seu próprio dinheiro.

O QUE SÃO FINANÇAS?

O termo **finanças** pode ser definido como a ciência e a arte de administrar o dinheiro. No nível pessoal, finanças dizem respeito às decisões de quanto gastar do seu salário, quanto poupar e como investir as economias. Em um contexto empresarial, finanças envolvem os mesmos tipos de decisões: como as empresas levantam fundos com os investidores, como investem dinheiro na tentativa de obter lucro e como decidem reinvestir os lucros ou distribuí-los aos investidores. As chaves para tomar boas decisões financeiras são praticamente as mesmas para pessoas físicas e jurídicas e é por isso que a maioria dos estudantes se beneficiará de aprofundar seu entendimento de finanças, independentemente da carreira que decidirem seguir. Aprender as técnicas de uma boa análise financeira não só o ajudará a tomar decisões financeiras melhores como consumidor, mas também a entender as consequências financeiras das importantes decisões profissionais que você precisará tomar, não importa qual carreira escolha seguir.

OPORTUNIDADES DE CARREIRA EM FINANÇAS

As carreiras em finanças podem ser classificadas em duas grandes categorias: (1) serviços financeiros e (2) administração financeira. Os profissionais das duas áreas usam o mesmo "kit de ferramentas" analíticas, mas os tipos de problemas variam muito entre as duas profissões.

Serviços financeiros

Os **serviços financeiros** correspondem à área de finanças que se ocupa da concepção e oferta de assessoria e produtos financeiros a pessoas físicas, empresas e órgãos governamentais. Envolve uma variedade de oportunidades profissionais interessantes no setor bancário, planejamento de finanças pessoais, investimentos, imóveis e seguros.

Administração financeira

A **administração financeira** refere-se ao conjunto de atribuições do **administrador financeiro** de uma empresa. Este é o profissional responsável pelas finanças de qualquer tipo de organização: de capital fechado ou aberto, grande ou pequena, com ou sem fins lucrativos. Ele realiza as mais diversas tarefas, como desenvolver um planejamento ou orçamento, conceder crédito aos clientes, avaliar propostas envolvendo grandes dispêndios e captar fundos para financiar as operações da empresa. Nos últimos anos, uma série de fatores aumentou a importância e a complexidade das funções do administrador financeiro. Esses fatores incluem a recente crise financeira global e as subsequentes reações dos órgãos reguladores, a intensificação da concorrência e avanços tecnológicos. Por exemplo, a globalização levou empresas norte-americanas a aumentar o volume de transações em outros países e empresas estrangeiras estão fazendo o mesmo nos Estados Unidos. Essas mudanças aumentam a demanda por especialistas financeiros capazes de

---

finanças
A ciência e a arte de administrar o dinheiro.

serviços financeiros
Área de finanças que se ocupa da concepção e oferta de assessoria e produtos financeiros a pessoas físicas, empresas e órgãos governamentais.

administração financeira
Refere-se ao conjunto de atribuições do administrador financeiro de uma empresa.

administrador financeiro
Aquele que gerencia os assuntos financeiros de qualquer tipo de organização: de capital aberto ou fechado, grande ou pequena, com ou sem fins lucrativos.

Foco na PRÁTICA

Certificações profissionais em finanças

na prática Para ter sucesso em finanças e em praticamente qualquer outro campo de atuação, você não pode parar de estudar depois de se formar na faculdade. Algumas pessoas optarão por obter um mestrado em administração de empresas, mas existem muitas outras maneiras de elevar seu nível de escolaridade e melhorar suas credenciais sem precisar fazer um mestrado ou doutorado. No campo de finanças, uma variedade de programas de certificação profissional é amplamente reconhecida nos Estados Unidos.

Chartered Financial Analyst (CFA): Oferecido pelo Instituto CFA, o programa CFA é um curso de pós-graduação focado principalmente na área de investimentos em finanças. Para ter direito à credencial do CFA, os alunos devem passar em uma série de três exames, geralmente ao longo de três anos, e ter 48 meses de experiência profissional. Embora o programa atraia principalmente profissionais do setor de investimentos, as habilidades desenvolvidas no programa CFA também podem beneficiar uma variedade de cargos de finanças corporativas.

Certified Treasury Professional (CTP): O programa CTP requer que os alunos passem em um único exame focado no conhecimento e nas habilidades necessárias para trabalhar no departamento de tesouraria de uma empresa. O programa enfatiza tópicos como liquidez e administração de capital de giro, sistemas de transferência de pagamentos, estrutura de capital, administração de relacionamentos com prestadores de serviços financeiros e monitoramento e controle de riscos financeiros.

Certified Financial Planner (CFP): Para obter o certificado CFP, os alunos devem passar em um exame de 10 horas cobrindo uma ampla variedade de tópicos relacionados ao planejamento financeiro pessoal. O programa CFP também requer três anos de experiência relevante em período integral. O programa se concentra principalmente nas competências necessárias para orientar pessoas físicas a elaborar planos financeiros pessoais.

American Academy of Financial Management (AAFM): A AAFM oferece uma série de programas de certificação para profissionais da área de finanças em uma ampla variedade de campos. Suas certificações incluem o Chartered Portfolio Manager, Chartered Asset Manager, Certified Risk Analyst, Certified Cost Accountant e Certified Credit Analyst, entre tantos outros. Consulte o site da AAFM para detalhes completos sobre todos os programas educacionais da AAFM.

No Brasil, dependendo da atividade do profissional, algumas certificações são obrigatórias, como CNPI (Certificação Nacional do Profissional de Investimento), CPA-10 (Certificação Profissional Anbima-10), CPA-20 (Certificação Profissional Anbima-20) e Certificação para Agente Autônomo. Entre as não obrigatórias estão a CFA e a CFP.

Professional Certifications in Accounting: A maioria dos profissionais da área de administração financeira precisa ter um bom entendimento de contabilidade se quiser ter sucesso na profissão. Nos Estados Unidos, as certificações profissionais em contabilidade incluem o Certified Public Accountant (CPA), o Certified Management Accountant (CMA) e o Certified Internal Auditor (CIA), bem como muitos outros programas.

- Por que os empregadores valorizam funcionários com certificações profissionais?

---

administrar fluxos de caixa em diferentes moedas e proteger a empresa dos riscos resultantes de operações internacionais. As mudanças aumentam a complexidade da função de finanças, mas também criam oportunidades para uma carreira mais gratificante. A crescente complexidade das funções do administrador financeiro aumentou a popularidade de uma variedade de programas de certificação profissional destacados no quadro *Foco na Prática* acima. Hoje em dia, os administradores financeiros são responsáveis por desenvolver e implementar estratégias corporativas voltadas a ajudar a empresa a crescer e melhorar seu posicionamento competitivo. Como resultado, muitos presidentes e diretores executivos (CEOs) chegaram ao topo de sua organização se destacando na função de finanças.

FORMAS JURÍDICAS DE ORGANIZAÇÃO DE EMPRESAS

Uma das decisões mais importantes que todas as empresas devem tomar é como escolher uma forma jurídica de organização. Essa decisão tem implicações financeiras importantíssimas porque o modo como a empresa é organizada influencia juridicamente os riscos que os proprietários da empresa devem correr, o modo como a empresa pode levantar fundos e como os lucros da empresa serão tributados. Dentre as modalidades jurídicas de organização de empresas, as três mais comuns nos Estados Unidos são *a firma individual*, a *partnership* (sociedade de pessoas) e a *sociedade anônima de capital aberto* (*corporation*). As firmas individuais são as mais numerosas, mas as maiores quase sempre são organizadas como sociedades anônimas de capital aberto. De todo modo, cada tipo de organização tem suas vantagens e desvantagens.[4]

Firmas individuais

firma individual
Empresa pertencente a uma única pessoa e gerida para seu próprio benefício.

Uma **firma individual** é uma empresa que pertence a uma só pessoa, que a opera visando ao próprio lucro. Cerca de 61% de todas as empresas norte-americanas são firmas individuais. Em geral, a firma individual é pequena, como uma oficina de conserto de bicicletas, um *personal trainer* ou um encanador. A maioria delas atua nos setores de atacado, varejo, serviços e construção civil.

Normalmente, a firma individual é gerida pelo proprietário, com a ajuda de alguns empregados. O proprietário se utiliza de recursos próprios ou toma empréstimos e é responsável por todas as decisões do negócio. Desse modo, essa forma de organização atrai empresários que gostam de trabalhar com independência.

responsabilidade ilimitada
Condição de uma firma individual (ou sociedade geral) que permite que todo o patrimônio pessoal do proprietário seja reivindicado para o pagamento de credores.

Uma grande desvantagem de uma firma individual é a **responsabilidade ilimitada**, que implica que todos os passivos da empresa são de responsabilidade do empresário e que os bens pessoais do empresário podem ser requisitados para saldar dívidas com credores. Os principais pontos fortes e fracos das firmas individuais estão resumidos na Tabela 1.1.

Partnerships

partnership (sociedade de pessoas)
Empresa que envolve dois ou mais proprietários atuando em conjunto com o objetivo de obter lucro.

Uma ***partnership* (sociedade de pessoas)** envolve dois ou mais proprietários atuando em conjunto com o objetivo de obter lucro. Esse tipo de sociedade responde

FATOS e DADOS

Receita total por tipo de empresa nos Estados Unidos, segundo a BizStats.com

Embora nos Estados Unidos as firmas individuais sejam muito mais numerosas que as *partnerships* e sociedades anônimas juntas, as firmas individuais geram a menor receita. No total, as firmas individuais geraram mais de US$ 1,3 trilhão em receitas, mas esse número dificilmente se compara aos mais de US$ 50 trilhões em receitas geradas pelas sociedades anônimas norte-americanas.

Receita total por tipo de empresa nos Estados Unidos, segundo a BizStats.com	Firmas individuais	Partnerships	Sociedades anônimas
Número de empresas (milhões)	23,1	3,1	7,7
Porcentagem de todas as empresas	61%	8%	20%
Total das receitas (bilhões de dólares)	1.324	4.244	50.757
Porcentagem de todas as receitas	2%	7%	80%

---

[4] No Brasil, as modalidades jurídicas de organização de empresas são: *empreendedor individual*, *empresa individual de responsabilidade limitada* (**EIRELI**), *sociedade limitada* e *sociedade anônima*. (N. da R. T.)

Tabela 1.1 — Pontos fortes e fracos das formas jurídicas mais comuns de organização de empresas

	Firma individual	*Partnership*	Sociedade anônima de capital aberto
Pontos fortes	• Proprietário recebe todos os lucros (e assume todos os prejuízos). • Baixos custos organizacionais. • Lucro incluído e tributado na declaração de renda de pessoa física do proprietário. • Independência. • Sigilo. • Facilidade de dissolução.	• Pode captar mais fundos do que as firmas individuais. • Poder de endividamento ampliado com a existência de mais sócios. • Maior disponibilidade de conhecimentos e habilidades de gestão. • Lucro incluído e tributado na declaração de renda de pessoa física dos sócios.	• Os proprietários têm *responsabilidade limitada*, o que garante que não podem perder mais do que investem. • A empresa pode crescer muito pela venda de ações. • As participações (ações) são facilmente transferíveis. • A empresa pode ter uma vida longa. • Pode contratar administradores profissionais. • Tem acesso mais fácil a financiamento.
Pontos fracos	• O proprietário tem *responsabilidade ilimitada* — todo o seu patrimônio pessoal pode ser usado para pagar dívidas da empresa. • A capacidade limitada de captação de recursos tende a restringir o crescimento. • O proprietário precisa fazer de tudo um pouco. • Dificuldade de conferir aos funcionários oportunidades de carreira de longo prazo. • Perda de continuidade em caso de morte do proprietário.	• Os proprietários têm *responsabilidade ilimitada* e podem ser obrigados a saldar as dívidas de outros sócios. • A sociedade é dissolvida em caso de morte de um dos sócios. • Dificuldade de liquidação ou dissolução da sociedade.	• Impostos geralmente mais altos, pois o lucro da empresa é tributado, assim como os dividendos pagos aos proprietários, a uma taxa máxima de 15%. • Custo mais elevado de organização. • A empresa é sujeita a regulamentação governamental mais intensa. • Ausência de sigilo, pois os acionistas recebem relatórios anuais.

por cerca de 8% de todas as empresas dos Estados Unidos e costuma ser maior que as firmas individuais. As *partnerships* são comuns nos setores de finanças, seguros e imobiliário. Empresas de auditoria independente e escritórios de advocacia muitas vezes são formadas por um grande número de sócios (*partners*).

A maioria das *partnerships* é estabelecida por meio de um documento formal conhecido como **contrato social**. Em geral, todos os sócios têm responsabilidade ilimitada e todos são legalmente responsáveis por *todas* as dívidas da sociedade. Os pontos fortes e fracos das *partnerships* estão resumidos na Tabela 1.1.

contrato social
Contrato por escrito usado para formalizar a relação entre os participantes de uma *partnership*.

Sociedades anônimas de capital aberto

Uma **sociedade anônima de capital aberto** é uma entidade criada por lei. Uma sociedade anônima tem os poderes legais de uma pessoa física, no sentido de que pode mover ações judiciais e ser acionada judicialmente, firmar e participar de contratos e adquirir bens em seu nome. Embora apenas cerca de 20% das empresas dos Estados Unidos assumam essa forma, as maiores empresas quase

sociedade anônima de capital aberto
Uma entidade criada nos termos da lei (ou seja, uma "pessoa jurídica").

acionistas
Os proprietários de uma sociedade anônima cuja propriedade, ou *equity*, assume a forma de ações ordinárias ou, com menos frequência, ações preferenciais.

responsabilidade limitada
Uma disposição legal que limita a responsabilidade dos acionistas pela dívida de uma empresa ao montante inicialmente investido por meio da compra de ações.

ações ordinárias
A forma mais pura e básica de participação na propriedade de uma sociedade anônima.

dividendos
Distribuições periódicas de lucros aos acionistas de uma empresa.

conselho de administração
Grupo eleito pelos acionistas da empresa, normalmente responsável pela definição de metas e elaboração de planos estratégicos, estabelecimento da política geral, condução das relações corporativas e aprovação de grandes dispêndios.

sempre são sociedades anônimas, respondendo por cerca de 80% do faturamento total das empresas. Apesar de as sociedades anônimas se dedicarem a atividades de todos os tipos, as indústrias respondem pela maior parte das receitas e lucros líquidos. Os principais pontos fortes e fracos das sociedades anônimas estão resumidos na Tabela 1.1.

Os proprietários de uma sociedade anônima de capital aberto são os **acionistas**, cujo direito de propriedade, ou *equity*, é representado tanto por ações ordinárias como, com menos frequência, por ações preferenciais. Ao contrário dos proprietários de firmas individuais ou *partnerships*, os acionistas de uma sociedade anônima usufruem de **responsabilidade limitada**, o que significa que eles não podem ser pessoalmente responsabilizados pelas dívidas da empresa. As perdas dos acionistas são limitadas ao montante que investiram na empresa quando compraram ações. No Capítulo 7, entenderemos melhor as ações ordinárias, mas por ora basta dizer que as **ações ordinárias** constituem a forma mais pura e básica de propriedade em uma sociedade anônima de capital aberto. Os acionistas esperam ser remunerados por meio de **dividendos** — distribuições periódicas de lucros — ou pela realização de ganhos decorrentes do aumento do preço das ações. Como o dinheiro para pagar dividendos em geral provém dos lucros da empresa, os acionistas às vezes são chamados de *requerentes residuais*, o que significa que eles são os últimos a serem pagos, depois que funcionários, fornecedores, autoridades fiscais e credores recebem o que lhes é devido. Se a empresa não gerar caixa suficiente para pagar todos os outros, não sobra nada para os acionistas.

Como você pode ver na parte superior da Figura 1.1, o controle da sociedade anônima de capital aberto funciona de forma semelhante a uma democracia. Os acionistas (proprietários) votam periodicamente para eleger os membros do *conselho de administração* e decidir outras questões, como alterações no estatuto social. O **conselho de administração** normalmente é responsável pela aprovação de metas e

Figura 1.1 Estrutura de uma sociedade anônima de capital aberto

A organização geral de uma sociedade anônima de capital aberto e a função de finanças (mostrada em fundo hachurado).

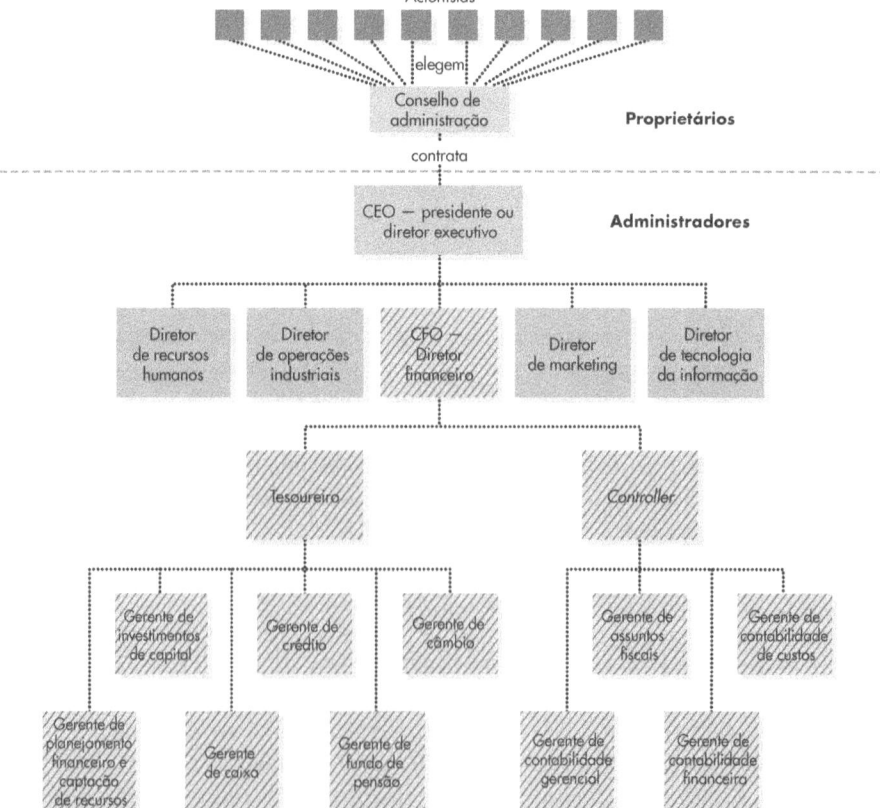

planos estratégicos, pelo estabelecimento da política geral, pela orientação dos negócios da empresa e pela aprovação de grandes dispêndios. Ainda mais importante, o conselho decide a contratação ou demissão, remuneração e monitoramento dos principais executivos. O conselho é composto por conselheiros "internos", como importantes executivos da empresa, e conselheiros "externos" ou "independentes", como executivos de outras empresas, grandes acionistas e líderes nacionais ou comunitários. Em grandes sociedades anônimas, os conselheiros externos recebem remuneração em dinheiro, ações e opções de ações (*stock options*). Essa remuneração não raro totaliza US$ 100.000 por ano ou mais.

O **presidente ou diretor executivo (CEO)** é responsável pela administração da empresa no dia a dia e pela execução das políticas estabelecidas pelo conselho de administração. O CEO deve, também, apresentar relatórios periódicos aos membros do conselho.

É importante notar a separação existente entre proprietários e administradores nas grandes empresas, indicada pela linha tracejada horizontal na Figura 1.1. Veremos essa separação e outras questões relacionadas na seção sobre *o problema principal–agente*, mais adiante neste capítulo.

Outros tipos societários com responsabilidade limitada

Várias outras formas de organização proporcionam aos proprietários uma responsabilidade limitada. As mais populares nos Estados Unidos são as **sociedades em comandita (Limited Partnerships — LPs)**, as **sociedades do tipo S (S Corporations ou S Corps)**, as **sociedades anônimas de responsabilidade limitada (Limited Liability Corporations — LLCs)** e as *partnerships* **de responsabilidade limitada (Limited Liability Partnerships — LLPs)**. Cada uma representa uma forma ou uma combinação especializada das características dos tipos descritos anteriormente. O que têm em comum é o fato de seus proprietários desfrutarem de responsabilidade limitada e o fato de costumarem ter menos de 100 proprietários.

POR QUE ESTUDAR ADMINISTRAÇÃO FINANCEIRA?

Entender os conceitos, as técnicas e as práticas apresentados neste livro fará com que você se familiarize com as atividades e as decisões de um administrador financeiro. Como as consequências da maioria das decisões empresariais são medidas em termos financeiros, o administrador financeiro tem um papel central nas operações da empresa. Pessoas de todas as áreas de responsabilidade — contabilidade, sistemas de informação, administração, marketing, operações, entre outras — precisam ter um conhecimento básico de finanças para saber como quantificar as consequências de suas ações.

Tudo bem, você pode não querer se especializar em finanças. Mas ainda assim, precisa saber como os administradores financeiros pensam para aumentar as suas chances de sucesso na carreira escolhida. Todos os administradores de uma empresa, independentemente dos cargos que ocupam, em geral precisam apresentar justificativas financeiras para os recursos dos quais precisam para fazer seu trabalho. Seja para contratar novos funcionários, negociar um orçamento de publicidade ou fazer o upgrade da tecnologia usada em um processo de fabricação, o conhecimento dos aspectos financeiros das suas ações o ajudará a obter os recursos necessários para ter sucesso. A seção *Por que este capítulo é importante para você?*, que aparece na primeira página de cada capítulo deste livro, deve ajudá-lo a entender a importância de cada um deles para a sua vida, tanto no aspecto profissional quanto no pessoal.

presidente ou diretor executivo (CEO)
Executivo responsável pela gestão das operações do dia a dia da empresa e pela execução das políticas estabelecidas pelo conselho de administração.

sociedade em comandita (LP)
Sociedade na qual um ou mais sócios têm responsabilidade limitada, desde que pelo menos um sócio (o comanditado) tenha responsabilidade ilimitada. Os sócios limitados não podem ter voz ativa na gestão da empresa; são investidores passivos.

sociedade do tipo S (S Corp)
Entidade constituída de acordo com a Seção S do Código Tributário norte-americano que possibilita que certas sociedades anônimas com 100 ou menos acionistas optem por serem tributadas como se fossem *partnerships*. Seus acionistas usufruem dos benefícios organizacionais de uma sociedade anônima e das vantagens fiscais de uma *partnership*.

sociedade anônima de responsabilidade limitada (LLC)
Permitida na maioria dos estados norte-americanos, a LLC confere a seus proprietários responsabilidade limitada e a possibilidade de ser tributada como uma *partnership*. Mas, ao contrário da S Corp, a LLC pode controlar mais de 80% de outra sociedade anônima, e sociedades anônimas, *partnerships* e não residentes dos Estados Unidos podem possuir ações de LLCs.

partnership **de responsabilidade limitada (LLP)**
Sociedade permitida em muitos estados norte-americanos. Todos os sócios são legalmente responsáveis pelos próprios atos de negligência profissional, mas não pelos atos dos demais sócios. A LLP é tributada como uma *partnership*. É usada com frequência por profissionais liberais, como advogados e contadores.

À medida que avançar no texto, você aprenderá a respeito das oportunidades de carreira no campo da administração financeira, descritas resumidamente na Tabela 1.2, a seguir. Embora este texto se concentre em empresas de capital aberto e com fins lucrativos, os princípios aqui apresentados são igualmente aplicáveis a organizações de capital fechado e sem fins lucrativos. Os princípios de tomada de decisão desenvolvidos no texto também podem ser aplicados a decisões financeiras pessoais. Esperamos que esta primeira exposição ao empolgante campo de finanças lhe proporcione as bases e a iniciativa para estudos posteriores e uma carreira promissora.

→ QUESTÕES PARA REVISÃO

1.1 O que são *finanças*? Explique como esse campo afeta todas as atividades nas quais as empresas se envolvem.

1.2 O que vem a ser a área de *serviços financeiros*? Descreva o campo da *administração financeira*.

1.3 Quais são as formas jurídicas mais comuns de organização de empresas nos Estados Unidos? Qual é a forma predominante em termos de faturamento?

1.4 Descreva as funções e os relacionamentos entre os principais constituintes de uma sociedade anônima de capital aberto: acionistas, conselho de administração e administradores. Como os proprietários das sociedades anônimas são remunerados pelo risco assumido?

1.5 Indique e descreva sucintamente algumas formas jurídicas de organização, além das sociedades anônimas, que conferem responsabilidade limitada aos seus proprietários.

1.6 Por que o estudo da administração financeira é importante para a sua vida profissional, independentemente de sua área de atuação na empresa? E por que é importante para a sua vida pessoal?

Tabela 1.2 Oportunidades de carreira em administração financeira

Cargo	Descrição
Analista financeiro	Prepara os planos financeiros e orçamentos da empresa. Suas responsabilidades também incluem projeções e comparações financeiras e interface com a contabilidade.
Gerente de investimentos de capital	Avalia e recomenda propostas de investimentos de longo prazo. Pode se envolver nos aspectos financeiros da implementação de investimentos aprovados.
Gerente de *project finance*	Obtém financiamento para os investimentos de capital de longo prazo aprovados. Coordena consultores, bancos de investimento e assessores jurídicos.
Gerente de caixa	Mantém e controla os saldos diários de caixa da empresa. Com frequência gerencia as atividades de recebimento e pagamento, as aplicações financeiras e empréstimos de curto prazo e as relações com bancos.
Analista/gerente de crédito	Administra a política de crédito da empresa avaliando solicitações, concedendo crédito e tratando da cobrança de contas a receber.
Gerente de fundo de pensão	Supervisiona ou administra os ativos e passivos do fundo de pensão dos funcionários.
Gerente de operações de câmbio	Gerencia operações internacionais específicas e a exposição da empresa a flutuações de taxas de câmbio.

1.2 O objetivo da empresa

Qual objetivo os administradores devem buscar atingir? Não faltam possíveis respostas para essa pergunta. Alguns podem argumentar que os administradores devem se concentrar em satisfazer os clientes, mas o avanço na direção desse objetivo pode ser medido pela participação de mercado detida por cada produto da empresa. Outros sugerem que os administradores devem, antes de mais nada, inspirar e motivar os funcionários. Nesse caso, a rotatividade dos funcionários pode ser a principal métrica a ser monitorada para mensurar o sucesso da empresa. Não há dúvida de que o objetivo que os administradores optarem por atingir afetará muitas das decisões que eles tomam, de modo que ter um objetivo bem definido é um fator crucial para determinar o modo como as empresas operam.

MAXIMIZAR A RIQUEZA DOS ACIONISTAS

De acordo com finanças, o principal objetivo dos administradores deve ser maximizar a riqueza dos proprietários da empresa, os acionistas. A melhor e mais simples medida da riqueza do acionista é o preço da ação da empresa, de modo que a maioria dos livros da área (inclusive o nosso) instrui os administradores a tomar decisões que aumentem o preço da ação da empresa. Um equívoco comum é que, quando as empresas buscam satisfazer seus acionistas, eles o fazem à custa de outros stakeholders, como clientes, funcionários ou fornecedores. Essa linha de pensamento ignora o fato de que, na maioria dos casos, para enriquecer os acionistas os administradores devem satisfazer primeiro as demandas desses outros grupos de interesse. Em última análise, os dividendos que os acionistas recebem são provenientes dos lucros da empresa. Então, é pouco provável que uma empresa cujos clientes estão insatisfeitos com seus produtos, cujos funcionários estão procurando outro emprego ou cujos fornecedores relutam em enviar matérias-primas conseguirá enriquecer os acionistas, já que essa será provavelmente uma empresa menos lucrativa no longo prazo do que as que são capazes de administrar melhor suas relações com esses stakeholders.

Por isso, defendemos que o objetivo da empresa, e também dos administradores, deve ser *maximizar a riqueza dos proprietários em nome dos quais a empresa é administrada*, o que, na maioria dos casos, equivale a *maximizar o preço da ação*. Esse objetivo se traduz em uma simples regra para os administradores: só *tome decisões que prometam aumentar a riqueza dos acionistas*. Embora esse objetivo possa parecer simples, sua implementação nem sempre é fácil. Para decidir se uma determinada decisão vai aumentar ou diminuir a riqueza dos acionistas, os administradores precisam avaliar qual será o retorno (ou seja, a entrada de caixa menos a saída de caixa) da decisão e qual será o nível de risco desse retorno. A Figura 1.2 ilustra esse processo. Com efeito, é possível dizer que *as variáveis-chave que os administradores devem levar em consideração ao tomar decisões de negócios são retorno (fluxos de caixa) e risco*.

Figura 1.2 Maximização do preço das ações

Decisões financeiras e preço das ações.

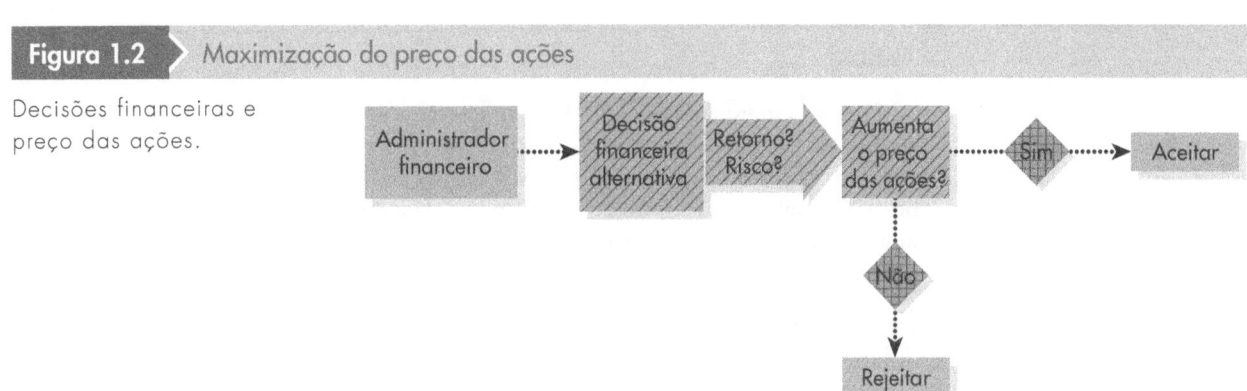

lucro por ação (LPA)
O montante de lucro obtido durante um período por cada ação ordinária em circulação. É calculado pela divisão do lucro total disponível aos acionistas ordinários da empresa pelo número de ações ordinárias em circulação.

MAXIMIZAR OS LUCROS?

Pode parecer intuitivo pensar que maximizar o preço das ações de uma empresa deve necessariamente equivaler a maximizar seus lucros. Essa ideia, contudo, não está correta.

As sociedades anônimas em geral quantificam os lucros em termos de **lucro por ação (LPA)**, que representa o montante ganho durante um período por cada ação ordinária em circulação. Os LPAs são calculados dividindo o lucro total disponível aos detentores de ações ordinárias da empresa pelo número de ações ordinárias em circulação.

Exemplo 1.1

Nick Dukakis, administrador financeiro da Neptune Manufacturing, empresa fabricante de componentes para motores náuticos, precisa decidir entre duas alternativas de investimento, rotor ou válvula. A tabela a seguir mostra o LPA que cada investimento deverá proporcionar no prazo de três anos.

	Lucro por ação (LPA)			
Investimento	Ano 1	Ano 2	Ano 3	Total para os anos 1, 2 e 3
Rotor	$ 1,40	$ 1,00	$ 0,40	$ 2,80
Válvula	0,60	1,00	1,40	3,00

No que se refere ao objetivo de maximização de lucros, a escolha recairia sobre a válvula, pois seus resultados em termos de lucro por ação serão maiores no prazo de três anos ($ 3,00 contra $ 2,80 do rotor).

Será que a maximização dos lucros leva as ações ao seu maior preço possível? Por pelo menos três razões, a resposta costuma ser *não*. Em primeiro lugar, o timing é importante. Um investimento que proporciona um lucro total menor pode ser preferível a um investimento que rende um lucro menor no curto prazo. Em segundo lugar, lucros e fluxos de caixa não são a mesma coisa. Os lucros informados por uma empresa não passam de uma estimativa de seu desempenho, uma estimativa afetada por muitas diferentes decisões contábeis que as empresas tomam ao elaborar seus relatórios financeiros. Em comparação com os lucros, o fluxo de caixa é uma medida mais objetiva do dinheiro que efetivamente entra e sai da empresa. As empresas têm de pagar as suas contas com dinheiro, e não com lucros, de modo que o mais importante para os administradores financeiros é o controle do fluxo de caixa. Em terceiro lugar, o risco também é importantíssimo. Uma empresa que obtém lucros baixos porém estáveis pode ser mais valiosa que outra empresa com lucros que variam muito (e que, portanto, podem ser muito altos ou muito baixos em momentos diferentes).

Timing

Como a empresa pode obter um rendimento sobre os fundos que recebe, é *preferível receber os fundos o quanto antes*. No nosso exemplo, embora os ganhos totais provenientes do rotor sejam menores do que os ganhos totais da válvula, o rotor proporciona um lucro por ação muito mais elevado no primeiro ano. Investindo no rotor, a Neptune Manufacturing pode reinvestir os lucros que recebe no ano 1 para gerar lucros totais mais elevados do que se investisse no projeto da válvula. Se a taxa de retorno que a Netuno puder obter com os lucros reinvestidos for alta o suficiente, o projeto do rotor pode ser preferível, apesar de, sozinho, não maximizar os lucros totais.

Fluxos de caixa

Os lucros *não* resultam necessariamente em fluxos de caixa disponíveis para os acionistas. Nada garante que o conselho de administração aumentará os dividendos quando os lucros aumentarem. Além disso, as técnicas e premissas contábeis adotadas por uma empresa às vezes pode permitir que ela demonstre um lucro positivo mesmo se as saídas de caixa excederem as entradas.

Ademais, um maior lucro não implica necessariamente um maior preço das ações. Só se deve esperar essa elevação quando o aumento do lucro se faz acompanhar de maiores fluxos de caixa. Por exemplo, uma empresa que vende um produto de alta qualidade em um mercado altamente competitivo poderia aumentar seus lucros reduzindo consideravelmente suas despesas com manutenção de equipamentos. Com isso, os gastos diminuiriam e o lucro aumentaria. Se a manutenção reduzida resultar em uma queda da qualidade do produto, contudo, a empresa pode prejudicar seu posicionamento competitivo e o preço de suas ações pode cair à medida que muitos investidores bem informados vendem suas ações se adiantando a menores fluxos de caixa futuros. Nesse caso, o aumento dos lucros viria acompanhado de menores fluxos de caixa futuros e, em consequência, de um preço mais baixo das ações.

Risco

A maximização dos lucros também ignora o **risco** ou, em outras palavras, a possibilidade de divergência entre os resultados reais e os esperados. Uma premissa básica da administração financeira é que existe um trade-off entre retorno (fluxo de caixa) e risco. *Retorno e risco são, na verdade, os principais fatores determinantes do preço das ações, que, por sua vez, representa a riqueza que os proprietários têm investida na empresa.*

O fluxo de caixa e o risco afetam o preço das ações de diferentes maneiras: se o risco permanecer inalterado, um maior fluxo de caixa em geral é associado a um preço mais alto das ações. Por outro lado, se o fluxo de caixa permanecer inalterado, um maior risco tende a resultar em um preço das ações mais baixo, porque os acionistas não gostam de correr riscos. De modo geral, os acionistas têm **aversão ao risco**, o que significa que eles apenas concordam em assumir risco se houver uma compensação por isso. Em outras palavras, os acionistas esperam receber taxas de retorno mais elevadas sobre os investimentos mais arriscados e aceitarão taxas de retorno mais baixas sobre investimentos menos arriscados. A questão fundamental, que exploraremos no Capítulo 5, é que as diferenças de risco podem afetar consideravelmente o valor de diferentes investimentos.

risco
A probabilidade de os resultados reais poderem diferir dos resultados esperados.

aversão ao risco
Diz-se daqueles que requerem uma compensação para aceitarem correr riscos.

E QUANTO AOS OUTROS STAKEHOLDERS?

Embora a maximização da riqueza do acionista seja o principal objetivo, muitas empresas estendem seu foco para contemplar outros grupos de interesse além dos acionistas. Essas partes interessadas — os **stakeholders** — são compostas de grupos como funcionários, clientes, fornecedores, credores, proprietários, entre outros, que possuem um vínculo econômico direto com a empresa. Uma empresa *focada nos grupos de interesse* evita deliberadamente tomar medidas que os prejudiquem. O objetivo não é maximizar seu bem-estar, mas sim preservá-lo.

A abordagem focada nos stakeholders não afeta o objetivo da maximização da riqueza do acionista. Essa abordagem muitas vezes é tida como uma parte da "responsabilidade social" da empresa. Espera-se que se proporcione benefícios de longo prazo aos acionistas por meio da manutenção de uma relação positiva com os stakeholders. Esse relacionamento deve minimizar a rotatividade dos stakeholders, os conflitos com eles e os litígios judiciais. Evidentemente, a empresa pode atingir melhor seu objetivo de maximização da riqueza do acionista promovendo a cooperação, e não o conflito, com os demais stakeholders.

stakeholders
Grupos de interesse como funcionários, clientes, fornecedores, credores e outros grupos que possuem um vínculo econômico direto com a empresa.

O PAPEL DA ÉTICA EMPRESARIAL

ética empresarial
Padrão de conduta ou julgamento moral aplicável às pessoas que se dedicam ao comércio.

A **ética empresarial** se refere aos padrões de conduta ou julgamento moral aplicáveis àqueles que se dedicam a atividades comerciais. Em finanças, a violação desses padrões pode assumir muitas formas: "contabilidade criativa", gerenciamento de resultados, projeções financeiras enganosas, *insider trading*, fraude, remuneração excessiva dos executivos, opções retroativas e pagamento de subornos e propinas. A imprensa financeira noticiou muitas violações como essas nos últimos anos, envolvendo empresas mundialmente conhecidas, como a JP Morgan e a Capital One. Em consequência, a comunidade financeira está desenvolvendo e reforçando padrões éticos que têm por objetivo motivar as empresas e os agentes do mercado a atuar em conformidade tanto com o texto quanto com a essência das leis e dos regulamentos dedicados às práticas empresariais e profissionais. A maioria dos líderes empresariais acredita que manter padrões éticos elevados fortalece o posicionamento competitivo da empresa.

Análise dos aspectos éticos

Robert A. Cooke, um conhecido especialista em ética, recomenda que as perguntas a seguir sejam utilizadas para avaliar a viabilidade ética de uma ação proposta.[5]

1. A ação é arbitrária ou inconsistente? Discrimina injustamente alguma pessoa ou grupo?
2. Viola os direitos morais ou legais de alguma pessoa ou grupo?
3. Está de acordo com os padrões morais aceitos?
4. Há alternativas que tenderiam a causar menos danos efetivos ou potenciais?

FATOS e DADOS

As empresas aceleram os dividendos para que os acionistas economizem em impostos

Uma maneira pela qual as empresas podem maximizar a riqueza dos acionistas é analisando criteriosamente os impostos devidos por eles sobre o pagamento de dividendos. Nos Estados Unidos, depois dos cortes tributários realizados por Bush em 2003, os acionistas passaram a pagar um modesto imposto de 15% sobre a maioria dos dividendos. No entanto, a ausência de ação do Congresso para estender os cortes de impostos de 2003 elevaria drasticamente a taxa de imposto sobre dividendos em 2013. Parecia improvável, no ano eleitoral de 2012, que os políticos se comprometessem a manter o corte, de modo que muitas empresas anunciaram planos para antecipar para o fim de 2012 os pagamentos de dividendos que tinham planejado fazer no início de 2013. A Washington Post Company, por exemplo, anunciou que, em 27 de dezembro de 2012, pagaria o dividendo integral de US$ 9,80 por ação que a empresa tinha planejado distribuir em 2013. Como você acha que o mercado de ações reagiu ao anúncio? O preço das ações da Washington Post subiu US$ 5. Ao acelerar os pagamentos de dividendos, empresas como a Washington Post, a Expedia, Inc. e a fabricante de produtos de luxo Coach, Inc. aumentaram a riqueza de seus acionistas ajudando-os a economizar em impostos.

---

5 COOKE, Robert A. Business Ethics: A Perspective. *Arthur Andersen Cases on Business Ethics*, Chicago, Arthur Andersen, set. 1991, p. 2 e 5.

Sem dúvida, analisar essas perguntas antes de tomar uma decisão pode ajudar a assegurar sua viabilidade ética.

Hoje em dia, um número crescente de empresas está tratando diretamente dessa questão ao estabelecer políticas de ética corporativa e delinear uma série de princípios fundamentais para nortear o que os funcionários das empresas devem ou não fazer. Algumas empresas chegam a basear toda a sua imagem corporativa em seus padrões éticos. O Google, por exemplo, segue notadamente o lema "Não seja mau". Mas até mesmo para o Google dilemas éticos são inevitáveis ao fazer negócios. O quadro *Foco na Ética* apresenta algumas questões sobre o assunto levantadas pelo Google Glass.

Nos Estados Unidos, a Lei Sarbanes-Oxley, de 2002, representou um grande avanço no desenvolvimento de políticas relativas à ética empresarial. A lei requer que as empresas revelem se possuem um código de ética em vigor e reportem quaisquer violações desse código à alta administração. As empresas que não possuem um código de ética

Foco na ÉTICA

Críticos encontram dilemas éticos no Google Glass?

na prática Em 27 de junho de 2012, na conferência Google I/O, a empresa lançou um novo produto chamado Google Glass. Basicamente um computador utilizado como um par de óculos, o aparelho executa muitas das funções de um smartphone sem que as pessoas precisem usar as mãos. Para demonstrar os recursos do novo produto, Sergey Brin, o cofundador da Google, saltou de um zepelim, caiu de paraquedas usando o Google Glass e ainda transmitiu a sua descida ao vivo aos participantes da conferência.

A Google nos apresenta um interessante estudo de caso sobre a maximização de valor e a ética empresarial. Em 2004, os fundadores da Google apresentaram um "Manual do Proprietário" para os acionistas, declarando que "a Google não é uma empresa convencional" e que o objetivo supremo da empresa "é criar serviços que melhorem consideravelmente a vida do maior número de pessoas possível". Os fundadores salientaram que não basta para a Google administrar um negócio de sucesso. Eles também querem usar a empresa para fazer do mundo um lugar melhor. O espetacular salto de paraquedas de Brin deixou claro que a Google tinha lançado mais um produto que prometia empolgar os clientes. Mas qual seria o efeito do Google Glass sobre o público em geral? Repórteres especializados em produtos de alta tecnologia rapidamente mudaram o foco de seus artigos e, em vez de falar sobre como seria usar um Google Glass, passaram a traçar hipóteses sobre as possíveis consequências para uma pessoa que estivesse por perto de um usuário do produto. O dispositivo sem dúvida levantou grandes preocupações relativas à privacidade dos não usuários. Um usuário do Twitter postou: "Tem um rapaz que usa o Google Glass nesse restaurante, que, até há pouco, costumava ser o meu restaurante favorito".

O famoso lema corporativo da Google, "Não seja mau", destina-se a transmitir a mensagem de que a empresa quer fazer a coisa certa mesmo quando isso requer sacrifícios no curto prazo. A abordagem da Google não parece estar restringindo sua capacidade de maximizar o valor, já que o preço das ações da empresa decolou mais de 700% de 2004 a 2013! No momento em que este livro foi escrito, contudo, ainda não estava claro como a empresa responderia aos críticos do Google Glass.

- *O objetivo de maximizar a riqueza dos acionistas é necessariamente ético ou antiético?*
- *Qual é a responsabilidade da Google, se existir alguma, de proteger a privacidade das pessoas que interagem com os usuários do Google Glass?*

Fontes:
HURST, Mark. The Google Glass Feature No One Is Talking About. *Creativegood.com*, 28 fev. 2013. Disponível em: <http://creativegood.com/blog/the-google-glass-feature-no-one-is-talking-about/>. Acesso em: 11 abr. 2016.

CONSTANT, Paul. The Closer Google Glass Gets, the More Ethical Dilemmas Appear. *Slog.thestranger.com*, 5 mar. 2013. Disponível em: <http://slog.thestranger.com/slog/archives/2013/03/05/the-closer-google-glass-gets-the-more-ethical-dilemmas-appear>. Acesso em: 11 abr. 2016.

devem explicar sua decisão. Muitas organizações exigem que os funcionários assinem um termo de compromisso formal comprometendo-se a seguir as políticas de ética ali vigentes. Essas políticas normalmente se aplicam a ações dos funcionários mediante todos os grupos de interesse, inclusive o público.

ÉTICA E O PREÇO DAS AÇÕES

Um bom programa de ética pode aumentar o valor da empresa levando a uma série de benefícios positivos, como redução da ocorrência de litígios e custos judiciais; manutenção de uma imagem corporativa positiva; aumento da confiança dos acionistas; e conquista de lealdade, comprometimento e respeito dos diversos stakeholders da empresa. Tudo isso, ao preservar e melhorar o fluxo de caixa e reduzir o risco percebido, pode afetar favoravelmente o preço das ações da empresa. *O comportamento ético, portanto, é visto como necessário para atingir o objetivo da empresa de maximizar a riqueza do proprietário.*

→ QUESTÕES PARA REVISÃO

1.7 Qual é o objetivo da empresa e, portanto, de todos os administradores e funcionários? Discuta como é possível mensurar a conquista desse objetivo.

1.8 A maximização dos lucros pode ser incompatível com a maximização da riqueza em função de três principais razões. Quais são elas?

1.9 O que é *risco*? Por que tanto o risco como o retorno devem ser levados em consideração pelo administrador financeiro ao avaliar uma tomada de decisão?

1.10 Descreva o papel das políticas e diretrizes de ética empresarial e discuta a suposta relação entre o comportamento ético e o preço das ações.

1.3 A função de administração financeira

Profissionais de todas as áreas da empresa precisam interagir com o pessoal e os procedimentos de finanças para conseguir desempenhar suas tarefas. Para que a equipe do financeiro possa fazer previsões e tomar boas decisões, eles devem estar dispostos e ser capacitados a conversar com colegas de outras áreas. Por exemplo, ao avaliar um novo produto, o administrador financeiro precisa obter previsões de vendas, diretrizes de precificação, além de estimativas de verbas de publicidade e promoção da equipe de marketing. A função de administração financeira pode ser genericamente descrita considerando seu papel na organização; sua relação com a economia e a contabilidade; e as principais atividades do administrador financeiro.

ESTRUTURA DA FUNÇÃO FINANCEIRA

O tamanho e a importância da função de administração financeira dependem do porte da empresa. Nas pequenas organizações, essa função costuma ser realizada pelo departamento de contabilidade. À medida que a empresa cresce, ela naturalmente evolui para um departamento separado que se reporta ao presidente ou diretor executivo da empresa (CEO) por meio do diretor financeiro (CFO). A parte inferior do organograma apresentado anteriormente na Figura 1.1 mostra a estrutura da função de finanças de uma empresa de médio ou grande porte.

Reportam-se ao CFO o tesoureiro e o *controller*. O **tesoureiro** (principal administrador financeiro) costuma ser responsável por atividades relacionadas ao caixa, investindo fundos excedentes quando disponíveis e captando financiamento externo quando necessário. O tesoureiro também supervisiona os planos de pensão de uma empresa e

tesoureiro
O principal administrador financeiro da empresa, responsável por administrar o caixa, supervisionar seus planos de pensão e gerenciar os principais riscos.

administra riscos cruciais relacionados com a flutuação do câmbio, taxas de juros e preços de commodities. O **controller** (contador-chefe) geralmente lida com as atividades contábeis, como a contabilidade empresarial, administração tributária, contabilidade financeira e contabilidade de custos. O foco do tesoureiro tende a ser mais externo e o do *controller*, mais interno.

Se compras ou vendas no exterior forem importantes para a empresa, ela pode empregar um ou mais profissionais de finanças dedicados a monitorar e gerenciar a exposição a perdas causadas por flutuações da taxa de câmbio. Um administrador financeiro qualificado pode fazer *hedge* (isto é, criar uma proteção contra essas perdas) a um custo razoável, utilizando-se de diversos instrumentos financeiros. Esses **gerentes de câmbio** costumam se reportar ao tesoureiro.

controller
Contador-chefe da empresa, responsável pelas atividades contábeis, como contabilidade empresarial, gestão tributária, contabilidade financeira e contabilidade de custos.

gerente de câmbio
Gerente responsável pelo monitoramento e pela gestão da exposição da empresa ao risco de perda em razão de flutuações cambiais.

RELAÇÃO COM A ECONOMIA

O campo de finanças está intimamente associado ao campo da teoria econômica. Os administradores financeiros precisam conhecer os fundamentos de economia e se manter alertas para as consequências de níveis variáveis de atividade econômica e mudanças na política econômica. Também precisam saber usar as teorias de economia como diretrizes para uma operação eficiente da empresa. Alguns exemplos incluem a análise de oferta e demanda, as estratégias de maximização de lucros e a teoria de preços. O mais importante princípio econômico usado na administração financeira é o da **análise marginal custo–benefício**, com base na qual as decisões financeiras devem ser tomadas e as ações devem ser implementadas — somente quando os benefícios adicionais superarem os custos adicionais. Praticamente todas as decisões financeiras se referem, em última análise, a uma avaliação de seus benefícios e custos marginais.

*análise marginal custo-
-benefício*
Princípio econômico segundo o qual as decisões financeiras devem ser tomadas e as ações implementadas, somente quando os benefícios adicionais superarem os custos adicionais.

> **Exemplo 1.2**
>
> Jamie Teng é administradora financeira da Nord Department Stores, uma grande rede de lojas de departamento de luxo concentrada principalmente na região Oeste dos Estados Unidos. Ela está decidindo se substituirá um dos servidores de computador da empresa por outro mais novo e sofisticado, que aceleraria o processamento e permitiria operar um volume maior de transações. O novo computador exigiria o desembolso de $ 8.000 e o antigo poderia ser vendido por $ 2.000 líquidos. Os benefícios totais da nova aquisição (em moeda atual) seriam de $ 10.000. Os benefícios produzidos pelo computador antigo no mesmo período (em moeda atual) seriam de $ 3.000. Aplicando a análise marginal custo–benefício, Jamie organiza os dados da seguinte maneira:
>
> | | |
> |---|---:|
> | Benefícios com o novo computador | $ 10.000 |
> | Menos: Benefícios com o computador antigo | 3.000 |
> | (1) Benefícios marginais (adicionais) | $ 7.000 |
> | Custo do novo computador | $ 8.000 |
> | Menos: Rendimentos da venda do computador antigo | 2.000 |
> | (2) Custos marginais (adicionais) | $ 6.000 |
> | Benefício líquido [(1) − (2)] | $ 1.000 |
>
> Como os benefícios marginais (adicionais) de $ 7.000 excedem os custos marginais (adicionais) de $ 6.000, Jamie recomenda a compra do computador novo para substituir o antigo. A empresa terá um benefício líquido de $ 1.000 com essa decisão.

RELAÇÃO COM A CONTABILIDADE

As atividades de finanças e contabilidade estão intimamente relacionadas e, via de regra, se sobrepõem. Nas pequenas empresas, os contadores muitas vezes realizam a função de finanças e, nas grandes empresas, os analistas financeiros em geral ajudam a compilar informações contábeis. No entanto, existem duas diferenças básicas entre finanças e contabilidade, que se referem à ênfase no fluxo de caixa e à tomada de decisões.

Ênfase no fluxo de caixa

A principal função do contador é coletar, organizar e reportar dados para mensurar o desempenho da empresa, avaliar sua situação financeira, atender aos requisitos dos reguladores do mercado de valores mobiliários e apresentar os relatórios por eles exigidos, além de registrar e pagar impostos. Usando princípios contábeis geralmente aceitos, os contadores preparam demonstrações financeiras que reconhecem as receitas no momento da venda (independentemente de o pagamento ter ou não sido recebido) e reconhecem as despesas no momento em que são incorridas. Essa abordagem é conhecida como **regime de competência (*accrual basis*)**.

O administrador financeiro, por outro lado, está mais voltado aos *fluxos de caixa*, ou seja, entradas e saídas de dinheiro. Ele mantém a empresa solvente, planejando os fluxos de caixa necessários para honrar as obrigações da organização e adquirir os ativos necessários para atingir suas metas. O administrador financeiro aplica esse **regime de caixa (*cash basis*)** para reconhecer as receitas e as despesas apenas quando efetivamente houver entradas e saídas de caixa. Independentemente de estar lucrando ou tendo prejuízo, *a empresa precisa ter fluxo de caixa suficiente para cumprir suas obrigações à medida que se tornam devidas.*

regime de competência (*accrual basis*)
Na elaboração de demonstrações financeiras, reconhece a receita no momento da venda e as despesas quando são incorridas.

regime de caixa (*cash basis*)
Reconhece a receita e as despesas somente quando efetivamente ocorrem as entradas e saídas de caixa.

Exemplo 1.3

A Nassau Corporation, uma pequena revendedora de iates, vendeu uma de suas embarcações por $ 100.000 no ano passado. A Nassau tinha comprado o iate por $ 80.000. Embora a empresa tenha pagado integralmente o iate no decorrer do ano, ao final do ano ainda não tinha recebido os $ 100.000 do cliente. A visão contábil do desempenho do negócio durante o ano é dada pela demonstração de resultados e, a visão financeira, pelo fluxo de caixa:

Visão de contabilidade (regime de competência)		Visão financeira (regime de caixa)	
Demonstração de resultados da Nassau Corporation no ano encerrado em 31 de dezembro		Demonstração de fluxo de caixa da Nassau Corporation no ano encerrado em 31 de dezembro	
Receita de vendas	$ 100.000	Entrada de caixa	$ 0
Menos: Custos	80.000	Menos: Saída de caixa	80.000
Lucro líquido	$ 20.000	Fluxo de caixa líquido	–$ 80.000

Do ponto de vista contábil, a Nassau Corporation é rentável, mas no que diz respeito ao fluxo efetivo de caixa, representa um fracasso financeiro. O fluxo de caixa insuficiente resultou do saldo de contas a receber em aberto no valor de $ 100.000. Sem entradas adequadas de caixa para saldar seus compromissos, a empresa não sobreviverá, qualquer que seja seu nível de lucratividade.

Como mostra o exemplo, os dados contábeis por regime de competência não descrevem com exatidão a situação da empresa. Dessa forma, o administrador financeiro precisa ir além das demonstrações financeiras para detectar problemas existentes ou potenciais. Naturalmente, os contadores sabem muito bem da importância dos fluxos de caixa e os administradores financeiros também entendem e usam as demonstrações financeiras por regime de competência. Mas os administradores financeiros, ao se concentrarem nos fluxos de caixa, devem conseguir evitar a insolvência e atingir as metas financeiras da empresa.

Finanças pessoais — Exemplo 1.4

As pessoas em geral não usam o regime por competência. Em vez disso, baseiam-se apenas em fluxos de caixa para mensurar seus resultados financeiros. De modo geral, elas planejam, monitoram e avaliam suas atividades financeiras com base nos fluxos de caixa de um dado período, geralmente um mês ou um ano. Ann Bach projetou seus fluxos de caixa para o mês de outubro de 2015 da seguinte forma:

Item	Valores — Entrada	Valores — Saída
Salário líquido recebido	$ 4.400	
Aluguel		–$ 1.200
Financiamento do carro		–450
Água, luz, telefone		–300
Supermercado		–800
Roupas		–750
Restaurantes		–650
Combustível		–260
Rendimento de juros	220	
Despesas diversas		–425
Totais	$ 4.620	–$ 4.835

Ann subtrai suas saídas totais de caixa de $ 4.835 das entradas totais de $ 4.620 e constata que seu fluxo de caixa líquido em outubro será de $ 215 negativos. Para cobrir esse déficit, ela terá que tomar um empréstimo de $ 215 (usando o cartão de crédito, por exemplo) ou sacar $ 215 da poupança. Alternativamente, pode optar por reduzir suas saídas de caixa nas áreas de gastos opcionais, como roupas e restaurantes, ou nos itens que compõem os $ 425 de despesas diversas.

Tomada de decisão

A segunda grande diferença entre finanças e contabilidade tem a ver com a tomada de decisões. Os contadores normalmente se concentram na *coleta e apresentação de dados financeiros*. Já os administradores financeiros avaliam as demonstrações contábeis, desenvolvem dados adicionais e *tomam decisões* com base na análise dos retornos e riscos associados. É claro que isso não quer dizer que os contadores nunca tomam decisões ou que os administradores financeiros nunca coletam dados, mas que o foco principal das duas atividades é bastante diferente.

Figura 1.3 — Atividades financeiras

Principais atividades do administrador financeiro.

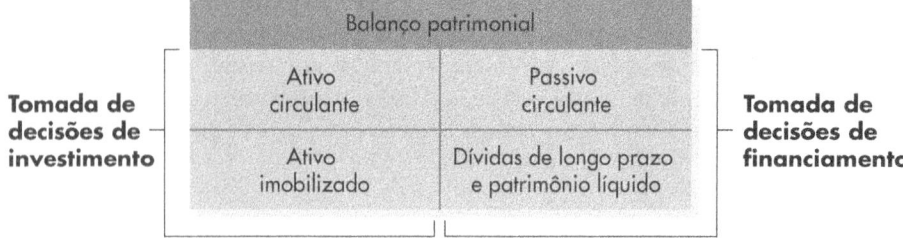

PRINCIPAIS ATIVIDADES DO ADMINISTRADOR FINANCEIRO

Além do envolvimento constante na análise e planejamento financeiros, as principais atividades dos administradores financeiros envolvem tomar decisões de investimento e de financiamento. As decisões de investimento determinam os tipos dos ativos que a empresa detém. As decisões de financiamento determinam como a empresa levanta fundos para pagar os ativos nos quais investe. Uma boa maneira de visualizar a diferença entre as decisões de investimento e financiamento de uma empresa é verificando o balanço patrimonial, como mostra a Figura 1.3. As decisões de investimento, em geral, se referem aos itens apresentados no lado esquerdo do balanço patrimonial e as decisões de financiamento referem-se aos itens do lado direito. Tenha em mente, contudo, que os administradores financeiros tomam essas decisões com base em seu efeito sobre o valor da empresa e não sobre os princípios contábeis utilizados para elaborar um balanço patrimonial.

→ **QUESTÕES PARA REVISÃO**

1.11 Por quais atividades financeiras o *tesoureiro* é responsável em uma empresa?

1.12 Qual é o princípio central da teoria econômica usado na administração financeira?

1.13 Quais são as principais diferenças entre *contabilidade* e *finanças* no que se refere à ênfase dada aos fluxos de caixa e à tomada de decisões?

1.14 Quais as duas principais atividades do administrador financeiro relacionadas ao balanço patrimonial da empresa?

1.4 Governança e a questão do principal–agente

Em geral, os proprietários de uma sociedade anônima de capital aberto não são os administradores da empresa. Mesmo assim, cabe aos administradores só executar ações ou tomar decisões que sejam do interesse dos proprietários da empresa, seus acionistas. Na maioria dos casos, se os administradores não agirem em nome dos acionistas, eles falharão em atingir o objetivo de maximizar a riqueza dos proprietários. Para ajudar a garantir que os gestores ajam de acordo com os interesses dos acionistas e levem em consideração as obrigações da empresa para com os stakeholders, as empresas buscam estabelecer práticas robustas de governança corporativa.

GOVERNANÇA CORPORATIVA

governança corporativa
As regras, processos e leis pelas quais as empresas são operadas, controladas e reguladas.

A **governança corporativa** refere-se às regras, processos e leis pelas quais as empresas são dirigidas, controladas e monitoradas. Ela define os direitos e responsabilidades dos principais atores da empresa — como acionistas, conselho de administração, administradores, funcionários e outros stakeholders – e também as regras e os procedimentos de tomada de decisão empresarial. Uma estrutura de governança corporativa bem definida destina-se a beneficiar todos os stakeholders da empresa, assegurando que a empresa seja dirigida de maneira legal e ética, em conformidade com as melhores práticas e sujeita a todas as normas corporativas.

A governança corporativa de uma empresa é influenciada tanto por fatores internos, como os acionistas, conselho de administração e diretores, quanto externos, como clientes, credores, fornecedores, concorrentes e órgãos reguladores do governo. A organização da corporação, representada na Figura 1.1, apresentada anteriormente, ajuda a definir a estrutura de governança corporativa de uma empresa. Os acionistas elegem um conselho de administração, que, por sua vez, contratam executivos ou administradores para administrar a empresa de maneira condizente com as metas, os planos e as políticas estabelecidas e monitoradas pelo conselho de administração em nome dos acionistas.

Investidores individuais *versus* institucionais

Para entender melhor o papel dos acionistas ao modelar a governança corporativa de uma empresa, é interessante delinear as diferenças entre as duas principais categorias de proprietários: investidores individuais e institucionais.

Em geral, os **investidores individuais** compram quantidades relativamente pequenas de ações e normalmente não têm recursos suficientes para afetar a governança corporativa de uma empresa. Para influenciar a empresa, os investidores individuais muitas vezes atuam em grupo, votando coletivamente em tomadas de decisão. A questão corporativa mais importante na qual os investidores individuais votam é a eleição do conselho de administração da empresa. A maior responsabilidade do conselho é atuar em nome dos acionistas. O conselho de administração não só define as políticas que especificam as práticas éticas e protegem os interesses dos stakeholders, como também monitora a tomada de decisões gerenciais em nome dos investidores.

Embora também se beneficiem da presença do conselho de administração, os investidores institucionais têm vantagens sobre os investidores individuais quando se trata de afetar a governança corporativa de uma empresa. Os **investidores institucionais** são profissionais pagos para administrar o dinheiro de terceiros e detêm e negociam grandes quantidades de títulos em nome de pessoas físicas, empresas e órgãos do governo. Os investidores institucionais incluem bancos, seguradoras, fundos mútuos e fundos de pensão. Ao contrário dos investidores individuais, os investidores institucionais muitas vezes monitoram e influenciam diretamente a governança corporativa de uma empresa, exercendo pressão sobre a administração para que apresentem desempenho ou comunicando suas preocupações ao conselho de administração da empresa. Esses grandes investidores também podem ameaçar exercer seus direitos de voto ou liquidar seus investimentos se o conselho de administração não for favorável a seus interesses. Como os investidores individuais e institucionais têm o mesmo objetivo, os investidores individuais se beneficiam do ativismo dos investidores institucionais.

Regulamentação governamental

Ao contrário da influência que clientes, credores, fornecedores ou concorrentes podem ter sobre a governança corporativa de uma empresa específica, a regulamentação governamental em geral afeta a governança corporativa de todas as empresas. Na última década, a governança corporativa recebeu mais atenção em virtude de vários escândalos corporativos de alta visibilidade envolvendo abuso de poder corporativo e, em alguns casos, atividades criminosas por parte de funcionários da empresa. Os delitos podem ser classificados em dois tipos principais de problemas: (1) fraudes em relatórios financeiros e outros comunicados ao público e (2) não divulgação de conflitos de interesse entre empresas e seus analistas, auditores e advogados e entre diretores, executivos e acionistas.

---

investidores individuais
Investidores que adquirem quantidades relativamente pequenas de ações para atingir metas pessoais de investimento.

investidores institucionais
Investidores profissionais, como bancos, seguradoras, fundos mútuos e fundos de pensão que são pagos para administrar os recursos de terceiros e que negociam grandes quantidades de títulos.

Lei Sarbanes-Oxley de 2002 (SOX)
Lei destinada a eliminar problemas de divulgação corporativa e conflitos de interesses. Inclui disposições sobre as divulgações financeiras das empresas e as relações entre empresas, analistas, auditores, advogados, conselheiros, executivos e acionistas.

Levando em consideração que uma parte integrante de um regime de governança corporativa eficiente deve incluir provisões para abrir processos judiciais civis ou criminais contra pessoas que realizam atos ilegais ou antiéticos em nome da empresa, em julho de 2002 o Congresso dos Estados Unidos aprovou a **Lei Sarbanes-Oxley (SOX)**. A Lei tem por objetivo eliminar muitos dos problemas de divulgação e conflitos de interesses que podem surgir quando os administradores da empresa não são responsabilizados pessoalmente pelas decisões financeiras e divulgações da empresa. As realizações da SOX incluem: estabelecimento de um conselho de supervisão para monitorar o setor de contabilidade; regulamentações e controles mais rígidos para processos de auditoria; penalidades mais rigorosas para executivos culpados de fraude empresarial; maiores exigências de divulgação de informações contábeis e diretrizes éticas aplicáveis aos executivos das empresas; diretrizes quanto à estrutura e composição dos conselhos de administração; estabelecimento de diretrizes para lidar com conflitos de interesse envolvendo analistas; divulgação imediata e obrigatória de venda de ações por parte de executivos; e aumento da autoridade dos órgãos reguladores do mercado de valores mobiliários, além de um maior orçamento para auditores e investigadores.

A RELAÇÃO PRINCIPAL–AGENTE

Já vimos que o dever do administrador financeiro é maximizar a riqueza dos proprietários da empresa. Os acionistas concedem aos administradores autoridade de tomar decisões na corporação, de modo que os administradores podem ser considerados *agentes* dos acionistas (proprietários) da empresa. Tecnicamente falando, qualquer administrador que detenha menos de 100% da empresa é, em certo grau, um agente atuando em nome dos demais proprietários. Essa separação entre proprietários e administradores está representada pela linha horizontal pontilhada na Figura 1.1, apresentada anteriormente, e representa a clássica **relação principal–agente**, na qual os acionistas são os *principais*. Em geral, um contrato é firmado para especificar os termos de uma relação principal–agente. Esse acordo funciona bem quando o agente toma decisões alinhadas aos interesses do principal, mas não é tão eficaz quando os interesses do principal e os do agente diferem.

relação principal–agente
Um arranjo no qual um agente age em nome de um principal. Por exemplo, acionistas de uma empresa (os principais) elegem administradores (agentes) para agir em seu nome.

Teoricamente, a maioria dos administradores financeiros concordaria com o objetivo de maximizar a riqueza dos acionistas. Na prática, porém, os administradores também se interessam pela própria riqueza pessoal, segurança no emprego e benefícios adicionais. Esses interesses podem levar os administradores a tomar decisões incompatíveis com o objetivo maior de maximizar a riqueza dos acionistas. Por exemplo, os administradores financeiros podem relutar ou deixar de assumir riscos se perceberem que decisões arriscadas podem ameaçar seu emprego ou reduzir sua riqueza pessoal.

O problema principal–agente

problema do principal-agente
Problemas que surgem quando os administradores colocam os objetivos pessoais à frente dos objetivos dos acionistas.

custos de agência
Os custos decorrentes de problemas principal–agente incorridos pelos acionistas e que representam uma perda de sua riqueza.

Um objetivo importante da governança corporativa é assegurar a prestação de contas por parte dos administradores de uma organização usando mecanismos que tentem reduzir ou eliminar o problema do principal–agente. Quando esses mecanismos falham, contudo, surgem os **problemas principal–agente**,[6] que ocorrem quando os administradores se desviam do objetivo de maximizar a riqueza dos acionistas, priorizando os próprios interesses em detrimento dos interesses dos acionistas. Esses problemas, por sua vez, levam aos **custos de agência**, que são custos arcados pelos acionistas em razão da presença do problema principal–agente ou da tentativa de evitá-lo, representando, em ambos os casos, uma perda de riqueza dos acionistas. Por exemplo, os acionistas incorrem em custos de agência quando os administradores deixam de tomar a melhor decisão de investimento ou quando os administradores têm de ser monitorados para

---

6 Em inglês, *agency problem*. No Brasil, também é chamado de *problema de agência* (N. da R.T.)

garantir a melhor decisão de investimento, pois as duas situações provavelmente resultarão em um preço mais baixo da ação da empresa.

Planos de remuneração dos executivos

Além dos papéis desempenhados pelos conselhos de administração, investidores institucionais e órgãos reguladores, a governança corporativa pode ser reforçada alinhando os interesses dos administradores com os interesses dos acionistas. Uma abordagem comum é *estruturar a remuneração dos administradores*, atrelando-a ao desempenho da empresa. Além de combater problemas principal–agente, os pacotes de remuneração baseados em desempenho possibilitam às empresas atrair os melhores executivos disponíveis. Os dois principais tipos de planos de remuneração de executivos são os planos de incentivo e os planos de desempenho.

Os **planos de incentivo** atrelam a remuneração dos administradores ao preço da ação da empresa. Um possível tipo de plano de incentivo é a concessão de **opções de compra de ações (*stock options*)** aos executivos. Se o preço da ação da empresa subir ao longo do tempo, os administradores serão recompensados com a possibilidade de comprar ações ao preço de mercado em vigor no momento da concessão e depois revender essas ações ao preço de mercado mais alto.

Muitas empresas também oferecem **planos de desempenho** que atrelam a remuneração dos executivos a medidas de desempenho, como o lucro por ação (LPA) ou o crescimento do LPA. Em planos como esses, a remuneração muitas vezes é feita na forma de ações por desempenho ou bônus em dinheiro. As **ações por desempenho** são ações concedidas aos administradores quando eles atingem as metas de desempenho pré-determinadas, ao passo que os **bônus em dinheiro** são pagamentos em dinheiro atrelados ao atingimento de determinadas metas de desempenho.

A execução de muitos planos de remuneração foi submetida a um minucioso escrutínio à luz dos problemas financeiros e escândalos corporativos da última década. Tanto os acionistas individuais quanto os institucionais, bem como a Securities and Exchange Commission (SEC) e outras entidades governamentais dos Estados Unidos continuam a questionar abertamente a adequação dos pacotes de remuneração multimilionários recebidos por muitos executivos. A remuneração total em 2012 concedida aos CEOs das 500 maiores empresas dos Estados Unidos foi considerável. Por exemplo, os três CEOs mais bem pagos de 2012 foram Larry Ellison, da Oracle Corp., que ganhou US$ 96,2 milhões; Richard Bracken, da HCA, que ganhou US$ 38,6 milhões; e Robert Iger, da Disney, que ganhou US$ 37,1 milhões.

A ameaça da tomada de controle

Quando a estrutura de governança corporativa interna de uma empresa é incapaz de manter os problemas principal–agente sob controle, administradores rivais podem tentar tomar o controle da empresa. Como os problemas principal–agente representam um mau uso dos recursos da organização e impõem custos de agência aos acionistas da empresa, a ação da empresa em geral perde valor, fazendo da empresa um alvo atraente de aquisição. A *ameaça de tomada de controle* por outra empresa que acredita ser capaz de aumentar o valor da empresa em dificuldades por meio da reestruturação de sua administração, operações e financiamento pode proporcionar uma sólida fonte externa de governança corporativa. A constante ameaça de uma aquisição tende a motivar a administração a agir de acordo com os interesses dos proprietários da empresa.

Se não houver restrições, os administradores podem tentar atingir outros objetivos além da maximização do preço das ações, mas muitas evidências indicam que a maximização do preço das ações, o foco principal deste livro, é o principal objetivo da maioria das empresas.

---

planos de incentivo
Planos de remuneração de executivos que vinculam a remuneração dos executivos ao preço das ações da empresa. Um exemplo envolve a concessão de *opções de ações*.

opções de compra de ações (*stock options*)
Opções concedidas pela empresa que permitem aos executivos se beneficiar dos aumentos nos preços das ações ao longo do tempo.

planos de desempenho
Planos que vinculam a remuneração dos executivos a métricas como o lucro por ação (LPA) ou o crescimento do LPA. *Ações por desempenho, bônus em dinheiro* ou ambos podem ser usados como formas de remuneração nesses planos.

ações por desempenho
Ações concedidas aos administradores por atingir metas de desempenho da empresa.

bônus em dinheiro
Pagamentos efetuados aos administradores pelo atingimento de determinadas metas de desempenho.

FATOS e DADOS

Até que ponto a remuneração e o desempenho estão atrelados?

Uma rápida olhada na remuneração concedida a alguns dos CEOs mais bem pagos de 2012 revela que a relação entre a remuneração e o desempenho não é tão forte quanto seria de se imaginar. Larry Ellison, o CEO da Oracle, recebeu a maior remuneração em um ano no qual as ações da Oracle perderam 22% do seu valor. O presidente da Whirlpool, Jeff Fettig, ganhou menos que um sétimo da remuneração de Ellison apesar de as ações da Whirlpool terem um retorno de quase 120% em 2012 (não contemplados na tabela).

Presidente ou diretor executivo (CEO)	Empresa	Remuneração em 2012 (em milhões de dólares)	Retorno das ações em 2012 (classificação)
Larry Ellison	Oracle Corp.	96,2	−22% (99)
Richard Bracken	HCA	38,6	+66% (10)
Robert Iger	Disney	37,1	+75% (7)
Mark Parker	Nike	35,2	+30% (26)
Philippe Dauman	Viacom	33,4	+41% (16)
John Donahoe	eBay	29,7	+68% (9)
Howard Schultz	Starbucks	28,9	+38% (19)
Stephen Chazen	Occidental Petroleum	28,5	−16% (97)
Paul Jacobs	Qualcomm	20,7	+30% (25)

A maioria dos estudos não conseguiu encontrar uma forte relação entre o desempenho das empresas e a remuneração dos CEOs. De 2007 a 2010, a publicidade em torno desses generosíssimos pacotes de remuneração combinada com a retração da economia pressionaram as empresas a reduzir a remuneração de seus executivos. Entre as 500 maiores empresas dos Estados Unidos, a remuneração dos CEOs caiu cerca de 50% nesse período. Um fator que contribuiu para essa publicidade negativa em torno da questão da remuneração por desempenho foi a exigência da SEC de que as empresas de capital aberto divulguem aos investidores e outros stakeholders o valor da remuneração do presidente ou diretor executivo (CEO), do diretor financeiro (CFO), dos três outros executivos mais bem pagos e dos membros do conselho; o método utilizado para decidir essa remuneração; e uma justificativa para as políticas globais de remuneração da empresa. Ao mesmo tempo, estão sendo desenvolvidos e implementados novos planos de remuneração mais condizentes com o desempenho dos administradores. Demonstrando essa tendência, um levantamento conduzido com 50 grandes empresas revelou que em 2009 apenas 35% da remuneração paga aos CEOs era atrelada ao desempenho da empresa, mas em 2012 essas mesmas 50 empresas informaram que 51% da renumeração do CEO era atrelada ao desempenho.

→ QUESTÕES PARA REVISÃO

1.15 O que é *governança corporativa*? Como a Lei Sarbanes-Oxley a afetou? Explique.

1.16 Defina o *problema principal–agente* e descreva como esses problemas resultam em *custos de agência*. Explique como a *estrutura de governança corporativa* de uma empresa pode ajudar a evitar os problemas principal–agente.

1.17 Como a *estrutura de remuneração dos administradores* de uma empresa pode minimizar os problemas principal–agente? Qual é a visão atual de muitos dos planos de remuneração?

1.18 Como as forças de mercado, tanto o ativismo dos acionistas quanto a ameaça de tomada de controle, atuam para evitar ou minimizar o *problema principal-agente*? Que papel os *investidores institucionais* exercem no ativismo dos acionistas?

Resumo

ÊNFASE NO VALOR

Este capítulo apresentou o principal objetivo de uma empresa: **maximizar a riqueza dos proprietários para os quais ela é administrada.** Para as empresas de capital aberto, o valor, a qualquer momento, se reflete no preço das ações. Desse modo, a administração deve explorar apenas as oportunidades que prometem criar valor para os proprietários por meio do aumento do preço das ações. Para fazer isso, a administração deve levar em consideração os retornos (a magnitude e o timing dos fluxos de caixa), o risco de cada possível decisão e seu impacto conjunto sobre o valor.

REVISÃO DOS OBJETIVOS DE APRENDIZAGEM

OA 01 **Definir *finanças* e a função de administração financeira.** Finanças é a ciência e a arte de administrar o dinheiro, e afeta praticamente todos os aspectos de um negócio. A administração financeira diz respeito às atribuições do *administrador financeiro* da empresa, que é responsável pelas finanças de todo tipo de empresas: de capital aberto e fechado, grandes e pequenas, com e sem fins lucrativos. Ele pode realizar as mais diversas tarefas, como desenvolver um planejamento financeiro ou orçamento, conceder crédito aos clientes, avaliar propostas envolvendo grandes dispêndios e captar recursos para financiar as operações da empresa.

OA 02 **Descrever as formas jurídicas de organização das empresas.** Entre as modalidades jurídicas de organização de empresas, as três mais comuns nos Estados Unidos são a firma individual, a *partnership* (sociedade de pessoas) e a sociedade anônima de capital aberto. Esta última é a que prevalece em termos de receitas e os proprietários da empresa são seus acionistas. Os acionistas esperam ganhar por meio de dividendos ou pela realização de ganhos decorrentes do aumento do preço das ações.

OA 03 **Descrever o objetivo da empresa e explicar por que maximizar o valor da empresa é um objetivo apropriado para qualquer organização.** O objetivo da empresa é maximizar seu valor e, portanto, a riqueza de seus acionistas. Maximizar o valor da empresa significa administrar o negócio tendo em vista os interesses de seus proprietários, os acionistas. Como os acionistas só são pagos depois dos outros stakeholders, em geral é necessário satisfazer os outros grupos de interesse para que se possa atingir o objetivo de enriquecer os acionistas.

OA 04 **Descrever como a função de administração financeira se relaciona com a economia e a contabilidade.** Todas as áreas de uma empresa precisam interagir com o pessoal e os procedimentos de finanças. O administrador financeiro deve conhecer o ambiente econômico e se fundamentar no princípio econômico da análise marginal custo–benefício para tomar decisões financeiras. Os administradores financeiros usam a contabilidade, mas concentram-se em fluxos de caixa e na tomada de decisão.

OA 05 Identificar as principais atividades do administrador financeiro. Além do envolvimento constante na análise e planejamento financeiros, as principais atividades dos administradores financeiros envolvem tomar decisões de investimento e de financiamento.

OA 06 Descrever a natureza da relação principal–agente entre os proprietários e os administradores de uma empresa e explicar como os vários mecanismos de governança corporativa tentam resolver o problema de agência. Essa divisão entre proprietários e administradores de uma empresa é representativa da relação principal–agente clássica, na qual os acionistas são os principais e os administradores são os agentes. Esse modelo é eficaz quando o agente toma decisões de acordo com os interesses do principal, mas não é tão eficaz quando os interesses do principal e do agente diferem. A estrutura de governança corporativa de uma empresa destina-se a garantir que os administradores ajam de acordo com os interesses dos acionistas e stakeholders e, em geral, ela é influenciada por fatores internos e externos.

Revisão da abertura do capítulo

Na abertura deste capítulo, vimos que o Facebook vendeu ações aos investidores ao preço de US$ 38 cada quando realizou sua IPO (oferta pública inicial de ações). Depois de um ano, o preço das ações da empresa girava em torno de US$ 26. Qual foi a queda percentual das ações do Facebook no primeiro ano depois de abrir o capital? Logo depois da IPO, Mark Zuckerberg, o CEO do Facebook, detinha 443 milhões de ações. Qual era o valor total de suas ações imediatamente após a IPO e um ano depois? Quanta riqueza Zuckerberg perdeu ao longo do ano?

Exercícios de autoavaliação

 AA1.1 Ênfase em fluxos de caixa. A Worldwide Rug é uma importadora de tapetes dos Estados Unidos que revende seus produtos importados a varejistas locais. No ano passado, a Worldwide Rug importou tapetes do mundo todo, no valor de $ 2,5 milhões, sendo que todos foram pagos antecipadamente, ou seja, antes do envio. Assim que recebeu os tapetes, a importadora os revendeu imediatamente a varejistas locais por $ 3 milhões. Para dar aos seus clientes de varejo tempo para revender os tapetes, a Worldwide Rug vende a crédito aos varejistas. Antes do fim do ano fiscal, a Worldwide Rug recebeu 85% de suas contas a receber em aberto.

a. Qual foi o lucro contábil gerado pela Worldwide Rug naquele ano?

b. A Worldwide Rug teve um ano bem-sucedido do ponto de vista contábil?

c. Qual foi o fluxo de caixa financeiro que a Worldwide Rug gerou naquele ano?

d. A Worldwide Rug teve um ano bem-sucedido do ponto de vista financeiro?

e. Se a tendência atual se mantiver, como você acha que será o futuro da Worldwide Rug?

Exercícios de aquecimento

A1.1 Ann e Jack são sócios há vários anos. A empresa, deles, a A & J Tax Preparation, tem usufruído de um grande sucesso, já que os dois concordam sobre a maioria das questões relacionadas aos negócios. No entanto, eles discordam no que diz respeito à melhor forma jurídica para a empresa. Faz dois anos que Ann tenta convencer Jack a transformar a empresa em uma sociedade anônima de capital aberto. Ela acredita que a mudança não traria qualquer desvantagem e só consegue ver benefícios. Jack discorda totalmente. Ele acha que a empresa deveria continuar sendo uma *partnership* para sempre.

Primeiro, coloque-se na pele de Ann e explique as vantagens de transformar a a atual *partnership* em uma sociedade anônima de capital aberto. Em seguida, veja o lado de Jack e relacione as vantagens de manter a empresa como uma *partnership*. Por fim, de que informações você precisaria caso Ann e Jack lhe pedissem para tomar a decisão por eles.

A1.2 Você foi nomeado diretor financeiro de uma empresa e cabe a você pesar os prós e os contras financeiros das várias oportunidades de investimento desenvolvidas pela área de pesquisa e desenvolvimento da sua empresa. Você está avaliando dois projetos de quinze anos que diferem em vários aspectos e precisa escolher um deles. Em termos do lucro por ação (LPA) atual da sua empresa, o primeiro projeto deve gerar um LPA acima da média nos cinco primeiros anos, um LPA mediano nos cinco anos seguintes e um LPA abaixo da média nos últimos cinco anos. Por outro lado, espera-se que o segundo projeto gere um LPA abaixo da média nos cinco primeiros anos, um LPA mediano nos próximos cinco anos e um LPA bem acima da média nos últimos cinco anos.

A escolha é óbvia se você concluir que o segundo investimento resulta em um maior aumento global dos lucros? Considerando o objetivo da empresa, quais informações você colocaria na balança antes de tomar a sua decisão final?

A1.3 As festas de fim de ano da Yearling, Inc. são famosas pela extravagância. Os administradores oferecem aos funcionários, como uma retribuição por seu empenho, o que há de melhor em comes, bebes e entretenimento. Durante o planejamento da festança deste ano, surgiu uma desavença entre o pessoal da tesouraria e o da controladoria. O pessoal da tesouraria argumentou que a empresa estava ficando sem caixa e poderia ter dificuldades para pagar suas contas nos próximos meses. Eles queriam que fossem feitos cortes no orçamento da festa. Já o pessoal da controladoria declarou que os cortes eram desnecessários, já que a empresa continuava bastante lucrativa.

Será que os dois lados podem estar certos? Explique a sua resposta.

A1.4 Você foi nomeado tesoureiro da AIMCO, Inc. por um dia. A AIMCO desenvolve tecnologias de videoconferência. Um gestor da divisão de satélites pede que você autorize um dispêndio de capital de $ 10.000. Segundo ele, o investimento é necessário para dar continuidade a um projeto de longo prazo que pretende usar a tecnologia de satélites para possibilitar videoconferências entre qualquer lugar do planeta. O gestor reconhece que a intenção desse projeto já foi superada por recentes avanços tecnológicos na área da telefonia, mas acredita que a empresa não deve desistir agora, argumentando que já foram gastos nesse propósito $ 2,5 milhões ao longo dos últimos 15 anos. Embora o projeto tenha poucas chances de se tornar viável, o gestor acredita que seria uma pena desperdiçar o dinheiro e o tempo já investidos.

Use a *análise marginal custo-benefício* para decidir se deve ou não autorizar o investimento de $ 10.000 para continuar o projeto.

A1.5 Recentemente, algumas lojas da Donut Shop, Inc. abandonaram a prática de permitir que os funcionários aceitassem gorjetas. Os clientes que costumavam dizer "Pode ficar com o troco" agora teriam que se acostumar a esperar pelas moedinhas. A administração chegou a instituir uma política de exigir que os funcionários jogassem fora o troco se o cliente saísse da loja sem ele. Você costuma passar na loja toda manhã para comprar café e rosquinhas para o pessoal do seu departamento e percebe que as filas estão maiores e que os funcionários estão errando mais nos pedidos.

Explique por que as gorjetas podem ser comparadas com as opções de compra de ações e por que a demora e os erros nos pedidos podem representar um exemplo de *custos de agência*. Se as gorjetas forem definitivamente eliminadas, como a Donut Shop, Inc. pode reduzir esses custos de agência?

Exercícios

E1.1 Comparação de responsabilidades. Merideth Harper investiu $ 25.000 na Southwest Development Company. A empresa declarou falência recentemente e tem dívidas em aberto no valor de $ 60.000. Explique a natureza dos pagamentos devidos por Merideth, caso haja algum, em cada uma das situações a seguir.

a. A Southwest Development Company é uma *firma individual* de propriedade de Merideth.

b. A Southwest Development Company é uma *partnership* entre Merideth Harper e Christopher Black, sendo que cada um deles possui 50% da empresa.

c. A Southwest Development Company é uma *sociedade anônima de capital aberto*.

E1.2 Resultado por competência versus fluxo de caixa em um determinado período. A Thomas Book Sales, Inc. fornece livros didáticos para livrarias de faculdades e universidades. Os livros são enviados com a condição de serem pagos no prazo de 30 dias, mas podem ser devolvidos com direito a reembolso integral em 90 dias. Em 2014, a Thomas enviou e faturou livros no valor total de $ 760.000. Os recebimentos, descontados os créditos por devoluções, totalizaram $ 690.000 no ano. A empresa gastou $ 300.000 na compra dos livros.

a. Usando a contabilidade por regime de competência e os valores apresentados acima, demonstre o lucro líquido da empresa para o ano.

b. Usando a contabilidade por regime de caixa e os valores apresentados acima, demonstre o fluxo de caixa líquido da empresa para o ano.

c. Qual dos dois demonstrativos é mais útil para o administrador financeiro? Por quê?

Exercício de finanças pessoais
E1.3 Fluxos de caixa. Jane costuma planejar, monitorar e avaliar sua situação financeira usando os fluxos de caixa de um determinado período, normalmente um mês. Jane tem uma conta de poupança e seu banco concede empréstimos a 6% ao ano e oferece investimentos de curto prazo com rendimento de 5%. Os fluxos de caixa de Jane para o mês de agosto foram os seguintes:

Item	Entrada de caixa	Saída de caixa
Roupas		–$ 1.000
Rendimento de juros	$ 450	

(continua)

(continuação)

Restaurantes		−500
Supermercado		−800
Salário	4.500	
Financiamento do carro		−355
Água, luz, telefone		−280
Financiamento do apartamento		−1.200
Combustível		−222

a. Calcule o total de entradas e saídas de caixa de Jane.

b. Calcule o *fluxo de caixa líquido* do mês de agosto.

c. Em caso de déficit, quais soluções você recomendaria a Jane?

d. Em caso de saldo excedente, qual seria a estratégia mais sensata?

E1.4 Análise marginal custo–benefício e o objetivo da empresa.   Ken Allen, um analista de orçamento de capital da Bally Gears, Inc. foi encarregado de avaliar uma proposta de investimento. O diretor da divisão automotiva acredita que a substituição dos equipamentos automatizados da linha de montagem de engrenagens para caminhões pesados levará a benefícios totais de $ 560 mil (em moeda atual) ao longo dos próximos cinco anos. Os equipamentos existentes produziriam benefícios de $ 400.000 (também em moeda atual) nesse mesmo período. Para instalar os novos equipamentos seria necessário um investimento inicial de $ 220.000. O diretor da divisão calcula que os equipamentos atuais poderiam ser vendidos por $ 70.000. Mostre como Ken pode aplicar a técnica de *análise marginal custo–benefício* para calcular:

a. Os benefícios marginais (adicionais) dos novos equipamentos propostos.

b. O custo marginal (adicional) dos novos equipamentos propostos.

c. O benefício líquido dos novos equipamentos propostos.

d. Qual deve ser a recomendação de Ken para a empresa? Por quê?

e. Que fatores, além de custos e benefícios, devem ser considerados antes de tomar a decisão final?

E1.5 Identificação de problema principal–agente, custos de agência e soluções. Explique por que cada uma das situações a seguir envolve um problema principal–agente e especifique os possíveis custos resultantes para a empresa. Proponha como solucionar o problema sem demitir a(s) pessoa(s) envolvida(s).

a. A recepcionista costuma esticar em 20 minutos seu horário de almoço para resolver problemas pessoais.

b. Os diretores de divisão estão inflacionando as estimativas de custo para que possam demonstrar ganhos de eficiência no curto prazo, reportando custos efetivos inferiores aos estimados.

c. O presidente da empresa reúne-se em segredo com um concorrente para discutir a possibilidade de uma fusão, sendo que uma das exigências das negociações é que ele seja nomeado o presidente da empresa resultante.

d. O gerente de uma filial demite funcionários experientes que trabalhavam em período integral e contrata substitutos de meio período ou temporários para cargos de atendimento a clientes, com o objetivo de reduzir os custos de mão de obra e elevar o lucro da filial no ano corrente. O bônus do gerente se baseia na rentabilidade da filial.

 E1.6 Problema de ética. O que significa dizer que os administradores devem maximizar a riqueza do acionista "estando sujeitos a restrições éticas"? Que considerações éticas devem ser levadas em consideração nas decisões que trazem resultados inferiores aos de antes no fluxo de caixa e no preço das ações?

Exercício com planilha

 Suponha que a Monsanto Corporation esteja pensando em substituir alguns dos seus equipamentos velhos e obsoletos de produção de carpetes. O objetivo da empresa é melhorar a eficiência das operações tanto em termos de velocidade quanto de redução do número de defeitos. O departamento financeiro da empresa compilou dados pertinentes para realizar uma análise marginal custo–benefício para a proposta de substituição dos equipamentos.

O desembolso de caixa para adquirir os novos equipamentos será de aproximadamente $ 600.000. O valor contábil líquido dos equipamentos antigos, bem como seu preço de venda líquido potencial, é de $ 250.000. Os benefícios totais produzidos pelos novos equipamentos (em moeda atual) seriam de $ 900.000. Os benefícios produzidos pelos equipamentos antigos no mesmo período (em moeda atual) seriam de $ 300.000.

TAREFA

Crie uma planilha para fazer uma *análise marginal custo–benefício* para a Monsanto Corporation e determine:

a. Os benefícios marginais (adicionais) dos novos equipamentos propostos.

b. O custo marginal (adicional) dos novos equipamentos propostos.

c. O benefício líquido dos novos equipamentos propostos.

d. Qual seria a sua recomendação para a empresa? Por quê?

Capítulo 2

O ambiente do mercado financeiro

Objetivos de aprendizagem

OA 01 Entender o papel exercido pelas instituições financeiras na administração financeira.

OA 02 Comparar as funções das instituições financeiras com as funções dos mercados financeiros.

OA 03 Descrever as diferenças entre os mercados de capitais e os mercados monetários.

OA 04 Explicar as causas e os efeitos da crise financeira de 2008 e da recessão.

OA 05 Entender as principais regulamentações e órgãos reguladores que afetam os mercados e as instituições financeiras.

OA 06 Discutir a tributação de empresas e sua importância para a tomada de decisões financeiras.

▶ Por que este capítulo é importante para você?

Na sua vida PROFISSIONAL

CONTABILIDADE Para entender como o lucro das empresas é tributado e a diferença entre as alíquotas tributárias médias e marginais.

SISTEMAS DE INFORMAÇÃO Para entender como as informações fluem entre a empresa e os mercados financeiros.

GESTÃO Para entender por que as instituições financeiras saudáveis são parte integrante de uma economia saudável e como uma crise no setor financeiro pode se espalhar e afetar qualquer tipo de negócio.

MARKETING Para entender por que é importante para as empresas a comunicação com os investidores externos sobre seus resultados operacionais e como as regulamentações restringem os tipos de comunicação.

OPERAÇÕES Para entender por que o financiamento externo é, para a maioria das empresas, um aspecto essencial das operações em andamento.

Na sua vida PESSOAL

Você fará transações financeiras no decorrer de toda a sua vida. Essas transações podem ser tão simples quanto depositar o seu salário em um banco ou tão complexas quanto decidir como alocar o dinheiro que você economizou para a aposentadoria entre diferentes opções de investimento. Muitas dessas transações têm importantes consequências fiscais, que variam ao longo do tempo e de um tipo de transação para outro. Este capítulo o ajudará a tomar melhores decisões em qualquer um desses casos.

Uma crise no financiamento imobiliário

Afogados no deserto

A cidade norte-americana de Phoenix, no Estado do Arizona, usufruiu de décadas de prosperidade. O clima ensolarado e seco atraía aposentados vindos de regiões mais frias e úmidas dos Estados Unidos e a indústria da tecnologia levou milhares de novos empregos para a cidade. A prosperidade de Phoenix se refletia nos preços das casas da região. A partir de setembro de 1992, o preço médio de uma casa em Phoenix subiu durante 166 meses consecutivos, aumentando durante esse processo quase 250%. Tudo isso começou a degringolar em junho de 2006, quando os preços das casas começaram a cair e chegaram ao fundo do poço em agosto de 2011, despencando mais de 56% em 5 anos. Eram más notícias para os proprietários de casas em Phoenix, mas os mercados financeiros ajudaram a espalhá-las pelo mundo todo.

Pense na posição de uma pessoa que comprou uma casa de US$ 300.000 em Phoenix em junho de 2006. Suponha que ela tenha comprado a casa usando US$ 30.000 do seu próprio dinheiro e contraído uma hipoteca de 30 anos, em um banco local, para os US$ 270.000 restantes. Cinco anos depois, a casa valia apenas US$ 150.000, um valor muito menor que o saldo a pagar da hipoteca, deixando o comprador com um "patrimônio negativo" nas mãos. Muitos proprietários nessa situação deixaram de pagar a hipoteca. Por um processo chamado de securitização, as hipotecas dos compradores de casas de Phoenix foram vendidas a bancos e outros investidores por todo o país; assim, a inadimplência teve consequências que acabaram sendo sentidas bem longe do deserto do Arizona. Embora a queda dos preços das casas tenha sido mais grave em Phoenix do que na maioria dos outros locais, os preços das casas estavam caindo em quase todas as grandes cidades dos Estados Unidos e o nível de inadimplência das hipotecas subiu rapidamente. Os maiores bancos do país pareciam estar à beira da falência em 2008, o que levou o governo americano a tomar uma série de medidas na tentativa de "resgatar" as instituições financeiras em dificuldades. Ficou mais difícil para as pessoas obterem crédito, e isso contribuiu para a recessão mais profunda e duradoura desde a Grande Depressão.

A experiência da crise financeira e da recessão que se seguiu ilustra a importância dos mercados financeiros para o funcionamento de uma economia de mercado. Os mercados financeiros ajudam a transferir fundos dos poupadores para os tomadores de empréstimo, e um fluxo regular de crédito é vital para a saúde da economia. Quando esse fluxo é interrompido e as empresas deixam de ter acesso ao crédito, elas investem menos e contratam menos pessoas. Neste capítulo, veremos como os mercados financeiros ajudam a alocar capital e veremos algumas medidas tomadas pelos legisladores para evitar outra crise financeira.

2.1 Instituições e mercados financeiros

A maioria das empresas de sucesso tem uma necessidade constante de fundos. Elas podem obter esses fundos de fontes externas de três maneiras. A primeira fonte está na *instituição financeira* que aceita depósitos e os transfere a quem precisa de fundos. A segunda fonte encontra-se nos *mercados financeiros*, ambientes organizados nos quais fornecedores e demandantes de diversos tipos de fundos podem negociar. E a terceira fonte está na *colocação privada*. Em virtude da natureza não estruturada desta última, neste capítulo nos concentraremos somente no papel das instituições financeiras e dos mercados financeiros na facilitação do financiamento das empresas.

INSTITUIÇÕES FINANCEIRAS

As **instituições financeiras** atuam como intermediários, canalizando a poupança de indivíduos, empresas e governos para empréstimos ou investimentos. Muitas instituições financeiras pagam, direta ou indiretamente, juros sobre os recursos depositados; outras prestam serviços em troca de tarifas (por exemplo, contas correntes pelas quais os correntistas pagam taxas de serviço). Algumas instituições financeiras aceitam depósitos de poupança de clientes e emprestam esse dinheiro a outros clientes ou empresas; outras investem a poupança de seus clientes em ativos remunerados, como imóveis, ações e títulos; e há quem faça as duas coisas. As instituições financeiras são obrigadas pelo governo a atuar de acordo com as diretrizes regulatórias.

instituições financeiras
Intermediários que canalizam a poupança de indivíduos, empresas e governos para empréstimos ou investimentos.

Os principais clientes das instituições financeiras

Para as instituições financeiras, os principais fornecedores e demandantes de fundos são os indivíduos, as empresas e os governos. A poupança que os clientes individuais depositam nas instituições financeiras fornece a essas instituições grande parte dos recursos de que dispõem. Os indivíduos não só fornecem fundos às instituições financeiras como também os demandam na forma de empréstimos. No entanto, os indivíduos, no geral, são *fornecedores líquidos* para as instituições financeiras ou, em outras palavras, eles poupam mais do que tomam emprestado.

As empresas também depositam parte de seus fundos nas instituições financeiras, sobretudo em contas correntes mantidas em diversos bancos comerciais. Assim como os indivíduos, as empresas também tomam empréstimos dessas instituições, mas são *demandantes líquidos* de fundos ou, em outras palavras, tomam emprestado mais do que poupam.

Os governos mantêm em bancos comerciais depósitos de fundos temporariamente ociosos, alguns tipos de pagamento de impostos e pagamentos à previdência social. Não tomam fundos emprestados *diretamente* das instituições financeiras, embora, ao vender seus títulos de dívida a diversas instituições, acabem tomando empréstimos indiretos. Os governos, assim como as empresas, costumam ser *demandantes líquidos* de fundos ou, em outras palavras, tomam emprestado mais do que poupam. Todo mundo já ouviu falar do déficit orçamentário do governo federal.

Principais instituições financeiras

As principais instituições financeiras que operam no mercado norte-americano são os bancos comerciais, as associações de poupança e empréstimo, as cooperativas de crédito, as caixas econômicas, as seguradoras, os fundos de investimento e os fundos de pensão. Essas instituições atraem fundos de indivíduos, empresas e governos, reúnem esses fundos e disponibilizam empréstimos a indivíduos e empresas.

BANCOS COMERCIAIS, BANCOS DE INVESTIMENTO E O SISTEMA BANCÁRIO PARALELO

bancos comerciais
Instituições que proporcionam aos poupadores um lugar seguro para investir seus fundos e que oferecem empréstimos a indivíduos e empresas.

bancos de investimento
Instituições que auxiliam as empresas a levantar fundos, assessoram as empresas em transações como fusões ou reestruturações financeiras e participam das atividades de negociação e de formação de mercado.

Lei Glass-Steagall
Uma lei do Congresso norte-americano promulgada em 1933 que criou o programa federal de seguro de depósitos e separou as atividades dos bancos comerciais e dos bancos de investimento.

sistema bancário paralelo
Também chamado de "sistema bancário na sombra", é um grupo de instituições que se dedicam a atividades de concessão de empréstimos, de maneira similar aos bancos tradicionais, mas não aceitam depósitos e, portanto, não estão sujeitas às mesmas regulamentações que os bancos tradicionais.

Os **bancos comerciais** estão entre as instituições financeiras mais importantes da economia por fornecerem aos poupadores um lugar seguro para investir seus fundos e concederem a indivíduos e empresas empréstimos para financiar investimentos, como a compra de uma casa nova ou a expansão de um negócio. Os **bancos de investimento** são instituições que: (1) auxiliam as empresas a levantar fundos; (2) assessoram as empresas em transações, como fusões ou reestruturações financeiras; e (3) participam das atividades de negociação e de formação de mercado.

O modelo de negócio tradicional de um banco comercial — receber depósitos, pagar juros sobre esses depósitos e investir ou emprestar esses fundos de volta a taxas de juros mais elevadas — funciona na medida em que os depositantes acreditam que seus investimentos estão seguros. Desde a década de 1930, o governo dos Estados Unidos tem dado alguma garantia aos depositantes de que o dinheiro deles está em segurança, fornecendo o seguro de depósitos (que atualmente chega a US$ 250.000 por depositante). Essa medida foi tomada em resposta às corridas bancárias ou colapsos que fizeram parte da Grande Depressão. A mesma lei do Congresso que introduziu o seguro de depósitos, a **Lei Glass-Steagall**, também criou uma separação entre bancos comerciais e bancos de investimento, o que significa que uma instituição que recebe depósitos não pode se envolver também nas atividades um pouco mais arriscadas de subscrição e negociação de títulos.

Os bancos comerciais e os bancos de investimento permaneceram basicamente separados por mais de 50 anos, mas o Congresso norte-americano, com a aprovação do presidente Bill Clinton, decidiu revogar a Lei Glass-Steagall em 1999. Empresas que anteriormente se dedicavam apenas a atividades tradicionais de um banco comercial começaram a competir com os bancos de investimento pela subscrição de títulos e outros serviços. Além disso, a década de 1990 testemunhou um tremendo crescimento que veio a ser conhecido como o sistema bancário paralelo. O **sistema bancário paralelo**, também chamado de "sistema bancário na sombra", é um grupo de instituições que se dedicam a atividades de concessão de empréstimos, de maneira similar aos bancos tradicionais, mas não aceitam depósitos e, portanto, não estão sujeitas às mesmas regulamentações que os bancos tradicionais. Por exemplo, uma instituição como um fundo de pensão pode ter excedente de caixa para investir e uma grande empresa pode precisar de um financiamento de curto prazo para cobrir suas necessidades sazonais de fluxo de caixa. Uma instituição como a Lehman Brothers, que pediu falência nos primeiros dias da crise financeira de 2008, atuou como um intermediário entre essas duas partes e facilitou o acesso ao empréstimo, tornando-se, assim, parte do sistema bancário paralelo. Em março de 2010, Timothy Geithner, o secretário do Tesouro dos Estados Unidos, observou que em seu auge o sistema bancário paralelo financiou aproximadamente US$ 8 trilhões em ativos e tinha aproximadamente o mesmo porte que o sistema bancário tradicional.

FATOS e DADOS

Consolidação do setor bancário norte-americano

O setor bancário dos Estados Unidos vem passando por um longo período de consolidação. De acordo com a Federal Deposit Insurance Corporation (FDIC),[a] o número de bancos comerciais dos Estados Unidos caiu de 11.463, em 1992, para 6.048, em março de 2013, representando uma queda de 47%. A queda se concentra nos pequenos bancos comunitários, os quais as instituições maiores têm adquirido a uma grande velocidade.

---

a   O sistema federal norte-americano de seguro de depósitos. (N. do T.)

MERCADOS FINANCEIROS

Os **mercados financeiros** são ambientes nos quais os fornecedores e os demandantes de fundos podem negociar diretamente. Enquanto as instituições financeiras concedem empréstimos sem o conhecimento direto dos fornecedores de fundos (poupadores), nos mercados financeiros os fornecedores sabem a quem seus fundos foram emprestados ou onde foram investidos. Os dois principais mercados financeiros são o mercado monetário e o mercado de capitais. As transações com instrumentos de dívida de curto prazo, ou títulos negociáveis, são realizadas no *mercado monetário*. Já os valores mobiliários de longo prazo — ações e títulos de dívida — são negociados no *mercado de capitais*.

Para levantar fundos, as empresas podem usar colocações privadas ou ofertas públicas. Uma **colocação privada** envolve a venda de uma nova emissão de valores mobiliários diretamente a um investidor ou grupo de investidores, como uma seguradora ou fundo de pensão. A maioria das empresas, contudo, levanta fundos por meio de uma **oferta pública** de valores mobiliários, que é a venda de títulos de dívida ou ações ao público em geral.

Quando uma empresa ou órgão do governo vende ações ou títulos de dívida aos investidores e recebe dinheiro em troca, diz-se que vendeu títulos no **mercado primário**. Depois de feita a transação no mercado primário, qualquer outra negociação do valor mobiliário não envolve diretamente o emitente, que não recebe qualquer dinheiro adicional por essas transações subsequentes. Uma vez que os valores mobiliários começam a ser negociados entre investidores, tornam-se parte do **mercado secundário**. Em grandes bolsas de valores, bilhões de ações podem ser negociadas entre compradores e vendedores em um único dia, e todas essas negociações são transações de mercado secundário. O dinheiro flui dos investidores que compram as ações aos investidores que as vendem e a empresa cuja ação está sendo negociada não é afetada pelas transações. O mercado primário é aquele no qual "novos" valores mobiliários são vendidos. O mercado secundário pode ser visto como um mercado de valores mobiliários de "segunda mão".

mercados financeiros
Ambientes nos quais os fornecedores e os demandantes de fundos podem negociar diretamente.

colocação privada
A venda de um novo valor mobiliário diretamente a um investidor ou grupo de investidores.

oferta pública
A venda de títulos de dívida ou ações ao público em geral.

mercado primário
Mercado financeiro no qual ocorrem as emissões iniciais de valores mobiliários; é o único mercado no qual o emitente está diretamente envolvido na transação.

mercado secundário
Mercado financeiro no qual são negociados valores mobiliários que já foram emitidos anteriormente.

A RELAÇÃO ENTRE INSTITUIÇÕES E MERCADOS

As instituições financeiras participam ativamente dos mercados financeiros na qualidade de fornecedores e demandantes de fundos. A Figura 2.1 representa o fluxo geral de fundos por meio das instituições financeiras e dos mercados financeiros e também entre eles, bem como o mecanismo das colocações privadas. Órgãos governamentais, empresas e indivíduos, tanto nacionais quanto estrangeiros, podem fornecer e demandar fundos. A seguir, discutiremos brevemente o mercado monetário, e inclusive seu equivalente internacional: o *mercado de euromoedas*. Concluiremos a seção com uma discussão sobre o mercado de capitais, que é de importância crucial para a empresa.

Figura 2.1 Fluxo de fundos

Fluxo de fundos para instituições e mercados financeiros.

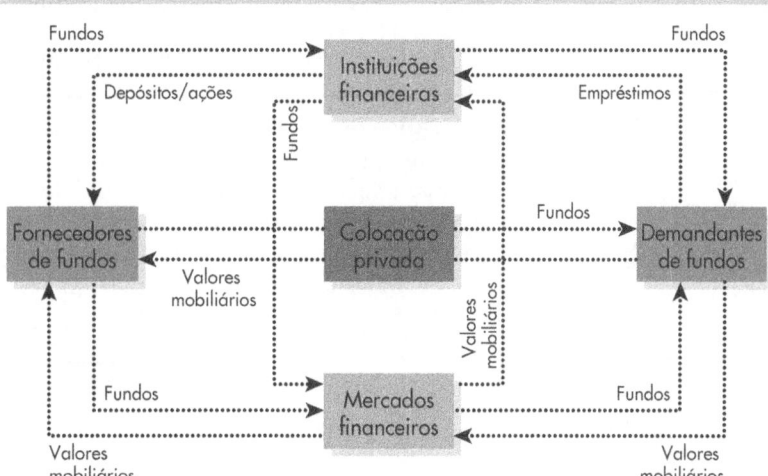

O MERCADO MONETÁRIO

mercado monetário
A relação financeira criada entre fornecedores e demandantes de *fundos de curto prazo*.

títulos negociáveis
Instrumentos de dívida de curto prazo, como *Treasury Bills* norte-americano, *commercial papers* e certificados de depósito negociáveis, emitidos pelo governo, por empresas e por instituições financeiras, respectivamente.

mercado de euromoedas
O equivalente internacional do mercado monetário doméstico.

O **mercado monetário** é criado por uma relação financeira entre fornecedores e demandantes de *fundos de curto prazo* (fundos com vencimento em um ano ou menos). Os mercados monetários existem porque alguns indivíduos, empresas, órgãos governamentais e instituições financeiras dispõem de fundos temporariamente ociosos aos quais desejam investir em um ativo relativamente seguro e remunerado. Ao mesmo tempo, outros indivíduos, empresas, órgãos governamentais e instituições financeiras têm necessidade sazonal ou temporária de financiamento. O mercado monetário aproxima esses fornecedores e demandantes de fundos de curto prazo.

A maior parte das transações no mercado monetário é feita com **títulos negociáveis**, que são instrumentos de dívida de curto prazo, como *Treasury Bills* norte-americano, *commercial papers* e certificados de depósito negociáveis, emitidos respectivamente pelo governo, por empresas e por instituições financeiras. Os investidores geralmente consideram que os títulos negociáveis estão entre os investimentos menos arriscados. Os títulos negociáveis serão abordados mais detalhadamente no Capítulo 15.

O equivalente internacional do mercado monetário doméstico é chamado de **mercado de euromoedas**, no qual se negociam depósitos bancários de curto prazo em dólares norte-americanos ou outras moedas facilmente conversíveis. Os depósitos de euromoedas surgem quando uma empresa ou indivíduo faz um depósito bancário em uma moeda diferente da moeda do país onde o banco se localiza. Por exemplo, se uma empresa multinacional depositasse dólares norte-americanos em um banco de Londres, essa ação criaria um depósito de eurodólar (um depósito em dólar em um banco da Europa). Praticamente todos os depósitos em eurodólar constituem *depósitos a prazo*, o que significa que o banco se comprometeria a restituir o depósito, com juros, em uma determinada data futura — digamos, em seis meses. Nesse meio tempo, o banco fica livre para emprestar os fundos depositados a tomadores empresariais ou governamentais com um bom crédito no mercado. Se o banco não conseguir encontrar um tomador de empréstimo por conta própria, pode emprestar o depósito a outro banco internacional.

O MERCADO DE CAPITAIS

mercado de capitais
Um mercado que possibilita transações entre fornecedores e demandantes de *fundos de longo prazo*.

O **mercado de capitais** é um mercado que possibilita transações entre fornecedores e demandantes de *fundos de longo prazo*, como emissões de valores mobiliários de empresas e órgãos governamentais. A espinha dorsal do mercado de capitais é formada pelos mercados de corretagem e de distribuição, que proporcionam um ambiente para a realização de transações de títulos de dívida e ações. Também há os mercados de capitais internacionais.

Principais valores mobiliários negociados: títulos de dívida e ações

títulos de dívida
Instrumento de dívida de longo prazo usado por empresas e órgãos governamentais para levantar grandes montantes de dinheiro, geralmente junto a um grupo diversificado de investidores.

Os principais valores mobiliários negociados nos mercados de capitais são os *títulos* (capital de terceiros de longo prazo) e as *ações ordinárias* e *preferenciais* (capital próprio).

Os **títulos de dívida** são instrumentos de dívida de longo prazo usados por empresas e órgãos governamentais para levantar grandes montantes de dinheiro, geralmente junto a um grupo diversificado de investidores. Os *títulos de dívida corporativos* costumam pagar juros *a cada 6 meses* a um determinado *cupom de juros*. Apresentam um *vencimento* básico entre 10 e 30 anos e *valor de face*, ou *valor ao par*, de US$ 1.000 a ser pago no vencimento. Os títulos de dívida são descritos em detalhes no Capítulo 7.

CAPÍTULO 2 O ambiente do mercado financeiro   **37**

> **Exemplo 2.1**
>
> A Lakeview Industries, um importante fabricante de microprocessadores, emitiu um título de dívida com cupom de juros de 9%, prazo de 20 anos e valor de face, ou ao par, de US$ 1.000, que paga juros a cada seis meses. Os investidores que compram esse título recebem o direito contratual de US$ 90 de juros anuais (cupom de juros de 9% valor de face de US$ 1.000), distribuídos como US$ 45 ao final de cada 6 meses (1/2 US$ 90) por 20 anos, mais o valor de face de US$ 1.000 ao final do vigésimo ano.

Como vimos, as *ações ordinárias* constituem unidades de propriedade de uma empresa, ou seja, de capital próprio. Os acionistas ordinários são remunerados pelo recebimento de dividendos — distribuições periódicas de lucros — ou por meio da realização de ganhos resultantes do aumento do preço da ação. As **ações preferenciais** representam um tipo especial de propriedade que apresenta características tanto de títulos de dívida quanto de ações ordinárias. Aos acionistas preferenciais é prometido um dividendo periódico fixo que deve ser pago antes de quaisquer dividendos aos acionistas ordinários. Em outras palavras, esse tipo de ação tem "preferência" em relação às ações ordinárias. As ações preferenciais e ordinárias serão descritas em mais detalhes no Capítulo 8. Veja no quadro *Foco na Prática* a história de um lendário preço de ação e do homem — igualmente lendário — que possibilitou esse preço.

Mercado de corretagem e mercado de distribuição

A grande maioria das transações realizadas por investidores individuais se dá no mercado secundário, cujos mecanismos e processos de negociação evoluíram rapidamente nos últimos anos. No passado, era possível classificar o mercado secundário em dois segmentos, *com base no modo como valores mobiliários eram negociados*: os mercados de corretagem e os mercados de distribuição. Esses segmentos mantêm sua relevância até hoje, mas as distinções entre eles deixaram de ser tão claras quanto foram no passado.

A principal diferença entre o mercado de corretagem e o mercado de distribuição é um aspecto técnico que se refere ao modo como as transações são executadas. Mais especificamente, quando uma transação ocorre em um **mercado de corretagem**, os dois lados do negócio, comprador e vendedor, se encontram para efetivar a transação: a parte A, o vendedor, vende seus valores mobiliários diretamente ao comprador, a parte B. Em certo sentido, com a ajuda de uma *corretora*, os valores mobiliários efetivamente trocam de mãos no pregão da bolsa. O mercado de corretagem consiste em **bolsas de valores** nacionais e regionais — organizações que fornecem um mercado no qual as empresas podem levantar fundos pela venda de novos valores monetários, e os compradores podem revender seus valores mobiliários.

Por outro lado, quando as transações ocorrem em um **mercado de distribuição**, o comprador e o vendedor nunca entram em contato direto. Em vez disso, são os ***market makers*** que executam as ordens de compra e venda. Os *market makers* são *distribuidoras de valores mobiliários* que exercem a atividade de "formador de mercado", fazendo ofertas de compra e venda de determinados valores mobiliários a preços definidos. Basicamente, são realizadas duas transações distintas: a parte A vende seus valores mobiliários (digamos, da Dell) a uma distribuidora e a parte B compra esses valores mobiliários (da Dell) de outra distribuidora, ou possivelmente da mesma. Desse modo, há sempre uma distribuidora (*market maker*) em um dos lados de uma transação entre distribuidora e mercado. O mercado de distribuição é composto tanto pelo **mercado Nasdaq**, uma plataforma de negociação totalmente eletrônica usada para executar transações de valores mobiliários, quanto pelo **mercado de balcão**, onde são negociados valores mobiliários de menor importância e não cotados em bolsa.

ações preferenciais
representam um tipo especial de propriedade que apresenta características tanto de títulos de dívida quanto de ações ordinárias.

mercado de corretagem
As bolsas de valores nas quais os dois lados de uma transação, o comprador e o vendedor, encontram-se para negociar valores mobiliários.

bolsas de valores
Organizações que fornecem o mercado no qual as empresas podem levantar fundos por meio da venda de novos valores mobiliários e os compradores podem revender os seus.

mercado de distribuição
Mercado no qual o comprador e o vendedor não entram em contato diretamente, mas têm suas ordens executadas por distribuidoras de valores que exercem a atividade de "formadores de mercado".

market makers
Distribuidora de valores que exerce a atividade de "formador de mercado" fazendo ofertas de compra e venda de determinados valores mobiliários a preços definidos.

mercado Nasdaq
Uma plataforma de negociação totalmente eletrônica usada para executar transações de valores mobiliários.

mercado de balcão
Mercado onde são negociados valores mobiliários de menor importância e não cotados em bolsas de valores.

Nos últimos anos, as distinções entre os mercados de corretagem e de distribuição têm ficado cada vez menos claras. Plataformas eletrônicas de negociação que usam algoritmos sofisticados colocam ordens de compra e venda muito rapidamente (fenômeno chamado de negociação de alta frequência), muitas vezes sem qualquer intervenção humana. Esses algoritmos podem ser utilizados para explorar variações de preço de uma ação ou para executar uma única grande ordem de compra ou venda e quebrá-la em várias pequenas ordens para minimizar o efeito no preço do papel em razão do grande volume de compra ou venda de ações. Hoje em dia, um volume crescente de negociações ocorre "fora da bolsa", muitas vezes em locais de negociação privados, conhecidos como "*dark pools*". Aproximadamente um terço das negociações no mercado secundário ocorre nesses ambientes fora da bolsa.

Foco na PRÁTICA

Berkshire Hathaway: será que o Warren Buffett pode ser substituído?

na prática No início de 1980, os investidores podiam comprar uma ação ordinária da Berkshire Hathaway Classe A (código da ação: BRKA) por US$ 285. Pode ter parecido caro na época, mas, em maio de 2013, o preço de apenas uma ação já tinha decolado para US$ 169.700. O gênio por trás desse crescimento fenomenal do valor para o acionista é o presidente do conselho da Berkshire Hathaway, Warren Buffett, apelidado de "O Oráculo de Omaha".

Com seu sócio e vice-presidente do conselho, Charlie Munger, Buffett administra um grande conglomerado de dezenas de subsidiárias, com 288 mil funcionários e mais de US$ 162 bilhões em receitas anuais. Ele faz parecer fácil. Nas palavras de Buffet: "Eu facilitei as coisas. Posso apenas sentar e trabalhar por meio de grandes gestores que fazem seu próprio show. Minhas únicas tarefas são: incentivá-los, esculpir e reforçar a nossa cultura corporativa e tomar importantes decisões de alocação de capital. Nossos administradores retribuem essa confiança, trabalhando duro e com eficácia".[a]

O estilo de liderança empresarial de Buffett parece bastante descontraído, mas, por trás desse jeito modesto e simples está uma das melhores mentes analíticas do mundo dos negócios. Ele acredita no alinhamento dos incentivos gerenciais com o desempenho. A Berkshire emprega muitos sistemas de incentivo diferentes, com termos que dependem de fatores como o potencial econômico ou a intensidade de capital da empresa de cada CEO. Seja qual for o sistema de remuneração, Buffett tenta mantê-lo simples e justo. O próprio Buffett recebe um salário anual de US$ 100.000, o que não é muito nesta era de generosíssimos pacotes de remuneração para CEOs. Tendo passado muitos anos na lista das pessoas mais ricas do mundo, Buffett doou a maior parte de suas ações da Berkshire para a Fundação Bill e Melinda Gates.

O relatório anual da Berkshire é uma leitura obrigatória para muitos investidores devido à popularidade da carta anual de Buffett aos acionistas, com sua visão peculiar de assuntos como investimento, governança corporativa e liderança empresarial. As assembleias de acionistas em Omaha, Nebrasca, transformaram-se em reuniões semelhantes a cultos, com milhares de pessoas viajando para ouvir Buffett responder às perguntas dos acionistas. Uma questão que tem sido respondida com firmeza diz respeito à capacidade de Buffett de criar valor para o acionista.

A próxima pergunta que precisa ser respondida é se a Berkshire Hathaway será capaz de substituir Buffett (83 anos) e Munger (89 anos). Em outubro de 2010, a Berkshire contratou Todd Combs, um gestor de fundos de *hedge*, para administrar uma parcela significativa dos investimentos da empresa. Em maio de 2013, Buffett anunciou que os membros do conselho de administração da Berkshire já escolheram o novo CEO, mas não mencionou qualquer nome. Os acionistas da Berkshire esperam que a sabedoria especial de Buffett também se aplique à identificação de novos talentos gerenciais da mesma forma como faz para tomar decisões estratégicas de investimento.

- *O preço das ações da BRKA nunca foi desdobrado. Por que a empresa poderia se recusar a desdobrar suas ações para torná-las mais acessíveis aos investidores comuns?*

---

a Berkshire Hathaway, Inc., "Carta aos acionistas da Berkshire Hathaway, Inc.", *Relatório Anual de 2006*, p. 4.

Mercados de corretagem. Se você for como a maioria das pessoas, quando pensa em "mercado de ações" a primeira coisa que lhe ocorre é a Bolsa de Valores de Nova York (NYSE – New York Stock Exchange), atualmente conhecida como NYSE Euronext, depois de uma série de fusões que expandiu o alcance global da instituição. Com efeito, a NYSE Euronext é o mercado de corretagem dominante. Várias *bolsas regionais* também são mercados de corretagem, mas, para você ter uma ideia, em 2012, a NYSE Euronext respondeu por pouco mais de 25% do *volume total em dólares* de todas as ações negociadas no mercado de ações norte-americano.

A maioria das bolsas, em menor ou maior grau, segue o modelo da NYSE Euronext. Para que os valores mobiliários de uma empresa sejam cotados na bolsa, ela precisa apresentar um pedido de listagem e atender a uma série de exigências. Por exemplo, para poder ser cotada na NYSE Euronext, uma empresa deve ter pelo menos 400 acionistas com 100 ou mais ações cada; um mínimo de 1,1 milhão de ações em circulação; lucros antes do imposto de renda de pelo menos US$ 10 milhões nos três anos anteriores, com pelo menos US$ 2 milhões em cada um dos dois anos anteriores; e um valor de mercado mínimo de US$ 100 milhões de ações em mãos do público. Dessa forma, fica bastante claro que uma empresa precisa atingir um certo nível de sucesso para ser listada na NYSE Euronext.

Uma vez listada, uma ordem de compra ou venda na NYSE Euronext pode ser executada em questão de minutos, graças a sofisticados sistemas de telecomunicação. Novos sistemas de corretagem pela internet permitem que os investidores emitam eletronicamente suas ordens de compra e venda. Informações sobre os valores mobiliários negociados ao público podem ser encontradas em diversos meios de comunicação, tanto impressos, como o *Wall Street Journal*, quanto eletrônicos, como o MSN Money (www.msn.com/en-us/money).

Mercados de distribuição. Uma das principais características do *mercado de distribuição* é a ausência de pregões centralizados. Em vez disso, esse mercado é composto de um grande número de *market makers* ligados uns aos outros por uma rede de telecomunicação em massa.

Na prática, cada *market maker* é uma distribuidora de valores que cria um mercado para um ou mais valores mobiliários por meio da oferta de compra ou venda desses valores mobiliários a preços definidos. O **preço de oferta (*bid price*)** e o **preço de demanda (*ask price*)** correspondem, respectivamente, ao preço mais alto oferecido para compra de um dado valor mobiliário e ao preço mais baixo pelo qual o valor monetário é oferecido para venda. Na prática, o investidor paga o preço de demanda quando compra valores mobiliários e recebe o preço de oferta quando os vende.

Como já vimos, o mercado de distribuição é composto tanto pelo *mercado Nasdaq* quanto pelo *mercado de balcão*, que, juntos, respondem por cerca de 22% do total das ações negociadas no mercado norte-americano, sendo que a Nasdaq é responsável pela esmagadora maioria dessas transações. (Vale notar que o *mercado primário* também é um mercado de distribuição, porque todas as novas emissões são vendidas ao público investidor por distribuidoras de valores em nome do banco de investimento.)

O maior mercado de distribuição consiste em um grupo seleto de ações listadas e negociadas na *National Association of Securities Dealers Automated Quotation System*, mais conhecida como *Nasdaq*. Fundada em 1971, a Nasdaq tem origens no mercado de balcão, mas hoje é considerada uma *entidade completamente autônoma que não pertence mais a esse mercado*. Com efeito, em 2006 a Nasdaq foi formalmente reconhecida pela SEC como "bolsa", o que lhe confere essencialmente a mesma estatura e prestígio da NYSE.

Mercados internacionais de capitais

Embora os mercados de capitais norte-americanos sejam de longe os maiores do mundo, existem importantes mercados de títulos de dívida e ações fora dos Estados Unidos. No **mercado de eurobônus (Eurobonds)**, sociedades anônimas e órgãos governamentais emitem títulos de dívida em dólares e os vendem a investidores que residem fora dos Estados Unidos. Uma empresa norte-americana pode, por exemplo, emitir títulos de dívida denominados em dólares americanos que podem ser comprados por

preço de oferta (*bid price*)
O maior preço oferecido para comprar um valor mobiliário.

preço de demanda (*ask price*)
O menor preço pelo qual um valor mobiliário é oferecido para venda.

mercado de eurobônus (Eurobonds)
Mercado no qual sociedades anônimas e governos emitem títulos de dívida denominados em dólares e os vendem a investidores que residem fora dos Estados Unidos.

> **FATOS e DADOS**
>
> **NYSE Euronext é a maior bolsa de valores do mundo**
> Segundo a Federação Mundial de Bolsas de Valores, o maior mercado de ações do mundo em 2012, medido pelo valor de mercado total dos valores mobiliários listados, era a NYSE Euronext, com valores mobiliários listados acima de US$ 14,1 trilhões nos Estados Unidos e US$ 2,8 trilhões na Europa. O segundo maior era a Nasdaq, com US$ 4,6 trilhões, e as bolsas de Tóquio e Londres não muito atrás, com US$ 3,5 bilhões e US$ 3,3 bilhões, respectivamente.

investidores da Bélgica, Alemanha ou Suíça. Por meio do mercado de eurobônus, empresas e órgãos governamentais emissores podem explorar um *pool* muito maior de investidores do que o normalmente disponível no mercado doméstico.

O *mercado de títulos de dívida estrangeiros* é um mercado internacional de títulos de dívida de longo prazo. Um **título de dívida estrangeiro** é um título de dívida emitido por uma sociedade anônima ou um governo estrangeiro, que é denominado na moeda doméstica do investidor e vendido no mercado doméstico do investidor. Um título de dívida emitido por uma companhia norte-americana que é denominado em francos suíços e vendido na Suíça é um exemplo de título de dívida estrangeiro. Embora o mercado de título de dívida estrangeiro seja muito menor que o mercado de eurobônus, muitos emissores o consideram uma maneira atraente de explorar mercados de títulos de dívida ao redor do mundo.

título de dívida estrangeiro
Título emitido por uma sociedade anônima ou um governo estrangeiro, denominado na moeda doméstica do investidor e vendido no mercado doméstico do investidor.

mercado internacional de ações
Mercado que permite às empresas vender blocos de ações a investidores em diferentes países simultaneamente.

Por fim, o **mercado internacional de ações** permite às sociedades anônimas vender blocos de ações a investidores em diferentes países simultaneamente. Esse mercado permite que as sociedades anônimas levantem volumes de capital muito maiores do que seria possível em um único mercado. As vendas internacionais de ações se revelaram indispensáveis aos governos que venderam empresas estatais a investidores privados.

O papel dos mercados de capitais

Do ponto de vista de uma empresa, o papel de um mercado de capitais é ser um mercado com liquidez onde as empresas podem interagir com os investidores para obter valiosos recursos de financiamento externo. Do ponto de vista dos investidores, o papel de um mercado de capitais é ser um **mercado eficiente** que estabelece preços corretos para os valores mobiliários que as empresas vendem e aloca fundos para seus usos mais produtivos. Esse papel é especialmente verdadeiro para os valores mobiliários que são ativamente negociados nos mercados de corretagem ou de distribuição, nos quais a intensa concorrência entre os investidores determina os preços dos valores mobiliários.

mercado eficiente
Um mercado que estabelece preços corretos para os valores mobiliários que as empresas vendem e aloca fundos para seus usos mais produtivos.

O preço de um valor mobiliário individual é determinado pela interação entre compradores e vendedores no mercado. Se o mercado é eficiente, o preço de uma ação é uma estimativa não enviesada de seu verdadeiro valor. Os investidores competem entre si por informações sobre o verdadeiro valor de uma ação de modo que, em qualquer momento, o preço de uma ação reflete todas as informações conhecidas sobre ela. Variações no preço refletem novas informações que os investidores recebem e com base nas quais agem. Por exemplo, suponha que uma determinada ação seja negociada atualmente por $ 40. Se a empresa anunciar que as vendas de um novo produto foram mais altas que o esperado e se os investidores já não tiverem se adiantado ao anúncio, eles elevarão sua estimativa do verdadeiro valor da ação. A $ 40, a ação pode ser considerada uma pechincha, de modo que temporariamente haverá mais compradores do que vendedores querendo negociá-la e seu preço subirá para restaurar o equilíbrio no mercado. Quanto mais eficiente for o mercado, mais rapidamente esse processo todo se desenrola. Teoricamente, até informações que só os *insiders* conhecem podem ser incorporadas aos preços das ações, como explica o quadro *Foco na Ética*, a seguir.

As novas informações são, quase por definição, imprevisíveis. Por exemplo, é bem conhecido que as empresas de varejo nos Estados Unidos têm um pico de vendas perto do final do ano, com a aproximação do Natal. Quando uma empresa reporta um aumento das vendas perto do fim do ano, essa informação não é nova porque os investidores do mercado estão cientes do padrão sazonal e preveem que as vendas do quarto trimestre serão maiores do que em qualquer outra época do ano. Para o mercado, uma nova informação seria um relatório de um varejista informando que suas vendas foram maiores (ou menores) do que aquilo que os investidores já esperavam para o referido quarto trimestre. Por ser imprevisível, a nova informação possui uma qualidade aleatória (isto é, às vezes as empresas anunciam resultados melhores do que o esperado e às vezes anunciam resultados piores do que o esperado). Diante de novas informações, os preços das ações reagem

Foco na ÉTICA

A ética do *insider trading*

na prática Em maio de 013, o mundo ficou sabendo de um escândalo de *insider trading* envolvendo Scott London, o auditor-chefe do escritório de Los Angeles da KPMG. A Securities and Exchange Commission dos Estados Unidos alegou que London passou a um amigo, Bryan Shaw, informações que ele tinha obtido ao trabalhar em auditorias de duas empresas, a Herbalife e a Skechers. Shaw lucrou US$ 1,3 milhão no mercado de ações com base nas informações privilegiadas e recompensou London com generosos presentes, como envelopes recheados de dinheiro, um relógio Rolex e ingressos para shows. Shaw se declarou culpado das acusações de *insider trading* no dia 20 de maio.

Leis proibindo o *insider trading* foram criadas nos Estados Unidos durante a década de 1930 para assegurar que todos os investidores tenham acesso a informações relevantes em condições idênticas. No entanto, muitos participantes do mercado acreditam que o *insider trading* deveria ser permitido. O argumento se baseia na hipótese do mercado eficiente (HME).

De acordo com essa hipótese, os preços das ações refletem integralmente todas as informações publicamente disponíveis. Mas, naturalmente, um volume considerável de informações sobre cada organização não está publicamente disponível. Assim, os preços das ações podem não refletir com precisão tudo o que se sabe sobre a empresa.

Os que argumentam a favor de permitir o *insider trading* acreditam que os preços de mercado influenciam a alocação de recursos entre as empresas. As organizações com os preços das ações mais elevados têm mais facilidade de levantar capital, por exemplo. Portanto, é importante que os preços de mercado reflitam o maior volume de informações possível. Os defensores do *insider trading* argumentam ainda que os investidores converteriam rapidamente as informações privilegiadas em informações publicamente disponíveis se a prática fosse permitida. Se, por exemplo, Scott London ficasse sabendo que um de seus clientes de auditoria estava em dificuldade e tivesse negociado no mercado de ações com base nessas informações, os participantes do mercado poderiam ter visto as atividades dele e concluído que o cliente estava com problemas. Naturalmente, a outra condição necessária seria que os *outsiders* possam observar as transações dos *insiders* no mercado de ações.

Curiosamente, Eugene Fama, considerado por muitos o pai da hipótese do mercado eficiente, não acredita que o *insider trading* deveria ser permitido.[a] Fama acredita que permitir o *insider trading* criaria um problema de risco moral. Por exemplo, se os insiders pudessem negociar com base em informações sigilosas, eles poderiam ter incentivos para ocultar as informações tendo em vista o próprio ganho pessoal.

- *Se a eficiência é a meta dos mercados financeiros, qual é mais antiético, permitir ou proibir o insider trading?*
- *Será que permitir o insider trading criaria um dilema ético para os insiders?*

---

a FAMA/French Forum. Q&A: *Is Insider Trading Beneficial?* Disponível em: <https://famafrench.dimensional.com/questions-answers/qa-is-insider-trading-beneficial.aspx>. Acesso em: 27 abr. 2017.

rapidamente, e essas flutuações de preços parecerão ocorrer aleatoriamente. Portanto, um sinal de que o mercado de ações é eficiente é que alterações nos preços das ações são quase impossíveis de prever, até mesmo por investidores profissionais.

Nem todos concordam que os preços nos mercados financeiros são tão eficientes quanto a descrição do parágrafo anterior. Os defensores de *finanças comportamentais*, um novo campo que combina conceitos de finanças e de psicologia, argumentam que os preços das ações e de outros títulos podem desviar-se de seus verdadeiros valores por longos períodos e que esses desvios podem levar a padrões previsíveis nos preços das ações. Essas pessoas apontam para episódios como a enorme alta e o subsequente colapso dos preços das ações das empresas pontocom, no fim dos anos 1990, e a falha dos mercados em avaliar com precisão o risco dos títulos hipotecários, na mais recente crise financeira, como exemplos do princípio de que os preços das ações podem às vezes ser medidas imprecisas de valor.

Até que ponto os preços nos mercados financeiros são eficientes? Essa questão ainda vai ser debatida por um longo tempo. Está claro que os preços flutuam em resposta a novas informações e, para a maioria dos investidores e executivos, o melhor conselho provavelmente é usar de cautela ao apostar contra o mercado. É extremamente difícil identificar títulos sub ou sobrevalorizados pelo mercado e pouquíssimas pessoas têm demonstrado capacidade de apostar contra ele de maneira correta por um longo período de tempo.

→ **QUESTÕES PARA REVISÃO**

2.1 Quem são os principais participantes das transações das instituições financeiras? Quem são os *fornecedores líquidos* e quem são os *demandantes líquidos*?

2.2 Qual é o papel dos *mercados financeiros* na nossa economia? O que são *mercados primários* e *mercados secundários*? Qual é a relação existente entre as instituições financeiras e os mercados financeiros?

2.3 O que é o *mercado monetário*? O que é o *mercado de euromoedas*?

2.4 O que é o *mercado de capitais*? Quais são os principais valores mobiliários negociados nesse mercado?

2.5 O que são *mercados de corretagem*? O que são *mercados de distribuição*? Qual é a diferença entre eles?

2.6 Descreva sucintamente os mercados internacionais de capitais, em especial o *mercado de eurobônus* e o *mercado internacional de ações*.

2.7 O que são *mercados eficientes*? O que determina o preço de um título individual em um mercado eficiente?

▶2.2 A crise financeira

No verão e no outono de 2008, o sistema financeiro norte-americano e os sistemas financeiros ao redor do mundo pareciam estar à beira do colapso. Problemas no setor financeiro se espalharam para outros setores e uma grave recessão global se seguiu. Nesta seção, veremos algumas das principais causas e consequências dessa crise.

INSTITUIÇÕES FINANCEIRAS E FINANCIAMENTO IMOBILIÁRIO

No clássico filme *A felicidade não se compra* (1946), o personagem principal é George Bailey, que administra uma instituição financeira chamada Associação Bailey de Construção e Empréstimos. Em uma cena importante do filme, uma corrida aos bancos está prestes a ocorrer e os depositantes exigem que George devolva o dinheiro que eles tinham investido na Associação. George implora a um homem para manter seus fundos no banco, dizendo:

Você não tem noção do que é este lugar. Você acha que eu tenho o dinheiro trancado em um cofre? O dinheiro não está aqui. O seu dinheiro está na casa do Joe. Bem ao lado da sua... e está na casa dos Kennedy e na casa da Sra. Maklin e em centenas de outras. Você emprestou o dinheiro para eles construírem suas casas e eles o devolverão assim que puderem. O que você vai fazer, tomar a casa deles?

Essa cena nos dá um retrato relativamente realista do papel que as instituições financeiras desempenharam, por muitos anos, na alocação de crédito para investimentos em imóveis residenciais. Os bancos locais pegavam depósitos e faziam empréstimos a mutuários locais. No entanto, desde os anos 1970, um processo chamado securitização mudou o funcionamento do financiamento hipotecário. **Securitização** refere-se ao processo de agrupar hipotecas ou outros tipos de empréstimos e em seguida vender direitos ou valores mobiliários lastreados nesse agrupamento em um mercado secundário. Esses valores mobiliários, chamados de **títulos hipotecários**, podem ser comprados por investidores individuais, fundos de pensão, fundos mútuos ou por qualquer outro investidor. À medida que os proprietários de casas pagam seus empréstimos, esses pagamentos eventualmente acabam voltando às mãos dos investidores que detêm os títulos hipotecários. Assim, o principal risco associado aos títulos hipotecários é que os proprietários de imóveis podem não ser capazes de pagar seus empréstimos ou podem simplesmente optar por não pagá-los. Hoje em dia, os bancos ainda emprestam dinheiro a indivíduos que desejam construir ou comprar novas casas, mas eles normalmente agrupam esses empréstimos e os vendem a organizações que os securitizam e os repassam a investidores do mundo todo.

securitização
O processo de agrupar hipotecas ou outros tipos de empréstimos e então vender direitos ou valores mobiliários lastreados nesse agrupamento em um mercado secundário.

títulos hipotecários
Títulos que representam direitos sobre os fluxos de caixa gerados por um agrupamento de hipotecas.

QUEDA DE PREÇOS DOS IMÓVEIS RESIDENCIAIS E HIPOTECAS INADIMPLENTES

Antes da crise financeira de 2008, a maioria dos investidores considerava os títulos hipotecários como investimentos relativamente seguros. A Figura 2.2 ilustra uma das principais razões que apoiava essa opinião. Ela mostra o comportamento do Índice Standard & Poor`s Case-Shiller, um barômetro dos preços dos imóveis residenciais em dez grandes cidades dos Estados Unidos, mês a mês, de janeiro de 1987 a fevereiro de 2013. Historicamente, as quedas do índice foram relativamente pouco frequentes e, entre julho de 1995 e abril de 2006, o índice subiu continuamente sem um único declínio mensal. Quando os preços dos imóveis residenciais estão subindo, a diferença entre o valor que um mutuário deve em um financiamento imobiliário e o valor do imóvel aumenta. Os credores permitem que os mutuários com dificuldade de pagar suas hipotecas se aproveitem desse valor mais elevado para refinanciar seus empréstimos e reduzir suas prestações. Portanto, o aumento dos preços das casas ajudou a manter baixas as taxas de inadimplência das hipotecas a partir de meados da década de 1990 até 2006. Investir em imóveis e em títulos hipotecários parecia envolver pouquíssimo risco nesse período.

Em parte porque os investimentos imobiliários pareciam ser relativamente seguros, os credores começaram a flexibilizar as exigências aos mutuários. Essa mudança levou a um enorme crescimento de uma categoria de empréstimos chamados hipotecas *subprime*, que são empréstimos hipotecários concedidos a mutuários com renda mais baixa e um histórico de crédito inferior em comparação com os mutuários "*prime*". Os empréstimos concedidos a mutuários *subprime* costumam ter taxa variável de juros, e não fixas, o que deixa os mutuários *subprime* especialmente vulneráveis caso as taxas de juros subam. Muitos desses mutuários (e credores) assumiram que o preço dos imóveis residenciais em alta permitiria aos mutuários refinanciar seus empréstimos se eles tivessem dificuldade de pagar as prestações. Em parte por causa do crescimento das hipotecas *subprime*, os bancos e outras instituições financeiras foram aos poucos aumentando seus investimentos em empréstimos imobiliários, que em 2000 representavam menos de 40% das carteiras de crédito total dos grandes bancos. Em 2007, o crédito imobiliário já respondia por mais da metade de todos os empréstimos feitos por grandes bancos e a porcentagem desses empréstimos na categoria *subprime* também aumentou.

Figura 2.2 — Os preços dos imóveis residenciais decolam e despencam

O gráfico mostra o Índice Standard & Poor's Case-Shiller de janeiro de 1987 a fevereiro de 2013 e podemos ver que os preços dos imóveis residenciais subiram quase sem interrupção por quase uma década antes de entrar em uma prolongada queda.

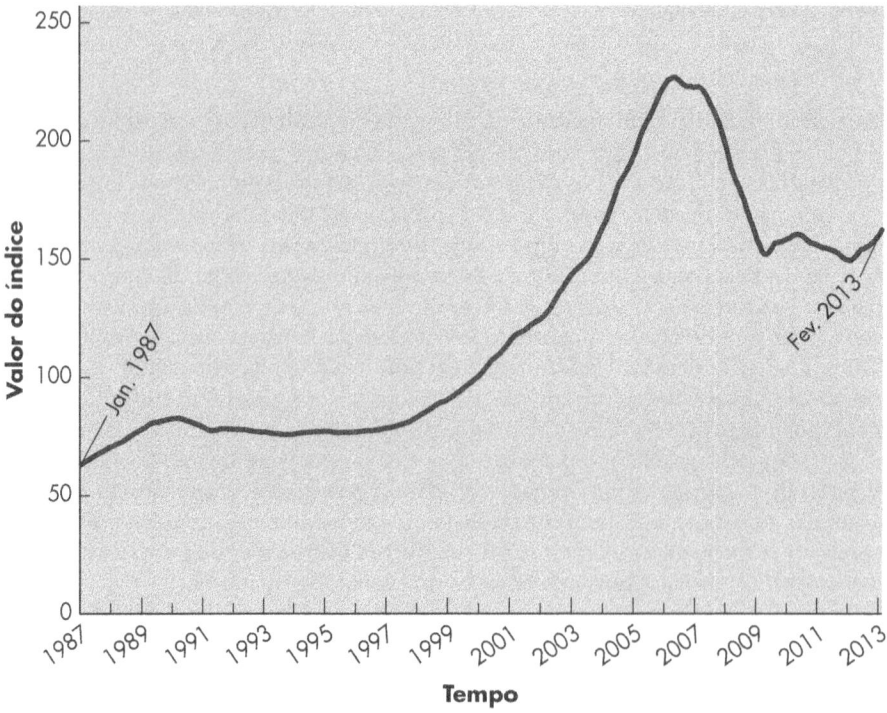

Infelizmente, como mostra a Figura 2.2, os preços dos imóveis residenciais caíram quase sem interrupção de maio de 2006 a maio de 2009. Durante esse período de três anos, os preços das casas caíram, em média, mais de 30%. Não é de se surpreender que, quando os proprietários de casas se viram com dificuldade para pagar suas hipotecas, o refinanciamento tinha deixado de ser uma opção e as taxas de inadimplência e o número de execuções de hipotecas começaram a subir. Em 2009, quase 25% dos mutuários *subprime* estavam atrasados em seus pagamentos de hipoteca. Alguns mutuários, reconhecendo que o valor de seus imóveis era muito menor que o montante que eles deviam em suas hipotecas, simplesmente abandonaram suas casas e deixaram que os credores as retomassem.

CRISE DE CONFIANÇA NOS BANCOS

Com as taxas de inadimplência subindo, o valor dos títulos hipotecários começou a cair e o mesmo aconteceu com as fortunas das instituições financeiras, que tinham investido pesado em ativos imobiliários. Em março de 2008, o Banco Central norte-americano financiou a aquisição (isto é, o resgate) do Bear Stearns pelo JPMorgan Chase. Naquele mesmo ano, o Lehman Brothers pediu falência. Ao longo de 2008 e 2009, o Banco Central, o governo de George W. Bush e, por fim, a administração de Barack Obama tomaram medidas sem precedentes para tentar fortalecer o setor bancário e estimular a economia, mas essas medidas não conseguiram evitar completamente a crise.

A Figura 2.3 mostra o comportamento do Índice Standard & Poor`s Banking, um índice que monitora as ações dos bancos. Entre janeiro de 2008 e março de 2009, as ações dos bancos caíram 81% e o número de bancos que faliram disparou. De acordo com o Federal Deposit Insurance Corporation, só três bancos faliram em 2007. Em 2008, esse número já era oito vezes maior, tendo subido para 25 bancos falidos; em 2009, o número aumentou quase seis vezes em relação à 2008, chegando a 140 falências. Mesmo com a economia começando a se recuperar em 2010, as falências de bancos continuaram em um ritmo acelerado, com 157 instituições falindo naquele ano, seguidas de 92 falências adicionais em 2011.

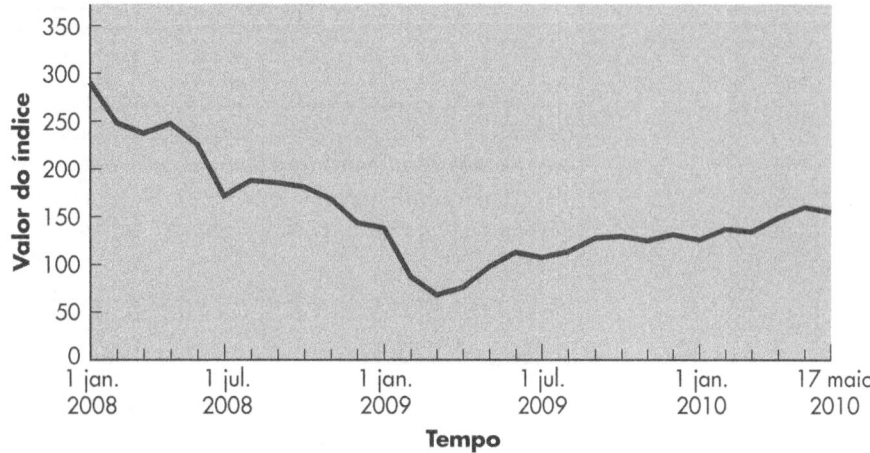

Figura 2.3 Preço das ações de bancos despencam durante crise financeira

O gráfico mostra o Índice Standard and Poor's Banking de janeiro de 2008 a maio de 2010. Preocupações com a saúde das instituições financeiras norte-americanas levaram as ações dos bancos a despencar 81% em pouco mais de um ano.

A GRANDE RECESSÃO E SUAS REPERCUSSÕES

Sob intensa pressão financeira em 2008, os bancos começaram a adotar padrões mais restritivos de análise de crédito e a reduzir drasticamente o volume de empréstimos que faziam. Na esteira da falência do Lehman Brothers, os empréstimos no mercado monetário diminuíram drasticamente. As sociedades anônimas que contavam com o mercado monetário como uma fonte de financiamento de curto prazo descobriram que não podiam mais levantar fundos nesse mercado ou só poderiam fazê-lo mediante taxas extraordinariamente elevadas.

Em consequência, as empresas começaram a guardar dinheiro e a cortar gastos, e a atividade econômica então se contraiu. O produto interno bruto (PIB) dos Estados Unidos caiu em cinco dos seis trimestres, a partir do primeiro trimestre de 2008, e a economia perdeu mais de 8 milhões de empregos entre 2008 e 2009, com a taxa de desemprego atingindo 10%. O Congresso norte-americano aprovou um pacote de estímulo de US$ 862 bilhões, na tentativa de reanimar a economia, e o Banco Central empurrou as taxas de juros de curto prazo para perto de 0%. Embora a economia tenha começado a se recuperar em 2009, o processo foi muito lento. Em maio de 2013, o emprego total ainda era cerca de 2% menor do que antes do início da recessão.

Talvez a lição mais importante desse episódio seja a importância das instituições financeiras para uma economia moderna. Segundo algumas métricas, a recessão de 2008–2009 foi a pior que os Estados Unidos enfrentaram desde a Grande Depressão. De fato, há muitas semelhanças entre essas duas contrações econômicas. As duas foram precedidas por um período de rápido crescimento econômico, preços de ações em alta e entrada dos bancos em novas linhas de negócio; e ambas envolveram uma grande crise no setor financeiro. Recessões associadas a uma crise bancária tendem a ser mais graves do que outros tipos de recessão porque muitas empresas dependem de crédito para operar. Quando as instituições financeiras restringem os empréstimos, a atividade na maioria dos outros setores também diminui.

→ **QUESTÕES PARA REVISÃO**

2.8 O que é *securitização* e como ela facilita o investimento em ativos imobiliários?

2.9 O que é um *título hipotecário*? Qual é o risco básico associado aos títulos hipotecários?

2.10 Como o aumento dos preços dos imóveis residenciais contribuiu para a baixa taxa de inadimplência de hipotecas?

2.11 Por que a queda dos preços dos imóveis residenciais criou um incentivo para os proprietários de imóveis deixarem de pagar suas hipotecas mesmo quando tinham condições de fazer os pagamentos mensais?

2.12 Por que uma crise no setor financeiro se propaga para outros setores?

2.3 Regulamentação de instituições e mercados financeiros

Na seção anterior, vimos como as economias modernas ficam vulneráveis quando as instituições financeiras entram em crise. Em parte para evitar esses tipos de problemas, os governos costumam regulamentar os mercados e as instituições financeiras tanto — ou mais — quanto qualquer outro setor da economia. Nesta seção, apresentaremos uma visão geral do cenário regulatório financeiro nos Estados Unidos.

REGULAMENTAÇÃO DAS INSTITUIÇÕES FINANCEIRAS

Como vimos na Seção 2.1, o Congresso norte-americano aprovou a Lei Glass-Steagall em 1933, no auge da Grande Depressão. O início dos anos 1930 testemunhou uma série de colapsos bancários que levaram quase um terço dos bancos do país à falência. Problemas no setor bancário e outros fatores contribuíram para a pior contração econômica da história dos Estados Unidos, quando a produção industrial despencou mais de 50%, a taxa de desemprego atingiu um pico de quase 25% e os preços das ações caíram bruscamente em 86%. A Lei Glass-Steagall tentou acalmar os receios do público em relação ao setor bancário, estabelecendo a **Federal Deposit Insurance Corporation** (**FDIC**), que fornecia seguros para depósitos, o que, na prática, garantia que indivíduos não perdessem o dinheiro depositado se o banco falisse. A FDIC também foi encarregada de examinar os bancos periodicamente para verificar sua saúde. A Lei Glass-Steagall também proibiu as instituições que recebiam depósitos de se envolver em atividades como a negociação e subscrição de valores mobiliários, uma medida que acabou separando os bancos comerciais dos bancos de investimento.

Com o tempo, as instituições financeiras norte-americanas enfrentaram pressões competitivas de empresas nacionais e estrangeiras que se empenharam em facilitar empréstimos ou fazer empréstimos diretamente. Como esses concorrentes não aceitavam depósitos ou estavam localizados fora dos Estados Unidos, eles não estavam sujeitos às mesmas regras que os bancos domésticos. Em consequência, os bancos domésticos começaram a perder participação de mercado em seus negócios essenciais (*core businesses*). As pressões se intensificaram para revogar a Lei Glass-Steagall e permitir que os bancos norte-americanos competissem com mais eficácia e, em 1999, o Congresso norte-americano aprovou e o presidente Bill Clinton sancionou a **Lei Gramm-Leach-Bliley**, que permite a fusão de bancos comerciais, bancos de investimento e seguradoras para competir por negócios em uma gama mais ampla de atividades.

Na sequência da recente crise financeira e da recessão, o Congresso norte-americano aprovou a Lei Dodd-Frank de Reforma de Wall Street e de Proteção ao Consumidor em julho de 2010. A nova lei tem centenas de páginas e exige a criação de várias novas agências, incluindo o Financial Stability Oversight Council, o Office of Financial Research e o Bureau of Consumer Financial Protection. A lei também realinha os deveres de várias agências existentes e exige que todas elas — tanto as já existentes quanto as novas — reportem regularmente ao Congresso. Três anos depois de sancionada a Lei Dodd-Frank, as várias agências afetadas ou criadas estavam elaborando regras para especificar como as disposições da nova lei seriam implementadas. Ainda não se sabe exatamente como a nova legislação afetará as instituições e os mercados financeiros.

Federal Deposit Insurance Corporation (FDIC)
Uma agência criada pela Lei Glass-Steagall que fornece seguro para depósitos em bancos e monitora os bancos para assegurar sua segurança e solidez.

Lei Gramm-Leach-Bliley
Uma lei que permite combinações de empresas (ou seja, fusões) entre bancos comerciais, bancos de investimento e seguradoras e, portanto, permite que essas instituições possam competir em mercados nos quais as regulamentações anteriores os proibiam de entrar.

REGULAMENTAÇÃO DOS MERCADOS FINANCEIROS

Duas outras legislações que foram aprovadas durante a Grande Depressão tiveram um efeito enorme sobre a regulamentação dos mercados financeiros. A **Securities Act of 1933** impôs novas regulamentações para a venda de novos valores mobiliários. Ou seja, destinou-se a regulamentar as atividades no mercado primário, no qual os valores mobiliários são inicialmente emitidos ao público. A lei foi concebida para assegurar que os vendedores de novos valores mobiliários fornecessem informações detalhadas aos potenciais compradores desses títulos.

Já a **Securities Exchange Act of 1934** regulamenta as negociações de valores monetários como ações e títulos de dívida no mercado secundário. Essa lei também criou a **Securities and Exchange Commission (SEC)**, a principal agência responsável pela aplicação das leis federais de valores monetários nos Estados Unidos. Além das divulgações exigidas dos emitentes de valores mobiliários pela Securities Act of 1933, a Securities Exchange Act of 1934 exige a divulgação contínua por parte de empresas que têm valores mobiliários negociados nos mercados secundários. As empresas devem preencher o formulário 10-Q trimestralmente e o formulário 10-K anualmente. Os formulários 10-Q e 10-K requerem informações detalhadas sobre o desempenho financeiro da empresa no período correspondente. Hoje em dia, esses formulários estão disponíveis na internet no site da SEC, conhecido como EDGAR (Electronic Data Gathering, Analysis, and Retrieval). A lei de 1934 também impõe limites à extensão na qual os "*insiders*", como gestores seniores, podem negociar com os valores mobiliários de sua empresa.

Embora o tipo e o nível de regulamentação governamental sejam sempre discutíveis, a ideia de que precisamos e, de fato, nos beneficiamos de algum nível de regulamentação governamental dos mercados e instituições financeiras é bem razoável. Os maiores benefícios da regulamentação governamental são a confiança resultante nas instituições e mercados financeiros por parte da sociedade. Essa confiança é necessária para assegurar a participação da sociedade no ambiente do mercado financeiro com o qual praticamente todas as pessoas esperam, de uma forma ou de outra, se beneficiar.

Securities Act of 1933
Lei que regulamenta a venda de valores mobiliários ao público no mercado primário.

Securities Exchange Act of 1934
Lei que regulamenta as negociações de valores mobiliários como ações e títulos de dívida no mercado secundário.

Securities and Exchange Commission (SEC)
A principal agência do governo norte-americano responsável pela aplicação das leis federais de valores mobiliários.

→ **QUESTÕES PARA REVISÃO**

2.13 Por que você acha que tantas leis importantes relacionadas aos mercados e às instituições financeiras foram aprovadas durante a Grande Depressão?

2.14 Quais os diferentes aspectos dos mercados financeiros que a Securities Act of 1933 e a Securities Exchange Act of 1934 regulamentam?

2.4 Tributação de empresas

Os impostos são um fato da vida, e as empresas, assim como os indivíduos precisam pagar impostos sobre sua renda. O lucro das firmas individuais e das *partnerships* é tributado como se fosse a renda pessoal de seus proprietários; já o lucro de uma sociedade anônima está sujeito ao imposto de renda de pessoa jurídica.

Independentemente de sua forma jurídica, todas as empresas podem gerar dois tipos de resultados: ganhos ordinários e de capital. Sob a lei vigente, esses dois tipos de rendimento são tratados de forma diferente na tributação de pessoas físicas, mas não no caso de entidades sujeitas ao imposto de renda de pessoa jurídica. No entanto, são feitas emendas frequentes ao código tributário, em especial quando as condições econômicas mudam e quando o controle partidário dos poderes legislativo e executivo do governo é alterado.

RESULTADOS ORDINÁRIOS

resultados ordinários
Os resultados obtidos pela empresa com a venda de bens ou serviços.

Os **resultados ordinários** de uma sociedade anônima são os resultados obtidos por meio da venda de bens ou serviços. Nos Estados Unidos, o resultado ordinário de 2012 era tributado de acordo com as alíquotas apresentadas na Tabela 2.1.

Tabela 2.1 Alíquotas de imposto das sociedades anônimas nos Estados Unidos

Faixa de lucro tributável (em dólares)			Cálculo do imposto (em dólares)					
			Base tributária	+	(Taxa marginal × Valor acima da base da faixa)			
$ 0	a	$ 50.000	$ 0	+	(15%	×	Valor acima de	$ 0)
50.000	a	75.000	7.500	+	(25%	×	Valor acima de	50.000)
75.000	a	100.000	13.750	+	(34%	×	Valor acima de	75.000)
100.000	a	335.000	22.250	+	(39%	×	Valor acima de	100.000)
335.000	a	10.000.000	113.900	+	(34%	×	Valor acima de	335.000)
10.000.000	a	15.000.000	3.400.000	+	(35%	×	Valor acima de	10.000.000)
15.000.000	a	18.333.333	5.150.000	+	(38%	×	Valor acima de	15.000.000)
Acima de 18.333.333			6.416.667	+	(35%	×	Valor acima de	18.333.333)

Exemplo 2.2 A Webster Manufacturing, Inc., uma pequena fabricante de facas de cozinha, tem lucro, antes do imposto de renda, de US$ 250.000. O imposto sobre esse lucro pode ser calculado usando as alíquotas apresentadas na Tabela 2.1:

Imposto total devido = US$ 22.250 + [0,39 × (US$ 250.000 − US$ 100.000)]
= US$ 22.250 + (0,39 × US$ 150.000)
= US$ 22.250 + US$ 58.500 = US$ 80.750

Do ponto de vista financeiro, é importante entender a diferença entre as alíquotas tributárias média e marginal, o tratamento de juros e dividendos e os efeitos da dedução fiscal.

Alíquota tributária marginal *versus* alíquota tributária média

alíquota tributária marginal
Alíquota pela qual o *lucro adicional* é tributado.

A **alíquota tributária marginal** representa a alíquota à qual o *lucro adicional* é tributado. Na estrutura atual de tributação norte-americana de sociedades anônimas, a alíquota tributária marginal é de 15% se a empresa lucra menos que US$ 50.000. Se a empresa lucra mais que US$ 50.000, mas menos que US$ 75.000, a alíquota tributária marginal é de 25%. À medida que o lucro de uma empresa aumenta, a alíquota tributária marginal também muda, como mostra a Tabela 2.1. No exemplo anterior, se o lucro da Webster Manufacturing aumentar para US$ 250.001, o último US$ 1 do lucro seria tributado à alíquota marginal de 39%.

alíquota tributária média
Os impostos de uma empresa divididos por seu lucro tributável.

A **alíquota tributária média**, paga sobre o resultado ordinário de uma empresa, pode ser calculada dividindo os impostos pelo lucro tributável. Para a maioria das empresas, a alíquota tributária média não é igual à alíquota tributária marginal, porque as alíquotas tributárias mudam de acordo com os níveis de lucro. No exemplo anterior, a alíquota tributária marginal da Webster Manufacturing é de 39%, mas sua alíquota tributária média é de 32,3% (US$ 80.750 ÷ US$ 250.000). Para grandes sociedades anônimas com lucros na ordem de centenas de milhões ou até bilhões de dólares, a alíquota tributária média é muito próxima da alíquota marginal de 35% da faixa superior, pois a maior parte do lucro da empresa é tributado nessa alíquota.

Na maioria das decisões de negócios tomadas pelos administradores, *o que realmente importa é a alíquota tributária marginal*. Para simplificar, os exemplos neste livro utilizarão uma *alíquota tributária fixa de 40%*. Isso significa que *tanto a alíquota tributária média quanto a alíquota tributária marginal são iguais a 40%*.

Juros e dividendos recebidos

No processo de apuração do lucro tributável, quaisquer *juros recebidos* pela sociedade anônima são incluídos nos resultados ordinários. Os dividendos, por sua vez, recebem outro tipo de tratamento. E esse tratamento diferenciado atenua os efeitos da **bitributação**, que se dá quando os lucros já tributados de uma sociedade anônima são distribuídos como dividendos aos acionistas, que, por sua vez, devem pagar sobre eles imposto de renda a uma alíquota de até 15%. Os dividendos que a empresa recebe por deter ações ordinárias e preferenciais de outras sociedades anônimas estão sujeitos a dedução de 70% para fins fiscais.[1] Na prática, essa dedução elimina a maior parte da obrigação tributária potencial dos dividendos recebidos pela segunda sociedade anônima e por quaisquer outras sociedades anônimas na sequência.

bitributação
Situação que ocorre quando o lucro após imposto de renda de uma sociedade anônima é distribuído como dividendos aos acionistas, que, por sua vez, devem pagar imposto de renda de pessoa física sobre o valor dos dividendos.

Despesas dedutíveis do imposto de renda

Ao calcular seu imposto de renda, as sociedades anônimas têm o direito de deduzir despesas operacionais, bem como despesas de juros. A dedução dessas despesas reduz seu custo após o imposto de renda. O exemplo a seguir ilustra os benefícios da dedução fiscal.

Exemplo 2.1

Duas empresas, a Debt Co. e a No-Debt Co., esperam obter no próximo ano lucros, antes de juros e imposto de renda, de US$ 200.000. Durante o ano, a Debt Co. terá de pagar US$ 30.000 de juros. A No-Debt Co., entretanto, não possui qualquer dívida, de modo que não terá despesas de juros. O cálculo do lucro após imposto de renda, no caso das duas empresas, é o seguinte:

	Debt Co.	No-Debt Co.
Lucro antes de juros e imposto de renda	US$ 200.000	US$ 200.000
Menos: despesa de juros	30.000	0
Lucro antes do imposto de renda	US$ 170.000	US$ 200.000
Menos: imposto de renda (40%)	68.000	US$ 80.000
Lucro após imposto de renda	US$ 102.000	US$ 120.000
Diferença de lucro após imposto de renda	US$ 18.000	

A Debt Co. tinha uma despesa de juros US$ 30.000 superior à da No-Debt Co., mas seu lucro após o imposto de renda é apenas US$ 18.000 inferior ao lucro da No-Debt Co. Essa diferença é atribuível ao fato de a dedução da despesa de juros de US$ 30.000 da Debt Co. gerar uma economia de imposto de US$ 12.000 (US$ 68.000 para a Debt Co. e US$ 80.000 para a No-Debt Co.). Esse valor pode ser calculado diretamente, multiplicando a alíquota do imposto de renda pelo valor da despesa de juros (0,40 US$ 30.000 = US$ 12.000). De maneira similar, o custo após imposto de renda de US$ 18.000 da despesa de juros pode ser calculado diretamente, multiplicando 1 menos a alíquota de imposto de renda pelo valor da despesa de juros: [(1 – 0,40) US$ 30.000 = US$ 18.000].

---

[1] A dedução de 70% se aplica caso a empresa que recebe os dividendos detiver menos de 20% das ações da empresa que paga os dividendos. A dedução é de 80%, se a empresa detiver entre 20% e 80% das ações da sociedade anônima que paga os dividendos; 100% dos dividendos recebidos são deduzidos se a empresa possuir mais de 80% da sociedade anônima que lhe pagar os dividendos. Por conveniência, assumimos neste livro que a participação acionária na sociedade anônima que paga dividendos é inferior a 20%.

A dedução fiscal de despesas reduz seu custo efetivo (após imposto de renda) para uma empresa que seja lucrativa. Se uma empresa experimenta um prejuízo líquido em um determinado ano, o imposto devido é zero. Mesmo nesse caso, prejuízos em um ano podem ser usados para compensar impostos pagos sobre lucros em anos anteriores e, em alguns casos, prejuízos podem ser "transferidos" para compensar o lucro e baixar o imposto de renda nos anos subsequentes. É importante observar que, tanto para fins contábeis quanto fiscais, *a despesa de juros é uma despesa dedutível do imposto de renda, enquanto os dividendos não são*. E como os dividendos não são dedutíveis, seu custo após imposto de renda é igual ao montante dos dividendos. Assim, um dividendo de US$ 30.000 tem custo, após imposto de renda, de US$ 30.000.

GANHOS DE CAPITAL

ganho de capital
O montante no qual o preço de venda de um ativo excede seu preço de aquisição.

Se uma empresa vender um ativo não circulante (como ações mantidas como investimento) por um valor superior ao preço de aquisição, a diferença entre o preço de venda e o preço de compra é chamada de **ganho de capital**. Para as sociedades anônimas, os ganhos de capital são somados ao resultado ordinário e tributados às alíquotas normais.

Exemplo 2.4

A Ross Company, fabricante de produtos farmacêuticos, apresenta lucro operacional, antes do imposto de renda, de US$ 500.000 e acaba de vender por US$ 150.000 um ativo que foi adquirido há dois anos por US$ 125.000. Como o ativo foi vendido por um preço superior a seu custo de aquisição, verifica-se um ganho de capital de US$ 25.000 (preço de venda de US$ 150.000 menos preço de aquisição de US$ 125.000). O lucro tributável da sociedade anônima totalizará US$ 525.000 (resultados ordinários de US$ 500.000 mais ganho de capital de US$ 25.000). Multiplicando seu lucro tributável por 40%, temos um imposto devido de US$ 210.000 para a Ross Company.

→ **QUESTÕES PARA REVISÃO**

2.15 Descreva o tratamento tributário dos *resultados ordinários* e dos *ganhos de capital*. Qual é a diferença entre a *alíquota tributária média* e a *alíquota tributária marginal*?

2.16 Como o tratamento tributário dos dividendos recebidos pela sociedade anônima atenua os efeitos da *bitributação*?

2.17 Qual é o benefício para a sociedade anônima resultante da dedução tributária de certas despesas?

Resumo

O PAPEL DAS INSTITUIÇÕES E DOS MERCADOS FINANCEIROS

Este capítulo descreveu por que as instituições e os mercados financeiros são parte integrante da administração financeira. As sociedades anônimas não podem nascer ou sobreviver sem levantar capital, e as instituições e os mercados financeiros dão às empresas o acesso ao dinheiro que elas precisam para crescer. Como vimos nos últimos anos, contudo, os mercados financeiros podem ser bastante turbulentos e, quando grandes instituições financeiras se envolvem em problemas, o acesso ao capital é reduzido e, como resultado, empresas de todos os ramos sofrem as consequências. Os impostos também são uma parte importante dessa história, porque as regras que governam como o lucro do negócio é tributado moldam os incentivos das empresas para fazer novos investimentos.

REVISÃO DOS OBJETIVOS DE APRENDIZAGEM

OA 01 **Entender o papel que as instituições financeiras desempenham na administração financeira.** As instituições financeiras aproximam os fornecedores líquidos de fundos e os demandantes líquidos para ajudar a transferir as poupanças de indivíduos, empresas e governos em empréstimos e outros tipos de investimentos. Os fornecedores líquidos de fundos normalmente são indivíduos ou famílias que poupam mais dinheiro do que emprestam. Empresas e governos geralmente são demandantes líquidos de fundos, o que significa que eles emprestam mais dinheiro do que poupam.

OA 02 **Comparar as funções das instituições financeiras com as funções dos mercados financeiros.** Tanto as instituições financeiras quanto os mercados financeiros ajudam as empresas a levantar o dinheiro que elas precisam para financiar novos investimentos para crescer. As instituições financeiras recebem a poupança dos indivíduos e canalizam esses fundos a mutuários como empresas e governos. Os mercados financeiros proporcionam um ambiente no qual poupadores e mutuários podem negociar diretamente. Empresas e governos emitem títulos de dívida e ações diretamente ao público no mercado primário. Negociações subsequentes desses valores mobiliários, entre investidores, são realizadas no mercado secundário.

OA 03 **Descrever as diferenças entre os mercados de capitais e os mercados monetários.** No mercado monetário, os poupadores que desejam um lugar temporário para depositar fundos em que eles possam receber juros interagem com os mutuários que têm uma necessidade de fundos de curto prazo. Títulos negociáveis, incluindo *Treasury bills*, *commercial paper* e outros instrumentos são os valores mobiliários primários negociados no mercado monetário. O mercado de euromoedas é o equivalente internacional do mercado monetário doméstico.

Por sua vez, o mercado de capitais é o ambiente no qual poupadores e mutuários interagem a longo prazo. As empresas emitem títulos de dívida (*bonds*) ou capital (ações) no mercado de capitais. Uma vez emitidos, esses valores mobiliários são negociados em mercados secundários, que podem ser mercados de corretagem ou mercados de distribuição. Uma importante função do mercado de capitais é determinar o valor subjacente dos valores mobiliários emitidos pelas empresas. Em um mercado eficiente, o preço de um valor mobiliário é uma estimativa não enviesada de seu verdadeiro valor.

OA 04 **Explicar as causas da crise financeira de 2008 e da recessão.** A crise financeira foi causada por vários fatores relacionados a investimentos em imóveis residenciais. As instituições financeiras baixaram seus padrões de crédito para empréstimos a possíveis proprietários de imóveis residenciais e as instituições também investiram pesadamente em títulos hipotecários. Quando os preços dos imóveis residenciais caíram e a inadimplência das hipotecas aumentou, o valor dos títulos hipotecários detidos pelos bancos despencou, levando algumas instituições à falência e muitas outras a restringir o fluxo de crédito para as empresas. Isso, por sua vez, contribuiu para uma grave recessão nos Estados Unidos e no mundo.

OA 05 **Entender as principais regulamentações e órgãos reguladores que afetam as instituições e os mercados financeiros.** A Lei Glass-Steagall criou a FDIC e impôs uma separação entre bancos comerciais e de investimento. A lei foi concebida para limitar os riscos que os bancos poderiam correr e para proteger os depositantes. Mais recentemente, a Lei Gramm-Leach-Bliley basicamente revogou os elementos da Glass-Steagall referentes à separação dos bancos comerciais e de investimento. Após a recente crise financeira, muito se tem debatido sobre a regulamentação adequada para grandes instituições financeiras. A Lei Dodd-Frank foi aprovada em 2010 e contém uma série de novas exigências regulatórias, cujos efeitos ainda são desconhecidos.

A Securities Act of 1933 e a Securities Exchange Act of 1934 são as mais importantes legislações que moldam a regulamentação dos mercados financeiros. A lei de

1933 se concentra na regulamentação da venda de valores mobiliários no mercado primário, ao passo que a lei de 1934 trata das regulamentações que regem as transações no mercado secundário. A Lei de 1934 também criou a Securities and Exchange Commission (SEC), a principal agência responsável pela aplicação das leis federais de valores mobiliários nos Estados Unidos.

OA 06 Discutir a tributação de empresas e sua importância nas decisões financeiras. O lucro da sociedade anônima está sujeito ao imposto de renda de pessoa jurídica. As taxas de imposto de renda sobre as sociedades anônimas aplicam-se tanto ao rendimento ordinário (após dedução das despesas permitidas) como aos ganhos de capital. A alíquota tributária média paga por uma sociedade anônima varia de 15% a 35%. Os contribuintes corporativos podem reduzir seus impostos por meio de determinadas disposições do código tributário: dedução de dividendos e despesas dedutíveis do imposto de renda. Um ganho de capital ocorre quando um ativo é vendido por um valor maior que seu preço de compra; os ganhos são adicionados ao rendimento ordinário da sociedade anônima e tributados de acordo com as alíquotas regulares do imposto de renda de pessoa jurídica. (Por conveniência, assumimos uma alíquota tributária marginal de 40%.)

Revisão da abertura do capítulo

No texto de abertura deste capítulo, você leu sobre a queda acentuada dos preços dos imóveis residenciais na cidade norte-americana de Phoenix. Em agosto de 2011, os preços dos imóveis naquela cidade começaram a se recuperar. Considere uma pessoa que comprou uma casa em Phoenix naquele mês por US$ 150.000, dando de entrada US$ 30.000 de recursos próprios e tomando emprestado os US$ 120.000 restantes de um banco por meio de uma hipoteca de 30 anos. Dois anos depois, os preços em Phoenix subiram 30% e a casa passou a valer US$ 195.000. Suponha que, depois de dois anos de pagamento da hipoteca de 30 anos, o saldo a pagar da hipoteca ainda era de US$ 118.000. Quanto patrimônio o comprador efetivamente detém em sua casa? Qual foi a taxa de retorno que ele obteve sobre seu investimento inicial de US$ 30.000?

Exercício de autoavaliação

 AA2.1 Imposto de renda de pessoa jurídica. A Montgomery Enterprises, Inc., teve lucro operacional de US$ 280.000 no último ano. Durante o ano, a empresa vendeu ações que detinha em outra companhia por US$ 180.000, US$ 30.000 acima do preço de aquisição, de US$ 150.000, pago um ano antes.

a. Qual é o valor, se houver, do ganho de capital realizado durante o ano?

b. Qual foi o lucro tributável total da empresa durante o ano?

c. Use as alíquotas de imposto de renda de pessoa jurídica apresentadas na Tabela 2.1 para calcular o imposto total devido pela empresa.

d. Com base nos resultados anteriores, calcule a *alíquota tributária média* e a *alíquota tributária marginal*.

Exercícios de aquecimento

A2.1 O que significa dizer que os indivíduos, como um grupo, são fornecedores líquidos de fundos para as instituições financeiras? Quais você acha que seriam as consequências nos mercados financeiros se os indivíduos consumissem uma parcela maior de sua renda e, dessa forma, reduzissem a oferta de fundos disponíveis para as instituições financeiras?

A2.2 Você é o diretor financeiro da Gaga Enterprises, uma badalada empresa de design de moda. A sua empresa precisa de $ 10 milhões para expandir a produção. Como você acha que o processo de levantar esse dinheiro vai variar se você o fizer com a ajuda de uma instituição financeira ou então levantando os recursos diretamente nos mercados financeiros?

A2.3 Para que tipos de necessidades você acha que uma empresa emitiria valores mobiliários no mercado monetário? E no mercado de capitais?

A2.4 O seu corretor liga para lhe oferecer "a melhor oportunidade de investimento da sua vida", a chance de investir em títulos hipotecários. Ele explica que esses títulos têm direito ao principal e aos juros recebidos de um conjunto de hipotecas imobiliárias. Liste algumas perguntas que você gostaria de fazer ao seu corretor para avaliar os riscos dessa oportunidade de investimento.

A2.5 Nos últimos cem anos, o nível de regulamentação governamental de instituições e mercados financeiros teve altos e baixos ou, como alguns economistas poderiam argumentar, subiram e saturaram. Embora as leis e as agências reguladoras criadas pelo governo tenham vários objetivos definidos e também os não tão bem definidos, qual seria o maior benefício da regulamentação do governo?

A2.6 A Reston, Inc., pediu assistência financeira à sua empresa, chamada Pruro, Inc. Por ser um cliente de longa data da Reston, sua empresa decidiu fazer essa concessão. A pergunta que você se faz é se a Pruro deveria aceitar ações da Reston, que pagam dividendos anuais de 5%, ou aceitar uma nota promissória que pague juros anuais de 5%.

Supondo que o pagamento seja garantido e os valores em unidades monetárias dos juros anuais e dos dividendos sejam idênticos, qual opção resultará no maior lucro após imposto de renda no primeiro ano?

Exercícios

E2.1 Imposto de renda de pessoa jurídica. A Tantor Supply, Inc., é uma pequena sociedade anônima que atua como distribuidora exclusiva de uma importante linha de equipamentos esportivos. Em 2013, a empresa lucrou $ 92.500 antes do imposto de renda.

a. Calcule o imposto total devido pela empresa usando as alíquotas de imposto de renda para sociedade anônima apresentadas na Tabela 2.1.

b. Qual foi o lucro após o imposto de renda da Tantor Supply em 2013?

c. Com base nos resultados do item **a**, qual foi a *alíquota tributária média* de imposto de renda da empresa?

d. Com base nos resultados do item **a**, qual foi a *alíquota tributária marginal* de imposto de renda da empresa?

E2.2 Alíquotas tributárias médias de imposto de renda de pessoa jurídica.
Use as alíquotas de imposto de renda de pessoa jurídica apresentadas na Tabela 2.1:

a. Calcule o imposto devido, o lucro após imposto de renda e a alíquota tributária média para os seguintes níveis de lucro antes do imposto de renda: $ 10.000; $ 80.000; $ 300.000; $ 500.000; $ 1,5 milhão; $ 10 milhões; e $ 20 milhões.

b. Faça um gráfico com as *alíquotas tributárias médias* no eixo vertical (*y*) e os níveis de lucro antes do imposto de renda no eixo horizontal (*x*). Que conclusões gerais podem ser tiradas a respeito da relação entre essas variáveis?

E2.3 Alíquotas tributárias marginais de imposto de renda de pessoa jurídica.
Use as alíquotas de imposto de renda de pessoa jurídica apresentadas na Tabela 2.1:

a. Calcule a alíquota tributária marginal para os seguintes níveis de lucro antes do imposto de renda: $ 15.000; $ 60.000; $ 90.000; $ 200.000; $ 400.000; $ 1 milhão; e $ 20 milhões.

b. Faça um gráfico com as *alíquotas tributárias marginais* no eixo vertical (*y*) e os níveis de lucro antes do imposto de renda no eixo horizontal (*x*). Explique a relação entre essas variáveis.

E2.4 Receita de juros *versus* dividendos. Durante o último ano, a Shering Distributors, Inc., teve lucro operacional antes do imposto de renda de $ 490.000. Além disso, durante o ano, a empresa recebeu $ 20.000 em receita de juros por títulos que detinha da Zig Manufacturing e recebeu $ 20.000 de dividendos por sua participação de 5% em ações ordinárias na Tank Industries, Inc. A Shering está na faixa tributária de 40% e tem direito a dedução de 70% dos dividendos recebidos das Indústrias Tank.

a. Calcule o imposto devido pela empresa, considerando somente o lucro operacional.

b. Calcule o imposto de renda e o valor após imposto de renda atribuível à receita de juros dos títulos da Zig Manufacturing.

c. Calcule o imposto de renda e o valor após imposto de renda atribuível aos dividendos das ações ordinárias da Tank Industries.

d. Compare, contraste e discuta os valores após imposto de renda resultantes da receita de juros e dos dividendos, calculados nos itens **b** e **c**.

e. Qual é o valor do imposto total devido pela empresa nesse ano fiscal?

E2.5 Despesa de juros *versus* despesa de dividendos. A Michaels Corporation espera que seu lucro antes de juros e imposto de renda seja de $ 50.000 no período em questão. Supondo uma alíquota de imposto de renda de 35%, calcule o lucro da empresa após imposto de renda e o lucro disponível para os acionistas ordinários (lucro após imposto de renda e dividendos de ações preferenciais, se houver), sob as seguintes condições:

a. A empresa paga $ 12.000 em juros.

b. A empresa paga $ 12.000 em dividendos de ações preferenciais.

E2.6 Imposto de renda sobre ganhos de capital. A Perkins Manufacturing está analisando a venda de dois ativos não depreciáveis, X e Y. O ativo X foi comprado por $ 2.000 e será vendido hoje por $ 2.250. Já o ativo Y foi comprado por $ 30.000 e será vendido hoje por $ 35.000. A empresa está sujeita a uma alíquota de imposto de renda de 40% sobre ganhos de capital.

a. Calcule o valor do ganho de capital, se houver, com cada um dos ativos.

b. Calcule o imposto de renda sobre a venda de cada ativo.

E2.7 Imposto de renda sobre ganhos de capital. Como parte de suas operações, a Ferguson`s Plumbing comprou e vendeu ativos de capital não depreciáveis. Os preços de compra e venda desses ativos são apresentados na tabela a seguir. Supondo que a Ferguson pague um imposto de renda sobre ganhos de capital de 40%, complete a tabela preenchendo as duas últimas colunas.

Ativos	Preço de venda	Preço de compra	Ganho de capital	Imposto de renda
A	$ 3.400	$ 3.000		
B	12.000	12.000		
C	80.000	62.000		
D	45.000	41.000		
E	18.000	16.500		

E2.8 Problema de ética. A Securities Exchange Act of 1934 restringe, mas não proíbe, os *insiders* corporativos de negociar ações da própria empresa. Quais questões éticas poderiam surgir quando um *insider* desejar comprar ou vender ações da empresa na qual trabalha?

Exercício com planilha

A Hemingway Corporation está pensando em expandir suas operações para aumentar o lucro, mas, antes de tomar a decisão final, a empresa pediu para você calcular o imposto de renda de pessoa jurídica que resultaria da decisão. Atualmente, a Hemingway gera um lucro anual antes do imposto de renda de $ 200.000 e não tem qualquer título de dívida em circulação. A expansão das operações permitiria que a corporação aumentasse o rendimento anual antes do imposto de renda para $ 350.000. A Hemingway pode usar as reservas de caixa ou título de dívida para financiar sua expansão. Se optar por título de dívida, incorrerá em uma despesa anual de juros de $ 70.000.

TAREFA

Crie uma planilha para fazer uma *análise tributária* para a Hemingway Corporation e calcule:

a. Qual é o imposto atual devido da Hemingway?

b. Qual é a alíquota tributária média atual da Hemingway?

c. Se a Hemingway financiar sua expansão utilizando reservas de caixa, qual será o novo imposto devido e a nova alíquota tributária média?

d. Se a Hemingway financiar sua expansão com título de dívida, qual será o novo imposto devido e a nova alíquota tributária média?

e. Qual seria a sua recomendação para a empresa? Por quê?

Caso integrativo 1

MERIT ENTERPRISE CORP.

Sara Lehn, a diretora financeira da Merit Enterprise Corp., estava repassando sua apresentação pela última vez antes da reunião com o conselho de administração. A Merit progrediu rapidamente nos últimos dois anos e o CEO da empresa defendia uma grande expansão da capacidade de produção da empresa. Para executar os planos do CEO seriam necessários $ 4 bilhões em capital, além dos $ 2 bilhões em caixa que a empresa tinha acumulado. Sara foi encarregada de informar ao conselho as opções para levantar os $ 4 bilhões necessários.

Diferentemente da maioria das empresas de seu porte, a Merit continuava sendo uma empresa de capital fechado, e financiava seu crescimento reinvestindo os lucros e, quando necessário, contraindo empréstimos bancários. Não se sabia se a Merit poderia usar essa mesma estratégia para levantar os $ 4 bilhões necessários para realizar a expansão na velocidade pretendida pelo CEO, mas Sara achava que seria pouco provável. Ela identificou, então, as duas opções a seguir para apresentar ao conselho de administração:

Opção 1: A Merit poderia procurar o JPMorgan Chase, um banco que tinha servido bem a empresa por muitos anos, com linha de crédito sazonal e com empréstimos de médio prazo. Lehn acreditava que era improvável que o JPMorgan sozinho concedesse um empréstimo de $ 4 bilhões para Merit, mas provavelmente poderia reunir um grupo de bancos para fazê-lo. No entanto, os bancos sem dúvida exigiriam que a Merit restringisse futuros empréstimos e apresentasse ao JPMorgan relatórios financeiros periódicos para que o banco pudesse monitorar a situação financeira da empresa à medida que expandisse suas operações.

Opção 2: A Merit poderia abrir o capital, emitindo ações ao público no mercado primário. Com o excelente desempenho financeiro da Merit nos últimos anos, Sara era da opinião de que as ações da empresa poderiam obter um preço elevado no mercado e que muitos investidores gostariam de participar de qualquer oferta de ações que a Merit realizasse.

Abrir o capital também permitiria à Merit, pela primeira vez, oferecer aos empregados remuneração na forma de ações ou opções de ações (*stock options*), criando fortes incentivos para os funcionários trabalharem tendo em vista o sucesso da empresa. Por outro lado, Sara sabia que as empresas de capital aberto estavam sujeitas a exigências de divulgação de informações e outras regulamentações que a Merit nunca teve de enfrentar como uma empresa privada. Além disso, com ações sendo negociadas no mercado secundário, que tipo de indivíduos ou instituições poderiam acabar detendo grande parte das ações da empresa?

TAREFA

a. Discuta os prós e os contras da opção 1. Quais são os aspectos mais positivos dessa opção e quais são as maiores desvantagens?

b. Faça o mesmo para a opção 2.

c. Qual opção você acha que Sara deveria recomendar ao conselho de administração e por quê?

PARTE 2
Ferramentas financeiras

Capítulos desta parte

3 Demonstrações financeiras e análise de índices
4 Fluxo de caixa e planejamento financeiro
5 Valor do dinheiro no tempo

CASO INTEGRATIVO 2 ▶ Track Software, Inc.

▶ Nesta parte, você vai conhecer algumas das ferramentas analíticas básicas que os administradores financeiros usam quase todos os dias. O Capítulo 3 apresenta as principais demonstrações financeiras que as empresas usam para se comunicar com investidores, analistas e a comunidade empresarial em geral. Também veremos algumas ferramentas simples que os administradores usam para analisar as informações contidas nas demonstrações financeiras com o objetivo de identificar e diagnosticar problemas financeiros.

As empresas preparam demonstrações financeiras com base no princípio da competência do exercício; em finanças, no entanto, o que realmente importa é o fluxo de caixa. O Capítulo 4 mostra como usar as demonstrações financeiras para determinar quanto fluxo de caixa uma empresa está gerando e como ela o está gastando. Também veremos como as empresas elaboram planos financeiros de curto e longo prazo.

Os administradores têm de decidir se os custos iniciais dos investimentos se justificam pelo caixa que esses investimentos provavelmente produzirão. O Capítulo 5 ilustra técnicas que as empresas utilizam para avaliar esses tipos de escolhas (trade-offs).

Capítulo 3

Demonstrações financeiras e análise de índices

Objetivos de aprendizagem

OA 1 Rever o conteúdo do relatório da administração e os procedimentos para a consolidação das demonstrações financeiras internacionais.

OA 2 Conhecer quem utiliza os índices financeiros e como o faz.

OA 3 Usar índices para analisar a liquidez e a atividade de uma empresa.

OA 4 Discutir a relação entre dívida e alavancagem financeira e os índices usados para analisar o endividamento de uma empresa.

OA 5 Usar índices para analisar a rentabilidade e o valor de mercado de uma empresa.

OA 6 Usar um resumo dos índices financeiros e o sistema de análise DuPont para fazer uma avaliação completa.

▶ Por que este capítulo é importante para você?

Na sua vida PROFISSIONAL

CONTABILIDADE Para entender o relatório da administração e a preparação das quatro principais demonstrações financeiras; como as empresas consolidam suas demonstrações financeiras internacionais; e como calcular e interpretar os índices financeiros para fins de tomada de decisão.

SISTEMAS DE INFORMAÇÃO Para entender quais dados compõem as demonstrações financeiras da empresa, a fim de projetar sistemas que os forneçam àqueles que preparam as demonstrações e àqueles que os utilizam para calcular os índices financeiros.

GESTÃO Para entender quais são as partes interessadas no relatório da administração e por quê; como as demonstrações financeiras serão analisadas por pessoas de dentro e de fora da empresa, para avaliar diversos aspectos do desempenho; o cuidado necessário ao se usar a análise de índices financeiros; e como as demonstrações financeiras afetam o valor da empresa.

MARKETING Para entender os efeitos de suas decisões sobre as demonstrações financeiras, especialmente a demonstração de resultados e a demonstração de fluxos de caixa, e como a análise de índices, sobretudo aqueles que envolvem dados de vendas, afetará as decisões da empresa no que diz respeito a níveis de estoque, políticas de crédito e fixação de preços.

OPERAÇÕES Para entender como os custos das operações estão refletidos nas demonstrações financeiras da empresa e como a análise de índices — especialmente os que envolvem ativos, custo das mercadorias vendidas ou estoques — pode afetar pedidos de aquisição de novos equipamentos ou instalações.

Na sua vida PESSOAL

Uma etapa da rotina no planejamento financeiro pessoal é preparar e analisar as demonstrações financeiras pessoais para que você possa monitorar o seu progresso no atingimento das suas metas financeiras. Além disso, para montar e monitorar sua carteira de investimentos, você precisa entender e analisar as demonstrações financeiras das sociedades anônimas de capital aberto.

General Dynamics

Índices contam a história de uma empresa bem administrada

Em 14 de maio de 2013, o preço das ações da General Dynamics (GD), uma fornecedora militar, atingiu o maior valor em 52 semanas. Um artigo publicado pelo site de pesquisa de investimentos Zacks.com procurou explicar por que as ações da companhia estavam apresentando um desempenho tão bom. Para contar essa história, a Zacks analisou vários dos principais índices financeiros da empresa.

O site de pesquisa observou, por exemplo, que a GD conseguiu girar seu estoque 9,6 vezes por ano, em comparação com a média de apenas 2,8 vezes das outras empresas do setor. Um giro de estoque mais rápido significa que a empresa tem mais caixa para investir em outros tipos de ativos ou mesmo para retornar aos acionistas. O relatório elogiou a GD pela forte posição evidenciada pelo índice de liquidez

corrente da empresa, de 1,39, que também estava acima da média do setor. Um alto índice de liquidez corrente sugere que a empresa não deve ter problema para pagar as contas a vencer no curto prazo. O relatório também elogiou a GD pela alta taxa de retorno que obteve sobre seus ativos e o nível relativamente baixo de dívida em seu balanço patrimonial.

As demonstrações financeiras contêm uma grande quantidade de informações, mas não é fácil digerir todas elas. Uma maneira de os analistas colocarem os dados financeiros em perspectiva é por meio do cálculo de uma variedade de índices financeiros. Esses índices proporcionam uma ideia de como está o desempenho da empresa, não apenas em um sentido absoluto, mas também em relação a seus pares e concorrentes.

Neste capítulo, você aprenderá como usar índices financeiros para avaliar o desempenho de uma empresa.

3.1 O relatório da administração

princípios contábeis geralmente aceitos (GAAP)
Diretrizes para as práticas e os procedimentos utilizados para preparar e manter registros e relatórios financeiros; autorizados pela FASB (*Financial Accounting Standards Board*).

Financial Accounting Standards Board (FASB)
O órgão normativo da profissão contábil nos Estados Unidos, que estabelece os princípios contábeis geralmente aceitos (GAAP).

Conselho de Auditores de Companhias Abertas (PCAOB)
Public Company Accounting Oversight Board) Instituição sem fins lucrativos estabelecida pela Lei Sarbanes-Oxley para proteger os interesses dos investidores e promover o interesse público na preparação de relatórios de auditoria que sejam informativos, justos e independentes.

relatório da administração
Relatório anual que as sociedades anônimas de capital aberto devem apresentar aos acionistas. Ele resume e documenta as atividades financeiras da empresa durante o ano anterior.

carta aos acionistas
Normalmente, o primeiro elemento do relatório da administração anual e o principal instrumento de comunicação da administração da empresa.

Toda sociedade anônima tem muitos e variados usos para os registros e relatórios padronizados de suas atividades financeiras. Periodicamente, relatórios devem ser preparados para reguladores, credores, proprietários e a própria administração. As diretrizes utilizadas para preparar e manter registros e relatórios financeiros são conhecidas como **princípios contábeis geralmente aceitos (GAAP — *generally accepted accounting principles*)**. Nos Estados Unidos, essas práticas e procedimentos contábeis são autorizados pelo órgão normativo da profissão contábil, o **Financial Accounting Standards Board (FASB)**.

Além disso, a *Lei Sarbanes-Oxley*, promulgada em um esforço para eliminar os muitos problemas de divulgação e de conflitos de interesses das sociedades anônimas, estabeleceu o **Conselho de Auditores de Companhias Abertas (PCAOB — *red. + bold*)**, uma organização sem fins lucrativos que está encarregada de proteger os interesses dos investidores e promover o interesse público na preparação de relatórios de auditoria que sejam informativos, justos e independentes. A expectativa é de que infunda confiança nos investidores em relação à acurácia das demonstrações financeiras auditadas das sociedades anônimas de capital aberto.

As *sociedades anônimas de capital aberto* com mais de US$ 5 milhões em ativos e 500 ou mais acionistas devem, por exigência da Securities and Exchange Commission (SEC) — a agência reguladora federal norte-americana que rege a venda e a listagem de valores mobiliários —, fornecer aos seus acionistas um **relatório da administração** anual, que resume e documenta as atividades financeiras da empresa durante o ano anterior. Ele começa com uma carta aos acionistas, assinada pelo diretor executivo (CEO) ou pelo presidente do conselho de administração.

CARTA AOS ACIONISTAS

A **carta aos acionistas** é o principal instrumento de comunicação da administração da empresa. Ela descreve os eventos considerados mais impactantes no decorrer do ano e discute, em termos gerais, a filosofia da administração, questões de governança corporativa, estratégias e ações, bem como planos para o ano seguinte.

AS QUATRO PRINCIPAIS DEMONSTRAÇÕES FINANCEIRAS

As quatro principais demonstrações financeiras exigidas pela SEC para divulgação aos acionistas são: (1) demonstração de resultados, (2) balanço patrimonial, (3) demonstração das mutações do patrimônio líquido e (4) demonstração de fluxos de caixa. Nesta seção apresentamos e discutimos brevemente as demonstrações financeiras do relatório da administração de 2015 da Bartlett Company, uma fabricante de fechos metálicos. É bem provável que você já tenha estudado essas quatro demonstrações financeiras em um curso de contabilidade, de modo que o propósito ao analisá-las aqui é refrescar sua memória com relação aos aspectos básicos e não apresentar uma revisão exaustiva.

Demonstração de resultados

demonstração de resultados
Fornece um resumo financeiro dos resultados operacionais da empresa durante um determinado período.

A **demonstração de resultados** fornece um resumo financeiro dos resultados operacionais da empresa durante um determinado período. As mais comuns são as demonstrações de resultados relativas ao período de um ano, encerradas em uma data específica, normalmente em 31 de dezembro do ano civil.

Foco GLOBAL

Um número maior de países adota as IFRS (*International Financial Reporting Standards*)

na prática Nos Estados Unidos, as sociedades anônimas de capital aberto são obrigadas a reportar seus resultados financeiros utilizando o GAAP. No entanto, os padrões contábeis variam ao redor do mundo, o que dificulta a comparação dos resultados financeiros de empresas situadas em países diferentes. Nos últimos anos, muitos países adotaram um sistema de princípios contábeis conhecido como Normas Internacionais de Informações Financeiras (IFRS — *International Financial Reporting Standards*), estabelecido por um órgão normativo independente conhecido como Comitê de Normas Contábeis Internacionais (IASB — *International Accounting Standards Board*). Essas normas são desenhadas com o objetivo de tornar as demonstrações financeiras, em todos os lugares, compreensíveis, confiáveis, comparáveis e precisas. Atualmente, mais de 80 países exigem que as empresas listadas cumpram as IFRS e dezenas de outros países autorizam ou exigem que as empresas sigam as IFRS em algum grau.

Por que os Estados Unidos não seguem a tendência global de adoção das IFRS? Algumas pessoas argumentam que o GAAP ainda é o "padrão ouro" e que uma mudança para as IFRS reduziria a qualidade geral dos relatórios financeiros preparados pelas empresas norte-americanas. É verdade que as IFRS em geral exigem menos detalhes do que o GAAP. Mas ainda assim, a Securities and Exchange Commission expressou sua opinião de que os investidores norte-americanos se beneficiariam de uma convergência entre o GAAP e as IFRS, embora não haja expectativas de que as empresas dos Estados Unidos sejam obrigadas a adotar as normas internacionais num futuro próximo.

- *Quais custos e benefícios poderiam estar associados à adoção das IFRS nos Estados Unidos?*

Foco na ÉTICA

Acreditar cegamente nos lucros divulgados

na prática Perto do fim de cada trimestre chega a tão esperada "temporada de lucros" de Wall Street, na qual muitas empresas divulgam seu desempenho trimestral. É um momento que gera bastante interesse, com os meios de comunicação se apressando para relatar os últimos anúncios, os analistas examinando os números e os investidores comprando e vendendo com base nas notícias. O lucro por ação (LPA) é a métrica de desempenho mais esperada pela maioria das empresas e costuma ser comparado com as estimativas dos analistas que monitoram a empresa. As empresas que superam as estimativas dos analistas costumam ver o preço de suas ações decolar, ao passo que aquelas que ficaram abaixo das estimativas, mesmo que por pouco, tendem a sofrer quedas de preços.

Muitos investidores estão cientes dos perigos de avaliar as empresas com base nos lucros divulgados. Especificamente, a complexidade dos relatórios financeiros contribui para que os administradores confundam os investidores. Às vezes, os métodos utilizados para criar tal confusão estão dentro das regras, mas não do espírito, das práticas contábeis aceitáveis. Em outras ocasiões, as empresas violam as regras para apresentar um bom desempenho. A prática de manipular os lucros para enganar os investidores é conhecida como gerenciamento de resultados.

Algumas empresas são famosas por superar repetidamente as estimativas dos analistas. Por exemplo, a General Electric Co. (GE) superou, por um período de 10 anos (1995–2004), as estimativas de lucros de Wall Street a cada trimestre, muitas vezes por apenas um ou dois centavos por ação. No entanto, em 2009, a Securities and Exchange Commission (SEC) multou a GE em US$ 50 milhões por práticas contábeis inadequadas, incluindo reportar vendas que ainda não tinham ocorrido. Quando a GE foi corrigir os problemas identificados pela SEC, constatou-se que o lucro líquido entre 2001 e 2007 foi US$ 280 milhões menor que o valor originalmente reportado.

Em uma de suas famosas cartas aos acionistas da Berkshire Hathaway, Warren Buffett dá três conselhos sobre os relatórios financeiros.[a] Em primeiro lugar, ele adverte que práticas contábeis visivelmente fracas são normalmente um sinal de problemas maiores. Em segundo lugar, ele sugere que, se você não consegue entender a administração, provavelmente é porque a administração não quer que você a entenda. Em terceiro lugar, ele adverte que os investidores devem suspeitar de projeções, pois os lucros e o crescimento normalmente não aumentam de maneira sistemática. Por fim, Buffett observa que "os administradores que sempre prometem 'entregar um bom desempenho' em algum momento serão tentados a maquiar os números".

- *Por que os administradores financeiros podem ser tentados a gerenciar os resultados?*
- *É antiético para os administradores gerenciar os resultados se eles divulgarem suas atividades aos investidores?*

[a] BERKSHIRE Hathaway Inc. Carta aos acionistas. Disponível em: <www.berkshirehathaway.com/letters/2002pdf.pdf>. Acesso em: 15 maio 2017.

Muitas grandes empresas, contudo, operam em um ciclo financeiro de 12 meses, ou *ano fiscal*, que se encerra em uma data que não seja 31 de dezembro. Além disso, demonstrações de resultados mensais são normalmente preparadas para uso da administração e demonstrações trimestrais são disponibilizadas aos acionistas no caso de empresas de capital aberto.

A Tabela 3.1 apresenta as demonstrações de resultados da Bartlett Company para os exercícios encerrados em 31 de dezembro de 2015 e 2014. A demonstração de 2015 começa com a *receita de vendas* — o valor monetário total das vendas realizadas no período — da qual se deduz o *custo das mercadorias vendidas*. O *lucro bruto* resultante de $ 986.000 representa o montante disponível para cobrir custos operacionais, financeiros e tributários. Em seguida, as *despesas operacionais* — que incluem despesas de vendas, gerais e administrativas, de arrendamento (*leasing*) e de depreciação — são deduzidas do lucro bruto. O *lucro operacional* resultante de $ 418.000 representa o lucro obtido com a fabricação e a venda de produtos; esse valor não considera os custos financeiros e tributários. (O lucro operacional é muitas vezes chamado de *lucro antes de juros e imposto de renda*, ou LAJIR.) Em seguida, subtrai-se o custo financeiro — *despesa de juros* — do lucro operacional para encontrar o *lucro líquido antes do imposto de renda*. Depois de subtrair $ 93.000 de juros do exercício de 2015, a Bartlett Company apresenta $ 325.000 de lucro líquido antes do imposto de renda.

Em seguida, o imposto de renda é calculado com base na alíquota tributária apropriada e deduzido para determinar o *lucro líquido após imposto de renda*, também conhecido simplesmente como *lucro líquido*. O lucro líquido após imposto de renda da Bartlett Company em 2015 foi de $ 231.000. Quaisquer dividendos pagos a acionistas preferenciais devem ser subtraídos do lucro líquido após imposto de renda antes de chegar ao *lucro disponível aos acionistas ordinários*, que é o valor gerado pela empresa para os acionistas ordinários durante o período.

Dividir os lucros disponíveis aos acionistas ordinários pelo número de ações ordinárias em circulação resulta no *lucro por ação* (LPA), que representa o número de unidades monetárias recebidas durante o período por cada ação ordinária em circulação. Em 2015, a Bartlett Company ganhou $ 221.000 para seus acionistas ordinários, o que representa $ 2,90 para cada ação em circulação. O **dividendo por ação (DPA)** — que é o montante em unidades monetárias distribuído durante o período em nome de cada ação ordinária em circulação — pago em 2015 foi de $ 1,29.

dividendo por ação (DPA)
O montante em unidades monetárias distribuído durante o período em nome de cada ação ordinária em circulação.

balanço patrimonial
Demonstração resumida da posição financeira da empresa em um dado momento.

Balanço patrimonial

O **balanço patrimonial** apresenta uma demonstração resumida da posição financeira da empresa em um dado momento. A demonstração iguala os *ativos* da empresa (o que ela possui) com o seu financiamento, que pode ser tanto *dívidas* (o

Tabela 3.1 — Demonstrações de resultados da Bartlett Company

	Para os exercícios encerrados em 31 de dezembro	
	2015	2014
Receita de vendas	$ 3.074.000	$ 2.567.000
Menos: Custo das mercadorias vendidas	2.088.000	1.711.000
Lucro bruto	$ 986.000	$ 856.000
Menos: Despesas operacionais		
Despesa de vendas	$ 100.000	$ 108.000
Despesas gerais e administrativas	194.000	187.000
Despesa de arrendamento[a]	35.000	35.000
Despesa de depreciação	239.000	223.000
Total de despesas operacionais	$ 568.000	$ 553.000
Lucro operacional	$ 418.000	$ 303.000
Menos: Despesa de juros	$ 93.000	$ 91.000
Lucro líquido antes do imposto de renda	$ 325.000	$ 212.000
Menos: Imposto de renda	94.000	64.000
Lucro líquido após imposto de renda	$ 231.000	$ 148.000
Menos: Dividendos de ações preferenciais	10.000	10.000
Lucro disponível aos acionistas ordinários	221.000	138.000
Lucro por ação (LPA)[b]	$ 2,90	$ 1,81
Dividendo por ação (DPA)[c]	US$ 1,29	$ 0,75

[a] A despesa de arrendamento é apresentada aqui como um item separado, em vez de ser incluída na despesa de juros como determinado pelo FASB para fins de divulgação financeira. A abordagem aqui utilizada é mais compatível com os procedimentos de divulgação para fins tributários do que para fins financeiros.
[b] Calculado por meio da divisão do lucro disponível aos acionistas ordinários pelo número de ações ordinárias em circulação: 76.262 em 2015 e 76.244 em 2014. Lucro por ação em 2015: $ 221.000 ÷ 76.262 = $ 2,90; em 2014: $ 138.000 ÷ 76.244 = $ 1,81.
[c] Calculado por meio da divisão do valor dos dividendos pagos aos acionistas ordinários pelo número de ações ordinárias em circulação. Dividendos por ação em 2015: $ 98.000 ÷ 76.262 = $ 1,29; em 2014: $ 57.183 ÷ 76.244 = $ 0,75.

que ela deve, também chamadas de capital de terceiros) quanto *patrimônio líquido* (o que é fornecido pelos proprietários, também chamado de capital próprio). Os balanços patrimoniais da Bartlett Company de 31 de dezembro de 2015 e 2014, apresentados na Tabela 3.2, mostram uma variedade de contas de ativo, passivo (dívida) e patrimônio líquido.

Tabela 3.2 — Balanços patrimoniais da Bartlett Company

Ativo	31 de dezembro	
	2015	2014
Ativo circulante		
Caixa	$ 363.000	$ 288.000
Títulos negociáveis	68.000	51.000
Contas a receber	503.000	365.000
Estoques	289.000	300.000
Total do ativo circulante	$ 1.223.000	$ 1.004.000
Terrenos e edifícios	$ 2.072.000	$ 1.903.000
Máquinas e equipamentos	1.866.000	1.693.000
Móveis e utensílios	358.000	316.000
Veículos	275.000	314.000
Outros (inclui arrendamento)	98.000	96.000
Total do ativo imobilizado bruto (ao custo)	$ 4.669.000	$ 4.322.000
Menos: Depreciação acumulada	2.295.000	2.056.000
Ativo imobilizado líquido	$ 2.374.000	$ 2.266.000
Total do ativo	$ 3.597.000	$ 3.270.000
Passivo e patrimônio líquido		
Passivo circulante		
Fornecedores	$ 382.000	$ 270.000
Títulos a pagar	79.000	99.000
Contas a pagar	159.000	114.000
Total do passivo circulante	$ 620.000	$ 483.000
Dívida de longo prazo (inclui arrendamento)	1.023.000	967.000
Total do passivo	$ 1.643.000	$ 1.450.000
Ações preferenciais: dividendos de 5% cumulativos, valor nominal de $ 100, 2.000 ações autorizadas e emitidas	$ 200.000	$ 200.000
Ações ordinárias: valor nominal de $ 2,50, 100.000 ações autorizadas; ações emitidas e em circulação em 2015: 76.262; em 2014: 76.244	191.000	190.000
Capital integralizado acima do valor nominal	428.000	418.000
Lucros retidos	1.135.000	1.012.000
Total do patrimônio líquido	$ 1.954.000	$ 1.820.000
Total do passivo e patrimônio líquido	$ 3.597.000	$ 3.270.000

Finanças pessoais
Exemplo 3.1

Jan e Jon Smith, um casal de trinta e poucos anos e sem filhos, prepararam uma demonstração de receitas e despesas pessoais, que é similar à demonstração de resultados de uma empresa. Veja uma versão resumida dessa demonstração a seguir.

Demonstração de receitas e despesas de Jan e Jon Smith para o ano encerrado em 31 de dezembro de 2015

Receitas	
Salários	$ 72.725
Juros recebidos	195
Dividendos recebidos	120
(1) Receita total	73.040
Despesas	
Prestação de hipoteca	$ 16.864
Financiamento do carro	2.520
Água, luz, telefone, gás	2.470
Reparos e manutenção da casa	1.050
Alimentação	5.825
Despesas com automóvel	2.265
Assistência médica e seguro-saúde	1.505
Roupas, sapatos, acessórios	1.700
Seguros	1.380
Impostos	16.430
Prestações de eletrodomésticos e móveis	1.250
Lazer e entretenimento	4.630
Faculdade e livros para Jan	1.400
Cuidados pessoais e outros itens	2.415
(2) Despesas totais	$ 61.704
(3) Saldo (déficit) de caixa [(1) − (2)]	$ 11.336

Durante o ano, o casal teve receita total de $ 73.040 e despesas totais de $ 61.704, o que os deixou com um saldo de caixa de $ 11.336. Eles podem usar o saldo para aumentar sua poupança e seus investimentos.

ativos circulantes
Ativos de curto prazo, que deverão ser convertidos em caixa em um ano ou menos.

passivos circulantes
Passivos de curto prazo que deverão ser liquidados em um ano ou menos.

É importante fazer a distinção entre ativos e passivos de curto e de longo prazo. Os **ativos circulantes** e os **passivos circulantes** são considerados ativos e passivos de *curto prazo*, o que significa que, no prazo máximo de 1 ano, serão convertidos em caixa (no caso dos ativos circulantes) ou pagos (no caso dos passivos circulantes). Todos os outros ativos e passivos, bem como o patrimônio líquido, que supõe-se ter duração indeterminada, são considerados de *longo prazo*, ou *permanentes*, porque espera-se que fiquem nas contas da empresa por um prazo superior a 1 ano.

É de praxe as empresas listarem os ativos, dos mais líquidos — *caixa* — até os menos líquidos. Os *títulos negociáveis* são investimentos de curto prazo e de alta liquidez mantidos pela empresa, como Letras do Tesouro ou certificados de depósito. Por causa da sua alta liquidez, os títulos negociáveis são considerados uma espécie de caixa (ou "quase caixa"). As *contas a receber* representam o valor total devido à empresa por seus clientes em decorrência de vendas a prazo. Os *estoques* incluem matéria-prima, produtos em fabricação (ou semiacabados) e produtos acabados mantidos pela empresa. O item *ativo imobilizado bruto* reflete o custo original de todos os ativos permanentes (de longo prazo) de propriedade da empresa.[1] O *ativo imobilizado líquido* representa a diferença entre o ativo imobilizado bruto e a *depreciação acumulada* — isto é, a despesa total registrada de depreciação do ativo imobilizado. O valor líquido dos ativos imobilizados é chamado de seu *valor contábil*.

Assim como os ativos, as contas de passivo e de patrimônio líquido também são listadas, do curto para o longo prazo. O passivo circulante inclui *fornecedores*, que se referem a valores devidos por compras a crédito efetuadas pela empresa; *títulos a pagar*, empréstimos de curto prazo, geralmente obtidos em bancos comerciais; e *contas a pagar*, valores a pagar por serviços que não podem ser faturados, como impostos a pagar ao governo e salários a pagar aos funcionários. A **dívida de longo prazo** representa a dívida cujo pagamento não é devido no ano corrente. O *patrimônio líquido* representa os direitos que os proprietários têm sobre a empresa. O item *ações preferenciais* indica o valor originalmente recebido com a venda de ações preferenciais ($ 200.000 no caso da Bartlett Company).

Em seguida, o valor pago pelos compradores originais de ações ordinárias é apresentado por dois lançamentos: ações ordinárias e capital integralizado acima do valor nominal. O item *ações ordinárias* representa o *valor nominal* das ações ordinárias. O **capital integralizado acima do valor nominal** representa o montante recebido pela empresa, acima do valor nominal, na venda original de ações ordinárias. A soma das ações ordinárias e do capital integralizado acima do valor nominal dividida pelo número de ações em circulação representa o preço original por ação recebido pela empresa em uma única emissão de ações ordinárias. Desse modo, a Bartlett Company recebeu cerca de $ 8,12 por ação [(valor nominal de $ 191.000 + capital integralizado acima do valor nominal de $ 428.000) · 76.262 ações] na venda de suas ações ordinárias.

Por fim, os **lucros retidos** representam o valor total acumulado de todos os lucros, descontados os dividendos, que foram retidos e reinvestidos na empresa desde a sua constituição. É importante observar que os lucros retidos não são caixa, mas têm sido utilizados para financiar os ativos da empresa.

Os balanços patrimoniais da Bartlett Company apresentados na Tabela 3.2 mostram que o total do ativo da empresa aumentou de $ 3.270.000, em 2014, para $ 3.597.000, em 2015. O aumento de $ 327.000 foi devido principalmente ao aumento de $ 219.000 no ativo circulante. O aumento do ativo, por sua vez, parece ter sido financiado principalmente pelo aumento de $ 193.000 no total do passivo. É possível entender melhor essas mudanças com a demonstração de fluxos de caixa, que será discutida mais adiante.

---

[1] Por conveniência, o termo *ativos imobilizados* é utilizado neste livro para se referir ao que, em termos contábeis estritos, teria a rubrica de "terrenos, prédios e equipamentos". Essa simplificação da terminologia permite que alguns conceitos financeiros sejam mais facilmente desenvolvidos.

CAPÍTULO 3 Demonstrações financeiras e análise de índices **67**

> **Finanças pessoais**
> **Exemplo 3.2**
>
> O balanço patrimonial pessoal apresentado a seguir, de Jan e Jon Smith — o casal na faixa dos 30 anos e sem filhos que falamos anteriormente — é semelhante ao balanço patrimonial de uma empresa.
>
> **Balanço patrimonial de Jan e Jon Smith: 31 de dezembro de 2015**
>
> | Ativo | | Passivo e patrimônio líquido | |
> |---|---:|---|---:|
> | Dinheiro em caixa | $ 90 | Saldo do cartão de crédito | $ 665 |
> | Contas correntes | 575 | Água, luz, telefone, gás | 120 |
> | Contas de poupança | 760 | Contas médicas | 75 |
> | Fundos do mercado monetário | 800 | Outros passivos circulantes | 45 |
> | Total do ativo líquido | $ 2.225 | Total do passivo circulante | $ 905 |
> | Ações e títulos | $ 2.250 | Hipoteca | $ 92.000 |
> | Fundos mútuos | 1.500 | Financiamento do carro | 4.250 |
> | Fundos de pensão, plano de previdência privada | 2.000 | Empréstimo para educação | 3.800 |
> | Total dos investimentos | $ 5.750 | Empréstimo pessoal | 4.000 |
> | Imóveis | $ 120.000 | Empréstimo para mobiliário | 800 |
> | Automóveis | 14.000 | Total do passivo de longo prazo | $ 104.850 |
> | Móveis | 3.700 | Total do passivo | $ 105.755 |
> | Joias e obras de arte | 1.500 | Patrimônio líquido (PL) | 41.420 |
> | Total dos bens pessoais | $ 139.200 | Total do passivo e patrimônio líquido | |
> | Total do ativo | $ 147.175 | | $ 147.175 |
>
> Os Smiths possuem ativo total de $ 147.175 e passivo total de $ 105.755. O patrimônio líquido (PL) pessoal é uma "variável de fechamento" — equivalente à diferença entre o total do ativo e o total do passivo — que, no caso de Jan e Jon Smith, é de $ 41.420.

Demonstração de lucros retidos

A *demonstração de lucros retidos* é uma forma resumida da demonstração das mutações do patrimônio líquido. Ao contrário da **demonstração das mutações do patrimônio líquido**, que compreende todas as transações de contas do patrimônio líquido que ocorreram durante um determinado ano, a **demonstração de lucros retidos** concilia o lucro líquido obtido durante um determinado ano e os dividendos pagos, com a variação do lucro retido entre o início e o final desse ano. A Tabela 3.3 apresenta essa demonstração para a Bartlett Company para o exercício encerrado em 31 de dezembro de 2015. A demonstração mostra que a empresa começou o ano com $ 1.012.000 em lucros retidos e teve lucro líquido após imposto de renda de $ 231.000, dos quais pagou um total de $ 108.000 em dividendos, resultando em lucro retido no fim do ano o valor de $ 1.135.000. Assim, durante o ano de 2015, o aumento líquido para a Bartlett Company foi de $ 123.000 ($ 231.000 de lucro líquido após imposto de renda menos $ 108.000 em dividendos).

demonstração das mutações do patrimônio líquido
Mostra todas as transações de contas do patrimônio líquido que ocorreram durante um determinado ano.

demonstração de lucros retidos
Concilia o lucro líquido obtido durante um determinado ano e os dividendos pagos com a variação do lucro retido entre o início e o final do ano. Trata-se de uma forma resumida da *demonstração das mutações do patrimônio líquido*.

Tabela 3.3 — Demonstração de lucros retidos da Bartlett Company para o exercício encerrado em 31 de dezembro de 2015

Saldo de lucros retidos (1 de janeiro de 2015)	$ 1.012.000
Mais: Lucro líquido após imposto de renda (para 2015)	231.000
Menos: Dividendos (pagos em 2015)	
Ações preferenciais	10.000
Ações ordinárias	98.000
Total dos dividendos pagos	$ 108.000
Saldo de lucros retidos (31 de dezembro de 2015)	$ 1.135.000

Demonstração de fluxos de caixa

demonstração de fluxos de caixa
Fornece um resumo dos fluxos de caixa operacionais, de investimento e de financiamento da empresa e concilia tais fluxos com as variações dos saldos de caixa e títulos negociáveis no período determinado.

A **demonstração de fluxos de caixa** é um resumo dos fluxos de caixa durante o período considerado. Ela fornece informações sobre os fluxos de caixa operacionais, de investimento e de financiamento da empresa e concilia tais fluxos com as variações dos saldos de caixa e títulos negociáveis no período. A demonstração de fluxos de caixa da Bartlett Company para o exercício encerrado em 31 de dezembro de 2015 é apresentada na Tabela 3.4. Mais informações sobre essa demonstração estão incluídas na discussão sobre o fluxo de caixa, no Capítulo 4.

Tabela 3.4 — Demonstração de fluxos de caixa da Bartlett Company para o exercício encerrado em 31 de dezembro de 2015

Fluxo de caixa das atividades operacionais	
Lucro líquido após imposto de renda	$ 231.000
Depreciação	239.000
Aumento de contas a receber	(138.000)[a]
Redução de estoques	11.000
Aumento de fornecedores	112.000
Aumento de contas a pagar	45.000
Caixa gerado pelas atividades operacionais	$ 500.000
Fluxo de caixa das atividades de investimento	
Aumento de ativo imobilizado bruto	(347.000)
Variações em participações no capital de outras empresas	0
Caixa gerado pelas atividades de investimento	($ 347.000)
Fluxo de caixa das atividades de financiamento	
Redução de títulos a pagar	(20.000)
Aumento de dívida de longo prazo	56.000
Variações no patrimônio líquido[b]	11.000
Dividendos pagos	(108.000)
Caixa gerado pelas atividades de financiamento	($ 61.000)
Aumento líquido de caixa e títulos negociáveis	$ 92.000

[a] Como é de praxe, são utilizados parênteses para indicar um número negativo que, neste caso, representa uma saída de caixa.

[b] Os lucros retidos não foram incluídos porque sua variação já está refletida na combinação dos itens "lucro líquido após imposto de renda" e "dividendos pagos".

NOTAS EXPLICATIVAS ÀS DEMONSTRAÇÕES FINANCEIRAS

Incluídas nas demonstrações financeiras publicadas estão as notas explicativas associadas a contas relevantes das demonstrações. As **notas explicativas às demonstrações financeiras** fornecem informações detalhadas a respeito de políticas, procedimentos, cálculos e transações contábeis subjacentes aos lançamentos feitos nas demonstrações financeiras. Questões comuns abordadas pelas notas incluem reconhecimento de receitas, impostos de renda, detalhamento de contas de ativo imobilizado, prazos de dívidas e de contratos de arrendamentos e contingências. Desde a promulgação da Lei Sarbanes-Oxley, as notas às demonstrações financeiras também passaram a incluir alguns detalhes sobre o cumprimento dessa lei. Analistas profissionais de valores mobiliários usam os dados das demonstrações e as notas explicativas para fazer estimativas dos valores mobiliários emitidos pela empresa, e essas estimativas influenciam as decisões dos investidores e, em consequência, o valor das ações da empresa.

notas explicativas às demonstrações financeiras
Notas explicativas associadas a contas relevantes das demonstrações; essas notas fornecem informações detalhadas sobre as políticas, os procedimentos, os cálculos e as transações contábeis subjacentes aos lançamentos feitos nas demonstrações financeiras.

CONSOLIDAÇÃO DAS DEMONSTRAÇÕES FINANCEIRAS INTERNACIONAIS

Até agora, tratamos das demonstrações financeiras envolvendo apenas uma moeda. A questão de como consolidar as demonstrações financeiras domésticas e internacionais de uma empresa tem preocupado os contadores há muitos anos.

Nos Estados Unidos, a política atual é descrita pelo **FASB 52**, que determina que empresas sediadas nos Estados Unidos convertam em dólares norte-americanos seus ativos e passivos denominados em moeda estrangeira para consolidação com as demonstrações financeiras da matriz. Esse processo é feito por meio do **método (de conversão) da taxa corrente**, em que todos os ativos e passivos denominados em moeda estrangeira de uma empresa que tenha sede nos Estados Unidos são convertidos em dólares usando a taxa de câmbio vigente na data de encerramento do ano fiscal (taxa corrente). Os itens da demonstração de resultados são tratados da mesma forma. As contas do patrimônio, por outro lado, são convertidas em dólares usando a taxa de câmbio vigente no momento da realização do investimento pela matriz (a taxa histórica). Os lucros retidos são ajustados para refletir os lucros ou os prejuízos operacionais de cada ano.

FASB 52
Obriga as empresas norte-americanas a converter em dólares norte-americanos seus ativos e passivos denominados em moeda estrangeira, para consolidação com as demonstrações financeiras da matriz. Esse processo é feito usando o *método (de conversão) da taxa corrente*.

→ **QUESTÕES PARA REVISÃO**

3.1 Que papéis GAAP, FASB e PCAOB desempenham nas atividades de divulgação financeira das empresas de capital aberto?

3.2 Descreva a finalidade de cada uma das quatro principais demonstrações financeiras.

3.3 Por que as notas explicativas são importantes para os analistas profissionais de valores mobiliários?

3.4 Como é usado o *método (de conversão) da taxa corrente* para consolidar as demonstrações financeiras domésticas e internacionais de uma empresa?

método (de conversão) da taxa corrente
Método usado por companhias sediadas nos Estados Unidos para converter em dólares norte-americanos seus ativos e passivos denominados em moeda estrangeira, para consolidação com as demonstrações financeiras da matriz, usando a taxa de câmbio (corrente) no final do ano fiscal.

3.2 Usando índices financeiros

As informações contidas nas quatro demonstrações financeiras básicas são muito importantes para diversas partes interessadas que necessitam regularmente de medidas relativas de desempenho da empresa. *Relativa* é a palavra-chave aqui, porque a análise

análise de índices
Envolve métodos de cálculo e interpretação de índices financeiros para analisar e monitorar o desempenho de uma empresa.

de demonstrações financeiras baseia-se no uso de *índices* (ou *valores relativos*). A **análise de índices** envolve métodos de cálculo e interpretação de índices financeiros com a finalidade de analisar e monitorar o desempenho da empresa. Os insumos básicos para a análise de índices são a demonstração de resultados e o balanço patrimonial da empresa.

PARTES INTERESSADAS

A análise de índices das demonstrações financeiras de uma empresa é de interesse dos acionistas, dos credores e da própria administração da empresa. Tanto os acionistas atuais como os acionistas potenciais estão interessados no nível atual e no nível futuro de risco e retorno da empresa, que afetam diretamente o preço das ações. Os credores da empresa estão interessados principalmente na liquidez de curto prazo da empresa e na sua capacidade de fazer pagamentos de juros e do principal. Os credores também se preocupam com a rentabilidade da empresa; eles querem garantias de que o negócio é saudável. A administração, assim como os acionistas, se preocupa com todos os aspectos da posição financeira da empresa e procura construir índices financeiros que sejam considerados favoráveis tanto pelos proprietários quanto pelos credores. Além disso, a administração utiliza os índices para monitorar o desempenho da empresa de período em período.

TIPOS DE COMPARAÇÕES DE ÍNDICES

A análise de índices não consiste simplesmente no cálculo de um determinado índice. A *interpretação* do valor do índice é a atividade mais importante. Uma base relevante para comparação é necessária para responder a perguntas como: "É muito alto ou muito baixo?" ou "É bom ou ruim?". As comparações de índices podem ser feitas de duas maneiras: transversal e séries temporais.

Análise transversal

análise transversal
Comparação de índices financeiros de diferentes empresas no mesmo momento; envolve a comparação dos índices da empresa com os de outras companhias do seu setor ou com as médias do setor.

benchmarking
Um tipo de *análise transversal* na qual os valores dos índices da empresa são comparados com os de um concorrente importante ou com um grupo de concorrentes que a empresa deseja imitar.

A **análise transversal** envolve a comparação de índices financeiros de diferentes empresas no mesmo momento. Os analistas estão frequentemente interessados no desempenho de uma empresa em relação a outras empresas de seu setor. Frequentemente uma empresa compara os valores de seus índices com os de um concorrente importante ou com os de um grupo de concorrentes que a empresa deseja imitar. Esse tipo de análise transversal, chamado **benchmarking**, tornou-se muito comum.

A comparação com as médias do setor também é comum. Esses dados podem ser encontrados em fontes como *Almanac of Business and Industrial Financial Ratios*, *Dun & Bradstreet's Industry Norms and Key Business Ratios*, *RMA Annual Statement Studies*, *Value Line* e em fontes de associações setoriais. É possível também obter índices financeiros utilizando informações financeiras divulgadas em bancos de dados financeiros, como a Compustat. A Tabela 3.5 ilustra uma breve análise de índices transversais, comparando vários índices para pares de empresas que competem entre si, bem como para o valor médio do setor.

Os analistas precisam ter muito cuidado ao tirar conclusões das comparações de índices. É tentador achar que, se um índice de uma determinada empresa está acima da média do setor, isso é um sinal de que a empresa está se saindo bem, pelo menos na dimensão medida pelo índice. No entanto, eles podem estar acima ou abaixo da média do setor por razões tanto positivas quanto negativas e é necessário investigar exatamente por que o desempenho de uma empresa difere dos seus pares do setor. *Desse modo, a análise de índices por si só é útil porque chama a atenção para casos que merecem investigação adicional.*

Tabela 3.5 — Índices financeiros de algumas empresas e os valores médios do respectivo setor

	Liquidez corrente	Liquidez seca	Giro do estoque	Prazo médio de recebimento (dias)	Giro do ativo total	Índice de endividamento	Margem de lucro líquido (%)	Retorno sobre ativo total (%)	Retorno sobre patrimônio líquido (%)
Dell	1,3	1,2	40,5	58,9	1,6	0,8	2,7	4,3	25,4
Hewlett-Packard	1,2	1,1	13,8	80,6	1,0	0,6	6,7	6,7	18,9
Computadores	2,5	2,1	5,8	61,3	0,9	0,4	−3,1	−2,2	−2,6
Home Depot	1,3	0,4	4,3	5,3	1,6	0,5	4,0	6,5	13,7
Lowe's	1,3	0,2	3,7	0,0	1,4	0,4	3,7	5,4	9,3
Materiais de construção	2,8	0,8	3,7	5,3	1,6	0,3	4,0	6,5	13,7
Kroger	1,0	0,3	12,0	4,3	3,3	0,8	0,1	0,3	1,4
Whole Foods Market	1,3	1,0	25,6	7,0	3,6	0,4	2,3	8,0	14,5
Supermercados	1,3	0,7	11,1	7,5	2,4	0,6	2,1	3,1	9,8
Sears	1,3	0,3	3,7	5,4	1,8	0,6	0,5	0,9	2,6
Walmart	0,9	0,3	9,0	3,7	2,4	0,6	3,5	8,4	20,3
Lojas de varejo	1,7	0,6	4,1	3,7	2,3	0,5	1,5	4,9	10,8

Os dados utilizados para calcular esses índices foram retirados da base de dados norte-americana Compustat.

Análise de séries temporais

A **análise de séries temporais** avalia o desempenho ao longo do tempo. A comparação do desempenho atual com o desempenho passado usando índices permite que os analistas avaliem o progresso de uma empresa. Novas tendências podem ser identificadas usando comparações entre diversos anos. Quaisquer alterações significativas de um ano para outro podem ser sintomáticas de um problema, especialmente se a mesma tendência não for um fenômeno que afeta o setor como um todo.

análise de séries temporais
Avaliação do desempenho financeiro da empresa ao longo do tempo usando análise de índices financeiros.

Análise combinada

Essa abordagem mais informativa articula as análises transversal e de série temporal. Uma visão combinada permite avaliar a tendência do comportamento de um índice em relação à tendência do setor. A Figura 3.1 ilustra esse tipo de abordagem, usando o índice de prazo médio de recebimento da Bartlett Company no período de 2012 a 2015. Esse índice mede o tempo médio (em dias) que a empresa leva para receber suas vendas a prazo e, geralmente, valores mais baixos desse índice costumam ser preferíveis. Uma rápida análise da Figura 3.1 revela que: (1) a eficácia da Bartlett na cobrança de suas contas a receber é baixa em comparação com o setor e (2) a tendência da Bartlett é operar com prazos de recebimento mais longos. Fica claro que a Bartlett precisa reduzir seu prazo de recebimento.

Figura 3.1 — Análise combinada

Visão combinada transversal e séries temporais do prazo médio de recebimento da Bartlett Company, 2012–2015.

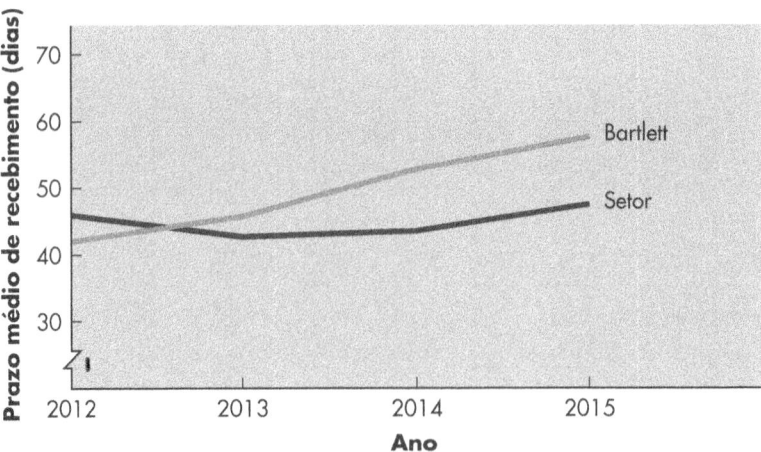

Exemplo 3.3

No início de 2016, Mary Boyle, a principal analista financeira da Caldwell Manufacturing, uma fabricante de aquecedores, coletou dados sobre o desempenho financeiro da empresa durante 2015, o exercício recém-encerrado. Ela calculou vários índices e obteve as médias do setor. Ela estava especialmente interessada no giro do estoque, que reflete a velocidade com que a empresa movimenta seu estoque, da compra de matérias-primas à transformação em produtos acabados e à venda ao cliente. Em geral, valores mais altos desse índice são preferíveis porque apontam um giro mais rápido e uma administração de estoque mais eficiente. O giro do estoque da Caldwell Manufacturing, em 2015, e a média do índice do setor foram os seguintes:

	Giro do estoque, 2015
Caldwell Manufacturing	14,8
Média do setor	9,7

A primeira reação de Mary diante desses números foi concluir que a empresa tinha administrado seu estoque bem *melhor* do que a média do setor. Em comparação, o giro da Caldwell Manufacturing foi quase 53% mais rápido que a média do setor. Refletindo um pouco, porém, ela percebeu que um giro muito alto do estoque podia indicar que a empresa não estava mantendo níveis de estoque suficientes. Um nível de estoque baixo poderia resultar em falta de produtos, ou seja, estoque insuficiente para atender as necessidades dos clientes. Conversas com o pessoal dos departamentos de produção e marketing confirmaram o problema: os estoques tinham sido extremamente baixos durante o ano, o que causou inúmeros atrasos na produção, afetando a capacidade da empresa de atender a demanda e resultando em clientes insatisfeitos e vendas perdidas. Um indicador que à primeira vista parecia refletir uma administração de estoque extremamente eficiente era, na verdade, o sintoma de um grave problema.

PRECAUÇÕES AO USAR A ANÁLISE DE ÍNDICES

Antes de discutir índices específicos, devemos considerar as seguintes precauções relativas ao seu uso:

1. Índices que revelam grandes desvios da média indicam apenas a *possibilidade* de um problema. Uma análise adicional costuma ser necessária para determinar se há um problema e para isolar as suas *causas*.
2. Um único índice geralmente não fornece informações suficientes para avaliar o desempenho *geral* da empresa. No entanto, se uma análise se concentrar apenas em certos aspectos *específicos* da posição financeira de uma empresa, um ou dois índices podem ser suficientes.
3. Os índices que estão sendo comparados devem ser calculados utilizando demonstrações financeiras referentes à mesma data do ano. Se isso não for feito, os efeitos da *sazonalidade* podem acabar levando a conclusões e decisões erradas.
4. É preferível utilizar *demonstrações financeiras auditadas* para a análise de índices. Se as demonstrações não tiverem sido auditadas, os dados poderão não refletir a verdadeira condição financeira da empresa.
5. Os dados financeiros que estão sendo comparados devem ter sido produzidos da mesma maneira. O uso de tratamentos contábeis diferentes — especialmente em relação ao estoque e à depreciação — pode distorcer os resultados das comparações de índices independentemente do tipo de análise (transversal ou séries temporais).
6. Os resultados podem ser distorcidos pela *inflação*, o que pode fazer com que os valores contábeis de estoques e ativos sujeitos a depreciação difiram substancialmente de seus valores de reposição. Além disso, os custos de inventário e despesas de depreciação podem diferir de seus verdadeiros valores, distorcendo os lucros. Sem ajustes, a inflação tende a fazer com que as empresas mais antigas (com ativos mais velhos) pareçam mais eficientes e rentáveis do que as empresas mais jovens (com ativos mais novos). Fica claro que, ao usar os índices, deve-se tomar cuidado ao comparar empresas mais antigas com empresas mais jovens ou ao comparar uma mesma empresa durante um longo período de tempo.

CATEGORIAS DE ÍNDICES FINANCEIROS

Os índices financeiros podem ser divididos, por uma questão de conveniência, em cinco categorias gerais: liquidez, atividade, endividamento, rentabilidade e valor de mercado. Os índices de liquidez, atividade e endividamento medem, principalmente, risco; já os índices de rentabilidade medem retorno. Os índices de valor de mercado, por sua vez, capturam tanto risco quanto retorno.

Como regra geral, os dados necessários para uma análise financeira adequada incluem, no mínimo, a demonstração de resultados e o balanço patrimonial. Usaremos, mais uma vez, as demonstrações de resultados e os balanços patrimoniais da Bartlett Company dos exercícios de 2015 e 2014, apresentados nas tabelas 3.1 e 3.2, para demonstrar os cálculos dos índices. Note, contudo, que os índices apresentados no restante deste capítulo podem ser aplicados a praticamente qualquer empresa. Mas, certamente, muitas empresas de diferentes setores utilizam índices que focam em aspectos peculiares de seu setor.

→ QUESTÕES PARA REVISÃO

3.5 Com relação à análise de índices financeiros, como os pontos de vista dos acionistas atuais e potenciais da empresa, dos credores e da administração diferem?

3.6 Qual é a diferença entre a análise *transversal* e a análise de *séries temporais*? O que é *benchmarking*?

3.7 Em que tipos de desvios da média o analista deve prestar especial atenção quando realiza uma análise transversal? Por quê?

3.8 Por que é preferível comparar índices calculados utilizando demonstrações financeiras referentes à mesma data do ano?

3.3 Índices de liquidez

liquidez
A capacidade de uma empresa de saldar suas obrigações de curto prazo *no vencimento*.

A **liquidez** de uma empresa é medida por sua capacidade de saldar suas obrigações de curto prazo *no vencimento*. A liquidez refere-se à solvência da posição financeira *geral* da empresa ou à facilidade com que pode pagar suas contas. Como uma liquidez baixa ou em declínio é um precursor comum de dificuldades financeiras e falência, esses índices podem fornecer sinais antecipados de problemas de fluxo de caixa e insolvência iminente da empresa. Naturalmente, é desejável que uma empresa seja capaz de pagar suas contas, de modo que é importante ter liquidez suficiente para as operações do dia a dia. No entanto, os ativos líquidos, como dinheiro mantido em bancos e títulos negociáveis, não obtêm uma taxa de retorno particularmente alta, de modo que os acionistas não vão querer que uma empresa invista *demais* em liquidez. As empresas precisam equilibrar a necessidade de segurança proporcionada pela liquidez com os baixos retornos que os ativos líquidos geram para os investidores. As duas medidas básicas de liquidez são o índice de liquidez corrente e o índice de liquidez seca.

ÍNDICE DE LIQUIDEZ CORRENTE

índice de liquidez corrente
A medida de liquidez calculada pela divisão do ativo circulante da empresa pelo seu passivo circulante.

O **índice de liquidez corrente**, um dos índices financeiros mais comumente mencionados, mede a capacidade da empresa de cumprir suas obrigações de curto prazo. É expresso pela equação:

$$\text{Índice de liquidez corrente} = \text{ativo circulante} \cdot \text{passivo circulante} \qquad (3.1)$$

O índice de liquidez corrente da Bartlett Company em 2015 foi de:

$$\$\ 1.223.000 \cdot \$\ 620.000 = 1,97$$

Um índice de liquidez corrente mais alto indica um grau de liquidez maior. O grau de liquidez que uma empresa precisa depende de uma variedade de fatores, incluindo o seu porte, o seu acesso a fontes de financiamento de curto prazo — como linhas de crédito bancário — e a volatilidade de seu negócio. Por exemplo, um supermercado com suas receitas relativamente previsíveis pode não necessitar de tanta liquidez quanto uma empresa de manufatura que enfrenta mudanças repentinas e inesperadas na demanda de seus produtos. Quanto mais previsíveis forem os fluxos de caixa de uma empresa, menor é o índice de liquidez corrente aceitável. Como a Bartlett Company está em um setor com fluxo de caixa anual relativamente previsível, seu índice de liquidez corrente de 1,97 deve ser bastante aceitável.

FATOS e DADOS

Fatores determinantes das necessidades de liquidez

Olhe novamente a primeira coluna da Tabela 3.5, que mostra o índice de liquidez corrente para uma variedade de empresas e setores. Note que o setor com o índice de liquidez corrente mais alto (isto é, a maior liquidez) é o setor de materiais de construção, um negócio notoriamente sensível às oscilações do ciclo de negócios. O índice de liquidez corrente para o setor é de 2,8, indicando que uma empresa típica desse setor tem quase três vezes mais ativo circulante que passivo circulante. Dois dos maiores concorrentes nesse setor nos Estados Unidos, a Home Depot e a Lowe's, operam com um índice de liquidez corrente de 1,3, menos da metade da média do setor. Será que esse índice significa que essas empresas têm um problema de liquidez? Não necessariamente. As grandes empresas, em geral, têm boas relações com bancos que podem fornecer linhas de crédito e outros empréstimos de curto prazo no caso de a empresa necessitar de liquidez. Empresas menores não têm o mesmo acesso a crédito, por conta disso tendem a operar com mais liquidez.

ÍNDICE DE LIQUIDEZ SECA

O **índice de liquidez seca** é similar ao índice de liquidez corrente, exceto pelo fato de que exclui o estoque, que geralmente é o ativo circulante menos líquido. A liquidez geralmente baixa do estoque resulta de dois fatores principais: (1) muitos tipos de estoque não podem ser vendidos com facilidade por serem itens semiacabados, itens de uso específico e similares; e (2) o estoque é normalmente vendido a prazo, o que significa que ele se torna uma conta a receber antes de ser convertido em caixa. Um problema adicional com o estoque como um ativo líquido é que nos momentos em que as empresas enfrentam as maiores necessidades de liquidez, quando os negócios vão mal, são justamente os momentos em que é mais difícil vender o estoque e convertê-lo em caixa. O índice de liquidez seca é calculado como:

índice de liquidez seca
Uma medida de liquidez calculada pela divisão do ativo circulante da empresa, menos o estoque, pelo seu passivo circulante.

$$\text{Índice de liquidez seca} = \frac{\text{ativo circulante} - \text{estoque}}{\text{passivo circulante}} \quad (3.2)$$

O índice de liquidez seca da Bartlett Company em 2015 foi de:

$$\frac{\$1.223.000 - \$289.000}{\$620.000} = \frac{\$934.000}{\$620.000} = 1,51$$

Tal como acontece com o índice de liquidez corrente, o índice de liquidez seca que a empresa deveria tentar atingir depende muito da natureza do negócio. O índice de liquidez seca proporciona uma medida melhor da liquidez geral somente quando o estoque da empresa não pode ser facilmente convertido em caixa. Se o estoque for líquido, o índice de liquidez corrente oferece uma informação mais precisa sobre a liquidez geral.

Finanças pessoais Exemplo 3.4

Indivíduos, assim como as sociedades anônimas, também podem usar índices financeiros para analisar e monitorar seu desempenho. Normalmente, os índices financeiros pessoais são calculados usando as demonstrações de receitas e despesas pessoais e o balanço patrimonial pessoal do período de interesse. Aqui, usamos essas demonstrações, apresentadas nos exemplos anteriores de finanças pessoais, para demonstrar o cálculo do índice de liquidez de Jan e Jon Smith em 2015.

O *índice de liquidez* pessoal é calculado dividindo-se o total do ativo líquido pelo total do passivo circulante. O índice indica a porcentagem das obrigações de dívidas anuais que um indivíduo pode saldar usando seu ativo líquido corrente. O total do ativo líquido dos Smiths era $ 2.225. O total do passivo circulante era de $ 21.539 (total do passivo circulante de $ 905 + prestações de hipoteca de $ 16.864 + financiamento do carro de $ 2.520 + prestações de eletrodomésticos e móveis de $ 1.250). Aplicando esses valores na fórmula do índice, temos:

$$\text{Índice de liquidez} = \frac{\text{total do ativo líquido}}{\text{total do passivo circulante}} = \frac{\$ 2.225}{\$ 21.539} = 0,103 \text{ ou } 10,3\%$$

Esse índice indica que os Smiths podem cobrir apenas cerca de 10% das suas obrigações de dívidas do ano com o ativo líquido corrente de que dispõem. Evidentemente os Smiths planejam pagar essas obrigações de dívidas usando sua renda, mas o índice sugere que seus fundos líquidos não fornecem um grande alívio. Uma de suas metas deveria ser construir um fundo maior de ativo líquido para fazer frente a despesas inesperadas.

> **FATOS e DADOS**
>
> **A importância dos estoques**
>
> Volte novamente à Tabela 3.5 e examine as colunas que mostram o índice de liquidez corrente e o índice de liquidez seca de diferentes empresas e setores. Observe que a Dell tem um índice de liquidez corrente de 1,3, assim como a Home Depot e a Lowe's. No entanto, embora os índices de liquidez seca da Home Depot e da Lowe's sejam muito mais baixos que seus índices de liquidez corrente, para a Dell os índices de liquidez corrente e de liquidez seca têm quase o mesmo valor. Por quê? Por muitos anos, a Dell operou com um modelo de negócio do tipo "produção sob encomenda", que lhe permitiu manter um estoque bastante baixo. Por sua vez, basta ir a qualquer loja da Home Depot ou da Lowe's para ver que o modelo de negócios do setor requer um enorme investimento em estoque, o que implica que o índice de liquidez seca deve ser muito mais baixo que o índice de liquidez corrente para empresas de materiais de construção.

→ **QUESTÕES PARA REVISÃO**

3.9 Em quais circunstâncias o índice de liquidez corrente é a medida preferível da liquidez geral de uma empresa? Em quais circunstâncias o índice de liquidez seca é preferível?

3.10 Na Tabela 3.5, a maioria das empresas listadas tem índices de liquidez corrente abaixo da média do setor. Por quê? A exceção é a Whole Foods Market, que compete no setor de supermercados de alto poder aquisitivo. Por que a Whole Foods Market opera com uma liquidez acima da média?

3.4 Índices de atividade

índices de atividade
Medem a velocidade com que várias contas são convertidas em vendas ou caixa — entradas ou saídas.

Os **índices de atividade** medem a velocidade com que várias contas são convertidas em vendas ou caixa — entradas ou saídas. Em certo sentido, os índices de atividade medem a eficiência com que a empresa opera em uma série de dimensões, tais como gestão de estoque, desembolsos e recebimentos. Vários índices estão disponíveis para medir a atividade das principais contas do circulante, incluindo estoque, contas a receber e contas a pagar. A eficiência com que o total do ativo é usado também pode ser avaliada.

GIRO DO ESTOQUE

giro do estoque
Mede a atividade (ou liquidez) do estoque de uma empresa.

O **giro do estoque** mede a atividade (ou liquidez) do estoque de uma empresa. É calculado como:

$$\text{Giro do estoque} = \text{custo das mercadorias vendidas} \cdot \text{estoque} \quad (3.3)$$

Aplicando essa relação à Bartlett Company em 2015, temos:

$$\$\,2.088.000 \cdot \$\,289.000 = 7,2$$

O giro resultante só tem significado quando comparado com o giro de outras empresas do mesmo setor ou com o giro do estoque da própria empresa no passado. Um giro de estoque de 20 não seria incomum para um supermercado, que trabalha com mercadorias altamente perecíveis e que precisam ser vendidas rapidamente, ao passo que um fabricante de aeronaves pode girar seu estoque apenas quatro vezes por ano.

Outro índice de atividade de estoque mede quantos dias o estoque é mantido pela empresa. O giro do estoque pode ser facilmente convertido na **idade média do estoque** ao ser dividido por 365, número de dias do ano. Para a Bartlett Company, a idade média do estoque em 2015 é 50,7 dias (365 · 7,2). Esse valor também pode ser visto como o número médio de dias de vendas em estoque.

idade média do estoque
Número médio de dias de vendas em estoque.

PRAZO MÉDIO DE RECEBIMENTO

O **prazo médio de recebimento** (ou idade média das contas a receber) é útil na avaliação das políticas de crédito e cobrança. É calculado dividindo-se o saldo de contas a receber pelo valor diário médio da receita de vendas:[2]

prazo médio de recebimento
O tempo médio necessário para receber as contas a receber.

$$\text{Prazo médio de recebimento} = \frac{\text{contas a receber}}{\text{receita de vendas média por dia}}$$

$$= \frac{\text{contas a receber}}{\frac{\text{receita de vendas anuais}}{365}} \quad (3.4)$$

O prazo médio de recebimento da Bartlett Company em 2015 é de:

$$\frac{\$503.000}{\frac{\$3.074.000}{365}} = \frac{\$503.000}{\$8.422} = 59,7 \text{ dias}$$

Em média, a empresa leva 59,7 dias para receber uma venda a prazo.

O prazo médio de recebimento é significativo apenas em relação às condições de crédito da empresa. Se a Bartlett Company concede prazo de 30 dias a seus clientes, um prazo médio de recebimento de 59,7 dias pode indicar um departamento de crédito ou de cobrança mal gerenciado, ou ambos. Também é possível que a ampliação do prazo de recebimento resulte de um relaxamento intencional do prazo de crédito em resposta a pressões da concorrência. Se a empresa concedeu prazo de 60 dias, um prazo médio de recebimento de 59,7 dias seria bastante aceitável. Naturalmente são necessárias informações adicionais para avaliar a eficácia das políticas de crédito e cobrança da empresa.

FATOS e DADOS

Quem recebe crédito?

Observe, na Tabela 3.5, as grandes diferenças entre os setores no que se refere aos prazos médios de recebimento. Empresas que atuam no setor de materiais de construção, supermercados e lojas de varejo recebem em apenas alguns dias, enquanto as empresas do setor de computadores levam cerca de dois meses para receber as suas vendas. A diferença ocorre principalmente porque esses setores atendem clientes muito diferentes. Os supermercados e as lojas de varejo atendem indivíduos que pagam em dinheiro ou usam cartões de crédito (o que, para a loja, é essencialmente a mesma coisa). Já os fabricantes de computadores vendem para redes de varejo, empresas e outras grandes organizações que negociam acordos que lhes permitem efetuar o pagamento dos computadores encomendados bem depois de efetuada a venda.

---

[2] A fórmula apresentada supõe, para simplificar, que todas as vendas são feitas a prazo. Se esse não for o caso, o *valor médio das vendas a prazo por dia* deve ser substituído pelo valor médio das vendas por dia.

PRAZO MÉDIO DE PAGAMENTO

prazo médio de pagamento
O tempo médio de pagamento das contas devidas pela empresa aos fornecedores

O **prazo médio de pagamento** (ou idade média das contas a pagar) é calculado da mesma forma que o prazo médio de recebimento:

$$\text{Prazo médio de pagamento} = \frac{\text{fornecedores}}{\text{compras médias por dia}} = \frac{\text{fornecedores}}{\frac{\text{compras anuais}}{365}} \quad (3.5)$$

A dificuldade em calcular esse índice decorre da necessidade de determinar as compras anuais,[3] um valor não disponível nas demonstrações financeiras publicadas. Normalmente, as compras são estimadas como uma porcentagem do custo das mercadorias vendidas. Se assumimos que as compras da Bartlett Company equivalem a 70% de seu custo das mercadorias vendidas em 2015, seu prazo médio de pagamento seria de:

$$\frac{\$382.000}{\frac{0,70 \times \$2.088.000}{365}} = \frac{\$382.000}{\$4.004} = 95,4 \text{ dias}$$

Os 95,4 dias só têm significado em relação às condições médias de crédito concedidas à empresa. Se os fornecedores da Bartlett Company concederam, em média, prazos de 30 dias, um analista daria à Bartlett uma baixa classificação de crédito porque a empresa estaria demorando demais para pagar suas contas. Os potenciais credores e fornecedores de crédito mercantil estão interessados no prazo médio de pagamento porque ele fornece informações sobre os padrões de pagamento de contas da empresa.

GIRO DO ATIVO TOTAL

giro do ativo total
Índice que indica a eficiência com que a empresa utiliza seus ativos para gerar vendas.

O **giro do ativo total** indica a eficiência com que a empresa utiliza seus ativos para gerar vendas e é calculado da seguinte forma:

$$\text{Giro do ativo total} = \text{receita de vendas} \div \text{total do ativo} \quad (3.6)$$

O valor do giro do ativo total da Bartlett Company em 2015 é de:

$$\$ 3.074.000 \div \$ 3.597.000 = 0,85$$

Isso significa que a empresa gira seus ativos 0,85 vez por ano.

FATOS e DADOS

Venda rápida

Observe, na Tabela 3.5, que o setor de supermercados gira os ativos mais rapidamente do que qualquer outro setor listado. Isso faz sentido porque o estoque é um dos ativos mais valiosos mantidos por essas empresas, e os supermercados precisam vender rapidamente produtos de padaria, laticínios e hortifrutigranjeiros ou simplesmente jogá-los fora quando estragam. É verdade que alguns itens em um supermercado têm uma vida útil mais longa do que se imagina (como chocolates), mas, em média, um supermercado precisa repor todo o seu estoque em apenas alguns dias ou semanas, e essa prática contribui para o rápido giro do ativo total da empresa.

---

[3] Tecnicamente, as compras anuais a *prazo* – e não as compras anuais – é que deveriam ser utilizadas no cálculo desse índice. Para fins de simplicidade, ignoramos esse preciosismo aqui.

Em geral, quanto mais alto for o giro do ativo total da empresa, mais eficientemente seus ativos serão utilizados. Essa medida é provavelmente de grande interesse para a administração, porque indica se as operações da empresa foram ou não financeiramente eficientes.

→ QUESTÃO PARA REVISÃO

3.11 Para avaliar o prazo médio de recebimento e o prazo médio de pagamento de uma empresa, quais informações adicionais são necessárias e por quê?

3.5 Índices de endividamento

O *índice de endividamento* de uma empresa indica o volume de dinheiro de terceiros usado para gerar lucros. Em geral, o analista financeiro está mais preocupado com as dívidas de longo prazo, porque elas comprometem a empresa com uma série de pagamentos contratuais no longo prazo. Quanto mais dívida a empresa tiver, maior é o risco de não poder honrar seus pagamentos de dívidas contratuais. Como, antes da distribuição de lucros aos acionistas, os direitos dos credores devem ser satisfeitos, os acionistas atuais e potenciais prestam muita atenção na capacidade da empresa de pagar suas dívidas. Os fornecedores de recursos financeiros são outros que também estão preocupados com o endividamento da empresa.

Em geral, quanto mais dívida uma empresa utiliza em relação ao total do ativo, maior sua *alavancagem financeira*. A **alavancagem financeira** é a amplificação do risco e do retorno pela utilização de financiamento de custo fixo, como título de dívida e ações preferenciais. Quanto mais dívida de custo fixo uma empresa utilizar, maior será seu risco e seu retorno esperados.

O Exemplo 3.5 demonstra que *um aumento da dívida vem acompanhado de um risco maior, bem como de um retorno mais elevado*. Portanto, quanto maior a alavancagem financeira, maiores o risco e o retorno em potencial. Uma discussão detalhada do impacto da dívida sobre o risco, o retorno e o valor da empresa está incluída no Capítulo 12. Aqui, enfatizamos o uso de índices de alavancagem financeira para avaliar externamente a posição de endividamento de uma empresa.

Existem dois tipos gerais de medidas de alavancagem: medidas do grau de endividamento e medidas da capacidade de serviço da dívida. O **grau de endividamento** mede o montante da dívida em relação a outros valores significativos do balanço patrimonial. Duas medidas populares do grau de endividamento são o índice de endividamento e o índice dívida/patrimônio líquido.

O segundo tipo de medida de alavancagem, a **capacidade de serviço da dívida**, reflete a capacidade da empresa de fazer os pagamentos necessários de acordo com o cronograma de vencimento de uma dívida. O termo *serviço da dívida* significa simplesmente pagar suas dívidas no prazo. A capacidade da empresa de pagar certos encargos fixos é medida usando os **índices de cobertura**. Normalmente, índices de cobertura mais altos são preferíveis (especialmente pelos fornecedores de recursos financeiros da empresa), mas um índice muito alto pode indicar que a administração da empresa é muito conservadora e talvez fosse capaz de obter retornos mais elevados se contraísse mais empréstimos. De maneira geral, quanto mais baixos os índices de cobertura de uma empresa, menor a certeza de que ela consiga pagar suas obrigações fixas. Se uma empresa for incapaz de pagar essas obrigações, seus credores podem exigir o pagamento imediato, o que, na maioria dos casos, levaria uma empresa à falência. Dois índices populares de cobertura são o índice de cobertura de juros e o índice de cobertura de pagamento fixo.

alavancagem financeira
A amplificação do risco e do retorno pelo uso de financiamento de custo fixo, como título de dívida e ações preferenciais.

grau de endividamento
Mede o montante da dívida em relação a outros valores significativos do balanço patrimonial.

capacidade de serviço da dívida
A capacidade de uma empresa de fazer os pagamentos necessários de acordo com o cronograma de vencimento de uma dívida.

índices de cobertura
Índices que medem a capacidade da empresa de pagar certos encargos fixos.

Exemplo 3.5

Patty Akers está constituindo uma nova empresa. Depois de muita análise, ela decidiu que será necessário um investimento inicial de $ 50.000 — $ 20.000 em ativo circulante e $ 30.000 em ativo imobilizado. Esses fundos podem ser obtidos de duas maneiras. A primeira é o *plano sem dívida*, pelo qual ela investiria todos os $ 50.000 sem tomar empréstimo. A outra maneira, o *plano com dívida*, envolveria investir $ 25.000 e tomar emprestado os $ 25.000 restantes a juros anuais de 12%.

Patty espera vendas de $ 30.000, despesas operacionais de $ 18.000 e alíquota de imposto de renda de 40%. Balanços patrimoniais e demonstrações de resultados projetados, associados aos dois planos, estão resumidos na Tabela 3.6. O plano sem dívida resulta em lucro após imposto de renda de $ 7.200, o que representa uma taxa de retorno de 14,4% sobre o investimento de $ 50.000 de Patty.

Tabela 3.6 Demonstrações financeiras associadas às alternativas de Patty

Balanços patrimoniais	Plano sem dívida	Plano com dívida
Ativo circulante	$ 20.000	$ 20.000
Ativo imobilizado	30.000	30.000
Total do ativo	$ 50.000	$ 50.000
Dívida (a juros de 12%)	$ 0	$ 25.000
(1) Patrimônio líquido	50.000	25.000
Total do passivo e patrimônio líquido	$ 50.000	$ 50.000
Demonstrações de resultados		
Vendas	$ 30.000	$ 30.000
Menos: despesas operacionais	18.000	18.000
Lucro operacional	$ 12.000	$ 12.000
Menos: despesa de juros	0	0,12 × $ 25.000 = 3.000
Lucro líquido antes do imposto de renda	$ 12.000	$ 9.000
Menos: imposto de renda (alíquota = 40%)	4.800	3.600
(2) Lucro líquido após imposto de renda	$ 7.200	$ 5.400
Retorno sobre patrimônio líquido [(2) ÷ (1)]	$ 7.200 ÷ $ 50.000 = 14,4%	$ 5.400 ÷ $ 25.000 = 21,6%

O plano com dívida resulta em lucro após imposto de renda de $ 5.400, que representa uma taxa de retorno de 21,6% sobre o investimento de $ 25.000 de Patty. O plano com dívida proporciona a Patty uma taxa de retorno mais elevada, mas o risco deste plano também é maior, porque os $ 3.000 de juros anuais devem ser pagos, seja a empresa de Patty lucrativa ou não.

ÍNDICE DE ENDIVIDAMENTO

O **índice de endividamento** mede a proporção do total do ativo financiado pelos credores da empresa. Quanto mais alto for esse índice, maior é o montante de capital de terceiros usado para gerar lucros. O índice é calculado como se segue:

> Índice de endividamento = total do passivo · total do ativo (3.7)

índice de endividamento
Mede a proporção do total do ativo financiado pelos credores da empresa.

O índice de endividamento da Bartlett Company em 2015 é de:

$$\$ 1.643.000 \cdot \$ 3.597.000 = 0,457 = 45,7\%$$

Esse valor indica que a empresa financiou cerca da metade de seus ativos com dívidas. Quanto mais elevado for esse índice, maior é o grau de endividamento da empresa e maior é sua alavancagem financeira.

ÍNDICE DÍVIDA/PATRIMÔNIO LÍQUIDO

O **índice dívida/patrimônio líquido** mede a proporção relativa do total do passivo e patrimônio líquido utilizados para financiar o ativo da empresa. Como no caso do índice de endividamento, quanto mais elevado for esse índice, maior é a utilização da alavancagem financeira pela empresa. O índice dívida/patrimônio líquido é calculado como se segue:

> Índice dívida/patrimônio líquido = total do passivo · patrimônio líquido referente às ações ordinárias (3.8)

índice dívida/patrimônio líquido
Mede a proporção relativa do total do passivo e patrimônio líquido usados para financiar o total do ativo da empresa.

O índice dívida/patrimônio líquido da Bartlett Company em 2015 é de:

$$\$ 1.643.000 \cdot \$ 1.754.000 = 0,937 = 93,7\%$$

Com base nesse resultado, sabemos que para cada $ 1 que os acionistas ordinários investiram na Bartlett Company, a empresa deve cerca de $ 0,94 aos credores. O valor do patrimônio líquido referente às ações ordinárias ($ 1.754.000) foi calculado subtraindo o valor das ações preferenciais de $ 200.000 do total do patrimônio líquido, que é $ 1.954.000. É importante notar que existem vários métodos para calcular o índice dívida/patrimônio líquido. Uma alternativa comum usa apenas a dívida de longo prazo no numerador. Nesse caso, o coeficiente da Bartlett Company em 2015 seria de:

$$\$ 1.023.000 \cdot \$ 1.754.000 = 0,583 = 58,3\%$$

Ao conduzir análises de índices, alguns analistas financeiros optam por focar em todos os acionistas e não só nos ordinários. Nesse caso, eles usam valores referentes a todos eles, como o lucro líquido após imposto de renda (em vez do lucro disponível aos acionistas ordinários) e o total do patrimônio líquido (em vez do patrimônio líquido referente às ações ordinárias). Diferentes métodos podem levar a resultados bastante diversos. Não importa qual for o método utilizado, um índice dívida/patrimônio líquido baixo costuma ser visto como um sinal de que a empresa não está tirando vantagem suficiente da alavancagem financeira para aumentar os lucros, ao passo que um índice dívida/patrimônio líquido alto costuma ser visto como uma indicação de que a empresa pode não ser capaz de gerar caixa suficiente para cumprir suas obrigações de dívida.

ÍNDICE DE COBERTURA DE JUROS

O **índice de cobertura de juros** mede a capacidade da empresa de fazer os pagamentos de juros contratuais. Quanto mais alto for o valor desse índice, maior a capacidade de pagamento de juros da empresa. O índice de cobertura de juros é calculado como se segue:

índice de cobertura de juros
Mede a capacidade da empresa de fazer os pagamentos dos juros contratuais.

$$\text{Índice de cobertura de juros} = \frac{\text{lucro antes de juros e imposto de renda}}{\text{despesa de juros}} \quad (3.9)$$

O dado para *lucro antes de juros e imposto de renda* (*LAJIR*) é o mesmo do *lucro operacional* apresentado na demonstração de resultados. Aplicando esse índice à Bartlett Company, temos o valor, em 2015, de:

Índice de cobertura de juros = $ 418.000 · $ 93.000 = 4,49

O índice de cobertura de juros da Bartlett Company parece aceitável. Sugere-se frequentemente um valor igual ou superior a 3,0 — e de preferência mais próximo de 5,0. O lucro antes de juros e imposto de renda da empresa poderia cair até 78% [(4,49 − 1,0) · 4,49] e, ainda assim, a empresa seria capaz de pagar $ 93.000 de juros. Portanto, a empresa conta com uma boa margem de segurança.

ÍNDICE DE COBERTURA DE PAGAMENTO FIXO

índice de cobertura de pagamento fixo
Mede a capacidade da empresa de cumprir todas as obrigações de pagamento fixo.

O **índice de cobertura de pagamento fixo** mede a capacidade da empresa de cumprir todas as obrigações de pagamento fixo, tais como o pagamento do juros e do principal de empréstimos, os pagamentos de arrendamento e os dividendos de ações preferenciais. Assim como ocorre com o índice de cobertura de juros, quanto mais alto o valor, melhor. A fórmula para o índice de cobertura de pagamento fixo é:

$$\text{Índice de cobertura de pagamento fixo} = \frac{\text{lucro antes de juros e imposto de renda} + \text{pagamentos de arrendamento}}{\text{despesa de juros} + \text{pagamento de arrendamento} + \{(\text{pagamento do principal} + \text{dividendos de ações preferenciais}) \, [1/(1-T)]\}} \quad (3.10)$$

onde T é a alíquota de imposto aplicável à receita da empresa. O termo $1/(1-T)$ foi incluído para ajustar os pagamentos do principal após imposto de renda e dos dividendos de ações preferenciais a um equivalente antes do imposto de renda que seja consistente com os valores antes do imposto de renda dos demais termos. Aplicando a fórmula aos dados da Bartlett Company para 2015, temos:

$$\text{Índice de cobertura de pagamento fixo} = \frac{\$\,418.000 + \$\,35.000}{\$\,93.000 + \$\,35.000 + \{(\$\,71.000 + \$10.000) \, [1/(1-0,29)]\}}$$

$$= \frac{\$\,453.000}{\$\,242.000} = 1,87$$

Como o lucro disponível é quase duas vezes maior que suas obrigações de pagamento fixo, a empresa parece ser capaz de honrá-las.

Assim como o índice de cobertura de juros, o índice de cobertura de pagamento fixo mensura o risco. Quanto mais baixo for o índice, maior será o risco para credores e proprietários. Quanto mais alto for o índice, menor será o risco. Esse índice permite que as partes interessadas avaliem a capacidade da empresa de honrar suas obrigações de pagamento fixo adicionais sem ser levada à falência.

→ **QUESTÕES PARA REVISÃO**

3.12 O que é *alavancagem financeira*?

3.13 Qual índice mede o *grau de endividamento* da empresa? Que índices avaliam a *capacidade de serviço da dívida* da empresa?

3.6 Índices de rentabilidade

Existem muitas medidas de rentabilidade. Quando agrupadas, essas medidas permitem aos analistas avaliar o lucro da empresa em relação a um dado nível de vendas, a um dado nível de ativo ou ao investimento dos proprietários. Sem lucro, a empresa não poderia atrair capital externo. Proprietários, credores e administradores prestam muita atenção no aumento da lucratividade por causa da grande importância que o mercado dá para o lucro.

DEMONSTRAÇÃO DE RESULTADOS DE TAMANHO COMUM

Uma boa ferramenta para avaliar a rentabilidade em relação às vendas é a **demonstração de resultados de tamanho comum**.[4] Cada item dessa demonstração é expresso como uma porcentagem da receita de vendas. As demonstrações de resultados de tamanho comum são de especial utilidade quando se compara o desempenho de uma empresa ao longo dos anos, porque é fácil ver se certas categorias de despesas estão tendendo a variar para cima ou para baixo como uma porcentagem do volume total de negócios da empresa. Três índices de rentabilidade citados com frequência e que derivam diretamente da demonstração de resultados de tamanho comum são: (1) a margem de lucro bruto, (2) a margem de lucro operacional e (3) a margem de lucro líquido.

As demonstrações de resultados de tamanho comum da Bartlett Company para 2015 e 2014 são apresentadas e avaliadas na Tabela 3.7 apresentada adiante. Essas demonstrações revelam que o custo das mercadorias vendidas pela empresa aumentou de 66,7% da receita de vendas em 2014 para 67,9% em 2015, resultando numa piora da margem de lucro bruto. No entanto, graças a uma redução das despesas operacionais, a margem de lucro líquido da empresa subiu de 5,4% da receita de vendas em 2014 para 7,2% em 2015. A redução das despesas mais do que compensou o aumento do custo das mercadorias vendidas. Uma redução da despesa de juros da empresa em 2015 (3,0% da receita de vendas contra 3,5% em 2014) contribuiu para o aumento do lucro de 2015.

demonstração de resultados de tamanho comum
Uma demonstração de resultados na qual cada item é expresso como uma porcentagem da receita de vendas.

MARGEM DE LUCRO BRUTO

A **margem de lucro bruto** mede a porcentagem de cada unidade monetária da receita de vendas que sobra após o pagamento do custo das mercadorias vendidas. Quanto mais alta a margem de lucro bruto, melhor (ou seja, menor o custo das mercadorias vendidas). A margem de lucro bruto é calculada como se segue:

margem de lucro bruto
Mede a porcentagem de cada unidade monetária da receita de vendas que sobra após o pagamento do custo das mercadorias vendidas.

$$\text{Margem de lucro bruto} = \frac{\text{receita de vendas} - \text{custos das mercadorias vendidas}}{\text{receita de vendas}} = \frac{\text{lucro bruto}}{\text{receita de vendas}} \quad (3.11)$$

A margem de lucro bruto da Bartlett Company para 2015 é de:

$ 3.074.000 − $ 2.088.000 / $ 3.074.000 = $ 986.000 / $ 3.074.000 = 0,321 = 32,1%

Esse valor está indicado por (1) na demonstração de resultados de tamanho comum da Tabela 3.7.

---
[4] Trata-se da análise vertical da demonstração de resultados. (N. da R. T.)

Tabela 3.7 Demonstrações de resultados de tamanho comum da Bartlett Company

	Para os exercícios encerrados em 31 de dezembro		Avaliação[a] 2014-2015
	2015	2014	
Receita de vendas	100,0%	100,0%	Estável
Menos: Custo das mercadorias vendidas	67,9	66,7	Pior
(1) Margem de lucro bruto	32,1%	33,3%	Pior
Menos: Despesas operacionais			
Despesa de venda	3,3%	4,2%	Melhor
Despesas gerais e administrativas	6,8	6,7	Pior
Despesa de arrendamento	1,1	1,3	Melhor
Despesa de depreciação	7,3	9,3	Melhor
Total de despesas operacionais	18,5%	21,5%	Melhor
(2) Margem de lucro operacional	13,6%	11,8%	Melhor
Menos: despesa de juros	3,0	3,5	Melhor
Lucro líquido antes do imposto de renda	10,6%	8,3%	Melhor
Menos: imposto de renda	3,1	2,5	Pior[b]
Lucro líquido após imposto de renda	7,5%	5,8%	Melhor
Menos: dividendos de ações preferenciais	0,3	0,4	Melhor
(3) Margem de lucro líquido	7,2%	5,4%	Melhor

[a] Avaliações subjetivas baseadas nos dados fornecidos.
[b] O imposto de renda, como uma porcentagem da receita de vendas, aumentou consideravelmente entre 2014 e 2015 em razão da diferença de custos e despesas, mas as alíquotas tributárias médias (imposto de renda ÷ lucro líquido antes do imposto de renda) para 2014 e 2015 permaneceram mais ou menos inalteradas: 30% e 29%, respectivamente.

MARGEM DE LUCRO OPERACIONAL

margem de lucro operacional
Mede a porcentagem de cada unidade monetária da receita de vendas que sobra após a dedução de todos os custos e despesas, *não incluindo* juros, imposto de renda e dividendos de ações preferenciais; é o "lucro puro" obtido por cada unidade monetária da receita de vendas.

A **margem de lucro operacional** mede a porcentagem de cada unidade monetária da receita de vendas que sobra após a dedução de todos os custos e despesas, *não incluindo* juros, imposto de renda e dividendos de ações preferenciais. Representa o "lucro puro" obtido por cada unidade monetária da receita de vendas. Os lucros operacionais são "puros" porque medem apenas o lucro obtido nas operações e ignoram juros, imposto de renda e dividendos de ações preferenciais. É sempre preferível que a margem de lucro operacional seja elevada. A margem de lucro operacional é calculada como se segue:

$$\text{Margem de lucro operacional} = \text{lucro operacional} \div \text{receita de vendas} \quad (3.12)$$

A margem de lucro operacional da Bartlett Company em 2015 foi de:

$$\$418.000 \div \$3.074.000 = 0,136 = 13,6\%$$

Esse valor está indicado por (2) na demonstração de resultados de tamanho comum da Tabela 3.7.

MARGEM DE LUCRO LÍQUIDO

A **margem de lucro líquido** mede a porcentagem de cada unidade monetária da receita de vendas que sobra após a dedução de todos os custos e despesas, *incluindo* juros, imposto de renda e dividendos de ações preferenciais. Quanto mais elevada for a margem de lucro líquido da empresa, melhor. A margem de lucro líquido é calculada como se segue:

$$\text{Margem de lucro líquido} = \frac{\text{lucro disponível aos acionistas ordinários}}{\text{receita de vendas}} \quad (3.13)$$

A margem de lucro líquido da Bartlett Company em 2015 foi de:

$$\$\ 221.000 \cdot \$\ 3.074.000 = 0{,}072 = 7{,}2\%$$

Esse valor está indicado por (3) na demonstração de resultados de tamanho comum da Tabela 3.7.

A margem de lucro líquido é frequentemente considerada uma medida do sucesso da empresa no que se refere aos lucros sobre as vendas. "Boas" margens de lucro líquido diferem consideravelmente de um setor para outro. Uma margem de lucro líquido de 1% ou menos não seria incomum para um supermercado, ao passo que uma margem de lucro líquido de 10% seria considerada baixa para uma joalheria.

margem de lucro líquido
Mede a porcentagem de cada unidade monetária da receita de vendas que sobra após a dedução de todos os custos e despesas, *incluindo* juros, imposto de renda e dividendos de ações preferenciais.

LUCRO POR AÇÃO (LPA)

O *lucro por ação* (*LPA*) da empresa normalmente é uma informação muito relevante para os acionistas atuais ou potenciais e para a administração. Como observamos anteriormente, o LPA representa o número de unidades monetárias de lucro obtido no período para cada ação ordinária em circulação. O lucro por ação é calculado como se segue:

$$\text{Lucro por ação} = \frac{\text{lucro disponível aos acionistas ordinários}}{\text{número de ações ordinárias em circulação}} \quad (3.14)$$

O lucro por ação da Bartlett Company em 2015 foi de:

$$\$\ 221.000 \cdot 76.262 = \$\ 2{,}90$$

Esse valor representa o valor em unidades monetárias ganho em nome de cada ação ordinária em circulação. O valor em unidades monetárias de caixa efetivamente distribuído a cada acionista é o *dividendo por ação* (*DPA*), que, de acordo com a demonstração de resultados da Bartlett Company, disponível na Tabela 3.1, subiu de $ 0,75 em 2014 para $ 1,29 em 2015. O LPA é monitorado de perto pelo público investidor e é considerado um importante indicador do sucesso da empresa.

RETORNO SOBRE ATIVO TOTAL (ROA — *RETURN ON TOTAL ASSETS*)

O **retorno sobre ativo total** (**ROA** — *return on total assets*), muitas vezes chamado de *retorno sobre investimento* (*ROI*), mede a eficácia geral da administração na geração de lucro com o ativo disponível. Quanto mais alto for o retorno sobre o ativo total da empresa, melhor. O retorno sobre ativo total é calculado como se segue:

$$\text{ROA} = \text{lucro disponível aos acionistas ordinários} \cdot \text{total do ativo} \quad (3.15)$$

retorno sobre ativo total (ROA)
Mede a eficácia geral da administração na geração de lucro com o ativo disponível. Também chamado de retorno sobre investimento (ROI — *return on investment*).

O retorno sobre ativo total da Bartlett Company em 2015 foi de:

$$\$ 221.000 \div \$ 3.597.000 = 0,061 = 6,1\%$$

Esse valor indica que a empresa ganhou 6,1 centavos para cada $1 de investimento em ativo feito por acionistas ordinários. Quando uma empresa tem ações preferenciais em circulação, o retorno sobre ativo pode ser calculado para todos os acionistas dividindo-se o lucro líquido após imposto de renda pelo total do ativo. Neste caso, o ROA seria de 6,4%.

RETORNO SOBRE PATRIMÔNIO LÍQUIDO (ROE — *RETURN ON EQUITY*)

retorno sobre patrimônio líquido (ROE)
Mede o retorno obtido sobre o investimento dos acionistas ordinários na empresa.

O **retorno sobre patrimônio líquido (ROE** — *return on equity*) mede o retorno obtido sobre o investimento dos acionistas ordinários na empresa. Em geral, quanto mais alto for esse retorno, melhor para os proprietários. O retorno sobre patrimônio líquido é calculado como segue:

$$\text{Retorno sobre patrimônio líquido} = \frac{\text{lucro disponível aos acionistas ordinários}}{\text{patrimônio líquido referente às ações ordinárias}} \quad (3.16)$$

O ROE da Bartlett Company em 2015 foi de:

$$\$ 221.000 \div \$ 1.754.000 = 0,126 = 12,6\%$$

O ROE calculado de 12,6% indica que, em 2015, a Bartlett ganhou aproximadamente $0,12 para cada $1 de patrimônio líquido referente às ações ordinárias. Também nesse caso, alguns analistas preferirão calcular o ROE de todos os acionistas quando houver ações preferenciais em circulação. Assim, o lucro líquido após imposto de renda ($231.000) é dividido pelo patrimônio líquido total ($1.954.000), chegando a um retorno sobre o total do patrimônio líquido de 11,8%. Com muita frequência, as empresas de capital aberto não terão ações preferenciais, de modo que o retorno sobre patrimônio líquido total será igual ao retorno sobre patrimônio líquido (ROE) referente às ações ordinárias. O mesmo pode ser dito para os cálculos do retorno sobre ativo total (ROA).

→ QUESTÕES PARA REVISÃO

3.14 Quais são os três índices de rentabilidade encontrados na *demonstração de resultados de tamanho comum*?

3.15 O que explicaria haver em uma empresa uma alta margem de lucro bruto e uma baixa margem de lucro líquido?

3.16 Que medida de rentabilidade é, provavelmente, de maior interesse para o público investidor? Por quê?

3.7 Índices de valor de mercado

índices de valor de mercado
Relacionam o valor de mercado de uma empresa, medido pelo preço corrente da ação, a certos valores contábeis.

Os **índices de valor de mercado** relacionam o valor de mercado de uma empresa, medido pelo preço corrente da ação, a certos valores contábeis. Esses índices fornecem informações sobre como os investidores no mercado acreditam que a empresa está atuando em termos de risco e retorno. Eles tendem a refletir, em termos relativos, a avaliação que os acionistas ordinários fazem de todos os aspectos do passado da empresa e do desempenho futuro esperado. Consideramos aqui dois índices muito utilizados de valor de mercado, um que foca o lucro e outro que leva em consideração o valor contábil.

ÍNDICE PREÇO/LUCRO (P/L)

O **índice preço/lucro (P/L)** costuma ser usado para medir a opinião dos proprietários com relação ao preço da ação, pois mede o montante que os investidores estão dispostos a pagar por cada unidade monetária de lucro da empresa. Esse índice indica o grau de confiança que os investidores depositam no desempenho futuro da empresa. Quanto mais alto for o índice P/L, maior é a confiança do investidor. O índice P/L é calculado como se segue:

> Índice P/L = preço de mercado da ação ordinária · lucro por ação   (3.17)

Se as ações ordinárias da Bartlett Company estivessem sendo negociadas a $ 32,25 no fim de 2015, usando o LPA de $ 2,90, o índice P/L no fim do ano de 2015 seria de:

$$\$ 32{,}25 \cdot \$ 2{,}90 = 11{,}12$$

Esse valor indica que os investidores estavam pagando $ 11,12 para cada $ 1,00 de lucro. Esse índice é mais informativo quando aplicado na análise transversal, utilizando o índice P/L médio do setor ou o índice P/L de uma empresa de referência.

índice preço/lucro (P/L)
Mede o montante que os investidores estão dispostos a pagar por cada unidade monetária de lucro de uma empresa. Quanto maior o índice P/L, maior a confiança do investidor.

ÍNDICE VALOR DE MERCADO/VALOR CONTÁBIL (VM/VC)

O **índice valor de mercado/valor contábil (VM/VC)** fornece uma avaliação de como os investidores veem o desempenho da empresa, pois relaciona o valor de mercado das ações da empresa com seu valor contábil. Para calcular o índice VM/VC de uma empresa, precisamos primeiro identificar o *valor contábil por ação ordinária*:

> $$\text{Valor contábil por ação ordinária} = \frac{\text{patrimônio líquido referente às ações ordinárias}}{\text{número de ações ordinárias em circulação}} \quad (3.18)$$

Substituindo os valores apropriados para a Bartlett Company, encontrados em seu balanço patrimonial de 2015, temos:

$$\text{Valor contábil por ação ordinária} = \frac{\$ 1.754.000}{76.262} = \$ 23{,}00$$

A fórmula para o índice valor de mercado/valor contábil é:

> $$\text{Índice valor de mercado/valor contábil (VM/VC)} = \frac{\text{preço de mercado por ação ordinária}}{\text{valor contábil por ação ordinária}} \quad (3.19)$$

Substituindo o preço da ação ordinária da Bartlett Company no fim de 2015 de $ 32,25 e o valor contábil de sua ação ordinária de $ 23,00 (calculado acima) na fórmula do índice valor de mercado/valor contábil (VM/VC), temos:

$$\$ 32{,}25 \cdot \$ 23{,}00 = 1{,}40$$

Esse índice VM/VC significa que os investidores estão pagando atualmente $ 1,40 para cada $ 1 de valor contábil das ações da Bartlett Company.

As ações de empresas das quais se espera um bom desempenho — com o aumento dos lucros, aumento da participação de mercado ou lançamento de produtos de sucesso — normalmente são negociadas a índices VM/VC mais altos do que as ações de empresas com perspectivas menos atraentes. Em resumo, empresas que esperam obter retornos elevados em relação ao seu risco costumam negociar a múltiplos VM/VC mais elevados. Fica claro que as perspectivas futuras da Bartlett são vistas favoravelmente pelos investidores, que estão dispostos a pagar mais do que o valor contábil pelas ações da

índice valor de mercado/valor contábil (VM/VC)
Fornece uma avaliação de como os investidores veem o desempenho da empresa. As empresas que esperam obter retornos elevados em relação ao seu risco costumam negociar a múltiplos VM/VC mais elevados.

empresa. Como o índice preço/lucro (P/L), o índice valor de mercado/valor contábil (VM/VC) costuma ser avaliado transversalmente para dar uma ideia do risco e do retorno da empresa em comparação com empresas semelhantes.

→ **QUESTÃO PARA REVISÃO**

3.17 Como o *índice preço/lucro* (*P/L*) e o *índice valor de mercado/valor contábil* (*VM/VC*) dão uma ideia do risco e do retorno da empresa?

 ▶**3.8** Uma análise completa de índices

Os analistas muitas vezes desejam ter uma visão geral do desempenho e da situação financeira da empresa. Veremos nesta seção duas abordagens bastante utilizadas para realizar uma análise completa de índices: (1) um resumo de todos os índices e (2) o sistema de análise DuPont. A primeira abordagem tende a ver *todos os aspectos* das atividades financeiras da empresa para, então, isolar as principais áreas de responsabilidade. Já o sistema DuPont atua como uma técnica de busca destinada a identificar as *principais áreas* responsáveis pela situação financeira da empresa.

RESUMINDO TODOS OS ÍNDICES

Podemos usar os índices da Bartlett Company para realizar uma análise completa de índices usando tanto a análise transversal como a de séries temporais. Os valores dos índices de 2015 da Bartlett Company calculados anteriormente, bem como os valores dos índices calculados para 2013 e 2014, juntamente com os índices médios do setor para 2015, estão resumidos na Tabela 3.8, mais adiante, que também mostra a fórmula utilizada para calcular cada um deles. Com base nesses dados, podemos analisar os cinco principais aspectos do desempenho da Bartlett: liquidez, atividade, endividamento, rentabilidade e valor de mercado.

Liquidez

A liquidez geral da empresa apresenta uma tendência de relativa estabilidade, em um nível compatível com a média do setor em 2015. A liquidez da empresa é, aparentemente, favorável.

Atividade

O estoque da Bartlett Company parece estar em boas condições. A gestão de estoques parece ter melhorado e, em 2015, apresentou desempenho acima do setor. A empresa pode estar passando por alguns problemas com as contas a receber, pois o prazo médio de recebimento ficou acima do setor. A Bartlett também parece lenta no pagamento de suas contas, levando cerca de 30 dias a mais que a média do setor, o que pode afetar negativamente a sua capacidade de crédito. Embora a liquidez geral pareça boa, a administração das contas a receber e das contas a pagar deveria ser examinada. O giro do ativo total da Bartlett reflete um declínio da eficiência na utilização do ativo total entre 2013 e 2014. Embora em 2015 o índice tenha subido para um nível consideravelmente superior à média do setor, parece que o nível de eficiência anterior a 2014 ainda não foi atingido.

Endividamento

O endividamento da Bartlett Company aumentou no período de 2013 a 2015 e atualmente está acima da média do setor. Embora esse aumento do índice de endividamento pudesse ser motivo para preocupação, a capacidade da empresa de honrar suas obrigações de juros e de pagamento fixo melhorou de 2014 a 2015, atingindo um nível superior à média do setor. O aumento do endividamento da empresa em 2014 aparentemente reduziu sua capacidade de pagar as dívidas adequadamente. No entanto, a Bartlett aumentou sua receita em 2015, o que a tornou capaz de cumprir suas obrigações de juros e de pagamento fixo a um nível condizente com a média do setor. Em resumo, parece que, embora 2014 tenha sido um ano atípico, a melhoria da capacidade da empresa de pagar suas dívidas em 2015 compensou seu maior grau de endividamento.

Rentabilidade

A rentabilidade da Bartlett em relação às vendas em 2015 foi melhor que a média do setor, apesar de a empresa não ter conseguido atingir o desempenho de 2013. Embora a margem de lucro *bruto* tenha sido melhor em 2014 e 2015 do que em 2013, os níveis mais elevados de despesas operacionais e despesas de juros em 2014 e 2015 parecem ter feito a margem de lucro *líquido* cair em 2015 para valores menores do que o nível de 2013. No entanto, a margem de lucro líquido da Bartlett Company em 2015 se mostra bastante favorável quando comparada com a média do setor.

O lucro por ação, o retorno sobre ativo total e o retorno sobre patrimônio líquido da empresa apresentaram comportamento muito semelhante ao da margem de lucro líquido no período de 2013 a 2015. A Bartlett parece ter sofrido uma queda considerável nas vendas entre 2013 e 2014 ou uma rápida expansão dos ativos no mesmo período. O nível excepcionalmente alto de retorno sobre patrimônio líquido em 2015 sugere que a empresa está apresentando um desempenho muito bom. Os retornos acima da média — margem de lucro líquido, LPA, ROA e ROE — podem ser atribuídos ao fato de a empresa apresentar mais risco que a média. Nesse caso, é importante analisar os índices de valor de mercado para avaliar o risco.

Mercado

Os investidores demonstraram maior confiança na empresa em 2015 do que nos dois anos anteriores, como mostra o índice preço/lucro (P/L) de 11,1. No entanto, esse índice está abaixo da média do setor. O índice P/L sugere que o risco da empresa diminuiu, mas continua acima da média do setor. O índice de valor de mercado/valor contábil (VM/VC) aumentou no período de 2013 a 2015 e, em 2015, superou a média do setor, o que sugere que os investidores estão otimistas em relação ao desempenho futuro da empresa. Os índices P/L e VM/VC refletem o aumento da rentabilidade da empresa no período de 2013 a 2015: os investidores esperam obter retornos mais altos no futuro como recompensa pelo risco superior à média apresentado pela empresa.

Em resumo, a empresa parece estar crescendo e passou recentemente por uma expansão do ativo, financiada principalmente pelo uso de dívidas. O período de 2014 a 2015 parece refletir uma fase de ajuste e recuperação do crescimento rápido do ativo. As vendas, os lucros e outros fatores de desempenho da Bartlett parecem estar crescendo com o aumento do tamanho das operações da empresa. Além disso, a reação do mercado a essas realizações parece estar sendo positiva. De modo geral, a empresa parece demonstrar bom desempenho em 2015.

SISTEMA DE ANÁLISE DUPONT

O **sistema de análise DuPont** é utilizado para dissecar as demonstrações da empresa e avaliar sua situação financeira. O sistema une a demonstração de resultados e o balanço patrimonial em duas medidas resumidas de rentabilidade, retorno sobre ativo total (ROA) e retorno sobre patrimônio líquido (ROE). A Figura 3.2 representa o sistema DuPont básico com os valores monetários e os índices da Bartlett Company em 2015. A parte superior do fluxograma resume as atividades da demonstração de resultados e a parte inferior resume as atividades do balanço patrimonial.

sistema de análise DuPont
Sistema utilizado para dissecar as demonstrações da empresa e avaliar sua situação financeira.

Tabela 3.8 Resumo dos índices da Bartlett Company (2010–2015, incluindo as médias do setor de 2015)

Índice	Fórmula	Ano 2013[a]	Ano 2014[b]	Ano 2015[b]	Média do setor 2015[c]	Avaliação[d] Transversal 2015	Avaliação[d] Série temporal 2013-2015	Geral
Liquidez								
Índice de liquidez corrente	Ativo circulante / Passivo circulante	2,04	2,08	1,97	2,05	ok	ok	ok
Índice de liquidez seca	(Ativo circulante − Estoques) / Passivo circulante	1,32	1,46	1,51	1,43	ok	bom	bom
Atividade								
Giro do estoque	Custo das mercadorias vendidas / Estoque	5,1	5,7	7,2	6,6	bom	bom	bom
Prazo médio de recebimento	Contas a receber / Receita de vendas média por dia	43,9 dias	51,2 dias	59,7 dias	44,3 dias	ruim	ruim	ruim
Prazo médio de pagamento	Fornecedores / Compras médias por dia	75,8 dias	81,2 dias	95,4 dias	66,5 dias	ruim	ruim	ruim
Giro do ativo total	Receita de vendas / Total do ativo	0,94	0,79	0,85	0,75	ok	ok	ok
Endividamento								
Índice de endividamento	Total do passivo / Total do ativo	36,8%	44,3%	45,7%	40,0%	ok	ok	ok
Índice de cobertura de juros	Lucro antes de juros e impostos de renda / Despesa de juros	5,6	3,3	4,5	4,3	bom	ok	ok
Índice de cobertura de pagamento fixo	$\dfrac{\text{Lucro antes de juros e impostos de renda} + \text{Pagamento de arrendamento}}{\text{Desp. juros} + \text{pag. arrend.} + \{(\text{pag. princ.} + \text{div. pref.}) \times [1/(1-T)]\}}$	2,4	1,4	1,9	1,5	bom	ok	bom

Índice	Fórmula	Ano 2013[a]	Ano 2014[b]	Ano 2015[b]	Média do setor 2015[c]	Avaliação[d] Transversal 2015	Avaliação[d] Série temporal 2013-2015	Avaliação[d] Geral
Rentabilidade								
Margem de lucro bruto	$\dfrac{\text{lucro bruto}}{\text{Receita de vendas}}$	31,4%	33,3%	32,1%	30,0%	ok	ok	ok
Margem de lucro operacional	$\dfrac{\text{Lucro operacional}}{\text{Receita de vendas}}$	14,6%	11,8%	13,6%	11,0%	bom	ok	bom
Margem de lucro líquido	$\dfrac{\text{Lucro disponível aos acionistas ordinários}}{\text{Receita de vendas}}$	8,2%	5,4%	7,2%	6,2%	bom	ok	bom
Lucro por ação (LPA)	$\dfrac{\text{Lucro disponível aos acionistas ordinários}}{\text{Número de ações ordinárias existentes}}$	$3,26	$1,81	$2,90	$2,26	bom	ok	bom
Retorno sobre ativo total (ROA)	$\dfrac{\text{Lucro disponível aos acionistas ordinários}}{\text{Total do ativo}}$	7,8%	4,2%	6,1%	4,6%	bom	ok	bom
Retorno sobre capital próprio (ROE)	$\dfrac{\text{Lucro disponível aos acionistas ordinários}}{\text{Patrimônio líquido}}$	13,7%	8,5%	12,6%	8,5%	bom	ok	bom
Mercado								
Índice preço/lucro (P/L)	$\dfrac{\text{Preço de mercado da ação ordinária}}{\text{Lucro por ação}}$	10,5	10,0[e]	11,1	12,5	ok	ok	ok
Índice valor de mercado/valor contábil (VM/VC)	$\dfrac{\text{Preço de mercado da ação ordinária}}{\text{Valor contábil por ação ordinária}}$	1,25	0,85[e]	1,40	1,30	ok	ok	ok

a Calculado a partir de dados não incluídos neste capítulo.
b Calculado usando-se as demonstrações financeiras apresentadas nas tabelas 3.1 e 3.2.
c Obtido de fontes não incluídas neste capítulo.
d Avaliações subjetivas baseadas nos dados fornecidos.
e O preço de mercado por ação no fim de 2014 era de $ 18,06.

Fórmula DuPont

fórmula DuPont
Multiplica a *margem de lucro líquido* da empresa pelo *giro do ativo total* para calcular o *retorno sobre ativo total* (*ROA*) da empresa.

O sistema DuPont reúne, inicialmente, a *margem de lucro líquido*, que mede a rentabilidade da empresa sobre as vendas, com seu *giro do ativo total*, que indica a eficiência com que a empresa usa seus ativos para gerar vendas. Na **fórmula DuPont**, o produto desses dois índices resulta no *retorno sobre ativo total* (*ROA*). Sendo assim, temos:

Retorno sobre ativo total (ROA) = margem de lucro líquido × giro do ativo total

Substituindo as fórmulas apropriadas para a margem de lucro líquido e o giro do ativo total na equação e simplificando-as, chegamos na fórmula do ROA apresentada anteriormente:

$$\text{Retorno sobre ativo total (ROA)} = \frac{\text{lucro disponível aos acionistas ordinários}}{\text{receita de vendas}} \times \frac{\text{receita de vendas}}{\text{ativo total}} = \frac{\text{lucro disponível aos acionistas ordinários}}{\text{ativo total}}$$

Quando os valores de 2015 da margem de lucro líquido e do giro do ativo total da Bartlett Company, calculados anteriormente, são substituídos na fórmula DuPont, o resultado é:

$$ROA = 7{,}2\% \times 0{,}85 = 6{,}1\%$$

Esse valor é o mesmo que foi calculado diretamente na Seção 3.6 (ver *Retorno sobre ativo total*). A fórmula DuPont permite à empresa decompor seu retorno nos componentes de lucro sobre as vendas e eficiência do uso do ativo. Normalmente, uma empresa com baixa margem de lucro líquido tem um alto giro do ativo total, o que resulta em um retorno sobre ativo total razoavelmente bom. O contrário ocorre com frequência.

Fórmula DuPont modificada

fórmula DuPont modificada
Relaciona o *retorno sobre ativo total* (*ROA*) da empresa com o *retorno sobre patrimônio líquido* (*ROE*) usando o *multiplicador de alavancagem financeira* (*MAF*).

multiplicador de alavancagem financeira (MAF)
O quociente entre o ativo total e o patrimônio líquido referente às ações ordinárias da empresa.

O segundo passo do sistema DuPont emprega a **fórmula DuPont modificada**, que relaciona o *retorno sobre ativo total* (*ROA*) da empresa com seu *retorno sobre patrimônio líquido* (*ROE*). Este último é calculado multiplicando-se o retorno sobre ativo total (ROA) pelo **multiplicador de alavancagem financeira (MAF)**, que é o quociente entre o ativo total e o patrimônio líquido referente às ações ordinárias:

$$ROE = ROA \times MAF$$

Substituindo as fórmulas apropriadas para ROA e MAF na equação e simplificando-as, chegamos na fórmula do ROE apresentada anteriormente:

$$ROE = \frac{\text{lucro disponível aos acionistas ordinários}}{\text{ativo total}} \times \frac{\text{ativo total}}{\text{patrimônio líquido referente às ações ordinárias}} = \frac{\text{lucro disponível aos acionistas ordinários}}{\text{patrimônio líquido referente às ações ordinárias}}$$

A utilização do MAF para converter o ROA em ROE reflete o efeito da alavancagem financeira sobre o retorno dos proprietários. Substituindo os valores do ROA da Bartlett Company, de 6,1%, calculado anteriormente, e do MAF da Bartlett, de 2015 (ativo total de $ 3.597.000 ÷ patrimônio líquido referente às ações ordinárias de $ 1.754.000) na fórmula DuPont modificada, temos:

$$ROE = 6{,}1\% \times 2{,}06 = 12{,}6\%$$

O ROE de 12,6% calculado usando a fórmula DuPont modificada é igual ao ROE calculado diretamente (ver *Retorno sobre patrimônio líquido*, Seção 3.6).

Figura 3.2 Sistema de análise DuPont

Sistema de análise DuPont aplicado à Bartlett Company (2015).

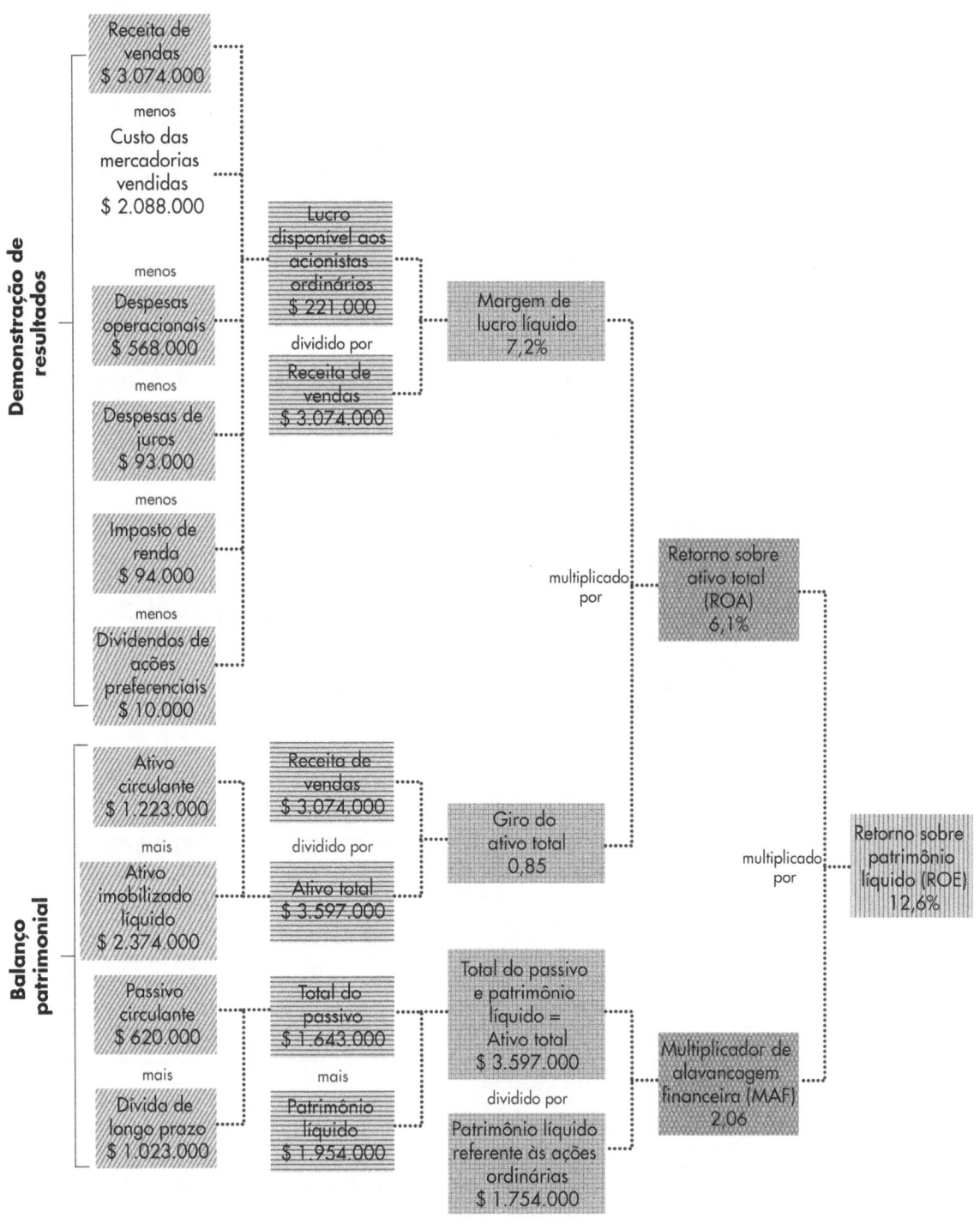

O MAF também é chamado de multiplicador do patrimônio líquido e, às vezes, é calculado usando o patrimônio líquido referente a todos os acionistas no denominador. Independentemente de se optar por usar o patrimônio líquido referente às ações ordinárias ou o patrimônio líquido referente a todos os acionistas, é importante perceber que o multiplicador, o índice de endividamento e o índice dívida/patrimônio líquido estão todos relacionados, de modo que qualquer um deles pode ser calculado diretamente a partir dos outros dois. Por exemplo, utilizando o índice dívida/patrimônio líquido e o índice de endividamento da Seção 3.5, podemos calcular o multiplicador da seguinte forma:

$$0,937 \cdot 0,457 = 2,05$$

Nesse caso, o índice dívida/patrimônio líquido dividido pelo índice de endividamento nos fornece o multiplicador de alavancagem financeira. Apenas certifique-se de que suas escolhas de passivo e patrimônio líquido sejam consistentes entre as três medidas quando se relacionam entre si.

Aplicação do sistema DuPont

A vantagem do sistema DuPont é que permite à empresa decompor seu retorno sobre patrimônio líquido em um componente de lucro sobre as vendas (margem de lucro líquido), um componente de eficiência do uso do ativo (giro do ativo total) e um componente de uso da alavancagem financeira (multiplicador de alavancagem financeira). Desse modo, o retorno total para os proprietários pode ser analisado com base nessas importantes dimensões.

A utilização do sistema de análise DuPont como uma ferramenta de diagnóstico pode ser melhor entendida com a Figura 3.2. Partindo do valor mais à direita – o ROE –, o analista financeiro segue para a esquerda, dissecando e analisando as entradas da fórmula para isolar a causa provável do valor acima (ou abaixo) da média resultante.

FATOS e DADOS

Dissecando o ROA

Volte à Tabela 3.5 e examine o giro do ativo total da Dell e da Home Depot. As duas empresas giram seus ativos 1,6 vez por ano. Feito isso, olhe a coluna de retorno sobre ativo. O ROA da Dell é de 4,3%, mas o da Home Depot é consideravelmente mais alto, de 6,5%. Se as duas empresas são iguais em termos da eficiência com que administram seus ativos (isto é, têm o mesmo giro do ativo), por que a Home Depot é mais rentável em relação ao ativo? A resposta pode ser encontrada na fórmula DuPont. Observe que a margem de lucro líquida da Home Depot é de 4,0%, em comparação com 2,7% da Dell. Essa diferença explica o ROA superior da Home Depot.

→ QUESTÕES PARA REVISÃO

3.18 A análise financeira de índices costuma ser dividida em cinco áreas: *liquidez, atividade, endividamento, rentabilidade* e *valor de mercado*. Diferencie cada uma dessas áreas de análise das demais. Qual delas é mais importante para os credores?

3.19 Descreva como você usaria um grande número de índices para realizar uma análise de índices completa para a empresa.

3.20 Quais são as três áreas de análise combinadas na *fórmula DuPont modificada*? Explique como o *sistema de análise DuPont* é utilizado para dissecar os resultados da empresa e isolar suas causas.

CAPÍTULO 3 Demonstrações financeiras e análise de índices 95

> **Exemplo 3.6**
>
> Para fins de demonstração, vamos ignorar todos os dados médios do setor da Tabela 3.8 e supor que o ROE de 12,6% de Bartlett esteja abaixo da média do setor. Movendo para a esquerda na Figura 3.2, examinaríamos as entradas do ROE – o ROA e o MAF – relativas às médias do setor. Vamos supor que o MAF esteja em linha com a média do setor, mas que o ROA esteja abaixo dela. Avançando mais para a esquerda, examinamos as duas entradas do ROA, a margem de lucro líquido e o giro do ativo total. Suponha que a margem de lucro líquido esteja em linha com a média do setor, mas o giro do ativo total esteja abaixo dela. Avançando ainda mais à esquerda, vemos que, apesar de as vendas da empresa serem consistentes com o valor do setor, o ativo total da Bartlett cresceu consideravelmente no ano anterior. Indo ainda mais para a esquerda, podemos rever o índice de atividade para o ativo circulante da empresa. Vamos dizer que, apesar de o giro de estoque da empresa estar em linha com a média do setor, seu prazo médio de recebimento está bem acima dela.
>
> Podemos rastrear a causa do possível problema: o baixo ROE da Bartlett é consequência da lentidão da cobrança de contas a receber da empresa, o que resultou em altos níveis de contas a receber e, portanto, altos níveis de ativo total. O alto nível de ativo total reduziu o giro do ativo total da Bartlett, reduzindo, assim, seu ROA, que, por sua vez, reduziu seu ROE. Ao usar o sistema de análise DuPont para dissecar os retornos gerais da Bartlett medidos pelo seu ROE, descobrimos que a lentidão na cobrança das contas a receber levou a um ROE inferior à média do setor. Dessa maneira, é possível identificar com clareza que a empresa precisa gerenciar melhor suas operações de crédito.

Resumo

ÊNFASE NO VALOR

Os administradores financeiros revisam e analisam periodicamente as demonstrações financeiras da empresa tanto para detectar problemas iminentes como para avaliar o progresso da empresa no atingimento de seus objetivos. Essas ações destinam-se a **preservar e criar valor para os proprietários da empresa**. Os índices financeiros possibilitam que os administradores financeiros monitorem a saúde da empresa e seu progresso em direção a seus objetivos estratégicos. Embora as demonstrações financeiras e os índices financeiros dependam do conceito de regime de competência, eles podem fornecer informações úteis de aspectos importantes de risco e retorno (fluxo de caixa) que afetam o preço das ações.

REVISÃO DOS OBJETIVOS DE APRENDIZAGEM

OA 01 **Analisar o conteúdo do relatório da administração e os procedimentos para a consolidação das demonstrações financeiras internacionais**. O relatório anual da administração, que as empresas de capital aberto devem fornecer aos acionistas, documenta as atividades financeiras da empresa no ano anterior. Inclui a carta aos acionistas e várias informações subjetivas e factuais. Contém também as quatro principais demonstrações financeiras: a demonstração de resultados, o balanço patrimonial, a demonstração das mutações do patrimônio líquido (ou sua forma abreviada, a demonstração de lucros retidos) e a demonstração de fluxos de caixa. Também são incluídas notas explicativas descrevendo os aspectos técnicos das demonstrações financeiras. As demonstrações financeiras de empresas que possuem operações com fluxos de caixa denominados em mais de uma moeda estrangeira devem ser convertidas em dólares norte-americanos de acordo com o *FASB 52*.

OA 02 **Conhecer quem usa os índices financeiros e como.** A análise de índices possibilita aos acionistas, fornecedores de recursos financeiros e administradores avaliar o desempenho financeiro da empresa. A análise pode ser realizada numa base transversal ou de séries temporais. O *benchmarking* é um tipo comum de análise transversal. Os usuários dos índices devem estar cientes dos cuidados que devem ser tomados com a sua utilização.

OA 03 **Usar índices para analisar a liquidez e a atividade de uma empresa.** A liquidez, ou a capacidade da empresa de pagar suas contas no vencimento, pode ser medida pelo índice de liquidez corrente e o índice de liquidez seca. Os índices de atividade medem a velocidade com que as contas são convertidas em vendas ou caixa (entradas ou saídas). A atividade do estoque pode ser medida por seu giro; a das contas a receber pelo prazo médio de recebimento e a dos fornecedores pelo prazo médio de pagamento. O giro do ativo total mede a eficiência com que a empresa utiliza seus ativos para gerar vendas.

OA 04 **Discutir a relação entre dívida e alavancagem financeira e os índices usados para analisar o endividamento de uma empresa.** Quanto mais dívida uma empresa utiliza, maior é sua alavancagem financeira, o que aumenta tanto o risco quanto o retorno. Os índices financeiros de endividamento medem tanto o grau de endividamento quanto a capacidade de serviço da dívida. Esse índice é uma medida comum de endividamento. A capacidade de pagar encargos fixos pode ser medida pelo índice de cobertura de juros e pelo índice de cobertura de pagamento fixo.

OA 05 **Usar índices para analisar a rentabilidade e o valor de mercado de uma empresa.** A demonstração de resultados de tamanho comum, que mostra cada item como uma porcentagem das vendas, pode ser usada para determinar a margem de lucro bruto, a margem de lucro operacional e a margem de lucro líquido. Outras medidas de rentabilidade incluem o lucro por ação, o retorno sobre ativo total e o retorno sobre patrimônio líquido. Os índices de valor de mercado incluem o índice preço/lucro e o índice valor de mercado/valor contábil.

OA 06 **Usar um resumo dos índices financeiros e o sistema de análise DuPont para realizar uma análise completa.** Um resumo de todos os índices pode ser utilizado para a realização de uma análise completa dos índices usando a análise transversal e a de séries temporais. O sistema de análise DuPont é uma ferramenta de diagnóstico utilizada para identificar as principais áreas responsáveis pelo desempenho financeiro da empresa. Esse sistema permite que a empresa decomponha o retorno sobre patrimônio líquido em três componentes: lucro sobre as vendas, eficiência no uso do ativo e uso da alavancagem financeira.

Revisão da abertura do capítulo

Para o ano encerrado em 31 de dezembro de 2012, a General Dynamics relatou vendas de $ 31,5 milhões e custo das mercadorias vendidas de $ 26,4 milhões. Qual foi a margem de lucro bruto da empresa naquele ano?

Exercícios de autoavaliação

   AA3.1 Fórmulas de índice e interpretações. Sem consultar o texto, indique para cada um dos índices a seguir a fórmula de cálculo e os tipos de problemas, se houver, que a empresa pode ter se o índice for muito alto em relação à média do setor. E se o índice for muito baixo em relação à média do setor? Crie uma tabela semelhante a que se segue e preencha os espaços em branco.

Índice	Muito alto	Muito baixo
Índice de liquidez corrente =		
Giro de estoque =		
Índice de cobertura de juros =	✕	✕
Margem de lucro bruto =		
Retorno sobre ativo total =	✕	✕
Índice preço/lucro (P/L) =		

AA3.2 Preenchimento do balanço patrimonial usando índices. Complete o balanço patrimonial de 2015 da O`Keefe Industries utilizando as informações a seguir.

Balanço patrimonial em 31 de dezembro de 2015 da O'Keefe Industries				
Ativo			Passivo e patrimônio líquido	
Caixa	$	32.720	Fornecedores	$ 120.000
Títulos negociáveis		25.000	Títulos a pagar	
Contas a receber		_____	Contas a pagar	20.000
Estoques		_____	Total do passivo circulante	_____
Total do ativo circulante		_____	Dívida de longo prazo	_____
Ativo imobilizado líquido		_____	Patrimônio líquido	$ 600.000
Total do ativo	$	_____	Total do passivo e patrimônio líquido	$ _____

Também estão disponíveis os seguintes dados financeiros para 2015:

1. As vendas totalizaram $ 1,8 milhão.
2. A margem de lucro bruto foi de 25%.
3. O giro do estoque foi de 6,0.
4. O ano tem 365 dias.
5. O prazo médio de recebimento foi de 40 dias.
6. O índice de liquidez corrente foi de 1,60.
7. O índice de giro do ativo total foi de 1,20.
8. O índice de endividamento foi de 60%.

Exercícios de aquecimento

A3.1 Você é um estagiário de um escritório de contabilidade. Para testar o seu conhecimento básico das demonstrações financeiras, o seu chefe, que se formou há dois anos na mesma faculdade que você estuda, entrega-lhe a lista de contas a seguir e pede que você prepare uma demonstração de resultados simplificada.

Contas	Valor
Depreciação	25.000.000
Despesas gerais e administrativas	22.000.000
Receita de vendas	345.000.000
Despesa de vendas	18.000.000
Custo das mercadorias vendidas	255.000.000
Despesa de arrendamento	4.000.000
Despesas de juros	3.000.000

a. Organize as contas em uma demonstração de resultados. Certifique-se de indicar e calcular o lucro bruto, o lucro operacional e o lucro líquido antes do imposto de renda.

b. Usando uma alíquota de imposto de renda de 35%, calcule o imposto de renda pago e o lucro líquido após imposto de renda.

c. Admitindo um dividendo de $ 1,10 por ação com 4,25 milhões de ações em circulação, calcule o LPA e o acréscimo aos lucros retidos.

A3.2 Explique por que a demonstração de resultados também pode ser chamada de "demonstração de lucros e perdas". O que significa exatamente a palavra *balanço* no título do "balanço patrimonial"? Por que equilibramos os dois lados?

A3.3 A Cooper Industries, Inc., começou o ano de 2015 com lucros retidos de $ 25,32 milhões. Ao longo do ano, a empresa pagou quatro dividendos trimestrais de $ 0,35 por ação para 2,75 milhões de acionistas ordinários. Os acionistas preferenciais, que detêm 500.000 ações, receberam dois dividendos semestrais de $ 0,75 por ação. A empresa teve um lucro líquido após imposto de renda de $ 5,15 milhões. Prepare a demonstração de lucros retidos para o ano encerrado em 31 de dezembro de 2015.

A3.4 A Bluestone Metals, Inc., é uma metalúrgica que produz peças metálicas pré-fabricadas para clientes de vários setores. O lema da empresa é: "Se você precisa, a gente faz". Em uma reunião do conselho de administração, o CEO da Bluestone exaltou as virtudes da empresa. Ele declarou com confiança que a empresa era capaz de fabricar qualquer produto usando um modelo de produção enxuta. A empresa logo seria lucrativa, afirmou o CEO, porque usava uma tecnologia de ponta para fabricar uma variedade de produtos ao mesmo tempo que mantinha baixos níveis de estoque. Como jornalista de negócios, você calculou alguns índices para analisar a saúde financeira da empresa. Os índices de liquidez corrente e de liquidez seca da Bluestone dos últimos 6 anos são apresentados na tabela a seguir:

	2010	2011	2012	2013	2014	2015
Índice de liquidez corrente	1,2	1,4	1,3	1,6	1,8	2,2
Índice de liquidez seca	1,1	1,3	1,2	0,8	0,6	0,4

O que você acha da afirmação do CEO de que a empresa é enxuta e logo será lucrativa? (*Dica:* existe um possível sinal de alerta na relação entre os dois índices?)

A3.5 Se sabemos que uma empresa tem margem de lucro líquido de 4,5%, giro do ativo total de 0,72 e um multiplicador de alavancagem financeira de 1,43, qual é seu retorno sobre patrimônio líquido (ROE)? Qual é a vantagem de usar o sistema DuPont para calcular o ROE em vez do cálculo direto do lucro disponível aos acionistas ordinários dividido pelo patrimônio líquido referente às ações ordinárias?

Exercícios

E3.1 Revendo as demonstrações financeiras básicas. A demonstração de resultados de 2015, os balanços patrimoniais de 2015 e 2014 e a demonstração de lucros retidos do ano de 2015 para a Technica, Inc., são apresentados nas tabelas a seguir. Discuta, sucintamente, a forma e o conteúdo informativo dessas demonstrações.

Demonstração de resultados do exercício encerrado em 31 de dezembro de 2015 da Technica, Inc.

Receita de vendas	$ 600.000
Menos: Custo das mercadorias vendidas	$ 460.000
Lucro bruto	$ 140.000
Menos: Despesas operacionais	
Despesas gerais e administrativas	$ 30.000
Despesas de depreciação	30.000
Total de despesas operacionais	$ 60.000
Lucro operacional	$ 80.000
Menos: Despesas de juros	10.000
Lucro líquido antes do imposto de renda	$ 70.000
Menos: Imposto de renda	27.100
Lucro disponível aos acionistas ordinários	$ 42.900
Lucro por ação (LPA)	$ 2,15

Balanços patrimoniais da Technica, Inc.

	31 de dezembro	
Ativo	2015	2014
Caixa	$ 15.000	$ 16.000
Títulos negociáveis	7.200	8.000
Contas a receber	34.100	42.200
Estoques	82.000	50.000
Total do ativo circulante	$ 138.300	$ 116.200
Terrenos e edifícios	$ 150.000	$ 150.000
Máquinas e equipamentos	200.000	190.000
Móveis e utensílios	54.000	50.000
Outros	11.000	10.000
Total do ativo imobilizado bruto	$ 415.000	$ 400.000
Menos: Depreciação acumulada	145.000	115.000
Ativo imobilizado líquido	$ 270.000	$ 285.000
Total do ativo	$ 408.000	$ 401.200
Passivo e patrimônio líquido		
Fornecedores	$ 57.000	$ 49.000
Títulos a pagar	13.000	16.000
Contas a pagar	5.000	6.000
Total do passivo circulante	$ 75.000	$ 71.000
Dívida de longo prazo	$ 150.000	$ 160.000
Patrimônio líquido referente às ações ordinárias (ações em circulação: 19.500 em 2015 e 20.000 em 2014).	$ 110.200	$ 120.000
Lucros retidos	73.100	50.200
Total do patrimônio líquido	$ 183.300	$ 170.200
Total do passivo e patrimônio líquido	$ 408.300	$ 401.200

Demonstração de lucros retidos para o ano encerrado em 31 de dezembro de 2015 da Technica, Inc.	
Saldo de lucros retidos (1 de janeiro de 2015)	$ 50.200
Mais: Lucro líquido após imposto de renda (para 2015)	42.900
Menos: Dividendos (pagos em 2015)	20.000
Saldo de lucros retidos (31 de dezembro de 2015)	$ 73.100

E3.2 Identificação da conta de demonstrações financeiras. Marque cada uma das contas listadas na tabela a seguir da seguinte maneira:

a. Na coluna (1), indique a que declaração a conta pertence — demonstração de resultados do exercício (DRE) ou balanço patrimonial (BP).

b. Na coluna (2), indique se a conta é um ativo circulante (AC), passivo circulante (PC), despesa (D), ativo imobilizado (AI), dívida de longo prazo (DLP), receita (R) ou patrimônio líquido (PL).

Conta	(1) Demonstração	(2) Tipo de conta
Fornecedores		
Contas a receber		
Contas a pagar		
Depreciação acumulada		
Despesa administrativa		
Imóveis		
Caixa		
Ações ordinárias (ao par)		
Custo das mercadorias vendidas		
Depreciação		
Equipamentos		
Despesas gerais		
Despesas de juros		
Estoques		
Terrenos		
Dívida de longo prazo		
Máquinas		
Títulos negociáveis		
Títulos a pagar		
Despesas operacionais		
Capital integralizado acima do valor nominal		
Ações preferenciais		
Dividendos de ações preferenciais		
Lucros retidos		
Receita de vendas		
Despesas de vendas		
Imposto de renda		
Veículos		

E3.3 Preparação da demonstração de resultados. Em 31 de dezembro de 2015, Cathy Chen, uma contadora autônoma, completou seu primeiro ano de atividades. Durante o ano, ela faturou $ 360.000 por seus serviços contábeis. Ela tinha dois funcionários, um escriturário e um auxiliar de escritório. Além do próprio salário *mensal* de $ 8.000, Chen pagou salários *anuais* de $ 48.000 e $ 36.000 ao contador e ao auxiliar de escritório, respectivamente. Os impostos e contribuições sociais de Chen e seus funcionários totalizaram $ 34.600 no ano. As despesas com material de escritório, incluindo despesas com correio, totalizaram $ 10.400 no ano. Além disso, Chen gastou $ 17.000 no ano em despesas dedutíveis como viagens e entretenimento associados a visitas a clientes e ao desenvolvimento de novos negócios. Os pagamentos de aluguel do escritório (uma despesa dedutível) foram de $ 2.700 por *mês*. A despesa anual de depreciação dos móveis e utensílios do escritório foram de $ 15.600. Durante o ano, Chen pagou juros de $ 15.000 sobre o empréstimo de $ 120.000 contraído para iniciar a empresa. Ela pagou uma alíquota de imposto de renda média de 30% em 2015.

a. Prepare uma demonstração de resultados para a contadora Cathy Chen para o exercício encerrado em 31 de dezembro de 2015.

b. Avalie o desempenho financeiro de Chen em 2015.

E3.4 Preparação da demonstração de resultados. Adam e Arin Adams reuniram suas informações de receitas e despesas pessoais e pediram a você que preparasse uma demonstração de receitas e despesas para o exercício encerrado em 31 de dezembro de 2015. As informações a seguir foram recebidas da família Adams.

Exercício de finanças pessoais

Salário de Adam	$ 45.000	Água, luz, telefone, gás	$ 3.200
Salário de Arin	30.000	Supermercado	2.200
Juros recebidos	500	Despesas médicas	1.500
Dividendos recebidos	150	IPTU	1.659
Seguro do carro	600	Imposto de renda, INSS	13.000
Seguro da casa	750	Roupas e acessórios	2.000
Financiamento do carro	3.300	Combustível e manutenção do carro	2.100
Pagamentos da hipoteca	14.000	Lazer	2.000

a. Crie uma demonstração de *rendimentos e despesas* pessoais para o período encerrado em 31 de dezembro de 2015. A demonstração deve ser semelhante a uma demonstração de resultados de uma empresa.

b. A família Adams teve um saldo positivo ou um déficit de caixa?

c. Se o resultado foi um saldo positivo, como você sugere que a família Adams use esse excedente?

E3.5 Cálculo do LPA e lucros retidos. A Everdeen Mining, Inc., terminou o ano de 2015 com um lucro líquido *antes* do imposto de renda de $ 436.000. A empresa está sujeita a uma alíquota de imposto de renda de 40% e deve pagar $ 64.000 em dividendos de ações preferenciais antes de distribuir quaisquer lucros para as 170.000 ações ordinárias atualmente em circulação.

a. Calcule o lucro por ação (LPA) de 2015 para a Everdeen.

b. Se a empresa pagou dividendos de ações ordinárias de $ 0,80 por ação, qual o montante em unidades monetárias que teria sido transferido para lucros retidos?

E3.6 Preparação do balanço patrimonial. Use os *itens* da lista a seguir para preparar, no formato apropriado, o balanço patrimonial para a Mellark Baked Goods em 31 de dezembro de 2015.

Item	Valor em 31 de dezembro de 2015	Item	Valor em 31 de dezembro de 2015
Fornecedores	$ 220.000	Estoques	$ 375.000
Contas a receber	450.000	Terrenos	100.000
Contas a pagar	55.000	Dívida de longo prazo	420.000
Depreciação acumulada	265.000	Máquinas	420.000
Imóveis	225.000	Títulos negociáveis	75.000
Caixa	215.000	Títulos a pagar	475.000
Ações ordinárias (ao par)	90.000	Capital integralizado acima do valor nominal	360.000
Custo das mercadorias vendidas	2.500.000	Ações preferenciais	100.000
Despesa de depreciação	45.000	Lucros retidos	210.000
Equipamentos	140.000	Receita de vendas	3.600.000
Móveis e utensílios	170.000	Veículos	25.000
Despesas gerais	320.000		

 **E3.7 Preparação do balanço patrimonial.** Adam e Arin Adams reuniram suas informações de receitas e despesas pessoais e pediram que você elabore um balanço patrimonial para 31 de dezembro de 2015. As informações a seguir foram recebidas da família Adams.

Caixa	$ 300	Fundos de aposentadoria, plano de previdência privada	$ 2.000
Conta corrente	3.000	Veículo Sebring 2014	15.000
Poupança	1.200	Veículo Jeep 2010	8.000
Ações da IBM	2.000	Fundos do mercado monetário	1.200
Financiamento do carro	8.000	Joias e obras de arte	3.000
Hipoteca	100.000	Patrimônio líquido	76.500
Despesas médicas a pagar	250	Móveis	4.200
Contas de água, luz etc. a pagar	150	Saldo do cartão de crédito	2.000
Imóvel	150.000	Empréstimo pessoal	3.000

a. Crie um balanço patrimonial pessoal para 31 de dezembro de 2015. Deve ser semelhante ao balanço patrimonial de uma empresa.

b. Qual o valor total dos ativos da família Adams em 31 de dezembro de 2015?

c. Qual o *capital de giro líquido* (*CGL*) no ano? (*Dica:* o CGL é a diferença entre o total do ativo circulante e o total do passivo circulante.)

 E3.8 Efeito do lucro líquido no balanço patrimonial de uma empresa. A Conrad Air, Inc., reportou um lucro líquido de $ 1.365.000 no ano encerrado em 31 de dezembro de 2016. Mostre como o balanço patrimonial da Conrad mudaria de 2015 a 2016, dependendo de como a empresa optasse por "gastar" esses lucros conforme os cenários descritos a seguir.

Balanço patrimonial em 31 de dezembro de 2015 da Conrad Air, Inc.			
Ativo		Passivo e patrimônio líquido	
Caixa	$ 120.000	Fornecedores	$ 170.000
Títulos negociáveis	35.000	Títulos de curto prazo	$ 55.000
Contas a receber	45.000	Passivo circulante	$ 125.000
Estoques	$ 130.000	Dívida de longo prazo	$ 2.700.000
Ativo circulante	$ 330.000	Total do passivo	$ 2.825.000
Equipamentos	$ 2.970.000	Ações ordinárias	$ 500.000
Imóveis	$ 1.600.000	Lucros retidos	$ 1.575.000
Ativo imobilizado	$ 4.570.000	Patrimônio líquido	$ 2.075.000
Total do ativo	$ 4.900.000	Total do passivo e patrimônio líquido	$ 4.900.000

a. A Conrad não pagou dividendos durante o ano e investiu os fundos em títulos negociáveis.

b. A Conrad pagou dividendos no total de $ 500.000 e utilizou o saldo de lucro líquido para liquidar a dívida de longo prazo.

c. A Conrad pagou dividendos no total de $ 500.000 e investiu o saldo de lucro líquido na construção de um novo hangar.

d. A Conrad distribuiu todo o lucro líquido de $ 1.365.000 como dividendos a seus acionistas.

E3.9 Preço de venda inicial das ações ordinárias. A Haymitch Brewing Corporation tem uma série de ações preferenciais e uma série de ações ordinárias em circulação. A partir da conta de patrimônio líquido da Haymitch apresentada a seguir, determine o preço de venda pelo qual a empresa lançou suas ações ordinárias.

Patrimônio líquido	
Ações preferenciais	$ 225.000
Ações ordinárias (valor nominal de $ 0,50, ações em circulação 400.000)	$ 200.000
Capital integralizado acima do valor nominal	$ 2.600.000
Lucros retidos	$ 800.000
Total do patrimônio líquido	$ 3.825.000

E3.10 Demonstração de lucros retidos. A Hayes Enterprises começou o ano de 2015 com um saldo de lucros retidos de $ 928.000. Ao longo de 2015, a empresa teve um lucro após imposto de renda de $ 377.000. Desse montante, os acionistas preferenciais receberam dividendos de $ 47.000. No final do ano de 2015, os lucros retidos da empresa totalizaram $ 1.048.000. A empresa tinha 140.000 ações ordinárias em circulação em 2015.

a. Prepare uma demonstração de lucros retidos para o ano encerrado em 31 de dezembro de 2015 para a Hayes Enterprises. (*Observação:* certifique-se de calcular e incluir o montante dos dividendos pagos em 2015.)

b. Calcule o lucro por ação (LPA) de 2015 para a empresa.

c. Qual foi o valor do dividendo por ação pago pela empresa para os acionistas ordinários durante 2015?

E3.11 Alteração no patrimônio líquido. A seguir estão listadas as contas do patrimônio líquido dos balanços patrimoniais para os anos de 2014 e 2015 da Mountain Air Ski Resorts, Inc. O valor total do patrimônio líquido aumentou de $ 2.000.000 para $ 7.500.000. Use a demonstração para descobrir como e por que isso aconteceu.

Balanços patrimoniais (parciais) da Mountain Air Ski Resorts, Inc.		
Patrimônio líquido	2014	2015
Ações ordinárias (valor nominal de $ 1,00)		
Autorizadas: 5.000.000 ações		
Em circulação: 1.500.000 ações em 2015		$ 1.500.000
500.000 ações em 2014	$ 500.000	
Capital integralizado acima do valor nominal	500.000	4.500.000
Lucros retidos	$ 1.000.000	$ 1.500.000
Total do patrimônio líquido	$ 2.000.000	$ 7.500.000

A empresa pagou dividendos totais de $ 200.000 no exercício de 2015.

a. Qual foi o lucro líquido da Mountain Air no exercício de 2015?

b. Quantas novas ações a empresa emitiu e vendeu durante o ano?

c. A que preço médio por ação foi vendida a nova emissão de ações durante 2015?

d. A que preço por ação foram vendidas as primeiras 500.000 ações?

E3.12 Comparações de índices. Robert Arias herdou recentemente uma carteira de ações de seu tio. Desejando saber mais a respeito das empresas em que está investindo, Robert fez uma análise de índices para cada ação e decidiu compará-las.

Alguns desses índices estão listados a seguir.

Índice	Island Electric Utility	Burger Heaven	Fink Software	Roland Motors
Índice de liquidez corrente	1,10	1,3	6,8	4,5
Índice de liquidez seca	0,90	0,82	5,2	3,7
Índice de endividamento	0,68	0,46	0,0	0,35
Margem de lucro líquido	6,2%	14,3%	28,5%	8,4%

Supondo que o tio de Robert fosse um investidor sensato que montou sua carteira cuidadosamente, Robert fica intrigado com as grandes diferenças entre os índices. Ajude-o.

a. Quais dificuldades Robert poderia encontrar ao comparar essas empresas com base em seus índices?

b. Por que o índice de liquidez corrente e o índice de liquidez seca da companhia de eletricidade e do restaurante fast-food podem ser mais baixos do que os mesmos índices das outras empresas?

c. Por que poderia fazer sentido para a companhia de eletricidade ter muita dívida, mas o mesmo não valeria para a empresa de software?

d. Por que os investidores não investiriam todo seu dinheiro em empresas de software em vez de investir em empresas menos rentáveis? (Foque no risco e retorno.)

E3.13 Gestão de liquidez. O total do ativo circulante, o total do passivo circulante e o estoque da Bauman Company para os últimos quatro anos são apresentados a seguir:

Item	2012	2013	2014	2015
Total do ativo circulante	$ 16.950	$ 21.900	$ 22.500	$ 27.000
Total do passivo circulante	9.000	12.600	12.600	17.400
Estoque	6.000	6.900	6.900	7.200

a. Calcule o índice de liquidez corrente e o índice de liquidez seca da empresa para cada ano. Compare as séries temporais resultantes para essas medidas de liquidez.

b. Comente a evolução da liquidez da empresa no período de 2012 a 2013.

c. Se lhe fosse dito que o giro do estoque da Bauman Company e as médias do setor para cada ano do período de 2012 a 2015 foram os apresentados a seguir, essa informação confirmaria ou desmentiria a avaliação feita no item **b**? Por quê?

Giro do estoque	2012	2013	2014	2015
Bauman Company	6,3	6,8	7,0	6,4
Média do setor	10,6	11,2	10,8	11,0

E3.14 Índice de liquidez. Josh Smith compilou alguns de seus dados financeiros pessoais para determinar sua posição de liquidez. Os dados são:

 Exercício de finanças pessoais

Conta	Valor
Caixa	$ 3.200
Títulos negociáveis	1.000
Conta corrente	800
Cartão de crédito a pagar	1.200
Títulos de curto prazo a pagar	900

a. Calcule o *índice de liquidez* de Josh.

b. Vários amigos de Josh disseram que tinham índices de liquidez de cerca de 1,8. Como você analisa a liquidez de Josh em relação à de seus amigos?

E3.15 Gestão de estoque. A Wilkins Manufacturing tem receita de vendas anuais de $ 4 milhões e margem de lucro bruto de 40%. Seus *estoques no final de cada trimestre* são de:

Trimestre	Estoque
1	$ 400.000
2	800.000
3	1.200.000
4	200.000

a. Determine o estoque trimestral médio e utilize-o para calcular o giro do estoque e a idade média do estoque da empresa.

b. Supondo que a empresa esteja em um setor com giro do estoque médio de 2,0, como você avaliaria a atividade do estoque da Wilkins?

E3.16 Gestão de contas a receber. Uma avaliação dos livros contábeis da Blair Supply, apresentada na tabela a seguir, nos dá o saldo das contas a receber no final do ano, formado pelos valores originados nos meses indicados. A empresa teve receita de vendas anuais de $ 2,4 milhões e o prazo de crédito concedido é de 30 dias.

Mês de origem	Montante a receber
Julho	$ 3.875
Agosto	2.000
Setembro	34.025
Outubro	15.100
Novembro	52.000
Dezembro	193.000
Contas a receber no final do ano	$ 300.000

a. Use o total do final do ano para avaliar o sistema de cobrança da empresa.

b. Se 70% das vendas da empresa ocorreram entre julho e dezembro, essa informação afetaria a validade da sua conclusão no item **a**? Explique.

E3.17 Interpretação dos índices de liquidez e de atividade. Os novos proprietários da Bluegrass Natural Foods, Inc., contrataram você para ajudá-los a diagnosticar e resolver os problemas que a empresa tem enfrentado para manter uma liquidez adequada. Como primeiro passo, você faz uma análise de liquidez. Em seguida, você faz uma análise dos índices de atividade de curto prazo da empresa. Seus cálculos e as médias apropriadas do setor são apresentados a seguir.

Índice	Bluegrass	Média do setor
Índice de liquidez corrente	4,5	4,0
Índice de liquidez seca	2,0	3,1
Giro do estoque	6,0	10,4
Prazo médio de recebimento	73 dias	52 dias
Prazo médio de pagamento	31 dias	40 dias

a. Que recomendações você faria aos novos proprietários com relação ao volume e à gestão do estoque?

b. Que recomendações você faria aos novos proprietários com relação ao volume e à gestão das contas a receber?

c. Que recomendações você faria aos novos proprietários com relação ao volume e à gestão das contas a pagar?

d. Em geral, que resultados você esperaria alcançar com suas recomendações? Por que suas recomendações podem não ser eficazes?

E3.18 Análise do endividamento. O Springfield Bank está avaliando a Creek Enterprises, que solicitou um empréstimo de $ 4.000.000, para determinar a alavancagem financeira e o risco financeiro da empresa. Com base nos índices de endividamento da Creek, juntamente com as médias do setor e as demonstrações financeiras recentes da Creek (apresentadas na tabela a seguir), avalie e recomende a decisão apropriada em relação ao pedido de empréstimo.

Demonstração de resultados do exercício encerrado em 31 de dezembro de 2015 da Creek Enterprises	
Receita de vendas	$ 30.000.000
Menos: Custo das mercadorias vendidas	21.000.000
Lucro bruto	$ 9.000.000

(continua)

(*continuação*)

Menos: Despesas operacionais	
Despesa de vendas	$ 3.000.000
Despesas gerais e administrativas	1.800.000
Despesa de arrendamento	200.000
Despesa de depreciação	1.000.000
Total das despesas operacionais	$ 6.000.000
Lucro operacional	$ 3.000.000
Menos: Despesas de juros	1.000.000
Lucro líquido antes do imposto de renda	$ 2.000.000
Menos: Imposto de renda (alíquota = 40%)	800.000
Lucro líquido após imposto de renda	$ 1.200.000
Menos: Dividendos de ações preferenciais	100.000
Lucro disponível aos acionistas ordinários	$ 1.100.000

Balanço patrimonial em 31 de dezembro de 2015 da Creek Enterprises

Ativo		Passivo e patrimônio líquido dos acionistas	
Caixa	$ 1.000.000	Fornecedores	$ 8.000.000
Títulos negociáveis	3.000.000	Títulos a pagar	8.000.000
Contas a receber	12.000.000	Contas a pagar	500.000
Estoques	7.500.000	Total do passivo circulante	$ 16.500.000
Total do ativo circulante	$ 23.500.000	Dívida de longo prazo (inclui arrendamento)[b]	$ 20.000.000
Terrenos e edifícios	$ 11.000.000		
Máquinas e equipamentos	20.500.000	Ações preferenciais (25.000 ações, dividendo de $ 4)	$ 2.500.000
Móveis e utensílios	8.000.000		
Total do ativo imobilizado bruto (ao custo)[a]	$ 39.500.000	Ações ordinárias (1 milhão de ações a valor nominal de $ 5)	5.000.000
Menos: Depreciação acumulada	13.000.000		
Ativo imobilizado líquido	$ 26.500.000	Capital integralizado acima do valor nominal	4.000.000
Total do ativo	$ 50.000.000	Lucros retidos	2.000.000
		Total do patrimônio líquido	$ 13.500.000
		Total do passivo e patrimônio líquido	$ 50.000.000

[a] A empresa tem um arrendamento financeiro de 4 anos que exige pagamentos anuais de $ 200.000 no início de cada ano. O contrato vence em três anos.
[b] Os pagamentos anuais do principal exigidos são de $ 800.000.

E3.19 Análise de rentabilidade. No início de 2013, a Pepsi reportou receitas de $ 65,64 bilhões com lucro disponível aos acionistas ordinários de $ 6,12 bilhões. O total do ativo da Pepsi na ocasião era de $ 74,64 bilhões. Enquanto isso, um dos concorrentes da Pepsi, a Dr. Pepper, reportou vendas de $ 6,01 bilhões com lucro de $ 0,63 bilhão. A Dr. Pepper tinha ativo no valor de $ 8,87 bilhões. Que empresa foi mais rentável? Por que é difícil chegar a uma resposta clara para essa pergunta?

E3.20 Análise de demonstrações de tamanho comum. Veja a seguir uma demonstração de resultados de tamanho comum das operações da Creek Enterprises em 2014. Usando a demonstração de resultados da empresa, em 2015, apresentada no Exercício 3.18, prepare a demonstração de resultados de tamanho comum e compare-a com a demonstração de 2014. Que áreas exigem análise e investigação adicional?

Demonstração de resultados de tamanho comum do exercício encerrado em 31 de dezembro de 2014 da Creek Enterprises	
Receita de vendas ($ 35.000.000)	100,0%
Menos: Custo das mercadorias vendidas	65,9%
Lucro bruto	34,1%
Menos: Despesas operacionais	
Despesa de vendas	12,7%
Despesas gerais e administrativas	6,3%
Despesa de arrendamento	0,6%
Despesa de depreciação	3,6%
Total de despesas operacionais	23,2%
Lucro operacional	10,9%
Menos: Despesas de juros	1,5%
Lucro líquido antes do imposto de renda	9,4%
Menos: Imposto de renda (alíquota de 40%)	3,8%
Lucro líquido após imposto de renda	5,6%
Menos: Dividendos de ações preferenciais	0,1%
Lucro disponível aos acionistas ordinários	5,5%

E3.21 Relação entre alavancagem financeira e rentabilidade. A Pelican Paper, Inc. e a Timberland Forest, Inc., são rivais na fabricação de papel kraft. Veja a seguir alguns valores das demonstrações financeiras das duas empresas. Use os dados para fazer uma análise de índices que compare a alavancagem financeira e a rentabilidade das empresas.

Item	Pelican Paper, Inc.	Timberland Forest, Inc.
Total do ativo	$ 10.000.000	$ 10.000.000
Total do patrimônio líquido (somente ações ordinárias)	9.000.000	5.000.000
Total da dívida	1.000.000	5.000.000
Juros anuais	100.000	500.000
Total de receita de vendas	25.000.000	25.000.000
LAJIR	6.250.000	6.250.000
Lucro disponível aos acionistas ordinários	3.690.000	3.450.000

a. Calcule os seguintes índices de endividamento e de cobertura para as duas empresas. Discuta, em termos comparativos, seu risco financeiro e sua capacidade de cobrir os custos.
   1. Índice de endividamento
   2. Índice de cobertura de juros

b. Calcule os seguintes índices de rentabilidade para as duas empresas e compare a rentabilidade delas.
   1. Margem de lucro operacional
   2. Margem de lucro líquido
   3. Retorno sobre ativo total
   4. Retorno sobre patrimônio líquido

c. Como o maior endividamento da Timberland Forest tornou essa empresa mais rentável que a Pelican Paper? Quais são os riscos que os investidores da Timberland correm quando decidem comprar as ações desta empresa e não as da Pelican?

E3.22 Proficiência no cálculo de índices. A McDougal Printing, Inc., realizou vendas no valor de $ 40.000.000 no exercício de 2015. Alguns índices da empresa são apresentados a seguir. Use essas informações para determinar os valores monetários das várias contas da demonstração de resultados e do balanço patrimonial especificados a seguir.

Exercício encerrado em 31 de dezembro de 2015 da McDougal Printing, Inc.	
Receita de vendas	$ 40.000.000
Margem de lucro bruto	80%
Margem de lucro operacional	35%
Margem de lucro líquido	8%
Retorno sobre ativo total	16%
Retorno sobre patrimônio líquido	20%
Giro do ativo total	2
Prazo médio de recebimento	62,2 dias

Calcule:

a. Lucro bruto

b. Custo das mercadorias vendidas

c. Lucros operacionais

d. Despesas operacionais

e. Lucro disponível aos acionistas ordinários

f. Total do ativo

g. Total do patrimônio líquido

h. Contas a receber

E3.23 Análise de índices transversal. Use as demonstrações financeiras da Fox Manufacturing Company para o exercício encerrado em 31 de dezembro de 2015 junto com os índices médios do setor para:

a. Preparar e interpretar uma análise de índices completa das operações da empresa em 2015.

b. Resumir seus resultados e fazer recomendações.

Demonstração de resultados para o exercício encerrado em 31 de dezembro de 2015 da Fox Manufacturing Company	
Receita de vendas	$ 600.000
Menos: Custo das mercadorias vendidas	460.000
Lucro bruto	$ 140.000
Menos: Despesas operacionais	
Despesas gerais e administrativas	$ 30.000
Despesa de depreciação	30.000
Total de despesas operacionais	60.000
Lucro operacional	$ 80.000
Menos: Despesas de juros	10.000
Lucro líquido antes do imposto de renda	$ 70.000
Menos: Imposto de renda	27.100
Lucro líquido após imposto de renda (*Dica:* lucro disponível aos acionistas ordinários, já que a empresa não tem acionistas preferenciais)	$ 42.900
Lucro por ação (LPA)	$ 2,15

Índice	Média do setor em 2015
Índice de liquidez corrente	2,35
Índice de liquidez seca	0,87
Giro do estoque[a]	4,55
Prazo médio de recebimento[a]	35,8 dias
Giro do ativo total	1,09
Índice de endividamento	0,300
Índice de cobertura de juros	12,3
Margem de lucro bruto	0,202
Margem de lucro operacional	0,135
Margem de lucro líquido	0,091
Retorno sobre ativo total (ROA)	0,099
Retorno sobre patrimônio líquido (ROE)	0,167
Lucro por ação (LPA)	$ 3,10

[a] Com base em um ano de 365 dias e dados referentes ao final do ano.

Balanço patrimonial em 31 de dezembro de 2015 da Fox Manufacturing Company

Ativo	
Caixa	$ 15.000
Títulos negociáveis	7.200
Contas a receber	34.100
Estoques	82.000
Total do ativo circulante	$ 138.300
Ativo imobilizado líquido	270.000
Total do ativo	$ 408.300
Passivo e patrimônio líquido	
Fornecedores	$ 57.000
Títulos a pagar	13.000
Contas a pagar	5.000
Total do passivo circulante	$ 75.000
Dívida de longo prazo	$ 150.000
Patrimônio líquido (20.000 ações em circulação)	$ 110.200
Lucros retidos	73.100
Total do patrimônio líquido	$ 183.300
Total do passivo e patrimônio líquido	$ 408.300

E3.24 Análise das demonstrações financeiras. Veja a seguir as demonstrações financeiras da Zach Industries para o ano encerrado em 31 de dezembro de 2015.

Demonstração de resultados para o exercício encerrado em 31 de dezembro de 2015 da Zach Industries

Receita de vendas	$ 160.000
Menos: Custo das mercadorias vendidas	106.000
Lucro bruto	$ 54.000
Menos: Despesas operacionais	
Despesa de vendas	$ 16.000
Despesas gerais e administrativas	10.000
Despesa de arrendamento	1.000
Despesa de depreciação	10.000
Total de despesas operacionais	$ 37.000
Lucro operacional	$ 17.000
Menos: Despesas de juros	6.100
Lucro líquido antes do imposto de renda	$ 10.900
Menos: Imposto de renda	4.360
Lucro líquido após imposto de renda	$ 6.540

Balanço patrimonial em 31 de dezembro de 2015 da Zach Industries

Ativo	
Caixa	$ 500
Títulos negociáveis	1.000
Contas a receber	25.000
Estoques	45.500
Total do ativo circulante	$ 72.000
Terrenos	$ 26.000
Edifícios e equipamentos	90.000
Menos: Depreciação acumulada	38.000
Ativo imobilizado líquido	$ 78.000
Total do ativo	$ 150.000
Passivo e patrimônio líquido	
Fornecedores	$ 22.000
Títulos a pagar	47.000
Total do passivo circulante	$ 69.000
Dívida de longo prazo	22.950
Ações ordinárias[a]	31.500
Lucros retidos	26.550
Total do passivo e patrimônio líquido	$ 150.000

[a] As 3.000 ações ordinárias em circulação da empresa fecharam 2015 ao preço de $ 25 por ação.

a. Use as demonstrações financeiras acima para completar a tabela a seguir. Suponha que as médias do setor fornecidas na tabela são aplicáveis tanto para 2014 quanto para 2015.

Índice	Média do setor	2014	2015
Índice de liquidez corrente	1,80	1,84	_____
Índice de liquidez seca	0,70	0,78	_____
Giro do estoque[a]	2,50	2,59	_____
Prazo médio de recebimento[a]	37,5 dias	36,5 dias	_____
Índice de endividamento	65%	67%	_____
Índice de cobertura de juros	3,8	4,0	_____
Margem de lucro bruto	38%	40%	_____
Margem de lucro líquido	3,5%	3,6%	_____
Retorno sobre ativo total	4,0%	4,0%	_____
Retorno sobre patrimônio líquido	9,5%	8,0%	_____
Índice valor de mercado/valor contábil (VM/VC)	1,1	1,2	_____

[a] Com base em um ano de 365 dias e dados referentes ao final do ano.

b. Analise a posição financeira da Zach Industries no que se refere a (1) liquidez, (2) atividade, (3) endividamento, (4) rentabilidade e (5) valor de mercado. Resuma a posição financeira geral da empresa.

E3.25 Integrativo: análise de índices completa. Dadas as demonstrações financeiras, os índices históricos e as médias do setor, fornecidas a seguir, calcule os índices financeiros da Sterling Company para o exercício mais recente. (Suponha um ano de 365 dias.)

Demonstração de resultados para o exercício encerrado em 31 de dezembro de 2015 da Sterling Company	
Receita de vendas	$ 10.000.000
Menos: Custo das mercadorias vendidas	7.500.000
Lucro bruto	$ 2.500.000
Menos: Despesas operacionais	
Despesa de vendas	$ 300.000
Despesas gerais e administrativas	650.000
Despesa de arrendamento	50.000
Despesa de depreciação	200.000
Total de despesas operacionais	$ 1.200.000
Lucro operacional	$ 1.300.000
Menos: Despesa de juros	200.000
Lucro líquido antes do imposto de renda	$ 1.100.000
Menos: Imposto de renda (alíquota de 40%)	440.000
Lucro líquido após imposto de renda	$ 660.000
Menos: Dividendos de ações preferenciais	50.000
Lucro disponível aos acionistas ordinários	$ 610.000
Lucro por ação (LPA)	$ 3,05

Balanço patrimonial em 31 de dezembro de 2015 da Sterling Company				
Ativo		**Passivo e patrimônio líquido**		
Caixa	$ 200.000	Fornecedores[a]		$ 900.000
Títulos negociáveis	50.000	Títulos a pagar		200.000
Contas a receber	800.000	Contas a pagar		100.000
Estoques	950.000	Total do passivo circulante		$ 1.200.000
Total do ativo circulante	$ 2.000.000	Dívida de longo prazo (inclui arrendamento financeiro)		$ 3.000.000
Total do ativo imobilizado bruto (ao custo)	$ 12.000.000			
Menos: Depreciação acumulada	3.000.000	Ações preferenciais (25.000 ações, dividendo de $ 2)		$ 1.000.000
Ativo imobilizado líquido	$ 9.000.000			
Outros ativos	1.000.000	Ações ordinárias (200.000 ações, valor ao par de $ 3)[b]		
Total do ativo	$ 12.000.000			600.000
		Capital integralizado acima do valor nominal		5.200.000
		Lucros retidos		1.000.000
		Total do patrimônio líquido		$ 7.800.000
		Total do passivo e patrimônio líquido		$ 12.000.000

[a] Foram realizadas, durante o ano, compras a prazo no valor de $ 6.200.000.
[b] Em 31 de dezembro de 2015, as ações ordinárias da empresa fecharam ao preço de $ 39,50 por ação.

Analise a posição financeira geral da empresa do ponto de vista tanto transversal quanto de série temporal. Decomponha a sua análise em avaliações da liquidez, atividade, endividamento, rentabilidade e valor de mercado da empresa.

	Índices históricos da Sterling Company e médias do setor		
	Sterling Company		Média do setor
Índice	2013	2014	2015
Índice de liquidez corrente	1,40	1,55	1,85
Índice de liquidez seca	1,00	0,92	1,05
Giro do estoque	9,52	9,21	8,60
Prazo médio de recebimento	45,6 dias	36,9 dias	35,5 dias
Prazo médio de pagamento	59,3 dias	61,6 dias	46,4 dias
Giro do ativo total	0,74	0,80	0,74
Índice de endividamento	0,20	0,20	0,30
Índice de cobertura de juros	8,2	7,3	8,0
Índice de cobertura de pagamento fixo	4,5	4,2	4,2
Margem de lucro bruto	0,30	0,27	0,25
Margem de lucro operacional	0,12	0,12	0,10
Margem de lucro líquido	0,062	0,062	0,053
Retorno sobre ativo total (ROA)	0,045	0,050	0,040
Retorno sobre patrimônio líquido (ROE)	0,061	0,067	0,066
Lucro por ação (LPA)	$1,75	$2,20	$1,50
Índice preço/lucro (P/L)	12,0	10,5	11,2
Índice valor de mercado/valor contábil (VM/VC)	1,20	1,05	1,10

E3.26 Sistema de análise DuPont. Use as informações a seguir da Johnson International e as médias do setor para:

a. Construir o sistema de análise DuPont tanto para a Johnson quanto para o setor.

b. Avaliar a Johnson (e o setor) no período de 3 anos.

c. Indicar em quais áreas a Johnson requer uma análise mais aprofundada. Por quê?

Johnson	2013	2014	2015
Multiplicador de alavancagem financeira	1,75	1,75	1,85
Margem de lucro líquido	0,059	0,058	0,049
Giro do ativo total	2,11	2,18	2,34
Médias do setor			
Multiplicador de alavancagem financeira	1,67	1,69	1,64
Margem de lucro líquido	0,054	0,047	0,041
Giro do ativo total	2,05	2,13	2,15

E3.27 Análise de índices completa, identificando diferenças significativas. A Home Health, Inc., solicitou a Jane Ross uma análise financeira anual. A primeira coisa que Jane fez foi calcular um conjunto completo de índices para os anos fiscais de 2014 e 2015. Ela usará os dados para identificar mudanças significativas na situação da empresa de um ano ao outro.

Índices financeiros da Home Health, Inc.		
Índice	2014	2015
Índice de liquidez corrente	3,25	3,00
Índice de liquidez seca	2,50	2,20
Giro do estoque	12,80	10,30
Prazo médio de recebimento	42,6 dias	31,4 dias
Giro do ativo total	1,40	2,00
Índice de endividamento	0,45	0,62
Índice de cobertura de juros	4,00	3,85
Margem de lucro bruto	68%	65%
Margem de lucro operacional	14%	16%
Margem de lucro líquido	8,3%	8,1%
Retorno sobre ativo total	11,6%	16,2%
Retorno sobre patrimônio líquido	21,1%	42,6%
Índice preço/lucro (P/L)	10,7	9,8
Índice valor de mercado/valor contábil (VM/VC)	1,40	1,25

a. Para se concentrar na análise das mudanças, calcule a variação proporcional de um ano para outro, subtraindo o índice de 2014 do índice de 2015 e depois dividindo a diferença pelo índice de 2014. Multiplique o resultado por 100. Mantenha o sinal positivo ou negativo. O resultado é a variação percentual do índice de 2014 a 2015. Calcule a variação proporcional para todos os índices apresentados.

b. Para qualquer índice que apresente uma diferença de um ano para outro de 10% ou mais, explique se a diferença é favorável ou não à empresa.

c. Para as variações mais significativas (25% ou mais), analise os outros índices e cite pelo menos uma outra mudança que pode ter contribuído para a variação no índice que você está discutindo.

E3.28 Problema de ética. Faça uma pesquisa em periódicos ou na internet para saber mais sobre as cláusulas da Lei Sarbanes-Oxley para as empresas. Escolha uma dessas cláusulas e explique por que você acha que as demonstrações financeiras serão mais confiáveis se os executivos financeiros da empresa implementarem essa cláusula da Lei Sarbanes-Oxley.

Exercício com planilha

A demonstração de resultados e o balanço patrimonial são os principais relatórios preparados por uma empresa para serem utilizados pela administração e distribuídos a acionistas, órgãos reguladores e ao público em geral. São as principais fontes de informações financeiras históricas sobre a empresa. A Dayton Products, Inc., é uma indústria de médio porte e procurou você para realizar uma análise detalhada das demonstrações financeiras da empresa.

As demonstrações de resultados para os exercícios encerrados em 31 de dezembro de 2015 e 2014, respectivamente, são apresentadas na tabela a seguir.

Demonstração de resultados anual (valores em milhões)		
	Para o ano encerrado em	
	31 de dezembro de 2015	31 de dezembro de 2014
Receita de vendas	$ 178.909	$ 187.510
Custo das mercadorias vendidas	109.701	111.631
Despesas de vendas, gerais e administrativas	12.356	12.900
Outras despesas tributárias	33.572	33.377
Depreciação e amortização	12.103	7.944
Outras receitas (somar ao LAJIR para obter o lucro antes do imposto de renda)	3.147	3.323
Despesa de juros	398	293
Alíquota do imposto de renda (média)	35,324%	37,945%
Dividendos pagos por ação	$ 1,13	$ 0,91
LPA básico das operações totais	$ 1,34	$ 2,25

A empresa também lhe deu acesso às informações a seguir, do balanço patrimonial de 31 de dezembro de 2015 e 2014, respectivamente.

Balanço patrimonial anual (valores em milhões)		
	31 de dezembro de 2015	31 de dezembro de 2014
Caixa	$ 7.229	$ 6.547
Contas a receber	21.163	19.549
Estoques	8.068	7.904
Outros ativos circulantes	1.831	1.681
Imóveis, instalações e equipamentos (bruto)	204.960	187.519
Depreciação acumulada e exaustão	110.020	97.917
Outros ativos não circulantes	19.413	17.891
Fornecedores	13.792	22.862
Dívida de curto prazo a pagar	4.093	3.703
Outros passivos circulantes	15.290	3.549
Dívida de longo prazo a pagar	6.655	7.099
Imposto de renda diferido	16.484	16.359
Outros passivos não circulantes	21.733	16.441
Lucros retidos	74.597	73.161
Total de ações ordinárias em circulação	6,7 bilhões	6,8 bilhões

TAREFA

a. Crie uma planilha semelhante à Tabela 3.1 para exemplificar o seguinte:

(1) Uma demonstração de resultados comparativa de múltiplos passos para a Dayton, Inc., para os períodos encerrados em 31 de dezembro de 2015 e 2014. Você precisa calcular o custo das mercadorias vendidas no ano de 2015.

(2) Uma demonstração de resultados de tamanho comum da Dayton, Inc., abrangendo os anos de 2015 e 2014.

b. Crie uma planilha semelhante à Tabela 3.2 para exemplificar o seguinte:

(1) Um balanço patrimonial comparativo e detalhado para a Dayton, Inc., para os anos encerrados em 31 de dezembro de 2015 e 2014.

(2) Um balanço patrimonial de tamanho comum da Dayton, Inc., abrangendo os anos de 2015 e 2014.

c. Baseie-se na Tabela 3.8 para realizar as seguintes análises:

(1) Crie uma tabela que mostre os índices operacionais de 2015 e 2014 da Dayton, Inc., segmentados em (a) liquidez, (b) atividade, (c) endividamento, (d) rentabilidade e (e) valor de mercado. Suponha que o preço de mercado atual da ação seja de $ 90.

(2) Compare os índices de 2015 com os de 2014. Indique se os resultados "superaram os do ano anterior" ou "ficaram aquém aos do ano anterior".

Capítulo 4

Fluxo de caixa e planejamento financeiro

Objetivos de aprendizagem

OA 1 Entender os procedimentos fiscais da depreciação e o efeito da depreciação sobre os fluxos de caixa da empresa.

OA 2 Discutir a demonstração de fluxos de caixa, o fluxo de caixa operacional e o fluxo de caixa livre da empresa.

OA 3 Entender o processo de planejamento financeiro, inclusive os planos financeiros de longo prazo (estratégicos) e os planos financeiros de curto prazo (operacionais).

OA 4 Discutir o processo de planejamento de caixa e a preparação, avaliação e utilização do orçamento de caixa.

OA 5 Explicar os procedimentos simplificados utilizados para preparar e avaliar a demonstração de resultados projetada e o balanço patrimonial projetado.

OA 6 Avaliar as abordagens simplificadas para a preparação de demonstrações financeiras projetadas e os usos comuns das demonstrações projetadas.

▶ Por que este capítulo é importante para você?

Na sua vida PROFISSIONAL

CONTABILIDADE Para entender como a depreciação é usada para fins fiscais e de relatórios financeiros; como preparar a demonstração de fluxos de caixa; o foco primário no fluxo de caixa, ao invés da competência do exercício, na tomada de decisões financeiras; e como as demonstrações financeiras projetadas são usadas na empresa.

SISTEMAS DE INFORMAÇÃO Para entender quais dados devem ser gerados para registrar a depreciação para fins fiscais e de relatórios financeiros; as informações necessárias para os planos estratégicos e operacionais; e quais dados são necessários como insumos para a preparação de planos de caixa e planos de lucros.

GESTÃO Para entender a diferença entre os planos estratégicos e operacionais, bem como a função de cada um; a importância de focar no fluxo de caixa da empresa; e como o uso de demonstrações projetadas pode prevenir a ocorrência de problemas para a empresa.

MARKETING Para entender o papel central que o marketing desempenha na preparação dos planos estratégicos de longo prazo da empresa e a importância da previsão de vendas como entrada principal tanto para o planejamento de caixa quanto para o planejamento de lucros.

OPERAÇÕES Para entender como a depreciação afeta o valor dos ativos imobilizados da empresa; como os resultados das operações são capturados na demonstração de fluxos de caixa; que operações fornecem insumos importantes nos planos financeiros de curto prazo da empresa; e a distinção entre custos operacionais fixos e variáveis.

Na sua vida PESSOAL

Os indivíduos, assim como as empresas, devem focar no fluxo de caixa quando planejam e monitoram suas finanças. Você deve estabelecer metas de curto e de longo prazo (destinos) e desenvolver planos financeiros pessoais (roteiros) que orientarão sua realização. Fluxos de caixa e planos financeiros são importantes tanto para os indivíduos quanto para as empresas.

European Aeronautic Defense and Space Co.

Lucrando mesmo com perda de caixa

Em 14 de maio de 2013, a European Aeronautic Defense and Space Co. (EADS), controladora da fabricante de aviões Airbus, reportou um aumento de 56% em seu lucro operacional no primeiro trimestre do ano. O aumento no lucro foi maior do que a maioria dos analistas esperava, assim como o aumento reportado na receita. Tudo isso parecia uma boa notícia, mas os analistas que investigaram mais profundamente as demonstrações financeiras da empresa descobriram que nem tudo estava bem. Especificamente, durante o primeiro trimestre, a EADS reportou um fluxo de caixa livre de −3,2 bilhões de euros. O fluxo de caixa livre negativo foi, principalmente, o resultado de um aumento na produção de aviões Airbus, o que levou a empresa a acumular um grande estoque.

A situação da EADS não é particularmente incomum. Mesmo quando uma empresa reporta resultados positivos, o retrato do seu fluxo de caixa pode ser bem diferente. Quando uma empresa está em expansão, como a EADS esteve no primeiro trimestre de 2013, ela pode ter de fazer investimentos adicionais em estoque, contas a receber e ativos imobilizados, como máquinas. Os desembolsos de caixa para esses investimentos nem sempre aparecem imediatamente no cálculo do lucro, mas eles reduzem o fluxo de caixa livre, uma medida de desempenho que os analistas financeiros monitoram de perto. O fluxo de caixa é o principal direcionador de valor de uma empresa, e ela precisa ter caixa, não lucros, para pagar suas contas. Depois de ler este capítulo, você vai entender as diferenças entre fluxo de caixa e lucro.

4.1 Análise do fluxo de caixa da empresa

"O caixa é o rei", diz um velho ditado da área de finanças. O fluxo de caixa, o sangue da empresa, é o principal elemento de qualquer modelo de avaliação (*valuation*) financeira. Não importa se um analista quer estimar o valor de um investimento que uma empresa está pensando em fazer ou se o objetivo é valorar a própria empresa, estimar o fluxo de caixa é fundamental no processo de avaliação. Este capítulo explica de onde vêm os números do fluxo de caixa utilizados nas avaliações.

DEPRECIAÇÃO

Para fins fiscais e de relatórios financeiros, as empresas geralmente não podem deduzir como despesa o custo total de um ativo que estará em uso por vários anos. Em vez disso, a cada ano, as empresas são obrigadas a lançar uma parte dos custos dos ativos imobilizados contra as receitas. Essa alocação de custos históricos ao longo do tempo é chamada de **depreciação**. As deduções de depreciação, como quaisquer outras despesas do negócio, reduzem o lucro que uma empresa reporta em sua demonstração de resultados e, em consequência, reduzem os impostos que a empresa deve pagar. No entanto, as deduções de depreciação não estão associadas a nenhum desembolso de caixa. Isso é, quando uma empresa deduz despesa de depreciação, ela está alocando uma parte do custo original de um ativo (aquele que a empresa já pagou) como um débito contra o lucro desse ano. O efeito é que *as deduções de depreciação aumentam o fluxo de caixa da empresa porque elas reduzem o imposto da empresa.*

depreciação
Lançamento de uma parte dos custos dos ativos imobilizados contra as receitas anuais ao longo do tempo.

Para fins fiscais, a depreciação dos ativos da empresa é regulada pela legislação tributária. Como os objetivos dos relatórios financeiros são por vezes diferentes dos objetivos da legislação tributária, as empresas costumam usar métodos de depreciação diferentes para relatórios financeiros e para fins fiscais. Manter dois conjuntos diferentes de registros para esses dois fins é legal.

sistema de recuperação acelerada de custo modificado (MACRS)
Sistema utilizado para determinar a depreciação de ativos para fins fiscais.

A depreciação para fins fiscais é determinada pelo uso do **sistema de recuperação acelerada de custo modificado** (**MACRS** – *modified accelerated cost recovery system*). Uma variedade de métodos de depreciação está disponível para fins de demonstrações contábeis. Todos os métodos de depreciação requerem que se conheça o valor depreciável de um ativo e a vida útil desse ativo.

Valor depreciável de um ativo

De acordo com os procedimentos básicos do MACRS, o valor depreciável de um ativo (o montante a ser depreciado) é o seu *custo total*, que inclui as despesas de instalação. Mesmo que o ativo tenha algum valor residual no final de sua vida útil, ainda assim, a empresa pode deduzir o custo inicial total do ativo como depreciação.

Vida útil de um ativo

vida útil
Período de tempo em que um ativo é depreciado.

O período em que um ativo é depreciado é chamado de **vida útil**. Quanto mais curta a vida útil, maior a dedução de depreciação anual e maior será a economia fiscal

---

Exemplo 4.1

A Baker Corporation adquiriu uma nova máquina ao custo de $ 38.000, com custos de instalação de $ 2.000. Quando a máquina for "aposentada", a Baker espera vendê-la como sucata e receber $ 1.000. Independentemente de seu valor residual esperado, o valor depreciável da máquina é de $ 40.000: custo de $ 38.000 + custo de instalação de $ 2.000.

associada a essa dedução, se todos os outros fatores permanecerem iguais. Assim, as empresas em geral preferem depreciar seus ativos o mais rapidamente possível. No entanto, a empresa deve respeitar certos requisitos da Receita Federal para determinar a vida útil. Esses padrões do MACRS, que se aplicam tanto aos ativos novos como aos usados, exigem que o contribuinte adote como vida útil de um ativo o **período de recuperação** apropriado. Existem seis períodos de recuperação no MACRS — 3, 5, 7, 10, 15 e 20 anos — excluindo imóveis, e esses mesmos períodos determinam e denominam as classes de ativos. As quatro primeiras classes — as mais utilizadas pelas empresas — estão definidas na Tabela 4.1.

período de recuperação
A vida útil apropriada de um determinado ativo, de acordo com o MACRS.

Tabela 4.1 As quatro primeiras classes de ativos segundo o MACRS

Classes de ativos (período de recuperação)	Definição
3 anos	Equipamentos de pesquisa e algumas ferramentas especiais.
5 anos	Computadores, impressoras, copiadoras, equipamentos de duplicação, automóveis, caminhões leves, equipamento tecnológico qualificado e ativos similares.
7 anos	Móveis de escritório, utensílios, a maioria dos equipamentos industriais, ferrovias e estruturas agrícolas e de horticultura com finalidade específica.
10 anos	Equipamento utilizado no refino de petróleo ou na fabricação de produtos de tabaco e alguns produtos alimentícios.

MÉTODOS DE DEPRECIAÇÃO

Para *fins de relatórios financeiros*, as empresas podem usar uma variedade de métodos de depreciação (método linear, método de saldo decrescente duplo e método da soma dos dígitos). Para *fins fiscais*, os ativos incluídos nas quatro primeiras classes do MACRS são depreciados pelo método de saldo decrescente duplo, usando a convenção de meio ano (o que significa que a depreciação de meio ano é aplicada no ano em que o ativo é adquirido) e passando para o método linear quando for vantajoso. As *taxas aproximadas* (arredondadas para o valor inteiro mais próximo) deduzidas anualmente para as quatro primeiras classes de ativos são apresentadas na Tabela 4.2. Em vez de usar as taxas da tabela, a empresa pode usar a depreciação linear ao longo do período de recuperação do ativo, com a convenção de meio ano, ou adotar o sistema de depreciação alternativo. Para os fins deste livro, usaremos as taxas de depreciação do MACRS, uma vez que costumam proporcionar redução mais rápida do valor de um ativo e, portanto, os melhores efeitos em termos de fluxo de caixa para empresas lucrativas.

Como o MACRS requer o uso da convenção de meio ano, assume-se que os ativos foram adquiridos no meio do ano. Assim, só metade da depreciação do primeiro ano é recuperada nesse período. Em consequência, o último meio ano de depreciação é recuperado no ano imediatamente seguinte ao período de recuperação declarado do ativo. Na Tabela 4.2, as taxas de depreciação de um ativo da classe n anos são apresentadas para períodos de $n + 1$ anos. Por exemplo, um ativo de cinco anos é depreciado num período de recuperação de seis anos. A aplicação das taxas de depreciação fiscal apresentadas na Tabela 4.2 pode ser demonstrada com um exemplo simples.

Tabela 4.2 — Taxas arredondadas de depreciação por ano de recuperação usando o MACRS para as quatro primeiras classes de ativos

Ano de recuperação	Taxa por ano de recuperação[a]			
	3 anos	5 anos	7 anos	10 anos
1	33%	20%	14%	10%
2	45%	32%	25%	18%
3	15%	19%	18%	14%
4	7%	12%	12%	12%
5		12%	9%	9%
6		5%	9%	8%
7			9%	7%
8			4%	6%
9				6%
10				6%
11				4%
Totais	100%	100%	100%	100%

[a] As porcentagens foram arredondadas para o valor inteiro mais próximo para simplificar os cálculos e ainda assim manter o realismo. Para calcular a depreciação *efetiva* para fins fiscais, deve-se aplicar as porcentagens não arredondadas ou aplicar diretamente o método do saldo decrescente duplo usando a convenção de meio ano.

Exemplo 4.2

A Baker Corporation adquiriu, por um custo total (incluindo a instalação) de $ 40.000, uma máquina com um prazo de recuperação de cinco anos. Usando as porcentagens aplicáveis da Tabela 4.2, a Baker calcula a depreciação em cada ano como se segue:

Ano	Custo	Taxas (da Tabela 4.2)	Depreciação [(1) × (2)]
	(1)	(2)	(3)
1	$ 40.000	20%	$ 8.000
2	40.000	32%	12.800
3	40.000	19%	7.600
4	40.000	12%	4.800
5	40.000	12%	4.800
6	40.000	5%	2.000
Totais		100%	$ 40.000

A coluna (3) mostra que o custo total do ativo é diminuído no prazo de seis anos.

Como os administradores financeiros focam principalmente nos fluxos de caixa, *este livro tratará somente dos métodos de depreciação fiscal.*

ELABORAÇÃO DA DEMONSTRAÇÃO DE FLUXOS DE CAIXA

A *demonstração de fluxos de caixa*, apresentada no Capítulo 3, resume o fluxo de caixa da empresa durante um determinado período. Tenha em mente que os analistas normalmente somam os saldos das contas de caixa e os títulos negociáveis ao avaliar a liquidez da empresa, pois tanto caixa quanto títulos negociáveis representam uma reserva de liquidez. Essa reserva é *aumentada por entradas de caixa* e *reduzida por saídas de caixa*.

FATOS e DADOS

Fluxos de caixa da Apple

Em seu relatório anual de 2012, a Apple declarou mais de US$ 50 bilhões em caixa provenientes de suas atividades operacionais. No mesmo ano, a Apple usou US$ 48,2 bilhões do caixa para investir em títulos negociáveis e outros investimentos. Em comparação, seus fluxos de caixa das atividades de financiamento foram menores, resultando em uma saída de caixa de cerca de US$ 1,7 bilhões, proveniente, principalmente, de ações emitidas a funcionários como parte dos planos de remuneração da Apple.

Note também que os fluxos de caixa da empresa se dividem em três categorias: (1) fluxos de caixa das atividades operacionais, (2) fluxos de caixa das atividades de investimento e (3) fluxos de caixa das atividades de financiamento. Os **fluxos de caixa das atividades operacionais** incluem as entradas e saídas de caixa diretamente relacionadas com a venda e a produção de bens e serviços da empresa. Os **fluxos de caixa das atividades de investimento** incluem os fluxos de caixa associados a compra e venda tanto de ativos imobilizados quanto de participações societárias em outras empresas. As transações de compra resultam em saídas de caixa, enquanto as transações de venda geram entradas de caixa. Os **fluxos de caixa das atividades de financiamento** resultam de operações de financiamento com capital de terceiros e capital próprio. Incorrer em endividamento de curto ou de longo prazo resulta em uma entrada de caixa correspondente, enquanto a quitação de dívida resulta em uma saída de caixa. Da mesma forma, a venda de ações da empresa resulta em uma entrada de caixa, já a recompra de ações ou o pagamento de dividendos resulta em uma saída de caixa.

fluxos de caixa das atividades operacionais
Fluxos de caixa diretamente relacionados com a venda e a produção de bens e serviços pela empresa.

fluxos de caixa das atividades de investimento
Fluxos de caixa associados a compra e venda tanto de ativos imobilizados quanto de participações societárias em outras empresas.

fluxos de caixa das atividades de financiamento
Fluxos de caixa resultantes de operações de financiamento com capital de terceiros e capital próprio. Incluem a captação e a quitação de dívida, entrada de caixa proveniente da venda de ações e saídas de caixa para recomprar ações ou pagar dividendos.

Classificação de entradas e saídas de caixa

A demonstração de fluxos de caixa, na realidade, resume as entradas e as saídas de caixa durante um determinado período. A Tabela 4.3 classifica as principais entradas (fontes) e saídas (usos) de caixa. Por exemplo, se o saldo de contas a pagar de uma empresa aumentasse $ 1.000 durante o ano, a variação seria uma *entrada de caixa*. Se o estoque da empresa aumentasse $ 2.500, a variação seria uma *saída de caixa*.

Algumas observações adicionais podem ser feitas a respeito do esquema de classificação apresentado na Tabela 4.3:

1. Uma *diminuição* do saldo de um ativo, como o saldo de caixa da empresa, configura uma *entrada de caixa*. Por quê? Porque o dinheiro que estava imobilizado nesse ativo é liberado e pode ser usado para outra finalidade, como o pagamento de um empréstimo. Por outro lado, um *aumento* do saldo de caixa da empresa configura uma *saída de caixa*, porque um volume maior de dinheiro está sendo imobilizado no saldo de caixa da empresa.

   Nem sempre é fácil entender a classificação de diminuições e aumentos do saldo de caixa de uma empresa. Para facilitar, imagine que você colocou todo o seu dinheiro em um balde. O seu saldo de caixa é representado pelo valor guardado no balde. Quando você

Tabela 4.3 — Entradas e saídas de caixa

Entradas (fontes)	Saídas (usos)
Redução de qualquer conta do ativo	Aumento de qualquer conta do ativo
Aumento de qualquer conta do passivo	Redução de qualquer conta do passivo
Lucro líquido após imposto de renda	Prejuízo líquido após imposto de renda
Depreciação e outras despesas não desembolsáveis	Pagamento de dividendos
Venda de ações	Recompra ou cancelamento de ações

precisa de dinheiro, você o tira do balde, o que *diminui seu saldo de caixa e lhe proporciona uma entrada de caixa*. Por outro lado, quando você tiver um excedente de caixa, você o deposita no balde, o que *aumenta seu saldo de caixa e representa uma saída de caixa*. Foque na movimentação de recursos *entrando e saindo do seu bolso*: fica claro que uma diminuição no saldo de caixa (retirada do balde) é uma entrada (para seu bolso) e um aumento no saldo de caixa (depósito no balde) é uma saída (do seu bolso).

despesa não desembolsável
Uma despesa que é deduzida na demonstração de resultados, mas não envolve o desembolso efetivo de dinheiro durante o período; inclui depreciação, amortização e exaustão.

2. A depreciação (assim como a amortização e a exaustão) é uma **despesa não desembolsável**, ou seja, uma despesa que é deduzida na demonstração de resultados, mas que não envolve o desembolso efetivo de dinheiro. Portanto, ao mensurar o montante de fluxo de caixa gerado por uma empresa, devemos adicionar a depreciação ao lucro líquido. Caso contrário, subestimaremos o caixa que a empresa efetivamente gerou. Por essa razão, a depreciação aparece como uma fonte de caixa na Tabela 4.3.
3. Como a depreciação é tratada como uma entrada de caixa em separado, só as variações *brutas* (e não *líquidas*) dos ativos imobilizados aparecem na demonstração de fluxos de caixa. A variação no ativo imobilizado líquido é igual à variação no ativo imobilizado bruto menos a despesa de depreciação. Portanto, se tratássemos a depreciação como uma entrada de caixa, bem como a redução no ativo imobilizado líquido (em vez de bruto) teríamos uma dupla contagem da depreciação.
4. Os lançamentos diretos de variações nos lucros retidos não são incluídos na demonstração de fluxos de caixa. Os lançamentos de itens que afetam os lucros retidos aparecem como lucro ou prejuízo líquido após imposto de renda e dividendos pagos.

Preparação da demonstração de fluxos de caixa

A demonstração de fluxos de caixa de um determinado período usa dados da demonstração de resultados do período, juntamente com o balanço patrimonial do início e do fim do período. A demonstração de resultados do exercício encerrado em 31 de dezembro de 2015 e o balanço patrimonial de 31 de dezembro de 2014 e de 2015 da Baker Corporation são apresentados nas tabelas 4.4 e 4.5, respectivamente. A demonstração de fluxos de caixa da Baker Corporation para o exercício encerrado em 31 de dezembro de 2015 é apresentada na Tabela 4.6, mais adiante. Observe que todas as entradas de caixa, bem como o lucro líquido após imposto de renda e a depreciação, são tratados como valores positivos. Todas as saídas de caixa, quaisquer prejuízos e dividendos pagos são tratados como valores negativos. Os itens em cada categoria ¦ operacional, investimento e financiamento ¦ são totalizados e os três totais são somados para a obtenção do "aumento (redução) líquido(a) de caixa e títulos negociáveis" do período. Como confirmação, esse valor deve ser igual à variação efetiva dos saldos de caixa e de títulos negociáveis no ano, que pode ser obtido do balanço patrimonial do início e do fim do período.

Tabela 4.4 — Demonstração de resultados da Baker Corporation para o exercício encerrado em 31 de dezembro de 2015

Receita de vendas	$ 1.700.000
Menos: Custo das mercadorias vendidas	1.000.000
Lucro bruto	700.000
Menos: Despesas operacionais	
Despesas de vendas, gerais e administrativas	$ 230.000
Despesa de depreciação	100.000
Total de despesas operacionais	$ 330.000
Lucro antes de juros e imposto de renda (LAJIR)	$ 370.000
Menos: Despesa de juros	70.000
Lucro líquido antes do imposto de renda	$ 300.000
Menos: Imposto de renda (alíquota de 40%)	120.000
Lucro líquido após imposto de renda	$ 180.000
Menos: Dividendos de ações preferenciais	10.000
Lucro disponível aos acionistas ordinários	$ 170.000
Lucro por ação (LPA) [a]	$ 1,70

[a] Calculado dividindo o lucro disponível aos acionistas ordinários pelo número de ações ordinárias em circulação ($ 170.000 ÷ 100.000 ações = $ 1,70 por ação).

Tabela 4.5 — Balanço patrimonial da Baker Corporation

	31 de dezembro	
Ativo	2015	2014
Caixa e títulos negociáveis	$ 1.000.000	$ 500.000
Contas a receber	400.000	500.000
Estoques	600.000	900.000
Total do ativo circulante	$ 2.000.000	$ 1.900.000
Terrenos e edifícios	$ 1.200.000	$ 1.050.000
Máquinas e equipamentos, móveis e utensílios, veículos e outros	1.300.000	1.150.000
Total do ativo imobilizado bruto (ao custo)	$ 2.500.000	$ 2.200.000
Menos: Depreciação acumulada	1.300.000	1.200.000
Ativo imobilizado líquido	$ 1.200.000	$ 1.000.000
Total do ativo	$ 3.200.000	$ 2.900.000
Passivo e patrimônio líquido		
Fornecedores	$ 700.000	$ 500.000
Títulos a pagar	600.000	700.000
Contas a pagar	100.000	200.000
Total do passivo circulante	$ 1.400.000	$ 1.400.000
Dívida de longo prazo	600.000	400.000

(continua)

(*continuação*)

Total do passivo	$ 2.000.000	$ 1.800.000
Ações preferenciais	$ 100.000	$ 100.000
Ações ordinárias: valor nominal de $ 1,20, 100.000 ações em circulação em 2015 e 2014	120.000	120.000
Capital integralizado acima do valor nominal	380.000	380.000
Lucros retidos	600.000	500.000
Total do patrimônio líquido	$ 1.200.000	$ 1.100.000
Total do passivo e patrimônio líquido	$ 3.200.000	$ 2.900.000

Tabela 4.6 — Demonstração de fluxos de caixa da Baker Corporation para o exercício encerrado em 31 de dezembro de 2015

Fluxo de caixa das atividades operacionais	
Lucro líquido após imposto de renda	$ 180.000
Depreciação	100.000
Redução das contas a receber	100.000
Redução de estoques	300.000
Aumento de fornecedores	200.000
Redução das contas a pagar	(100.000)[a]
Caixa gerado pelas atividades operacionais	$ 780.000
Fluxo de caixa das atividades de investimento	
Aumento do ativo imobilizado bruto	($ 300.000)
Variação de participações societárias em outras empresas	0
Caixa gerado pelas atividades de investimento	($ 300.000)
Fluxo de caixa das atividades de financiamento	
Redução dos títulos a pagar	($ 100.000)
Aumento da dívida de longo prazo	200.000
Variação do patrimônio líquido[b]	0
Dividendos pagos	(80.000)
Caixa gerado pelas atividades de financiamento	$ 20.000
Aumento líquido de caixa e títulos negociáveis	$ 500.000

[a] É comum usar parênteses para indicar um número negativo, que, neste caso, é uma saída de caixa.

[b] Os lucros retidos são excluídos aqui porque sua variação já está refletida na combinação dos lançamentos "Lucros líquidos após imposto de renda" e "Dividendos pagos".

Interpretação da demonstração

A demonstração de fluxos de caixa permite que o administrador financeiro e outras partes interessadas analisem o fluxo de caixa da empresa. O administrador deve prestar especial atenção tanto às principais categorias do fluxo de caixa como aos itens individuais de entrada e saída de caixa com o objetivo de identificar eventos contrários às políticas financeiras da empresa. Além disso, a demonstração pode ser usada para avaliar o progresso com relação às metas projetadas ou para identificar ineficiências. O administrador financeiro também pode preparar uma demonstração de fluxos de caixa a partir de demonstrações financeiras projetadas para determinar se as ações planejadas são desejáveis tendo em vista os fluxos de caixa resultantes.

CAPÍTULO 4 Fluxo de caixa e planejamento financeiro **127**

O **fluxo de caixa operacional (FCO)** é aquele que a empresa gera em suas operações regulares — produção e venda de seus bens ou serviços. Diversas definições do FCO podem ser encontradas na literatura financeira. A definição utilizada aqui exclui o impacto dos juros no fluxo de caixa. Excluímos esses efeitos porque queremos uma medida que capture o fluxo de caixa gerado pelas operações da empresa, e não pela forma como essas operações são financiadas e tributadas. O primeiro passo é calcular o **lucro operacional líquido após o imposto de renda (NOPAT** — *net operating profits after taxes*), que representa o lucro antes de juros e após o imposto de renda da empresa. Sendo T a alíquota de imposto de renda aplicável, o NOPAT é calculado como se segue:

$$\text{NOPAT} = \text{LAJIR} \times (1 - T) \qquad (4.1)$$

Para converter o NOPAT em fluxo de caixa operacional (FCO), basta adicionar a depreciação:

$$\text{FCO} = \text{NOPAT} + \text{Depreciação} \qquad (4.2)$$

Podemos substituir na Equação 4.1 a expressão para NOPAT para obter uma única equação para o FCO (Equação 4.2):

$$\text{FCO} = [\text{LAJIR} \times (1 - T)] + \text{Depreciação} \qquad (4.3)$$

fluxo de caixa operacional (FCO)
O fluxo de caixa que uma empresa gera de suas operações regulares; calculado como lucro operacional líquido após imposto de renda (NOPAT) mais depreciação.

lucro operacional líquido após imposto de renda (NOPAT)
O lucro de uma empresa antes de juros e após o imposto de renda. LAJIR × (1 − T).

Exemplo 4.3

Substituindo os valores da demonstração de resultados da Baker Corporation (Tabela 4.4) na Equação 4.3, obtemos:

FCO = [$ 370.000 × (1,00 − 0,40)] + $ 100.000 = $ 222.000 + $ 100.000 = $ 322.000

Durante 2015, a Baker Corporation gerou $ 322.000 de fluxo de caixa com a fabricação e venda de seus produtos. Desse modo, podemos concluir que as operações da Baker estão gerando fluxos de caixa positivos.

FLUXO DE CAIXA LIVRE

O **fluxo de caixa livre (FCL)** da empresa representa o caixa disponível aos investidores ¡ os fornecedores de capital de terceiros (credores) e de capital próprio (proprietários) ¡ após a empresa ter atendido a todas as necessidades operacionais e feito pagamento de investimentos em ativo imobilizado líquido e em ativo circulante líquido. O fluxo de caixa livre pode ser definido como:

$$\text{FCL} = \text{FCO} - \dfrac{\text{investimento em ativo}}{\text{imobilizado líquido (IAIL)}} - \dfrac{\text{investimento em ativo}}{\text{circulante líquido (IACL)}} \qquad (4.4)$$

O *investimento em ativo imobilizado líquido* (*IAIL*) é o *investimento líquido* que a empresa faz em ativos imobilizados e refere-se a compras menos vendas de ativos imobilizados. Podemos calcular o IAIL usando a seguinte fórmula:

$$\text{IAIL} = \text{Variação do ativo imobilizado líquido} + \text{Depreciação} \qquad (4.5)$$

O IAIL também é igual à variação do ativo imobilizado bruto de um ano para outro.

fluxo de caixa livre (FCL)
O valor do fluxo de caixa disponível para os investidores (credores e proprietários) após a empresa ter atendido a todas as necessidades operacionais e feito pagamento de investimentos em ativo imobilizado líquido e em ativo circulante líquido.

Exemplo 4.4

No balanço patrimonial da Baker Corporation apresentado na Tabela 4.5, vemos que a variação do ativo imobilizado líquido entre 2014 e 2015 foi de $ 200.000 ($ 1.200.000 em 2015 − $ 1.000.000 em 2014). Substituindo esse valor e a depreciação de $ 100.000 em 2015 na Equação 4.5, obtemos o investimento em ativo imobilizado líquido (IAIL) da Baker em 2015:

$$IAIL = \$\,200.000 + \$\,100.000 = \$\,300.000$$

Assim, a Baker Corporation investiu $ 300.000 líquidos em ativo imobilizado durante 2015. Esse montante representaria, naturalmente, uma saída de caixa para adquirir ativo imobilizado durante 2015.

Examinando a Equação 4.5, podemos ver que, se a depreciação para o período for menor que a redução do ativo imobilizado líquido no mesmo período, o IAIL será negativo. Um IAIL negativo representa uma *entrada* líquida de caixa que pode ser atribuída ao fato de que a empresa vendeu mais ativos do que adquiriu durante o ano.

O *investimento em ativo circulante líquido* (*IACL*) representa o investimento líquido feito pela empresa em seu ativo circulante (operacional). O termo "líquido" refere-se à diferença entre o ativo circulante e a soma de fornecedores e contas a pagar. Os títulos a pagar não foram incluídos no cálculo do IACL por representarem um direito negociado do credor sobre o fluxo de caixa livre da empresa. A fórmula para o cálculo do IACL é:

> IACL = Variação do ativo circulante − Variação de (fornecedores + contas a pagar) (4.6)

Exemplo 4.5

Analisando os balanços patrimoniais da Baker Corporation para 2014 e 2015, apresentados na Tabela 4.5, vemos que a variação do ativo circulante entre 2014 e 2015 foi de $ 100.000 ($ 2.000.000 em 2015 − $ 1.900.000 em 2014). A diferença entre fornecedores mais contas a pagar de $ 800.000 em 2015 ($ 700.000 em fornecedores + $ 100.000 em contas a pagar) e de $ 700.000 em 2014 ($ 500.000 em fornecedores + $ 200.000 em contas a pagar) é de $ 100.000 ($ 800.000 em 2015 − $ 700.000 em 2014). Substituindo na Equação 4.6 a variação do ativo circulante e a variação da soma de fornecedores e contas a pagar da Baker Corporation, obtemos o IACL da empresa em 2015:

$$IACL = \$\,100.000 - \$\,100.000 = \$\,0$$

Portanto, durante 2015 a Baker Corporation não fez qualquer investimento ($ 0) em seu ativo circulante, descontados fornecedores e contas a pagar.

Agora podemos substituir o fluxo de caixa operacional (FCO) de 2015 da Baker Corporation de $ 322.000, seu investimento no ativo imobilizado líquido (IAIL) de $ 300.000 e o investimento no ativo circulante líquido (IACL) de $ 0 na Equação 4.4 para chegar ao fluxo de caixa livre (FCL) da empresa:

$$FCL = \$\,322.000 - \$\,300.000 - \$\,0 = \$\,22.000$$

Podemos ver que, durante 2015, a Baker gerou $ 22.000 de fluxo de caixa livre, que a empresa pode usar para pagar seus investidores: fornecedores de recursos financeiros (pagamento de juros) e proprietários (pagamento de dividendos). Assim, a empresa gerou um fluxo de caixa suficiente para cobrir todos os seus custos operacionais e investimentos e ainda teve um fluxo de caixa livre disponível para pagar os investidores. No entanto, a despesa de juros da Baker em 2015 foi de $ 70.000, de modo que a empresa não está gerando FCL suficiente para proporcionar um retorno adequado para seus investidores.

Fica claro que o fluxo de caixa é o sangue da empresa. No quadro *Foco na Prática* discutimos o fluxo de caixa livre da Cisco Systems. Na próxima seção, analisaremos vários aspectos do planejamento financeiro para fluxo de caixa e lucro.

Foco na PRÁTICA

Fluxo de caixa livre da Cisco Systems

na prática Em 13 de maio de 2010, a Cisco Systems emitiu o que à primeira vista pareceu ser uma demonstração de resultados favorável, declarando que a empresa tinha atingido um lucro por ação de US$ 0,42 no último trimestre, superando as expectativas dos analistas de Wall Street, que tinham projetado um LPA de US$ 0,39. Estranhamente, contudo, o preço das ações da Cisco começou a cair depois do anúncio dos resultados.

Posteriormente, um analista observou que, dos US$ 0,03 que a Cisco superou a previsão de Wall Street, US$ 0,01 podia ser atribuído ao fato de que o trimestre teve 14 semanas e não 13 semanas como é típico. Outro centavo podia ser atribuído a ganhos tributários incomuns e o terceiro centavo foi classificado com o título um tanto quanto vago de "outras receitas". Outros analistas foram ainda mais céticos. Um deles observou que o fluxo de caixa livre da Cisco nos três trimestres anteriores tinha sido de US$ 6,24 bilhões, mas US$ 5,55 bilhões desse montante foram gastos na compra de ações para compensar a diluição das opções de ações (stock options) que a Cisco concedeu a seus funcionários. O analista fez a seguinte observação: "A Cisco está sendo administrada para beneficiar seus funcionários e não seus acionistas".

- *O fluxo de caixa livre é muitas vezes considerado uma medida mais confiável do lucro de uma empresa do que o lucro publicado. Quais são algumas das maneiras possíveis que os contadores poderiam alterar os lucros da empresa para preparar uma demonstração de resultados mais favorável?*

JUBAK Picks. "Update Cisco Systems (CSCO)". Jubakpicks.com, 13 maio 2010. Disponível em: <http://jubakpicks.com>. Acesso em: 13 maio 2010.
SAVITZ, Eric. Cisco Shares Off Despite Strong FY Q3; Focus on Q4 Guidance. Blogs.barrons.com, 13 maio 2010. Disponível em: <http://blogs.barrons.com/techtraderdaily/2010/05/13/cisco-shares-off-despite-strong-fy-q3-focus-on-q4--guidance/>. Acesso em: 23 maio 2017.

→ QUESTÕES PARA REVISÃO

4.1 Descreva sucintamente as quatro primeiras classes de ativos do *sistema de recuperação acelerada de custo modificado* (*MACRS*) e os períodos de recuperação. Explique como as taxas de depreciação são determinadas usando os períodos de recuperação do MACRS.

4.2 Descreva o fluxo de caixa geral da empresa em termos de fluxos de caixa das atividades operacionais, fluxos de caixa das atividades de investimento e fluxos de caixa das atividades de financiamento.

4.3 Explique por que uma redução do caixa é classificada como uma *entrada de caixa* (*fonte*) enquanto um aumento do caixa é classificado como uma *saída de caixa* (*uso*) na preparação da demonstração de fluxos de caixa.

4.4 Por que a depreciação (bem como a amortização e a exaustão) é considerada uma *despesa não desembolsável*?

4.5 Descreva o formato geral da demonstração de fluxos de caixa. De que maneira as entradas de caixa são diferenciadas das saídas de caixa nessa demonstração?

4.6 Por que excluímos a despesa de juros e o imposto de renda do fluxo de caixa operacional?

4.7 Do ponto de vista estritamente financeiro, defina o *fluxo de caixa operacional* (*FCO*) e o *fluxo de caixa livre* (*FCL*) de uma empresa e aponte as diferenças entre eles.

4.2 O processo de planejamento financeiro

O planejamento financeiro é um aspecto importante das operações da empresa, pois fornece roteiros para guiar, coordenar e controlar as ações da empresa com a intenção de alcançar seus objetivos. Dois aspectos fundamentais do processo de planejamento financeiro são o *planejamento de caixa* e o *planejamento de lucros*. O planejamento de caixa envolve a preparação do orçamento de caixa da empresa. O planejamento de lucros envolve a preparação de demonstrações projetadas. Tanto o orçamento de caixa quanto as demonstrações projetadas são úteis para o planejamento financeiro interno. Também costumam ser exigidos por fornecedores de recursos financeiros atuais e potenciais.

O **processo de planejamento financeiro** começa com planos financeiros de longo prazo (ou *estratégicos*). Esses planos, por sua vez, orientam a formulação de planos e orçamentos de curto prazo (ou *operacionais*). Em geral, os planos e os orçamentos de curto prazo implementam os objetivos estratégicos de longo prazo da empresa. Embora o restante deste capítulo dê ênfase principalmente aos planos e orçamentos financeiros de curto prazo, são necessários alguns comentários preliminares sobre os planos financeiros de longo prazo.

PLANOS FINANCEIROS DE LONGO PRAZO (ESTRATÉGICOS)

Os **planos financeiros de longo prazo (estratégicos)** descrevem as ações financeiras planejadas de uma empresa e o impacto esperado dessas ações em períodos que variam de dois a dez anos. São comuns os planos estratégicos de cinco anos, que são revistos à medida que novas informações importantes se tornam disponíveis. Em geral, as empresas que estão sujeitas a alto grau de incerteza operacional e ciclos de produção relativamente curtos, ou ambos, tendem a usar horizontes de planejamento mais curtos.

Os planos financeiros de longo prazo fazem parte de uma estratégia integrada que, juntamente com os planos de produção e de marketing, orientam a empresa na direção de suas metas estratégicas. Esses planos de longo prazo incluem os dispêndios propostos com ativos imobilizados, as atividades de pesquisa e desenvolvimento, as ações de marketing e de desenvolvimento de produtos, a estrutura de capital e as principais fontes de financiamento. Também podem incluir o encerramento de projetos existentes, de linhas de produtos ou de linhas de negócios; o pagamento ou a extinção de dívidas pendentes; e quaisquer aquisições. Esses planos tendem a ser apoiados por uma série de orçamentos anuais. O quadro *Foco na Ética* mostra como um CEO reformulou drasticamente a estrutura operacional de sua empresa, embora isso tenha lhe custado o emprego.

PLANOS FINANCEIROS DE CURTO PRAZO (OPERACIONAIS)

Os **planos financeiros de curto prazo (operacionais)** especificam ações financeiras de curto prazo e o impacto esperado dessas ações. Esses planos em geral cobrem um período de um a dois anos. As principais entradas de dados incluem projeção de vendas e diversos dados operacionais e financeiros. Os principais resultados incluem uma série de orçamentos operacionais, o orçamento de caixa e as demonstrações financeiras projetadas. O processo completo de planejamento financeiro de curto prazo está descrito na Figura 4.1. Neste livro, focamos somente no planejamento de caixa e de lucros do ponto de vista do administrador financeiro.

O planejamento financeiro de curto prazo começa com a previsão de vendas. A partir dela, as empresas desenvolvem planos de produção que levam em conta os prazos de

---

processo de planejamento financeiro
Planejamento que começa com planos financeiros de longo prazo (*estratégicos*), que, por sua vez, orientam a formulação de planos e orçamentos de curto prazo (*operacionais*).

planos financeiros de longo prazo (estratégicos)
Planos que descrevem as ações financeiras planejadas de uma empresa e o impacto esperado dessas ações em períodos que variam de dois a dez anos.

planos financeiros de curto prazo (operacionais)
Especificam ações financeiras de curto prazo, cobrindo, em geral, períodos de um a dois anos, e o impacto esperado dessas ações.

Figura 4.1 — Planejamento financeiro de curto prazo

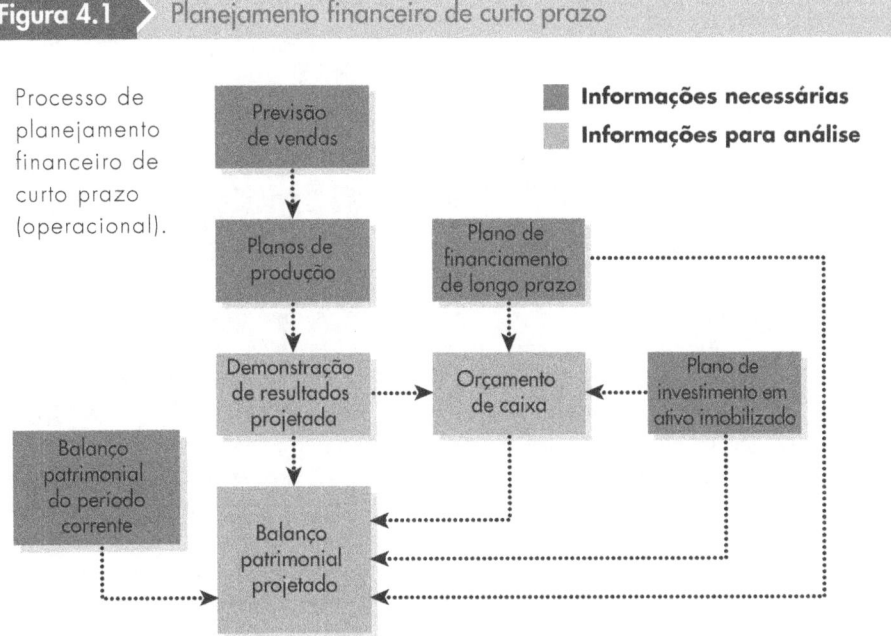

Processo de planejamento financeiro de curto prazo (operacional).

execução (preparação) e incluem estimativas das matérias-primas necessárias. Usando os planos de produção, a empresa pode estimar as necessidades de mão de obra direta, o desembolso de custo indireto de fabricação e as despesas operacionais. Uma vez feitas essas estimativas, a empresa pode preparar uma demonstração de resultados projetada e um orçamento de caixa. Com essas informações básicas, a empresa pode, finalmente, desenvolver um balanço patrimonial projetado.

> **Finanças pessoais**
> **Exemplo 4.6**
>
> O primeiro passo do planejamento financeiro pessoal requer a definição de objetivos. Enquanto em uma empresa o objetivo é maximizar a riqueza do proprietário (ou seja, o preço da ação), os indivíduos têm, normalmente, diversos objetivos importantes.
>
> Em geral, os objetivos pessoais podem ser de curto prazo (um ano), médio prazo (de dois a cinco anos) ou longo prazo (6 ou mais anos). Os objetivos de curto e médio prazo têm de sustentar os objetivos de longo prazo. Evidentemente, os tipos de objetivos pessoais de longo prazo dependem da idade do indivíduo ou da família e diferem de acordo com a própria situação de vida.
>
> Você deve estabelecer os seus objetivos financeiros pessoais de maneira cautelosa e realista. Cada objetivo deve ser claramente definido e ter nível de prioridade, prazo e estimativa de custo estipulados. Por exemplo, o objetivo de médio prazo de um estudante norte-americano no último ano da faculdade pode incluir obter um mestrado ao custo de US$ 40.000 em até dois anos e seu objetivo de longo prazo pode ser comprar um apartamento ao custo de US$ 125.000 em até quatro anos.

No restante deste capítulo, nos concentraremos nos principais resultados do processo de planejamento financeiro de curto prazo: o orçamento de caixa, a demonstração de resultados projetada e o balanço patrimonial projetado.

Foco na ÉTICA

Quanto vale um CEO?

na prática Quando Jack Welch se aposentou do cargo de presidente do conselho e CEO da General Electric em 2000, Robert L. Nardelli participava de um longo e bastante noticiado processo de planejamento sucessório, mas ele acabou perdendo a vaga para Jeff Immelt. Depois disso, Nardelli foi rapidamente contratado pela Home Depot, uma das várias empresas que competiam por seus serviços e que lhe ofereceu generosos incentivos para que aceitasse o emprego.

Usando a estratégia gerencial "Seis Sigma" da GE, Nardelli reorganizou drasticamente a Home Depot e substituiu sua cultura empreendedora e livre. Ele mudou a estrutura de gestão descentralizada, eliminando e consolidando os executivos de divisão. Também instaurou processos e otimizou operações, com destaque para a implantação de um sistema informatizado de controle de estoques e a centralização dos pedidos de compra na sede da empresa em Atlanta. Nardelli recebeu os créditos por dobrar as vendas da rede e melhorar sua posição competitiva. A receita aumentou de US$ 45,7 bilhões em 2000 para US$ 81,5 bilhões em 2005, enquanto o lucro subiu de US$ 2,6 bilhões para US$ 5,8 bilhões.

No entanto, a estagnação do preço da ação da empresa, o estilo de gestão de Nardelli focado em resultados — que afastou tanto funcionários quanto clientes — e seu pacote de remuneração acabaram provocando a ira dos investidores. Apesar de ter recebido um forte apoio do conselho de administração da Home Depot, Nardelli renunciou ao seu cargo repentinamente em 3 de janeiro de 2007. Ele não estava destinado à pobreza e seu pacote de indenização já tinha sido negociado anos antes, quando foi contratado. O total do pacote alcançou US$ 210 milhões, incluindo US$ 55,3 milhões de cobertura de seguro de vida; reembolso de US$ 1,3 milhão de imposto de renda pessoal relativo ao seguro de vida; US$ 50.000 para cobrir seus honorários advocatícios; US$ 33,8 milhões em dinheiro a ser pago até 3 de julho de 2007; um adicional de US$ 18 milhões a serem pagos em quatro anos por cumprir os termos do acordo; e o saldo do pacote de aquisição acelerada de opções de ações. Além disso, Nardelli e sua família receberiam benefícios de assistência médica da empresa pelo prazo de três anos.

O imenso custo da saída de Nardelli causou revolta entre muitos acionistas ativistas, pois a ação da Home Depot caiu 8% durante os seis anos de seu mandato. Evidentemente, o mantra dos acionistas ativistas de hoje é: "Não pergunte o que você pode fazer pela sua empresa, pergunte o que a sua empresa pode fazer pelos acionistas". O foco já não está mais só no que um CEO faz, mas também no quanto ele ganha.

- *Você acha que os acionistas ativistas teriam ficado tão chateados com o pacote de indenização de Nardelli se a ação da Home Depot tivesse apresentado um desempenho muito melhor sob a liderança dele?*

→ QUESTÕES PARA REVISÃO

4.8 O que é o *processo de planejamento financeiro*? Compare os *planos financeiros de longo prazo* (*estratégicos*) com os *planos financeiros de curto prazo* (*operacional*).

4.9 Quais três demonstrações resultam como parte do processo de planejamento financeiro de curto prazo (operacional)?

4.3 Planejamento de caixa: orçamentos de caixa

orçamento de caixa
Também conhecido por *previsão de caixa*, é uma demonstração das entradas e saídas de caixa planejadas da empresa que é usada para estimar suas necessidades de caixa de curto prazo.

O **orçamento de caixa** (ou previsão de caixa) é uma demonstração de entradas e saídas de caixa planejadas da empresa. É usado pela empresa para estimar suas necessidades de caixa no curto prazo, com especial atenção para o planejamento de superávits e déficits de caixa.

Em geral, o orçamento de caixa cobre o período de um ano, dividido em intervalos menores. O número e o tipo dos intervalos dependem da natureza do negócio. Quanto mais sazonais e incertos forem os fluxos de caixa de uma empresa, maior será o número de intervalos. Como muitas empresas se deparam com um padrão sazonal de fluxo de caixa, o orçamento de caixa é, muitas vezes, apresentado em *base mensal*. Empresas com padrões estáveis de fluxo de caixa costumam usar intervalos trimestrais ou anuais.

A PREVISÃO DE VENDAS

A principal entrada de dados para o processo de planejamento financeiro de curto prazo é a **previsão de vendas** da empresa em um determinado período, e essa informação costuma ser preparada pelo departamento de marketing. Com base na previsão de vendas, o administrador financeiro estima os fluxos de caixa mensais que resultarão das vendas projetadas e de despesas relacionadas à produção, aos estoques e às vendas. O administrador financeiro também determina o nível de ativo imobilizado necessário e o montante do financiamento — se houver — necessário para sustentar o nível de previsão de vendas e de produção. Na prática, a obtenção de dados confiáveis é a parte mais difícil da previsão de vendas, que pode se basear em uma análise de dados externos, dados internos ou uma combinação dos dois.

Uma **previsão externa** se baseia nas relações observadas entre as vendas da empresa e certos importantes indicadores econômicos externos, como o produto interno bruto (PIB), a construção de novas residências, a confiança do consumidor e a renda pessoal disponível. Previsões contendo esses indicadores estão prontamente disponíveis.

Uma **previsão interna** se baseia em um consenso de previsões dos canais de vendas da própria empresa. Normalmente, os vendedores de campo da empresa são solicitados a estimar quantas unidades de cada tipo de produto esperam vender no próximo ano. Esses dados são coletados e somados pelo gerente de vendas, que pode ajustar os valores usando o conhecimento de mercados específicos ou a capacidade de previsão do vendedor. Por fim, podem ser feitos ajustes em outros fatores internos, como a capacidade de produção.

As empresas, geralmente, utilizam uma combinação de dados de previsões interna e externa para fazer a previsão final de vendas. Os dados internos fornecem uma visão das expectativas de vendas enquanto os dados externos fornecem um meio de ajustar essas expectativas levando em conta os fatores econômicos gerais. Muitas vezes, a natureza do produto da empresa também afeta o mix e os tipos de métodos de previsão utilizados.

PREPARAÇÃO DO ORÇAMENTO DE CAIXA

O formato geral do orçamento de caixa é apresentado na Tabela 4.7. A discussão a seguir, juntamente com as tabelas 4.8 e 4.9, ilustra cada um dos seus componentes. A Tabela 4.10 apresenta o orçamento de caixa da Coulson Industries.

Recebimentos

Os **recebimentos** incluem todas as entradas de caixa de uma empresa durante um determinado período financeiro. Os componentes mais comuns dos recebimentos são vendas à vista, cobranças de contas a receber e outros recebimentos.

---

previsão de vendas
A previsão de vendas da empresa em um determinado período, baseada em dados externos e/ou internos; usada como a entrada básica do processo de planejamento financeiro de curto prazo.

previsão externa
Uma previsão de vendas baseada nas relações observadas entre as vendas da empresa e certos indicadores econômicos externos importantes.

previsão interna
Uma previsão de vendas baseada em um acúmulo, ou consenso, de previsões realizadas pelos canais de vendas da própria empresa.

recebimentos
Todas as entradas de caixa de uma empresa durante um determinado período financeiro.

Tabela 4.7 — O formato geral do orçamento de caixa

	Jan.	Fev.	...	Nov.	Dez.
Recebimentos	$ XXA	$ XXH		$ XXN	$ XXU
Menos: Desembolsos	XXB	XXI	...	XXO	XXV
Fluxo de caixa líquido	$ XXC	$ XXJ		$ XXP	$ XXW
Mais: Saldo inicial de caixa	XXD	XXE	XXK	XXQ	XXR
Saldo final de caixa	$ XXE	$ XXK		$ XXR	$ XXX
Menos: Saldo mínimo de caixa	$ XXF	$ XXL	...	$ XXS	$ XXY
Financiamento total necessário		$ XXM		$ XXT	
Saldo excedente de caixa	$ XXG				$ XXZ

Exemplo 4.7

A Coulson Industries, uma fornecedora militar, está desenvolvendo um orçamento de caixa para os meses de outubro, novembro e dezembro. As vendas da Coulson em agosto e setembro foram de $ 100.000 e $ 200.000, respectivamente. Vendas de $ 400.000, $ 300.000 e $ 200.000 foram previstas para outubro, novembro e dezembro, respectivamente. Historicamente, 20% das vendas da empresa são à vista, 50% geram contas a receber pagas após um mês e os 30% restantes geram contas a receber pagas após dois meses. As despesas com inadimplência (contas incobráveis) são desprezíveis. Em dezembro, a empresa receberá um dividendo de $ 30.000 de ações de uma subsidiária. O cronograma de recebimentos esperados para a empresa é apresentado na Tabela 4.8 e contém os seguintes itens:

Previsão de vendas Esse lançamento inicial é *meramente informativo*. Ele é fornecido para auxiliar os cálculos de outros itens relacionados às vendas.

Vendas à vista As vendas à vista apresentadas para cada mês representam 20% da previsão total de vendas para o mês em questão.

Recebimento de CR Esses lançamentos representam o recebimento de contas a receber (CR) resultantes de vendas em meses anteriores.

30 dias Esses lançamentos representam vendas realizadas no mês anterior que geraram contas a receber pagas no mês corrente. Como 50% das vendas do mês corrente são recebidas um mês depois, o recebimento de CR com uma defasagem de um mês, mostrado para setembro, representa 50% das vendas de agosto, os recebimentos para outubro representam 50% das vendas de setembro, e assim por diante.

60 dias Esses lançamentos representam vendas realizadas dois meses antes que geraram contas a receber pagas no mês corrente. Como 30% das vendas são recebidas

Tabela 4.8 — Cronograma de recebimentos projetados da Coulson Industries

	Ago.	Set.	Out.	Nov.	Dez.
Previsão de vendas	$ 100.000	$ 200.000	$ 400.000	$ 300.000	$ 200.000
Vendas à vista (0,20)	$ 20.000	$ 40.000	$ 80.000	$ 60.000	$ 40.000
Recebimento de CR:					
30 dias (0,50)		50.000	100.000	200.000	150.000
60 dias (0,30)			30.000	60.000	120.000
Outros recebimentos					30.000
Total de recebimentos	$ 20.000	$ 90.000	$ 210.000	$ 320.000	$ 340.000

dois meses depois, os recebimentos com uma defasagem de dois meses, mostrados para outubro, representam 30% das vendas de agosto, e assim por diante.

Outros recebimentos São recebimentos esperados de outras fontes que não sejam vendas. Juros e dividendos recebidos, lucros da venda de equipamentos, lucros da venda de ações e de títulos de dívida e recebimentos de arrendamento são itens que podem ser incluídos aqui. Para a Coulson Industries, o único outro recebimento é o dividendo de $ 30.000 previsto para dezembro.

Total de recebimentos Esse valor representa o total de todos os recebimentos indicados para cada mês. No caso da Coulson Industries, estamos preocupados apenas com os meses de outubro, novembro e dezembro, como mostra a Tabela 4.8.

Desembolsos

Os **desembolsos** incluem todas as saídas de caixa da empresa durante um determinado período financeiro. Os desembolsos mais comuns são:

desembolsos
Todas as saídas de caixa da empresa durante um determinado período financeiro.

Compras à vista	Compra de ativo imobilizado
Pagamentos de fornecedores	Pagamentos de juros
Pagamentos de aluguéis (e arrendamentos)	Pagamentos de dividendos
Salários	Pagamentos do principal (empréstimos)
Pagamentos de impostos	Recompra de ações

É importante reconhecer que *a depreciação e outras despesas não desembolsáveis NÃO são incluídas no orçamento de caixa*, porque representam somente uma dedução programada de uma saída de caixa anterior. O impacto da depreciação, como já vimos, está refletido na redução da saída de caixa para pagamento de imposto.

Exemplo 4.8

A Coulson Industries reuniu os seguintes dados necessários para a preparação de um cronograma de desembolsos para os meses de outubro, novembro e dezembro. Vejamos os dados da Coulson:

Compras As compras da empresa representam 70% das vendas. Desse valor, 10% é pago à vista, 70% é pago no mês imediatamente após o mês da compra e os 20% restantes são pagos dois meses após o mês da compra.

Pagamentos de aluguel Aluguel de $ 5.000 será pago a cada mês.

Salários Os salários fixos para o ano são de $ 96.000, ou $ 8.000 por mês. Além disso, os salários são estimados em 10% das vendas mensais.

Pagamentos de impostos Impostos de $ 25.000 devem ser pagos em dezembro.

Compra de ativo imobilizado Novas máquinas custando $ 130.000 serão compradas e pagas em novembro.

Pagamento de juros Um pagamento de juros de $ 10.000 é devido em dezembro.

Pagamentos de dividendos Dividendos de $ 20.000 serão pagos em outubro.

Pagamentos do principal (empréstimos) Um pagamento do principal de $ 20.000 é devido em dezembro.

Recompra de ações A empresa não espera qualquer recompra de ações entre outubro e dezembro.

O cronograma de desembolsos da empresa, usando os dados acima, é mostrado na Tabela 4.9. Alguns itens da tabela serão explicados mais detalhadamente a seguir:

Tabela 4.9 — Cronograma de desembolsos projetados da Coulson Industries

	Ago.	Set.	Out.	Nov.	Dez.
Compras (0,70 × vendas)	$ 70.000	$ 140.000	$ 280.000	$ 210.000	$ 140.000
Compras à vista (0,10)	$ 7.000	$ 14.000	$ 28.000	$ 21.000	$ 14.000
Pagamentos de fornecedores					
30 dias (0,70)		49.000	98.000	196.000	147.000
60 dias (0,20)			14.000	28.000	56.000
Pagamentos de aluguel			5.000	5.000	5.000
Salários			48.000	38.000	28.000
Pagamentos de impostos					25.000
Compras de ativo imobilizado				130.000	
Pagamentos de juros					10.000
Pagamentos de dividendos			20.000		
Pagamentos do principal	–	–	–	–	20.000
Total dos desembolsos	$ 7.000	$ 63.000	$ 213.000	$ 418.000	$ 305.000

Compras Esse lançamento é *meramente informativo*. Os valores representam 70% das vendas projetadas para cada mês e foram incluídos para facilitar o cálculo das compras à vista e dos pagamentos relacionados.

Compras à vista As compras à vista representam 10% das compras do mês.

Pagamentos de fornecedores Esses lançamentos representam o pagamento de fornecedores resultante de compras em meses anteriores.

30 dias Esses valores representam compras feitas no mês anterior que são pagas no mês corrente. Como 70% das compras da empresa são pagas um mês depois, os pagamentos com um mês de defasagem indicados para setembro representam 70% das compras de agosto, os pagamentos para outubro representam 70% das compras de setembro e assim por diante.

60 dias Esses valores representam compras feitas dois meses antes, que são pagas no mês corrente. Como 20% das compras da empresa são pagas dois meses depois, os pagamentos com dois meses de defasagem indicados para outubro representam 20% das compras de agosto e assim por diante.

Salários Esses valores foram obtidos somando $ 8.000 a 10% das *vendas* em cada mês. Os $ 8.000 representam o componente fixo e o restante representa o variável.

Os demais itens do cronograma de desembolsos são autoexplicativos.

fluxo de caixa líquido
A diferença matemática entre os recebimentos da empresa e seus desembolsos em cada período.

saldo final de caixa
A soma do caixa inicial da empresa e seu fluxo de caixa líquido para o período.

Fluxo de caixa líquido, saldo final de caixa, financiamento e saldo excedente de caixa

Consulte o formato geral do orçamento de caixa na Tabela 4.7, apresentada anteriormente. Ali temos os dados para os dois primeiros lançamentos e agora continuamos a calcular as necessidades de caixa da empresa. O **fluxo de caixa líquido** da empresa é obtido subtraindo-se os desembolsos dos recebimentos em cada período. Em seguida, somamos o saldo inicial de caixa ao fluxo de caixa líquido da empresa para determinar o **saldo final de caixa** para cada período.

CAPÍTULO 4 Fluxo de caixa e planejamento financeiro   **137**

Por fim, subtraímos o saldo mínimo de caixa desejado do saldo final de caixa para encontrar o **financiamento total necessário** ou o **saldo excedente de caixa**. Se o saldo final de caixa for menor que o saldo mínimo de caixa, será necessário um *financiamento*. Esse financiamento costuma ser de curto prazo, de modo que é representado por títulos a pagar. Se o saldo final de caixa for maior que o saldo mínimo de caixa, existe um *saldo excedente de caixa*. Supõe-se que qualquer excedente de caixa seja aplicado em um título líquido, de curto prazo e que pague juros, ou seja, em títulos negociáveis.

financiamento total necessário
Montante de fundos necessários para a empresa caso o saldo de caixa final do período seja inferior ao saldo de caixa mínimo desejado; normalmente representado por títulos a pagar.

Exemplo 4.9

A Tabela 4.10 apresenta o orçamento de caixa da Coulson Industries. A empresa deseja manter, como uma reserva para necessidades inesperadas, um saldo mínimo de caixa de $ 25.000. Para manter o saldo final de caixa exigido de $ 25.000, a empresa precisará de empréstimos de $ 76.000 em novembro e de $ 41.000 em dezembro. Em outubro, a empresa terá um saldo excedente de caixa de $ 22.000, que pode ser aplicado em títulos negociáveis. Os valores do financiamento total necessário no orçamento de caixa referem-se a quanto *será devido no final do mês*. Eles não representam as variações mensais do endividamento.

As variações mensais do empréstimo e do saldo excedente de caixa podem ser encontradas analisando o orçamento de caixa. Em outubro, o saldo inicial de caixa de $ 50.000, que se transforma em $ 47.000 após a saída líquida de caixa de $ 3.000, resulta em um saldo excedente de caixa de $ 22.000 depois de deduzido o caixa mínimo de $ 25.000. Em novembro, os $ 76.000 de financiamento total necessário resultaram da saída líquida de caixa de $ 98.000 menos os $ 22.000 do saldo excedente de caixa de outubro. Os $ 41.000 de financiamento total necessário em dezembro resultaram da redução de $ 76.000 do financiamento total necessário de novembro pelos $ 35.000 de entrada líquida de caixa em dezembro. Resumindo, as *atividades financeiras de cada mês* seriam as seguintes:

Outubro: **Investir o saldo excedente de caixa de $ 22.000** em títulos negociáveis.

Novembro: Liquidar os $ 22.000 de títulos negociáveis e **tomar um empréstimo de $ 76.000** (títulos a pagar).

Dezembro: **Pagar $ 35.000** dos títulos a pagar deixando $ 41.000 em financiamento total necessário.

Tabela 4.10 Orçamento de caixa da Coulson Industries

	Out.	Nov.	Dez.
Total de recebimentos[a]	$ 210.000	$ 320.000	$ 340.000
Menos: Total dos desembolsos[b]	213.000	418.000	305.000
Fluxo de caixa líquido	($ 3.000)	($ 98.000)	$ 35.000
Mais: Saldo inicial de caixa	50.000	47.000	(51.000)
Saldo final de caixa	$ 47.000	($ 51.000)	($ 16.000)
Menos: Saldo mínimo de caixa	$ 25.000	$ 25.000	$ 25.000
Financiamento total necessário (títulos a pagar)[c]		$ 76.000	$ 41.000
Saldo excedente de caixa (títulos negociáveis)[d]	$ 22.000		

[a] Da Tabela 4.8.

[b] Da Tabela 4.9.

[c] Os valores são colocados nesta linha quando o saldo final de caixa for menor que o saldo mínimo de caixa desejado. Esses montantes são normalmente financiados no curto prazo e, portanto, são representados por títulos a pagar.

[d] Os valores são colocados nesta linha quando o saldo final de caixa for maior que o saldo mínimo de caixa desejado. Esses valores costumam ser aplicados no curto prazo, de modo que são representados por títulos negociáveis.

saldo excedente de caixa
O montante (excedente) disponível para investimento pela empresa caso o saldo final de caixa do período for maior do que o saldo mínimo de caixa desejado; supõe-se que seja aplicado em títulos negociáveis de curto prazo.

AVALIAÇÃO DO ORÇAMENTO DE CAIXA

O orçamento de caixa indica se a expectativa é de escassez ou excedente de caixa em cada um dos meses cobertos pela previsão. O valor de cada mês se baseia na exigência internamente estipulada de um saldo mínimo de caixa e *representa o saldo total no final do mês*.

Ao final de cada um dos três meses, a Coulson espera os seguintes saldos de caixa, títulos negociáveis e títulos a pagar:

	Saldo no final do mês		
Conta	Out.	Nov.	Dez.
Caixa	$ 25.000	$ 25.000	$ 25.000
Títulos negociáveis	22.000	0	0
Títulos a pagar	0	76.000	41.000

Partimos do pressuposto de que a empresa primeiro resgata seus títulos negociáveis para cobrir os déficits e depois toma empréstimos com títulos a pagar, se houver necessidade de financiamento adicional. Desse modo, não haverá simultaneamente títulos negociáveis e títulos a pagar em seus livros. Como pode ser necessário emprestar até $ 76.000 no período de três meses, o administrador financeiro deve tomar providências para garantir a disponibilidade desses fundos.

Finanças pessoais
Exemplo 4.10

Como os indivíduos recebem somente uma quantidade finita de receitas (entrada de caixa) durante um determinado período, eles precisam preparar orçamentos para ter certeza que podem cobrir suas despesas (saídas de caixa) durante o período. O *orçamento pessoal* é um relatório de planejamento financeiro que ajuda indivíduos ou famílias a atingir suas metas financeiras de curto prazo. Os orçamentos pessoais normalmente cobrem o período de um ano, dividido em meses.

Uma versão condensada de um orçamento pessoal para o primeiro trimestre de um ano é mostrada a seguir.

	Jan.	Fev.	Mar.
Rendimentos			
Salário líquido	$ 4.775	$ 4.775	$ 4.775
Receita financeira			90
(1) Total dos rendimentos	$ 4.775	$ 4.775	$ 4.865
Despesas			
(2) Total das despesas	$ 4.026	$ 5.291	$ 7.396
Saldo excedente ou déficit de caixa [(1) − (2)]	$ 749	($ 516)	($ 2.531)
Saldo excedente ou déficit acumulado de caixa	$ 749	$ 233	($ 2.298)

O orçamento pessoal apresenta um excedente de caixa de $ 749 em janeiro seguido de déficits mensais em fevereiro e março de $ 516 e $ 2.531, resultando em um déficit acumulado de $ 2.298 em março. Para cobrir o déficit, algumas ações seriam necessárias — como aumentar a receita, reduzir as despesas, sacar da poupança ou tomar um empréstimo — para equilibrar o orçamento. O empréstimo pode compensar um déficit no curto prazo, mas pode levar a dificuldades financeiras se ocorrer repetidamente.

LIDANDO COM A INCERTEZA NO ORÇAMENTO DE CAIXA

Além de uma estimativa cuidadosa dos dados de entrada, existem duas maneiras de lidar com a incerteza no orçamento de caixa. Uma delas é preparar vários orçamentos de caixa baseados em previsões pessimistas, prováveis e otimistas. Dessa gama de fluxos de caixa, o administrador financeiro pode determinar o montante do financiamento necessário para cobrir a situação mais adversa. A utilização de vários orçamentos de caixa baseados em diferentes cenários também deve dar ao administrador financeiro uma noção do risco das várias alternativas. Essa *análise de cenários* é usada frequentemente para analisar fluxos de caixa em diversas circunstâncias. A utilização de planilhas eletrônicas simplifica o processo de análise de cenários.

Exemplo 4.11

A Tabela 4.11 apresenta um resumo do orçamento de caixa da Coulson Industries preparado para cada mês usando estimativas pessimista, provável e otimista do total de recebimentos e de desembolsos. A estimativa provável se baseia nas expectativas de resultados apresentadas anteriormente.

Tabela 4.11 Análise de cenários para o orçamento de caixa da Coulson Industries (em milhares)

	Outubro			Novembro			Dezembro		
	Pessimista	Provável	Otimista	Pessimista	Provável	Otimista	Pessimista	Provável	Otimista
Total de recebimentos	$ 160	$ 210	$ 285	$ 210	$ 320	$ 410	$ 275	$ 340	$ 422
Menos: Total dos desembolsos	200	213	248	380	418	467	280	305	320
Fluxo de caixa líquido	($ 40)	($ 3)	$ 37	($ 170)	($ 98)	($ 57)	($ 5)	$ 35	$ 102
Mais: Saldo inicial de caixa	50	50	50	10	47	87	(160)	(51)	30
Saldo final de caixa	$ 10	$ 47	$ 87	($ 160)	($ 51)	$ 30	($ 165)	($ 16)	$ 132
Menos: Saldo mínimo de caixa	25	25	25	25	25	25	25	25	25
Financiamento total necessário	$ 15			$ 185	$ 76		$ 190	$ 41	
Saldo excedente de caixa		$ 22	$ 62			$ 5			$ 107

Em outubro, na pior das hipóteses, a Coulson Industries precisará de um máximo de $ 15.000 em financiamento e, na melhor, terá um saldo excedente de caixa de $ 62.000. Em novembro, sua necessidade de financiamento ficará entre $ 0 e $ 185.000 ou poderia haver um saldo excedente de caixa de $ 5.000. As projeções de dezembro mostram empréstimo máximo de $ 190.000 com um possível saldo excedente de caixa de $ 107.000. Ao considerar os valores extremos dos cenários pessimista e otimista, a Coulson Industries deve estar melhor preparada para planejar suas necessidades de caixa. Para o período de três meses, o pico de necessidade de empréstimo na pior circunstância seria de $ 190.000, um montante consideravelmente mais alto do que a estimativa provável de $ 76.000 para o período.

Uma segunda e muito mais sofisticada maneira de lidar com a incerteza no orçamento de caixa é a *simulação* (discutida no Capítulo 12). Ao simular a ocorrência de vendas e outros eventos incertos, a empresa pode desenvolver uma distribuição de probabilidade de seus fluxos finais de caixa para cada mês. O responsável pelas decisões financeiras pode então usar a distribuição de probabilidade com a finalidade de determinar o montante de financiamento necessário para proteger adequadamente a empresa de um déficit de caixa.

FLUXO DE CAIXA DENTRO DO MÊS

Como o orçamento de caixa mostra os fluxos de caixa apenas em termos totais para cada mês, as informações fornecidas pelo orçamento de caixa não são necessariamente adequadas para garantir a solvência. Uma empresa precisa examinar de modo mais minucioso seu padrão de recebimentos e desembolsos diários para assegurar que haja caixa suficiente e disponível para pagar as contas no vencimento.

Sincronizar os fluxos de caixa no orçamento de caixa no final do mês não garante que a empresa será capaz de fazer frente a suas necessidades diárias de caixa. Como os fluxos de caixa de uma empresa geralmente são muito variáveis quando analisados diariamente, um planejamento eficaz requer um exame *além* do orçamento de caixa. O administrador financeiro deve, portanto, planejar e monitorar o fluxo de caixa com frequência maior do que a mensal. Quanto maior a variabilidade dos fluxos de caixa diários, mais atenção será necessária.

→ QUESTÕES PARA REVISÃO

4.10 Qual o propósito do *orçamento de caixa*? Qual é o papel da previsão de vendas na preparação desse orçamento?

4.11 Descreva sucintamente o formato básico do orçamento de caixa.

4.12 Como as duas "linhas finais" do orçamento de caixa podem ser utilizadas para determinar as necessidades de financiamento e de investimento de curto prazo da empresa?

4.13 Qual é a causa da incerteza no orçamento de caixa e quais as duas técnicas que podem ser usadas para lidar com essa incerteza?

▸4.4 Planejamento de lucro: demonstrações projetadas

demonstrações projetadas
Demonstração de resultados e balanço patrimonial projetados ou previstos.

Enquanto o planejamento de caixa preocupa-se com a previsão de fluxos de caixa, o *planejamento de lucros* baseia-se nos conceitos do regime de competência para projetar o lucro e a posição financeira geral da empresa. Acionistas, credores e a administração da empresa analisam com atenção as **demonstrações projetadas**, ou seja, a demonstração de resultados e o balanço patrimonial projetados. As etapas básicas do processo de planejamento financeiro de curto prazo foram apresentadas no fluxograma da Figura 4.1. Todas as abordagens para estimar as demonstrações projetadas se baseiam na crença de que as relações financeiras refletidas nas demonstrações financeiras referentes ao passado da empresa permanecerão inalteradas no próximo período. As abordagens simplificadas mais comumente usadas serão apresentadas a seguir.

Duas fontes de informações são necessárias para elaborar as demonstrações projetadas: (1) as demonstrações financeiras referentes ao ano anterior e (2) a previsão de vendas para o ano seguinte. Diversas hipóteses também devem ser levantadas. Usaremos como exemplo das abordagens simplificadas para a preparação de demonstrações projetadas a empresa Vectra Manufacturing, que fabrica e vende um único produto. A empresa tem dois modelos básicos desse produto, X e Y, que têm o mesmo processo de produção, mas exigem quantidades diferentes de matéria-prima e mão de obra.

DEMONSTRAÇÕES FINANCEIRAS DO ANO ANTERIOR

A demonstração de resultados para as operações da empresa em 2015 é apresentada na Tabela 4.12. Vemos que a Vectra teve vendas de $ 100.000, total do custo das mercadorias vendidas de $ 80.000, lucro líquido antes do imposto de renda de $ 9.000 e lucro líquido após imposto de renda de $ 7.650. A empresa pagou $ 4.000 em dividendos, deixando $ 3.650 para serem transferidos a lucros retidos. O balanço patrimonial da empresa referente a 2015 é apresentado na Tabela 4.13.

PREVISÃO DE VENDAS

Como no caso do orçamento de caixa, a principal informação para as demonstrações projetadas é a previsão de vendas. A previsão de vendas da Vectra Manufacturing para o próximo ano (2016), baseada tanto em dados externos quanto internos, é apresentada na Tabela 4.14. Os preços unitários de venda dos produtos refletem um aumento de $ 20 para $ 25 para o modelo X e de $ 40 para $ 50 para o modelo Y. Esses aumentos são necessários para cobrir os aumentos esperados de custos.

Tabela 4.12 Demonstração de resultados da Vectra Manufacturing para o exercício encerrado em 31 de dezembro de 2015

Receita de vendas	
Modelo X (1.000 unidades a $ 20/unidade)	$ 20.000
Modelo Y (2.000 unidades a $ 40/unidade)	80.000
Total da receita de vendas	$ 100.000
Menos: Custo das mercadorias vendidas	
Mão de obra	$ 28.500
Matéria-prima A	8.000
Matéria-prima B	5.500
Custos gerais	38.000
Total do custo das mercadorias vendidas	$ 80.000
Lucro bruto	$ 20.000
Menos: Despesas operacionais	10.000
Lucro operacional	$ 10.000
Menos: Despesa de juros	1.000
Lucro líquido antes do imposto de renda	$ 9.000
Menos: Imposto de renda (0,15 × $ 9.000)	1.350
Lucro líquido após imposto de renda	$ 7.650
Menos: Dividendos de ações ordinárias	4.000
Para lucros retidos	$ 3.650

Tabela 4.13 — Balanço patrimonial da Vectra Manufacturing para o exercício encerrado em 31 de dezembro de 2015

Ativo		Passivo e patrimônio líquido	
Caixa	$ 6.000	Fornecedores	$ 7.000
Títulos negociáveis	4.000	Impostos a pagar	300
Contas a receber	13.000	Títulos a pagar	8.300
Estoques	$ 16.000	Outros passivos circulantes	3.400
Total do ativo circulante	$ 39.000	Total do passivo circulante	$ 19.000
Ativo imobilizado líquido	51.000	Dívida de longo prazo	18.000
Total do ativo	$ 90.000	Total do passivo	$ 37.000
		Ações ordinárias	30.000
		Lucros retidos	23.000
		Total do passivo e patrimônio líquido	$ 90.000

Tabela 4.14 — Previsão de vendas da Vectra Manufacturing para 2016

Vendas em unidades		Vendas em unidades monetárias	
Modelo X	1.500	Modelo X ($ 25/unidade)	$ 37.500
Modelo Y	1.950	Modelo Y ($ 50/unidade)	97.500
		Total	$ 135.000

→ **QUESTÃO PARA REVISÃO**

4.14 Qual é a finalidade das *demonstrações projetadas*? Quais fontes de informações são necessárias para prepará-las segundo as abordagens simplificadas?

4.5 Preparação da demonstração de resultados projetada

método da porcentagem de vendas
Um método simples para preparar a demonstração de resultados projetada, ele projeta as vendas e, em seguida, expressa os vários itens da demonstração de resultados como percentuais das vendas projetadas.

Um método simples para preparar uma demonstração de resultados projetada é o **método da porcentagem de vendas**. Esse método projeta as vendas e, em seguida, expressa os vários itens da demonstração de resultados como percentuais das vendas projetadas. As porcentagens utilizadas tendem a ser as porcentagens das vendas para esses itens no ano anterior. Usando os valores monetários extraídos da demonstração de resultados da Vectra para 2015 (Tabela 4.12), vemos que essas porcentagens são:

$$\frac{\text{Custo de mercadorias vendidas}}{\text{Vendas}} = \frac{\$\,80.000}{\$\,100.000} = 0{,}800 = 80{,}0\%$$

$$\frac{\text{Despesas operacionais}}{\text{Vendas}} = \frac{\$\,10.000}{\$\,100.000} = 0{,}100 = 10{,}0\%$$

$$\frac{\text{Despesa de juros}}{\text{Vendas}} = \frac{\$\,1.000}{\$\,100.000} = 0{,}010 = 1{,}0\%$$

Aplicando essas porcentagens às vendas projetadas da empresa de $ 135.000 (Tabela 4.14), obtemos a demonstração de resultados projetada para 2016, apresentada na Tabela 4.15. Assumimos que a Vectra pagará $ 4.000 em dividendos de ações ordinárias, de modo que a contribuição esperada para lucros retidos será de $ 6.327. Isso representa um aumento considerável em relação aos $ 3.650 do ano anterior (veja a Tabela 4.12).

CONSIDERANDO TIPOS DE CUSTOS E DESPESAS

A técnica utilizada para preparar a demonstração de resultados projetada da Tabela 4.15 parte da premissa de que todos os custos e as despesas da empresa são *variáveis*. Ou seja, um determinado aumento percentual nas vendas acarretaria o mesmo aumento percentual no custo das mercadorias vendidas, nas despesas operacionais e na despesa de juros. Por exemplo, como as vendas da Vectra aumentaram 35%, assumimos que o custo das mercadorias vendidas também aumentou 35%. Com base nessa premissa, o lucro líquido antes do imposto de renda da empresa também aumentou 35%.

Como essa abordagem supõe que todos os custos são variáveis, é possível subestimar o aumento dos lucros que ocorrerão quando as vendas aumentarem se alguns dos custos da empresa forem fixos. Da mesma forma, se as vendas caírem, o método da porcentagem de vendas pode superestimar os lucros se alguns custos forem fixos e não caírem com a queda das receitas. Portanto, uma demonstração de resultados projetada, construída usando o método da porcentagem de vendas, tende, geralmente, a *subestimar os lucros quando as vendas estão aumentando* e *superestimar os lucros quando as vendas estão diminuindo*. A melhor forma de ajustar a presença de custos fixos ao preparar uma demonstração de resultados projetada é decompor os custos e as despesas históricos da empresa em componentes *fixos* e *variáveis*. Os retornos potenciais, bem como os riscos resultantes do uso de custos fixos (operacional e financeiro) para criar uma "alavancagem" são discutidos no Capítulo 13. O ponto principal a ser reconhecido é que os custos fixos tornam os lucros de uma empresa mais variáveis do que suas receitas. Ou seja, quando tanto os lucros quanto as vendas estão subindo, os lucros tendem a aumentar a um ritmo mais rápido, mas, quando os lucros e as vendas estão em declínio, a queda percentual nos lucros costuma ser maior do que a taxa de queda nas vendas.

Tabela 4.15 Demonstração de resultados projetada da Vectra Manufacturing usando o método da porcentagem de vendas para o exercício encerrado em 31 de dezembro de 2016

Receita de vendas	$ 135.000
Menos: Custo das mercadorias vendidas (0,80)	108.000
Lucro bruto	$ 27.000
Menos: Despesas operacionais (0,10)	13.500
Lucro operacional	$ 13.500
Menos: Despesa de juros (0,01)	1.350
Lucro líquido antes do imposto de renda	$ 12.150
Menos: Imposto de renda (0,15 × $ 12.150)	1.823
Lucro líquido após imposto de renda	$ 10.327
Menos: Dividendos ações ordinárias	4.000
Para lucros retidos	$ 6.327

Exemplo 4.12

Veja a seguir as demonstrações de resultados da Vectra Manufacturing para 2015 (real) e 2016 (projetada), com seus custos e despesas decompostos em elementos fixos e variáveis:

Demonstrações de resultados da Vectra Manufacturing	2015 Real	2016 Projetado
Receita de vendas	$ 100.000	$ 135.000
Menos: Custo das mercadorias vendidas		
Custo fixo	40.000	40.000
Custo variável (0,40 × vendas)	40.000	54.000
Lucro bruto	$ 20.000	$ 41.000
Menos: Despesas operacionais		
Despesa fixa	$ 5.000	$ 5.000
Despesa variável (0,05 × vendas)	5.000	6.750
Lucro operacional	$ 10.000	$ 29.250
Menos: Despesa de juros (fixa)	1.000	1.000
Lucro líquido antes do imposto de renda	$ 9.000	$ 28.250
Menos: Imposto de renda (0,15 × lucro líquido antes do imposto de renda)	1.350	4.238
Lucro líquido após imposto de renda	$ 7.650	$ 24.012

Decompor os custos e as despesas da Vectra em componentes fixos e variáveis proporciona uma projeção mais precisa de seu lucro projetado. Ao supor que *todos* os custos são variáveis (como mostra a Tabela 4.15), temos que o lucro líquido projetado antes do imposto de renda continua igual a 9% das vendas (em 2015, $ 9.000 de lucro líquido antes do imposto de renda · $ 100.000 de receita de vendas). Portanto, o lucro líquido antes do imposto de renda de 2016 seria de $ 12.150 (0,09 $ 135.000 de vendas projetadas) em vez de $ 28.250 obtidos usando a decomposição de custos da empresa em custos fixos e custos variáveis.

Evidentemente, ao usar uma abordagem simplificada para preparar uma demonstração de resultados projetada, devemos decompor os custos e as despesas em seus componentes fixos e variáveis.

→ QUESTÕES PARA REVISÃO

4.15 Como o *método da porcentagem de vendas* é utilizado para preparar demonstrações de resultados projetadas?

4.16 Por que a presença de custos fixos faz com que o método da porcentagem de vendas falhe na preparação de demonstrações de resultados projetadas? Que método é melhor?

4.6 Preparação do balanço patrimonial projetado

Uma série de abordagens simplificadas está disponível para a preparação do balanço patrimonial projetado. Uma delas envolve a estimativa de todas as contas do balanço patrimonial como uma porcentagem direta das vendas. Uma abordagem mais eficiente e popular é a **abordagem subjetiva**, na qual a empresa estima os valores de certas contas do balanço patrimonial e usa seu financiamento externo como um valor de ajuste, ou "fechamento". A abordagem subjetiva representa uma versão melhorada da abordagem da porcentagem de vendas para a preparação de um balanço patrimonial projetado. Como a abordagem subjetiva requer apenas um pouco mais de informação e deve produzir estimativas melhores do que a abordagem — um tanto quanto ingênua — da porcentagem de vendas, apresentamos esta primeira aqui.

Para aplicar a abordagem subjetiva na preparação do balanço patrimonial projetado de 2016 da Vectra Manufacturing, uma série de hipóteses devem ser feitas com relação aos níveis de várias contas do balanço patrimonial:

1. Deseja-se um saldo mínimo de caixa de $ 6.000.
2. Os títulos negociáveis permanecerão inalterados em seu nível atual de $ 4.000.
3. As contas a receber representam, em média, cerca de 45 dias de vendas (cerca de 1/8 de um ano). Como a receita de vendas anual projetada da Vectra é de $ 135.000, as contas a receber devem ser, em média, de $ 16.875 (1/8 $ 135.000).
4. O estoque final deve permanecer em um nível de aproximadamente $ 16.000, dos quais 25% (aproximadamente $ 4.000) devem ser de matérias-primas e os 75% restantes (aproximadamente $ 12.000) devem ser de produtos acabados.
5. Uma nova máquina será comprada ao custo de $ 20.000. A depreciação total do ano é de $ 8.000. Somando a aquisição de $ 20.000 ao ativo imobilizado líquido existente de $ 51.000 e subtraindo a depreciação de $ 8.000 resulta em um ativo imobilizado líquido de $ 63.000.
6. As compras representarão aproximadamente 30% da receita de vendas anual, que, no caso, é de aproximadamente $ 40.500 (0,30 $ 135.000). A empresa estima que pode levar 73 dias em média para pagar seus fornecedores. Desse modo, os fornecedores devem equivaler a um quinto (73 dias · 365 dias) das compras da empresa, ou $ 8.100 (1/5 $ 40.500).
7. Os impostos a pagar serão iguais a um quarto do imposto de renda do ano corrente, que equivale a $ 455 (um quarto do imposto de renda de $ 1.823 indicado na demonstração de resultados projetada da Tabela 4.15).
8. Os títulos a pagar permanecerão inalterados no seu nível atual de $ 8.300.
9. Não é esperada qualquer variação nos outros passivos circulantes. Eles permanecerão no nível do ano anterior: $ 3.400.
10. A dívida de longo prazo da empresa e suas ações ordinárias permanecerão inalteradas em $ 18.000 e $ 30.000, respectivamente. Nenhuma emissão, resgate ou recompra de títulos de dívida ou de ações foi planejada.
11. Os lucros retidos aumentarão do nível inicial de $ 23.000 (do balanço patrimonial de 31 de dezembro de 2015, apresentado na Tabela 4.13) para $ 29.327. O aumento de $ 6.327 representa o montante de lucros retidos calculado na demonstração de resultados projetada do fim do ano de 2016 na Tabela 4.15.

Com base nessas premissas, um balanço patrimonial projetado da Vectra Manufacturing para 2016 é apresentado na Tabela 4.16. Um valor de "fechamento" — chamado de **financiamento externo necessário** — de $ 8.293 é exigido para equilibrar o balanço. Isso significa que a empresa terá de obter cerca de $ 8.300 de financiamento externo adicional para sustentar o nível de receita de vendas de $ 135.000 para 2016.

Um valor *positivo* de "financiamento externo necessário", como o mostrado na Tabela 4.16, significa que, com base em seus planos, a empresa não gerará financiamento interno suficiente para sustentar seu crescimento projetado de ativo. Para sustentar o nível projetado de operações, a empresa deve levantar fundos externamente, usando capital de terceiros e/ou capital próprio ou reduzindo dividendos. Uma vez determinada a forma de financiamento, o balanço patrimonial projetado é modificado, substituindo-se o "financiamento externo necessário" pelos aumentos planejados nas contas de dívida e/ou patrimônio líquido.

abordagem subjetiva
Uma abordagem simplificada para a preparação do balanço patrimonial projetado na qual a empresa estima os valores de certas contas do balanço patrimonial e usa seu financiamento externo como valor de ajuste, ou "fechamento".

financiamento externo necessário
Também conhecido por *valor de "fechamento"*, é o montante do financiamento externo necessário para equilibrar a demonstração sob a abordagem subjetiva para a elaboração de um balanço patrimonial projetado. Esse montante pode ser positivo ou negativo.

Tabela 4.16 Um balanço patrimonial projetado, usando a abordagem subjetiva, para a Vectra Manufacturing (31 de dezembro de 2016)

Ativo			Passivo e patrimônio líquido	
Caixa		$ 6.000	Fornecedores	$ 8.100
Títulos negociáveis		4.000	Impostos a pagar	455
Contas a receber		16.875	Títulos a pagar	8.300
Estoques			Outros passivos circulantes	3.400
Matérias-primas	$ 4.000		Total do passivo circulante	$ 20.255
Produtos acabados	12.000		Dívida de longo prazo	18.000
Total do estoque		16.000	Total do passivo	$ 38.255
Total do ativo circulante		$ 42.875	Ações ordinárias	30.000
Ativo imobilizado líquido		63.000	Lucros retidos	29.327
Total do ativo		$ 105.875	Total	$ 97.582
			Financiamento externo necessário[a]	8.293
			Total do passivo e patrimônio líquido	$ 105.875

[a] O montante de financiamento externo necessário força o equilíbrio do balanço patrimonial da empresa. Devido à natureza da abordagem subjetiva, não se espera que o balanço patrimonial feche sem algum tipo de ajuste.

Um valor *negativo* de "financiamento externo necessário" indica que, com base em seus planos, a empresa gerará mais financiamento internamente do que necessita para sustentar seu crescimento projetado de ativo. Nesse caso, há fundos disponíveis para o pagamento de dívidas, recompra de ações ou aumento de dividendos. Uma vez determinadas as ações específicas, o "financiamento externo necessário" é substituído no balanço patrimonial projetado pelas reduções planejadas nas contas de dívida e/ou patrimônio líquido. Naturalmente, além de ser utilizada para preparar o balanço patrimonial projetado, a abordagem subjetiva costuma ser utilizada especificamente para estimar as necessidades de financiamento da empresa.

→ **QUESTÕES PARA REVISÃO**

4.17 Descreva a *abordagem subjetiva* para a preparação simplificada do balanço patrimonial projetado.

4.18 Qual é o significado do valor de "fechamento" (*financiamento externo necessário*)? Diferencie as estratégias associadas a valores positivos e a valores negativos do financiamento externo necessário.

4.7 Avaliação das demonstrações projetadas

É difícil prever as inúmeras variáveis envolvidas na preparação de demonstrações projetadas. Como resultado, investidores, fornecedores de recursos financeiros e administradores usam, frequentemente, as técnicas apresentadas neste capítulo para fazer estimativas aproximadas das demonstrações financeiras projetadas. Entretanto, é importante reconhecer as principais fraquezas dessas abordagens simplificadas, que estão associadas a duas hipóteses: (1) que a condição financeira passada da empresa é um indicador confiável de seu futuro e (2) que certas variáveis (tais como caixa, contas a receber e estoques) podem ser forçadas a assumir determinados valores "desejados". Essas hipóteses não podem ser justificadas apenas por sua capacidade de simplificar os cálculos envolvidos. Entretanto, apesar de suas fraquezas, as abordagens simplificadas para a preparação de demonstrações projetadas continuam sendo populares por causa de sua relativa simplicidade. Certamente, o uso generalizado de planilhas ajuda a simplificar o processo de planejamento financeiro.

No entanto, demonstrações projetadas são preparadas e os analistas devem saber como usá-las para tomar decisões financeiras. Tanto os administradores financeiros quanto os fornecedores de recursos financeiros podem usar as demonstrações projetadas para analisar as entradas e saídas de caixa da empresa, bem como sua liquidez, atividade, endividamento, rentabilidade e valor de mercado. Vários índices podem ser calculados a partir da demonstração de resultados projetada e do balanço patrimonial projetado para avaliar o desempenho. Entradas e saídas de caixa podem ser avaliadas a partir da preparação de uma projeção da demonstração de fluxos de caixa. Depois de analisar as demonstrações projetadas, o administrador financeiro pode tomar providências para ajustar as operações planejadas visando a atingir as metas financeiras de curto prazo. Por exemplo, se os lucros previstos na demonstração de resultados projetada forem muito baixos, várias ações de fixação de preços e/ou redução de custos podem ser tomadas. Se o nível previsto de contas a receber no balanço patrimonial projetado for muito alto, podem ser necessárias alterações nas políticas de crédito ou de cobrança. As demonstrações projetadas são, portanto, de grande importância na solidificação dos planos financeiros da empresa para o ano seguinte.

→ **QUESTÕES PARA REVISÃO**

4.19 Quais são as duas principais fraquezas das abordagens simplificadas para a preparação de demonstrações projetadas?

4.20 Qual é o objetivo do administrador financeiro ao avaliar as demonstrações projetadas?

Resumo

ÊNFASE NO VALOR

O fluxo de caixa, o sangue da empresa, é um fator determinante do valor da empresa. O administrador financeiro deve planejar e administrar o fluxo de caixa da empresa. O objetivo é assegurar a solvência da empresa e gerar um fluxo de caixa positivo para seus proprietários. Tanto a magnitude quanto o risco dos fluxos de caixa gerados em benefício dos proprietários determinam o valor da empresa.

Para cumprir a responsabilidade de criar valor para os proprietários, o administrador financeiro usa ferramentas como orçamentos de caixa e demonstrações financeiras projetadas como parte do processo de geração de fluxo de caixa positivo. Bons planos financeiros devem resultar em grande fluxo de caixa livre. O administrador financeiro deve deliberada e cuidadosamente planejar e administrar os fluxos de caixa da empresa para atingir o objetivo de maximizar o preço da ação da empresa.

REVISÃO DOS OBJETIVOS DE APRENDIZAGEM

OA 01 **Entender os procedimentos fiscais da depreciação e o efeito da depreciação sobre os fluxos de caixa da empresa.** A depreciação é um fator importante que afeta o fluxo de caixa de uma empresa. Nos Estados Unidos, o valor depreciável e a vida útil de um ativo são determinados pelos padrões MACRS do código tributário federal. O MACRS agrupa os ativos (exceto imóveis) em seis classes com base na duração do período de recuperação.

OA 02 **Discutir a demonstração de fluxos de caixa, o fluxo de caixa operacional e o fluxo de caixa livre da empresa.** A demonstração de fluxos de caixa é dividida em fluxos de caixa de atividades operacionais, de investimento e de financiamento. Ela concilia variações nos fluxos de caixa da empresa com variações no caixa e em títulos negociáveis do período. A interpretação dessa demonstração envolve tanto as principais categorias de fluxo de caixa quanto os itens individuais de entrada e saída de caixa. De um ponto de vista estritamente financeiro, o fluxo de caixa operacional de uma empresa exclui juros. O fluxo de caixa livre de uma empresa é de grande importância, pois é o volume de fluxo de caixa disponível aos credores e proprietários.

OA 03 **Entender o processo de planejamento financeiro, incluindo os planos financeiros de longo prazo (estratégicos) e os planos financeiros de curto prazo (operacionais).** Os dois aspectos fundamentais do processo de planejamento financeiro são o planejamento de caixa e o planejamento de lucros. O planejamento de caixa envolve o orçamento de caixa ou a previsão de caixa. Já o planejamento de lucros depende da demonstração de resultados projetada e do balanço patrimonial projetado. Os planos financeiros de longo prazo (estratégicos) servem como um guia na preparação dos planos financeiros de curto prazo (operacionais). Os planos de longo prazo tendem a cobrir períodos de dois a dez anos, ao passo que os planos de curto prazo cobrem, geralmente, períodos de um a dois anos.

OA 04 **Discutir o processo de planejamento de caixa e a preparação, avaliação e utilização do orçamento de caixa.** O processo de planejamento de caixa usa o orçamento de caixa, com base em uma projeção de vendas, para estimar superávits e déficits de caixa de curto prazo. O orçamento de caixa costuma ser preparado para o período de um ano dividido em meses. Aufere os recebimentos e os desembolsos de cada período para calcular o fluxo de caixa líquido.

O saldo final de caixa é estimado somando o saldo inicial de caixa ao fluxo de caixa líquido. Ao subtrair o saldo mínimo de caixa necessário do saldo final de caixa, a empresa pode determinar o financiamento total necessário ou o saldo excedente de caixa. Para lidar com a incerteza no orçamento de caixa, podem ser usadas análise de cenários ou simulação. A empresa deve também levar em consideração seu padrão de recebimentos e desembolsos diários.

OA 05 **Explicar os procedimentos simplificados utilizados para preparar e avaliar a demonstração de resultados e o balanço patrimonial projetados.** A demonstração de resultados projetada pode ser desenvolvida calculando as relações percentuais passadas entre determinados itens de custo e despesa e as vendas da empresa, e, em seguida, deve-se aplicar essas porcentagens às projeções. Como essa abordagem parte do pressuposto de que todos os custos e despesas são variáveis, ela tende a subestimar os lucros quando as vendas estão aumentando e superestimar os lucros quando as vendas estão diminuindo. Esse problema pode ser evitado decompondo os custos e as despesas em componentes fixos e variáveis. Nesse caso, os componentes fixos permanecem inalterados em relação ao ano mais recente e os custos e despesas variáveis são projetados com base na porcentagem de vendas.

Com a abordagem subjetiva, os valores de certas contas do balanço patrimonial são estimados e a empresa usa seu financiamento externo como um valor de ajuste, ou "fechamento". Um valor positivo do "financiamento externo necessário" significa que a empresa não vai gerar financiamento interno suficiente para sustentar seu crescimento previsto de ativo e terá de levantar fundos externamente ou reduzir dividendos. Um valor negativo do "financiamento externo necessário" indica que a empresa vai gerar mais financiamento internamente do que precisa para sustentar seu crescimento previsto de ativo e os fundos estarão disponíveis para pagamento de dívidas, recompra de ações ou aumento de dividendos.

OA 06 **Avaliar as abordagens simplificadas para a preparação de demonstrações financeiras projetadas e os usos comuns das demonstrações projetadas.** As abordagens simplificadas para preparar demonstrações projetadas assumem que a situação financeira passada da empresa é um indicador confiável do futuro. Demonstrações projetadas costumam ser utilizadas para prever e analisar o nível de rentabilidade e desempenho financeiro geral da empresa, para que ajustes possam ser feitos em operações planejadas visando atingir as metas financeiras de curto prazo.

Revisão da abertura do capítulo

Na abertura deste capítulo, descrevemos uma empresa que reportou aumentos nas receitas e nos lucros, mas mesmo assim o fluxo de caixa livre da empresa foi negativo. Explique por que uma empresa rentável e em expansão pode ter fluxo de caixa livre negativo.

Exercícios de autoavaliação

AA4.1 Depreciação e fluxo de caixa. Uma empresa espera ter lucro antes de juros e imposto de renda (LAJIR) de $ 160.000 em cada um dos próximos seis anos. A empresa paga juros anuais de $ 15.000 e está estudando a compra de um ativo que custa $ 140.000, requer $ 10.000 em custos de instalação e tem um período de recuperação de cinco anos. Esse será o único ativo da empresa e sua depreciação já está refletida nas estimativas do LAJIR.

a. Calcule a depreciação anual para a compra do ativo utilizando as porcentagens de depreciação do MACRS da Tabela 4.2 deste capítulo.

b. Calcule os fluxos de caixa operacionais da empresa para cada um dos seis anos usando a Equação 4.3. Suponha que a empresa esteja sujeita a uma alíquota de imposto de renda de 40%.

c. Suponha que o ativo imobilizado líquido, ativo circulante, fornecedores e contas a pagar da empresa tenham os valores apresentados a seguir no início e no final do último ano (o ano 6). Calcule o fluxo de caixa livre (FCL) para esse ano.

Conta	Ano 6 Início	Ano 6 Final
Ativo imobilizado líquido	$ 7.500	$ 0
Ativo circulante	90.000	110.000
Fornecedores	40.000	45.000
Contas a pagar	8.000	7.000

d. Compare e discuta o significado de cada valor calculado nos itens **b** e **c**.

AA4.2 Dados para orçamento de caixa e balanço patrimonial projetado.
Jane McDonald, analista financeira da Carroll Company, preparou as seguintes

estimativas de receita de vendas e de desembolso de caixa para o período de fevereiro a junho do ano corrente.

Mês	Receita de vendas	Desembolsos
Fevereiro	$ 500	$ 400
Março	600	300
Abril	400	600
Maio	200	500
Junho	200	200

McDonald sabe que, historicamente, 30% das vendas são à vista. Das *vendas a prazo*, 70% são recebidas um mês após a venda e os 30% restantes são recebidos dois meses após a venda. A empresa deseja manter um saldo final mínimo em caixa de $ 25. Saldos acima desse montante seriam aplicados em títulos de curto prazo do governo (títulos negociáveis), enquanto eventuais déficits seriam financiados com empréstimos bancários de curto prazo (títulos a pagar). O saldo inicial de caixa em 1º de abril é de $ 115.

a. Prepare orçamentos de caixa para abril, maio e junho.

b. Qual o máximo de financiamento, se necessário, a Carroll Company deverá tomar para cumprir suas obrigações durante esse período de três meses?

c. Um balanço patrimonial projetado datado no final de junho deve ser preparado com as informações apresentadas. Determine os valores para: caixa, títulos a pagar, títulos negociáveis e contas a receber.

AA4.3 Demonstração de resultados projetada. A Euro Designs, Inc., espera que suas vendas aumentem de $ 3,5 milhões, em 2015, para $ 3,9 milhões, em 2016. Em razão do pagamento programado de um grande empréstimo, espera-se que a despesa de juros em 2016 caia para $ 325.000. A empresa planeja aumentar seus pagamentos de dividendos durante 2016 para $ 320.000. Veja a seguir a demonstração de resultados da empresa no final do ano de 2015.

Demonstração de resultados para o exercício encerrado em 31 de dezembro de 2015 da Euro Designs, Inc.	
Receita de vendas	$ 3.500.000
Menos: Custo das mercadorias vendidas	1.925.000
Lucro bruto	$ 1.575.000
Menos: Despesas operacionais	420.000
Lucro operacional	$ 1.155.000
Menos: Despesa de juros	400.000
Lucro líquido antes do imposto de renda	$ 755.000
Menos: Imposto de renda (alíquota de 40%)	302.000
Lucro líquido após imposto de renda	$ 453.000
Menos: Dividendos	250.000
Para lucros retidos	$ 203.000

a. Use o *método da porcentagem de vendas* para preparar uma demonstração de resultados projetada para a Euro Designs, Inc.

b. Explique por que essa demonstração pode subestimar o lucro efetivo da empresa em 2016.

Exercícios de aquecimento

A4.1 O custo total de um novo controlador computadorizado, incluída a instalação, foi de $ 65.000. Calcule o cronograma de depreciação por ano supondo um período de recuperação de cinco anos e usando as taxas de depreciação do MACRS, apresentadas anteriormente na Tabela 4.2.

A4.2 Classifique as seguintes variações em cada uma das contas como uma *entrada* ou uma *saída* de caixa. Durante o ano: (a) títulos negociáveis aumentaram, (b) terrenos e edifícios diminuíram, (c) fornecedores aumentaram, (d) veículos diminuíram, (e) contas a receber aumentaram e (f) dividendos foram pagos.

A4.3 Determine o *fluxo de caixa operacional* (*FCO*) da Kleczka, Inc., com base nos dados a seguir. Durante o ano, a empresa teve vendas de $ 2,5 milhões, o custo das mercadorias vendidas totalizou $ 1,8 milhão, as despesas operacionais totalizaram $ 300.000 e a despesa de depreciação foi de $ 200.000. A alíquota de imposto de renda da empresa é de 35%.

A4.4 Durante o ano, a Xero, Inc., teve um aumento no ativo imobilizado líquido de $ 300.000 e teve depreciação de $ 200.000. Seu ativo circulante também teve um aumento de $ 150.000 e fornecedores e contas a pagar um aumento de $ 75.000. Se o fluxo de caixa operacional (FCO) do ano foi de $ 700.000, calcule o *fluxo de caixa livre* (*FCL*) da empresa para o ano.

A4.5 A Rimier Corp. projetou vendas de $ 650.000 para 2016. Suponha que a empresa tenha custos fixos de $ 250.000 e custos variáveis correspondentes a 35% das vendas. As despesas operacionais incluem custos fixos de $ 28.000 e uma parcela variável igual a 7,5% das vendas. Estima-se que a despesa de juros para o próximo ano será de $ 20.000. Estime o lucro líquido antes do imposto de renda da Rimier para 2016.

Exercícios

E4.1 Depreciação. Em 20 de março de 2015, a Norton Systems adquiriu dois novos ativos. O Ativo A foi um equipamento de pesquisa que custou $ 17.000 e tem um período de recuperação de três anos. O Ativo B foi um equipamento de duplicação com um custo de $ 45.000, incluída a instalação, e um período de recuperação de cinco anos. Aplicando as taxas de depreciação do MACRS, apresentadas anteriormente na Tabela 4.2, prepare um cronograma de depreciação para cada um desses ativos.

E4.2 Depreciação. No início de 2015, a Sosa Enterprises comprou uma nova máquina por $ 10.000 para fabricar rolhas de cortiça para garrafas de vinho. A máquina tem um período de recuperação de três anos e espera-se um valor residual de $ 2.000. Elabore um cronograma de depreciação para esse ativo usando as taxas de depreciação do MACRS apresentadas na Tabela 4.2.

E4.3 Despesa de depreciação conforme o MACRS e fluxo de caixa contábil. A Pavlovich Instruments, Inc., uma fabricante de telescópios de precisão, espera reportar um lucro antes do imposto de renda de $ 430.000 este ano. O administrador financeiro da empresa precisa decidir o melhor momento de comprar um novo equipamento computadorizado para polir lentes. O equipamento terá um custo de $ 80.000, incluída a instalação, e um período de recuperação dos custos de cinco anos. Ele será depreciado de acordo com o cronograma do MACRS.

a. Se a empresa comprar o equipamento antes do final do ano, qual valor de despesa de depreciação ela poderá deduzir este ano? Use a Tabela 4.2 para a realização do cálculo.

b. Se a empresa reduzir seu lucro reportado pelo montante da despesa de depreciação calculado no item **a**, quanto economizará em impostos?

E4.4 Depreciação e fluxo de caixa contábil. A empresa, no terceiro ano de depreciação de seu único ativo, que custou originalmente $ 180.000 e tem um período de recuperação de cinco anos de acordo com o MACRS, coletou os dados a seguir relativos às operações do ano corrente.

Contas a pagar	$ 15.000
Ativo circulante	120.000
Despesa de juros	15.000
Receita de vendas	400.000
Estoque	70.000
Total de custos antes de depreciação, juros e imposto de renda	290.000
Alíquota do imposto de renda	40%

a. Use os *dados relevantes* para determinar o fluxo de caixa operacional (veja as equações 4.2 e 4.3) para o ano corrente.

b. Explique o impacto que a depreciação, bem como qualquer outra despesa não desembolsável, tem nos fluxos de caixa da empresa.

E4.5 Classificação de entradas e saídas de caixa. Classifique cada um dos itens a seguir como uma entrada (E) ou uma saída (S) de caixa, ou como nenhum dos dois (N).

Item	Variação ($)	Item	Variação ($)
Caixa	+100	Contas a receber	−700
Fornecedores	−1.000	Lucro líquido	+600
Títulos a pagar	+500	Depreciação	+100
Dívida de longo prazo	−2.000	Recompra de ações	+600
Estoque	+200	Dividendos	+800
Ativo imobilizado	+400	Venda de ações	+1.000

E4.6 Cálculo dos fluxos de caixa operacional e livre. Considere o balanço patrimonial e os dados selecionados da demonstração de resultados da Keith Corporation apresentados a seguir.

Balanço patrimonial da Keith Corporation		
	31 de dezembro	
Ativo	2015	2014
Caixa	$ 1.500	$ 1.000
Títulos negociáveis	1.800	1.200
Contas a receber	2.000	1.800

(continua)

(continuação)

Estoques	2.900	2.800
Total do ativo circulante	$ 8.200	$ 6.800
Ativo imobilizado bruto	$ 29.500	$ 28.100
Menos: Depreciação acumulada	14.700	13.100
Ativo imobilizado líquido	$ 14.800	$ 15.000
Total do ativo	$ 23.000	$ 21.800
Passivo e patrimônio líquido		
Fornecedores	$ 1.600	$ 1.500
Títulos a pagar	2.800	2.200
Contas a pagar	200	300
Total do passivo circulante	$ 4.600	$ 4.000
Dívida de longo prazo	5.000	5.000
Total do passivo	$ 9.600	$ 9.000
Ações ordinárias	$ 10.000	$ 10.000
Lucros retidos	3.400	2.800
Total do patrimônio líquido	$ 13.400	$ 12.800
Total do passivo e patrimônio líquido	$ 23.000	$ 21.800

Dados da demonstração de resultados da Keith Corporation (2015)	
Despesa de depreciação	$ 1.600
Lucro antes de juros e imposto de renda (LAJIR)	2.700
Despesa de juros	367
Lucro líquido após imposto de renda	1.400
Alíquota do imposto de renda	40%

a. Calcule o *lucro operacional líquido após imposto de renda* (*NOPAT*) da empresa para o exercício encerrado em 31 de dezembro de 2015, usando a Equação 4.1.

b. Calcule o *fluxo de caixa operacional* (*FCO*) da empresa para o exercício encerrado em 31 de dezembro de 2015, usando a Equação 4.3.

b. Calcule o *fluxo de caixa livre* (*FCL*) da empresa para o exercício encerrado em 31 de dezembro de 2015, usando a Equação 4.4.

d. Interprete, compare e contraste suas estimativas de fluxo de caixa obtidas nos itens b e c.

E4.7 Recebimentos. Uma empresa tem vendas de $ 65.000 em abril e de $ 60.000 em maio. Ela espera vendas de $ 70.000 em junho e de $ 100.000 em julho e em agosto. Supondo que as vendas sejam a única fonte de entrada de caixa, que metade dessas vendas seja à vista e que o restante seja recebido de maneira uniforme nos dois meses seguintes, quais são os recebimentos esperados pela empresa em junho, julho e agosto?

E4.8 Cronograma de desembolsos. A Maris Brothers, Inc., precisa elaborar um cronograma de desembolsos para os meses de abril, maio e junho. Use o formato da Tabela 4.9, apresentada anteriormente, e as informações a seguir para preparar esse cronograma.

Vendas: fevereiro = $ 500.000; março = $ 500.000; abril = 560.000; maio = $ 610.000; junho = $ 650.000; julho = $ 650.000.

Compras: as compras são calculadas como 60% das vendas do mês seguinte; 10% das compras são à vista, 50% das compras são pagas um mês após a compra e os 40% restantes são pagos dois meses após a compra.

Aluguel: a empresa paga aluguel de $ 8.000 por mês.

Salários: o salário base é fixo no valor de $ 6.000 por mês, mais um custo variável de 7% das vendas do mês corrente.

Impostos: um pagamento de imposto no valor de $ 54.500 vence em junho.

Gastos com ativo imobilizado: um novo equipamento custando $ 75.000 será comprado e pago em abril.

Pagamentos de juros: um pagamento de juros de $ 30.000 vence em junho.

Dividendos: dividendos de $ 12.500 serão pagos em abril.

Resgate e amortização de dívidas: não há previsão de pagamentos de resgate ou amortização nesse período.

E4.9 Orçamento de caixa: básico. A Grenoble Enterprises teve vendas de $ 50.000 em março e de $ 60.000 em abril. As vendas previstas para maio, junho e julho são de $ 70.000, $ 80.000 e $ 100.000, respectivamente. A empresa tem um saldo de caixa de $ 5.000 em 1º de maio e deseja manter um saldo mínimo de caixa de $ 5.000. Com base nos dados a seguir, prepare e interprete um orçamento de caixa para os meses de maio, junho e julho.

(1) 20% das vendas da empresa são à vista, 60% são recebidas no mês seguinte e os 20% restantes são recebidos em dois meses após a venda.

(2) A empresa recebe outras receitas no valor de $ 2.000 a cada mês.

(3) As compras reais ou esperadas da empresa, todas à vista, são de $ 50.000, $ 70.000 e $ 80.000 para os meses de maio a julho, respectivamente.

(4) O aluguel é de $ 3.000 por mês.

(5) Pagamentos de salários correspondem a 10% das vendas do mês anterior.

(6) Dividendos de $ 3.000 serão pagos em junho.

(7) Pagamento de principal e de juros no valor de $ 4.000 serão feitos em junho.

(8) Uma compra à vista de equipamento ao custo de $ 6.000 está programada para julho.

(9) Impostos de $ 6.000 serão pagos em junho.

Exercício de finanças pessoais

E4.10 Preparação de um orçamento de caixa. Sam e Suzy Sizeman precisam preparar um orçamento de caixa para o último trimestre de 2016 para certificarem-se de que poderão cobrir suas despesas no período. Há vários anos que Sam e Suzy preparam orçamentos e conseguem estabelecer porcentagens específicas para a maioria de suas saídas de caixa. Essas porcentagens se baseiam em seus salários líquidos (por exemplo, as contas mensais como água, luz etc. correspondem, normalmente, a 5% do salário líquido mensal do casal). As informações apresentadas na tabela a seguir podem ser utilizadas para construir o orçamento do quarto trimestre de 2016 para Sam e Suzy.

Rendimentos	
Salário líquido mensal	$ 4.900
Despesas	
Moradia	30%
Água, luz etc.	5%
Alimentação	10%
Transporte	7%
Saúde	0,5%

(continua)

(continuação)

Vestuário para outubro e novembro	3%
Vestuário para dezembro	$ 440
IPTU (somente novembro)	11,5%
Eletrodomésticos	1%
Cuidados pessoais	2%
Lazer para outubro e novembro	6%
Lazer para dezembro	$ 1.500
Poupança	7,5%
Outros	5%
Excedente de caixa	4,5%

a. Prepare um orçamento de caixa trimestral para Sam e Suzy cobrindo os meses de outubro a dezembro de 2016.

b. Haverá déficit em algum mês?

c. Qual é o superávit ou déficit de caixa acumulado até o final de dezembro de 2016?

E4.11 Orçamento de caixa: avançado. As vendas e as compras efetivas da Xenocore, Inc., para setembro e outubro de 2015, bem como suas vendas e compras projetadas para o período de novembro de 2015 a abril de 2016, são apresentadas a seguir.

Do total de vendas, 20% são à vista, 40% a 30 dias e 40% a 60 dias. Outras entradas de caixa esperadas são de $ 12.000 em setembro e em abril, $ 15.000 em janeiro e em março e $ 27.000 em fevereiro. A empresa paga 10% de suas compras à vista, 50% no mês seguinte e os 40% restantes, dois meses após a compra.

Ano	Mês	Vendas	Compras
2015	Setembro	$ 210.000	$ 120.000
2015	Outubro	250.000	150.000
2015	Novembro	170.000	140.000
2015	Dezembro	160.000	100.000
2016	Janeiro	140.000	80.000
2016	Fevereiro	180.000	110.000
2016	Março	200.000	100.000
2016	Abril	250.000	90.000

O valor dos salários corresponde a 20% das vendas do mês anterior. A empresa paga aluguel mensal de $ 20.000. Pagamentos de juros de $ 10.000 devem ser feitos em janeiro e em abril. Um pagamento de $ 30.000 referente à amortização de dívida também deve ser feito em abril. A empresa espera pagar dividendos de $ 20.000 em janeiro e em abril. Impostos de $ 80.000 serão devidos em abril. A empresa também pretende comprar à vista um ativo imobilizado no valor de $ 25.000 em dezembro.

a. Supondo que a empresa tem um saldo de caixa de $ 22.000 no início de novembro, determine os saldos finais de caixa de cada mês, de novembro até abril.

b. Supondo que a empresa deseja manter um saldo mínimo de caixa de $ 15.000, determine o financiamento total necessário ou o saldo excedente de caixa para cada mês, de novembro até abril.

c. Se a empresa estivesse solicitando a abertura de uma linha de crédito para cobrir necessidades de financiamento para o período de novembro a abril, qual deveria ser o montante dessa linha? Explique sua resposta.

E4.12 Conceitos de fluxo de caixa. As informações a seguir representam as transações financeiras que a Johnsfield & Co. pretende realizar no próximo período de planejamento. Para cada transação, assinale a demonstração (ou as demonstrações) que será imediatamente afetada.

Transação	Demonstração		
	Orçamento de caixa	Demonstração de resultados projetada	Balanço patrimonial projetado
Venda à vista			
Venda a prazo			
Recebimento de contas a receber			
Compra de ativo com vida útil de cinco anos			
Despesa de depreciação			
Amortização de *goodwill*			
Venda de ações ordinárias			
Resgate de títulos de dívida em circulação			
Pagamento de prêmio de seguro contra incêndio para os próximos três anos			

E4.13 Orçamento de caixa: análise de cenários. A Trotter Enterprises, Inc., coletou os dados a seguir para planejar suas necessidades de caixa e oportunidades de investimento de curto prazo para outubro, novembro e dezembro. Todos os valores indicados são em milhares.

	Outubro			Novembro			Dezembro		
	Pessimista	Provável	Otimista	Pessimista	Provável	Otimista	Pessimista	Provável	Otimista
Total de recebimentos	$ 260	$ 342	$ 462	$ 200	$ 287	$ 366	$ 191	$ 294	$ 353
Total de desembolsos	285	326	421	203	261	313	287	332	315

a. Elabore uma *análise de cenários* para o orçamento de caixa da Trotter usando –$ 20.000 como o saldo inicial de caixa para outubro e um saldo mínimo de caixa exigido de $ 18.000.

b. Use a análise do item **a** para projetar as necessidades de financiamento e as oportunidades de investimento da Trotter nos meses de outubro, novembro e dezembro. Discuta como o conhecimento do momento e dos montantes envolvidos pode ajudar no processo de planejamento.

E4.14 Múltiplos orçamentos de caixa: análise de cenários. A Brownstein, Inc., espera vendas de $ 100.000 em cada um dos próximos três meses. A empresa fará compras mensais de $ 60.000 nesse período. Os salários serão de $ 10.000 por mês, mais 5% das vendas. A Brownstein espera fazer um pagamento de imposto de $ 20.000 no próximo mês, comprar um ativo imobilizado no valor de $ 15.000 no segundo mês e receber $ 8.000 em dinheiro da venda de um ativo no terceiro mês. Todas as vendas e as compras serão à vista. Supõe-se que o saldo inicial de caixa e o saldo mínimo de caixa sejam iguais a zero.

a. Construa um orçamento de caixa para os próximos três meses.

b. A Brownstein não está segura com relação aos níveis de vendas, mas não tem dúvidas quanto aos outros valores. Se o valor mais pessimista de vendas for de $ 80.000 por mês e o valor mais otimista for de $ 120.000 por mês, quais são os saldos finais mínimos e máximos de caixa que a empresa pode esperar a cada mês?

c. Discuta sucintamente como o administrador financeiro pode usar os dados dos itens a e b para planejar as necessidades de financiamento.

E4.15 Demonstração de resultados projetada. O departamento de marketing da Metroline Manufacturing estima que as vendas da empresa em 2016 serão de $ 1,5 milhão. A despesa de juros deverá manter-se inalterada no valor de $ 35.000 e a empresa planeja pagar $ 70.000 em dividendos durante 2016. A demonstração de resultados da Metroline Manufacturing para o exercício encerrado em 31 de dezembro de 2015 e uma decomposição do custo das mercadorias vendidas e despesas operacionais em seus componentes fixos e variáveis são apresentadas a seguir.

a. Aplique o *método da porcentagem de vendas* para preparar uma demonstração de resultados projetada para o exercício encerrado em 31 de dezembro de 2016.

b. Use os *dados de custos fixos e variáveis* para desenvolver uma demonstração de resultados projetada para o exercício encerrado em 31 de dezembro de 2016.

c. Compare e contraste as demonstrações desenvolvidas nos itens a e b. Qual das duas demonstrações provavelmente leva à melhor estimativa do lucro de 2016? Por quê?

Demonstração de resultados para o exercício encerrado em 31 de dezembro de 2015 da Metroline Manufacturing	
Receita de vendas	$ 1.400.000
Menos: Custo das mercadorias vendidas	910.000
Lucro bruto	$ 490.000
Menos: Despesas operacionais	120.000
Lucro operacional	$ 370.000
Menos: Despesa de juros	35.000
Lucro líquido antes do imposto de renda	$ 335.000
Menos: Imposto de renda (alíquota de 40%)	134.000
Lucro líquido após imposto de renda	$ 201.000
Menos: Dividendos	66.000
Para lucros retidos	$ 135.000

Decomposição dos custos e despesas em componentes fixos e variáveis para o exercício encerrado em 31 de dezembro de 2015 da Metroline Manufacturing	
Custo das mercadorias vendidas	
Custo fixo	$ 210.000
Custo variável	700.000
Total dos custos	$ 910.000
Despesas operacionais	
Despesas fixas	$ 36.000
Despesas variáveis	84.000
Total das despesas	$ 120.000

E4.16 Demonstração de resultados projetada: análise de cenários. A Allen Products, Inc., quer fazer uma *análise de cenários* para o próximo ano. A projeção pessimista de vendas é de $ 900.000; a projeção provável estima vendas de $ 1.125.000; e a projeção otimista é de $ 1.280.000. Veja a seguir a demonstração de resultados da Allen para o ano de 2015.

Demonstração de resultados para o exercício encerrado em 31 de dezembro de 2015 da Allen Products, Inc.	
Receita de vendas	$ 937.500
Menos: Custo das mercadorias vendidas	421.875
Lucro bruto	$ 515.625
Menos: Despesas operacionais	234.375
Lucro operacional	$ 281.250
Menos: Despesa de juros	30.000
Lucro líquido antes do imposto de renda	$ 251.250
Menos: Imposto de renda (alíquota de 25%)	62.813
Lucro líquido após imposto de renda	$ 188.437

a. Use o *método da porcentagem de vendas*, a demonstração de resultados de 31 de dezembro de 2015 e as estimativas de receita de vendas para desenvolver demonstrações de resultados projetadas nos cenários pessimista, provável e otimista para o próximo ano.

b. Explique como o método da porcentagem de vendas poderia resultar em uma superestimação do lucro no cenário pessimista e uma subestimação do lucro nos cenários provável e otimista.

c. Refaça as demonstrações de resultados projetadas preparadas no item **a** para incorporar as seguintes premissas quanto aos custos de 2015:
$ 250.000 do custo das mercadorias vendidas são fixos e o restante é variável.
$ 180.000 das despesas operacionais são fixas e o restante é variável.
A despesa de juros é totalmente fixa.

d. Compare seus resultados do item **c** com os do item **a**. Suas observações confirmam sua explicação apresentada no item **b**?

 E4.17 Balanço patrimonial projetado: básico. A Leonard Industries pretende preparar um balanço patrimonial projetado para 31 de dezembro de 2016. A empresa espera vendas no total de $ 3 milhões em 2016 e foram coletadas as seguintes informações:
(1) Deseja-se um saldo mínimo de caixa de $ 50.000.
(2) Espera-se que o saldo de títulos negociáveis permaneça inalterado.
(3) As contas a receber representam 10% das vendas.
(4) Os estoques representam 12% das vendas.
(5) Uma nova máquina será adquirida em 2016 ao custo de $ 90.000. A despesa de depreciação durante o ano será de $ 32.000.
(6) Os fornecedores representam 14% das vendas.

(7) Os saldos de contas a pagar, outros passivos circulantes, dívida de longo prazo e ações ordinárias permanecerão inalterados.

(8) A margem de lucro líquido da empresa é de 4% e ela espera pagar dividendos de $ 70.000 em 2016.

(9) Veja a seguir o balanço patrimonial de 31 de dezembro de 2015.

Balanço patrimonial em 31 de dezembro de 2015 da Leonard Industries

Ativo			Passivo e patrimônio líquido		
Caixa	$	45.000	Fornecedores	$	395.000
Títulos negociáveis		15.000	Contas a pagar		60.000
Contas a receber		255.000	Outros passivos circulantes		30.000
Estoques		340.000	Total do passivo circulante	$	485.000
Total do ativo circulante	$	655.000	Dívida de longo prazo		350.000
Ativo imobilizado líquido		600.000	Total do passivo	$	835.000
Total do ativo	$	1.255.000	Ações ordinárias		200.000
			Lucros retidos		220.000
			Total do passivo e patrimônio líquido	$	1.255.000

a. Use a *abordagem subjetiva* para preparar um balanço patrimonial projetado com data de 31 de dezembro de 2016 para a Leonard Industries.

b. De quanto será o financiamento adicional necessário em 2016, se houver? Discuta o resultado.

c. A Leonard Industries poderia ajustar seu dividendo planejado para 2016 a fim de evitar a situação descrita no item **b**? Explique como.

E4.18 Balanço patrimonial projetado. Peabody & Peabody teve vendas de $ 10 milhões em 2015. A empresa pretende analisar o desempenho esperado e as necessidades de financiamento para 2017, portanto, dois anos à frente. Com base nas informações apresentadas a seguir, faça o que se pede nos itens **a** e **b**.

(1) As porcentagens de vendas, para os itens que variam diretamente com as vendas, são as seguintes:

Contas a receber: 12%

Estoques: 18%

Fornecedores: 14%

Margem de lucro líquido: 3%

(2) Espera-se que os saldos de títulos negociáveis e outros passivos circulantes permaneçam inalterados.

(3) É desejado um saldo mínimo de caixa de $ 480.000.

(4) Uma nova máquina será adquirida em 2016 ao custo de $ 650.000 e um equipamento será comprado em 2017 ao custo de $ 850.000. A despesa de depreciação de 2016 está prevista em $ 290.000 e a de 2017, em $ 390.000.

(5) As contas a pagar se elevarão para $ 500.000 no final de 2017.

(6) Não se espera qualquer venda ou resgate de dívida de longo prazo.

(7) Não se espera qualquer venda ou recompra de ações ordinárias.

(8) Espera-se que o pagamento de dividendos de 50% do lucro líquido continue ocorrendo.
(9) As vendas projetadas são de $ 11 milhões para 2016 e $ 12 milhões para 2017.
(10) Veja a seguir o balanço patrimonial em 31 de dezembro de 2015.

Balanço patrimonial em 31 de dezembro de 2015 da Peabody & Peabody

Ativo		Passivo e patrimônio líquido	
Caixa	$ 400.000	Fornecedores	$ 1.400.000
Títulos negociáveis	200.000	Contas a pagar	400.000
Contas a receber	1.200.000	Outros passivos circulantes	80.000
Estoques	1.800.000	Total do passivo circulante	$ 1.880.000
Total do ativo circulante	$ 3.600.000	Dívida de longo prazo	2.000.000
Ativo imobilizado líquido	4.000.000	Total do passivo	3.880.000
Total do ativo	$ 7.600.000	Ações ordinárias	3.720.000
		Total do passivo e patrimônio líquido	$ 7.600.000

a. Prepare um balanço patrimonial projetado para 31 de dezembro de 2017.

b. Discuta as variações de financiamento sugeridas pela demonstração preparada no item **a**.

E4.19 Integrativo: demonstrações projetadas. A Red Queen Restaurants deseja preparar planos financeiros. Use as demonstrações financeiras e outras informações apresentadas a seguir para elaborar os planos financeiros.

Também estão disponíveis os seguintes dados financeiros:

(1) A empresa estima que suas vendas para 2016 serão de $ 900.000.
(2) A empresa espera pagar $ 35.000 em dividendos em 2016.
(3) A empresa deseja manter um saldo mínimo de caixa de $ 30.000.
(4) As contas a receber representam aproximadamente 18% das vendas anuais.
(5) O estoque final da empresa variará diretamente com a variação de vendas em 2016.
(6) Uma nova máquina será adquirida em 2016 ao custo de $ 42.000. A despesa de depreciação em 2016 será de $ 17.000.
(7) O saldo de fornecedores variará diretamente em resposta às variações de vendas em 2016.
(8) O saldo de impostos a pagar será igual a um quarto do imposto de renda na demonstração de resultados projetada.
(9) Os saldos de títulos negociáveis, outros passivos circulantes, dívida de longo prazo e ações ordinárias permanecerão inalterados.

a. Use o *método da porcentagem de vendas* para preparar uma demonstração de resultados projetada para o exercício encerrado em 31 de dezembro de 2016.

b. Use a *abordagem subjetiva* para preparar um balanço patrimonial projetado para 31 de dezembro de 2016.

c. Analise essas demonstrações e discuta o *financiamento externo necessário*.

Demonstração de resultados da Red Queen Restaurants para o exercício encerrado em 31 de dezembro de 2015	
Receita de vendas	$ 800.000
Menos: Custo das mercadorias vendidas	600.000
Lucro bruto	$ 200.000
Menos: Despesas operacionais	100.000
Lucro líquido antes do imposto de renda	$ 100.000
Menos: Imposto de renda (alíquota de 40%)	40.000
Lucro líquido após imposto de renda	$ 60.000
Menos: Dividendos	20.000
Para lucros retidos	$ 40.000

Balanço patrimonial da Red Queen Restaurants em 31 de dezembro de 2015			
Ativo		Passivo e patrimônio líquido	
Caixa	$ 32.000	Fornecedores	$ 100.000
Títulos negociáveis	18.000	Impostos a pagar	20.000
Contas a receber	150.000	Outros passivos circulantes	5.000
Estoques	100.000	Total do passivo circulante	$ 125.000
Total do ativo circulante	$ 300.000	Dívida de longo prazo	200.000
Ativo imobilizado líquido	350.000	Total do passivo	$ 325.000
Total do ativo	$ 650.000	Ações ordinárias	150.000
		Lucros retidos	175.000
		Total do passivo e patrimônio líquido	$ 650.000

E4.20 Integrativo: demonstrações projetadas. A Provincial Imports, Inc., reuniu as demonstrações financeiras do ano de 2015 e as projeções financeiras para usar na preparação de planos financeiros para o ano de 2016. As respectivas informações estão nas tabelas a seguir.

Demonstração de resultados da Provincial Imports, Inc., para o exercício encerrado em 31 de dezembro de 2015	
Receita de vendas	$ 5.000.000
Menos: Custo das mercadorias vendidas	2.750.000
Lucro bruto	$ 2.250.000
Menos: Despesas operacionais	850.000
Lucro operacional	$ 1.400.000
Menos: Despesa de juros	200.000
Lucro líquido antes do imposto de renda	$ 1.200.000
Menos: Imposto de renda (alíquota de 40%)	480.000
Lucro líquido após imposto de renda	$ 720.000
Menos: Dividendos	288.000
Para lucros retidos	$ 432.000

Balanço patrimonial para o exercício encerrado em 31 de dezembro de 2015 da Provincial Imports, Inc.

Ativo		Passivo e patrimônio líquido	
Caixa	$ 200.000	Fornecedores	$ 700.000
Títulos negociáveis	225.000	Impostos a pagar	95.000
Contas a receber	625.000	Títulos a pagar	200.000
Estoques	500.000	Outros passivos circulantes	5.000
Total do ativo circulante	$ 1.550.000	Total do passivo circulante	$ 1.000.000
Ativo imobilizado líquido	1.400.000	Dívida de longo prazo	500.000
Total do ativo	$ 2.950.000	Total do passivo	$ 1.500.000
		Ações ordinárias	75.000
		Lucros retidos	$ 1.375.000
		Total do passivo e patrimônio líquido	$ 2.950.000

(1) As vendas projetadas são de $ 6 milhões.

(2) O custo das mercadorias vendidas em 2015 inclui $ 1 milhão em custos fixos.

(3) As despesas operacionais em 2015 incluem $ 250.000 em custos fixos.

(4) A despesa de juros permanecerá inalterada.

(5) A empresa pagará dividendos de 40% de seu lucro líquido após imposto de renda.

(6) Os saldos de caixa e de estoques dobrarão.

(7) Os saldos de títulos negociáveis, títulos a pagar, dívida de longo prazo e ações ordinárias permanecerão inalterados.

(8) Os saldos de contas a receber, fornecedores e outros passivos circulantes variarão em relação direta com as vendas.

(9) Um novo sistema informatizado será comprado durante o ano ao custo de $ 356.000. A despesa de depreciação para o ano será de $ 110.000.

(10) A alíquota de imposto de renda permanecerá em 40%.

a. Prepare uma demonstração de resultados projetada para o exercício encerrado em 31 de dezembro de 2016 usando os *dados de custo fixo* fornecidos para melhorar a precisão do *método da porcentagem de vendas*.

b. Use as informações fornecidas e a *abordagem subjetiva* para preparar um balanço patrimonial projetado para 31 de dezembro de 2016. Inclua uma conciliação da conta de lucros retidos.

c. Analise essas demonstrações e discuta o *financiamento externo necessário*.

 E4.21 Problema de ética. A SEC (Comissão de Valores Mobiliários dos Estados Unidos) está tentando fazer com que as sociedades anônimas de capital aberto notifiquem a comunidade de investidores o mais rapidamente possível quando houver algum "fato relevante" que afete seus resultados financeiros futuros. De que forma um administrador financeiro poderia ser considerado "mais ético" se seguisse essa diretriz e emitisse um comunicado à imprensa informando que as vendas não serão tão elevadas quanto anunciadas anteriormente?

Exercício com planilha

Você foi encarregado de elaborar uma demonstração para a ACME Company que mostre suas entradas e saídas de caixa esperadas para o intervalo de julho de 2016 a dezembro de 2016.

Você recebeu os dados a seguir:

(1) As vendas brutas esperadas de maio a dezembro, respectivamente, são de $ 300.000, $ 290.000, $ 425.000, $ 500.000, $ 600.000, $ 625.000, $ 650.000 e $ 700.000.

(2) 12% das vendas de cada mês são recebidas no próprio mês. No entanto, a empresa tem uma política de crédito de 3/10 líquido 30, então aplique um desconto de 3% nas vendas recebidas no próprio mês.

(3) 75% das vendas de cada mês são recebidas no mês seguinte à venda.

(4) 13% das vendas de cada mês são recebidas no segundo mês seguinte à venda.

(5) As compras projetadas de matérias-primas de cada mês correspondem a 60% das vendas esperadas no mês seguinte.

(6) As compras de matéria-prima de cada mês são totalmente pagas no mês seguinte à compra.

(7) Os salários são pagos mensalmente e correspondem a 6% das vendas esperadas no mês.

(8) Os pagamentos mensais de arrendamento correspondem a 2% das vendas esperadas no mês.

(9) A despesa mensal de publicidade equivale a 3% das vendas.

(10) As despesas com P&D devem ser alocadas a agosto, setembro e outubro à taxa de 12% das vendas de cada um desses meses.

(11) Em dezembro será feito o pagamento antecipado do seguro referente ao ano seguinte, no valor de $ 24.000.

(12) Nos meses de julho a dezembro, a empresa prevê despesas diversas de $ 15.000, $ 20.000, $ 25.000, $ 30.000, $ 35.000 e $ 40.000, respectivamente.

(13) Será pago imposto de renda no valor de $ 40.000 em setembro e no valor de $ 45.000 em dezembro.

(14) O saldo inicial de caixa em julho é de $ 15.000.

(15) O saldo de caixa mínimo é de $ 15.000.

TAREFA

a. Prepare um orçamento de caixa para os meses de julho a dezembro de 2016 criando uma planilha combinada que incorpore planilhas semelhantes às das tabelas 4.8, 4.9 e 4.10. Divida sua planilha em três seções:

(1) Total de recebimentos.

(2) Total de desembolsos.

(3) Orçamento de caixa para o período de julho a dezembro.

O orçamento de caixa deve refletir:

(a) Saldos iniciais e finais de caixa de cada mês.

(b) O financiamento total necessário em cada mês (se houver).

(c) O saldo excedente de caixa em cada mês (se houver).

b. Com base em sua análise, descreva sucintamente as perspectivas da empresa para os próximos seis meses. Discuta as obrigações específicas da empresa e os fundos disponíveis para honrá-las. O que a empresa poderia fazer em caso de déficit de caixa? (Onde a empresa poderia obter o dinheiro?) O que a empresa poderia fazer em caso de saldo excedente de caixa?

Capítulo 5

Valor do dinheiro no tempo

Objetivos de aprendizagem

OA 1 Discutir o papel do valor do tempo em finanças, o uso de ferramentas computacionais e os padrões básicos de fluxo de caixa.

OA 2 Entender os conceitos de valor futuro e valor presente, seu cálculo para montante único e a relação entre eles.

OA 3 Encontrar o valor futuro e o valor presente de anuidade comum e de anuidade antecipada e o valor presente de uma perpetuidade.

OA 4 Calcular tanto o valor futuro quanto o valor presente de uma série mista de fluxos de caixa.

OA 5 Entender o efeito que a capitalização de juros com frequência maior do que uma vez ao ano tem no valor futuro e na taxa de juros efetiva anual.

OA 6 Descrever os procedimentos envolvidos (1) na determinação dos depósitos necessários para acumular um montante futuro, (2) na amortização de empréstimos, (3) na determinação das taxas de juros ou de crescimento e (4) na determinação do número desconhecido de períodos.

▶ Por que este capítulo é importante para você?

Na sua vida PROFISSIONAL

CONTABILIDADE Para entender os cálculos do valor do dinheiro no tempo a fim de contabilizar certas transações, como amortização de empréstimos, pagamentos de arrendamento e taxas de juros de títulos de dívida.

SISTEMAS DE INFORMAÇÃO Para entender os cálculos do valor do dinheiro no tempo a fim de projetar sistemas que meçam e avaliem com precisão os fluxos de caixa da empresa.

GESTÃO Para entender os cálculos do valor do dinheiro no tempo para poder administrar recebimentos e desembolsos de uma forma que permita à empresa receber o maior valor de seus fluxos de caixa.

MARKETING Para entender o valor do dinheiro no tempo, pois o financiamento de novos programas e produtos precisa ser justificado financeiramente usando técnicas de valor do dinheiro no tempo.

OPERAÇÕES Para entender o valor do dinheiro no tempo, pois o valor de investimentos em novos equipamentos, em novos processos e em estoque serão afetados por esse aspecto.

Na sua vida PESSOAL

As técnicas de valor do dinheiro no tempo são muito utilizadas no planejamento financeiro pessoal. Você pode usá-las para calcular o valor de poupanças em determinadas datas futuras e para estimar a quantia que você precisaria hoje para acumular um determinado montante em uma data futura. Você pode também utilizá-las para avaliar montantes fixos ou séries de fluxos de caixa periódicos e aplica-las à taxa de juros ou ao tempo necessário para atingir uma determinada meta financeira.

Cidade de Cincinnati

É melhor receber agora ou mais tarde?

Em parte por causa de uma recuperação econômica anêmica, muitos governos estaduais e municipais dos Estados Unidos enfrentaram há alguns anos déficits orçamentários. A cidade de Cincinnati encontrou uma maneira interessante para ajudar a tapar o buraco de seu orçamento. Em março de 2013, a Câmara Municipal de Cincinnati decidiu (por 5 votos a 4) entregar a uma empresa privada a administração de 5.000 vagas de estacionamento com parquímetros e sete estacionamentos e garagens. Segundo o acordo, a cidade abriria mão das receitas das taxas de estacionamento; a empresa privada se encarregaria dos estacionamentos e garagens e manteria e cobraria as taxas dos parquímetros. Em troca do direito de administrar as operações de estacionamento, a empresa pagou um montante fixo inicial de US$ 92 milhões à cidade e se comprometeu a pagar US$ 3 milhões por ano ao longo da duração do acordo (30 anos).

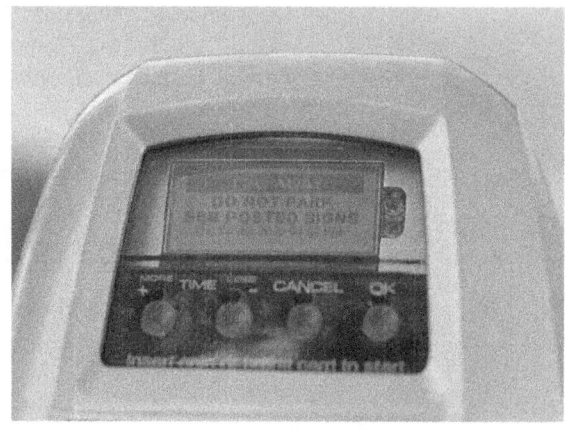

Por que Cincinnati concordou com tal arranjo? Talvez porque os líderes da cidade acreditavam que a empresa privada seria capaz de administrar as operações de estacionamento de forma mais eficiente que o município. No entanto, o acordo era interessante, pelo menos em parte, porque permitiu à cidade acelerar o recebimento de receitas de estacionamento. Em vez de receber as receitas de estacionamento à medida que os cidadãos pagassem por sua utilização, Cincinnati escolheu receber um grande pagamento inicial juntamente com um menor fluxo anual de receita. A cidade não foi a única a tomar essa decisão. Alguns anos antes, Chicago fez um acordo semelhante, assim como Indianapolis. Nova York analisou a ideia, mas acabou por rejeitá-la.

Como os líderes municipais devem avaliar uma proposta como essa, que envolve desistir de um fluxo substancial de receita futura em troca de (principalmente) um pagamento fixo? A resposta pode ser encontrada em um conceito conhecido como "valor do dinheiro no tempo". O valor do dinheiro no tempo refere-se a um conjunto de ferramentas analíticas que permite aos investidores e a outros indivíduos avaliar os fluxos de caixa que chegam em momentos diferentes no tempo. Em seu nível mais básico, o valor do dinheiro no tempo simplesmente reconhece que uma unidade monetária (como $ 1) amanhã vale menos do que a mesma unidade monetária hoje, em virtude da oportunidade de receber juros. Em outras palavras, se você tiver $ 1 hoje, você pode investi-lo, e seu valor, no futuro, será maior que $ 1. A questão-chave a ser avaliada pelos líderes de Cincinnati é se o montante fixo que receberam no acordo valeu mais do que o direito de receber taxas de estacionamento ao longo do tempo. Neste capítulo, você aprenderá como fazer essa comparação.

OA 01 ▶5.1 O papel do valor do dinheiro no tempo em finanças

O *valor do dinheiro no tempo* refere-se à observação de que é melhor receber o dinheiro mais cedo em vez de mais tarde. O dinheiro que você tem na mão hoje pode ser investido para obter uma taxa de retorno positiva, produzindo mais dinheiro amanhã. Por essa razão, uma unidade monetária (como $ 1) hoje vale mais do que a mesma unidade monetária no futuro. No mundo dos negócios, os administradores enfrentam constantemente trade-offs em situações em que as ações que exigem saídas de caixa hoje podem produzir entradas de caixa mais tarde. Como o dinheiro recebido no futuro vale menos que o dinheiro que as empresas desembolsam hoje, os administradores precisam de um conjunto de ferramentas para ajudá-los a comparar entradas e saídas de caixa que ocorrem em diferentes períodos de tempo. Este capítulo, apresenta essas ferramentas.

VALOR FUTURO *VERSUS* VALOR PRESENTE

Suponha que uma empresa tenha a oportunidade de dispender $ 15.000 hoje em algum investimento que produzirá $ 17.000 distribuídos ao longo dos próximos cinco anos, como se segue:

Ano 1	$ 3.000
Ano 2	$ 5.000
Ano 3	$ 4.000
Ano 4	$ 3.000
Ano 5	$ 2.000

Esse investimento é recomendável? À primeira vista, pode parecer que a resposta evidente seja "sim", pois a empresa gasta $ 15.000, mas recebe $ 17.000. Lembre-se, contudo, que o valor do dinheiro que a empresa recebe no futuro é menor que o valor do dinheiro que a empresa desembolsa hoje. Portanto, não está claro se a entrada de $ 17.000 seria suficiente para justificar o investimento inicial.

A análise do valor do dinheiro no tempo ajuda os administradores a responder a questões como essa. A ideia é que os administradores precisam encontrar uma maneira de comparar o dinheiro hoje *versus* o dinheiro no futuro. Existem duas possibilidades para se fazer isso. Uma delas é perguntar: Que montante de dinheiro no futuro é equivalente a $ 15.000 hoje? Em outras palavras, qual é o *valor futuro* de $ 15.000? A outra abordagem pergunta: Que montante hoje é equivalente a $ 17.000 recebidos ao longo dos próximos cinco anos, como descrito acima? Em outras palavras, qual é o *valor presente* da série de fluxos de caixa que entrará nos próximos cinco anos?

Uma **linha do tempo** representa os fluxos de caixa associados a um determinado investimento. Trata-se de linha horizontal em que a data zero aparece na extremidade mais à esquerda e períodos futuros são marcados da esquerda para a direita. A Figura 5.1 traz uma linha do tempo ilustrando o nosso hipotético problema de investimento. Os fluxos de caixa que ocorrem na data zero (hoje) e no final de cada ano subsequente estão indicados acima da linha; os valores negativos representam *saídas de caixa* ($ 15.000 investidos hoje na data zero) e os valores positivos representam *entradas de caixa* (entrada de $ 3.000 no final do ano 1, entrada de $ 5.000 no final do ano 2 e assim por diante).

Para tomar a decisão de investimento correta, os administradores precisam comparar os fluxos de caixa descritos na Figura 5.1 em um mesmo ponto no tempo. Normalmente,

linha do tempo
Uma linha horizontal cuja data zero aparece na extremidade mais à esquerda e os períodos futuros são marcados da esquerda para a direita. Pode ser usada para representar fluxos de caixa de investimentos.

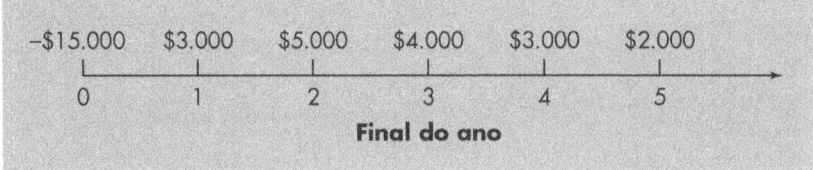

Linha do tempo representando os fluxos de caixa de um investimento.

esse ponto é o fim ou o início do prazo do investimento. A técnica de valor futuro utiliza a *capitalização* para determinar o *valor futuro* de cada fluxo de caixa no final do prazo do investimento e, então, soma esses valores para chegar ao valor futuro do investimento. Essa abordagem está representada na parte de cima da linha do tempo da Figura 5.2. Essa figura mostra que o valor futuro de cada fluxo de caixa é medido ao final dos cinco anos de prazo do investimento. Alternativamente, a técnica do valor presente utiliza o *desconto* para determinar o *valor presente* de cada fluxo de caixa na data zero e, então, soma esses valores para determinar o valor do investimento hoje. A aplicação dessa abordagem está representada na parte de baixo da linha do tempo na Figura 5.2. Na prática, ao tomar decisões de investimento, *os administradores normalmente adotam a abordagem do valor presente*.

FERRAMENTAS DE CÁLCULO

Determinar o valor presente e o valor futuro pode envolver cálculos demorados. Embora você precise entender os conceitos e a matemática associados a esses cálculos, as calculadoras financeiras e as planilhas simplificam a aplicação das técnicas de valor do dinheiro no tempo.

Calculadoras financeiras

As *calculadoras financeiras* incluem numerosas rotinas financeiras programadas, e aprender a usar essas rotinas pode facilitar bastante os cálculos dos valores presente e futuro.

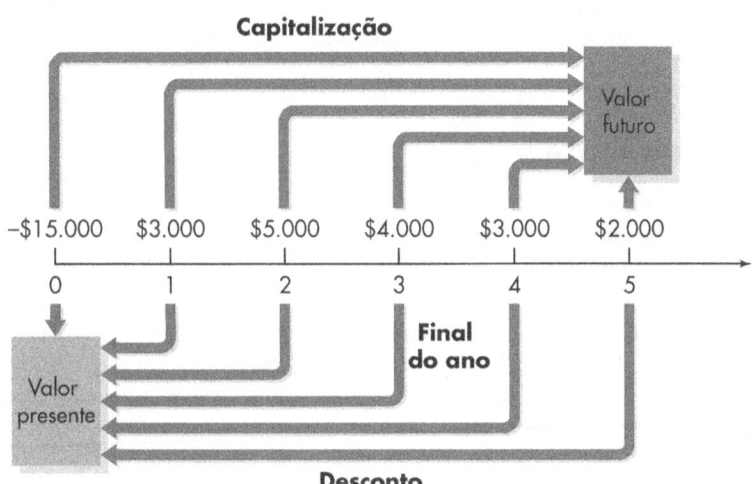

Linha do tempo mostrando a capitalização para determinar o valor futuro e o desconto para determinar o valor presente.

Figura 5.3 — Teclas da calculadora

Teclas financeiras importantes na calculadora típica.

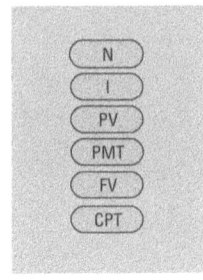

N — Número de períodos (*number*)
I — Taxa de juros por período (*interest*)
PV — Valor presente (*present value*)
PMT — Valor da prestação (*payment*), usado apenas para anuidades
FV — Valor futuro (*future value*)
CPT — Calcular (*compute*), tecla de comando de cálculo, usada para iniciar o cálculo financeiro depois que todos os valores foram inseridos

Focaremos principalmente as teclas apresentadas na Figura 5.3. Normalmente, usamos quatro das cinco primeiras teclas mostradas acima, juntamente com a tecla **CPT** (*compute*). Uma das quatro teclas representa o valor desconhecido (incógnita) a ser calculado. As entradas de dados em algumas calculadoras mais sofisticadas são orientadas por menus: depois de selecionar a rotina apropriada, a calculadora solicita a digitação de cada valor. Independentemente disso, qualquer calculadora com as funções básicas de valor presente e valor futuro pode ser usada para simplificar os cálculos do valor do dinheiro no tempo. As teclas das calculadoras financeiras são explicadas nos manuais que as acompanham.

Uma vez compreendidos os conceitos, você provavelmente preferirá usar uma calculadora para agilizar o trabalho. Com um pouco de prática, você poderá aumentar tanto a velocidade como a precisão dos seus cálculos financeiros. Lembre-se que *o objetivo é compreender os conceitos apresentados no texto*. A capacidade de resolver problemas com a ajuda de uma calculadora não reflete necessariamente essa compreensão. Por isso, você não deve se preocupar apenas com as respostas. Trabalhe o material até ter certeza de que também compreende os conceitos.

Planilhas eletrônicas

Assim como as calculadoras financeiras, as planilhas eletrônicas contêm rotinas programadas que simplificam os cálculos do valor do dinheiro no tempo. Fornecemos neste livro (por meio da Sala Virtual) várias soluções com o uso de planilhas que permitem identificar o conteúdo das células para calcular os valores no tempo. O valor de cada variável é digitado em uma célula da planilha e o cálculo é programado usando uma equação que liga as células individuais. Se o valor de qualquer uma das variáveis for alterado, a solução mudará automaticamente, já que a equação usa os valores das células associadas.

Sinais do fluxo de caixa

Para fornecer uma resposta correta, calculadoras financeiras e planilhas eletrônicas exigem que o fluxo de caixa relevante de um cálculo seja inserido corretamente como entradas ou saídas de caixa. As entradas de caixa são indicadas pela introdução de valores positivos e as saídas de caixa são indicadas pela introdução de valores negativos. Ao introduzir corretamente os fluxos de caixa, você estará fornecendo à calculadora financeira ou à planilha eletrônica a linha do tempo para o cálculo. Com a entrada precisa dos fluxos de caixa, as respostas fornecidas por calculadoras financeiras ou planilhas eletrônicas indicarão o resultado apropriado.

PADRÕES BÁSICOS DE FLUXO DE CAIXA

O fluxo de caixa — entradas e saídas — de uma empresa pode ser descrito segundo seu padrão geral. Ele pode ser definido como um montante único, uma anuidade ou uma série mista.

Montante único: Uma quantia fixa disponível no presente ou que se espera possuir em alguma data futura. Os exemplos incluem $ 1.000 hoje e $ 650 a receber no final de dez anos.

Anuidade: Uma série de fluxos de caixa periódicos. Neste livro, vamos trabalhar principalmente com fluxos de caixa *anuais*. Os exemplos incluem o pagamento ou o recebimento de $ 800 ao final de cada um dos próximos sete anos.

Série mista: Uma série de fluxos de caixa que *não* é uma anuidade, mas, sim, uma série de fluxos de caixa periódicos desiguais que não refletem qualquer padrão específico. Os exemplos incluem as duas séries de fluxos de caixa A e B, a seguir.

Final do ano	Série mista de fluxos de caixa	
	A	B
1	$ 100	–$ 50
2	800	100
3	1.200	80
4	1.200	60
5	1.400	
6	300	

Observe que nenhuma série de fluxos de caixa tem fluxos de caixa iguais e periódicos e que A é uma série mista de seis anos e B é uma série mista de quatro anos.

Nas próximas três seções deste capítulo, desenvolvemos os conceitos e as técnicas para determinar o valor futuro e o valor presente de montantes únicos, anuidades e séries mistas, respectivamente. Incluímos, também, demonstrações detalhadas desses padrões de fluxo de caixa.

→ QUESTÕES PARA REVISÃO

5.1 Qual é a diferença entre o *valor futuro* e o *valor presente*? Qual abordagem geralmente é preferida pelos administradores financeiros? Por quê?

5.2 Defina e diferencie os três padrões básicos de fluxo de caixa: (1) montante único, (2) anuidade e (3) série mista.

5.2 Montantes únicos

Imagine que, aos 25 anos de idade, você comece a aplicar $ 2.000 por ano em um investimento que rende 5% de juros. Ao final de 40 anos, com 65 anos, você terá aplicado um total de $ 80.000 (40 anos $ 2.000 por ano). Quanto você terá acumulado no final do 40º ano? $ 100.000? $ 150.000? $ 200.000? Não, seus $ 80.000 terão se transformado em $ 242.000! Por quê? Porque o valor do dinheiro no tempo permitirá que seus investimentos gerem retornos que se acumularão uns sobre os outros ao longo dos 40 anos.

VALOR FUTURO DE UM MONTANTE ÚNICO

Os conceitos e cálculos mais básicos de valor futuro e valor presente referem-se a montantes únicos, sejam eles atuais ou futuros. Começaremos com problemas que envolvem determinar o valor futuro do dinheiro que está à disposição imediata. Depois usaremos os conceitos básicos para determinar o valor presente do dinheiro que será recebido ou pago no futuro.

Muitas vezes precisamos determinar o valor, em alguma data futura, de uma determinada quantia de dinheiro depositada hoje. Por exemplo, se você depositar $ 500 hoje em uma conta que paga juros de 5% ao ano, quanto terá nessa conta no final de dez anos? O **valor futuro** é o valor, em uma determinada data mais adiante, de uma quantia depositada hoje e que rende juros a uma taxa especificada. O valor futuro depende da taxa de juros e do prazo que o dinheiro fica depositado. Aqui, exploraremos o valor futuro de um montante único.

valor futuro
O valor em uma determinada data no futuro de uma quantia depositada hoje e que rende juros a uma taxa especificada. Encontrado aplicando-se juros compostos por um período de tempo especificado.

Conceito de valor futuro

Falamos de **juros compostos** para indicar que o valor dos juros obtidos em um determinado depósito tornou-se parte do principal no final de um período especificado. O termo **principal** refere-se à quantia de dinheiro sobre a qual os juros são pagos. A capitalização anual é o tipo mais comum.

juros compostos
Juros que são obtidos em um determinado depósito e que tornaram-se parte do principal no final de um período especificado.

principal
A quantia de dinheiro sobre a qual juros são pagos.

O *valor futuro* de uma quantia atual é encontrado aplicando-se os *juros compostos* por um período de tempo especificado. Instituições de poupança anunciam rendimentos a juros compostos a uma taxa de $x\%$, ou juros de $x\%$, compostos anualmente, semestralmente, trimestralmente, mensalmente, semanalmente, diariamente ou até continuamente. O conceito de valor futuro com composição anual pode ser ilustrado com um exemplo simples.

Finanças pessoais Exemplo 5.1

Se Fred Moreno depositar $ 100 em uma conta poupança que rende 8% de juros compostos anualmente, ao final de um ano ele terá $ 108 na conta, que é o principal inicial de $ 100 mais 8% de juros ($ 8). O valor futuro ao final do primeiro ano é:

$$\text{Valor futuro ao final do ano 1} = \$\ 100 \times (1 + 0{,}08) = \$\ 108$$

Se Fred deixasse esse dinheiro na conta por mais um ano, ele receberia juros à taxa de 8% sobre o novo principal de $ 108. Ao final desse segundo ano, teria $ 116,64 na conta. Esse montante representaria o principal no início do ano 2 ($ 108) mais 8% sobre os $ 108 ($ 8,64) de juros. O valor futuro ao final do segundo ano, então, é:

$$\text{Valor futuro ao final do ano 2} = \$\ 108 \times (1 + 0{,}08)$$
$$= \$\ 116{,}64$$

Substituindo o valor de $ 108, referente ao cálculo do primeiro ano, pela expressão $ 100 × (1 + 0,08), no cálculo do segundo ano, temos:

$$\text{Valor futuro ao final do ano 2} = \$\ 100 \times (1 + 0{,}08) \times (1 + 0{,}08)$$
$$= \$\ 100 \times (1 + 0{,}08)^2$$
$$= \$\ 116{,}64$$

As equações do exemplo anterior levam a uma fórmula geral para o cálculo do valor futuro.

Equação do valor futuro

A relação básica ilustrada no exemplo anterior pode ser generalizada para encontrar o valor futuro para qualquer número de períodos. Usamos a notação a seguir para os diferentes dados:

VF_n = valor futuro no final do período n

VP = principal inicial (ou valor presente)

i = taxa anual de juros (*Observação*: nas calculadoras financeiras, essa taxa costuma ser representada por **I**.)

n = número de períodos (normalmente anos) em que o dinheiro é mantido aplicado

A equação geral do valor futuro no final do período n é:

$$VF_n = VP \cdot (1 + i)^n \qquad (5.1)$$

Um exemplo simples ilustrará como aplicar a Equação 5.1.

Finanças pessoais — Exemplo 5.2

Jane Farber deposita $ 800 em uma conta poupança que rende 6% de juros compostos anualmente. Ela quer saber quanto dinheiro terá na conta no final de cinco anos. Substituindo VP = $ 800, i = 0,06 e n = 5 na Equação 5.1, temos o valor ao final do ano 5:

$$VF_5 = \$\,800 \cdot (1 + 0{,}06)^5 = \$\,800 \cdot (1{,}33823) = \$\,1.070{,}58$$

Essa análise pode ser representada em uma linha do tempo como a que se segue:

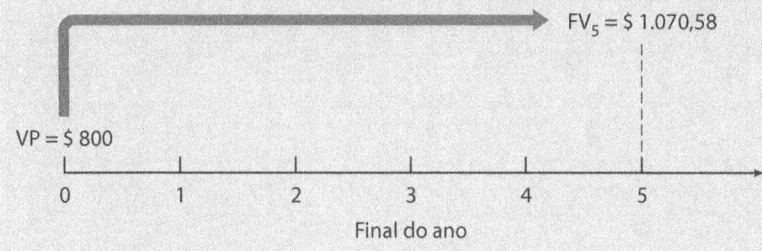

Linha do tempo para o valor futuro de um montante único (principal inicial de $ 800, a juros de 6%, no final de cinco anos).

Resolver a equação do exemplo anterior envolve elevar 1,06 à quinta potência. Usar uma calculadora financeira ou planilha eletrônica facilita bastante esse cálculo.

Finanças pessoais — Exemplo 5.3

No Exemplo 5.2, Jane Farber depositou $ 800 em sua conta poupança a juros de 6% compostos anualmente. Ela quer saber quanto terá na conta no final de cinco anos.

Uso da calculadora[1] A calculadora financeira pode ser utilizada para determinar o valor futuro diretamente. Primeiramente digite –800 e pressione a tecla **PV**; em seguida, digite 5 e pressione **N**; depois, digite 6 e pressione **I** (que equivale ao "i" da nossa notação); por fim, para calcular o valor futuro, pressione as teclas **CPT** e **FV**. O valor futuro de $ 1.070,58 deve aparecer no visor da calculadora, como mostra a imagem ao lado. Lembre-se de que a calculadora diferencia as entradas das saídas de caixa mediante a digitação de um sinal negativo à frente das saídas. Por exemplo, no problema que acabamos de demonstrar, o valor presente de $ 800 (**PV**), inserido como um número negativo, é considerado uma saída de caixa. Portanto, o valor futuro (**FV**) calculado de 1.070,58 é mostrado como um número

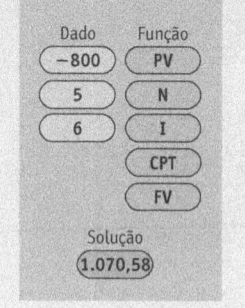

---

[1] Muitas calculadoras permitem que o usuário defina o número de pagamentos por ano. A maioria dessas calculadoras é pré-configurada para pagamentos mensais, ou 12 pagamentos por ano. Como trabalhamos principalmente com pagamentos anuais – um pagamento por ano –, é importante *certificar-se de que sua calculadora esteja configurada para um pagamento por ano*. Embora a maioria das calculadoras esteja pré-configurada para reconhecer que todos os pagamentos ocorrem no final do período, é importante *certificar-se também de que a sua calculadora esteja configurada corretamente no modo END*. Para evitar a interferência de dados anteriores em cálculos atuais, *limpe sempre todos os registros da sua calculadora antes de digitar novos valores e fazer novos cálculos*. Os *valores conhecidos podem ser digitados na calculadora em qualquer ordem*; a ordem especificada neste exemplo e em outras demonstrações de *Uso da calculadora* incluídas neste livro reflete apenas a conveniência e uma preferência pessoal.

positivo para indicar que se trata da entrada de caixa resultante. Se o valor presente de $ 800 tivesse sido inserido como um número positivo, o valor futuro de $ 1.070,58 teria aparecido no visor da calculadora como um número negativo. Simplificando, *os fluxos de caixa — valor presente* (**PV**) *e valor futuro* (**FV**) *— sempre terão sinais opostos*. (*Observação*: nos próximos exemplos da seção *Uso da calculadora*, usaremos apenas uma ilustração semelhante à mostrada aqui. Se você precisar de um lembrete dos procedimentos envolvidos, reveja este parágrafo.)

Uso de planilha O Excel oferece uma função matemática que facilita o cálculo de valores futuros. O formato dessa função é VF(taxa,nper,pgto,vp,tipo). Os termos dentro dos parênteses são dados que o Excel requer para calcular o valor futuro. Os termos *taxa* e *nper* referem-se à taxa de juros e ao número de períodos de tempo, respectivamente. O termo *vp* representa o montante único (ou valor presente) que você está aplicando hoje. Por enquanto, vamos ignorar os outros dois dados, *pgto* e *tipo*, e digitar o valor zero para eles. O valor futuro do montante único também pode ser calculado como mostramos no exemplo de planilha de Excel a seguir.

	A	B
1	VALOR FUTURO DE UM MONTANTE ÚNICO	
2	Valor presente	–$ 800
3	Taxa de juros anual	6%
4	Número de anos	5
5	Valor futuro	$ 1.070,58

O conteúdo da célula B5 é =VF(B3,B4,0,B2,0).
Um sinal negativo aparece antes de $ 800, em B2, porque o custo do investimento é tratado como uma saída de caixa.

Ao alterar qualquer dos valores nas células B2, B3 ou B4 altera-se automaticamente o resultado exibido na célula B5, porque a fórmula dessa célula está associada às outras células. Tal qual a calculadora, o Excel exibe as entradas de caixa como números positivos e as saídas de caixa como números negativos. No nosso exemplo, digitamos o valor presente de $ 800 como um número negativo, o que leva o Excel a exibir o valor futuro como um número positivo. Seguindo essa lógica, o Excel considera o valor presente de $ 800 como uma saída de caixa, como se você estivesse pagando pelo investimento que está fazendo, e considera o valor futuro como uma entrada de caixa quando você colhe os benefícios do seu investimento cinco anos mais tarde.

Uma visão gráfica do valor futuro

Lembre-se de que medimos o valor futuro no *final* de um determinado período. A Figura 5.4 ilustra como o valor futuro depende da taxa de juros e do número de períodos que o dinheiro está investido. Assim, temos que: (1) quanto mais alta for a taxa de juros, maior é o valor futuro; e (2) quanto mais longo é o período, maior é o valor futuro. Observe que, para uma taxa de juros de 0%, o valor futuro sempre será igual ao valor presente. Mas, para qualquer taxa de juros maior que zero, o valor futuro será maior do que o valor presente.

Figura 5.4 ▸ Relação de valor futuro

Taxas de juros, períodos de tempo e valor futuro de uma unidade monetária.

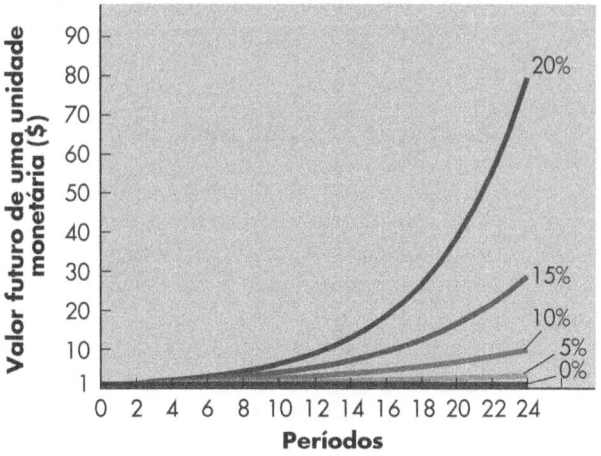

VALOR PRESENTE DE UM MONTANTE ÚNICO

É sempre útil determinar o valor presente de uma quantia futura de dinheiro. Por exemplo, quanto você teria que depositar hoje em uma conta que rende juros de 7% ao ano para acumular $ 3.000 no final de cinco anos? O **valor presente** é o valor monetário atual de uma quantia futura ou a quantia em dinheiro que precisaria ser aplicada hoje a uma determinada taxa de juros e por um determinado período para igualar à quantia futura. Assim como o valor futuro, o valor presente depende em grande parte da taxa de juros e do momento em que a quantia será recebida. Esta seção explora o valor presente de um montante único.

valor presente
O valor monetário atual de uma quantia futura; a quantia em dinheiro que precisaria ser aplicada hoje a uma determinada taxa de juros e por um determinado período para igualar-se à quantia futura.

O conceito de valor presente

O processo de encontrar os valores presentes costuma ser chamado de **desconto dos fluxos de caixa**. Trata-se de responder à seguinte pergunta: Se posso receber $i\%$ sobre o meu dinheiro, qual é o máximo que eu estaria disposto a desembolsar agora pela oportunidade de receber VF_n unidades monetárias daqui a n períodos?

desconto dos fluxos de caixa
O processo de encontrar valores presentes; o contrário da capitalização de juros.

Esse processo é, na verdade, o inverso da capitalização de juros. Em vez de encontrar o valor futuro da quantia atual aplicada a uma determinada taxa, o desconto determina o valor presente de uma quantia futura, supondo que exista a oportunidade de obter certo retorno sobre esse dinheiro. Essa taxa anual de retorno pode ser chamada de *taxa de desconto*, *retorno exigido*, *custo de capital* ou *custo de oportunidade*. Esses termos serão usados indistintamente neste livro.

**Finanças pessoais
Exemplo 5.4**

Paul Shorter tem a oportunidade de receber $ 300 daqui a um ano. Se ele puder obter 6% sobre seus investimentos, qual é o máximo que ele deveria desembolsar agora por essa oportunidade? Para responder a essa pergunta, Paul deve determinar quanto dinheiro ele teria de aplicar a uma taxa de juros de 6% hoje para receber $ 300 daqui a um ano. Considerando VP esse montante desconhecido e usando a mesma notação da discussão do valor futuro, temos:

$$VP \ (1 + 0{,}06) = \$\,300$$

Calculando VP, temos:

$$VP = \frac{\$\,300}{(1 + 0{,}06)}$$
$$= \$\,283{,}02$$

O valor hoje ("valor presente") de $ 300 a ser recebido daqui a um ano, com uma taxa de juros de 6%, é igual a $ 283,02, ou seja, aplicar hoje $ 283,02 a uma taxa de juros de 6% resultaria em $ 300 ao final de um ano.

A equação do valor presente

O valor presente de uma quantia futura pode ser encontrado matematicamente resolvendo a Equação 5.1 para VP. Em outras palavras, o valor presente, VP, de alguma quantia futura, VF_n, a ser recebida daqui a n períodos, supondo uma taxa de juros (ou custo de oportunidade) de i, é calculado como se segue:

$$VP = \frac{VF_n}{(1+i)^n} \quad (5.2)$$

Finanças pessoais
Exemplo 5.5

Pam Valenti quer encontrar o valor presente de $ 1.700 que receberá daqui a oito anos. O custo de oportunidade de Pam é de 8%. Substituindo VF_8 = $ 1.700, n = 8 e i = 0,08 na Equação 5.2, temos:

$$VP = \frac{\$\,1.700}{(1+0,08)^8} = \frac{\$\,1.700}{1,85093} = \$\,918,46$$

A linha do tempo a seguir ilustra essa análise.

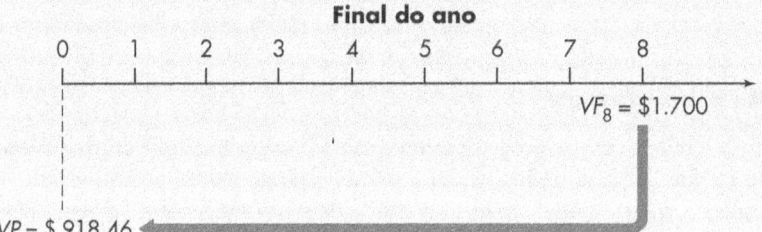

Linha do tempo para o valor presente de um montante único (valor futuro de $ 1.700, descontado a 8% ao ano no final de oito anos).

Uso da calculadora Usando as funções da calculadora financeira e os dados mostrados na imagem da calculadora ao lado, você deve achar o valor presente de $ 918,46. Observe que o resultado da calculadora é exibido como um valor negativo para indicar que o valor presente é uma saída de caixa (isto é, o custo do investimento.

Uso de planilha O formato da função de valor presente do Excel é bem similar à função de valor futuro que vimos anteriormente. A sintaxe apropriada é VP(taxa,nper,pgto,vf,tipo). A lista de dados dentro dos parênteses é a mesma que na função de valor futuro do Excel, com uma exceção. A função de valor presente contém o termo *vf*, que representa o pagamento único futuro (ou recebimento), cujo valor presente você está tentando calcular. O valor presente do montante único futuro também pode ser calculado como mostramos na planilha de Excel a seguir.

	A	B
1	VALOR PRESENTE DE UM MONTANTE ÚNICO	
2	Valor futuro	$ 1.700
3	Taxa de juros anual	8%

(continua)

	(continuação)	
4	Número de anos	8
5	Valor presente	–$ 918,46

O conteúdo da célula B5 é =VP(B3,B4,0,B2,0).
Um sinal negativo aparece antes de $ 918,46, em B5, porque o custo do investimento é tratado como uma saída de caixa.

Uma visão gráfica do valor presente

Lembre-se que os cálculos do valor presente presumem que os valores futuros são medidos ao *final* de um determinado período. As relações entre os fatores em um cálculo do valor presente são ilustradas na Figura 5.5. A figura mostra claramente que, tudo o mais permanecendo igual: (1) quanto maior for a taxa de desconto, menor o valor presente; e (2) quanto mais longo for o período de tempo, menor o valor presente. Observe também que, dada uma taxa de desconto de 0%, o valor presente sempre será igual ao valor futuro. Mas, para qualquer taxa de desconto maior que zero, o valor presente será menor que o valor futuro.

→ **QUESTÕES PARA REVISÃO**

5.3 Como o processo de *capitalização* se relaciona com o pagamento de juros da poupança? Qual é a equação geral do valor futuro?

5.4 Que efeito uma diminuição na taxa de juros teria sobre o valor futuro de um depósito? Que efeito um *aumento* no período de aplicação teria no valor futuro?

5.5 O que quer dizer "o valor presente de uma quantia futura"? Qual é a equação geral do valor presente?

5.6 Que efeito tem o *aumento* do retorno exigido no valor presente de uma quantia futura? Por quê?

5.7 Como os cálculos do valor presente e do valor futuro estão relacionados?

Figura 5.5 Relação de valor presente

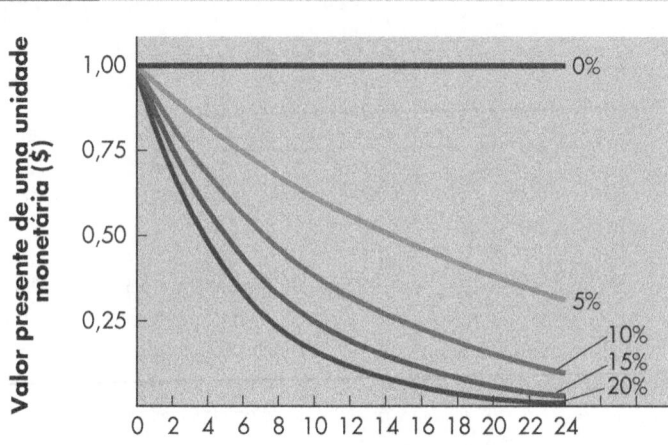

Taxas de desconto, períodos de tempo e valor presente de uma unidade monetária.

5.3 Anuidades

anuidade
Uma série de fluxos de caixa periódicos e iguais ao longo de um determinado período de tempo. Esses fluxos de caixa podem ser *entradas* de retornos obtidos em investimentos ou *saídas* de fundos aplicados para obter retornos futuros.

anuidade comum
Uma anuidade cujo fluxo de caixa ocorre no *final* de cada período.

anuidade antecipada
Uma anuidade cujo fluxo de caixa ocorre no *início* de cada período.

Quanto você pagaria hoje, se pudesse obter 7% em investimentos de baixo risco, para receber um valor garantido de $ 3.000 no final de *cada um* dos próximos 20 anos? Quanto você teria ao final de cinco anos se o seu empregador retivesse e aplicasse $ 1.000 do seu bônus ao final de *cada um* dos próximos cinco anos, garantindo-lhe uma taxa de retorno de 9% ao ano? Para responder a essas perguntas, você precisa entender a aplicação do valor do dinheiro no tempo a *anuidades*.

Uma **anuidade** é uma série de fluxos de caixa periódicos e iguais, ao longo de um determinado período de tempo. Esses fluxos de caixa normalmente são anuais, mas podem ocorrer em outros intervalos, como aluguéis mensais ou prestações do carro. Os fluxos de caixa de uma anuidade podem ser *entradas de caixa* (os $ 3.000 recebidos no final de cada um dos próximos 20 anos) ou *saídas de caixa* (os $ 1.000 aplicados no final de cada um dos próximos cinco anos).

TIPOS DE ANUIDADES

Há dois tipos básicos de anuidade. Em uma **anuidade comum**, o fluxo de caixa ocorre no *final* de cada período. Já em uma **anuidade antecipada**, o fluxo de caixa ocorre no *início* de cada período.

Finanças pessoais Exemplo 5.6

Fran Abrams precisa escolher entre duas anuidades. Ambas têm prazo de cinco anos e fluxos de caixa de $ 1.000 por ano. A anuidade A é uma anuidade comum e a anuidade B é uma anuidade antecipada. Para entender melhor a diferença entre essas duas anuidades, Fran listou seus fluxos de caixa na Tabela 5.1. As duas anuidades diferem apenas quanto ao momento em que ocorrem seus fluxos de caixa: os fluxos de caixa da anuidade antecipada ocorrem mais cedo que os da anuidade comum.

Tabela 5.1 Comparação dos fluxos de caixa de anuidade comum e anuidade antecipada ($ 1.000, 5 anos)

	Fluxos de caixa anuais	
Ano	Anuidade A (*comum*)	Anuidade B (*antecipada*)
0	$ 0	1.000
1	1.000	1.000
2	1.000	1.000
3	1.000	1.000
4	1.000	1.000
5	1.000	0
Totais	$ 5.000	$ 5.000

Embora os fluxos de caixa das duas anuidades da Tabela 5.1 totalizem $ 5.000, a anuidade antecipada teria um valor futuro mais alto que o da anuidade comum, porque cada um dos seus cinco fluxos de caixa anuais pode render juros por um ano a mais do que cada um dos fluxos de caixa da anuidade comum. Em geral, como demonstraremos mais adiante neste capítulo, *o valor (presente ou futuro) de uma anuidade antecipada é sempre maior que o valor de uma anuidade comum idêntica.*

Como as anuidades comuns são usadas com mais frequência em finanças, *salvo indicação em contrário*, o termo "anuidade" será usado neste livro em referência às anuidades comuns.

DETERMINAÇÃO DO VALOR FUTURO DE UMA ANUIDADE COMUM

Uma maneira de determinar o valor futuro de uma anuidade comum é calcular o valor futuro de cada um dos fluxos de caixa individuais e depois somar esses valores. Felizmente, existem vários atalhos para se chegar à resposta. Você pode calcular o valor futuro de uma anuidade comum que paga um fluxo de caixa anual igual a *FC* aplicando a Equação 5.3:

$$VF_n = FC \times \left\{ \frac{[(1+i)^n - 1]}{i} \right\} \quad (5.3)$$

Assim como vimos anteriormente, *i* representa a taxa de juros e *n* representa o número de prestações da anuidade (ou o número de anos em que a anuidade é distribuída). Os cálculos necessários para encontrar o valor futuro de uma anuidade comum estão ilustrados no exemplo a seguir.

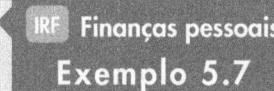

Exemplo 5.7

Fran Abrams quer determinar quanto dinheiro terá no final de cinco anos se ela escolher a anuidade A, a anuidade comum. Ela fará depósitos anuais de $ 1.000 no *final de cada um* dos próximos cinco anos, em uma conta poupança que rende juros anuais de 7%. Essa situação é representada na linha do tempo a seguir.

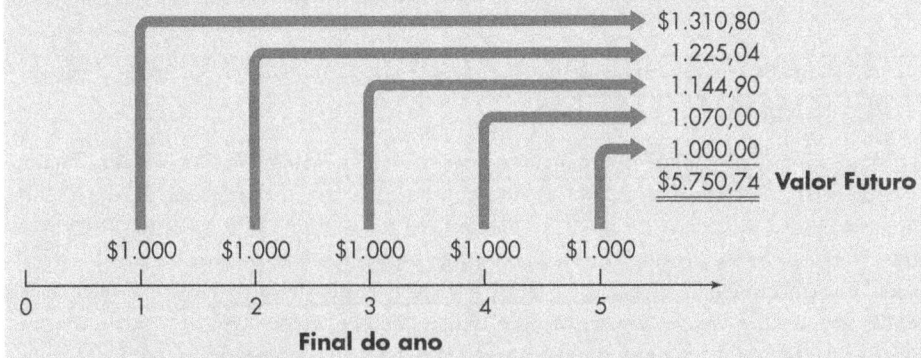

Linha do tempo para o valor futuro de uma anuidade comum (depósito de $ 1.000 no final de cada ano, rendendo 7%, no final de cinco anos).

Como mostra a figura, no final do ano 5, Fran terá $ 5.750,74 em sua conta. Observe que, como os depósitos são feitos no final de cada ano, o primeiro depósito renderá juros por quatro anos, o segundo, por três anos e assim por diante. Substituindo os valores relevantes na Equação 5.3, temos:

$$VF_5 = \$\,1.000 \times \left\{ \frac{[(1+0{,}07)^5 - 1]}{0{,}07} \right\} = \$\,5.750{,}74$$

Uso da calculadora Utilizando os valores apresentados na imagem da calculadora ao lado, você pode confirmar que o valor futuro da anuidade comum é igual a $ 5.750,74. Neste exemplo, o valor da anuidade de $ 1.000 é digitado como um número negativo porque é uma saída de caixa, o que por sua vez faz com que a calculadora trate corretamente o valor futuro resultante como uma entrada de caixa (ou seja, o retorno do investimento).

Uso de planilha Para calcular o valor futuro de uma anuidade no Excel, vamos usar a mesma função de valor futuro que utilizamos para calcular o valor futuro de um montante fixo, mas incluiremos dois novos dados. Lembre-se de que a sintaxe da função de valor futuro é VF(taxa,nper,pgto,vp,tipo). Já explicamos os termos *taxa*, *nper* e *vp* nessa função. O termo *pgto* refere-se às prestações anuais da anuidade. O termo *tipo* é um dado que permite ao Excel saber se a anuidade que está sendo avaliada é uma anuidade comum (caso em que o valor digitado para *tipo* deve ser 0 ou ser omitido) ou uma anuidade antecipada (caso em que o valor digitado para *tipo* deve ser 1). Neste problema específico, o valor digitado para *vp* deve ser 0 ou deve ser omitido, porque não há recebimento na data zero. Os únicos fluxos de caixa são aqueles que fazem parte da série de anuidade. O valor futuro da anuidade comum pode ser calculado como mostramos na planilha de Excel a seguir.

	A	B
1	VALOR FUTURO DE UMA ANUIDADE COMUM	
2	Prestação anual	–$ 1.000
3	Taxa de juros anual	7%
4	Número de anos	5
5	Valor futuro	$ 5.750,74

O conteúdo da célula B5 é =VF(B3,B4,B2,0,0).
Um sinal negativo aparece antes de $ 1.000, em B2,
porque as prestações são saídas de caixa.

DETERMINAÇÃO DO VALOR PRESENTE DE UMA ANUIDADE COMUM

Muito frequentemente em finanças, é necessário determinar o valor presente de uma *série* de fluxos de caixa a ser recebido em períodos futuros. Uma anuidade é, como vimos anteriormente, uma série de fluxos de caixa periódicos e iguais. O método para encontrar o valor presente de uma anuidade comum é semelhante ao que acabamos de descrever. Uma abordagem é calcular o valor presente de cada fluxo de caixa da anuidade e então somar esses valores presentes. Alternativamente, o atalho algébrico para encontrar o valor presente de uma anuidade comum, que gera uma prestação anual de *FC* por *n* anos, está descrito a seguir:

$$VP_n = \left(\frac{FC}{i}\right) \times \left[1 - \frac{1}{(1+i)^n}\right] \quad (5.4)$$

Certamente, a abordagem mais simples para resolver problemas como esse é com uma calculadora financeira ou planilha eletrônica.

Exemplo 5.8

A Braden Company, uma pequena produtora de brinquedos de plástico, deseja determinar o valor máximo que deve pagar para adquirir uma certa anuidade comum. A anuidade é formada por fluxos de caixa de $ 700 no final de cada ano, durante cinco anos. A empresa exige que a anuidade proporcione um retorno mínimo de 8%. Essa situação é representada na linha do tempo a seguir.

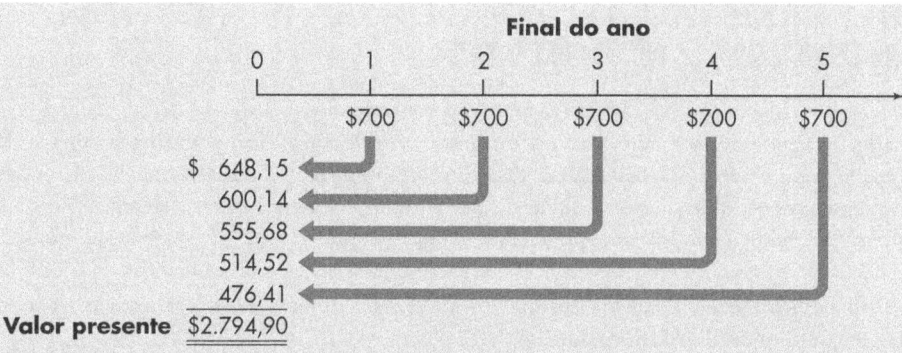

Linha do tempo para o valor presente de uma anuidade comum (fluxo de caixa de $ 700 no final do ano, descontado a 8% ao ano, ao longo de cinco anos).

A Tabela 5.2 mostra, a seguir, que uma maneira de encontrar o valor presente da anuidade é simplesmente calcular os valores presentes de todas as prestações usando a equação do valor presente (Equação 5.2, apresentada anteriormente) e somá-los. Esse procedimento resulta em um valor presente de $ 2.794,90. Calculadoras e planilhas oferecem métodos simplificados para se chegar a esse valor.

Uso da calculadora Usando os dados mostrados na imagem da calculadora ao lado, encontramos o valor presente de $ 2.794,90 para a anuidade comum. Como o valor presente neste exemplo é uma saída de caixa, pois representa o custo da anuidade, o valor é apresentado como um número negativo no visor da calculadora.

Uso de planilha O valor presente da anuidade comum também pode ser calculado como mostramos na planilha de Excel a seguir.

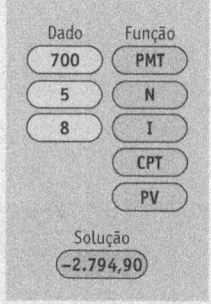

Tabela 5.2 — Método longo para a determinação do valor presente de uma anuidade comum

Ano (n)	Fluxo de caixa	Cálculo do valor presente	Valor presente
1	$ 700	$\dfrac{700}{(1+0{,}08)^1} =$	$ 648,15
2	700	$\dfrac{700}{(1+0{,}08)^2} =$	600,14
3	700	$\dfrac{700}{(1+0{,}08)^3} =$	555,68
4	700	$\dfrac{700}{(1+0{,}08)^4} =$	514,52
5	700	$\dfrac{700}{(1+0{,}08)^5} =$	476,41
		Valor presente da anuidade	$ 2.794,90

	A	B
1	VALOR PRESENTE DE UMA ANUIDADE COMUM	
2	Prestação anual	$ 700
3	Taxa de juros anual	8%
4	Número de anos	5
5	Valor presente	–$ 2.794,90

O conteúdo da célula B5 é =VP(B3,B4,B2,0,0).
Um sinal negativo aparece antes de $ 2.794,90, em B5, porque o valor presente da anuidade é um custo e, portanto, uma saída de caixa.

DETERMINAÇÃO DO VALOR FUTURO DE UMA ANUIDADE ANTECIPADA

Agora voltamos nossa atenção às anuidades antecipadas. Lembre-se de que os fluxos de caixa de uma anuidade antecipada ocorrem no *início do período*. Em outras palavras, se estamos lidando com prestações anuais, cada prestação em uma anuidade antecipada ocorre um ano mais cedo do que em uma anuidade comum, o que por sua vez significa que cada prestação rende juros por um ano a mais. É por isso que o valor futuro de uma anuidade antecipada é maior que o valor futuro de uma anuidade comum de características idênticas.

O atalho algébrico para determinar o valor futuro de uma anuidade antecipada com prestações anuais de FC por n anos é:

$$VF_n = FC \times \left\{ \frac{[(1+i)^n - 1]}{i} \right\} \times (1+i) \tag{5.5}$$

Compare essa equação com a Equação 5.3 apresentada anteriormente, que mostra como calcular o valor futuro de uma anuidade ordinária. As duas equações são praticamente idênticas, mas a Equação 5.5 tem um termo a mais, $(1+i)$, no final. Em outras palavras, o valor obtido na Equação 5.5 será $(1+i)$ vezes maior do que o valor da Equação 5.3 se os outros dados (FC e n) forem iguais, o que faz sentido, pois todas as prestações da anuidade antecipada rendem juros por um ano a mais em comparação com a anuidade comum.

Finanças pessoais
Exemplo 5.9

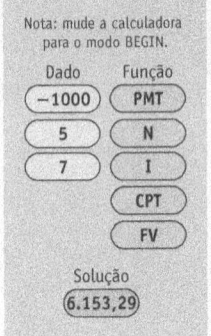

No exemplo da Tabela 5.1, apresentada anteriormente, Fran Abrams desejava escolher entre uma anuidade comum e uma anuidade antecipada, sendo que ambas ofereciam condições idênticas, exceto pelo momento de ocorrência dos fluxos de caixa. Calculamos o valor futuro da anuidade comum no Exemplo 5.7, mas agora queremos calcular o valor futuro da anuidade antecipada. Essa situação é representada na linha do tempo a seguir. Podemos calcular o valor futuro da anuidade antecipada usando uma calculadora ou uma planilha.

Uso da calculadora Antes de iniciar o cálculo, você deve mudar a calculadora para o modo **BEGIN** ou usar a tecla **DUE**, dependendo do modelo da calculadora. Em seguida, usando os dados apresentados na imagem da calculadora ao lado, você encontrará o valor futuro de $ 6.153,29 para a anuidade antecipada. (*Observação*: como quase sempre assumimos que os fluxos de caixa ocorrem no final do período, *lembre-se de voltar ao modo **END** após concluir seus cálculos da anuidade antecipada*.)

Linha do tempo para o valor futuro de uma anuidade antecipada (depósito de $ 1.000 no início de cada ano, rendendo 7% ao ano, no final de cinco anos).

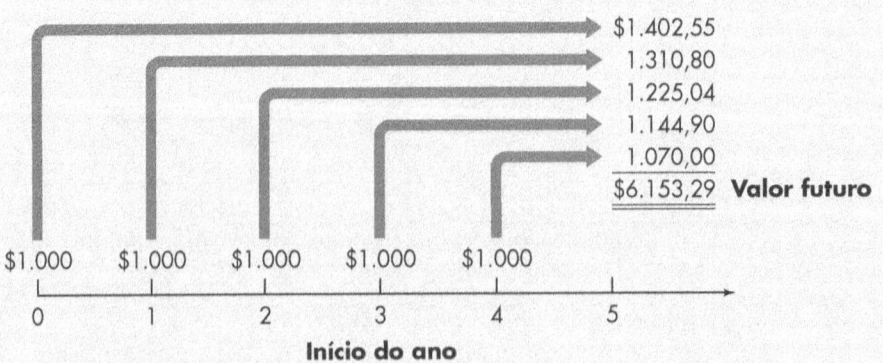

Uso de planilha O valor futuro da anuidade antecipada também pode ser calculado como mostramos na planilha de Excel a seguir. Lembre-se de que, para uma anuidade antecipada, o valor de entrada de *tipo* deve ser 1 e que devemos também definir o valor de entrada de *vp* como 0, porque as entradas de dados são digitadas em uma série determinada.

	A	B
1	VALOR PRESENTE DE UMA ANUIDADE ANTECIPADA	
2	Prestação anual	–$ 1.000
3	Taxa de juros anual	7%
4	Número de anos	5
5	Valor futuro	$ 6.153,29

O conteúdo da célula B5 é =VF(B3,B4,B2,0,1).
Um sinal negativo aparece antes de $ 1.000, em B2, porque as prestações são saídas de caixa.

Comparação do valor futuro de uma anuidade antecipada com o de uma anuidade comum

O valor futuro de uma anuidade antecipada é *sempre maior* que o valor futuro de uma anuidade comum idêntica. Isso pode ser verificado por meio da comparação do valor futuro no final do ano 5 das duas anuidades de Fran Abrams:

Anuidade comum = $ 5.750,74 *versus* Anuidade antecipada = $ 6.153,29

Como o fluxo de caixa da anuidade antecipada ocorre no início do período e não no final (isto é, cada prestação ocorre um ano mais cedo na anuidade antecipada), seu valor futuro é maior. Quanto maior? É interessante calcular a diferença percentual entre o valor da anuidade comum e o valor da anuidade antecipada:

($ 6.153,29 – $ 5.750,74) · $ 5.750,74 = 0,07 = 7%

Lembrando que a taxa de juros deste exemplo é de 7%, não é coincidência que a anuidade antecipada seja 7% maior que a anuidade comum. Os juros de um ano a mais para cada uma das prestações da anuidade antecipada fazem com que esta seja 7% maior do que a anuidade comum.

DETERMINAÇÃO DO VALOR PRESENTE DE UMA ANUIDADE ANTECIPADA

É possível também encontrarmos o valor presente de uma anuidade antecipada. Esse cálculo pode ser facilmente realizado por meio de um ajuste do cálculo da anuidade comum. Como os fluxos de caixa de uma anuidade antecipada ocorrem no início e não no final do período, para encontrar seu valor presente, cada fluxo de caixa de uma anuidade antecipada é descontado em um ano a menos que uma anuidade comum. A fórmula algébrica para o valor presente de uma anuidade antecipada é:

$$VP_n = \left(\frac{FC}{i}\right) \times \left[1 - \frac{1}{(1+i)^n}\right] \times (1+i) \qquad (5.6)$$

Note a semelhança entre essa equação e a Equação 5.4, apresentada anteriormente. As duas equações são idênticas, exceto pelo fato de a Equação 5.6 ter um termo a mais no final, $(1+i)$. A razão para esse termo a mais é a mesma que no caso do cálculo do valor futuro da anuidade antecipada, em que cada prestação ocorre um ano mais cedo (em comparação com a anuidade comum), de modo que cada prestação vale um pouco mais, um ano de juros a mais.

Finanças pessoais
Exemplo 5.10

No Exemplo 5.1 da Braden Company, encontramos que o valor presente da anuidade comum de $ 700, por cinco anos da Braden, descontada a 8% ao ano, era de $ 2.794,90. Se supusermos então que o fluxo de caixa anual de $ 700 da Braden ocorra no *início* de cada ano, a anuidade passa a ser uma anuidade antecipada. Essa situação é representada na linha do tempo a seguir.

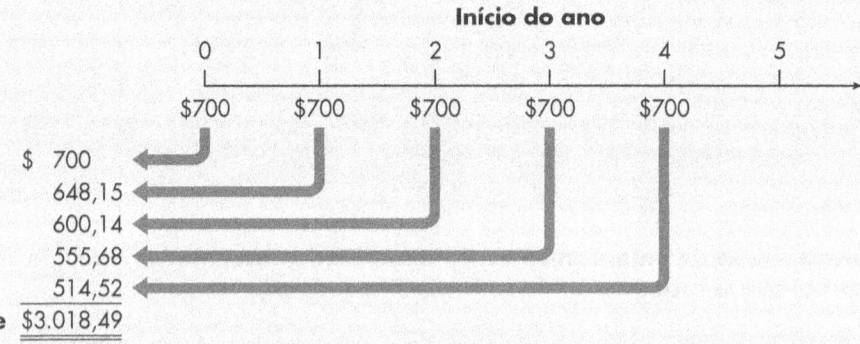

Linha do tempo para o valor presente de uma anuidade antecipada (fluxos de caixa no início do ano de $ 700, descontados a 8% ao ano, ao longo de cinco anos).

Podemos calcular o valor presente usando uma calculadora ou uma planilha.

Uso da calculadora Antes de iniciar o cálculo, mude a calculadora para o modo **BEGIN** ou use a tecla **DUE**, dependendo do modelo da calculadora. Em seguida, usando os dados apresentados na imagem ao lado, você encontrará o valor presente de $ 3.018,49 para a anuidade antecipada. (*Observação*: como quase sempre assumimos que os fluxos de caixa ocorrem no final do período, *lembre-se de voltar ao modo END após concluir seus cálculos da anuidade antecipada*.)

Uso de planilha O valor presente da anuidade antecipada também pode ser calculado como mostramos na planilha de Excel a seguir.

	A	B
1	VALOR PRESENTE DE UMA ANUIDADE ANTECIPADA	
2	Prestação anual	$ 700
3	Taxa de juros anual	8%
4	Número de anos	5
5	Valor presente	−$ 3.018,49

O conteúdo da célula B5 é =VP(B3,B4,B2,0,1).
Um sinal negativo aparece antes de $ 3.018,49, em B5, porque o valor presente da anuidade é um custo e, portanto, uma saída de caixa.

Comparação do valor presente de uma anuidade antecipada com o de uma anuidade comum

O valor presente de uma anuidade antecipada é sempre maior que o valor presente de uma anuidade comum idêntica. Podemos verificar essa afirmação comparando os valores presentes das duas anuidades da Braden Company:

Anuidade comum = $ 2.794,90 *versus* Anuidade antecipada = $ 3.018,49

Como o fluxo de caixa da anuidade antecipada ocorre no início do período, e não no final, seu valor presente é maior. Se calcularmos a diferença percentual dos valores dessas duas anuidades, veremos que a anuidade antecipada é 8% maior que a anuidade comum:

($ 3.018,49 − $ 2.794,90) · $ 2.794,90 = 0,08 = 8%

FATOS e DADOS

Anuidade comum ou antecipada?

Donald Damon, um motorista de caminhão do estado americano do Kansas, teve a maior surpresa de sua vida quando descobriu que havia ganhado na loteria no dia 11 de novembro de 2009. O prêmio anunciado da loteria foi de US$ 96,6 milhões. Damon poderia ter escolhido receber seu prêmio em 30 prestações anuais de US$ 3.220.000 (30 × US$ 3,22 milhões = US$ 96,6 milhões), mas optou por receber um montante único de US$ 48.367.329,08, cerca da metade do total do prêmio declarado.

DETERMINAÇÃO DO VALOR PRESENTE DE UMA PERPETUIDADE

Uma **perpetuidade** é uma anuidade de duração infinita. Em outras palavras, é uma anuidade que nunca deixa de fornecer a seu titular um fluxo de caixa ao final de cada ano (por exemplo, o direito de receber $ 500 no final de cada ano, para sempre).

Às vezes, é necessário encontrar o valor presente de uma perpetuidade. Por sorte, o cálculo para o valor presente de uma perpetuidade é um dos mais fáceis em finanças. Se uma perpetuidade paga um fluxo de caixa anual de FC, com início em um ano a partir de agora, o valor presente da série de fluxos de caixa é:

$$VP = FC \div i \tag{5.7}$$

Finanças pessoais — Exemplo 5.11

Ross Clark gostaria de patrocinar uma disciplina de finanças em sua universidade. A universidade informou que seriam necessários $ 200.000 por ano para sustentar a disciplina e o patrocínio poderia render 10% ao ano. Para determinar o montante que Ross deve dar à universidade para financiar a disciplina, precisamos calcular o valor presente de uma perpetuidade de $ 200.000, descontado a 10% ao ano. Usando a Equação 5.7, podemos constatar que o valor presente de uma perpetuidade com prestações de $ 200.000 por ano é de $ 2 milhões quando a taxa de juros é de 10%:

$$VP = \$ 200.000 \cdot 0,10 = \$ 2.000.000$$

Em outras palavras, para gerar $ 200.000 todos os anos por um prazo indeterminado, são necessários $ 2 milhões hoje, caso a universidade possa obter 10% em seus investimentos. Se a universidade obter 10% de juros anuais sobre os $ 2 milhões, poderá retirar $ 200.000 por ano indefinidamente.

→ **QUESTÕES PARA REVISÃO**

5.8 Qual é a diferença entre uma *anuidade comum* e uma *anuidade antecipada*? Qual delas tem valor maior? Por quê?

5.9 Quais são as formas mais eficientes de calcular o valor presente de uma anuidade comum?

5.10 Como a fórmula do valor futuro de uma anuidade comum pode ser modificada para encontrar o valor futuro de uma anuidade antecipada?

5.11 Como a fórmula do valor presente de uma anuidade comum pode ser modificada para encontrar o valor presente de uma anuidade antecipada?

5.12 O que é uma *perpetuidade*? Por que o valor presente de uma perpetuidade é igual à prestação anual dividida pela taxa de juros?

OA 04 ▶ 5.4 Séries mistas

série mista
Uma série de fluxos de caixa periódicos e desiguais, sem nenhum padrão.

Há dois tipos de série de fluxos de caixa, a anuidade e a série mista. Enquanto uma *anuidade* é uma série de fluxos de caixa periódicos e iguais, uma **série mista** é uma série de fluxos de caixa periódicos e desiguais, sem nenhum padrão. Os administradores financeiros precisam, com frequência, avaliar oportunidades que geram séries mistas de fluxos de caixa. Aqui, consideramos tanto o valor futuro como o valor presente das séries mistas.

VALOR FUTURO DE UMA SÉRIE MISTA

É simples determinar o valor futuro de uma série mista de fluxos de caixa. Determinamos o valor futuro de cada fluxo de caixa na data futura especificada e então somamos todos os valores futuros individuais para encontrar o valor futuro total.

Exemplo 5.12 ▶ A Shrell Industries, uma fabricante de gabinetes, espera receber, de um de seus clientes de pequeno porte, a seguinte série mista de fluxos de caixa durante os próximos cinco anos.

Final do ano	Fluxo de caixa
1	$ 11.500
2	14.000
3	12.900
4	16.000
5	18.000

Se a Shrell espera obter 8% sobre seus investimentos, quanto acumulará até o final do ano 5, se aplicar esses fluxos de caixa assim que forem recebidos? Essa situação é representada na linha do tempo a seguir.

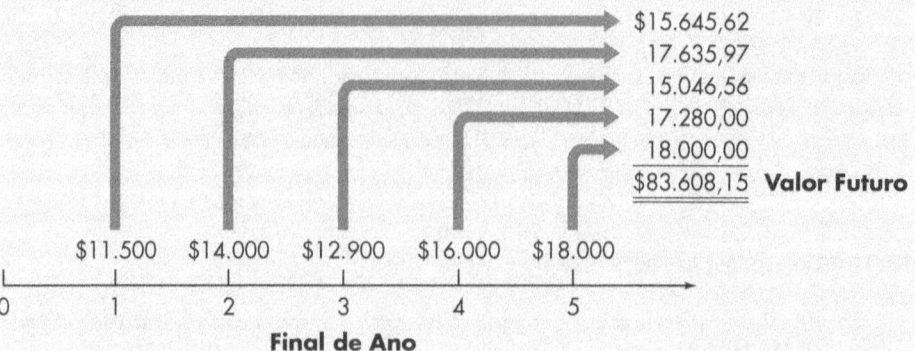

Linha do tempo para o valor futuro de uma série mista (fluxos de caixa no final do ano, capitalizados a 8% até o final do ano 5).

Uso da calculadora Infelizmente, a menos que você possa programar a sua ou tenha um dos mais avançados modelos de calculadora, a maioria delas não tem uma função que permita entrar com *todos os fluxos de caixa*, especificar a taxa de juros e calcular diretamente o valor futuro da série completa de fluxos de caixa. Felizmente, existe uma maneira de contornar essa limitação. Use a sua calculadora para encontrar o valor futuro de cada fluxo de caixa individual, como vimos no Exemplo 5.3 e então some os valores futuros individuais para obter o valor futuro de toda a série de fluxos de caixa. Somar os valores futuros individuais da série mista de fluxos de caixa da Shrell Industries resulta em um valor futuro de $ 83.608,15 ao final do quinto ano.

Uso de planilha Uma maneira relativamente simples de usar o Excel para calcular o valor futuro de uma série mista é usar a função de valor presente líquido do Excel (VPL), combinada com a função de valor futuro (VF), que discutimos anteriormente. A sintaxe da função VPL é VPL(taxa, valor1, valor2, valor3,...). O fator *taxa* se refere à taxa de juros, e valor1, valor2, valor3,... representam uma série de fluxos de caixa. A função VPL supõe que a primeira prestação da série ocorre um ano no futuro e todas as prestações subsequentes ocorrerão em intervalos de um ano.

Para encontrar primeiro o valor futuro de uma série mista, o truque é usar a função VPL para encontrar primeiro o valor presente da série mista e, em seguida, encontrar o valor futuro desse valor presente de montante único. A planilha de Excel a seguir ilustra essa abordagem (observe que o VPL é mostrado como uma saída de caixa por representar o valor presente líquido da série de custos de investimento).

	A	B
1	VALOR FUTURO DE UMA SÉRIE MISTA	
2	Ano	Fluxo de caixa
3	1	–$ 11.500
4	2	–$ 14.000
5	3	–$ 12.900
6	4	–$ 16.000
7	5	–$ 18.000
8	Taxa de juros anual	8%
9	VPL	–$ 56.902,30
10	Número de anos	5
11	Valor futuro	$ 83.608,15

O conteúdo da célula B9 é =VPL(B8,B3:B7).
O conteúdo da célula B11 é =VF(B8,B10,0,B9,0).
O sinal negativo aparece antes dos valores nas células B3:B7 porque são saídas de caixa.

VALOR PRESENTE DE UMA SÉRIE MISTA

Encontrar o valor presente de uma série mista de fluxos de caixa é semelhante a encontrar o valor futuro de uma série mista. Determinamos o valor presente de cada quantia futura e então somamos todos os valores presentes individuais para obter o valor presente total.

Exemplo 5.13

A Frey Company, uma fabricante de calçados, tem a oportunidade de receber a seguinte série mista de fluxos de caixa nos próximos cinco anos.

Final do ano	Fluxo de caixa
1	$ 400
2	800
3	500
4	400
5	300

Se a empresa precisa obter pelo menos 9% sobre seus investimentos, qual é o máximo que ela deveria pagar por essa oportunidade? Essa situação é representada na linha do tempo a seguir.

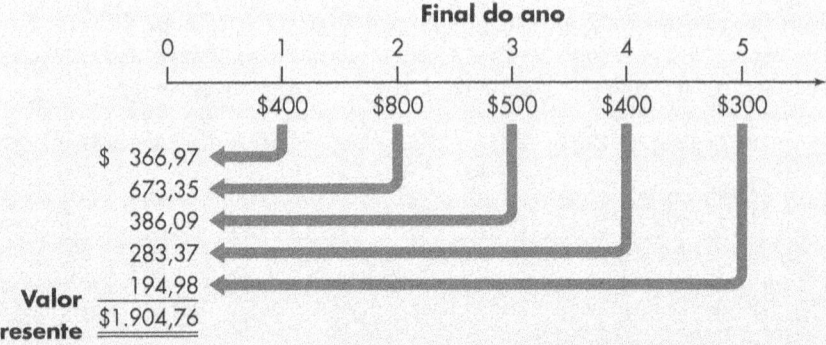

Linha do tempo para o valor presente de uma série mista (fluxos de caixa no final do ano, descontados a 9% durante o número correspondente de anos).

Uso da calculadora Você pode usar uma calculadora para encontrar o valor presente de cada fluxo de caixa individual, como vimos anteriormente, e depois somar os valores presentes para obter o valor presente da série. No entanto, a maioria das calculadoras financeiras possui uma função que permite inserir *todos os fluxos de caixa*, especificar a taxa de desconto e calcular diretamente o valor presente da série toda de fluxos de caixa. Consulte o manual da sua calculadora para verificar o procedimento dessa função (normalmente as calculadoras financeiras possuem um registro de fluxo de caixa). O valor presente da série de fluxos de caixa da Frey Company, obtido usando uma calculadora, é de $ 1.904,76.

Uso de planilha Para calcular o valor presente de uma série mista no Excel, vamos usar a função VPL. O valor presente da série mista de fluxos de caixa futuros pode ser calculado como mostramos na planilha de Excel a seguir.

	A	B
1	VALOR FUTURO DE UMA SÉRIE MISTA	
2	Ano	Fluxo de caixa
3	1	$ 400
4	2	$ 800
5	3	$ 500
6	4	$ 400

(continua)

	(continuação)	
7	5	$ 300
8	Taxa de juros anual	9%
9	Valor presente	$ 1.904,76
O conteúdo da célula B9 é =VPL(B8,B3:B7).		

→ **QUESTÃO PARA REVISÃO**

5.13 Como podemos calcular o valor futuro de uma série mista de fluxos de caixa? Como podemos calcular o valor presente de uma série mista de fluxos de caixa?

5.5 Capitalização de juros com frequência maior que a anual

Muitas vezes, os juros são capitalizados com frequência maior que uma vez ao ano. As instituições de poupança capitalizam juros semestralmente, trimestralmente, mensalmente, semanalmente, diariamente ou até continuamente. Nesta seção, serão discutidas diversas questões e técnicas relacionadas a esses intervalos de capitalização mais frequentes.

CAPITALIZAÇÃO SEMESTRAL

A **capitalização semestral** de juros envolve dois períodos de capitalização em um ano. Em vez de a taxa de juros declarada ser paga uma vez por ano, metade da taxa de juros declarada é paga duas vezes por ano.

capitalização semestral
Capitalização de juros em dois períodos no ano.

Finanças pessoais
Exemplo 5.14

Fred Moreno decidiu aplicar $ 100 em uma conta poupança que rende 8% de juros *capitalizados semestralmente*. Se ele deixar o dinheiro na conta por 24 meses (dois anos), receberá 4% de juros capitalizados por quatro períodos, cada um com seis meses de duração. A Tabela 5.3 mostra que, no final de 12 meses (um ano), com 8% de capitalização semestral, Fred terá $ 108,16; e no final de 24 meses (dois anos), ele terá $ 116,99.

Tabela 5.3 Valor futuro de um investimento de $ 100 a 8% de juros capitalizados semestralmente por 24 meses (dois anos)

Período	Principal inicial	Cálculo do valor futuro	Valor futuro no final do período
6 meses	$ 100,00	100,00 × (1 + 0,04) =	$ 104,00
12 meses	104,00	104,00 × (1 + 0,04) =	$ 108,16
18 meses	108,16	108,16 × (1 + 0,04) =	$ 112,49
24 meses	112,49	112,49 × (1 + 0,04) =	$ 116,99

CAPITALIZAÇÃO TRIMESTRAL

capitalização trimestral
Capitalização de juros em quatro períodos no ano.

A **capitalização trimestral** de juros envolve quatro períodos de capitalização em um ano. Um quarto da taxa de juros declarada é pago quatro vezes por ano.

IRF Finanças pessoais
Exemplo 5.15

Fred Moreno encontrou uma instituição que lhe pagará 8% de juros *capitalizados trimestralmente*. Se ele deixar o dinheiro na conta por 24 meses (dois anos), receberá 2% de juros capitalizados por oito períodos, cada um com três meses de duração. A Tabela 5.4 mostra o montante que Fred terá ao final de cada período. No final de 12 meses (um ano), com 8% capitalizados trimestralmente, Fred terá $ 108,24; e no final de 24 meses (dois anos), terá $ 117,17.

Tabela 5.4 Valor futuro de um investimento de $ 100 a 8% de juros capitalizados trimestralmente por 24 meses (dois anos)

Período	Principal inicial	Cálculo do valor futuro	Valor futuro no final do período
3 meses	$ 100,00	100,00 × (1 + 0,02) =	$ 102,00
6 meses	102,00	102,00 × (1 + 0,02) =	104,04
9 meses	104,04	104,04 × (1 + 0,02) =	106,12
12 meses	106,12	106,12 × (1 + 0,02) =	108,24
15 meses	108,24	108,24 × (1 + 0,02) =	110,41
18 meses	110,41	110,41 × (1 + 0,02) =	112,62
21 meses	112,62	112,62 × (1 + 0,02) =	114,87
24 meses	114,87	114,87 × (1 + 0,02) =	117,17

Tabela 5.5 Valor futuro no final dos anos 1 e 2 do investimento de $ 100 a 8% de juros capitalizados a diferentes períodos

	Período de capitalização		
Final do ano	Anual	Semestral	Trimestral
1	$ 108,00	$ 108,16	$ 108,24
2	116,64	116,99	117,17

A Tabela 5.5 compara os valores do investimento de $ 100 de Fred Moreno no final dos anos 1 e 2, considerando períodos de capitalização anual, semestral e trimestral, à taxa de 8%. A tabela mostra que, quanto *maior a frequência de capitalização dos juros*, maior o montante acumulado. Essa afirmação é verdadeira para *qualquer taxa de juros, por qualquer período de tempo*.

EQUAÇÃO GERAL PARA CAPITALIZAÇÃO MAIS FREQUENTE DO QUE UMA VEZ AO ANO

A fórmula de valor futuro, apresentada na Equação 5.1, pode ser reescrita para uso quando a capitalização ocorrer com mais frequência. Se m for igual ao número de vezes no ano em que os juros são capitalizados, a fórmula para o valor futuro de um montante único passa a ser:

$$VF_n = VP \times \left(1 + \frac{i}{m}\right)^{m \times n} \quad (5.8)$$

Se $m = 1$, a Equação 5.8 transforma-se na Equação 5.1. Desse modo, para juros capitalizados anualmente, a Equação 5.8 levará ao mesmo resultado que a Equação 5.1. O uso geral da Equação 5.8 pode ser ilustrado com um exemplo simples.

IRF Finanças pessoais — Exemplo 5.16

Nos exemplos anteriores, calculamos o montante que Fred Moreno teria no final de dois anos se ele depositasse $ 100 a 8% de juros capitalizados semestralmente ou trimestralmente. Para capitalização semestral, m seria igual a 2 na Equação 5.8; para capitalização trimestral, m seria igual a 4. Substituindo os valores apropriados para capitalização semestral e trimestral na Equação 5.7, temos que:

1. Para *capitalização semestral*:

$$VF_2 = \$100 \times \left(1 + \frac{0{,}08}{2}\right)^{2 \times 2} = \$100 \times (1 + 0{,}04)^4 = \$116{,}99$$

2. Para *capitalização trimestral*:

$$VF_2 = \$100 \times \left(1 + \frac{0{,}08}{4}\right)^{4 \times 2} = \$100 \times (1 + 0{,}02)^8 = \$117{,}17$$

Esses resultados são iguais aos valores para VF_2 nas tabelas 5.4 e 5.5.

Se os juros fossem capitalizados mensalmente, semanalmente ou diariamente, m seria igual a 12, 52, ou 365, respectivamente.

USO DE FERRAMENTAS COMPUTACIONAIS PARA CAPITALIZAÇÃO MAIS FREQUENTE DO QUE UMA VEZ AO ANO

Podemos simplificar o processo de cálculo usando uma calculadora ou planilha eletrônica.

IRF Finanças pessoais — Exemplo 5.17

Fred Moreno queria encontrar o valor futuro de $ 100 investidos a 8% de juros capitalizados, tanto semestralmente quanto trimestralmente, por dois anos

Uso da calculadora Se a calculadora fosse usada para o cálculo de capitalização semestral, o número de períodos seria de 4 e a taxa de juros seria de 4%. O valor futuro de $ 116,99 apareceria no visor da calculadora como mostra a imagem a seguir à esquerda.

Para o caso de capitalização trimestral, o número de períodos seria de 8 e a taxa de juros seria de 2%. O valor futuro de $ 117,17 apareceria no visor da calculadora, como mostra a imagem a seguir à direita.

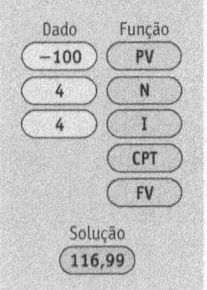
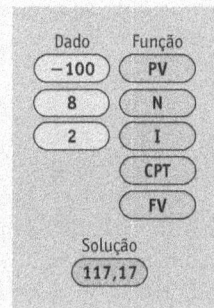

Uso de planilha O valor futuro de montante único com capitalização semestral e trimestral também pode ser calculado como mostra a planilha de Excel a seguir.

	A	B
1	VALOR FUTURO DE UM MONTANTE ÚNICO COM CAPITALIZAÇÃO SEMESTRAL E TRIMESTRAL	
2	Valor presente	–$ 100
3	Taxa de juros anual	8%
4	Frequência de capitalização: semestral	2
5	Número de anos	2
6	Valor futuro com capitalização semestral	$ 116,99
7	Valor presente	–$ 100
8	Taxa de juros anual	8%
9	Frequência de capitalização: trimestral	4
10	Número de anos	2
11	Valor futuro com capitalização trimestral	$ 117,17

O conteúdo da célula B6 é =VF(B3/B4,B5*B4,0,B2,0).
O conteúdo da célula B11 é =VF(B8/B9,B10*B9,0,B7,0).
Um sinal negativo aparece antes de $ 100, em B2 e B7, porque o custo do investimento é tratado como uma saída de caixa.

CAPITALIZAÇÃO CONTÍNUA

capitalização contínua
Capitalização de juros literalmente o tempo todo. Equivalente a juros capitalizados a um número infinito de vezes por ano.

Em casos extremos, os juros podem sofrer **capitalização contínua**. Nesse caso, os juros são capitalizados a cada segundo (ou até a cada nanossegundo) — literalmente, os juros são capitalizados o tempo todo. Nesse caso, o elemento m da Equação 5.8 tende ao infinito. Por meio do uso de cálculos, sabemos que quando m se aproxima do infinito, a Equação 5.8 converge para:

$$VF_n = (VP) \times (e^{i \times n}) \tag{5.9}$$

Nesse caso, e é a função exponencial,[2] que tem o valor aproximado de 2,7183.

---

[2] A maioria das calculadoras tem a função exponencial, normalmente indicada por e^x. O uso dessa tecla é especialmente útil no cálculo do valor futuro quando os juros são capitalizados continuamente.

Para encontrar o valor no final de dois anos ($n = 2$) do depósito de $ 100 de Fred Moreno (VP = $ 100) em uma conta poupança que rende 8% de juros anuais (i = 0,08) capitalizados continuamente, podemos substituir na Equação 5.9:

VF_2 (capitalização contínua) = $ 100 × $e^{0,08 \times 2}$
= $ 100 × $2,7183^{0,16}$
= $ 100 × 1,1735 = $ 117,35

Finanças pessoais
Exemplo 5.18

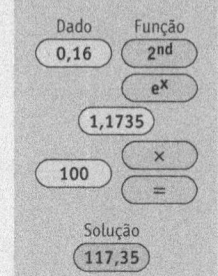

Uso da calculadora Para encontrar esse valor usando a calculadora, você precisa primeiro encontrar o valor de $e^{0,16}$, digitando 0,16, depois pressionando a tecla **2ⁿᵈ** e, em seguida, a tecla **eˣ** para obter 1,1735. A seguir, multiplique esse valor por $ 100 para chegar ao valor futuro de $ 117,35, como mostra a imagem da calculadora ao lado. (*Observação*: em algumas calculadoras, pode não ser necessário pressionar a tecla **2ⁿᵈ** antes da tecla **eˣ**.)

Uso de planilha O valor futuro do montante único com capitalização contínua do depósito de Fred também pode ser calculado como mostramos na planilha de Excel a seguir.

	A	B
1	VALOR FUTURO DE UM MONTANTE ÚNICO COM CAPITALIZAÇÃO CONTÍNUA	
2	Valor presente	$ 100
3	Taxa de juros anual, capitalizada continuamente	8%
4	Número de anos	2
5	Valor futuro com capitalização contínua	$ 117,35
O conteúdo da célula B5 é =B3*EXP(B3*B4).		

O valor futuro com capitalização contínua, portanto, é de $ 117,35. Como esperado, o valor capitalizado continuamente é maior que o valor futuro com juros capitalizados semestralmente ($ 116,99) ou trimestralmente ($ 117,17). De fato, a capitalização contínua resulta em um valor futuro maior do que qualquer outra frequência de capitalização.

TAXAS DE JUROS ANUAIS NOMINAL E EFETIVA

Tanto as empresas quanto os investidores precisam fazer comparações objetivas de custos de captação de empréstimos ou rendimentos de investimentos ao longo de diferentes períodos de capitalização. Para colocar as taxas de juros em uma base comum, de modo a permitir comparações, é preciso distinguir as taxas anuais nominal e efetiva. A **taxa nominal (ou declarada) anual**, é a taxa de juros anual contratual cobrada por um credor ou prometida a um mutuário. A **taxa efetiva (ou verdadeira) anual** (**EAR** – *effective anual rate*) é a taxa de juros anual realmente paga ou recebida. A taxa efetiva anual reflete os efeitos da frequência de capitalização, ao passo que a taxa nominal anual não reflete essa frequência.

taxa nominal (ou declarada) anual
Taxa de juros anual contratual cobrada por um credor ou prometida a um mutuário.

taxa efetiva (ou verdadeira) anual — EAR
A taxa de juros anual efetivamente paga ou recebida.

Usando a notação apresentada anteriormente, podemos calcular a taxa efetiva anual, EAR, substituindo os valores da taxa nominal anual, i, e da frequência de capitalização, m, na seguinte equação:

$$EAR = \left(1 + \frac{i}{m}\right)^m - 1 \quad (5.10)$$

Podemos aplicar a Equação 5.10 utilizando os dados de exemplos anteriores.

Finanças pessoais Exemplo 5.19

Fred Moreno deseja encontrar a taxa efetiva anual associada à taxa nominal anual de 8% ($i = 0{,}08$) quando os juros são capitalizados: (1) anualmente ($m = 1$), (2) semestralmente ($m = 2$) e (3) trimestralmente ($m = 4$). Substituindo esses valores na Equação 5.10, temos:

1. Para a *capitalização anual*:

$$EAR = \left(1 + \frac{0{,}08}{1}\right)^1 - 1 = (1 + 0{,}08)^1 - 1 = 1 + 0{,}08 - 1 = 0{,}08 = 8\%$$

2. Para a *capitalização semestral*:

$$EAR = \left(1 + \frac{0{,}08}{2}\right)^2 - 1 = (1 + 0{,}04)^2 - 1 = 1{,}0816 - 1 = 0{,}0816 = 8{,}16\%$$

3. Para a *capitalização trimestral*:

$$EAR = \left(1 + \frac{0{,}08}{4}\right)^4 - 1 = (1 + 0{,}02)^4 - 1 = 1{,}0824 - 1 = 0{,}0824 = 8{,}24\%$$

Uso da calculadora Para encontrar o valor de *EAR* usando uma calculadora, primeiro você precisa inserir a taxa nominal anual e a frequência de capitalização no ano. A maioria das calculadoras financeiras tem uma tecla **NOM** para inserir a taxa nominal e uma tecla **P/Y** ou **C/Y** para inserir a frequência de capitalização no ano. Uma vez introduzidos esses valores, pressione a tecla **EFF** ou **CPT** para obter a taxa efetiva anual correspondente.

Uso de planilha As conversões de taxas de juros são feitas facilmente no Excel usando as funções EFETIVA e NOMINAL. Para encontrar a *EAR*, usando a função EFETIVA, você precisa inserir a taxa nominal anual e a frequência de capitalização. Para calcular a taxa nominal anual (*APR*), usando a função NOMINAL, você precisa inserir a *EAR* e a frequência de capitalização. As conversões das taxas de juros de 8% *APR para EAR* semestral e *de EAR* trimestral de volta para 8% *APR* são mostradas na planilha de Excel a seguir.

	A	B
1	CONVERSÃO DA TAXA DE JUROS ANUAL NOMINAL VERSUS EFETIVA	
2	Taxa de juros nominal anual	8%
3	Frequência de capitalização: semestral	2
4	Taxa de juros efetiva anual	8,16%
5	Taxa de juros nominal anual	8%
6	Frequência de capitalização: trimestral	4
7	Taxa de juros efetiva anual	8,24%
O conteúdo da célula B4 é =EFETIVA(B2,B3).		
O conteúdo da célula B5 é =NOMINAL(B7,B6).		

Esses valores demonstram dois pontos importantes. Primeiro, as taxas nominal e efetiva são equivalentes para capitalização anual. Segundo, a taxa efetiva anual cresce com o aumento da frequência de capitalização até o limite da *capitalização contínua*.[3]

---

[3] A taxa anual efetiva para este caso extremo pode ser encontrada usando a equação:

$$EAR \text{ (capitalização contínua)} = e^i - 1 \quad (5.10a)$$

Para a taxa nominal anual de 8% ($i = 0{,}08$), a substituição na Equação 5.10a resulta em uma taxa efetiva anual de:

$$e^{0{,}08} - 1 = 1{,}0833 - 1 = 0{,}0833 = 8{,}33\%$$

no caso de capitalização contínua. Essa é a taxa efetiva anual mais alta que se pode atingir com uma taxa nominal de 8%.

Para um exemplo de EAR relacionado a adiantamento de salário, com discussão de questões éticas envolvidas, veja o quadro *Foco na Ética*.

No nível do consumidor, as "leis de transparência em financiamento" exigem a divulgação, nos contratos de cartão de crédito e de empréstimos, da **taxa percentual anual** (**APR** — *anual percentage rate*). A APR é a *taxa nominal anual*, que é encontrada multiplicando-se a taxa do período pelo número de períodos em um ano. Por exemplo, um cartão de crédito de um banco que cobra 1,5% ao mês (a taxa do período) teria uma APR de 18% (1,5% ao mês   12 meses por ano).

As "leis de transparência nas aplicações em poupança", por sua vez, exigem que os bancos divulguem o **rendimento percentual anual** (**APY** — *anual percentage yield*) de seus produtos de poupança. O APY é a *taxa efetiva anual* que rende um produto de poupança. Por exemplo, uma conta de poupança que rende 0,5% ao mês teria um APY de 6,17% [$(1,005)^{12} - 1$].

Divulgar as taxas de juros de empréstimo com a menor taxa nominal anual (APR) e as taxas de juros de poupança com a maior taxa efetiva anual (APY) oferece duas vantagens. Primeiro, tende a padronizar a divulgação para os consumidores. Segundo, permite que as instituições financeiras divulguem taxas de juros mais atrativas: baixas taxas para empréstimo e altas taxas para poupança.

taxa percentual anual (APR)
A *taxa de juros nominal anual*, obtida multiplicando-se a taxa do período pelo número de períodos em um ano, que deve ser divulgada aos consumidores de cartões de crédito e de empréstimos, em razão das "leis de transparência em financiamento".

rendimento percentual anual (APY)
A *taxa de juros efetiva anual* que deve ser divulgada pelos bancos a seus consumidores de produtos de poupança, em razão das "leis de transparência em poupança".

→ **QUESTÕES PARA REVISÃO**

5.14 Qual o efeito da capitalização mais frequente do que uma vez ao ano: (a) no valor futuro e (b) na *taxa efetiva anual* (EAR)? Por quê?

5.15 Como o valor futuro de um depósito sujeito à capitalização contínua se compara ao valor obtido pela capitalização anual?

5.16 Distinga uma *taxa nominal anual* e uma *taxa efetiva anual* (*EAR*). Defina *taxa percentual anual* (*APR*) e *rendimento percentual anual* (*APY*).

Foco na ÉTICA

A "Check into Cash" é justa?

na prática Em 1993, foi aberta a primeira loja da rede Check Into Cash, em Cleveland, Tennessee. Hoje, existem mais de 1.100 pontos da rede e um número estimado de 22.000 tomadores de empréstimos do tipo adiantamento salarial nos Estados Unidos. Não há dúvida quanto à demanda por tais organizações, mas o debate continua sobre a "justiça" dos empréstimos do tipo adiantamento salarial.

Um adiantamento salarial é um empréstimo de pequeno valor, sem garantia e de curto prazo, que varia de US$ 100 a US$ 1.000 (dependendo do Estado norte-americano), oferecido por um financiador como a Check Into Cash. Este tipo de empréstimo pode resolver problemas temporários de fluxo de caixa, sem emissão de cheque ou multa de mora. Para obter um empréstimo desse tipo, basta o tomador emitir um cheque pré-datado no valor desejado, acrescido da tarifa de crédito. A Check Into Cash mantém os cheques até o dia do pagamento do salário, quando os empréstimos são pagos pessoalmente ou o cheque é apresentado ao banco para pagamento.

Embora os tomadores desse tipo de empréstimo geralmente paguem uma tarifa fixa em vez de juros, é o valor da tarifa em relação ao valor do empréstimo que incomoda os críticos da modalidade. A tarifa típica é de US$ 15 para cada US$ 100 emprestados. As empresas concedentes desse tipo de empréstimo, que pertencem à Community Financial Services Association of America (CFSA), uma organização dedicada à promoção da regulação responsável do setor, impõem a seus membros um limite de no máximo quatro refinanciamentos do montante original emprestado. Desse modo, um tomador que refinancia um empréstimo inicial de US$ 100, pelo máximo de quatro vezes, acumularia um total de US$ 75 em tarifas em um período de dez semanas. Anualizadas, as tarifas atingiriam exorbitantes 391%.

Uma taxa anual de 391% é um custo enorme em comparação aos juros cobrados em empréstimos imobiliários, empréstimo pessoal e até cartões de crédito. Entretanto, os defensores do setor apresentam os seguintes argumentos: a maioria das pessoas que recorre a esses empréstimos o faz porque não há recursos disponíveis por meio de empréstimos convencionais, ou porque esses empréstimos evitam multa ou tarifa bancária onerosas. Segundo a Check Into Cash, o custo de US$ 100 no cheque especial é de US$ 26,90, a taxa de atraso sobre US$ 100 no cartão de crédito é de US$ 37 e a multa por atraso/tarifa de desligamento em uma conta de luz de US$ 100 é de US$ 46,16. A Bankrate.com, relata que as tarifas por insuficiência de fundos são, em média, de US$ 26,90 por ocorrência.

Um empréstimo desse tipo pode ser útil, por exemplo, se você tiver seis cheques pendentes no momento em que é notificado que o primeiro cheque foi devolvido por insuficiência de fundos e foi cobrada uma multa de US$ 26. Um empréstimo desse tipo poderia evitar encargos subsequentes de US$ 26 para cada um dos cinco cheques restantes e lhe daria tempo para reorganizar suas finanças. Quando usado com critério, essa modalidade de empréstimo pode ser uma opção viável para enfrentar um problema de fluxo de caixa de curto prazo, apesar do alto custo. Usado de maneira irresponsável, ou por alguém que dependa disso para pagar as contas, esses empréstimos podem causar sérios danos às finanças pessoais.

- *Os 391% mencionados acima são uma taxa nominal anual [15% × (365/14)]. Sendo assim, a taxa quinzenal (15%) deveria ser capitalizada para calcular a taxa de juros efetiva anual?*

5.6 Aplicações especiais do valor do dinheiro no tempo

As técnicas de valor futuro e do valor presente têm várias aplicações importantes em finanças. Estudaremos quatro delas nesta seção: (1) determinação dos depósitos necessários para acumular um montante futuro, (2) amortização de empréstimo, (3) determinação de taxas de juros ou de crescimento e (4) determinação de um número desconhecido de períodos.

DETERMINAÇÃO DOS DEPÓSITOS NECESSÁRIOS PARA ACUMULAR UM MONTANTE FUTURO

Suponha que você queira comprar uma casa daqui a cinco anos e estima que será necessário uma entrada de $ 30.000 no momento da compra. Para acumular os $ 30.000, você quer fazer depósitos anuais e iguais ao final de cada ano em uma conta que rende juros anuais de 6%. A solução desse problema está intimamente relacionada ao processo de encontrar o valor futuro de uma anuidade. É preciso determinar o valor da anuidade que resultará em um montante único igual a $ 30.000 no final do ano 5.

No início do capítulo, apresentamos a Equação 5.3 para determinar o valor futuro de uma anuidade comum que fazia um pagamento, FC, a cada ano. Neste nosso problema, conhecemos o valor futuro que queremos alcançar, $ 30.000, mas queremos determinar o valor do depósito anual que deveria ser feito para alcançar esse objetivo. Resolvendo a Equação 5.3 para encontrar FC, temos:

$$FC = VF_n \div \left\{ \frac{[(1 + i)^n - 1]}{i} \right\} \quad (5.11)$$

Para fins de praticidade, para resolver problemas como este, os analistas quase sempre usam a calculadora ou o Excel, como demonstramos no exemplo a seguir.

> **Finanças pessoais**
> **Exemplo 5.20**

Como acabamos de afirmar, você quer determinar os depósitos anuais e iguais, ao final do ano, necessários para acumular $ 30.000 no final de cinco anos, dada uma taxa de juros de 6%.

Uso da calculadora Usando as entradas da calculadora e os dados mostrados na imagem ao lado, você encontrará o valor do depósito anual de $ 5.321,89. Assim, se $ 5.321,89 forem depositados no final de cada ano durante cinco anos a juros de 6%, haverá $ 30.000 na data futura especificada.

Uso de planilha No Excel, o cálculo do fluxo de caixa anual que ajuda você a acumular os $ 30.000 implica usar a função PAGAMENTO (PRESTAÇÃO). A sintaxe é PGTO(taxa,nper,vp,vf,tipo). Todos os itens dessa função já foram descritos anteriormente. A planilha de Excel a seguir ilustra como usar essa função para encontrar o depósito anual necessário para poupar $ 30.000.

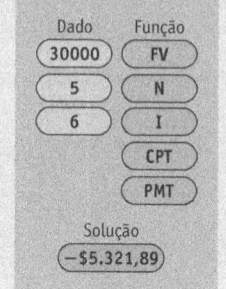

	A	B
1	VALOR DOS DEPÓSITOS ANUAIS PARA ACUMULAR UM MONTANTE FUTURO	
2	Valor futuro	$ 30.000
3	Taxa de juros anual	6%
4	Número de anos	5
5	Prestação anual	−$ 5.321,89

O conteúdo da célula B5 é =PGTO(B3,B4,0,B2,0).
Um sinal negativo aparece antes do pagamento da anuidade, em B5, porque os depósitos são saídas de caixa para o investidor.

AMORTIZAÇÃO DE EMPRÉSTIMO

O termo **amortização de empréstimo** refere-se à determinação de pagamentos iguais e periódicos de empréstimo. Esses pagamentos proporcionam ao credor um determinado retorno de juros e a quitação do principal do empréstimo ao longo de um dado período. O processo de amortização de empréstimo envolve a determinação das prestações futuras ao longo do prazo do empréstimo, cujo valor presente, à taxa de juros do empréstimo, é igual ao montante do principal inicialmente emprestado. Os credores usam uma **planilha de amortização de empréstimo** para determinar os valores dessas prestações e o rateio de cada uma a juros e principal. No caso de hipotecas imobiliárias, essas tabelas são usadas para encontrar as prestações *mensais* iguais necessárias para *amortizar*, ou quitar, a hipoteca a uma taxa de juros determinada e em um período de 15 a 30 anos.

A amortização de um empréstimo envolve a criação de uma anuidade a partir de um valor presente. Por exemplo, digamos que você tomou emprestado $ 6.000 a 10% e concorde em fazer pagamentos anuais iguais, no final de cada ano, ao longo de quatro anos. Para encontrar o valor dos pagamentos, o credor determina o valor de uma anuidade de quatro anos, descontada a 10% ao ano e com valor presente de $ 6.000.

No início do capítulo, a Equação 5.4 demonstrou como encontrar o valor presente de uma anuidade comum dados o número de períodos, a taxa de juros e o pagamento periódico da anuidade. Podemos reformular essa equação para calcular o pagamento, nosso objetivo neste problema:

$$FC = (VP \times i) \div \left[1 - \frac{1}{(1+i)^n} \right] \qquad (5.12)$$

amortização de empréstimo
A determinação de pagamentos periódicos e iguais de empréstimo necessários para proporcionar ao credor um retorno de juros e a quitação do principal do empréstimo ao longo de um dado período.

planilha de amortização de empréstimo
Uma planilha utilizada para determinar prestações iguais para quitar um empréstimo. Mostra o rateio de cada prestação a juros e principal.

Finanças pessoais
Exemplo 5.21

Como acabamos de afirmar, você quer determinar os pagamentos anuais e iguais, no final de cada ano, necessários para amortizar totalmente um empréstimo de $ 6.000, a 10% ao ano, com prazo de quatro anos.

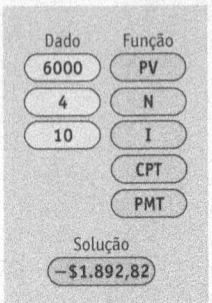

Uso da calculadora Usando as entradas da calculadora e os dados mostrados na imagem ao lado, você encontrará o valor da prestação anual de $ 1.892,82. Assim, para pagar os juros e o principal de um empréstimo de $ 6.000, a 10% ao ano, em quatro anos, são necessários pagamentos anuais e iguais, no final de cada ano, de $ 1.892,82.

O rateio de cada prestação a juros e principal pode ser vista nas colunas 3 e 4 da *planilha de amortização de empréstimo* (Tabela 5.6). A parte de cada prestação correspondente aos juros (coluna 3) diminui ao longo do período e a parte correspondente à amortização do principal (coluna 4) aumenta. Esse padrão é típico dos empréstimos amortizados. À medida que se reduz o principal, o componente de juros diminui, deixando uma proporção maior de cada prestação subsequente para pagar o principal.

Uso de planilha O pagamento anual para quitar o empréstimo também pode ser calculado como mostra a primeira planilha de Excel deste exemplo. A planilha de amortização, mostrada na Tabela 5.6, rateando cada prestação a juros e principal, pode ser calculado com precisão como mostra a segunda planilha de Excel deste exemplo.

Tabela 5.6 — Planilha de amortização de empréstimo (principal de $ 6.000, 10% de juros, período de pagamento de quatro anos)

		Pagamentos			
Final do ano	Principal no início do ano (1)	Prestação (2)	Juros [(0,10) × (1)] (3)	Principal [(2) − (3)] (4)	Principal no final do ano [(1) − (4)] (5)
1	$ 6.000,00	$ 1.892,82	$ 600,00	$ 1.292,82	$ 4.707,18
2	4.707,18	1.892,82	470,72	1.422,10	3.285,08
3	3.285,08	1.892,82	328,51	1.564,31	1.720,77
4	1.720,77	1.892,82	172,08	1.720,74	—ª

ª Devido ao arredondamento, há uma pequena diferença ($ 0,03) entre o principal no início do ano 4 (coluna 1) e o pagamento do principal no ano 4 (coluna 4).

	A	B
1	PRESTAÇÃO ANUAL PARA QUITAR UM EMPRÉSTIMO	
2	Valor presente	$ 6.000
3	Taxa de juros anual	10%
4	Número de anos	4
5	Prestação anual	−$ 1.892,82

O conteúdo da célula B5 é =PGTO(B3,B4,B2,0,0).
O sinal negativo aparece antes da prestação, em B5, porque os pagamentos de empréstimo são saídas de caixa para o tomador do empréstimo.

	A	B	C	D	E
1	PLANILHA DE AMORTIZAÇÃO DE EMPRÉSTIMO				
2		Principal do empréstimo		$ 6.000	
3		Taxa de juros anual		10%	
4		Número de anos		4	
5		Prestações anuais			
6	Ano	Total	Juros	Principal	Principal no final do ano
7	0				$ 6.000,00
8	1	–$ 1.892,82	–$ 600,00	–$ 1.292,82	$ 4.707,18
9	2	–$ 1.892,82	–$ 470,72	–$ 1.422,11	$ 3.285,07
10	3	–$ 1.892,82	–$ 328,51	–$ 1.564,32	$ 1.720,75
11	4	–$ 1.892,82	–$ 172,07	–$ 1.720,75	$ 0,00

Conteúdo das principais células
Célula B8 é =PGTO(D3,D4,D2,0,0), copiar para B9:B11
Célula C8 é =PGTO(D3,D4,D2,0,0), copiar para C9:C11
Célula D8 é =PGTO(D3,D4,D2,0,0), copiar para D9:D11
Célula E8 é =E7-D8, copiar para E9:E11
O sinal negativo aparece antes das prestações porque são saídas de caixa para o tomador do empréstimo.

Para atrair compradores que não poderiam dispor imediatamente de hipotecas de 15 a 30 anos de pagamentos anuais e iguais, os credores oferecem hipotecas com taxas de juros ajustadas em determinados pontos. O quadro *Foco na Prática*, discute como tais hipotecas funcionaram para alguns mutuários "*subprime*".

Foco na PRÁTICA

Novo século traz problemas para hipotecas *subprime*

na prática Com o boom do mercado imobiliário no final do século 20 e início do século 21, a participação de mercado das hipotecas *subprime* aumentou de praticamente 0%, em 1997, para cerca de 20% das hipotecas originadas em 2006. Vários fatores impulsionaram o rápido crescimento dos empréstimos para tomadores com problemas de crédito, incluindo um ambiente de baixa taxa de juros, padrões frouxos de subscrição e inovações no financiamento de hipotecas, tais como "programas de acessibilidade" para aumentar as taxas de propriedade de imóveis entre os tomadores de baixa renda.

A hipoteca híbrida de taxa ajustável (ARM) se revelou particularmente atraente para os novos compradores de imóveis residenciais, com uma taxa de juros inicial baixa que se elevava após um determinado período de tempo. As taxas de juros iniciaram uma tendência de elevação constante no final de 2004. Em 2006, cerca de $ 300 bilhões em ARMs foram corrigidos a taxas mais elevadas. Em um mercado com preços de imóveis residenciais em ascensão, um mutuário tem a opção de refinanciar a hipoteca, usando parte do capital criado pelo valor crescente do imóvel para reduzir o pagamento da hipoteca. Depois de 2006, contudo, os preços dos imóveis residenciais entraram em queda durante três anos, de modo que o refinanciamento deixou de ser uma opção para muitos mutuários *subprime*. Em vez disso, os mutuários em dificuldades poderiam tentar convencer seus credores a permitir uma "venda a descoberto", na qual o mu-

tuário vende a casa pelo preço que o mercado estiver disposto a pagar e o credor concorda em aceitar o produto da venda como liquidação da dívida hipotecária. Para credores e mutuários, a execução da hipoteca é a última e a pior opção.
- *Como uma reação aos problemas na área do subprime, os credores apertaram os padrões de crédito. Que efeito, na sua opinião, essa mudança teve no mercado imobiliário?*

DETERMINAÇÃO DE TAXAS DE JUROS OU DE CRESCIMENTO

Muitas vezes é necessário calcular a taxa anual de juros compostos ou *taxa de crescimento* (isto é, a taxa anual de variação dos valores) de uma série de fluxos de caixa. Exemplos incluem encontrar a taxa de juros de um empréstimo, a taxa de crescimento das vendas e a taxa de crescimento dos lucros. Ao fazer isso, usamos novamente a Equação 5.1. Neste caso, queremos calcular a taxa de juros (ou taxa de crescimento) que representa o aumento do valor de algum investimento entre dois períodos de tempo. Resolvendo a Equação 5.1 para *i*, temos:

$$i = \left(\frac{VF_n}{VP}\right)^{1/n} - 1 \qquad (5.13)$$

A situação mais simples é aquela em que o valor de um investimento aumentou com o tempo e você quer saber a taxa anual de crescimento (isto é, juros) que é representada pelo aumento do investimento.

Finanças pessoais Exemplo 5.22

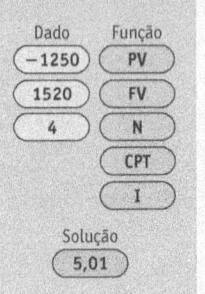

Há quatro anos, Ray Noble fez um investimento de $ 1.250. Hoje o investimento vale $ 1.520. Qual foi a taxa de retorno anual composta que Ray ganhou com esse investimento? Substituindo os valores apropriados na Equação 5.13, temos:

$$i = (\$\,1.520 \div \$\,1.250)^{(1/4)} - 1 = 0{,}0501 = 5{,}01\% \text{ por ano}$$

Uso da calculadora Usando uma calculadora para encontrar a taxa de juros ou de crescimento, tratamos o primeiro valor como valor presente, *VP*, e o último como valor futuro, VF_n. (*Observação*: a maioria das calculadoras exige que o valor VP ou o VF seja digitado como número negativo para calcular uma taxa de juros ou de crescimento desconhecida. Essa é a abordagem utilizada aqui.) Usando os dados mostrados na imagem da calculadora ao lado, você encontrará a taxa de juros ou de crescimento de 5,01%.

Uso de planilha A taxa de juros ou de crescimento para uma série de fluxos de caixa também pode ser calculada como mostra a planilha de Excel a seguir.

	A	B
1	TAXA DE JUROS OU DE CRESCIMENTO DE UM INVESTIMENTO DE MONTANTE ÚNICO	
2	Valor presente	-$ 1.250
3	Número de anos	4
4	Valor futuro	$ 1.520,00
5	Taxa de juros anual	5,01%
	O conteúdo da célula B5 é =TAXA(B3,0,B2,B4,0). Um sinal negativo aparece antes de $ 1.250, em B2, porque o custo do investimento é tratado como uma saída de caixa.	

Outro tipo de problema de taxa de juros envolve encontrar a taxa de juros associada a uma *anuidade*, ou empréstimo com prestações iguais.

> **Finanças pessoais**
> **Exemplo 5.23**
>
> Jan Jacobs pode tomar um empréstimo de $ 2.000 a ser restituído em prestações anuais e iguais de $ 514,14 no final de cada um dos próximos cinco anos. Ela quer encontrar a taxa de juros desse empréstimo.
>
> **Uso da calculadora** (*Observação*: a maioria das calculadoras exige que o valor *PMT* ou o *VF* seja digitado como um número negativo para calcular uma taxa de juros desconhecida em um empréstimo com prestações iguais. Essa é a abordagem utilizada aqui.) Usando os dados mostrados na imagem da calculadora ao lado, você encontrará a taxa de juros de 9%.
>
>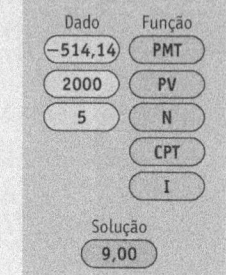
>
> **Uso de planilha** A taxa de juros ou de crescimento para a anuidade também pode ser calculada como mostra a planilha de Excel a seguir.
>
> | | A | B |
> |---|---|---|
> | 1 | TAXA DE JUROS OU DE CRESCIMENTO DE UMA ANUIDADE COMUM | |
> | 2 | Valor presente | $ 2.000 |
> | 3 | Número de anos | 5 |
> | 4 | Prestação anual | –$ 514,14 |
> | 5 | Taxa de juros anual | 9,00% |
>
> O conteúdo da célula B5 é =TAXA(B3,B4,B2,0,0).
> O sinal negativo aparece antes de $ 514,14, em B4, porque os pagamentos do empréstimo são tratados como saídas de caixa.

DETERMINAÇÃO DE UM NÚMERO DESCONHECIDO DE PERÍODOS

Às vezes é preciso calcular o número de períodos necessários para gerar um determinado montante de fluxo de caixa a partir de um valor inicial. Aqui consideramos brevemente esse cálculo tanto para montantes únicos como para anuidades. O caso mais simples é o de alguém que deseja determinar o número de períodos, *n*, para que um depósito inicial, *VP*, atinja um valor futuro especificado, VF_n, dada uma taxa de juros declarada, *i*.

> **Finanças pessoais**
> **Exemplo 5.24**
>
> Ann Bates deseja determinar o número de anos necessários para que seu depósito inicial de $ 1.000, rendendo juros anuais de 8%, atinja $ 2.500. Dito de forma simples, a uma taxa de juros anual de 8%, quantos anos, *n*, serão necessários para que os $ 1.000 de Anna, *VP*, atinjam $ 2.500, VF_n?
>
> **Uso da calculadora** Usando a calculadora, tratamos o valor inicial como valor presente, *VP*, e o último valor como valor futuro, VF_n. (*Observação*: a maioria das calculadoras exige que o valor *VP* ou o *VF* seja digitado como um número negativo para calcular o número desconhecido de períodos. Essa é a abordagem utilizada aqui.) Usando os dados mostrados na imagem da calculadora ao lado, encontramos o número de períodos de 11,91 anos.
>
>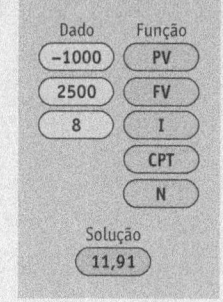
>
> **Uso de planilha** O número de anos para o valor presente atingir um dado valor futuro pode ser calculado como mostra a planilha Excel a seguir.

	A	B
1	ANOS DE UM INVESTIMENTO DE MONTANTE ÚNICO	
2	Valor presente	–$ 1.000
3	Taxa de juros anual	8%
4	Valor futuro	$ 2.500
5	Número de anos	11,91

O conteúdo da célula B5 é =NPER(B3,0,B2,B4,0).
O sinal negativo aparece antes de $ 1.000, em B2, porque o depósito inicial é tratado como uma saída de caixa.

Outro problema de mesmo tipo envolve encontrar o número de períodos associados a uma *anuidade*. Às vezes, desejamos encontrar o prazo desconhecido, *n*, de uma anuidade a qual visa alcançar um objetivo específico, como a quitação do empréstimo de um determinado valor.

Finanças pessoais
Exemplo 5.25

Bill Smart pode tomar um empréstimo de $ 25.000 a uma taxa de juros anual de 11%. São exigidas prestações anuais e iguais, no final de cada ano, de $ 4.800. Ele deseja determinar quanto tempo será necessário para quitar o empréstimo. Em outras palavras, ele deseja determinar quantos anos, *n*, serão necessários para quitar o empréstimo de $ 25.000, a 11%, se as prestações de $ 4.800 forem feitas no final de cada ano.

Uso da calculadora (*Observação*: a maioria das calculadoras exige que o valor *VP* ou o *PMT* seja digitado como um número negativo para calcular um número desconhecido de períodos. Essa é a abordagem utilizada aqui.) Usando os dados mostrados na imagem da calculadora ao lado, encontramos o número de períodos de 8,15 anos. Desse modo, depois de fazer oito pagamentos de $ 4.800, Bill ainda terá um pequeno saldo pendente.

Uso de planilha O número de anos para quitar o empréstimo também pode ser calculado como mostra a planilha de Excel a seguir.

	A	B
1	ANOS PARA QUITAR UM EMPRÉSTIMO DE MONTANTE ÚNICO	
2	Valor presente	$ 25.000
3	Taxa de juros anual	11%
4	Prestação anual	–$ 4.800
5	Número de anos	8,15

O conteúdo da célula B5 é =NPER(B3,B4,B2,0,0).
O sinal negativo aparece antes de $ 4.800, em B4, porque os pagamentos do empréstimo são tratados como saídas de caixa.

→ **QUESTÕES PARA REVISÃO**

5.17 Como é possível determinar o valor dos depósitos anuais e iguais feitos no final do período, necessários para acumular certo montante futuro, no final de um período futuro especificado, a uma dada taxa de juros anual?

5.18 Descreva o procedimento utilizado para quitar um empréstimo com uma série de prestações periódicas e iguais.

5.19 Como é possível determinar o número desconhecido de períodos quando se conhecem os valores presente e futuro — montante único ou anuidade — e a taxa de juros aplicável?

Resumo

ÊNFASE NO VALOR

O valor do dinheiro no tempo é uma ferramenta importante que os administradores financeiros e outros participantes do mercado utilizam para avaliar os efeitos das ações propostas. Como as empresas têm vida longa e algumas decisões afetam seus fluxos de caixa no longo prazo, a aplicação eficaz das técnicas de valor do dinheiro no tempo é extremamente importante. Essas técnicas permitem aos administradores financeiros avaliar fluxos de caixa que ocorrem em datas diferentes de modo a combiná-los, compará-los, avaliá-los e ligá-los ao **objetivo geral de maximização do preço da ação** da empresa. Ficará claro nos capítulos 6 e 7 que a aplicação das técnicas de valor do tempo é uma parte do processo de determinação de valor, necessário para tomar decisões inteligentes de criação de valor.

REVISÃO DOS OBJETIVOS DE APRENDIZAGEM

OA 01 **Discutir o papel do valor do tempo em finanças, o uso de ferramentas computacionais e os padrões básicos de fluxo de caixa.** Os administradores financeiros e investidores usam técnicas de valor do dinheiro no tempo quando avaliam o valor de séries de fluxos de caixa esperados. As alternativas podem ser avaliadas pela capitalização, para encontrar o valor futuro, ou pelo desconto, para encontrar o valor presente. Os administradores financeiros usam principalmente as técnicas de valor presente. Calculadoras financeiras, planilhas eletrônicas e tabelas financeiras podem facilitar a aplicação das técnicas de valor do tempo. O fluxo de caixa de uma empresa pode ser descrito de acordo com seu padrão: montante único, anuidade ou série mista.

OA 02 **Entender os conceitos de valor futuro e valor presente, seu cálculo para montante único e a relação entre eles.** O valor futuro (VF) depende de juros compostos para medir os montantes futuros. O principal, ou o depósito inicial em um período, acrescido dos juros ganhos sobre ele, torna-se o principal inicial do período seguinte.

O valor presente (VP) de um montante futuro é a quantia de dinheiro hoje, que é equivalente a um dado montante futuro, considerando o retorno que pode ser gerado. O valor presente é o inverso do valor futuro.

OA 03 **Encontrar o valor futuro e o valor presente de anuidade comum e de anuidade antecipada e o valor presente de uma perpetuidade.** Uma anuidade é um padrão de fluxos de caixa periódicos e iguais. Para uma anuidade comum, os fluxos de caixa ocorrem no final do período. Para uma anuidade antecipada, os fluxos de caixa ocorrem no início do período.

O valor futuro ou o valor presente de uma anuidade comum pode ser encontrado usando equações algébricas, uma calculadora financeira ou uma planilha eletrônica. O valor de uma anuidade antecipada é sempre $i\%$ maior que o valor de uma anuidade ordinária idêntica. O valor presente de uma perpetuidade — uma anuidade de duração infinita — é igual ao pagamento anual em dinheiro dividido pela taxa de desconto.

OA 04 **Calcular tanto o valor futuro quanto o valor presente de uma série mista de fluxos de caixa.** Uma série mista de fluxos de caixa é uma série de fluxos de caixa periódicos e desiguais que não segue qualquer padrão. O valor futuro de uma série mista de fluxos de caixa é a soma dos valores futuros de cada fluxo de caixa individual. De forma similar, o valor presente de uma série mista de fluxos de caixa é a soma dos valores presentes dos fluxos de caixa individuais.

OA 05 **Entender o efeito que a capitalização de juros mais frequente que uma vez ao ano tem no valor futuro e na taxa de juros efetiva anual.** Os juros podem ser capitalizados a intervalos, variando de anualmente a diariamente, ou mesmo continuamente. Quanto maior a frequência de capitalização dos juros, maior o montante futuro que se acumulará e maior a taxa efetiva, ou verdadeira, anual (*EAR*).

A taxa percentual anual (*APR*) – uma taxa nominal anual – é citada em cartões de crédito e empréstimos. O rendimento percentual anual (*APY*) – uma taxa efetiva anual – é citada em produtos de poupança.

OA 06 **Descrever os procedimentos envolvidos: (1) na determinação dos depósitos necessários para acumular um montante futuro, (2) na amortização de empréstimos, (3) na determinação das taxas de juros ou de crescimento e (4) na determinação do número desconhecido de períodos.** (1) O depósito periódico para acumular um dado montante futuro pode ser encontrado resolvendo-se a equação do valor futuro de uma anuidade para encontrar a prestação anual. (2) Um empréstimo pode ser amortizado em pagamentos periódicos e iguais, resolvendo-se a equação do valor presente de uma anuidade para encontrar o pagamento periódico. (3) A taxa de juros ou de crescimento pode ser estimada encontrando-se a taxa de juros desconhecida na equação para o valor presente de um montante único ou de uma anuidade. (4) O número de períodos pode ser estimado encontrando-se o número desconhecido de períodos na equação do valor presente de um montante único ou de uma anuidade.

Revisão da abertura do capítulo

Vimos na abertura deste capítulo um acordo no qual a cidade de Cincinnati abriu mão do direito de cobrar taxas de estacionamento por um período de 30 anos em troca de um pagamento fixo de US$ 92 milhões mais uma anuidade por 30 anos de US$ 3 milhões. Suponha que, se a cidade não tivesse firmado esse acordo, teria recebido taxas de estacionamento, no ano seguinte, de US$ 6 milhões (líquido de custos operacionais) e essas taxas teriam crescido a um ritmo constante de 3% nos próximos 30 anos. A uma taxa de juros de 4%, qual é o valor presente da receita de estacionamento que a cidade poderia ter recebido? Usando os mesmos 4% para avaliar os pagamentos que a cidade deve receber em seu acordo de privatização, você acha que a cidade tomou a decisão correta? Por quê?

Exercícios de autoavaliação

AA5.1 Valores futuros para diversas frequências de capitalização. Delia Martin tem $ 10.000 que pode depositar em qualquer uma de três contas de poupança que possui por um período de três anos. O banco A capitaliza juros anualmente, o banco B capitaliza juros duas vezes por ano e o banco C capitaliza juros a cada trimestre. Os três bancos têm uma taxa de juros anual declarada de 4%.

a. Que montante Delia teria no final do terceiro ano, em cada um dos bancos, se deixasse todos os juros pagos sobre o depósito?

b. Que *taxa efetiva anual* (*EAR*) ela obteria em cada um dos bancos?

c. Com base nas suas respostas nos itens **a** e **b**, qual banco ela deveria escolher? Por quê?

d. Se um quarto banco (banco D), também com uma taxa de juros declarada de 4%, capitalizasse juros continuamente, quanto Delia teria no final do terceiro ano? Essa alternativa mudaria sua recomendação no item **c**? Explique.

AA5.2 Valores futuros de anuidades. Ramesh Abdul precisa escolher a melhor de duas séries de fluxos de caixa com custos iguais: a anuidade X e a anuidade Y. X é uma *anuidade antecipada* com uma entrada de caixa de $ 9.000 em cada um dos seis anos. Y é uma *anuidade comum* com uma entrada de caixa de $ 10.000 em cada um dos seis anos. Suponha que Ramesh possa obter retorno de 15% em suas aplicações.

a. Em termos puramente subjetivos, qual anuidade você acha que é mais interessante? Por quê?

b. Encontre o valor futuro no final do ano 6 para as duas anuidades.

c. Use o resultado do item **b** para indicar qual anuidade é mais atrativa. Por quê? Compare a resposta subjetiva dada no item **a**.

AA5.3 Valores presentes de montantes únicos e séries. Você pode optar entre duas séries de fluxo de caixa de cinco anos e montantes únicos. Uma das séries de fluxo de caixa é uma anuidade comum e a outra, uma série mista. Você pode optar pela alternativa A ou pela B, quer como série de fluxo de caixa ou como montante único. Dadas as séries de fluxo de caixa e os montantes únicos associados a cada alternativa (veja a tabela a seguir) e assumindo um custo de oportunidade de 9%, por qual alternativa (A ou B) e em qual formato (série de fluxo de caixa ou montante único) você optaria?

	Série de fluxo de caixa	
Final do ano	Alternativa A	Alternativa B
1	$ 700	$ 1.100
2	700	900
3	700	700
4	700	500
5	700	300
	Montante único	
Data zero	$ 2.825	$ 2.800

AA5.4 Depósitos necessários para acumular um montante futuro. Judi Janson deseja acumular $ 8.000 no final de cinco anos fazendo depósitos anuais e iguais no final de cada um dos próximos cinco anos. Se Judi for capaz de obter 7% em suas aplicações, quanto ela deverá depositar *no final de cada ano* para atingir essa meta?

Exercícios de aquecimento

A5.1 Suponha que uma empresa faça um depósito de $ 2.500 em sua conta no mercado monetário. Se essa conta estiver pagando 0,7% (sim, isso mesmo, menos do que 1%!), qual será o saldo da conta após um ano?

A5.2 Se Bob e Judy juntarem suas economias de $ 1.260 e $ 975, respectivamente, e depositarem essa quantia em uma conta que rende juros anuais de 2%, capitalizados mensalmente, qual será o saldo da conta depois de quatro anos?

A5.3 Gabrielle acabou de ganhar $ 2,5 milhões na loteria. Ela pode optar entre receber um total de $ 1,3 milhão agora ou receber $ 100.000 no final de cada um dos próximos 25 anos. Se Gabrielle puder obter 5% ao ano em suas aplicações, do ponto de vista econômico, qual opção ela deve escolher?

A5.4 Sua empresa tem a opção de fazer um investimento em um novo software que custará $ 130.000 hoje e que deve proporcionar as economias mostradas na tabela a seguir durante sua vida útil de cinco anos.

Ano	Economia estimada
1	$ 35.000
2	50.000
3	45.000
4	25.000
5	15.000

A empresa deveria fazer o investimento, considerando que exige um retorno anual mínimo de 9% sobre todos os seus investimentos?

A5.5 O seu amigo Joseph tem muito dinheiro, mas pouco conhecimento de finanças. Ele recebeu $ 12.000 de presente de formatura e está à procura de um banco para depositar esses fundos. O Partners` Savings Bank oferece uma conta com taxa de juros anual de 3% capitalizada semestralmente, enquanto o Selwyn`s oferece uma conta com taxa de juros anual de 2,75% capitalizada continuamente. Calcule o valor das duas contas no final do ano 1 e recomende uma das duas opções a seu amigo.

A5.6 Jack e Jill acabaram de ter seu primeiro filho. Eles estimam que, daqui a 18 anos, a faculdade do filho vai custar $ 150.000 por ano. Quanto o casal deve começar a depositar no final de cada ano para acumular fundos suficientes para pagar a mensalidade do primeiro ano da faculdade no início do 19º ano? Suponha que eles possam receber uma taxa de retorno anual de 6% em seu investimento.

Exercícios

E5.1 Uso da linha do tempo. O administrador financeiro da Starbuck Industries está analisando um investimento que exige um dispêndio inicial de $ 25.000 e deve resultar em entradas de caixa de $ 3.000 no final do ano 1, $ 6.000 no final dos anos 2 e 3, $ 10.000 no final do ano 4, $ 8.000 no final do ano 5 e $ 7.000 no final do ano 6.

a. Desenhe uma linha do tempo representando os fluxos de caixa associados ao investimento proposto.

b. Use setas para demonstrar, na linha do tempo do item **a**, como a capitalização para encontrar o valor futuro pode ser usada para medir todos os fluxos de caixa no final do ano 6.

c. Use setas para demonstrar, na linha do tempo do item **b**, como o desconto para encontrar o valor presente pode ser usado para medir todos os fluxos de caixa na data zero.

d. Qual das abordagens — *valor futuro* ou *valor presente* — os administradores financeiros usam mais frequentemente na tomada de decisões? Por quê?

E5.2 Cálculo do valor futuro. *Sem consultar a função programada em sua calculadora financeira*, use a fórmula básica do valor futuro com a taxa de juros dada, i, e o número de períodos, n, para calcular o valor futuro de $1 em cada um dos casos apresentados na tabela a seguir.

Caso	Taxa de juros, i	Número de períodos, n
A	12%	2
B	6%	3
C	9%	2
D	3%	4

E5.3 Valor futuro. Você tem $100 para investir. Se você pode obter 12% de juros, quanto tempo leva para o seu investimento de $100 se transformar em $200? Agora suponha que a taxa de juros é apenas a metade: 6%. Com a metade da taxa de juros, será preciso o dobro do tempo para dobrar seu dinheiro? Por quê? Quanto tempo levaria para dobrar?

E5.4 Valores futuros. Para cada um dos casos apresentados na tabela a seguir, calcule o valor futuro do fluxo de caixa único depositado hoje, que estaria disponível no final do período de depósito, se os juros fossem capitalizados anualmente à taxa especificada.

Caso	Fluxo de caixa único	Taxa de juros	Período de depósito (anos)
A	$ 200	5%	20
B	4.500	8%	7
C	10.000	9%	10
D	25.000	10%	12
E	37.000	11%	5
F	40.000	12%	9

E5.5 Valor do tempo. Você tem $1.500 para investir hoje a juros de 7% capitalizados anualmente.

a. Encontre quanto você terá acumulado em sua conta no final de: (1) 3 anos, (2) 6 anos e (3) 9 anos.

b. Use os resultados do item **a** para calcular o valor dos juros recebidos: (1) nos três primeiros anos (anos 1 a 3), (2) nos três anos seguintes (anos 4 a 6) e (3) nos últimos três anos (anos 7 a 9).

c. Compare e contraste os resultados no item **b**. Explique por que o valor dos juros recebidos aumenta a cada período de três anos.

E5.6 Valor do tempo. Como parte de seu planejamento financeiro você deseja comprar um carro novo exatamente daqui a cinco anos. O carro que você quer comprar custa $14.000 atualmente e suas pesquisas indicam que o preço subirá entre 2% e 4% ao ano nos próximos cinco anos.

a. Estime o preço do carro no final de cinco anos caso a inflação seja de (1) 2% ao ano e (2) 4% ao ano.

b. Quanto mais caro será o carro se a taxa de inflação for de 4% e não 2%?

c. Estime o preço do carro no caso de a inflação ser de 2% nos próximos dois anos e de 4% nos três anos subsequentes.

Exercício de finanças pessoais

E5.7 Valor do tempo. Você pode depositar $ 10.000 em uma conta que rende 9% de juros anuais, hoje ou daqui a exatos dez anos. Quanto você ganhará a mais, no final de 40 anos, se decidir fazer o depósito inicial hoje, e não daqui a dez anos?

Exercício de finanças pessoais

E5.8 Valor do tempo. Misty precisa ter $ 15.000 no final de cinco anos para atingir sua meta de comprar um pequeno barco à vela. Ela está disposta a aplicar um montante único hoje e não mexer mais no dinheiro por cinco anos até atingir $ 15.000, mas deseja descobrir a taxa de retorno que precisará obter para alcançar seu objetivo. Use sua calculadora ou planilha eletrônica para determinar a taxa de retorno aproximada, capitalizada anualmente, que é necessária em cada um dos casos a seguir:

a. Misty pode aplicar $ 10.200 hoje.

b. Misty pode aplicar $ 8.150 hoje.

c. Misty pode aplicar $ 7.150 hoje.

Exercício de finanças pessoais

E5.9 Amortização de empréstimo em um único pagamento. Uma pessoa toma $ 200 emprestados a ser devolvido em oito anos, a juros de 14% capitalizados anualmente. O empréstimo pode ser pago no final de qualquer ano anterior, sem penalidade por pagamento antecipado.

a. Que montante seria devido se o empréstimo fosse pago no final do ano 1?

b. Qual seria o montante devido se fosse pago no final do ano 4?

c. Que montante seria devido no final do ano 8?

Exercício de finanças pessoais

E5.10 Cálculo do valor presente. *Sem consultar a função programada de sua calculadora financeira*, use a fórmula básica do valor presente com o custo de oportunidade dado, i, e o número de períodos, n, para calcular o valor presente de $ 1 em cada um dos casos apresentados na tabela a seguir.

Caso	Custo de oportunidade, i	Número de períodos, n
A	2%	4
B	10%	2
C	5%	3
D	13%	2

Exercício de finanças pessoais

E5.11 Valores presentes. Para cada um dos casos apresentados na tabela a seguir, calcule o valor presente do fluxo de caixa, descontado à taxa informada e assumindo que o fluxo de caixa será recebido no final de cada período.

Caso	Fluxo de caixa único	Taxa de desconto	Final do período (anos)
A	$ 7.000	12%	4
B	28.000	8%	20
C	10.000	14%	12
D	150.000	11%	6
E	45.000	20%	8

E5.12 Conceito de valor presente. Responda a cada uma das perguntas a seguir.

a. Que investimento único feito hoje, a 12% de juros anuais, valerá $ 6.000 no final de seis anos?

b. Qual é o valor presente de $ 6.000 a ser recebido no final de seis anos se a taxa de desconto for de 12%?

c. Qual é o máximo que você pagaria hoje por uma promessa de receber $ 6.000 no final de seis anos, caso seu custo de oportunidade fosse de 12%?

d. Compare, contraste e discuta as respostas nos itens **a**, **b** e **c**.

E5.13 Valor do tempo. Foi oferecido a Jim Nance um investimento que lhe renderá $ 500 daqui a três anos.

a. Se o custo de oportunidade de Jim for de 7% capitalizado anualmente, que valor ele deveria atribuir a essa oportunidade hoje?

b. Qual é o máximo que ele deveria pagar para adquirir esse direito hoje?

c. Se Jim puder adquirir esse investimento por um valor menor que o calculado no item **a**, como isso afetaria a taxa de retorno que ele obterá sobre o investimento?

E5.14 Valor do tempo. Um título de poupança do estado de Iowa pode ser convertido em $ 100 no vencimento, seis anos depois da compra. Para que esse título seja competitivo frente ao do governo federal norte-americano, que rende juros anuais de 8% (capitalizados anualmente), a que preço o estado deve vender seus títulos? Suponha que não existam pagamentos antes do vencimento.

E5.15 Valor do tempo e taxas de desconto. Você acabou de ganhar um prêmio na loteria que promete pagar $ 1 milhão daqui a exatos dez anos. Como o pagamento de $ 1 milhão é garantido pelo governo, existem oportunidades para a venda desse direito hoje por um pagamento imediato único em dinheiro.

a. Qual o valor mínimo pelo qual você venderia esse direito caso pudesse conseguir as taxas de retorno a seguir, em aplicações de risco semelhante, durante o período de dez anos?

(1) 6%

(2) 9%

(3) 12%

b. Refaça o item **a** supondo que o pagamento de $ 1 milhão será recebido daqui a 15 anos, em vez de dez anos.

c. Com base nas respostas nos itens **a** e **b**, discuta o efeito tanto do nível da taxa de retorno quanto do período até o recebimento sobre o valor presente de um montante futuro.

E5.16 Comparações de valor no tempo de montantes únicos. Em troca de um pagamento de $ 20.000 hoje, uma empresa permite a você escolher *uma* das alternativas apresentadas na tabela a seguir. Seu custo de oportunidade é de 11%.

Alternativa	Montante único
A	$ 28.500 no final de 3 anos
B	$ 54.000 no final de 9 anos
C	$ 160.000 no final de 20 anos

a. Determine o valor presente de cada alternativa.

b. Todas as alternativas são aceitáveis? Isto é, elas valem $ 20.000 hoje?

c. Qual alternativa você escolheria?

E5.17 Decisão de investimento e fluxo de caixa. Tom Alexander tem a oportunidade de comprar qualquer dos investimentos apresentados na tabela a seguir. São fornecidos o preço de compra, o valor da entrada de caixa única e o ano de recebimento para cada um dos investimentos. Que recomendação de compra você faria, supondo que Tom pudesse obter 10% sobre seus investimentos?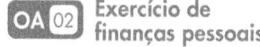

Investimento	Preço	Entrada de caixa única	Ano de recebimento
A	$ 18.000	$ 30.000	5
B	600	3.000	20
C	3.500	10.000	10
D	1.000	15.000	40

E5.18 Cálculo do depósito necessário. Você deposita $ 10.000 em uma conta que rende 5%. Depois de três anos, você faz outro depósito na mesma conta. Quatro anos mais tarde (isso é, sete anos depois do depósito original de $ 10.000), o saldo da conta é de $ 20.000. Qual foi o valor do depósito no final do ano 3?

E5.19 Valor futuro de uma anuidade. Para cada caso apresentado na tabela a seguir, responda às perguntas que se seguem.

Caso	Valor da anuidade	Taxa de juros	Período de depósito (anos)
A	$ 2.500	8%	10
B	500	12%	6
C	30.000	20%	5
D	11.500	9%	8
E	6.000	14%	30

a. Calcule o valor futuro da anuidade, supondo que ela seja:
  (1) Uma anuidade comum.
  (2) Uma anuidade antecipada.

b. Compare os resultados nos itens **a**(1) e **a**(2). Sendo idênticas todas as demais condições, que tipo de anuidade — comum ou antecipada — seria preferível? Por quê?

E5.20 Valor presente de uma anuidade. Considere os casos a seguir.

Caso	Valor da anuidade	Taxa de juros	Período (anos)
A	$ 12.000	7%	3
B	55.000	12%	15
C	700	20%	9
D	140.000	5%	7
E	22.500	10%	5

a. Calcule o valor presente da anuidade, supondo que ela seja:
  (1) Uma anuidade comum.
  (2) Uma anuidade antecipada.

b. Compare os resultados nos itens **a**(1) e **a**(2). Sendo idênticas todas as demais condições, que tipo de anuidade — comum ou antecipada — seria preferível? Por quê?

E5.21 Valor do tempo: anuidades. Marian Kirk deseja escolher a melhor de duas anuidade de dez anos, C ou D. C é uma *anuidade* comum de $ 2.500 por ano, por dez anos. D é uma *anuidade* antecipada de $ 2.200 por ano, por dez anos.

a. Encontre o *valor futuro* das duas anuidades no final do ano 10, supondo que Marian possa obter (1) 10% de juros anuais e (2) 20% de juros anuais.

b. Use as respostas no item **a** para indicar qual das anuidades tem o maior valor futuro no final do ano 10 para a taxa de juros de (1) 10% e (2) 20%.

c. Encontre o *valor presente* das duas anuidades, supondo que Marian possa obter (1) 10% de juros anuais e (2) 20% de juros anuais.

d. Use as respostas no item **c** para indicar qual das anuidades tem o maior valor presente para a taxa de juros de (1) 10% e (2) 20%.

e. Compare, contraste e explique brevemente as diferenças entre as suas conclusões usando as taxas de juros de 10% e de 20% nos itens **b** e **d**.

E5.22 Planejamento da aposentadoria. Hal Thomas, um formando com 25 anos de idade, deseja se aposentar aos 65. Para complementar outras fontes de renda de aposentadoria, ele pode depositar $ 2.000 por ano em um plano de previdência privada. O plano de previdência proporcionará um retorno de 10% ao longo dos próximos 40 anos.

a. Se Hal fizer depósitos de $ 2.000 no plano de previdência, no final de cada ano, quanto terá acumulado no final do 65º ano?

b. Se Hal decidir esperar até os 35 anos de idade para começar a fazer depósitos de $ 2.000 no plano de previdência, no final de cada ano, quanto terá acumulado no final do 65º ano?

c. Usando as suas respostas nos itens **a** e **b**, discuta o impacto de postergar os depósitos no plano de previdência privada por dez anos (dos 25 aos 35 anos de idade) sobre o montante acumulado no final do 65º ano de Hal?

d. Refaça os itens **a**, **b**, e **c**, supondo que Hal faz todos os depósitos no início de cada ano, e não no final. Discuta o efeito dos depósitos no início de cada ano sobre o valor futuro acumulado no final do 65º ano de Hal.

E5.23 Valor de uma anuidade de aposentadoria. Um corretor de seguros está tentando lhe vender uma anuidade de aposentadoria imediata que, por um montante único pago hoje, lhe proporcionará $ 12.000 no final de cada ano, nos próximos 25 anos. Atualmente, você recebe 9% em investimentos de baixo risco comparáveis com a anuidade de aposentadoria. Ignorando os impostos, qual o valor máximo que você pagaria por essa anuidade?

E5.24 Financiando sua aposentadoria. Você planeja se aposentar daqui a exatos 20 anos. Seu objetivo é criar um fundo que lhe permita receber $ 20.000 no final de cada ano pelos 30 anos entre sua aposentadoria e sua morte (uma vidente previu que você morrerá exatamente 30 anos depois de se aposentar). Você sabe que pode obter 11% ao ano durante o período de 30 anos de aposentadoria.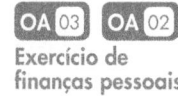

a. De quanto deve ser o fundo, *quando você se aposentar*, daqui a 20 anos, para gerar a anuidade de aposentadoria de $ 20.000 por 30 anos?

b. Quanto você precisaria ter *hoje*, como montante único, para gerar o fundo calculado no item **a** caso seu retorno seja de apenas 9% ao ano durante os 20 anos que antecedem a aposentadoria?

c. Que efeito teria um aumento na taxa de juros que você pode obter tanto durante quanto antes da aposentadoria sobre os valores encontrados nos itens **a** e **b**? Explique.

d. Agora suponha que você receberá 10% a partir de agora até o final da sua aposentadoria. Você deseja fazer 20 depósitos, no final de cada ano, na sua conta de aposentadoria para financiar a série de 30 anos da anuidade de $ 20.000. Qual deve ser o valor dos seus depósitos anuais?

E5.25 Valor de uma anuidade *versus* um montante único. Suponha que você acabou de ganhar na loteria. O prêmio pode ser recebido na forma de $ 40.000 no final de cada um dos próximos 25 anos (isto é, $ 1 milhão ao longo de 25 anos) ou como um montante único de $ 500.000 pago imediatamente.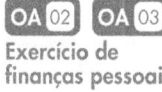

a. Se você espera receber 5% ao ano sobre seus investimentos ao longo dos próximos 25 anos, ignorando os impostos e outros fatores, que alternativa você deveria escolher? Por quê?

b. Sua decisão no item **a** mudaria se pudesse receber 7% em vez de 5% sobre seus investimentos ao longo dos próximos 25 anos? Por quê?

c. Em termos puramente econômicos, a que taxa aproximada de retorno você seria indiferente aos dois planos?

E5.26 Perpetuidades. Considere os dados apresentados na tabela a seguir.

Perpetuidade	Valor anual	Taxa de desconto
A	$ 20.000	8%
B	100.000	10%
C	3.000	6%
D	60.000	5%

Determine o valor presente de cada perpetuidade.

Exercício de finanças pessoais

E5.27 Criando um fundo de bolsas. Ao concluir seu curso introdutório de finanças, Marla Lee ficou tão satisfeita com os conhecimentos úteis e interessantes que adquiriu que convenceu seus pais, que eram ricos e ex-alunos da mesma universidade, a criarem um fundo de bolsas. O fundo permitiria que, por ano, três estudantes carentes fizessem o curso introdutório de finanças, em perpetuidade. O custo anual do curso, incluindo mensalidades e livros, é de $ 600 por aluno. O fundo de bolsas será criado mediante um pagamento único à universidade. A universidade espera obter retorno de exatos 6% ao ano sobre esses fundos.

a. Qual seria o valor do pagamento único inicial que os pais de Marla devem fazer à universidade para que o fundo seja criado?

b. Que valor seria necessário para criar o fundo de bolsas se a universidade pudesse obter retorno de 9% em vez de 6% ao ano?

E5.28 Valor de uma série mista. Para cada uma das séries mistas de fluxos de caixa apresentadas na tabela a seguir, determine o valor futuro, no final do último ano, se os depósitos forem feitos em uma conta que rende juros anuais de 12%, supondo que os depósitos ocorrerão e nenhum saque será feito durante o período:

a. No *final* de cada ano.

b. No *início* de cada ano.

Ano	Série de fluxos de caixa		
	A	B	C
1	$ 900	$ 30.000	$ 1.200
2	1.000	25.000	1.200
3	1.200	20.000	1.000
4		10.000	1.900
5		5.000	

E5.29 Valor de um montante único *versus* uma série mista. Gina Vitale acabou de fechar a venda de um pequeno terreno que herdou há alguns anos. O comprador está disposto a pagar $ 24.000 no encerramento da transação ou os valores apresentados na tabela a seguir, no *início* de cada um dos próximos cinco anos. Como Gina não precisa do dinheiro imediatamente, ela planeja deixá-lo rendendo em uma conta que rende 7% de juros anuais. Dado seu desejo de comprar uma casa no final de cinco anos após o encerramento da venda do terreno, ela pretende optar pela alternativa de pagamento — um montante único de $ 24.000 ou a série mista de pagamentos da tabela a seguir — que forneça o maior valor futuro no final de cinco anos. Que alternativa ela deve escolher?

Série mista	
Início do ano	Fluxo de caixa
1	$ 2.000
2	4.000
3	6.000
4	8.000
5	10.000

E5.30 Valor de séries mistas. Encontre o valor presente das séries de fluxos de caixa apresentadas na tabela a seguir. Suponha que o custo de oportunidade da empresa seja de 12%.

A		B		C	
Ano	Fluxo de caixa	Ano	Fluxo de caixa	Ano	Fluxo de caixa
1	−$ 2.000	1	$ 10.000	1–5	$ 10.000/ano
2	3.000	2–5	5.000/ano	6–10	8.000/ano
3	4.000	6	7.000		
4	6.000				
5	8.000				

E5.31 Valor presente: séries mistas. Considere as séries mistas de fluxos de caixa mostradas na tabela a seguir.

	Série de fluxo de caixa	
Ano	A	B
1	$ 50.000	$ 10.000
2	40.000	20.000
3	30.000	30.000
4	20.000	40.000
5	10.000	50.000
Totais	150.000	150.000

a. Encontre o valor presente de cada série usando uma taxa de desconto de 15%.

b. Compare os valores presentes calculados e discuta-os considerando que os fluxos de caixa não descontados totalizam $ 150.000 em cada caso.

E5.32 Valor de uma série mista. A Harte Systems, Inc., uma fabricante de equipamentos de vigilância eletrônica, está pensando em vender a uma conhecida rede de lojas de equipamentos os direitos de comercialização de seu sistema de segurança domiciliar. O acordo proposto prevê que a rede de lojas pague à Harte $ 30.000 e $ 25.000 no final do ano 1 e do ano 2, e faça pagamentos de $ 15.000 no final dos anos 3 a 9. Um pagamento final de $ 10.000 à Harte seria devido no final do ano 10.

a. Mostre os fluxos de caixa envolvidos na oferta em uma linha do tempo.

b. Se a Harte aplicasse a esses fluxos de caixa a taxa de retorno exigida de 12%, qual seria o valor presente dessa série de pagamentos?

c. Uma segunda empresa ofereceu à Harte um pagamento único imediato de $ 100.000 pelos direitos de comercialização de seu sistema de segurança domiciliar. Que oferta a Harte deveria aceitar?

Exercício de finanças pessoais **E5.33 Financiamento de déficits orçamentários.** Como parte de seu processo de orçamento pessoal você estimou que terá déficits em cada um dos próximos cinco anos. Em outras palavras, você precisará, no final de cada ano, dos valores apresentados na tabela a seguir para equilibrar seu orçamento, ou seja, para igualar as entradas e as saídas de caixa. Você espera obter 8% sobre os seus investimentos durante os próximos cinco anos e deseja financiar os déficits nos próximos cinco anos com um montante único.

Final do ano	Déficit orçamentário
1	$ 5.000
2	4.000
3	6.000
4	10.000
5	3.000

a. Qual deverá ser o valor do depósito único feito hoje em uma conta que rende 8% ao ano de juros para cobrir integralmente os déficits orçamentários previstos?

b. Que efeito um aumento em sua taxa de retorno teria sobre o valor calculado no item **a**? Explique.

 E5.34 Relação entre valor futuro e valor presente: série mista. Usando as informações da tabela a seguir, responda às perguntas que se seguem.

Ano (n)	Fluxo de caixa
1	$ 800
2	900
3	1.000
4	1.500
5	2.000

a. Determine o *valor presente* da série mista de fluxos de caixa usando uma taxa de desconto de 5%.

b. Quanto você estaria disposto a pagar por uma oportunidade de comprar essa série, supondo que poderá obter no máximo 5% sobre seus investimentos?

c. Que efeito teria, se houver algum, um custo de oportunidade de 7%, em vez de 5%, em sua análise? Explique.

 E5.35 Relação entre valor futuro e valor presente: série mista. A tabela a seguir mostra uma série mista de fluxo de caixa, sem o fluxo de caixa para o ano 3.

Ano (n)	Fluxo de caixa
1	$ 10.000
2	5.000
3	
4	20.000
5	3.000

Suponha que, de alguma forma, você saiba que o valor presente de toda a série é $ 32.911,03 e que a taxa de desconto é de 4%. Qual é o valor do fluxo de caixa do ano 3?

E5.36 Mudança da frequência de capitalização. Usando períodos de capitalização anual, semestral e trimestral para cada um dos casos a seguir: (1) calcule o valor futuro se o depósito inicial for de $ 5.000 e (2) determine a *taxa efetiva* anual (*EAR*).

a. A 12% de juros anuais, por cinco anos.

b. A 16% de juros anuais, por seis anos.

c. A 20% de juros anuais, por dez anos.

E5.37 Frequência de capitalização, valor do tempo e taxas efetivas anuais. Para cada um dos casos da tabela a seguir:

a. Calcule o valor futuro no final do período de depósito especificado.

b. Determine a *taxa efetiva anual* (*EAR*).

c. Compare a taxa nominal anual, *i*, com a taxa efetiva anual (*EAR*). Que relação existe entre a frequência de capitalização e as taxas anuais nominal e efetiva?

Caso	Valor do depósito inicial	Taxa nominal anual, *i*	Frequência de capitalização, *m* (vezes/ano)	Período de depósito (anos)
A	$ 2.500	6%	2	5
B	50.000	12%	6	3
C	1.000	5%	1	10
D	20.000	16%	4	6

E5.38 Capitalização contínua. Para cada um dos casos na tabela a seguir, encontre o valor futuro no final do período de depósito, supondo que os juros sejam capitalizados continuamente a uma dada taxa nominal anual.

Caso	Valor do depósito inicial	Taxa nominal anual, *i*	Período de depósito (anos), *n*
A	$ 1.000	9%	2
B	600	10%	10
C	4.000	8%	7
D	2.500	12%	4

E5.39 Frequência de capitalização e valor do tempo. Você planeja investir $ 2.000 em um plano de previdência privada hoje à *taxa nominal anual* de 8%, que se espera aplicar a todos os anos futuros.

a. Quanto você terá na conta, no final de dez anos, se os juros forem capitalizados: (1) anualmente, (2) semestralmente, (3) diariamente (considere um ano de 365 dias) e (4) continuamente?

b. Qual é a *taxa efetiva anual* (*EAR*) para cada período de capitalização no item **a**?

c. Quão maior será o saldo do seu plano de previdência privada no final de dez anos se os juros forem capitalizados continuamente, e não anualmente?

d. Como a frequência de capitalização afeta o valor futuro e a taxa efetiva anual de um determinado depósito? Explique nesses termos as suas respostas nos itens **a**, **b** e **c**.

E5.40 Comparação de períodos de capitalização. René Levin deseja determinar o valor futuro no final de dois anos de um depósito de $ 15.000 feito hoje em uma conta que rende uma taxa nominal anual de 12%.

a. Encontre o valor futuro do depósito de René, supondo que os juros são capitalizados: (1) anualmente, (2) trimestralmente (3), mensalmente e (4) continuamente.

b. Compare suas repostas no item **a** e utilize-as para demonstrar a relação entre frequência de capitalização e valor futuro.

c. Qual é o valor futuro máximo que pode ser obtido com: o depósito de $ 15.000, no período de dois anos e a taxa nominal anual de 12%? Use suas respostas no item **a** para explicar.

E5.41 Anuidades e capitalização. Janet Boyle pretende depositar $ 300 por ano em uma cooperativa de crédito nos próximos dez anos. A cooperativa de crédito paga uma taxa anual de juros de 8%.

a. Determine o valor futuro que Janet terá no final de dez anos, dado que os depósitos são feitos no final de cada período e que não haverá saques, se:
  (1) Forem depositados $ 300 por ano e a cooperativa de crédito pagar juros anualmente.
  (2) Forem depositados $ 150 por semestre e a cooperativa de crédito pagar juros semestralmente.
  (3) Forem depositados $ 75 por trimestre e a cooperativa de crédito pagar juros trimestralmente.

b. Use suas respostas no item **a** para discutir o efeito de depósitos mais frequentes e capitalização dos juros sobre o valor futuro de uma anuidade.

E5.42 Depósitos para acumular montantes futuros. Para cada um dos casos apresentados na tabela a seguir, determine o valor dos depósitos anuais e iguais, no final de cada ano, necessários para acumular o montante indicado no final do período especificado, presumindo a taxa de juros anual declarada.

Caso	Montante a ser acumulado	Período de acumulação (anos)	Taxa de juros
A	$ 5.000	3	12%
B	100.000	20	7%
C	30.000	8	10%
D	15.000	12	8%

E5.43 Criação de um fundo de aposentadoria. Para complementar sua aposentadoria planejada (para daqui a exatos 42 anos), você estima que precisará acumular $ 220.000 até o fim do 42º ano a contar a partir de hoje. Você planeja fazer depósitos anuais e iguais, no final de cada ano, em uma conta que rende 8% de juros anuais.

a. De quanto devem ser os depósitos anuais para criar o fundo de $ 220.000 no final de 42 anos?

b. Se você puder depositar somente $ 600 por ano na conta, quanto terá acumulado no final do 42º ano?

E5.44 Acumulação de um montante futuro crescente. Uma casa em Deer Trail Estates custa hoje $ 185.000. Espera-se que a inflação eleve esse valor em 6% ao ano, no período de 20 anos, até que Chris Donovan se aposente. De que valor devem ser os depósitos anuais e iguais, feitos no final de cada ano, em uma conta que rende uma taxa de juros anual de 10% para que Donovan tenha o dinheiro necessário para comprar uma casa ao se aposentar?

Exercício de finanças pessoais

E5.45 Depósitos para criar uma perpetuidade. Você decidiu constituir um fundo de bolsa para sua universidade favorita. Espera-se que custe $ 6.000 por ano para frequentar a universidade, em perpetuidade. Você espera fazer a doação daqui a dez anos e acumulará o montante necessário fazendo depósitos anuais e iguais (no final de cada ano) em uma conta. A taxa de juros deverá ser de 10% para todos os períodos futuros.

a. Qual deve ser o valor da doação?

b. Quanto você deve depositar no final de cada um dos próximos dez anos para acumular o montante necessário?

Exercício de finanças pessoais

E5.46 Inflação, valor do tempo e depósitos anuais. Em uma viagem de férias para a Flórida, John Kelley encontrou a casa de praia dos seus sonhos, onde gostaria de morar depois de aposentado. A casa estava à venda por $ 200.000. O único problema é que John tem 40 anos de idade e planeja continuar trabalhando até os 65. Mesmo assim, ele acha que os preços tendem a subir mais do que a taxa de inflação geral. John acredita que pode obter 9% ao ano, após impostos, sobre seus investimentos. Ele está disposto a investir um montante fixo no final de cada ano pelos próximos 25 anos para financiar a compra à vista da casa (uma equivalente a essa que pode ser comprada hoje por $ 200.000) quando se aposentar.

a. Espera-se que a inflação seja em média de 5% ao ano nos próximos 25 anos. Quanto custará a casa dos sonhos de John quando ele se aposentar?

b. Quanto John deve investir no *final* de cada um dos próximos 25 anos para ter o valor à vista da casa quando se aposentar?

c. Se John investir no *início*, e não no final, de cada um dos próximos 25 anos, quanto precisará investir por ano?

E5.47 Pagamento de empréstimo. Determine o pagamento anual e igual, exigido no final de cada ano, ao longo da vigência dos empréstimos apresentados na tabela a seguir para quitá-los completamente no prazo declarado.

Empréstimo	Principal	Taxa de juros	Prazo (anos)
A	$ 12.000	8%	3
B	60.000	12%	10
C	75.000	10%	30
D	4.000	15%	5

E5.48 Planilha de amortização de empréstimo. Joan Messineo tomou um empréstimo de $ 15.000 a uma taxa anual de juros de 14%, que deve ser quitado em três anos. O empréstimo será amortizado em três pagamentos anuais e iguais, no final de cada ano.

Exercício de finanças pessoais

a. Calcule o pagamento anual, no final de cada ano.

b. Prepare uma planilha de amortização do empréstimo mostrando os juros e o principal de cada um dos três pagamentos do empréstimo.

c. Explique por que a parcela de juros de cada pagamento diminui com o passar do tempo.

E5.49 Dedução de juros de empréstimo. Liz Rogers acabou de fechar um empréstimo empresarial de $ 10.000 a ser quitado em três pagamentos anuais e iguais, no final de cada ano. A taxa de juros do empréstimo é de 13%. Como parte do planejamento financeiro detalhado de sua empresa, Liz precisa determinar a dedução anual de juros atribuível ao empréstimo. (Por se tratar de um empréstimo empresarial, a parcela de juros de cada pagamento do empréstimo poderá ser deduzida do imposto de renda da empresa.)

a. Determine o pagamento anual do empréstimo da empresa.

b. Prepare uma planilha de amortização para o empréstimo.

c. Que despesa de juros a empresa de Liz terá em *cada um* dos próximos três anos, como resultado deste empréstimo?

E5.50 Pagamentos mensais de empréstimo. Tim Smith está procurando um carro usado para comprar. Ele encontrou um por $ 4.500. O vendedor disse a Tim que, se ele der uma entrada de $ 500, a loja pode financiar o restante à taxa de 12% ao ano, em dois anos (24 meses).

a. Supondo que Tim aceite a oferta do vendedor, qual será o valor do pagamento *mensal* (no final do mês)?

b. Use uma calculadora financeira ou planilha eletrônica para ajudá-lo a descobrir o pagamento *mensal* de Tim se o vendedor estiver disposto a financiar o saldo do preço do carro a uma taxa de 9% ao ano.

E5.51 Taxas de crescimento. Considere as séries de fluxos de caixa apresentadas na tabela a seguir.

Ano	Fluxos de caixa		
	A	B	C
1	$ 500	$ 1.500	$ 2.500
2	560	1.550	2.600
3	640	1.610	2.650
4	720	1.680	2.650
5	800	1.760	2.800
6		1.850	2.850
7		1.950	2.900
8		2.060	
9		2.170	
10		2.280	

a. Calcule a taxa anual de crescimento composta associada a cada série de fluxos de caixa.

b. Se os valores do primeiro ano representam depósitos iniciais em uma conta poupança que rende juros anuais, qual a taxa anual de juros recebida em cada conta?

c. Compare e discuta a taxa de crescimento e a taxa de juros encontradas nos itens **a** e **b**, respectivamente.

E5.52 Taxa de retorno. Rishi Singh tem $ 1.500 para investir. Seu consultor de investimentos sugeriu uma aplicação que não paga juros periódicos, mas retornará $ 2.000 no final de três anos.

a. Qual taxa de retorno Rishi obterá com esse investimento?

b. Rishi está avaliando outro investimento, de igual risco, com taxa anual de retorno de 8%. Qual dos dois investimentos ele deveria fazer e por quê?

E5.53 Taxa de retorno e escolha de investimento. Clare Jaccard tem $ 5.000 para investir. Como ela tem apenas 25 anos de idade, não está preocupada com o prazo do investimento. Porém, ela é sensível à taxa de retorno que receberá do investimento. Com a ajuda de seu consultor financeiro, Clare identificou quatro investimentos de igual risco, cada um proporcionando um montante único no final do prazo, como mostra a tabela a seguir. Todos os investimentos exigem um pagamento inicial de $ 5.000.

Investimento	Montante único	Período de investimento (anos)
A	$ 8.400	6
B	15.900	15
C	7.600	4
D	13.000	10

a. Calcule, arredondando para o valor inteiro mais próximo, a taxa de retorno de cada um dos quatro investimentos disponíveis para Clare.

b. Qual investimento você recomendaria a Clare, considerando seu objetivo de maximização da taxa de retorno?

E5.54 Taxa de retorno: anuidade. Qual é a taxa de retorno de um investimento de $ 10.606, caso a empresa receba $ 2.000 por ano nos próximos dez anos?

E5.55 Escolha da melhor anuidade. Raina Herzig deseja escolher a melhor de quatro anuidades imediatas de aposentadoria disponíveis. Em cada caso, em troca do pagamento hoje de um prêmio único, ela receberá benefícios anuais e iguais, no final de cada ano por um determinado número de anos. Raina considera que as anuidades têm o mesmo risco e não está preocupada com os diferentes prazos. Sua decisão se baseará somente na taxa de retorno que obterá em cada anuidade. Os dados relevantes das quatro anuidades são apresentados na tabela a seguir.

Anuidade	Prêmio pago hoje	Benefício anual	Prazo (anos)
A	$ 30.000	$ 3.100	20
B	25.000	3.900	10
C	40.000	4.200	15
D	35.000	4.000	12

a. Calcule, arredondando para o valor inteiro mais próximo, a taxa de retorno de cada uma das quatro anuidades que Raina está avaliando.

b. Dado o critério de decisão de Raina, qual anuidade você recomendaria?

E5.56 Taxa de juros de uma anuidade. Anna Waldheim ficou gravemente ferida em um acidente no trabalho. Ela processou os responsáveis e a sentença lhe concedeu uma indenização de $ 2 milhões. Hoje, ela e seu advogado participam de uma reunião com os réus para discutir um acordo quanto ao pagamento da indenização. Ela recebeu uma oferta inicial de $ 156.000 por ano durante 25 anos. Anna planeja fazer uma contraoferta de $ 255.000 por ano durante 25 anos. Tanto a oferta quanto a contraoferta têm um valor presente de $ 2 milhões, o valor da sentença. Ambas assumem pagamentos no final de cada ano.

a. Qual taxa de juros os réus estão presumindo em sua oferta (arredondada para o valor inteiro mais próximo)?

b. Qual taxa de juros Anna e seu advogado estão presumindo em sua contraoferta (arredondada para o valor inteiro mais próximo)?

c. Anna está disposta a aceitar uma anuidade que carregue uma taxa de juros presumida de 9%. Que pagamento anual seria aceitável para ela?

Exercício de finanças pessoais

E5.57 Taxas de juros de empréstimos. John Flemming está em busca de um empréstimo para financiar a compra de um carro usado. Ele encontrou três possibilidades que parecem atraentes e pretende escolher a menor taxa de juros. As informações disponíveis a respeito de cada um dos três empréstimos de $ 5.000 são apresentadas na tabela a seguir.

Empréstimo	Principal	Pagamento anual	Prazo (anos)
A	$ 5.000	$ 1.352,81	5
B	5.000	1.543,21	4
C	5.000	2.010,45	3

a. Determine a taxa de juros associada a cada um dos empréstimos.

b. Que empréstimo John deveria escolher?

E5.58 Número de anos para atingir um montante futuro. Para cada um dos casos a seguir, determine o número de anos necessários para que o depósito inicial atinja o montante futuro à taxa de juros especificada.

Caso	Depósito inicial	Montante futuro	Taxa de juros
A	$ 300	$ 1.000	7%
B	12.000	15.000	5%
C	9.000	20.000	10%
D	100	500	9%
E	7.500	30.000	15%

Exercício de finanças pessoais

E5.59 Tempo necessário para acumular um determinado montante. Manuel Rios quer determinar quanto tempo será necessário para que um depósito inicial de $ 10.000 dobre de valor.

a. Se Manuel obtiver 10% de juros anuais sobre o depósito, quanto tempo levará para dobrar seu dinheiro?

b. Quanto tempo levará, se ele obtiver apenas 7% de juros anuais?

c. Quanto tempo levará, se ele conseguir 12% de juros anuais?

d. Reveja suas respostas dos itens **a**, **b** e **c** e indique que relação existe entre a taxa de juros e o tempo necessário para que Manuel dobre seu dinheiro.

E5.60 Número de anos necessários para proporcionar um dado retorno. Em cada um dos casos a seguir, determine o número de anos necessários para que dado fluxo de caixa, no final de cada ano, continue a proporcionar a taxa de retorno especificada sobre o valor inicial especificado.

Caso	Valor inicial	Fluxo de caixa anual	Taxa de retorno
A	$ 1.000	$ 250	11%
B	150.000	30.000	15%
C	80.000	10.000	10%
D	600	275	9%
E	17.000	3.500	6%

E5.61 Tempo necessário para quitar um empréstimo parcelado. Mia Salto quer determinar quanto tempo será necessário para quitar um empréstimo com valor inicial de $ 14.000, em que são exigidas prestações de $ 2.450 no final de cada ano.
Exercício de finanças pessoais

a. Se Mia puder tomar o empréstimo a uma taxa anual de juros de 12%, quanto tempo será necessário para quitar o empréstimo totalmente?

b. Quanto tempo será necessário a uma taxa anual de 9%?

c. Quanto tempo será necessário, se tiver que pagar 15% de juros anuais?

d. Reveja suas respostas nos itens **a**, **b** e **c** e descreva a relação geral entre a taxa de juros e o tempo necessário para que Mia quite totalmente o empréstimo.

E5.62 Problema de ética. Um gerente da Check Into Cash (veja o quadro *Foco na Ética*, apresentado anteriormente) defende as práticas da empresa como sendo simplesmente "cobrar o que o mercado suporta". "Afinal de contas", diz o gerente, "não estamos obrigando ninguém a entrar na loja". Como você responderia a essa defesa ética da atividade de adiantamento de salário?

Exercício com planilha

No final de 2015, a Uma Corporation estava considerando realizar um grande projeto de longo prazo em um esforço para se manter competitiva em seu setor. Os departamentos de produção e vendas determinaram a economia potencial de fluxo de caixa anual que a empresa poderia obter se agisse rapidamente. Especificamente, eles estimaram que ocorreria uma série mista de economia de fluxo de caixa futuro no final de cada um dos anos de 2016 a 2021. Os anos de 2022 a 2026 trariam economias de fluxo de caixa consecutivas e iguais no final de cada ano. A empresa estimou que sua taxa de desconto nos seis primeiros anos seria de 7%. A taxa de desconto esperada para os anos de 2022 a 2026 seria de 11%.

Os gerentes de projeto considerarão o projeto aceitável se resultar em economias de fluxo de caixa presente de no mínimo $ 860.000. Os seguintes dados de economias de fluxo de caixa a seguir foram fornecidos ao departamento financeiro para análise.

Final do ano	Economias de fluxo de caixa
2016	$ 110.000
2017	120.000
2018	130.000
2019	150.000
2020	160.000

(continua)

(continuação)

2021	150.000
2022	90.000
2023	90.000
2024	90.000
2025	90.000
2026	90.000

TAREFA

Crie planilhas semelhantes à Tabela 5.2 e responda às seguintes perguntas.

a. Determine o valor (no início de 2016) das economias de fluxo de caixa futuro que se espera que o projeto gere.

b. Com base apenas no critério estabelecido pela administração, a empresa deveria realizar esse projeto? Explique.

c. O que é o "risco de taxa de juros" e como isso pode influenciar a recomendação feita no item **b**? Explique.

Caso integrativo 2

TRACK SOFTWARE, INC.

Há sete anos, depois de trabalhar por 15 anos como contador, Stanley Booker demitiu-se do cargo de diretor de sistemas de custos do escritório de contabilidade Davis, Cohen e O`Brien e fundou a Track Software, Inc. Nos dois anos anteriores à sua saída do escritório onde trabalhava, Stanley passou noites e fins de semana desenvolvendo um sofisticado programa de contabilidade de custo que se tornou o primeiro produto da Track. À medida que a empresa crescia, Stanley planejava desenvolver e expandir os aplicativos oferecidos, todos relacionados à racionalização do processo contábil de empresas industriais de médio e grande porte.

Embora a Track tivesse apresentado prejuízos em seus dois primeiros anos de operação — 2009 e 2010 —, seu lucro havia crescido constantemente de 2011 até então (2015). A Tabela 1 apresenta o histórico de lucros da empresa, incluindo os pagamentos de dividendos e as contribuições para lucros retidos.

Stanley fundou a empresa com um investimento de $ 100.000: economias de $ 50.000, como capital próprio, mais um empréstimo bancário de longo prazo de $ 50.000. Ele esperava manter sua participação acionária em 100% da empresa, mas, após um prejuízo de $ 50.000 no primeiro ano de operações (2009), ele vendeu 60% das ações a um grupo de investidores para obter os recursos necessários. Desde então, nenhuma outra transação com ações foi realizada. Embora ele possua apenas 40% da Track, Stanley participa ativamente da administração da empresa; os outros acionistas não têm participação ativa na gestão. A ação da empresa estava avaliada em $ 4,50 em 2014 e em $ 5,28 em 2015.

Tabela 1	Lucros, dividendos e lucros retidos, 2009–2015 da Track Software, Inc.		
Ano	Lucro líquido após imposto de renda (1)	Dividendos pagos (2)	Contribuição para lucros retidos [(1) – (2)] (3)
2009	($ 50.000)	0	($ 50.000)
2010	(20.000)	0	(20.000)
2011	15.000	0	15.000
2012	35.000	0	35.000
2013	40.000	1.000	39.000
2014	43.000	3.000	40.000
2015	48.000	5.000	43.000

Stanley acabou de preparar a demonstração de resultados, o balanço patrimonial e a demonstração de lucros retidos da empresa referentes a 2015, mostrados nas tabelas 2, 3 e 4, juntamente com o balanço patrimonial de 2014. Além disso, ele compilou os índices de 2014 e os índices médios do setor para 2015, que são aplicáveis tanto a 2014 quanto a 2015 e estão resumidos na Tabela 5. Ele está bastante satisfeito por ter conseguido lucro recorde de $ 48.000 em 2015, mas está preocupado com os fluxos de caixa da empresa. Mais especificamente, ele está achando cada vez mais difícil pagar no vencimento as contas da empresa e gerar fluxos de caixa para os investidores, tanto credores quanto proprietários. Para entender melhor esses problemas de fluxo de caixa, Stanley pretende preparar o fluxo de caixa operacional (FCO) e o fluxo de caixa livre (FCL) da empresa referentes a 2015.

Ele também está frustrado com a incapacidade da empresa de contratar um programador de software para concluir o pacote de estimativa de custos, o qual acredita ter enorme potencial de vendas. Stanley começou a desenvolver esse pacote dois anos atrás, mas a complexidade cada vez maior da empresa exigiu que dedicasse mais tempo às tarefas administrativas, interrompendo, assim, o desenvolvimento do produto. A relutância de Stanley em preencher essa vaga decorre de sua preocupação com o fato de que o acréscimo de $ 80.000 por ano em salário e benefícios para o cargo certamente reduziria o lucro por ação (LPA) nos próximos dois anos. Embora o sucesso do projeto não esteja garantido, Stanley acredita que, se o dinheiro fosse gasto para contratar o programador de software, as vendas e os lucros da empresa aumentariam significativamente quando o processo de desenvolvimento, produção e comercialização estivesse concluído, em um prazo de dois a três anos.

Com todas essas preocupações em mente, Stanley começou a analisar os vários dados para formular estratégias que o ajudem a garantir um futuro brilhante para a Track Software. Ele acredita que, como parte desse processo, uma análise completa dos índices relativos aos resultados da empresa em 2015 proporcionaria informações adicionais importantes.

Tabela 2	Demonstração de resultados para o exercício encerrado em 31 de dezembro de 2015 da Track Software, Inc.
Receita de vendas	$ 1.550.000
Menos: Custo das mercadorias vendidas	$ 1.030.000

(continua)

(continuação)

Lucro bruto	$ 520.000
Menos: Despesas operacionais	
Despesa de vendas	$ 150.000
Despesas gerais e administrativas	270.000
Despesa de depreciação	11.000
Total de despesas operacionais	431.000
Lucro operacional (LAJIR)	$ 89.000
Menos: Despesa de juros	29.000
Lucro líquido antes do imposto de renda	$ 60.000
Menos: Imposto de renda (20%)	12.000
Lucro líquido após imposto de renda	48.000

Tabela 3 — Balanço patrimonial da Track Software, Inc.

	31 de dezembro	
Ativo	2015	2014
Caixa	$ 12.000	$ 31.000
Títulos negociáveis	66.000	82.000
Contas a receber	152.000	104.000
Estoques	191.000	145.000
Total do ativo circulante	$ 421.000	$ 362.000
Ativo imobilizado bruto	$ 195.000	$ 180.000
Menos: Depreciação acumulada	63.000	52.000
Ativo imobilizado líquido	$ 132.000	$ 128.000
Total do ativo	$ 553.000	$ 490.000
Passivo e patrimônio líquido		
Fornecedores	$ 136.000	$ 126.000
Títulos a pagar	200.000	190.000
Contas a pagar	27.000	25.000
Total do passivo circulante	$ 363.000	$ 341.000
Dívida de longo prazo	$ 38.000	$ 40.000
Total do passivo	$ 401.000	$ 381.000
Ações ordinárias (50.000 ações em circulação a $ 0,40 ao par)	$ 20.000	$ 20.000
Capital integralizado acima do valor nominal	30.000	30.000
Lucros retidos	102.000	59.000

(continua)

(continuação)

Total do patrimônio líquido	$ 152.000	$ 109.000
Total do passivo e patrimônio líquido	$ 553.000	$ 490.000

Tabela 4 — Demonstração de lucros retidos para o exercício encerrado em 31 de dezembro de 2015 da Track Software, Inc.

Saldo de lucros retidos (1 de janeiro de 2015)	$ 59.000
Mais: Lucro líquido após imposto de renda (para 2015)	48.000
Menos: Dividendos de ações ordinárias (pagos durante 2015)	5.000
Saldo de lucros retidos (31 de dezembro de 2015)	102.000

Tabela 5

Índice	Real 2014	Média do setor 2015
Índice de liquidez corrente	1,06	1,82
Índice de liquidez seca	0,63	1,10
Giro do estoque	10,40	12,45
Prazo médio de recebimento	29,6 dias	20,2 dias
Giro do ativo total	2,66	3,92
Índice de endividamento	0,78	0,55
Índice de cobertura de juros	3,0	5,6
Margem de lucro bruto	32,1%	42,3%
Margem de lucro operacional	5,5%	12,4%
Margem de lucro líquido	3,0%	4,0%
Retorno sobre ativo total (ROA)	8,0%	15,6%
Retorno sobre patrimônio líquido (ROE)	36,4%	34,7%
Índice preço/lucro (P/L)	5,2	7,1
Índice valor de mercado/valor contábil (VM/VC)	2,1	2,2

TAREFA

a. (1) Em que objetivo financeiro Stanley parece estar focado? É o objetivo correto? Por quê?
(2) Poderia existir um potencial *problema principal–agente* nessa empresa? Explique.

b. Calcule o lucro por ação (LPA) da empresa para cada ano, considerando que o número de ações ordinárias em circulação permaneceu *inalterado* desde a fundação da empresa. Comente o LPA considerando sua resposta no item **a**.

c. Use os dados financeiros apresentados para determinar o *fluxo de caixa operacional* (FCO) e o *fluxo de caixa livre* (FCL) da empresa em 2015. Avalie os resultados à luz das atuais dificuldades de fluxo de caixa da Track.

d. Analise a situação financeira da empresa em 2015 no que se refere a: (1) liquidez, (2) atividade, (3) endividamento, (4) rentabilidade e (5) valor de mercado; usando as demonstrações financeiras apresentadas nas tabelas 2 e 3 e os índices apresentados na Tabela 5. Certifique-se de avaliar a empresa em base tanto transversal quanto em séries temporais.

e. Que recomendação você faria a Stanley quanto à contratação de um novo programador? Relacione sua recomendação com suas respostas no item **a**.

f. A Track Software pagou $ 5.000 em dividendos em 2015. Suponha que um investidor propusesse à Stanley a compra de 100% da empresa. Se esse investidor acreditasse que, ao possuir a empresa, poderia extrair $ 5.000 por ano, em dinheiro, em perpetuidade, quanto você acha que o investidor estaria disposto a pagar pela empresa se o retorno exigido sobre esse investimento fosse de 10%?

g. Suponha que você acredite que o FCL gerado pela Track Software em 2015 se manteria para sempre. Você estaria disposto a comprar a empresa para receber essa série perpétua de fluxo de caixa livre? Quanto você estaria disposto a pagar se você exigisse um retorno de 10% em seu investimento?

PARTE 3

Avaliação de valores mobiliários

Capítulos desta parte

6 Taxas de juros e avaliação de títulos de dívida

7 Avaliação de ações

CASO INTEGRATIVO 3 ▶ Encore International

▶ Na Parte 2, você aprendeu como usar as ferramentas de valor do dinheiro no tempo para comparar fluxos de caixa em momentos diferentes. Nos próximos dois capítulos, você vai aprender a aplicar essas ferramentas para avaliar os dois tipos mais comuns de valores mobiliários: títulos de dívida e ações.

O Capítulo 6 introduz a você o mundo das taxas de juros e dos títulos de dívida. Embora os títulos de dívida estejam entre os investimentos mais seguros do mercado, eles não são isentos de risco. O principal risco enfrentado pelos investidores de títulos de dívida é o risco da flutuação das taxas de juros do mercado. Essas flutuações fazem com que os preços dos títulos de dívida se alterem, afetando, consequentemente, os retornos obtidos pelos investidores. O Capítulo 6 explica por que as taxas de juros variam de um título de dívida a outro e os fatores que fazem com que elas oscilem.

O Capítulo 7 se concentra na avaliação de ações. Explica as características das ações que as distinguem do título de dívida e descreve como as sociedades anônimas de capital aberto emitem ações para os investidores. Você terá outra chance de praticar as técnicas de valor do dinheiro no tempo, já que o capítulo ilustra como avaliar as ações descontando (1) os dividendos recebidos pelos acionistas ou (2) o fluxo de caixa livre que a empresa gera ao longo do tempo.

Capítulo 6

Taxas de juros e avaliação de títulos de dívida

Objetivos de aprendizagem

OA 1 Descrever os fundamentos da taxa de juros, a estrutura a termo das taxas de juros e os prêmios pelo risco.

OA 2 Rever os aspectos legais do financiamento por meio da emissão de títulos de dívida e o custo desse tipo de financiamento.

OA 3 Discutir as características gerais, os rendimentos, os preços, os *ratings*, os tipos mais populares e as emissões internacionais de títulos de dívida por empresas.

OA 4 Entender os principais dados e o modelo básico utilizado no processo de avaliação de títulos de dívida.

OA 5 Aplicar o modelo básico de avaliação de títulos de dívida e descrever o impacto do retorno exigido e do prazo de vencimento no valor dos títulos de dívida.

OA 6 Explicar o rendimento até o vencimento (YTM — *yield to maturity*), seu cálculo e o procedimento utilizado para avaliar títulos de dívida que pagam juros semestrais.

Por que este capítulo é importante para você?

Na sua vida PROFISSIONAL

CONTABILIDADE Para entender as taxas de juros e os vários tipos de títulos de dívida e ser capaz de contabilizar corretamente a amortização de ágios e deságios, assim como emissões e resgates de títulos de dívida.

SISTEMAS DE INFORMAÇÃO Para conhecer os dados que são necessários para acompanhar as avaliações de títulos de dívida e as planilhas de amortização de títulos de dívida.

GESTÃO Para conhecer o comportamento das taxas de juros e como elas afetam os tipos de fundos que a empresa pode captar, bem como o timing e o custo de emissões e de resgates de títulos de dívida.

MARKETING Para saber como o nível da taxa de juros e a capacidade da empresa de emitir títulos de dívida podem afetar a disponibilidade de financiamento para projetos de pesquisa de marketing e desenvolvimento de novos produtos.

OPERAÇÕES Para entender como o nível da taxa de juros pode afetar a capacidade da empresa de captar fundos para manter e expandir a capacidade de produção da empresa.

Na sua vida PESSOAL

As taxas de juros têm um impacto direto no planejamento financeiro pessoal. Oscilações das taxas de juros ocorrem com frequência e afetam os retornos e o valor da poupança e dos investimentos. A taxa de juros que você paga no cartão de crédito e em empréstimos pode afetar decisivamente suas finanças pessoais. Entender o básico sobre as taxas de juros é importante para o seu sucesso financeiro pessoal.

A dívida federal dos Estados Unidos

Um enorme apetite por dinheiro

Quem é o maior devedor do mundo? O governo federal dos Estados Unidos. Em 21 de maio de 2013, a dívida nacional norte-americana era maior que US$ 16,8 trilhões, dos quais mais de US$ 1 trilhão foi acumulado apenas em 2012. Pouco mais de um terço da dívida do governo norte-americano está em poder do Banco Central dos Estados Unidos e outros órgãos intergovernamentais norte-americanos, um terço está em poder de investidores estrangeiros e pouco menos de um terço está em poder de indivíduos e instituições dos Estados Unidos. Os juros sobre a dívida nacional são um dos maiores itens do orçamento federal, totalizando US$ 360 bilhões em 2012. Estimativas do CBO (Congressional Budget Office) projetam que de 2013 a 2023, o déficit acumulado será de US$ 6,3 trilhões, de modo que o governo federal tem uma necessidade enorme de financiamento externo, muito maior que a necessidade de capital de qualquer empresa.

Para alimentar essa enorme demanda, o Tesouro do governo norte-americano pode emitir *T-bills* (*Treasury bills*), títulos de dívida que vencem em menos de um ano; *T-notes* (*Treasury notes*), que vencem entre dois e dez anos; *T-bonds* (*Treasury bonds*), que vencem em 30 anos; e *savings bonds*. Os títulos do Tesouro podem ser adquiridos por meio do Tesouro Direto, um sistema online que permite que os investidores abram contas para realizar transações de títulos do Tesouro. Apesar dos enormes déficits do governo, tanto passados quanto previstos, os títulos do Tesouro norte-americano ainda são considerados os investimentos mais seguros do mundo. Neste capítulo, você aprenderá sobre a precificação desses e de outros instrumentos de dívida.

6.1 Taxas de juros e retornos exigidos

Como vimos no Capítulo 2, as instituições financeiras e os mercados criam o mecanismo pelo qual os fundos fluem entre poupadores (ofertantes de fundos) e os tomadores (demandantes de fundos). Tudo o mais permanecendo igual, os poupadores desejam obter o máximo de juros possível e os tomadores desejam pagar o mínimo possível. A taxa de juros vigente no mercado em qualquer momento reflete o equilíbrio entre ofertantes e demandantes.

FUNDAMENTOS DA TAXA DE JUROS

taxa de juros
Geralmente aplicada a instrumentos de dívida, como empréstimos bancários ou títulos de dívida; é a remuneração paga pelo tomador ao emprestador dos fundos; do ponto de vista do tomador, é o custo de empréstimo dos fundos.

retorno exigido
Geralmente aplicado a instrumentos de propriedade, como as ações ordinárias; é o custo dos fundos obtidos com a venda de uma participação acionária.

inflação
Uma tendência de alta dos preços da maioria dos bens e serviços.

preferência pela liquidez
Uma tendência geral dos investidores de preferir valores mobiliários de curto prazo (isto é, mais líquidos).

A *taxa de juros* ou *retorno exigido* representa o custo do dinheiro. É a remuneração que um ofertante de fundos espera e um demandante de fundos deve pagar. Normalmente, o termo **taxa de juros** é aplicado a instrumentos de dívida, como empréstimos bancários ou títulos de dívida, enquanto o termo **retorno exigido** pode ser aplicado a quase qualquer tipo de investimento, incluindo ações ordinárias, o que dá ao investidor uma participação acionária no emitente. Na verdade, o significado desses dois termos é muito semelhante, porque, nos dois casos, o ofertante é recompensado por fornecer fundos ao demandante.

Uma série de fatores pode influenciar o equilíbrio da taxa de juros. Um deles é a **inflação**, uma tendência de alta dos preços da maioria dos bens e serviços. Em geral, os poupadores exigem retornos mais altos (isto é, taxas de juros mais elevadas) quando a inflação está alta, pois eles querem que seus investimentos não apenas acompanhem, mas excedam o aumento dos preços. Um segundo fator que influencia as taxas de juros é o risco. Quando as pessoas percebem que um determinado investimento é mais arriscado, elas esperam um retorno maior desse investimento para compensar o risco. Um terceiro fator que pode afetar a taxa de juros é a **preferência pela liquidez** por parte dos investidores. O termo *preferência pela liquidez* refere-se à tendência geral dos investidores a preferir valores mobiliários de curto prazo (isto é, valores mobiliários que são mais líquidos). Se tudo o mais permanecer igual, os investidores prefeririam comprar valores mobiliários de curto prazo e não de longo prazo; as taxas de juros em instrumentos de curto prazo, como *Treasury bills*, serão mais baixas do que as taxas de juros em valores mobiliários de longo prazo. Os investidores manteriam esses valores mobiliários, apesar do retorno relativamente baixo que eles oferecem, porque atendem à preferência pela liquidez dos investidores.

FATOS e DADOS

Medo leva as taxas de *T-bill* a valores negativos

Perto do auge da crise financeira, em dezembro de 2008, as taxas de juros dos *T-bills* ficaram negativas por um curto período de tempo, o que significa que os investidores pagaram mais ao Tesouro do que o Tesouro prometeu pagar de volta. Por que alguém colocaria seu dinheiro em um instrumento *sabendo* que iria perder dinheiro? Lembre-se que o ano de 2008 foi marcado pelo desaparecimento do Lehman Brothers, e o temor de que outros bancos comerciais e de investimento pudessem falhar foi desencadeado. Evidentemente, alguns investidores estavam dispostos a pagar ao Tesouro dos Estados Unidos para manter seu dinheiro em segurança por um curto período de tempo.

A taxa real de juros

Imagine um *mundo perfeito* em que não existe inflação, os investidores não têm preferência pela liquidez e não existe risco. Nesse mundo, haveria apenas um custo do dinheiro: a **taxa real de juros**. Ela cria um equilíbrio entre a oferta de poupança e a demanda por fundos, representando o custo do dinheiro mais básico. Historicamente, a taxa real de juros nos Estados Unidos foi, em média, de cerca de 1% ao ano, mas esse número flutua ao longo do tempo. Essa relação entre oferta e demanda é mostrada na Figura 6.1 por meio da função oferta (indicada por S_0) e da função demanda (indicada por D). Um equilíbrio entre a oferta de fundos e a demanda por fundos ($S_0 = D$) ocorre à taxa de juros r_0^*, a taxa real de juros.

Evidentemente, a taxa real de juros varia quando mudam as condições econômicas, os gostos e as preferências. Para combater a recessão, o banco central de um país pode dar início a ações para aumentar a oferta de crédito na economia, fazendo com que a função de oferta da Figura 6.1 se desloque para, por exemplo, S_1. O resultado poderia ser uma taxa real de juros mais baixa, r_1^*, no ponto de equilíbrio ($S_1 = D$). Com um custo menor do dinheiro, as empresas podem se interessar por investimentos até então considerados pouco atraentes e, à medida que empresas contratam mais funcionários e gastam mais em instalações e equipamentos, a economia volta a se expandir.

taxa real de juros
A taxa que cria um equilíbrio entre a oferta de poupança e a demanda por fundos para investimento, levando-se em conta um mundo perfeito, sem inflação, no qual ofertantes e demandantes de fundos não têm preferência pela liquidez e não existe risco.

Taxa de juros (retorno) nominal ou efetiva

A **taxa nominal de juros** é a taxa efetiva de juros cobrada pelo ofertante de fundos e paga pelo demandante. *Neste livro, as taxas de juros e as taxas de retorno exigido são taxas nominais, salvo indicação ao contrário*. A taxa nominal de juros difere da taxa real de juros, r^*, em virtude de dois fatores: inflação e risco. Quando as pessoas economizam dinheiro e o investem, elas estão sacrificando o consumo no presente (isto é, estão gastando menos do que poderiam) em troca de um consumo maior no futuro. Quando os investidores esperam que a inflação ocorra, eles acreditam que o preço dos bens e serviços será maior no futuro do que no presente. Desse modo, eles serão relutantes em sacrificar o consumo presente, a menos que o retorno que possam obter com o dinheiro que economizaram (ou investiram) seja alto o suficiente para permitir que comprem os bens e os serviços que desejam a um preço mais alto no futuro. Isto é, *os investidores exigirão uma taxa maior de retorno nominal caso esperem inflação*. O retorno adicional que os investidores exigem para compensar a inflação é chamado de prêmio pela inflação (*inflation premium* — *IP*) esperada.

taxa nominal de juros
A taxa efetiva de juros cobrada pelo ofertante dos fundos e paga pelo demandante.

Figura 6.1 Relação entre oferta e demanda

Oferta de poupança e demanda por fundos para investimento.

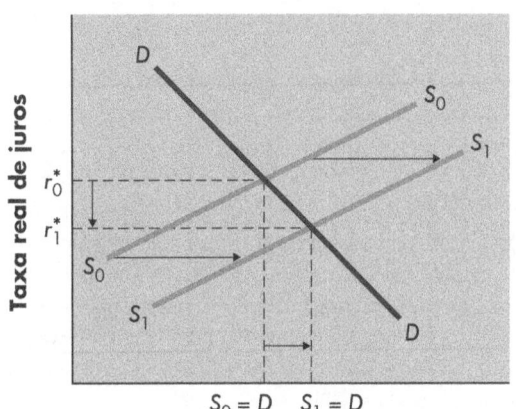

Da mesma forma, os investidores em geral exigem taxas mais altas de retorno em investimentos de maior risco em comparação com os de menor risco. Caso contrário, haveria pouco incentivo para os investidores assumirem o risco adicional. Portanto, *os investidores exigirão uma taxa mais alta de retorno nominal em investimentos de risco*. O retorno adicional que os investidores exigem para compensá-los pelo risco é chamado de prêmio pelo risco (*risk premium* — RP). Assim, a taxa de juros nominal do título 1, r_1, é dada pela Equação 6.1:

$$r_1 = \underbrace{r^* + IP}_{\text{taxa livre de risco, } R_F} + \underbrace{RP_1}_{\substack{\text{prêmio} \\ \text{pelo risco}}} \quad (6.1)$$

Como indicam as chaves horizontais abaixo da equação, a taxa nominal, r_1, é composta de dois componentes básicos: uma taxa de retorno livre de risco, R_F, e um prêmio pelo risco, RP_1, conforme a Equação 6.2:

$$r_1 = R_F + RP_1 \quad (6.2)$$

Por ora, ignore o prêmio pelo risco, RP_1, e foque exclusivamente na taxa livre de risco. De acordo com a Equação 6.1, a taxa livre de risco pode ser representada por:

$$R_F = r^* + IP \quad (6.3)$$

A taxa livre de risco (como mostra a Equação 6.3) inclui a taxa real de juros e o prêmio pela inflação esperada. O prêmio pela inflação é conduzido pelas expectativas dos investidores com relação à inflação: quanto mais alta for a inflação esperada, maior será o prêmio pela inflação e maior será a taxa nominal de juros.

As *T-bills* de três meses são notas promissórias de curto prazo emitidas pelo Tesouro norte-americano e são consideradas os investimentos mais seguros do mundo. Elas estão o mais próximo que podemos conseguir, no mundo real, de um investimento livre de risco. Para estimar a taxa real de juros, os analistas normalmente tentam determinar a taxa de inflação esperada pelos investidores nos próximos três meses. Em seguida, *eles subtraem a taxa de inflação esperada da taxa nominal da* T-bill *de três meses para chegar à taxa real de juros*. Para o ativo livre de risco na Equação 6.3, a taxa real de juros, r^*, seria igual a $R_F - IP$. Um exemplo simples de finanças pessoais pode demonstrar a distinção, na prática, entre as taxas nominal e real de juros.

Finanças pessoais Exemplo 6.1

Marilyn Carbo tem $ 10 que pode gastar em doces que custam $ 0,25 cada. Ela poderia comprar 40 doces ($ 10,00 · $ 0,25) hoje. A taxa nominal de juros de um investimento de um ano é atualmente de 7% e a taxa de inflação esperada para o próximo ano é de 4%. Em vez de comprar os 40 doces hoje, Marilyn poderia investir os $ 10. Depois de um ano, ela teria $ 10,70, porque teria ganhado 7% de juros — $ 0,70 a mais (0,07 $ 10,00) — sobre seu investimento de $ 10. Durante esse ano, a inflação teria aumentado o custo do doce em 4% — $ 0,01 a mais (0,04 $ 0,25) —, o que significa que passariam a custar $ 0,26 a unidade. Assim, no final de um ano, Marilyn poderia comprar cerca de 41,2 doces ($ 10,70 · $ 0,26) ou aproximadamente 3% a mais (41,2 · 40,0 = 1,03). O aumento de 3% no poder de compra de Marilyn representa sua taxa de retorno real. A taxa de retorno nominal sobre seu investimento (7%) é parcialmente corroída pela inflação (4%), de modo que seu retorno real durante o ano é a diferença entre a taxa nominal e a taxa da inflação (7% ▬ 4% = 3%).

Foco na PRÁTICA

I-bonds: títulos de dívida indexados à inflação

na prática Uma das desvantagens dos títulos de dívida é que, normalmente, pagam uma taxa fixa de juros. Uma vez emitido um título de dívida, sua taxa de juros normalmente não pode ser ajustada de acordo com as mudanças na inflação esperada. Essa rigidez representa um grave risco aos investidores em títulos de dívida, porque, se a inflação subir enquanto a taxa nominal do título de dívida permanece fixa, a taxa real de retorno cai.

Atualmente, o Tesouro dos Estados Unidos oferece os *I-bonds*, um título de poupança indexado à inflação. Um título de Série I rende juros com base em uma *taxa composta*, que consiste em uma *taxa fixa* (que permanece inalterada ao longo do prazo do título) e uma *taxa ajustável* (igual à taxa real de inflação). A taxa ajustável muda duas vezes por ano e se baseia no movimento do *Consumer Price Index for All Urban Consumers* (CPI-U). Esse índice monitora os preços de milhares de bens e serviços, de modo que um aumento no índice indica a ocorrência de inflação. À medida que a taxa de inflação se movimenta para cima e para baixo, as taxas de juros do *I-bond* se ajustam (em um curto intervalo de tempo). Os juros ganhos são isentos de impostos de renda estadual e municipal e são pagos somente quando o investidor resgata o *I-bond*. Os *I-bonds* são emitidos ao valor de face (valor nominal) em qualquer denominação de US$ 25 ou mais.

O *I-bond*, entretanto, também tem suas desvantagens. Qualquer resgate nos primeiros cinco anos resulta em uma multa equivalente a três meses de juros. Além disso, o investidor deveria optar por resgatar um *I-bond* apenas no primeiro dia do mês, porque os juros auferidos durante o mês só são incluídos no valor de resgate no primeiro dia do mês seguinte. A característica de taxa ajustável dos *I-bonds* pode ser prejudicial aos investidores (isto é, pode reduzir seus retornos) se ocorrer deflação. O termo **deflação** refere-se a uma tendência geral de queda dos preços, de modo que, quando ocorre deflação, a variação no CPI-U é negativa e a parcela ajustável dos juros de um *I-bond* também se torna negativa. Por exemplo, se o componente de taxa fixa de um *I-bond* é 2% e os preços caírem 0,5% (em termos equivalentes, a taxa de inflação seria −0,5%), a taxa nominal de um *I-bond* será de apenas 1,5% (2% menos 0,5%). A taxa nominal de um *I-bond* não pode cair abaixo de zero, não importa a deflação. Nos últimos 80 anos, os períodos de deflação têm sido muito raros, enquanto a inflação tem sido uma característica quase sempre presente da economia, de modo que é provável que os investidores gostem da proteção contra a inflação futura que os *I-bonds* oferecem.

- *Que efeito, em sua opinião, a taxa de juros ajustada à inflação tem no preço de um* I-bond *em comparação com títulos de dívida semelhantes que não se ajustam à inflação?*

O prêmio pela *inflação esperada* na Equação 6.3 representa a taxa média de *inflação* esperada ao longo do prazo de um investimento. *Não* é a taxa de inflação verificada no passado recente, embora as expectativas de inflação dos investidores sejam, sem dúvida, influenciadas pela taxa de inflação ocorrida recentemente. Mesmo assim, o prêmio pela inflação reflete a taxa de inflação esperada. O prêmio pela inflação esperada muda ao longo do tempo em resposta a muitos fatores, como mudanças nas políticas monetária e fiscal, flutuações de moeda e eventos políticos internacionais. Para uma discussão a respeito de um título de dívida dos Estados Unidos cuja taxa de juros é ajustada pela inflação, veja o quadro *Foco na Prática*.

A Figura 6.2 ilustra o movimento anual da taxa de inflação e da taxa de retorno livre de risco no período de 1961 a 2012 nos Estados Unidos. Durante esse período, as duas taxas tenderam a se mover de maneira semelhante. Observe que as taxas da *T-bill* estavam ligeiramente acima da taxa de inflação na maior parte do tempo, o que significa que as *T-bills*, em geral, ofereceram um pequeno retorno real positivo. Entre 1978 e o início da década de 1980, as taxas de inflação e de juros estiveram bastante elevadas, atingindo mais de 13% em 1980–1981. Desde então, elas têm declinado gradualmente. Para combater uma recessão severa, o Banco Central norte-americano derrubou as taxas de juros para quase 0% em 2009 e as manteve nesse patamar por vários anos.

deflação
Uma tendência geral de queda de preços.

Figura 6.2 — Impacto da inflação

Relação entre a taxa de inflação anual e o retorno médio anual de uma *T-bill* de três meses do Tesouro norte-americano, 1961-2012.

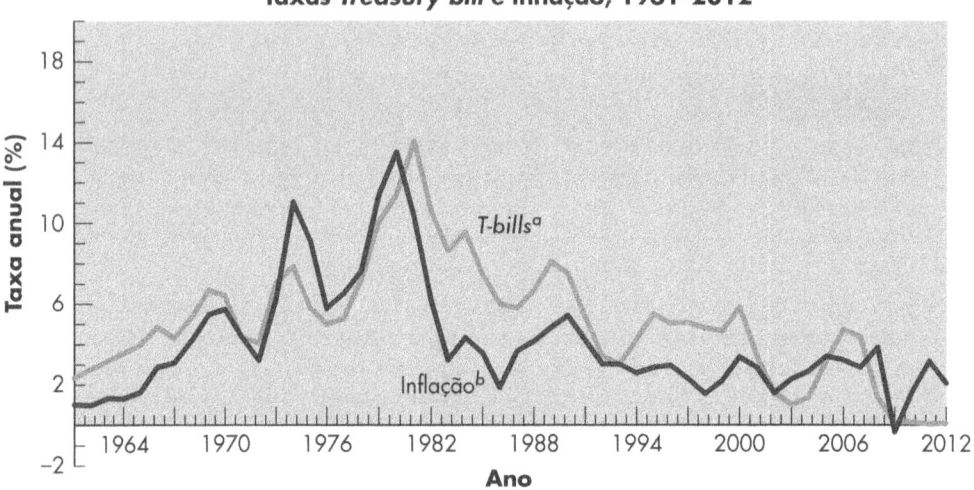

Taxas *Treasury bill* e inflação, 1961-2012

a Taxa de retorno médio anual de uma *T-bill* de três meses.
b Variação percentual anual do índice de preço ao consumidor.

Fontes: dados selecionados do *Federal Reserve Bulletins* e do U.S. Department of Labor/Bureau of Labor Statistics.

Observe que, durante todo esse período, a taxa de inflação foi negativa apenas uma vez (em 2009). Apesar de a economia ter tido uma taxa de inflação positiva todos os anos de 2010 a 2012, o Banco Central dos Estados Unidos manteve as taxas de juros próximas a zero, de modo que a taxa real de juros nesses anos foi de fato negativa.

ESTRUTURA A TERMO DAS TAXAS DE JUROS

estrutura a termo das taxas de juros
A relação entre o vencimento e a taxa de retorno de títulos de dívida com níveis semelhantes de risco.

curva de rendimento
Uma representação gráfica da estrutura a termo das taxas de juros.

A **estrutura a termo das taxas de juros** é a relação entre o vencimento e a taxa de retorno de títulos de dívida com níveis semelhantes de risco. Um gráfico dessa relação é chamado de **curva de rendimento**.[1] Basta a um analista dar uma rápida olhada na curva de rendimento para saber como as taxas variaram entre os títulos de dívida de curto, médio e longo prazo. Ela também pode fornecer informações sobre os rumos das taxas de juros e da economia em geral para o futuro. Normalmente, quando os analistas examinam a estrutura a termo das taxas de juros, eles focam nos títulos do Tesouro por serem, em geral, considerados livres de risco de inadimplência.

Curvas de rendimento

rendimento até o vencimento (YTM)
A taxa composta de retorno anual obtida em um título de dívida comprado em um determinado dia e mantido até o vencimento.

O **rendimento até o vencimento (YMT — *yield to maturity*)** de um título de dívida (que discutiremos mais adiante neste capítulo) representa a taxa composta de retorno anual que um investidor recebe de um título de dívida, supondo que o título de dívida faça todos os pagamentos prometidos e que o investidor mantenha o título até o seu vencimento. Em uma curva de rendimento, o rendimento até o vencimento é traçado no eixo vertical e o prazo até o vencimento é traçado no eixo horizontal. A Figura 6.3 mostra três curvas de rendimento para títulos do Tesouro norte-americano: a primeira em 22 de maio de 1981, a segunda em 29 de setembro de 1989 e a terceira em 20 de maio de 2013.

---

[1] Esse gráfico também pode ser chamado de *curva de rentabilidade* ou *curva de juros*. (N. da R. T.)

Figura 6.3 — Curvas de rendimento de títulos do Tesouro

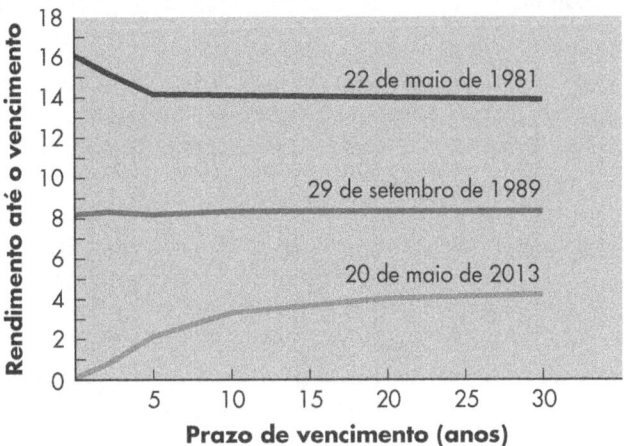

Curvas de rendimento de títulos do Tesouro norte-americano: 22 de maio de 1981; 29 de setembro de 1989; e 20 de maio de 2013.

Fontes: dados do U.S. Department of the Treasury, Office of Domestic Finance, Office of Debt Management.

Observe que tanto a posição quanto a forma das curvas de rendimento mudam com o tempo. A curva de rendimento de 22 de maio de 1981 indica que as taxas de juros de curto prazo naquela data estavam acima das taxas de longo prazo. Basta dar uma rápida olhada no gráfico para entender por que essa curva é descrita como uma curva de *inclinação negativa*. As taxas de juros em maio de 1981 estavam também bastante elevadas para os padrões históricos, de modo que o nível geral da curva de rendimento é alto. Historicamente, uma curva de rendimento de inclinação negativa, que algumas vezes é chamada de **curva de rendimento invertida**, ocorre com pouca frequência, e muitas vezes é um sinal de enfraquecimento da economia. A maioria das recessões nos Estados Unidos foi precedida por uma curva de rendimento invertida.

Normalmente, as taxas de juros de curto prazo são mais baixas que as taxas de juros de longo prazo, como em 20 de maio de 2013. Isto é, a **curva de rendimento normal** tem uma *inclinação positiva*. Observe que a curva de rendimento de maio de 2013 encontra-se totalmente abaixo das outras duas curvas mostradas na Figura 6.3. Em outras palavras, as taxas de juros em maio de 2013 foram excepcionalmente baixas, em grande parte porque naquela época a economia ainda se recuperava de uma profunda recessão e o Banco Central norte-americano estava pressionando a queda das taxas de juros para estimular a economia. Às vezes, há a ocorrência de uma **curva de rendimento horizontal**, semelhante a de 29 de setembro de 1989. Uma curva de rendimento horizontal significa simplesmente que as taxas não variam muito em vencimentos diferentes.

A configuração da curva de rendimento pode afetar as decisões de financiamento da empresa. Ao se deparar com uma curva de rendimento com inclinação negativa, um administrador financeiro tende a recorrer com mais frequência a um financiamento mais barato e de longo prazo. No entanto, ao seguir essa estratégia, ele deve estar consciente do risco de as taxas de juros caírem no futuro. Desse modo, taxas de longo prazo que parecem baratas no presente podem ser relativamente caras no futuro. Da mesma forma, quando a curva de rendimento apresenta uma inclinação positiva, o administrador pode acreditar que é sensato usar financiamento mais barato e de curto prazo. Contar com o financiamento de curto prazo também tem seus próprios riscos. As empresas que tomam empréstimos de curto prazo podem ver seus custos aumentarem se as taxas de juros subirem. Ainda mais grave é o risco de uma empresa não ser capaz de refinanciar um empréstimo de curto prazo quando ele vence. Uma série de fatores influenciam a escolha do vencimento do empréstimo, mas a forma da curva de rendimento é algo que os administradores certamente devem considerar quando tomam decisões sobre empréstimos de curto prazo *versus* empréstimos de longo prazo.

curva de rendimento invertida
Uma curva de rendimento com *inclinação negativa* que indica que as taxas de juros de curto prazo são, em geral, mais altas que as taxas de juros de longo prazo.

curva de rendimento normal
Uma curva de rendimento com *inclinação positiva* indica que as taxas de juros de longo prazo em geral são mais elevadas do que as taxas de juros de curto prazo.

curva de rendimento horizontal
Uma curva de rendimento que indica que as taxas de juros não variam muito em vencimentos diferentes.

> **FATOS e DADOS**
>
> **Rendimentos dos títulos de dívida atingem baixas históricas**
>
> Em 25 de julho de 2012, os rendimentos dos títulos do Tesouro norte-americano de dez e de 30 anos atingiram taxas mínimas históricas de 1,43% e 2,46%. O mercado imobiliário comemorou, já que muitas taxas de hipoteca estão atreladas às taxas dos títulos do Tesouro. Por exemplo, a taxa da hipoteca tradicional de 30 anos costuma estar atrelada ao rendimento dos títulos do Tesouro de dez anos. Com as taxas de hipoteca atingindo novas mínimas, os potenciais compradores descobriram que podiam pagar por casas mais caras, os proprietários que podiam refinanciar seus empréstimos existentes, reduzindo suas prestações mensais e ficando com mais dinheiro para gastar em outras coisas. Esse tipo de atividade era justamente o que o Banco Central norte-americano esperava estimular, mantendo baixas as taxas de juros durante a recuperação econômica.

Teorias da estrutura a termo

Três teorias são frequentemente citadas para explicar a forma da curva de rendimento: a teoria das expectativas, a teoria da preferência pela liquidez e a teoria da segmentação de mercado.

Teoria das expectativas Uma teoria da estrutura a termo das taxas de juros, a **teoria das expectativas** sugere que a curva de rendimento reflete as expectativas dos investidores sobre as taxas futuras de juros. De acordo com essa teoria, quando os investidores esperam um aumento das taxas de juros de curto prazo no futuro (talvez por acreditarem que a inflação vai subir), as taxas de longo prazo no presente serão mais altas do que as taxas de curto prazo, e a curva de rendimento apresentará uma inclinação positiva. O oposto acontece quando os investidores esperam uma queda das taxas de juros de curto prazo. Nesse caso, as taxas de curto prazo no presente serão mais altas que as taxas de longo prazo, e a curva de rendimento será invertida.

teoria das expectativas
Teoria segundo a qual a curva de rendimento reflete as expectativas dos investidores no que se refere às taxas de juros futuras; uma expectativa de aumento das taxas de juros resulta em uma curva de rendimento com inclinação positiva, já uma expectativa de queda das taxas de juros resulta em uma curva de rendimento com inclinação negativa.

Para entender a teoria das expectativas, veja o exemplo a seguir. Suponha que a curva de rendimento seja horizontal. A taxa de um título do Tesouro de um ano é de 4%, a mesma taxa que um título do Tesouro de dois anos. Agora, considere um investidor que tem dinheiro para aplicar em um investimento de baixo risco por dois anos. O investidor tem duas opções. Primeiro, ele poderia comprar o título do Tesouro de dois anos e receber um total de 8% (ignorando capitalização) em dois anos. Segundo, ele poderia investir no título do Tesouro de um ano recebendo 4% e, quando o título vencer, poderia reinvestir em outro título do Tesouro de um ano. Se o investidor quiser maximizar seu retorno esperado, a decisão entre a primeira e segunda opção depende de ele esperar que as taxas de juros aumentem, caiam ou permaneçam inalteradas no próximo ano.

Se o investidor acredita que as taxas de juros subirão, isso significa que o retorno do próximo ano de um título do Tesouro de um ano será maior que 4% (isto é, maior que a taxa anual do título do Tesouro de um ano). Digamos que o investidor acredita que no próximo ano a taxa de juros de um título de um ano será de 5%. Se o investidor espera taxas crescentes, seu retorno esperado será maior se ele escolher a segunda opção: comprar um título do Tesouro de um ano agora (rendendo 4%) e reinvestir em um novo título que rende 5% no próximo ano. Ao longo de dois anos, o investidor esperaria ganhar cerca de 9% (ignorando capitalização) de juros, em comparação com apenas 8% se optar pelo título de dois anos.

Se a taxa atual de um ano é de 4% e os investidores esperam que essa taxa suba para 5% no próximo ano, qual deveria ser hoje a taxa do título do Tesouro de dois anos para se manter competitiva? A resposta é 4,5%. Um investidor que comprar esse título e o mantiver por dois anos ganharia cerca de 9% de juros (novamente ignorando a capitalização), o mesmo que o retorno esperado de investir em dois títulos consecutivos de um ano. Em outras palavras, *se os investidores esperam um aumento das taxas de juros, a taxa do título de dois anos deve ser mais alta que a taxa do título de um ano, o que, por sua vez, significa que a curva de rendimento deve apresentar uma inclinação positiva.*

> **Exemplo 6.2**
>
> Suponha que um título do Tesouro de cinco anos oferece, atualmente, um retorno anual de 3%. Os investidores acreditam que as taxas de juros vão cair e, dentro de cinco anos, esperam que a taxa de um título do Tesouro de cinco anos seja de 2,5%. De acordo com a teoria das expectativas, qual o retorno que um título do Tesouro de dez anos teria que oferecer hoje? O que isso significaria na inclinação da curva de rendimento?
>
> Considere um investidor que compra um título de cinco anos hoje e planeja reinvestir em outro título de cinco anos no futuro. Ao longo do período de investimento de dez anos, esse investidor espera ganhar cerca de 27,5%, ignorando a capitalização (isto é, 3% ao ano nos primeiros cinco anos e 2,5% ao ano nos cinco anos subsequentes). Para competir com esse retorno, um título de dez anos hoje poderia oferecer 2,75% ao ano. Ou seja, um título que paga 2,75% para cada um dos próximos dez anos produz o mesmo retorno total de 27,5% que a série de dois títulos de cinco anos deve produzir. Portanto, a taxa do título de cinco anos hoje é de 3% e a taxa do título de dez anos hoje é de 2,75%, apresentando uma curva de rendimento com uma inclinação negativa.

Teoria da preferência pela liquidez As curvas de rendimento costumam apresentar inclinação positiva, o que, de acordo com a teoria das expectativas, significa que os investidores esperam que as taxas de juros subam. Uma explicação alternativa para a inclinação positiva típica da curva de rendimento é a **teoria da preferência pela liquidez**. Segundo essa teoria, se tudo o mais permanecer igual, os investidores em geral preferem comprar títulos de curto prazo, enquanto os emitentes preferem vender títulos de longo prazo. Para os investidores, os títulos de curto prazo são atrativos porque são altamente líquidos e porque seus preços não são particularmente voláteis.[2] Desse modo, os investidores aceitarão taxas um pouco mais baixas nos títulos de curto prazo porque são menos arriscados que os títulos de longo prazo. Por outro lado, quando as empresas ou os governos querem garantir seus custos de empréstimos por um longo período de tempo vendendo títulos de longo prazo, esses títulos precisam oferecer taxas mais elevadas para atrair os investidores que, de outra forma, prefeririam os títulos de curto prazo. Os tomadores de fundos estão dispostos a pagar taxas um pouco mais altas porque a dívida de longo prazo lhes permite eliminar ou reduzir o risco de não serem capazes de refinanciar dívidas de curto prazo quando elas vencerem. Tomar empréstimos de longo prazo também reduz a incerteza sobre os futuros custos de empréstimos.

teoria da preferência pela liquidez
Teoria segundo a qual as taxas de longo prazo em geral são mais elevadas do que as taxas de curto prazo (em consequência, a curva de rendimento apresenta inclinação positiva) porque os investidores entendem os investimentos de curto prazo como mais líquidos e menos arriscados do que os investimentos de longo prazo. Os tomadores de fundos devem oferecer taxas mais elevadas para títulos de longo prazo para atrair investidores que, de outra forma, prefeririam títulos de curto prazo.

Teoria da segmentação de mercado A **teoria da segmentação de mercado** sugere que o mercado de empréstimos é completamente segmentado com base no vencimento e que a oferta e a demanda de empréstimos dentro de cada segmento determina a taxa de juros vigente. Em outras palavras, o equilíbrio entre ofertantes e demandantes de fundos de curto prazo, como empréstimos sazonais a empresas, determinaria as taxas de juros de curto prazo vigentes; e o equilíbrio entre ofertantes e demandantes de fundos de longo prazo, como empréstimos imobiliários, determinaria as taxas de juros de longo prazo vigentes. A inclinação da curva de rendimento seria determinada pela relação geral entre as taxas vigentes em cada segmento de mercado. Dito de maneira simplificada, uma curva de rendimento com inclinação positiva indica maior demanda por empréstimos em relação à oferta de fundos no segmento de longo prazo do mercado de dívida em relação ao segmento de curto prazo.

teoria da segmentação de mercado
Teoria segundo a qual o mercado de empréstimos é segmentado com base no vencimento e que a oferta e a demanda de empréstimos dentro de cada segmento determina a taxa de juros vigente; a inclinação da curva de rendimento é determinada pela relação geral entre as taxas vigentes em cada segmento de mercado.

---

[2] Mais adiante neste capítulo, demonstraremos que os instrumentos de dívida com prazos mais longos são mais sensíveis às mudanças nas taxas de juros de mercado. Para uma determinada variação nas taxas de mercado, o preço ou valor das dívidas de mais longo prazo variará mais significativamente (para cima ou para baixo) do que o preço ou o valor das dívidas com prazos mais curtos.

Todas as três teorias de estrutura a termo têm seus méritos. Com base nelas, podemos concluir que a qualquer momento a inclinação da curva de rendimento é afetada: (1) pelas expectativas de taxas de juros, (2) pelas preferências por liquidez e (3) pelo equilíbrio comparativo entre oferta e demanda nos segmentos de mercado de curto e de longo prazo. Curvas de rendimento com inclinação positiva resultam de expectativas de taxas de juros crescentes; preferências dos credores por empréstimos de prazo mais curto; e uma maior oferta de empréstimos de curto prazo do que de longo prazo em relação à demanda. Condições opostas resultariam em uma curva de rendimento com inclinação negativa. A qualquer momento, a interação dessas três forças determina a inclinação vigente da curva de rendimento.

PRÊMIOS PELO RISCO: CARACTERÍSTICAS DO EMITENTE E DA EMISSÃO

Até aqui, nos concentramos apenas em títulos livres de risco do Tesouro dos Estados Unidos. Agora, vamos levar em consideração o prêmio pelo risco e avaliá-lo tendo em vista emissões com risco que não envolvem títulos do Tesouro. Retomando a Equação 6.1:

$$r_1 = \underbrace{r^* + IP}_{\text{taxa livre de risco, } R_F} + \underbrace{RP_1}_{\text{prêmio pelo risco}}$$

Por extenso, a taxa nominal de juros do título 1 (r_1) é igual a taxa livre de risco, que consiste na taxa real de juros (r^*) mais o prêmio pela expectativa de inflação (IP) mais o prêmio pelo risco (RP_1). O *prêmio pelo risco* varia de acordo com as características específicas do emitente e da emissão.

Exemplo 6.3

Em maio de 2013, as taxas nominais de juros de diversas classes de títulos de longo prazo eram as seguintes:

Título	Taxa nominal de juros
Títulos de dívida do Tesouro dos Estados Unidos (média)	3,18%
Títulos de dívida de empresas (por *rating*):	
Qualidade alta (Aaa-Aa)	3,94%
Qualidade média (Baa-Baa)	4,76%
Especulativa (Ba-C)	5,46%

Como o título do Tesouro dos Estados Unidos representaria um título livre de risco de longo prazo, podemos calcular o prêmio pelo risco dos outros títulos subtraindo a taxa livre de risco, 3,18%, de cada taxa nominal (rendimento):

Título	Prêmio pelo risco
Títulos de dívida de empresas (por *rating*):	
Qualidade alta (Aaa-Aa)	3,94% − 3,18% = 0,76%
Qualidade média (A-Baa)	4,76% − 3,18% = 1,58%
Especulativa (Ba-C)	5,46% − 3,18% = 2,28%

Esses prêmios pelo risco refletem diferentes riscos de emitentes e emissões. As emissões de empresas com *rating* mais baixo (especulativas) possuem um prêmio pelo risco mais elevado do que as emissões de empresas com *rating* elevado (de qualidade alta e média) e esse prêmio pelo risco é a remuneração que os investidores exigem por suportar o risco de inadimplência mais alto dos títulos de dívida de qualidade mais baixa.

O prêmio pelo risco consiste em uma série de componentes relacionados ao emitente e à emissão, incluindo risco do negócio, risco financeiro, risco de taxa de juros, risco de liquidez e risco fiscal, bem como os riscos puramente específicos do título de dívida — risco de inadimplência, risco de vencimento e risco de cláusula contratual — descritos resumidamente na Tabela 6.1. Em geral, os maiores prêmios pelo risco e, portanto, os maiores retornos resultam de títulos emitidos por empresas com alto risco de inadimplência e com vencimentos de longo prazo, com cláusulas contratuais desfavoráveis.

Tabela 6.1 — Componentes do prêmio pelo risco específico do título de dívida

Componente	Descrição
Risco de inadimplência	A possibilidade de o emitente do título de dívida não pagar os juros contratuais ou o principal como programados. Quanto maior for a incerteza quanto à capacidade do tomador de recursos de fazer frente a esses pagamentos, maior será o prêmio pelo risco. *Ratings* elevados de títulos de dívida refletem baixo risco de inadimplência, enquanto *ratings* baixos refletem elevado risco de inadimplência.
Risco de vencimento	Quanto mais distante for o vencimento, mais o valor de um título variará por causa de uma dada mudança das taxas de juros. Se as taxas de juros de títulos com risco semelhante subirem de repente, os preços dos títulos de dívida de longo prazo cairão mais do que os preços dos títulos de curto prazo e vice-versa.[a]
Risco de cláusula contratual	Condições normalmente incluídas em um contrato de título de dívida ou emissão de ações. Algumas podem reduzir o risco, enquanto outras podem aumentá-lo. Por exemplo, uma cláusula que permite a um emitente resgatar seus títulos de dívida antes do vencimento sob condições favoráveis aumenta o risco do título de dívida.

[a] Uma discussão detalhada dos efeitos das taxas de juros sobre o preço ou o valor dos títulos de dívida e de outros títulos de renda fixa será apresentada mais adiante neste capítulo.

→ QUESTÕES PARA REVISÃO

6.1 O que é a *taxa real de juros*? Diferencie-a da *taxa nominal de juros* do ativo livre de risco, a *T-bill* de três meses.

6.2 O que é a *estrutura a termo das taxas de juros* e como ela se relaciona com a *curva de rendimento*?

6.3 Para uma dada classe de títulos de risco semelhantes, explique o que cada uma das curvas de rendimento a seguir representa em termos de taxas de juros: (a) inclinação negativa, (b) inclinação positiva e (c) horizontal. Qual é a forma considerada "normal" para uma curva de rendimento?

6.4 Descreva sucintamente as seguintes teorias da forma geral da curva de rendimento: (a) teoria das expectativas, (b) teoria da preferência pela liquidez e (c) teoria da segmentação de mercado.

6.5 Liste e descreva sucintamente os possíveis componentes de risco relacionados ao emitente e à emissão que estão incorporados no prêmio pelo risco. Quais são os riscos específicos do título de dívida?

6.2 Títulos de dívida corporativos

título de dívida corporativo
Um instrumento de dívida de longo prazo indicando que uma empresa tomou emprestado uma certa quantia e promete restituí-la no futuro sob condições claramente definidas.

cupom de juros
A porcentagem do valor nominal de um título de dívida que será paga anualmente, em geral em dois pagamentos semestrais e iguais, a título de juros.

Um **título de dívida corporativo** é um instrumento de dívida de longo prazo indicando que uma empresa tomou emprestado uma certa quantia e promete restituí-la no futuro sob condições claramente definidas. A maioria dos títulos de dívida é emitida com prazos de vencimento entre dez e 30 anos e com valor nominal, ou valor de face, de $ 1.000. O **cupom de juros**, ou simplesmente cupom, de um título de dívida representa a porcentagem do valor nominal do título que será paga anualmente, em geral em dois pagamentos semestrais e iguais, a título de juros. Os detentores dos títulos de dívida, que são os credores, recebem a promessa de pagamentos semestrais de juros e de amortização do principal no vencimento.

ASPECTOS LEGAIS DOS TÍTULOS DE DÍVIDA CORPORATIVOS

Certos arranjos legais são exigidos para proteger os compradores de títulos de dívida. Os detentores dos títulos são protegidos principalmente pela escritura de emissão e pelo agente fiduciário.

Escritura de emissão de títulos de dívida

escritura de emissão
Um documento legal que especifica tanto os direitos dos detentores dos títulos de dívida quanto os deveres da empresa emitente.

Uma **escritura de emissão** é um documento legal que especifica tanto os direitos dos detentores dos títulos de dívida quanto os deveres da empresa emitente. A escritura de emissão inclui descrições do montante e do timing de todos os pagamentos de juros e do principal, diversas cláusulas padrão e restritivas e, muitas vezes, exigências de fundo de amortização e cláusulas relacionadas a garantias. A empresa emitente normalmente deve: (1) *manter registros contábeis satisfatórios*, de acordo com os princípios contábeis geralmente aceitos (GAAP — *generally accepted accounting principles*), (2) *apresentar periodicamente demonstrações financeiras auditadas*, (3) *pagar impostos e outros passivos quando devidos* e (4) *manter todas as instalações em bom estado de funcionamento*.

cláusulas padrão
Cláusulas de uma escritura de emissão de títulos de dívida especificando determinadas práticas de registro e de negócios em geral a serem seguidas pelo emitente da obrigação; normalmente, não sobrecarregam uma empresa financeiramente sólida.

Cláusulas padrão As **cláusulas padrão** da escritura de emissão especificam determinadas práticas de registro e de negócios em geral a serem seguidas pelo emitente do título.

cláusulas restritivas
Cláusulas de uma escritura de emissão de títulos de dívida que impõem restrições operacionais e financeiras ao tomador.

Cláusulas restritivas As escrituras de emissão normalmente incluem também determinadas **cláusulas restritivas**, que impõem restrições operacionais e financeiras ao tomador. Essas cláusulas ajudam a proteger o detentor dos títulos de dívida de aumentos do risco do tomador. Sem elas, o tomador poderia aumentar o risco da empresa sem precisar pagar juros mais elevados para compensar o aumento do risco.

As cláusulas restritivas mais comuns incluem:

1. *Exigir um nível mínimo de liquidez* para garantia contra inadimplência.
2. *Proibir a venda de contas a receber* para gerar caixa, pois essa prática poderia causar um déficit de caixa no longo prazo se os recursos fossem utilizados para atender obrigações atuais.
3. *Impor restrições ao ativo imobilizado*. O tomador deve manter um nível especificado de ativo imobilizado para garantir sua capacidade de amortizar os títulos de dívida.
4. *Restringir empréstimos subsequentes*. Dívidas de longo prazo adicionais podem ser proibidas ou empréstimos adicionais podem ser *subordinados* ao empréstimo original. A **subordinação** significa que os credores subsequentes concordam em esperar até que todos os direitos da *dívida principal* sejam satisfeitos.
5. *Limitar os pagamentos anuais de dividendos da empresa* a certa porcentagem ou certo valor.

subordinação
Em uma escritura de emissão de títulos de dívida, a cláusula que os credores subsequentes concordam em esperar até que todos os direitos da dívida principal sejam satisfeitos.

Outras cláusulas restritivas podem ser incluídas nas escrituras de emissão de títulos de dívida.

A violação de qualquer cláusula padrão ou restritiva pelo tomador dá aos detentores o direito de exigir a amortização imediata da dívida. Em geral, os detentores dos títulos de dívida avaliam qualquer violação para determinar se ela coloca o empréstimo em risco. Assim, podem decidir se exigem a amortização imediata, mantêm o empréstimo ou alteram os termos da escritura de emissão.

Exigência de fundo de amortização Outra cláusula restritiva comum é uma **exigência de fundo de amortização**. Seu objetivo é operacionalizar o resgate sistemático dos títulos de dívida antes da data de vencimento. Para cumprir essa exigência, a empresa faz pagamentos semestrais ou anuais que são usados para resgatar os títulos de dívida mediante sua compra no mercado.

exigência de fundo de amortização
Uma cláusula restritiva normalmente incluída em uma escritura de emissão de títulos de dívida estabelecendo o resgate sistemático dos títulos antes da data de vencimento.

Garantias A escritura de emissão de títulos de dívida identifica quaisquer garantias oferecidas em relação ao título e especifica como devem ser mantidas. A proteção da garantia é essencial para a segurança de uma emissão de títulos de dívida.

Agente fiduciário

Um **agente fiduciário** é um interveniente em uma *escritura de emissão de títulos de dívida*. Ele pode ser uma pessoa física, uma pessoa jurídica ou (mais frequentemente) o departamento fiduciário de um banco comercial. O agente fiduciário é pago para atuar como um "cão de guarda" em nome dos detentores dos títulos de dívida e pode tomar medidas específicas em nome deles se os termos da escritura de emissão forem violados.

agente fiduciário
Uma pessoa física, uma pessoa jurídica ou o departamento fiduciário de um banco comercial, que é pago para atuar como um interveniente em uma escritura de emissão de títulos de dívida e pode tomar medidas específicas em nome dos detentores dos títulos de dívida se os termos da escritura de emissão forem violados.

CUSTO DOS TÍTULOS DE DÍVIDA PARA A EMPRESA EMITENTE

O custo do financiamento por título de dívida costuma ser maior do que o emitente precisaria pagar por um empréstimo de curto prazo. Os principais fatores que afetam o custo — que é a taxa de juros paga pelo emitente dos títulos de dívida — são o prazo de vencimento do título de dívida, o volume da emissão, o risco do emitente e o custo básico do dinheiro.

Impacto do prazo de vencimento do título de dívida

Em geral, como já vimos na Seção 6.1, a dívida de longo prazo paga taxas de juros mais altas do que a dívida de curto prazo. Em termos práticos, quanto mais distante for o vencimento de um título de dívida, menor será a precisão da projeção das taxas futuras de juros e, portanto, maior será o risco de os detentores dos títulos de dívida renunciarem a uma oportunidade de emprestar dinheiro a uma taxa mais alta. Além disso, quanto maior for o prazo, maior será a chance de inadimplência do emitente.

Impacto do volume da emissão

O volume da emissão de títulos de dívida também afeta o custo dos juros da tomada de crédito, mas de maneira inversa. Os custos de emissão e administração de títulos de dívida por unidade monetária emprestada provavelmente diminuirão com o aumento do volume da emissão. Por outro lado, o risco para os detentores dos títulos de dívida pode aumentar, já que emissões maiores resultam em maior risco de inadimplência.

Impacto do risco da empresa emitente

Quanto maior for o *risco de inadimplência* do emitente, maior será a taxa de juros. Parte desse risco pode ser reduzida pela inclusão de cláusulas restritivas adequadas na escritura de emissão dos títulos de dívida. Evidentemente, os detentores do título de dívida precisam ser remunerados com retornos mais elevados por correrem riscos maiores. Muitas vezes, os compradores de títulos de dívida recorrem a *ratings* (que discutiremos mais adiante) para determinar o risco geral do emitente.

Impacto do custo do dinheiro

O custo do dinheiro no mercado de capitais é a base para determinar o cupom de juros de um título de dívida. Em geral, a taxa dos títulos do Tesouro dos Estados Unidos de igual vencimento é utilizada como custo do dinheiro de menor risco. A essa taxa básica é adicionado o *prêmio pelo risco* (que descrevemos anteriormente neste capítulo), que reflete os fatores mencionados (vencimento, volume da emissão e risco do emitente).

CARACTERÍSTICAS GERAIS DE UMA EMISSÃO DE TÍTULOS DE DÍVIDA

Três características por vezes incluídas em uma emissão de título de dívida corporativa são: cláusula de conversão, cláusula de resgate e *warrants* de compra de ações. Essas características proporcionam ao emitente ou ao comprador certas oportunidades de substituição ou resgate do título de dívida ou de sua complementação com algum tipo de emissão de ações.

Os *títulos de dívida conversíveis* oferecem uma **cláusula de conversão** que permite aos detentores dos títulos trocar cada título de dívida por um número declarado de ações ordinárias. Os detentores dos títulos de dívida convertem seus títulos em ações somente quando o preço de mercado da ação é tal que a conversão resulte em lucro aos detentores. A inclusão da cláusula de conversão pelo emitente reduz o custo dos juros e permite a conversão automática dos títulos de dívida em ações se houver uma valorização significativa dos preços das ações no futuro.

A **cláusula de resgate** é incluída em praticamente todas as emissões de títulos de dívida corporativos. Isso dá ao emitente a oportunidade de recomprar os títulos de dívida antes do vencimento. O **preço de resgate** é o preço declarado pelo qual os títulos de dívida podem ser recomprados antes do vencimento. Em algumas ocasiões, a cláusula de resgate pode ser exercida durante um determinado período. Via de regra, o preço de resgate excede o valor de face de um título de dívida em um montante igual aos juros de um ano. Por exemplo, um título de dívida com valor de face de $ 1.000 e cupom de 10% poderia ser resgatado por cerca de $ 1.100 [$ 1.000 + (10% $ 1.000)]. O montante pelo qual o preço de resgate excede o valor de face do título de dívida é comumente chamado de **prêmio de resgate**. Esse prêmio remunera os detentores dos títulos de dívida pela recompra antecipada dos títulos de dívida. Do ponto de vista do emitente, é o custo de resgate dos títulos de dívida.

A cláusula de resgate permite a um emitente resgatar um título de dívida quando as taxas de juros caem e emitir um novo título de dívida a uma taxa de juros mais baixa. Quando as taxas de juros sobem, a cláusula de resgate não é exercida, exceto, talvez, para atender às *exigências do fundo de amortização*. Naturalmente, para vender títulos de dívida com cláusula de resgate antecipado, o emitente deve pagar uma taxa de juros mais elevada que a de títulos de dívida não resgatáveis de igual risco, para recompensar os detentores de título de dívida pelo risco de serem obrigados a vender antecipadamente seus títulos.

---

cláusula de conversão
Uma cláusula de títulos de dívida conversíveis que permite aos detentores dos títulos trocar cada título de dívida por um determinado número de ações ordinárias.

cláusula de resgate
Uma cláusula incluída em praticamente todas as emissões de títulos de dívida corporativos, dando ao emitente a oportunidade de recomprar títulos de dívida a um dado preço de resgate antes do vencimento.

preço de resgate
O preço declarado pelo qual um título de dívida pode ser recomprado, pelo uso da cláusula de resgate, antes do vencimento.

prêmio de resgate
O montante pelo qual o preço de resgate de um título de dívida excede seu valor de face.

Ocasionalmente, os títulos de dívida incluem *warrants* de compra de ações para se tornarem mais atraentes para os compradores potenciais. Os **warrants de compra de ações** são instrumentos que dão a seus detentores o direito de comprar um determinado número de ações ordinárias do emitente a um preço especificado e durante um determinado período de tempo. Sua inclusão normalmente permite ao emitente pagar um cupom de juros ligeiramente mais baixo do que seria necessário de outra forma.

warrants de compra de ações
Instrumentos que dão a seus detentores o direito de comprar um certo número de ações ordinárias do emitente a um preço especificado e durante um determinado período de tempo.

RENDIMENTOS DOS TÍTULOS DE DÍVIDA

O *rendimento*, ou taxa de retorno, de um título de dívida é utilizado frequentemente para avaliar o desempenho do título durante um determinado período de tempo, normalmente um ano. Como há várias maneiras de medir o rendimento de um título de dívida, é importante conhecer as medidas de rendimento mais populares. Os três rendimentos de títulos de dívida mais citados são: (1) o *rendimento corrente*, (2) o *rendimento até o vencimento* (*YTM — yield to maturity*) e (3) o *rendimento até o resgate* (*YTC — yield to call*). Cada um desses rendimentos proporciona uma medida específica do retorno de um título de dívida.

A medida mais simples de rendimento é o **rendimento corrente**, o pagamento anual de juros dividido pelo preço corrente. Por exemplo, um título de dívida de valor de face de $ 1.000 e cupom de 8%, que é vendido hoje por $ 970, teria um rendimento corrente de 8,25% [(0,08 $ 1.000) · $ 970]. Essa medida indica o retorno em dinheiro do título de dívida para o ano. No entanto, como o rendimento corrente ignora qualquer alteração no valor do título de dívida, ela não mede o retorno total. Como veremos mais adiante neste capítulo, tanto o rendimento até o vencimento quanto o rendimento até o resgate medem o retorno total.

rendimento corrente
Uma medida do retorno em dinheiro de um título de dívida para o ano; calculado pela divisão do pagamento anual de juros do título de dívida por seu preço corrente.

PREÇOS DOS TÍTULOS DE DÍVIDA

Como a maioria dos títulos de dívida corporativos é comprada e mantida por investidores institucionais – como bancos, seguradoras e fundos mútuos – e não por investidores individuais, dados sobre transações e preços dos títulos de dívida não estão facilmente disponíveis para as pessoas físicas. A Tabela 6.2 apresenta alguns dados sobre os títulos de dívida de cinco empresas, identificadas pelas letras de A a E.

Analisando os dados da Empresa C, apresentados em destaque na tabela, vemos que o título de dívida tem um cupom de 5,200% e vencimento em 15 de janeiro de 2017. Esses dados identificam um título de dívida específico emitido pela Empresa C. (A empresa pode ter mais de uma emissão de título de dívida em circulação.) O preço representa o preço final a que o título de dívida foi negociado no dia da cotação.

Tabela 6.2 Dados de títulos de dívida selecionados

Empresa	Cupom	Vencimento	Preço	Rendimento (YTM)
A	4,125%	15 nov. 2014	998,521	4,28%
B	4,000%	31 out. 2039	94,007	4,54%
C	5,200%	15 jan. 2017	103,143	4,34%
D	3,150%	15 jan. 2020	95,140	3,96%
E	3,850%	14 jan. 2015	100,876	3,40%

Embora a maioria dos títulos de dívida corporativos seja emitida com um *valor de face*, ou *nominal*, *de $ 1.000, todos os títulos de dívida são cotados como uma porcentagem do valor de face*. Um título de dívida de valor de face de $ 1.000 cotado a 94,007 tem preço de $ 940,07

(94,007% × $ 1.000). Os títulos de dívida corporativos, nos Estados Unidos, são cotados em dólares e centavos de dólar. Assim, o preço do título de dívida da Empresa C de 103,143 no dia da cotação era de US$ 1.031,43 (ou seja, 103,143% × US$ 1.000).

A última coluna da Tabela 6.2 representa o *rendimento até o vencimento* (YTM) do título de dívida, que é a taxa de retorno anual composta que poderia ser obtida sobre o título de dívida se ele fosse comprado e mantido até o vencimento. (Veremos o YTM em detalhes mais adiante neste capítulo.)

RATINGS DE TÍTULOS DE DÍVIDA

Agências independentes, como a Moody`s, a Fitch e a Standard & Poor`s avaliam o risco de emissões de títulos de dívida negociados publicamente. Essas agências atribuem seus *ratings* utilizando análises de índices financeiros e de fluxo de caixa para avaliar a probabilidade de pagamento dos juros e do principal dos títulos de dívida. A Tabela 6.3 resume esses *ratings*. Para uma discussão das questões éticas relacionadas às agências de *rating*, veja o quadro *Foco na Ética*.

Normalmente, existe uma relação inversa entre a qualidade de um título de dívida e a taxa de retorno que ele deve oferecer a seus detentores: títulos de dívida de alta qualidade (*rating* elevado) fornecem retornos mais baixos do que os títulos de dívida de qualidade mais baixa (baixo *rating*), refletindo o trade-off entre risco e retorno do credor. Ao analisar a possibilidade de fazer um financiamento por emissão de títulos de dívida, o administrador financeiro deve se preocupar com os *ratings* esperados da emissão, porque esses *ratings* afetam a facilidade de venda e o custo dos títulos de dívida.

Foco na ÉTICA

Pode-se confiar nas agências de *rating*?

na prática A Moody's Investors Service, a Standard & Poor's e a Fitch Ratings têm um papel crucial nos mercados financeiros. Essas agências de classificação de crédito avaliam e atribuem *ratings* para instrumentos de crédito (por exemplo, os títulos de dívida). Historicamente os títulos de dívida que receberam *ratings* mais elevados foram quase sempre pagos, ao passo que os títulos de dívida de *rating* mais baixo, especulativo, conhecidos como "*junk bonds*", experimentaram taxas de inadimplência muito mais elevadas. As agências de *rating* têm um impacto direto nos custos das empresas para levantar capital externo e nas avaliações dos investidores sobre os investimentos de renda fixa.

Recentemente, as agências de classificação de crédito foram criticadas por seu papel na crise do *subprime*. As agências atribuíram *ratings* a títulos complexos que não refletiam o verdadeiro risco desses investimentos. Por exemplo, títulos lastreados em hipotecas emitidas para mutuários com histórico de crédito ruim e sem renda comprovada, muitas vezes recebiam *rating* grau de investimento, o que implicava uma probabilidade quase nula de inadimplência. No entanto, quando os preços dos imóveis residenciais começaram a cair em 2006, os títulos lastreados em hipotecas de risco ficaram inadimplentes, inclusive muitos dos títulos com *rating* grau de investimento.

Não se sabe ao certo por que as agências de *ratings* atribuíram essas classificações a esses títulos. Será que as agências acreditavam que uma engenharia financeira complexa seria capaz de transformar empréstimos hipotecários de alto risco em títulos de grau de investimento? Será que elas de fato conheciam os títulos que estavam classificando? Será que foram indevidamente influenciadas pelos emitentes dos títulos, que também passaram a pagar pelos *ratings*? Aparentemente, algumas coisas dentro das agências de *rating* pareciam suspeitas. Em dezembro de 2006, em uma troca de e-mail entre colegas da Standard & Poor's, um deles proclamou: "Espero que estejamos todos ricos e aposentados quando este castelo de cartas desabar".[a]

- *Quais questões éticas podem surgir em razão de as empresas que emitem títulos pagarem às agências de rating para que elas avaliem seus títulos de dívida?*

[a] Disponível em: <https://democrats-oversight.house.gov/sites/democrats.oversight.house.gov/files/documents/20081022112154.pdf>.

Tabela 6.3 — Ratings de títulos de dívida: Moody's e Standard & Poor's

Moody's	Interpretação	Standard & Poor's	Interpretação
Aaa	Qualidade máxima	AAA	Grau de investimento (*investment grade*)
Aa	Qualidade alta	AA	
A	Qualidade média alta	A	
Baa	Qualidade média	BBB	
Ba	Qualidade média baixa ou especulativo	BB / B	Especulativo
B	Especulativo		
Caa	De muito especulativo	CCC	
Ca	a quase inadimplente ou inadimplente	CC	
C	Qualidade mínima	C	Título com rendimento variável
		D	Inadimplente

Observação: alguns *ratings* podem ser modificados para indicar uma posição relativa dentro de uma categoria mais ampla de *rating*; por exemplo, a Moody's usa modificadores numéricos (1, 2, 3), ao passo que a Standard & Poor's usa sinais de mais (+) e de menos (–).

Fontes: Moody's Investors Service, Inc. e Standard & Poor's Corporation.

TIPOS COMUNS DE TÍTULOS DE DÍVIDA

Os títulos de dívida podem ser classificados de diversas maneiras. Neste livro, elas são classificadas em títulos de dívida tradicionais (os tipos básicos, que existem há anos) e títulos de dívida contemporâneos (tipos mais recentes e mais inovadores). A Tabela 6.4 apresenta resumidamente as principais características e o direito de preferência do credor dos tipos tradicionais de títulos de dívida. Observe que os três primeiros tipos — **debêntures, debêntures subordinadas** e **títulos de dívida com rendimento variável** — são títulos sem garantia, ao passo que os três últimos — **títulos hipotecários, títulos de dívida com garantia real** e **certificados com garantia de equipamento** — são títulos com garantia.

A Tabela 6.5, mais adiante, descreve as principais características dos cinco tipos de títulos de dívida contemporâneos: **títulos de dívida de cupom zero (ou baixo)**, *junk bonds*, **títulos de dívida com taxa flutuante, notas prorrogáveis** e **títulos de dívida com opção de venda**. Esses títulos de dívida podem ou não ter garantias. Mudanças nas condições do mercado de capitais e nas preferências dos investidores têm incentivado inovações no financiamento por títulos de dívida nos últimos anos, e provavelmente continuarão a fazê-lo.

Tabela 6.4 Características e direito de preferência do credor em tipos tradicionais de títulos de dívida

Tipo de título de dívida	Características	Direito de preferência do credor
Títulos de dívida sem garantia		
Debêntures	Títulos de dívida sem garantia que só empresas solventes podem emitir. Os títulos de dívida conversíveis normalmente são debêntures.	Os direitos são iguais aos de qualquer credor geral. Pode haver outros títulos de dívida sem garantia subordinados a elas.
Debêntures subordinadas	Os direitos não são satisfeitos enquanto os direitos dos credores detentores de determinadas dívidas prioritárias não forem plenamente satisfeitos.	Direito de um credor geral, mas não tão bom quanto o direito de uma dívida prioritária.
Títulos de dívida com rendimento variável	O pagamento de juros só é exigido quando os lucros estiverem disponíveis. Normalmente emitidos na reorganização de uma empresa em dificuldades.	Direito de um credor geral. O não pagamento de juros não caracteriza inadimplência porque o pagamento está condicionado à existência de lucros.
Títulos de dívida com garantia		
Títulos hipotecários	Garantidos por imóveis.	Direitos sobre os proventos da venda dos ativos hipotecários; quando não integralmente satisfeito, o titular passa à categoria de credor geral. O direito conferido pela *primeira hipoteca* deve ser plenamente satisfeito antes da distribuição de proventos a titulares da *segunda hipoteca* e assim por diante. Podem ser emitidas diversas hipotecas com a mesma garantia.
Títulos de dívida com garantia real	Garantidos por ações e/ou títulos de dívida de propriedade do emitente. O valor da garantia costuma ser de 25% a 35% superior ao valor do título.	Direitos sobre os proventos da venda das ações e/ou da garantia do título de dívida; quando não plenamente satisfeito, o credor passa à categoria de credor geral.
Certificados com garantia de equipamento	Utilizados para financiar veículos, como aviões, caminhões, barcos, vagões de trem. Um agente fiduciário compra o ativo com fundos obtidos da venda de *trust certificates* e então arrenda-os à empresa; depois de fazer o último pagamento programado do arrendamento, a empresa recebe a titularidade sobre o ativo. É um tipo de arrendamento (*leasing*).	Direitos sobre os proventos da venda do ativo; se os proventos não satisfizerem plenamente a dívida em aberto, os credores do *trust certificate* tornam-se credores gerais.

Tabela 6.5 — Características dos tipos de títulos de dívida contemporâneos

Tipo de título de dívida	Características[a]
Títulos de dívida de cupom zero (ou baixo)	Emitidos sem cupom (zero) ou com um cupom muito baixo (juros declarados) e vendidos com um grande deságio em relação ao valor de face. Uma parcela considerável (ou total) do retorno para o investidor é proveniente do ganho no valor (isto é, o valor de face menos o preço de compra). Em geral, podem ser resgatados pelo valor de face.
Junk bonds	Título de dívida com *rating* Ba ou inferior, segundo a Moody's; e BB ou inferior, segundo a Standard & Poor's. Utilizados normalmente por empresas em crescimento rápido para obter capital para a expansão, na maioria das vezes como meio para financiar fusões e aquisições. São títulos de dívida de alto risco com rendimentos elevados, muitas vezes rendendo entre 2% e 3% a mais que o título de dívida de melhor qualidade.
Títulos de dívida com taxa flutuante	A taxa de juros declarada é corrigida periodicamente dentro de limites estabelecidos em resposta a mudanças de taxas específicas do mercado monetário ou de capitais. São comuns quando as taxas futuras de inflação e de juros são incertas. Tendem a ser vendidas a um valor próximo ao valor de face por causa do ajuste automático às condições do mercado. Algumas emissões contemplam resgate anual ao valor de face, a critério do detentor dos títulos de dívida.
Notas prorrogáveis	Com vencimentos curtos, normalmente de um a cinco anos, que podem ser prorrogadas por igual período, a critério dos detentores dos títulos. Assemelham-se a um título de dívida com taxa flutuante. Uma emissão pode consistir em uma série de notas prorrogáveis de três anos sobre um período de 15 anos; a cada três anos, as notas podem ser prorrogadas por mais três anos, a uma nova taxa competitiva com as taxas de juros do mercado no momento da prorrogação.
Títulos de dívida com opção de venda	Títulos de dívida que podem ser resgatados ao valor de face (de $ 1.000, normalmente) a critério do detentor do título, seja em datas específicas após a emissão e então a cada um a cinco anos, ou então quando, e se, a empresa tomar medidas específicas, como ser adquirida, adquirir outra empresa ou emitir grande volume de título de dívida adicional. Em troca do direito de opção de venda do título de dívida em momentos especificados ou quando a empresa toma certas medidas, o rendimento do título de dívida é mais baixo do que o de outro semelhante sem opção de venda.

[a] Os direitos dos credores (isto é, dos detentores dos títulos de dívida) frente aos emitentes de cada um dos tipos de títulos de dívida variam de acordo com outras características dos títulos. Cada um desses títulos de dívida pode ser com ou sem garantia.

EMISSÕES INTERNACIONAIS DE TÍTULOS DE DÍVIDA

Empresas e governos captam recursos internacionalmente pela emissão de títulos de dívida em dois principais mercados financeiros: o mercado de eurobônus (Eurobonds) e o mercado de títulos de dívida estrangeiros. Esses dois mercados proporcionam aos tomadores a oportunidade de obter grandes volumes de financiamento por dívida de longo prazo, com rapidez, na moeda de sua escolha e com prazos flexíveis de amortização.

eurobônus
Um título de dívida emitido por um tomador internacional e vendido a investidores em países com moedas diferentes daquela em que o título de dívida é denominado.

Um **eurobônus** é emitido por um tomador internacional e vendido a investidores em países com moedas diferentes daquela em que o título de dívida é denominado. Um exemplo é um título de dívida denominado em dólar, emitido por uma empresa norte-americana e vendido a investidores belgas. Desde a criação do mercado de eurobônus, na década de 1960, até meados da década de 1980, empresas norte-americanas com ações de primeira linha ("*blue chip*") compunham a maior classe de emitentes de eurobônus. Algumas dessas empresas conseguiam captar recursos nesse mercado a taxas de juros inferiores às taxas pagas pelo governo norte-americano em títulos do Tesouro. Com o amadurecimento do mercado, os emitentes passaram a escolher a moeda em que tomavam recursos e os tomadores europeus e japoneses ganharam proeminência. Nos últimos anos, o mercado de eurobônus tornou-se muito mais equilibrado em termos de mix de tomadores de recursos, volume total de emissão e moeda de denominação.

título de dívida estrangeiro
Título de dívida emitido por uma empresa ou um governo estrangeiro, denominado na moeda doméstica do investidor e vendido no mercado doméstico do investidor.

Um **título de dívida estrangeiro**, por sua vez, é emitido por uma empresa ou governo estrangeiro, denominado na moeda doméstica do investidor e vendido no mercado doméstico do investidor. Um título de dívida denominado em francos suíços e emitido na Suíça por uma empresa norte-americana é um exemplo de um título de dívida estrangeiro. Os três maiores mercados de títulos de dívida estrangeiros são o Japão, a Suíça e os Estados Unidos.

→ **QUESTÕES PARA REVISÃO**

6.6 Quais são os vencimentos, as denominações e os pagamentos de juros típicos de um título de dívida corporativo? Quais mecanismos protegem os detentores dos títulos de dívida?

6.7 Diferencie as *cláusulas padrão* das *cláusulas restritivas* incluídas em uma escritura de emissão de título de dívida. Quais são as consequências de sua violação pelo emitente do título de dívida?

6.8 Como o custo do financiamento por título de dívida costuma se relacionar ao custo de empréstimos de curto prazo? Além do vencimento, que outros fatores importantes afetam o custo do título de dívida para o emitente?

6.9 O que é uma *cláusula de conversão*? E uma *cláusula de resgate*? O que são *warrants de compra de ações*?

6.10 O que é o *rendimento corrente* de um título de dívida? Como são cotados os preços dos títulos de dívida? Como são atribuídos os *ratings* de títulos de dívida e por quê?

6.11 Compare as características básicas dos *eurobônus* e dos *títulos de dívida estrangeiros*.

OA 04 ▶6.3 Fundamentos de avaliação

avaliação
O processo que relaciona risco e retorno para determinar o valor de um ativo.

Avaliação é o processo que relaciona risco e retorno para determinar o valor de um ativo. É um processo relativamente simples, que pode ser aplicado a séries *esperadas* de benefícios de títulos de dívida, ações, imóveis, poços de petróleo e assim por diante. Para determinar o valor de um ativo em um determinado momento, um administrador financeiro usa as técnicas de valor do dinheiro no tempo apresentadas no Capítulo 5 e os conceitos de risco e retorno que veremos no Capítulo 8.

PRINCIPAIS DADOS

São três os principais dados de entrada do processo de avaliação: (1) fluxos de caixa (retornos), (2) timing e (3) uma medida de risco, que determina o retorno exigido. Esses dados estão descritos a seguir.

Fluxos de caixa (retornos)

O valor de qualquer ativo depende do(s) fluxo(s) de caixa *esperado(s)* ao longo do período de propriedade. Para ter valor, um ativo não precisa gerar um fluxo de caixa anual; pode gerar um fluxo de caixa intermitente ou mesmo um único fluxo de caixa ao longo do período.

Finanças pessoais — Exemplo 6.4

Celia Sargent gostaria de estimar o valor de três ativos nos quais ela está pensando em investir: ações ordinárias da Michaels Enterprises, uma participação em um poço de petróleo e um quadro de um artista famoso. Suas estimativas de fluxo de caixa para cada ativo são:

Ações da Michaels Enterprises *Espera* receber dividendos de $ 300 por ano, indefinidamente.

Poço de petróleo *Espera* receber um fluxo de caixa de $ 2.000 no final do ano 1, $ 4.000 no final do ano 2 e $ 10.000 no final do ano 4, quando o poço será vendido.

Quadro *Espera* poder vender o quadro daqui a cinco anos por $ 85.000.

Com essas estimativas de fluxo de caixa, Celia deu o primeiro passo para atribuir um valor a cada um dos ativos.

Timing

Além de fazer estimativas de fluxo de caixa, precisamos conhecer o timing dos fluxos de caixa.[3] Por exemplo, Celia espera que os fluxos de caixa de $ 2.000, $ 4.000 e $ 10.000 para o poço de petróleo ocorram no final dos anos 1, 2 e 4, respectivamente. A combinação de fluxo de caixa e seu timing define o retorno esperado do ativo.

Risco e retorno exigido

O nível de risco associado a um determinado fluxo de caixa pode afetar consideravelmente seu valor. Em geral, quanto maior (ou menos certo) for o risco de um fluxo de caixa, menor será seu valor. Um risco maior pode ser incorporado à análise de avaliação utilizando uma taxa mais alta de retorno exigido ou de desconto. Quanto maior for o risco, maior será o retorno exigido e, quanto menor for o risco, menor será o retorno exigido.

Finanças pessoais — Exemplo 6.5

Vamos voltar à tarefa de Celia Sargent de atribuir valor ao quadro e considerar dois cenários.

Cenário 1: Certeza Uma importante galeria de arte firmou um contrato comprometendo-se a comprar o quadro por $ 85.000 no final de cinco anos. Como esse contrato é considerado uma situação certa, Celia vê esse ativo como uma garantia de "dinheiro no bolso". Assim, ao calcular o valor do quadro ela usaria a taxa livre de risco vigente de 3% como retorno exigido.

---

[3] Embora os fluxos de caixa possam ocorrer a qualquer momento do ano, por conveniência e por costume, vamos assumir que eles ocorrem no *final do ano*, salvo indicação ao contrário.

Cenário 2: Alto risco O valor dos quadros desse artista oscilaram muito nos últimos dez anos. Embora Celia espere conseguir vender o quadro por $ 85.000, ela sabe que o preço de venda daqui a cinco anos poderá estar entre $ 30.000 e $ 140.000. Por causa da elevada incerteza com relação ao valor do quadro, Celia acredita ser apropriado um retorno exigido de 15%.

Essas duas estimativas de retorno exigido apropriado ilustram como essa taxa capta o risco. A natureza muitas vezes subjetiva dessas estimativas também é evidente.

MODELO BÁSICO DE AVALIAÇÃO

Dito de maneira simplificada, o valor de qualquer ativo é *o valor presente de todos os fluxos de caixa futuros esperados durante o período relevante*. O período pode ser de qualquer duração, até o infinito. O valor de um ativo é, portanto, determinado pelo desconto dos fluxos de caixa ao seu valor presente, utilizando como taxa de desconto o retorno exigido compatível com o risco do ativo. Utilizando as técnicas de valor presente explicadas no Capítulo 5, podemos expressar o valor de qualquer ativo na data zero, V_0, como se segue:

$$V_0 = \frac{FC_1}{(1+r)^1} + \frac{FC_2}{(1+r)^2} + \cdots + \frac{FC_n}{(1+r)^n} \quad (6.4)$$

onde:

V_0 = valor do ativo na data zero
FC_t = fluxo de caixa *esperado* no final do ano t
r = retorno exigido apropriado (taxa de desconto)
n = período relevante

Podemos usar a Equação 6.4 para determinar o valor de qualquer ativo.

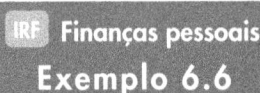

Finanças pessoais
Exemplo 6.6

Celia Sargent usa a Equação 6.4 para calcular o valor de cada ativo. Ela determina o valor das ações da Michaels Enterprises usando a Equação 5.7, apresentada no Capítulo 5, segundo a qual o valor presente de uma perpetuidade equivale ao pagamento anual dividido pelo retorno exigido. No caso das ações da Michaels, o fluxo de caixa anual é de $ 300, e Celia decide que uma taxa de desconto de 12% seria apropriada para esse investimento. Assim, a estimativa do valor das ações da Michaels Enterprises é:

$$\$300 \div 0{,}12 = \$2.500$$

Em seguida, Celia calcula o valor do investimento no poço de petróleo, que ela acredita ser o mais arriscado dos três investimentos. Usando um retorno exigido de 20%, Celia estima que o valor do poço de petróleo será de:

$$\frac{\$2.000}{(1+0{,}20)^1} + \frac{\$4.000}{(1+0{,}20)^2} + \frac{\$10.000}{(1+0{,}20)^4} = \$9.266{,}98$$

Por fim, Celia estima o valor do quadro, descontando a 15% o pagamento do montante único esperado de $ 85.000 no final de cinco anos:

$$\$85.000 \div (1+0{,}15)^5 = \$42.260{,}02$$

Observe que, independentemente do padrão do fluxo de caixa esperado de um ativo, a equação básica de avaliação pode ser utilizada para determinar seu valor.

→ **QUESTÕES PARA REVISÃO**

6.12 Por que é importante para os administradores financeiros entender o processo de avaliação?

6.13 Quais são os três principais dados de entrada de um processo de avaliação?

6.14 O processo de avaliação aplica-se apenas a ativos que proporcionam um fluxo de caixa anual? Explique.

6.15 Defina e especifique a equação geral do valor de qualquer ativo, V_0.

6.4 Avaliação de títulos de dívida

A equação básica de avaliação pode ser adaptada para uso na avaliação de valores mobiliários específicos: títulos de dívida, ações ordinárias e ações preferenciais. Descrevemos a avaliação de títulos de dívida neste capítulo e a avaliação de ações ordinárias e de ações preferenciais será discutida no Capítulo 7.

FUNDAMENTOS DE TÍTULOS DE DÍVIDA

Como vimos, os *títulos de dívida* são instrumentos de dívida de longo prazo utilizados por empresas e pelo governo para levantar quantias elevadas de dinheiro, geralmente de um grupo variado de credores. A maioria dos títulos de dívida emitidos por empresas paga juros *semestralmente* a um *cupom* declarado, tem *vencimento* inicial entre dez e 30 anos e *valor de face*, ou *valor nominal*, de $ 1.000, que deve ser restituído no vencimento.

> **Exemplo 6.7**
>
> A Mills Company, uma grande fornecedora militar, emitiu em 1º de janeiro de 2014, um título de dívida de dez anos, com cupom de 10% e valor de face de $ 1.000. Os juros são pagos anualmente. Os investidores que comprarem esse título de dívida terão direito contratual a dois fluxos de caixa: (1) $ 100 em juros anuais (cupom de 10% valor de face de $ 1.000) distribuídos no final de cada ano e (2) o valor de face de $ 1.000 no final do décimo ano.

Usaremos os dados da emissão de títulos de dívida da Mills para analisar a avaliação básica de títulos de dívida.

AVALIAÇÃO BÁSICA DE TÍTULOS DE DÍVIDA

O valor de um título de dívida é o valor presente dos pagamentos que seu emitente está contratualmente obrigado a fazer, da data atual até o vencimento. O modelo básico do valor, B_0, de um título de dívida é dado por:

$$B_0 = I \times \left[\sum_{t=1}^{n} \frac{1}{(1 + r_d)^t} \right] + M \times \left[\frac{1}{(1 + r_d)^n} \right] \quad (6.5)$$

onde:

B_0 = valor do título de dívida na data zero
I = juros *anuais* pagos em unidades monetárias
n = número de anos até o vencimento
M = valor de face em unidades monetárias
r_d = retorno exigido do título de dívida

Podemos calcular o valor do título de dívida usando a Equação 6.5 e uma calculadora financeira ou usando uma planilha eletrônica.

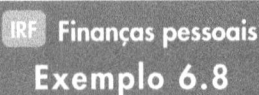

Finanças pessoais
Exemplo 6.8

Tim Sanchez quer determinar o valor corrente do título de dívida da Mills Company. *Presumindo que os juros da emissão dos títulos de dívida da Mills Company são pagos anualmente* e que o retorno exigido é igual ao cupom do título de dívida, temos que: $I = \$100$, $r_d = 10\%$, $M = \$1.000$ e $n = 10$ anos.

Os cálculos envolvidos na determinação do valor do título de dívida são representados graficamente na linha do tempo a seguir.

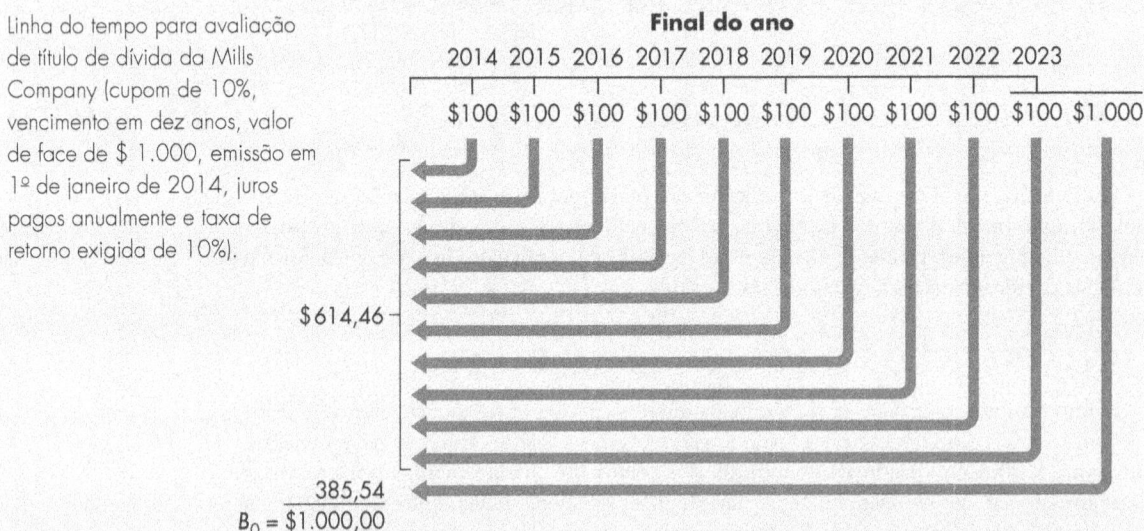

Linha do tempo para avaliação de título de dívida da Mills Company (cupom de 10%, vencimento em dez anos, valor de face de $ 1.000, emissão em 1º de janeiro de 2014, juros pagos anualmente e taxa de retorno exigida de 10%).

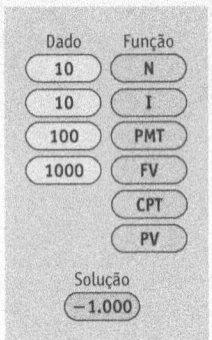

Uso da calculadora Utilizando os dados da Mills Company apresentados na imagem da calculadora ao lado, você deve constatar que o valor do título de dívida é exatamente $ 1.000. Observe que *o valor calculado do título de dívida é igual a seu valor de face. Isso sempre acontecerá quando o retorno exigido for igual ao cupom.*[4]

Uso de planilha O valor do título de dívida da Mills Company também pode ser calculado como mostramos na planilha de Excel a seguir.

	A	B
1	AVALIAÇÃO DE TÍTULO DE DÍVIDA ANUAL	
2	Valor de face	$ 1.000
3	Cupom	10%
4	Pagamento anual de juros	$ 100
5	Taxa de retorno exigido	10%
6	Número de anos até o vencimento	10
7	Valor do título de dívida	–$ 1.000
	O conteúdo da célula B7 é =PV(B3,B6,B4,B2,0). O sinal negativo aparece antes de $ 1.000, em B7, porque o preço do título de dívida é um custo para o investidor.	

---

[4] Observe que, como os títulos de dívida pagam juros no final dos períodos, os preços a que são cotados e negociados refletem seu valor *mais* quaisquer juros acumulados. Por exemplo, um título de dívida com valor de face de $ 1.000 e cupom de 10%, que pague juros semestralmente e tenha valor calculado de $ 900, pagaria juros de $ 50 no final de cada semestre. Se já tivesse passado três meses desde o início do período de acumulação de juros, 3/6 dos juros de $ 50, ou $ 25 (ou seja, 3/6 × $ 50), já teriam sido acumulados. Desse modo, o título de dívida seria cotado a $ 925: seu valor de $ 900 mais os $ 25 de juros acumulados. Para simplificar, *em todo este livro, admitiremos que os valores dos títulos de dívida são calculados no início do período de acumulação de juros*, evitando, desse modo, a necessidade de considerar os juros acumulados.

COMPORTAMENTO DO VALOR DE TÍTULO DE DÍVIDA

Na prática, o valor de um título de dívida no mercado raramente é igual a seu valor de face. Nos dados do título de dívida (Tabela 6.2, apresentada anteriormente), podemos ver que os preços dos títulos de dívida muitas vezes divergem do valor de face de 100 (100% do valor de face, ou $ 1.000). Alguns títulos de dívida estão avaliados abaixo do valor de face (preço corrente abaixo de 100) e outros estão avaliados acima do valor de face (preço corrente acima de 100). Diversas forças econômicas, além da passagem do tempo, tendem a afetar esse valor. Embora essas forças externas não sejam, de maneira alguma, controladas pelos emitentes de títulos de dívida ou pelos investidores, é útil entender o impacto que o retorno exigido e o prazo até o vencimento têm sobre o valor do título de dívida.

Retornos exigidos e valor de títulos de dívida

Sempre que o retorno exigido de um título de dívida difere de seu cupom, o valor do título de dívida será diferente de seu valor de face. O retorno exigido provavelmente difere do cupom porque: (1) as condições econômicas mudaram desde a emissão do título de dívida, levando a uma mudança no custo dos fundos; ou (2) o risco da empresa mudou. Aumentos do custo dos fundos ou do risco aumentarão o retorno exigido; diminuições do custo dos fundos ou do risco diminuirão o retorno exigido.

Independentemente da causa exata, o mais importante é a relação entre o retorno exigido e o cupom. Quando o retorno exigido for maior que o cupom, o valor do título de dívida, B_0, será menor que seu valor de face, M. Nesse caso, diz-se que o título de dívida é vendido com **deságio**, igual a $M - B_0$. Quando o retorno exigido for menor que o cupom, o valor do título de dívida será maior que o valor de face. Nesse caso, diz-se que o título de dívida é vendido com **ágio** (ou **prêmio**), igual a $B_0 - M$.

deságio
O montante pelo qual um título de dívida é negociado abaixo de seu valor de face.

ágio (ou prêmio)
O montante pelo qual um título de dívida é negociado acima de seu valor de face.

Exemplo 6.9

O exemplo anterior mostrou que, quando o retorno exigido era igual ao cupom, o valor do título de dívida era igual a seu valor de face de $ 1.000. Se, para o mesmo título de dívida, o retorno exigido aumentasse para 12% ou caísse para 8%, seu valor em cada caso poderia ser calculado utilizando a Equação 6.5 ou como demonstrado a seguir.

Uso da calculadora Utilizando os dados apresentados nas imagens de calculadora ao lado e na página seguinte para os dois retornos exigidos, você verificará que o valor do título de dívida está abaixo ou acima do valor de face. A um retorno exigido de 12%, o título de dívida seria vendido com um *deságio* de $ 113 (valor de face de $ 1.000 – valor de $ 887). A um retorno exigido de 8%, o título de dívida seria vendido com um *ágio* de $ 134,20 (valor de $ 1.134,20 – valor de face de $ 1.000). Os resultados desses cálculos do valor do título de dívida da Mills Company estão resumidos na Tabela 6.6 e representados graficamente na Figura 6.4. A relação inversa entre o valor do título de dívida e o retorno exigido é mostrada claramente na figura.

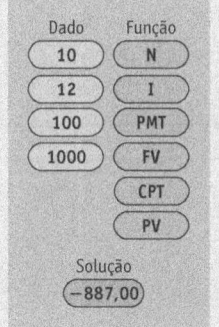

Uso de planilha O valor do título de dívida da Mills Company aos retornos exigidos de 12% e 8% também pode ser calculado como mostra a planilha de Excel a seguir. Uma vez configurada essa planilha, é possível comparar o valor de títulos de dívida para quaisquer dois retornos exigidos, alterando simplesmente os dados de entrada.

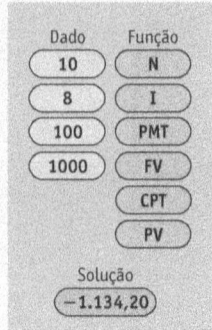

	A	B	C
1	AVALIAÇÃO DE TÍTULO DE DÍVIDA ANUAL		
2	Valor de face	$ 1.000	$ 1.000
3	Cupom	10%	10%
4	Pagamento anual de juros	$ 100	$ 100
5	Taxa de retorno exigido	12%	8%
6	Número de anos até o vencimento	10	10
7	Valor do título de dívida	-$ 887	-$ 1.134,20

O conteúdo da célula B7 é =PV(B3,B6,B4,B2,0). Observe que o título de dívida é negociado com deságio (isto é, abaixo do valor de face) porque o cupom do título de dívida está abaixo da taxa de retorno exigido pelo investidor.
O conteúdo da célula C7 é =PV(B3,B6,B4,B2,0). Observe que o título de dívida é negociado com ágio (isto é, acima do valor de face) porque o cupom do título de dívida está acima da taxa de retorno exigido pelo investidor.

Tabela 6.6 Valor do título de dívida da Mills Company para vários retornos exigidos (emissão em 1º de janeiro de 2014, cupom de 10%, vencimento em dez anos, valor de face de $ 1.000, juros pagos anualmente)

Retorno exigido, r_d	Valor do título de dívida, B_0	Situação
12%	$ 887	Deságio
10%	1.000	Valor de face
8%	1.134,20	Ágio

Figura 6.4 Valor do título de dívida e retornos exigidos

Valor do título de dívida e retornos exigidos da Mills Company (emissão em 1º de janeiro de 2014, cupom de 10%, vencimento em dez anos, valor de face de $ 1.000, juros pagos anualmente).

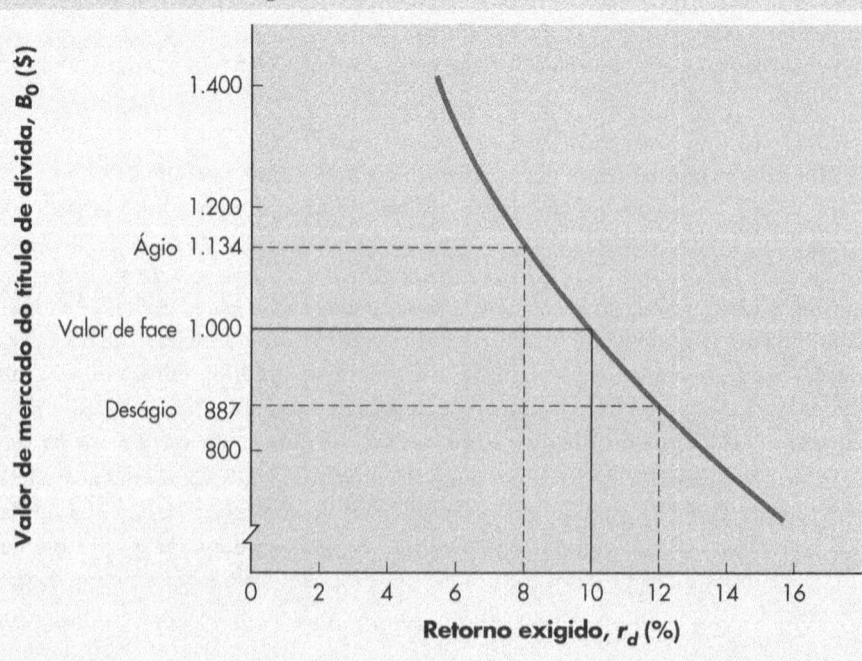

Prazo até o vencimento e valor do título de dívida

Sempre que o retorno exigido for diferente do cupom, o prazo de vencimento afeta o valor do título de dívida. Um fator adicional é se os retornos exigidos são constantes ou variam ao longo da vida do título de dívida.

Retornos exigidos constantes Quando o retorno exigido for diferente do cupom e for *constante até o vencimento*, o valor do título de dívida tende a se aproximar de seu valor de face à medida que se aproxima de seu vencimento. (Naturalmente, quando o retorno exigido for *igual* ao cupom, o valor do título de dívida permanecerá igual ao valor de face até o vencimento.)

> **Exemplo 6.10**
>
> A Figura 6.5 representa o comportamento do valor do título de dívida da Mills Company calculado anteriormente e apresentado na Tabela 6.6, com cupom de 10%, juros pagos anualmente e vencimento em dez anos. Presume-se que cada um dos três retornos exigidos — 12%, 10% e 8% — permanecerão constantes ao longo dos dez anos até o vencimento do título de dívida. O valor do título de dívida, tanto a 12% quanto a 8% se aproxima e finalmente se iguala ao valor de face de $ 1.000 no vencimento, já que o deságio (a 12%) ou o ágio (a 8%) diminui com o passar do tempo.

Figura 6.5 Prazo até o vencimento e valor do título de dívida

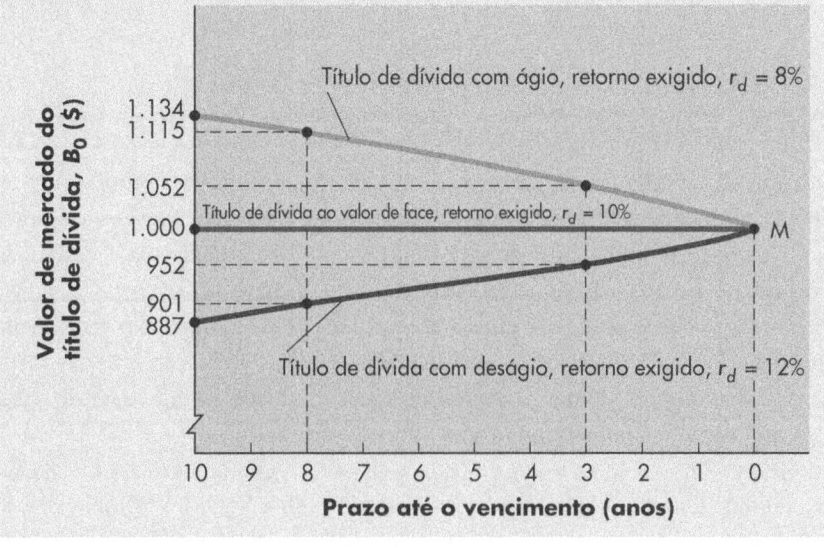

Relação entre prazo até o vencimento, retornos exigidos e valor do título de dívida da Mills Company (emissão em 1º de janeiro de 2014, cupom de 10%, vencimento em dez anos, valor de face de $ 1.000 e juros pagos anualmente).

Retornos exigidos variáveis A possibilidade de que as taxas de juros variem e, portanto, alterem o retorno exigido e o valor do título de dívida é chamada de **risco de taxa de juros**.[5] Os detentores dos títulos de dívida geralmente estão mais preocupados com o aumento das taxas de juros, porque a elevação das taxas de juros e, por-

risco de taxa de juros
A possibilidade de que as taxas de juros variem e, portanto, alterem o retorno exigido e o valor do título de dívida. A principal preocupação é com taxas crescentes, que resultam na diminuição do valor dos títulos de dívida.

---

5 Uma medida mais robusta da resposta de um título de dívida à mudança na taxa de juros é a *duration*. Ela mede a sensibilidade dos preços de um título de dívida a variações nas taxas de juros, incorporando tanto o cupom quanto o prazo até o vencimento em uma única estatística. A *duration* é simplesmente uma média ponderada do vencimento do valor presente de todos os fluxos de caixa contratuais que ainda serão pagos pelo título de dívida. Ela é expressa em anos, de modo que um título de dívida com *duration* de cinco anos terá uma diminuição de 5% de seu valor se as taxas de juros subirem 1% ou terá um aumento de 5% de seu valor se as taxas de juros caírem 1%.

tanto, do retorno exigido, leva a uma diminuição do valor do título de dívida. Quanto menor for o prazo até o vencimento de um título de dívida, menos sensível será seu valor de mercado a uma determinada variação do retorno exigido. Em outras palavras, *vencimentos próximos têm um menor risco de taxa de juros do que vencimentos distantes, mantidas constantes as demais características (cupom, valor de face e frequência de pagamento de juros).* Essa afirmação é verdadeira por causa da matemática do valor do tempo. O valor presente dos fluxos de caixa de curto prazo muda muito menos do que o valor presente dos fluxos de caixa de longo prazo em resposta a uma dada mudança na taxa de desconto (retorno exigido).

Exemplo 6.11

O efeito da variação dos retornos exigidos de títulos de dívida com diferentes vencimentos pode ser ilustrado com o título de dívida da Mills Company e a Figura 6.5. Se o retorno exigido aumentar de 10% para 12% quando faltarem oito anos para o vencimento (veja a linha tracejada em oito anos), o valor do título de dívida diminuirá de $ 1.000 para $ 901, uma redução de 9,9%. Se a mesma variação do retorno exigido ocorresse com apenas três anos para o vencimento (veja a linha tracejada em três anos), o valor do título de dívida teria caído para $ 952, uma redução de apenas 4,8%. Tipos semelhantes de reações podem ser vistos para mudanças no valor do título de dívida associados a reduções dos retornos exigidos. Quanto menor for o prazo até o vencimento, menor será o impacto sobre o valor do título de dívida causado por uma determinada mudança no retorno exigido.

RENDIMENTO ATÉ O VENCIMENTO (YTM — *YIELD TO MATURITY*)

Quando os investidores avaliam títulos de dívida, costumam considerar o rendimento até o vencimento (YTM — *yield to maturity*), que é a taxa composta de retorno anual obtida em um título de dívida adquirido em um determinado dia e mantido até o vencimento. (A medida pressupõe, naturalmente, que o emitente fará todos os pagamentos programados e prometidos de juros e principal.)[6] O rendimento até o vencimento de um título de dívida com preço corrente igual a seu valor de face (isto é, $B_0 = M$) será sempre igual ao cupom. Quando o valor do título de dívida for diferente do valor de face, o rendimento até o vencimento será diferente do cupom.

Presumindo que os juros sejam pagos anualmente, o rendimento até o vencimento de um título de dívida pode ser determinado resolvendo a Equação 6.5 para r_d. Em outras palavras, o valor corrente, os juros anuais, o valor de face e o número de anos até o vencimento são conhecidos e o retorno exigido deve ser calculado. O retorno exigido é o rendimento do título de dívida até o vencimento. O YTM pode ser encontrado usando uma calculadora financeira, uma planilha Excel ou por tentativa e erro. No entanto, a calculadora fornece valores precisos de YTM com mínimo esforço.

---

[6] Muitos títulos de dívida possuem uma *cláusula de resgate*, o que significa que talvez não cheguem ao vencimento se o emitente, depois de um período especificado, decidir resgatá-los. Como a cláusula de resgate, em geral, não pode ser exercida até uma determinada data futura, os investidores muitas vezes calculam o *rendimento até o resgate* (YTC — *yield to call*). O rendimento até o resgate representa a taxa de retorno que os investidores obtêm se comprarem um título de dívida com cláusula de resgate a um dado preço e o mantiverem até que seja resgatado, recebendo assim o *preço de resgate*, que seria fixado acima do valor de face do título de dívida. Aqui, nosso foco é na medida mais geral de rendimento até o vencimento.

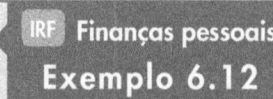

Finanças pessoais
Exemplo 6.12

Earl Washington deseja encontrar o YTM do título de dívida da Mills Company. O título de dívida é negociado atualmente por $ 1.080, tem cupom de 10% e valor de face de $ 1.000, paga juros anualmente e faltam dez anos até o vencimento.

Uso da calculadora A maioria das calculadoras exige que o valor presente (no caso, B_0) ou os valores futuros (no caso, I e M) sejam inseridos como números negativos para o cálculo do rendimento até o vencimento. Essa é a abordagem utilizada aqui. Usando os dados apresentados na imagem da calculadora ao lado, você deve encontrar o YTM de 8,766%.

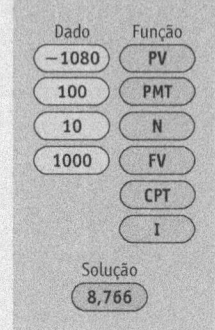

Uso de planilha O rendimento até o vencimento do título de dívida da Mills Company também pode ser calculado como mostramos na primeira planilha Excel a seguir. Primeiro, insira todos os fluxos de caixa do título de dívida. Observe que você começa com o preço do título de dívida como uma saída (um número negativo). Em outras palavras, um investidor deve pagar o preço no presente para receber os fluxos de caixa nos próximos dez anos. Em seguida, use a função *taxa interna de retorno* (TIR) do Excel. Essa função calcula a taxa de desconto que faz com que o valor presente de uma série de fluxos de caixa seja igual a zero. Neste caso, quando o valor presente de todos os fluxos de caixa é zero, o valor presente das entradas (juros e principal) é igual ao valor presente das saídas (preço inicial do título de dívida). Em outras palavras, a função taxa interna de retorno (TIR) nos dá o YTM do título de dívida, a taxa de desconto que iguala o preço do título de dívida ao valor presente de seus fluxos de caixa.

Como os pagamentos de juros típicos de um título de dívida formam uma série de anuidades, é possível reduzir ainda mais o trabalho necessário para calcular o rendimento até o vencimento de um título de dívida usando o Excel. A segunda planilha Excel mostra como usar a função TAXA para determinar o rendimento até o vencimento de um título de dívida.

	A	B
1	RENDIMENTO ATÉ O VENCIMENTO	
2	Ano	Fluxo de caixa
3	0	-$ 1.080
4	1	$ 100
5	2	$ 100
6	3	$ 100
7	4	$ 100
8	5	$ 100
9	6	$ 100
10	7	$ 100
11	8	$ 100
12	9	$ 100
13	10	$ 1.100
14	YTM	8,766%
O conteúdo da célula B14 é =TIR(B3:B13).		

	A	B
1	RENDIMENTO ATÉ O VENCIMENTO	
2	Valor de face	$ 1.000
3	Cupom	10%
4	Pagamentos de juros por ano	1
5	Pagamentos de juros	$ 100
6	Número de anos até o vencimento	10
7	Valor corrente do título de dívida	–$ 1.080
8	Rendimento até o vencimento do título de dívida	8,766%
	O conteúdo da célula B14 é =TAXA(B6*B4,B5,B7,B2,0).	

JUROS SEMESTRAIS E VALOR DO TÍTULO DE DÍVIDA

O procedimento utilizado para avaliar títulos de dívida que pagam juros semestrais é semelhante ao apresentado no Capítulo 5 para capitalização de juros com frequência maior do que uma vez ao ano, exceto pelo fato de que, neste caso, precisamos encontrar o valor presente e não o valor futuro. Isso envolve as seguintes alterações:

1. Converter os juros anuais, I, em juros semestrais, dividindo I por 2.
2. Converter o número de anos até o vencimento, n, no número de períodos de seis meses até o vencimento, multiplicando n por 2.
3. Converter o retorno anual exigido e declarado (e não o efetivo)[7] de títulos de dívida de risco semelhante que também pagam juros semestrais de uma taxa anual, r_d, em uma taxa semestral dividindo r_d por 2.

Substituindo essas três alterações na Equação 6.5, temos:

$$B_0 = \frac{I}{2} \times \left[\sum_{t=1}^{2n} \frac{1}{\left(1 + \frac{r_d}{2}\right)^t} \right] + M \times \left[\frac{1}{\left(1 + \frac{r_d}{2}\right)^{2n}} \right] \qquad (6.6)$$

---

[7] Como observamos no Capítulo 5, a taxa efetiva de juros anual, EAR, para taxa de juros declarada, i, quando os juros são pagos semestralmente ($m = 2$), pode ser encontrada usando a Equação 5.10:

$$EAR = \left(1 + \frac{i}{2}\right)^2 - 1$$

Por exemplo, um título de dívida com retorno anual exigido e declarado, r_d, de 12% que paga juros semestrais teria taxa efetiva anual de:

$$EAR = \left(1 + \frac{0{,}12}{2}\right)^2 - 1 = (1{,}06)^2 - 1 = 1{,}1236 - 1 = 0{,}1236 = 12{,}36\%$$

Como a maioria dos títulos de dívida paga juros semestrais a taxas semestrais iguais a 50% da taxa anual declarada, sua taxa efetiva anual, em geral, é mais alta que sua taxa anual declarada.

> **Exemplo 6.13**

Presumindo que o título de dívida da Mills Company paga juros semestrais e que o retorno anual exigido e declarado, r_d, é de 12% para títulos de dívida de risco semelhante, que também pagam juros semestrais, substituindo esses valores na Equação 6.6, temos:

$$B_0 = \frac{\$100}{2} \times \left[\sum_{t=1}^{20}\frac{1}{\left(1+\frac{0,12}{2}\right)^t}\right] + \$1.000 \times \left[\frac{1}{\left(1+\frac{0,12}{2}\right)^{20}}\right] = \$885,30$$

Uso da calculadora Usando uma calculadora para encontrar o valor do título de dívida, quando os juros são pagos semestralmente, devemos multiplicar por 2 o número de períodos e dividir por 2 tanto o retorno anual exigido e declarado quanto a taxa de juros anual. Para o título de dívida da Mills Company, usaríamos 20 períodos (2 · 10 anos), um retorno exigido de 6% (12% · 2) e um pagamento de juros de $ 50 ($ 100 · 2). Usando esses dados, você encontrará o valor de $ 885,30 para o título de dívida com juros semestrais, como mostra a imagem da calculadora ao lado.

Uso de planilha O valor do título de dívida da Mills Company pagando juros semestrais a um retorno exigido de 12% também pode ser calculado como mostramos na planilha Excel a seguir.

	A	B
1	AVALIAÇÃO DO TÍTULO DE DÍVIDA SEMESTRAL	
2	Valor de face	$ 1.000
3	Cupom	10%
4	Pagamentos de juros por ano	2
5	Pagamento de juros	$ 50
6	Taxa de retorno exigido	12%
7	Número de anos até o vencimento	10
8	Valor do título de dívida	–$ 885,30
	O conteúdo da célula B8 é =VP(B6/B4,B7*B4,B5,B2,0). O sinal negativo aparece antes de $ 885,30, em B8, porque o preço do título de dívida é um custo para o investidor.	

Comparando esse resultado com o valor de $ 887 encontrado anteriormente para a capitalização anual, verificamos que o valor do título de dívida é menor quando são pagos juros semestrais. *Essa situação sempre ocorrerá quando o título de dívida for vendido com deságio.* Para títulos de dívida vendidos com ágio, ocorrerá o inverso: o valor com juros semestrais será maior do que com juros anuais.

→ **QUESTÕES PARA REVISÃO**

6.16 Qual procedimento é utilizado para avaliar um título de dívida que paga juros anuais? E no caso de juros semestrais?

6.17 Qual relação entre o retorno exigido e o cupom fará com que um título de dívida seja negociado com *deságio*? E com *ágio*? E a seu *valor de face*?

6.18 Se o retorno exigido de um título de dívida for diferente de seu cupom, descreva o comportamento do valor do título de dívida ao longo do tempo à medida que o título de dívida se aproxima do vencimento.

6.19 Como um investidor avesso ao risco, você preferiria títulos de dívida mais próximos ou mais distantes do vencimento? Por quê?

6.20 O que é o *rendimento até o vencimento (YTM)* de um título de dívida? Descreva sucintamente o uso de uma calculadora financeira e de uma planilha Excel para determinar o YTM.

Resumo

ÊNFASE NO VALOR

As taxas de juros e os retornos exigidos incluem o custo real do dinheiro, as expectativas inflacionárias e o risco do emitente e da emissão. Refletem o nível de retorno exigido pelos participantes do mercado como remuneração pelo risco percebido no investimento em um valor mobiliário ou ativo específico. Como esses retornos são afetados pelas expectativas econômicas, eles variam em função do tempo, em geral sendo mais elevados para vencimentos mais distantes. A curva de rendimento reflete essas expectativas do mercado em qualquer ponto no tempo.

O valor de um ativo pode ser encontrado por meio do cálculo do valor presente de seus fluxos de caixa esperados, usando o retorno exigido como a taxa de desconto. Os títulos de dívida são os ativos financeiros mais fáceis de avaliar, já que tanto os montantes quanto o timing de seus fluxos de caixa são contratuais e, portanto, conhecidos com certeza (pelo menos para os títulos de dívida com *rating* grau de investimento). O administrador financeiro precisa entender como aplicar técnicas de avaliação a títulos de dívida, ações e ativos tangíveis (como demonstraremos nos próximos capítulos) para tomar decisões condizentes com o objetivo de **maximizar o preço da ação**.

REVISÃO DOS OBJETIVOS DE APRENDIZAGEM

OA 01 **Descrever os fundamentos da taxa de juros, a estrutura a termo das taxas de juros e os prêmios pelo risco.** O fluxo de fundos entre poupadores e tomadores de fundos é regulado pela taxa de juros ou pelo retorno exigido. Em um mundo perfeito, sem inflação e com certeza total, haveria apenas um custo do dinheiro: a taxa real de juros. A taxa de juros nominal, ou efetiva, é a soma da taxa livre de risco e de um prêmio pelo risco refletindo as características do emitente e da emissão. A taxa livre de risco é a taxa de juros real mais um prêmio pela inflação.

Para qualquer classe de títulos de dívida de risco semelhante, a estrutura a termo das taxas de juros reflete a relação entre a taxa de juros, ou taxa de retorno, e o prazo até o vencimento. As curvas de rendimento podem ter inclinação negativa (invertida), inclinação positiva (normal) ou horizontal. A teoria das expectativas, a teoria da preferência pela liquidez e a teoria da segmentação de mercado são citadas para explicar a forma da curva de rendimento. O prêmio pelo risco de emissões de dívida que não sejam as do Tesouro decorre dos riscos de negócio, financeiro, da taxa de juros, de liquidez, fiscal, de inadimplência, de vencimento e contratual.

OA 02 **Rever os aspectos legais do financiamento por meio da emissão de títulos de dívida e o custo desse tipo de financiamento.** Títulos de dívida corporativos são instrumentos de dívida de longo prazo que indicam que uma empresa captou uma dada quantia e promete restituí-la no futuro sob condições claramente definidas. A maioria dos títulos de dívida é emitida com vencimentos entre dez e 30 anos e um valor de face de $ 1.000. A escritura de emissão de título de dívida, assegurada por um agente fiduciário, estabelece todas as condições da emissão. Contém tanto cláusula padrão quanto cláusulas restritivas, que podem incluir a exigência de um fundo de amortização e/ou direito de garantia. O custo de um título de dívida a um emitente depende de seu vencimento, do volume da emissão, do risco do emitente e do custo básico do dinheiro.

OA 03 **Discutir as características gerais, os rendimentos, os preços, os *ratings*, os tipos mais populares e as emissões internacionais de títulos de dívida emitidos por empresas.** A emissão de um título de dívida pode incluir uma cláusula de conversão, uma cláusula de resgate ou *warrants* de compra de ações. O rendimento, ou taxa de retorno, de um título de dívida pode ser medido por seu rendimento corrente, rendimento até o vencimento (YTM) ou rendimento até o resgate (YTC). Os preços dos títulos de dívida costumam ser divulgados junto com seu cupom, data de vencimento e rendimento até o vencimento (YTM). Os *ratings* dos títulos de dívida por agências independentes indicam o risco de uma emissão de título de dívida. Vários tipos de títulos de dívida tradicionais e contemporâneos estão disponíveis. Eurobônus e títulos de dívida estrangeiros permitem que governos e empresas estabelecidas e solventes tomem grandes montantes de recursos internacionalmente.

OA 04 **Entender os principais dados e o modelo básico utilizado no processo de avaliação de títulos de dívida.** Os principais dados para o processo de avaliação incluem fluxos de caixa (retornos), timing e risco, bem como o retorno exigido. O valor de qualquer ativo é igual ao valor presente de todos os fluxos de caixa futuros *esperados* durante o período de tempo relevante.

OA 05 **Aplicar o modelo básico de avaliação de títulos de dívida e descrever o impacto do retorno exigido e do prazo até o vencimento no valor dos títulos de dívida.** O valor de um título de dívida é o valor presente de seus pagamentos de juros mais o valor presente de seu valor de face. A taxa de desconto utilizada para determinar o valor do título de dívida é o retorno exigido, que pode ser diferente do cupom. Um título de dívida pode ser vendido com deságio, ao valor de face ou com ágio, dependendo de o retorno exigido ser maior, igual ou menor que seu cupom. O prazo até o vencimento afeta o valor do título de dívida. O valor de um título de dívida se aproxima de seu valor de face à medida que o título de dívida se aproxima do vencimento. A possibilidade de que as taxas de juros mudem e, com isso, alterem o retorno exigido e o valor do título de dívida é chamada de risco de taxa de juros. Quanto menor for o prazo até o vencimento de um título de dívida, menor será a sensibilidade de seu valor de mercado a uma dada mudança no retorno exigido.

OA 06 **Explicar o rendimento até o vencimento (YTM — *yield to maturity*), seu cálculo e o procedimento utilizado para avaliar títulos de dívida que pagam juros semestrais.** O rendimento até o vencimento é a taxa de retorno que investidores obtêm se comprarem um título de dívida a um preço específico e o mantiverem até o vencimento. O YTM pode ser determinado usando uma calculadora financeira ou uma planilha Excel. Títulos de dívida que pagam juros semestrais são avaliados usando o mesmo procedimento utilizado para avaliar títulos de dívida que pagam juros anuais, exceto pelo fato de que os pagamentos de juros semestrais são a metade dos pagamentos de juros anuais, o número de períodos é o dobro do número de anos até o vencimento e o retorno exigido é a metade do retorno exigido anual declarado para títulos de dívida de risco semelhante.

Revisão da abertura do capítulo

Na abertura do capítulo, vimos que o governo dos Estados Unidos tinha mais de US$ 16 trilhões de dívida na forma de *T-bills*, *T-notes* e *T-bonds* em 2013. De tempos em tempos, o Tesouro muda o mix de títulos que emite para financiar a dívida pública, emitindo mais *T-bills* do que *T-bonds*, ou vice-versa.

a. Com as taxas de juros de curto prazo perto de 0% em 2013, suponha que o Tesouro tenha decidido substituir *T-notes* e *T-bonds* próximas do vencimento, emitindo novas *T-bills*, encurtando assim o vencimento médio da dívida dos Estados Unidos. Discuta os prós e os contras dessa estratégia.

b. O vencimento médio da dívida do Tesouro dos Estados Unidos é de pouco mais de cinco anos. Suponha que uma *T-note* de cinco anos, recém-emitida, tenha um cupom de 2% e seja vendida ao valor de face. O que acontece com o valor desse título de dívida se a taxa de inflação subir 1 ponto percentual, levando o rendimento até o vencimento da *T-note* de cinco anos a saltar para 3% pouco depois de sua emissão?

c. Suponha que o título "médio" do Tesouro tenha as características descritas no item **b**. Se a dívida total dos Estados Unidos for de US$ 16 trilhões e um aumento na inflação levar os rendimentos dos títulos do Tesouro a aumentar 1 ponto porcentual, por quanto o valor de mercado da dívida cairá? O que isso sugere sobre os incentivos dos formuladores de políticas públicas para buscar políticas que possam levar a uma inflação mais elevada?

Exercícios de autoavaliação

AA6.1 Avaliação de títulos de dívida. A Lahey Industries têm em circulação um título de dívida com valor de face de $ 1.000 e cupom de 8%. O título de dívida tem 12 anos restantes até sua data de vencimento.

a. Se os juros forem pagos *anualmente*, encontre o valor do título de dívida quando o retorno exigido for de: (1) 7%, (2) 8% e (3) 10%.

b. Indique, para cada caso do item **a**, se o título de dívida é vendido com deságio, ágio ou ao valor de face.

c. Utilizando o retorno exigido de 10%, encontre o valor do título de dívida quando os juros são pagos *semestralmente*.

AA6.2 Rendimento de título de dívida. Os títulos de dívida da Elliot Enterprises são negociados atualmente por $ 1.150, têm cupom de 11% e valor de face de $ 1.000, pagam juros *anualmente* e têm 18 anos até o vencimento.

a. Calcule o *rendimento corrente* dos títulos de dívida.

b. Calcule o *rendimento até o vencimento* (*YTM*) dos títulos de dívida.

c. Compare o YTM calculado no item **b** com o cupom e o rendimento corrente (calculados no item **a**). Use a comparação entre o preço corrente e o valor de face dos títulos de dívida para explicar essas diferenças.

Exercícios de aquecimento

A6.1 Recentemente, a taxa livre de risco das *T-bills* dos Estados Unidos era de 1,23%. Se a taxa real de juros foi estimada em 0,80%, qual era o nível esperado de inflação?

A6.2 Em uma data recente, os rendimentos dos títulos do Tesouro com diferentes vencimentos eram os mostrados na tabela a seguir.

Vencimento	Rendimento
3 meses	1,41%
6 meses	1,71%
2 anos	2,68%
3 anos	3,01%
5 anos	3,70%
10 anos	4,51%
30 anos	5,25%

a. Utilize as informações para traçar uma *curva de rendimento* para a data em questão.

b. Se a hipótese das expectativas for verdadeira, aproximadamente qual taxa de retorno os investidores esperariam que um título do Tesouro de cinco anos pague daqui a cinco anos?

c. Se a hipótese das expectativas for verdadeira, aproximadamente (ignorando capitalização) qual taxa de retorno os investidores esperariam que um título do Tesouro de um ano pague daqui a dois anos?

d. É possível que, mesmo que a curva de rendimento apresente uma inclinação positiva neste exercício, os investidores não esperem taxas de juros crescentes? Explique.

A6.3 Em uma data recente, os rendimentos dos títulos do Tesouro com diferentes vencimentos, incluindo uma estimativa da taxa real de juros, foram os mostrados na tabela a seguir.

Vencimento	Rendimento	Taxa real de juros
3 meses	1,41%	0,80%
6 meses	1,71%	0,80%
2 anos	2,68%	0,80%
3 anos	3,01%	0,80%
5 anos	3,70%	0,80%
10 anos	4,51%	0,80%
30 anos	5,25%	0,80%

Use as informações da tabela para calcular a *inflação esperada* para cada vencimento.

A6.4 Recentemente, a taxa de inflação anual medida pelo Índice de Preços ao Consumidor estava prevista em 3,3%. Como uma *T-bill* poderia apresentar uma taxa real de retorno negativa no mesmo período? Como poderia ter uma taxa real de retorno nula? Qual deve ser a taxa mínima de retorno de uma *T-bill* para satisfazer a exigência de uma taxa real de retorno de 2%?

A6.5 Calcule o *prêmio pelo risco* para cada uma das classes de *rating* de títulos de longo prazo a seguir, supondo que o rendimento até o vencimento (YTM) de títulos do Tesouro comparáveis seja de 4,51%.

Classe de rating	Taxa nominal de juros
AAA	5,12%
BBB	5,78%
B	7,82%

A6.6 Você tem dois ativos e precisa calcular seus valores, hoje, com base nas diferentes séries de pagamento e nos retornos exigidos apropriados. O ativo 1 tem um retorno exigido de 15% e produzirá uma série de $ 500 no final de cada ano, indefinidamente. O ativo 2 tem um retorno exigido de 10% e produzirá um fluxo de caixa, no final do ano, de $ 1.200 no primeiro ano, $ 1.500 no segundo ano e $ 850 no terceiro e último ano.

A6.7 Um título de dívida com cinco anos até o vencimento e cupom de 6% tem valor de face, ou ao par, de $ 20.000. Os juros são pagos anualmente. Se você exigisse um retorno de 8% sobre esse título de dívida, qual seria o valor dele?

A6.8 Suponha que um título do Tesouro de cinco anos tenha cupom de 4,5%.

a. Dê exemplos de taxas de retorno exigido que fariam com que o título de dívida fosse vendido com deságio, ágio e ao valor de face.

b. Se o valor de face desse título de dívida for de $ 10.000, calcule os diferentes valores desse título de dívida para cada taxa que você escolheu no item **a**.

Exercícios

E6.1 Fundamentos de taxas de juros: taxa real de retorno. Carl Foster, estagiário em um banco de investimento, está tentando ter uma ideia da taxa real de retorno que os investidores esperam hoje do mercado. Ele constatou que a taxa paga por *T-bills* de três meses era de 5,5% e decidiu usar a taxa de variação do Índice de Preços ao Consumidor como uma referência para as expectativas inflacionárias dos investidores. Essa taxa, anualizada, está em 3%. Com base nas informações coletadas por Carl, qual estimativa ele pode fazer da *taxa real de retorno*?

E6.2 Taxa real de juros. Para estimar a taxa real de juros, a divisão de economia da Mountain Banks — uma grande holding financeira — coletou os dados resumidos na tabela a seguir. Em razão da alta probabilidade de que uma nova lei tributária seja aprovada no futuro próximo, a tabela apresenta tanto dados atuais quanto dados que refletem o provável impacto da aprovação da lei sobre a demanda por fundos. (*Observação:* o projeto de lei não afetará a oferta de fundos. Suponha um mundo perfeito em que a expectativa de inflação é zero, os ofertantes e demandantes de fundos não têm preferência pela liquidez e todos os resultados são certos.)

	Situação atual		Com a aprovação da nova lei tributária
Volume de fundos ofertados/ demandados	Taxa de juros exigida pelos ofertantes de fundos	Taxa de juros exigida pelos demandantes de fundos	Taxa de juros exigida pelos demandantes de fundos
$ 1 bilhão	2%	7%	9%
$ 5 bilhões	3%	6%	8%
$ 10 bilhões	4%	4%	7%
$ 20 bilhões	6%	3%	6%
$ 50 bilhões	7%	2%	4%
$ 100 bilhões	9%	1%	3%

a. Trace a curva de oferta e a curva de demanda para os fundos utilizando os dados atuais. (*Observação:* ao contrário das funções na Figura 6.1, apresentada no início do capítulo, as funções neste exercício não serão linhas retas.)

b. No seu gráfico, indique e anote a *taxa real de juros* utilizando os dados atuais.

c. Adicione a nova curva de demanda esperada, no caso de a nova proposta de lei tributária ser aprovada, ao gráfico traçado no item **a**.

d. Qual é a nova taxa real de juros? Compare e analise essa resposta tendo como base sua análise no item **b**.

E6.3 Taxa de juros real e nominal. Zane Perelli tem $ 100 que pode gastar hoje em camisas que custam $ 25 cada. Alternativamente, ele pode optar por investir os $ 100 em um título livre de risco do Tesouro dos Estados Unidos que deve render uma taxa de juros nominal de 9%. Os economistas concordam com a projeção de uma inflação de 5% no próximo ano.

a. Quantas camisas Zane pode comprar hoje?

b. Quanto dinheiro terá Zane no final de um ano, se ele deixar de comprar camisas hoje?

c. Quanto se espera que custem as camisas no final de um ano, tendo em vista a inflação esperada?

d. Use suas respostas nos itens **b** e **c** para determinar quantas camisas (o uso de frações não é um problema) Zane poderá comprar no final de um ano. Em termos percentuais, quantas camisas a mais ou a menos Zane poderá comprar no final de um ano?

e. Qual é a *taxa real de retorno* de Zane durante o ano? Como ela se relaciona com a variação percentual do poder de compra encontrada no item **d**? Explique.

E6.4 Curva de rendimento. Uma empresa que deseja avaliar o comportamento da taxa de juros coletou dados de rendimento de cinco títulos do Tesouro dos Estados Unidos, cada um com um vencimento diferente e todos medidos na mesma data. Veja a seguir um resumo dos dados coletados.

Título do Tesouro norte-americano	Prazo até o vencimento	Rendimento
A	1 ano	12,6%
B	10 anos	11,2%
C	6 meses	13,0%
D	20 anos	11,0%
E	5 anos	11,4%

a. Trace a curva de rendimento associada a esses dados.

b. Descreva a curva de rendimento do item **a** e explique as expectativas gerais nela incorporadas.

 E6.5 Taxa nominal de juros e curvas de rendimento. Um estudo recente das expectativas inflacionárias revelou que os analistas econômicos estimam, por consenso, as seguintes taxas médias anuais de inflação esperada para os períodos indicados. (*Observação:* suponha risco zero de que movimentos da taxa de juros futura afetarão mais intensamente os vencimentos mais distantes do que os mais próximos; ou seja, *não há risco de vencimento*.)

Período	Taxa média anual de inflação
3 meses	5%
2 anos	6%
5 anos	8%
10 anos	8,5%
20 anos	9%

a. Se a taxa real de juros hoje é de 2,5%, determine a *taxa nominal de juros* para cada uma das emissões do Tesouro dos Estados Unidos a seguir: título de 20 anos, título de três meses, título de dois anos e título de cinco anos.

b. Se a taxa real de juros caísse subitamente para 2%, sem qualquer mudança nas expectativas inflacionárias, que efeito (se houver algum) isso teria em suas respostas para o item **a**? Explique.

c. Utilizando suas respostas para o item **a**, trace uma curva de rendimento para os títulos do Tesouro dos Estados Unidos. Descreva a forma geral e as expectativas refletidas pela curva.

d. O que um adepto da *teoria da preferência pela liquidez* diria sobre como as preferências de credores e tomadores tendem a afetar a forma da curva de rendimento no item **c**? Ilustre o efeito incluindo no seu gráfico uma linha pontilhada que se aproxime da curva de rendimento na ausência do efeito da preferência pela liquidez.

e. O que um adepto da *teoria da segmentação de mercado* diria sobre a oferta e a demanda de empréstimos de longo prazo *versus* a oferta e a demanda de empréstimos de curto prazo, dada a curva de rendimento construída no item **c** deste exercício?

 E6.6 Taxa de juros nominal e real e curvas de rendimento. Uma empresa que deseja avaliar o comportamento da taxa de juros coletou dados sobre a taxa nominal de juros e sobre as expectativas inflacionárias para cinco títulos do Tesouro dos Estados Unidos, cada um com um vencimento diferente e medidos em diferentes datas do ano que se encerrou. (*Observação:* suponha que não há risco de que os movimentos da taxa de juros futura afetarão mais intensamente os vencimentos mais distantes do que os mais próximos; ou seja, não há *risco de vencimento*.) Esses dados estão resumidos na tabela a seguir.

Título do Tesouro dos Estados Unidos	Data	Vencimento	Taxa nominal de juros	Expectativa inflacionária
A	7 de janeiro	2 anos	12,6%	9,5%
B	12 de março	10 anos	11,2%	8,2%
C	30 de maio	6 meses	13,0%	10,0%
D	15 de agosto	20 anos	11,0%	8,1%
E	30 de dezembro	5 anos	11,4%	8,3%

a. Usando os dados apresentados, encontre a *taxa real de juros* para cada data.

b. Descreva o comportamento da taxa real de juros ao longo do ano. Que forças podem ser responsáveis por esse comportamento?

c. Trace a curva de rendimento associada a esses dados, presumindo que as taxas nominais foram medidas na mesma data.

d. Descreva a curva de rendimento resultante do item **c** e explique as expectativas gerais nela incorporadas.

E6.7 Estrutura a termo das taxas de juros. Considere os seguintes dados de rendimento para uma série de títulos de dívida corporativos da mais alta qualidade em cada uma das três datas indicadas.

Prazo até o vencimento (anos)	Rendimento		
	5 anos atrás	2 anos atrás	Hoje
1	9,1%	14,6%	9,3%
3	9,2%	12,8%	9,8%
5	9,3%	12,2%	10,9%
10	9,5%	10,9%	12,6%
15	9,4%	10,7%	12,7%
20	9,3%	10,5%	12,9%
30	9,4%	10,5%	13,5%

a. No mesmo plano cartesiano, trace a curva de rendimento em cada uma das três datas.

b. Para cada curva do item **a**, indique a forma geral (inclinação negativa, inclinação positiva ou horizontal).

c. Descreva a expectativa de taxa de juros geral existente em cada uma das três datas.

d. Analise os dados de cinco anos atrás. De acordo com a teoria das expectativas, qual retorno aproximado os investidores esperavam que um título de dívida de cinco anos pagasse a partir de hoje?

E6.8 Taxa livre de risco e prêmio pelo risco. A taxa real de juros está em 3%; o prêmio pela expectativa de inflação e o prêmio pelo risco para uma série de títulos são apresentados a seguir.

Título	Expectativa de inflação Prêmio	Prêmio pelo risco
A	6%	3%
B	9%	2%
C	8%	2%
D	5%	4%
E	11%	1%

a. Encontre a *taxa de juros livre de risco*, R_F, aplicável a cada título.

b. Apesar de não ter sido indicado, qual fator deve ser a causa das diferentes taxas livres de risco encontradas no item **a**?

c. Encontre a *taxa nominal de juros* para cada título.

E6.9 Prêmio pelo risco. Eleanor Burns está tentando encontrar a taxa nominal de juros para dois títulos — A e B — emitidos por empresas diferentes na mesma data. Ela coletou os dados a seguir.

Características	Título A	Título B
Prazo até o vencimento	3 anos	15 anos
Prêmio pela expectativa de inflação	9,0%	7,0%
Prêmio pelo risco para:		
Risco de liquidez	1,0%	1,0%
Risco de inadimplência	1,0%	2,0%
Risco de vencimento	0,5%	1,5%
Outro risco	0,5%	1,5%

a. Se a taxa real de juros está em 2%, encontre a *taxa de juros livre de risco* aplicável a cada título.

b. Encontre o prêmio total pelo risco atribuível às características do emitente e da emissão de cada título.

c. Calcule a *taxa nominal de juros* para cada título. Compare e discuta suas respostas.

 E6.10 Pagamentos de juros de títulos de dívida antes e após o imposto de renda. A Charter Corp. emitiu 2.500 debêntures com principal no valor total de $ 2,5 milhões. Os títulos de dívida têm cupom de 7%.

a. Qual é o montante, em unidades monetárias, de juros por título de dívida que um investidor pode esperar receber a cada ano da Charter?

b. Qual é a despesa total de juros da Charter, por ano, associada a essa emissão de título de dívida?

c. Presumindo que a alíquota de imposto de renda da Charter seja de 35%, qual é o custo líquido dos juros após o imposto de renda associado a essa emissão de título de dívida?

 E6.11 Preços de título de dívida e rendimentos. Suponha que o título de dívida da Financial Management Corporation tenha valor de face de $ 1.000, cupom de 5,700%, vencimento em 15 de maio de 2023, cotação de preço atual de 97,708 e rendimento até o vencimento (YTM) de 6,034%. Com base nessas informações, responda às perguntas a seguir:

a. Qual foi o preço, em unidade monetária, do título de dívida?

b. Qual é o *rendimento corrente* do título de dívida?

c. O título de dívida está sendo vendido ao valor de face com deságio ou com ágio? Por quê?

d. Compare o rendimento corrente do título de dívida calculado no item **b** com seu YTM e explique por que eles diferem.

E6.12 Fundamentos de avaliação. Imagine que você queira avaliar o aspecto econômico da compra de um automóvel. Você espera que o carro proporcione benefícios anuais de caixa, após imposto de renda, de $ 1.200 no final de cada ano e presume que poderá ser vendido com ganho, após imposto de renda, de $ 5.000 no final do período planejado de propriedade de cinco anos. Todos os fundos para comprar o carro serão retirados de sua poupança, que rende atualmente 6% após imposto de renda.

a. Identifique os fluxos de caixa, seu timing e o retorno exigido aplicável à avaliação do carro.

b. Qual é o preço máximo que você estaria disposto a pagar para adquirir o carro? Explique.

E6.13 Avaliação de ativos. Utilizando as informações apresentadas na tabela a seguir, encontre o valor de cada ativo.

Ativo	Fluxo de caixa		Retorno exigido apropriado
	Final do ano	Valor	
A	1	$ 5.000	18%
	2	5.000	
	3	5.000	
B	1 a ∞	$ 300	15%
C	1	$ 0	16%
	2	0	
	3	0	
	4	0	
	5	35.000	
D	1 a 5	$ 1.500	12%
	6	8.500	
E	1	$ 2.000	14%
	2	3.000	
	3	5.000	
	4	7.000	
	5	4.000	
	6	1.000	

E6.14 Avaliação de ativos e risco. Laura Drake quer estimar o valor de um ativo do qual se espera que proporcione entradas de caixa de $ 3.000 por ano, no final do primeiro ao quarto ano, e $ 15.000 no final do quinto ano. Suas pesquisas indicam que ela deve obter 10% sobre ativos de baixo risco, 15% sobre ativos de risco médio e 22% sobre ativos de alto risco.

Exercício de finanças pessoais

a. Determine o máximo que Laura deveria pagar pelo ativo caso ele seja classificado como: (1) de baixo risco, (2) de risco médio e (3) de alto risco.

b. Suponha que Laura não tenha como avaliar o risco do ativo e queira estar certa de fazer um bom negócio. Com base em suas respostas do item **a**, qual é o valor máximo que ela deve pagar? Por quê?

c. Se tudo o mais permanecer constante, qual o efeito do aumento do risco sobre o valor de um ativo? Explique com base em suas respostas dadas no item **a**.

E6.15 Avaliação básica de título de dívida. A Complex Systems tem uma emissão de título de dívida com valor de face de $ 1.000 e cupom de 12%. A emissão paga juros *anualmente* e tem 16 anos até a data de vencimento.

a. Se títulos de dívida de risco semelhante renderem hoje uma taxa de retorno de 10%, por quanto o título de dívida da Complex Systems deveria ser vendido hoje?

b. Descreva *duas* possíveis razões pelas quais a taxa de títulos de dívida de risco semelhante está abaixo do cupom do título de dívida da Complex Systems.

c. Se o retorno exigido fosse de 12% e não de 10%, qual seria o valor corrente do título de dívida da Complex Systems? Compare essa resposta com as do item **a** e discuta.

OA 05 **E6.16 Avaliação de título de dívida: juros anuais.** Calcule o valor de cada um dos títulos de dívida apresentados na tabela a seguir, sabendo que todos pagam juros *anualmente*.

Título de dívida	Valor de face	Cupom	Anos até o vencimento	Retorno exigido
A	$ 1.000	14%	20	12%
B	1.000	8%	16	8%
C	100	10%	8	13%
D	500	16%	13	18%
E	1.000	12%	10	10%

OA 05 **E6.17 Valor do título de dívida e variação dos retornos exigidos.** A Midland Utilities tem uma emissão de título de dívida em circulação que vencerá ao seu valor de face de $ 1.000 em 12 anos. O título de dívida tem cupom de 11% e paga juros *anualmente*.

a. Encontre o valor do título de dívida para retornos exigidos de: (1) 11%, (2) 15% e (3) 8%.

b. Represente suas respostas do item **a** em um gráfico de "retorno exigido (eixo *x*) e valor de mercado do título de dívida (eixo *y*)".

c. Use suas respostas dos itens **a** e **b** para discutir a relação entre o cupom de um título de dívida, o retorno exigido e o valor de mercado do título de dívida em relação ao seu valor de face.

d. Quais *duas* possíveis razões poderiam fazer com que o retorno exigido seja diferente do cupom?

OA 05 **E6.18 Valor do título de dívida e tempo: retornos exigidos constantes.** A Pecos Manufacturing acaba de emitir um título de dívida de 15 anos, cupom de 12%, valor de face de $ 1.000 e que paga juros *anualmente*. O retorno exigido atualmente é de 14% e a empresa está certa de que permanecerá em 14% até o vencimento do título de dívida, daqui a 15 anos.

a. Presumindo que o retorno exigido permaneça em 14% até o vencimento, determine o valor do título de dívida com: (1) 15 anos, (2) 12 anos, (3) nove anos, (4) seis anos, (5) três anos e (6) um ano até o vencimento.

b. Coloque suas respostas em um gráfico de "prazo até o vencimento (eixo *x*) e valor de mercado do título de dívida (eixo *y*)", semelhante ao da Figura 6.5 apresentada anteriormente.

c. Se tudo o mais permanecer constante, quando o retorno exigido difere do cupom e se assume constante até o vencimento, o que acontece com o valor do título de dívida à medida que se aproxima do vencimento? Explique sua resposta à luz do gráfico construído no item **b**.

E6.19 Valor do título de dívida e tempo: variação dos retornos exigidos.
Lynn Parsons está pensando em investir em qualquer um de dois títulos de dívida. Os dois têm valor de face de $ 1.000, cupom de 11% e pagam juros *anualmente*. O título de dívida A tem exatamente cinco anos até o vencimento e o B tem 15 anos até o vencimento.

a. Calcule o valor do título de dívida A se o retorno exigido for de: (1) 8%, (2) 11% e (3) 14%.

b. Calcule o valor do título de dívida B se o retorno exigido for de: (1) 8%, (2) 11% e (3) 14%.

c. Com base nas respostas dos itens **a** e **b**, complete a tabela a seguir e discuta a relação entre prazo até o vencimento e variação dos retornos exigidos.

Retorno exigido	Valor do título de dívida A	Valor do título de dívida B
8%	_____	_____
11%	_____	_____
14%	_____	_____

d. Se Lynn quiser minimizar o *risco de taxa de juros*, que título de dívida deve comprar? Por quê?

E6.20 Rendimento até o vencimento. A relação entre o rendimento até o vencimento de um título de dívida e seu cupom pode ser usada para prever seu nível de preço. Para cada um dos títulos de dívida relacionados na tabela a seguir, indique se o preço do título de dívida será com ágio sobre o valor de face, ao valor de face ou com deságio sobre o valor de face.

Título de dívida	Cupom	Rendimento até o vencimento	Preço
A	6%	10%	_____
B	8%	8%	_____
C	9%	7%	_____
D	7%	9%	_____
E	12%	10%	_____

E6.21 Rendimento até o vencimento. O título de dívida da Salem Company está sendo negociado atualmente por $ 955, tem cupom de 12% e valor de face de $ 1.000, paga juros *anualmente* e tem 15 anos até o vencimento.

a. Calcule o *rendimento até o vencimento (YTM)* desse título de dívida.

b. Explique a relação entre cupom e rendimento até o vencimento e entre valor de face e valor de mercado de um título de dívida.

E6.22 Rendimento até o vencimento. Cada um dos títulos de dívida apresentados na tabela a seguir paga juros *anualmente*.

Título de dívida	Valor de face	Cupom	Anos até o vencimento	Valor corrente
A	$ 1.000	9%	8	$ 820
B	1.000	12%	16	1.000
C	500	12%	12	560
D	1.000	15%	10	1.120
E	1.000	5%	3	900

a. Calcule o *rendimento até o vencimento* (YTM) de cada título de dívida.

b. Qual é a relação entre cupom e rendimento até o vencimento e entre valor de face e valor de mercado de um título de dívida? Explique.

E6.23 Avaliação de título de dívida e rendimento até o vencimento. O corretor de Mark Goldsmith mostrou-lhe dois títulos de dívida, cada um com vencimento de cinco anos, valor de face de $ 1.000 e rendimento até o vencimento de 12%. O título de dívida A tem cupom de 6% pago anualmente. O título de dívida B tem cupom de 14% pago anualmente.

a. Calcule o preço de venda de cada um dos títulos de dívida.

b. Mark tem $ 20.000 para investir. Com base no preço dos títulos de dívida, quantos Mark poderia comprar se escolhesse um deles em vez do outro? (Na realidade, Mark não pode comprar uma fração de um título de dívida, mas para os fins deste exercício, vamos admitir que possa.)

c. Calcule o rendimento anual de juros de cada título de dívida com base em seu cupom e no número de títulos de dívida que Mark poderia comprar com seus $ 20.000.

d. Suponha que Mark reinvestirá os pagamentos de juros à medida que forem pagos (no final de cada ano) e que sua taxa de retorno sobre o reinvestimento seja de apenas 10%. Para cada título de dívida, calcule o valor do pagamento do principal mais o valor da conta de reinvestimento de Mark no final dos cinco anos.

e. Por que os dois valores calculados no item **d** são diferentes? Se Mark estivesse preocupado com o fato de ganhar menos do que o rendimento até o vencimento de 12% sobre os juros reinvestidos, qual dos dois títulos de dívida seria a melhor escolha?

E6.24 Avaliação de títulos de dívida: juros semestrais. Calcule o valor de um título de dívida com vencimento em seis anos, valor de face de $ 1.000 e cupom de 10% (5% pagos semestralmente), se o retorno exigido de títulos de dívida de risco semelhante for de 14% ao ano (7% pagos semestralmente).

E6.25 Avaliação de títulos de dívida: juros semestrais. Calcule o valor de cada um dos títulos de dívida apresentados na tabela a seguir, sabendo que todos pagam juros *semestralmente*.

Título de dívida	Valor de face	Cupom	Anos até o vencimento	Retorno exigido declarado anual
A	$ 1.000	10%	12	8%
B	1.000	12%	20	12%
C	500	12%	5	14%
D	1.000	14%	10	10%
E	100	6%	4	14%

E6.26 Avaliação de título de dívida: juros trimestrais. Calcule o valor de um título de dívida de valor de face de $ 5.000, que paga juros trimestralmente, ao cupom anual de 10% e com dez anos até o vencimento, se o retorno exigido sobre títulos de dívida de risco semelhante for, atualmente, de 12% ao ano, pagos *trimestralmente*.

E6.27 Problema de ética. As agências de *rating* investiram muito dinheiro para determinar quais fatores quantitativos e não quantitativos podem prever melhor a inadimplência em títulos de dívida. Além disso, algumas dessas agências investem tempo e dinheiro em reuniões privadas com equipes das empresas para coletar informações não divulgadas ao público, que são utilizadas para atribuir o *rating* da emissão. Para recuperar esses custos, algumas agências de classificação de risco de crédito atrelaram seus *ratings* à compra de serviços adicionais. Na sua opinião, essa prática é aceitável? Defenda sua posição.

Exercício com planilha

A CSM Corporation tem uma emissão de título de dívida em circulação no final de 2015. O título de dívida tem 15 anos restantes até o vencimento e cupom de 6%. Os juros do título de dívida são capitalizados semestralmente. O valor de face do título de dívida da CSM é de $ 1.000 e está sendo negociado anualmente por $ 874,42.

TAREFA

Crie uma planilha semelhante aos exemplos de planilhas Excel apresentados neste capítulo para o rendimento até o vencimento e juros semestrais de acordo com as especificações a seguir:

a. Crie uma planilha semelhante aos exemplos de planilhas Excel apresentados neste capítulo para calcular o rendimento até o vencimento.

b. Crie uma planilha semelhante aos exemplos de planilhas Excel apresentados neste capítulo para calcular o preço do título de dívida se o rendimento até o vencimento for 2% mais alto.

c. Crie uma planilha semelhante aos exemplos de planilhas Excel apresentados neste capítulo para calcular o preço do título de dívida se o rendimento até o vencimento for 2% mais baixo.

d. Explique sucintamente a relação entre o preço do título de dívida, o valor de face, o rendimento até o vencimento e o cupom.

Capítulo 7

Avaliação de ações

Objetivos de aprendizagem

OA 1 Diferenciar capital de terceiros de capital próprio.

OA 2 Discutir as características das ações ordinárias e ações preferenciais.

OA 3 Descrever o processo de emissão de ações ordinárias, incluindo capital de risco (*venture capital*), abertura de capital e o papel dos bancos de investimento.

OA 4 Entender o conceito de eficiência de mercado e da avaliação básica de ações utilizando modelos de crescimento zero, crescimento constante e crescimento variável.

OA 5 Discutir o modelo de avaliação do fluxo de caixa livre e as abordagens do valor contábil, valor de liquidação e múltiplo preço/lucro (P/L).

OA 6 Explicar as relações entre decisões financeiras, retorno, risco e valor da empresa.

▶ Por que este capítulo é importante para você?

Na sua vida PROFISSIONAL

CONTABILIDADE Para entender a diferença entre capital de terceiros e capital próprio em termos de tratamento fiscal; os direitos de propriedade dos fornecedores de capital, incluindo *venture capitalists* e acionistas; e as diferenças entre valor contábil por ação e outras avaliações baseadas no mercado.

SISTEMAS DE INFORMAÇÃO Para entender os procedimentos utilizados para emitir ações ordinárias, as informações necessárias para avaliar ações, como coletar e processar as informações necessárias de cada área funcional e como divulgar informações aos investidores.

GESTÃO Para entender a diferença entre capital de terceiros e capital próprio, os direitos dos acionistas, o processo de emissão de ações ordinárias e os efeitos de cada área funcional no valor da ação da empresa.

MARKETING Para entender que as ideias da empresa para produtos e serviços afetarão consideravelmente a opinião dos investidores com relação ao provável sucesso dos projetos da empresa; e que os projetos que são vistos como mais propensos a ter sucesso também são considerados mais valiosos e, portanto, levam a um maior valor da ação.

OPERAÇÕES Para entender que as avaliações dos *venture capitalists* e de outros investidores potenciais dependerão, em parte, da eficiência das operações da empresa; e que operações mais econômicas levam a melhores perspectivas de crescimento e, portanto, a melhores avaliações de ações.

Na sua vida PESSOAL

Em algum momento, você provavelmente manterá ações como um ativo em seu programa de aposentadoria e pode querer estimar o valor de uma ação. Se a ação estiver sendo negociada abaixo do valor estimado, você pode optar por comprá-la; se o preço de mercado estiver acima do valor estimado, você pode optar por vendê-la. Muitas pessoas dependem de consultores financeiros para tomar decisões de compra ou venda, mas independentemente de como você toma suas decisões de investimento, será útil entender como as ações são avaliadas.

Tesla Motors

Apostando na sustentabilidade para encontrar valor

Hoje em dia, um dos temas mais discutidos tem sido a questão do aquecimento global e os benefícios e os custos de emissões mais baixas. Muitas empresas estão investindo em novas tecnologias radicais na esperança de capitalizar o movimento sustentável. Em 29 de junho de 2010, a Tesla Motors levantou US$ 226 milhões em sua oferta pública inicial (IPO) de ações ordinárias. A Tesla, cujas ações são negociadas na bolsa de valores Nasdaq, foi a primeira fabricante de automóveis a usar baterias de íons de lítio para produzir um veículo totalmente elétrico com autonomia de mais de 300 quilômetros. Embora a Tesla tenha acumulado perdas de US$ 279 milhões de 2006 a 2009 e nunca tenha sido lucrativa, os investidores ficaram entusiasmados com o IPO, e o preço das ações da Tesla subiu de US$ 17 para US$ 24 no primeiro dia de negociação.

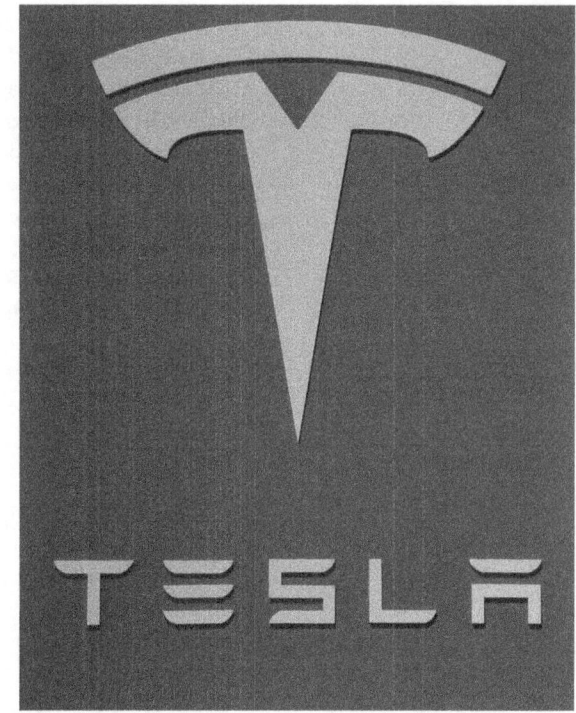

O entusiasmo com as perspectivas da Tesla aumentou em parte pela sua missão de reduzir as emissões de carbono e em parte pelo seu carismático cofundador, Elon Musk, que já havia fundado várias empresas de sucesso, incluindo o PayPal. Também colaborou o fato de o governo federal dos Estados Unidos oferecer um subsídio fiscal de US$ 7.500 a quem comprasse um veículo elétrico e também de alguns Estados oferecerem incentivos fiscais adicionais. Em seus primeiros dois anos como uma empresa de capital aberto, a Tesla continuou com dificuldades para se tornar lucrativa, mas o preço de suas ações manteve a tendência de alta. Em 2013, a Tesla registrou seu primeiro lucro trimestral, bem como seu primeiro fluxo de caixa trimestral positivo. Poucos dias depois de a notícia chegar aos mercados, a *Consumer Reports* anunciou que o sedã Modelo S da Tesla era o melhor carro já testado pela revista e concedeu ao modelo a maior pontuação da história da publicação, 99 pontos de um máximo de 100. No período entre 8 e 13 de maio, as ações da empresa subiram 57%! No longo prazo, o preço da ação da Tesla dependerá de sua capacidade de gerar fluxos de caixa positivos, mesmo sem a ajuda de subsídios governamentais, e de convencer o mercado de que será capaz de sustentar esse desempenho.

7.1 Diferenças entre capital de terceiros e capital próprio

Embora tanto o capital de terceiros quanto o capital próprio sejam fontes de financiamento externo utilizados pelas empresas, eles são muito diferentes em vários aspectos importantes. O financiamento por capital de terceiros é obtido de credores, enquanto o financiamento por capital próprio é obtido de investidores que se tornam proprietários de parte da empresa. Os credores (fornecedores de recursos ou detentores de título de dívida) têm o direito legal de serem reembolsados, enquanto os investidores têm apenas uma expectativa de serem reembolsados. O **capital de terceiros** inclui todos os empréstimos contraídos por uma empresa, inclusive títulos de dívida, e é reembolsado de acordo com um cronograma fixo de pagamentos. Já o **capital próprio** consiste em fundos fornecidos pelos proprietários da empresa (investidores ou acionistas), e os acionistas recebem um retorno que não está garantido, pois é atrelado ao desempenho da empresa. Uma empresa pode obter capital próprio *internamente*, retendo lucros em vez de distribuí-los como dividendos a seus acionistas, ou *externamente*, vendendo ações ordinárias ou preferenciais. As principais diferenças entre capital de terceiros e capital próprio estão resumidas na Tabela 7.1 e serão discutidas nas páginas a seguir.

capital de terceiros
Inclui todos os empréstimos contraídos por uma empresa, inclusive títulos de dívida, e é reembolsado de acordo com um cronograma fixo de pagamentos.

capital próprio
Fundos fornecidos pelos proprietários da empresa (investidores ou acionistas) cujo reembolso depende do desempenho da empresa.

VOZ NA ADMINISTRAÇÃO

Diferentemente dos credores, os detentores de capital próprio (acionistas) são proprietários da empresa e geralmente têm direito a voto, o que lhes permite eleger os diretores e votar em questões especiais. Por sua vez, os detentores de títulos de dívida não recebem poder de voto, mas contam com a proteção das obrigações contratuais da empresa.

DIREITOS SOBRE RESULTADOS E ATIVOS

Os direitos dos detentores de capital próprio sobre os resultados e ativos da empresa são secundários aos dos credores. O *direito dos detentores de capital próprio sobre o resultado* não pode ser atendido antes de os direitos de todos os credores, incluindo pagamentos de juros e amortizações programadas do principal, serem satisfeitos. Depois de satisfazer os direitos dos credores, o conselho de administração da empresa decide se vai ou não distribuir dividendos aos proprietários.

Tabela 7.1 Principais diferenças entre capital de terceiros e capital próprio

	Tipo de capital	
Característica	Capital de terceiros	Capital próprio
Influência nas decisões da administração[a]	Não	Sim
Direitos sobre resultados e ativos	Preferencial em relação ao capital próprio	Subordinado ao capital de terceiros
Prazo de vencimento	Determinado	Indeterminado
Tratamento fiscal	Com dedução de juros	Sem dedução de juros

[a] Os detentores de título de dívida não têm poder de voto e devem contar com a proteção das obrigações contratuais da empresa.

Os *direitos sobre os ativos* dos detentores de capital próprio são secundários aos direitos dos credores. Se a empresa for à falência, seus ativos são vendidos e os recursos obtidos são distribuídos na seguinte ordem: credores garantidos, credores não garantidos e detentores de capital próprio. Como os detentores de capital próprio são os últimos a receber qualquer distribuição de ativos, seu investimento é relativamente arriscado e eles esperam retornos maiores de seu investimento em ações da empresa do que os credores exigem dos empréstimos. A maior taxa de retorno esperada pelos detentores de capital próprio significa um custo mais elevado do financiamento com capital próprio do que o custo do financiamento com capital de terceiros.

FATOS e DADOS

Como os ativos são distribuídos em caso de falência?

De acordo com a Securities and Exchange Commission (SEC) dos Estados Unidos, em caso de falência os ativos são distribuídos da seguinte maneira:

1. **Credores garantidos:** Empréstimos bancários com garantia ou títulos de dívida com garantia são pagos primeiro.
2. **Credores não garantidos:** Empréstimos bancários sem garantia ou títulos de dívida sem garantia, fornecedores ou clientes são pagos em seguida.
3. **Detentores de capital próprio:** Os detentores de capital próprio ou os proprietários da empresa são os últimos a serem pagos e podem não receber nada se os credores garantidos e não garantidos não forem totalmente reembolsados.

PRAZO DE VENCIMENTO

Diferentemente do capital de terceiros, o capital próprio é uma *forma permanente* de financiamento da empresa, ou seja, que não "vence", de modo que o reembolso não é exigido. Quando compram ações, os acionistas precisam reconhecer que, apesar de haver um mercado para as suas ações, o preço destas flutuará com o tempo e não há como saber qual vai ser seu preço quando o investidor quiser vendê-las. Essa flutuação do preço de mercado do capital próprio faz com que o retorno total para os acionistas da empresa seja ainda mais arriscado.

TRATAMENTO FISCAL

Os pagamentos de juros aos detentores de título de dívida são tratados como despesas dedutíveis do imposto de renda pela empresa emitente, ao passo que os pagamentos de dividendos aos acionistas não o são. A dedutibilidade dos juros reduz o custo de financiamento com capital de terceiros, fazendo com que ele seja ainda menor que o custo de financiamento com capital próprio.

→ **QUESTÃO PARA REVISÃO**

7.1 Quais são as principais diferenças entre o *capital de terceiros* e o *capital próprio*?

7.2 Ações ordinárias e ações preferenciais

Uma empresa pode levantar capital próprio por meio da venda de ações ordinárias ou preferenciais. Todas as sociedades anônimas, no início, emitem ações ordinárias para levantar capital. Algumas dessas empresas posteriormente emitem ações ordinárias adicionais ou ações preferenciais para levantar ainda mais capital. Embora tanto as ações ordinárias quanto as preferenciais sejam formas de capital próprio, as ações preferenciais têm algumas semelhanças com o capital de terceiros que as diferenciam significativamente das ações ordinárias. Vamos começar analisando as características das ações tanto ordinárias quanto preferenciais e, em seguida, descreveremos o processo de emissão de ações ordinárias, inclusive a utilização de capital de risco (*venture capital*).

AÇÕES ORDINÁRIAS

Os verdadeiros proprietários de uma empresa são os acionistas ordinários, que muitas vezes são chamados de *proprietários residuais*, uma vez que recebem o que sobra — o resíduo — depois que todos os outros direitos sobre os resultados e ativos da empresa foram satisfeitos. Eles só têm uma garantia: não podem perder mais do que investiram na empresa. Em consequência dessa posição em geral incerta, os acionistas ordinários esperam receber retornos relativamente altos. Esses retornos podem vir em forma de dividendos, ganhos de capital ou ambos.

Propriedade

ações de propriedade privada
As ações ordinárias de uma empresa pertencem a investidores privados; as ações não são negociadas ao público.

ações de propriedade pública
As ações ordinárias de uma empresa pertencem a investidores públicos; as ações são negociadas ao público.

ações de propriedade fechada
As ações ordinárias de uma empresa pertencem a um indivíduo ou a um pequeno grupo de investidores (como uma família); em geral, são empresas de propriedade privada.

ações de propriedade difusa
As ações ordinárias de uma empresa pertencem a muitos investidores individuais não relacionados ou investidores institucionais.

As ações ordinárias de uma empresa podem ser de **propriedade privada**, quando pertencem a investidores privados, ou de **propriedade pública**, quando pertencem a investidores públicos. As empresas privadas em geral são menores que as públicas e muitas vezes são de **propriedade fechada**, pertencendo a um investidor individual ou a um pequeno grupo de investidores privados (como uma família). As empresas públicas são de **propriedade difusa**, e pertencem a muitos investidores individuais não relacionados ou investidores institucionais. As ações de empresas privadas em geral não são ativamente negociadas no mercado de ações; se as ações forem negociadas, as transações são feitas entre os investidores privados e muitas vezes exigem o consentimento da empresa. As grandes sociedades anônimas, que veremos em mais detalhes a seguir, são empresas de propriedade pública e suas ações em geral são negociadas ativamente nos mercados de ações descritos no Capítulo 2.

Valor nominal

valor nominal da ação ordinária
Um valor arbitrário estabelecido para fins legais no estatuto social da empresa e que pode ser utilizado para encontrar o número total de ações em circulação, dividindo-se o valor contábil das ações ordinárias pelo valor nominal.

O valor de mercado da ação ordinária é independente de seu valor nominal. O **valor nominal da ação ordinária** é um valor arbitrário estabelecido para fins legais no estatuto social da empresa, e em geral é um valor bem baixo, muitas vezes de $ 1 ou menos. Lembre-se de que, quando uma empresa vende novas ações ordinárias, o valor nominal das ações vendidas é registrado na conta capital do balanço patrimonial como parte das ações ordinárias. Um dos benefícios desse registro é que a qualquer momento o número total de ações ordinárias em circulação pode ser calculado dividindo o valor contábil das ações ordinárias pelo valor nominal.

Nos Estados Unidos, estabelecer um valor nominal baixo pode ser vantajoso em Estados onde certos impostos sobre empresas baseiam-se no valor nominal da ação. Também pode ser benéfico nos Estados que possuem leis contra a venda de ações com desconto sobre o valor nominal. Por exemplo, uma empresa cuja ação ordinária tem valor nominal de $ 20 seria incapaz de emitir ações se os investidores não estiverem dispostos a pagar mais do que $ 16 por ação.

Direitos de preferência

direito de preferência
Permite que os acionistas ordinários mantenham sua participação proporcional na empresa quando novas ações são emitidas, protegendo-os da diluição de propriedade.

diluição de propriedade
Uma redução da participação de cada acionista, em razão da emissão de ações ordinárias adicionais.

O **direito de preferência** permite que os acionistas ordinários mantenham sua participação *proporcional* na empresa quando novas ações são emitidas, protegendo-os assim da diluição de propriedade. Uma **diluição de propriedade** é a redução da participação do acionista existente resultante da emissão de ações ordinárias adicionais. Os direitos de preferência permitem que os acionistas preexistentes mantenham seu controle de voto pré-emissão e os protegem da diluição dos lucros. Os acionistas preexistentes experimentam uma **diluição dos lucros** quando seu direito sobre o lucro da empresa é *reduzido* como resultado da emissão de novas ações.

Em uma *oferta de direitos*, a empresa outorga **direitos** a seus acionistas. Esses instrumentos financeiros permitem aos acionistas comprar ações adicionais a um preço abaixo do de mercado, na proporção direta do número de ações que possuem. Nessas situações, os *direitos* constituem uma importante ferramenta de financiamento sem a qual os acionistas correriam o risco de perder o controle proporcional da sociedade anônima. Do ponto de vista da empresa, a utilização de ofertas de direitos para levantar mais capital próprio pode ser menos dispendiosa do que uma oferta pública de ações.

Ações autorizadas, em circulação e emitidas

O estatuto de uma sociedade anônima de capital aberto indica o número de **ações autorizadas** que ela pode emitir. A empresa não pode vender mais ações do que autoriza o estatuto, a menos que obtenha a aprovação por meio do voto dos acionistas. Para evitar a necessidade de alterar o estatuto posteriormente, as empresas em geral tentam autorizar um número maior de ações do que inicialmente planejam emitir.

As ações autorizadas tornam-se **ações em circulação** quando são emitidas ou vendidas a investidores. Se a *empresa* recomprar qualquer uma de suas ações em circulação, essas ações são registradas como **ações em tesouraria**, deixando de ser consideradas ações em circulação. **Ações emitidas** são as ações ordinárias colocadas em circulação; representam a soma de *ações em circulação* e *ações em tesouraria*.

diluição dos lucros
Uma redução do direito, de cada acionista, sobre os lucros da empresa, em razão da emissão de ações ordinárias adicionais.

direitos
Instrumentos financeiros que permitem aos acionistas comprar ações adicionais a um preço abaixo do valor de mercado, na proporção do número de ações que possuem.

ações autorizadas
Número de ações ordinárias que o estatuto de uma empresa permite emitir.

ações em circulação
Ações ordinárias emitidas e em poder de investidores, incluindo tanto investidores privados quanto públicos.

ações em tesouraria
Ações ordinárias emitidas e em poder da empresa; muitas vezes, essas ações foram recompradas pela empresa.

ações emitidas
Ações ordinárias que foram colocadas em circulação; compreendendo as *ações em circulação* mais as *ações em tesouraria*.

Exemplo 7.1

A Golden Enterprises, uma fabricante de equipamentos médicos, apresentou a seguinte composição de patrimônio líquido em 31 de dezembro:

Patrimônio líquido	
Ações ordinárias: valor nominal de $ 0,80:	
35.000.000 de ações autorizadas; 15.000.000 de ações emitidas	$ 12.000.000
Capital integralizado acima do valor nominal	63.000.000
Lucros retidos	31.000.000
	$106.000.000
Menos: Custo das ações em tesouraria (1.000.000 de ações)	4.000.000
Total do patrimônio líquido	$ 102.000.000

Quantas ações ordinárias adicionais a Golden pode vender sem necessidade de autorização de seus acionistas? A empresa tem 35 milhões de ações autorizadas, 15 milhões de ações emitidas e 1 milhão de ações em tesouraria. Desse modo, 14 milhões de ações estão em circulação (15 milhões de ações emitidas menos 1 milhão de ações em tesouraria) e a Golden pode emitir 21 milhões de ações adicionais (35 milhões de ações autorizadas menos 14 milhões de ações em circulação) sem precisar da aprovação dos acionistas. Esse total inclui as ações atualmente em tesouraria, que a empresa pode reemitir sem a necessidade de aprovação dos acionistas.

Direitos de voto

Em geral, cada ação ordinária dá a seu titular direito a um voto na eleição de diretores e na deliberação de questões especiais. Os votos geralmente são transferíveis e podem ser expressos na assembleia anual de acionistas.

Como a maioria dos pequenos acionistas não comparece à assembleia anual para votar, eles podem assinar uma **procuração** transferindo seus votos para outra parte. Nos Estados Unidos, a solicitação de procurações dos acionistas é cuidadosamente controlada pela Securities and Exchange Commission para garantir que não sejam solicitadas com base em informações falsas ou enganosas. Normalmente, é a administração que recebe as procurações dos acionistas, pois é capaz de solicitá-las à custa da própria empresa.

Ocasionalmente, quando as ações de uma empresa estão pulverizadas, agentes externos podem travar uma **disputa por procuração** para destituir a administração existente e assumir o controle da empresa. Para vencer uma eleição, são necessários os votos da maioria das ações. Historicamente, as chances de um grupo externo vencer uma disputa por procuração costumavam ser baixas, mas isso está mudando nos últimos anos. Investidores como Carl Icahn tiveram sucesso conquistando assentos em conselhos de administração e afetando políticas corporativas de outras formas por meio de direitos de procuração.

Em vez de tentar conquistar o controle da empresa por meio de disputa por procuração, os acionistas podem simplesmente fazer propostas que podem ser votadas na assembleia de acionistas. Até em empresas muito grandes essas propostas podem, algumas vezes, ser eficazes. Em 2011, por exemplo, os acionistas das empresas da Standard & Poor's 500 apresentaram 347 propostas, das quais 16,1% receberam o apoio da maioria.

Nos últimos anos, muitas empresas, incluindo nomes famosos como Google e Facebook, emitiram duas ou mais classes de ações ordinárias com direitos desiguais de voto. Uma empresa pode usar diferentes classes de ações como defesa contra uma *aquisição hostil*, em que um grupo externo, sem o apoio da administração, tenta conquistar o controle de voto da empresa por meio da compra de suas ações no mercado. **Ações com supervotos**, que têm múltiplos votos, permitem que os "internos" mantenham o controle frente a um grupo externo, cujas ações têm apenas um voto cada. Em outras ocasiões, uma classe de **ações ordinárias sem direito de voto** é emitida quando a empresa deseja levantar capital por meio da venda de ações ordinárias, mas não quer abrir mão do controle.

Quando diferentes classes de ações ordinárias são emitidas com base em direitos de voto desiguais, as ações ordinárias classe A normalmente — mas não necessariamente — dão direito a um voto por ação, enquanto as ações ordinárias classe B concedem direitos de supervoto. Na maioria dos casos, as várias classes de ações são iguais no que diz respeito a todos os outros aspectos de propriedade, apesar de haver algumas exceções a essa regra geral. De maneira mais específica, normalmente não há diferença na distribuição dos lucros (dividendos) e ativos. As ações em tesouraria, que são mantidas internamente pela empresa, geralmente *não* têm direito de voto, *não* rendem dividendos e *não* concedem direito sobre os ativos em caso de liquidação.

Dividendos

O pagamento de dividendos aos acionistas ocorre a critério do conselho de administração da empresa, mas a maioria o faz trimestralmente. Os dividendos podem ser pagos em dinheiro, ações ou mercadorias. Os dividendos em dinheiro são os mais comuns, e os em mercadoria, os menos comuns.

Não há promessa de dividendos aos acionistas ordinários, mas eles esperam determinados pagamentos com base no padrão histórico de dividendos da empresa. Antes de as empresas pagarem dividendos aos acionistas ordinários, elas devem pagá-los aos acionistas preferenciais. A capacidade da empresa de pagar dividendos pode ser afetada por

---

procuração
Uma declaração que transfere os votos de um acionista para outra parte.

disputa por procuração
A tentativa por parte de um grupo de não administradores de obter o controle da administração de uma empresa solicitando um número suficiente de votos por procuração.

ações com supervotos
Ação que carrega múltiplos votos, em vez do voto único dado normalmente por ações ordinárias comuns.

ação ordinária sem direito de voto
Ação ordinária que não carrega direito de voto; emitida quando a empresa deseja levantar capital por meio da venda de ações ordinárias, mas não quer abrir mão de seu controle.

acordos restritivos de endividamento destinados a garantir que a empresa possa pagar seus credores.

Nos Estados Unidos, desde a aprovação da *Jobs and Growth Tax Relief Reconciliation Act*, em 2003, muitas empresas passaram a pagar dividendos maiores a seus acionistas, que estão sujeitos a uma alíquota máxima de 20% sobre os dividendos em vez de 39,6% sobre outras formas de renda. Em virtude da importância da decisão sobre dividendos para o crescimento e a avaliação da empresa, discutiremos esse assunto em mais detalhes no Capítulo 14.

Emissões internacionais de ações

Embora o mercado internacional de ações ordinárias não seja tão grande quanto o mercado internacional de títulos de dívida, as emissões e a negociação de ações ordinárias além das fronteiras nacionais aumentou muito nos últimos 30 anos.

FATOS e DADOS

Os cortes de impostos estimularam os dividendos?

Uma análise cuidadosa da reação das empresas aos cortes nos impostos sobre os dividendos contidos na *Jobs and Growth Tax Relief Reconciliation Act* de 2003, nos Estados Unidos, constatou que as empresas aumentaram drasticamente os dividendos logo depois que a lei foi aprovada. Uma comparação interessante envolveu a tendência de empresas que nunca tinham pagado dividendos e começaram a pagá-los após essa medida. Nos trimestres que antecederam o corte nos impostos, apenas cerca de quatro empresas por trimestre começaram a pagar dividendos, mas, nos trimestres imediatamente após a aprovação da nova lei tributária, 29 empresas por trimestre anunciaram que começariam a fazê-lo. Aumentos semelhantes ocorreram em empresas que já pagavam dividendos, com quase 50% de todas essas empresas anunciando que aumentariam seus pagamentos de dividendos em 20% ou mais depois que o corte de impostos se tornou lei. Havia, no entanto, um importante fator de confusão: o lucro das empresas decolou na mesma época, então, o questionamento sobre os dividendos aumentarem em razão da política tributária ou do aumento dos lucros das empresas continua em debate.

Algumas sociedades anônimas de capital aberto *emitem ações em mercados estrangeiros*. Por exemplo, as ações da General Electric são negociadas em Frankfurt, Londres, Paris e Tóquio; as ações da Time Warner e da Microsoft são negociadas em Frankfurt e Londres; e as ações do McDonald`s são negociadas em Frankfurt, Londres e Paris. Depois do norte-americano, os mercados de Frankfurt, Londres e Tóquio são os mais populares. A emissão de ações no mercado internacional amplia a base de proprietários e ajuda a empresa a integrar-se no ambiente de negócios local. Ter ações negociadas localmente pode facilitar as aquisições de empresas porque as ações podem ser utilizadas como forma aceitável de pagamento.

As sociedades anônimas de capital aberto estrangeiras também descobriram os benefícios de negociar suas ações nos Estados Unidos. Historicamente, as exigências de divulgação e publicação impostas pela Securities and Exchange Commission dos Estados Unidos desencorajam as empresas estrangeiras, exceto as maiores, de listar diretamente suas ações na Bolsa de Valores de Nova York ou na American Stock Exchange.

Como alternativa, a maioria das empresas estrangeiras opta por explorar o mercado norte-americano por meio dos **American Depositary Shares** (**ADSs**), que são recibos denominados em dólares referentes a ações de empresas estrangeiras, mantidas por uma instituição financeira dos Estados Unidos no exterior. Essas ações servem como lastro para os **American Depositary Receipts** (**ADRs**), que são valores mobiliários

American Depositary Shares (ADSs)
Recibos denominados em dólares referentes a ações de empresas estrangeiras, mantidas por uma instituição financeira dos Estados Unidos no exterior.

American Depositary Receipts (ADRs)
Valores mobiliários garantidos por *American depositary shares* (ADSs) que permitem que investidores norte-americanos detenham ações de empresas não norte-americanas e as negociem no mercado dos Estados Unidos.

que permitem que investidores norte-americanos detenham ações de empresas não norte-americanas e as negociem no mercado dos Estados Unidos. Como os ADRs são emitidos em dólares para investidores norte-americanos, estão sujeitos à legislação de valores mobiliários dos Estados Unidos. Ao mesmo tempo, dão aos investidores a oportunidade de diversificar internacionalmente suas carteiras.

AÇÕES PREFERENCIAIS

A maioria das sociedades anônimas de capital aberto não emite ações preferenciais, mas esse tipo de ação é comum em alguns setores. As *ações preferenciais* conferem a seus detentores certos privilégios que lhes dão prioridade em relação aos acionistas ordinários. Aos acionistas preferenciais é prometido um dividendo periódico fixo, declarado como uma porcentagem ou uma quantia em dinheiro. O modo como o dividendo é especificado depende de a ação preferencial ter ou não *valor nominal*.

A **ação preferencial com valor nominal** possui valor de face declarado e seu dividendo anual é especificado como uma porcentagem desse valor. Já a **ação preferencial sem valor nominal** não tem valor de face declarado, mas o dividendo anual é especificado em unidades monetárias. As ações preferenciais costumam ser emitidas por empresas de serviços de utilidade pública, instituições financeiras como bancos e seguradoras, empresas adquirentes em transações de fusão e empresas jovens que receberam recursos para investimento de empresas de capital de risco (*venture capital*). Como os dividendos das ações ordinárias, os dividendos das ações preferenciais não são dedutíveis de imposto de renda para a empresa que os paga.

ação preferencial com valor nominal
Ação preferencial com valor nominal declarado, que é usado com a porcentagem especificada de dividendo para determinar o valor do dividendo anual em unidades monetárias.

ação preferencial sem valor nominal
Ação preferencial sem valor de face declarado, mas o dividendo anual é especificado em unidades monetárias.

Direitos básicos dos acionistas preferenciais

Os direitos básicos dos acionistas preferenciais são um pouco mais favoráveis do que os dos acionistas ordinários. As ações preferenciais são muitas vezes consideradas como "quase dívidas", porque, assim como os juros de títulos de dívida, especificam um pagamento periódico fixo (dividendos). As ações preferenciais são diferentes dos títulos de dívida, já que não têm data de vencimento. Por terem um direito fixo sobre o resultado da empresa com prioridade em relação aos acionistas ordinários, os acionistas preferenciais estão expostos a menos risco.

Os acionistas preferenciais têm também *prioridade em relação aos acionistas ordinários no caso de liquidação dos ativos* de uma empresa falida, embora devam "ficar na fila" atrás dos credores. A quantia a que os acionistas preferenciais têm direito em caso de liquidação costuma ser igual ao valor nominal ou valor declarado das ações preferenciais. Os acionistas preferenciais *normalmente não têm direito de voto*, embora às vezes possam eleger um membro do conselho de administração.

Características da ação preferencial

Uma emissão de ações preferenciais em geral inclui uma série de características, que juntamente com o valor nominal da ação, o valor dos pagamentos de dividendos, as datas de pagamento de dividendos e quaisquer cláusulas restritivas, são especificadas em um contrato semelhante a uma *escritura de emissão de títulos de dívida*.

Cláusulas restritivas: as cláusulas restritivas em uma emissão de ações preferenciais se concentram em garantir a continuidade da existência da empresa e o pagamento regular do dividendo. Incluem cláusulas sobre o não pagamento de dividendos, venda de títulos prioritários, fusões, venda de ativos, requisitos mínimos de liquidez e recompra de ações ordinárias. A violação dessas cláusulas normalmente permite aos acionistas preferenciais obter representação no conselho de administração da empresa ou forçar o resgate de suas ações pelo valor nominal ou declarado.

Acumulação: a maioria das ações preferenciais é **cumulativa** em relação a quaisquer dividendos passados. Ou seja, todos os dividendos em atraso, juntamente com o dividendo corrente, devem ser quitados antes que os dividendos aos acionistas ordinários sejam pagos. Se as ações preferenciais forem **não cumulativas**, os dividendos passados (não pagos) não são acumulados. Nesse caso, apenas o dividendo corrente deve ser pago antes que os dividendos aos acionistas ordinários sejam pagos. Como os acionistas ordinários podem receber dividendos apenas depois de satisfeitos os direitos dos acionistas preferenciais, é do interesse da empresa pagar os dividendos preferenciais quando devidos.

Outras características: a ação preferencial pode ser *resgatável* ou *conversível*. Uma ação preferencial com **característica de resgate** permite ao emitente resgatar ações em circulação dentro de um determinado prazo e a um preço especificado. O preço de resgate costuma ser definido acima do preço inicial de emissão, mas pode diminuir com a passagem do tempo. Emitir ação preferencial resgatável oferece ao emitente uma maneira de encerrar o compromisso de pagamento fixo da emissão preferencial, se as condições indicarem que isso é desejável.

As ações preferenciais com **característica de conversão** permitem aos *detentores* trocar cada ação por um número determinado de ações ordinárias, geralmente a qualquer momento após uma data predeterminada. A taxa de conversão pode ser fixa ou o número de ações ordinárias em que cada ação preferencial pode ser trocada pode variar com o tempo de acordo com uma fórmula predeterminada.

EMISSÃO DE AÇÕES ORDINÁRIAS

Em virtude do alto risco associado a uma *startup*, o financiamento inicial de uma empresa geralmente vem de seus fundadores sob a forma de um investimento em ações ordinárias. Até que os fundadores tenham feito um investimento de capital próprio, é muito improvável que outros investidores forneçam capital próprio ou de terceiros. Os investidores de capital próprio no estágio inicial, bem como os credores que fornecem capital de terceiros, querem ter a garantia de que não estão correndo mais riscos que os fundadores. Além disso, querem a confirmação de que os fundadores estão confiantes o suficiente em sua visão para a empresa a ponto de estarem dispostos a arriscar o próprio dinheiro.

Normalmente, o financiamento inicial de não fundadores em *startups* com perspectivas de crescimento atraentes vem de investidores de *private equity*. Em seguida, à medida que a empresa estabelece a viabilidade de seu produto ou serviço e começa a gerar receitas, fluxo de caixa e lucros, tende a abrir o capital por meio da emissão de ações ordinárias a um grupo mais amplo de investidores.

Antes de considerarmos a venda *pública* inicial de ações, vamos examinar alguns aspectos importantes do financiamento inicial de empresas com perspectivas atraentes de crescimento.

Capital de risco (*venture capital*)

O financiamento externo inicial de capital próprio levantado de maneira privada por empresas, normalmente em seu estágio inicial e com perspectivas atraentes de crescimento, é chamado de **capital de risco (*venture capital*)**. Aqueles que fornecem o capital de risco são conhecidos como **capitalistas de risco (*venture capitalists* — VCs)**. Em geral, são empresas formais que mantêm forte supervisão sobre as empresas em que investem e que possuem estratégias de saída claramente definidas. Menos visíveis, os investidores no estágio inicial, chamados de **investidores anjos** (ou simplesmente **anjos**), tendem a ser investidores que não operam como uma empresa; são, em geral, investidores individuais ricos, que estão dispostos a investir em empresas promissoras em estágio inicial em troca de uma participação no capital social da empresa. Embora os anjos desempenhem um papel importante no financiamento de capital próprio no estágio inicial, nos concentraremos nos VCs por causa de sua estrutura mais formal e maior visibilidade.

---

ação preferencial cumulativa
Ação preferencial para a qual todos os dividendos passados (não pagos), em atraso, juntamente com o dividendo corrente, devem ser quitados antes que os dividendos aos acionistas ordinários sejam pagos.

ação preferencial não cumulativa
Ação preferencial para a qual os dividendos passados (não pagos) não são acumulados.

característica de resgate (ação preferencial)
Uma característica da *ação preferencial resgatável* que permite ao emitente resgatar as ações dentro de um determinado prazo e a um preço especificado.

característica de conversão (ação preferencial)
Uma característica da *ação preferencial conversível* que permite que os detentores troquem cada ação por um número declarado de ações ordinárias.

capital de risco (*venture capital*)
Capital próprio externo captado de maneira privada e usado para financiar empresas em estágios iniciais e com perspectivas atraentes de crescimento.

capitalistas de risco (*venture capitalists* — VCs)
Fornecedores de capital de risco. Em geral, são empresas formais que mantêm forte supervisão sobre as empresas em que investem e que possuem estratégias de saída claramente definidas.

investidores anjos
Investidores individuais ricos, que não operam como uma empresa, mas que investem em empresas promissoras em estágio inicial em troca de uma participação no capital social da empresa.

Estágios de organização e investimento Os investidores de capital de risco tendem a ser organizados de quatro formas básicas, conforme descrito na Tabela 7.2. A sociedade limitada de capital de risco (*VC limited partnership*) é, sem dúvida, a estrutura predominante. Esses fundos têm como único objetivo obter retornos elevados em vez de ter acesso às empresas para vender ou comprar outros produtos ou serviços.

Os VCs podem investir em empresas em estágio inicial, empresas em estágios mais avançados ou em aquisições. Em geral, cerca de 40 a 50% dos investimentos de capital de risco ocorrem em empresas em estágio inicial (para financiamento de implantação e expansão de *startups*) e uma porcentagem semelhante é dedicada a empresas em estágio mais avançado (para marketing, expansão da produção e preparação para abertura de capital); os 5 a 10% restantes são voltados à aquisição de outras empresas. Em geral, os VCs buscam taxas compostas de retorno anuais entre 20 e 50% ou mais, dependendo do estágio de desenvolvimento e dos atributos de cada empresa. Investimentos em estágio inicial tendem a exigir retornos mais elevados do que os em estágio mais avançado em razão do maior risco associado aos primeiros estágios de crescimento de uma empresa.

Estrutura do acordo e fixação de preço Independentemente do estágio de desenvolvimento, os investimentos de capital de risco são feitos sob um contrato, que atribui claramente responsabilidades e direitos de propriedade entre os proprietários existentes (fundadores) e o fundo ou a sociedade limitada de VC. Os termos do contrato dependerão de diversos fatores relacionados aos fundadores; da estrutura de negócio, do estágio de desenvolvimento e das perspectivas; e de outras questões de mercado e de timing. As condições financeiras específicas, evidentemente, dependerão do valor da empresa, do montante de financiamento e da percepção de risco. Para controlar o risco do VC, diversas cláusulas são incluídas no contrato e o financiamento pode estar atrelado ao atingimento de *metas mensuráveis*. O VC negociará várias outras cláusulas contratuais, tanto para assegurar o sucesso da empresa quanto para controlar sua exposição ao risco. O contrato incluirá uma estratégia explícita de saída para o VC, que pode estar vinculada tanto a metas mensuráveis quanto ao tempo.

O montante de capital próprio a que o VC tem direito evidentemente dependerá do valor da empresa, dos termos do contrato, dos termos de saída e da taxa mínima composta de retorno anual exigida pelo VC em seu investimento. Embora cada investimento de *venture capital* seja único e não exista um contrato padrão para isso, a transação será estruturada para oferecer ao VC uma elevada taxa de retorno, condizente com o risco normalmente alto dessas transações. A estratégia de saída da maioria dos investimentos de capital de risco é a abertura do capital da empresa por meio de uma oferta pública inicial.

Tabela 7.2 Organização de investidores de capital de risco

Organização	Descrição
Small business investment companies (SBICs)	Sociedades anônimas de capital aberto autorizadas pelo governo federal que podem obter empréstimos a taxas atraentes do Tesouro dos Estados Unidos e usar os recursos para fazer investimentos de capital de risco em empresas fechadas.
Fundos financeiros de VC	Subsidiárias de instituições financeiras, principalmente bancos, criadas para ajudar jovens empresas a crescer e, espera-se assim, que se tornem grandes clientes da instituição.
Fundos corporativos de VC	Empresas, às vezes subsidiárias, criadas por empresas não financeiras, geralmente para obter acesso a novas tecnologias que a sociedade anônima de capital aberto pode acessar para seu próprio crescimento.
Sociedade limitada de capital de risco (*VC limited partnerships*)	Sociedade limitada organizada por profissionais na área de capital de risco que atuam como sócios gerais e organizam, investem e administram a sociedade usando os recursos dos próprios sócios (*limited partners*); no final, esses profissionais liquidam a sociedade e distribuem os resultados entre todos os sócios.

Abertura de capital

Quando uma empresa deseja vender suas ações no mercado primário, ela tem três alternativas. Pode fazer (1) uma *oferta pública*, em que oferece suas ações para venda ao público em geral; (2) uma *oferta de direitos*, em que novas ações são vendidas aos acionistas existentes; ou (3) uma *colocação privada*, em que a empresa vende novos títulos diretamente a um investidor ou grupo de investidores. Aqui vamos nos concentrar nas ofertas públicas, especialmente na **oferta pública inicial** (IPO), que é a primeira venda de ações de uma empresa ao público. IPOs são feitas normalmente por empresas pequenas e de crescimento acelerado, que precisam de capital adicional para dar continuidade a sua expansão ou cumpriram uma etapa para a abertura de capital que foi estabelecida em um contrato assinado anteriormente para obter financiamento de capital de risco.

Para abrir o capital, a empresa deve, em primeiro lugar, obter a aprovação de seus atuais acionistas, os investidores que detêm ações de emissão privada da empresa. Em seguida, auditores e advogados devem certificar a legitimidade de toda a documentação da empresa. A seguir, a empresa contrata um banco de investimento que esteja disposto a *subscrever* a oferta. O subscritor, ou *underwriter*, é responsável pela promoção da ação e por facilitar a venda das ações no IPO. Geralmente, ele convida outros bancos de investimento a participar. Discutiremos o papel dos bancos de investimento em mais detalhes na próxima seção.

Nos Estados Unidos, a empresa submete uma solicitação de registro junto à SEC. Parte dessa solicitação de registro é chamada de **prospecto** e descreve os principais aspectos da emissão e do emitente, bem como de sua administração e situação financeira. Durante o período de espera, entre a submissão da solicitação de registro e sua aprovação, potenciais investidores podem receber um prospecto preliminar. Essa versão preliminar é chamada de ***red herring*** em razão do texto impresso em vermelho na capa indicando a natureza preliminar da oferta. A Figura 7.1 mostra, como um exemplo, a capa do prospecto preliminar descrevendo a emissão de ações da Regado Biosciences em 2013. (Observe o texto na parte superior da página mostrada na figura.)

Após a aprovação da solicitação de registro pela SEC, a comunidade de investimento pode começar a analisar as perspectivas da empresa. No entanto, do momento do registro até pelo menos um mês após a conclusão do IPO, a empresa deve observar um *período de silêncio*, durante o qual há restrições sobre o que seus representantes podem dizer a seu respeito. A finalidade do período de silêncio é garantir que todos os potenciais investidores tenham acesso às mesmas informações sobre a empresa — as informações apresentadas no prospecto preliminar — e não a qualquer dado não divulgado que possa lhes dar uma vantagem indevida.

Os bancos de investimento e os executivos da empresa promovem a oferta de ações por meio de um *road show*, uma série de apresentações a potenciais investidores por todo o país e, às vezes, também no exterior. Além de fornecer aos investidores informações sobre a nova emissão, as sessões de *road show* ajudam os bancos de investimento a avaliar a demanda por essa oferta e a definir uma faixa de preço. Depois que o subscritor determina os termos e os preços da emissão, a SEC ainda precisa aprovar a oferta.

O papel do banco de investimento

A maioria das ofertas públicas é feita com a assistência de um **banco de investimento**, que é um intermediário financeiro (como Morgan Stanley ou Goldman Sachs) especializado na venda de novas emissões de valores mobiliários e na assessoria de empresas com relação às principais transações financeiras. A principal atividade do banco de investimento é a **subscrição (*underwriting*)**. O processo envolve comprar a emissão de valores mobiliários da empresa emitente, a um preço estabelecido em comum acordo, e arcar com o risco de revenda, com lucro, ao público. O banco de investimento também proporciona ao emitente assessoria a respeito do preço e outros aspectos importantes da emissão.

---

oferta pública inicial (IPO)
A primeira venda pública de ações de uma empresa.

prospecto
Uma parte do pedido de registro de valores mobiliários que descreve os principais aspectos da emissão e do emitente, bem como de sua administração e situação financeira.

red herring
Uma versão preliminar do prospecto disponibilizado a potenciais investidores durante o período de espera entre a submissão do pedido de registro junto à SEC e sua aprovação.

banco de investimento
Intermediário financeiro especializado na venda de novas emissões de valores mobiliários e na assessoria de empresas com relação às principais transações financeiras.

subscrição (*underwriting*)
O papel do banco de investimento ao assumir o risco de revenda, com lucro, dos valores mobiliários comprados de uma empresa emitente a um preço estabelecido em comum acordo.

Figura 7.1 — Capa de um prospecto preliminar de emissão de ações

Alguns dos principais fatores relacionados à emissão de ações ordinárias pela Regado Biosciences, em 2013, estão resumidos na capa do prospecto preliminar. O texto na parte superior da página (que originalmente é impresso em vermelho) dá ao prospecto preliminar o nome de *"red herring"*.

The information in this preliminary prospectus is not complete and may be changed. These securities may not be sold until the registration statement filed with the Securities and Exchange Commission is effective. This preliminary prospectus is not an offer to sell nor does it seek an offer to buy these securities in any state or other jurisdiction where the offer or sale is not permitted.

PROSPECTUS (Subject to Completion)   Dated April 29, 2013

Shares

Regado Biosciences

Common Stock

This is the initial public offering of shares of our common stock. We are offering _____ shares of our common stock. Prior to this offering, there has been no public market for our common stock. We intend to apply to list our common stock on The NASDAQ Global Market under the symbol "RGDO." We expect that the public offering price will be between $ _____ and $ _____ per share.

We are an "emerging growth company" as that term is used in the Jumpstart Our Business Startups Act of 2012 and, as such, have elected to comply with certain reduced public company reporting requirements for this prospectus and future filings. See "Prospectus Summary – Implications of Being an Emerging Growth Company."

Our business and an investment in our common stock involve significant risks. These risks are described under the caption "Risk Factors" beginning on page 9 of this prospectus.

Neither the Securities and Exchange Commission nor any state securities commission has approved or disapproved of these securities or passed upon the adequacy or accuracy of this prospectus. Any representation to the contrary is a criminal offense.

	Per Share	Total
Public offering price	$	$
Underwriting discount	$	$
Proceeds, before expenses, to us	$	$

The underwriters may also purchase up to an additional _____ shares from us at the public offering price, less the underwriting discount, within 30 days from the date of this prospectus to cover overallotments, if any.

The underwriters expect to deliver the shares against payment in New York, New York on _____, 2013.

Cowen and Company   **BMO Capital Markets**

Canaccord Genuity   **Needham & Company**   **Wedbush PacGrow Life Sciences**

, 2013

Fonte: SEC Filing Form S-1, Regado Biosciences, submetido em 29 de abril de 2013.

---

consórcio de subscrição
Grupo de bancos criado por um banco de investimento para compartilhar o risco financeiro associado à *subscrição* de novos valores mobiliários.

grupo de vendas
Um grande número de corretoras que se associam ao(s) banco(s) de investimento originador(es) da operação; cada uma aceita a responsabilidade de vender uma determinada parcela da nova emissão de valores mobiliários em troca do recebimento de comissão.

No caso de emissões de grande porte, o banco de investimento convida outros bancos como sócios, formando um **consórcio de subscrição**. O consórcio compartilha o risco financeiro associado à compra de toda a emissão do emitente e à revenda dos novos valores mobiliários ao público. O banco de investimento originador da operação e os membros do consórcio formam um **grupo de vendas**, normalmente composto pelos próprios participantes do consórcio e um grande número de corretoras. Cada participante do grupo de vendas aceita a responsabilidade de vender uma determinada parcela da emissão e recebe uma comissão sobre os títulos que vende. O processo de venda de uma grande emissão de valores mobiliários está representado na Figura 7.2.

A remuneração pelos serviços de subscrição e venda normalmente é feita na forma de um desconto sobre o preço de venda dos valores mobiliários. Por exemplo, um banco de investimento pode pagar à empresa emitente $ 24 por uma ação que será vendida a $ 26. O banco de investimento pode, então, vender as ações aos membros do grupo de venda por $ 25,25 cada. Nesse caso, o banco de investimento original recebe $ 1,25 por ação (preço de venda de $ 25,25 menos preço de compra de $ 24). E os membros do grupo de vendas recebem $ 0,75 por ação vendida (preço de venda de $ 26 menos preço de compra de $ 25,25). Embora algumas ofertas primárias de valores mobiliários sejam colocadas diretamente pelo emitente, a maioria das novas emissões é vendida por meio de oferta pública, utilizando o mecanismo que acabamos de descrever.

Figura 7.2 — Processo de venda de uma emissão de valores mobiliários de grande porte

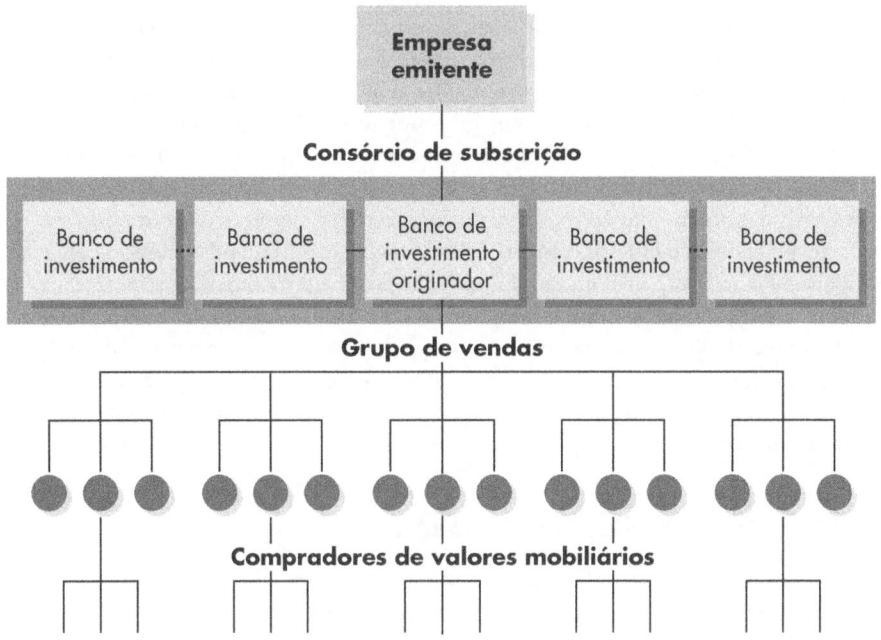

O banco de investimento contratado pela empresa emitente pode formar um consórcio de subscrição, que compra toda a emissão de valores mobiliários da empresa emitente a um preço estabelecido em comum acordo. Os subscritores têm a oportunidade (e o risco) de revender, com lucro, a emissão ao público. Tanto o banco de investimento originador da operação quanto os demais membros do consórcio criam um grupo de vendas para vender a emissão aos investidores em troca de uma comissão.

→ QUESTÕES PARA REVISÃO

7.2 Quais riscos os acionistas ordinários assumem e que os demais fornecedores de capital não assumem?

7.3 Como uma *oferta de direitos* protege os acionistas de uma empresa contra a *diluição de propriedade*?

7.4 Explique a relação entre ações autorizadas, ações em circulação, ações em tesouraria e ações emitidas.

7.5 Quais são as vantagens, tanto para as sociedades anônimas de capital aberto norte-americanas como para as estrangeiras, de emitir ações fora de seus mercados domésticos? O que são *American Depositary Receipts* (ADRs)? O que são *American Depositary Shares* (ADSs)?

7.6 Quais são os direitos dos acionistas preferenciais em relação à distribuição de lucros (dividendos) e ativos?

7.7 Explique a *característica cumulativa* das ações preferenciais. Qual é a finalidade de uma *característica de resgate* em uma emissão de ações preferenciais?

7.8 Qual é a diferença entre um *venture capitalist* (VC) e um *investidor anjo*?

7.9 Quais são as quatro formas mais comuns de organização dos VCs? Como suas transações são estruturadas e como os preços são definidos?

7.10 Quais procedimentos gerais uma empresa de capital fechado deve seguir para abrir seu capital por meio de uma *oferta pública inicial* (IPO)?

7.11 Qual é o papel desempenhado por um *banco de investimento* em uma oferta pública? Descreva um consórcio de subscrição.

7.3 Avaliação de ações ordinárias

Os acionistas ordinários esperam ser remunerados por meio de dividendos periódicos e aumentos no valor da ação. Alguns desses investidores decidem que ações comprar e vender com base em um plano para manter uma carteira diversificada. Outros investidores têm motivos mais especulativos para negociar. Eles tentam identificar empresas com ações *subavaliadas*, nas quais o valor real da ação é superior ao preço corrente de mercado. Esses investidores compram ações quando as julgam subavaliadas e vendem ações que acreditam estar *superavaliadas* (isto é, o preço de mercado é superior ao valor real). Independentemente do motivo para a negociação, entender como avaliar ações ordinárias é uma parte importante do processo de investimento. A avaliação de ações é também uma ferramenta importante para os administradores financeiros. Afinal, como eles podem trabalhar para maximizar o preço da ação sem entender os fatores que determinam o valor da ação? Nesta seção, descreveremos técnicas específicas de avaliação de ações. Em primeiro lugar, vamos considerar a relação entre eficiência de mercado e avaliação de ações.

EFICIÊNCIA DE MERCADO

Compradores e vendedores racionais usam a avaliação de risco e de retorno de um ativo para determinar seu valor. Para um comprador, o valor do ativo representa o preço máximo de compra e, para um vendedor, representa o preço mínimo de venda. Em mercados competitivos, com muitos participantes ativos, como uma bolsa de valores, as interações de muitos compradores e vendedores resultam em um preço de equilíbrio — o *valor de mercado* — de cada valor mobiliário. Esse preço reflete as atividades coletivas praticadas por compradores e vendedores com base em todas as informações disponíveis. Compradores e vendedores digerem rapidamente novas informações assim que se tornam disponíveis e, por meio de suas atividades de compra e venda, criam um novo preço de equilíbrio de mercado. Como o fluxo de novas informações é contínuo e o conteúdo dessas informações é imprevisível (de outra forma, não seriam *novas* informações), os preços das ações flutuam, sempre se movendo em direção a um novo equilíbrio que reflete as informações mais recentes disponíveis. Esse conceito geral é conhecido como *eficiência de mercado*.

FATOS e DADOS

O valor da velocidade

A Universidade de Michigan conduz uma pesquisa mensal que mede a confiança do consumidor, e esse estudo frequentemente cria uma variação dos preços das ações quando é divulgado. Em junho de 2013, várias organizações de notícias relataram que a Thomson Reuters tinha um contrato que lhe permitia distribuir informações sobre a pesquisa mensal de confiança do consumidor a seus clientes, via teleconferência, cinco minutos antes de os resultados serem postados no site da universidade. O contrato continha outra disposição que permitia à Thomson Reuters distribuir eletronicamente os resultados da pesquisa a um grupo de clientes de elite às 9:54:58 da manhã, dois segundos antes da teleconferência. Esses dois segundos de vantagem em relação ao resto do mercado permitiram que esses clientes negociassem ações antes que a maioria dos participantes do mercado tivesse acesso a novas informações da pesquisa.

A HIPÓTESE DE MERCADO EFICIENTE

Como vimos no Capítulo 2, os mercados de ações ativos, como a Bolsa de Valores de Nova York, a Euronext e o Nasdaq, são *eficientes* na medida em que são compostos de muitos investidores racionais que reagem rápida e objetivamente a novas informações. A **hipótese de mercado eficiente (HME)**, a teoria básica que descreve o comportamento de tal mercado, afirma especificamente que:

1. Os valores mobiliários geralmente estão em equilíbrio, o que significa que têm preços justos e que os retornos esperados são iguais aos retornos exigidos.
2. A qualquer momento, os preços dos valores mobiliários refletem inteiramente todas as informações disponíveis a respeito da empresa e de seus títulos e reagem rapidamente a novas informações.
3. Como as ações têm preços justos, os investidores não precisam perder tempo tentando encontrar valores mobiliários incorretamente avaliados (subavaliados ou superavaliados).

Nem todos os participantes do mercado acreditam na hipótese de mercado eficiente. Alguns acreditam que vale a pena procurar por valores mobiliários subavaliados ou superavaliados e negociá-los com a intenção de lucrar com as ineficiências do mercado. Outros argumentam que apenas a sorte permitiria aos participantes do mercado antecipar corretamente novas informações e, como resultado, obter *retornos anormais*, isto é, retornos efetivos maiores ao que seria esperado dado o risco do investimento. Eles acreditam que é improvável que os participantes do mercado possam, no *longo prazo*, obter retornos anormais. Contrariamente a essa crença, alguns investidores muito conhecidos, como Warren Buffett e Bill Gross, têm sistematicamente obtido retornos anormais no longo prazo em suas carteiras. Não fica claro, então, se o sucesso é resultado da capacidade superior desses investidores de prever novas informações ou de alguma forma de ineficiência do mercado.

hipótese de mercado eficiente (HME)
Teoria que descreve o comportamento de um mercado considerado "perfeito", em que (1) os valores mobiliários estão em equilíbrio; (2) os preços dos valores mobiliários refletem toda informação publicamente disponível e reagem rapidamente a novas informações; e (3), como o preço das ações são justos, os investidores não precisam perder tempo procurando por valores mobiliários incorretamente avaliados.

O desafio de finanças comportamentais

Embora haja considerável volume de evidências corroborando o conceito de eficiência de mercado, um conjunto crescente de evidências acadêmicas tem lançado dúvidas sobre sua validade. Pesquisas documentam várias *anomalias* — resultados inconsistentes com a hipótese de mercado eficiente — nos retornos das ações. Muitos acadêmicos e profissionais da área também reconheceram que emoções e outros fatores subjetivos afetam as decisões de investimento.

Esse foco no comportamento do investidor, que resultou em um volume significativo de pesquisas, é conhecido como **finanças comportamentais**. Os defensores de finanças comportamentais costumam ser chamados de "behavioristas". Daniel Kahneman foi agraciado com o Prêmio Nobel de Economia em 2002 por seu trabalho em finanças comportamentais, especificamente por integrar insights vindos da psicologia e da economia. Pesquisas atuais a respeito de fatores psicológicos que podem afetar o comportamento do investidor e de efeitos resultantes sobre os preços das ações provavelmente resultarão em uma aceitação crescente de finanças comportamentais. O quadro *Foco na Prática* explica algumas das descobertas no campo de finanças comportamentais.

finanças comportamentais
Um crescente campo de pesquisa que se concentra no comportamento do investidor e seu impacto nas decisões de investimento e nos preços das ações. Seus defensores costumam ser chamados de "behavioristas".

Embora os desafios à hipótese de mercado eficiente, como os apresentados pelos defensores de finanças comportamentais, sejam interessantes e dignos de estudo, neste livro em geral presumimos que os mercados são eficientes. Usaremos os termos *retorno esperado* e *retorno exigido* como sinônimos, porque em um mercado eficiente eles devem ser iguais. Em outras palavras, adotamos a premissa de que o preço de mercado de uma ação, em qualquer momento, é a melhor estimativa de seu valor. Agora estamos prontos para estudar detidamente a mecânica de avaliação das ações ordinárias.

EQUAÇÃO BÁSICA DE AVALIAÇÃO DE AÇÕES ORDINÁRIAS

Assim como o valor de um título de dívida, que estudamos no Capítulo 6, *o valor de uma ação ordinária é igual ao valor presente de todos os fluxos de caixa futuros (dividendos) que ela deve proporcionar*. Embora um acionista possa obter ganhos de capital com a venda de ações a um preço superior ao originalmente pago, o que o comprador está realmente comprando é o direito a todos os dividendos futuros. E o que dizer das ações que não pagam dividendos? Tais ações possuem um valor atribuível a um fluxo de dividendos futuros ou aos lucros provenientes da venda da empresa. Portanto, *do ponto de vista da avaliação, os dividendos futuros são relevantes*.

O modelo básico de avaliação das ações ordinárias é dado por:

$$P_0 = \frac{D_1}{(1+r_s)^1} + \frac{D_2}{(1+r_s)^2} + \cdots + \frac{D_\infty}{(1+r_s)^\infty} \qquad (7.1)$$

onde:

P_0 = valor da ação ordinária
D_t = dividendo *esperado* por ação no final do ano t
r_s = retorno exigido da ação ordinária

A equação pode ser simplificada redefinindo-se o dividendo de cada ano, D_t, em termos do crescimento previsto. Vamos considerar três modelos: crescimento zero, crescimento constante e crescimento variável.

Foco na PRÁTICA

Entender o comportamento humano nos ajuda a entender o comportamento do investidor

na prática Anomalias de mercado são padrões inconsistentes com a hipótese de mercado eficiente. Finanças comportamentais têm uma série de teorias para ajudar a explicar como as emoções humanas influenciam o processo de tomada de decisão de investimento das pessoas.

A *teoria do arrependimento* lida com a reação emocional que as pessoas experimentam após perceberem que cometeram um erro de julgamento. Ao decidir vender uma ação, investidores são emocionalmente afetados pelo preço que pagaram ao comprá-la. Uma venda com prejuízo confirmaria que o investidor calculou mal o valor da ação quando a comprou. A abordagem correta ao considerar a venda de uma ação é: "Eu compraria essa ação hoje, se já não a tivesse?" Se a resposta for "não", é hora de vender. A teoria do arrependimento também se aplica a investidores que deixam de comprar uma ação que está sendo vendida a um preço muito mais alto. Novamente, a abordagem correta é avaliar a ação hoje sem levar em conta seu valor no passado.

O *comportamento de manada* é outro aspecto do mercado que afeta as decisões dos investidores. Alguns investidores racionalizam sua decisão de comprar determinadas ações com base no argumento de que "todo mundo está comprando". Os investidores podem sentir menos constrangimento em perder dinheiro em uma ação popular do que perder dinheiro em uma ação desconhecida ou impopular.

As pessoas tendem a colocar eventos específicos em *contas mentais*, e a diferença entre esses compartimentos, às vezes, tem maior influência sobre o comportamento do que os próprios eventos. Pesquisadores fizeram às pessoas a seguinte pergunta: "Você compraria um ingresso de $ 20 para uma peça de teatro se percebesse, ao chegar lá, que havia perdido uma cédula de $ 20?". Cerca de 88% das pessoas afirmaram que sim. Em outro cenário, os pesquisadores perguntaram se as pessoas comprariam um segundo ingresso de $ 20 se, ao chegarem ao teatro, percebessem que tinham esquecido em casa o ingresso comprado anteriormente pelos mesmos $ 20. Apenas 40% dos entrevistados afirmaram que comprariam outro ingresso. Nos dois cenários, a pessoa gasta $ 40, mas a contabilidade mental leva a um resultado diferente. Ao investir, a compartimentalização é mais bem exemplificada com a hesitação em vender um investimento que já tenha proporcionado ganhos extraordinários, mas que no momento apresenta ganho modesto. Em mercados em alta, as pessoas se acostumam com os ganhos sobre os papéis. Quando uma correção do mercado deflaciona o patrimônio líquido dos investidores, eles hesitam em vender, e esperam o ganho retornar.

Outros comportamentos dos investidores são descritos pela *teoria do prospecto*[1] e pela *ancoragem*. De acordo com a teoria do prospecto, as pessoas expressam graus diferentes de emoção com relação aos ganhos e as perdas. Os indivíduos se estressam mais com a perspectiva de perdas potenciais do que se alegram com a perspectiva de ganhos equivalentes. Ancoragem é a tendência dos investidores de atribuir mais valor a informações recentes. As pessoas tendem a dar mais credibilidade a opiniões e eventos recentes de mercado e extrapolam equivocadamente tendências recentes que diferem das probabilidades e médias históricas de longo prazo. A ancoragem é uma explicação parcial para a longevidade de alguns mercados em alta.

A maioria das técnicas de avaliação de ações exige que todas as informações relevantes estejam disponíveis para determinar corretamente o valor de uma ação e o potencial de ganhos futuros. Finanças comportamentais podem explicar a ligação entre a avaliação e os atos de um investidor com base nessa avaliação.

- *As teorias de finanças comportamentais podem ser aplicadas a outras áreas do comportamento humano além do investimento. Pense em uma situação em que você possa ter demonstrado um desses comportamentos e compartilhe-a com um colega de classe.*

Modelo de crescimento zero

A abordagem mais simples para a avaliação de dividendos, o **modelo de crescimento zero**, presume uma série de dividendos constantes e sem crescimento. Usando a notação já apresentada:

$$D_1 = D_2 = ... = D_\infty$$

Quando D_1 representa o valor do dividendo anual, a Equação 7.1, sob o modelo de crescimento zero, reduz-se a:

modelo de crescimento zero
Uma abordagem para a avaliação de dividendos que presume uma série de dividendos constantes, sem crescimento.

$$P_0 = D_1 \times \sum_{t=1}^{\infty} \frac{1}{(1 + r_s)^t} = D_1 \times \frac{1}{r_s} = \frac{D_1}{r_s} \qquad (7.2)$$

A equação acima mostra que com crescimento zero, o valor de uma ação seria igual ao valor presente de uma perpetuidade de D_1 unidades monetárias descontada a uma taxa r_s. (Apresentamos as perpetuidades no Capítulo 5; veja a Equação 5.14 e a explicação relacionada.)

IRF Finanças pessoais
Exemplo 7.2

Chuck Swimmer estima que o dividendo da Denham Company, uma fabricante têxtil bem consolidada no mercado, deva se manter constante indefinidamente em $ 3 por ação. Se o retorno exigido dessa ação for de 15%, seu valor será de $ 20 ($ 3 · 0,15) por ação.

Avaliação de ações preferenciais Considerando que a ação preferencial normalmente proporciona a seus detentores um dividendo anual fixo e nunca vencem, a *Equação 7.2 pode ser utilizada para encontrar seu valor*. Esse valor pode ser estimado substituindo-se o dividendo da ação preferencial por D_1 e o retorno exigido por r_s na Equação 7.2. Por exemplo, uma

---

[1] Também chamada de teoria das perspectivas. (N. da R. T.)

ação preferencial que paga dividendo anual de $ 5 e com retorno exigido de 13% teria um valor de $ 38,46 ($ 5 · 0,13) por ação.

Modelo de crescimento constante

modelo de crescimento constante
Uma abordagem de avaliação de dividendos amplamente citada que presume que os dividendos crescerão a uma taxa constante, porém inferior ao retorno exigido.

A abordagem de avaliação de dividendos mais amplamente citada é o **modelo de crescimento constante**, que supõe que os dividendos crescerão a uma taxa constante, porém inferior ao retorno exigido. (A premissa de que a taxa de crescimento constante, g, é menor que o retorno exigido, r_s, é uma condição matemática necessária para a derivação deste modelo.)[2] Deixando D_0 representar o dividendo mais recente, podemos reescrever a Equação 7.1 da seguinte maneira:

$$P_0 = \frac{D_0 \times (1+g)^1}{(1+r_s)^1} + \frac{D_0 \times (1+g)^2}{(1+r_s)^2} + \cdots + \frac{D_0 \times (1+g)^\infty}{(1+r_s)^\infty} \quad (7.3)$$

Se simplificarmos a Equação 7.3, ela pode ser reescrita da seguinte maneira:

$$P_0 = \frac{D_1}{r_s - g} \quad (7.4)$$

modelo de crescimento de Gordon
Um nome comum para o modelo de *crescimento constante*, que é amplamente citado em avaliações de dividendos.

O modelo de crescimento constante da Equação 7.4 é comumente chamado de **modelo de crescimento de Gordon**. O exemplo a seguir mostrará como esse modelo funciona.

Exemplo 7.3

A Lamar Company, uma pequena fabricante de cosméticos, pagou os seguintes dividendos por ação, de 2010 a 2015:

Ano	Dividendo por ação
2015	$ 1,40
2014	1,29
2013	1,20
2012	1,12
2011	1,05
2010	1,00

Vamos supor que a taxa histórica anual de crescimento dos dividendos seja uma estimativa precisa da taxa futura constante anual de crescimento do dividendo, g. Para calcular a taxa histórica anual de crescimento dos dividendos, devemos determinar g na seguinte equação:

---

[2] Outra premissa do modelo de crescimento constante, como apresentado, é que os lucros e os dividendos crescem à mesma taxa. Essa premissa só é verdadeira nos casos em que uma empresa paga uma porcentagem fixa de seus lucros a cada ano (tem uma taxa fixa de *payout*). No caso de um setor em declínio, pode ocorrer uma taxa de crescimento negativa ($g < 0\%$). Nesse caso, o modelo de crescimento constante, bem como o modelo de crescimento variável apresentado na próxima seção, permanecem perfeitamente aplicáveis ao processo de avaliação.

$$D_{2015} = D_{2010} \times (1 + g)^5$$

$$\frac{D_{2015}}{D_{2010}} = (1 + g)^5$$

$$\frac{\$1{,}40}{\$1{,}00} = (1 + g)^5$$

Utilizando uma calculadora financeira, descobrimos que a taxa histórica anual de crescimento dos dividendos da Lamar Company equivale a aproximadamente 7%. (*Observação:* a maioria das calculadoras exige que o valor de *VP* ou de *VF* seja introduzido como número negativo para calcular a taxa de juros ou de crescimento desconhecida. Essa é a abordagem utilizada aqui.) A empresa estima que seu dividendo em 2016, D_1, é de $ 1,50 (cerca de 7% a mais do que o último dividendo). O retorno exigido, r_s, é de 15%. Substituindo esses valores na Equação 7.4, temos que o valor da ação é de:

$$P_0 = \frac{\$1{,}50}{0{,}15 - 0{,}07} = \frac{\$1{,}50}{0{,}08} = \underline{\$18{,}75} \text{ por ação}$$

Supondo que os valores de D_1, r_s e g foram corretamente estimados, o valor da ação da Lamar Company é de $ 18,75.

Modelo de crescimento variável

Os modelos para ações ordinárias com crescimento zero e crescimento constante não permitem qualquer mudança nas taxas de crescimento esperadas. Como as taxas de crescimento futuro podem subir ou cair em razão de mudanças nas condições de negócios, é útil considerar um **modelo de crescimento variável** que permite alterações na taxa de crescimento dos dividendos.[3] Vamos supor que ocorra apenas uma mudança nas taxas de crescimento no final do ano N e vamos usar g_1 para representar a taxa de crescimento inicial e g_2 para a taxa de crescimento após a mudança. Para determinar o valor de uma ação no caso de um crescimento variável, usamos um procedimento de quatro etapas:

modelo de crescimento variável
Uma abordagem de avaliação de dividendos que permite alterações na taxa de crescimento dos dividendos.

Etapa 1 Encontre o valor dos dividendos no final de *cada ano*, D_t, durante o período inicial de crescimento, anos 1 a N. Esta etapa pode exigir o ajuste do dividendo mais recente, D_0, usando a taxa de crescimento inicial, g_1, para calcular o valor do dividendo para cada ano. Assim, para os primeiros N anos, temos:

$$D_t = D_0 \times (1 + g_1)^t$$

Etapa 2 Calcule o valor presente dos dividendos esperados durante o período inicial de crescimento. Usando a notação apresentada anteriormente, podemos determinar esse valor da seguinte forma:

$$\sum_{t=1}^{N} \frac{D_0 \times (1 + g_1)^t}{(1 + r_s)^t} = \sum_{t=1}^{N} \frac{D_t}{(1 + r_s)^t}$$

Etapa 3 Encontre o valor da ação *no final do período inicial de crescimento*, $P_N = (D_{N+1}) / (r_s - g_2)$, que é o valor presente de todos os dividendos esperados do ano $N +$

---

[3] Mais de uma alteração na taxa de crescimento pode ser incorporada ao modelo, mas, para simplificar a discussão, vamos considerar somente uma mudança. O número de modelos de avaliação de crescimento variável é tecnicamente ilimitado, mas levar em conta todas as mudanças possíveis do crescimento provavelmente não resultará em precisão muito maior do que a de um modelo mais simples.

1 até o infinito, assumindo uma taxa de crescimento constante dos dividendos, g_2. Esse valor é encontrado aplicando-se o modelo de crescimento constante (Equação 7.4) aos dividendos esperados do ano $N + 1$ até o infinito. O valor presente de P_N representaria o valor *atual* de todos os dividendos que se espera receber do ano $N + 1$ até o infinito. Esse valor pode ser representado por:

$$\frac{1}{(1 + r_s)^N} \times \frac{D_{N+1}}{r_s - g_2}$$

Etapa 4 Some os componentes do valor presente encontrados nas etapas 2 e 3 para determinar o valor da ação, P_0, dada na Equação 7.5:

$$P_0 = \underbrace{\sum_{t=1}^{N} \frac{D_0 \times (1 + g_1)^t}{(1 + r_s)^t}}_{\substack{\text{Valor presente} \\ \text{dos dividendos} \\ \text{no período inicial} \\ \text{de crescimento}}} + \underbrace{\left[\frac{1}{(1 + r_s)^N} \times \frac{D_{N+1}}{r_s - g_2}\right]}_{\substack{\text{Valor presente} \\ \text{do preço da ação} \\ \text{no final do período} \\ \text{inicial de crescimento}}} \quad (7.5)$$

O exemplo a seguir ilustra a aplicação dessas etapas a uma situação de crescimento variável com apenas uma mudança na taxa de crescimento.

IRF Finanças pessoais
Exemplo 7.4

Victoria Robb está pensando em comprar ações ordinárias da Warren Industries, uma fabricante de barcos, em crescimento acelerado. Ela obtém a informação de que o mais recente (2015) pagamento anual de dividendos da empresa foi de $ 1,50 por ação. Victoria estima que esses dividendos aumentarão a uma taxa anual de 10%, g_1, nos próximos três anos (2016, 2017 e 2018), em virtude do lançamento de um novo barco. No final de três anos (final de 2018), ela espera que o amadurecimento da linha de produtos da empresa resulte em uma diminuição da taxa de crescimento de dividendos para 5% ao ano, g_2, no futuro próximo. O retorno exigido por Victoria, r_s, é de 15%. Para estimar o valor presente (final de 2015) das ações ordinárias da Warren, $P_0 = P_{2015}$, ela aplica o procedimento de quatro etapas a esses dados.

Etapa 1 O valor dos dividendos em cada um dos próximos três anos é calculado nas colunas 1, 2 e 3 da Tabela 7.3. Os dividendos de 2016, 2017 e 2018 são de $ 1,65, $ 1,82 e $ 2,00, respectivamente.

Etapa 2 O valor presente dos três dividendos esperados durante o período inicial de crescimento de 2016 a 2018 é calculado nas colunas 3, 4 e 5 da Tabela 7.3. A soma do valor presente dos três dividendos é de $ 4,12.

Etapa 3 O valor da ação no final do período inicial de crescimento ($N = 2018$) pode ser determinado calculando-se primeiro $D_{N+1} = D_{2019}$:

$$D_{2019} = D_{2018} \ (1 + 0{,}05) = \$ 2{,}00 \ (1{,}05) = \$ 2{,}10$$

Utilizando-se $D_{2019} = \$ 2{,}10$, um retorno exigido de 15% e uma taxa de crescimento dos dividendos de 5%, o valor da ação no final de 2018 é calculado como:

$$P_{2018} = \frac{D_{2019}}{r_s - g_2} = \frac{\$2{,}10}{0{,}15 - 0{,}05} = \frac{\$2{,}10}{0{,}10} = \$21{,}00$$

Tabela 7.3 — Cálculo do valor presente dos dividendos da Warren Industries (2016-2018)

t	Final do ano	$D_0 = D_{2015}$ (1)	$(1 + g_1)^t$ (2)	D_t [(1) × (2)] (3)	$(1 + r_s)^t$ (4)	Valor presente dos dividendos [(3) ÷ (4)] (5)
1	2013	$ 1,50	1,100	$ 1,65	1,150	$1,43
2	2014	1,50	1,210	1,82	1,323	1,37
3	2015	1,50	1,331	2,00	1,521	1,32

$$\text{Soma do valor presente dos dividendos} = \sum_{t=1}^{3} \frac{D_0 \times (1 + g_1)^t}{(1 + r_s)^t} = \$4,12$$

Por fim, na Etapa 3, o valor da ação de $ 21 no final de 2018 deve ser convertido em valor presente (final de 2015). Usando o retorno exigido de 15%, temos:

$$\frac{P_{2018}}{(1 + r_s)^3} = \frac{\$21}{(1 + 0,15)^3} = \$13,81$$

Etapa 4 Somando o valor presente da série inicial de dividendos (calculado na Etapa 2) ao valor presente da ação no final do período inicial de crescimento (calculado na Etapa 3), como especificado na Equação 7.5, o valor corrente (final de 2015) da ação da Warren Industries é de:

$$P_{2015} = \$ 4,12 + \$ 13,81 = \underline{\$ 17,93} \text{ por ação}$$

Os cálculos de Victoria indicam que a ação atualmente vale $ 17,93.

MODELO DE AVALIAÇÃO DO FLUXO DE CAIXA LIVRE

Como uma alternativa aos modelos de avaliação de dividendos apresentados anteriormente neste capítulo, o valor de uma empresa pode ser estimado utilizando seus *fluxos de caixa livre* (FCLs) projetados. Essa abordagem é atraente quando se está avaliando empresas que não possuem histórico de dividendos ou são *startups*, ou quando se está avaliando uma unidade ou divisão operacional de uma empresa de capital aberto de grande porte. Embora os modelos de avaliação de dividendos sejam amplamente utilizados e aceitos, nessas situações é preferível usar um modelo mais geral de avaliação, o fluxo de caixa livre.

O **modelo de avaliação do fluxo de caixa livre** baseia-se na mesma premissa básica dos modelos de avaliação de dividendos: o valor de uma ação ordinária é o valor presente de todos os fluxos de caixa futuros que se espera que a ação proporcione ao longo de um horizonte de tempo infinito. No entanto, no modelo de avaliação do fluxo de caixa livre, em vez de avaliar os dividendos esperados da empresa, avaliam-se os *fluxos de caixa livres* esperados da empresa, definidos no Capítulo 4 (Equação 4.4). Eles representam o valor do fluxo de caixa disponível para os investidores — os fornecedores de capital de terceiros (credores) e de capital próprio (proprietários) — depois de satisfeitas todas as demais obrigações.

modelo de avaliação do fluxo de caixa livre
Um modelo que determina o valor de uma empresa como um todo, por meio do valor presente de seus *fluxos de caixa livres* esperados, descontados ao *custo médio ponderado de capital* da empresa, que é o custo futuro médio esperado de fundos no longo prazo.

O modelo de avaliação do fluxo de caixa livre estima o valor da empresa como um todo, identificando o valor presente de seus fluxos de caixa livres esperados, descontados ao *custo médio ponderado de capital* da empresa, que é o custo futuro médio esperado de fundos no longo prazo (veremos mais a respeito desse assunto no Capítulo 9), como especificado na Equação 7.6:

$$V_C = \frac{FCL_1}{(1+r_a)^1} + \frac{FCL_2}{(1+r_a)^2} + \cdots + \frac{FCL_\infty}{(1+r_a)^\infty} \quad (7.6)$$

onde:

V_C = valor da empresa como um todo
FCL_t = fluxo de caixa livre *esperado* no final do ano t
r_a = custo médio ponderado de capital da empresa

Note a semelhança entre as equações 7.6 e 7.1, a equação geral de avaliação de ações.

Como o valor da empresa como um todo, V_C, é o valor de mercado de toda a empresa (ou seja, de todos os ativos), para calcular o valor da ação ordinária, V_S, precisamos subtrair, de V_C, o valor de mercado de toda a dívida da empresa, V_D, e o valor de mercado das ações preferenciais, V_P:

$$V_S = V_C - V_D - V_P \quad (7.7)$$

Como é difícil prever o fluxo de caixa livre da empresa, os fluxos de caixa anuais específicos são normalmente previstos para apenas cerca de cinco anos, além dos quais presume-se uma taxa de crescimento constante. Neste texto, partimos da premissa de que os primeiros cinco anos de fluxos de caixa livres são explicitamente previstos e que ocorrem a uma taxa constante de crescimento do fluxo de caixa livre a partir do final do ano 5 até o infinito. Esse modelo é metodologicamente semelhante ao modelo de crescimento variável apresentado anteriormente neste capítulo. É mais fácil demonstrar sua aplicação com o exemplo a seguir.

Exemplo 7.5

A Dewhurst, Inc., deseja determinar o valor de suas ações usando o modelo de avaliação do fluxo de caixa livre. Para aplicar o modelo, o diretor financeiro da empresa coletou os dados apresentados na Tabela 7.4. A aplicação do modelo pode ser feita em quatro etapas.

Tabela 7.4 Dados da Dewhurst, Inc., para o modelo de avaliação do fluxo de caixa livre

Ano (t)	Fluxo de caixa livre (FCL_t)	Outros dados
2016	$ 400.000	Taxa de crescimento do FCL, de 2020 até o infinito, g_{FCL} = 3%
2017	450.000	Custo médio ponderado de capital, r_a = 9%
2018	520.000	Valor de mercado de toda a dívida, V_D = $ 3.100.000
2019	560.000	Valor de mercado das ações preferenciais, V_P = $ 800.000
2020	600.000	Número de ações ordinárias em circulação = 300.000

Etapa 1 Calcule o valor presente do fluxo de caixa livre do final de 2021 até o infinito, medido no início de 2021 (ou seja, no final de 2020). Como se prevê uma taxa constante de crescimento do FCL a partir de 2020, podemos usar o modelo de avaliação de dividendos de crescimento constante (Equação 7.4) para calcular o valor dos fluxos de caixa livres do final de 2021 até o infinito:

$$\text{Valor de } FCL_{2021 \to \infty} = \frac{FCL_{2021}}{r_a - g_{FCF}}$$

$$= \frac{\$600.000 \times (1 + 0,03)}{0,09 - 0,03}$$

$$= \frac{\$618.000}{0,06} = \$10.300.000$$

Observe que, para calcular o FCL em 2021, tivemos de aumentar o valor do FCL em 2020, $ 600.000, pela taxa de crescimento do FCL, g_{FCL}, de 3%.

Etapa 2 Some o valor presente do FCL de 2021 até o infinito, que é medido no final de 2020, ao valor do FCL de 2020 para obter o FCL total em 2020:

$$FCL_{2020} \text{ total} = \$ 600.000 + \$ 10.300.000 = \$ 10.900.000$$

Etapa 3 Calcule a soma dos valores presentes dos FCLs de 2016 a 2020 para determinar o valor da empresa como um todo, V_C. Esse cálculo é mostrado na Tabela 7.5.

Tabela 7.5 Cálculo do valor da empresa como um todo para a Dewhurst, Inc.

Ano (t)	FCL_t (1)	$(1 + r_a)^t$ (2)	Valor presente do FCL_t [(1) × (2)] (3)
2016	$ 400.000	1,090	$ 366.972
2017	450.000	1,188	378.788
2018	520.000	1,295	401.544
2019	560.000	1,412	396.601
2020	10.900.000[a]	1,539	7.082.521
		Valor da empresa como um todo, V_C =	$ 8.626.426[b]

[a] Esse valor é a soma do FCL_{2020} de $ 600.000, conforme Tabela 7.4, e do valor do $FCL_{2021 \to \infty}$, de $ 10.300.000, calculado na Etapa 1.
[b] Esse valor da empresa como um todo se baseia nos valores arredondados que aparecem na tabela. O valor exato encontrado, sem arredondamento, é de $ 8.628.234.

Etapa 4 Calcule o valor da ação ordinária usando a Equação 7.7. Substituindo na Equação 7.7 o valor da empresa como um todo, V_C, calculado na Etapa 3, e os valores de mercado da dívida, V_D, e das ações preferenciais, V_P, apresentados na Tabela 7.4, obtemos o valor das ações ordinárias, V_S:

$$V_S = \$ 8.626.426 - \$ 3.100.000 - \$ 800.000 = \underline{\$ 4.726.426}$$

O valor das ações ordinárias da Dewhurst, Inc., é, portanto, de $ 4.726.426. Dividindo esse total pelas 300.000 ações ordinárias que a empresa tem em circulação, obtemos o valor da ação ordinária de $ 15,75 ($ 4.726.426 · 300.000).

Já deve estar claro que o modelo de avaliação do fluxo de caixa é condizente com os modelos de avaliação de dividendos apresentados anteriormente. A vantagem dessa abordagem é seu foco em estimativas do fluxo de caixa livre e não nos dividendos previstos, que são muito mais difíceis de estimar, já que são pagos a critério do conselho de administração da empresa. A natureza mais geral do modelo do fluxo de caixa livre explica sua crescente popularidade, especialmente entre diretores financeiros e outros executivos.

OUTRAS ABORDAGENS À AVALIAÇÃO DE AÇÕES ORDINÁRIAS

Existem muitas outras abordagens à avaliação de ações ordinárias. As mais populares incluem o valor contábil, o valor de liquidação e algum tipo de múltiplo preço/lucro.

Valor contábil

valor contábil por ação
A quantia que seria recebida por ação ordinária, se todos os ativos da empresa fossem *vendidos exatamente por seu valor contábil* e o resultado remanescente, após o pagamento de todos os passivos (incluindo ações preferenciais), fosse dividido entre os acionistas ordinários.

O **valor contábil por ação** é simplesmente a quantia que seria recebida por ação ordinária, se todos os ativos da empresa fossem *vendidos exatamente por seu valor contábil* e o resultado remanescente, após o pagamento de todos os passivos (incluindo ações preferenciais), fosse dividido entre os acionistas ordinários. Esse método carece de sofisticação e pode ser criticado por depender de dados históricos do balanço patrimonial. Além disso, ignora o potencial de geração de lucro da empresa e, geralmente, não possui qualquer relação verdadeira com o valor da empresa no mercado. Vejamos um exemplo.

Exemplo 7.6

No final do ano de 2015, o balanço patrimonial da Lamar Company mostrava total do ativo de $ 6 milhões, total do passivo e ações preferenciais de $ 4,5 milhões e 100.000 ações ordinárias em circulação. Portanto, o valor contábil por ação seria:

$$\frac{\$6.000.000 - \$4.500.000}{100.000 \text{ ações}} = \underline{\underline{\$15}} \text{ por ação}$$

Como esse valor pressupõe que os ativos possam ser vendidos por seu valor contábil, ele pode não representar o preço mínimo pelo qual as ações são avaliadas no mercado. Na verdade, embora a maioria das ações seja vendida a um preço acima do valor contábil, não é raro encontrar ações sendo vendidas abaixo desse valor quando os investidores acreditam que os ativos estão superavaliados ou os passivos subavaliados.

Valor de liquidação

valor de liquidação por ação
A *quantia efetiva* que seria recebida por ação ordinária, se todos os ativos da empresa fossem *vendidos por seu valor de mercado*, os passivos (incluindo ações preferenciais) fossem pagos e todo o dinheiro restante fosse dividido entre os acionistas ordinários.

O **valor de liquidação por ação** é a *quantia efetiva* que seria recebida por ação ordinária, se todos os ativos da empresa fossem *vendidos por seu valor de mercado*, os passivos e as ações preferenciais fossem pagos e todo o dinheiro restante fosse dividido entre os acionistas ordinários. Essa medida é mais realista que o valor contábil — porque se baseia no valor de mercado corrente dos ativos da empresa —, mas, ainda assim, deixa de considerar o poder de geração de lucro desses ativos. Vejamos um exemplo para ilustrar essa ideia.

CAPÍTULO 7 Avaliação de ações **297**

> **Exemplo 7.7**
>
> A Lamar Company descobriu que poderia obter apenas $ 5,25 milhões se vendesse seus ativos hoje. O valor de liquidação por ação da empresa seria, portanto, de:
>
> $$\frac{\$5.250.000 - \$4.500.000}{100.000 \text{ ações}} = \underline{\$7,50} \text{ por ação}$$
>
> Ignorando as despesas de liquidação, essa quantia seria o valor mínimo da empresa.

Múltiplo preço/lucro (P/L)

O *índice preço/lucro (P/L)*, apresentado no Capítulo 3, reflete o montante que os investidores estão dispostos a pagar por cada unidade monetária de lucro. O índice P/L médio de um setor pode ser usado como referência para o valor de uma empresa, caso se presuma que os investidores avaliam os lucros dessa empresa do mesmo modo que fariam os da empresa "média" do setor. A **abordagem do múltiplo preço/lucro** é uma técnica popular usada para estimar o valor da ação da empresa; é calculado multiplicando-se o lucro por ação (LPA) esperado da empresa pelo índice preço/lucro (P/L) médio do setor. O índice P/L médio de cada setor pode ser encontrado em fontes como o *Standard & Poor's Industrial Ratios*.

abordagem do múltiplo preço/lucro
Uma técnica popular usada para estimar o valor da ação da empresa; é calculado multiplicando-se o lucro por ação (LPA) esperado da empresa pelo índice preço/lucro (P/L) médio do setor.

Foco na ÉTICA

Ei! Você ouviu alguma boa previsão de lucros trimestrais ultimamente?

na prática Os administradores de empresas há muito reclamam da pressão para se concentrar no curto prazo. Nos últimos tempos, os grupos empresariais começaram a sair em sua defesa. "O foco no curto prazo é um grande problema", explica William Donaldson, ex-presidente do conselho de administração da Securities and Exchange Commission. "Com toda a atenção voltada ao desempenho trimestral, os administradores estão deixando de lado metas estratégicas de longo prazo."

Donaldson, a Câmara de Comércio dos Estados Unidos e outros acreditam que a melhor maneira de focar as empresas em metas de longo prazo é acabar com a prática de fornecer indicações de lucros trimestrais. Em março de 2007, o CFA Centre for Financial Market Integrity e o Business Roundtable Institute for Corporate Ethics propuseram um modelo para divulgar lucros trimestrais que, em sua opinião, dispensaria a necessidade de indicações de resultados.

Enquanto isso, muitas empresas hesitam em abrir mão dessas indicações. A prática de divulgar previsões de resultados começou no início da década de 1980, poucos anos depois da decisão da SEC de permitir que as empresas incluíssem projeções desde que acompanhadas por apropriada linguagem de cautela. O resultado foi o que o ex-presidente do conselho de administração da SEC, Arthur Levitt, chamou de "jogo de cena". As empresas usavam as indicações de resultados para reduzir as estimativas dos analistas; quando os resultados reais vinham mais altos, os preços das ações disparavam. A prática virou uma febre no fim da década de 1990, quando as empresas que não atingiam a estimativa consensual de resultados, ainda que por centavos, viam os preços de suas ações despencarem.

Uma das primeiras empresas a parar o anúncio de indicações de resultados foi a Gillette, em 2001. Outras que suspenderam tal prática foram Coca-Cola, Intel e McDonald's. Isso, então, acabou se tornando uma tendência. Em 2005, apenas 61% das empresas ofereciam ao público projeções trimestrais. Segundo o National Investor Relations Institute, esse número havia caído para 52% em 2006.

No entanto, nem todos concordam com a eliminação das indicações trimestrais. Uma pesquisa conduzida pelo professor de finanças Baruch Lev, da Stern School of Business da New York University, com os professores Joel Houston e Jennifer Tucker, da University of Florida, mostrou que as empresas que cessaram as indicações trimestrais não obtiveram qualquer benefício com isso. O estudo não encontrou evidências de que as empresas que suspenderam as indicações tenham aumentado os investimentos de capital ou de pesquisa e desenvolvimento. Então, quando as empresas deveriam abandonar as indicações de resultados? De acordo com Lev, elas deveriam fazer isso apenas quando não fossem muito boas na previsão de seus lucros. "Se você não for melhor do que os outros em fazer previsões, nem se dê ao trabalho", ele explica.

- Quais tentações os administradores enfrentam se tiverem de fornecer indicações de resultados aos investidores e mais tarde tiverem dificuldade de atender as expectativas que eles próprios ajudaram a criar?

A técnica de avaliação pelo índice P/L é um método simples para determinar o valor de uma ação e pode ser calculado rapidamente depois que as empresas anunciam seus lucros, o que explica sua popularidade. Naturalmente, seu uso aumentou a demanda por anúncios mais frequentes ou "indicação" de lucros futuros. Algumas empresas acreditam que essas indicações criam custos adicionais e podem levar a problemas éticos, como vimos no quadro *Foco na Ética*.

A utilização do múltiplo P/L é especialmente útil na avaliação de empresas cujas ações não são negociadas ao público, mas os analistas também usam essa abordagem para empresas cujas ações são publicamente negociadas. De qualquer maneira, a abordagem do múltiplo preço/lucro é considerada superior ao uso do valor contábil ou valor de liquidação, por levar em conta a *expectativa* de lucros. O exemplo a seguir demonstra a utilização de múltiplos preço/lucro.

Finanças pessoais
Exemplo 7.8

Ann Perrier planeja usar a abordagem do múltiplo preço/lucro para estimar o valor da ação da Lamar Company, que atualmente mantém em sua carteira de aposentadoria. Ela estima que a Lamar Company obterá $ 2,60 por ação no próximo ano (2016). Essa expectativa tem como base uma análise da tendência histórica dos resultados da empresa e das condições econômica e setorial esperadas. Ela calcula que o índice preço/lucro (P/L) das empresas do mesmo setor é, em média, igual a 7. Multiplicando o lucro por ação (LPA) esperado da Lamar de $ 2,60 por esse índice, obtém-se o valor de $ 18,20 para as ações da empresa, supondo que os investidores continuem a avaliar a empresa média do setor em 7 vezes o seu lucro.

Então, quanto vale, realmente, a ação da Lamar Company? Não é fácil responder a essa pergunta, pois não há uma única resposta correta. É importante reconhecer que a resposta depende das premissas adotadas e das técnicas utilizadas. Os analistas profissionais de valores mobiliários costumam usar diversos modelos e técnicas para avaliar ações. Por exemplo, um analista pode usar o modelo de crescimento constante, valor de liquidação e múltiplo preço/lucro (P/L) para estimar o valor de uma determinada ação. Se o analista se sentir confortável com suas estimativas, a ação será avaliada por um valor não superior à estimativa mais alta. É claro que, se o valor estimado de liquidação por ação da empresa superar seu valor por ação "em operação", estimado utilizando-se um dos modelos de avaliação (crescimento zero, constante ou variável ou fluxo de caixa livre) ou a abordagem do múltiplo P/L, a empresa será considerada "mais valiosa morta do que viva". Nesse caso, a empresa não teria poder de geração de lucro suficiente para justificar sua existência e provavelmente deveria ser liquidada.

FATOS e DADOS

Os problemas com a avaliação por P/L

A abordagem do múltiplo P/L é uma maneira fácil e rápida de estimar o valor de uma ação. No entanto, os índices P/L variam muito ao longo do tempo. Em 1980, a ação média tinha um índice P/L abaixo de 9, mas, no ano 2000, o índice estava acima de 40. Portanto, os analistas que usaram a abordagem do P/L na década de 1980 chegaram a estimativas de valor muito menores que os analistas que usaram o modelo 20 anos depois. Em 2012, a ação média tinha um índice P/L de cerca de 20, próximo da média no longo prazo. Ao usar essa abordagem para estimar o valor da ação, a estimativa dependerá mais das avaliações do mercado de ações do que do desempenho da empresa em si.

→ QUESTÕES PARA REVISÃO

7.12 Descreva os eventos que ocorrem em um *mercado eficiente* em resposta a novas informações que fazem com que o retorno esperado supere o retorno exigido. O que acontece com o valor de mercado?

7.13 O que a *hipótese de mercado eficiente* nos diz sobre: (a) os preços dos valores mobiliários, (b) sua reação a novas informações e (c) as oportunidades de lucro dos investidores? Qual é o desafio de *finanças comportamentais* para essa hipótese?

7.14 Descreva, compare e contraste os seguintes modelos de avaliação de ações ordinárias por dividendos: (a) crescimento zero, (b) crescimento constante e (c) crescimento variável.

7.15 Descreva o *modelo de avaliação do fluxo de caixa livre* e explique como difere dos modelos de avaliação por dividendos. Qual o atrativo desse modelo?

7.16 Explique cada uma das três outras abordagens de avaliação de ações ordinárias: (a) valor contábil, (b) valor de liquidação e (c) múltiplos preço/lucro (P/L). Qual delas é considerada a melhor?

7.4 Tomada de decisão e valor da ação ordinária

As equações de avaliação medem o valor da ação em um dado momento, com base no retorno esperado e no risco. Quaisquer decisões do administrador financeiro que afetam essas variáveis podem fazer com que o valor da empresa se altere. A Figura 7.3 mostra a relação entre decisões financeiras, retorno, risco e valor da ação.

MUDANÇAS NOS DIVIDENDOS ESPERADOS

Supondo que as condições econômicas permaneçam estáveis, qualquer medida por parte da administração que fizer com que os acionistas existentes e potenciais elevem suas expectativas de dividendos deve aumentar o valor da empresa. Na Equação 7.4, podemos ver que P_0 aumentará para qualquer elevação de D_1 ou de g. Qualquer medida por parte do administrador financeiro que aumente o nível de dividendos esperados sem mudar o risco (o retorno exigido) deverá ser tomada, pois afetará positivamente a riqueza dos acionistas.

Figura 7.3 Tomada de decisão e valor da ação

Decisões financeiras, retorno, risco e valor da ação.

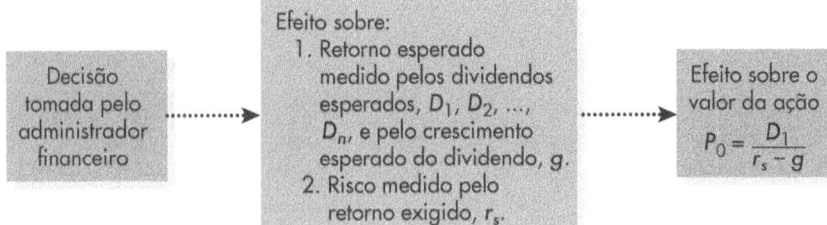

Exemplo 7.9

Utilizando o modelo de crescimento constante apresentado anteriormente no Exemplo 7.3, vimos que o valor da ação da Lamar Company é de $ 18,75. No dia seguinte, porém, a empresa anunciou um grande avanço tecnológico que revolucionará o setor. Os acionistas existentes e potenciais provavelmente não ajustariam seu retorno exigido de 15%, mas esperariam um aumento dos dividendos futuros. Especificamente, eles esperam que, embora o dividendo do ano seguinte, D_1, permaneça em $ 1,50, a taxa esperada de crescimento a partir daí aumentará de 7% para 9%. Substituindo D_1 = $ 1,50, r_s = 0,15 e g = 0,09 na Equação 7.4, chega-se ao valor da ação de $ 25 [$ 1,50 · (0,15 − 0,09)]. Assim, o maior valor resultou de maiores dividendos futuros esperados, refletidos no aumento da taxa de crescimento.

MUDANÇAS NO RISCO

Embora o retorno exigido, r_s, seja o foco dos capítulos 8 e 9, neste ponto já podemos considerar seus componentes fundamentais. Qualquer medida de retorno exigido consiste de dois componentes, a taxa livre de risco e o prêmio pelo risco. Expressamos essa relação na Equação 6.1, no Capítulo 6, que repetiremos aqui em termos de r_s:

$$r_s = \underbrace{r^* + IP}_{\substack{\text{taxa livre} \\ \text{de risco,} \\ R_F}} + \underbrace{RP_s}_{\substack{\text{prêmio} \\ \text{pelo risco}}}$$

No Capítulo 8, veremos que o verdadeiro desafio em encontrar o retorno exigido é determinar o prêmio pelo risco adequado. Nos capítulos 8 e 9, discutiremos como investidores e administradores podem estimar o prêmio pelo risco para qualquer ativo. Por enquanto, basta saber que r_s representa o retorno mínimo que a ação da empresa deve fornecer aos acionistas para remunerá-los pelo risco de manter uma participação na empresa.

Qualquer medida tomada pelo administrador financeiro que aumente o risco que os acionistas devem suportar também aumentará o prêmio pelo risco exigido pelos acionistas e, portanto, o retorno exigido. Além disso, o retorno exigido pode ser afetado por mudanças na taxa livre de risco, mesmo se o prêmio pelo risco permanecer constante. Por exemplo, se a taxa livre de risco aumentar em razão de uma mudança no âmbito político, o retorno exigido também aumentará. Na Equação 7.1, podemos ver que um aumento no retorno exigido, r_s, reduzirá o valor da ação, P_0, e que uma diminuição no retorno exigido aumentará o valor da ação. Assim, qualquer medida por parte do administrador financeiro que aumente o risco contribui para uma redução no valor, e qualquer medida que reduza o risco contribui para um aumento no valor.

> **Exemplo 7.10**
>
> Suponha que o retorno exigido de 15% da Lamar Company resulte de uma taxa livre de risco de 9% e um prêmio pelo risco de 6%. Com esse retorno, o valor da ação da empresa calculado no Exemplo 7.3 foi de $ 18,75.
>
> Agora imagine que o administrador financeiro tome uma decisão que, sem alterar os dividendos esperados, eleve o prêmio pelo risco da empresa para 7%. Supondo que *a taxa livre de risco se mantenha em 9%*, o novo retorno exigido da ação da Lamar será de *16% (9% + 7%)*. Substituindo D_1 = $ 1,50, r_s = 0,16 e g = 0,07 na equação de avaliação (Equação 7.3) temos um novo valor da ação de $ 16,67 [$ 1,50 · (0,16 − 0,07)]. Como esperado, aumentar o retorno exigido sem um aumento correspondente dos dividendos esperados faz com que o valor da ação da empresa caia. Evidentemente, a decisão do administrador financeiro não estava de acordo com os melhores interesses dos acionistas.

EFEITO COMBINADO

Uma decisão financeira raramente afeta os dividendos e o risco de forma independente; a maioria das decisões afeta ambos na mesma direção. À medida que as empresas assumem mais risco, seus acionistas esperam dividendos mais altos. O efeito líquido no valor depende do tamanho relativo das mudanças nessas duas variáveis.

> **Exemplo 7.11**
>
> Se supormos que as duas mudanças apresentadas nos exemplos anteriores da Lamar Company ocorreram simultaneamente, os valores das principais variáveis seriam D_1 = $ 1,50, r_s = 0,16 e g = 0,09. Substituindo no modelo de avaliação, obtemos um preço da ação de $ 21,43 [$1,50 · (0,16 − 0,09)]. O resultado líquido da decisão, que elevou tanto o crescimento do dividendo (g, de 7% para 9%) quanto o retorno exigido (r_s, de 15% para 16%), é positivo. O preço da ação subiu de $ 18,75 para $ 21,43. Mesmo com os efeitos combinados, a decisão parece estar de acordo com os melhores interesses dos acionistas, pois aumentou sua riqueza.

→ **QUESTÕES PARA REVISÃO**

7.17 Explique as ligações entre decisões financeiras, retorno, risco e valor da ação.

7.18 Supondo que todas as outras variáveis permanecem inalteradas, que efeito cada um dos eventos a seguir teria no preço da ação? (a) O prêmio pelo risco da empresa aumenta. (b) O retorno exigido da empresa diminui. (c) O dividendo esperado para o ano seguinte cai. (d) A taxa de crescimento esperado dos dividendos sobe.

Resumo

ÊNFASE NO VALOR

O preço de cada ação ordinária de uma empresa é o valor de cada participação na propriedade. Embora os acionistas ordinários em geral tenham direito de voto — que indiretamente lhes dão voz na administração —, seu direito mais significativo é sobre os fluxos de caixa residuais da empresa. Esse direito é subordinado ao de fornecedores, funcionários, clientes, credores, governo (impostos) e acionistas preferenciais. O valor do direito dos acionistas ordinários está incorporado nos fluxos de caixa futuros que eles têm direito a receber. O valor presente desses fluxos de caixa esperados equivale ao valor da ação da empresa.

Para determinar esse valor presente, os fluxos de caixa previstos são descontados a uma taxa que reflete seu risco. Fluxos de caixa mais arriscados são descontados a taxas mais elevadas, resultando em valores presentes menores do que os fluxos de caixa esperados menos arriscados, que são descontados a taxas mais baixas. Portanto, o valor das ações ordinárias da empresa é determinado por seus fluxos de caixa esperados (retornos) e por seu risco (certeza com relação aos fluxos de caixa esperados).

Ao perseguir o objetivo da empresa de **maximizar o preço da ação**, o administrador financeiro deve considerar cuidadosamente o equilíbrio entre o retorno e o risco associado a cada proposta e adotar somente aquelas que criam valor para os acionistas. Ao focar na criação de valor e na administração e no monitoramento dos fluxos de caixa e do risco da empresa, o administrador financeiro deve ser capaz de atingir o objetivo de maximizar o preço da ação.

REVISÃO DOS OBJETIVOS DE APRENDIZAGEM

OA 01 **Diferenciar capital de terceiros de capital próprio.** Os detentores de capital próprio (ações ordinárias e preferenciais) são os proprietários da empresa. Normalmente, só os acionistas ordinários têm voz ativa na administração. Os direitos dos detentores de capital próprio sobre resultados e ativos estão subordinados aos direitos dos credores, não possuem data de vencimento e os dividendos pagos aos acionistas não são dedutíveis de imposto de renda.

OA 02 **Discutir as características das ações ordinárias e ações preferenciais.** As ações ordinárias de uma empresa podem ser de propriedade privada, de propriedade fechada ou de propriedade pública. Podem ser vendidas com ou sem valor nominal. Direitos de preferência permitem aos acionistas ordinários evitar a diluição de sua participação quando novas ações são emitidas. Nem todas as ações autorizadas pelo estatuto social da empresa estão em circulação. Se uma empresa tiver ações em tesouraria, terá emitido mais ações do que as que estão em circulação. Algumas empresas têm duas ou mais classes de ações ordinárias que diferem, principalmente, no que diz respeito aos direitos desiguais de voto. Procurações transferem direitos de voto de uma parte para outra. A decisão de pagar dividendos aos acionistas ordinários é tomada pelo conselho de administração da empresa. As empresas podem emitir ações em mercados estrangeiros. As ações de muitas sociedades anônimas de capital aberto estrangeiras são negociadas nos mercados norte-americanos sob a forma de *American Depositary Receipts* (ADRs), que são lastreadas em *American Depositary Shares* (ADSs).

Os acionistas preferenciais têm prioridade em relação aos acionistas ordinários quanto à distribuição de lucros e sobre os ativos. Mas, normalmente, não têm direito a voto. As emissões de ações preferenciais podem incluir determinadas cláusulas restritivas, dividendos cumulativos, uma característica de resgate e uma característica de conversão.

OA 03 **Descrever o processo de emissão de ações ordinárias, incluindo capital de risco (*venture capital*), abertura de capital e o papel dos bancos de investimento.** O financiamento inicial de não fundadores para *startups* com perspectivas atraentes de crescimento costuma vir de investidores de *private equity*. Esses investidores podem ser investidores anjos ou capitalistas de risco (*venture capitalists* — VCs). Os VCs costumam investir em empresas tanto em estágio inicial quanto em estágio mais avançado, as quais eles esperam que abram o capital para que, então, realizem seus investimentos.

A primeira emissão pública de ações de uma empresa é chamada de oferta pública inicial (IPO). A empresa escolhe um banco de investimento para lhe dar assessoria e vender seus valores mobiliários. O principal banco de investimento pode formar um consórcio de vendas com outros bancos de investimento. O processo de IPO inclui a obtenção da aprovação da SEC, a realização da oferta aos investidores e a definição do preço da emissão.

OA 04 **Entender o conceito de eficiência de mercado e a avaliação básica de ações utilizando modelos de crescimento zero, crescimento constante e crescimento variável.** A eficiência de mercado pressupõe que as reações rápidas de investidores racionais a novas informações fazem com que o valor de mercado das ações ordinárias se ajuste rapidamente. A hipótese de mercado eficiente (HME) sugere que os valores mobiliários têm preços justos, que refletem inteiramente as informações disponíveis ao público, e os investidores não deveriam perder tempo tentando encontrar valores mobiliários com preços incorretos para lucrar com eles. Os defensores de finanças comportamentais, entretanto, desafiam essa hipótese argumentando que emoções e outros fatores afetam as decisões de investimento.

O valor de uma ação é o valor presente de todos os dividendos futuros que se espera que a ação proporcione ao longo de um horizonte de tempo infinito. Três modelos de crescimento dos dividendos — crescimento zero, crescimento constante e crescimento variável — podem ser considerados na avaliação de ações ordinárias. O modelo mais citado é o de crescimento constante.

OA 05 **Discutir o modelo de avaliação do fluxo de caixa livre e as abordagens do valor contábil, valor de liquidação e múltiplo preço/lucro (P/L).** O modelo de avaliação do fluxo de caixa livre avalia empresas que não têm histórico de dividendos, *startups* ou uma unidade ou divisão operacional de uma empresa de capital aberto de grande porte. O modelo determina o valor da empresa como um todo, descontando o fluxo de caixa livre esperado da empresa a seu custo médio ponderado de capital. O valor da ação ordinária é calculado subtraindo-se os valores de mercado da dívida e das ações preferenciais do valor da empresa como um todo.

O valor contábil por ação é a quantia que seria recebida por ação ordinária se todos os ativos da empresa fossem *vendidos exatamente por seu valor contábil* e o resultado remanescente após o pagamento de todos os passivos (incluindo ações preferenciais) fosse dividido entre os acionistas ordinários. O valor de liquidação por ação é a *quantia efetiva* que seria recebida por ação ordinária se todos os ativos da empresa fossem *vendidos por seu valor de mercado*, os passivos (incluindo ações preferenciais) fossem pagos e o dinheiro restante fosse dividido entre os acionistas ordinários. A abordagem do múltiplo preço/lucro (P/L) estima o valor da ação multiplicando o lucro por ação (LPA) esperado da empresa pelo índice preço/lucro (P/L) médio do setor.

OA 06 **Explicar as relações entre decisões financeiras, retorno, risco e valor da empresa.** Em uma economia estável, qualquer decisão do administrador financeiro que aumente o nível de dividendos esperados sem alterar o risco deve aumentar o valor da ação; qualquer decisão que reduza o nível de dividendos esperados sem alterar o risco deve reduzir o valor da ação. Da mesma forma, qualquer decisão que aumente o risco (retorno exigido) reduzirá o valor da ação e qualquer decisão que reduza o risco aumentará o valor da ação. Uma avaliação do efeito combinado de retorno e risco sobre o valor da ação deve ser parte do processo de tomada de decisões financeiras.

Revisão da abertura do capítulo

As ações da Tesla Motors foram inicialmente oferecidas aos investidores por US$ 17. Três anos depois, o preço tinha subido para US$ 90 por ação. Qual foi o retorno anual composto dos investidores da Tesla nesse período? Dado que a Tesla não pagou dividendos e que não era esperado que começasse a pagar em breve, que método os analistas deveriam ter utilizado para avaliar as ações da empresa em 2013? A empresa vendeu

US$ 13,3 milhões de ações em sua IPO (oferta pública inicial de ações) com um valor nominal de $ 0,001 por ação. Quanto capital integralizado a Tesla registrou em seu balanço patrimonial como resultado da IPO? Você acredita que a matéria extremamente favorável sobre o sedã Modelo S da Tesla, publicada na revista *Consumer Reports*, elevou o preço das ações da empresa porque reduziu o risco da empresa ou porque impulsionou os fluxos de caixa esperados?

Exercícios de autoavaliação

AA7.1 Avaliação de ação ordinária. A ação ordinária da Perry Motors paga, atualmente, dividendo anual de $ 1,80 por ação. O retorno exigido da ação ordinária é de 12%. Estime o valor da ação ordinária de acordo com cada uma das seguintes suposições sobre o dividendo:

a. Espera-se que os dividendos cresçam a uma taxa anual de 0% até o infinito.

b. Espera-se que os dividendos cresçam a uma taxa anual constante de 5% até o infinito.

c. Espera-se que os dividendos cresçam a uma taxa anual de 5% em cada um dos próximos três anos, seguido por uma taxa de crescimento anual constante de 4% do quarto ano até o infinito.

AA7.2 Avaliação do fluxo de caixa livre. A Erwin Footwear deseja avaliar o valor de sua divisão de calçados Active Shoe. A divisão tem dívida com valor de mercado de $ 12,5 milhões e não tem ação preferencial. Seu custo médio ponderado de capital é de 10%. O fluxo de caixa livre estimado da Active Shoe dos anos de 2016 a 2019 é apresentado na tabela a seguir. De 2019 até o infinito, a empresa espera que seu fluxo de caixa livre cresça 4% ao ano.

Ano (t)	Fluxo de caixa livre (FCL_t)
2016	$ 800.000
2017	1.200.000
2018	1.400.000
2019	1.500.000

a. Use o modelo de *avaliação do fluxo de caixa livre* para estimar o valor como um todo da divisão Active Shoe.

b. Use sua resposta no item **a** e os dados fornecidos para calcular o valor da ação ordinária da divisão.

c. Se a divisão Active Shoe for uma sociedade anônima de capital aberto com 500.000 ações em circulação, use sua resposta no item **b** para calcular o valor por ação.

Exercícios de aquecimento

A7.1 O balanço patrimonial equilibra o total do ativo com suas fontes de financiamento — capital de terceiros e capital próprio. Se uma empresa tem total do ativo igual a $ 5,2 milhões e índice de endividamento de 75%, quanto de dívida terá em seus livros?

A7.2 A Angina, Inc., tem 5 milhões de ações em circulação. A empresa está pensando em emitir 1 milhão de ações adicionais. Depois de vender essas ações ao preço de oferta de $ 20 por ação e realizar 95% do resultado da venda, a empresa é obrigada, por um acordo anterior, a vender 250.000 ações adicionais a 90% do preço de oferta. No total, quanto caixa líquido a empresa obterá dessas vendas de ações?

A7.3 A Figurate Industries tem 750.000 ações preferenciais cumulativas em circulação. A empresa deixou de distribuir os três últimos dividendos trimestrais de $ 2,50 por ação e agora (no final do trimestre corrente) quer distribuir um total de $ 12 milhões a seus acionistas.

Se a empresa tem 3 milhões de ações ordinárias em circulação, qual será o valor do dividendo por ação ordinária que será capaz de pagar?

A7.4 A ação ordinária da Gresham Technology fechou hoje a $ 24,60 por ação, uma queda de $ 0,35 em relação a ontem. Se a empresa tem 4,6 milhões de ações em circulação e lucro anual de $ 11,2 milhões, qual é o seu índice P/L hoje? Qual foi o seu índice P/L ontem?

A7.5 A Stacker Weight Loss paga, atualmente, dividendo de $ 1,20 por ação no final de cada ano.

A empresa pretende aumentar esse dividendo em 5% no próximo ano e mantê-lo nesse nível infinitamente. Se o retorno exigido da ação da empresa for de 8%, qual é o valor da ação da empresa?

A7.6 A Brash Corporation adotou uma nova estratégia corporativa que fixa seu dividendo anual em $ 2,25 por ação para sempre. Se a taxa livre de risco for de 4,5% e o prêmio pelo risco da ação da Brash for de 10,8%, qual é o valor da ação da empresa?

Exercícios

E7.1 Ações autorizadas e disponíveis. O estatuto social da Aspin Corporation autoriza a emissão de 2 milhões de ações ordinárias. Atualmente, 1,4 milhão de ações estão em circulação e 100.000 ações são mantidas em tesouraria. A empresa deseja levantar $ 48 milhões para a expansão da fábrica. Discussões com seus bancos de investimento indicam que a venda de nova ação ordinária renderá para a empresa $ 60 por ação.

a. Qual é o número máximo de novas ações ordinárias que a empresa pode vender sem precisar de autorização dos acionistas?

b. A julgar pelos dados apresentados e a sua resposta no item **a**, a empresa será capaz de levantar os fundos necessários sem depender de nova autorização?

c. O que a empresa deve fazer para obter autorização para emitir mais ações, além do número determinado no item **a**?

E7.2 Dividendos preferenciais. A Slater Lamp Manufacturing tem uma emissão de ações preferenciais em circulação com valor nominal de $ 80 e dividendo anual de 11%.

a. Qual é o dividendo anual em unidades monetárias? Se os dividendos forem pagos trimestralmente, qual será o valor pago por trimestre?

b. Se a ação preferencial for *não cumulativa* e o conselho de administração não tiver pago o dividendo preferencial nos últimos três trimestres, quanto deverá ser pago aos acionistas preferenciais no trimestre corrente, antes que sejam pagos dividendos aos acionistas ordinários?

c. Se a ação preferencial for *cumulativa* e o conselho de administração não tiver pago o dividendo preferencial nos últimos três trimestres, quanto deverá ser pago aos acionistas preferenciais no trimestre corrente, antes que sejam pagos dividendos aos acionistas ordinários?

E7.3 Dividendos preferenciais. Em cada caso na tabela a seguir, qual será o valor, em unidades monetárias, dos dividendos preferenciais por ação que devem ser pagos aos acionistas preferenciais no período corrente antes que sejam pagos os dividendos aos acionistas ordinários?

Caso	Tipo	Valor nominal	Dividendo por ação por período	Períodos em que os dividendos não foram pagos
A	Cumulativo	$ 80	$ 4	3
B	Não cumulativo	110	2%	2
C	Não cumulativo	100	$ 3	1
D	Cumulativo	60	1,5%	4
E	Cumulativo	70	3%	0

E7.4 Ação preferencial conversível. A ação preferencial conversível da Valerian Corporation tem uma taxa de conversão fixa de cinco ações ordinárias por ação preferencial. A ação preferencial paga dividendo de $ 10 por ação por ano. A ação ordinária é vendida atualmente por $ 20 cada e paga dividendo de $ 1 por ação por ano.

a. Com base na taxa de conversão e no preço das ações ordinárias, qual é o valor atual da conversão de cada ação preferencial?

b. Se as ações preferenciais estão sendo vendidas a $ 96,00 cada, um investidor deveria converter suas ações preferenciais em ordinárias?

c. Quais fatores podem levar um investidor a não converter a ação preferencial em ordinária?

E7.5 Avaliação de ação preferencial. A TXS Manufacturing tem uma emissão de ações preferenciais em circulação com valor nominal de $ 65 por ação. As ações preferenciais pagam dividendos anuais a uma taxa de 10%.

a. Qual é o dividendo anual da ação preferencial da TXS?

b. Se os investidores exigem um retorno de 8% sobre essas ações e o próximo dividendo será pago daqui a um ano, qual é preço da ação preferencial da TXS?

c. Suponha que a TXS não tenha pago os dividendos das ações preferenciais nos últimos dois anos, mas os investidores acreditam que a empresa vai voltar a pagá-los em um ano. Qual é o valor da ação preferencial da TXS se ela for cumulativa e se os investidores exigirem uma taxa de retorno de 8%?

Exercício de finanças pessoais

E7.6 Valor da ação ordinária: crescimento zero. A Kelsey Drums, Inc., é uma fornecedora tradicional de instrumentos de percussão de alta qualidade para orquestras. A ação ordinária classe A da empresa pagou dividendo de $ 5 por ação por ano nos últimos 15 anos. A administração espera continuar pagando essa quantia infinitamente. Sally Talbot comprou 100 ações ordinárias classe A da Kelsey há dez anos, quando a taxa de retorno exigida da ação era de 16%. Ela agora quer vender suas ações. A taxa atual de retorno exigida da ação é de 12%. Qual o ganho ou a perda de capital que Sally terá?

E7.7 Avaliação de ação preferencial. A Jones Design quer estimar o valor de sua ação preferencial em circulação. A emissão preferencial tem valor nominal de $ 80 e paga dividendo anual de $ 6,40 por ação. Ações preferenciais de risco semelhante rendem atualmente uma taxa de retorno anual de 9,3%.

a. Qual é o valor de mercado da ação preferencial em circulação?

b. Se um investidor comprar ação preferencial pelo valor calculado no item **a**, quanto ele deve ganhar ou perder por ação se vendê-la quando o retorno exigido de ações preferenciais de risco semelhante aumentar para 10,5%? Explique.

E7.8 Valor da ação ordinária: crescimento constante. Use o modelo de crescimento constante (modelo de crescimento de Gordon) para determinar o valor de cada empresa apresentada na tabela a seguir.

Empresa	Dividendos esperados no próximo ano	Taxa de crescimento do dividendo	Retorno exigido
A	$ 1,20	8%	13%
B	4,00	5%	15%
C	0,65	10%	14%
D	6,00	8%	9%
E	2,25	8%	20%

E7.9 Valor da ação ordinária: crescimento constante A ação ordinária da McCracken Roofing, Inc., pagou dividendo de $ 1,20 por ação no ano passado. A empresa espera que o lucro e os dividendos cresçam a uma taxa de 5% ao ano infinitamente.

a. Qual taxa de retorno exigida para essa ação resultaria em um preço por ação de $ 28?

b. Se a McCracken espera que tanto os lucros quanto os dividendos cresçam a uma taxa anual de 10%, qual taxa de retorno exigida resultaria em um preço de $ 28 por ação?

E7.10 Valor da ação ordinária: crescimento constante. A ação ordinária da Denis & Denis Research, Inc., está sendo negociada a $ 60 por ação. Os investidores esperam que a empresa pague um dividendo de $ 3,90 no próximo ano e que o dividendo cresça a uma taxa constante infinitamente. Se os investidores exigem um retorno da ação de 10%, qual é a taxa de crescimento do dividendo que eles esperam?

E7.11 Valor da ação ordinária: crescimento constante. A Elk County Telephone pagou, nos últimos seis anos, os dividendos apresentados na tabela a seguir. Exercício de finanças pessoais

Ano	Dividendo por ação
2015	$ 2,87
2014	2,76
2013	2,60
2012	2,46
2011	2,37
2010	2,25

Espera-se que o dividendo por ação da empresa no próximo ano seja de $ 3,02.

a. Se você puder ganhar 13% em investimentos de risco semelhante, qual é o máximo que estaria disposto a pagar por ação?

b. Se pudesse ganhar apenas 10% em investimentos de risco semelhante, qual é o máximo que estaria disposto a pagar por ação?

c. Compare e contraste suas respostas nos itens **a** e **b** e discuta o impacto da variação do risco no valor da ação.

E7.12 Valor da ação ordinária: crescimento variável. A Newman Manufacturing está pensando em comprar à vista ações da Grips Tool. No ano que acabou de se encerrar, a Grips obteve $ 4,25 por ação e pagou dividendos de $ 2,55 por ação (D_0 = 2,55). Espera-se que os lucros e os dividendos da Grips cresçam a uma taxa de 25% ao ano nos próximos três anos e, depois disso, 10% ao ano até o infinito. Qual é o preço máximo por ação que a Newman deveria pagar pelas ações da Grips se o retorno exigido dos investimentos de risco semelhante é de 15%?

E7.13 Valor da ação ordinária: crescimento variável. A Home Place Hotels, Inc., está iniciando um projeto de reforma e expansão que durará três anos. A construção terá um efeito limitador sobre os lucros durante esse período, mas, quando concluído, permitirá que a empresa desfrute de um maior crescimento de lucros e dividendos. No ano passado, a empresa pagou dividendo de $ 3,40 e espera crescimento zero para o próximo ano. Nos anos 2 e 3, ela espera crescimento de 5% e, no ano 4, de 15%. Do ano 5 em diante, o crescimento deve se manter constante em 10% ao ano. Qual é o preço máximo por ação que um investidor que exige um retorno de 14% deve pagar pela ação ordinária da Home Place Hotels?

E7.14 Valor da ação ordinária: crescimento variável. O dividendo anual mais recente da Lawrence Industries foi de $ 1,80 por ação (D_0 = $ 1,80), e o retorno exigido da empresa é de 11%. Determine o valor de mercado das ações da Lawrence quando:

a. Espera-se que os dividendos cresçam a uma taxa anual de 8% por três anos, seguida de uma taxa de crescimento anual constante de 5% do ano 4 até o infinito.

b. Espera-se que os dividendos cresçam a uma taxa anual de 8% por três anos, seguida de uma taxa de crescimento anual constante de 0% do ano 4 até o infinito.

c. Espera-se que os dividendos cresçam a uma taxa anual de 8% por três anos, seguida de uma taxa de crescimento anual constante de 10% do ano 4 até o infinito.

E7.15 Valor da ação ordinária: todos os modelos de crescimento. Você está avaliando a possível compra de uma pequena empresa que hoje gera um fluxo de caixa após imposto de renda de $ 42.500 (D_0 = $ 42.500). Com base em um estudo de oportunidades de investimento de risco semelhante, você precisa obter uma taxa de retorno de 18% sobre a compra. Como os fluxos de caixa futuros são relativamente incertos, você decide estimar o valor da empresa utilizando várias hipóteses para a taxa de crescimento dos fluxos de caixa.

a. Qual é o valor da empresa se os fluxos de caixa crescerem a uma taxa anual de 0% de agora até o infinito?

b. Qual é o valor da empresa se os fluxos de caixa crescerem a uma taxa anual constante de 7% de agora até o infinito?

c. Qual é o valor da empresa se os fluxos de caixa crescerem a uma taxa anual de 12% nos dois primeiros anos, seguida de uma taxa anual constante de 7% do ano 3 até o infinito?

E7.16 Avaliação do fluxo de caixa livre. A Nabor Industries está pensando em abrir o capital, mas não tem certeza se o preço da oferta é justo. Antes de contratar um banco de investimento para assessorar a oferta pública, os administradores da Nabor decidiram calcular a própria estimativa do valor da ação ordinária da empresa. O diretor financeiro coletou dados para realizar a avaliação utilizando o modelo de avaliação do fluxo de caixa livre.

O custo médio ponderado de capital da empresa é de 11% e tem dívidas de $1,5 milhão a valor de mercado e $ 400.000 em ações preferenciais a valor de mercado presumido. Os fluxos de caixa livres estimados para os próximos cinco anos, de 2016 a

2020, são dados a seguir. De 2020 até o infinito, a empresa espera que seu fluxo de caixa livre cresça 3% ao ano.

Ano (t)	Fluxo de caixa livre (FCL_t)
2016	$ 200.000
2017	250.000
2018	310.000
2019	350.000
2020	390.000

a. Estime o valor da empresa como um todo, usando o *modelo de avaliação do fluxo de caixa livre*.

b. Use sua resposta do item **a** e os dados fornecidos para calcular o valor da ação ordinária da Nabor Industries.

c. Se a empresa planeja emitir 200.000 ações ordinárias, qual será o valor estimado por ação?

E7.17 Uso do modelo de avaliação do fluxo de caixa livre para precificar uma IPO. Suponha que você possa comprar ações da CoolTech, uma IPO que está sendo oferecida a $ 12,50 por ação. Apesar de seu grande interesse em ter participação na empresa, você não tem certeza se o preço é justo. Para determinar o valor das ações, você decidiu usar o modelo de avaliação do fluxo de caixa livre aplicando os dados financeiros da empresa que coletou de uma variedade de fontes de dados. Os principais valores coletados por você estão resumidos na tabela a seguir.

Exercício de finanças pessoais

Fluxo de caixa livre		
Ano (t)	FCL_t	Outros dados
2016	$ 700.000	Taxa de crescimento do FCL, a partir de 2019 até o infinito, = 2%
2017	800.000	Custo médio ponderado de capital = 8%
2018	950.000	Valor de mercado de toda a dívida = $ 2.700.000
2019	1.100.000	Valor de mercado das ações preferenciais = $ 1.000.000
		Número de ações ordinárias em circulação = 1.100.000

a. Use o *modelo de avaliação do fluxo de caixa livre* para estimar o valor da ação ordinária da CoolTech (valor por ação).

b. Com base na sua resposta do item **a** e no preço de oferta da ação, você compraria a ação?

c. Após uma análise mais aprofundada, você descobre que a taxa de crescimento do FCL a partir de 2019 será de 3%, e não 2%. Que efeito essa constatação teria em suas respostas dos itens **a** e **b**?

E7.18 Valor contábil e valor de liquidação. Veja a seguir o balanço patrimonial da Gallinas Industries.

Gallinas Industries			
Balanço patrimonial 31 de dezembro			
Ativo		Passivo e patrimônio líquido	
Caixa	$ 40.000	Fornecedores	$ 100.000
Títulos negociáveis	60.000	Títulos a pagar	30.000
Contas a receber	120.000	Salários a pagar	30.000

(Continua)

(Continuação)

Estoques	160.000	Total do passivo circulante	$ 160.000
Total do ativo circulante	$ 380.000	Dívida de longo prazo	$ 180.000
Terrenos e edifícios (líquido)	$ 150.000	Ações preferenciais	$ 80.000
Máquinas e equipamentos	250.000	Ações ordinárias (10.000 ações)	260.000
Total do ativo imobilizado (líquido)	$ 400.000	Lucros retidos	100.000
Total do ativo	$ 780.000	Total do passivo e patrimônio líquido	$ 780.000

Informações adicionais sobre a empresa foram disponibilizadas:

(1) Ações preferenciais podem ser liquidadas pelo valor contábil.
(2) Contas a receber e estoques podem ser liquidados por 90% do valor contábil.
(3) A empresa tem 10.000 ações ordinárias em circulação.
(4) Todos os juros e dividendos estão em dia.
(5) Terrenos e edifícios podem ser liquidados por 130% do valor contábil.
(6) Máquinas e equipamentos podem ser liquidados por 70% do valor contábil.
(7) Caixa e títulos negociáveis podem ser liquidados pelo valor contábil.

De posse dessas informações, responda às perguntas a seguir:

a. Qual é o *valor contábil por ação* da Gallinas Industries?

b. Qual é o *valor de liquidação por ação*?

c. Compare, contraste e discuta os valores calculados nos itens **a** e **b**.

 E7.19 Avaliação com múltiplos preço/lucro. Para cada uma das empresas apresentadas na tabela a seguir, use os dados fornecidos para estimar o valor da ação ordinária empregando múltiplos preço/lucro (P/L).

Empresa	LPA esperado	Múltiplo preço/lucro
A	$ 3,00	6,2
B	4,50	10,0
C	1,80	12,6
D	2,40	8,9
E	5,10	15,0

 E7.20 Decisões da administração e valor da ação. O dividendo mais recente da REH Corporation foi de $ 3 por ação, a taxa anual esperada de crescimento dos dividendos é de 5% e o atual retorno exigido é de 15%. Uma variedade de propostas está sendo considerada pela administração para redirecionar as atividades da empresa. Determine o impacto no preço da ação de cada uma das decisões a seguir e indique a melhor alternativa.

a. Não fazer nada, o que deixará as principais variáveis financeiras inalteradas.

b. Investir em um novo equipamento que aumentará a taxa de crescimento dos dividendos para 6% e reduzirá o retorno exigido para 14%.

c. Eliminar uma linha de produtos não rentável, o que aumentará a taxa de crescimento dos dividendos para 7% e elevará o retorno exigido para 17%.

d. Fazer uma fusão com outra empresa, o que reduzirá a taxa de crescimento para 4% e elevará o retorno exigido para 16%.

e. Adquirir uma subsidiária de outra empresa. A aquisição deve elevar a taxa de crescimento dos dividendos para 8% e o retorno exigido para 17%.

E7.21 Integrativo: risco e avaliação. Considerando as informações apresentadas a seguir, referentes à ação da Foster Company, calcule o prêmio pelo risco de sua ação ordinária.

Preço corrente por ação ordinária	$ 50,00
Dividendo esperado por ação no próximo ano	$ 3,00
Taxa de crescimento anual constante dos dividendos	9%
Taxa de retorno livre de risco	7%

E7.22 Integrativo: risco e avaliação. A ação da Giant Enterprises tem um retorno exigido de 14,8%. A empresa, que planeja pagar um dividendo de $ 2,60 por ação no ano que vem, estima que seus dividendos futuros crescerão a uma taxa anual consistente com a que experimentou de 2009 a 2015, quando os dividendos a seguir foram pagos.

Ano	Dividendo por ação
2015	$ 2,45
2014	2,28
2013	2,10
2012	1,95
2011	1,82
2010	1,80
2009	1,73

a. Se a taxa livre de risco for de 10%, qual será o prêmio pelo risco da ação da Giant?

b. Usando o modelo de crescimento constante, estime o valor da ação da Giant.

c. Explique o efeito, caso haja, de uma diminuição do prêmio pelo risco no valor da ação da Giant.

E7.23 Integrativo: risco e avaliação. Os administradores da Hamlin Steel Company querem determinar o valor da Craft Foundry, uma empresa que estão pensando em adquirir à vista. Os administradores querem determinar a taxa de desconto aplicável para usar como dado no modelo de avaliação de crescimento constante. As ações da Craft não são negociadas ao público. Tendo analisado os retornos exigidos de empresas similares à Craft que são negociadas ao público, os administradores acreditam que um prêmio pelo risco adequado da ação da Craft seria de cerca de 5%. Atualmente, a taxa livre de risco é de 9%. O dividendo por ação da Craft para cada um dos últimos seis anos é mostrado na tabela a seguir.

Ano	Dividendo por ação
2015	$ 3,44
2014	3,28
2013	3,15
2012	2,90

(Continua)

(Continuação)	
2011	2,75
2010	2,45

a. Considerando que a Craft deve pagar um dividendo de $ 3,68 no próximo ano, determine o preço à vista máximo que a Hamlin deveria pagar por ação da Craft.

b. Descreva o efeito no valor resultante da Craft de:

(1) Uma redução de 2% na taxa de crescimento do dividendo apresentada no período de 2010 a 2015.

(2) Uma redução do prêmio pelo risco para 4%.

E7.24 Problema de ética. Melissa está tentando avaliar a ação da Generic Utility, Inc., que, claramente, não está apresentando crescimento. A Generic declarou e pagou um dividendo de $ 5 no ano passado. A taxa de retorno exigida das ações do setor é de 11%, mas Melissa não tem certeza da confiabilidade das demonstrações financeiras apresentadas pela equipe financeira da Generic. Em vista disso, ela decide acrescentar ao retorno exigido um prêmio adicional de 1% pelo risco de "credibilidade" como parte de sua análise de avaliação.

a. Qual é o valor da ação da Generic, assumindo que as demonstrações financeiras são confiáveis?

b. Qual é o valor da ação da Generic, supondo que Melissa inclua o prêmio adicional de 1% pelo risco de "credibilidade"?

c. Qual é a diferença entre os valores calculados nos itens **a** e **b**, e como você interpretaria essa diferença?

Exercício com planilha

Você está pensando em comprar a ação ordinária da Azure Corporation. A empresa pagou recentemente um dividendo de $ 3 por ação. A Azure espera que seus lucros — e, portanto, seus dividendos — cresçam a uma taxa de 7% até o infinito. Atualmente, ações de risco semelhante apresentam retorno exigido de 10%.

TAREFA

a. Utilizando os dados apresentados, calcule o valor presente desse valor mobiliário. Use o modelo de crescimento constante (Equação 7.4) para calcular o valor da ação.

b. Um ano depois, seu corretor te oferece ações adicionais da Azure por $ 73. O dividendo pago recentemente foi de $ 3,21 e a taxa de crescimento esperada para os lucros se mantém em 7%. Se você determinar que o prêmio pelo risco adequado é 6,74% e constatar que a taxa livre de risco, R_F, atualmente é de 5,25%, qual é o retorno exigido atual da empresa, r_{Azure}?

c. Aplicando a Equação 7.4, determine o valor das ações usando o novo dividendo e o retorno exigido calculado no item **b**.

d. Com base nos cálculos do item **c**, você compraria as ações adicionais que seu corretor te ofereceu por $ 73 cada? Explique.

e. Com base nos seus cálculos do item **c**, você venderia suas ações antigas por $ 73? Explique.

CASO INTEGRATIVO 3

ENCORE INTERNATIONAL

No mundo de novas tendências da moda, intuição e talento em marketing são pré-requisitos para o sucesso. Jordan Ellis tinha os dois. Em 2015, sua empresa internacional de vestuário casual, a Encore, apresentou vendas de $ 300 milhões depois de dez anos de atividade. Sua linha de produtos cobria a mulher jovem da cabeça aos pés, com chapéus, blusas, vestidos, camisas, saias, calças, pulôveres, meias e sapatos. Em Manhattan, havia uma loja da Encore a cada cinco ou seis quarteirões e cada uma exibia uma cor diferente. Algumas lojas expunham toda a linha em roxo, enquanto outras, em amarelo-canário.

A Encore era um sucesso. Ninguém teria previsto o espetacular crescimento histórico da empresa. No entanto, analistas de valores mobiliários especulavam que a Encore não conseguiria manter esse ritmo. Eles alertavam que a concorrência é feroz no setor da moda e que a empresa poderia apresentar crescimento baixo ou nulo no futuro. Eles estimavam que os acionistas também não deveriam esperar por crescimento dos dividendos futuros.

Ao contrário das baixas expectativas dos analistas conservadores, Jordan Ellis acreditava que a empresa seria capaz de manter uma taxa constante de crescimento anual dos dividendos por ação de 6% no futuro, ou possivelmente de 8% nos próximos dois anos e de 6% daí em diante. Ellis baseou suas estimativas em um plano de expansão de longo prazo que contemplava a entrada da empresa nos mercados europeu e latino-americano. Esperava-se que as incursões nesses mercados elevassem o risco da empresa, medido por meio do prêmio pelo risco de sua ação, de 8,8% para 10%. (Atualmente, a taxa livre de risco é de 6%.)

Ao elaborar o plano financeiro de longo prazo, o diretor financeiro da Encore atribuiu a um analista financeiro júnior, Marc Scott, a tarefa de avaliar o preço atual da ação da empresa. Pediu que Marc considerasse as previsões conservadoras dos analistas e as mais agressivas de Jordan Ellis, o fundador da empresa.

Marc compilou os dados financeiros de 2015 apresentados a seguir para fazer a análise.

Item	Valor em 2015
Lucro por ação (LPA)	$ 6,25
Preço por ação ordinária	$ 40,00
Valor contábil total das ações ordinárias	$ 60.000.000
Número total de ações ordinárias em circulação	2.500.000
Dividendo por ação ordinária	$ 4,00

TAREFA

a. Qual é o valor contábil corrente por ação da empresa?

b. Qual é o índice P/L corrente?

c. (1) Qual é o retorno exigido corrente para a ação da Encore?

(2) Qual será o novo retorno exigido para a ação da Encore supondo que a empresa tenha realizado a expansão para os mercados europeu e latino-americano como planejado?

d. Se os analistas estiverem certos e os dividendos futuros não crescerem, qual será o valor da ação da Encore? (*Observação:* use o novo retorno exigido sobre a ação da empresa.)

e. (1) Se as previsões de Jordan Ellis estiverem corretas, qual será o valor da ação da Encore se a empresa mantiver uma taxa de crescimento anual constante de 6% para os dividendos futuros? (*Observação:* continue usando o novo retorno exigido.)

(2) Se as previsões de Jordan Ellis estiverem corretas, qual será o valor da ação da Encore se a empresa mantiver uma taxa de crescimento anual constante de 8% para os dividendos por ação nos próximos dois anos e de 6% a partir de então?

f. Compare o preço corrente (2015) da ação e os valores da ação calculados nos itens **a**, **d** e **e**. Discuta por que esses valores podem ser diferentes. Qual método de avaliação você acha que representa melhor o verdadeiro valor da ação da Encore?

PARTE 4
Risco e taxa de retorno exigida

Capítulos desta parte

8 Risco e retorno

9 O custo de capital

CASO INTEGRATIVO 4 ▶ Eco Plastics Company

▶ A maioria das pessoas entende intuitivamente a relação entre risco e retorno. Afinal, como diz o velho ditado, "Quem não arrisca não petisca". Nos dois capítulos a seguir vamos explorar como investidores e administradores financeiros quantificam a noção de risco e como determinam o retorno adicional para a remuneração adequada nos casos em que há mais risco.

O Capítulo 8 estabelece as bases, definindo os termos *risco* e *retorno* e explicando porque os investidores veem o risco de maneiras diferentes, dependendo se querem entender o risco de um investimento específico ou o risco de uma ampla carteira de investimentos. A teoria que talvez seja a mais famosa e aplicada em todo o campo de finanças, o modelo de precificação de ativos financeiros (ou CAPM, do inglês, *capital asset pricing model*), é apresentada também nesse capítulo. O CAPM mostra aos investidores e administradores qual retorno deveriam esperar, dado o risco do ativo em que desejam investir.

No Capítulo 9, aplicaremos essas lições ao contexto da administração financeira. As empresas levantam fundos de duas fontes: proprietários e credores. Os proprietários fornecem capital próprio e os credores fornecem capital por meio de dívida. Para maximizar o valor da empresa, os administradores precisam satisfazer os dois grupos, o que significa obter retornos suficientes para satisfazer às expectativas dos investidores. O foco do Capítulo 9 é o custo de capital ou, mais especificamente, o custo médio ponderado de capital (CMPC, da sigla em inglês, WACC — *weighted average cost of capital*). O CMPC mostra exatamente aos administradores que tipo de retorno seus investimentos em instalações e equipamentos, publicidade e recursos humanos devem gerar se a empresa deseja satisfazer seus investidores. Basicamente, o CMPC é uma taxa de atratividade ou, em outras palavras, o retorno mínimo aceitável que uma empresa deve receber sobre qualquer investimento que fizer.

Capítulo 8

Risco e retorno

Objetivos de aprendizagem

OA 1 Entender o significado e os fundamentos de risco, retorno e preferências com relação ao risco.

OA 2 Descrever procedimentos de avaliação e mensuração do risco de um ativo individual.

OA 3 Discutir a mensuração do retorno e do desvio padrão de uma carteira de ativos e o conceito de correlação.

OA 4 Entender as características de risco e retorno de uma carteira em termos de correlação e diversificação e o impacto de ativos internacionais em uma carteira.

OA 5 Entender os dois tipos de risco, a derivação e o papel do beta na mensuração do risco relevante, tanto de um valor mobiliário como de uma carteira.

OA 6 Explicar o modelo de precificação de ativos financeiros (CAPM — *capital asset pricing model*), sua relação com a linha do mercado de títulos (SML — *security market line*) e as principais forças que levam a deslocamentos da SML.

▶ Por que este capítulo é importante para você?

Na sua vida PROFISSIONAL

CONTABILIDADE Para entender a relação entre risco e retorno em razão do efeito que os projetos com mais risco terão nas demonstrações financeiras da empresa.

SISTEMAS DE INFORMAÇÃO Para aprender a fazer análises de cenário e de correlação para construir sistemas de decisão que ajudem os administradores a analisar o risco e o retorno de várias oportunidades de negócio.

GESTÃO Para entender a relação entre risco e retorno e como medir essa relação, para avaliar dados provenientes do pessoal de finanças e traduzir esses dados em decisões que aumentem o valor da empresa.

OPERAÇÕES Para entender por que os investimentos em instalações, equipamentos e sistemas precisam ser avaliados à luz do seu impacto no risco e retorno da empresa, que juntos afetarão o seu valor.

Na sua vida PESSOAL

O trade-off entre risco e retorno faz parte de várias decisões financeiras pessoais. Você usará os conceitos de risco e retorno ao investir suas economias, comprar imóveis, financiar compras de grande valor, contratar seguros, investir em valor mobiliário e implementar planos de aposentadoria. Embora risco e retorno sejam difíceis de mensurar com precisão, você pode ter uma ideia a respeito deles e tomar decisões levando em consideração os trade-offs entre risco e retorno à luz de sua disposição pessoal com relação ao risco.

A administração de ativos da Legg Mason

A hora de Miller

Por mais de uma década, Bill Miller ficou no topo do mundo dos investimentos. O fundo mútuo administrado por ele, o Legg Mason Value Trust, superou o índice S&P 500 (Standard & Poor's 500 Stock Composite Index) por 15 anos consecutivos, um recorde ainda não superado por outro administrador de carteiras. De 1991 a 2005, o índice S&P 500 obteve um retorno médio de 12,7%, enquanto o fundo de Miller atingiu uma média de 16,4%. Esse desempenho atraiu muitos novos investidores e o fundo de Miller cresceu mais de US$ 20 bilhões sob sua administração.

Não se sabe ao certo se essa onda de sucesso ocorreu em virtude da habilidade ou da sorte, mas o fato é que chegou ao fim em 2006. Miller ficou abaixo do índice em quatro dos cinco anos seguintes, às vezes por uma ampla margem. Durante esse período, Miller ocupou a posição inferior da lista de todos os administradores de fundos de ações e a maioria de seus investidores o abandonou. Quando Miller entregou o comando da Value Trust a seu sucessor, em abril de 2012, os ativos sob sua administração tinham caído para $ 2,8 bilhões.

Apenas um ano depois, contudo, Miller estava de volta ao topo. No período de 12 meses encerrado em 31 de março de 2013, o fundo Legg Mason Opportunity, que Miller administrava em parceria com Samantha McLemore, era o fundo de melhor desempenho em sua categoria. Uma razão para isso foi que Miller e McLemore fizeram uma grande aposta na recuperação das ações do setor financeiro, o mesmo tipo de aposta que custou caro a Miller durante a crise financeira. Mais de 34% dos ativos do fundo da Opportunity estavam investidos em ações do setor financeiro, como o Bank of America, e dessa vez a aposta foi acertada. Só o tempo dirá se isso marca o início de outra longa série de sucessos para Miller, mas podemos aprender algumas lições importantes com seu histórico de investimentos. Em primeiro lugar, um investimento que oferece retornos muito elevados (seja esse investimento em um fundo, uma ação ou qualquer outra coisa) vem, em geral, acompanhado de um alto risco. Em segundo lugar, o risco de uma carteira não diversificada (ou pouco diversificada) é maior que o risco de uma carteira bem diversificada. Em terceiro lugar, é extremamente difícil obter retornos anormais (isto é, acima da média) por um longo período, mesmo no caso de um investidor profissional.

OA 01 ▶8.1 Fundamentos de risco e retorno

Nas decisões de negócios mais importantes, existem duas principais considerações financeiras: risco e retorno. Cada decisão apresenta determinadas características de risco e de retorno, e a combinação dessas características pode aumentar ou reduzir o preço da ação de uma empresa. Os analistas usam diferentes métodos para quantificar o risco, dependendo de estarem analisando um ativo individual ou uma **carteira** — uma coleção ou grupo de ativos. Vamos examinar as duas possibilidades, começando pelo risco de um ativo individual. Antes de mais nada, contudo, é importante apresentar alguns conceitos fundamentais sobre risco, retorno e preferências com relação ao risco.

carteira
Uma coleção ou grupo de ativos.

DEFINIÇÃO DE RISCO

No sentido mais básico, o **risco** é uma medida da incerteza que envolve o retorno que um investimento irá gerar. Investimentos cujos retornos são mais incertos, em geral, são mais arriscados. Em termos mais formais, o termo *risco* é utilizado como sinônimo de *incerteza* e se refere à *variabilidade dos retornos associados a um determinado ativo*. Um título de dívida do governo de $ 1.000 que garante a seu detentor $ 5 de juros após 30 dias não apresenta risco, uma vez que não há variabilidade associada ao retorno. Já um investimento de $ 1.000 em ações ordinárias de uma empresa apresenta muito risco, pois o valor dessa ação pode variar consideravelmente no mesmo período de 30 dias.

risco
Uma medida da incerteza que envolve o retorno que um investimento irá gerar ou, mais formalmente, a *variabilidade dos retornos associados a um determinado ativo.*

Foco na ÉTICA

Bom demais para ser verdade

na prática Por muitos anos, investidores do mundo todo clamavam para investir com Bernard Madoff. Os que tiveram a sorte de investir com "Bernie" talvez não tenham entendido seu secreto sistema de negociação, mas estavam felizes com os retornos de dois dígitos que geravam. Madoff tinha boas conexões, tendo sido presidente do conselho de administração da Bolsa de Valores Nasdaq e membro fundador da International Securities Clearing Corporation. Suas credenciais pareciam impecáveis. No entanto, como diz o velho ditado, era bom demais para ser verdade. Os investidores de Madoff aprenderam essa lição a duras penas quando, em 11 de dezembro de 2008, a Securities and Exchange Commission (SEC) dos Estados Unidos acusou Madoff de fraude. Seu fundo de *hedge*, o Ascot Partners, revelou-se um gigantesco esquema Ponzi.

Ao longo dos anos, as altas taxas de retorno, aparentemente com muito pouco risco, geraram suspeita. Madoff creditava o desempenho de seus investimentos a sua complexa estratégia de negociação, mas era fato que outros investidores empregavam estratégias semelhantes com resultados bem diferentes dos apresentados por ele. Harry Markopolos chegou a enviar um relatório à SEC, três anos antes da prisão de Madoff, intitulado "O maior fundo de *hedge* do mundo é uma fraude",[a] detalhando suas preocupações.

Em 29 de junho de 2009, após um longo julgamento judicial, Madoff foi condenado a 150 anos de prisão. Os investidores de Madoff ainda estão tentando recuperar o que podem. Extratos fraudulentos de contas enviados pouco antes da prisão de Madoff indicavam que as contas dos investidores continham, no total, mais de US$ 64 bilhões. Muitos buscaram seus direitos com base no saldo apresentado nesses extratos. No entanto, uma decisão judicial permitiu reaver, no máximo, apenas a diferença entre o valor investido com Madoff e o montante sacado pelo investidor. O juiz também decidiu que os investidores que conseguiram sacar pelo menos o seu investimento inicial antes da fraude ser descoberta não teriam direito a recuperar fundos adicionais.

Estima-se que as perdas totais resultantes da fraude de Madoff chegaram a US$ 17,5 bilhões. No início de 2013, a Securities Investor Protection Corporation, um ór-

gão sem fins lucrativos criado para proteger os investidores, informou que mais de 53% dos fundos tinham sido devolvidos ou estavam em processo de devolução às vítimas de Madoff.
• Quais são alguns dos perigos de permitir que os investidores busquem seus direitos com base em seus extratos mais recentes de contas?

^a SEC. *The World's Largest Hedge Fund is a Fraud*, 7 nov. 2005. Disponível em: <www.sec.gov/news/studies/2009/oig-509/exhibit-0293.pdf>. Acesso em: 19 out. 2015.

DEFINIÇÃO DE RETORNO

Naturalmente, se quisermos avaliar o risco com base na variabilidade do retorno, precisamos estar certos de que sabemos o que é *retorno* e como mensurá-lo. A **taxa total de retorno** é o ganho ou a perda total que se observa em um investimento durante um determinado período de tempo. Matematicamente, o retorno total de um investimento é a soma de quaisquer distribuições de caixa (por exemplo, pagamentos de dividendos ou de juros) mais a variação de valor do investimento, dividido pelo valor investido no início do período. A expressão para o cálculo da taxa total de retorno gerada por qualquer ativo durante o período t, r_t, costuma ser definida como:

$$r_t = \frac{C_t + P_t - P_{t-1}}{P_{t-1}} \quad (8.1)$$

taxa total de retorno
Ganho ou perda total que se observa em um investimento durante um determinado período de tempo; que é calculado dividindo as distribuições de caixa do ativo durante o período, acrescido da variação de valor, pelo valor do investimento no início do período.

onde:

r_t = taxa real de retorno, esperada ou exigida durante o período t
C_t = (fluxo de) caixa recebido do investimento no ativo no período de $t-1$ a t
P_t = preço (valor) do ativo no tempo t
P_{t-1} = preço (valor) do ativo no tempo $t - 1$

O retorno, r_t, reflete o efeito combinado do fluxo de caixa, C_t, e das variações no valor, $P_t - P_{t-1}$, durante o período.[1]

A Equação 8.1 é utilizada para calcular a taxa de retorno ao longo de um período que pode variar de apenas um dia até dez anos ou mais. No entanto, na maioria dos casos, t equivale a um ano, de modo que r costuma representar uma taxa de retorno anual.

> **Exemplo 8.1**
>
> Robin quer determinar o retorno de duas ações que possuía durante 2012, da Apple e do Walmart. No início do ano, as ações da Apple estavam sendo negociadas por US$ 411,23 por ação e as do Walmart estavam avaliadas em US$ 60,33. Ao longo do ano, a Apple pagou US$ 5,30 em dividendos enquanto os acionistas do Walmart receberam dividendos de US$ 1,59 por ação. No final do ano, as ações da Apple valiam US$ 532,17 enquanto as ações do Walmart eram vendidas por US$ 68,23. Substituindo os valores na Equação 8.1, podemos calcular a taxa anual de retorno, r, para cada ação:
>
> Apple: (US$ 5,30 + US$ 532,17 − US$ 411,23) · US$ 411,23 = 30,7%
> Walmart: (US$ 1,59 + US$ 68,23 − US$ 60,33) · US$ 60,33 = 15,7%
>
> Robin lucrou com as duas ações em 2012 e seu retorno foi maior com as ações da Apple, tanto em unidades monetárias quanto em termos percentuais.

---

[1] Essa expressão não implica que um investidor necessariamente compra o ativo na data $t-1$ e o vende na data t. Na verdade, ela representa o aumento (ou redução) na riqueza que o investidor experimenta durante o período por manter um determinado investimento. Se o investidor vender o ativo na data t, dizemos que ele *realiza* o retorno sobre o investimento. Se o investidor continua mantendo o investimento, dizemos que o retorno é *não realizado*.

Os retornos sobre o investimento variam tanto ao longo do tempo quanto entre diferentes tipos de investimento. Pela média dos retornos históricos durante um período de tempo prolongado, podemos focar nas diferenças de retornos que diferentes tipos de investimentos tendem a gerar.

A Tabela 8.1 mostra as taxas de retorno anuais médias tanto nominais quanto reais de 1900 a 2011 para três tipos diferentes de investimento: *T-bills*, *T-bonds* e ações ordinárias. Apesar de as *T-bills* e *T-bonds* serem emitidas pelo governo dos Estados Unidos e, portanto, consideradas investimentos relativamente seguros, as *T-bills* têm vencimentos de um ano ou menos, enquanto as *T-bonds* têm vencimentos que podem chegar a 30 anos. Assim, o risco de taxa de juros associado às *T-bonds* é muito maior que o das *T-bills*. Nos últimos 112 anos, as *T-bills* geraram os menores retornos, apenas 3,9% ao ano de retorno nominal em média e apenas 0,9% ao ano em termos reais. Este último número significa que essa média dos retornos das *T-bills* mal excederam a taxa média de inflação. Os retornos das *T-bonds* foram maiores, de 5% em termos nominais e de 2% em termos reais. Fica claro, contudo, que as ações superaram os outros tipos de investimento, gerando retornos anuais nominais médios de 9,3% e retornos reais médios de 6,2%.

À luz dessas estatísticas, você pode se perguntar: "Por que alguém investiria em *T-bonds* ou *T-bills* se os retornos das ações são tão maiores?". A resposta, como veremos em breve, é que as ações são muito mais arriscadas do que as *T-bonds* ou *T-bills*, e esse risco faz com que alguns investidores prefiram os retornos mais seguros, ainda que menores, dos valores mobiliários do Tesouro.

PREFERÊNCIAS COM RELAÇÃO AO RISCO

Cada pessoa reage ao risco de uma maneira. Os economistas usam três categorias para descrever como os investidores respondem ao risco. A primeira categoria, *e a que descreve o comportamento da maioria das pessoas na maioria das vezes*, é chamada de **aversão ao risco**. Um investidor que é avesso ao risco prefere investimentos menos arriscados a investimentos mais arriscados, optando sempre pela taxa de retorno fixa. Um investidor avesso ao risco que acredita que dois investimentos diferentes têm o mesmo retorno esperado, escolherá sempre o investimento cujos retornos são mais certos. Dito de outra forma, ao escolher entre dois investimentos, *um investidor avesso ao risco não fará o investimento mais arriscado a menos que ofereça um retorno esperado mais elevado para remunerá-lo pelo risco adicional*.

Um segundo comportamento com relação ao risco é chamado de **indiferença ao risco**. Um investidor que é indiferente ao risco escolhe seus investimentos com base apenas nos retornos esperados, sem levar em conta os riscos. Ao escolher entre dois investimentos, *um investidor indiferente ao risco sempre escolherá o investimento com o retorno esperado mais elevado, independentemente de seu risco*.

aversão ao risco
A atitude com relação ao risco em que os investidores exigem um aumento do retorno como remuneração pelo aumento do risco.

indiferença ao risco
A atitude com relação ao risco em que os investidores escolhem o investimento com o maior retorno independentemente de seu risco.

Tabela 8.1 Retornos históricos de alguns investimentos (1900–2011)

Investimento	Retorno nominal médio	Retorno real médio
T-bills	3,9%	0,9%
T-bonds	5,0%	2,0%
Ações ordinárias	9,3%	6,2%

Fonte: Elroy Dimson, Paul Marsh, Mike Staunton, Paul McGinnie e Jonathan Wilmot, *Credit Suisse Global Investment Returns Yearbook 2012*.

Por fim, um investidor que tem **propensão ao risco** prefere investimentos com maior risco e pode até sacrificar algum retorno esperado ao optar por um investimento mais arriscado. Por exemplo, uma pessoa comum que compra um bilhete de loteria ou joga em um cassino, perde dinheiro. Afinal, governos estaduais e cassinos ganham dinheiro com esses empreendimentos, o que implica que o retorno esperado dessas atividades é negativo e, em geral, os indivíduos perdem. As pessoas, no entanto, compram bilhetes de loteria e visitam cassinos conscientes dessa realidade, e, ao fazê-lo, apresentam comportamento de propensão ao risco.

propensão ao risco
A atitude com relação ao risco em que os investidores preferem investimentos com maior risco, mesmo que tenham retornos esperados mais baixos.

→ QUESTÕES PARA REVISÃO

8.1 O que é *risco* no contexto da tomada de decisão financeira?

8.2 Defina *retorno* e descreva como calcular a taxa de retorno de um investimento.

8.3 Compare as seguintes preferências com relação ao risco: (**a**) aversão ao risco, (**b**) indiferença ao risco e (**c**) propensão ao risco. Qual é mais comum entre os administradores financeiros?

8.2 Risco de um ativo individual

Nesta seção, refinaremos nossa compreensão do risco. Surpreendentemente, o conceito de risco muda quando o foco muda do risco de um único ativo individual para o risco de uma carteira de ativos. Nesta seção, examinaremos diferentes métodos estatísticos para quantificar risco e, em seguida, aplicaremos esses métodos a carteiras.

AVALIAÇÃO DE RISCO

A noção de que o risco está de alguma forma ligado à incerteza é intuitivo. Quanto mais incerto você estiver com relação ao desempenho de um investimento, mais arriscado esse investimento lhe parecerá. A análise de cenários proporciona uma maneira simples de quantificar essa intuição e as distribuições de probabilidade oferecem uma maneira mais sofisticada para analisar o risco de um investimento.

análise de cenários
Uma abordagem para avaliar risco que utiliza diversos resultados alternativos possíveis (cenários) para obter uma noção da variabilidade entre retornos.

amplitude
Uma medida do risco de um ativo, que é encontrada subtraindo o retorno associado ao resultado pessimista (pior) do retorno associado ao resultado otimista (melhor).

Análise de cenários

A **análise de cenários** utiliza diversos resultados alternativos possíveis (cenários) para obter uma noção da variabilidade dos retornos.[2] Um método comum envolve a consideração de resultados pessimista (pior), mais provável (esperado) e otimista (melhor) e os retornos a eles associados para um determinado ativo. Nesse caso, o risco de um investimento equivale à amplitude dos possíveis resultados. A **amplitude** é calculada subtraindo o retorno associado ao resultado pessimista do retorno associado ao resultado otimista. Quanto maior for a amplitude, maior é a variabilidade, ou o risco, do ativo.

---

2 O termo *análise de cenários* é intencionalmente utilizado de forma geral, em vez de tecnicamente correto, e é usado neste texto para simplificar a discussão. Uma definição mais técnica e precisa e uma discussão mais aprofundada dessa técnica e da *análise de sensibilidade* são apresentadas no Capítulo 12.

Exemplo 8.2

A Norman Company, uma fabricante de equipamentos customizados de golfe, quer escolher a melhor opção entre os investimentos A e B. Cada um exige um desembolso inicial de $ 10.000 e tem taxa de retorno anual *mais provável* de 15%. A administração estimou os retornos associados aos resultados *pessimista* e *otimista* de cada investimento. As três estimativas para cada ativo, juntamente com sua amplitude, são apresentadas na Tabela 8.2. O ativo A parece ser menos arriscado que o ativo B; sua amplitude de 4% (17% menos 13%) é menor que a de 16% (23% menos 7%) do ativo B. O tomador de decisão avesso ao risco preferiria o ativo A ao ativo B, porque o A oferece o mesmo retorno mais provável que B (15%), porém com menor risco (amplitude menor).

Tabela 8.2 Ativos A e B

	Ativo A	Ativo B
Investimento inicial	$ 10.000	$ 10.000
Taxa de retorno anual		
Pessimista	13%	7%
Mais provável	15%	15%
Otimista	17%	23%
Amplitude	4%	16%

Não é incomum para os administradores financeiros pensar nos melhores e piores resultados possíveis quando estão nos estágios iniciais da análise de um novo projeto de investimento. Apesar do grande apelo intuitivo dessa abordagem, olhar a amplitude de resultados que um investimento pode produzir é uma maneira muito pouco sofisticada de medir o risco do investimento. Métodos mais complexos exigem algumas ferramentas estatísticas básicas.

Distribuições de probabilidade

As distribuições de probabilidade proporcionam uma visão mais quantitativa do risco de um ativo. A **probabilidade** de um determinado resultado é a *chance* de esse resultado ocorrer. Um resultado com uma probabilidade de ocorrência de 80% deverá ocorrer oito vezes a cada dez tentativas. Um resultado com uma probabilidade de 100% ocorrerá com certeza. Resultados com uma probabilidade de zero jamais ocorrerão.

probabilidade
A *chance* de ocorrer um determinado resultado.

FATOS e DADOS

Cuidado com o cisne negro

É possível saber com certeza que um determinado resultado nunca poderá acontecer ou, em outras palavras, que a chance de esse resultado ocorrer é de 0%? No livro *A lógica do cisne negro: o impacto do altamente improvável* (editora BestSeller, 2008), Nassim Nicholas Taleb argumenta que eventos aparentemente improváveis ou mesmo impossíveis têm mais chances de ocorrer do que a maioria das pessoas imagina, especialmente na área de finanças. O título do livro faz referência a uma antiga crença de que todos os cisnes eram brancos, uma crença que muitas pessoas defendiam até que uma variedade negra foi descoberta na Austrália. Consta que Taleb teria ganhado uma grande fortuna durante a crise financeira de 2007 a 2008 apostando que os mercados financeiros despencariam.

> **Exemplo 8.3**
>
> As estimativas passadas da Norman Company indicam que as probabilidades dos resultados pessimista, mais provável e otimista são de 25%, 50% e 25%, respectivamente. Observe que a soma das probabilidades deve ser igual a 100%; isto é, deve basear-se em todas as alternativas consideradas.

A **distribuição de probabilidade** é um modelo que relaciona probabilidades com os resultados associados. O tipo mais simples de distribuição de probabilidade é o **gráfico de barras**. Os gráficos de barras dos ativos A e B da Norman Company são apresentados na Figura 8.1. Embora os dois ativos tenham o mesmo retorno médio, a amplitude do retorno é muito maior, ou mais dispersa, para o ativo B do que para o ativo A (16% contra 4%).

A maioria dos investimentos tem mais do que dois ou três resultados possíveis. De fato, na maioria dos casos o número de possíveis resultados é praticamente infinito. Se conhecêssemos todos os resultados possíveis e as probabilidades associadas, poderíamos desenvolver uma **distribuição contínua de probabilidade**. Esse tipo de distribuição pode ser visto como um gráfico de barras para um número muito grande de resultados. A Figura 8.2 apresenta distribuições contínuas de probabilidade dos ativos C e D. Observe que, embora os dois ativos tenham o mesmo retorno médio (15%), a distribuição dos retornos do ativo D apresenta uma *dispersão* muito maior do que a distribuição do ativo C. Aparentemente, o ativo D é mais arriscado que o ativo C.

distribuição de probabilidade
Um modelo que relaciona probabilidades com os resultados associados.

gráfico de barras
O tipo mais simples de distribuição de probabilidade. Mostra apenas um número limitado de resultados e probabilidades associadas a um determinado evento.

distribuição contínua de probabilidade
Uma distribuição de probabilidade mostrando todos os resultados possíveis e as probabilidades associadas a um determinado evento.

MENSURAÇÃO DE RISCO

Além de levar em consideração a *amplitude* dos retornos que um investimento pode produzir, o risco de um ativo pode ser mensurado quantitativamente por meio do uso de estatísticas. A medida estatística mais comum utilizada para descrever o risco de um investimento é o desvio padrão.

Figura 8.1 Gráficos de barras

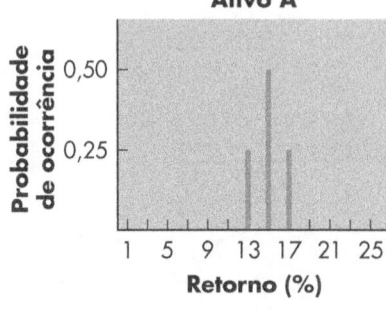
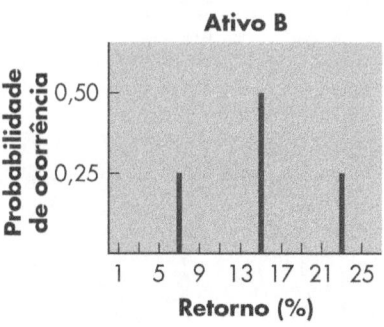

Gráficos de barras para os retornos do ativo A e do ativo B.

Figura 8.2 Distribuições contínuas de probabilidade

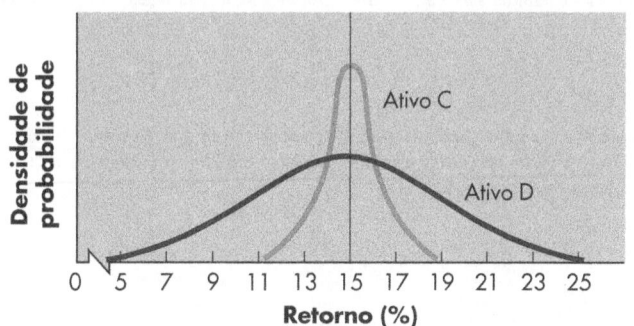

Distribuições contínuas de probabilidade dos retornos do ativo C e do ativo D.

Desvio padrão

desvio padrão (σ_r)
O indicador estatístico mais comum do risco de um ativo; mede a dispersão em torno do *valor esperado*.

valor esperado de um retorno ($\bar{r}$)
O retorno médio que se espera que um investimento produza ao longo do tempo.

O **desvio padrão**, σ_r, mede a dispersão do retorno de um investimento em torno do retorno esperado. O **valor esperado de um retorno**, $\bar{r}$, é o retorno médio que se espera que um investimento produza ao longo do tempo. Para um investimento com j diferentes retornos possíveis, o retorno esperado é calculado como se segue:[3]

$$\bar{r} = \sum_{j=1}^{n} r_j \times Pr_j \qquad (8.2)$$

onde:

r_j = retorno para o $j^{\underline{o}}$ resultado
Pr_j = probabilidade de ocorrência do $j^{\underline{o}}$ resultado
n = número de resultados considerados

Exemplo 8.4

Os valores esperados dos retornos dos ativos A e B da Norman Company são apresentados na Tabela 8.3. Na coluna 1 temos os valores de Pr_j, e, na coluna 2, os valores de r_j. Em cada caso, n é igual a 3. O valor esperado do retorno de cada ativo é de 15%.

Tabela 8.3 Valores esperados dos retornos dos ativos A e B

Resultados possíveis	Probabilidade (1)	Retornos (2)	Valor ponderado [(1) × (2)]
Ativo A			
Pessimista	0,25	13%	3,25%
Mais provável	0,50	15%	7,50%
Otimista	0,25	17%	4,25%
Total	1,00		Retorno esperado 15,00%
Ativo B			
Pessimista	0,25	7%	1,75%
Mais provável	0,50	15%	7,50%
Otimista	0,25	23%	5,75%
Total	1,00		Retorno esperado 15,00%

A expressão do *desvio padrão dos retornos*, σ_r, é:[4]

$$\sigma_r = \sqrt{\sum_{j=1}^{n} (r_j - \bar{r})^2 \times Pr_j} \qquad (8.3)$$

Em geral, quanto maior for o desvio padrão, maior é o risco.

---

[3] A fórmula para calcular o valor esperado do retorno, $\bar{r}$, quando todos os resultados, r_j, são conhecidos e suas probabilidades relacionadas são iguais, é uma simples média aritmética:

$$\bar{r} = \frac{\sum_{j=1}^{n} r_j}{n} \qquad (8.2a)$$

onde n é o número de observações.

[4] Na prática, os analistas raramente conhecem toda a amplitude dos possíveis resultados de um investimento e suas probabilidades. Nesses casos, os analistas usam dados históricos para estimar o desvio padrão. A fórmula que se aplica a essa situação é:

$$\sigma_r = \sqrt{\frac{\sum_{j=1}^{n} (r_j - \bar{r})^2}{n-1}} \qquad (8.3a)$$

A Tabela 8.4 apresenta os desvios padrão dos ativos A e B da Norman Company com base nos dados anteriores. O desvio padrão do ativo A é 1,41% e o do ativo B é 5,66%. O risco mais elevado do ativo B se reflete claramente nesse maior desvio padrão.

Exemplo 8.5

Tabela 8.4 Cálculo do desvio padrão dos retornos dos ativos A e B

j	r_j	$\bar{r}$	$r_j - \bar{r}$	$(r_j - \bar{r})^2$	Pr_j	$(r_j - \bar{r})^2 \times Pr_j$
Ativo A						
1	13%	15%	−2%	4%	0,25	1%
2	15%	15%	0%	0%	0,50	0%
3	17%	15%	2%	4%	0,25	1%

$$\sum_{j=1}^{3} (r_j - \bar{r})^2 \times Pr_j = 2\%$$

$$\sigma_{r_A} = \sqrt{\sum_{j=1}^{3} (r_j - \bar{r})^2 \times Pr_j} = \sqrt{2\%} = \underline{1,41\%}$$

Ativo B						
1	7%	15%	−8%	64%	0,25	16%
2	15%	15%	0%	0%	0,50	0%
3	23%	15%	8%	64%	0,25	16%

$$\sum_{j=1}^{3} (r_j - \bar{r})^2 \times Pr_j = 32\%$$

$$\sigma_{r_B} = \sqrt{\sum_{j=1}^{3} (r_j - \bar{r})^2 \times Pr_j} = \sqrt{32\%} = \underline{5,66\%}$$

Observação: os cálculos desta tabela foram feitos em forma percentual e não na forma decimal; por exemplo, 13% em vez de 0,13. Assim, alguns dos cálculos intermediários podem parecer inconsistentes com os que resultaram do uso da forma decimal. Mesmo assim, os desvios padrão resultantes estão corretos e são idênticos aos que seriam encontrados com a utilização da forma decimal em vez da forma porcentual.

Retornos históricos e risco Agora podemos usar o desvio padrão como medida de risco para avaliar os dados históricos (1900-2011) de retorno do investimento da Tabela 8.1. A Tabela 8.5 repete, em sua coluna 1, os retornos nominais médios históricos e mostra, na coluna 2, os desvios padrão associados a cada um deles. Pode ser

Tabela 8.5 Retornos históricos e desvios padrão de alguns investimentos (1900-2011)

Investimento	Retorno nominal médio	Desvio padrão	Coeficiente de variação
T-bills	3,9%	4,7%	1,20
T-bonds	5,0%	10,3%	2,06
Ações ordinárias	9,3%	20,2%	2,17

Fonte: Elroy Dimson, Paul Marsh, Mike Staunton, Paul McGinnie e Jonathan Wilmot, *Credit Suisse Global Investment Returns Yearbook 2012.*

constatada uma relação estreita entre os retornos dos investimentos e os desvios padrão: os investimentos com retornos mais elevados apresentam maiores desvios padrão. Por exemplo, as ações têm o retorno médio mais alto, 9,3%, que é mais do que o dobro do retorno médio das *T-bills*. Ao mesmo tempo, as ações são muito mais voláteis, com um desvio padrão de 20,2%, quatro vezes maior que o desvio padrão das *T-bills*. Como maiores desvios estão associados a maior risco, os dados históricos confirmam a existência de uma relação positiva entre risco e retorno. Essa relação reflete a *aversão ao risco* por parte dos participantes do mercado, que exigem retornos maiores para remunerar o maior risco. Os dados históricos das colunas 1 e 2 da Tabela 8.5 mostram claramente que, no período de 1900 a 2011, os investidores foram, em média, recompensados com retornos maiores em investimentos de risco mais elevado.

FATOS e DADOS

Nem todas as ações são iguais

A Tabela 8.5 mostra que as ações são mais arriscadas do que os títulos de dívida, mas seriam algumas ações mais arriscadas do que outras? A resposta é um enfático *sim*. Um estudo recente analisou os retornos históricos de ações de empresas de grande e de pequeno porte e constatou que o retorno anual médio das ações de empresas de grande porte, no período de 1926 a 2011, foi de 9,8%, enquanto as de pequeno porte renderam em média 11,9% ao ano. Entretanto, os retornos maiores das ações de empresas de pequeno porte tiveram um custo. O desvio padrão dos retornos das ações de empresas de pequeno porte foi de impressionantes 32,8%, ao passo que o desvio padrão das ações de empresas de grande porte foi de apenas 20,5%.

distribuição normal de probabilidade
Uma distribuição simétrica de probabilidade, cujo formato se assemelha a uma curva em forma de sino.

Distribuição normal Uma **distribuição normal de probabilidade**, representada na Figura 8.3, assemelha-se a uma curva simétrica em forma de sino. A simetria da curva indica que metade da probabilidade está associada a valores à esquerda do pico e metade a valores à direita. Como indica a figura em distribuições normais de probabilidade, 68% dos resultados possíveis estarão entre ±1 desvio padrão do retorno esperado, 95% de todos os resultados estarão entre ±2 desvios padrão do retorno esperado e 99% de todos os resultados estarão entre ±3 desvios padrão do retorno esperado.

Figura 8.3 Curva em forma de sino

Distribuição normal de probabilidade, com amplitudes.

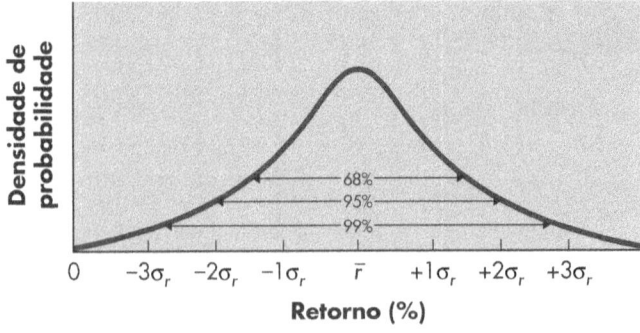

> **Exemplo 8.6**
>
> Utilizando os dados da Tabela 8.5 e presumindo que as distribuições de probabilidade dos retornos das ações ordinárias e dos títulos de dívida sejam normais, podemos supor que 68% dos resultados possíveis teriam um retorno variando entre –10,9% e 29,5% para as ações e entre –5,3% e 15,3% para os títulos de dívida; 95% dos possíveis resultados de retorno ficariam entre –31,1% e 49,7% para as ações e entre –15,6% e 25,6% para os títulos de dívida. O risco mais elevado das ações se reflete claramente em sua amplitude muito maior de retornos possíveis para cada nível de confiança (68% ou 95%).

Coeficiente de variação: escolhendo entre risco e retorno

O **coeficiente de variação**, CV, é uma medida da dispersão relativa, que é útil na comparação dos riscos de ativos com retornos esperados diferentes. A expressão do cálculo do coeficiente de variação é dada por:

$$CV = \frac{\sigma_r}{\bar{r}} \qquad (8.4)$$

coeficiente de variação (CV)
Uma medida da dispersão relativa, que é útil na comparação dos riscos de ativos com retornos esperados diferentes.

Um maior coeficiente de variação significa que um investimento tem mais volatilidade em relação a seu retorno esperado. Como os investidores preferem retornos mais elevados e menos risco, pode-se esperar, intuitivamente, que os investidores buscarão investimentos com baixo coeficiente de variação. No entanto, essa lógica nem sempre se aplica, por razões que veremos na próxima seção. Por enquanto, considere os coeficientes de variação da coluna 3 da Tabela 8.5. A tabela revela que as *T-bills* têm o coeficiente de variação mais baixo e, portanto, o risco mais baixo em relação a seu retorno. Será que isso significa que os investidores devem investir mais em *T-bills* e menos em ações? Não necessariamente.

> **Exemplo 8.7**
>
> Quando substituímos na Equação 8.4 os desvios padrão (da Tabela 8.4) e os retornos esperados (da Tabela 8.3) dos ativos A e B, os coeficientes de variação dos ativos A e B são 0,094 (1,41% · 15%) e 0,377 (5,66 % · 15%), respectivamente. O ativo B tem o maior coeficiente de variação e, portanto, é mais arriscado que o ativo A, o que já sabíamos por causa do desvio padrão. (Como os dois ativos têm o mesmo retorno esperado, o coeficiente de variação não nos fornece novas informações.)

> **Finanças pessoais Exemplo 8.8**
>
> Marilyn Ansbro está examinando ações para incluir em sua carteira de investimentos. Ela quer analisar a ação da Danhaus Industries Inc. (DII), uma fabricante diversificada de produtos para animais de estimação. Uma de suas principais preocupações é o risco. De modo geral, ela só investe em ações com coeficiente de variação inferior a 0,75. Ela coletou dados de preço e dividendo (mostrados na tabela a seguir) da DII para o intervalo entre 2013 e 2015, e supõe que o retorno de cada ano seja igualmente provável.
>
> | Ano | Preço da ação Inicial | Preço da ação Final | Dividendo pago |
> |---|---|---|---|
> | 2013 | $ 35,00 | $ 36,50 | $ 3,50 |
> | 2014 | 36,50 | 34,50 | 3,50 |
> | 2015 | 34,50 | 35,00 | 4,00 |

Substituindo os dados de preço e dividendo de cada ano na Equação 8.1, obtemos as seguintes informações:

Ano	Retornos
2013	[\$ 3,50 + (\$ 36,50 − \$ 35,00)] ÷ \$ 35,00 = \$ 5,00 ÷ \$ 35,00 = 14,3%
2014	[\$ 3,50 + (\$ 34,50 − \$ 36,50)] ÷ \$ 36,50 = \$ 1,50 ÷ \$ 36,50 = 4,1%
2015	[\$ 4,00 + (\$ 35,00 − \$ 34,50)] ÷ \$ 34,50 = \$ 4,50 ÷ \$ 34,50 = 13,0%

Substituindo na Equação 8.2a, considerando que os retornos são igualmente prováveis, obtemos o retorno médio, $\bar{r}_{2013-2015}$:

$$\bar{r}_{2013-2015} = (14,3\% + 4,1\% + 13,0\%) \div 3 = 10,5\%$$

Substituindo o retorno médio e os retornos anuais na Equação 8.3a, da nota de rodapé 4, obtemos o desvio padrão, $\sigma_{r\,2013-2015}$:

$$\sigma_{r2013-2015} = \sqrt{[(14,3\% - 10,5\%)^2 + (4,1\% - 10,5\%)^2 + (13,0\% - 10,5\%)^2] \div (3-1)}$$

$$= \sqrt{(14,44\% + 40,96\% + 6,25\%) \div 2} = \sqrt{30,825\%} = 5,6\%$$

Por fim, substituindo o desvio padrão dos retornos e o retorno médio na Equação 8.4, obtemos o coeficiente de variação, CV:

$$CV = 5,6\% \div 10,5\% = 0,53$$

Como o coeficiente de variação dos retornos da ação da DII ao longo do período de 2013 a 2015, de 0,53, está bem abaixo do coeficiente de variação máximo de 0,75 de Marilyn, ela conclui que a ação da DII será um investimento aceitável.

→ QUESTÕES PARA REVISÃO

8.4 Explique como a *amplitude* é utilizada na análise de cenários.

8.5 O que um gráfico da *distribuição de probabilidade* dos resultados mostra ao tomador de decisão sobre o risco de um ativo?

8.6 Qual é a relação existente entre o tamanho do *desvio padrão* e o grau de risco do ativo?

8.7 O que o *coeficiente de variação* revela sobre o risco de um investimento que o desvio padrão não revela?

▶8.3 Risco de uma carteira

No mundo real, o risco de qualquer investimento individual não seria visto independentemente de outros ativos. Novos investimentos devem ser considerados à luz de seu impacto sobre o risco e o retorno da *carteira* de ativos do investidor. O objetivo do administrador financeiro é criar uma **carteira eficiente**, que maximize o retorno para um determinado nível de risco. Precisamos, portanto, de uma maneira para medir o retorno e o desvio padrão de uma carteira de ativos. Como parte dessa análise, examinaremos o conceito estatístico de *correlação*, que fundamenta o processo de diversificação, utilizado para criar uma carteira eficiente.

carteira eficiente
Uma carteira que maximiza o retorno para um determinado nível de risco.

RETORNO E DESVIO PADRÃO DE UMA CARTEIRA

O *retorno de uma carteira* é a média ponderada dos retornos dos ativos individuais que a compõem. Podemos usar a Equação 8.5 para calcular o retorno da carteira, r_p:

$$r_p = (w_1 \times r_1) + (w_2 \times r_2) + \cdots + (w_n \times r_n) = \sum_{j=1}^{n} w_j \times r_j \quad (8.5)$$

onde:

w_j = proporção do ativo j no valor total da carteira em unidades monetárias
r_j = retorno do ativo j

Naturalmente, $\sum_{j=1}^{n} w_j = 1$, o que significa que 100% dos ativos da carteira devem ser incluídos neste cálculo.

Exemplo 8.9

James comprou 100 ações do Walmart a US$ 55 por ação, de modo que seu investimento total no Walmart é de US$ 5.500. Ele comprou também 100 ações da Cisco Systems a US$ 25 por ação, de modo que seu investimento total em ações da Cisco é de US$ 2.500. Combinando essas duas participações, a carteira total de James vale US$ 8.000. Do total, 68,75% estão investidos no Walmart (US$ 5.500 · US$ 8.000) e 31,25% estão investidos na Cisco Systems (US$ 2.500 · US$ 8.000). Assim, $w_1 = 0,6875$, $w_2 = 0,3125$ e $w_1 + w_2 = 1,0$.

O *desvio padrão dos retornos de uma carteira* é calculado aplicando a fórmula do desvio padrão de um ativo individual. Especificamente, a Equação 8.3 é utilizada quando as probabilidades dos retornos são conhecidas, e a Equação 8.3a (da nota de rodapé 4) é aplicada quando os analistas usam dados históricos para estimar o desvio padrão.

Exemplo 8.10

Suponha que queiramos determinar o valor esperado e o desvio padrão dos retornos da carteira XY, criada pela combinação de proporções iguais (50% cada) dos ativos X e Y. Os retornos previstos dos ativos X e Y para cada um dos próximos cinco anos são apresentados nas colunas 1 e 2, respectivamente, na parte A da Tabela 8.6. Na coluna 3, os pesos de 50% para os ativos X e Y, juntamente com os respectivos retornos das colunas 1 e 2, são substituídos na Equação 8.5. A coluna 4 mostra os resultados do cálculo: um retorno esperado da carteira de 12% ao ano, nos próximos cinco anos.

Além disso, como mostra a parte B da Tabela 8.6, o valor esperado desses retornos da carteira no período de cinco anos também é de 12% (calculado usando a Equação 8.2a, da nota de rodapé 3). Na parte C da Tabela 8.6, o desvio padrão da carteira XY é calculado como 0% (usando a Equação 8.3a, da nota de rodapé 4). Esse valor não deveria surpreender, já que o retorno da carteira em cada um dos anos é o mesmo: 12%. Os retornos da carteira não variam ao longo do tempo.

| Tabela 8.6 | Retorno esperado, valor esperado e desvio padrão dos retornos da carteira XY |

A. Retornos esperados da carteira

Ano	Retorno previsto Ativo X (1)	Retorno previsto Ativo Y (2)	Cálculo do retorno da carteira[a] (3)	Retorno esperado da carteira, r_p (4)
1	8%	16%	(0,50 × 8%) + (0,50 × 16%) =	12%
2	10%	14%	(0,50 × 10%) + (0,50 × 14%) =	12%
3	12%	12%	(0,50 × 12%) + (0,50 × 12%) =	12%
4	14%	10%	(0,50 × 14%) + (0,50 × 10%) =	12%
5	16%	8%	(0,50 × 16%) + (0,50 × 8%) =	12%

B. Valor esperado dos retornos da carteira nos próximos cinco anos[b]

$$\bar{r}_p = \frac{12\% + 12\% + 12\% + 12\% + 12\%}{5} = \frac{60\%}{5} = \underline{12\%}$$

C. Desvio padrão dos retornos esperados da carteira[c]

$$\sigma_{r_p} = \sqrt{\frac{(12\% - 12\%)^2 + (12\% - 12\%)^2 + (12\% - 12\%)^2 + (12\% - 12\%)^2 + (12\% - 12\%)^2}{5 - 1}}$$

$$= \sqrt{\frac{0\% + 0\% + 0\% + 0\% + 0\%}{4}}$$

$$= \sqrt{\frac{0\%}{4}} = \underline{0\%}$$

[a] Usando a Equação 8.5.
[b] Usando a Equação 8.2a, da nota de rodapé 3.
[c] Usando a Equação 8.3a, da nota de rodapé 4.

CORRELAÇÃO

correlação
Uma medida estatística da relação entre duas séries de números quaisquer.

positivamente correlacionada
Descreve duas séries que se movem na mesma direção.

negativamente correlacionada
Descreve duas séries que se movem em direções opostas.

A **correlação** é uma medida estatística da relação entre duas séries de números quaisquer. Os números podem representar dados de qualquer espécie, de retornos a notas de provas. Se duas séries variam na mesma direção, elas estão **positivamente correlacionadas**. Se variam em direções opostas, elas estão **negativamente correlacionadas**. Por exemplo, suponha que coletamos dados sobre o preço de varejo e o peso de carros novos. Muito provavelmente, constataremos que os carros maiores custam mais que os menores e concluiremos que, entre os carros novos, peso e preço estão positivamente correlacionados. Se também medíssemos a economia de combustível desses veículos (número de quilômetros rodados por litro de combustível), perceberíamos que os carros mais leves são mais econômicos que os mais pesados. Nesse caso, diríamos que a economia de combustível e o peso do veículo estão negativamente correlacionados.[5]

---

5 Observe que estamos falando de tendências gerais. Por exemplo, um grande utilitário híbrido poderia ser mais econômico do que um pequeno sedã com um motor a gasolina convencional, mas isso não muda a tendência geral de que carros mais leves são mais econômicos.

O grau de correlação é medido pelo **coeficiente de correlação**, que varia de +1, para as séries **perfeita e positivamente correlacionadas**, a –1, para as séries **perfeita e negativamente correlacionadas**. Esses dois extremos são representados nas séries M e N na Figura 8.4. As séries perfeita e positivamente correlacionadas movem-se exatamente da mesma maneira; já as séries perfeita e negativamente correlacionadas movem-se em direções exatamente opostas.

DIVERSIFICAÇÃO

O conceito de correlação é essencial na criação de uma carteira eficiente. Para reduzir o risco geral da carteira, é melhor *diversificar* por meio da combinação ou adicionando à carteira ativos com a menor correlação possível. Combinar ativos que têm baixa correlação pode reduzir a variabilidade geral dos retornos de uma carteira. A Figura 8.5 mostra os retornos que dois ativos, F e G, geram ao longo do tempo. Os dois ativos geram o mesmo retorno médio ou esperado, r, mas observe que, quando o retorno de F está acima da média, o retorno de G está abaixo da média e vice-versa. Em outras palavras, os retornos de F e G são negativamente correlacionados e, quando esses dois ativos são combinados em uma carteira, o risco dessa carteira cai sem que haja redução do retorno médio (ou seja, o retorno médio da carteira também é de r). Para os investidores avessos ao risco, isso é uma notícia muito boa. Eles se livram de algo de que não gostam (risco) sem ter de sacrificar aquilo de que gostam (retorno). Mesmo se os ativos forem positivamente correlacionados, quanto menor for a correlação entre eles, maior será a redução do risco que pode ser alcançada por meio da diversificação.

coeficiente de correlação
Uma medida do grau de correlação entre duas séries.

perfeita e positivamente correlacionada
Descreve duas séries *positivamente correlacionadas* que têm um coeficiente de correlação igual a +1.

perfeita e negativamente correlacionada
Descreve duas séries *negativamente correlacionadas* que têm um coeficiente de correlação igual a –1.

Figura 8.4 — Correlações

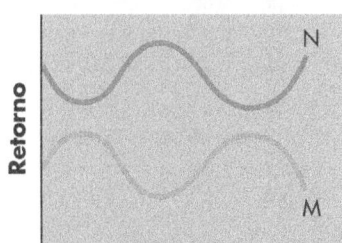

A correlação entre as séries M e N.

Figura 8.5 — Diversificação

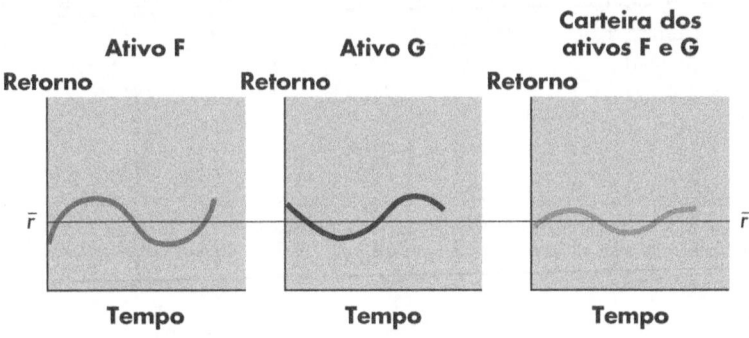

Combinação de ativos negativamente correlacionados para reduzir, ou diversificar, o risco.

não correlacionadas
Descreve duas séries que não apresentam interação e, portanto, têm um *coeficiente de correlação* próximo de zero.

Alguns ativos estão **não correlacionados**; ou seja, não há interação entre seus retornos. Combinar ativos não correlacionados pode reduzir o risco de maneira tão eficaz quanto combinar ativos negativamente correlacionados, mas é uma opção ainda mais eficaz do que combinar ativos positivamente correlacionados. O *coeficiente de correlação de ativos não correlacionados é próximo de zero* e age como o ponto intermediário entre a correlação perfeitamente positiva e a correlação perfeitamente negativa.

A criação de uma carteira que combine dois ativos com retornos perfeita e positivamente correlacionados resulta em um risco geral da carteira, no mínimo, igual ao do ativo menos arriscado e, no máximo, igual ao do ativo mais arriscado. Entretanto, uma carteira que combine dois ativos com correlação positiva menos do que perfeita *pode* reduzir o risco total a um nível inferior ao de qualquer um dos componentes. Por exemplo, suponha que você compre ações de um fabricante de maquinários. Trata-se de um negócio altamente *cíclico*, de modo que a ação terá bom desempenho quando a economia estiver em expansão e desempenho fraco em caso de recessão. Se você comprasse ações de outro fabricante de maquinários, com vendas positivamente correlacionadas com as da primeira empresa, a carteira combinada continuaria sendo cíclica e o risco não seria reduzido. Alternativamente, você poderia comprar ações de um varejista de desconto, cujas vendas são *anticíclicas*. Normalmente, ela apresenta pior desempenho durante expansões econômicas do que durante recessões (quando os consumidores tentam economizar em todas as compras). Uma carteira contendo essas duas ações pode ser menos volátil do que cada ação individualmente.[6]

Exemplo 8.11

A Tabela 8.7 apresenta os retornos previstos de três ativos diferentes — X, Y e Z — pelos próximos cinco anos, bem como seus valores esperados e desvios padrão. Cada um dos ativos tem um retorno esperado de 12% e um desvio padrão de 3,16%. Ou seja, apresentam o mesmo retorno e o mesmo risco. Os padrões de retorno dos ativos X e Y são perfeita e negativamente correlacionados. Quando X atinge seu retorno máximo, Y atinge seu retorno mínimo e vice-versa. Já os retornos dos ativos X e Z são perfeita e positivamente correlacionados. Movem-se exatamente na mesma direção, de modo que, quando o retorno de X é alto, o de Z também é alto. (*Observação:* os retornos de X e Z são idênticos.)[6] Agora vamos considerar o que acontece quando combinamos esses ativos de maneiras diferentes para a criação de carteiras.

Carteira XY A carteira XY (mostrada na Tabela 8.7) é criada combinando partes iguais dos ativos X e Y, os ativos perfeita e negativamente correlacionados. (O cálculo dos retornos anuais da carteira XY, do retorno esperado da carteira e do desvio padrão dos retornos foi demonstrado na Tabela 8.6.) O risco dessa carteira, refletido por seu desvio padrão, cai para 0%, ao passo que o retorno esperado mantém-se em 12%. Assim, a combinação resulta na eliminação total do risco, porque em cada um dos anos, a carteira gera um retorno de 12%.[7] *Sempre que os ativos estão perfeita e negativamente correlacionados, existe alguma combinação dos dois ativos de modo que os retornos resultantes da carteira sejam livres de risco.*

---

6 Séries de retorno idênticas são usadas neste exemplo para ilustrar os conceitos com mais clareza, mas *não* é necessário que elas sejam iguais para que estejam perfeita e positivamente correlacionadas. Quaisquer séries de retornos que se movam exatamente da mesma maneira — independentemente do tamanho relativo dos retornos — são perfeita e positivamente correlacionadas.

7 Uma correlação negativa perfeita significa que os altos e baixos experimentados por um ativo são compensados exatamente pelos movimentos em outro ativo. Desse modo, o retorno da carteira não varia ao longo do tempo.

Tabela 8.7 — Retornos previstos, valores esperados e desvios padrão dos ativos X, Y, e Z e das carteiras XY e XZ

Ano	Ativos			Carteiras	
	X	Y	Z	XY[a] (50% X + 50% Y)	XZ[b] (50% X + 50% Z)
2014	8%	16%	8%	12%	8%
2015	10%	14%	10%	12%	10%
2016	12%	12%	12%	12%	12%
2017	14%	10%	14%	12%	14%
2018	16%	8%	16%	12%	16%
Estatísticas:[c]					
Valor esperado	12%	12%	12%	12%	12%
Desvio padrão[d]	3,16%	3,16%	3,16%	0%	3,16%

[a] A carteira XY, composta de 50% do ativo X e 50% do ativo Y, ilustra a *correlação negativa perfeita* porque essas duas séries de retornos se comportam de maneira completamente oposta durante o período de cinco anos. Os valores dos retornos mostrados aqui foram calculados na parte A da Tabela 8.6.

[b] A carteira XZ, composta de 50% do ativo X e 50% do ativo Z, ilustra a *correlação positiva perfeita* porque essas duas séries de retornos se comportam de maneira completamente idêntica no período de cinco anos. Os valores do retorno desses ativos foram calculados usando o mesmo método demonstrado para a carteira XY na parte A da Tabela 8.6.

[c] Como as probabilidades associadas aos retornos não são dadas, as equações genéricas — a Equação 8.2a, da nota de rodapé 3, e a Equação 8.3a, da nota de rodapé 4 — foram usadas para calcular os valores esperados e os desvios padrão, respectivamente. O cálculo do valor esperado e do desvio padrão da carteira XY é demonstrado nas partes B e C, respectivamente, da Tabela 8.6.

[d] Os desvios padrão da carteira podem ser calculados diretamente a partir dos desvios padrão dos ativos que a compõem, utilizando a fórmula a seguir:

$$\sigma_{r_p} = \sqrt{w_1^2 \sigma_1^2 + w_2^2 \sigma_2^2 + 2 w_1 w_2 c_{1,2} \sigma_1 \sigma_2}$$

onde w_1 e w_2 são as proporções dos ativos componentes 1 e 2, σ_1 e σ_2 são os desvios padrão dos ativos componentes 1 e 2 e $c_{1,2}$ é o coeficiente de correlação entre os retornos dos ativos componentes 1 e 2.

Carteira XZ A carteira XZ (mostrada na Tabela 8.7) é criada combinando partes iguais dos ativos X e Z, os ativos perfeita e positivamente correlacionados. Individualmente, os ativos X e Z têm o mesmo desvio padrão, 3,16%, e, porque se movem sempre juntos, combiná-los em uma carteira não reduz em nada o risco; o desvio padrão da carteira também é 3,16%. Assim como no caso da carteira XY, o retorno esperado da carteira XZ é de 12%. Como ambas as carteiras proporcionam o mesmo retorno esperado, mas a carteira XY alcança esse retorno esperado sem risco, a carteira XY é claramente preferida pelos investidores avessos ao risco em relação à carteira XZ.

CORRELAÇÃO, DIVERSIFICAÇÃO, RISCO E RETORNO

Em geral, quanto menor a correlação entre os retornos dos ativos, maior a redução do risco que os investidores podem alcançar por meio da diversificação. O Exemplo 8.12 a seguir ilustra como a correlação influencia o risco de uma carteira, mas não o seu retorno esperado.

DIVERSIFICAÇÃO INTERNACIONAL

Um excelente exemplo prático de diversificação de carteira envolve a inclusão de ativos estrangeiros. A inclusão de ativos de países com ciclos de negócios que não estejam altamente correlacionados com o ciclo de negócios do próprio país reduz a sensibilidade da carteira a movimentos de mercado. Os altos e baixos de diferentes

Exemplo 8.12

Considere dois ativos — L e H — com as características descritas na tabela a seguir.

Ativo	Retorno esperado, $\bar{r}$	Risco (desvio padrão), σ
L	6%	3%
H	8%	8%

Fica claro que o ativo L oferece um retorno menor que o ativo H, mas L também é menos arriscado do que H. Seria natural pensar que uma carteira que combina L e H ofereceria um retorno entre 6% e 8% e que o risco da carteira também ficaria entre 3% e 8%. Mas essa lógica intuitiva está apenas parcialmente correta.

O desempenho de uma carteira composta dos ativos L e H depende não apenas do retorno esperado e do desvio padrão de cada ativo (dados apresentados na tabela) como também do modo como os retornos dos dois ativos estão correlacionados. Vejamos os resultados de três cenários específicos: (1) os retornos de L e H estão perfeita e positivamente correlacionados, (2) os retornos de L e H não estão correlacionados e (3) os retornos de L e H estão perfeita e negativamente correlacionados.

Os resultados da análise são apresentados na Figura 8.6. Não importa se a correlação entre L e H é de +1, 0 ou –1, uma carteira desses dois ativos precisa ter um retorno esperado entre 6% e 8%. É por isso que todas as amplitudes de retorno, à esquerda na Figura 8.6, ficam entre 6% e 8%. No entanto, o desvio padrão de uma carteira depende muito da correlação entre L e H. Somente quando L e H estão perfeita e positivamente correlacionados pode-se dizer que o desvio padrão da carteira deve ficar entre 3% (o desvio padrão de L) e 8% (desvio padrão de H). À medida que a correlação entre L e H se torna mais fraca (isto é, à medida que o coeficiente de correlação cai), os investidores podem constatar que é possível criar carteiras com L e H com desvios padrão que são ainda menores que 3% (ou seja, carteiras que são menos arriscadas do que o ativo L individualmente). É por isso que as amplitudes de retorno, à direita na Figura 8.6, variam. No caso especial em que L e H estão perfeita e negativamente correlacionados, é possível eliminar completamente o risco, por meio da diversificação, e criar uma carteira que é livre de risco.

Figura 8.6 — Correlações possíveis

Amplitudes do retorno da carteira ($\bar{r}_p$) e do risco (σ_{r_p}) para combinações dos ativos L e H e diversos coeficientes de correlação.

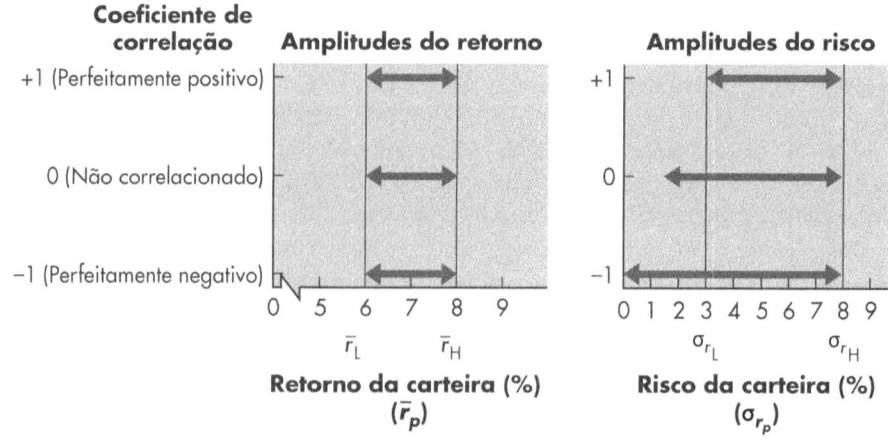

Retornos com a diversificação internacional

Em períodos longos, carteiras internacionalmente diversificadas tendem a apresentar desempenho superior (o que significa que elas geram retornos mais elevados em relação aos riscos assumidos) do que carteiras compostas exclusivamente de ativos domésticos. No entanto, em períodos mais curtos, como um ou dois anos, as carteiras internacionalmente diversificadas podem apresentar desempenho tanto melhor quanto pior do que carteiras compostas exclusivamente de ativos domésticos. Por exemplo, pense no que acontece se a economia dos Estados Unidos apresentar um desempenho relativamente fraco e o dólar estiver perdendo valor em relação a maioria das moedas estrangeiras. Em situações como esta, os retornos em dólares, para os investidores norte-americanos, em uma carteira de ativos estrangeiros podem ser muito atraentes. No entanto, a diversificação internacional pode levar a retornos abaixo do esperado, especialmente quando o dólar está se valorizando em relação a outras moedas. Quando a moeda norte-americana se valoriza, o valor em dólares de uma carteira de ativos denominada em moeda estrangeira cai. Mesmo se essa carteira gerar um retorno satisfatório em moeda estrangeira, o retorno para os investidores norte-americanos será reduzido ao ser convertido em dólar. Baixos retornos de carteiras em moeda local associados a um dólar valorizado podem levar a retornos deploráveis em dólar para os investidores norte-americanos.

De modo geral, contudo, a lógica da diversificação internacional de carteira presume que essas flutuações no valor das moedas e do desempenho relativo superarão a média no decorrer de períodos longos. Em comparação com carteiras semelhantes, mas compostas exclusivamente de ativos domésticos, uma carteira internacionalmente diversificada tenderá a gerar um retorno semelhante com menor nível de risco.

Riscos com a diversificação internacional

Além do risco trazido pelas flutuações cambiais, muitos outros riscos financeiros são típicos do investimento internacional. O mais importante é o **risco político**, que decorre da possibilidade de um governo anfitrião tomar medidas prejudiciais aos investidores estrangeiros ou de uma turbulência política ameaçar os investimentos. Os riscos

risco político
Risco que decorre da possibilidade de um governo anfitrião tomar medidas prejudiciais aos investidores estrangeiros ou de uma turbulência política ameaçar os investimentos.

Foco GLOBAL

Um toque internacional à redução de risco

na prática No início deste capítulo (veja a Tabela 8.5), vimos que, de 1900 até 2011, o mercado de ações dos Estados Unidos produziu um retorno nominal anual médio de 9,3%, porém esse retorno estava associado a um desvio padrão relativamente elevado: 20,2% ao ano. Será que os investidores dos Estados Unidos teriam feito melhor se tivessem diversificado globalmente? A resposta é um *sim* inquestionável. Elroy Dimson, Paul Marsh e Mike Staunton calcularam os retornos históricos de uma carteira que incluía ações americanas e de 18 outros países. Essa carteira diversificada produziu retornos que não eram tão altos quanto a média dos Estados Unidos, apenas 8,5% ao ano. No entanto, a carteira globalmente diversificada era menos volátil, com desvio padrão anual de 17,7%. Dividindo-se o desvio padrão pelo retorno anual tem-se um coeficiente de variação para a carteira globalmente diversificada de 2,08, ligeiramente inferior ao coeficiente de variação de 2,17 das ações norte-americanas, como mostra a Tabela 8.5.

- *Os fundos mútuos internacionais não incluem ativos domésticos, ao passo que os fundos mútuos globais incluem tanto ativos estrangeiros quanto domésticos. Como essa diferença pode afetar sua correlação com os fundos mútuos norte-americanos?*

Fonte: Elroy Dimson, Paul Marsh, Mike Staunton, Paul McGinnie e Jonathan Wilmot, *Credit Suisse Global Investment Returns Yearbook 2012*.

políticos são particularmente sérios em países em desenvolvimento, onde governos instáveis ou com motivação ideológica podem tentar impedir a repatriação de lucros pelos investidores estrangeiros, ou mesmo expropriar (nacionalizar) os ativos dos investidores estrangeiros. Por exemplo, refletindo o desejo do presidente Hugo Chávez de ampliar a revolução socialista do país, a Venezuela instituiu uma lista de produtos prioritários para importação que excluía uma grande porcentagem dos insumos necessários ao processo de fabricação de automóveis. Em consequência, a Toyota suspendeu a produção de automóveis na Venezuela e três outras montadoras temporariamente encerraram ou reduziram consideravelmente sua produção no país. Chávez também forçou a maioria das empresas estrangeiras de energia a reduzir suas participações acionárias e ceder o controle de projetos petrolíferos na Venezuela.

Para uma discussão mais aprofundada sobre a redução de risco por meio da diversificação internacional, veja o quadro *Foco Global* na página anterior.

→ QUESTÕES PARA REVISÃO

8.8 O que é uma carteira eficiente? Como o retorno e o desvio padrão de uma carteira podem ser determinados?

8.9 Por que a correlação entre os retornos de ativos é importante? Como a diversificação permite que ativos de risco sejam combinados de maneira que o risco da carteira seja menor que o risco de cada um dos ativos individualmente?

8.10 Como a diversificação internacional colabora para a redução do risco? Quando a diversificação internacional pode resultar em retornos medíocres? O que são riscos políticos e como afetam a diversificação internacional?

  ## ▶8.4 Risco e retorno: o modelo de precificação de ativos financeiros (CAPM)

modelo de precificação de ativos financeiros (CAPM)
A teoria básica que liga o risco e o retorno de todos os ativos.

Até o momento, observamos uma tendência de investimentos mais arriscados gerarem retornos mais altos e aprendemos que os investidores podem reduzir o risco por meio da diversificação. Agora queremos quantificar a relação entre risco e retorno. Em outras palavras, queremos medir quanto de retorno adicional um investidor deve esperar por assumir um pouco mais de risco. A teoria clássica que liga risco e retorno para todos os ativos é o **modelo de precificação de ativos financeiros (CAPM — *capital asset pricing model*)**. Usaremos o CAPM para entender os trade-offs básicos entre risco e retorno envolvidos em todos os tipos de decisões financeiras.

TIPOS DE RISCO

Na última seção, vimos que o desvio padrão de uma carteira é sempre menor que o desvio padrão dos ativos individuais que compõem a carteira. Esse é o poder da diversificação. Para entender melhor esse conceito, considere o que acontece com o risco de uma carteira composta de um único valor mobiliário (ativo) à qual acrescentamos valores mobiliários selecionados aleatoriamente, digamos, da população de todos os valores mobiliários ativamente negociados. Utilizando o desvio padrão do retorno, σ_{r_p}, para medir o risco total da carteira, a Figura 8.7 ilustra o comportamento desse risco (eixo y) à medida que mais valores mobiliários são adicionados (eixo x). Com o acréscimo de valores mobiliários, o risco total da carteira cai, em consequência da diversificação, e tende a se aproximar de um limite inferior.

Figura 8.7 Redução do risco

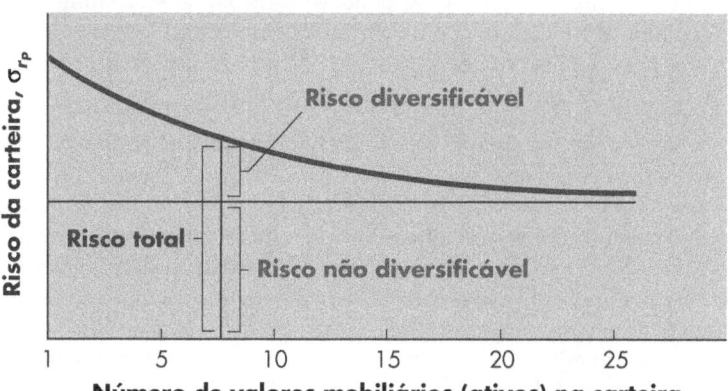

Risco e diversificação da carteira.

O **risco total** de um valor mobiliário pode ser visto como consistindo de duas partes:

Risco total do valor mobiliário = Risco não diversificável + Risco diversificável **(8.6)**

O **risco diversificável** (por vezes chamado de *risco não sistemático*) representa a parcela de risco de um ativo que está associada a causas aleatórias que podem ser eliminadas por meio da diversificação. Pode ser atribuído a eventos específicos da empresa, como greves, ações judiciais, ações regulatórias ou a perda de contas importantes. A Figura 8.7 mostra que o risco diversificável desaparece gradualmente, à medida que aumenta o número de ações na carteira. O **risco não diversificável** (também chamado de *risco sistemático*) é atribuído a fatores de mercado que afetam todas as empresas; não podendo, então, ser eliminado por meio da diversificação. Fatores como guerras, inflação, conjuntura econômica em geral, incidentes internacionais e eventos políticos são responsáveis pelo risco não diversificável. Na Figura 8.7, o risco não diversificável é representado pela linha horizontal abaixo da qual a curva nunca poderá passar, não importa quão diversificada a carteira se torne.

Como qualquer investidor pode facilmente criar uma carteira de ativos que elimine praticamente todo o risco diversificável, *o único risco relevante é o risco não diversificável*. Qualquer investidor ou empresa deve, portanto, preocupar-se apenas com o risco não diversificável. A mensuração desse risco, portanto, é de extrema importância na seleção de ativos com as características de risco e retorno mais desejáveis.

O MODELO: CAPM

O modelo de precificação de ativos financeiros (CAPM) liga o risco não diversificável aos retornos esperados. Discutiremos esse modelo em cinco seções. A primeira trata do coeficiente beta, uma medida do risco não diversificável; a segunda apresenta uma equação do modelo; a terceira descreve graficamente a relação entre risco e retorno; a quarta discute os efeitos das variações das expectativas de inflação e da aversão ao risco sobre a relação entre risco e retorno; e a quinta apresenta algumas observações sobre o CAPM.

Coeficiente beta

O **coeficiente beta**, β, é uma medida relativa do risco não diversificável. Trata-se de um *índice* do grau de variação do retorno de um ativo em resposta a uma alteração do

risco total
A combinação do *risco não diversificável* e do *risco diversificável* de um título.

risco diversificável
A parcela do risco de um ativo que é atribuída a causas aleatórias, específicas à empresa; podendo, então, ser eliminado por meio da diversificação. Também chamado de *risco não sistemático*.

risco não diversificável
A parcela relevante do risco de um ativo atribuída a fatores de mercado que afetam todas as empresas; não podendo, então, ser eliminado por meio da diversificação. Também chamado de *risco sistemático*.

coeficiente beta (β)
Uma medida relativa do risco não diversificável. Um *índice* do grau de variação do retorno de um ativo em resposta a uma alteração do *retorno de mercado*.

retorno de mercado
O retorno da carteira de mercado composta por todos os valores mobiliários negociados.

retorno de mercado. Os retornos históricos de um ativo são usados para encontrar seu coeficiente beta. O **retorno de mercado** é o retorno da carteira de mercado composta por todos os valores mobiliários negociados. O índice S&P 500 ou outro índice de ações semelhante[8] costuma ser utilizado como retorno de mercado. Os betas de ações ativamente negociadas podem ser obtidos a partir de diversas fontes, mas é preciso entender como são derivados, interpretados e aplicados às carteiras.

Derivação do beta a partir de dados de retorno Os retornos históricos de um ativo são usados para encontrar o coeficiente beta de um ativo. A Figura 8.8 apresenta graficamente a relação entre os retornos de dois ativos — R e S — e o retorno de mercado. Observe que o eixo horizontal (x) mede os retornos históricos de mercado e que o eixo vertical (y) mede os retornos históricos do ativo individual. O primeiro passo para derivar o beta envolve representar graficamente as coordenadas do retorno de mercado e dos retornos dos ativos em diversos pontos no tempo. Essas coordenadas anuais de "retorno de mercado *versus* retorno do ativo" são mostradas *apenas para o ativo S* para os anos de 2008 a 2015. Por exemplo, em 2015, o retorno do ativo S foi de 20% enquanto o de mercado foi de 10%. Através do uso de técnicas estatísticas, ajusta-se aos pontos a "linha característica" que melhor explica a relação entre as coordenadas de retorno do ativo e retorno de mercado.[9] O *beta* é a inclinação dessa reta. O beta do ativo R é de cerca de 0,80 e o do ativo S é de aproximadamente 1,30. O beta mais elevado do ativo S (maior inclinação da linha característica) indica que seu retorno é mais sensível às variações dos retornos de mercado. *Portanto, o ativo S é mais arriscado do que o ativo R.*

Figura 8.8 Derivação do beta[a]

Derivação gráfica do beta para os ativos R e S.

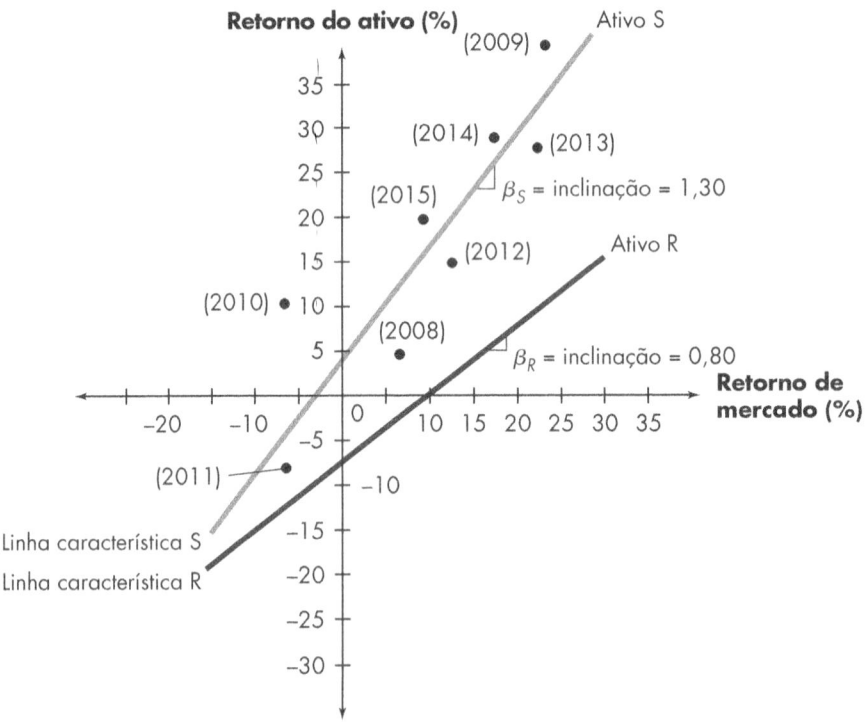

[a] Todos os pontos mostrados estão associados ao ativo S. Não são mostrados os pontos do ativo R.

---

8 No Brasil, costuma-se utilizar o IBOVESPA. (N. da R. T.)

9 A mensuração empírica do beta pode ser aproximada por meio da *análise de regressão dos mínimos quadrados*.

Interpretação de betas O coeficiente beta do mercado é igual a 1,0. Todos os demais betas são analisados em relação a esse valor. Os betas dos ativos podem ser positivos ou negativos, mas os positivos são os mais comuns. A maioria dos coeficientes beta fica entre 0,5 e 2,0. O retorno de uma ação que apresenta a metade da sensibilidade do mercado (β = 0,5) deve mudar 0,5% para cada 1% de variação do retorno da carteira de mercado. Uma ação que apresenta o dobro da sensibilidade do mercado (β = 2,0) deve experimentar uma mudança de 2% em seu retorno para cada 1% de variação do retorno da carteira de mercado. A Tabela 8.8 fornece diversos valores de beta e suas interpretações. Os coeficientes beta de ações negociadas ativamente podem ser obtidos em publicações como *Value Line Investment Survey*, via internet, ou por meio de corretoras. Os betas de algumas ações selecionadas são apresentados na Tabela 8.9.

Betas de uma carteira O beta de uma carteira pode ser facilmente estimado utilizando os betas dos ativos individuais que a compõem. Seja w_j a proporção do ativo j no valor total em unidades monetárias da carteira, e seja β_j o beta do ativo j, podemos usar a Equação 8.7 para calcular o beta da carteira, β_p:

$$\beta_p = (w_1 \times \beta_1) + (w_2 \times \beta_2) + \cdots + (w_n \times \beta_n) = \sum_{j=1}^{n} w_j \times \beta_j \quad (8.7)$$

Tabela 8.8 — Alguns coeficientes beta e suas interpretações

Beta	Observação	Interpretação
2,0	Move-se na mesma direção que o mercado	Sensibilidade duas vezes maior que a do mercado
1,0		Sensibilidade igual a do mercado
0,5		Sensibilidade igual a metade do mercado
0		Não é afetado pelas variações do mercado
–0,5	Move-se na direção oposta a do mercado	Sensibilidade igual a metade do mercado
–1,0		Sensibilidade igual a do mercado
–2,0		Sensibilidade duas vezes maior que a do mercado

Tabela 8.9 — Coeficientes beta de algumas ações (20 de maio de 2013)

Ação	Beta	Ação	Beta
Amazon.com	0,82	JP Morgan Chase & Co.	1,64
Anheuser-Busch	0,86	Bank of America	1,78
Ford Motor	1,56	Microsoft	1,18
Disney	1,09	Nike, Inc.	0,78
eBay	0,87	PepsiCo, Inc.	0,35
ExxonMobil Corp.	0,86	Qualcomm	1,16
Gap (The), Inc.	1,25	Sempra Energy	0,38
General Electric	1,40	Walmart Stores	0,42
Intel	0,99	Xerox	1,86
IBM	0,65	Yahoo! Inc.	0,89

Fonte: <www.finance.yahoo.com>.

Naturalmente, $\sum_{j=1}^{n} w_j = 1$, o que significa que 100% dos ativos da carteira devem ser incluídos nesse cálculo.

Os betas da carteira são interpretados do mesmo modo que os de ativos individuais. Eles indicam o grau de sensibilidade do retorno da *carteira* a mudanças no retorno de mercado. Por exemplo, quando o retorno de mercado aumenta 10%, uma carteira com beta de 0,75 apresentará aumento de 7,5% (0,75 × 10%) em seu retorno; uma carteira com beta de 1,25, por sua vez, apresentará aumento de 12,5% (1,25 × 10%) em seu retorno. Obviamente, a carteira que contenha principalmente ativos com betas baixos terá um beta baixo, e uma com maioria de ativos com betas altos terá um beta alto.

Finanças pessoais
Exemplo 8.13

Mario Austino, um investidor individual, quer avaliar o risco de duas pequenas carteiras que está estudando, V e W. As duas carteiras contêm cinco ativos. As proporções e os betas são apresentados na Tabela 8.10. Os betas das duas carteiras, β_V e β_W, podem ser calculados substituindo-se os dados da tabela na Equação 8.7:

β_V = (0,10 × 1,65) + (0,30 × 1,00) + (0,20 × 1,30) + (0,20 × 1,10) + (0,20 × 1,25)
= 0,165 + 0,300 + 0,260 + 0,220 + 0,250 = <u>1,20</u>

β_W = (0,10 × 0,80) + (0,10 × 1,00) + (0,20 × 0,65) + (0,10 × 0,75) + (0,50 × 1,05)
= 0,080 + 0,100 + 0,130 + 0,075 + 0,525 = <u>0,91</u>

Tabela 8.10 — As carteiras V e W de Mario Austino

Ativo	Carteira V		Carteira W	
	Proporção	Beta	Proporção	Beta
1	0,10	1,65	0,10	0,80
2	0,30	1,00	0,10	1,00
3	0,20	1,30	0,20	0,65
4	0,20	1,10	0,10	0,75
5	0,20	1,25	0,50	1,05
Totais	1,00		1,00	

O beta da carteira V é de cerca de 1,20 e o da carteira W é de 0,91. Esses valores fazem sentido porque a carteira V contém ativos com betas relativamente altos, e a carteira W, ativos com betas relativamente baixos. Os cálculos de Mario mostram que os retornos da carteira V são mais sensíveis a variações dos retornos de mercado e, portanto, apresentam mais risco que os da carteira W. Agora, ele precisa decidir com qual carteira se sente mais confortável para acrescentar a seus investimentos existentes.

A equação

Utilizando o coeficiente beta para medir o risco não diversificável, o *modelo de precificação de ativos financeiros (CAPM)* é dado por:

$$r_j = R_F + \left[\beta_j \times (r_m - R_F)\right] \tag{8.8}$$

onde:

r_j = retorno exigido do ativo j

R_F = taxa de retorno livre de risco, normalmente medida pelo retorno de uma *T-bill* dos Estados Unidos

β_j = coeficiente beta ou índice de risco não diversificável do ativo j

r_m = retorno de mercado; retorno da carteira de mercado de ativos

O CAPM pode ser dividido em duas partes: (1) a **taxa de retorno livre de risco**, R_F, que é o retorno exigido de um *ativo livre de risco*, normalmente uma **Treasury bill dos Estados Unidos (T-bill)** de três meses, uma nota promissória de curto prazo emitida pelo Tesouro dos Estados Unidos; e (2) o *prêmio pelo risco*. Essas duas partes são, respectivamente, os dois elementos de cada lado do sinal de soma na Equação 8.8. A parte $(r_m - R_F)$ do prêmio pelo risco é chamada de *prêmio pelo risco de mercado*, porque representa o prêmio que o investidor deve receber por assumir o nível médio de risco associado à posse da carteira de mercado de ativos.

taxa de retorno livre de risco (R_F)
O retorno exigido de um *ativo livre de risco*, normalmente uma *T-bill dos Estados Unidos* de três meses.

Treasury bills (T-bills) dos Estados Unidos
Notas promissórias de curto prazo emitidas pelo Tesouro dos Estados Unidos; tratadas como *ativos livres de risco*.

Prêmios pelo risco histórico Utilizando os dados de retorno histórico de ações, títulos de dívida e *T-bills* do período de 1900 a 2011, apresentados na Tabela 8.2, podemos calcular os prêmios pelo risco de cada categoria de investimento. O cálculo (de acordo com a Equação 8.8), envolve simplesmente subtrair o retorno histórico médio da *T-bill* norte-americana do retorno histórico médio de um determinado investimento:

Investimento	Prêmio pelo risco[a]
Ações	9,3% − 3,9% = 5,4%
T-bonds	5,0% − 3,9% = 1,1%

[a] Valores de retorno obtidos da Tabela 8.1.

Analisando os prêmios pelo risco calculados acima, podemos ver que o prêmio pelo risco é mais alto para as ações do que para as *T-bonds*. Esse resultado faz sentido porque as ações são mais arriscadas que os títulos de dívida (capital próprio é mais arriscado que capital de terceiros).

> **Exemplo 8.14**
>
> A Benjamin Corporation, uma desenvolvedora de software em fase de crescimento, quer determinar o retorno exigido de um ativo Z que tem um beta de 1,5. A taxa de retorno livre de risco é 7% e o retorno da carteira de mercado de ativo é 11%. Substituindo $\beta_Z = 1{,}5$, $R_F = 7\%$ e $r_m = 11\%$ no modelo de precificação de ativos financeiros dado na Equação 8.8, obtém-se um retorno exigido de:
>
> $$r_Z = 7\% + [1{,}5 \times (11\% - 7\%)] = 7\% + 6\% = 13\%$$
>
> O prêmio pelo risco de mercado de 4% (11% − 7%), quando ajustado pelo índice de risco (beta) do ativo de 1,5 resulta em um prêmio pelo risco de 6% (1,5 × 4%). Esse prêmio pelo risco, quando somado à taxa livre de risco de 7%, resulta em um retorno exigido de 13%.

Tudo o mais permanecendo constante, *quanto maior for o beta, maior será o retorno exigido, e quanto menor for o beta, menor será o retorno exigido.*

O gráfico: a linha do mercado de títulos (SML)

Quando o modelo de precificação de ativos financeiros (Equação 8.8) é representado graficamente, é chamado de **linha do mercado de títulos (SML — *security market line*)**. A SML é, na verdade, uma linha reta que reflete o retorno exigido no

linha do mercado de títulos (SML)
Representação gráfica do *modelo de precificação de ativos financeiros (CAPM)* que reflete o retorno exigido no mercado para cada nível de risco não diversificável (beta).

mercado para cada nível de risco não diversificável (beta). No gráfico, o risco mensurado pelo beta, β, é representado no eixo x e os retornos exigidos, r, no eixo y. A relação entre risco e retorno é representada claramente pela SML.

Exemplo 8.15

No exemplo anterior da Benjamin Corporation, a taxa livre de risco, R_F, era 7% e o retorno de mercado, r_m, era 11%. A SML pode ser traçada usando os dois conjuntos de coordenadas dos betas associados a R_F e r_m, β_{R_F} e β_m (isto é, $\beta_{R_F} = 0$,[10] $R_F = 7\%$; e $\beta_m = 1,0$, $r_m = 11\%$). A Figura 8.9 apresenta a linha do mercado de títulos resultante. Como tradicionalmente mostrado, a linha do mercado de títulos na Figura 8.9 apresenta o retorno exigido associado a todos os betas positivos. O prêmio pelo risco de mercado de 4% (r_m de 11% – R_F de 7%) está destacado. Para o beta do ativo Z, β_Z, de 1,5, o retorno exigido correspondente, r_Z, é 13%. A figura também mostra o prêmio pelo risco do ativo Z, de 6% (r_Z de 13% – R_F de 7%). Deve estar claro que, para ativos com betas maiores que 1, o prêmio pelo risco é maior que o do mercado; para ativos com betas menores que 1, o prêmio pelo risco é menor que o do mercado.

Figura 8.9 Linha do mercado de títulos

Linha do mercado de títulos (SML) mostrando os dados do ativo Z da Benjamin Corporation.

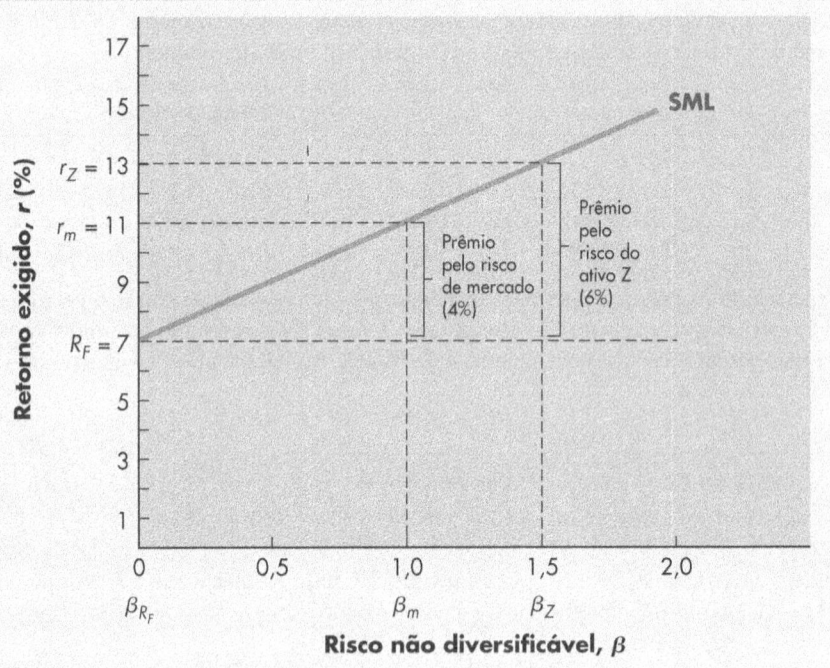

Deslocamentos da linha do mercado de títulos

A linha do mercado de títulos não se mantém estável ao longo do tempo e seus deslocamentos podem levar a uma mudança do retorno exigido. A posição e a inclinação da SML são afetadas por duas forças principais — expectativas de inflação e aversão ao risco — que serão analisadas a seguir.[11]

---

10 Como R_F é a taxa de retorno de um ativo livre de risco, o beta associado ao ativo livre de risco, β_{R_F}, é igual a 0. O beta 0 do ativo livre de risco reflete não apenas a ausência de risco, mas também que o retorno do ativo não é afetado por movimentos do retorno de mercado.

11 O beta de uma empresa pode variar com o passar do tempo como resultado de mudanças em seu mix de ativos, mix de financiamento, ou de fatores externos fora do controle da administração, como terremotos e vazamentos tóxicos.

Mudanças nas expectativas de inflação Mudanças nas expectativas de inflação afetam a taxa de retorno livre de risco, R_F. A equação da taxa de retorno livre de risco é:

$$R_F = r^* + IP \qquad (8.9)$$

Essa equação mostra que, assumindo uma taxa real de juros constante, r^*, as mudanças nas expectativas de inflação, refletidas em um prêmio pela inflação, IP, resultarão em mudanças correspondentes na taxa livre de risco. Portanto, uma mudança nas expectativas de inflação que resulte de eventos como embargos comerciais internacionais ou mudanças importantes da política do Banco Central resultará em um deslocamento da SML. Como a taxa livre de risco é um componente básico de todas as taxas de retorno, qualquer alteração da R_F se refletirá em *todas* as taxas de retorno exigido.

Mudanças nas expectativas de inflação resultam em deslocamentos paralelos da SML em reação direta à magnitude e direção da mudança. Vejamos um exemplo desse efeito.

Exemplo 8.16

No exemplo anterior, utilizando o CAPM, vimos que o retorno exigido do ativo Z, r_Z, é 13%. Presumindo que a taxa livre de risco de 7% inclui uma taxa real de juros de 2%, r^*, e um prêmio pela inflação de 5%, IP, a Equação 8.9 confirma que:

$$R_F = 2\% + 5\% = 7\%$$

Agora vamos supor que eventos econômicos recentes resultaram em *um aumento de 3% das expectativas de inflação, elevando o prêmio pela inflação* para 8% (IP_1). Em consequência, os retornos aumentam 3%. Neste caso, os novos retornos (indicados pelo subscrito 1) são:

$$R_{F_1} = 10\% \text{ (aumento de 7\% para 10\%)}$$
$$r_{m_1} = 14\% \text{ (aumento de 11\% para 14\%)}$$

Substituindo esses valores, juntamente com o beta do ativo Z (β_Z) de 1,5, no CAPM (Equação 8.8), temos que o novo retorno exigido do ativo Z(r_{Z_1}) pode ser calculado por:

$$r_{Z_1} = 10\% + [1,5 \ (14\% - 10\%)] = 10\% + 6\% = \underline{\underline{16\%}}$$

Comparando o r_{Z_1} de 16% com o r_Z de 13%, vemos que a variação de 3% do retorno exigido do ativo Z é exatamente igual à mudança do prêmio pela inflação. O mesmo aumento de 3% resulta para todos os ativos.

A Figura 8.10 representa a situação que acabamos de descrever, e mostra que o aumento de 3% das expectativas de inflação resulta em um deslocamento paralelo e para cima de 3% da SML. Fica claro, então, que os retornos exigidos de todos os ativos aumentam 3%. Observe que o aumento do prêmio pela inflação de 5% para 8% (de IP para IP_1) leva a taxa livre de risco a aumentar de 7% para 10% (de R_F para R_{F_1}) e o retorno de mercado a aumentar de 11% para 14% (de r_m para r_{m_1}). Assim, a linha do mercado de títulos se desloca para cima em 3% (de SML a SML$_1$), levando o retorno exigido de todos os ativos de risco, como o ativo Z, a aumentar 3%. A lição importante a ser aprendida aqui é que *uma mudança das expectativas de inflação vai se refletir totalmente em uma mudança correspondente dos retornos de todos os ativos, representados graficamente em um deslocamento paralelo da SML*.

Mudanças na aversão ao risco A inclinação da linha do mercado de títulos reflete as preferências gerais por risco dos investidores no mercado. Como discutimos anteriormente, a maioria dos investidores é *avessa ao risco*, isto é, exige maior retorno em troca de maior

Figura 8.10 — Inflação desloca SML

Impacto do aumento das expectativas de inflação na SML

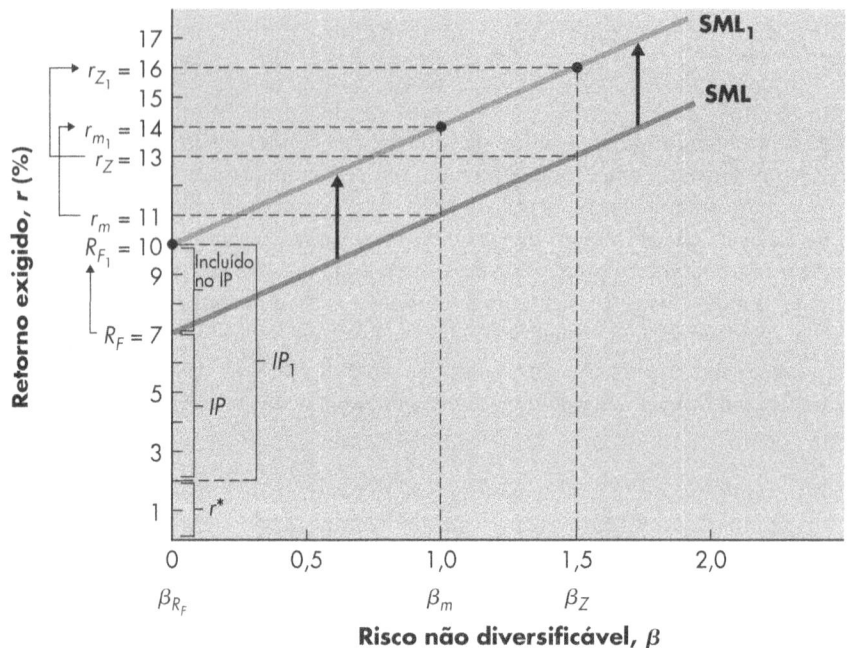

risco. Essa relação positiva entre risco e retorno é representada graficamente pela SML, que ilustra a relação entre o risco não diversificável, medido pelo beta (eixo *x*) e o retorno exigido (eixo *y*). A inclinação da SML reflete o grau de aversão ao risco: *quanto maior for a inclinação, maior será o grau de aversão ao risco*, porque será necessário um maior nível de retorno para cada nível de risco medido pelo beta. Em outras palavras, *os prêmios pelo risco aumentam com o aumento da aversão ao risco*.

Mudanças na aversão ao risco e, portanto, deslocamentos da SML, resultam de mudanças nas preferências dos investidores, que em geral resultam de eventos econômicos, políticos ou sociais. Exemplos de eventos que *aumentam* a aversão ao risco incluem um *crash* no mercado de ações, o assassinato de um importante líder político e a deflagração de uma guerra. Em geral, expectativas generalizadas de tempos difíceis no futuro tendem a fazer com que os investidores se tornem mais avessos ao risco, exigindo retornos mais elevados como remuneração por um determinado nível de risco. Vejamos um exemplo do impacto de uma maior aversão ao risco sobre a SML.

Exemplo 8.17

Nos exemplos anteriores, a SML da Figura 8.9 refletia uma taxa livre de risco (R_F) de 7%, um retorno de mercado (r_m) de 11%, um prêmio pelo risco de mercado $(r_m - R_F)$ de 4% e um retorno exigido do ativo Z (r_Z) de 13% com um beta (β_Z) de 1,5. Suponha que eventos econômicos recentes tenham tornado os investidores mais avessos ao risco, levando a um retorno de mercado mais alto (r_{m_1}) de 14%. Graficamente, essa mudança faria com que a SML se deslocasse para cima, como mostra a Figura 8.11, levando a um novo prêmio pelo risco de mercado $(r_{m_1} - R_F)$ de 7%. Com isso, o retorno exigido sobre todos os ativos de risco aumentará. Para o ativo Z, com um beta de 1,5, o novo retorno exigido (r_{Z_1}) pode ser calculado utilizando o CAPM (Equação 8.8):

Figura 8.11 ▶ Aversão ao risco desloca SML

Impacto do aumento da aversão ao risco na SML.

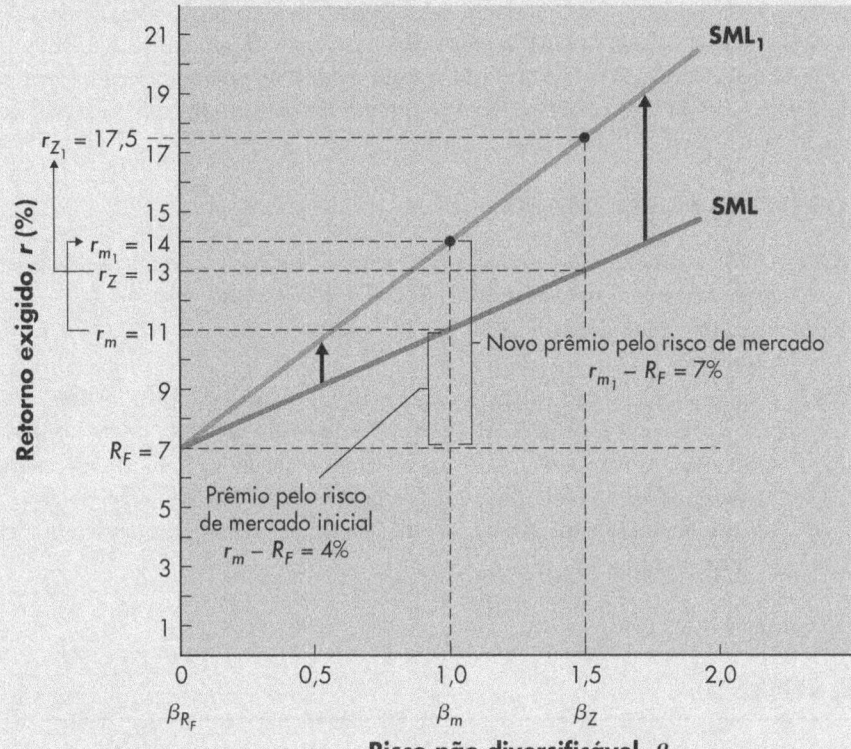

$$r_{Z_1} = 7\% + [1,5 \times (14\% - 7\%)] = 7\% + 10,5\% = \underline{17,5\%}$$

Esse valor pode ser visto na nova linha do mercado de títulos (SML$_1$) na Figura 8.11. Observe que, embora o risco do ativo Z, medido pelo beta, não tenha mudado, seu retorno exigido aumentou em razão da maior aversão ao risco refletida no prêmio pelo risco de mercado. Em resumo, *maior aversão ao risco resulta em maiores retornos exigidos para cada nível de risco. Da mesma forma, uma redução na aversão ao risco faz com que o retorno exigido de cada nível de risco diminua.*

Algumas observações sobre o CAPM

O modelo de precificação de ativos financeiros em geral se baseia em dados históricos. Os betas podem ou não refletir corretamente a variabilidade *futura* dos retornos. Assim, os retornos exigidos especificados pelo modelo devem ser vistos apenas como aproximações grosseiras. Os usuários de betas costumam fazer ajustes subjetivos aos betas determinados por dados históricos para refletir suas expectativas com relação ao futuro.

O CAPM foi desenvolvido para explicar o comportamento dos preços dos valores mobiliários e oferecer um mecanismo pelo qual os investidores pudessem avaliar o impacto do investimento em um valor mobiliário sobre o risco e o retorno gerais de sua carteira. O modelo baseia-se na hipótese de mercado eficiente com as seguintes características: muitos investidores pequenos, todos possuindo as mesmas informações e expectativas com relação aos valores mobiliários; ausência de restrições ao investimento, ausência de impostos e ausência de custos de transação; e investidores racionais, que encaram os valores mobiliários da mesma maneira e são avessos ao risco, preferindo retornos mais altos e risco mais baixo.

Embora o mundo perfeito descrito no parágrafo anterior pareça irreal, estudos confirmaram a existência da relação descrita pelo CAPM em mercados ativos, como a Bolsa de Valores de Nova York. O CAPM também é bastante utilizado em sociedades anônimas de capital aberto que usam o modelo para avaliar os retornos exigidos por seus acionistas (e, portanto, os retornos que os administradores da empresa precisam alcançar quando investem o dinheiro dos acionistas).

→ QUESTÕES PARA REVISÃO

8.11 Como o risco total, o risco não diversificável e o risco diversificável se relacionam? Por que o risco não diversificável é o único risco relevante?

8.12 Qual risco é mensurado pelo beta? Como você pode calcular o beta de uma carteira?

8.13 Explique o significado de cada variável da equação do modelo de precificação de ativos financeiros (CAPM). O que é a linha do mercado de títulos (SML)?

8.14 Que impacto teriam as mudanças descritas a seguir na linha do mercado de títulos e, portanto, no retorno exigido para um determinado nível de risco? (a) um aumento das expectativas de inflação; (b) os investidores tornam-se menos avessos ao risco.

Resumo

ÊNFASE NO VALOR

O risco e o retorno esperado de uma empresa afetam diretamente o preço de sua ação. Risco e retorno são os dois principais determinantes do valor da empresa. Portanto, cabe ao administrador financeiro avaliar cuidadosamente o risco e o retorno de todas as decisões importantes para garantir que os retornos esperados justifiquem o nível de risco assumido.

O administrador financeiro pode esperar atingir o **objetivo da empresa de aumentar o preço de sua ação** (beneficiando, assim, seus proprietários) tomando apenas as medidas que ofereçam retornos no mínimo proporcionais ao risco. Os administradores financeiros precisam identificar, mensurar e avaliar os trade-offs de risco e retorno para garantir que suas decisões contribuam para a criação de valor para os proprietários.

REVISÃO DOS OBJETIVOS DE APRENDIZAGEM

OA 01 **Entender o significado e os fundamentos de risco, retorno e preferências com relação ao risco.** O risco é uma medida da incerteza em torno do retorno que um investimento produzirá. A taxa de retorno total é a soma das distribuições de caixa, como juros ou dividendos, mais a variação do valor do ativo ao longo de um determinado período, dividido pelo valor do investimento no início do período. Os retornos do investimento variam ao longo do tempo e entre diferentes tipos de investimentos. Os investidores podem ser avessos, indiferentes ou propensos ao risco. Entretanto, a maioria dos tomadores de decisões financeiras é avessa ao risco. Um tomador de decisão avesso ao risco exige um retorno esperado mais elevado de um investimento com mais risco.

OA 02 **Descrever procedimentos de avaliação e mensuração do risco de um ativo individual.** O risco de um ativo individual é medido de maneira semelhante a do risco de uma carteira de ativos. A análise de cenários e distribuições de probabilidade podem ser utilizadas para avaliar o risco. A amplitude, o desvio padrão e o coeficiente de variação podem ser utilizados para medir quantitativamente o risco.

OA 03 **Discutir a mensuração do retorno e do desvio padrão de uma carteira de ativos e o conceito de correlação.** O retorno de uma carteira é calculado como a média ponderada dos retornos dos ativos individuais que a compõem. O desvio padrão da carteira é calculado através da fórmula do desvio padrão de um único ativo. A correlação — relação estatística entre quaisquer duas séries de números — pode ser positiva, negativa ou não correlacionada. Nos extremos, as séries podem estar perfeita e positivamente correlacionadas ou perfeita e negativamente correlacionadas.

OA 04 **Entender as características de risco e retorno de uma carteira em termos de correlação e diversificação e o impacto de ativos internacionais em uma carteira.** A diversificação envolve combinar ativos de baixa correlação para reduzir o risco da carteira. A amplitude do risco de uma carteira composta por dois ativos depende da correlação entre esses dois ativos. Se estiverem perfeita e positivamente correlacionados, o risco da carteira estará entre os riscos dos ativos individuais. Se estiverem perfeita e negativamente correlacionados, o risco da carteira estará entre o risco do ativo mais arriscado e zero.

A diversificação internacional pode reduzir ainda mais o risco de uma carteira. Entretanto, ativos estrangeiros estão sujeitos ao risco de flutuação da moeda e a riscos políticos.

OA 05 **Entender os dois tipos de risco, a derivação e o papel do beta na mensuração do risco relevante, tanto de um valor mobiliário como de uma carteira.** O risco total de um valor mobiliário é composto do risco não diversificável e do risco diversificável. O risco diversificável pode ser eliminado por meio da diversificação. O risco não diversificável é o único risco relevante. O risco não diversificável é medido pelo coeficiente beta, uma medida relativa da relação entre o retorno de um ativo e o retorno de mercado. O beta é derivado determinando-se a inclinação da "linha característica" que melhor explica a relação histórica entre o retorno do ativo e o retorno de mercado. O beta de uma carteira é uma média ponderada dos betas dos ativos individuais que a compõem.

OA 06 **Explicar o modelo de precificação de ativos financeiros (CAPM — *capital asset pricing model*), sua relação com a linha do mercado de títulos (SML — *security market line*) e as principais forças que levam a deslocamentos da SML.** O CAPM usa o beta para comparar o risco de um ativo com relação ao do mercado com o retorno exigido do ativo. A representação gráfica do CAPM é a SML, que se desloca ao longo do tempo em resposta a mudanças nas expectativas de inflação e/ou mudanças na aversão ao risco do investidor. Mudanças nas expectativas de inflação resultam em deslocamentos paralelos na SML. Um aumento da aversão ao risco resulta em uma maior inclinação da SML. Uma redução da aversão ao risco reduz a inclinação da SML. Apesar de algumas limitações, o CAPM fornece um arcabouço conceitual útil para avaliar e ligar risco e retorno.

Revisão da abertura do capítulo

Na abertura do capítulo, vimos que o desempenho do investimento de Bill Miller alternou entre o topo e o fundo de sua profissão. Que aspecto da estratégia de investimento de Miller levaria você a esperar que o desempenho dos investimentos dele poderia apresentar maior volatilidade do que o de outros fundos mútuos? A tabela a seguir mostra o desempenho anual, de 2009 a 2012, do fundo Opportunity de Miller e do índice S&P 500.

	Opportunity	S&P 500
Ano	Retorno do fundo	Retorno
2009	76,0%	26,5%
2010	16,6%	15,1%
2011	−34,9%	2,11%
2012	39,6%	16,0%

Calcule o retorno médio anual do fundo Opportunity e do S&P 500. Qual deles teve o melhor desempenho no período? Se você tivesse investido US$ 1.000 em cada investimento no início de 2009, quanto você teria em cada investimento no final de 2012? Calcule o desvio padrão do retorno do fundo Opportunity e do S&P 500. Qual deles é mais volátil?

Exercícios de autoavaliação

  AA8.1 Análise de carteira. Um amigo pediu sua opinião sobre a escolha de uma carteira de ativos e forneceu-lhe os dados a seguir:

	Retorno esperado		
Ano	Ativo A	Ativo B	Ativo C
1	12%	16%	12%
2	14%	14%	14%
3	16%	12%	16%

Você pode criar duas carteiras — uma composta dos ativos A e B e outra dos ativos A e C — investindo proporções iguais (50%) de cada um dos dois ativos componentes.

a. Qual é o retorno esperado de cada ativo ao longo do período de três anos?

b. Qual é o desvio padrão do retorno de cada ativo?

c. Qual é o retorno esperado de cada uma das duas carteiras?

d. Como você caracterizaria as correlações dos retornos dos dois ativos que compõem cada uma das duas carteiras identificadas no item **c**?

e. Qual é o desvio padrão de cada carteira?

f. Qual carteira você recomendaria? Por quê?

  AA8.2 Beta e CAPM. Você está avaliando um investimento com um beta, β, de 1,50. No presente momento, a taxa de retorno livre de risco, R_F, é de 7% e o retorno da carteira de mercado de ativos, r_m, é de 10%. Você acredita que o investimento gerará uma taxa de retorno anual de 11%.

a. Se o retorno da carteira de mercado aumentasse 10%, o que você poderia esperar que acontecesse com o retorno do investimento? E se o retorno de mercado diminuísse 10%?

b. Use o modelo de precificação de ativos financeiros (CAPM) para determinar o *retorno exigido* desse investimento.

c. Com base em seu cálculo no item **b**, você recomendaria esse investimento? Por quê?

d. Suponha que, como resultado de os investidores se tornarem menos avessos ao risco, o retorno de mercado caia entre 1% e 9%. Que efeito essa mudança teria em suas respostas aos itens **b** e **c**?

Exercícios de aquecimento

A8.1 Um analista previu, no ano passado, que as ações da Logistics, Inc. ofereceriam um retorno total de pelo menos 10% no ano seguinte. No início do ano, as ações da empresa tinham um valor de mercado de $ 10 milhões. No final do ano, o valor de mercado era de $ 12 milhões, apesar de um prejuízo, ou resultado líquido negativo, de $ 2,5 milhões. A previsão do analista se revelou correta? Explique usando os valores do retorno anual total.

A8.2 Quatro analistas acompanham as ações da Fluorine Chemical. Um deles prevê retorno de 5% no próximo ano. O segundo espera que o retorno seja de 5% negativos. O terceiro prevê retorno de 10%. O quarto espera retorno de 3% no ano. Você está relativamente confiante que o retorno será positivo, mas não elevado, de modo que atribui arbitrariamente probabilidades de acerto de 35%, 5%, 20% e 40%, respectivamente, às previsões dos analistas. Dadas essas probabilidades, qual é o *retorno esperado* da Fluorine Chemical no próximo ano?

A8.3 Os retornos anuais esperados são de 15% para o investimento 1 e de 12% para o investimento 2. O desvio padrão do retorno do primeiro investimento é de 10%; o retorno do segundo tem um desvio padrão de 5%. Qual investimento é menos arriscado, com base apenas no *desvio padrão*? Qual é menos arriscado, com base no *coeficiente de variação*? Qual das duas medidas é melhor, considerando que os retornos esperados dos dois investimentos são diferentes?

A8.4 Sua carteira contém três classes de ativos. *T-bills* do governo norte-americano respondem por 45% da carteira, ações de empresas de grande porte constituem outros 40% e ações de empresas de pequeno porte representam os 15% restantes. Se os retornos esperados são de 3,8% para as *T-bills*, 12,3% para as ações de empresas de grande porte e 17,4% para ações de empresas de pequeno porte, qual é o retorno esperado da carteira?

A8.5 Você quer calcular o nível de risco da sua carteira com base no beta. As cinco ações da carteira, com seus respectivos pesos e betas, são mostradas na tabela a seguir. Calcule o beta de sua carteira.

Ação	Peso na carteira	Beta
Alpha	20%	1,15
Centauri	10%	0,85
Zen	15%	1,60
Wren	20%	1,35
Yukos	35%	1,85

A8.6

a. Calcule a taxa de retorno exigida de um ativo com beta de 1,8, considerando uma taxa livre de risco de 5% e um retorno de mercado de 10%.

b. Se os investidores se tornarem mais avessos ao risco em razão de eventos geopolíticos recentes, e o retorno de mercado aumentar para 13%, qual será a taxa de retorno exigida para o mesmo ativo?

c. Use as suas respostas do item **a** para representar graficamente a *linha do mercado de títulos* (*SML*) inicial e depois use as suas respostas do item **b** para representar graficamente (no mesmo conjunto de eixos) o deslocamento da SML.

Exercícios

 E8.1 Taxa de retorno. Douglas Keel, um analista financeiro da Orange Industries, quer estimar a taxa de retorno de dois investimentos de risco semelhante, X e Y. As pesquisas de Douglas indicam que os retornos do passado próximo podem ser utilizados como estimativas razoáveis dos retornos futuros. Um ano antes, o investimento X tinha um valor de mercado de $ 20.000 e o investimento Y tinha valor de mercado de $ 55.000. Durante o ano, o investimento X gerou fluxo de caixa de $ 1.500 e o investimento Y gerou fluxo de caixa de $ 6.800. Os valores atuais de mercado dos investimentos X e Y são $ 21.000 e $ 55.000, respectivamente.

a. Calcule a taxa de retorno esperada dos investimentos X e Y usando os dados do ano mais recente.

b. Supondo que os dois investimentos tenham o mesmo risco, qual deles Douglas deveria recomendar? Por quê?

 E8.2 Cálculos de retorno. Para cada um dos investimentos apresentados na tabela a seguir, calcule a taxa de retorno obtida no período de tempo não especificado.

Investimento	Fluxo de caixa durante o período	Valor no início do período	Valor no final do período
A	-$ 800	$ 1.100	$ 100
B	15.000	120.000	118.000
C	7.000	45.000	48.000
D	80	600	500
E	1.500	12.500	12.400

 E8.3 Preferências com relação ao risco. Sharon Smith, administradora financeira da Barnett Corporation, quer avaliar três possíveis investimentos: X, Y e Z. Ela avaliará cada um desses investimentos para decidir se eles são superiores aos investimentos que sua empresa já têm e que apresentam um retorno esperado de 12% e um desvio padrão de 6%. Os retornos esperados e os desvios padrão dos investimentos são os seguintes:

Investimento	Retorno esperado	Desvio padrão
X	14%	7%
Y	12%	8%
Z	10%	9%

a. Se Sharon fosse *indiferente ao risco*, quais investimentos escolheria? Por quê?

b. Se fosse *avessa ao risco*, quais investimentos ela escolheria? Por quê?

c. Se fosse *propensa ao risco*, quais investimentos ela escolheria? Por quê?

d. Dado o comportamento tradicional de preferência com relação ao risco exibido pelos administradores financeiros, qual investimento seria preferível? Por quê?

 E8.4 Análise de risco. A Solar Designs está analisando a possibilidade de investir na expansão de sua linha de produtos. Estão sendo considerados dois tipos de expansão. Depois de investigar os resultados possíveis, a empresa fez as estimativas mostradas na tabela a seguir.

	Expansão A	Expansão B
Investimento inicial	$ 12.000	$ 12.000
Taxa anual de retorno		
Pessimista	16%	10%
Mais provável	20%	20%
Otimista	24%	30%

a. Determine a *amplitude* das taxas de retorno de cada um dos dois projetos.
b. Qual projeto é menos arriscado? Por quê?
c. Se a decisão de investimento fosse sua, qual você escolheria? Por quê? O que essa decisão revela sobre a sua preferência com relação ao risco?
d. Suponha que o resultado mais provável da expansão B seja 21% ao ano e que todos os outros fatores permaneçam constantes. A sua resposta no item **c** mudaria? Por quê?

E8.5 Risco e probabilidade. A Micro-Pub, Inc. está considerando a compra de uma câmera de microfilmagem e precisa decidir entre duas opções, R e S. Espera-se que as duas opções proporcionem benefícios ao longo de um período de dez anos e cada uma exige um investimento inicial de $ 4.000. A administração montou a tabela a seguir com estimativas de taxas de retorno e probabilidades de resultados pessimista, mais provável e otimista.

a. Determine a *amplitude* da taxa de retorno de cada câmera.
b. Determine o *valor esperado* do retorno de cada câmera.
c. A compra de qual das duas câmeras é mais arriscada? Por quê?

	Câmera R		Câmera S	
	Valor	Probabilidade	Valor	Probabilidade
Investimento inicial	$ 4.000	1,00	$ 4.000	1,00
Taxa anual de retorno				
Pessimista	20%	0,25	15%	0,20
Mais provável	25%	0,50	25%	0,55
Otimista	30%	0,25	35%	0,25

E8.6 Gráficos de barras e risco. A Swan`s Sportswear está considerando a possibilidade de trabalhar com uma linha de jeans de grife. Atualmente, está negociando com dois estilistas famosos. Em virtude da natureza altamente competitiva do setor, as duas linhas de jeans receberam codinomes. Após uma pesquisa de mercado, a empresa estabeleceu as expectativas, mostradas na tabela a seguir, sobre as taxas anuais de retorno.

		Taxa anual de retorno	
Aceitação pelo mercado	Probabilidade	Linha J	Linha K
Muito ruim	0,05	0,0075	0,010
Ruim	0,15	0,0125	0,025
Média	0,60	0,0850	0,080
Boa	0,15	0,1475	0,135
Excelente	0,05	0,1625	0,150

Utilize os dados da tabela para:
a. Construir um gráfico de barras para a taxa anual de retorno de cada linha.
b. Calcular o *valor esperado* do retorno de cada linha.
c. Avaliar o risco relativo da taxa de retorno de cada linha usando os gráficos de barras.

E8.7 Coeficiente de variação. A Metal Manufacturing identificou quatro alternativas para atender sua necessidade de aumentar a capacidade de produção. A tabela a seguir resume os dados coletados a respeito de cada uma dessas alternativas.

Alternativa	Retorno esperado	Desvio padrão do retorno
A	20%	7,0%
B	22%	9,5%
C	19%	6,0%
D	16%	5,5%

a. Calcule o *coeficiente de variação* de cada alternativa.

b. Se a empresa quiser minimizar o risco, qual alternativa você recomendaria? Por quê?

 E8.8 Desvio padrão *versus* coeficiente de variação como medidas de risco. A Greengage, Inc., uma creche de grande sucesso, está avaliando vários projetos de expansão. Todas as alternativas prometem gerar um retorno aceitável. Veja a seguir dados sobre os quatro possíveis projetos.

Projeto	Retorno esperado	Amplitude	Desvio padrão
A	12,0%	4,0%	2,9%
B	12,5%	5,0%	3,2%
C	13,0%	6,0%	3,5%
D	12,8%	4,5%	3,0%

a. Qual é o projeto menos arriscado, a julgar pela *amplitude*?

b. Qual projeto tem o menor *desvio padrão*? Explique por que o desvio padrão pode não ser uma medida apropriada de risco para os fins dessa comparação.

c. Calcule o *coeficiente de variação* de cada projeto. Qual projeto você acha que os proprietários da Greengage deveriam escolher? Por quê?

Exercício de finanças pessoais

E8.9 Taxa de retorno, desvio padrão e coeficiente de variação. Mike está à procura de uma ação para incluir em sua carteira atual. Ele está interessado na Hi-Tech Software, pois ficou impressionado com os produtos da empresa e acredita que seja um *player* inovador. No entanto, Mike sabe que quando se considera uma ação do setor de tecnologia, há uma grande preocupação com o risco. A regra por ele adotada é a de incluir apenas valores mobiliários com coeficiente de variação dos retornos abaixo de 0,90. Mike coletou as informações de preços a seguir para o período de 2012 a 2015. Como a Hi-Tech é uma empresa orientada para o crescimento, não pagou dividendos durante esses quatro anos.

	Preço da ação	
Ano	Inicial	Final
2012	$14,36	$ 21,55
2013	21,55	64,78
2014	64,78	72,38
2015	72,38	91,80

a. Calcule a *taxa de retorno* das ações da Hi-Tech para cada ano, de 2012 a 2015.

b. Suponha que os retornos de cada ano sejam igualmente prováveis e calcule o *retorno médio* desse período de tempo.

c. Calcule o *desvio padrão* dos retornos nos últimos quatro anos. (*Dica:* Trate esses dados como uma amostra.)

d. Com base nas suas respostas dos itens **b** e **c**, determine o *coeficiente de variação* dos retornos do valor mobiliário.

e. Dado o cálculo do item **d**, qual deveria ser a decisão de Mike a respeito da inclusão da ação da Hi-Tech em sua carteira?

 E8.10 Avaliação de retorno e risco. A Swift Manufacturing precisa optar entre a compra de dois ativos. A taxa de retorno anual e as probabilidades relacionadas, apresentadas na tabela a seguir, resumem a análise que a empresa fez até o momento.

Projeto 257		Projeto 432	
Taxa de retorno	Probabilidade	Taxa de retorno	Probabilidade
−10%	0,01	10%	0,05
10%	0,04	15%	0,10
20%	0,05	20%	0,10
30%	0,10	25%	0,15
40%	0,15	30%	0,20
45%	0,30	35%	0,15
50%	0,15	40%	0,10
60%	0,10	45%	0,10
70%	0,05	50%	0,05
80%	0,04		
100%	0,01		

a. Para cada projeto, calcule:
   (1) A amplitude das possíveis taxas de retorno.
   (2) O retorno esperado.
   (3) O desvio padrão dos retornos.
   (4) O coeficiente de variação dos retornos.
b. Construa um gráfico de barras para cada distribuição de taxas de retorno.
c. Qual projeto você consideraria menos arriscado? Por quê?

E8.11 Integrativo: Retorno esperado, desvio padrão e coeficiente de variação. A Perth Industries está analisando três ativos — F, G e H. As distribuições de probabilidade dos retornos esperados desses ativos são apresentadas na tabela a seguir.

	Ativo F		Ativo G		Ativo H	
j	Pr_j	Retorno, r_j	Pr_j	Retorno, r_j	Pr_j	Retorno, r_j
1	0,10	40%	0,40	35%	0,10	40%
2	0,20	10%	0,30	10%	0,20	20%
3	0,40	0%	0,30	−20%	0,40	10%
4	0,20	−5%			0,20	0%
5	0,10	−10%			0,10	−20%

a. Calcule o valor esperado do retorno, $\bar{r}$, para cada um dos três ativos. Qual oferece o maior retorno esperado?
b. Calcule o desvio padrão, σ_r, dos retornos de cada um dos três ativos. Qual parece ter maior risco?
c. Calcule o coeficiente de variação, CV, dos retornos de cada um dos três ativos. Qual parece ter o maior risco *relativo*?

E8.12 Distribuição normal de probabilidade. Supondo que as taxas de retorno associadas a um dado investimento em ativo apresentem distribuição normal; que o retorno esperado, $\bar{r}$, seja de 18,9%; e que o coeficiente de variação, CV, seja de 0,75; responda às questões a seguir.

a. Determine o desvio padrão dos retornos, σ_r.
b. Calcule a amplitude dos resultados de retorno esperado associados às seguintes probabilidades de ocorrência: (1) 68%, (2) 95% e (3) 99%.
c. A distribuição de probabilidade associada a suas respostas dos itens **a** e **b**.

E8.13 Retorno e desvio padrão de uma carteira. Jamie Wong está pensando em montar uma carteira de investimentos composta de duas ações, L e M. A ação L representará 40% do valor em unidades monetárias da carteira e a ação M responderá pelos 60% restantes. Os retornos esperados nos próximos seis anos para cada uma dessas ações são apresentados na tabela a seguir.

	Retorno esperado	
Ano	Ação L	Ação M
1	14%	20%
2	14%	18%
3	16%	16%
4	17%	14%
5	17%	12%
6	19%	10%

a. Calcule o retorno esperado da carteira, r_p, para *cada um* dos seis anos.

b. Calcule o valor esperado dos retornos da carteira, $\bar{r}_p$, ao longo do período de seis anos.

c. Calcule o desvio padrão dos retornos esperados da carteira, σ_{r_p}, ao longo do período de seis anos.

d. Como você caracterizaria a correlação dos retornos das ações L e M?

e. Discuta os benefícios da diversificação obtidos por Jamie pela criação da carteira.

E8.14 Análise de carteira. Você recebeu os dados de retorno esperado apresentados na primeira tabela a seguir para três ativos — F, G e H — para os próximos quatro anos.

	Retorno esperado		
Ano	Ativo F	Ativo G	Ativo H
1	16%	17%	14%
2	17%	16%	15%
3	18%	15%	16%
4	19%	14%	17%

Analisando esses ativos, você separou as três alternativas de investimento apresentadas na tabela a seguir.

Alternativa	Investimento
1	100% no ativo F
2	50% no ativo F e 50% no ativo G
3	50% no ativo F e 50% no ativo H

a. Calcule o retorno esperado ao longo do período de quatro anos para cada uma das três alternativas.

b. Calcule o desvio padrão dos retornos ao longo do período de quatro anos para cada uma das três alternativas.

c. Use suas respostas dos itens **a** e **b** para calcular o coeficiente de variação de cada uma das três alternativas.

d. Com base em seus resultados, qual das três alternativas de investimento você recomendaria? Por quê?

E8.15 Correlação, risco e retorno. Matt Peters quer avaliar os comportamentos de risco e retorno associados a várias combinações dos ativos V e W sob três possíveis graus de correlação: perfeitamente positivo, não correlacionado e perfeitamente negativo. Os retornos esperados e desvios padrão calculados para cada um dos ativos são mostrados na tabela a seguir.

Ativo	Retorno esperado, $\bar{r}$	Risco (desvio padrão), σ_r
V	8%	5%
W	13%	10%

a. Se os retornos dos ativos V e W estão *perfeita e positivamente correlacionados* (coeficiente de correlação = +1), descreva a *amplitude*: (1) do retorno esperado e (2) do risco associado a todas as possíveis combinações da carteira.

b. Se os retornos dos ativos V e W *não estão correlacionados* (coeficiente de correlação = +0), descreva a *amplitude aproximada*: (1) do retorno esperado e (2) do risco associado a todas as possíveis combinações da carteira.

c. Se os retornos dos ativos V e W estão *perfeita e negativamente correlacionados* (coeficiente de correlação = −1), descreva a *amplitude*: (1) do retorno esperado e (2) do risco associado a todas as possíveis combinações da carteira.

E8.16 Retornos de investimentos internacionais. Joe Martinez, um cidadão americano que mora no Texas, investiu em ações ordinárias da Telmex, uma empresa mexicana. Ele comprou 1.000 ações a 20,50 pesos cada. Doze meses depois, ele as vendeu por 24,75 pesos cada. Ele não recebeu dividendos durante esse período.

Exercício de finanças pessoais

a. Qual foi o retorno do investimento (em termos percentuais) de Joe no ano, com base no valor (em pesos) das ações?

b. A taxa de câmbio era de 9,21 pesos por dólar americano no momento da compra. No momento da venda, a taxa era de 9,85 pesos por dólar. Converta os preços de compra e de venda em dólares americanos.

c. Calcule o retorno do investimento de Joe com base no valor das ações em dólar.

d. Explique por que os dois retornos são diferentes. Qual é o mais importante para Joe? Por quê?

E8.17 Risco total, risco não diversificável e risco diversificável. David Talbot escolheu aleatoriamente para sua carteira, alguns títulos dentre os listados na Bolsa de Valores de Nova York. Ele começou com um único título e foi acrescentando outros, um a um, até atingir um total de 20 títulos. Depois de adicionar cada título, David calculava o desvio padrão, σ_{r_p}, da carteira. Os valores calculados estão apresentados na tabela a seguir.

Número de títulos	Risco da carteira, σ_{r_p}	Número de títulos	Risco da carteira, σ_{r_p}
1	14,50%	11	7,00%
2	13,30%	12	6,80%
3	12,20%	13	6,70%
4	11,20%	14	6,65%
5	10,30%	15	6,60%
6	9,50%	16	6,56%
7	8,80%	17	6,52%
8	8,20%	18	6,50%
9	7,70%	19	6,48%
10	7,30%	20	6,47%

a. Coloque os dados da tabela em um gráfico que tenha o número de títulos no eixo *x* e o desvio padrão da carteira no eixo *y*.

b. Divida o risco total da carteira do item **a** em seus componentes *não diversificável* e *diversificável* e indique cada um no gráfico.

c. Descreva qual dos dois componentes do risco é o *risco relevante* e explique por que ele é relevante. Quanto desse risco existe na carteira de David Talbot?

E8.18 Derivação gráfica do beta. Uma empresa quer estimar graficamente os betas de dois ativos, A e B. Para tanto, reuniu os dados de retorno mostrados na tabela a seguir para a carteira de mercado e para os dois ativos nos últimos dez anos.

Ano	Retorno efetivo		
	Carteira de mercado	Ativo A	Ativo B
1	6%	11%	16%
2	2%	8%	11%
3	−13%	−4%	−10%
4	−4%	3%	3%
5	−8%	0%	−3%
6	16%	19%	30%
7	10%	14%	22%
8	15%	18%	29%
9	8%	12%	19%
10	13%	17%	26%

a. Plotando o retorno de mercado no eixo x e o retorno do ativo no eixo y, use os dados fornecidos para traçar a linha característica do ativo A e do ativo B.

b. Use as linhas características do item **a** para estimar os betas dos ativos A e B.

c. Use os betas calculados no item **b** para comentar os riscos relativos dos ativos A e B.

E8.19 Derivação gráfica e interpretação do beta. Você está analisando o desempenho de duas ações. A primeira, mostrada no Painel A, é da Cyclical Industries Incorporated. Ela fabrica maquinários e outros equipamentos pesados, cuja demanda oscila de acordo com a situação geral da economia. A segunda ação, mostrada no Painel B, é da Biotech Cures Corporation. Ela usa a biotecnologia para desenvolver novos compostos farmacêuticos para tratar doenças ainda sem cura. O sucesso da Biotech é impulsionado, em grande parte, pelo sucesso ou fracasso de seus cientistas em descobrir medicamentos novos e eficazes. Cada ponto no gráfico mostra o retorno mensal da ação de interesse e o retorno mensal de todo o mercado de ações. As linhas traçadas entre os pontos representam as linhas características de cada título.

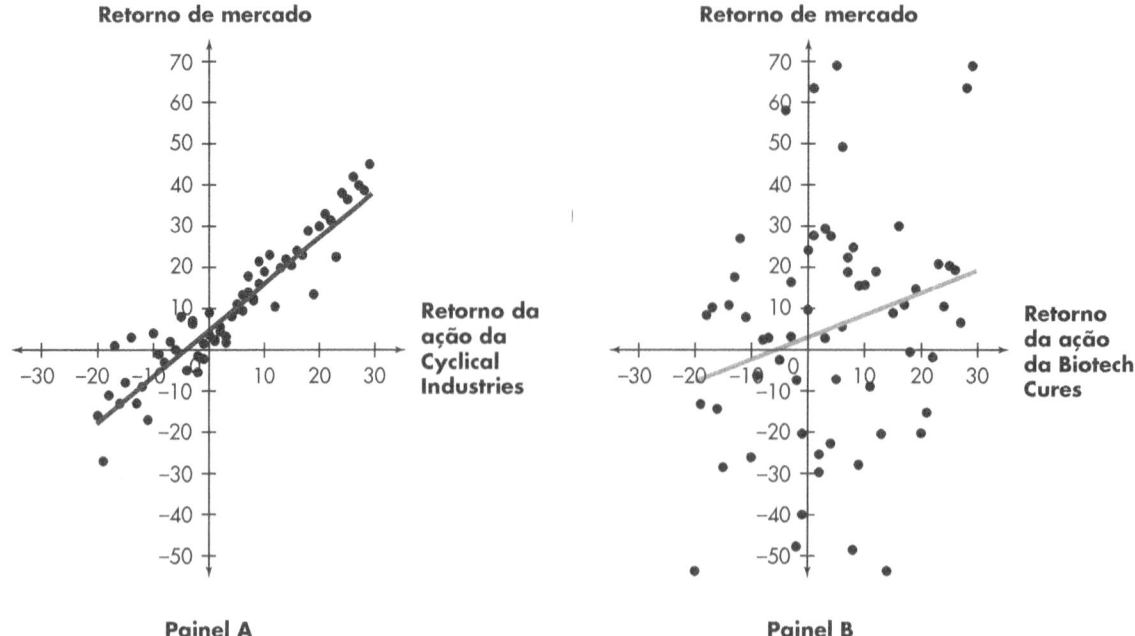

a. Qual ação você acha que tem o maior desvio padrão? Por quê?
b. Qual ação você acha que tem o beta mais elevado? Por quê?
c. Qual ação você considera mais arriscada? A resposta a esta pergunta depende do quê?

E8.20 Interpretação do beta. Uma empresa quer avaliar o impacto de mudanças no retorno de mercado de um ativo que tem um beta de 1,20.

a. Se o retorno de mercado aumentar 15%, qual será o impacto dessa mudança no retorno do ativo?
b. Se o retorno de mercado cair 8%, qual será o impacto dessa mudança no retorno do ativo?
c. Se o retorno de mercado não se alterar, qual será o impacto, se houver, no retorno do ativo?
d. Esse ativo seria considerado mais ou menos arriscado do que o mercado? Explique.

E8.21 Betas. Responda às perguntas referentes aos ativos de A a D mostrados na tabela a seguir.

Ativo	Beta
A	0,50
B	1,60
C	−0,20
D	0,90

a. Que impacto um *aumento de 10%* no retorno de mercado teria no retorno de cada um dos ativos?
b. Que impacto uma *redução de 10%* no retorno de mercado teria no retorno de cada um dos ativos?
c. Se você acreditasse que o retorno de mercado *aumentaria* no futuro próximo, qual ativo preferiria? Por quê?
d. Se você acreditasse que o retorno de mercado *diminuiria* no futuro próximo, qual ativo preferiria? Por quê?

E8.22 Betas e classificações de risco. Você está considerando três ações – A, B, e C – para uma possível inclusão em sua carteira de investimentos. A ação A tem um beta de 0,80, a ação B tem um beta de 1,40 e a ação C tem um beta de −0,30.

a. Classifique essas ações da mais arriscada à menos arriscada.
b. Se o retorno da carteira de mercado aumentasse 12%, que mudança você esperaria no retorno de cada uma das ações?
c. Se o retorno da carteira de mercado diminuísse 5%, que mudança você esperaria no retorno de cada uma das ações?
d. Se você acreditasse que o mercado de ações estava se preparando para experimentar uma queda significativa, que ação provavelmente adicionaria a sua carteira? Por quê?
e. Se você previsse uma grande alta no mercado de ações, que ação adicionaria a sua carteira? Por quê?

E8.23 Betas de carteira. Rose Berry está tentando avaliar duas carteiras possíveis, compostas dos mesmos cinco ativos, mas com proporções diferentes. Ela está particularmente interessada em usar o beta para comparar os riscos das carteiras, de modo que coletou os dados apresentados na tabela a seguir.

Ativo	Beta do ativo	Pesos das carteiras	
		Carteira A	Carteira B
1	1,30	10%	30%
2	0,70	30%	10%

(continua)

(continuação)

3	1,25	10%	20%
4	1,10	10%	20%
5	0,90	40%	20%
Total		100%	100%

a. Calcule os betas das carteiras A e B.

b. Compare os riscos dessas carteiras com o do mercado e entre si. Qual carteira tem mais risco?

 **E8.24 Modelo de precificação de ativos financeiros (CAPM).** Para cada um dos casos mostrados na tabela a seguir, use o modelo de precificação de ativos financeiros para calcular o retorno exigido.

Caso	Taxa livre de risco, R_F	Retorno de mercado, r_m	Beta, β
A	5%	8%	1,30
B	8%	13%	0,90
C	9%	12%	−0,20
D	10%	15%	1,00
E	6%	10%	0,60

 E8.25 Coeficientes beta e o modelo de precificação de ativos financeiros. Katherine Wilson quer saber quanto risco deve aceitar para gerar um retorno aceitável em sua carteira. Atualmente, a taxa livre de risco é de 5%. O retorno do mercado de ações é de 16%. Use o CAPM para calcular o coeficiente beta associado a cada um dos retornos esperados da carteira.

a. 10%

b. 15%

c. 18%

d. 20%

e. Katherine é avessa ao risco. Qual é o retorno mais alto que ela pode esperar se não estiver disposta a aceitar um risco maior que o médio?

E8.26 Praticando o CAPM. Use a equação básica do modelo de precificação de ativos financeiros (CAPM) para resolver cada um dos problemas a seguir.

a. Calcule o *retorno exigido* de um ativo com beta de 0,90 quando a taxa livre de risco e o retorno de mercado são de 8% e 12%, respectivamente.

b. Calcule a *taxa livre de risco* de uma empresa com retorno exigido de 15% e beta de 1,25 quando o retorno de mercado é de 14%.

c. Calcule o *retorno de mercado* de um ativo com retorno exigido de 16% e beta de 1,10 quando a taxa livre de risco é de 9%.

d. Calcule o *beta* de um ativo com retorno exigido de 15% quando a taxa livre de risco e o retorno de mercado são de 10% e 12,5%, respectivamente.

E8.27 Retorno e beta de uma carteira. Jamie Peters investiu $ 100.000, um ano atrás, para criar a carteira a seguir.

Ativo	Custo	Beta no momento da compra	Rendimento anual	Valor atual
A	$ 20.000	0,80	$ 1.600	$ 20.000
B	35.000	0,95	1.400	36.000
C	30.000	1,50	—	34.500
D	15.000	1,25	375	16.500

a. Calcule o beta da carteira com base nos valores de custo original.

b. Calcule o retorno percentual de cada ativo da carteira no ano.

c. Calcule o retorno percentual da carteira com base no custo original, usando o rendimento e os ganhos durante o ano.

d. Na ocasião em que Jamie fez esses investimentos, os investidores estimavam que o retorno de mercado no ano seguinte seria de 10%. A estimativa da taxa de retorno livre de risco média era de 4% para o ano seguinte. Calcule uma taxa de retorno esperada para cada ação com base em seu beta e nas expectativas de retornos de mercado e livre de risco.

e. Com base nos resultados atuais, explique o desempenho de cada ação da carteira em relação às expectativas de desempenho gerado pelo CAPM. Que fatores poderiam explicar essas diferenças?

E8.28 Linha do mercado de títulos (SML). Suponha que a taxa livre de risco, R_F, seja 9% e que o retorno de mercado, r_m, seja 13%.

a. Trace a linha do mercado de títulos (SML) em um gráfico com o risco não diversificável no eixo x e o retorno exigido no eixo y.

b. Calcule e indique o *prêmio pelo risco de mercado* nos eixos do gráfico do item **a**.

c. Considerando os dados anteriores, calcule o retorno exigido do ativo A, com beta de 0,80, e do ativo B, com beta de 1,30.

d. Trace os betas e os retornos exigidos do item **c** para os ativos A e B nos eixos do gráfico do item **a**. Indique e discuta o *prêmio pelo risco* associado a cada um desses ativos.

E8.29 Deslocamentos da linha do mercado de títulos. Suponha que a taxa livre de risco, R_F, seja 8%; que o retorno de mercado, r_m, seja 12%; e que o ativo A tenha um beta, β_A, de 1,10.

a. Trace a linha do mercado de títulos (SML) em um gráfico com o risco não diversificável no eixo x e o retorno exigido no eixo y.

b. Use o CAPM para calcular o retorno exigido, r_A, do ativo A, e indique o beta e o retorno exigido do ativo A na SML traçada no item **a**.

c. Suponha que, em consequência de eventos econômicos recentes, as expectativas de inflação caíram 2%, reduzindo R_F e r_m para 6% e 10%, respectivamente. Trace a nova SML no gráfico do item **a**, e calcule e indique o novo retorno exigido do ativo A.

d. Suponha que, em consequência de acontecimentos recentes, os investidores se tornaram mais avessos ao risco, fazendo com que o retorno de mercado aumentasse 1%, passando para 13%. Ignorando o deslocamento no item **c**, trace a nova SML no mesmo gráfico usado antes, e calcule e indique o novo retorno exigido do ativo A.

e. Com base nas mudanças anteriores, que conclusões podem ser tiradas a respeito do impacto (1) da redução das expectativas de inflação e (2) do aumento da aversão ao risco nos retornos exigidos de ativos de risco?

E8.30 Integrativo: risco, retorno e CAPM. A Wolff Enterprises precisa analisar vários projetos de investimento, de A a E, utilizando o modelo de precificação de ativos financeiros (CAPM) e sua representação gráfica, a linha do mercado de títulos (SML). Informações relevantes são apresentadas na tabela a seguir.

Item	Taxa de retorno	Beta, β
Ativo livre de risco	9%	0,00
Carteira de mercado	14%	1,00

(continua)

(continuação)

Projeto A	—	1,50
Projeto B	—	0,75
Projeto C	—	2,00
Projeto D	—	0,00
Projeto E	—	−0,50

a. Calcule: (1) a taxa de retorno exigida e (2) o prêmio pelo risco para cada projeto, dado seu nível de risco não diversificável.

b. Use suas respostas no item **a** para traçar a linha do mercado de títulos (retorno exigido com relação ao risco não diversificável).

c. Discuta o risco não diversificável relativo a cada projeto.

d. Suponha que eventos econômicos recentes levaram os investidores a se tornarem menos avessos ao risco, fazendo com que o retorno de mercado caísse 2%, chegando a 12%. Calcule os novos retornos exigidos dos ativos de A a E e trace a nova linha do mercado de títulos no mesmo gráfico utilizado no item **b**.

e. Compare suas respostas dos itens **a** e **b** com as do item **d**. Que conclusões você pode tirar a respeito do impacto de uma queda da aversão ao risco do investidor nos retornos exigidos de ativos de risco?

  E8.31 Problema de ética. O risco é a maior preocupação da maioria dos investidores. Quando os acionistas investem seu dinheiro em uma empresa, eles esperam que os administradores assumam riscos com esses fundos. Na sua opinião, quais são os limites éticos que os administradores devem observar ao correr riscos com o dinheiro de outras pessoas?

Exercício com planilha

 Jane está pensando em investir em três ações diferentes ou criar três carteiras distintas, cada uma com duas ações. Ela se considera uma investidora conservadora. Jane conseguiu obter retornos previstos para os três títulos para os próximos sete anos. Os dados são apresentados na tabela a seguir.

Ano	Ação A	Ação B	Ação C
1	10%	10%	12%
2	13%	11%	14%
3	15%	8%	10%
4	14%	12%	11%
5	16%	10%	9%
6	14%	15%	9%
7	12%	15%	10%

Em qualquer uma das carteiras possíveis de duas ações, o peso de cada ação será 50%. As três combinações possíveis são: AB, AC e BC.

TAREFA

Crie uma planilha semelhante às tabelas 8.6 e 8.7 para responder os itens a seguir:

a. Calcule o retorno esperado de cada ação individualmente.

b. Calcule o desvio padrão de cada ação individualmente.

c. Calcule os retornos esperados das carteiras AB, AC e BC.

d. Calcule os desvios padrão das carteiras AB, AC e BC.

e. Você recomendaria que Jane investisse na ação A individualmente ou na carteira composta pelas ações A e B? Explique sua resposta com base nos conceitos de risco e retorno.

f. Você recomendaria que Jane investisse na ação B individualmente ou na carteira composta pelas ações B e C? Explique sua resposta com base nos conceitos de risco e retorno.

Capítulo 9

O custo de capital

Objetivos de aprendizagem

OA 1 Entender o conceito básico e as fontes de capital associadas ao custo de capital.

OA 2 Explicar o que se entende por custo marginal de capital.

OA 3 Determinar o custo de capital de terceiros de longo prazo e explicar por que o custo de capital de terceiros após imposto de renda é o custo relevante de capital de terceiros.

OA 4 Determinar o custo de ações preferenciais.

OA 5 Calcular o custo de capital próprio (ações ordinárias) e convertê-lo em custo de lucros retidos e em custo de novas emissões de ações ordinárias.

OA 6 Calcular o custo médio ponderado de capital (CMPC) e discutir esquemas de ponderação alternativas.

▶ Por que este capítulo é importante para você?

Na sua vida PROFISSIONAL

CONTABILIDADE Para conhecer as várias fontes de capital e como seus custos são calculados para fornecer os dados necessários para determinar o custo total de capital da empresa.

SISTEMAS DE INFORMAÇÃO Para conhecer as várias fontes de capital e como seus custos são calculados para desenvolver sistemas que estimem os custos dessas fontes de capital, bem como o custo total de capital.

GESTÃO Para entender o custo de capital a fim de selecionar investimentos de longo prazo depois de avaliar sua aceitabilidade e respectiva classificação.

MARKETING Para entender o custo de capital da empresa, pois os projetos propostos devem gerar retornos superiores ao custo de capital para serem aceitos.

OPERAÇÕES Para entender o custo de capital da empresa a fim de avaliar a viabilidade econômica de investimentos em instalações e equipamentos necessários para melhorar ou aumentar a capacidade da empresa.

Na sua vida PESSOAL

Conhecer seu *custo pessoal de capital* permitirá que você tome decisões conscientes sobre seu consumo pessoal, empréstimos e investimentos. Administrar sua riqueza pessoal é como administrar a riqueza de um negócio, uma vez que você precisa entender os trade-offs entre consumir e acumular riqueza e como o aumento de riqueza pode ser obtido investindo seu próprio dinheiro ou tomando dinheiro emprestado. Entender os conceitos de custo de capital permitirá que você tome melhores decisões de longo prazo e maximize o valor de sua riqueza pessoal.

Alcoa

Aquém das expectativas

Frequentemente listada entre as empresas mais admiradas da América, a Alcoa é a maior produtora de alumínio do mundo, com mais de 61.000 funcionários em 30 países. Uma rápida olhada em suas demonstrações financeiras sugere que a empresa tem se dado muito bem nos últimos anos. A Alcoa aumentou suas vendas totais de US$ 18,4 bilhões em 2009 para US$ 23,7 bilhões em 2012, uma taxa de crescimento anual de quase 9%, excedendo em muito o crescimento econômico geral no mesmo período. Em cada um desses anos, a Alcoa gastou mais de US$ 1 bilhão em investimentos em bens de capital, expandindo e modernizando suas instalações de produção, participando de novas *joint ventures* e fazendo aquisições estratégicas.

Durante esse período, contudo, as ações da Alcoa apresentaram desempenho inferior. No período de cinco anos, encerrado em maio de 2013, as ações ordinárias da Alcoa perderam quase 80% de seu valor, enquanto o mercado de ações em geral (medido pelo índice 500 da Standard & Poor's) subiu cerca de 20%. Por que a Alcoa apresentou desempenho tão fraco? Uma resposta simples está no fato de seus investimentos não conseguirem gerar um retorno suficiente

para atender às expectativas dos investidores. Apesar do crescimento contínuo da Alcoa, a taxa de retorno que a companhia obteve sobre os ativos que havia investido não foi suficiente para satisfazer os investidores. Quando os resultados operacionais de uma empresa decepcionam os investidores, o preço das ações cairá à medida que os investidores venderem suas ações e passarem para um investimento mais atraente. Segundo algumas estimativas, o custo de capital da Alcoa excedeu 12%, mas seus investimentos geraram consistentemente retornos abaixo de 5%. Essa é a receita para o declínio do preço das ações, que é precisamente o que a Alcoa vem experimentando há vários anos.

Para que as empresas tenham sucesso, seus investimentos devem gerar uma taxa de retorno que excede às expectativas dos investidores. No entanto, como as empresas sabem o que os investidores esperam? Para chegar a essa resposta as empresas devem medir seu custo de capital. Neste capítulo, explicaremos mais detalhadamente como as empresas fazem isso.

9.1 Visão geral do custo de capital

No Capítulo 1 vimos que o objetivo da empresa é maximizar a riqueza de seus acionistas. Para isso, os administradores devem fazer investimentos que valem mais do que o seu custo. Neste capítulo, você aprenderá sobre o custo de capital, que consiste na taxa de retorno que os administradores financeiros usam para avaliar todas as possíveis oportunidades de investimento para determinar quais delas agregam valor à empresa. O **custo de capital** representa o custo de financiamento da empresa e é a taxa de retorno mínima que um projeto deve gerar para aumentar o valor da empresa. Em especial, o custo de capital refere-se ao custo da próxima unidade monetária de financiamento necessária para financiar uma nova oportunidade de investimento. Investimentos com taxa de retorno acima do custo de capital aumentarão o valor da empresa, pois esses investimentos valem mais do que custaram. Por outro lado, projetos com taxa de retorno abaixo do custo de capital reduzirão o valor da empresa.

O custo de capital é um conceito financeiro extremamente importante. Ele atua como um importante vínculo entre as decisões de investimento de longo prazo da empresa e a riqueza de seus proprietários, determinada pelo valor de mercado de suas ações. Os administradores financeiros são eticamente obrigados a investir apenas em projetos que esperam que exceda o custo de capital. Veja o quadro *Foco na Ética* para uma discussão mais aprofundada dessa responsabilidade.

custo de capital
Representa o custo de financiamento da empresa e é a taxa de retorno mínima que um projeto deve gerar para aumentar o valor da empresa.

Foco na ÉTICA

A ética do lucro

na prática A revista *Business Week* certa vez referiu-se a Peter Drucker como "o pai da administração". Em seu papel como escritor e consultor, Drucker salientou a importância da ética para os líderes empresariais. Ele acreditava que obter lucro era responsabilidade ética de um negócio. Em sua opinião, os negócios lucrativos criavam oportunidades, ao passo que os não lucrativos desperdiçavam recursos da sociedade. Certa vez, Drucker declarou: "O lucro não é a explicação, causa ou racionalidade do comportamento empresarial e das decisões de negócios, mas sim o teste de sua validade. Se os arcanjos, em vez dos empresários, ocupassem as cadeiras de diretores, também teriam que se preocupar com a lucratividade, apesar de sua total falta de interesse pessoal em obter lucros".[a]

Mas o que acontece quando os negócios abandonam a ética por lucros? Vamos analisar a experiência da Merck com o medicamento Vioxx. Lançado em 1999, o Vioxx foi um sucesso imediato, alcançando rapidamente US$ 2,5 bilhões em vendas anuais. No entanto, um estudo apresentado pela Merck em 1999 descobriu que os pacientes que tomaram Vioxx tiveram mais risco de sofrer ataques cardíacos e derrames. Apesar dos riscos, a Merck continuou a comercializar o medicamento. Quando o Vioxx foi retirado do mercado, estima-se que cerca de 20 milhões de norte-americanos tinham tomado a droga, 88.000 tinham sofrido ataques cardíacos e 38.000 tinham morrido por conta dela.

Notícias sobre a retirada do Vioxx do mercado em 2004 atingiram duramente a ação da Merck. As ações da empresa caíram 27% no dia do anúncio, reduzindo US$ 27 bilhões da capitalização de mercado da empresa. A Moody's, a Standard & Poor's e a Fitch reduziram os *ratings* de crédito da Merck, custando à empresa sua cobiçada classificação AAA. Os resultados financeiros da Merck também foram afetados, à medida que o lucro líquido caía 21% nos três últimos meses de 2004.

O *recall* causou um duro golpe na reputação da empresa, que foi criticada por promover agressivamente o Vioxx apesar dos graves efeitos colaterais do medicamento. Também questionou-se os relatórios de pesquisa que a Merck apresentou em apoio ao medicamento. E ações judiciais se seguiram. Em 2008, a Merck concordou em financiar um acordo de US$ 4,85 bilhões para resolver cerca de 50.000 processos judiciais relacionados ao Vioxx. Por ocasião do acordo, a empresa também incorreu em US$ 1,53 bilhão em custas.

- *O recall do Vioxx aumentou o custo de capital da Merck. Que efeito teria um aumento do custo de capital nos investimentos futuros de uma empresa?*

[a] DRUCKER, Peter F. *The Essential Drucker.* Nova York: Collins Business Essentials, 2001.

O CONCEITO BÁSICO

O custo de capital reflete o *custo futuro médio esperado dos fundos no longo prazo* e todas as atividades de financiamento de uma empresa. Por exemplo, uma empresa pode levantar o dinheiro de que necessita para construir uma nova instalação de produção, emprestando dinheiro (capital de terceiros), vendendo ações ordinárias (capital próprio), ou ambos. Os administradores devem considerar os respectivos custos das duas formas de capital ao estimar o custo de capital de uma empresa. Na verdade, a maioria das empresas financia suas atividades com um mix de capital próprio e capital de terceiros. No Capítulo 13, vamos explorar os fatores que determinam o mix ótimo de capital de terceiros e capital próprio para qualquer empresa. Por enquanto, basta dizer que a maioria das empresas tem um mix desejado de financiamento, e o custo de capital deve refletir o custo de cada tipo de financiamento que a empresa utiliza. Para capturar todos os custos de financiamento relevantes, presumindo algum mix desejado de financiamento, precisamos considerar o *custo total de capital* em vez de apenas o custo de uma única fonte de financiamento.

Exemplo 9.1

Uma empresa está, atualmente, analisando duas oportunidades de investimento. Dois analistas financeiros, trabalhando de forma independente, estão avaliando essas oportunidades. Considere as seguintes informações sobre os investimentos A e B.

Investimento A

Custo = $ 100.000
Vida útil = 20 anos
Retorno esperado = 7%

O analista que está analisando esse investimento lembra que a empresa emitiu, recentemente, títulos de dívida com taxa de retorno de 6%. Ele argumenta que, como o projeto de investimento gera 7% e a empresa pode emitir título de dívida a 6%, o projeto deve valer a pena, de modo que recomenda que a empresa realize esse investimento.

Investimento B

Custo = $ 100.000
Vida útil = 20 anos
Retorno esperado = 12%

Fonte de financiamento de menor custo disponível

Capital próprio = 14%

O analista responsável por esse projeto sabe que a empresa tem ações ordinárias em circulação e que os investidores que detêm ações da empresa esperam um retorno de 14% de seu investimento. O analista decide que a empresa não deve fazer esse investimento porque ele gera apenas 12% de retorno, e os acionistas esperam 14%.

Neste exemplo, cada analista cometeu um erro ao focar em uma única fonte de financiamento e não em um mix de financiamento total. E se, em vez disso, os analistas utilizassem um custo *combinado* de financiamento? Ao ponderar o custo de cada fonte de financiamento por sua participação relativa na estrutura-meta de capital da empresa, ela poderia obter um *custo médio ponderado de capital*. Presumindo que a empresa deseja um mix de 50% de capital de terceiros e 50% de capital próprio, o custo médio ponderado seria de:

10% [(0,50 × 6% de capital de terceiros) + (0,50 × 14% de capital próprio)]. Com esse custo médio de financiamento, a empresa deveria rejeitar a primeira oportunidade (retorno esperado de 7% < custo médio ponderado de 10%) e aceitar a segunda (retorno esperado de 12% > custo médio ponderado de 10%).

FONTES DE CAPITAL DE LONGO PRAZO

Neste capítulo, nos concentraremos apenas nas fontes de capital de *longo prazo* disponíveis a uma empresa por serem as fontes que fornecem o financiamento necessário para sustentar suas atividades de *orçamento de capital*. O orçamento de capital é o processo de avaliar e selecionar investimentos de longo prazo. Esse processo pretende atingir o objetivo da empresa de maximizar a riqueza de seus acionistas. Apesar de todo o processo de orçamento de capital ser discutido no decorrer da Parte 5 deste livro, por ora é suficiente saber que as atividades de orçamento de capital estão entre as principais responsabilidades dos administradores financeiros e não podem ser realizadas sem que se conheça o custo de capital apropriado para avaliar as oportunidades de investimento da empresa.

As empresas contam com quatro fontes básicas de capital de longo prazo: dívida de longo prazo, ações preferenciais, ações ordinárias e lucros retidos. Essas fontes encontram-se representadas no lado direito do balanço patrimonial, além do passivo circulante:

Balanço patrimonial	
Ativo	Passivo circulante
	Dívida de longo prazo ⎫
	Patrimônio líquido ⎪
	Ações preferenciais ⎬ Fontes de capital de longo prazo
	Patrimônio líquido relativo às ações ordinárias ⎪
	Ações ordinárias ⎪
	Lucros retidos ⎭

Nem toda empresa utilizará todas essas fontes de financiamento. Em particular, as ações preferenciais são relativamente incomuns nos Estados Unidos.[1] Mesmo assim, a maioria das empresas terá algum mix de fundos dessas fontes em sua estrutura de capital. Embora o mix existente de fontes de financiamento de uma empresa possa refletir sua estrutura-meta de capital, em última instância, é o custo marginal de capital necessário para levantar a próxima unidade monetária de financiamento, que é relevante para avaliar as oportunidades de investimentos futuros da empresa.

→ QUESTÕES PARA REVISÃO

9.1 O que é o *custo de capital*?

9.2 Que papel o custo de capital desempenha nas decisões de investimento de longo prazo da empresa? Como se relaciona com a capacidade da empresa de maximizar a riqueza de seus acionistas?

9.3 O que representa a estrutura de capital da empresa?

9.4 Quais são as fontes mais comuns de capital de longo prazo disponíveis para uma empresa?

---

[1] No Brasil a emissão de ações preferenciais é comum. (N. da R. T.)

9.2 Custo de capital de terceiros de longo prazo

O **custo de capital de terceiros de longo prazo** é o custo de financiamento associado a novos fundos levantados por meio de empréstimos de longo prazo. Normalmente, os fundos são levantados por meio da venda de títulos de dívida corporativa.

RECEBIMENTOS LÍQUIDOS

Os **recebimentos líquidos** da venda de um título de dívida, ou de qualquer valor mobiliário, são os fundos efetivamente recebidos pela empresa com essa venda. Os **custos de lançamento (ou custos de emissão)**, que representam os custos totais de emissão e venda de valores mobiliários, são deduzidos dos recebimentos totais. Esses custos se aplicam a todas as ofertas públicas de valores mobiliários: títulos de dívida, ações preferenciais e ações ordinárias. Eles incluem dois componentes: (1) os *custos de underwriting*, ou a remuneração paga aos bancos de investimento para realizar a venda do valor mobiliário; e (2) os *custos administrativos*, ou despesas do emitente, como custos legais e contábeis.

custo de capital de terceiros de longo prazo
O custo de financiamento associado a novos fundos levantados por meio de empréstimos de longo prazo.

recebimentos líquidos
Fundos efetivamente recebidos pela empresa com a venda de um valor mobiliário.

custos de lançamento (ou custos de emissão)
Os custos totais de emissão e venda de um valor mobiliário.

> **Exemplo 9.2**
>
> A Duchess Corporation, uma grande fabricante de ferramentas, está estudando a possibilidade de vender títulos de dívida no valor total de $ 10 milhões, com vida útil de 20 anos, cupom (taxa de juros *anual* declarada) de 9% e valor de face de $ 1.000. Como os títulos de dívida com risco semelhante geram retornos superiores a 9%, a empresa deve vender os títulos de dívida por $ 980 para compensar o cupom mais baixo. Os custos de lançamento são iguais a 2% do valor de face do título de dívida (0,02 $ 1.000), ou $ 20. Os *recebimentos líquidos* para a empresa com a venda de cada título de dívida são, portanto, de $ 960 ($ 980 menos $ 20).

CUSTO DE CAPITAL DE TERCEIROS ANTES DO IMPOSTO DE RENDA

O custo de capital de terceiros antes do imposto de renda, r_d, é simplesmente a taxa de retorno que a empresa deve pagar em novos empréstimos. O custo de capital de terceiros antes do imposto de renda para títulos de dívida de uma empresa pode ser determinado de três maneiras diferentes: cotação, cálculo ou aproximação.

Uso de cotações de mercado

Um método relativamente rápido para determinar o custo de capital de terceiros antes do imposto de renda é observar o *rendimento até o vencimento (YTM)* dos títulos de dívida existentes da empresa ou de títulos de dívida de risco semelhante emitidos por outras empresas. O YTM de títulos de dívida existentes reflete a taxa de retorno exigida pelo mercado. Por exemplo, se o mercado exige um YTM de 9,7% para um título de dívida de risco semelhante, esse valor pode ser utilizado como o custo de capital de terceiros antes do imposto de renda, r_d, para novos títulos de dívida. Os rendimentos de títulos de dívida são amplamente divulgados por fontes como o *Wall Street Journal*.

Cálculo do custo

Essa abordagem identifica o custo de capital de terceiros antes do imposto de renda por meio do cálculo do YTM gerado pelos fluxos de caixa do título de dívida, considerando os recebimentos líquidos que a empresa recebe quando emite títulos de dívida. Do ponto de vista do emitente, esse valor é o *custo até o vencimento* dos fluxos de caixa associados à dívida. O YTM pode ser calculado usando uma calculadora financeira ou uma planilha eletrônica. Ele representa o custo percentual anual de capital de terceiros antes do imposto de renda.

Exemplo 9.3

No exemplo anterior, os recebimentos líquidos de um título de dívida de 20 anos com valor de face de $ 1.000 e cupom de 9% foram de $ 960. O cálculo do custo anual é bastante simples. O padrão de fluxo de caixa associado à venda desses títulos de dívida consiste em uma entrada inicial (os recebimentos líquidos) seguida de uma série de desembolsos anuais (os pagamentos de juros). No último ano, quando a dívida é quitada, também ocorre um desembolso que representa o reembolso do principal. Veja a seguir os fluxos de caixa associados à emissão de títulos de dívida da Duchess Corporation:

Final do(s) ano(s)	Fluxo de caixa
0	$ 960
1–20	–$ 90
20	–$ 1.000

A entrada inicial de $ 960 é seguida por saídas anuais de juros de $ 90 (cupom de 9% valor de face de $ 1.000) durante os 20 anos do prazo do título de dívida. No ano 20, ocorre uma saída de $ 1.000 (o reembolso do principal). Podemos determinar o custo de capital de terceiros calculando o YTM, que é a taxa de desconto que iguala o valor presente das saídas de caixa do título de dívida à entrada de caixa inicial.

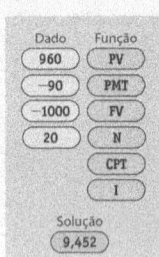

Uso da calculadora (*Observação:* a maioria das calculadoras exige que o valor presente [recebimentos líquidos] ou o valor futuro [pagamentos anuais de juros e reembolso do principal] sejam inseridos como números negativos para calcular o rendimento até o vencimento. Essa é a abordagem utilizada aqui.) Usando a calculadora e os dados mostrados na imagem ao lado, você deverá determinar o custo de capital de terceiros antes do imposto de renda (rendimento até o vencimento) de 9,452%.

Uso de planilha O custo de capital de terceiros antes do imposto de renda para o título de dívida da Duchess Corporation pode ser calculado usando uma planilha Excel. A planilha a seguir mostra que, ao referenciar as células que contêm os recebimentos líquidos, o pagamento de cupom, o número de anos até a data de vencimento e o valor de face do título de dívida como parte da função TAXA do Excel, é possível constatar rapidamente que o custo de capital de terceiros antes do imposto de renda apropriado para o título de dívida da Duchess Corporation é de 9,452%.

	A	B
1	CÁLCULO DO CUSTO DE CAPITAL DE TERCEIROS ANTES DO IMPOSTO DE RENDA	
2	Valor de face	–$1.000
3	Cupom	9,0%
4	Pagamentos de juros por ano	1
5	Pagamento de juros	–$90,00
6	Número de anos até o vencimento	20
7	Recebimentos líquidos com a venda do título de dívida	$960,00
8	Custo de capital de terceiros antes do imposto de renda	9,452%

O conteúdo da célula B7 é =TAXA (B6*B4,B5,B7,B2,0).
O sinal negativo aparece antes de $ 1.000,00, em B2, e antes de $ 90, em B5, porque esses valores são saídas de caixa para a empresa.

Você pode não ter percebido, mas tanto a calculadora quanto a função do Excel usam o método de tentativa e erro para determinar o YTM do título de dívida, só que elas fazem isso de modo muito mais rápido do que você.

Aproximação do custo

Apesar de não ser tão preciso como o uso da calculadora, existe um método para aproximar o custo de capital de terceiros antes do imposto de renda. O custo de capital de terceiros antes do imposto de renda, r_d, de um título de dívida com valor de face de $ 1.000 pode ser aproximado da seguinte maneira:

$$r_d = \frac{I + \dfrac{\$1.000 - N_d}{n}}{\dfrac{N_d + \$1.000}{2}} \tag{9.1}$$

onde:

I = juros anuais em unidades monetárias
N_d = recebimentos líquidos com a venda de dívida (títulos de dívida)
n = número de anos até a data de vencimento do título de dívida

Exemplo 9.4

Substituindo os valores apropriados do exemplo da Duchess Corporation na fórmula de aproximação dada na Equação 9.1, temos:

$$r_d = \frac{\$90 + \dfrac{\$1.000 - \$960}{20}}{\dfrac{\$960 + \$1.000}{2}} = \frac{\$90 + \$2}{\$980}$$

$$= \frac{\$92}{\$980} = 0{,}09388 \text{ ou } \underline{9{,}388\%}$$

Esse valor aproximado do custo de capital de terceiros antes do imposto de renda está próximo do 9,452%, apresentado anteriormente, mas não tem a precisão do valor obtido usando uma calculadora ou planilha eletrônica.

CUSTO DE CAPITAL DE TERCEIROS APÓS IMPOSTO DE RENDA

Ao contrário dos dividendos pagos aos acionistas, os juros pagos aos detentores de títulos de dívida são dedutíveis do imposto de renda da empresa, de modo que a despesa de juros do título de dívida reduz o lucro tributável da empresa e, portanto, o imposto que a empresa tem de pagar. Para determinar o custo *líquido* de capital de terceiros da empresa devemos considerar a economia tributária criada pela dívida e calcular o custo de capital de terceiros de longo prazo em uma base após imposto de renda. O custo de capital de terceiros após imposto de renda, r_i, pode ser calculado multiplicando-se o custo antes do imposto de renda, r_d, por 1 menos a alíquota de imposto de renda, T:

$$r_i = r_d \times (1 - T) \tag{9.2}$$

Exemplo 9.5

A Duchess Corporation está sujeita à alíquota de imposto de renda de 40%. Usando o custo de capital de terceiros antes do imposto de renda de 9,452% calculado acima e aplicando a Equação 9.2, encontramos um custo de capital de terceiros após imposto de renda de 5,67% [9,452% (1 − 0,40)]. Normalmente, o custo de capital de terceiros de longo prazo para uma determinada empresa é menor que o custo das ações preferenciais ou das ações ordinárias, em parte por causa da dedutibilidade fiscal dos juros.

Finanças pessoais Exemplo 9.6

Kait e Kasim Sullivan, um casal que está na faixa de 28% do imposto de renda, quer tomar $ 60.000 emprestados para comprar um novo carro de luxo. Para financiar a compra, eles podem tomar os $ 60.000 emprestados com a concessionária a uma taxa de juros anual de 6,0% ou podem fazer uma segunda hipoteca de sua casa no valor de $ 60.000. A melhor taxa anual que conseguem obter com a segunda hipoteca é de 7,2%. Eles já obtiveram aprovação para os dois empréstimos e agora estão analisando qual é a melhor opção.

Se tomarem o empréstimo da concessionária, os juros desse "empréstimo ao consumidor" não serão dedutíveis do imposto de renda. No entanto, nos EUA, os juros da segunda hipoteca seriam dedutíveis do imposto de renda, porque a lei tributária permite que pessoas físicas deduzam os juros pagos em hipoteca residencial. Para escolher o financiamento de menor custo, os Sullivans calcularam o custo após o imposto de renda das duas fontes de capital de terceiros de longo prazo. Como os juros do empréstimo com a concessionária *não* são dedutíveis do imposto de renda, seu custo após imposto de renda é igual ao custo declarado de 6,0%. Como os juros da segunda hipoteca *são* dedutíveis do imposto de renda, seu custo após imposto de renda pode ser calculado usando a Equação 9.2:

Custo de capital de terceiros após imposto de renda = Custo de capital de terceiros antes do imposto de renda (1 − alíquota de imposto de renda)

$$7,2\% \ (1 - 0,28) = 7,2\% \ 0,72 = \underline{5,2\%}$$

Como o custo após imposto de renda de 5,2% da segunda hipoteca é menor que o custo de 6,0% do empréstimo com a concessionária, os Sullivans podem optar por usar a segunda hipoteca para financiar a compra do carro.

→ **QUESTÕES PARA REVISÃO**

9.5 O que são *recebimentos líquidos* da venda de um título de dívida? O que são *custos de lançamento* e como afetam os recebimentos líquidos de um título de dívida?

9.6 Quais métodos podem ser usados para calcular o custo de capital de terceiros antes do imposto de renda?

9.7 Como o custo de capital de terceiros antes do imposto de renda pode ser convertido no custo após imposto de renda?

9.3 Custo de ações preferenciais

As ações preferenciais representam um tipo especial de direito de propriedade sobre a empresa. Conferem a seus detentores o direito de receber os dividendos *declarados* antes que a empresa possa distribuir quaisquer lucros aos acionistas ordinários. As principais características das ações preferenciais foram descritas no Capítulo 7. No entanto, um aspecto das ações preferenciais exige revisão: os dividendos.

DIVIDENDOS DE AÇÕES PREFERENCIAIS

Quando os dividendos são declarados como "dividendos de ações preferenciais", a ação é frequentemente chamada de "ação preferencial a x unidades monetárias". Assim, uma "ação preferencial a $ 4" deve pagar dividendos de $ 4 ao ano, por ação preferencial, a seus detentores.

Às vezes, os dividendos das ações preferenciais são declarados como uma *taxa percentual anual*. Essa taxa representa a porcentagem do valor de face da ação, que corresponde ao dividendo anual. Por exemplo, uma ação preferencial a 8% com valor de face de $ 50 deve pagar dividendo anual de $ 4 por ação (0,08 valor de face de $ 50 = $ 4). Antes de calcular o custo de ações preferenciais, quaisquer dividendos expressos como porcentagens devem ser convertidos em dividendos anuais em unidades monetárias.

CÁLCULO DO CUSTO DE AÇÕES PREFERENCIAIS

O **custo de ações preferenciais**, r_p, é o quociente entre o dividendo das ações preferenciais e os recebimentos líquidos da venda de ações preferenciais. O recebimento líquido corresponde ao montante a ser recebido menos quaisquer custos de lançamento. A equação a seguir dá o custo de ações preferenciais, r_p, em termos do dividendo anual em unidades monetárias, D_p, e dos recebimentos líquidos com a venda das ações, N_p:

$$r_p = \frac{D_p}{N_p} \tag{9.3}$$

custo de ações preferenciais, r_p
O quociente entre o dividendo das ações preferenciais e os recebimentos líquidos da venda de ações preferenciais.

> **Exemplo 9.7**
>
> A Duchess Corporation está analisando a possibilidade de emitir ações preferenciais a 10%, que espera vender a $ 87 por ação. O custo de emissão e venda será de $ 5 por ação. O primeiro passo para determinar o custo da ação é calcular o montante em unidades monetárias do dividendo preferencial anual, que é de $ 8,70 (0,10 $ 87). Os recebimentos líquidos por ação provenientes da venda proposta correspondem ao preço de venda menos os custos de lançamento ($ 87 – $ 5 = $ 82). Substituindo o dividendo anual, D_p, de $ 8,70 e os recebimentos líquidos, N_p, de $ 82 na Equação 9.3, temos o custo de ações preferenciais, 10,6% ($ 8,70 · $ 82).

O custo de ações preferenciais da Duchess (10,6%) é muito maior que o custo de seu capital de terceiros de longo prazo (5,67%). Essa diferença existe porque o custo de capital de terceiros de longo prazo (os juros) é dedutível do imposto de renda e porque as ações preferenciais são mais arriscadas que a dívida de longo prazo.

→ **QUESTÃO PARA REVISÃO**

9.8 Como podemos calcular o custo de ações preferenciais?

9.4 Custo de ações ordinárias

O *custo de ações ordinárias* é o retorno exigido da ação ordinária pelos investidores no mercado. Existem duas formas de financiamento por ações ordinárias: (1) lucros retidos e (2) novas emissões de ações ordinárias. Como primeiro passo para calcular cada um desses custos, precisamos estimar o custo de capital próprio.

DETERMINAÇÃO DO CUSTO DE CAPITAL PRÓPRIO (AÇÕES ORDINÁRIAS)

custo de capital próprio (ações ordinárias), r_s
A taxa à qual os investidores descontam os dividendos esperados da empresa para determinar o valor de suas ações.

O **custo de capital próprio (ações ordinárias)**, r_s, é a taxa à qual os investidores descontam os dividendos esperados da empresa para determinar o valor de suas ações. Duas técnicas são usadas para medir o custo de capital próprio (ações ordinárias). Uma baseia-se no modelo de avaliação de crescimento constante e a outra, no modelo de precificação de ativos financeiros (CAPM).

Uso do modelo de avaliação de crescimento constante (modelo de Gordon)

modelo de avaliação de crescimento constante (modelo de Gordon)
Presume que o valor de uma ação ordinária equivale ao valor presente de todos os dividendos futuros (partindo da premissa de que os dividendos futuros crescem a uma taxa constante) que se espera que a ação proporcione até o infinito.

No Capítulo 7, vimos que o valor de uma ação é igual ao valor presente de todos os dividendos futuros, que em um modelo particular presumia-se crescer a uma taxa anual constante ao longo de um horizonte de tempo infinito. Esse modelo — **modelo de avaliação de crescimento constante** — também é conhecido como **modelo de Gordon**. A principal expressão derivada desse modelo, apresentada anteriormente como a Equação 7.4, é:

$$P_0 = \frac{D_1}{r_s - g} \qquad (9.4)$$

onde:

P_0 = valor da ação ordinária
D_1 = dividendo por ação *esperado* no final do primeiro ano
r_s = retorno exigido da ação ordinária
g = taxa de crescimento constante dos dividendos

Resolvendo a Equação 9.4 para r_s chegamos à seguinte equação para o *custo de capital próprio (ações ordinárias)*:

$$r_s = \frac{D_1}{P_0} + g \qquad (9.5)$$

A Equação 9.5 indica que o custo de capital próprio (ações ordinárias) pode ser calculado por meio da divisão do dividendo esperado no final do primeiro ano pelo preço corrente de mercado da ação (o "rendimento do dividendo") e somando a taxa de crescimento esperada (o "rendimento de ganho de capital").

Exemplo 9.8

A Duchess Corporation quer determinar seu custo de capital próprio (ações ordinárias), r_s. O preço de mercado, P_0, de suas ações ordinárias é de $ 50 por ação. A empresa espera pagar um dividendo, D_1, de $ 4 no final do ano seguinte, 2016. Os dividendos pagos sobre as ações em circulação nos últimos seis anos (2010 a 2015) foram os seguintes:

Ano	Dividendo
2015	$ 3,80
2014	3,62
2013	3,47
2012	3,33
2011	3,12
2010	2,97

Usando uma calculadora financeira ou planilha eletrônica, juntamente com a técnica descrita no Capítulo 5 para identificar taxas de crescimento, podemos calcular a taxa anual em que os dividendos cresceram, g, de 2010 a 2015. Essa taxa é de aproximadamente 5% (mais precisamente, 5,05%). Substituindo D_1 = $ 4, P_0 = $ 50 e g = 5% na Equação 9.5, temos o custo de capital próprio (ações ordinárias):

$$r_s = \frac{\$4}{\$50} + 0{,}05 = 0{,}08 + 0{,}05 = 0{,}130 \quad \text{ou} \quad \underline{\underline{13{,}0\%}}$$

O custo de capital próprio (ações ordinárias) de 13,0% representa o retorno exigido pelos acionistas *existentes* sobre seu investimento. Se o retorno efetivo for inferior a esse, os acionistas provavelmente começarão a vender suas ações.

Uso do modelo de precificação de ativos financeiros (CAPM)

Como vimos no Capítulo 8, o **modelo de precificação de ativos financeiros (CAPM)** descreve a relação entre o retorno exigido, r_s, e o risco não diversificável da empresa, medido pelo coeficiente beta, β. O CAPM básico é:

$$r_s = R_F + [\beta \times (r_m - R_F)] \qquad (9.6)$$

modelo de precificação de ativos financeiros (CAPM)
Descreve a relação entre o retorno exigido, r_s, e o risco não diversificável da empresa, medido pelo coeficiente beta, β.

onde:

R_F = taxa de retorno livre de risco

r_m = retorno de mercado; retorno da carteira de mercado de ativos

O uso do CAPM indica que o custo de capital próprio (ações ordinárias) é o retorno exigido pelos investidores como remuneração pelo risco não diversificável da empresa, medido pelo beta.

Exemplo 9.9

A Duchess Corporation deseja agora calcular seu custo de capital próprio (ações ordinárias), r_s, usando o CAPM. Seus assessores de investimento e seus próprios analistas indicam que a taxa livre de risco, R_F, é de 7%; o beta da empresa, β, é igual a 1,5; e o retorno de mercado, r_m, é 11%. Substituindo esses valores na Equação 9.6, a empresa estima seu custo de capital próprio (ações ordinárias), r_s, como:

$$r_s = 7{,}0\% + [1{,}5 \ (11{,}0\% - 7{,}0\%)] = 7{,}0\% + 6{,}0\% = \underline{\underline{13{,}0\%}}$$

O custo de capital próprio (ações ordinárias) de 13,0% representa o retorno exigido pelos investidores das ações ordinárias da Duchess Corporation. Esse valor é igual ao encontrado utilizando o modelo de avaliação de crescimento constante.

Comparando as técnicas de crescimento constante e CAPM

A técnica do CAPM difere do modelo de avaliação de crescimento constante por considerar diretamente o risco da empresa, refletido pelo beta, na determinação do retorno *exigido*, ou custo de capital próprio (ações ordinárias). O modelo de crescimento constante não considera o risco; usa o preço de mercado, P_0, como reflexo da preferência *esperada* de risco e retorno dos investidores no mercado. As técnicas de avaliação de crescimento constante e CAPM para encontrar r_s são teoricamente equivalentes, embora na prática as estimativas dos dois métodos nem sempre coincidam. Os dois métodos podem produzir estimativas diferentes porque exigem (como dados) estimativas de números diferentes, como a taxa de crescimento esperada dos dividendos ou o beta da empresa.

Outra diferença está no fato de que, quando usamos o modelo de avaliação de crescimento constante para calcular o custo de capital próprio (ações ordinárias), ele pode ser facilmente ajustado aos custos de lançamento para determinar o custo de novas ações ordinárias; já o CAPM não fornece um mecanismo simples de ajuste. A dificuldade em ajustar o custo de capital próprio (ações ordinárias), calculado usando o CAPM, ocorre porque, em sua forma comum, o modelo não inclui o preço de mercado, P_0, uma variável necessária para fazer esse ajuste. Embora o CAPM tenha uma base teórica mais robusta, o apelo prático do modelo tradicional de avaliação de crescimento constante justifica sua utilização ao longo deste texto para medir os custos de financiamento por ações ordinárias. Como uma questão prática, os analistas podem querer estimar o custo de capital próprio utilizando as duas abordagens e, em seguida, tirar uma média dos resultados para obter uma estimativa final do custo de capital próprio.

CUSTO DE LUCROS RETIDOS

Como você já sabe, os dividendos são pagos com os lucros da empresa. O pagamento, feito em dinheiro aos acionistas ordinários, reduz os lucros retidos da empresa. Vamos supor que uma empresa precise de certo montante de financiamento por capital próprio. Ela tem duas alternativas com relação aos lucros retidos: pode emitir ações ordinárias adicionais nesse montante e ainda pagar dividendos aos acionistas com os lucros retidos ou pode aumentar o capital próprio retendo os lucros (deixando de pagar os dividendos) no montante necessário. Em uma abordagem contábil estrita, a retenção de lucros aumenta o capital próprio da mesma maneira que a venda de ações ordinárias adicionais. Assim, o **custo de lucros retidos**, r_r, para a empresa é o mesmo que o custo de uma *emissão equivalente e integralmente subscrita de ações ordinárias adicionais*. Os acionistas só consideram aceitável a retenção de lucros pela empresa se esperam que isso lhes renderá pelo menos o retorno exigido sobre os fundos reinvestidos.

custo de lucros retidos, r_r
O mesmo que o custo de uma emissão equivalente e integralmente subscrita de ações ordinárias adicionais, que por sua vez é igual ao custo de capital próprio (ações ordinárias), r_s.

Ao considerarmos os lucros retidos como uma emissão integralmente subscrita de ações ordinárias adicionais, podemos definir o custo de lucros retidos da empresa, r_r, como igual ao custo de capital próprio (ações ordinárias), com base nas equações 9.5 e 9.6.

$$r_r = r_s \qquad (9.7)$$

Assim, não é necessário ajustar o custo de lucros retidos aos custos de lançamento, porque, ao reter lucros, a empresa "levanta" capital próprio sem incorrer em tais custos.

Exemplo 9.10 O custo de lucros retidos da Duchess Corporation já foi calculado nos exemplos anteriores: é igual ao custo de capital próprio (ações ordinárias). Assim, r_r é igual a 13,0%. Como veremos na próxima seção, o custo de lucros retidos é sempre menor que o custo de uma nova emissão de ações ordinárias, pois não acarreta custos de lançamento.

FATOS e DADOS

Lucros retidos, a fonte preferida de financiamento

Nos Estados Unidos e na maioria dos outros países, as empresas dependem mais de lucros retidos do que de qualquer outra fonte de financiamento. Por exemplo, uma pesquisa de 2013 realizada com empresas chinesas revelou que 64% das companhias pesquisadas classificaram os lucros retidos como uma de suas principais fontes de fundos. Os empréstimos bancários ficaram em um distante segundo lugar e foram mencionados como uma fonte primária de fundos por apenas 44% das empresas.[2]

CUSTO DE NOVAS EMISSÕES DE AÇÕES ORDINÁRIAS

Nosso propósito em encontrar o custo total de capital da empresa é determinar o custo após o imposto de renda de *novos* fundos necessários para o financiamento de projetos. O **custo de uma nova emissão de ações ordinárias, r_n**, é determinado calculando-se o custo de ações ordinárias, líquido de *underpricing* e os custos de lançamento. Normalmente, quando novas ações são emitidas, elas estão **underpriced**, o que significa que são vendidas com deságio em relação ao preço de mercado corrente, P_0. O *underpricing* é a diferença entre o preço de mercado e o preço de emissão, que é o preço pago pelos investidores no mercado primário, como vimos no Capítulo 2.

Como ponto de partida, podemos usar a expressão do modelo de avaliação de crescimento constante para o custo de ações ordinárias existentes, r_s. Se N_n representar os recebimentos líquidos provenientes da venda de novas ações ordinárias, após a dedução do *underpricing* e dos custos de lançamento, o custo da nova emissão, r_n, pode ser expresso como segue:[3]

$$r_n = \frac{D_1}{N_n} + g \qquad (9.8)$$

custo de uma nova emissão de ações ordinárias, r_n
O custo de ações ordinárias, líquido de *underpricing* e de custos de lançamento.

underpriced
Ação vendida a um preço abaixo do seu preço de mercado corrente, P_0.

Os recebimentos líquidos provenientes da venda de novas ações ordinárias, N_n, serão menores que o preço de mercado corrente, P_0. Portanto, o custo de novas emissões, r_n, será sempre superior ao custo de ações existentes, r_s, que, por sua vez, é igual ao custo de lucros retidos, r_r. *O custo de novas ações ordinárias, normalmente, é maior que o de qualquer outro financiamento de longo prazo.*

---

2 *Business in China Survey 2013*, China Europe International Business School.
3 Uma forma alternativa, porém menos direta dessa equação, é:

$$r_n = \frac{D_1}{P_0 \times (1-f)} + g \qquad (9.8a)$$

em que f representa a redução *percentual* do preço de mercado corrente esperado em consequência do *underpricing* e dos custos de lançamento. Dito de maneira simplificada, N_n na Equação 9.8 é equivalente a $P_0(1-f)$ na Equação 9.8a. Por conveniência, a Equação 9.8 é utilizada para definir o custo de uma nova emissão de ações ordinárias, r_n.

Exemplo 9.11

No exemplo de avaliação de crescimento constante, concluímos que o custo de capital próprio (ações ordinárias), r_s, da Duchess Corporation é de 13%, utilizando os seguintes valores: dividendo esperado, D_1, de $ 4; preço de mercado corrente, P_0, de $ 50; e taxa esperada de crescimento de dividendos, g, de 5%.

Para determinar o custo de *novas* ações ordinárias, r_n, a Duchess Corporation estimou que, em média, as novas ações podem ser vendidas a $ 47. O *underpricing* de $ 3 por ação se deve à natureza competitiva do mercado. Um segundo custo associado à nova emissão é o de lançamento, de $ 2,50 por ação, que seriam pagos para emitir e vender essas novas ações. O total de *underpricing* e custo de lançamento por ação são, portanto, de $ 5,50.

Subtraindo o *underpricing* e o custo de lançamento de $ 5,50 por ação do preço de $ 50 encontramos o recebimento líquido de $ 44,50 por ação ($ 50,00 − $ 5,50). Substituindo D_1 = $ 4, N_n = $ 44,50 e g = 5% na Equação 9.8 encontramos o custo de novas ações ordinárias, r_n:

$$r_n = \frac{\$4,00}{\$44,50} + 0,05 = 0,09 + 0,05 = 0,140 \text{ ou } \underline{\underline{14,0\%}}$$

O custo de novas ações ordinárias da Duchess Corporation é, portanto, de 14,0%. Esse é o valor a ser utilizado nos cálculos subsequentes do custo total de capital da empresa.

→ **QUESTÕES PARA REVISÃO**

9.9 Qual premissa sobre o valor da ação fundamenta o modelo de avaliação de crescimento constante (modelo de Gordon) que é utilizado para medir o custo de capital próprio, r_s?

9.10 Em que diferem os métodos (1) *modelo de avaliação de crescimento constante* e (2) *modelo de precificação de ativos financeiros* na determinação do custo de ação ordinária?

9.11 Por que o custo de financiar um projeto com lucros retidos é menor que o custo de financiá-lo com uma nova emissão de ações ordinárias?

9.5 Custo médio ponderado de capital

custo médio ponderado de capital (CMPC, ou WACC, do inglês *weighted average cost of capital*), r_a
Reflete o custo futuro médio esperado de capital no longo prazo; encontrado ponderando-se o custo de cada tipo específico de capital por sua proporção na estrutura de capital da empresa.

Como observado anteriormente, o **custo médio ponderado de capital (CMPC, ou WACC, do inglês *weighted average cost of capital*)**, r_a, reflete o custo futuro médio esperado de capital no longo prazo. É encontrado ponderando-se o custo de cada tipo específico de capital por sua proporção na estrutura de capital da empresa.

CÁLCULO DO CUSTO MÉDIO PONDERADO DE CAPITAL (CMPC)

O cálculo do custo médio ponderado de capital (CMPC) é bastante simples: multiplica-se o custo de cada modalidade de financiamento por sua proporção na estrutura de capital da empresa e somam-se os valores ponderados. Como equação, o custo médio ponderado de capital, r_a, pode ser expresso por:

$$r_a = (w_i \times r_i) + (w_p \times r_p) + (w_s \times r_{r \text{ ou } n}) \quad (9.9)$$

onde

w_i = proporção do capital de terceiros de longo prazo na estrutura de capital
w_p = proporção das ações preferenciais na estrutura de capital
w_s = proporção do capital próprio (ações ordinárias) na estrutura de capital
$w_i + w_p + w_s = 1,0$

Três pontos importantes devem ser observados na Equação 9.9:

1. Por conveniência, é melhor converter os pesos em números decimais e deixar os custos em termos percentuais.
2. *Os pesos não podem ser negativos e sua soma deve ser igual a 1,0.* Em termos simples, o CMPC deve considerar todos os custos de financiamento da estrutura de capital da empresa.
3. O peso do capital próprio (ações ordinárias), w_s, da empresa é multiplicado pelo custo de lucros retidos, r_r, ou pelo custo de novas ações ordinárias, r_n. O custo a ser utilizado dependerá do fato de o capital próprio da empresa ser financiado utilizando lucros retidos, r_r, ou novas ações ordinárias, r_n.

Exemplo 9.12

Nos exemplos anteriores, determinamos os custos dos diversos tipos de capital da Duchess Corporation:

Custo de capital de terceiros, r_i = 5,6%
Custo de ações preferenciais, r_p = 10,6%
Custo de lucros retidos, r_r = 13,0%
Custo de novas ações ordinárias, r_n = 14,0%

A empresa utiliza os seguintes pesos para calcular seu custo médio ponderado de capital:

Fonte de capital	Peso
Capital de terceiros de longo prazo	40%
Ações preferenciais	10%
Capital próprio	50%
Total	100%

Como a empresa espera ter um volume significativo de lucros retidos disponíveis ($ 300.000), ela planeja usar seu custo de lucros retidos, r_r, como custo de capital próprio. O custo médio ponderado de capital da Duchess Corporation é calculado na Tabela 9.1. O custo médio ponderado de capital resultante para a Duchess é de 9,8%. Presumindo um nível inalterado de risco, a empresa deveria aceitar todos os projetos com retorno superior a 9,8%.

Tabela 9.1 Cálculo do custo médio ponderado de capital da Duchess Corporation

Fonte de capital	Peso (1)	Custo (2)	Custo ponderado [(1) × (2)] (3)
Capital de terceiros de longo prazo	0,40	5,6%	2,2%
Ações preferenciais	0,10	10,6%	1,1%
Capital próprio	0,50	13,0%	6,5%
Total	1,00		CMPC = 9,8%

Foco na PRÁTICA

Tempos incertos significam um custo médio ponderado de capital incerto

na prática À medida que os mercados financeiros dos Estados Unidos experimentaram e se recuperaram da crise financeira de 2008 e da "grande recessão" de 2009, as empresas lutaram para monitorar o custo médio ponderado de capital. Os custos dos componentes individuais estavam se movendo rapidamente em resposta à turbulência do mercado financeiro. Mercados financeiros voláteis podem tornar os cálculos de custo de capital extremamente complexos e intrinsecamente propensos a erro, podendo causar estragos nas decisões de investimento. Se a empresa subestimar seu custo de capital, corre o risco de fazer investimentos que não são economicamente justificados, se a empresa superestimar seus custos de financiamento, corre o risco de renunciar a investimentos que maximizam o valor.

Embora o cálculo do CMPC não mude quando os mercados se tornam instáveis, a incerteza em torno dos elementos que compõem o CMPC aumenta acentuadamente. A crise financeira levou os custos de crédito a um ponto em que a dívida de longo prazo tornou-se inacessível, e a grande recessão viu os rendimentos dos títulos do Tesouro caírem a mínimos históricos, fazendo com que projeções do custo de capital próprio parecessem irracionalmente baixas. Com esses componentes principais em movimento, é extremamente difícil, se não impossível, para as empresas terem controle sobre o custo de capital de longo prazo.

De acordo com a *CFO Magazine*, pelo menos uma empresa recorreu a uma dupla abordagem para determinar seu custo de capital durante os tempos incertos. Ron Domanico é o diretor financeiro (CFO) da Caraustar Industries Inc. e relatou que sua empresa lidou com a incerteza do custo de capital ao abandonar a abordagem convencional e genérica. "No passado, tínhamos um único custo de capital que aplicávamos a todas as nossas decisões de investimento... hoje já não é mais assim. Temos um custo de capital de curto prazo, que aplicamos a oportunidades de curto prazo, e um custo de capital de prazo mais longo, que aplicamos a oportunidades de longo prazo... E a realidade é que o custo de prazo mais longo estava tão alto que nos forçou a nos concentrar apenas nos projetos com retornos imediatos", explicou Domanico.[a]

Parte da motivação de Caraustar para implementar essa dupla abordagem foi dar conta do *spread* excessivamente alto entre as taxas de dívida de curto e de longo prazos que surgiram durante a crise do mercado financeiro. Domanico relatou que, durante a crise, a Caraustar podia emprestar fundos de curto prazo na faixa inferior da Prime Rate[b] mais 4% ou na taxa LIBOR mais 5%, quando as duas taxas eram razoáveis para tomadas de decisões de investimento de curto prazo. Alternativamente, foram necessárias decisões de investimento de longo prazo, no intuito de compensar o cálculo do custo de capital de longo prazo da Caraustar para taxas de empréstimo superiores a 12%.

- *Por que as empresas em geral não usam custos médios ponderados de capital de curto e de longo prazo?*

[a] MYERS, Randy. A Losing Formula. CFO Magazine, maio de 2009. Disponível em: <www.cfo.com/article.cfm/13522582/c_13526469>. Acesso em: 3 nov. 2015.

[b] A taxa preferencial de juros. (N. da T.)

BASES DE PONDERAÇÃO

pesos de valor contábil
Pesos que usam valores contábeis para medir a proporção de cada tipo de capital na estrutura financeira da empresa.

pesos de valor de mercado
Pesos que usam valores de mercado para medir a proporção de cada tipo de capital na estrutura financeira da empresa.

Os pesos podem ser calculados com base no *valor contábil* ou no *valor de mercado* e podem ser usadas proporções *históricas* ou *meta*.

Valor contábil *versus* valor de mercado

Os **pesos de valor contábil** utilizam valores contábeis para medir a proporção de cada tipo de capital na estrutura financeira da empresa. Os **pesos de valor de mercado** medem a proporção de cada tipo de capital de acordo com seu valor de mercado. Os pesos de valor de mercado são atraentes porque os valores de mercado dos valores mobiliários se aproximam do montante efetivo que seria recebido com sua venda. Além disso, como as empresas calculam os custos dos diversos tipos de capital utilizando preços de mercado vigentes, parece razoável utilizar pesos a valor de mercado. Além disso, os fluxos de caixa de investimento de longo prazo a que se aplica o custo de capital são estimados em termos de valores de mercado correntes e futuros. *Os pesos de valor de mercado são claramente preferidos aos pesos de valor contábil.*

Pesos históricos *versus* pesos-meta

Os **pesos históricos** podem ser de valor contábil ou de valor de mercado, baseados nas proporções *reais* da estrutura de capital. Por exemplo, as proporções de valor contábil passadas ou correntes representariam uma forma de ponderação histórica, assim como as proporções de valor de mercado passado ou corrente. Esse esquema de ponderação, portanto, seria baseado em proporções reais, e não em proporções desejadas.

Os **pesos-meta**, que também podem se basear tanto em valores contábeis quanto em valores de mercado, refletem as proporções *desejadas* na estrutura de capital. As empresas que utilizam pesos-meta estabelecem tais proporções com base na estrutura "ótima" de capital que desejam alcançar. (O estabelecimento dessas proporções e da estrutura ótima será discutido em detalhes no Capítulo 13.)

Quando consideramos a natureza aproximada do cálculo do custo médio ponderado de capital, a escolha de pesos pode não ser crucial. No entanto, do ponto de vista estritamente teórico, o *esquema preferido de ponderação* — e o qual consideramos ao longo deste capítulo — *é o de peso-meta de valor de mercado.*

pesos históricos
Pesos de valor contábil ou de mercado, baseados nas proporções *reais* da estrutura de capital.

pesos-meta
Pesos de valor contábil ou de mercado, baseados nas proporções *desejadas* da estrutura de capital.

Finanças pessoais
Exemplo 9.13

Chuck Solis tem, atualmente, três empréstimos pendentes, todos com vencimento em exatos seis anos e podem ser quitados, sem multa, a qualquer momento antes do vencimento. Os saldos devedores e as taxas de juros anuais desses empréstimos são os seguintes:

Empréstimo	Saldo devedor	Taxa de juros anual
1	$ 26.000	9,6%
2	9.000	10,6%
3	45.000	7,4%

Após uma pesquisa minuciosa, Chuck encontrou um credor disposto a lhe emprestar $ 80.000 por seis anos a uma taxa de juro anual de 9,2% com a condição de que os proventos do empréstimo fossem utilizados para quitar integralmente os três empréstimos pendentes, que, combinados, têm saldo devedor de $ 80.000 ($ 26.000 + $ 9.000 + $ 45.000).

Chuck quer escolher a alternativa de menor custo: (1) não fazer nada ou (2) tomar os $ 80.000 emprestados e quitar os três empréstimos. Ele calcula o custo médio ponderado de sua dívida corrente ponderando o custo anual de juros de cada dívida pela proporção que representa no total de $ 80.000 e somando os três valores ponderados como segue:

Custo médio ponderado
da dívida corrente = [($26.000 ÷ $80.000) × 9,6%] + [($9.000 ÷ $80.000) × 10,6%] + [($45.000 ÷ $80.000) × 7,4%]
= (0,3250 × 9,6%) + (0,1125 × 10,6%) + (0,5625 × 7,4%)
= 3,12% + 1,19% + 4,16% = 8,47% ≈ 8,5%

Dado que o custo médio ponderado de 8,5% dos $ 80.000 da dívida corrente está abaixo do custo de 9,2% do novo empréstimo de $ 80.000, Chuck não deveria fazer nada e apenas continuar pagando os três empréstimos como originalmente programado.

→ **QUESTÕES PARA REVISÃO**

9.12 O que é o *custo médio ponderado de capital* (*CMPC*) e como é calculado?

9.13 Qual é a relação entre a estrutura-meta de capital da empresa e o *custo médio ponderado de capital* (*CMPC*)?

9.14 Descreva a lógica que fundamenta a utilização de *pesos-meta* para calcular o CMPC e compare e contraste essa abordagem com o uso de *pesos históricos*. Qual é a base de ponderação preferida pelos administradores?

Resumo

ÊNFASE NO VALOR

O custo de capital é uma taxa de retorno de enorme importância, especialmente em decisões de orçamento de capital. Trata-se do custo futuro médio esperado dos fundos da empresa no longo prazo. Como o custo de capital é a taxa de retorno crítica utilizada no processo de decisão de investimento, sua precisão pode afetar consideravelmente a qualidade dessas decisões.

Subestimar o custo de capital pode fazer projetos ruins parecerem atraentes; superestimá-lo pode fazer bons projetos parecerem pouco atraentes. Ao aplicar as técnicas apresentadas neste capítulo para estimar o custo de capital da empresa, o administrador financeiro aumentará a probabilidade de que as decisões de longo prazo da empresa estejam de acordo com o objetivo geral da empresa de **maximizar o preço da ação (riqueza dos proprietários)**.

REVISÃO DOS OBJETIVOS DE APRENDIZAGEM

OA 01 **Entender o conceito básico e as fontes de capital associadas ao custo de capital.** O custo de capital é a taxa de retorno mínima que a empresa precisa obter de seus investimentos para aumentar seu valor. Um custo médio ponderado de capital deve ser utilizado para calcular o custo futuro médio esperado dos fundos no longo prazo. Os custos específicos das fontes básicas de capital (capital de terceiros de longo prazo, ações preferenciais, lucros retidos e ações ordinárias) podem ser calculados separadamente.

OA 02 **Explicar o que se entende por custo marginal de capital.** O custo relevante de capital para uma empresa é o custo marginal de capital necessário para levantar a próxima unidade monetária marginal de financiamento para futuras oportunidades de investimento da empresa. As oportunidades futuras de investimento deverão exceder o custo de capital da empresa.

OA 03 **Determinar o custo de capital de terceiros de longo prazo e explicar por que o custo de capital de terceiros após imposto de renda é o custo relevante de capital de terceiros.** O custo de capital de terceiros de longo prazo antes do imposto de renda pode ser encontrado utilizando-se cotações de custo, cálculos (por meio de calculadora ou planilha eletrônica) ou aproximação. O custo de capital de terceiros após imposto de renda é calculado multiplicando-se o custo de capital de terceiros antes do imposto de renda por 1 menos a alíquota de imposto de renda. O custo de capital de terceiros após imposto de renda é o custo relevante de capital de terceiros, porque é o custo mais baixo possível de capital de terceiros para a empresa em razão da dedutibilidade das despesas de juros.

OA 04 **Determinar o custo de ações preferenciais.** O custo das ações preferenciais é o quociente entre o dividendo das ações preferenciais e os recebimentos líquidos da empresa com a venda de ações preferenciais.

OA 05 **Calcular o custo de capital próprio (ações ordinárias) e convertê-lo em custo de lucros retidos e em custo de novas emissões de ações ordinárias.** O custo de capital próprio (ações ordinárias) pode ser calculado usando-se o modelo de avaliação de crescimento constante (modelo de Gordon) ou o CAPM. O custo de lucros retidos é igual ao custo de capital próprio (ações ordinárias). É necessário um ajuste no custo de capital próprio (ações ordinárias) para refletir o *underpricing* e os custos de lançamento para determinar o custo de novas emissões de ações ordinárias.

OA 06 **Calcular o custo médio ponderado de capital (CMPC) e discutir bases de ponderação alternativas.** O CMPC da empresa reflete o custo futuro médio esperado dos fundos no longo prazo. Combina os custos de tipos específicos de capital depois de ponderar cada um deles por sua proporção. A abordagem teoricamente preferida usa pesos-meta baseados em valores de mercado.

Revisão da abertura do capítulo

Na abertura do capítulo vimos que o custo médio ponderado de capital da Alcoa era de aproximadamente 12%, mas seus investimentos estavam gerando retornos próximos de 5%. De 2010 a 2012, a Alcoa investiu cerca de US$ 1 bilhão em investimentos em bens de capital. Suponha que a Alcoa invista hoje US$ 1 bilhão na expansão de suas instalações, e que o investimento gere um fluxo de caixa líquido de US$ 50 milhões (5% de US$ 1 bilhão) todos os anos, em perpetuidade. Calcule o VPL desse investimento utilizando uma taxa de desconto de 12%. Quanto valor o investimento de US$ 1 bilhão cria ou destrói? Parece que a Alcoa estava buscando crescimento nesse mercado?

Exercício de autoavaliação

AA9.1 Custos específicos e CMPC. A Humble Manufacturing está interessada em medir seu custo total de capital. A alíquota de imposto de renda da empresa é de 40%. Investigações recentes reuniram os seguintes dados:

Títulos de dívida A empresa pode levantar capital de terceiros por meio da venda de títulos de dívida com valor de face de $ 1.000, cupom de 10% e prazo de dez anos, com pagamentos *anuais de juros*. Para vender a emissão, deve ser concedido um deságio médio de $ 30 por título. A empresa precisa também pagar os custos de lançamento de $ 20 por título.

Ações preferenciais A empresa pode vender ações preferenciais de 11% (dividendo anual) a seu valor de face de $ 100 por ação. O custo de emissão e venda das ações preferenciais é de $ 4 por ação.

Ações ordinárias As ações ordinárias da empresa são vendidas atualmente por $ 80 por ação. A empresa espera pagar dividendos de $ 6 por ação no próximo ano. Seus dividendos vêm crescendo a uma taxa anual de 6% e espera-se que essa taxa mantenha-se no futuro. A ação terá de apresentar *underpricing* de $ 4 por ação e são esperados custos de lançamento de $ 4 por ação.

Lucros retidos A empresa espera ter $ 225.000 em lucros retidos disponíveis no próximo ano. Uma vez exauridos esses lucros retidos, a empresa usará novas ações ordinárias como forma de financiamento com capital próprio.

a. Calcule o custo específico de cada fonte de financiamento (arredonde para o 0,1% mais próximo).

b. Calcule o custo médio ponderado de capital usando os pesos mostrados na tabela a seguir, que são baseados nas proporções da estrutura-meta de capital da empresa (arredonde para o 0,1% mais próximo).

Fonte de capital	Peso
Títulos de dívida de longo prazo	40%
Ações preferenciais	15%
Ações ordinárias	45%
Total	100%

c. Qual dos investimentos apresentados na tabela a seguir você recomendaria que a empresa investisse, se for o caso? Justifique sua resposta. Quanto será necessário para o novo financiamento?

Oportunidade de investimento	Taxa de retorno esperada	Investimento inicial
A	11,2%	$ 100.000
B	9,7%	500.000
C	12,9%	150.000
D	16,5%	200.000
E	11,8%	450.000
F	10,1%	600.000
G	10,5%	300.000

Exercícios de aquecimento

A9.1 Uma empresa levanta capital por meio da venda de $ 20.000 em títulos de dívida com custos de lançamento iguais a 2% de seu valor de face. Se a dívida vencer em dez anos e tiver um cupom de 8%, qual é o YTM do título de dívida?

A9.2 Sua empresa, People's Consulting Group, foi contratada para prestar consultoria sobre uma possível oferta de ações preferenciais da Brave New World. Essa emissão de ações preferenciais a 15% seria vendida pelo valor de face de $ 35 por ação. Os custos de lançamento seriam de $ 3 por ação. Calcule o custo dessas ações preferenciais.

A9.3 A Duke Energy vem pagando dividendos regularmente há 20 anos. Durante esse período, os dividendos cresceram a uma taxa anual composta de 7%. Se o preço corrente das ações da Duke Energy for de $ 78 e a empresa planeja pagar dividendos de $ 6,50 no próximo ano, qual é o *custo de capital próprio (ações ordinárias)* da Duke?

A9.4 A Weekend Warriors, Inc., tem 35% de capital de terceiros e 65% de capital próprio em sua estrutura de capital. O custo estimado de capital de terceiros após imposto de renda é de 8% e o custo estimado de capital próprio é de 13%. Determine o *custo médio ponderado de capital (CMPC)* da empresa.

A9.5 A Oxy Corporation usa capital de terceiros, ações preferenciais e ações ordinárias para levantar capital. A estrutura de capital da empresa tem como meta as seguintes proporções: capital de terceiros, 55%; ações preferenciais, 10%; e ações ordinárias, 35%. Se o custo de capital de terceiros é de 6,7%, as ações preferenciais custam 9,2%, e as ações ordinárias, 10,6%, qual é o *custo médio ponderado de capital (CMPC)* da empresa?

Exercícios

E9.1 Conceito de custo de capital. A Mace Manufacturing está analisando seus procedimentos de tomada de decisão de investimento. Dois projetos avaliados pela empresa recentemente envolveram a construção de novas instalações em diferentes regiões, Norte e Sul. As variáveis básicas que envolvem a análise de cada projeto e as decisões resultantes estão resumidas na tabela a seguir.

Variáveis básicas	Norte	Sul
Custo	$ 6 milhões	$ 5 milhões
Vida útil	15 anos	15 anos
Retorno esperado	8%	15%
Financiamento de menor custo		
Fonte	Capital de terceiros	Capital próprio
Custo (após imposto de renda)	7%	16%
Decisão		
Ação	Investir	Não investir
Justificativa	8% > custo 7%	15% < custo 16%

a. Um analista encarregado de avaliar o projeto Norte espera que o projeto seja financiado por capital de terceiros com custo de 7%. Qual recomendação você acha que esse analista fará com relação à oportunidade de investimento?

b. Outro analista, designado para estudar o projeto Sul, acredita que o financiamento para esse projeto virá dos lucros retidos da empresa ao custo de 16%. Qual recomendação você acha que esse analista fará com relação ao investimento?

c. Explique por que as decisões nos itens **a** e **b** podem não ser as melhores para o interesse dos investidores da empresa.

d. Se a empresa mantiver uma estrutura de capital de 40% de capital de terceiros e de 60% de capital próprio, determine seu *custo médio ponderado* usando os dados apresentados na tabela.

e. Se os dois analistas tivessem usado o custo médio ponderado calculado no item **d**, que recomendações teriam feito com relação aos projetos Norte e Sul?

f. Compare e contraste as recomendações iniciais dos analistas com as suas constatações no item **e**. Qual método de tomada de decisão parece mais adequado? Por quê?

 E9.2 Custo de capital de terceiros utilizando dois métodos. Atualmente, a Warren Industries pode vender títulos de dívida de 15 anos e valor de face de $ 1.000 pagando cupom anual de 12%. Por causa das taxas de juros correntes, os títulos de dívida podem ser vendidos por $ 1.010 cada; serão incorridos nesse processo custos de lançamento de $ 30 por título. A alíquota de imposto de renda da empresa é de 40%.

a. Determine os recebimentos líquidos com a venda do título de dívida, N_d.

b. Apresente os fluxos de caixa, do ponto de vista da empresa, ao longo do prazo do título de dívida.

c. Calcule os custos de capital de terceiros antes e após imposto de renda.

d. Use a *fórmula de aproximação* para estimar os custos de capital de terceiros antes e após imposto de renda.

e. Compare e contraste os custos de capital de terceiros calculados nos itens **c** e **d**. Qual abordagem você prefere? Por quê?

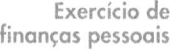 **E9.3 Custo de capital de terceiros antes e após imposto de renda.** David Abbot está interessado em comprar um título de dívida emitido pela Sony. Ele coletou as seguintes informações sobre o título.

Título de dívida da Sony				
Valor de face	$ 1.000	Cupom 6%		Alíquota de imposto de renda 20%
Custo	$ 930	Anos até o vencimento 10		

a. Calcule o *custo antes do imposto de renda* do título de dívida da Sony.

b. Calcule o *custo após imposto de renda* do título de dívida da Sony, dada a alíquota de imposto de renda.

 E9.4 Custo de capital de terceiros usando a fórmula de aproximação Para cada um dos títulos de dívida a seguir, com valor de face de $ 1.000, presumindo um pagamento anual de *juros* e uma alíquota de imposto de renda de 40%, calcule o custo após imposto de renda até o vencimento, usando a *fórmula de aproximação*.

Título de dívida	Prazo (anos)	Comissão de underwriting	Deságio (−) ou ágio (+)	Cupom
A	20	$ 25	−$ 20	9%
B	16	40	+10	10%
C	15	30	−15	12%
D	25	15	Valor de face	9%
E	22	20	−60	11%

 E9.5 Custo de capital de terceiros. A Gronseth Drywall Systems, Inc. está negociando com seu banco de investimento a emissão de novos títulos de dívida. O banco informou que diferentes vencimentos incorrerão em diferentes cupons e serão vendidos a diferentes preços. A empresa deve escolher entre várias alternativas. Em cada caso, os títulos de dívida terão um valor de face de $ 1.000 e custos de lançamento de $ 30 por título. A empresa é tributada à alíquota de 40%. Calcule o *custo de financiamento após imposto de renda* para cada uma das alternativas a seguir.

Alternativa	Cupom	Prazo de vencimento (anos)	Ágio ou deságio
A	9%	16	$ 250
B	7%	5	50
C	6%	7	Valor de face
D	5%	10	−75

E9.6 Custo de capital de terceiros após imposto de renda. Bella Wans está pensando em comprar uma moto nova. Ela decidiu tomar emprestado o valor do preço de compra de $ 25.000 da moto. Ela está na faixa de 25% do imposto de renda e tem duas alternativas: tomar emprestado da concessionária a uma taxa de juros de 5% ou fazer uma segunda hipoteca de sua casa. Essa hipoteca teria uma taxa de juros de 6%. Os pagamentos de juros sobre a hipoteca seriam dedutíveis do imposto de renda, mas os pagamentos de juros sobre o empréstimo na concessionária não seriam dedutíveis.

a. Calcule o *custo após imposto de renda* do empréstimo na concessionária.

b. Calcule o *custo após imposto de renda* da segunda hipoteca da casa.

c. Qual fonte de empréstimo é menos onerosa para Bella?

d. Existe algum outro fator que Bella deveria considerar ao decidir qual empréstimo tomar para pagar a moto?

E9.7 Custo de ações preferenciais. A Taylor Systems acabou de emitir ações preferenciais. A ação tem um dividendo anual de 12%, um valor de face de $ 100 e foi vendida a $ 97,50 cada. Custos de lançamento de $ 2,50 por ação também devem ser pagos.

a. Calcule o *custo de ações preferenciais.*

b. Se a empresa vender as ações preferenciais com dividendo anual de 10% e receber $ 90,00 líquido após os custos de lançamento, qual é seu custo?

E9.8 Custo de ações preferenciais. Determine o custo de cada uma das ações preferenciais a seguir.

Ação preferencial	Valor de face	Preço de venda	Custo de lançamento	Dividendo anual
A	$ 100	$ 101	$ 9,00	11%
B	40	38	$ 3,50	8%
C	35	37	$ 4,00	$ 5,00
D	30	26	5% do valor de face	$ 3,00
E	20	20	$ 2,50	9%

E9.9 Custo de capital próprio (ações ordinárias): CAPM. A ação ordinária da J&M Corporation tem um beta, β, de 1,2. A taxa livre de risco é de 6% e o retorno de mercado é de 11%.

a. Determine o prêmio pelo risco das ações ordinárias da empresa.

b. Determine o retorno exigido que as ações ordinárias da empresa devem gerar.

c. Determine o *custo do capital próprio (ações ordinárias)* da empresa utilizando o CAPM.

E9.10 Custo de capital próprio (ações ordinárias). A Ross Textiles quer medir seu custo de capital próprio (ações ordinárias). As ações da empresa são vendidas atualmente por $ 57,50. A empresa espera pagar um dividendo de $ 3,40 no final do ano (2016). Os dividendos dos últimos cinco anos são apresentados na tabela a seguir.

Ano	Dividendo
2015	$ 3,10
2014	2,92
2013	2,60
2012	2,30
2011	2,12

Após *underpricing* e custos de lançamento, a empresa espera obter $ 52 líquido por ação com uma nova emissão.

a. Determine a taxa de crescimento dos dividendos de 2011 a 2015.

b. Determine os recebimentos líquidos, N_n, que a empresa receberá efetivamente.

c. Usando o modelo de avaliação de crescimento constante, determine o *custo de lucros retidos*, r_r.

d. Usando o modelo de avaliação de crescimento constante, determine o *custo de novas ações ordinárias*, r_n.

 E9.11 Lucros retidos e novas ações ordinárias. Usando os dados para cada empresa apresentada na tabela a seguir, calcule o *custo de lucros retidos* e o *custo de novas ações ordinárias* usando o modelo de avaliação de crescimento constante.

Empresa	Preço corrente de mercado por ação	Taxa de crescimento do dividendo	Dividendo por ação projetado para o próximo ano	Underpricing por ação	Custo de lançamento por ação
A	$ 50,00	8%	$ 2,25	$ 2,00	$ 1,00
B	20,00	4%	1,00	0,50	1,50
C	42,50	6%	2,00	1,00	2,00
D	19,00	2%	2,10	1,30	1,70

  E9.12 O efeito da alíquota de imposto de renda sobre o CMPC. A K. Bell Jewelers quer investigar o efeito da alíquota de imposto de renda da empresa sobre seu custo de capital. A empresa deseja manter uma estrutura de capital com 40% de capital de terceiros, 10% de ações preferenciais e 50% de ações ordinárias. O custo de financiamento com lucros retidos é de 10%, o custo de financiamento com ações preferenciais é de 8% e o custo do financiamento com capital de terceiros antes do imposto de renda é de 6%. Calcule o custo médio ponderado de capital (CMPC) dadas as premissas de alíquota de imposto de renda dos itens **a** a **c**.

a. Alíquota de imposto de renda = 40%

b. Alíquota de imposto de renda = 35%

c. Alíquota de imposto de renda = 25%

d. Descreva a relação entre as mudanças na alíquota de tributação e o custo médio ponderado de capital.

 E9.13 CMPC: pesos contábeis. A Ridge Tool tem em seus livros contábeis, para cada fonte de capital, os valores e custos específicos (após imposto de renda) apresentados na tabela a seguir.

Fonte de capital	Valor contábil	Custo específico
Capital de terceiros de longo prazo	$ 700.000	5,3%
Ações preferenciais	50.000	12,0%
Capital próprio (ações ordinárias)	650.000	16,0%

a. Calcule o *custo médio ponderado de capital* da empresa utilizando *pesos de valor contábil*.

b. Explique como a empresa pode usar esse custo no processo de tomada de decisões de investimento.

E9.14 CMPC: pesos contábeis e pesos de mercado. A Webster Company compilou as informações apresentadas na tabela a seguir.

Fonte de capital	Valor contábil	Valor de mercado	Custos após imposto de renda
Capital de terceiros de longo prazo	$ 4.000.000	$ 3.840.000	6,0%
Ações preferenciais	40.000	60.000	13,0%
Capital próprio (ações ordinárias)	1.060.000	3.000.000	17,0%
Total	$ 5.100.000	$ 6.900.000	

a. Calcule o custo médio ponderado de capital utilizando *pesos de valor contábil*.

b. Calcule o custo médio ponderado de capital utilizando *pesos de valor de mercado*.

c. Compare as suas respostas nos itens **a** e **b**. Explique as diferenças.

E9.15 CMPC e pesos-meta. Após uma análise cuidadosa, a Dexter Brothers determinou que sua estrutura ótima de capital é composta das fontes e dos pesos-meta de valor de mercado apresentados na tabela a seguir.

Fonte de capital	Pesos-meta de valor de mercado
Capital de terceiros de longo prazo	30%
Ações preferenciais	15%
Capital próprio (ações ordinárias)	55%
Total	100%

Estima-se que: o custo de capital de terceiros seja de 7,2%, o custo de ações preferenciais seja de 13,5%, o custo de lucros retidos seja de 16,0% e o custo de novas ações ordinárias seja de 18,0%, todos após imposto de renda. O capital de terceiros da empresa representa 25%, as ações preferenciais representam 10% e o capital próprio (ações ordinárias) representa 65% do capital total com base nos valores de mercado dos três componentes. A empresa espera ter um volume significativo de lucros retidos disponíveis e não espera vender novas ações ordinárias.

a. Calcule o custo médio ponderado de capital com base nos *pesos históricos de valor de mercado*.

b. Calcule o custo médio ponderado de capital com base nos *pesos-meta de valor de mercado*.

c. Compare as suas respostas nos itens **a** e **b** e explique as diferenças.

E9.16 Custo de capital. A Edna Recording Studios declarou lucros disponíveis para as ações ordinárias de $ 4.200.000 no ano passado. A partir desses lucros, pagou dividendos de $ 1,26 a cada uma de suas 1 milhão de ações ordinárias em circulação. A estrutura de capital da empresa inclui 40% de capital de terceiros, 10% de ações preferenciais e 50% de ações ordinárias. A alíquota de imposto de renda é de 40%.

a. Se o preço de mercado das ações ordinárias é de $ 40, e espera-se que os dividendos cresçam à taxa de 6% ao ano pelo futuro previsível, qual é o *custo de financiamento com lucros retidos* da empresa?

b. Se o *underpricing* e os custos de lançamento de novas ações ordinárias totalizarem $ 7,00 por ação, qual é o *custo de financiamento com novas ações ordinárias* da empresa?

c. A empresa pode emitir ações preferenciais com dividendos de $ 2,00 por um preço de mercado de $ 25,00 por ação. Os custos de lançamento seriam de $ 3,00 por ação. Qual é o *custo de financiamento com ações preferenciais*?

d. A empresa pode emitir títulos de dívida com valor de face de $ 1.000, cupom de 10% e prazo de vencimento de cinco anos, que podem ser vendidos por $ 1.200 cada. Os custos de lançamento seriam de $ 25,00 por título. Use a fórmula de estimativa para calcular o *custo aproximado de financiamento* com título de dívida.

e. Calcule o *CMPC* da empresa.

E9.17 Cálculo de custos específicos e CMPC. O administrador financeiro da Dillon Labs foi encarregado de calcular o custo de cada tipo específico de capital, bem como o custo médio ponderado de capital. O custo médio ponderado será medido utilizando os seguintes pesos: 40% de capital de terceiros de longo prazo, 10% de ações preferenciais e 50% de capital próprio (lucros retidos, novas ações ordinárias, ou ambos). A alíquota de imposto de renda da empresa é de 40%.

Capital de terceiros A empresa pode vender por $ 980 um título de dívida de dez anos, com valor de face de $ 1.000 e *cupom anual* de 10%. Um custo de lançamento de 3% do valor de face é necessário, além do deságio de $ 20 por título.

Ações preferenciais Ações preferenciais a 8% (dividendo anual) com valor de face de $ 100 podem ser vendidas por $ 65. Uma taxa adicional de $ 2 por ação deve ser paga aos subscritores.

Ações ordinárias As ações ordinárias da empresa são vendidas atualmente por $ 50 por ação. O dividendo esperado no final do próximo ano (2016) é de $ 4. Os pagamentos de dividendos, que têm sido aproximadamente 60% do lucro por ação em cada um dos últimos cinco anos, são apresentados na tabela a seguir.

Ano	Dividendo
2015	$ 3,75
2014	3,50
2013	3,30
2012	3,15
2011	2,85

Espera-se que, para atrair compradores, as novas ações ordinárias devam ter *underpricing* de $ 5 por ação e que a empresa também precise pagar $ 3 por ação em custos de lançamento. Espera-se que os pagamentos de dividendos se mantenham em 60% dos lucros. (Presuma que $r_r = r_s$.)

a. Calcule o custo de capital de terceiros após imposto de renda.

b. Calcule o custo de ações preferenciais.

c. Calcule o custo de ações ordinárias.

d. Calcule o CMPC da empresa.

E9.18 Custo médio ponderado de capital. John Dough acaba de se formar em administração de empresas e tem três empréstimos educacionais pendentes. Todos vencem em cinco anos e podem ser quitados, sem multa, a qualquer momento antes do vencimento. Os valores devidos em cada empréstimo e a taxa anual de juros de cada um deles são apresentados na tabela a seguir.

Empréstimo	Saldo devedor	Taxa anual de juros
1	$ 20.000	6%
2	12.000	9%
3	32.000	5%

John também pode reunir suas três dívidas (isto é, $ 64.000) e fazer um empréstimo consolidado em seu banco. Seu banco cobrará uma taxa anual de juros de 7,2% por um período de cinco anos.

Faça as contas para definir se John deve ou não tomar o empréstimo consolidado em questão.

E9.19 Cálculo de custos específicos e CMPC. A Lang Enterprises quer medir seu custo total de capital e coletou os dados a seguir. A alíquota de imposto de renda da empresa é de 40%.

Capital de terceiros A empresa pode levantar capital de terceiros com a venda de títulos de dívida com valor de face de $ 1.000, cupom de 8%, prazo de 20 anos e pagamentos *anuais de juros*. Para vender a emissão, terá de conceder um deságio médio de $ 30 por título. A empresa também deve pagar custos de lançamento de $ 30 por título.

Ações preferenciais A empresa pode vender ações preferenciais a 8% por seu valor de face de $ 95 por ação. Espera-se que o custo de emissão e venda das ações preferenciais seja de $ 5 por ação. As ações preferenciais podem ser vendidas sob essas condições.

Ações ordinárias As ações ordinárias da empresa são vendidas atualmente por $ 90 por ação. Ela espera pagar dividendos de $ 7 por ação no próximo ano. Os dividendos da empresa vêm crescendo a uma taxa anual de 6% e espera-se que esse crescimento continue no futuro. Deve haver um *underpricing* de $ 7 por ação e são esperados custos de lançamento de $ 5 por ação. A empresa pode vender novas ações ordinárias sob essas condições.

Lucros retidos Ao medir esse custo, a empresa não se preocupa com a alíquota de imposto de renda ou taxas de corretagem. Espera ter disponíveis $ 100.000 em lucros retidos no próximo ano. Uma vez consumidos esses lucros retidos, a empresa usará novas ações ordinárias como forma de financiamento por capital próprio.

a. Calcule o custo de capital de terceiros após imposto de renda.

b. Calcule o custo de ações preferenciais.

c. Calcule o custo de ações ordinárias.

b. Calcule o custo médio ponderado de capital da empresa usando os pesos da estrutura de capital apresentados na tabela a seguir (arredonde para o 0,1% mais próximo).

Fonte de capital	Peso
Capital de terceiros de longo prazo	30%
Ações preferenciais	20%
Capital próprio (ações ordinárias)	50%
Total	100%

PARTE 4 Risco e taxa de retorno exigida

 E9.20 Custo médio ponderado de capital. A American Exploration, uma produtora de gás natural, quer decidir se deve ou não rever sua estrutura-meta de capital. Atualmente, sua meta é um mix de 50% de capital de terceiros e 50% de capital próprio, mas está avaliando uma estrutura-meta de capital com 70% de capital de terceiros. Atualmente, a empresa tem um custo de capital de terceiros após imposto de renda de 6%, um custo de ações ordinárias de 12% e não tem ações preferenciais em circulação.

a. Qual é o CMPC atual da empresa?

b. Presumindo que o custo de capital de terceiros e o de capital próprio permaneçam inalterados, qual será o CMPC da empresa na nova estrutura-meta de capital?

c. Você acha que os acionistas serão afetados pelo aumento do capital de terceiros para 70%? Em caso positivo, como eles serão afetados? Suas reivindicações sobre as ações ordinárias ficarão mais arriscadas?

d. Suponha que, em resposta ao aumento do capital de terceiros, os acionistas da empresa elevem seu retorno exigido, de modo que o custo do capital próprio passe para 16%. Qual será o novo CMPC da empresa nesse caso?

e. O que sua resposta no item **b** sugere sobre o trade-off entre financiar com capital de terceiros *versus* capital próprio?

 E9.21 Problema de ética. Durante a década de 1990, a General Electric teve uma longa sequência de trimestres consecutivos em que conseguiu alcançar ou superar as previsões de lucros dos analistas de Wall Street. Alguns céticos se perguntavam se a GE não estava "gerenciando" lucros para atingir as expectativas de Wall Street a partir da utilização de artifícios contábeis para ocultar a verdadeira volatilidade de seus negócios. Como você acha que a longa série da GE de alcançar ou superar as previsões de lucros afetou seu custo de capital? Se os investidores perceberem que o desempenho da GE foi alcançado, em grande parte, por meio de artifícios contábeis, como você acha que eles reagiriam?

Exercício com planilha

 A Nova Corporation está interessada em medir o custo de cada tipo específico de capital, além do custo médio ponderado de capital. Historicamente, a empresa levantou capital da seguinte maneira:

Fonte de capital	Peso
Capital de terceiros de longo prazo	35%
Ações preferenciais	12%
Capital próprio (ações ordinárias)	53%

Atualmente, a alíquota de imposto de renda da empresa é de 40%. As informações financeiras e os dados necessários são os seguintes.

Capital de terceiros A empresa pode levantar capital de terceiros por meio da venda de títulos de dívida com valor de face de $ 1.000, cupom de 6,5%, prazo de dez anos e *pagamentos anuais de juros*. Para vender a emissão, terá que dar um deságio médio de $ 20 por título. O custo de lançamento será de 2% do valor de face.

Ações preferenciais As ações preferenciais podem ser vendidas sob as seguintes condições: o valor mobiliário tem um valor de face de $ 100 por ação, a taxa anual de dividendo é de 6% do valor de face e o custo esperado de lançamento é de $ 4 por ação. Espera-se que as ações preferenciais sejam vendidas por $ 102 antes de considerar os custos.

Ações ordinárias O preço corrente das ações ordinárias da empresa é de $ 35 por ação. Os dividendos esperados são de $ 3,25 por ação no próximo ano. Os dividendos da empresa vêm crescendo a uma taxa anual de 5% e espera-se que esse crescimento seja mantido no futuro próximo. Os custos de lançamento devem ser de aproximadamente $ 2 por ação. A empresa pode vender novas ações ordinárias sob essas condições.

Lucros retidos A empresa espera ter $ 100.000 em lucros retidos disponíveis no próximo ano. Uma vez esgotados esses lucros retidos, a empresa usará novas ações ordinárias como forma de financiamento por capital próprio. (*Observação:* ao medir esse custo, a empresa não se preocupa com a alíquota de imposto de renda ou taxas de corretagem.)

TAREFA

Crie uma planilha para responder os itens a seguir:

a. Calcule o custo de capital de terceiros após imposto de renda.
b. Calcule o custo de ações preferenciais.
c. Calcule o custo de lucros retidos.
d. Calcule o custo de novas ações ordinárias.
e. Calcule o custo médio ponderado de capital utilizando os lucros retidos e os pesos da estrutura de capital apresentados na tabela.
f. Calcule o custo médio ponderado de capital utilizando novas ações ordinárias e os pesos da estrutura de capital apresentados na tabela.

CASO INTEGRATIVO 4

ECO PLASTICS COMPANY

Desde a sua criação, a Eco Plastics Company vem revolucionando a indústria de plásticos e fazendo sua parte para salvar o meio ambiente. A fundadora da Eco, Marion Cosby, desenvolveu um plástico biodegradável que a empresa está comercializando para indústrias em todo o Sudeste dos Estados Unidos. Depois de operar como uma empresa de capital fechado por seis anos, a Eco abriu o capital em 2012 e está listada na bolsa de valores Nasdaq.

O diretor financeiro da Eco, uma empresa jovem com muitas oportunidades de investimento, monitora de perto o custo de capital da empresa e acompanha todos os custos específicos das três principais fontes de financiamento: capital de terceiros de longo prazo, ações preferenciais e ações ordinárias. A estrutura-meta de capital da Eco é dada pelos pesos apresentados na tabela a seguir:

Fonte de capital	Peso
Capital de terceiros de longo prazo	30%
Ações preferenciais	20%
Ações ordinárias	50%
Total	100%

Hoje, a Eco pode levantar capital de terceiros com a venda de títulos de dívida com prazo de 20 anos, valor de face de $ 1.000 e cupom anual de 10,5%. Sua alíquota de imposto de renda é de 40% e seus títulos de dívida, geralmente, exigem um deságio médio de $ 45 por título e custos de lançamento de $ 32 por título ao ser vendido. As ações preferenciais em circulação pagam um dividendo de 9% e têm um valor de face de $ 95 por ação. Espera-se que o custo de emissão e venda das ações preferenciais adicionais seja de $ 7 por ação. Como a Eco é uma empresa jovem que requer muito dinheiro para crescer, ela atualmente não paga dividendos aos acionistas ordinários. Para monitorar o custo das ações ordinárias, o diretor financeiro utiliza o modelo de precificação de ativos financeiros (CAPM). O diretor financeiro e os consultores de investimento da empresa acreditam que a taxa livre de risco adequada é de 4% e que o retorno esperado do mercado é igual a 13%. Usando dados de 2012 a 2015, o diretor financeiro da Eco estima que o beta da empresa seja de 1,3.

Embora a atual estrutura-meta de capital da Eco inclua 20% de ações preferenciais, a empresa está considerando a possibilidade de utilizar financiamento por capital de terceiros para resgatar as ações preferenciais em circulação, alterando, desse modo, sua estrutura-meta de capital para 50% de capital de terceiros de longo prazo e 50% de ações ordinárias. Se a Eco alterar seu mix de capital, de ações preferenciais para capital de terceiros, seus consultores financeiros esperam que o beta da empresa suba para 1,5.

TAREFA

a. Calcule o custo corrente de capital de terceiros de longo prazo após imposto de renda da Eco.

b. Calcule o custo corrente de ações preferenciais da Eco.

c. Calcule o custo corrente de ações ordinárias da Eco.

d. Calcule o custo corrente médio ponderado de capital da Eco.

e. (1) Presumindo que os custos de financiamento por capital de terceiros não mudem, que efeito teria, no prêmio pelo risco das ações ordinárias da Eco, uma mudança para uma *estrutura de capital* mais alavancada, com 50% de capital de terceiros de longo prazo, 0% de ações preferenciais e 50% de ações ordinárias? Qual seria o novo custo de capital próprio (ações ordinárias) da Eco?

(2) Qual seria o novo custo médio ponderado de capital da Eco?

(3) Que estrutura de capital — a original ou a nova — parece melhor? Por quê?

PARTE 5

Decisões de investimento de longo prazo

Capítulos desta parte

10 Técnicas de orçamento de capital

11 Fluxos de caixa para o orçamento de capital

12 Risco e refinamentos em orçamento de capital

CASO INTEGRATIVO 5 ▶ Lasting Impressions Company

▶ Provavelmente nada que o administrador financeiro faça é mais importante para o sucesso de longo prazo da empresa do que tomar boas decisões de investimento. A expressão *orçamento de capital* descreve o processo de avaliação e seleção de projetos de investimento. Frequentemente, os investimentos em bens de capital podem ser consideráveis, como a construção de uma nova fábrica ou o lançamento de uma nova linha de produtos. Esses esforços podem criar enorme valor para os acionistas, mas também podem levar a empresa à falência. Nesta parte, aprenderemos como os administradores financeiros decidem que oportunidades de investimento buscar.

O Capítulo 10 cobre as ferramentas de orçamento de capital que administradores financeiros e analistas usam para avaliar os méritos de um investimento. Algumas dessas técnicas são bastante intuitivas e simples de se usar, como a análise de *payback*. Outras técnicas são um pouco mais complexas, como as abordagens do valor presente líquido e da taxa interna de retorno. Em geral, as técnicas mais complexas fornecem avaliações mais abrangentes, mas as abordagens mais simples muitas vezes levam às mesmas decisões de maximização de valor.

O Capítulo 11 ilustra como desenvolver os fluxos de caixa do orçamento de capital que as técnicas explicadas no Capítulo 10 requerem. Depois de estudar esse capítulo, entenderemos os dados necessários para construir os fluxos de caixa relevantes que são exigidos para determinar se um investimento específico poderá criar ou destruir valor para os acionistas.

O Capítulo 12 introduz técnicas adicionais para avaliar os riscos inerentes a projetos de investimento de capital. Em razão da escala frequentemente enorme dos investimentos de capital e sua importância para o bem-estar financeiro da empresa, os administradores investem grande quantidade de tempo e energia tentando entender os riscos associados a esses projetos.

Capítulo 10

Técnicas de orçamento de capital

Objetivos de aprendizagem

OA 1 Compreender os principais elementos do processo de orçamento de capital.

OA 2 Calcular, interpretar e avaliar o período de *payback*.

OA 3 Calcular, interpretar e avaliar o valor presente líquido (VPL) e o valor econômico adicionado (EVA).

OA 4 Calcular, interpretar e avaliar a taxa interna de retorno (TIR).

OA 5 Usar perfis de valor presente líquido para comparar as técnicas de VPL e TIR.

OA 6 Discutir o VPL e a TIR em termos de classificações conflitantes e os pontos fortes teóricos e práticos de cada abordagem.

▶ Por que este capítulo é importante para você?

Na sua vida PROFISSIONAL

CONTABILIDADE Para entender as técnicas de orçamento de capital a fim de ajudar a determinar os fluxos de caixa relevantes associados aos investimentos em bens de capital propostos.

SISTEMAS DE INFORMAÇÃO Para entender as técnicas de orçamento de capital para projetar módulos de decisão que ajudam a reduzir o volume de trabalho exigido na análise dos investimentos em bens de capital propostos.

GESTÃO Para entender as técnicas de orçamento de capital a fim de analisar corretamente os fluxos de caixa relevantes dos projetos propostos e decidir se os aceita ou rejeita.

MARKETING Para entender as técnicas de orçamento de capital a fim de compreender como as propostas de novos programas de marketing, de novos produtos e de expansão de linhas de produtos existentes serão avaliadas pelos tomadores de decisão da empresa.

OPERAÇÕES Para entender as técnicas de orçamento de capital a fim de compreender como as propostas de aquisição de novos equipamentos e instalações serão avaliadas pelos tomadores de decisão da empresa.

Na sua vida PESSOAL

Você pode usar as técnicas de orçamento de capital usadas por administradores financeiros para medir o valor da compra de um determinado ativo ou sua taxa de retorno composta. As técnicas de TIR são muito aplicadas às finanças pessoais para medir a taxa de retorno efetiva e prevista do investimento em valores mobiliários, imóveis, dívida de cartão de crédito, empréstimos ao consumidor e *leasing*.

Seafield Resources

Padrão-ouro para avaliar minas de ouro

Em 19 de junho de 2013, a empresa de mineração canadense Seafield Resources anunciou os resultados da avaliação econômica preliminar de uma propriedade que tinha comprado na Colômbia. O plano da Seafield era explorar as jazidas de ouro na propriedade. Entretanto, antes de investir os US$ 83,6 milhões iniciais que seriam necessários para começar a extrair o ouro da área, a empresa queria se certificar de que o investimento de fato beneficiaria seus acionistas. A avaliação econômica indicou que a Seafield poderia extrair mais de 42.000 onças de ouro anualmente durante os 12 anos de vida da mina. Os custos de funcionamento da mina atingiram cerca de US$ 725 por onça de ouro extraído. Considerando o preço de mercado do ouro de US$ 1.500 por onça, a avaliação sugeriu que o projeto da mina pagaria seus custos iniciais em quatro anos, geraria uma taxa interna de retorno após imposto de renda de 20% e um valor presente líquido de US$ 66 milhões. A avaliação confirmou que, mesmo se os preços do ouro caíssem, o projeto ainda seria aceitável. Por exemplo, se os preços do ouro caíssem para US$ 1.300 por onça, a mina pagaria seus custos iniciais em cerca de seis anos, poderia gerar uma taxa interna de retorno de 13% e um valor presente líquido de US$ 27 milhões.

O *payback*, a taxa interna de retorno e o valor presente líquido são métodos que as empresas utilizam para avaliar projetos de investimento potenciais. Cada uma dessas técnicas tem vantagens e desvantagens, mas o método do valor presente líquido tornou-se o padrão-ouro para a análise de investimentos. E este capítulo explica o porquê.

10.1 Visão geral do orçamento de capital

orçamento de capital
O processo de avaliação e seleção de investimentos de longo prazo que são compatíveis com o objetivo da empresa de maximizar a riqueza dos proprietários.

Os investimentos de longo prazo representam desembolsos substanciais de fundos que comprometem a empresa com determinada linha de ação. Em consequência, a empresa precisa de procedimentos para analisar e selecionar seus investimentos de longo prazo. O **orçamento de capital** é o processo de avaliação e seleção de investimentos de longo prazo que são compatíveis com o objetivo da empresa de maximizar a riqueza dos proprietários. As empresas normalmente fazem uma variedade de investimentos de longo prazo, mas o mais comum é o investimento em *ativos imobilizados*, que incluem propriedades (terrenos), fábricas e equipamentos. Esses ativos, muitas vezes chamados de *ativos geradores de lucro*, em geral fornecem a base para a rentabilidade e o valor da empresa.

Como as empresas tratam o orçamento de capital (investimento) e as decisões de financiamento *separadamente*, os capítulos 10, 11 e 12 concentram-se na aquisição de ativos imobilizados sem considerar o método específico de financiamento utilizado. Começaremos discutindo os motivos dos investimentos em bens de capital.

MOTIVOS DOS INVESTIMENTOS EM BENS DE CAPITAL

investimento em bens de capital (CAPEX)
Um desembolso de fundos por parte da empresa que se espera resultar em benefícios por um período *superior* a um ano.

despesa de operação (OPEX)
Um desembolso de fundos por parte da empresa resultando em benefícios recebidos *no prazo de* um ano.

Um **investimento em bens de capital (CAPEX)** é um desembolso de fundos por parte da empresa que se espera resultar em benefícios por um período *superior* a um ano. Já uma **despesa de operação (OPEX)** é um desembolso que resulta em benefícios recebidos *no prazo de* um ano. Desembolsos em ativos imobilizados são investimentos em bens de capital, mas nem todos os investimentos em bens de capital são classificados como ativos imobilizados. Um desembolso de $ 60.000 para a compra de um novo equipamento com vida útil de 15 anos é um investimento em bens de capital que apareceria como ativo imobilizado no balanço patrimonial da empresa. Já um desembolso de $ 60.000 para uma campanha publicitária que se espera que produza benefícios por período prolongado também é um investimento em bens de capital, mas raramente seria lançado como ativo imobilizado.

As empresas fazem investimentos em bens de capital por muitos motivos. Os principais são: a expansão das operações, a substituição ou renovação de ativos imobilizados, e a obtenção de algum outro benefício menos tangível no longo prazo.

ETAPAS DO PROCESSO

processo de orçamento de capital
Cinco etapas distintas, mas correlacionadas: *elaboração de proposta, revisão e análise, tomada de decisão, implementação e acompanhamento*.

O **processo de orçamento de capital** compreende cinco etapas distintas, mas correlacionadas:

1. *Elaboração de proposta*. As propostas para novos projetos de investimento são feitas em todos os níveis de uma organização e são revistas pelo pessoal de finanças. Propostas que requerem grandes desembolsos são analisadas mais cuidadosamente do que as menos dispendiosas.
2. *Revisão e análise*. Os administradores financeiros realizam revisão e análise formal para avaliar os méritos das propostas de investimento.
3. *Tomada de decisão*. As empresas normalmente delegam a tomada de decisões de investimento em bens de capital com base em limites em unidades monetárias. Em geral, o conselho de administração deve autorizar dispêndios além de um determinado montante. Frequentemente, os gerentes de unidades de produção recebem autorização para tomar as decisões necessárias para manter a linha de produção.
4. *Implementação*. Após a aprovação, os dispêndios são feitos e os projetos, implementados. Os dispêndios em projetos de grande porte, em geral, ocorrem por etapas.

5. *Acompanhamento*. Os resultados são monitorados e os custos e os benefícios efetivos são comparados com aqueles que eram esperados. Ações podem ser necessárias se os resultados efetivos diferirem dos projetados.

Todas as etapas do processo são importantes. Entretanto, revisão e análise e a tomada de decisão (Etapas 2 e 3) consomem a maior parte do tempo e do esforço. O acompanhamento (Etapa 5) é um passo importante, apesar de muitas vezes ignorado, que visa permitir que a empresa melhore continuamente a precisão de suas estimativas de fluxo de caixa. Por sua importância fundamental, este e os próximos capítulos darão atenção especial à revisão e análise, e também à tomada de decisão.

TERMINOLOGIA BÁSICA

Antes de discutirmos conceitos, técnicas e práticas relacionadas com o processo de orçamento de capital, precisamos explicar algumas terminologias básicas. Além disso, apresentaremos algumas premissas importantes que são usadas para simplificar a discussão no restante deste capítulo e nos capítulos 11 e 12.

Projetos independentes e projetos mutuamente excludentes

A maioria dos investimentos pode ser classificada em uma das duas categorias: (1) projetos independentes ou (2) projetos mutuamente excludentes. Os **projetos independentes** são aqueles cujos fluxos de caixa não estão correlacionados entre si (ou seja, são independentes); a aceitação de um projeto *não elimina* a possibilidade de outros serem considerados. Já os **projetos mutuamente excludentes** são aqueles que têm a mesma função e, por isso, competem entre si. A aceitação de um *elimina* a consideração de todos os outros projetos que atendem a uma finalidade semelhante. Por exemplo, uma empresa que precisa de maior capacidade de produção poderia obtê-la (1) expandindo sua fábrica, (2) adquirindo outra empresa ou (3) contratando a produção de outra empresa. Evidentemente, a aceitação de qualquer uma das opções elimina a necessidade imediata das demais.

Fundos ilimitados e racionamento de capital

A disponibilidade de fundos para investimentos em bens de capital afeta as decisões da empresa. Se uma empresa tem **fundos ilimitados** para investimento (ou se pode levantar o dinheiro que precisa por meio de empréstimos ou emissão de ações), tomar decisões de orçamento de capital é muito simples: todos os projetos independentes que gerem um retorno aceitável podem ser aceitos. Muitas vezes, contudo, as empresas operam sob condições de **racionamento de capital**, o que significa que possuem uma verba fixa disponível para investimentos em bens de capital e que vários projetos competirão por esses recursos. Procedimentos para lidar com o racionamento de capital são apresentados no Capítulo 12. As discussões neste capítulo e no Capítulo 12 pressupõem fundos ilimitados.

Abordagem aceitar–rejeitar e abordagem da classificação

Há duas abordagens básicas às decisões de orçamento de capital. A **abordagem aceitar–rejeitar** envolve avaliar as propostas de investimento em bens de capital para determinar se atendem ao critério mínimo de aceitação da empresa. Essa abordagem pode ser utilizada quando a empresa tem fundos ilimitados, como uma etapa preliminar na avaliação de projetos mutuamente excludentes, ou em uma situação em que o capital deve ser racionado. Nesses casos, somente projetos aceitáveis devem ser considerados.

---

projetos independentes
Projetos cujos fluxos de caixa não estão correlacionados entre si (ou seja, são independentes); a aceitação de um projeto *não elimina* a possibilidade de outros serem considerados.

projetos mutuamente excludentes
Projetos que competem entre si de modo que a aceitação de um *elimina* a consideração de todos os outros projetos com uma finalidade semelhante.

fundos ilimitados
A situação financeira em que uma empresa pode aceitar todos os projetos independentes que gerem um retorno aceitável.

racionamento de capital
A situação financeira em que uma empresa possui apenas uma quantia fixa de dinheiro disponível para investimentos em bens de capital e vários projetos competem por essa quantia.

abordagem aceitar–rejeitar
A avaliação de propostas de investimento em bens de capital para determinar se atendem ao critério mínimo de aceitação da empresa.

abordagem da classificação
A ordenação de projetos de investimento em bens de capital com base em alguma medida predeterminada, como a taxa de retorno.

O segundo método, a **abordagem da classificação**, envolve ordenar os projetos com base em alguma medida predeterminada, como a taxa de retorno. O projeto com o maior retorno é classificado em primeiro lugar e o projeto com o menor retorno, em último lugar. Somente os projetos aceitáveis devem ser classificados. A classificação é útil na seleção do "melhor" dentro de um grupo de projetos mutuamente excludentes e na avaliação de projetos em situação de racionamento de capital.

TÉCNICAS DE ORÇAMENTO DE CAPITAL

Grandes empresas avaliam dezenas, talvez centenas, de ideias diferentes de novos investimentos a cada ano. Para garantir que os projetos de investimento selecionados tenham a melhor chance de aumentar o valor da empresa, os administradores financeiros precisam de ferramentas que os ajudem a avaliar os méritos dos projetos individualmente e a classificar os investimentos concorrentes. Várias técnicas estão disponíveis para realizar essas análises. As abordagens preferidas integram procedimentos de valor do tempo, considerações de risco e retorno, e conceitos de avaliação para selecionar investimentos em bens de capital que sejam compatíveis com o objetivo da empresa de maximizar a riqueza dos proprietários. Este capítulo tem como foco o uso dessas técnicas em um ambiente de certeza.

Fluxos de caixa relevantes da Bennett Company

Usaremos um problema básico para ilustrar todas as técnicas descritas neste capítulo. O problema diz respeito à Bennett Company, uma metalúrgica de médio porte que atualmente está analisando dois projetos com padrões convencionais de fluxo de caixa.[1] O projeto A exige um investimento inicial de $ 42.000, e o projeto B exige um investimento inicial de $ 45.000. Os fluxos de caixa relevantes projetados dos dois projetos são apresentados na Tabela 10.1 e representados nas linhas do tempo da Figura 10.1. Ambos os projetos apresentam um desembolso inicial de caixa seguido de entradas de caixa anuais, um padrão bastante típico para novos investimentos. Começaremos examinando as três técnicas mais populares de orçamento de capital: período de *payback*, valor presente líquido e taxa interna de retorno.

Tabela 10.1 Dados de investimento em bens de capital da Bennett Company

	Projeto A	Projeto B
Investimento inicial	$ 42.000	$ 45.000
Ano	Entradas de caixa operacionais	
1	$ 14.000	$ 28.000
2	14.000	12.000
3	14.000	10.000
4	14.000	10.000
5	14.000	10.000

---

1 Um padrão convencional de fluxo de caixa é aquele em que o fluxo de caixa inicial é negativo e todos os fluxos de caixa subsequentes são positivos. Um padrão não convencional ocorre se o fluxo de caixa inicial é positivo e os fluxos de caixa subsequentes são negativos (por exemplo, quando uma empresa vende garantias estendidas e paga os benefícios posteriormente) ou quando os fluxos de caixa oscilam entre positivo e negativo (como pode acontecer quando as empresas têm de reinvestir em um projeto para estender seu prazo).

Figura 10.1 Projetos A e B da Bennett Company

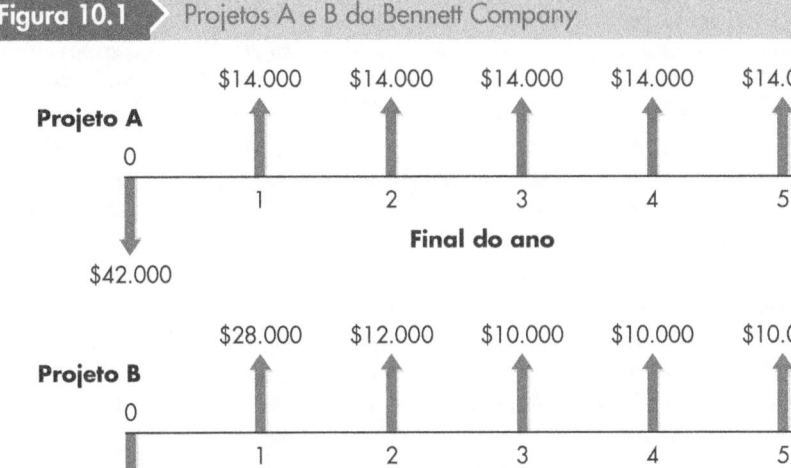

Linhas do tempo representando os fluxos de caixa convencionais dos projetos A e B.

→ QUESTÃO PARA REVISÃO

10.1 Qual é o objetivo do administrador financeiro ao selecionar projetos de investimento para a empresa? Defina o processo de orçamento de capital e explique como ele ajuda os administradores a alcançar seu objetivo.

10.2 Período de *payback*

Empresas de pequeno e médio porte costumam usar a abordagem do período de *payback* para avaliar propostas de investimentos. O **período de *payback*** é o tempo necessário para que a empresa recupere seu investimento inicial em um projeto, calculado a partir das *entradas de caixa*. No caso de uma *anuidade* (como o projeto A da Bennett Company), o período de *payback* pode ser calculado dividindo o investimento inicial pela entrada de caixa anual. Para uma *série mista* de entradas de caixa (como o projeto B), as entradas de caixa anuais precisam ser acumuladas até que o investimento inicial seja recuperado. Embora popular, o período de *payback* costuma ser visto como uma *técnica pouco sofisticada de orçamento de capital* por não considerar *explicitamente* o valor do dinheiro no tempo.

período de *payback*
É o tempo necessário para uma empresa recuperar seu investimento inicial em um projeto, calculado a partir das *entradas de caixa*.

CRITÉRIOS DE DECISÃO

Quando o período de *payback* é utilizado para tomar decisões de aceitar–rejeitar, aplicam-se os seguintes critérios de decisão:

- Se o período de *payback* for *menor* que o período máximo aceitável de recuperação do investimento, *aceite* o projeto.
- Se o período de *payback* for *maior* que o período máximo aceitável de recuperação do investimento, *rejeite* o projeto.

A duração do período máximo aceitável de recuperação do investimento é determinada pela administração. Esse período é fixado *subjetivamente*, e tem como base uma série de fatores, incluindo o tipo de projeto (expansão, substituição ou renovação, entre outros), o ciclo de vida do produto, a percepção do risco do projeto e a relação percebida entre o período de *payback* e o valor da ação. Trata-se simplesmente de um número que a administração acredita, em média, que resultará em decisões de investimento criadoras de valor.

Exemplo 10.1

Podemos calcular o período de *payback* para os projetos A e B da Bennett Company utilizando os dados apresentados na Tabela 10.1. *Para o projeto A, que é uma anuidade, o período de* payback *é de três anos (investimento inicial de $ 42.000 ÷ entrada de caixa anual de $ 14.000).* Como o projeto B gera uma série mista de entradas de caixa, o cálculo de seu período de *payback* não é tão direto. No ano 1, a empresa recuperará $ 28.000 de seu investimento inicial de $ 45.000. No final do ano 2, $ 40.000 ($ 28.000 do ano 1 + $ 12.000 do ano 2) terão sido recuperados. No final do ano 3, $ 50.000 terão sido recuperados. Apenas 50% da entrada de caixa de $ 10.000 do ano 3 serão necessários para completar a recuperação do investimento inicial de $ 45.000. *O período de* payback *do projeto B é, portanto, de 2,5 anos (2 anos + 50% do ano 3).*

Se o período máximo aceitável de recuperação do investimento da Bennett fosse de 2,75 anos, o projeto A seria rejeitado e o projeto B seria aceito. Se o período máximo aceitável de recuperação do investimento fosse de 2,25 anos, os dois projetos seriam rejeitados. Se os projetos fossem classificados, B teria preferência em relação a A por apresentar um período de *payback* mais curto.

FATOS e DADOS

Payback na Europa

Um levantamento realizado em 2011 com empresas de dez países da Europa Central e do Leste Europeu revelou que dois terços dessas empresas sempre ou quase sempre realizaram análise de *payback* quando tomaram decisões importantes de investimento. Em contraste com o que foi observado nos Estados Unidos, empresas de grande porte do Leste Europeu eram mais propensas que as de pequeno porte a usar a abordagem de *payback*. Apesar de todas as suas deficiências, a abordagem de *payback* continua sendo usada em todo o mundo.

PRÓS E CONTRAS DA ANÁLISE DE *PAYBACK*

Empresas de grande porte às vezes usam a abordagem de *payback* para avaliar pequenos projetos, enquanto as de pequeno porte costumam utilizá-la para avaliar a maioria de seus projetos. Essa popularidade decorre de sua simplicidade de cálculo e de seu apelo intuitivo. Ao medir o quão rapidamente a empresa recupera seu investimento inicial, o período de *payback* considera *implicitamente* o timing dos fluxos de caixa. Como pode ser visto como uma medida da *exposição ao risco*, muitas empresas utilizam o período de *payback* como um critério de decisão ou como um complemento de outras técnicas de decisão. Quanto mais tempo a empresa precisar esperar para recuperar os fundos investidos, maior a possibilidade de ocorrer imprevistos. Portanto, quanto mais curto for o período de *payback*, menor será a exposição da empresa ao risco.

A principal fraqueza do período de *payback* está no fato de que o período apropriado de recuperação do investimento é apenas um número determinado de maneira subjetiva. Não pode ser especificado à luz do objetivo de maximizar a riqueza, pois não se baseia no desconto dos fluxos de caixa para determinar se adicionam valor à empresa. Em vez disso, o período apropriado de *payback* é simplesmente o período máximo de tempo aceitável sobre o qual a administração decide que os fluxos de caixa de um projeto devem atingir o equilíbrio (ou seja, igualarem-se ao investimento inicial). O quadro *Foco na Prática* oferece mais informações sobre esses limites de tempo na prática.

Finanças pessoais
Exemplo 10.2

Seema Mehdi está pensando em investir $ 20.000 para adquirir uma participação de 5% em um imóvel destinado à locação. Seu amigo e corretor de imóveis, Akbar Ahmed, estruturou o negócio e estimou de forma conservadora que Seema deveria receber entre $ 4.000 e $ 6.000 por ano, em dinheiro, dessa participação de 5%. A transação foi estruturada de forma a obrigar todos os investidores a manter seu investimento na propriedade por pelo menos dez anos. Seema espera permanecer na faixa de 25% do imposto de renda por um bom tempo. Para ser aceito, Seema exige que o investimento se pague, em termos de fluxos de caixa após imposto de renda, em menos de sete anos.

O cálculo de Seema do período de *payback* da transação começa com o cálculo da variação do fluxo de caixa anual após imposto de renda:

$$\text{Fluxo de caixa após imposto de renda} = (1 - \text{alíquota de imposto de renda}) \cdot \text{Fluxo de caixa antes do imposto de renda}$$

$$= (1 - 0{,}25) \cdot \$\,4.000 = \$\,3.000$$
$$= (1 - 0{,}25) \cdot \$\,6.000 = \$\,4.500$$

O fluxo de caixa após imposto de renda varia de $ 3.000 a $ 4.500. Dividindo o investimento inicial de $ 20.000 por cada um dos fluxos de caixa estimados após imposto de renda, temos o período de *payback*:

Período de *payback* = Investimento inicial · Fluxo de caixa após imposto de renda
$$= \$\,20.000 \cdot \$\,3.000 = 6{,}67 \text{ anos}$$
$$= \$\,20.000 \cdot \$\,4.500 = 4{,}44 \text{ anos}$$

Como o investimento proposto no imóvel para locação levará entre 4,44 a 6,67 anos para se pagar, abaixo, portanto, do *payback* máximo de sete anos de Seema, o investimento é aceitável.

Foco na PRÁTICA

Limites à análise de *payback*

na prática Quando a economia vai mal, os padrões de período de *payback* são frequentemente reduzidos. Diretores de informática (CIOs — Chief Information Officers) tendem a rejeitar projetos com períodos de *payback* superiores a dois anos. "Começamos com o período de *payback*", explica Ron Fijalkowski, CIO da Strategic Distribution, Inc., de Bensalem, Pensilvânia. "Com certeza, se o período de *payback* for superior a 36 meses, não será aprovado. Mas, via de regra, ficamos satisfeitos com um período de *payback* próximo de 24 meses. E, nos casos em que é mais próximo de 12 meses, a aceitação é praticamente garantida".

Embora seja fácil de calcular e de entender, a simplicidade do período de *payback* traz algumas desvantagens. "O *payback* dá uma resposta que diz um pouco sobre o estágio inicial de um projeto, mas não informa muito sobre sua vida como um todo", diz Chris Gardner, cofundador da iValue LLC, uma empresa de consultoria em avaliação de TI de Barrington, Illinois. "A simplicidade do cálculo do *payback* pode levar à falta de cuidado, e especialmente à não inclusão de todos os custos associados a um investimento, como treinamento, manutenção e custos de upgrade do hardware", explica Douglas Emond, vice-presidente sênior e diretor de tecnologia do Eastern Bank de Lynn, Massachusetts. Por exemplo, diz ele, "você pode estar introduzindo uma nova tecnologia fantástica, mas só depois da implementação percebe que precisaria ter um guru de .Net interno, e não tem".

No entanto, a ênfase do método de *payback* no curto prazo tem um apelo especial para os administradores de TI. "Isso porque o histórico dos projetos de TI que levam mais do que três anos é desastroso", diz Gardner. De fato, segundo Ian Campbell, diretor de pesquisa da Nucleus Research, Inc., de Wellesley, Massachusetts, o período de *payback* é uma métrica absolutamente essencial na avaliação de projetos de TI — ainda mais importante que o desconto do fluxo de caixa (VPL e TIR) — por evidenciar os riscos inerentes a projetos de TI de longa duração. "Deveria ser uma regra rigorosa nunca aceitar um projeto de TI com período de *payback* superior a três anos, a menos que se trate de um projeto de infraestrutura indispensável", explica Campbell.

Quaisquer que sejam as falhas do método do período de *payback* para avaliação de projetos de capital, a simplicidade do método permite que seja utilizado em conjunto com outras medidas mais sofisticadas. Pode ser utilizado para filtrar projetos potenciais e reduzi-los a uns poucos que merecem um escrutínio mais cuidadoso, por exemplo, com o valor presente líquido (VPL).

- *Na sua opinião, se o método do período de* payback *for usado em conjunto com o método do VPL, ele deveria ser utilizado antes ou depois da avaliação pelo VPL?*

Fonte: ANTHES, Gary. ROI Guide: Payback Period. *Computerworld.com*, 17 fev. 2003. Disponível em: <www.computerworld.com/s/article/78529/ROI_Guide_Payback_Period?taxono>. Acesso em: 25 nov. 2015.

Uma segunda fraqueza é que esta abordagem não considera *totalmente* o valor do dinheiro no tempo.[2] Essa fraqueza pode ser ilustrada pelo Exemplo 10.3.

Exemplo 10.3

A DeYarman Enterprises, uma pequena fabricante de equipamentos médicos, está analisando dois projetos mutuamente excludentes batizados de Ouro e Prata. A empresa usa apenas o período de *payback* para selecionar seus projetos. Os fluxos de caixa e o período de *payback* de cada projeto são apresentados na Tabela 10.2. Os dois projetos têm períodos de *payback* de três anos, o que sugere que são igualmente desejáveis. No entanto, a comparação do padrão de entradas de caixa nos três primeiros anos mostra que um montante maior do investimento inicial de $ 50.000 será recuperado mais rapidamente no projeto Prata que no projeto Ouro. Por exemplo, no primeiro ano, $ 40.000 dos $ 50.000 investidos no projeto Prata são recuperados; já no caso do projeto Ouro, apenas $ 5.000 dos $ 50.000 investidos são recuperados. Considerando o valor do dinheiro no tempo, o projeto Prata seria claramente preferível ao Ouro, apesar de ambos terem períodos de *payback* idênticos: três anos. A abordagem do *payback* não considera totalmente o valor do dinheiro no tempo, o que, se reconhecido, faria com que o projeto Prata fosse preferível ao Ouro.

Tabela 10.2 Fluxos de caixa relevantes e períodos de *payback* dos projetos da DeYarman Enterprises

	Projeto Ouro	Projeto Prata
Investimento inicial	$ 50.000	$ 50.000
Ano	Entradas de caixa operacionais	
1	$ 5.000	$ 40.000
2	5.000	2.000
3	40.000	8.000
4	10.000	10.000
5	10.000	10.000
Período de *payback*	3 anos	3 anos

---

[2] Para considerar explicitamente as diferenças de timing na aplicação do método de *payback*, às vezes é usado o *período de payback descontado*. Ele é encontrado calculando-se primeiro o valor presente das entradas de caixa à taxa de desconto apropriada e, a seguir, encontrando o período de *payback*, utilizando o valor presente das entradas de caixa.

Uma terceira fraqueza do *payback* é não considerar os fluxos de caixa que ocorrem *depois* do período de *payback*.

Exemplo 10.4

A Rashid Company, uma desenvolvedora de software, tem duas oportunidades de investimento, X e Y. Os dados são apresentados na Tabela 10.3. O período de *payback* do projeto X é de dois anos, e do Y, de três anos. Considerar apenas a abordagem de *payback* sugere que o projeto X é preferível ao Y. No entanto, se formos além do período de recuperação do investimento, veremos que o projeto X tem retorno adicional de apenas $ 1.200 ($ 1.000 no ano 3 + $ 100 no ano 4 + $ 100 no ano 5), ao passo que o projeto Y tem retorno adicional de $ 7.000 ($ 4.000 no ano 4 + $ 3.000 no ano 5). Com base nessas informações, o projeto Y parece preferível ao X. A abordagem do *payback* ignora as entradas de caixa que ocorrem após o fim do período de *payback*.

Tabela 10.3 Cálculo do período de *payback* dos dois projetos de investimento alternativos da Rashid Company

	Projeto X	Projeto Y
Investimento inicial	$ 10.000	$ 10.000
Ano	Entradas de caixa operacionais	
1	$ 5.000	$ 3.000
2	5.000	4.000
3	1.000	3.000
4	100	4.000
5	100	3.000
Período de *payback*	2 anos	3 anos

→ QUESTÕES PARA REVISÃO

10.2 O que é o *período de payback*? Como é calculado?
10.3 Quais fraquezas são normalmente associadas ao uso do período de *payback* para avaliar uma proposta de investimento?

10.3 Valor presente líquido (VPL)

O método utilizado pela maioria das grandes empresas para avaliar projetos de investimento é chamado de *valor presente líquido* (*VPL*). A lógica por trás do método do VPL é simples. Quando as empresas fazem investimentos, estão gastando dinheiro que obtiveram, de uma forma ou de outra, de investidores. Os investidores, por sua vez, esperam um retorno do dinheiro que forneceram às empresas, de modo que uma empresa só deve fazer um investimento se o valor presente do fluxo de caixa que o investimento gera for maior que o custo inicial do investimento. Como o método do VPL considera o valor do dinheiro dos investidores no tempo, é *uma técnica mais sofisticada de orçamento de capital* do que a abordagem do *payback*. O método do VPL desconta os fluxos de caixa ao custo de capital. Essa taxa — como vimos no Capítulo 9 — representa o custo de financiamento da empresa e é o retorno mínimo que um projeto deve gerar para satisfazer os investidores da empresa. Projetos com retornos mais baixos não conseguem atender às expectativas dos investidores e, portanto, diminuem o valor da empresa, ao passo que projetos com retornos mais altos aumentam o valor da empresa.

valor presente líquido (VPL)
Uma técnica sofisticada de orçamento de capital; é calculado subtraindo o investimento inicial de um projeto do valor presente de suas entradas de caixa, descontadas a uma taxa igual ao custo de capital da empresa.

O **valor presente líquido (VPL)** é calculado subtraindo o investimento inicial de um projeto (FC_0) do valor presente de suas entradas de caixa (FC_t), descontadas a uma taxa igual ao custo de capital (r) da empresa:

VPL = Valor presente das entradas de caixa − Investimento inicial

$$\text{VPL} = \sum_{t=1}^{n} \frac{FC_t}{(1+r)^t} - FC_0 \qquad (10.1)$$

Quando o VPL é utilizado, tanto as entradas quanto as saídas de caixa são medidas em termos de unidades monetárias presentes. Para um projeto que tem saídas de caixa acima do investimento inicial, o valor presente líquido seria calculado subtraindo o valor presente das saídas do valor presente das entradas.

CRITÉRIOS DE DECISÃO

Quando o VPL é utilizado para tomar decisões de aceitar ou rejeitar, os critérios são os seguintes:

- Se o VPL for *maior* que $ 0, *aceitar* o projeto.
- Se o VPL for *menor* que $ 0, *rejeitar* o projeto.

Se o VPL for maior que $ 0, a empresa obterá um retorno maior que seu custo de capital. Tal fato deverá aumentar o valor de mercado da empresa e, portanto, a riqueza de seus proprietários, em um montante equivalente ao VPL.

Exemplo 10.5

Podemos ilustrar a abordagem do valor presente líquido (VPL) usando os dados da Bennett Company apresentados na Tabela 10.1. Se a empresa tem um custo de capital de 10%, os valores presentes líquidos do projeto A (uma anuidade) e do B (uma série mista) podem ser calculados como mostram as linhas do tempo da Figura 10.2. Esses cálculos resultam em valores presentes líquidos dos projetos A e B de $ 11.071 e $ 10.924, respectivamente. Ambos são aceitáveis, pois o valor presente líquido de cada um deles é maior que $ 0. Entretanto, se os projetos fossem classificados, o projeto A seria considerado superior ao B, pois tem um valor presente líquido superior ao de B ($ 11.071 contra $ 10.924).

Figura 10.2 Cálculo do VPL das alternativas de investimento em bens de capital da Bennett Company

Linhas do tempo representando os fluxos de caixa e os cálculos do VPL dos projetos A e B.

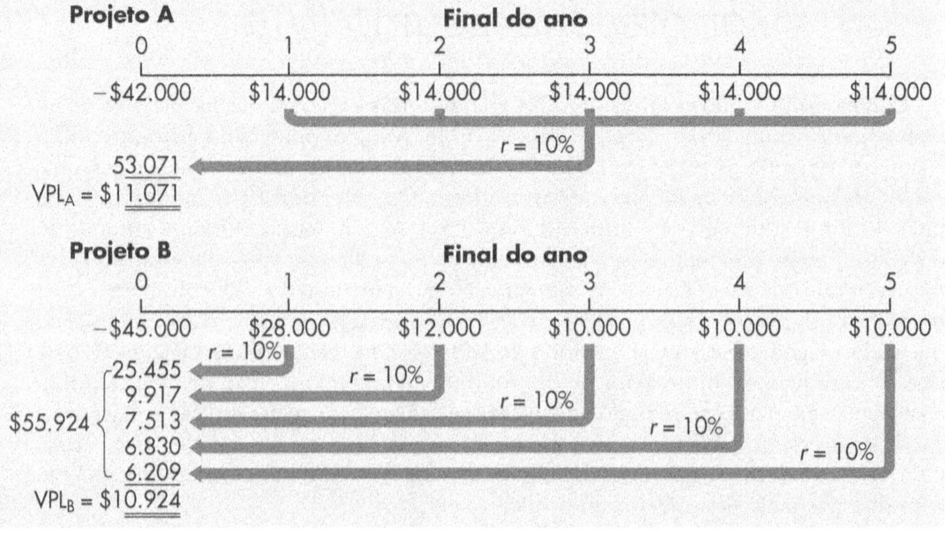

Projeto A

Final do ano	0	1	2	3	4	5
	−$42.000	$14.000	$14.000	$14.000	$14.000	$14.000

$r = 10\%$

53.071
$\text{VPL}_A = \$11.071$

Projeto B

Final do ano	0	1	2	3	4	5
	−$45.000	$28.000	$12.000	$10.000	$10.000	$10.000

$r = 10\%$

$55.924 {
25.455
9.917
7.513
6.830
6.209
}

$\text{VPL}_B = \$10.924$

Uso da calculadora A função pré-programada NPV em uma calculadora financeira pode ser usada para simplificar o cálculo do VPL. As teclas do projeto A — uma anuidade — normalmente são como as mostradas na imagem ao lado. Observe que, como o projeto A é uma anuidade, inserimos apenas a primeira entrada de caixa, FC_1 = 14.000, seguida por sua frequência, $N = 5$.

As teclas do projeto B — uma série mista — também são mostradas. Como as três últimas entradas de caixa do projeto B são iguais ($FC_3 = FC_4 = FC_5 = 10.000$), depois de inserir a primeira dessas entradas de caixa, FC_3, basta inserir sua frequência, $N = 3$.

Os VPLs calculados dos projetos A e B, de $ 11.071 e $ 10.924 respectivamente, coincidem com os citados anteriormente.

Uso de planilha Os VPLs também podem ser calculados como mostra a planilha Excel a seguir.

	A	B	C
1	DETERMINAÇÃO DO VALOR PRESENTE LÍQUIDO		
2	Custo de capital da empresa		10%
3		Fluxo de caixa no final do ano	
4	Ano	Projeto A	Projeto B
5	0	$ –42.000	$ –45.000
6	1	$ 14.000	$ 28.000
7	2	$ 14.000	$ 12.000
8	3	$ 14.000	$ 10.000
9	4	$ 14.000	$ 10.000
10	5	$ 14.000	$ 10.000
11	VPL	$ 11.071	$ 10.924
12		Projeto escolhido	Projeto A
	O conteúdo da célula B11 é =NPV(C2,B6:B10)+B5		
	Copie o conteúdo da célula B11 para a célula C11. O conteúdo da célula C12 é =IF(B11>C11,B4,C4).		

VPL E O ÍNDICE DE LUCRATIVIDADE

Uma variação da regra do VPL é chamada de índice de lucratividade (IL). Para um projeto que tem uma saída inicial de caixa seguida por entradas de caixa, o índice de lucratividade (IL) é simplesmente igual ao valor presente das entradas de caixa dividido pela saída inicial de caixa:[3]

$$\text{IL} = \frac{\sum_{t=1}^{n} \dfrac{FC_t}{(1+r)^t}}{FC_0} \qquad (10.2)$$

---

[3] Para ser um pouco mais preciso, o denominador na Equação 10.2 deve ser um número positivo, de modo que tomamos o valor absoluto da saída inicial de caixa.

Quando as empresas avaliam oportunidades de investimento usando o IL, a regra de decisão que elas seguem é investir no projeto quando o índice é maior que 1,0. Um IL maior que 1,0 implica que o valor presente das entradas de caixa é maior que a saída inicial de caixa (em termos de valor absoluto), de modo que um índice de lucratividade maior que 1,0 corresponde a um valor presente líquido maior que 0. Em outras palavras, os métodos VPL e IL sempre chegarão à mesma conclusão sobre um determinado investimento valer a pena ou não.

Exemplo 10.6

Vamos retomar a Figura 10.2, que apresenta o valor presente das entradas de caixa dos projetos A e B, para calcular o IL de cada uma das opções de investimento da Bennett:

$IL_A = \$ 53.071 \cdot \$ 42.000 = 1,26$

$IL_B = \$ 55.924 \cdot \$ 45.000 = 1,24$

De acordo com o índice de lucratividade, os dois projetos são aceitáveis (porque IL > 1,0 para ambos), o que não deve ser surpreendente, pois já sabemos que ambos os projetos têm VPLs positivos. Além disso, nesse caso específico, tanto a regra do VPL quanto do IL indicam que o projeto A é preferível ao projeto B. Os métodos VPL e IL nem sempre classificarão os projetos exatamente na mesma ordem. Diferentes classificações podem ocorrer quando projetos alternativos exigem desembolsos iniciais de magnitudes muito diferentes.

VPL E VALOR ECONÔMICO ADICIONADO

O Valor Econômico Adicionado (EVA, na sigla em inglês), uma marca registrada da empresa de consultoria Stern Stewart & Co., é um outro parente próximo do método do VPL. Enquanto a abordagem do VPL calcula o valor de um investimento ao longo de toda a vida do projeto, a abordagem do EVA é usada normalmente para medir o desempenho de um investimento ano a ano. O método do EVA começa da mesma maneira que o VPL: calculando os fluxos de caixa líquidos de um projeto. No entanto, a abordagem do EVA subtrai dos fluxos de caixa um encargo destinado a captar o retorno que os investidores da empresa exigem do projeto. Isto é, o cálculo do EVA questiona se um projeto gera fluxos de caixa positivos e *superiores aos que os investidores exigem*. Se assim for, vale a pena empreender o projeto.

O método do EVA determina se um projeto gera um *lucro econômico puro*. Quando os contadores dizem que uma empresa gerou lucros, eles querem dizer que as receitas são maiores que as despesas. Mas o termo **lucro econômico** refere-se a um lucro que é mais elevado do que o esperado, dada a taxa competitiva de retorno em uma determinada linha de negócios. Ou seja, uma empresa que apresenta um lucro contábil em sua demonstração de resultados pode ou não gerar lucro econômico, dependendo de quão grande o lucro é em relação ao capital investido no negócio. Por exemplo, nos quatro trimestres encerrados em 30 de março de 2013, a Alcoa Inc., uma gigante produtora de alumínio, reportou um lucro líquido de US$ 264 milhões. Isso parece um grande lucro? Talvez não seja ao se considerar que o balanço patrimonial da Alcoa apresentou total de ativos de mais de US$ 40 bilhões. Em outras palavras, o lucro da Alcoa apresentou um retorno de 0,6% sobre os ativos da empresa. Esse retorno não ficou longe da taxa oferecida por títulos públicos livres de risco em 2013, de modo que ficou claramente abaixo das expectativas dos investidores da Alcoa (que esperariam um retorno mais alto como remuneração pelos riscos que tomaram). Assim, a empresa gerou uma *perda econômica* ao longo desses quatro trimestres. Dito de outra forma, o EVA da Alcoa durante o período foi negativo.

---

lucro econômico
Um lucro superior à taxa de retorno competitiva normal em uma linha de negócios.

Exemplo 10.7

Suponha que um determinado projeto tenha um custo inicial de $ 1 milhão, mas depois disso gerará entradas líquidas de caixa a cada ano (em perpetuidade) de $ 120.000. Para calcular o VPL desse projeto, nós simplesmente descontaríamos os fluxos de caixa e os somaríamos. Se o custo de capital da empresa é 10%, o VPL do projeto é de:[4]

VPL = – $ 1.000.000 + ($ 120.000 · 0,10) = $ 200.000

Para calcular o valor econômico adicionado do investimento em qualquer ano específico, começamos com o fluxo de caixa anual de $ 120.000. Em seguida, atribuímos um encargo que considera o retorno que os investidores exigem do capital que a empresa investiu no projeto. Nesse caso, a empresa investiu $ 1 milhão e os investidores esperam um retorno de 10%. Isso significa que o encargo anual de capital do projeto é de $ 100.000 ($ 1.000.000 10%) e seu EVA é de $ 20.000 por ano:

EVA = fluxo de caixa do projeto – [(custo de capital) (capital investido)]
= $ 120.000 – $ 100.000 = $ 20.000

Em outras palavras, esse projeto rende mais do que seu custo de capital a cada ano, de modo que o seu empreendimento claramente vale a pena. Para calcular o EVA do projeto ao longo de toda a sua vida, basta simplesmente descontar os valores anuais do EVA utilizando o custo de capital da empresa. Nesse caso, o projeto gera um EVA anual de $ 20.000 em perpetuidade. Descontando em 10%, encontra-se um EVA de $ 200.000 ($ 20.000 · 0,10) para o projeto, valor idêntico ao VPL. Nesse exemplo, os dois métodos, VPL e EVA, chegam à mesma conclusão, isto é, que o projeto cria $ 200.000 de valor para os investidores. Se os fluxos de caixa do nosso exemplo tivessem flutuado ao longo do tempo em vez de permanecerem fixos em $ 120.000 por ano, um analista calcularia o EVA do investimento de cada ano e então descontaria esses valores para o presente utilizando o custo de capital da empresa. Se o valor resultante for positivo, o projeto gera EVA positivo e vale a pena ser empreendido.

→ QUESTÕES PARA REVISÃO

10.4 Como se calcula o *valor presente líquido* (*VPL*) de um projeto com *padrão convencional de fluxo de caixa*?
10.5 Quais são os critérios de aceitação pelo VPL? Como se relacionam com o valor de mercado da empresa?
10.6 Explique as semelhanças e as diferenças entre VPL, IL e EVA.

10.4 Taxa interna de retorno (TIR)

A **taxa interna de retorno (TIR)** é a taxa de desconto que iguala o VPL de uma oportunidade de investimento a $ 0 (isso porque o valor presente das entradas de caixa é igual ao investimento inicial). É a taxa de retorno que a empresa obterá se investir no projeto e receber as entradas de caixa previstas. Matematicamente, a TIR é o valor de r na Equação 10.1, que faz com que o VPL seja igual a $ 0, ou:

$$\$0 = \sum_{t=1}^{n} \frac{FC_t}{(1 + TIR)^t} - FC_0 \qquad (10.3)$$

$$\sum_{t=1}^{n} \frac{FC_t}{(1 + TIR)^t} = FC_0 \qquad (10.3a)$$

taxa interna de retorno (TIR)
A taxa de desconto que iguala o VPL de uma oportunidade de investimento a $ 0 (porque o valor presente das entradas de caixa é igual ao investimento inicial); é a taxa de retorno que a empresa obterá se investir no projeto e receber as entradas de caixa previstas.

---
[4] Usamos a Equação 5.7 para calcular o valor presente da série perpétua de fluxos de caixa de $ 120.000.

CRITÉRIOS DE DECISÃO

Quando a TIR é utilizada para tomar decisões de aceitar ou rejeitar, os critérios são os seguintes:

- Se a TIR for *maior* que o custo de capital, *aceitar* o projeto.
- Se a TIR for *menor* que o custo de capital, *rejeitar* o projeto.

Esses critérios garantem que a empresa receba, pelo menos, o retorno exigido. Esse resultado deve aumentar o valor de mercado da empresa e, portanto, a riqueza de seus proprietários.

CÁLCULO DA TIR

Com a utilização de uma calculadora financeira, basta inserir todos os fluxos de caixa como se fosse para calcular o VPL e então apertar a tecla **IRR** para determinar a taxa interna de retorno. Programas de computador, incluindo planilhas eletrônicas, também podem ser utilizados para simplificar esses cálculos. Todos os valores de VPL e TIR apresentados neste e nos capítulos subsequentes são obtidos usando essas funções em uma calculadora financeira.

Exemplo 10.8

Podemos demonstrar a abordagem da taxa interna de retorno (TIR) usando os dados da Bennett Company apresentados na Tabela 10.1. A Figura 10.3 usa linhas do tempo para descrever a estrutura para calcular a TIR dos projetos A e B da Bennett. Podemos ver na figura que a TIR é a taxa de desconto desconhecida que faz com que o VPL seja igual a $ 0.

Uso da calculadora Para determinar a TIR usando a função pré-programada em uma calculadora financeira, as teclas são as mesmas que foram mostradas anteriormente para o cálculo do VPL, exceto que as duas últimas teclas do VPL (pressionar **I** e, em seguida, **NPV**) são substituídas por uma única tecla, **IRR**.

Figura 10.3
Cálculo das TIRs das alternativas de investimento em bens de capital da Bennett Company

Linhas do tempo representando os fluxos de caixa e os cálculos da TIR para os projetos A e B.

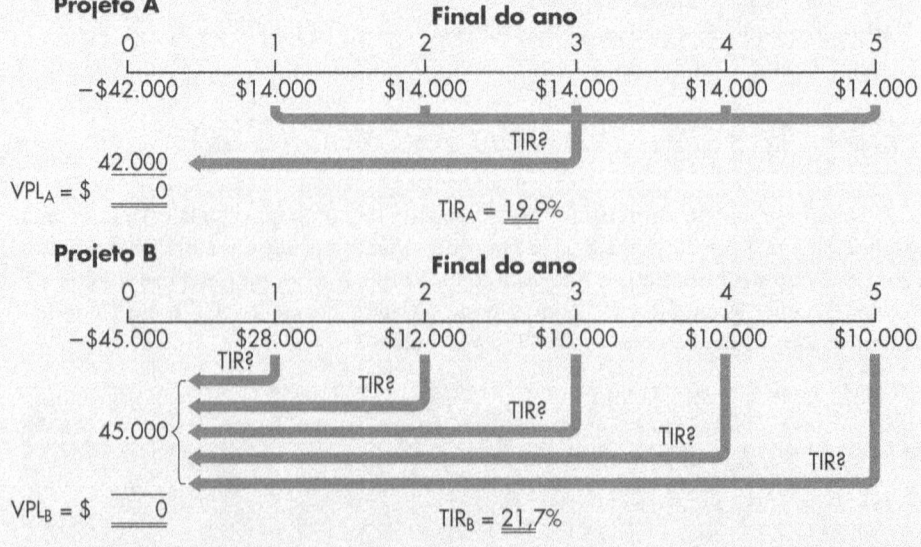

Comparando as TIRs dos projetos A e B apresentadas na Figura 10.3, ao custo de capital de 10% da Bennett Company, verificamos que ambos os projetos são aceitáveis, pois:

TIR$_A$ = 19,9% > custo de capital de 10,0%

TIR$_B$ = 21,7% > custo de capital de 10,0%

Comparando as TIRs dos dois projetos, preferimos o projeto B ao A, porque o B apresenta uma TIR maior (TIR$_B$ = 21,7% > TIR$_A$ = 19,9%). Se esses projetos fossem mutuamente excludentes, o que significaria que poderíamos escolher apenas um deles, não ambos, a técnica de decisão pela TIR recomendaria o projeto B.

Uso de planilha A taxa interna de retorno também pode ser calculada como mostra a planilha Excel a seguir.

	A	B	C
1	DETERMINAÇÃO DA TAXA INTERNA DE RETORNO		
2		Fluxo de caixa no final do ano	
3	Ano	Projeto A	Projeto B
4	0	$ – 42.000	$ – 45.000
5	1	$ 14.000	$ 28.000
6	2	$ 14.000	$ 12.000
7	3	$ 14.000	$ 10.000
8	4	$ 14.000	$ 10.000
9	5	$ 14.000	$ 10.000
10	TIR	19,9%	21,7%
11	Projeto escolhido		Projeto B
O conteúdo da célula B10 é =IRR(B4:B9). Copie o conteúdo da célula B10 para a célula C10. O conteúdo da célula C11 é =IF(B10>C10,B3,C3).			

No Exemplo 10.8, observe que a TIR sugere que o projeto B, que tem uma TIR de 21,7%, é preferível ao A, que tem uma TIR de 19,9%. Essa sugestão contradiz a classificação pelo VPL obtida em um exemplo anterior. E esses conflitos não são raros. *Não há garantia de que o VPL e a TIR classificarão os projetos na mesma ordem. No entanto, os dois métodos geralmente chegam à mesma conclusão sobre se um determinado projeto, considerado isoladamente, é aceitável ou não.*

Finanças pessoais Exemplo 10.9

Tony DiLorenzo está avaliando uma oportunidade de investimento, e está confortável com seu nível de risco. Com base em oportunidades de investimento concorrentes, ele acredita que esse investimento deve fornecer um retorno anual composto mínimo, após imposto de renda, de 9% para ser aceitável. O investimento inicial de Tony seria de $ 7.500, e ele espera receber fluxos de caixa anuais após imposto de renda de $ 500 por ano, em cada um dos quatro primeiros anos, seguidos de $ 700 por ano ao final dos anos 5 a 8. Ele planeja vender o investimento no final do ano 8 e receber $ 9.000 líquidos após imposto de renda.

Para calcular a TIR do investimento (retorno anual composto), Tony primeiro resume os fluxos de caixa após imposto de renda como mostra a tabela a seguir:

Ano	Fluxo de caixa (– ou +)
0	–$ 7.500 (investimento inicial)
1	500
2	500
3	500
4	500
5	700
6	700
7	700
8	9.700 ($ 700 + $ 9.000)

Substituindo os fluxos de caixa após imposto de renda dos anos 0 a 8 em uma calculadora financeira ou planilha eletrônica, ele constata que a TIR do investimento é de 9,54%. Dado que a TIR esperada de 9,54% excede a TIR mínima exigida de Tony, de 9%, o investimento é aceitável.

→ **QUESTÕES PARA REVISÃO**

10.7 O que é a *taxa interna de retorno* (*TIR*) de um investimento? Como ela é determinada?

10.8 Quais são os critérios de aceitação para a TIR? Como estão relacionados com o valor de mercado da empresa?

10.9 O valor presente líquido (VPL) e a taxa interna de retorno (TIR) sempre estão de acordo no que se refere a decisões de aceitar ou rejeitar um investimento? E no que se refere à classificação das decisões? Explique.

▶10.5 Comparação das técnicas de VPL e TIR

Para entender as diferenças entre as técnicas do VPL e da TIR e as preferências dos tomadores de decisão com relação a seu uso, precisamos examinar os perfis de valor presente líquido, as classificações conflitantes e a questão de qual abordagem é melhor.

PERFIS DE VALOR PRESENTE LÍQUIDO

perfil de valor presente líquido
Gráfico que representa os VPLs dos projetos para diferentes taxas de desconto.

Os projetos podem ser comparados graficamente por meio da construção de **perfis de valor presente líquido** que representam os VPLs dos projetos para diferentes taxas de desconto. Esses perfis são úteis para avaliar e comparar projetos, especialmente no caso de classificações conflitantes, e podem ser demonstrados pelo Exemplo 10.10.

> **Exemplo 10.10**

Para elaborar os perfis de valor presente líquido dos dois projetos da Bennett Company, A e B, o primeiro passo é construir um conjunto de coordenadas de "taxa de desconto e valor presente líquido". Três coordenadas podem ser facilmente obtidas para cada projeto: (1) taxa de desconto de 0%; (2) taxa de desconto de 10% (o custo de capital, r); e (3) TIR do projeto. O valor presente líquido à taxa de desconto de 0% é calculado simplesmente somando todas as entradas de caixa e subtraindo o investimento inicial. Utilizando os dados da Tabela 10.1 e da Figura 10.1, temos:

Para o projeto A:
($ 14.000 + $ 14.000 + $ 14.000 + $ 14.000 + $ 14.000) – $ 42.000 = $ 28.000

Para o projeto B:
($ 28.000 + $ 12.000 + $ 10.000 + $ 10.000 + $ 10.000) – $ 45.000 = $ 25.000

Os valores presentes líquidos dos projetos A e B ao custo de capital de 10% são $ 11.071 e $ 10.924, respectivamente (Figura 10.2). Como a TIR é a taxa de desconto à qual o valor presente líquido se iguala a zero, as TIRs (Figura 10.3) de 19,9% do projeto A e de 21,7% do projeto B resultam em VPLs de $ 0. Os três conjuntos de coordenadas para cada um dos projetos estão resumidos na Tabela 10.4.

Traçando o gráfico com os dados da Tabela 10.4 obtemos os perfis de valor presente líquido dos projetos A e B, mostrados na Figura 10.4. A figura revela três fatos importantes:

1. A TIR do projeto B é maior que a TIR do projeto A, de modo que os administradores que utilizam o método TIR para classificar projetos sempre escolherão B em vez de A, se os dois projetos forem aceitáveis.
2. O VPL do projeto A, é, às vezes, mais alto e, às vezes, mais baixo que o VPL do projeto B; assim, o método VPL nem sempre classificará o projeto A acima do projeto B, ou vice-versa. A classificação do VPL, então, dependerá do custo de capital da empresa.
3. Quando o custo de capital for de aproximadamente 10,7%, os projetos A e B terão VPLs iguais.

O custo de capital da Bennett Company é de 10%; a essa taxa, o projeto A tem um VPL maior que o projeto B (a linha cinza está acima da linha preta na Figura 10.4, quando a taxa de desconto é de 10%). Portanto, os métodos do VPL e da TIR classificam os dois projetos de forma diferente. Se o custo de capital da Bennett fosse um pouco mais alto, digamos, de 12%, o método do VPL classificaria o projeto B acima do projeto A e não haveria conflito nas classificações das abordagens de VPL e TIR.

Tabela 10.4 Coordenadas de taxa de desconto e VPL para os projetos A e B

Taxa de desconto	Valor presente líquido	
	Projeto A	Projeto B
0%	$ 28.000	$ 25.000
10%	11.071	10.924
19,9%	0	—
21,7%	—	0

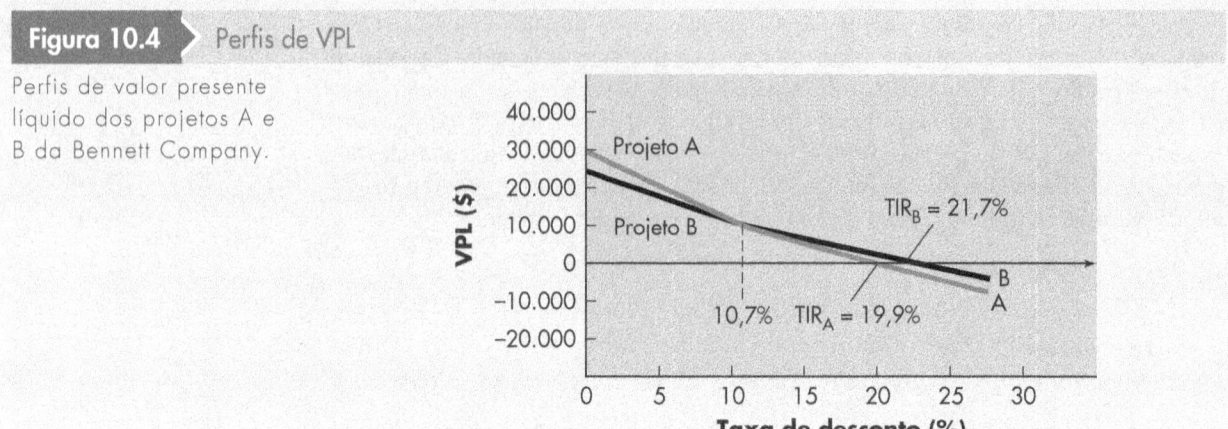

Figura 10.4 Perfis de VPL

Perfis de valor presente líquido dos projetos A e B da Bennett Company.

CLASSIFICAÇÕES CONFLITANTES

A classificação de diferentes oportunidades de investimento é uma questão importante quando os projetos são mutuamente excludentes ou quando há racionamento de capital. Quando os projetos são mutuamente excludentes, a classificação permite à empresa determinar qual projeto é melhor do ponto de vista financeiro. Quando há racionamento de capital, a classificação de projetos proporcionará um ponto de partida lógico para determinar qual grupo de projetos deverá ser aceito. Como veremos, **classificações conflitantes** usando VPL e TIR resultam de *diferenças na premissa da taxa de reinvestimento, no timing dos fluxos de caixa de cada projeto e na magnitude do investimento inicial*.

classificações conflitantes
Conflitos na classificação de um projeto, de acordo com o VPL e a TIR, resultantes de *diferenças na magnitude e no timing dos fluxos de caixa*.

Premissa de reinvestimento

Uma causa subjacente de classificações conflitantes está em diferentes premissas implícitas quanto ao *reinvestimento* das **entradas de caixa intermediárias** — entradas de caixa recebidas antes do encerramento de um projeto. O VPL considera que as entradas de caixa intermediárias são reinvestidas ao custo de capital, ao passo que a TIR pressupõe que as entradas de caixa intermediárias são reinvestidas a uma taxa igual à TIR do projeto.[5] Essas premissas distintas podem ser demonstradas pelo Exemplo 10.11.

entradas de caixa intermediárias
Entradas de caixa recebidas antes do encerramento de um projeto.

Exemplo 10.11

Espera-se que um projeto que requer um investimento inicial de $ 170.000 gere entradas de caixa operacionais de $ 52.000, $ 78.000 e $ 100.000 no final de cada um dos próximos três anos. O VPL do projeto (ao custo de capital da empresa de 10%) é de $ 16.867 e sua TIR é de 15%. O projeto é claramente aceitável (VPL = $ 16.867 > $ 0 e TIR = 15% > custo de capital de 10%). A Tabela 10.5

---

[5] Para eliminar a premissa da taxa de reinvestimento da TIR, alguns profissionais calculam a *taxa interna de retorno modificada* (*TIRM*). A TIRM é determinada por meio da conversão de cada entrada de caixa operacional em seu valor futuro, medido no final da vida do projeto, e depois somando os valores futuros de todas as entradas para obter o *valor terminal* do projeto. Cada valor futuro é calculado usando o custo de capital, o que elimina a crítica quanto à taxa de reinvestimento da TIR tradicional. A TIRM representa a taxa de desconto que faz com que o valor terminal seja igual ao investimento inicial. Por usar o custo de capital como taxa de reinvestimento, a TIRM costuma ser considerada uma medida melhor da verdadeira lucratividade de um projeto do que a TIR. Embora essa técnica seja usada com frequência na avaliação de imóveis comerciais e seja uma função pré-programada em algumas calculadoras financeiras, sua falha em resolver a questão das classificações conflitantes e sua inferioridade teórica em relação ao VPL fizeram com que a TIRM recebesse atenção e aceitação limitada na literatura financeira.

demonstra o cálculo do valor futuro do projeto no final de sua vida de três anos, presumindo taxas de retorno de 10% (seu custo de capital) e 15% (sua TIR). Um valor futuro de $ 248.720 resulta do reinvestimento ao custo de capital de 10% e um valor futuro de $ 258.470 resulta do reinvestimento à TIR de 15%.

Se o valor futuro em cada caso da Tabela 10.5 fosse visto como o retorno recebido daqui a três anos com o investimento inicial de $ 170.000, os fluxos de caixa seriam os apresentados na Tabela 10.6. Os VPLs e as TIRs em cada caso são mostrados abaixo dos fluxos de caixa na Tabela 10.6. Como podemos ver, à taxa de reinvestimento de 10%, o VPL permanece em $ 16.867, enquanto o reinvestimento à TIR de 15% produz um VPL de $ 24.192.

Com base nesse resultado, deve ficar claro que a técnica do VPL pressupõe reinvestimento ao custo do capital (10%, neste exemplo). (Observe que, com reinvestimento a 10%, a TIR seria de 13,5%.) Por outro lado, a técnica da TIR pressupõe a capacidade de reinvestir as entradas de caixa intermediárias à própria TIR. Se o reinvestimento não for feito a essa taxa, a TIR será diferente de 15%. O reinvestimento a uma taxa menor que a TIR calculada inicialmente resultaria em uma TIR efetiva menor que a TIR calculada (de 13,5%, por exemplo, se a taxa de reinvestimento fosse de apenas 10%). E o reinvestimento a uma taxa maior que a TIR resultaria em uma TIR maior que a calculada.

Tabela 10.5 — Comparações de taxa de reinvestimento

			Taxa de reinvestimento	
			10%	15%
Ano	Entradas de caixa operacionais	Número de anos de rendimentos (t)	Valor futuro	Valor futuro
1	$ 52.000	2	$ 62.920	$ 68.770
2	78.000	1	85.800	89.700
3	100.000	0	100.000	100.000
		Valor futuro no final do ano 3	$ 248.720	$ 258.470

VPL a 10% = $ 16.867
TIR = 15%

Observação: o investimento inicial nesse projeto é de $ 170.000.

Tabela 10.6 — Fluxos de caixa do projeto após reinvestimento

	Taxa de reinvestimento	
	10%	15%
Investimento inicial	$ 170.000	
Ano	Entradas de caixa operacionais	
1	$ 0	$ 0
2	0	0
3	248.720	258.470
VPL a 10%	$ 16.867	$ 24.192
TIR	13,5%	15,0%

Timing do fluxo de caixa

Outra razão pela qual os métodos da TIR e do VPL podem levar a classificações diferentes de opções de investimento tem relação com diferenças no timing dos fluxos de caixa ou, em outras palavras, no momento de ocorrência dos fluxos de caixa. Consulte as linhas do tempo dos investimentos A e B apresentados anteriormente na Figura 10.1. O investimento inicial exigido por cada investimento é semelhante, mas, depois disso, o timing dos fluxos de caixa de cada projeto é bem diferente. O projeto B tem uma grande entrada de caixa quase imediatamente (no ano 1), ao passo que o projeto A fornece fluxos de caixa que estão distribuídos uniformemente ao longo do tempo. Como muitos dos fluxos de caixa do projeto B estão no início de sua vida (especialmente se comparados com o timing do projeto A), o VPL do projeto B não será particularmente sensível a mudanças na taxa de desconto. O VPL do projeto A, por outro lado, flutuará mais à medida que a taxa de desconto muda. Em suma, o projeto B é um pouco semelhante a um título de dívida de curto prazo, cujo preço não se altera muito quando as taxas de juros mudam, e o projeto A, por sua vez, é mais parecido com um título de dívida de longo prazo, cujo preço flutua muito quando as taxas de juros mudam.

Podemos identificar esse padrão se revermos os perfis de VPL dos projetos A e B na Figura 10.4. A linha cinza, que representa o projeto A, é consideravelmente mais inclinada que a linha preta, que representa o projeto B. A taxas de desconto muito baixas, o projeto A tem um VPL mais elevado, mas, à medida que a taxa de desconto aumenta, o VPL do projeto A cai rapidamente. Quando a taxa de desconto é alta o suficiente, o VPL do projeto B excede o do projeto A.

Podemos resumir essa discussão como se segue. Como os fluxos de caixa do projeto A ocorrem mais tarde que os fluxos de caixa do projeto B, quando o custo de capital da empresa é relativamente baixo (mais especificamente, abaixo de cerca de 10,7%), o método do VPL classificará o projeto A à frente do projeto B. A um custo de capital mais elevado, a chegada antecipada dos fluxos de caixa do projeto B torna-se mais vantajosa, e o método do VPL classificará o projeto B antes do projeto A. As diferenças no timing dos fluxos de caixa entre os dois projetos não afetam a classificação pelo método da TIR, que sempre colocará o projeto B à frente do projeto A. A Tabela 10.7 ilustra como o conflito na classificação entre as abordagens VPL e TIR depende do custo de capital da empresa.

Magnitude do investimento inicial

Suponha que alguém lhe oferecesse as duas opções de investimento a seguir. Você poderia investir $ 2 hoje e receber $ 3 amanhã ou poderia investir $ 1.000 hoje e receber $ 1.100 amanhã. O primeiro investimento proporciona um retorno (uma TIR) de 50% em apenas um dia, um retorno que sem dúvida superaria qualquer taxa de corte razoável. Mas depois de fazer esse investimento, você só terá $ 1 a mais. Por outro lado, a segunda opção oferece um retorno de 10% em um único dia. Isso é muito menos que a primeira oportunidade, mas ganhar 10% em um único dia ainda é um retorno muito alto. Além disso, se você aceitar esse investimento, terá $ 100 a mais amanhã do que hoje.

Tabela 10.7 Classificação dos projetos A e B usando os métodos TIR e VPL

Método	Projeto A	Projeto B
TIR		✓
VPL		
se r < 10,7%	✓	
se r > 10,7%		✓

A maioria das pessoas escolheria a segunda opção apresentada, apesar de a taxa de retorno dessa opção (10%) ser muito menor que a taxa oferecida pela primeira opção (50%). Essas pessoas acreditam (corretamente) que às vezes é melhor aceitar um retorno menor de um investimento de maior porte do que aceitar um retorno muito alto de um investimento de pequeno porte. Dito de outra forma, a maioria das pessoas sabe que é melhor ter um investimento que gera um lucro de $ 100 em apenas um dia em vez do investimento que gera um lucro de apenas $ 1.[6]

O Exemplo 10.11 ilustra o que chamamos de problema de escala (ou magnitude). O problema de escala ocorre quando dois projetos são muito diferentes em termos de quanto dinheiro é necessário para investir em cada um. Nesses casos, os métodos TIR e VPL podem classificar diferentemente os projetos. A abordagem da TIR (e o método do IL) pode favorecer pequenos projetos com retornos elevados (como o empréstimo de $ 2 que se transforma em $ 3), ao passo que a abordagem do VPL favorece o investimento que gera mais dinheiro ao investidor (como o investimento de $ 1.000 que rende $ 1.100 em um dia). No caso dos projetos da Bennett Company, o problema de escala provavelmente não é a causa dos conflitos na classificação dos projetos porque o investimento inicial necessário para financiar cada projeto é muito semelhante.

Resumindo, é importante que os administradores financeiros fiquem atentos aos conflitos nas classificações de projetos pelos métodos do VPL e da TIR, mas diferenças na magnitude e no timing das entradas de caixa não asseguram conflitos na classificação. Em geral, quanto maior a diferença entre magnitude e timing de entradas de caixa, maior a probabilidade de classificações conflitantes. Conflitos com base em VPL e TIR podem ser reconciliados computacionalmente. Para fazer isso, criamos e analisamos um projeto incremental refletindo a diferença nos fluxos de caixa entre os dois projetos mutuamente excludentes.

QUAL ABORDAGEM É MELHOR?

Muitas empresas usam as duas técnicas, VPL e TIR, porque a tecnologia disponível hoje em dia permite que elas sejam calculadas com facilidade. No entanto, é difícil escolher uma abordagem em detrimento da outra, pois os pontos fortes teóricos e práticos das abordagens são diferentes. Sendo assim, é interessante avaliar ambas as técnicas, VPL e TIR, tanto do ponto de vista teórico quanto prático.

Ponto de vista teórico

Em termos puramente teóricos, o VPL é a melhor abordagem para o orçamento de capital, em razão de vários fatores. Sobretudo, o VPL mede quanta riqueza um projeto cria (ou destrói, se o VPL for negativo) para os acionistas. Considerando que o objetivo do administrador financeiro é maximizar a riqueza dos acionistas, a abordagem do VPL tem a relação mais clara com este objetivo e, portanto, é o "padrão-ouro" para avaliar oportunidades de investimento.

Além disso, certas propriedades matemáticas podem fazer com que um projeto com *padrão não convencional de fluxo de caixa* apresente **TIRs múltiplas**, ou mesmo mais de uma TIR. Matematicamente, o número máximo de raízes *reais* de uma equação é igual ao número de mudanças de sinal. Tomemos uma equação como $x^2 - 5x + 6 = 0$, que tem duas mudanças de sinal em seus coeficientes – de positivo ($+x^2$) para negativo ($-5x$); e de negativo ($-5x$) para positivo ($+6$). Se fatorarmos a equação (você se lembra da fatoração que aprendeu na escola?), obtemos $(x - 2)$ $(x - 3)$, o que significa que x pode ser

TIRs múltiplas
Mais de uma TIR resultante de um projeto de orçamento de capital com um *padrão de fluxo de caixa não convencional;* o número máximo de TIRs de um projeto é dado pelo número de vezes em que há uma mudança no sinal dos fluxos de caixa.

---

[6] Observe que o índice de lucratividade também fornece uma classificação incorreta neste exemplo. A primeira opção tem um IL de 1,5 ($ 3 · $ 2) e o IL da segunda opção é igual a 1,1 ($ 1.100 · $ 1.000). Tal como a TIR, o IL sugere que a primeira opção é melhor, mas sabemos que a segunda opção gera mais dinheiro.

igual a 2 ou 3, ou seja, existem dois valores corretos para *x*. Substituindo esses valores na equação, podemos ver que ambos funcionam.

Esse mesmo resultado pode ocorrer ao identificar a TIR de projetos com fluxos de caixa não convencionais, porque eles apresentam mais de uma mudança de sinal na série de fluxos de caixa. É evidente que, quando ocorrem TIRs múltiplas com fluxos de caixa não convencionais, o analista se vê diante da necessidade de interpretar seus significados para avaliar o projeto. O fato de não existir esse desafio quando se usa o VPL aumenta sua superioridade teórica.

Ponto de vista prático

Evidências sugerem que, apesar da superioridade teórica do VPL, *os administradores financeiros usam a abordagem da TIR tão frequentemente quanto o método do VPL*. O apelo da técnica TIR deve-se à disposição geral das pessoas de negócio a pensar em termos de *taxas de retorno*, em vez de em *retornos efetivos em unidades monetárias*. Como taxas de juros, lucratividade, e assim por diante, são frequentemente expressas em taxas anuais de retorno, o uso da TIR faz sentido para os tomadores de decisões financeiras. Eles tendem a achar o VPL menos intuitivo pelo fato de não medir os benefícios *em relação ao montante investido*. Como diversas técnicas estão disponíveis para evitar as armadilhas da TIR, seu uso generalizado não implica falta de sofisticação da parte dos tomadores de decisões financeiras. Evidentemente, os analistas financeiros das empresas são responsáveis por identificar e solucionar problemas com a TIR antes que os tomadores de decisão a utilizem como técnica de decisão.

FATOS e DADOS

Quais métodos as empresas realmente usam?

Pesquisadores fizeram um levantamento com diretores financeiros a respeito de quais métodos eles usavam para avaliar projetos de investimento em bens de capital. Um resultado interessante foi que muitas empresas utilizam mais do que uma das abordagens que contemplamos neste capítulo. Mas as abordagens mais populares foram, de longe, TIR e VPL, utilizadas por 76% e 75% (respectivamente) dos diretores financeiros que responderam à pesquisa. Essas técnicas são mais utilizadas em empresas maiores, enquanto a abordagem do *payback* é mais comum em empresas menores.[7]

Foco na ÉTICA

Questões não financeiras na seleção de projetos

na prática Códigos de ética corporativos são, muitas vezes, criticados por serem "de fachada" e por terem pouco ou nenhum efeito sobre o comportamento efetivo dos funcionários da empresa. John Dobson, um especialista em ética financeira, explica que comportamento rotineiro no local de trabalho "acultura" os funcionários, ensinando-lhes que o comportamento que veem é racional e aceitável naquele ambiente. A boa notícia é que os códigos de ética profissional, como os desenvolvidos para analis-

---

[7] GRAHAM, John R.; HARVEY, Campbell R. The Theory and Practice of Corporate Finance: Evidence from the Field. *Journal of Financial Economics*, v. 60, 2001, p. 187–243.

tas financeiros credenciados, profissionais de tesouraria e planejadores financeiros certificados, fornecem, efetivamente, sólidas diretrizes para o comportamento. Esses códigos, observa Dobson, baseiam-se em conceitos economicamente racionais, como integridade e confiabilidade, que orientam o tomador de decisões em seu esforço para aumentar a riqueza do acionista. Os executivos financeiros insistem que não deve haver separação entre a ética pessoal de um indivíduo e sua ética nos negócios. Frases como "O mundo é uma selva" e "Negócios são negócios" não deveriam servir de desculpas para comportamentos antiéticos.

Como os códigos de ética se aplicam à seleção de projetos e ao orçamento de capital? Para a maioria das empresas, as questões éticas estão principalmente relacionadas à redução dos riscos potenciais associados a um projeto. Por exemplo, a Gateway Computers descreve claramente em seu código de ética corporativo o aumento do número de normas sobre compras com as quais os funcionários devem estar familiarizados para vender ao governo. A empresa destaca que submeter conscientemente uma alegação ou declaração falsa a um órgão do governo pode sujeitar a Gateway e seus funcionários a consideráveis penalidades civis e até criminais.

Outra maneira de incorporar questões não financeiras à avaliação de projetos de capital é levar em conta o efeito provável das decisões em partes interessadas ou stakeholders: como funcionários, clientes, comunidade local e fornecedores. A missão *"Food with integrity"* ("Comida com integridade", em tradução livre) da Chipotle Mexican Grill é um bom exemplo disso. A filosofia da Chipotle é que a empresa "sempre pode fazer melhor em termos de alimentos que compramos. E quando dizemos "melhor", nos referimos a todos os sentidos da palavra: melhor sabor, alimentos provenientes de melhor fonte, melhor para o meio ambiente, melhor para os animais e melhor para os fazendeiros que criam os animais e cultivam o produto".[a]

Em apoio a sua missão, a Chipotle fornece carne de animais que são criados humanamente, alimentados com uma dieta vegetariana e que nunca tomaram antibióticos ou hormônios. A empresa favorece produtos cultivados localmente, feijões cultivados organicamente e produtos lácteos feitos a partir de leite de vacas criadas em pastagens e sem hormônios de crescimento. Os esforços da Chipotle foram recompensados, já que as vendas aumentaram quase 50% de 2007 a 2009 e quase 80% de 2009 a 2012. Os investidores também se beneficiaram, já que as ações vendidas por $ 44 na oferta pública inicial da empresa em 2006 foram avaliadas em mais de $ 400 em meados de 2013.

- *Quais são os riscos potenciais que uma empresa enfrenta por causa de comportamentos antiéticos de seus funcionários? Quais são os riscos potenciais para o público e os stakeholders?*

[a] Disponível em: < https://www.chipotle.com/food-with-integrity>. Acesso em 6 dez. 2017.

Além disso, os tomadores de decisão devem ter em mente que questões não financeiras podem ser elementos importantes na seleção de projetos, como discutido no quadro *Foco na Ética*.

→ QUESTÕES PARA REVISÃO

10.10 Como se usa um *perfil de valor presente líquido* para comparar projetos? O que causa conflitos na classificação de projetos pelo valor presente líquido e pela taxa interna de retorno?

10.11 A premissa quanto ao reinvestimento de entradas de caixa intermediárias tende a favorecer o VPL ou a TIR? Na prática, qual técnica é preferida e por quê?

Resumo

ÊNFASE NO VALOR

O administrador financeiro deve aplicar técnicas apropriadas de decisão para avaliar se projetos de investimento propostos criam valor. O valor presente líquido (VPL) e a taxa interna de retorno (TIR) são geralmente as técnicas preferidas de orçamento de capital. Ambas usam o custo de capital como retorno exigido. O apelo do VPL e da TIR decorre do fato de que os dois métodos indicam se um projeto de investimento proposto cria ou destrói valor para o acionista.

O VPL indica claramente o valor esperado em unidades monetárias da criação de riqueza do projeto proposto, enquanto a TIR apenas fornece a mesma decisão de aceitar ou rejeitar que o VPL. Em virtude de algumas diferenças fundamentais, o VPL e a TIR não necessariamente classificam os projetos da mesma maneira. O VPL é a abordagem teoricamente preferida. Na prática, contudo, a TIR possui grande popularidade por causa de seu apelo intuitivo. De qualquer maneira, a aplicação de VPL e TIR a boas estimativas de fluxos de caixa relevantes deve possibilitar ao administrador financeiro recomendar projetos que são compatíveis com o objetivo da empresa de **maximizar a riqueza dos acionistas**.

REVISÃO DOS OBJETIVOS DE APRENDIZAGEM

OA 01 **Compreender os principais elementos do processo de orçamento de capital.** As técnicas de orçamento de capital são as ferramentas utilizadas para avaliar a aceitabilidade e a classificação de um projeto. Aplicadas aos fluxos de caixa relevantes de cada projeto, elas indicam quais investimentos em bens de capital são compatíveis com o objetivo da empresa de maximizar a riqueza dos proprietários.

OA 02 **Calcular, interpretar e avaliar o período de *payback*.** O período de *payback* é a quantidade de tempo necessária para que a empresa recupere seu investimento inicial, calculado a partir das entradas de caixa. São preferidos períodos de *payback* mais curtos. O período de *payback* é relativamente fácil de calcular, tem apelo simples e intuitivo, considera os fluxos de caixa e mede a exposição ao risco. No entanto, seus pontos fracos incluem a falta de ligação com o objetivo de maximizar a riqueza, o fato de não considerar explicitamente o valor do dinheiro no tempo e ignorar os fluxos de caixa que ocorrem após o período de *payback*.

OA 03 **Calcular, interpretar e avaliar o valor presente líquido (VPL) e o valor econômico adicionado (EVA).** Por considerar explicitamente o valor do dinheiro no tempo, o VPL é considerado uma técnica sofisticada de orçamento de capital. O VPL mede o montante de valor criado por um determinado projeto; apenas projetos com VPL positivos são aceitáveis. A taxa a que os fluxos de caixa são descontados no cálculo do VPL é chamada de taxa de desconto, retorno exigido, custo de capital ou custo de oportunidade. Não importa o nome, essa taxa representa o retorno mínimo que deve ser obtido em um projeto para deixar inalterado o valor de mercado da empresa. O método EVA começa da mesma maneira que o VPL: calculando os fluxos de caixa líquidos de um projeto. No entanto, a abordagem do EVA subtrai desses fluxos de caixa um encargo destinado a captar o retorno que os investidores da empresa exigem do projeto. Ou seja, o cálculo do EVA questiona se um projeto gera fluxos de caixa positivos e superiores aos que os investidores exigem. Se assim for, vale a pena empreender o projeto.

OA 04 **Calcular, interpretar e avaliar a taxa interna de retorno (TIR).** Assim como o VPL, a TIR é uma técnica sofisticada de orçamento de capital. A TIR é a taxa de retorno anual composta que a empresa obterá ao investir em um projeto e receber as entradas de caixa. Ao aceitar apenas os projetos com TIRs superiores ao custo de capital, a empresa aumentará seu valor de mercado e a riqueza de seus proprietários. Tanto o VPL quanto a TIR levam às mesmas decisões de aceitação ou rejeição, mas frequentemente fornecem classificações conflitantes.

OA 05 **Usar perfis de valor presente líquido para comparar as técnicas de VPL e TIR.** Um perfil de valor presente líquido é um gráfico que representa os VPLs dos projetos a diferentes taxas de desconto. O perfil de VPL é elaborado por meio da construção de um conjunto de coordenadas de "taxa de desconto e valor presente líquido" (incluindo taxas de desconto de 0%, o custo de capital e a TIR de cada projeto) e em seguida plotando-as no mesmo conjunto de eixos de taxa de desconto–VPL.

OA 06 **Discutir o VPL e a TIR em termos de classificações conflitantes e os pontos fortes teóricos e práticos de cada abordagem.** Classificações conflitantes de projetos surgem frequentemente de VPL e TIR, como resultado das diferenças na premissa da taxa de reinvestimento, bem como na magnitude e no timing dos fluxos de caixa. O VPL pressupõe reinvestimento de entradas de caixa intermediárias ao custo de capital mais conservador; a TIR presume reinvestimento à TIR do projeto. Em termos puramente teóricos, o VPL é preferível à TIR porque o VPL considera uma taxa de reinvestimento mais conservadora e não apresenta o problema matemático de TIRs múltiplas que muitas vezes ocorre quando são calculadas para fluxos de caixa não convencionais. Na prática, a TIR é mais usada, pois é consistente com a preferência geral dos administradores por taxas de retorno e pelo fato de os analistas financeiros corporativos poderem identificar e solucionar os problemas da TIR antes que seja usada pelos tomadores de decisão.

Revisão da abertura do capítulo

Veja a seguir algumas informações adicionais a respeito da oportunidade de investimento em uma mina da Seafield Resources, mencionada na abertura do capítulo.

Custo de capital da Seafield	10%
Custo inicial	US$ 83,6 milhões
Vida do projeto	12 anos
Fluxo de caixa nos anos 1 a 12	US$ 18,8 milhões

a. Na abertura do capítulo, vimos que o projeto tinha um VPL de US$ 66 milhões e uma taxa interna de retorno de 20%. Desses dois fatos sozinhos, o que você pode concluir sobre o custo de capital da Seafield? (*Dica:* ele é maior ou menor que 20%?)

b. Dadas as informações acima sobre o custo inicial e os fluxos de caixa subsequentes do projeto, bem como as informações do item **a**, você pode estimar o custo de capital da Seafield?

Exercício de autoavaliação

AA10.1 Todas as técnicas com perfil de VPL: projetos mutuamente excludentes. A Fitch Industries está em processo de escolher o melhor de dois projetos de investimento em bens de capital de igual risco e mutuamente excludentes, M e N. Os fluxos de caixa relevantes de cada projeto são apresentados na tabela a seguir. O custo de capital da empresa é de 14%.

	Projeto M	Projeto N
Investimento inicial (FC_0)	$ 28.500	$ 27.000
Ano (t)	Entradas de caixa (FC_t)	
1	$ 10.000	$ 11.000
2	10.000	10.000
3	10.000	9.000
4	10.000	8.000

a. Calcule o *período de payback* de cada projeto.

b. Calcule o *valor presente líquido* (*VPL*) de cada projeto.

c. Calcule a *taxa interna de retorno* (*TIR*) de cada projeto.

d. Resuma as preferências ditadas por cada medida que você calculou e indique que projeto você recomendaria e por quê.

e. Trace os *perfis de valor presente líquido* desses projetos em um mesmo conjunto de eixos e explique as circunstâncias sob as quais poderia haver um conflito de classificação.

Exercícios de aquecimento

A10.1 A Elysian Fields, Inc., utiliza um período máximo de *payback* de seis anos e deve escolher entre dois projetos mutuamente excludentes. O projeto Hydrogen requer um desembolso inicial de $ 25.000, e o projeto Helium, de $ 35.000. Utilizando as entradas de caixa esperadas de cada projeto apresentadas na tabela a seguir, calcule o *período de payback* de cada projeto. Qual projeto atende aos padrões da Elysian?

	Entradas de caixa esperadas	
Ano	Hydrogen	Helium
1	$ 6.000	$ 7.000
2	6.000	7.000
3	8.000	8.000
4	4.000	5.000
5	3.500	5.000
6	2.000	4.000

A10.2 A Herky Foods está pensando em adquirir uma nova máquina de embalagens. O investimento inicial foi estimado em $ 1,25 milhão e a máquina terá vida útil de cinco anos, sem valor residual. Utilizando uma taxa de desconto de 6%, determine o *valor presente líquido* (*VPL*) da máquina, dadas as entradas de caixa operacionais esperadas apresentadas na tabela a seguir. Com base no VPL do projeto, a Herky deve ou não fazer esse investimento?

Ano	Entradas de caixa
1	$ 400.000
2	375.000
3	300.000
4	350.000
5	200.000

A10.3 A Axis Corp. está pensando em investir no melhor de dois projetos mutuamente excludentes. O projeto Kelvin envolve reforma do sistema existente; custará $ 45.000 e gerará entradas de caixa de $ 20.000 por ano nos próximos três anos. O projeto Thompson envolve a substituição do sistema existente; custará $ 275.000 e gerará entradas de caixa de $ 60.000 por ano nos próximos seis anos. Utilizando um custo de capital de 8%, calcule o VPL de cada projeto e faça uma recomendação com base em suas constatações.

A10.4 A Billabong Tech usa a *taxa interna de retorno (TIR)* para selecionar projetos. Calcule a TIR de cada um dos projetos a seguir e recomende o melhor deles com base nessa medida. O projeto T-Shirt requer um investimento inicial de $ 15.000 e gera entradas de caixa de $ 8.000 por ano nos próximos quatro anos. Já o projeto Board Shorts requer um investimento inicial de $ 25.000 e gera entradas de caixa de $ 12.000 por ano nos próximos cinco anos.

A10.5 A Cooper Electronics usa *perfis de VPL* para avaliar visualmente projetos concorrentes. Os principais dados dos dois projetos em consideração são apresentados na tabela a seguir. Use esses dados para traçar em um gráfico, no mesmo conjunto de eixos, os perfis de VPL de cada projeto usando as taxas de desconto de 0%, 8% e a TIR.

	Terra	Firma
Investimento inicial	$ 30.000	$ 25.000
Ano	Entradas de caixa operacionais	
1	$ 7.000	$ 6.000
2	10.000	9.000
3	12.000	9.000
4	10.000	8.000

Exercícios

E10.1 Período de *payback*. A Jordan Enterprises está avaliando um investimento em bens de capital que requer um investimento inicial de $ 42.000 e gera entradas de caixa após imposto de renda de $ 7.000 por ano nos próximos dez anos. A empresa tem um período máximo aceitável de *payback* de oito anos.

a. Determine o *período de payback* desse projeto.

b. A empresa deveria aceitar o projeto? Por quê?

E10.2 Comparações de *payback*. A Nova Products tem um período máximo aceitável de *payback* de cinco anos. A empresa está avaliando a compra de uma nova máquina e deve escolher entre duas opções. A primeira máquina requer um investimento inicial de $ 14.000 e gera entradas de caixa anuais, após imposto de renda, de $ 3.000 em cada um dos próximos sete anos. A segunda máquina requer um investimento inicial de $ 21.000 e fornece entradas de caixa anuais, após imposto de renda, de $ 4.000 por 20 anos.

a. Determine o *período de payback* de cada máquina.

b. Comente sobre a aceitabilidade das máquinas, considerando que sejam projetos independentes.

c. Qual máquina a empresa deveria aceitar? Por quê?

d. As máquinas neste problema ilustram algumas das fraquezas do uso do *payback*? Discuta.

 E10.3 Escolha entre dois projetos com períodos de *payback* aceitáveis. A Shell Camping Gear, Inc. está avaliando dois projetos mutuamente excludentes. Cada um exige um investimento inicial de $ 100.000. John Shell, o presidente da empresa, estabeleceu um período máximo de *payback* de quatro anos. As entradas de caixa após imposto de renda associadas a cada projeto são apresentadas na tabela a seguir.

	Entradas de caixa (FC_t)	
Ano	Projeto A	Projeto B
1	$ 10.000	$ 40.000
2	20.000	30.000
3	30.000	20.000
4	40.000	10.000
5	20.000	20.000

a. Determine o *período de payback* de cada projeto.

b. Como os projetos são mutuamente excludentes, a empresa deve escolher um deles. Em qual projeto a empresa deve investir?

c. Explique por que um dos projetos é melhor que o outro.

Exercício de finanças pessoais **E10.4 Decisão de investimento de longo prazo, método do *payback*.** Bill Williams tem a oportunidade de investir no projeto A, que hoje custa $ 9.000 e promete pagamentos anuais no final do ano de $ 2.200, $ 2.500, $ 2.500, $ 2.000 e $ 1.800 respectivamente ao longo dos próximos cinco anos. Alternativamente, Bill pode investir $ 9.000 no projeto B, que promete pagamentos anuais no final do ano de $ 1.500, $ 1.500, $ 1.500, $ 3.500 e $ 4.000 respectivamente ao longo dos próximos cinco anos.

a. Quanto tempo Bill levará para recuperar seu investimento inicial no projeto A?

b. Quanto tempo Bill levará para recuperar seu investimento inicial no projeto B?

c. Usando o *período de payback*, qual projeto Bill deveria escolher?

d. Você vê algum problema nessa escolha?

E10.5 VPL. Calcule o *valor presente líquido* (*VPL*) dos seguintes projetos de 15 anos. Comente sobre a aceitabilidade de cada um. Suponha que a empresa tenha um custo de capital de 9%.

a. Investimento inicial de $ 1 milhão; entradas de caixa de $ 150.000 por ano.

b. Investimento inicial de $ 2,5 milhões; entradas de caixa de $ 320.000 por ano.

c. Investimento inicial de $ 3 milhões; entradas de caixa de $ 365.000 por ano.

E10.6 VPL para diversos custos de capital. A Dane Cosmetics está avaliando uma nova máquina misturadora de fragrâncias. A máquina requer um investimento inicial de $ 24.000 e gerará entradas de caixa, após imposto de renda, de $ 5.000 por ano nos próximos oito anos. Para cada um dos custos de capital listados a seguir: (1) calcule o *valor presente líquido* (*VPL*), (2) indique se a empresa deve aceitar ou rejeitar a máquina e (3) explique sua decisão.

a. O custo de capital é 10%.

b. O custo de capital é 12%.

c. O custo de capital é 14%.

E10.7 Valor presente líquido: projetos independentes. Utilizando um custo de capital de 14%, calcule o *valor presente líquido* de cada um dos projetos independentes mostrados na tabela a seguir e indique se cada um deles é aceitável.

	Projeto A	Projeto B	Projeto C	Projeto D	Projeto E
Investimento inicial (FC_0)	$ 26.000	$ 500.000	$ 170.000	$ 950.000	$ 80.000
Ano (*t*)	Entradas de caixa (FC_t)				
1	$ 4.000	$ 100.000	$ 20.000	$ 230.000	$ 0
2	4.000	120.000	19.000	230.000	0
3	4.000	140.000	18.000	230.000	0
4	4.000	160.000	17.000	230.000	20.000
5	4.000	180.000	16.000	230.000	30.000
6	4.000	200.000	15.000	230.000	0
7	4.000		14.000	230.000	50.000
8	4.000		13.000	230.000	60.000
9	4.000		12.000		70.000
10	4.000		11.000		

E10.8 VPL. A Simes Innovations, Inc., está negociando a compra de direitos exclusivos de fabricação e comercialização de um carro de brinquedo movido a energia solar. O inventor do carro ofereceu a Simes a opção de um pagamento único, hoje, de $ 1,5 milhão ou uma série de cinco pagamentos de $ 385.000 no final de cada ano.

a. Se a Simes tem um custo de capital de 9%, qual forma de pagamento a empresa deveria escolher?

b. Se o custo de capital for de 9%, que pagamento anual tornaria idêntico o valor das duas ofertas?

c. Sua resposta do item **a** seria diferente se os pagamentos anuais fossem feitos no início de cada ano? Mostre qual diferença, caso haja, essa mudança no timing causaria no cálculo do valor presente.

d. As entradas de caixa, após imposto de renda, associadas a essa compra foram projetadas em $ 250.000 por ano nos próximos 15 anos. Esse fato alterará a decisão da empresa sobre como financiar o investimento inicial?

E10.9 VPL e retorno máximo. Uma empresa pode comprar um novo equipamento por um investimento inicial de $ 150.000. O equipamento gera uma entrada de caixa anual, após imposto de renda, de $ 44.400 por quatro anos.

a. Determine o *valor presente líquido* (*VPL*) do equipamento, considerando que a empresa tem um custo de capital de 10%. O projeto é aceitável?

b. Se o custo de capital da empresa é menor que 10%, o investimento no equipamento torna-se mais ou menos desejável? Qual é o custo mais alto de capital (o percentual inteiro mais próximo) que a empresa pode ter e ainda achar que a compra do equipamento vale a pena? Discuta essa descoberta à luz de sua resposta no item **a**.

E10.10 VPL: projetos mutuamente excludentes. A Hook Industries está pensando em substituir uma de suas prensas antigas. Três alternativas de substituição das prensas estão sendo consideradas. Os fluxos de caixa relevantes associados a cada uma são apresentados na tabela a seguir. O custo de capital da empresa é de 15%.

	Prensa A	Prensa B	Prensa C
Investimento inicial (FC_0)	$ 85.000	$ 60.000	$ 130.000
Ano (t)	Entradas de caixa (FC_t)		
1	$ 18.000	$ 12.000	$ 50.000
2	18.000	14.000	30.000
3	18.000	16.000	20.000
4	18.000	18.000	20.000
5	18.000	20.000	20.000
6	18.000	25.000	30.000
7	18.000	—	40.000
8	18.000	—	50.000

a. Calcule o *valor presente líquido* (*VPL*) de cada prensa.

b. Utilizando o VPL, avalie a aceitabilidade de cada prensa.

c. Classifique as prensas da melhor à pior com base no VPL.

d. Calcule o *índice de lucratividade* (*IL*) de cada prensa.

c. Classifique as prensas da melhor à pior com base no *IL*.

E10.11 Decisão de investimento de longo prazo, método VPL. Jenny Jenks pesquisou os prós e contras financeiros de ingressar em um programa de MBA de um ano em sua universidade. A matrícula e os livros para o programa de mestrado terão custo inicial de $ 50.000. Se ela decidir entrar no programa de MBA, precisará pedir demissão de seu emprego atual, que paga $ 50.000 por ano após imposto de renda (para simplificar, trate quaisquer rendimentos perdidos como parte do custo inicial). Em média, uma pessoa com MBA ganha $ 20.000 a mais por ano, após imposto de renda, ao longo de uma carreira profissional de 40 anos. Jenny acredita que seu custo de oportunidade de capital é de 6%. Tendo em vista essas estimativas, determine o *valor presente líquido* (*VPL*) no caso de Jenny optar por fazer o MBA. Os benefícios do diploma compensam os custos associados?

E10.12 Payback e VPL. A Neil Corporation está avaliando três projetos. Os fluxos de caixa de cada projeto são apresentados na tabela a seguir. A empresa tem um custo de capital de 16%.

	Projeto A	Projeto B	Projeto C
Investimento inicial (FC_0)	$ 40.000	$ 40.000	$ 40.000
Ano (t)	Entradas de caixa (FC_t)		
1	$ 13.000	$ 7.000	$ 19.000
2	13.000	10.000	16.000
3	13.000	13.000	13.000
4	13.000	16.000	10.000
5	13.000	19.000	7.000

a. Calcule o *período de payback* de cada projeto. Qual projeto é preferível segundo esse método?

b. Calcule o *valor presente líquido* (*VPL*) de cada projeto. Qual projeto é preferível segundo esse método?

c. Comente suas respostas dos itens **a** e **b** e recomende o melhor projeto. Justifique sua recomendação.

E10.13 VPL e EVA. Um projeto tem custo inicial de $ 2.500.000 e gerará fluxos de caixa de $ 240.000 em perpetuidade. O custo de capital da empresa é de 9%.

a. Calcule o VPL do projeto.

b. Calcule o EVA anual em um ano típico.

c. Calcule o EVA total do projeto e compare com a sua resposta do item **a**.

E10.14 Taxa interna de retorno. Para cada um dos projetos apresentados na tabela a seguir, calcule a *taxa interna de retorno* (*TIR*). Em seguida, indique, para cada projeto, o custo de capital máximo que a empresa pode ter e ainda considerar a TIR aceitável.

	Projeto A	Projeto B	Projeto C	Projeto D
Investimento inicial (FC_0)	$ 90.000	$ 490.000	$ 20.000	$ 240.000
Ano (t)	Entradas de caixa (FC_t)			
1	$ 20.000	$ 150.000	$ 7.500	$ 120.000
2	25.000	150.000	7.500	100.000
3	30.000	150.000	7.500	80.000
4	35.000	150.000	7.500	60.000
5	40.000	—	7.500	—

E10.15 Taxa interna de retorno. A Peace of Mind, Inc., vende garantias estendidas para bens de consumo duráveis, como máquinas de lavar e geladeiras. Quando a empresa vende uma garantia estendida, recebe um pagamento adiantado do cliente, mas posteriormente deve cobrir quaisquer custos eventuais de reparo. Um analista da empresa está avaliando uma garantia para uma nova linha de TVs de tela grande. Um consumidor que adquirir a garantia de dois anos pagará $ 200 à Peace of Mind. Em média, os custos que a empresa deve cobrir serão de $ 106 para cada um dos dois anos de garantia. Se a empresa tem um custo de capital de 7%, deveria oferecer essa garantia para venda?

E10.16 TIR: projetos mutuamente excludentes. A Bell Manufacturing está tentando escolher o melhor de dois projetos mutuamente excludentes para expandir a capacidade de armazenamento da empresa. Os fluxos de caixa relevantes dos projetos são apresentados na tabela a seguir. O custo de capital da empresa é de 15%.

	Projeto X	Projeto Y
Investimento inicial (FC_0)	$ 500.000	$ 325.000
Ano (t)	Entradas de caixa (FC_t)	
1	$ 100.000	$ 140.000
2	120.000	120.000
3	150.000	95.000
4	190.000	70.000
5	250.000	50.000

a. Calcule a TIR, no percentual inteiro mais próximo, de cada um dos projetos.

b. Avalie a aceitabilidade de cada projeto com base nas TIRs calculadas no item **a**.

c. Qual projeto é preferível com base na TIR?

  E10.17 Decisão de investimento de longo prazo, método TIR. Billy e Mandy Jones têm $ 25.000 para investir. Em média, eles não fazem qualquer investimento que não retorne pelo menos 7,5% ao ano. Diante de uma oportunidade que requer um investimento inicial de $ 25.000 e tem um *payout* de $ 6.000 no final de cada um dos próximos cinco anos. Usando o método da *taxa interna de retorno* (TIR) e seus requisitos, determine se Billy e Mandy devem empreender o investimento.

Exercício de finanças pessoais

E10.18 TIR, prazo do investimento e entradas de caixa. A Oak Enterprises aceita projetos que rendem mais do que o custo de capital de 15% da empresa. A Oak está analisando um projeto de dez anos que gera entradas de caixa anuais de $ 10.000 e requer um investimento inicial de $ 61.450. (*Observação*: todos os valores são após imposto de renda.)

a. Determine a TIR desse projeto. Ela é aceitável?

b. Supondo que as entradas de caixa continuem a ser de $ 10.000 por ano, por quantos *anos adicionais* os fluxos teriam de continuar, para tornar o projeto aceitável (isto é, fazer com que tenha uma TIR de 15%)?

c. Considerando o prazo, o investimento inicial e o custo de capital, qual é a entrada de caixa anual mínima que a empresa deveria aceitar?

E10.19 VPL e TIR. A Benson Designs elaborou as estimativas a seguir para um projeto de longo prazo que está considerando. O investimento inicial é de $ 18.250 e espera-se que o projeto gere entradas de caixa, após imposto de renda, de $ 4.000 por ano nos próximos sete anos. A empresa tem um custo de capital de 10%.

a. Determine o *valor presente líquido* (VPL) do projeto.

b. Determine a *taxa interna de retorno* (TIR) do projeto.

c. Você recomendaria à empresa que aceite ou rejeite o projeto? Justifique sua resposta.

E10.20 VPL com classificações. A Botany Bay, Inc., uma fabricante de roupas casuais, está avaliando quatro projetos. Em virtude de dificuldades financeiras que teve no passado, a empresa tem um custo de capital elevado, equivalente a 15%.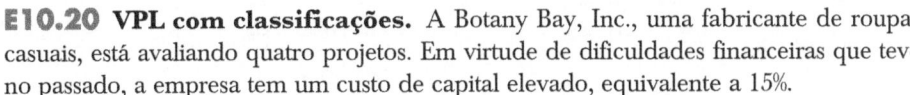

	Projeto A	Projeto B	Projeto C	Projeto D
Investimento inicial (FC_0)	$ 50.000	$ 100.000	$ 80.000	$ 180.000
Ano (t)	Entradas de caixa (FC_t)			
1	$ 20.000	$ 35.000	$ 20.000	$ 100.000
2	20.000	50.000	40.000	80.000
3	20.000	50.000	60.000	60.000

a. Calcule o *VPL* de cada projeto, usando um custo de capital de 15%.

b. Classifique os projetos aceitáveis de acordo com o VPL.

c. Calcule a *TIR* de cada projeto e use os valores para determinar o maior custo de capital no qual todos os projetos seriam aceitáveis.

E10.21 Todas as técnicas: classificações conflitantes. A Nicholson Roofing Materials, Inc., está analisando dois projetos mutuamente excludentes, cada um com um investimento inicial de $ 150.000. O conselho de administração da empresa estabeleceu um *payback* máximo de quatro anos e fixou o custo de capital em 9%. As entradas de caixa associadas aos dois projetos são apresentadas na tabela a seguir.

	Entradas de caixa (FC_t)	
Ano	Projeto A	Projeto B
1	$ 45.000	$ 75.000
2	45.000	60.000
3	45.000	30.000
4	45.000	30.000
5	45.000	30.000
6	45.000	30.000

a. Calcule o *período de payback* de cada projeto.

b. Calcule o *VPL* de cada projeto a 0%.

c. Calcule o *VPL* de cada projeto a 9%.

d. Calcule a *TIR* de cada projeto.

e. Classifique os projetos de acordo com cada uma das técnicas utilizadas. Faça e justifique uma recomendação.

f. Calcule o VPL de cada projeto usando um custo de capital de 12%. A classificação dos dois projetos muda em comparação com a sua resposta no item **e**? Por quê?

E10.22 *Payback*, VPL e TIR. A Rieger International está estudando a viabilidade de investir $ 95.000 em um equipamento com vida útil de cinco anos. A empresa estimou as *entradas de caixa* associadas à proposta, apresentadas na tabela a seguir. A empresa tem um custo de capital de 12%.

a. Calcule o *período de payback* do investimento proposto.

b. Calcule o *valor presente líquido* (*VPL*) do investimento proposto.

Ano (*t*)	Entradas de caixa (*FC_t*)
1	$ 20.000
2	25.000
3	30.000
4	35.000
5	40.000

c. Calcule a *taxa interna de retorno* (*TIR*) *do investimento proposto* arredondando para a porcentagem inteira mais próxima.

d. Avalie a aceitabilidade do investimento proposto usando o VPL e a TIR. Que recomendação você faria quanto à implementação do projeto? Por quê?

E10.23 VPL, TIR e perfis de VPL. A Thomas Company está avaliando dois projetos mutuamente excludentes. A empresa, que tem um custo de capital de 12%, estimou os fluxos de caixa como mostrados na tabela a seguir.

	Projeto A	Projeto B
Investimento inicial (*FC_0*)	$ 130.000	$ 85.000
Ano (*t*)	Entradas de caixa (*FC_t*)	
1	$ 25.000	$ 40.000
2	35.000	35.000
3	45.000	30.000
4	50.000	10.000
5	55.000	5.000

a. Calcule o *VPL* de cada projeto e avalie sua aceitabilidade.

b. Calcule a *TIR* de cada projeto e avalie sua aceitabilidade.

c. Trace os *perfis de VPL* dos dois projetos no mesmo conjunto de eixos.

d. Avalie e discuta as classificações dos dois projetos com base em suas respostas aos itens **a**, **b** e **c**.

e. Explique suas respostas no item **d** à luz do padrão de entradas de caixa associadas a cada projeto.

E10.24 Todas as técnicas: decisão entre investimentos mutuamente excludentes. A Pound Industries quer escolher o melhor de três projetos mutuamente excludentes. O investimento inicial e as entradas de caixa, após imposto de renda, associados a esses projetos são apresentados na tabela a seguir.

Fluxos de caixa	Projeto A	Projeto B	Projeto C
Investimento inicial (*FC_0*)	$ 60.000	$ 100.000	$ 110.000
Entradas de caixa (*FC_t*), *t* = 1 a 5	20.000	31.500	32.500

a. Calcule o *período de payback* de cada projeto.

b. Calcule o *valor presente líquido* (*VPL*) de cada projeto, supondo que a empresa tenha um custo de capital igual a 13%.

c. Calcule a *taxa interna de retorno* (*TIR*) de cada projeto.

d. Trace os *perfis de valor presente líquido* dos dois projetos no mesmo conjunto de eixos e discuta qualquer conflito na classificação que possa existir entre VPL e TIR.

d. Resuma as preferências ditadas por cada medida e indique que projeto você recomendaria. Explique.

E10.25 Todas as técnicas com perfil de VPL: projetos mutuamente excludentes. Os projetos A e B, de igual risco, são alternativas para expandir a capacidade de produção da Rosa Company. O custo de capital da empresa é de 13%. Os fluxos de caixa de cada projeto são apresentados na tabela a seguir.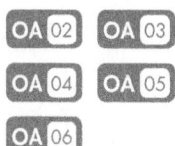

a. Calcule o *período de payback* de cada projeto.

b. Calcule o *valor presente líquido* (*VPL*) de cada projeto.

c. Calcule a *taxa interna de retorno* (*TIR*) de cada projeto.

d. Trace os *perfis de valor presente líquido* dos dois projetos no mesmo conjunto de eixos e discuta qualquer conflito na classificação que possa existir entre VPL e TIR.

d. Resuma as preferências ditadas por cada medida e indique que projeto você recomendaria. Explique.

	Projeto A	Projeto B
Investimento inicial (FC_0)	$ 80.000	$ 50.000
Ano (*t*)	Entradas de caixa (FC_t)	
1	$ 15.000	$ 15.000
2	20.000	15.000
3	25.000	15.000
4	30.000	15.000
5	35.000	15.000

E10.26 Integrativo: TIRs múltiplas. A Froogle Enterprises está avaliando um projeto de investimento incomum. O que torna o projeto incomum é o fluxo de entradas e saídas de caixa mostrado na tabela a seguir.

Ano	Fluxo de caixa
0	$ 200.000
1	−920.000
2	1.582.000
3	−1.205.200
4	343.200

a. Por que é difícil calcular o *período de payback* para esse projeto?

b. Calcule o valor presente líquido do investimento a cada uma das taxas de desconto a seguir: 0%, 5%, 10%, 15%, 20%, 25%, 30%, 35%.

c. O que sua resposta do item **b** mostra sobre a TIR desse projeto?

d. A Froogle deve investir nesse projeto se o custo de capital for de 5%? E se o custo de capital for de 15%?

e. Em geral, diante de um projeto como esse, como uma empresa deve decidir se o aceitará ou rejeitará?

E10.27 Integrativo: classificações conflitantes. A High-Flying Growth Company (HFGC) cresceu muito rapidamente nos últimos anos, enriquecendo seus acionistas no processo. A taxa de retorno anual média das ações nos últimos anos foi de 20% e seus gestores acreditam que 20% é uma taxa razoável para o custo de capital da empresa. Para manter essa alta taxa de crescimento, o CEO da HFGC argumenta que a empresa deve continuar investindo em projetos que oferecem a maior taxa de retorno possível. Dois projetos estão sendo avaliados atualmente. O primeiro é uma expansão da capacidade de produção da empresa e o segundo envolve introduzir um dos produtos existentes em um novo mercado. Os fluxos de caixa de cada projeto são apresentados na tabela a seguir.

Ano	Expansão da fábrica	Lançamento do produto
0	–$ 3.500.000	–$ 500.000
1	1.500.000	250.000
2	2.000.000	350.000
3	2.500.000	375.000
4	2.750.000	425.000

a. Calcule o VPL, a TIR e o IL dos dois projetos.

b. Classifique os projetos com base em seus VPLs, TIRs e ILs.

c. As classificações do item **b** são conflitantes? Se não, por que não?

d. A empresa só pode realizar um desses investimentos e o CEO é a favor da introdução do produto, pois oferece uma taxa de retorno mais alta (ou seja, uma TIR maior) do que a expansão da fábrica. O que você acha que a empresa deveria fazer? Por quê?

E10.28 Problema de ética. Diane Dennison é analista financeira de uma grande cadeia de lojas de varejo de desconto. Sua empresa está analisando a possibilidade de substituir as lâmpadas fluorescentes existentes em todas as suas lojas por lâmpadas LED. A maior vantagem dessa opção é que as lâmpadas LED consomem muito menos energia e custam menos para operar. Além disso, as lâmpadas LED duram muito mais e só terão de ser substituídas depois de dez anos, ao passo que as lâmpadas existentes devem ser substituídas a cada cinco anos. Naturalmente. a mudança exigirá um grande investimento para comprar novas lâmpadas LED e pagar a mão de obra para trocar dezenas de milhares de lâmpadas. Diane planeja usar um horizonte de dez anos para analisar essa proposta, partindo da premissa de que avanços na tecnologia de iluminação acabarão tornando o investimento obsoleto.

David, um amigo e colega de trabalho de Diane, analisou outra oportunidade de investimento visando poupar energia e que envolve substituir as lâmpadas externas por iluminação solar em algumas lojas da empresa. David também usou um horizonte de dez anos para conduzir sua análise. As projeções de fluxo de caixa de cada projeto são apresentadas a seguir. A empresa usa uma taxa de desconto de 10% para analisar propostas de orçamento de capital.

a. Qual é o VPL de cada investimento? Qual investimento (se for o caso) a empresa deveria fazer?

Ano	Projeto LED	Projeto solar
0	-$ 4.200.000	-$ 500.000
1	700.000	60.000
2	700.000	60.000
3	700.000	60.000
4	700.000	60.000
5	1.000.000	60.000
6	700.000	60.000
7	700.000	60.000
8	700.000	60.000
9	700.000	60.000
10	700.000	60.000

b. David liga para Diane pedindo um favor. Ele diz que o projeto de iluminação solar é um projeto estimado pelo seu chefe, e David realmente quer ver o projeto aprovado para cair nas graças de seu diretor. Ele sugere a Diane que incluam os dois projetos em uma única proposta. Os fluxos de caixa para esse projeto combinado equivalem simplesmente à soma dos dois projetos individuais. Calcule o VPL do projeto combinado. Parece que vale a pena fazer? Você recomendaria investir no projeto combinado?

c. Qual é a questão ética enfrentada por Diane? Haverá algum dano se ela fizer o favor que David está pedindo?

Exercício com planilha

A Drillago Company está buscando locais para perfurar poços de petróleo. O projeto atual da empresa requer um investimento inicial de $ 15 milhões e tem uma vida estimada de dez anos. As entradas de caixa futuras esperadas do projeto são apresentadas na tabela a seguir.

Ano	Entradas de caixa
1	$ 1.600.000
2	1.000.000
3	1.000.000
4	2.000.000
5	3.000.000
6	3.500.000
7	4.000.000
8	6.000.000
9	8.000.000
10	12.000.000

O custo de capital atual da empresa é de 13%.

TAREFA

Crie uma planilha para responder os itens a seguir:

a. Calcule o *valor presente líquido* (*VPL*) do projeto. O projeto é aceitável segundo a técnica do VPL? Explique.

b. Calcule a *taxa interna de retorno* (*TIR*) do projeto. O projeto é aceitável segundo a técnica da TIR? Explique.

c. Neste caso, os dois métodos produziram os mesmos resultados? Em geral, há alguma preferência entre as técnicas de VPL e TIR? Explique.

d. Calcule o *período de payback* do projeto. Se a empresa costuma aceitar projetos com períodos de *payback* entre um e sete anos, esse projeto é aceitável?

Capítulo 11

Fluxos de caixa de orçamento de capital

Objetivos de aprendizagem

OA 01 Discutir os três principais componentes do fluxo de caixa.

OA 02 Discutir fluxos de caixa relevantes, decisões de expansão e de substituição, custos irrecuperáveis, custos de oportunidade e orçamento de capital internacional.

OA 03 Calcular o investimento inicial associado a uma proposta de investimento em bens de capital.

OA 04 Discutir as implicações tributárias associadas à venda de um ativo antigo.

OA 05 Encontrar os fluxos de caixa operacionais relevantes associados a uma proposta de investimento em bens de capital.

OA 06 Determinar o fluxo de caixa terminal associado a uma proposta de investimento em bens de capital.

▶ Por que este capítulo é importante para você?

Na sua vida PROFISSIONAL

CONTABILIDADE Para entender os fluxos de caixa de orçamento de capital, a fim de fornecer dados de receita, custo, depreciação e impostos a serem utilizados tanto no monitoramento de projetos existentes quanto no desenvolvimento de fluxos de caixa de projetos propostos.

SISTEMAS DE INFORMAÇÃO Para entender os fluxos de caixa de orçamento de capital, a fim de manter e facilitar a obtenção de dados de fluxo de caixa para ambos os projetos existentes e já concluídos.

GESTÃO Para entender os fluxos de caixa de orçamento de capital, a fim de identificar quais fluxos de caixa são relevantes na tomada de decisões a respeito de propostas de aquisição de novas instalações de produção, novos programas de marketing, novos produtos e expansão das linhas de produtos existentes.

MARKETING Para entender os fluxos de caixa de orçamento de capital, a fim de fazer estimativas de receita e de custo de propostas de novos programas de marketing, novos produtos e expansão de linhas de produtos existentes.

OPERAÇÕES Para entender os fluxos de caixa de orçamento de capital, a fim de fazer estimativas de receita e de custo de propostas de aquisição de novos equipamentos e instalações de produção.

Na sua vida PESSOAL

Como as pessoas físicas não são obrigadas a fornecer demonstrações financeiras preparadas segundo os princípios contábeis geralmente aceitos, é natural que se concentrem nos fluxos de caixa. Quando se considera uma grande saída de fundos (por exemplo, a compra de uma casa, o financiamento de um curso superior), você pode projetar o fluxo de caixa associado e usar as estimativas para avaliar o valor e a viabilidade dos ativos e quaisquer desembolsos futuros associados.

Diamond Comic Distributors

Um super-herói do varejo

A Diamond Comic Distributors é a maior distribuidora do mundo de revistas em quadrinhos e *graphic novels* em língua inglesa. Como distribuidora, a Diamond tem um forte incentivo para ver prosperar o segmento de varejo do mercado de quadrinhos. Sendo assim, no verão de 2013, a Diamond anunciou um novo plano para ajudar na expansão das lojas de varejo de quadrinhos. De acordo com o novo plano, a Diamond ofereceria descontos significativos em revistas em quadrinhos e mercadorias relacionadas a varejistas que estivessem abrindo novas lojas. O custo de abrir uma nova e bem abastecida loja de HQs pode chegar a US$ 400.000, e a maior parte desse investimento é custo para abastecer as prateleiras com novas mercadorias.

Ao anunciar seu novo programa, a Diamond reconheceu que os varejistas de quadrinhos só poderiam expandir se pudessem obter um retorno suficiente sobre seu investimento e que, para algumas empresas, o custo inicial de estoque era tão importante quanto os custos associados aos ativos imobilizados. Ao reduzir os custos iniciais necessários para a abertura de uma nova loja de HQs, a Diamond esperava aumentar a taxa de retorno (e o VPL — valor presente líquido) que os varejistas poderiam obter ao expandir suas operações.

Toda empresa deve avaliar os custos e os retornos de projetos de expansão, substituição ou renovação de ativos, pesquisa e desenvolvimento, publicidade e outras áreas que exigem mais comprometimento de recursos de longo prazo na expectativa de obter retornos futuros. Este capítulo explica como identificar as saídas e as entradas de caixa relevantes que devem ser consideradas na tomada de importantes decisões de investimento.

11.1 Fluxos de caixa relevantes

O Capítulo 10 introduziu o processo de orçamento de capital e as técnicas que os administradores financeiros usam para avaliar e selecionar investimentos de longo prazo. Para avaliar oportunidades de investimento, os administradores financeiros devem determinar os **fluxos de caixa relevantes** associados ao projeto: *as saídas de caixa incrementais (investimento) e as entradas (retorno)*. Os **fluxos de caixa incrementais** representam os fluxos de caixa adicionais — saídas ou entradas — esperados, resultantes de uma proposta de investimento em bens de capital. Como observamos no Capítulo 4, vamos focar em fluxos de caixa e não em dados contábeis, uma vez que os fluxos de caixa afetam diretamente a capacidade da empresa de pagar contas e comprar ativos. O quadro *Foco na Ética*, a seguir, discute a precisão das estimativas de fluxo de caixa e cita um motivo pelo qual mesmo transações bem estimadas podem não funcionar como planejado.

O restante deste capítulo será dedicado aos procedimentos para mensurar os fluxos de caixa relevantes associados às propostas de investimento em bens de capital.

fluxos de caixa relevantes As saídas de caixa incremental (investimento) e as entradas subsequentes resultantes, associadas a uma proposta de investimento em bens de capital.

fluxos de caixa incrementais Os fluxos de caixa adicionais — saídas ou entradas — esperados, resultantes de uma proposta de investimento em bens de capital.

Foco na ÉTICA

Uma questão de precisão

na prática O processo de orçamento de capital baseado em fluxos de caixa projetados faz parte do processo de tomada de decisão de investimento há muitos anos. Esse procedimento para avaliar oportunidades de investimento funciona bem quando os fluxos de caixa podem ser estimados com certeza, mas, na prática do mundo corporativo real, muitas decisões de investimento envolvem um alto grau de incerteza. A decisão é ainda mais complicada quando o projeto em questão é a aquisição da totalidade ou de parte de outra empresa.

Como as estimativas dos fluxos de caixa de um projeto de investimento envolvem adotar premissas sobre o futuro, podem estar sujeitas a erros consideráveis. O problema torna-se mais complicado à medida que o período de tempo em consideração torna-se mais longo, bem como quando o projeto é especial e não há precedentes históricos para usar nas previsões de fluxos de caixa. Outras complicações podem surgir em torno da contabilização de fluxos de caixa adicionais (extraordinários), como o custo de litígio, atendimento a padrões ambientais mais rigorosos ou os custos de eliminação ou reciclagem de um ativo no encerramento do projeto.

Para os administradores de uma empresa, pode ser empolgante empreender um novo e grande investimento, mas com muita frequência a comemoração inicial esmorece quando se verifica o custo final dessa transação. Um grande conjunto de pesquisas sugere que, em média, as fusões e aquisições não criam muito valor para as empresas adquirentes, e, de fato, esses negócios podem, com frequência, mais prejudicar do que beneficiar os acionistas da empresa adquirente. Embora os dados financeiros necessários para gerar estimativas de fluxo de caixa descontado estejam cada vez mais prontamente disponíveis, tem-se dado mais atenção à precisão dos números. Inspirados em parte pelo aumento do controle do governo e pela ameaça de ações de acionistas, os membros do conselho de administração têm pressionado os administradores corporativos para que justifiquem os negócios que propõem. De acordo com Glenn Gurtcheff, diretor administrativo e colíder de fusões e aquisições de empresas de médio porte da Piper Jaffray & Co.: "Eles não estão mais aceitando as demonstrações financeiras auditadas e não auditadas da empresa. Eles, na realidade, estão mergulhando nos números e tentando entender não só sua precisão, mas o que significam em termos de tendências".

Se a avaliação melhorou tanto, por que as análises mostram que os acionistas de empresas adquirentes frequentemente não se beneficiam de fusões e aquisições? A resposta pode ser encontrada na sala do CEO. Melhorias das técnicas de avaliação podem ser neutralizadas quando o processo se transforma em um jogo de ajustes dos números para justificar uma transação que o CEO quer realizar, independentemente do preço. Essa forma de "fazer funcionar" o orçamento de capital pode resultar na construção de um império sob o controle do CEO em detrimento dos acionistas da empresa.

- *Quais seriam suas opções diante das exigências de um CEO agressivo que espera que você "faça o negócio funcionar"? Proponha diversas opções.*

PRINCIPAIS COMPONENTES DE FLUXO DE CAIXA

Os fluxos de caixa de qualquer projeto podem incluir três componentes básicos: (1) um investimento inicial, (2) fluxos de caixa operacionais (que podem ser entradas ou saídas) e (3) fluxo de caixa terminal. Todos os projetos — sejam de expansão, substituição, renovação ou qualquer outra finalidade — têm os dois primeiros componentes. Alguns, entretanto, não apresentam o componente final, o fluxo de caixa terminal.

A Figura 11.1 representa, em uma linha do tempo, os fluxos de caixa de um projeto. O **investimento inicial** do projeto proposto é de $ 50.000 — a saída de caixa relevante no tempo zero. Os **fluxos de caixa operacionais** são as entradas e saídas de caixa incrementais líquidas, após imposto de renda, resultantes da implementação do projeto durante sua vida. Eles aumentam gradualmente de $ 4.000 no primeiro ano para $ 10.000 no décimo e último ano. Para o projeto mostrado na Figura 11.1, os fluxos de caixa operacionais líquidos são todos positivos, mas isso não é necessariamente o caso de todas as oportunidades de investimento. O **fluxo de caixa terminal** é o fluxo de caixa não operacional após imposto de renda que ocorre no último ano de um projeto. Geralmente é atribuído à liquidação do projeto. Nesse caso, é de $ 25.000, recebido no final da vida de dez anos do projeto. Observe que o fluxo de caixa terminal *não* inclui a entrada de caixa operacional de $ 10.000 do ano 10.

DECISÕES DE EXPANSÃO E DE SUBSTITUIÇÃO

Desenvolver estimativas de fluxo de caixa relevantes é mais simples no caso de *decisões de expansão*. Nesse caso, o investimento inicial, os fluxos de caixa operacionais e o fluxo de caixa terminal consistem simplesmente nos fluxos de caixa após o imposto de renda associados à expansão proposta.

Identificar os fluxos de caixa relevantes para *decisões de substituição* é um processo mais complicado, porque a empresa precisa identificar os fluxos de caixa *incrementais* que resultariam da substituição proposta. O investimento inicial no caso de substituição é a diferença entre o investimento inicial necessário para adquirir o novo ativo e quaisquer entradas ou saídas de caixa esperadas, após o imposto de renda, da liquidação do ativo antigo. Os fluxos de caixa operacionais são a diferença entre os fluxos de caixa operacionais do novo ativo e os do ativo antigo. O fluxo de caixa terminal é a diferença entre os fluxos de caixa, após imposto de renda, esperados depois do final do novo e do antigo ativo. Essas relações são mostradas na Figura 11.2.

investimento inicial
A saída de caixa relevante de um projeto proposto, na data zero.

fluxos de caixa operacionais
As entradas e saídas de caixa incrementais, após imposto de renda, resultantes da implementação de um projeto durante sua vida.

fluxo de caixa terminal
O fluxo de caixa não operacional após imposto de renda que ocorre no último ano de um projeto. Geralmente é atribuído à liquidação do projeto.

Figura 11.1 — Componentes de fluxo de caixa

Linha do tempo dos principais componentes de fluxo de caixa.

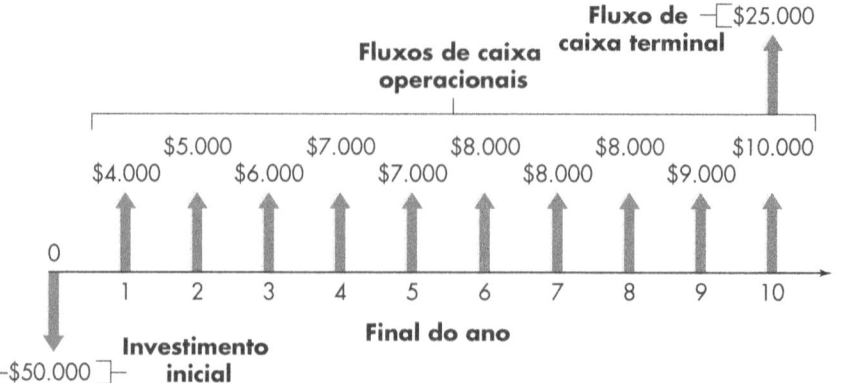

Figura 11.2 — Fluxos de caixa relevantes em decisões de substituição

Cálculo dos três componentes dos fluxos de caixa relevantes em uma decisão de substituição.

Na verdade, todas as decisões de orçamento de capital podem ser vistas como de substituição. *As decisões de expansão são apenas decisões de substituição em que todos os fluxos de caixa do ativo antigo são iguais a zero.* À luz desse fato, este capítulo foca principalmente em decisões de substituição.

CUSTOS IRRECUPERÁVEIS E CUSTOS DE OPORTUNIDADE

Ao estimar os fluxos de caixa relevantes associados a uma proposta de investimento em bens de capital, a empresa deve identificar quaisquer custos irrecuperáveis e de oportunidade. É fácil não tratar devidamente esses custos ou simplesmente ignorá-los, especialmente ao determinar os fluxos de caixa incrementais de um projeto. **Custos irrecuperáveis** são desembolsos de caixa que já foram feitos (desembolsos passados) e não podem ser recuperados. Os custos irrecuperáveis não têm efeito nos fluxos de caixa relevantes para a decisão atual. Em consequência, *os custos irrecuperáveis não devem ser incluídos nos fluxos de caixa incrementais de um projeto.*

Custos de oportunidade são fluxos de caixa que poderiam ser realizados a partir do melhor uso alternativo de um ativo que a empresa já possui. Representam, portanto, fluxos de caixa que *não serão realizados* como resultado do emprego desse ativo no projeto proposto. Assim, quaisquer *custos de oportunidade devem ser incluídos como saídas de caixa ao determinar os fluxos de caixa incrementais de um projeto.*

custos irrecuperáveis
Desembolsos de caixa que já foram feitos (desembolsos passados) e, portanto, não têm efeito sobre os fluxos de caixa relevantes para uma decisão atual.

custos de oportunidade
Fluxos de caixa que poderiam ser obtidos com a melhor utilização possível de um ativo que a empresa já possui.

ORÇAMENTO DE CAPITAL INTERNACIONAL E INVESTIMENTOS DE LONGO PRAZO

Embora os mesmos princípios básicos de orçamento de capital sejam utilizados tanto para projetos nacionais quanto internacionais, vários outros fatores devem ser considerados ao se avaliar oportunidades de investimento estrangeiro. O orçamento de capital internacional difere da versão doméstica porque: (1) as saídas e as entradas de caixa ocorrem em moeda estrangeira e (2) os investimentos estrangeiros envolvem risco político potencialmente significativo. Esses dois riscos podem ser minimizados por meio de um planejamento cuidadoso.

Exemplo 11.1

A Jankow Equipment está pensando em reformar sua furadeira X12, adquirida três anos atrás por $ 237.000, equipando-a com o sistema de controle computadorizado retirado de um equipamento obsoleto que possui. O equipamento obsoleto poderia ser vendido hoje por $ 42.000, mas, sem o sistema de controle computadorizado, ele não valeria nada. A Jankow está estimando os custos de mão de obra e de materiais para readaptar o sistema à furadeira X12 e os benefícios esperados da adaptação. O custo de $ 237.000 da furadeira X12 é um *custo irrecuperável*, porque representa um desembolso de caixa passado. Esse custo, portanto, *não seria incluído* como saída de caixa na determinação dos fluxos de caixa relevantes da decisão de adaptação. Por outro lado, se a Jankow usar o sistema de controle computadorizado da máquina obsoleta, há um *custo de oportunidade* de $ 42.000, que é o valor que a Jankow poderia ter recebido se vendesse o equipamento obsoleto em sua condição atual. Ao readaptar a furadeira, a Jankow desiste da oportunidade de vender o equipamento antigo por $ 42.000. Esse custo de oportunidade, então, *seria incluído* como saída de caixa associada ao uso do sistema de controle computadorizado.

As empresas enfrentam *riscos cambiais* de longo e de curto prazo relacionados tanto ao capital investido quanto aos fluxos de caixa dele resultantes. O risco cambial de longo prazo pode ser minimizado financiando-se o investimento estrangeiro, pelo menos em parte, nos mercados de capitais locais. Essa medida garante que as receitas, os custos operacionais e os custos de financiamento do projeto ocorram na moeda local. Da mesma forma, o valor em unidades monetárias dos fluxos de caixa de curto prazo em moeda local pode ser protegido usando-se valores mobiliários e estratégias especiais, como derivativos negociados no mercado futuro, a termo e de opções.

Os *riscos políticos* podem ser minimizados por meio do uso de estratégias operacionais e financeiras. Por exemplo, estruturando o investimento como *joint venture* e selecionando um sócio local bem relacionado, a empresa norte-americana pode minimizar o risco de que suas operações sejam expropriadas ou perseguidas. As empresas também podem se proteger do bloqueio dos retornos de seu investimento pelos governos locais estruturando o financiamento de tais investimentos como títulos de dívida em vez de capital próprio. Os pagamentos do serviço da dívida são direitos legalmente exigíveis, ao passo que os retornos sobre o patrimônio líquido (como dividendos) não o são. Mesmo que os tribunais locais não apoiem as reivindicações da empresa norte-americana, ela pode ameaçar prosseguir seu caso nos tribunais dos Estados Unidos.

Apesar dessas dificuldades, o **investimento estrangeiro direto (IED)**, que envolve a transferência de ativos de capital, gerenciais e técnicos para um país estrangeiro, cresceu muito nos últimos anos. Esse investimento é evidente nos valores de mercado crescentes dos ativos estrangeiros de propriedade de empresas com sede nos Estados Unidos e do investimento estrangeiro direto nos Estados Unidos, realizado especificamente por empresas britânicas, canadenses, chinesas, holandesas, alemãs e japonesas. Além disso, o investimento estrangeiro direto por parte de empresas norte-americanas parece estar tomando um ritmo acelerado. Veja no quadro *Foco Global*, mais adiante, uma discussão sobre o investimento estrangeiro direto recente na China.

investimento estrangeiro direto (IED)
Transferência de ativos de capital, gerenciais e técnicos para um país estrangeiro.

→ **QUESTÕES PARA REVISÃO**

11.1 Por que é importante avaliar os projetos de orçamento de capital com base em *fluxos de caixa incrementais*?

11.2 Quais três componentes do fluxo de caixa podem existir em um determinado projeto? Como as decisões de expansão podem ser tratadas como decisões de substituição? Explique.

11.3 Que efeito os *custos irrecuperáveis* e os *custos de oportunidade* têm nos fluxos de caixa incrementais de um projeto?

FATOS e DADOS

Quem recebe mais IED?

De acordo com a Secretaria de Análises Econômicas do Departamento de Comércio dos Estados Unidos, o IED tem um papel importante na economia norte-americana. A Secretaria de Análises Econômicas divide o IED em duas categorias: (1) investimento *greenfield*[a] e (2) fusões e aquisições. Os investimentos *greenfield* criam novos empreendimentos e desenvolvem ou ampliam instalações de produção. Fusões e aquisições envolvem a compra de um empreendimento existente.

Em 2012, os Estados Unidos foram o maior destinatário de IED do mundo, recebendo US$ 174,7 bilhões em IED. No entanto, esse valor representou uma queda em relação ao recorde de US$ 234 bilhões de IED recebidos em 2011. Talvez ninguém se surpreenda ao saber que a China não está muito atrás dos Estados Unidos. De fato, no primeiro semestre de 2012, mais IED entrou na China do que em qualquer outro país.

[a] Investimento em projetos incipientes, ainda no papel. (N. da R. T.)

11.4 Como o *risco cambial* e o *risco político* podem ser minimizados ao se fazer um *investimento estrangeiro direto*?

11.2 Determinação do investimento inicial

O termo *investimento inicial*, como utilizado neste texto, refere-se às saídas de caixa relevantes a serem consideradas na avaliação de um possível investimento em bens de capital. Nossa discussão sobre orçamento de capital focará em projetos com investimentos iniciais que ocorrem *na data zero*, o momento em que o gasto é feito. O investimento inicial é calculado subtraindo-se todas as entradas de caixa que ocorrem na data zero de todas as saídas de caixa que ocorrem na data zero.

O formato básico para determinar o investimento inicial é dado na Tabela 11.1. Os fluxos de caixa que devem ser considerados ao determinar o investimento inicial associado a um investimento em bens de capital são o custo instalado do novo ativo, os recebimentos após imposto de renda (se houver) com a venda do ativo antigo e a variação (se houver) do capital de giro líquido. Observe que, se não houver custos de instalação e a empresa não estiver substituindo um ativo já existente, o custo (preço de compra) do novo ativo, ajustado por qualquer variação do capital de giro líquido, é igual ao investimento inicial.

CUSTO INSTALADO DO NOVO ATIVO

Como mostra a Tabela 11.1, a seguir, o custo instalado do novo ativo é encontrado somando-se o custo do novo ativo aos seus custos de instalação. O **custo do novo ativo** é a saída líquida de caixa para sua aquisição. Em geral, estamos preocupados com a aquisição de um ativo imobilizado para o qual é pago um preço de compra definido. Os **custos de instalação** equivalem a quaisquer custos adicionais necessários para colocar um ativo em operação. O Internal Revenue Service dos Estados Unidos exige que a empresa some os custos de instalação ao preço de compra de um ativo para determinar seu valor depreciável, que é lançado como despesa ao longo de vários anos. O **custo instalado do novo ativo**, calculado somando-se o *custo do novo ativo* a seus *custos de instalação*, é igual ao valor depreciável.

custo do novo ativo
A saída líquida de caixa necessária para adquirir um novo ativo.

custos de instalação
Quaisquer custos adicionais necessários para colocar um ativo em operação.

custo instalado do novo ativo
O *custo do novo ativo* somado aos *custos de instalação*; corresponde ao valor depreciável do ativo.

Foco GLOBAL

Mudanças podem influenciar futuros investimentos na China

na prática O investimento estrangeiro direto na China vem crescendo rapidamente. De 2001 a 2011, o IED na China cresceu de US$ 46,9 bilhões para US$ 116 bilhões, uma taxa de crescimento anual composta de aproximadamente 9,5%. A China permite três tipos de investimentos estrangeiros: *empresas de propriedade inteiramente estrangeira* (WFOE — *wholly foreign-owned enterprise*), totalmente financiadas com capital estrangeiro; *joint ventures*, nas quais o parceiro estrangeiro deve fornecer pelo menos 25% do capital inicial; e *escritórios de representação* (RO — *representative offices*), a entidade mais comum e mais facilmente estabelecida e que não pode realizar atividades empresariais que resultem diretamente em lucros. Em geral, um RO é o primeiro passo no estabelecimento de uma presença na China, e inclui mecanismos de upgrade para WFOE ou *joint venture*. Mais de três quartos do valor em dólares do IED chinês assume a forma de empresas totalmente financiadas com capital estrangeiro operando na China, e a maior parte do restante é constituída por *joint ventures*.

A China gerou, por muitos anos, superávit comercial, embora recentemente ele tenha diminuído e alguns estrangeiros acreditem que os números de superávit estejam inflacionados artificialmente pelo governo chinês. Com o superávit comercial, a China já não está desesperada por capital vindo do exterior, mas sim interessada principalmente em habilidades e tecnologias estrangeiras. O primeiro-ministro Li Keqiang quer orientar os investimentos em direção à ciência e tecnologia, e para isso está concedendo incentivos fiscais e prometendo aprovações rápidas para investimentos nas regiões oeste e central do país.

Uma representante típica dos investidores estrangeiros na China é a Intel Capital, uma subsidiária da Intel Corporation. De 1998 a 2013, a Intel Capital investiu mais de US$ 670 milhões em mais de 110 empresas na China. A Intel Capital concentra seus investimentos em projetos como centros de dados e computação em nuvem, smartphones e tablets, além de design e fabricação de semicondutores. A Intel Capital não é iniciante no investimento estrangeiro, tendo investido mais de US$ 10,8 bilhões em quase 1.300 empresas ao redor do mundo.

Como com qualquer investimento estrangeiro, investir na China também tem risco. Um risco potencial enfrentado pelos investidores estrangeiros na China é o fato de o governo poder decidir nacionalizar empresas privadas. Muitas empresas públicas na China já foram propriedade do governo comunista no passado, como a China Life Insurance Company, e sempre é possível que o governo possa decidir que deseja voltar a deter e controlar essas empresas. A lista de governos semelhantes ao da China que nacionalizaram empresas privadas é bastante longa. Embora não haja evidências de que isso vá acontecer na China, esse risco não deve ser descartado.

- *Apesar da campanha ativa da China para atrair investimento estrangeiro, como você acha que um governo comunista pode afetar o investimento estrangeiro no país?*

Tabela 11.1 Formato básico para determinar o investimento inicial

(1) Custo instalado do novo ativo =
   Custo do novo ativo
 + Custos de instalação

(2) Recebimentos após imposto de renda com a venda do ativo antigo =
   Recebimentos com a venda do ativo antigo
 ± Imposto de renda sobre a venda do ativo antigo

(3) Variação do capital de giro líquido

Investimento inicial = (1) − (2) +/− (3)

RECEBIMENTOS APÓS IMPOSTO DE RENDA COM A VENDA DO ATIVO ANTIGO

A Tabela 11.1 também mostra que os **recebimentos após imposto de renda com a venda do ativo antigo** reduzem o investimento inicial da empresa no novo ativo. Esses recebimentos são a diferença entre o que se recebeu com a venda do ativo antigo e quaisquer impostos incidentes ou abatimentos de impostos relacionados à venda. Os **recebimentos com a venda do ativo antigo** são as entradas líquidas de caixa por ele proporcionadas. Esse valor é líquido de quaisquer custos incorridos no processo de remoção do ativo. Incluídos nesses *custos de remoção* estão os *custos de limpeza*, como os relacionados à remoção e descarte de resíduos químicos e nucleares. Esses custos podem ser significativos e, em alguns casos, podem exceder quaisquer valores recebidos com a venda do ativo antigo. Em outras palavras, os recebimentos líquidos com a venda ou o descarte do ativo antigo podem ser positivos ou negativos.

Os recebimentos com a venda de um ativo antigo estão, normalmente, sujeitos a algum tipo de imposto.[1] Esse **imposto sobre a venda do ativo antigo** depende da relação entre o preço de venda e o *valor contábil* e das regras tributárias vigentes.

recebimentos após imposto de renda com a venda do ativo antigo
A diferença entre os recebimentos com a venda do ativo antigo e quaisquer impostos aplicáveis ou reembolsos de impostos relacionados à sua venda.

recebimentos com a venda do ativo antigo
As entradas líquidas de caixa de quaisquer custos de *remoção* ou *limpeza* decorrentes da venda de um ativo existente.

imposto sobre a venda do ativo antigo
Imposto que depende da relação entre o preço de venda e o *valor contábil* do ativo antigo e das regras tributárias vigentes.

valor contábil
O valor estritamente contábil de um ativo, calculado subtraindo-se sua depreciação acumulada de seu custo instalado.

Valor contábil

O **valor contábil** de um ativo pode ser calculado pela equação:

$$\text{Valor contábil} = \text{Custo instalado do ativo} - \text{Depreciação acumulada} \quad (11.1)$$

Exemplo 11.2

A Hudson Industries, uma pequena empresa de eletroeletrônicos, adquiriu dois anos atrás um equipamento com custo instalado de $ 100.000. O ativo estava sendo depreciado pelo sistema de recuperação acelerada de custo modificado (MACRS) com um período de recuperação de cinco anos. A Tabela 4.2 (no Capítulo 4) mostra que, pelo MACRS e para um período de recuperação de cinco anos, 20% e 32% do custo instalado seriam depreciados nos anos 1 e 2, respectivamente. Em outras palavras, 52% (20% + 32%) do custo de $ 100.000, ou $ 52.000 (0,52 × $ 100.000), representariam a depreciação acumulada no final do ano 2. Substituindo na Equação 11.1, temos:

Valor contábil = $ 100.000 − $ 52.000 = 48.000

O valor contábil do ativo da Hudson no final do ano 2 é, portanto, de $ 48.000.

Regras tributárias básicas

Podem surgir três situações tributárias básicas quando uma empresa vende um ativo. Essas situações dependem da relação entre o preço de venda do ativo e seu valor contábil. As duas principais formas de rendimento tributável e seus respectivos tratamentos tributários são definidos e resumidos na Tabela 11.2. As alíquotas presumidas utilizadas ao longo deste texto são apresentadas na última coluna. Há três situações tributárias possíveis: o ativo pode ser vendido (1) por um valor superior a seu valor contábil, (2) pelo seu valor contábil ou (3) por um valor inferior a seu valor contábil. Vejamos um exemplo para ilustrar como isso ocorre.

---

[1] Uma breve discussão do tratamento tributário dado ao resultado ordinário e ao ganho de capital foi apresentada no Capítulo 2. Como os resultados ordinários das empresas e os ganhos de capital são tributados à mesma alíquota, por conveniência não os diferenciaremos nas discussões a seguir.

Tabela 11.2 — Tratamento tributário de vendas de ativos

Tipo de rendimento tributável	Definição	Tratamento tributário	Alíquota tributária presumida
Ganho na venda de ativo	Parcela do preço de venda que é *maior* que o valor contábil.	Todos os ganhos acima do valor contábil são tributados como resultados ordinários.	40%
Perda na venda de ativo	Valor pelo qual o preço de venda é *menor* que o valor contábil.	Se o ativo for depreciável e usado nas operações da empresa, a perda será deduzida dos resultados ordinários.	40% da perda como redução do imposto devido
		Se o ativo *não* for depreciável ou *não* for usado nas operações da empresa, a perda é deduzida somente dos ganhos de capital.	40% da perda como redução do imposto devido

Exemplo 11.3

O ativo antigo comprado dois anos atrás por $ 100.000 pela Hudson Industries tem um valor contábil corrente de $ 48.000. O que acontecerá se a empresa decidir vender e substituir o ativo? As consequências tributárias dependem do preço de venda. A Figura 11.3 ilustra o rendimento tributável resultante de quatro possíveis preços de venda em função do preço de compra original do ativo de $ 100.000 e de seu valor contábil corrente de $ 48.000. As consequências tributárias de cada um desses preços de venda são descritas nos parágrafos a seguir.

Venda do ativo por valor superior a seu valor contábil Se a Hudson vender o ativo antigo por $ 110.000, realizará um ganho de $ 62.000 ($ 110.000 − $ 48.000). Tecnicamente, esse ganho divide-se em duas partes: ganho de capital e **depreciação recuperada**, que é a parcela do preço de venda que está acima do valor contábil e abaixo do preço de compra original. Para a Hudson, o ganho de capital é de $ 10.000 (preço de venda de $ 110.000 − preço de compra original de $ 100.000); a depreciação recuperada é de $ 52.000 (preço de compra original de $ 100.000 − valor contábil de $ 48.000).

Tanto o ganho de capital de $ 10.000 quanto a depreciação recuperada de $ 52.000 são mostrados, na Figura 11.3, abaixo do preço de venda de $ 110.000. O ganho total

depreciação recuperada
A porção do preço de venda de um ativo que está acima de seu valor contábil e abaixo de seu preço de compra original.

Figura 11.3 — Fluxos de caixa relevantes em decisões de substituição

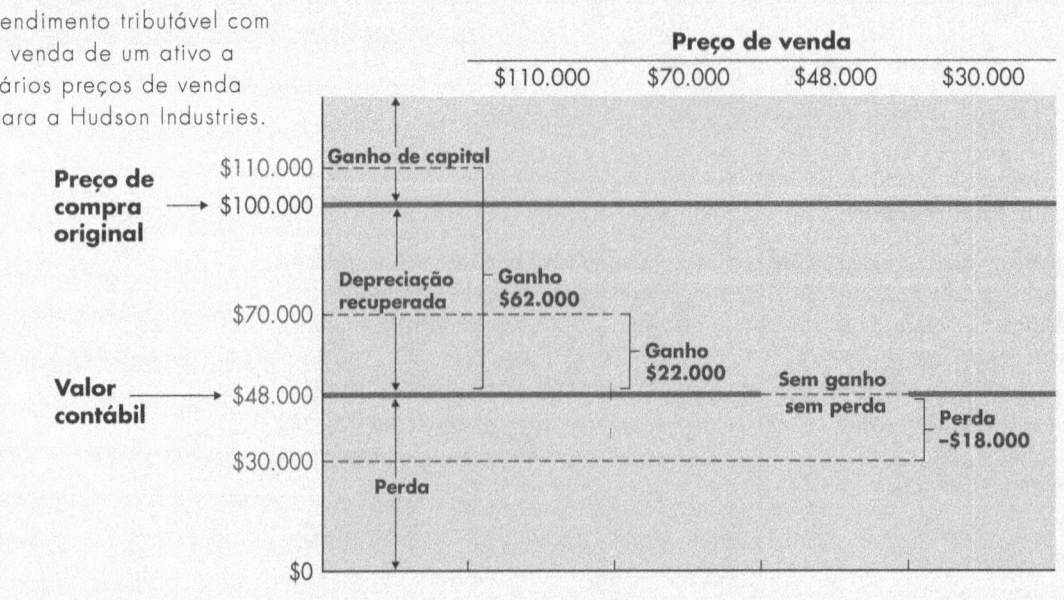

Rendimento tributável com a venda de um ativo a vários preços de venda para a Hudson Industries.

acima do valor contábil de $ 62.000 é tributado como resultado ordinário à alíquota de 40%, resultando em impostos de $ 24.800 (0,40 × $ 62.000). Esses impostos devem ser usados no cálculo do investimento inicial no ativo novo, utilizando o formato apresentado na Tabela 11.1. Na prática, os impostos aumentam o valor do investimento inicial da empresa no ativo novo, pois reduzem o valor recebido com a venda do ativo antigo.

Se, em vez disso, a Hudson vender o ativo antigo por $ 70.000, apresentará um ganho acima do valor contábil (na forma de *depreciação recuperada*) de $ 22.000 ($ 70.000 – $ 48.000), como mostrado, na Figura 11.3, abaixo do preço de venda de $ 70.000. Esse ganho é tributado como resultado ordinário. Como a empresa está na faixa de imposto de 40%, o imposto devido sobre o ganho de $ 22.000 é de $ 8.800 (0,40 × $ 22.000). Esse montante deve ser utilizado no cálculo do investimento inicial no novo ativo.

Venda do ativo por seu valor contábil Se o ativo for vendido por $ 48.000, seu valor contábil, não haverá ganho ou perda, como mostrado, na Figura 11.3, abaixo do preço de venda de $ 48.000. Como *nenhum imposto resulta da venda de um ativo por seu valor contábil*, não há qualquer efeito tributário sobre o investimento inicial no novo ativo.

Venda do ativo por valor inferior a seu valor contábil Se a Hudson vender o ativo por $ 30.000, terá uma perda de $ 18.000 ($ 48.000 – $ 30.000), como mostrado, na Figura 11.3, abaixo do preço de venda de $ 30.000. A empresa pode utilizar a perda para compensar o resultado operacional ordinário se o ativo for depreciável e utilizado em suas operações. Se o ativo *não* for depreciável ou *não* for utilizado em suas operações, a empresa poderá usar a perda apenas para compensar os ganhos de capital. Tanto em um caso quanto no outro, a perda fará a empresa economizar $ 7.200 (0,40 × $ 18.000) em impostos. E, se o lucro operacional corrente ou os ganhos de capital não forem suficientes para compensar a perda, a empresa poderá aplicar essas perdas a impostos de anos anteriores ou futuros.

VARIAÇÃO DO CAPITAL DE GIRO LÍQUIDO

O **capital de giro líquido** é a diferença entre o ativo circulante da empresa e seu passivo circulante. Esse tópico será tratado em profundidade no Capítulo 15. Por enquanto, é importante observar que variações do capital de giro líquido muitas vezes acompanham decisões de investimento em bens de capital. Se uma empresa adquirir novas máquinas para aumentar seu nível de operações, terá um aumento nos níveis de caixa, contas a receber, estoques, fornecedores e contas a pagar. Esses aumentos resultam da necessidade de mais caixa para sustentar o aumento das operações, mais contas a receber e estoques para sustentar o aumento das vendas, e mais fornecedores e contas a pagar para sustentar maiores desembolsos para atender o aumento de demanda por produtos. Como vimos no Capítulo 4, aumentos de caixa, contas a receber e estoques são *saídas de caixa*, ao passo que aumentos em fornecedores e contas a pagar são *entradas de caixa*.

capital de giro líquido
A diferença entre o ativo circulante da empresa e seu passivo circulante.

FATOS e DADOS

Europeus pressionam capital de giro

Como, da perspectiva de uma empresa, um aumento no capital de giro é uma saída de caixa, empresas em todo o mundo trabalham duro para reduzir suas necessidades de capital de giro. Um estudo da PWC com empresas europeias constatou que o capital de giro estava no menor nível de todos os tempos em 2011.[a] De acordo com o estudo, as empresas que foram mais eficientes na utilização de capital de giro tiveram um grande foco na otimização de processos e trabalharam duro para incutir uma cultura baseada em caixa entre seus funcionários. Além disso, essas empresas tendiam a adotar, antes das demais, novas tecnologias, o que facilitou a redução das necessidades de capital de giro.

[a] PWC European Working Capital Annual Review, 2012.

Exemplo 11.4

A Danson Company, uma fabricante de produtos de metal, está pensando em expandir suas operações. Os analistas financeiros esperam que as mudanças nas contas circulantes resumidas na Tabela 11.3 ocorram e se mantenham ao longo da expansão. Espera-se que o ativo circulante aumente em $ 22.000 e o passivo circulante em $ 9.000, resultando em um aumento de $ 13.000 do capital de giro líquido. Nesse caso, a variação representará um aumento do investimento em capital de giro líquido e será tratada como saída de caixa no cálculo do investimento inicial.

Tabela 11.3 Cálculo da variação do capital de giro líquido da Danson Company

Conta circulante	Variação do saldo	
Caixa	+ $ 4.000	
Contas a receber	+ 10.000	
Estoques	+ 8.000	
(1) Ativo circulante		+ $ 22.000
Fornecedores	+ $ 7.000	
Contas a pagar	+ 2.000	
(2) Passivo circulante		+ 9.000
Variação do capital de giro líquido [(1) − (2)]		+$ 13.000

variação do capital de giro líquido
A diferença entre a variação do ativo circulante e a variação do passivo circulante.

A diferença entre a variação do ativo circulante e a variação do passivo circulante é a **variação do capital de giro líquido**. Em geral, quando uma empresa faz um novo e grande investimento, o ativo circulante aumenta mais que o passivo circulante, resultando em maior investimento em capital de giro líquido. E esse maior investimento em capital de giro é tratado como uma saída inicial de caixa.[2] Se a variação do capital de giro líquido for negativa, será mostrada como uma entrada inicial. A variação do capital de giro líquido — independentemente de ser um aumento ou uma redução — *não é tributável*, porque envolve apenas um aumento líquido ou uma redução líquida de contas circulantes.

CÁLCULO DO INVESTIMENTO INICIAL

Uma variedade de considerações tributárias, entre outras, entra no cálculo do investimento inicial. O Exemplo 11.5 a seguir ilustra o cálculo do investimento inicial de acordo com o formato apresentado na Tabela 11.1.[3]

Exemplo 11.5

A Powell Corporation, uma grande e diversificada fabricante de componentes para aeronaves, está tentando determinar o investimento inicial necessário para substituir uma máquina antiga por um modelo novo e mais sofisticado. O preço de compra da máquina proposta é de $ 380.000 e são necessários mais $ 20.000 para instalação. A máquina nova será depreciada pelo MACRS usando um período de recuperação de cinco anos. A máquina atual (antiga) foi comprada três anos atrás a um custo de $ 240.000 e vem sendo depreciada pelo MACRS usando um prazo de recuperação de cinco anos. A empresa

---

[2] Quando variações do capital de giro líquido são aplicadas ao investimento inicial associado a uma proposta de investimento em bens de capital, por conveniência, pressupomos que sejam instantâneas, e, portanto, ocorram na data zero. Mas, na prática, a variação do capital de giro líquido muitas vezes ocorre ao longo de meses, à medida que o projeto é implementado.

[3] Nas nossas discussões sobre o orçamento de capital, supomos que todos os ativos avaliados como candidatos à substituição sejam depreciáveis e usados diretamente nas operações da empresa, de modo que quaisquer perdas com a venda desses ativos podem ser lançadas contra o resultado operacional ordinário. As decisões também são estruturadas para garantir que a vida útil remanescente do ativo antigo seja igual à vida do novo ativo; essa premissa nos permite evitar o problema de vidas úteis diferentes, que será discutido no Capítulo 12.

encontrou um comprador disposto a pagar $ 280.000 pela máquina antiga e ele se encarregará de retirá-la por conta própria. A empresa espera que a substituição seja acompanhada de um aumento de $ 35.000 do ativo circulante e de $ 18.000 do passivo circulante. Essas mudanças resultarão em um *aumento* de $ 17.000 ($ 35.000 − $ 18.000) do capital de giro líquido. A empresa é tributada à alíquota de 40%.

O único componente do cálculo do investimento inicial de difícil obtenção é o imposto. O valor contábil da máquina antiga pode ser encontrado usando-se as taxas de depreciação da Tabela 4.2 (no Capítulo 4), de 20%, 32% e 19% para os anos 1, 2 e 3, respectivamente. O *valor contábil* resultante é de $ 240.000 − [(0,20 + 0,32 + 0,19) × $ 240.000] ou $ 69.600. Um *ganho* de $ 210.400 ($ 280.000 − $ 69.600) é obtido nessa venda. O imposto de renda total sobre o ganho é de $ 84.160 (0,40 × $ 210.400). Esse imposto de renda deve ser subtraído do preço de venda de $ 280.000 da máquina antiga para calcular o rendimento, após imposto de renda, de sua venda.

Substituindo os valores no formato da Tabela 11.1, temos um investimento inicial de $ 221.160, que representa a saída líquida de caixa necessária na data zero.

Custo instalado da máquina proposta		
Custo da máquina proposta	$ 380.000	
+ Custos de instalação	20.000	
Total de custo instalado — proposto (valor depreciável)		$ 400.000
− Recebimentos após imposto de renda com a venda da máquina atual		
− Recebimentos com a venda da máquina atual	$ 280.000	
− Imposto de renda sobre a venda da máquina atual	84.160	
Total de recebimentos após imposto de renda		195.840
+ Variação do capital de giro líquido		17.000
Investimento inicial		221.160

→ **QUESTÕES PARA REVISÃO**

11.5 Explique como cada um dos dados a seguir é usado para calcular o *investimento inicial*: (**a**) custo do novo ativo, (**b**) custos de instalação, (**c**) recebimentos com a venda do ativo antigo, (**d**) imposto de renda sobre a venda do ativo antigo e (**e**) variação do capital de giro líquido.

11.6 Como se calcula o *valor contábil* de um ativo? Quais são as duas principais formas de rendimento tributável?

11.7 Quais são as três situações tributárias que podem resultar da venda de um ativo que está sendo substituído?

11.8 Com relação ao formato básico para cálculo do investimento inicial, explique como uma empresa poderia determinar o *valor depreciável* do novo ativo.

11.3 Determinação dos fluxos de caixa operacionais

Como o nome indica, os fluxos de caixa operacionais são os fluxos de caixa incrementais após imposto de renda que ocorrem depois que um novo investimento é feito. Nesta seção, usamos o formato da demonstração de resultados para esclarecer o que queremos dizer com fluxos de caixa incrementais após imposto de renda.

INTERPRETAÇÃO DO TERMO *APÓS IMPOSTO DE RENDA*

Os benefícios que resultam de investimentos em bens de capital devem ser medidos *após imposto de renda* porque a empresa não poderá usufruir de quaisquer benefícios até que tenha satisfeito as reivindicações tributárias do governo. Essas reivindicações dependem do rendimento tributável da empresa, de modo que a dedução de imposto de renda *antes* de fazer comparações entre propostas de investimentos é necessária para que se mantenha a coerência ao avaliar alternativas de investimento em bens de capital.

INTERPRETAÇÃO DO TERMO *FLUXOS DE CAIXA*

Todos os custos e benefícios esperados de um projeto proposto devem ser medidos com base em *fluxo de caixa*. As saídas de caixa representam custos incorridos pela empresa, e as entradas de caixa representam dinheiro que pode ser utilizado pela empresa. Os fluxos de caixa geralmente não são iguais a lucros contábeis. Uma das principais razões pelas quais os lucros contábeis não são iguais a fluxos de caixa é o fato de a contabilidade não permitir que as empresas deduzam ou debitem totalmente o custo do ativo imobilizado no momento da compra. Em vez disso, as empresas debitam uma parcela do custo do ativo imobilizado por meio de deduções de depreciação durante a vida útil do ativo. Em consequência, quando uma empresa paga em dinheiro por um ativo imobilizado, os lucros da empresa não refletirão totalmente o custo do ativo no ano da compra. Nos anos subsequentes, as empresas reduzem seus lucros por meio das despesas de depreciação, mesmo não havendo desembolsos de caixa vinculados a essas despesas de depreciação.

Há uma técnica simples para converter lucro líquido após imposto de renda em fluxos de caixa operacionais. O cálculo requer somar a depreciação e quaisquer outras *despesas não desembolsáveis* (amortização e exaustão) deduzidas como despesas na demonstração de resultados da empresa ao lucro líquido após imposto de renda. As despesas de depreciação não são na verdade entradas de caixa. Somar a depreciação ao lucro simplesmente reconhece que o cálculo do lucro exige que as empresas deduzam uma despesa que não está vinculada a um desembolso de caixa específico. Em certo sentido, somar a depreciação ao lucro é uma maneira de "corrigir" essa questão e fornecer um número que combina melhor com as entradas e saídas efetivas de caixa.

Exemplo 11.6

As estimativas de receitas e despesas (excluindo depreciação e juros) da Powell Corporation, com e sem a nova máquina proposta descrita no Exemplo 11.5, são apresentadas na Tabela 11.4. Observe que tanto a vida útil esperada da máquina proposta quanto a vida útil remanescente da máquina atual são de cinco anos. O valor a ser depreciado com a máquina proposta é calculado somando-se o preço de compra de $ 380.000 aos custos de instalação de $ 20.000. A máquina proposta deve ser depreciada pelo MACRS usando um prazo de recuperação de cinco anos.[4] A depreciação resultante dessa máquina para cada um dos seis anos, bem como para os três anos restantes de depreciação (anos 4, 5 e 6) da máquina atual, são calculados na Tabela 11.5.[5]

Os *fluxos de caixa operacionais* de cada ano podem ser calculados usando o formato de demonstração de resultados apresentado na Tabela 11.6. Observe que excluímos os juros

---

[4] Como observamos no Capítulo 4, leva $n + 1$ anos para a depreciação de um ativo de categoria *n*-anos nos termos da legislação tributária vigente. Portanto, as taxas de depreciação pelo MACRS são dadas para cada um dos seis anos na depreciação de um ativo com período de recuperação de cinco anos.

[5] É importante reconhecer que, embora as duas máquinas forneçam cinco anos de uso, a nova máquina proposta será depreciada ao longo do período de seis anos, ao passo que a máquina atual, como vimos no exemplo anterior, já foi depreciada por três anos e, portanto, só lhe restam os três anos finais (anos 4, 5 e 6) de depreciação (12%, 12% e 5%, respectivamente, pelo MACRS).

porque nosso foco é exclusivamente na *decisão de investimento*. Os juros são relevantes para a *decisão de financiamento*, que é analisada separadamente. Como excluímos a despesa de juros, o *lucro antes de juros e impostos* (LAJIR) é igual ao *lucro líquido antes do imposto de renda* e o cálculo do *fluxo de caixa operacional* (FCO) da Tabela 11.6 é idêntico à definição que fornecemos no Capítulo 4 (apontada na Equação 4.3 do respectivo capítulo). Dito de forma simples, o formato da demonstração de resultados calcula o FCO.

Tabela 11.4 Receitas e despesas (excluindo depreciação e juros) da Powell Corporation para a máquina proposta e a atual

	Máquina proposta			Máquina atual	
Ano	Receitas (1)	Despesas (excluindo depreciação e juros) (2)	Ano	Receitas (1)	Despesas (excluindo depreciação e juros) (2)
1	$ 2.520.000	$ 2.300.000	1	$ 2.200.000	$ 1.990.000
2	2.520.000	2.300.000	2	2.300.000	2.110.000
3	2.520.000	2.300.000	3	2.400.000	2.230.000
4	2.520.000	2.300.000	4	2.400.000	2.250.000
5	2.520.000	2.300.000	5	2.250.000	2.120.000

Tabela 11.5 Despesas de depreciação para a máquina proposta e a atual da Powell Corporation

Ano	Custo (1)	Taxas de depreciação aplicáveis segundo MACRS (Tabela 4.2) (2)	Depreciação [(1) × (2)] (3)
Máquina proposta			
1	$ 400.000	20%	$ 80.000
2	400.000	32%	128.000
3	400.000	19%	76.000
4	400.000	12%	48.000
5	400.000	12%	48.000
6	400.000	5%	20.000
Totais		100%	$ 400.000
Máquina atual			
1	$ 240.000	12% (depreciação do ano 4)	$ 28.800
2	240.000	12% (depreciação do ano 5)	28.800
3	240.000	5% (depreciação do ano 6)	12.000
4		Como a máquina atual está no final do ano 3 de recuperação de seu	0
5		custo no momento em que a análise é feita, ela só tem os três anos	0
6		finais de depreciação (como observado anteriormente).	0
Total			$ 69.600[a]

[a] O total de $ 69.600 representa o valor contábil da máquina atual no final do ano 3, como calculado no Exemplo 11.5.

Substituindo os dados das tabelas 11.4 e 11.5 nesse formato e supondo a alíquota de imposto de renda de 40%, chegamos à Tabela 11.7, que demonstra o cálculo dos fluxos de caixa operacionais de cada ano para a máquina proposta e para a máquina atual. Como a máquina proposta é depreciada por um período de seis anos, a análise deve ser feita para o período de seis anos para capturar totalmente o efeito tributário da depreciação. Os fluxos de caixa operacionais resultantes para cada máquina aparecem na última linha da Tabela 11.7. A entrada de caixa operacional de $ 8.000 no ano 6 para a máquina proposta resulta unicamente do benefício tributário de sua dedução de depreciação nesse ano.[6]

Tabela 11.6 Cálculo dos fluxos de caixa operacionais usando o formato da demonstração de resultados

Receita
− Despesas (excluindo depreciação e juros)
Lucro antes de depreciação, juros e imposto de renda (LADJIR)
− Depreciação
Lucro antes de juros e imposto de renda (LAJIR)
− Imposto de renda (alíquota = T)
Lucro líquido operacional após imposto de renda [NOPAT = LAJIR × (1 − T)]
+ Depreciação
Fluxos de caixa operacionais (FCO) (o mesmo que FCO na Equação 4.3)

Tabela 11.7 Cálculo dos fluxos de caixa para a máquina proposta e a atual da Powell Corporation.

	Ano 1	Ano 2	Ano 3	Ano 4	Ano 5	Ano 6
Máquina proposta						
Receita[a]	$ 2.520.000	$ 2.520.000	$ 2.520.000	$ 2.520.000	$ 2.520.000	$ 0
− Despesas (excluindo depreciação e juros)[b]	2.300.000	2.300.000	2.300.000	2.300.000	2.300.000	0
Lucro antes de depreciação, juros e imposto de renda	$ 220.000	$ 220.000	$ 220.000	$ 220.000	$ 220.000	$ 0
− Depreciação[c]	80.000	128.000	76.000	48.000	48.000	20.000
Lucro antes de juros e imposto de renda	$ 140.000	$ 92.000	$ 144.000	$ 172.000	$ 172.000	−$ 20.000
− Imposto de renda (alíquota, T = 40%)	56.000	36.800	57.600	68.800	68.800	− 8.000
Lucro líquido operacional após imposto de renda	$ 84.000	$ 55.200	$ 86.400	$ 103.200	$ 103.200	−$ 12.000
+ Depreciação[c]	80.000	128.000	76.000	48.000	48.000	20.000
Fluxos de caixa operacionais	$ 164.000	$ 183.200	$ 162.400	$ 151.200	$ 151.200	$ 8.000
Máquina atual						
Receita[a]	$ 2.200.000	$ 2.300.000	$ 2.400.000	$ 2.400.000	$ 2.250.000	$ 0
− Despesas (excluindo depreciação e juros)[b]	1.990.000	2.110.000	2.230.000	2.250.000	2.120.000	0
Lucro antes de depreciação, juros e imposto de renda	$ 210.000	$ 190.000	$ 170.000	$ 150.000	$ 130.000	$ 0
− Depreciação[c]	28.800	28.800	12.000	0	0	0
Lucro antes de juros e imposto de renda	$ 181.200	$ 161.200	$ 158.000	$ 150.000	$ 130.000	$ 0
− Imposto de renda (alíquota, T = 40%)	72.480	64.480	63.200	60.000	52.000	0

(continua)

[6] Apesar de termos calculado aqui o fluxo de caixa operacional do ano 6 para a máquina proposta, esse fluxo de caixa será posteriormente eliminado em função da venda presumida da máquina no final do ano 5.

(continuação)						
Lucro líquido operacional após imposto de renda	$ 108.720	$ 96.720	$ 94.800	$ 90.000	$ 78.000	$ 0
+ Depreciação[c]	28.800	28.800	12.000	0	0	0
Fluxos de caixa operacionais	$ 137.520	$ 125.520	$ 106.800	$ 90.000	$ 78.000	$ 0

[a] Obtido da coluna 1 da Tabela 11.4.

[b] Obtido da coluna 2 da Tabela 11.4.

[c] Obtido da coluna 3 da Tabela 11.5.

INTERPRETAÇÃO DO TERMO *INCREMENTAL*

A última etapa da estimativa dos fluxos de caixa operacionais para um projeto de substituição proposto é calcular os fluxos de caixa *incrementais (relevantes)*. Os fluxos de caixa operacionais incrementais são necessários porque nossa preocupação é *somente* com a mudança nos fluxos de caixa operacionais que resultam do projeto proposto. Evidentemente, se fosse um projeto de expansão, os fluxos de caixa dele seriam os incrementais.

Exemplo 11.7

A Tabela 11.8 demonstra o cálculo dos *fluxos de caixa operacionais incrementais (relevantes)* da Powell Corporation para cada ano. As estimativas de fluxos de caixa operacionais desenvolvidas na Tabela 11.7 aparecem nas colunas 1 e 2. Os valores da coluna 2 representam o valor de fluxos de caixa operacionais que a Powell Corporation receberá se não substituir a máquina atual. Se a máquina proposta substituir a máquina atual, os fluxos de caixa operacionais da empresa para cada ano serão os mostrados na coluna 1. Subtraindo os fluxos de caixa operacionais da máquina atual dos fluxos de caixa operacionais da máquina proposta, temos os fluxos de caixa operacionais incrementais para cada ano, mostrados na coluna 3. Esses fluxos de caixa representam os valores pelos quais os fluxos de caixa de cada ano aumentarão como resultado da substituição. Por exemplo, no ano 1, os fluxos de caixa da Powell Corporation aumentariam em $ 26.480 se o projeto proposto fosse implementado. Evidentemente,

Tabela 11.8 Fluxos de caixa operacionais incrementais (relevantes) da Powell Corporation

	Fluxos de caixa operacionais		
Ano	Máquina proposta (1)[a]	Máquina atual (2)[a]	Incrementais (relevantes) [(1) − (2)] (3)
1	$ 164.000	$ 137.520	$ 26.480
2	183.200	125.520	57.680
3	162.400	106.800	55.600
4	151.200	90.000	61.200
5	151.200	78.000	73.200
6	8.000	0	8.000

[a] Obtido da última linha da Tabela 11.7 para a respectiva máquina.

essas são as entradas relevantes a serem consideradas na avaliação dos benefícios de um investimento em bens de capital para a máquina proposta.[7]

→ **QUESTÕES PARA REVISÃO**

11.9 Como a depreciação entra no cálculo dos fluxos de caixa operacionais? Como o formato da demonstração de resultados da Tabela 11.6 se relaciona com a Equação 4.3 (Capítulo 4) para encontrar o fluxo de caixa operacional (FCO)?

11.10 Como são calculados os *fluxos de caixa operacionais incrementais (relevantes)* associados a uma decisão de substituição?

11.4 Determinação do fluxo de caixa terminal

O *fluxo de caixa terminal* é o fluxo de caixa resultante do encerramento e da liquidação de um projeto no final de sua vida econômica. Representa o fluxo de caixa após imposto de renda, excluídas as entradas de caixa operacionais, que ocorrem no último ano do projeto. Quando existe, esse fluxo pode afetar significativamente a decisão de investimento em bens de capital. O fluxo de caixa terminal pode ser calculado para projetos de substituição usando-se o formato básico apresentado na Tabela 11.9.

RECEBIMENTOS COM A VENDA DE ATIVOS

Os recebimentos com a venda do ativo novo e do antigo, frequentemente chamados de "valor residual", representam o *valor líquido de quaisquer custos de remoção ou limpeza* esperados no encerramento do projeto. Em projetos de substituição, devem ser considerados tanto os recebimentos com o novo ativo quanto com o antigo. Em investimentos em bens de capital para fins de expansão e reforma, os recebimentos com o ativo antigo são iguais a zero. É claro que não é incomum que o valor de um ativo seja igual a zero no encerramento de um projeto.

IMPOSTO DE RENDA SOBRE A VENDA DE ATIVOS

Quando o investimento em análise envolve substituir um ativo antigo por um novo, existem dois elementos importantes na determinação do fluxo de caixa terminal. Primeiro,

---

[7] A equação a seguir pode ser usada para calcular mais diretamente o fluxo de caixa incremental no ano t, FCI_t:

$$FCI_t = [\Delta LADJIR_t \times (1 - T)] + (\Delta D_t \times T)$$

onde:

$\Delta LADJIR_t$ = variação do lucro antes de depreciação, juros e imposto de renda [receitas − despesas (excluindo depreciação e juros)] no ano t
T = alíquota marginal da empresa
ΔD_t = variação da despesa de depreciação no ano t

Aplicando essa fórmula aos dados da Powell Corporation fornecidos nas tabelas 11.4 e 11.5 para o ano 3, temos os seguintes valores para as variáveis:

$$\Delta LADJIR_3 = (\$ 2.520.000 - \$ 2.300.000) - (\$ 2.400.000 - \$ 2.230.000)$$
$$= \$ 220.000 - \$ 170.000 = \$ 50.000$$
$$\Delta D_3 = \$ 76.000 - \$ 12.000 = \$ 64.000$$
$$T = 0,40$$

Substituindo na equação, temos:
$$FCI_3 = [\$ 50.000 \times (1 - 0,40)] + (\$ 64.000 \times 0,40)$$
$$= \$ 30.000 + \$ 25.600 = \underline{\$ 55.600}$$

O fluxo de caixa incremental de $ 55.600 para o ano 3 é igual ao valor calculado para o ano 3 na coluna 3 da Tabela 11.8.

Tabela 11.9 Formato básico para determinação do fluxo de caixa terminal

  Recebimentos após imposto de renda com a venda do novo ativo =
  Recebimentos com a venda do novo ativo ± Imposto de renda sobre a venda do novo ativo
− Recebimentos após imposto de renda com a venda do ativo antigo =
  Recebimentos com a venda do ativo antigo ∓ Imposto de renda sobre a venda do ativo antigo
± Variação do capital de giro líquido
  Fluxo de caixa terminal

no final da vida do projeto, a empresa irá dispor do novo ativo, possivelmente vendendo-o, de modo que os recebimentos após imposto de renda resultantes da venda do novo ativo representam uma entrada de caixa. No entanto, lembre-se de que, se a empresa não tivesse substituído o ativo antigo, teria recebido os valores da venda do ativo antigo no final do projeto (em vez de considerar esses recebimentos no início, como parte do investimento inicial). Portanto, devemos considerar como uma saída de caixa os recebimentos após imposto de renda que a empresa teria recebido com o descarte do ativo antigo. O imposto de renda entra em jogo sempre que um ativo é vendido por um valor diferente do seu valor contábil. Se são esperados que os recebimentos líquidos com a venda excedam o valor contábil, ocorrerá um pagamento de imposto de renda como uma *saída* de caixa (dedução dos recebimentos da venda). Quando os recebimentos líquidos com a venda forem menores que o valor contábil, resultará um benefício tributário mostrado como uma *entrada* de caixa (acréscimo aos recebimentos da venda). Para os ativos vendidos a um valor líquido igual ao valor contábil, nenhum imposto de renda será devido.

VARIAÇÃO DO CAPITAL DE GIRO LÍQUIDO

Quando calculamos o investimento inicial, levamos em consideração qualquer variação do capital de giro líquido que pode ser atribuída ao novo ativo. Agora, quando calculamos o fluxo de caixa terminal, a variação do capital de giro líquido representa a reversão de qualquer investimento inicial em capital de giro líquido. Na maioria das vezes, isso aparecerá como uma entrada de caixa correspondente à redução do capital de giro líquido; com o encerramento do projeto, portanto, assume-se encerrada a necessidade de aumento do investimento em capital de giro líquido.[8] Como esse investimento não é consumido de maneira alguma, o valor recuperado no encerramento será igual ao valor mostrado no cálculo do investimento inicial. Não há efeitos tributários a considerar.

Calcular o fluxo de caixa terminal envolve os mesmos procedimentos utilizados para encontrar o investimento inicial. No Exemplo 11.8, o fluxo de caixa terminal é calculado para uma decisão de substituição.

Exemplo 11.8

Continuando com o exemplo da Powell Corporation, suponha que a empresa possa liquidar a nova máquina no final de sua vida útil de cinco anos por $ 50.000 líquido, depois de arcar com os custos de remoção e limpeza. Se não tivesse sido substituída, a máquina antiga poderia ser liquidada no final dos cinco anos por $ 10.000 líquido. A empresa espera recuperar seu investimento de $ 17.000 em capital de giro líquido no encerramento do projeto. A alíquota de imposto de renda é de 40%.

Com base na análise dos fluxos de caixa operacionais apresentados anteriormente, podemos ver que a máquina proposta (nova) terá um valor contábil de $ 20.000 (igual à depreciação do ano 6) no final de cinco anos. A máquina atual

---

[8] Como já vimos, por conveniência, assumimos que a variação do capital de giro líquido ocorre instantaneamente; neste caso, no encerramento do projeto.

(antiga) teria sido completamente depreciada e, portanto, teria um valor contábil igual a zero no final dos cinco anos. Como o preço de venda de $ 50.000 da máquina proposta (nova) está abaixo do custo instalado de $ 400.000, mas acima de seu valor contábil de $ 20.000, o imposto de renda terá de ser pago somente sobre a depreciação recuperada de $ 30.000 (recebimentos com a venda de $ 50.000 – valor contábil de $ 20.000). Aplicando a alíquota de 40% a esses $ 30.000 tem-se um imposto de renda devido de $ 12.000 (0,40 × $ 30.000) sobre a venda da máquina proposta. Os recebimentos após imposto de renda com a venda seriam, portanto, iguais a $ 38.000 (recebimentos com a venda de $ 50.000 – imposto de renda de $ 12.000). Como a máquina antiga teria sido vendida por $ 10.000 no encerramento do projeto, valor inferior ao preço de compra original de $ 240.000 e acima de seu valor contábil de zero, haveria um ganho tributável de $ 10.000 (preço de venda de $ 10.000 – valor contábil de $ 0). Aplicando a alíquota de 40% ao ganho de $ 10.000, a empresa teria de pagar $ 4.000 (0,40 × $ 10.000) de imposto de renda sobre a venda da máquina antiga no final do ano 5. Os recebimentos após imposto de renda com a venda da máquina antiga seriam iguais a $ 6.000 (preço de venda de $ 10.000 – imposto de renda de $ 4.000). Substituindo os valores no formato da Tabela 11.9, obtemos uma entrada de caixa terminal de $ 49.000.

Recebimentos após imposto de renda com a venda da máquina proposta		
Recebimentos com a venda da máquina proposta	$ 50.000	
– Imposto de renda sobre a venda da máquina proposta	12.000	
Total de recebimentos após imposto de renda: máquina proposta		$ 38.000
– Recebimentos após imposto de renda com a venda da máquina atual		
Recebimentos com a venda da máquina atual	$ 10.000	
– Imposto de renda sobre a venda da máquina atual	4.000	
Total de recebimentos após imposto de renda: máquina atual		6.000
+ Variação do capital de giro líquido		17.000
Fluxo de caixa terminal		$ 49.000

→ **QUESTÃO PARA REVISÃO**

11.11 Explique como o *fluxo de caixa terminal* é calculado para projetos de substituição.

11.5 Resumo dos fluxos de caixa relevantes

Juntos, o investimento inicial, os fluxos de caixa operacionais e o fluxo de caixa terminal representam os *fluxos de caixa relevantes* de um projeto. Esses fluxos de caixa podem ser considerados como os incrementais após imposto de renda atribuíveis ao projeto proposto. Representam, no sentido de fluxo de caixa, o quanto melhor ou pior ficará a empresa se decidir implementar a proposta.

Exemplo 11.9

Os fluxos de caixa relevantes da proposta de substituição de ativo da Powell Corporation podem ser representados graficamente em uma linha do tempo. *Note que, como pressupomos que o novo ativo será vendido no final de sua vida útil de cinco anos, a entrada de caixa operacional incremental do ano 6 calculada na Tabela 11.8 é irrelevante; o fluxo de caixa terminal substitui esse valor na análise.*

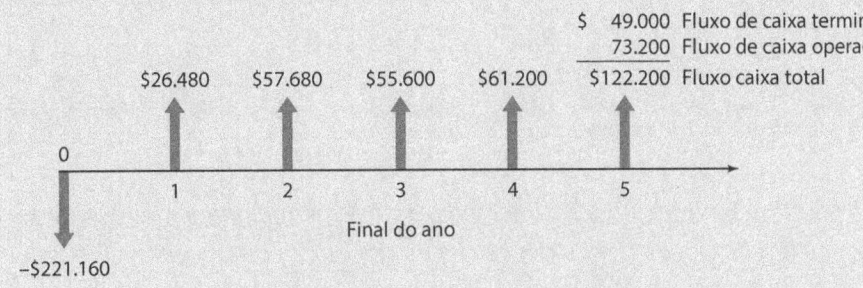

Linha do tempo dos fluxos de caixa relevantes da máquina proposta da Powell Corporation

Com essas estimativas de fluxo de caixa, um administrador financeiro poderia calcular o VPL ou a TIR do investimento usando as técnicas que vimos no Capítulo 10.

Finanças pessoais — Exemplo 11.10

Depois de receber um bônus considerável de sua empresa, Tina Talor está pensando em comprar um carro novo. Ela acredita que, se estimar e analisar os fluxos de caixa, poderá tomar uma decisão mais racional sobre fazer ou não essa grande compra. As estimativas de fluxo de caixa de Tina para a compra do carro são as seguintes:

Preço negociado do carro novo	$ 23.500
Impostos e taxas sobre a compra do carro novo	$ 1.650
Recebimentos com a venda do carro usado	$ 9.750
Valor estimado do carro novo em 3 anos	$ 10.500
Valor estimado do carro usado em 3 anos	$ 5.700
Custos anuais estimados de manutenção do carro novo	$ 0 (na garantia)
Custos anuais estimados de manutenção do carro usado	$ 400

Usando as estimativas de fluxo de caixa, Tina calcula o investimento inicial, os fluxos de caixa operacionais, o fluxo de caixa terminal e faz um resumo de todos os fluxos de caixa para a compra do carro.

Investimento inicial				
Custo total do carro novo				
Custo do carro	$ 23.500			
+ Impostos e taxas	1.650	$ 25.150		
− Recebimentos com a venda do carro usado		9.750		
Investimento inicial		$ 15.400		
Fluxos de caixa operacionais		Ano 1	Ano 2	Ano 3
Custo de manutenção do carro novo		$ 0	$ 0	$ 0
− Custo de manutenção do carro usado		400	400	400
Fluxos de caixa operacionais (economia)		$ 400	$ 400	$ 400
Fluxo de caixa terminal: final do ano 3				
Recebimentos com a venda do carro novo		$ 10.500		
− Recebimentos com a venda do carro usado		5.700		
Fluxo de caixa terminal		$ 4.800		

(continua)

(continuação)

Resumo dos fluxos de caixa

Final do ano	Fluxo de caixa
0	−$ 15.400
1	+ 400
2	+ 400
3	+ 5.200 ($ 400 + $ 4.800)

Os fluxos de caixa associados à decisão de Tina de comprar um carro refletem os custos líquidos do carro novo ao longo do período suposto de três anos, mas ignoram os muitos benefícios intangíveis de se ter um carro novo. Embora tenhamos pressuposto que o custo do combustível e do serviço de transporte básico sejam os mesmos para o carro novo e o usado, Tina terá de decidir se o custo de um carro novo pode ser justificado em termos de benefícios intangíveis, como luxo e prestígio.

→ **QUESTÃO PARA REVISÃO**

11.12 Faça um diagrama e descreva os três componentes dos fluxos de caixa relevantes para um projeto de orçamento de capital.

Resumo

ÊNFASE NO VALOR

Uma responsabilidade fundamental dos administradores financeiros é rever e analisar decisões de propostas de investimento para garantir que a empresa empreenda apenas aquelas que contribuam positivamente para seu valor. Usando uma variedade de ferramentas e técnicas, os administradores financeiros estimam os fluxos de caixa que um investimento proposto poderá gerar e aplicam técnicas de decisão para avaliar o impacto do investimento no valor da empresa. O aspecto mais difícil e importante desse processo de orçamento de capital é desenvolver boas estimativas dos fluxos de caixa relevantes.

Os fluxos de caixa relevantes são os fluxos de caixa incrementais após imposto de renda resultantes de um investimento proposto. Essas estimativas representam os benefícios de fluxo de caixa que a empresa provavelmente acumulará como resultado da implementação do projeto. Ao aplicar aos fluxos de caixa técnicas de decisão que capturam o valor do dinheiro no tempo e os fatores de risco, o administrador financeiro pode estimar como o investimento afetará o preço da ação da empresa. A aplicação consistente dos procedimentos de orçamento de capital a investimentos de longo prazo propostos deve, portanto, permitir que a empresa **maximize o preço de sua ação**.

REVISÃO DOS OBJETIVOS DE APRENDIZAGEM

OA 01 **Discutir os três principais componentes do fluxo de caixa.** Os três principais componentes de fluxo de caixa de qualquer projeto podem incluir: (1) um investimento inicial, (2) fluxos de caixa operacionais e (3) fluxo de caixa terminal. O investimento inicial ocorre *na data zero*, os fluxos de caixa operacionais ocorrem durante a vida do projeto e o fluxo de caixa terminal ocorre no final do projeto.

OA 02 **Discutir fluxos de caixa relevantes, decisões de expansão e de substituição, custos irrecuperáveis e custos de oportunidade, e orçamento de capital internacional.** Os fluxos de caixa relevantes para as decisões de orçamento de capital são o investimento inicial, os fluxos de caixa operacionais e o fluxo de caixa terminal.

Para as decisões de substituição, esses fluxos são a diferença entre os fluxos de caixa do ativo novo e do antigo. As decisões de expansão são vistas como decisões de substituição em que todos os fluxos de caixa do ativo antigo são iguais a zero. Ao estimar os fluxos de caixa relevantes, ignore os custos irrecuperáveis e inclua os custos de oportunidade como saídas de caixa. No orçamento de capital internacional, os riscos cambiais e os riscos políticos podem ser minimizados por meio de um planejamento cuidadoso.

OA 03 **Calcular o investimento inicial associado a uma proposta de investimento em bens de capital.** O investimento inicial é a saída de caixa inicial necessária, considerando o custo instalado do novo ativo, os recebimentos após imposto de renda com a venda do ativo antigo e qualquer variação do capital de giro líquido. O investimento inicial é reduzido pelos recebimentos após imposto de renda com a venda do ativo antigo. O valor contábil de um ativo é utilizado para determinar o imposto de renda devido em consequência de sua venda. Da venda de um ativo podem resultar duas formas de rendimento tributável — um ganho ou uma perda —, dependendo de o ativo ser vendido por (1) valor superior ao valor contábil, (2) valor igual ao valor contábil, ou (3) valor inferior ao valor contábil. A variação do capital de giro líquido é a diferença entre a variação do ativo circulante e a do passivo circulante que devem acompanhar um determinado investimento em bens de capital.

OA 04 **Discutir as implicações tributárias associadas à venda de um ativo antigo.** Normalmente, a venda de um ativo antigo tem implicações tributárias. Ela depende da relação entre o preço de venda e o valor contábil e também das regras tributárias vigentes. Em geral, se o ativo antigo for vendido por um valor maior do que seu valor contábil, a diferença está sujeita a imposto de renda sobre ganhos de capital e, se for vendido por um valor inferior a seu valor contábil, a empresa tem direito a uma dedução de imposto de renda igual à diferença.

OA 05 **Encontrar os fluxos de caixa operacionais relevantes associados a uma proposta de investimento em bens de capital.** Os fluxos de caixa operacionais são os fluxos de caixa incrementais após imposto de renda que devem resultar de um projeto. O formato de demonstração de resultados envolve somar a depreciação aos lucros operacionais líquidos após imposto de renda e resulta nas entradas de caixa operacionais, que são as mesmas que os fluxos de caixa operacionais (FCO) associados ao projeto proposto e ao atual. Os fluxos de caixa relevantes (incrementais) de um projeto de substituição são a diferença entre os fluxos de caixa operacionais do projeto proposto e os do projeto atual.

OA 06 **Determinar o fluxo de caixa terminal associado a uma proposta de investimento em bens de capital.** O fluxo de caixa terminal representa o fluxo de caixa após imposto de renda (excluídas as entradas de caixa operacionais) esperado da liquidação de um projeto. É calculado para projetos de substituição, determinando a diferença entre os recebimentos após imposto de renda e a venda do ativo novo e do antigo no encerramento do projeto e, então, ajustando essa diferença para qualquer variação do capital de giro líquido. Dados de preço de venda e de depreciação são usados para calcular o imposto de renda e os recebimentos após imposto de renda com a venda do ativo novo e do antigo. A variação do capital de giro líquido normalmente representa a reversão de qualquer investimento inicial em capital de giro líquido.

Revisão da abertura do capítulo

Na abertura do capítulo, vimos como a Diamond Comic Distributors tentou reduzir o custo da abertura de uma loja de varejo de HQs. Suponha que o custo corrente de abrir uma loja seja de $ 400.000 e que $ 250.000 desse investimento inicial sejam o custo de abastecer as prateleiras com um novo estoque. Suponha também que a entrada de caixa operacional anual para funcionamento de uma loja de HQs seja de aproximadamente $ 62.000 antes do imposto de renda e que a alíquota seja de 35%.

a. Presumindo que uma loja de HQs tenha, em média, uma vida de cerca de dez anos, qual é o VPL de abrir uma nova loja se a taxa de retorno exigida nesse tipo de negócio é de 10%? Você pode supor que os $ 250.000 de estoque inicial serão recuperados no final do décimo ano (além do fluxo de caixa operacional anual desse ano). Qual é a TIR que se pode obter com a abertura de uma nova loja?

b. Suponha que, ao oferecer descontos aos clientes que estão abrindo novas lojas, a Diamond possa reduzir o investimento inicial necessário em estoque de $ 250.000 para $ 150.000. Mantendo todos os outros dados como especificados, como isso afetará o VPL e a TIR obtidos em uma nova loja de HQs?

Exercícios de autoavaliação

  AA11.1 Valor contábil, imposto de renda e investimento inicial. A Irvin Enterprises está pensando em comprar um novo equipamento para substituir um atual. O novo equipamento custa $ 75.000 e exige $ 5.000 em custos de instalação. Será depreciado pelo MACRS usando um período de recuperação de cinco anos. O equipamento atual foi comprado quatro anos atrás por um custo instalado de $ 50.000, e está sendo depreciado pelo MACRS usando um período de recuperação de cinco anos. Este equipamento pode ser vendido hoje por $ 55.000 líquido de custos de remoção ou limpeza. Como resultado da substituição proposta, o investimento da empresa em capital de giro líquido deverá aumentar em $ 15.000. A empresa está sujeita à alíquota de 40%. (A Tabela 4.2, no Capítulo 3, apresenta as taxas de depreciação pelo MACRS.)

a. Calcule o valor contábil do equipamento atual.

b. Determine o imposto de renda, se houver, atribuível à venda do equipamento atual.

c. Encontre o *investimento inicial* associado à proposta de substituição do equipamento.

    AA11.2 Determinação de fluxos de caixa relevantes. Uma máquina, atualmente em uso, foi comprada dois anos atrás por $ 40.000, está sendo depreciada pelo MACRS usando um período de recuperação de cinco anos e tem três anos de vida útil remanescente. A máquina atual pode ser vendida hoje por $ 42.000 líquido de custos de remoção e limpeza. A nova máquina, usando um período de recuperação de três anos pelo MACRS, pode ser comprada ao preço de $ 140.000, exige $ 10.000 para instalação e tem uma vida útil de três anos. Se a nova máquina for adquirida, o investimento em contas a receber deverá aumentar em $ 10.000, o investimento em estoque aumentará em $ 25.000 e fornecedores aumentarão em $ 15.000. O *lucro antes de depreciação, juros e imposto de renda* deve ser de $ 70.000 em cada um dos próximos três anos com a máquina atual, e de $ 120.000 no primeiro ano e $ 130.000 no segundo e terceiro anos com a nova máquina. No final de três anos, o valor de mercado da máquina atual será igual a zero, mas a nova poderia ser vendida por $ 35.000 líquido, antes do imposto de renda. A empresa está sujeita à alíquota de 40%. (A Tabela 4.2, no Capítulo 4, apresenta as taxas de depreciação pelo MACRS.)

a. Determine o *investimento inicial* associado à decisão de substituição proposta.

b. Calcule os *fluxos de caixa operacionais incrementais* para os anos de 1 a 4 associados à proposta de substituição. (*Observação:* somente os fluxos de caixa de depreciação devem ser considerados no ano 4.)

c. Calcule o *fluxo de caixa terminal* associado à decisão de substituição proposta. (*Observação:* essa decisão é tomada no final do ano 3.)

d. Em uma linha do tempo, represente os fluxos de caixa relevantes encontrados nos itens **a**, **b** e **c**, associados à decisão de substituição proposta, supondo que o projeto será encerrado no final do ano 3.

Exercícios de aquecimento

A11.1 Se a Halley Industries reembolsar os funcionários que fazem mestrado e concordem em permanecer na empresa por mais três anos, a despesa do reembolso da mensalidade deve ser classificada como *investimento de capital* ou *investimento operacional*?

A11.2 A Iridium Corp. gastou $ 3,5 bilhões ao longo da última década desenvolvendo um sistema de telecomunicações por satélite. Atualmente, está tentando decidir se gasta ou não mais $ 350 milhões no projeto. A empresa espera que esse desembolso complete o projeto e gere um fluxo de caixa de $ 15 milhões por ano ao longo dos próximos cinco anos. Um concorrente ofereceu $ 450 milhões pelos satélites já em órbita. Classifique os desembolsos da empresa como *custos irrecuperáveis* ou *custos de oportunidade* e especifique os *fluxos de caixa relevantes*.

A11.3 A Canvas Reproductions, Inc., gastou $ 4.500 pesquisando um novo projeto. Ele exige $ 20.000 em nova máquina que custaria $ 3.000 para instalar. A empresa poderia obter $ 4.500 em recebimentos após imposto de renda com a venda da máquina antiga. Se o capital de giro da Canvas não for afetado por esse projeto, qual é o valor do investimento inicial para esse projeto?

A11.4 Alguns anos atrás, a Largo Industries implementou um sistema de auditoria de estoque por um custo instalado de $ 175.000. Desde então, fez deduções de depreciação que totalizaram $ 124.250. Qual é o *valor contábil* corrente do sistema? Se a Largo vendesse o sistema por $ 110.000, quanto resultaria de *depreciação recuperada*?

A11.5 A Bryson Sciences está planejando comprar uma máquina de microscopia de alta potência por $ 55.000 mais $ 7.500 em despesas de instalação. A empresa está substituindo um equipamento de microscopia similar que pode ser vendido por $ 35.000 líquido, resultando em imposto de renda de $ 11.250 sobre o ganho na venda. Por causa dessa transação, o ativo circulante aumentará em $ 6.000 e o passivo circulante, em $ 4.000. Calcule o *investimento inicial* na máquina de microscopia de alta potência.

Exercícios

E11.1 Classificação de investimentos. Dada a lista de desembolsos a seguir, indique se cada um deles é normalmente considerado como *investimento de capital* ou *investimento operacional*. Explique suas respostas.

a. Um pagamento inicial de $ 5.000 pelo *leasing* de um sistema eletrônico de caixa registradora em pontos de venda.

b. Um desembolso de $ 20.000 para adquirir direitos sobre a patente de um inventor.

c. Um desembolso de $ 80.000 por um importante programa de pesquisa e desenvolvimento.

d. Um investimento de $ 80.000 em uma carteira de títulos negociáveis.

e. Um desembolso de $ 300 por um equipamento para o escritório.

f. Um desembolso de $ 2.000 por uma nova máquina.

g. Um desembolso de $ 240.000 por um novo prédio.

h. Um desembolso de $ 1.000 por um relatório de pesquisa de marketing.

E11.2 Fluxo de caixa relevante e representação em uma linha do tempo. Para cada um dos projetos a seguir, determine os *fluxos de caixa relevantes* e represente-os em uma linha do tempo.

a. Um projeto que requer um investimento inicial de $ 120.000 e gerará entradas anuais de caixa operacionais de $ 25.000 pelos próximos 18 anos. Em cada um dos 18 anos, a manutenção do projeto exigirá uma saída de caixa de $ 5.000.

b. Uma nova máquina com um custo instalado de $ 85.000. A venda da máquina antiga renderá $ 30.000 após imposto de renda. As entradas de caixa operacionais geradas pela substituição excederão as entradas de caixa operacionais da máquina antiga em $ 20.000 em cada ano de um período de seis anos. No final do ano 6, a liquidação da nova máquina renderá $ 20.000 após imposto de renda, um valor $ 10.000 superior ao recebimento, após imposto de renda, da máquina antiga se esta tivesse sido mantida e liquidada no final do ano 6.

c. Um ativo que requer um investimento inicial de $ 2 milhões e gerará entradas anuais de caixa operacionais de $ 300.000 em cada um dos próximos dez anos. Os desembolsos de caixa operacionais serão de $ 20.000 em cada ano, exceto no ano 6, quando será necessária uma reforma que exigirá um desembolso adicional de caixa de $ 500.000. Espera-se que o valor de liquidação do ativo no final do ano 10 seja igual a zero.

E11.3 Fluxos de caixa de expansão e de substituição. A Edison Systems estimou os fluxos de caixa de dois projetos, A e B, ao longo de suas vidas de cinco anos. Esses fluxos de caixa estão resumidos na tabela a seguir.

	Projeto A	Projeto B
Investimento inicial	$ 40.000	$ 12.000^a
Ano	Entradas de caixa operacionais	
1	$ 10.000	$ 6.000
2	12.000	6.000
3	14.000	6.000
4	16.000	6.000
5	10.000	6.000

^a Entrada de caixa esperada com a liquidação, após imposto de renda.

a. Se o projeto A fosse uma *substituição* do projeto B e o investimento inicial de $ 12.000 do projeto B fosse a entrada de caixa esperada de sua liquidação, após imposto de renda, quais seriam os *fluxos de caixa relevantes* para essa decisão de substituição?

b. Como uma *decisão de expansão*, como o projeto A, pode ser vista como uma forma especial de decisão de substituição? Explique.

E11.4 Custos irrecuperáveis e custos de oportunidade. A Masters Golf Products, Inc., gastou três anos e $ 1 milhão para desenvolver sua nova linha de tacos de golfe para substituir a que está se tornando obsoleta. Para começar a fabricar os novos produtos, a empresa terá de investir $ 1,8 milhão em novos equipamentos. Espera-se que os novos tacos gerem um aumento nas entradas de caixa operacionais de $ 750.000 por ano pelos próximos dez anos. A empresa determinou que a linha atual poderia ser vendida a um concorrente por $ 250.000.

a. Como devem ser classificados os custos de desenvolvimento de $ 1 milhão?

b. Como deve ser classificado o preço de venda de $ 250.000 da linha atual?

c. Represente todos os fluxos de caixa relevantes conhecidos em uma linha do tempo.

E11.5 Custos irrecuperáveis e custos de oportunidade. A Covol Industries está construindo os fluxos de caixa relevantes associados à proposta de substituição de uma máquina antiga por outra nova e de tecnologia mais avançada. Dados os seguintes custos relacionados ao projeto proposto, explique se cada um seria tratado como *custo irrecuperável* ou como *custo de oportunidade* na construção dos fluxos de caixa relevantes associados à decisão de substituição proposta.

a. A Covol poderia usar a ferramenta da máquina antiga, que tem um valor contábil de $ 40.000, na nova máquina.

b. A Covol poderia usar seu sistema de computação existente para desenvolver programas para operar a nova máquina. A antiga não necessitava desses programas. Apesar de o computador da empresa ter capacidade excedente disponível, essa capacidade poderia ser alugada para outra empresa por um valor anual de $ 17.000.

c. A Covol teria de obter espaço adicional para acomodar a nova máquina, que é maior do que a antiga. O espaço que poderia ser usado está sendo alugado a outra empresa por $ 10.000 por ano.

d. A Covol usaria uma pequena instalação de armazenamento para estocar a maior produção da nova máquina. A instalação de armazenamento foi construída pela Covol três anos atrás, a um custo de $ 120.000. Por causa de sua configuração e localização peculiares, ela não está sendo utilizada atualmente pela Covol nem por qualquer outra empresa.

e. A Covol manteria um guindaste usado, que tinha planejado vender pelo valor de mercado de $ 180.000. Embora ele não fosse necessário com a máquina antiga, seria utilizado para colocar matérias-primas na nova máquina.

E11.6 Fluxos de caixa irrecuperáveis e de oportunidade. Dave e Ann Stone estão morando na casa atual há seis anos. Durante esse período, substituíram o aquecedor de água por $ 375, a máquina de lavar louça por $ 599 e tiveram diversas outras despesas com reparos e manutenção, no valor aproximado de $ 1.500. Eles decidiram se mudar e alugar a casa por $ 975 ao mês. O anúncio no jornal custará $ 75. Dave e Ann pretendem pintar o interior da casa e lavar a parte externa. Eles estimam que os custos serão de cerca de $ 900.

Depois disso, a casa estará pronta para ser alugada. Ao rever a situação financeira, Dave considera todas as despesas relevantes, de modo que planeja abater as despesas estimadas, discutidas acima, da receita do aluguel.

a. Dave e Ann entendem a diferença entre *custos irrecuperáveis* e *custos de oportunidade*? Explique a eles os dois conceitos.

b. Quais das despesas deveriam ser classificadas como fluxos de caixa irrecuperáveis e quais deveriam ser vistas como fluxos de caixa de oportunidade?

E11.7 Valor contábil. Determine o valor contábil de cada um dos ativos apresentados na tabela a seguir, supondo que a depreciação pelo MACRS esteja sendo usada. Consulte as taxas de depreciação aplicáveis na Tabela 4.2, no Capítulo 4.

Ativo	Custo instalado	Período de recuperação (anos)	Tempo decorrido desde a compra (anos)
A	$ 950.000	5	3
B	40.000	3	1
C	96.000	5	4
D	350.000	5	1
E	1.500.000	7	5

  E11.8 Valor contábil e imposto de renda sobre a venda de ativos. A Troy Industries adquiriu uma nova máquina três anos atrás por $ 80.000. A máquina está sendo depreciada pelo MACRS com um período de recuperação de cinco anos usando as taxas indicadas na Tabela 4.2. Suponha uma alíquota de imposto de renda de 40%.

a. Qual é o *valor contábil* da máquina?

b. Calcule o imposto de renda devido pela empresa, se ela vender a máquina por cada um dos valores a seguir: $ 100.000; $ 56.000; $ 23.200; e $ 15.000.

 **E11.9 Cálculos de imposto de renda.** Para cada um dos casos a seguir, determine o imposto de renda total resultante da transação. Suponha uma alíquota de imposto de renda de 40%. O ativo foi comprado dois anos atrás por $ 200.000 e está sendo depreciado pelo MACRS usando um período de recuperação de cinco anos. (Consulte as taxas de depreciação aplicáveis na Tabela 4.2.)

a. O ativo é vendido por $ 220.000.

b. O ativo é vendido por $ 150.000.

c. O ativo é vendido por $ 96.000.

d. O ativo é vendido por $ 80.000.

 E11.10 Cálculo da variação do capital de giro líquido. A Samuels Manufacturing está avaliando a compra de uma nova máquina para substituir outra que considera obsoleta. A empresa tem ativo circulante total de $ 920.000 e passivo circulante total de $ 640.000. Em consequência da substituição proposta, estão previstas as seguintes *variações* nos níveis das contas de ativo circulante e passivo circulante indicadas na tabela.

Conta	Variação
Contas a pagar	+$ 40.000
Títulos negociáveis	0
Estoques	− 10.000
Fornecedores	+ 90.000
Títulos a pagar	0
Contas a receber	+ 150.000
Caixa	+ 15.000

a. Utilizando as informações apresentadas, calcule a *variação do capital de giro líquido* que se espera resultar da substituição proposta.

b. Explique por que uma variação dessas contas circulantes seria relevante na determinação do *investimento inicial* nas propostas de investimento em bens de capital.

c. A variação do capital de giro líquido faria parte de algum outro componente de fluxo de caixa que compõe os fluxos de caixa relevantes? Explique.

E11.11 Cálculo do investimento inicial. A Vastine Medical, Inc., está pensando em substituir seu sistema de computação existente, que foi comprado dois anos atrás, ao custo de $ 325.000. O sistema pode ser vendido hoje por $ 200.000 e está sendo depreciado pelo MACRS usando um período de recuperação de cinco anos (veja a Tabela 4.2). A compra e a instalação do novo sistema de computação custará $ 500.000. Essa substituição não implicará qualquer variação do capital de giro líquido. Suponha uma alíquota de 40%.

a. Calcule o *valor contábil* do sistema de computação existente.

b. Calcule os recebimentos após imposto de renda de sua venda por $ 200.000.

c. Calcule o *investimento inicial* associado ao projeto de substituição.

E11.12 Investimento inicial: cálculo básico. A Cushing Corporation está avaliando a compra de uma nova máquina de terraplenagem para substituir uma já existente. Esta foi comprada três anos atrás a um custo instalado de $ 20.000 e está sendo depreciada pelo MACRS usando um período de recuperação de cinco anos. (Consulte as taxas de depreciação aplicáveis na Tabela 4.2.) A máquina existente tem vida útil remanescente estimada de cinco anos. A nova custa $ 35.000 e requer $ 5.000 em custos de instalação; será depreciada pelo MACRS utilizando um período de recuperação de cinco anos. A máquina existente pode ser vendida hoje por $ 25.000 sem incorrer em custos de remoção ou limpeza. A empresa está sujeita a uma alíquota de imposto de renda de 40%. Calcule o *investimento inicial* associado à proposta de compra de uma nova máquina de terraplenagem.

E11.13 Investimento inicial com diferentes preços de venda. A Edwards Manufacturing Company (EMC) está avaliando a substituição de uma máquina por outra. A máquina antiga foi comprada três anos atrás a um custo instalado de $ 10.000. A empresa está depreciando a máquina pelo MACRS usando um período de recuperação de cinco anos. (Consulte as taxas de depreciação aplicáveis na Tabela 4.2.) A nova máquina custa $ 24.000 e requer custos de instalação de $ 2.000. A empresa está sujeita à alíquota de imposto de renda de 40%. Em cada um dos casos a seguir, calcule o *investimento inicial* para a substituição.

a. A EMC vende a máquina antiga por $ 11.000.

b. A EMC vende a máquina antiga por $ 7.000.

c. A EMC vende a máquina antiga por $ 2.900.

d. A EMC vende a máquina antiga por $ 1.500.

E11.14 Cálculo do investimento inicial. A DuPree Coffee Roasters, Inc., deseja expandir e modernizar suas instalações. O custo instalado de uma nova torrefadora de alimentação automática controlada por computador é de $ 130.000. A empresa pode vender a máquina atual com quatro anos de uso, por $ 35.000. Essa torrefadora custou $ 60.000 e está sendo depreciada usando o MACRS e um período de recuperação de sete anos. (Consulte as taxas de depreciação aplicáveis na Tabela 4.2.) A DuPree está sujeita à alíquota de imposto de renda de 40%.

a. Qual é o *valor contábil* da torrefadora atual?

b. Calcule os recebimentos após imposto de renda com a venda da torrefadora atual.

c. Calcule a *variação do capital de giro líquido* usando os dados apresentados na tabela a seguir.

Variações previstas de ativo e passivo circulantes	
Contas a pagar	−$ 20.000
Estoques	+50.000
Fornecedores	+40.000
Contas a receber	+70.000
Caixa	0
Títulos a pagar	+15.000

d. Calcule o *investimento inicial* associado à proposta da nova torrefadora.

E11.15 Depreciação. Uma empresa está avaliando a aquisição de um ativo que custa $ 64.000 e requer $ 4.000 em custos de instalação. Se a empresa depreciar o ativo pelo MACRS usando um período de recuperação de cinco anos (veja as taxas de depreciação aplicáveis na Tabela 4.2), determine a despesa de depreciação de cada ano.

E11.16 Entradas de caixa operacionais incrementais. Uma empresa está considerando renovar seu equipamento para atender à crescente demanda por seu produto. O custo de modificação do equipamento é de $ 1,9 milhão mais $ 100.000 em custos de instalação. A empresa depreciará a modificação do equipamento pelo MACRS, usando um período de recuperação de cinco anos. (Consulte as taxas de depreciação aplicáveis na Tabela 4.2.) A receita adicional de vendas resultante da renovação deve ser de $ 1,2 milhão por ano e as despesas operacionais e outros custos adicionais (excluindo depreciação e juros) devem chegar a 40% da receita de vendas adicionais. A empresa está sujeita à alíquota de imposto de renda de 40%. (*Observação:* responda às perguntas a seguir para cada um dos próximos *seis anos*.)

a. Que lucro incremental antes de depreciação, juros e imposto de renda resultará da renovação?

b. Que *lucro líquido operacional incremental* após imposto de renda resultará da renovação?

c. Que *fluxos de caixa operacionais incrementais* resultarão da renovação?

Exercício de finanças pessoais

E11.17 Fluxos de caixa operacionais incrementais. Richard e Linda Thomson oferecem serviços de jardinagem para propriedades comerciais e residenciais. Eles passaram vários anos usando um cortador de grama e acham que chegou a hora de comprar um novo. Eles gostariam de calcular os fluxos de caixa incrementais (relevantes) associados à substituição do cortador de grama antigo. Os dados a seguir estão disponíveis:

- O cortador de grama antigo tem cinco anos de vida útil remanescente.
- O cortador de grama antigo tem valor contábil igual a zero.
- Espera-se que o novo cortador de grama dure cinco anos.
- Os Thomsons usarão um período de recuperação de cinco anos pelo MACRS para o novo cortador.
- O valor depreciável do novo cortador de grama é de $ 1.800.
- Eles estão sujeitos à alíquota de imposto de renda de 40%.
- O novo cortador de grama deve usar menos combustível, além de ser mais eficiente e durável que o modelo anterior e pode resultar em uma redução das despesas operacionais de $ 500 por ano.
- Os Thomsons deverão fechar um contrato de manutenção que requer pagamentos anuais de $ 120.

Crie uma demonstração de *fluxo de caixa operacional incremental* para a substituição do cortador de grama de Richard e Linda e mostre o fluxo de caixa operacional incremental para os próximos seis anos.

E11.18 Fluxos de caixa operacionais incrementais: redução de despesas. A Miller Corporation está avaliando a possibilidade de substituir uma máquina. A substituição reduzirá as despesas operacionais (isto é, elevará o lucro antes de depreciação, juros e imposto de renda) em $ 16.000 por ano para cada um dos cinco anos de vida útil esperada da nova máquina. Embora a máquina antiga tenha valor contábil igual a zero, pode ser usada por mais cinco anos. O valor depreciável da nova máquina é de $ 48.000. A empresa depreciará a máquina pelo MACRS usando um período de recuperação de cinco anos (consulte as taxas de depreciação aplicáveis na Tabela 4.2) e está sujeita à alíquota de imposto de renda de 40%. Estime os *fluxos de caixa operacionais incrementais* gerados pela substituição. (*Observação:* não deixe de considerar a depreciação no ano 6.)

E11.19 Fluxos de caixa operacionais incrementais. A Strong Tool Company está avaliando a possibilidade de comprar um novo torno para substituir outro totalmente depreciado que durará mais cinco anos. Espera-se que o novo torno tenha uma vida útil de cinco anos e despesa de depreciação de $ 2.000 no ano 1, $ 3.200 no ano 2, $ 1.900 no ano 3, $ 1.200 nos anos 4 e 5 e $ 500 no ano 6. A empresa estima que as receitas e as despesas (excluindo depreciação e juros) do novo torno e do antigo sejam os apresentados na tabela a seguir. A empresa está sujeita à alíquota de imposto de renda de 40%.

	Torno novo		Torno antigo	
Ano	Receitas	Despesas (excluindo depreciação e juros)	Receitas	Despesas (excluindo depreciação e juros)
1	$ 40.000	$ 30.000	$ 35.000	$ 25.000
2	41.000	30.000	35.000	25.000
3	42.000	30.000	35.000	25.000
4	43.000	30.000	35.000	25.000
5	44.000	30.000	35.000	25.000

a. Calcule os *fluxos de caixa operacionais* associados a cada torno. (*Observação:* não deixe de considerar a depreciação no ano 6.)

b. Calcule os *fluxos de caixa operacionais incrementais* (*relevantes*) resultantes da proposta de substituição do torno.

c. Represente em uma linha do tempo os fluxos de caixa operacionais incrementais calculados no item **b**.

E11.20 Determinação das entradas de caixa operacionais incrementais. A Scenic Tours, Inc., é uma agência de turismo que oferece excursões de ônibus na região da Nova Inglaterra. A empresa está avaliando a substituição de dez de seus ônibus mais antigos. Os ônibus atuais foram adquiridos quatro anos atrás a um custo total de $ 2,7 milhões e estão sendo depreciados pelo MACRS usando um período de recuperação de cinco anos (veja a Tabela 4.2). Os novos ônibus teriam maior capacidade de transporte de passageiros e maior eficiência no consumo de combustível, além de custos de manutenção mais baixos. O custo total de dez novos ônibus é de $ 3 milhões. Do mesmo modo que os ônibus mais antigos, os novos seriam depreciados pelo MACRS com um período de recuperação de cinco anos. A

Scenic está sujeita à alíquota de imposto de renda de 40%. A tabela a seguir apresenta as receitas e despesas (excluindo depreciação e juros) da compra proposta, bem como da frota existente. Use todas as informações apresentadas para calcular os *fluxos de caixa operacionais incrementais* (*relevantes*) para a proposta de substituição.

	Ano					
	1	2	3	4	5	6
Ônibus novos propostos						
Receitas	$ 1.850.000	$ 1.850.000	$ 1.830.000	$ 1.825.000	$ 1.815.000	$ 1.800.000
Despesas (excluindo depreciação e juros)	460.000	460.000	468.000	472.000	485.000	500.000
Ônibus atuais						
Receitas	$ 1.800.000	$ 1.800.000	$ 1.790.000	$ 1.785.000	$ 1.775.000	$ 1.750.000
Despesas (excluindo depreciação e juros)	500.000	510.000	520.000	520.000	530.000	535.000

 E11.21 Fluxo de caixa terminal: diferentes vidas úteis e preços de venda. A Looner Industries está analisando atualmente a compra de uma nova máquina que custa $ 160.000 e requer custos de instalação de $ 20.000. A compra dessa máquina deve resultar em um aumento de $ 30.000 do capital de giro líquido para sustentar o nível mais elevado de operação. A empresa pretende depreciar a máquina pelo MACRS usando um período de recuperação de cinco anos (veja as taxas de depreciação aplicáveis na Tabela 4.2) e espera vendê-la por $ 10.000 líquido, antes do imposto de renda, no final de sua vida útil. A empresa está sujeita à alíquota de imposto de renda de 40%.

a. Calcule o *fluxo de caixa terminal* para uma vida útil de: (1) três anos, (2) cinco anos e (3) sete anos.

b. Discuta o efeito da vida útil no fluxo de caixa terminal usando suas respostas no item **a**.

c. Supondo uma vida útil de cinco anos, calcule o fluxo de caixa terminal se a máquina for vendida por (1) $ 9.000 líquido ou (2) $ 170.000 líquido (antes do imposto de renda) no final de cinco anos.

d. Discuta o efeito do preço de venda no fluxo de caixa terminal usando suas respostas no item **c**.

 E11.22 Fluxo de caixa terminal: decisão de substituição. A Russell Industries está avaliando a substituição de uma máquina totalmente depreciada e que tem vida útil remanescente de dez anos por outra mais nova e mais sofisticada. A nova máquina custará $ 200.000 e exigirá custos de instalação de $ 30.000. Será depreciada pelo MACRS usando um período de recuperação de cinco anos (veja as taxas de depreciação aplicáveis na Tabela 4.2). Será necessário um aumento de $ 25.000 do capital de giro líquido para suportar a nova máquina. Os administradores da empresa querem avaliar a potencial substituição ao longo de um período de quatro anos. Eles estimam que a máquina antiga poderia ser vendida no final de quatro anos por $ 15.000 líquido antes do imposto de renda; a nova máquina, no final de quatro anos, valeria $ 75.000 antes do imposto de renda. Calcule o *fluxo de caixa terminal* no final do ano 4 que é relevante para a compra proposta da nova máquina. A empresa está sujeita à alíquota de imposto de renda de 40%.

   E11.23 Fluxos de caixa relevantes para uma campanha de marketing. A Marcus Tube, uma fabricante de tubos de alumínio de alta qualidade, tem mantido vendas e lucros estáveis ao longo dos últimos dez anos. Embora o mercado de tubos de alumínio tenha se expandindo 3% ao ano, a Marcus não está conseguindo acompanhar esse crescimento. Para aumentar suas vendas, a empresa está avaliando uma agressiva campanha de marketing que envolverá publicar anúncios regulares em todos os periódicos especializados e sites relevantes e exibir os produtos em todas as principais feiras comerciais regionais e nacionais. Espera-se que a campanha exija investimento *anual* dedutível do imposto de renda de $ 150.000 nos próximos cinco anos. A receita de vendas, mostrada a seguir na demonstração de resultados de 2015, foi de $ 20 milhões. Se a campanha de marketing proposta não for implementada, espera-se que as vendas se mantenham no mesmo nível em cada um dos próximos cinco anos, de 2016 até 2020. Com a campanha de marketing, as vendas deverão aumentar para os níveis mostrados na tabela a seguir em cada um dos próximos cinco anos; o custo de mercadorias vendidas deve permanecer em 80% das vendas; as despesas gerais e administrativas (excluídos os desembolsos com a campanha de marketing) devem permanecer em 10% das vendas; e a despesa de depreciação anual deve permanecer em $ 500.000. Supondo uma alíquota de imposto de 40%, calcule os *fluxos de caixa relevantes* para os próximos cinco anos associados à proposta de campanha de marketing.

Demonstração de resultados da Marcus Tube do exercício encerrado em 31 de dezembro de 2015	
Receita de vendas	$ 20.000.000
Menos: Custo das mercadorias vendidas (80%)	16.000.000
Lucro bruto	$ 4.000.000
Menos: Despesas operacionais	
Despesas gerais e administrativas (10%)	$ 2.000.000
Despesa de depreciação	500.000
Total de despesas operacionais	$ 2.500.000
Lucro antes de juros e imposto de renda	$ 1.500.000
Menos: Imposto de renda (alíquota = 40%)	600.000
Lucro líquido operacional após imposto de renda	900.000

Previsão de vendas da Marcus Tube	
Ano	Receita das vendas
2016	$ 20.500.000
2017	21.000.000
2018	21.500.000
2019	22.500.000
2020	23.500.000

E11.24 Fluxos de caixa relevantes: sem valor terminal. A Central Laundry & Cleaners está avaliando a substituição de uma máquina existente por outra mais sofisticada. A máquina atual foi comprada três anos atrás a um custo de $ 50.000 e está sendo depreciada pelo MACRS usando um período de recuperação de cinco anos. Ela tem cinco anos de vida útil remanescente. A nova máquina que está sendo avaliada custa $ 76.000 e requer custos de instalação de $ 4.000. A nova máquina seria depreciada pelo MACRS usando um período de recuperação de cinco anos. A empresa pode vender a máquina antiga hoje por $ 55.000 sem incorrer em custos de remoção ou limpeza. A empresa está sujeita à alíquota de imposto de renda de 40%. As receitas e as despesas (excluindo depreciação e juros) associadas às máquinas nova e antiga para os próximos cinco anos são apresentadas na tabela a seguir. (Consulte as taxas de depreciação aplicáveis na Tabela 4.2.)

	Máquina nova		Máquina usada	
Ano	Receitas	Despesas (excluindo depreciação e juros)	Receitas	Despesas (excluindo depreciação e juros)
1	$ 750.000	$ 720.000	$ 674.000	$ 660.000
2	750.000	720.000	676.000	660.000
3	750.000	720.000	680.000	660.000
4	750.000	720.000	678.000	660.000
5	750.000	720.000	674.000	660.000

a. Calcule o *investimento inicial* associado à substituição da máquina antiga pela nova.

b. Determine os *fluxos de caixa operacionais incrementais* associados à proposta de substituição. (*Observação:* não deixe de considerar a depreciação no ano 6.)

c. Represente em uma linha do tempo os *fluxos de caixa relevantes* encontrados nos itens **a** e **b** associados à decisão de substituição proposta.

E11.25 Integrativo: determinação dos fluxos de caixa relevantes. A Lombard Company está pensando em comprar um novo esmeril de alta velocidade para substituir o existente. O esmeril existente foi comprado dois anos atrás a um custo instalado de $ 60.000 e está sendo depreciado pelo MACRS usando um período de recuperação de cinco anos; espera-se que tenha mais cinco anos de vida útil. O novo esmeril custa $ 105.000 e requer $ 5.000 em custos de instalação; tem uma vida útil de cinco anos e seria depreciado pelo MACRS também usando um período de recuperação de cinco anos. A Lombard pode vender o esmeril existente hoje por $ 70.000 sem incorrer em custos de remoção ou limpeza. Para sustentar o aumento do volume de negócios resultante da compra do novo esmeril, as contas a receber aumentarão em $ 40.000, os estoques em $ 30.000, e os fornecedores em $ 58.000. No final de cinco anos, o esmeril existente teria um valor de mercado igual a zero; o novo seria vendido por $ 29.000 líquido após os custos de remoção e limpeza e antes do imposto de renda. A empresa está sujeita à alíquota de imposto de renda de 40%. Os *lucros antes de depreciação, juros e imposto de renda* estimados para cinco anos, tanto para o esmeril novo quanto para o existente, estão apresentados na tabela a seguir. (Consulte as taxas de depreciação aplicáveis na Tabela 4.2.)

	Lucro antes de depreciação, juros e imposto de renda	
Ano	Esmeril novo	Esmeril existente
1	$ 43.000	$ 26.000
2	43.000	24.000
3	43.000	22.000
4	43.000	20.000
5	43.000	18.000

a. Calcule o *investimento inicial* associado à substituição do esmeril existente pelo novo.

b. Determine os *fluxos de caixa operacionais incrementais* associados à proposta de substituição. (*Observação:* não deixe de considerar a depreciação no ano 6.)

c. Determine o *fluxo de caixa terminal* esperado no final do ano 5 com a proposta de substituição.

c. Represente em uma linha do tempo os *fluxos de caixa relevantes* associados à decisão de substituição proposta.

Exercício de finanças pessoais

E11.26 Determinação dos fluxos de caixa relevantes para um novo barco. Jan e Deana sonham em comprar um barco e decidiram estimar os fluxos de caixa para tomar a melhor decisão. Eles esperam ter uma renda anual disponível de $ 24.000. Suas estimativas de fluxo de caixa para a compra do barco são as seguintes:

Preço do barco novo	$ 70.000
Imposto de renda sobre a venda (aplicável ao preço de compra)	6,5%
Barco usado dado como parte de pagamento	0

(continua)

(continuação)

Valor estimado do barco novo daqui a quatro anos	$ 40.000
Custo mensal estimado com reparos e manutenção	$ 800
Mensalidade estimada da marina	$ 500

Usando essas estimativas de fluxo de caixa, calcule:

a. O investimento inicial.

b. O fluxo de caixa operacional.

c. O fluxo de caixa terminal.

d. O resumo do fluxo de caixa anual.

e. Com base na renda anual disponível de Jan e Deana, que recomendação você daria com relação à proposta de compra do barco?

E11.27 Integrativo: determinação dos fluxos de caixa relevantes. A Atlantic Drydock está considerando substituir um guindaste existente e está avaliando duas opções de equipamentos mais novos e eficientes. O guindaste existente tem três anos de uso, custou $ 32.000 e está sendo depreciado pelo MACRS usando um período de recuperação de cinco anos. Embora ele só tenha três anos (anos 4, 5 e 6) de depreciação restantes pelo MACRS, tem uma vida útil remanescente de cinco anos. O guindaste A, uma das duas possíveis opções de substituição, custa $ 40.000 e exige $ 8.000 para instalação. Tem uma vida útil de cinco anos e será depreciado pelo MACRS usando um período de recuperação de cinco anos. O guindaste B custa $ 54.000 e exige $ 6.000 para instalação. Também tem uma vida útil de cinco anos e será depreciado pelo MACRS usando um período de recuperação de cinco anos.

Investimentos adicionais em capital de giro líquido acompanharão a decisão de adquirir o guindaste A ou B. A compra do guindaste A resultaria em um aumento de $ 4.000 do capital de giro líquido; o guindaste B resultaria em um aumento de $ 6.000 do capital de giro líquido. Os *lucros antes de depreciação, juros e imposto de renda* projetados para cada alternativa de guindaste e para o guindaste existente são apresentados na tabela a seguir.

Ano	Lucro antes de depreciação, juros e imposto de renda		
	Guindaste A	Guindaste B	Guindaste existente
1	$ 21.000	$ 22.000	$ 14.000
2	21.000	24.000	14.000
3	21.000	26.000	14.000
4	21.000	26.000	14.000
5	21.000	26.000	14.000

O guindaste existente pode ser vendido hoje por $ 18.000 sem incorrer em quaisquer custos de remoção ou limpeza. No final de cinco anos, o guindaste existente pode ser vendido por $ 1.000 líquido antes do imposto de renda. Os guindastes A e B podem ser vendidos por $ 12.000 e $ 20.000 líquido antes do imposto de renda, respectivamente, no final do período de cinco anos. A empresa está sujeita à alíquota de imposto de renda de 40%. (Consulte as taxas de depreciação aplicáveis na Tabela 4.2.)

a. Calcule o *investimento inicial* associado a cada alternativa.

b. Calcule os *fluxos de caixa operacionais incrementais* associados a cada alternativa. (*Observação:* não deixe de considerar a depreciação no ano 6.)

c. Calcule o *fluxo de caixa terminal* no final do ano 5 associado a cada alternativa.

d. Represente em uma linha do tempo os *fluxos de caixa relevantes* associados a cada alternativa.

E11.28 Integrativo: decisão completa de investimento. A Wells Printing está avaliando a compra de uma nova impressora industrial. O custo instalado da impressora é de $ 2,2 milhões. Esse desembolso seria parcialmente compensado pela venda de uma impressora existente. A impressora existente tem valor contábil igual a zero, custou $ 1 milhão há dez anos e pode ser vendida hoje por $ 1,2 milhão antes do imposto de renda. Em consequência da aquisição da nova impressora, espera-se que as receitas de vendas em cada um dos próximos cinco anos sejam $ 1,6 milhão mais altas do que as com a impressora existente, mas os custos do produto (excluindo depreciação) representarão 50% da receita de vendas. A nova impressora não afetará o capital de giro líquido da empresa e será depreciada pelo MACRS usando um período de recuperação de cinco anos. A empresa está sujeita à alíquota de imposto de renda de 40%. O custo de capital da Wells Printing é de 11%. (*Observação:* suponha que tanto a impressora existente quanto a nova terão um valor terminal de $ 0 no final do ano 6.)

a. Determine o *investimento inicial* exigido pela nova impressora.

b. Determine os *fluxos de caixa operacionais* atribuíveis à nova impressora. (*Observação:* não deixe de considerar a depreciação no ano 6.)

c. Determine o período de *payback*.

d. Determine o *valor presente líquido* (*VPL*) e a *taxa interna de retorno* (*TIR*) relacionados à proposta da nova impressora.

e. Faça uma recomendação de aceitar ou rejeitar a nova impressora e justifique sua resposta.

E11.29 Integrativo: decisão de investimento. A Holliday Manufacturing está avaliando a substituição de uma máquina existente. A nova máquina custa $ 1,2 milhão e exige custos de instalação de $ 150.000. A máquina existente pode ser vendida hoje por $ 185.000 antes do imposto de renda. Ela tem dois anos, custou $ 800.000, tem valor contábil de $ 384.000 e vida útil remanescente de cinco anos. Ela tem sido depreciada pelo MACRS usando um período de recuperação de cinco anos (veja a Tabela 4.2), e, portanto, tem ainda quatro anos de depreciação remanescente. Se for mantida por mais cinco anos, seu valor de mercado no final do ano 5 será de $ 0. Ao longo de sua vida útil de cinco anos, a nova máquina reduzirá os custos operacionais em $ 350.000 por ano, e será depreciada pelo MACRS também usando um período de recuperação de cinco anos. A nova máquina pode ser vendida por $ 200.000 líquido de custos de remoção e limpeza no final de cinco anos. Caso a nova máquina seja adquirida, será necessário um aumento do investimento em capital de giro líquido de $ 25.000. Suponha que a empresa tenha um lucro operacional adequado e que poderá deduzir quaisquer prejuízos decorrentes da venda da máquina existente. A empresa tem um custo de capital de 9% e está sujeita à alíquota de imposto de renda de 40%.

a. Construa os *fluxos de caixa relevantes* necessários para analisar a proposta de substituição.

b. Determine o *valor presente líquido* (*VPL*) da proposta.

c. Determine a *taxa interna de retorno* (*TIR*) da proposta.

d. Faça uma recomendação de aceitar ou rejeitar a proposta de substituição e justifique sua resposta.

e. Qual é o custo de capital mais elevado que a empresa poderia ter e ainda assim aceitar a proposta? Explique.

E11.30 Problema de ética. As projeções de fluxo de caixa são o principal componente da análise de novas propostas de investimento. Na maioria das empresas, a pessoa responsável por fazer essas projeções não é a mesma que gerou a proposta de investimento. Por quê?

Exercício com planilha

A Damon Corporation, uma fabricante de equipamentos esportivos, tem uma máquina que foi comprada três anos atrás por $ 120.000. A empresa deprecia essa máquina pelo MACRS usando um período de recuperação de cinco anos. Depois de considerar os custos de remoção e limpeza, o preço líquido esperado de venda da máquina existente é de $ 70.000.

A Damon pode comprar uma nova máquina por um preço líquido de $ 160.000 (incluindo custos de instalação de $ 15.000), e depreciá-la pelo MACRS usando um período de recuperação de cinco anos. Se a empresa adquirir a nova máquina, suas necessidades de capital de giro mudarão: contas a receber aumentarão $ 15.000, estoque aumentará $ 19.000 e fornecedores aumentarão $ 16.000.

Espera-se que o lucro antes de depreciação, juros e imposto de renda (LADJIR) com a máquina existente seja de $ 95.000 para cada um dos próximos cinco anos. Com a nova máquina, o LADJIR esperado para cada um dos próximos cinco anos será de $ 105.000, $ 110.000, $ 120.000, $ 120.000 e $ 120.000, respectivamente. A taxa de imposto de renda (T) da empresa é de 40%. (A Tabela 4.2 apresenta as taxas de depreciação pelo MACRS.)

A Damon espera ser capaz de liquidar a nova máquina no final de sua vida útil de cinco anos por $ 24.000 (depois de pagar os custos de remoção e limpeza). A máquina existente deve gerar $ 8.000 líquido, se liquidada no final do mesmo período. A Damon espera recuperar seu investimento em capital de giro líquido no encerramento do projeto. A empresa está sujeita à alíquota de imposto de renda de 40%.

TAREFA

Crie uma planilha semelhante às tabelas 11.1, 11.5, 11.7 e 11.9 para responder os itens a seguir:

a. Crie uma planilha para calcular o *investimento inicial*.

b. Crie uma planilha para preparar um *cronograma de depreciação* tanto para a nova máquina quanto para a máquina existente. As duas máquinas devem ser depreciadas pelo MACRS usando um período de recuperação de cinco anos. Lembre-se de que a máquina existente tem somente três anos de depreciação remanescentes.

c. Crie uma planilha para calcular os *fluxos de caixa operacionais* da Damon Corporation tanto para a nova máquina quanto para a máquina existente.

d. Crie uma planilha para calcular o *fluxo de caixa terminal* associado ao projeto.

Capítulo 12

Risco e refinamentos em orçamento de capital

Objetivos de aprendizagem

OA 1 Entender a importância de reconhecer o risco na análise de projetos de orçamento de capital.

OA 2 Discutir risco e entradas de caixa, análise de cenários e simulações como abordagens comportamentais para lidar com o risco.

OA 3 Rever os riscos específicos que as empresas multinacionais enfrentam.

OA 4 Descrever a determinação e o uso de taxas de desconto ajustadas ao risco (TDARs), os efeitos de carteira e os aspectos práticos de TDRAs.

OA 5 Selecionar o melhor de um grupo de projetos mutuamente excludente e com durações diferentes usando valores presentes líquidos anualizados (VPLAs).

OA 6 Explicar o papel das opções reais e o objetivo e os procedimentos para selecionar projetos sob racionamento de capital.

Por que este capítulo é importante para você?

Na sua vida PROFISSIONAL

CONTABILIDADE Para entender o risco causado pela variabilidade dos fluxos de caixa, comparar projetos com durações de tempo diferentes e medir retornos de projeto quando existe racionamento de capital.

SISTEMAS DE INFORMAÇÃO Para entender como o risco é incorporado às técnicas de orçamento de capital e como essas técnicas podem ser refinadas diante de circunstâncias especiais, de modo a criar módulos de decisão para uso em análise de propostas de projetos de investimento em bens de capital.

GESTÃO Para entender as abordagens comportamentais para lidar com o risco — incluindo o risco internacional — em decisões de orçamento de capital; como ajustar as taxas de desconto ao risco; como refinar as técnicas de orçamento de capital quando os projetos têm durações diferentes ou quando há racionamento de capital; e como reconhecer opções reais implícitas em projetos de investimento em bens de capital.

MARKETING Para entender como o risco de projetos propostos é mensurado em orçamento de capital, como projetos com durações diferentes são avaliados, como reconhecer e tratar opções reais implícitas em projetos propostos e como os projetos são avaliados quando há racionamento de capital.

OPERAÇÕES Para entender como as propostas de aquisição de novos equipamentos e instalações são avaliadas pelos tomadores de decisão da empresa, especialmente no caso de projetos arriscados, com durações diferentes, ou que precisam ser abandonados ou adiados, ou ainda quando o capital é limitado.

Na sua vida PESSOAL

O risco está presente em todas as decisões de longo prazo. Ao tomar decisões financeiras pessoais, você deve considerar o risco. Em termos simples, quanto maior o risco, maior o retorno que você deve exigir. Deixar de incorporar o risco em seu processo de tomada de decisão financeira provavelmente resultará em más decisões e redução de riqueza.

YPF

Argentina confisca companhia de petróleo de seus proprietários espanhóis

A YPF é a maior companhia de petróleo da Argentina. Depois de operar por mais de 70 anos como uma empresa estatal, a YPF foi privatizada em 1993 e mais tarde adquirida pela empresa espanhola Repsol S. A. No contrato de compra, o governo da Argentina manteve uma *golden share* (ou *ação de ouro* — que se refere à criação de ação de classe especial, muito utilizada em processos de privatização), dando, essencialmente, ao governo o direito de derrotar todos os outros acionistas na votação de determinados assuntos.

Depois da aquisição da YPF pela Repsol, a produção da empresa argentina decaiu. Em 2011, a Argentina registrou, pela primeira vez em quase 15 anos, um déficit no comércio internacional de energia (significando que importou mais energia do que exportou). Funcionários do governo começaram a culpar a Repsol, acusando a empresa de administrar mal a YPF e não investir o suficiente na exploração e produção na Argentina. Governadores de várias províncias rescindiram contratos de arrendamento da Repsol, uma atitude que contribuiu para uma queda de 50% nas ações da YPF no período entre os meses de fevereiro e o início de abril do ano de 2012. Finalmente, em 16 de abril, a presidente da Argentina, Cristina Kirchner, anunciou que seu país retiraria a participação majoritária que a Repsol detinha na YPF, confiscando os ativos da empresa. A Repsol receberia alguma remuneração em troca de suas ações da YPF, mas os executivos da empresa insistiram que a remuneração oferecida estava muito abaixo do valor dos ativos confiscados.

Pouco mais de um ano depois, a Chevron Corp. anunciou que iria financiar a maior parte de uma *joint venture* de US$ 1,5 bilhão com a YPF para explorar os depósitos de petróleo e gás de xisto no país. Observadores notaram que, ao fazer um investimento tão grande na Argentina, a Chevron demonstrava sua disposição em assumir não só os riscos inerentes associados à exploração de petróleo e gás, mas também os riscos políticos de possuir operações na Argentina.

Quando as empresas realizam grandes investimentos, não podem evitar assumir riscos. E esses riscos podem ser decorrentes da natureza do setor em que a empresa atua, como no caso da exploração de petróleo, mas também de fatores políticos, que podem diminuir o valor dos investimentos de uma empresa.

Este capítulo foca nas ferramentas disponíveis que ajudam os administradores a entender melhor os riscos de grandes investimentos.

12.1 Introdução ao risco em orçamento de capital

Em nossa discussão sobre orçamento de capital até o momento, assumimos que todos os projetos de investimento de uma empresa têm o mesmo risco, o que implica que a aceitação de qualquer projeto não alteraria o risco total da empresa. Na verdade, isso raramente acontece: os projetos não apresentam o mesmo risco, e a aceitação de um projeto pode ser responsável pelo aumento ou diminuição do risco total de uma empresa. Começamos este capítulo abandonando essas premissas e focando em como os administradores avaliam o risco de diferentes projetos. Para tanto, usaremos muitos dos conceitos de risco desenvolvidos no Capítulo 8.

Continuaremos também a usar o exemplo da Bennett Company do Capítulo 10. Os fluxos de caixa relevantes e os VPLs dos dois projetos mutuamente excludentes — A e B — da Bennett Company são apresentados na Tabela 12.1.

Nas próximas três seções usaremos os conceitos básicos de risco apresentados no Capítulo 8 para demonstrar abordagens comportamentais para lidar com o risco, considerações sobre o risco internacional e o uso de taxas de desconto ajustadas ao risco para reconhecer explicitamente o risco na análise de projetos de orçamento de capital.

→ **QUESTÃO PARA REVISÃO**

12.1 A maioria dos projetos de orçamento de capital mutuamente excludentes tem o mesmo risco? Se você pensar a empresa como uma carteira de diferentes tipos de investimento, como a aceitação de um projeto pode mudar o risco total da empresa?

12.2 Abordagens comportamentais para lidar com o risco

Abordagens comportamentais podem ser usadas para se ter uma "noção" do nível de risco do projeto, ao passo que outras abordagens tentam quantificar e medir propriamente o

Tabela 12.1 Fluxos de caixa relevantes e VPLs de projetos da Bennett Company

	Projeto A	Projeto B
A. Fluxos de caixa relevantes		
Investimento inicial	−$ 42.000	−$ 45.000
Ano	\multicolumn{2}{c}{Entradas de caixa operacionais}	
1	$ 14.000	$ 28.000
2	14.000	12.000
3	14.000	10.000
4	14.000	10.000
5	14.000	10.000
B. Técnica de decisão		
VPL ao custo de capital de 10%[a]	$ 11.071	$ 10.924

[a] Com base na Figura 10.2, no Capítulo 10; calculado com uma calculadora financeira.

risco do projeto. Aqui, apresentamos algumas abordagens comportamentais para lidar com o risco no orçamento de capital: análise de equilíbrio, análise de cenários e simulação.

ANÁLISE DE EQUILÍBRIO

No contexto do orçamento de capital, o termo **risco** refere-se à incerteza que envolve os fluxos de caixa que um projeto deve gerar. Em termos mais formais, o risco em orçamento de capital equivale ao grau de variabilidade dos fluxos de caixa. Os projetos com grande amplitude de fluxos de caixa esperados são mais arriscados do que os projetos com menor amplitude de fluxos de caixa esperados.

Em muitos casos, o risco decorre quase inteiramente dos *fluxos de caixa* que um projeto gerará por muitos anos no futuro, pois o investimento inicial em geral é conhecido com relativa certeza. Os fluxos de caixa subsequentes derivam, evidentemente, de diversas variáveis relacionadas a receitas, despesas e impostos. Exemplos incluem: nível de vendas, custo de matérias-primas, preço da mão de obra, custos de serviços de utilidade pública e alíquotas de imposto. Vamos nos concentrar no risco dos fluxos de caixa, mas lembre-se que esse risco, na verdade, resulta da interação dessas variáveis subjacentes. Desse modo, para avaliar o risco de uma proposta de investimento em bens de capital, o analista precisa avaliar a probabilidade de que as entradas de caixa sejam grandes o suficiente para produzir um VPL positivo.

risco (em orçamento de capital)
A incerteza que envolve os fluxos de caixa que um projeto deve gerar ou, em termos mais formais, o grau de variabilidade dos fluxos de caixa.

Exemplo 12.1

A Treadwell Tire Company, uma revendedora de pneus com custo de capital de 10%, está pensando em investir em um de dois projetos mutuamente excludentes, A e B. Cada um exige investimento inicial de $ 10.000, e ambos devem fornecer entradas de caixa anuais e iguais ao longo de suas vidas úteis de 15 anos. Para que qualquer um dos projetos seja aceitável, o VPL deve ser maior que zero. Em outras palavras, o valor presente da anuidade (isso é, as entradas de caixa do projeto) deve ser maior que a saída inicial de caixa. Se FC for igual à entrada de caixa anual e FC_0 for igual ao investimento inicial, a condição a seguir precisa ser atendida para que os projetos com entradas de caixa na forma de anuidades, tais como A e B, sejam aceitáveis:[1]

$$\text{VPL} = \left(\frac{FC}{r}\right) \times \left[1 - \frac{1}{(1+r)^n}\right] - FC_0 > \$0 \qquad (12.1)$$

Substituindo $r = 10\%$, $n = 15$ anos e $FC_0 = \$ 10.000$, podemos encontrar a **entrada de caixa de equilíbrio**, ou seja, o nível mínimo de entrada de caixa necessário para que os projetos da Treadwell sejam aceitáveis.

Uso da calculadora Sabendo que o investimento inicial (FC_0) é o valor presente (PV), podemos inserir os dados mostrados na imagem ao lado na calculadora para encontrar a entrada de caixa de equilíbrio (FC), que é uma anuidade ordinária (PMT).

Uso de planilha A entrada de caixa de equilíbrio também pode ser calculada como mostra a planilha Excel a seguir.

Os valores obtidos com a calculadora e a planilha eletrônica indicam que, para os projetos serem aceitáveis, devem ter entradas de caixa anuais de pelo menos $ 1.315. Dado esse nível de equilíbrio para as entradas de caixa, o risco de cada projeto pode ser estimado por meio da determinação da probabilidade de que as entradas de caixa do projeto sejam iguais ou superiores a esse nível de equilíbrio. As diversas técnicas

entrada de caixa de equilíbrio
O nível mínimo de entrada de caixa necessário para que um projeto seja aceitável, isto é, VPL > 0 $.

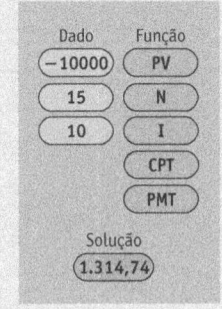

---

[1] Essa equação faz uso do atalho algébrico para o valor presente de uma anuidade, apresentado no Exemplo 5.7, de finanças pessoais, no Capítulo 5.

estatísticas que determinariam essa probabilidade são abordadas em cursos mais avançados.² Por ora, podemos simplesmente assumir que essa análise estatística resulta no seguinte:

	A	B
1	ENTRADA DE CAIXA DE EQUILÍBRIO	
2	Custo de capital	10%
3	Número de anos	15
4	Investimento inicial	–$ 10.000
5	Entrada de caixa de equilíbrio	$ 1.314,74

O conteúdo da célula B5 é =PMT(B2,B3,B4,0,0). O sinal negativo aparece antes do investimento inicial em B4 porque é uma saída de caixa.

Probabilidade de FC_A > $ 1.315 → 100%

Probabilidade de FC_B > $ 1.315 → 65%

Como há certeza de que o projeto A (100% de probabilidade) terá valor presente líquido positivo, e considerando que há apenas 65% de probabilidade de o projeto B ter VPL positivo, o projeto A parece menos arriscado do que o B. Evidentemente, os níveis esperados de entrada de caixa anual e VPL associados a cada projeto precisam ser avaliados em vista da preferência da empresa pelo risco antes da decisão final por um ou por outro projeto.

O exemplo identifica claramente o risco relacionado à possibilidade de que um projeto seja aceitável, mas não aborda a questão da variabilidade do fluxo de caixa. Ainda que o projeto B tenha maior probabilidade de perda do que o A, poderia resultar em maiores VPLs potenciais. Lembre-se que é a *combinação* de risco e retorno que determina o valor. De forma similar, o benefício de um investimento em bens de capital e seu impacto no valor da empresa devem ser examinados à luz tanto do risco quanto do retorno. O analista deve, portanto, considerar a *variabilidade* das entradas de caixa e dos VPLs para avaliar totalmente o risco e o retorno do projeto.

ANÁLISE DE CENÁRIOS

A análise de cenários pode ser utilizada para lidar com o risco do projeto para capturar a variabilidade das entradas de caixa e dos VPLs. A *análise de cenários* é uma abordagem comportamental que utiliza diversos resultados alternativos possíveis (cenários) para obter uma noção da variabilidade dos retornos, medidos aqui pelo VPL. Essa técnica costuma ser útil para fornecer uma ideia da variabilidade do retorno em resposta a mudanças de algum resultado fundamental. Em orçamento de capital, uma das abordagens de cenários mais comuns é estimar os VPLs associados a estimativas pessimista (pior), mais provável (esperada) e otimista (melhor) de entradas de caixa. A *amplitude* pode ser determinada subtraindo-se o VPL do resultado pessimista do VPL do resultado otimista.

---

2 Distribuições normais costumam ser utilizadas para desenvolver o conceito de *probabilidade de sucesso*, isto é, de um projeto ter VPL positivo. O leitor interessado em saber mais sobre essa técnica deve consultar qualquer texto de administração financeira de MBA ou pós-graduação.

Exemplo 12.2

Continuando com o exemplo da Treadwell Tire Company, suponha que o administrador financeiro criou três cenários para cada projeto: pessimista, mais provável e otimista. As entradas de caixa e os VPLs resultantes em cada caso estão resumidos na Tabela 12.2. Comparando as amplitudes das entradas de caixa ($ 1.000 para o projeto A e $ 4.000 para o projeto B) e, mais importante, as amplitudes dos VPLs ($ 7.606 para o projeto A e $ 30.424 para o projeto B), fica claro que o projeto A é menos arriscado do que o B. Considerando que os dois projetos têm o mesmo VPL mais provável de $ 5.212, o tomador de decisão avesso ao risco escolherá o projeto A por ter menos risco (menor amplitude do VPL) e nenhuma possibilidade de perda (todos os VPLs > $ 0).

Tabela 12.2 Análise de cenários dos projetos A e B da Treadwell

	Projeto A	Projeto B
Investimento inicial	–$ 10.000	–$ 10.000
	Entradas de caixa anuais	
Resultado		
Pessimista	$ 1.500	$ 0
Mais provável	2.000	2.000
Otimista	2.500	4.000
Amplitude	1.000	4.000
	Valor presente líquido[a]	
Resultado		
Pessimista	$ 1.409	–$ 10.000
Mais provável	5.212	5.212
Otimista	9.015	20.424
Amplitude	7.606	30.424

[a] Esses valores foram calculados utilizando-se as entradas de caixa anuais correspondentes. Foram utilizados custo de capital de 10% e vida útil de 15 anos para as entradas anuais de caixa.

A ampla disponibilidade de computadores e planilhas eletrônicas aumentou consideravelmente a utilização da análise de cenários, pois a tecnologia permite que os analistas criem rapidamente uma ampla gama de diferentes cenários.

SIMULAÇÃO

A **simulação** é uma abordagem comportamental baseada em estatística que aplica distribuições de probabilidade predeterminadas e números aleatórios para estimar resultados de risco. Ao vincular os diversos componentes do fluxo de caixa a um modelo matemático e repetir o processo várias vezes, o administrador financeiro pode construir uma distribuição de probabilidade dos retornos do projeto.

A Figura 12.1 apresenta um fluxograma da simulação do valor presente líquido de um projeto. O processo de geração de números aleatórios e o uso das distribuições de probabilidade para entradas e saídas de caixa permitem que o administrador financeiro determine valores para cada uma dessas variáveis. Substituindo esses valores no modelo matemático, chegamos a um VPL. Ao repetir esse processo talvez mil vezes, os administradores podem criar uma distribuição de probabilidade dos valores presentes líquidos.

simulação
Uma abordagem comportamental baseada em estatística que aplica distribuições de probabilidade predeterminadas e números aleatórios para estimar resultados de risco.

Figura 12.1 ▶ Simulação de VPL

Fluxograma de uma simulação de valor presente líquido.

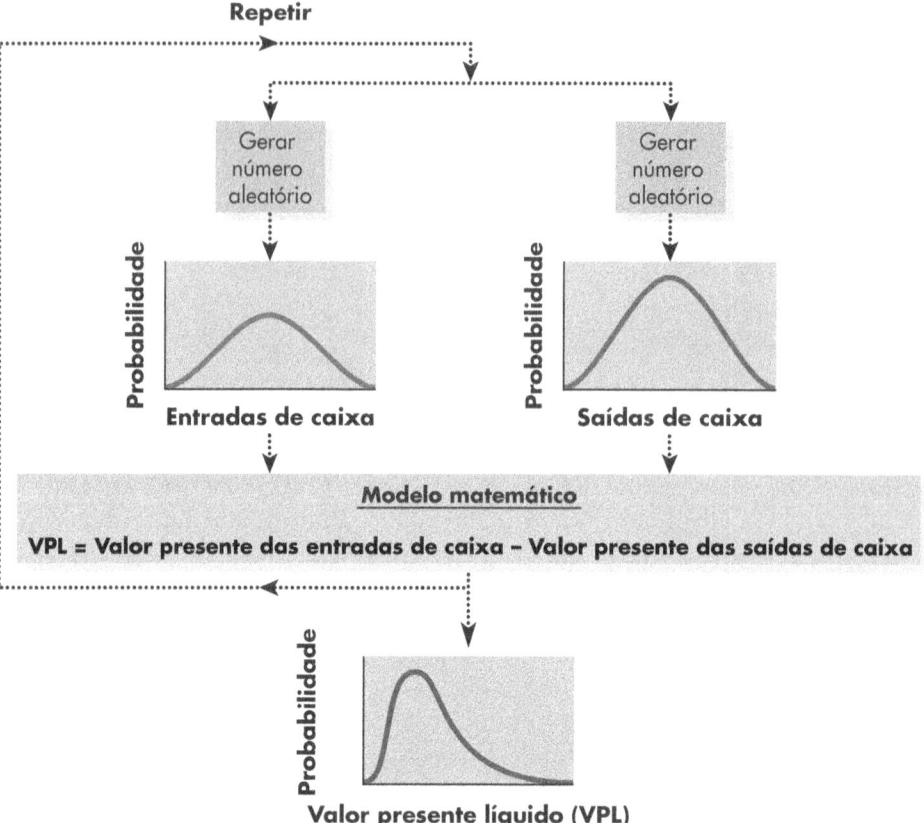

Embora a Figura 12.1 simule apenas as entradas e saídas brutas de caixa, simulações mais sofisticadas, usando componentes individuais de entrada e saída, tais como volume de vendas, preço de venda, custo de matérias-primas, custo de mão de obra e despesas de manutenção, são bastante comuns. A partir da distribuição de retornos, o tomador de decisão pode determinar não apenas o valor esperado do retorno como também a probabilidade de atingir ou superar um determinado retorno. O uso de computadores viabilizou a abordagem de simulação. Programas de simulação de Monte Carlo, popularizados pelo uso generalizado de computadores pessoais, são descritos no quadro *Foco na Prática*, a seguir.

O resultado da simulação fornece uma base excelente para a tomada de decisões, pois permite que o tomador de decisão veja uma sequência contínua de trade-offs entre risco e retorno, em vez de uma única estimativa pontual.

→ **QUESTÕES PARA REVISÃO**

12.2 Defina *risco* em termos de fluxos de caixa de um projeto de orçamento de capital.
Como a determinação da *entrada de caixa de equilíbrio* pode ser utilizada para avaliar o risco do projeto?

12.3 Descreva como cada uma das seguintes abordagens comportamentais pode ser utilizada para lidar com o risco de um projeto: (**a**) análise de cenários e (**b**) simulação.

Foco na PRÁTICA

Método de Monte Carlo: a previsão é por menos incerteza

na prática A maioria das decisões de orçamento de capital envolve algum grau de incerteza. Podemos tomar como exemplo uma empresa que enfrenta algum grau de incerteza associado à demanda por um novo produto. Um método para contabilizar essa incerteza é tirar a média da previsão mais alta e da mais baixa de vendas. Esse método, no entanto, é falho. Produzir a média da demanda esperada pode levar a super ou subprodução, nenhuma das quais é tão lucrativa como ter o volume de produção ideal.

Para combater a incerteza no processo de tomada de decisão, algumas empresas utilizam o programa de simulação de Monte Carlo para modelar os resultados possíveis. Desenvolvido na Segunda Guerra Mundial por matemáticos que trabalhavam na bomba atômica, o *método de Monte Carlo* não foi amplamente usado até o advento do computador pessoal. Esse programa de simulação gera aleatoriamente valores para variáveis incertas repetidamente com o objetivo de simular um modelo. A simulação requer então que os usuários desenvolvam estimativas baixa, alta e mais provável de custo, juntamente com os coeficientes de correlação. Uma vez derivados esses dados, o programa pode executar apenas algumas simulações, ou milhares, em apenas alguns segundos.

Um programa de Monte Carlo normalmente constrói um histograma dos resultados, chamado de *mapa de frequência*, para cada previsão ou célula de resultado que o usuário deseja analisar. O programa oferece uma probabilidade de que uma previsão específica fique dentro de um determinado intervalo, bem parecido com uma previsão do tempo. Também possui um recurso de otimização que permite a um gerente de projeto com restrições orçamentárias descobrir qual combinação de possíveis projetos resultará no maior lucro.

Um dos problemas com o uso de um programa de Monte Carlo está na dificuldade de estabelecer os intervalos de entrada corretos para as variáveis e determinar os coeficientes de correlação para essas mesmas variáveis. No entanto, o trabalho dedicado para o desenvolvimento de insumos para o programa pode muitas vezes esclarecer alguma incerteza em um projeto proposto. Embora a simulação de Monte Carlo não seja a resposta perfeita para problemas de orçamento de capital, é outra ferramenta que empresas como Alcoa, Motorola, Intel, Procter & Gamble e Walt Disney usam para gerenciar riscos e tomar decisões de negócios e estratégicas mais embasadas.

- *Um programa de simulação de Monte Carlo requer que o usuário, em primeiro lugar, construa um modelo em planilha Excel que capture as variáveis de entrada do projeto proposto. Quais questões e benefícios pode o usuário derivar desse processo?*

12.3 Considerações de risco internacional

Embora as técnicas básicas de orçamento de capital sejam as mesmas para empresas multinacionais (EMNs) e para empresas totalmente domésticas, as que operam em vários países enfrentam riscos que são exclusivos do cenário internacional. Dois tipos de risco — risco cambial e risco político — são particularmente importantes.

FATOS e DADOS

Ajustes para o risco cambial

Uma pesquisa com diretores financeiros (CFOs) descobriu que mais de 40% deles acreditavam que era importante ajustar os fluxos de caixa ou as taxas de desconto de um projeto de investimento para explicar o risco cambial.

risco cambial
O perigo que uma variação imprevista da taxa de câmbio entre o dólar e a moeda em que os fluxos de caixa de um projeto são denominados reduza o valor de mercado desse fluxo de caixa.

O **risco cambial** reflete o perigo que uma variação imprevista da taxa de câmbio entre o dólar e a moeda em que os fluxos de caixa de um projeto são denominados reduza o valor de mercado desses fluxos de caixa. O valor em dólares das entradas de caixa futuras pode ser dramaticamente alterado se a moeda local se desvalorizar em relação ao dólar. No curto prazo, é possível fazer *hedge* de fluxos de caixa específicos por meio de instrumentos financeiros como futuros e opções cambiais. O risco cambial de longo prazo pode ser minimizado financiando-se o projeto, no todo ou em parte, em moeda local.

É muito mais difícil, entretanto, se proteger do *risco político*. Empresas que fazem investimentos no exterior podem se deparar com a restrição do governo anfitrião com relação à remessa de lucros. Governos podem confiscar os ativos da empresa ou de outra forma interferir na operação de um projeto. As dificuldades de administrar o risco político após o fato tornam ainda mais importante que os administradores considerem os riscos políticos *antes* de fazer um investimento. Isso pode ser feito por meio do ajuste das entradas de caixa esperadas do projeto para considerar a probabilidade de interferência política ou pela aplicação de *taxas de desconto ajustadas ao risco* (que veremos mais adiante neste capítulo) nas fórmulas de orçamento de capital. Em geral, é muito melhor ajustar subjetivamente os fluxos de caixa de cada projeto ao risco do que usar um ajuste geral para todos os projetos.

Além dos riscos exclusivos que as EMNs devem enfrentar, várias outras questões especiais são relevantes apenas para o orçamento de capital internacional. Uma delas é a *tributação*. Como somente os fluxos de caixa após imposto de renda são relevantes para o orçamento de capital, os administradores financeiros devem contabilizar cuidadosamente os impostos pagos a governos estrangeiros sobre os lucros obtidos dentro de suas fronteiras. Eles devem, também, avaliar o impacto desses pagamentos de impostos no passivo tributário da matriz.

Outra questão específica do orçamento de capital internacional refere-se aos *preços de transferência*. Grande parte do comércio internacional envolvendo EMNs é, na realidade, simplesmente a remessa de bens e serviços de uma das subsidiárias para outra localizada no exterior. A matriz, portanto, possui poder discricionário para estabelecer os **preços de transferência**, preços que as subsidiárias cobram umas das outras por bens e serviços transacionados entre elas. O uso generalizado de preços de transferência no comércio internacional torna o orçamento de capital em EMNs muito difícil, a menos que os preços de transferência utilizados reflitam com precisão os custos efetivos e os fluxos de caixa incrementais.

preços de transferência
Preços que as subsidiárias cobram umas das outras por bens e serviços transacionados entre elas.

Finalmente, as EMNs muitas vezes devem abordar os projetos internacionais de capital de um *ponto de vista estratégico*, e não de uma perspectiva estritamente financeira. Por exemplo, uma EMN pode se sentir compelida a investir em um país para garantir acesso continuado a ele, ainda que o projeto em si não tenha valor presente líquido positivo. Essa motivação foi importante para as montadoras japonesas que estabeleceram fábricas nos Estados Unidos no início da década de 1980. Pelo mesmo motivo, o investimento norte-americano na Europa surgiu nos anos anteriores à integração do mercado da Comunidade Europeia em 1992. Muitas vezes, as EMNs investem em instalações de produção no país de origem dos principais concorrentes para negar a esses mesmos concorrentes um mercado doméstico incontestável. As EMNs também podem se sentir compelidas a investir em determinados setores ou países para alcançar um objetivo corporativo amplo, como completar uma linha de produtos ou diversificar fontes de matérias-primas, mesmo quando os fluxos de caixa do projeto não sejam suficientemente lucrativos.

→ **QUESTÃO PARA REVISÃO**

12.4 Explique sucintamente como os itens a seguir afetam as decisões de orçamento de capital de empresas multinacionais: (**a**) risco cambial; (**b**) risco político; (**c**) legislação tributária diferente; (**d**) preços de transferência; e (**e**) ponto de vista estratégico em vez de estritamente financeiro.

12.4 Taxas de desconto ajustadas ao risco

As abordagens para lidar com o risco apresentadas até agora permitem ao administrador financeiro ter uma noção do risco do projeto. Mas infelizmente elas não reconhecem explicitamente o risco do projeto. Ilustraremos agora a técnica mais popular de ajuste ao risco que emprega o método de decisão do valor presente líquido (VPL). A regra de decisão do VPL de aceitar apenas os projetos com VPLs > $ 0 continuará a ser considerada. Um exame atento da equação básica do VPL, a Equação 10.1, deve deixar claro que, como o investimento inicial (FC_0) é conhecido com certeza, o risco de um projeto está incorporado no valor presente de suas entradas de caixa:

$$VPL = \sum_{t=1}^{n} \frac{FC_t}{(1+r)^t} - FC_0$$

Existem duas possibilidades para ajustar o valor presente das entradas de caixa ao risco: (1) as entradas de caixa (FC_t) podem ser ajustadas ou (2) a taxa de desconto (r) pode ser ajustada. O ajuste das entradas de caixa é altamente subjetivo, de modo que descrevemos aqui o processo mais popular, o de ajuste da taxa de desconto. Além disso, consideraremos os efeitos de carteira da análise de projetos bem como os aspectos práticos da taxa de desconto ajustada ao risco.

DETERMINAÇÃO DAS TAXAS DE DESCONTO AJUSTADAS AO RISCO (TDARs)

Uma abordagem popular de ajuste ao risco envolve o uso de taxas de desconto ajustadas ao risco (TDARs). Essa abordagem usa a Equação 10.1, mas emprega uma taxa de desconto ajustada ao risco, como podemos ver na seguinte expressão:[3]

$$VPL = \sum_{t=1}^{n} \frac{FC_t}{(1+TDAR)^t} - FC_0 \quad (12.2)$$

A **taxa de desconto ajustada ao risco (TDAR)** é a taxa de retorno que deve ser obtida em um determinado projeto para remunerar adequadamente os proprietários da empresa (isto é, para manter ou aumentar o preço da ação da empresa). Quanto maior o risco de um projeto, maior a TDAR e, portanto, menor o valor presente líquido de uma dada série de entradas de caixa.

Como a lógica subjacente ao uso de TDARs está intimamente associada ao modelo de precificação de ativos financeiros (CAPM) desenvolvido no Capítulo 8, vamos rever esse modelo e discutir seu uso na identificação de TDARs.

taxa de desconto ajustada ao risco (TDAR)
A taxa de retorno que deve ser obtida em um determinado projeto para remunerar adequadamente os proprietários da empresa, isto é, para manter ou aumentar o preço da ação da empresa.

Revisão do CAPM

No Capítulo 8, usamos o *modelo de precificação de ativos (CAPM)* para atrelar o risco *relevante* aos retornos de todos os ativos negociados em *mercados eficientes*. No desenvolvimento do CAPM, o *risco total* de um ativo foi definido como:

$$\text{Risco total} = \text{Risco não diversificável} + \text{Risco diversificável} \quad (12.3)$$

---

[3] A abordagem da taxa de desconto ajustada ao risco pode ser aplicada quando usamos a taxa interna de retorno, bem como o valor presente líquido. Quando a TIR é usada, a taxa de desconto ajustada ao risco torna-se a taxa de corte que deve ser superada pela TIR para que o projeto seja aceito. Quando o VPL é usado, as entradas de caixa projetadas são simplesmente descontadas à taxa de desconto ajustada ao risco.

Finanças pessoais Exemplo 12.3

Talor Namtig está pensando em investir $ 1.000 em uma de duas ações, A ou B. Ela pretende manter a ação por exatamente cinco anos e espera que ambas paguem $ 80 em dividendos anuais no final de cada ano. Estima que no final do ano 5 a ação A possa ser vendida por $ 1.200 líquido e a ação B por $ 1.500 líquido. Talor pesquisou cuidadosamente as duas ações e acredita que, embora a ação A tenha um risco médio, a B é consideravelmente mais arriscada. Suas pesquisas indicam que ela deveria obter um retorno anual de 11% sobre uma ação de risco médio. Como a B tem um risco consideravelmente mais alto, ela exigirá um retorno de 14%. Talor fez os cálculos a seguir para encontrar o valor presente líquido ajustado ao risco (VPL) para as duas ações:

$$VPL_A = \frac{\$80}{(1+0,11)^1} + \frac{\$80}{(1+0,11)^2} + \frac{\$80}{(1+0,11)^3} + \frac{\$80}{(1+0,11)^4}$$
$$+ \frac{\$80}{(1+0,11)^5} + \frac{\$1.200}{(1+0,11)^5} - \$1.000 = \$7,81$$

$$VPL_B = \frac{\$80}{(1+0,14)^1} + \frac{\$80}{(1+0,14)^2} + \frac{\$80}{(1+0,14)^3} + \frac{\$80}{(1+0,14)^4}$$
$$+ \frac{\$80}{(1+0,14)^5} + \frac{\$1.500}{(1+0,14)^5} - \$1.000 = \$53,70$$

Embora os cálculos de Talor indiquem que ambos os investimentos em ações são aceitáveis (VPLs > $ 0) em uma base ajustada ao risco, ela deve investir na ação B por causa de seu VPL consideravelmente maior.

Para ativos negociados em um mercado eficiente, o *risco diversificável*, que resulta de eventos incontroláveis ou aleatórios, pode ser eliminado por meio da diversificação. O risco relevante é, portanto, o *risco não diversificável*, o risco pelo qual os proprietários desses ativos são remunerados. O risco não diversificável dos valores mobiliários costuma ser medido pelo *beta*, que é um índice do grau de variação do retorno de um ativo em resposta a uma variação do retorno de mercado.

Usando o *beta*, β_j, para medir o risco relevante de qualquer ativo j, o CAPM é:

$$r_j = R_F + [\beta_j \times (r_m - R_F)] \quad (12.4)$$

onde:

r_j = retorno exigido do ativo j
R_F = taxa de retorno livre de risco
β_j = coeficiente beta do ativo j
r_m = retorno da carteira de mercado de ativos

No Capítulo 8, demonstramos que o retorno exigido de qualquer ativo podia ser determinado substituindo-se os valores de R_F, β_j e r_m no CAPM (Equação 12.4). Qualquer valor mobiliário que prometa render mais do que seu retorno exigido seria considerado aceitável, e aqueles que prometem retorno inferior seriam rejeitados.

Uso do CAPM para encontrar TDARs

Se assumirmos por um momento que os ativos reais das empresas, como computadores, máquinas e equipamentos especializados, sejam negociados em mercados eficientes, o CAPM pode ser redefinido como:

$$r_{\text{projeto } j} = R_F + [\beta_{\text{projeto } j} \times (r_m - R_F)] \quad (12.5)$$

A *linha de mercado de títulos* (SML) — a representação gráfica do CAPM — é mostrada para a Equação 12.5 na Figura 12.2. Qualquer projeto que tenha uma TIR acima da SML seria aceitável, porque sua TIR seria superior ao retorno exigido, $r_{projeto}$; e qualquer projeto com uma TIR abaixo do $r_{projeto}$ seria rejeitada. Em termos de VPL, qualquer projeto acima da SML teria um VPL positivo e qualquer projeto abaixo da SML teria um VPL negativo.[4]

> **Exemplo 12.4**
>
> A Figura 12.2 mostra dois projetos, L e R. O projeto L tem um beta de β_L e gera uma taxa interna de retorno, TIR_L. O retorno exigido de um projeto com risco β_L é r_L. Como o projeto L gera um retorno maior que o exigido ($TIR_L > r_L$), ele é aceitável. O projeto L terá VPL positivo quando suas entradas de caixa forem descontadas a seu retorno exigido, r_L. O projeto R, por outro lado, gera uma TIR inferior à exigida para o risco, β_R ($TIR_R < r_R$). Ele terá VPL negativo quando suas entradas de caixa forem descontadas a seu retorno exigido, r_R. O projeto R deveria ser rejeitado.

APLICAÇÃO DE TDARs

Como o CAPM se baseia na premissa de um mercado eficiente, que *nem sempre* existe para ativos reais (não financeiros) das empresas, tais como instalações e equipamentos, os administradores argumentam que o CAPM não é diretamente aplicável ao cálculo de TDAR. Em vez disso, os administradores financeiros avaliam o *risco total* de um projeto e o utilizam para determinar a taxa de desconto ajustada ao risco (TDAR), que pode ser usada na Equação 12.2 para o cálculo do VPL.

Para evitar danos a seu valor de mercado, a empresa deve usar a taxa de desconto correta ao avaliar um projeto. O quadro *Foco na Ética* descreve um exemplo real de uma empresa que não reconheceu (ou que ignorou) certos riscos associados às suas operações e, em consequência, sofreu sanções monetárias. Se uma empresa deixa de

Figura 12.2 CAPM e SML

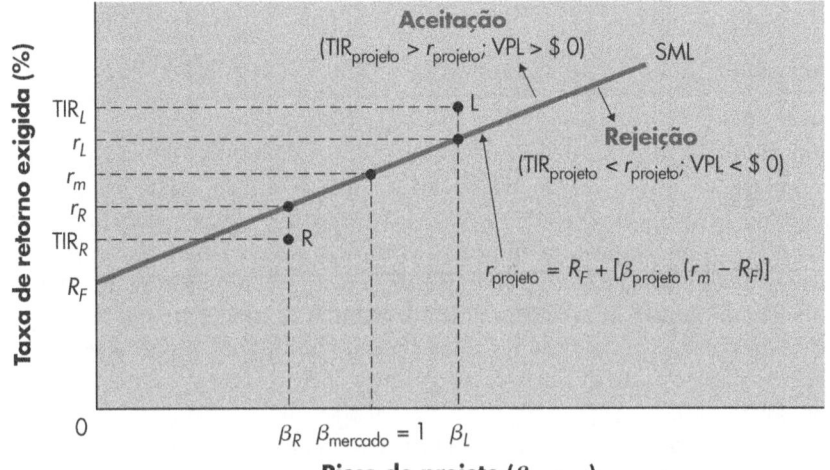

CAPM e SML na tomada de decisão de orçamento de capital.

---

[4] Sempre que a TIR é superior ao custo de capital ou retorno exigido (TIR > r), o VPL é positivo, e sempre que a TIR é inferior ao custo de capital ou retorno exigido (TIR < r), o VPL é negativo. Como, por definição, a TIR é a taxa de desconto que faz com que o VPL seja igual a zero, e a TIR e o VPL sempre concordam em decisões de aceitar ou rejeitar, a relação observada na Figura 12.2 é uma consequência lógica.

Foco na ÉTICA

Ética e o custo de capital

na prática No início do novo milênio, a empresa anteriormente conhecida como British Petroleum (BP) tentava se reinventar. Lançou um novo logo corporativo, um sol com raios verdes, amarelos e brancos "que simbolizava a energia em todas as suas formas dinâmicas". Em uma análise de 2009, a BP definiu a sustentabilidade como "a capacidade de sobreviver como um grupo: renovando ativos; criando e disponibilizando melhores produtos e serviços que atendam às novas demandas da sociedade; atraindo gerações sucessivas de colaboradores; contribuindo para um ambiente sustentável; e mantendo a confiança e o apoio dos nossos clientes, acionistas e as comunidades nas quais atuamos".[a]

No entanto, o histórico ambiental da BP nem sempre corroborou a imagem que a empresa estava tentando mostrar. Em 2005, um incêndio na refinaria da BP em Texas City matou 15 trabalhadores e feriu muitos mais. No ano seguinte, a empresa fechou seu campo de petróleo na Prudhoe Bay, no Alasca, devido a uma corrosão em um oleoduto que resultou em um vazamento de petróleo. A BP foi muito criticada por esses incidentes, mas isso não impediu a empresa de provocar o maior vazamento de petróleo da história dos Estados Unidos quando a plataforma de petróleo em alto-mar Deepwater Horizon explodiu e afundou em abril de 2010.

O acidente da Deepwater Horizon e o subsequente vazamento de petróleo tiveram um impacto significativo no custo de capital da BP. Em junho de 2010, o preço da ação da BP estava 50% abaixo do nível antes da crise e os títulos de dívida da empresa eram negociadas a níveis comparáveis ao de empresas com classificação grau especulativo (*junk bonds*). Ao longo de uma única semana, quando a tentativa do procedimento "*top kill*" — que consiste em bombear lama para o interior do poço — da BP para conter o vazamento não teve êxito, o rendimento do principal título de dívida da empresa, de cinco anos denominado em dólar, saltou 2%. As agências de classificação de risco rebaixaram a BP, embora a empresa continuasse possuindo um *rating* de grau de investimento dos mais elevados. No entanto, as agências de classificação alertaram que novos rebaixamentos poderiam ocorrer se a crise e os custos esperados continuassem a aumentar.

- *O objetivo principal da empresa — maximizar a riqueza dos proprietários para quem a empresa é administrada — é ético?*
- *Por que empresas éticas podem se beneficiar de um custo de capital mais baixo do que empresas menos éticas?*

[a] Disponível em: <http://www.bp.com/content/dam/bp/pdf/sustainability/group-reports/bp_sustainability_review_2009.pdf>. Acesso em: 06 ago. 2017.

---

incorporar todos os riscos relevantes a seu processo de tomada de decisão, pode descontar as entradas de caixa de um projeto arriscado a uma taxa baixa demais e acabar aceitando o projeto. O preço de mercado da empresa pode cair quando os investidores perceberem que a própria empresa se tornou mais arriscada. Por outro lado, se a empresa descontar as entradas de caixa de um projeto a uma taxa alta demais, poderá rejeitar projetos que seriam aceitáveis. Eventualmente, o preço de mercado da empresa pode cair porque os investidores que acreditam que a empresa está sendo conservadora demais venderão suas ações, pressionando o valor de mercado da empresa para baixo.

Infelizmente, não existe um mecanismo formal para associar o *risco total do projeto* ao nível de retorno exigido. Assim, a maioria das empresas determina subjetivamente a TDAR, ajustando seu retorno exigido. E esse ajuste pode ser feito para cima ou para baixo, dependendo de se o projeto proposto é mais ou menos arriscado, respectivamente, que o risco médio da empresa. Essa abordagem do tipo CAPM fornece uma "estimativa aproximada" do risco e do retorno exigido do projeto, pois tanto a medida de risco do projeto quanto a relação entre risco e retorno exigido são estimativas.

Exemplo 12.5

A Bennett Company deseja usar a abordagem da taxa de desconto ajustada ao risco para determinar, de acordo com o VPL, se deve implementar o projeto A ou o B. Além dos dados apresentados na parte A da Tabela 12.1, a administração da Bennett, depois de muita análise, atribuiu subjetivamente "índices de risco" de 1,6 ao projeto A e de 1,0 ao B. O índice de risco é simplesmente uma escala numérica usada para classificar o risco de um projeto: índices mais elevados são atribuídos a projetos de maior risco e vice-versa. A relação do tipo CAPM utilizada pela empresa para associar risco (medido pelo índice de risco) ao retorno exigido (TDAR) é mostrada na tabela a seguir. A administração desenvolveu essa relação depois de analisar o CAPM e as relações risco-retorno dos projetos que a empresa analisou e implementou nos últimos anos.

	Índice de risco	Retorno exigido (TDAR)
	0,0	6% (taxa livre de risco, R_F)
	0,2	7%
	0,4	8%
	0,6	9%
	0,8	10%
Projeto B →	1,0	11%
	1,2	12%
	1,4	13%
Projeto A →	1,6	14%
	1,8	16%
	2,0	18%

Como o projeto A é mais arriscado que o B, sua TDAR de 14% é maior que a TDAR de 11% do B. O valor presente líquido de cada projeto, calculados usando a TDAR, é encontrado como mostram as linhas do tempo da Figura 12.3. Os resultados mostram claramente que o projeto B é preferível, pois seu VPL ajustado ao risco de $ 9.798 é maior do que o VPL ajustado ao risco de $ 6.063 do A. Como evidenciam os VPLs na parte B da Tabela 12.1, se as taxas de desconto não fossem ajustadas ao risco, o projeto A seria preferível ao projeto B.

Uso da calculadora Podemos novamente usar a função **NPV** pré-programada da calculadora financeira para simplificar o cálculo do VPL. Os comandos para o projeto A — uma anuidade — normalmente são como mostra a imagem da calculadora a seguir. Os comandos do projeto B — uma série mista — também são mostrados nas imagens de calculadora a seguir. Os VPLs calculados para os projetos A e B, de $ 6.063 e $ 9.798, respectivamente, coincidem com os mostrados na Figura 12.3.

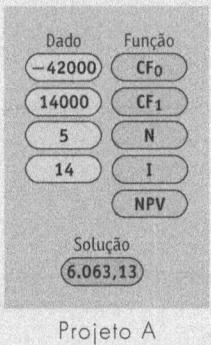

Projeto A

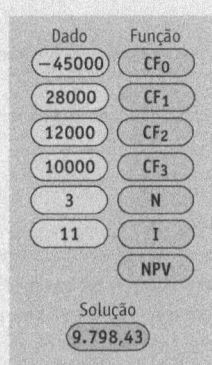

Projeto B

Uso de planilha A análise de projetos utilizando taxas de desconto ajustadas ao risco (TDARs) também pode ser feita como mostra a planilha Excel a seguir.

	A	B	C	D
1	ANÁLISE DE PROJETOS USANDO TAXAS DE DESCONTO AJUSTADAS AO RISCO			
2	Ano(s)	Entrada de caixa	Valor presente	Fórmula para valores calculados na coluna C
3	Projeto A			
4	5	$ 14.000	$ 48.063	=−PV(C7,A4,B4,0,0)
5	Investimento inicial		−$ 42.000	
6	Valor presente líquido		$ 6.063	=SOMA(C4:C5)
7	Retorno exigido (TDAR)		14%	
8	Projeto B			
9	1	$ 28.000	$ 25.225	=−PV(C17,A9,0,B9,0)
10	2	$ 12.000	$ 9.739	=−PV(C17,A10,0,B10,0)
11	3	$ 10.000	$ 7.312	=−PV(C17,A11,0,B11,0)
12	4	$ 10.000	$ 6.587	=−PV(C17,A12,0,B12,0)
13	5	$ 10.000	$ 5.935	=−PV(C17,A13,0,B13,0)
14	Investimento inicial		−$ 45.000	
15	Valor presente líquido		$ 9.798	=SOMA(C9:C14)
16	Retorno exigido (TDAR)		11%	
17	Projeto escolhido		B	=SE (C6>=C16,"A","B")
O sinal negativo aparece antes de C4 e C9:C13 para converter os resultados em valores positivos.				

Figura 12.3 Cálculo de VPLs das alternativas de investimento em bens de capital da Bennett Company usando TDARs

Linhas do tempo representando os fluxos de caixa e os cálculos de VPL usando TDARs para os projetos A e B.

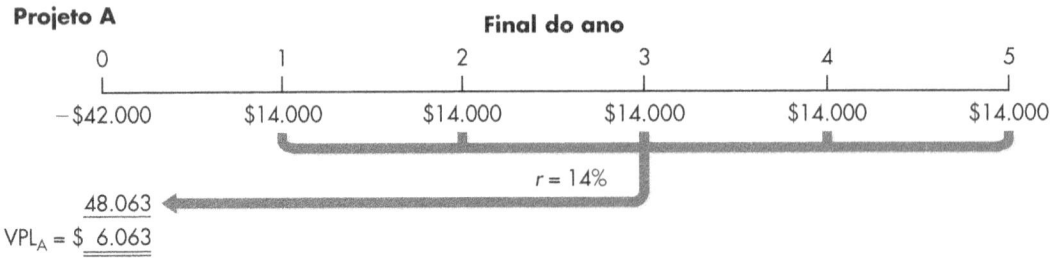

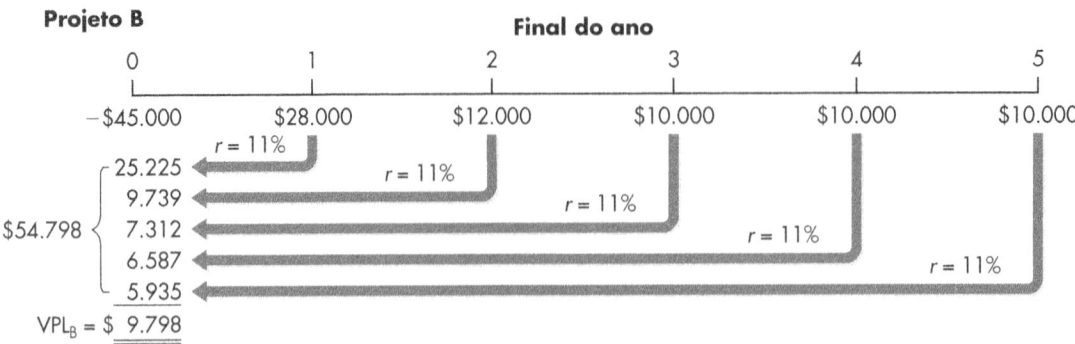

Observação: quando usamos os índices de risco de 1,6 e 1,0 para os projetos A e B, respectivamente, juntamente com a tabela apresentada, isso resulta em uma taxa de desconto ajustada ao risco (TDAR) de 14% para o projeto A e uma TDAR de 11% para o projeto B.

A utilidade das taxas de desconto ajustadas ao risco deve estar clara agora. A grande dificuldade está em estimar o risco do projeto e vinculá-lo ao retorno exigido (TDAR).

EFEITOS DE CARTEIRA

Vimos no Capítulo 8 que, como os investidores não são remunerados pelo risco diversificável, devem manter uma carteira diversificada de valores mobiliários para eliminar esse risco. Como uma empresa pode ser vista como uma carteira de ativos, será que é igualmente importante que ela mantenha uma carteira diversificada de ativos?

Parece lógico que a empresa poderia reduzir a variabilidade dos seus fluxos de caixa ao manter uma carteira diversificada. Ao combinar dois projetos com entradas de caixa negativamente correlacionadas, a empresa poderia reduzir a variabilidade da entrada de caixa combinada e, portanto, o risco.

As empresas são remuneradas quando diversificam o risco dessa forma? Em caso positivo, o valor da empresa poderia ser aumentado por meio da diversificação para outras linhas de negócio. No entanto, surpreendentemente, o valor da ação de empresas negociadas publicamente em um mercado eficiente, em geral, *não* é afetado pela diversificação. Em outras palavras, a diversificação não é normalmente remunerada e, portanto, geralmente não se faz necessária.

Por que as empresas não são remuneradas pela diversificação? Como os próprios investidores podem diversificar ao manter valores mobiliários de diversas empresas, não precisam que a empresa faça isso por eles. Além disso, os investidores podem diversificar mais rapidamente. Eles podem fazer transações mais facilmente e a um custo mais baixo por causa da grande disponibilidade de informações e mecanismos de negociação.

Evidentemente, se uma empresa adquirir uma nova linha de negócios e seus fluxos de caixa tenderem a reagir mais à mudança das condições econômicas (ou seja, maior risco não diversificável), maiores retornos seriam esperados. Se, pelo risco adicional, a empresa obtiver um retorno acima do exigido (TIR > r), o valor da empresa poderia aumentar. Além disso, outros benefícios, como aumento do caixa, maior capacidade de financiamento e disponibilidade garantida de matérias-primas, poderiam resultar da diversificação e, portanto, justificá-la a despeito de qualquer impacto imediato sobre o fluxo de caixa.

Embora um enfoque estritamente teórico suporte o uso de uma técnica que depende da estrutura do CAPM, a presença de imperfeições de mercado faz com que o mercado de ativos reais das empresas seja ineficiente pelo menos parte do tempo. A relativa ineficiência desse mercado, aliada a dificuldades associadas à mensuração do risco não diversificável do projeto e sua relação com o retorno, tende a favorecer o uso do risco total para avaliar projetos de orçamento de capital. Portanto, o uso do *risco total* como uma aproximação do risco relevante tem um grande apelo prático.

AS TDARs NA PRÁTICA

Por mais atraente que seja o risco total, *as TDARs são muito utilizadas na prática*. Sua popularidade decorre de dois fatos: (1) são coerentes com a preferência geral dos tomadores de decisões financeiras por taxas de retorno e (2) são facilmente estimadas e aplicadas. A primeira razão é claramente uma questão de preferência pessoal, mas a segunda baseia-se na praticidade de cálculos e procedimentos bem desenvolvidos presentes no uso de TDARs.

Na prática, as empresas frequentemente estabelecem uma série de *classes de risco* e atribuem uma TDAR a cada uma. Assim como a relação risco-retorno do tipo CAPM, descrita anteriormente, a administração determina classes de risco e TDARs baseadas no CAPM e nos comportamentos de risco e retorno de projetos passados. Cada novo projeto é, então, alocado subjetivamente à classe de risco apropriada, e a TDAR correspondente é usada para avaliá-lo. Essa avaliação às vezes é feita divisão por divisão; nesse caso, cada divisão tem seu próprio conjunto de classes de risco e TDARs associadas, como as da Bennett Company mostradas na Tabela 12.3. O uso de *custo de capital divisional* e classes de risco correspondentes permite que uma grande empresa com muitas divisões incorpore diferentes níveis de risco divisional ao processo de orçamento de capital e ainda reconheça diferenças nos níveis de risco de projetos individuais.

Exemplo 12.6

Suponha que a administração da Bennett Company decidiu usar classes de risco para analisar projetos e, por isso, colocou cada projeto em uma de quatro classes de risco de acordo com o risco percebido. As classes variam de I, para os projetos de menor risco, a IV, para os projetos de risco mais alto. Associada a cada classe há uma TDAR apropriada ao nível de risco dos projetos a ela alocados, como mostra a Tabela 12.3. A Bennett classificou como de risco mais baixo os projetos que tendem a envolver atividades de substituição ou renovação de rotina; os projetos de risco mais alto envolvem expansão, muitas vezes em atividades novas ou pouco conhecidas.

O administrador financeiro da Bennett atribuiu o projeto A à classe III e o B à classe II. Os fluxos de caixa do projeto A seriam avaliados usando uma TDAR de 14% e os do B uma TDAR de 10%.[5] O VPL do projeto A, a 14%, calculado na Figura 12.3, é de $ 6.063, e o VPL do B, a uma TDAR de 10%, é de $ 10.924, como mostra a Tabela 12.1. Fica claro que, com TDARs baseadas no uso de classes de risco, o projeto B é preferível ao projeto A. Como observamos anteriormente, esse resultado é contrário às preferências mostradas na Tabela 12.1, em que não foram considerados os diferentes riscos dos projetos A e B.

Tabela 12.3 — Classes de risco e TDARs da Bennett Company

Classe de risco	Descrição	Taxa de desconto ajustada ao risco (TDAR)
I	*Risco abaixo da média:* projetos com baixo risco. Normalmente envolvem substituição de rotina, sem renovação de atividades existentes.	8%
II	*Risco médio:* projetos semelhantes aos atualmente implementados. Normalmente envolvem substituição ou renovação de atividades existentes.	10%[a]
III	*Risco acima da média:* projetos com risco acima do normal, mas não excessivo. Normalmente envolvem expansão de atividades existentes ou semelhantes.	14%
IV	*Risco mais alto:* projetos com risco muito elevado. Normalmente envolvem expansão para atividades novas ou pouco conhecidas.	20%

[a] Essa TDAR, na verdade, é o custo de capital da empresa, que discutimos em detalhes no Capítulo 9. Representa o retorno exigido pela empresa de sua carteira de projetos existentes, que se assume inalterado com a aceitação de um projeto de "risco médio".

---

5 Observe que a TDAR de 10% do projeto B, usando as classes de risco da Tabela 12.3, difere da TDAR de 11% utilizada no exemplo anterior para o mesmo projeto. Essa diferença pode ser atribuída à natureza menos precisa do uso de classes de risco.

→ QUESTÕES PARA REVISÃO

12.5 Descreva os procedimentos básicos envolvidos no uso de *taxas de desconto ajustadas ao risco* (*TDARs*). E como essa abordagem está relacionada ao *modelo de precificação de ativos financeiros* (*CAPM*)?

12.6 Explique por que uma empresa cuja ação é negociada em bolsa não precisa se preocupar com a diversificação. Apesar desse motivo, como é frequentemente medido o risco de projetos de orçamento de capital? Por quê?

12.7 Como são geralmente usadas as *classes de risco* para aplicação de TDARs?

12.5 Refinamentos no orçamento de capital

Refinamentos devem ser feitos frequentemente na análise de projetos de orçamento de capital para acomodar circunstâncias especiais. Esses ajustes permitem relaxar algumas premissas simplificadoras apresentadas anteriormente. Três áreas em que formas especiais de análise costumam ser necessárias são: (1) comparação de projetos mutuamente excludentes de durações diferentes, (2) identificação de opções reais e (3) racionamento de capital causado por restrição orçamentária.

COMPARAÇÃO DE PROJETOS COM DURAÇÕES DIFERENTES

O administrador financeiro deve frequentemente selecionar o melhor de um grupo de projetos com durações diferentes. Se os projetos forem independentes, sua duração não será tão relevante. Mas, quando os projetos com vidas úteis diferentes são mutuamente excludentes, o impacto de durações diferentes deve ser considerado, pois os projetos não geram benefícios por períodos comparáveis. Essa etapa é especialmente importante quando se necessita de um serviço continuado do projeto em análise. A discussão a seguir assume que os projetos mutuamente excludentes e de durações diferentes, que estão sendo comparados, estão *em andamento*. Se não for o caso, seria escolhido o projeto com o maior VPL.

O problema

Demonstraremos com um exemplo simples o problema básico de não comparabilidade causado pela necessidade de escolher o melhor de um grupo de projetos mutuamente excludentes com diferentes vidas úteis.

Exemplo 12.7

A AT Company, uma empresa regional de TV a cabo, está avaliando dois projetos, X e Y. Os fluxos de caixa relevantes de cada projeto são apresentados na tabela a seguir. O custo de capital para uso na avaliação desses projetos, que possuem o mesmo risco, é de 10%.

Uso da calculadora Com a função pré-programada NPV de uma calculadora financeira, usamos os comandos mostrados nas imagens a seguir para os projetos X e Y para encontrar os respectivos VPLs de $ 11.277,24 e $ 19.013,27.

Uso de planilha Os valores presentes líquidos de dois projetos com durações diferentes também podem ser comparados como mostra a planilha Excel a seguir.

	Projeto X	Projeto Y
Investimento inicial	−$ 70.000	−$ 85.000
Ano	Entradas anuais de caixa	
1	$ 28.000	$ 35.000
2	33.000	30.000
3	38.000	25.000
4	—	20.000
5	—	15.000
6	—	10.000

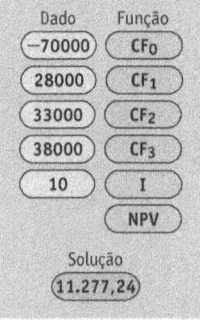

Projeto X

Projeto Y

	A	B	C
1	COMPARAÇÃO DE VALORES PRESENTES LÍQUIDOS DE DOIS PROJETOS COM DURAÇÕES DIFERENTES		
2		Custo de capital	10%
3		Fluxos de caixa no final do ano	
4	Ano	Projeto X	Projeto Y
5	0	−$ 70.000	−$ 85.000
6	1	$ 28.000	$ 35.000
7	2	$ 33.000	$ 30.000
8	3	$ 38.000	$ 25.000
9	4		$ 20.000
10	5		$ 15.000
11	6		$ 10.000
12	VPL	$ 11.277,24	$ 19.013,27
13	Projeto escolhido		Projeto Y
	O conteúdo da célula B12 é =NPV(C2,B6:B11)+B5. Copie o conteúdo da célula B12 para a célula C12. O conteúdo da célula C13 é =SE(B12>C12,B4,SE(C12>B12,C4,"Indiferente")).		

Ignorando as diferenças de duração dos projetos, podemos ver que os dois projetos são aceitáveis (os dois VPLs são maiores que zero) e que o Y é preferível ao X. Se os projetos fossem independentes e apenas um pudesse ser aceito, o Y — com o maior VPL — seria o preferido. Se fossem mutuamente excludentes, suas durações diferentes teriam que ser consideradas. O projeto Y proporciona três anos a mais de serviço que o X.

A análise do exemplo anterior está incompleta se os projetos forem mutuamente excludentes (que será a premissa no restante da discussão). Para comparar corretamente os projetos mutuamente excludentes com durações diferentes, devemos considerar essa diferença na análise; utilizar simplesmente o VPL para escolher o melhor projeto pode levar a uma decisão incorreta. Embora existam diversas abordagens para lidar com durações diferentes, apresentamos aqui a técnica mais eficiente: a *abordagem do valor presente líquido anualizado (VPLA)*.

Abordagem do valor presente líquido anualizado (VPLA)

A **abordagem do valor presente líquido anualizado (VPLA)**[6] converte o valor presente líquido de projetos mutuamente excludentes com durações diferentes em um montante anual equivalente (em termos de VPL) que pode ser usado para escolher o melhor projeto.[7] Essa abordagem baseada no valor presente líquido pode ser aplicada a projetos mutuamente excludentes e de durações diferentes seguindo-se as seguintes etapas:

Etapa 1 Calcular o valor presente líquido de cada projeto j, VPL_j, ao longo de sua vida útil, n_j, usando o custo de capital apropriado, r.

Etapa 2 Converter o VPL_j em uma anuidade com vida útil de n_j. Em outras palavras, encontrar uma anuidade que tenha a mesma duração e o mesmo VPL do projeto.

Etapa 3 Selecionar o projeto com o maior VPLA.

abordagem do valor presente líquido anualizado (VPLA)
Uma abordagem para avaliar projetos com durações diferentes que converte o valor presente líquido de projetos mutuamente excludentes com durações diferentes em um montante anual equivalente (em termos de VPL).

Exemplo 12.8

Utilizando os dados da AT Company apresentados anteriormente para os projetos X e Y, podemos aplicar as três etapas da abordagem do VPLA como se segue:

Etapa 1 Os valores presentes líquidos dos projetos X e Y descontados a 10% — como foram calculados no exemplo anterior para uma única compra de cada ativo — são:

$VPL_X = \$ 11.277,24$
$VPL_Y = \$ 19.013,27$

Etapa 2 Nesta etapa, queremos converter os VPLs da Etapa 1 em anuidades. Para o projeto X, estamos tentamos encontrar a resposta para a pergunta: que anuidade de três anos (igual à duração do projeto X) tem um valor presente de $ 11.277,24 (o VPL do projeto X)? Do mesmo modo, para o projeto Y queremos saber que anuidade de seis anos tem um valor presente de $ 19.013,27. Uma vez que temos esses valores, podemos determinar qual projeto, X ou Y, proporciona o maior fluxo de caixa anual em termos de valor presente.

Uso da calculadora Os comandos necessários para encontrar o VPLA em uma calculadora financeira são idênticos aos demonstrados no Capítulo 5 para encontrar os pagamentos anuais de um empréstimo parcelado. Esses comandos são mostrados nas imagens das calculadoras ao lado para os projetos X e Y. Os VPLAs resultantes para os projetos X e Y são de $ 4.534,74 e $ 4.365,59, respectivamente. (Observe que as soluções da calculadora são exibidas como números negativos porque os dados de valor presente foram inseridos como números positivos.)

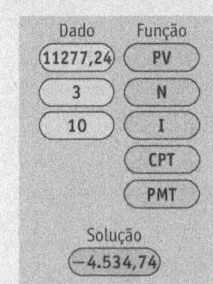
Projeto X

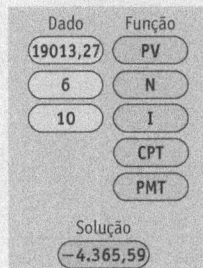
Projeto Y

---

[6] Essa abordagem é também chamada de "anuidade anual equivalente" (EAA — *equivalent annual annuity*) ou "custo anual equivalente". O termo *valor presente líquido anualizado (VPLA)* é usado aqui por causa de sua clareza descritiva.

[7] A teoria subjacente a esta e outras abordagens para a comparação de projetos com durações diferentes assume que cada projeto possa ser substituído no futuro pelo mesmo investimento inicial e que cada um fornecerá as mesmas entradas de caixa futuras esperadas. Embora mudanças de tecnologia e inflação afetem o investimento inicial e entradas de caixa esperadas, a falta de atenção específica a isso não diminui a utilidade dessa técnica.

Uso de planilha Os valores presentes líquidos anualizados dos dois projetos com durações diferentes também podem ser comparados como mostra a planilha Excel a seguir.

	A	B	C
1	COMPARAÇÃO DOS VALORES PRESENTES LÍQUIDOS ANUALIZADOS DE DOIS PROJETOS COM DURAÇÕES DIFERENTES		
2		Custo de capital	10%
3		Fluxos de caixa no final do ano	
4	Ano	Projeto X	Projeto Y
5	0	–$ 70.000	–$ 85.000
6	1	$ 28.000	$ 35.000
7	2	$ 33.000	$ 30.000
8	3	$ 38.000	$ 25.000
9	4		$ 20.000
10	5		$ 15.000
11	6		$ 10.000
12	VPL	$ 11.277,24	$ 19.013,27
13	VPLA	$ 4.534,74	$ 4.365,59
14	Projeto escolhido		Projeto X

O conteúdo da célula B12 é =VPL(C2,B6:B11)+B5.
Copie o conteúdo da célula B12 para a célula C12.
O conteúdo da célula B13 é =–PMT(C2,A8,B12,0,0).
O valor da célula C13 é =–PMT(C2,A11,C12,0,0).
O conteúdo da célula C14 é =SE(B13>C13,B4,SE(C13>B13,C4,"Indiferente")).

Etapa 3 Analisando os VPLAs calculados na Etapa 2, vemos que o projeto X seria preferível ao Y. Considerando que os projetos X e Y são mutuamente excludentes, X seria o projeto recomendado porque proporciona o maior valor presente líquido anualizado.

IDENTIFICANDO OPÇÕES REAIS

Os procedimentos descritos nos capítulos 10 e 11 e até agora neste capítulo sugerem que, para tomar decisões de orçamento de capital, devemos: (1) estimar os fluxos de caixa relevantes, (2) aplicar uma técnica de decisão apropriada, como o VPL ou a TIR, a esses fluxos de caixa e (3) reconhecer e ajustar a técnica de decisão ao risco do projeto. Embora se acredite que esse procedimento tradicional leve a boas decisões, uma abordagem mais *estratégica* surgiu nos últimos anos. Essa visão mais moderna considera quaisquer **opções reais**, ou seja, oportunidades implícitas em projetos de capital (investimentos em ativos "reais", não financeiros) que possibilitam aos administradores alterar seus fluxos de caixa e riscos de maneira a afetar a aceitabilidade (VPL) do projeto. Como essas oportunidades são mais propensas a existir e mais importantes em grandes projetos "estratégicos" de orçamento de capital, elas também podem ser chamadas de *opções estratégicas*.

opções reais
Oportunidades implícitas aos projetos de investimento que possibilitam aos administradores alterar seus fluxos de caixa e risco de maneira a afetar a aceitabilidade do projeto (VPL). Também chamadas de *opções estratégicas*.

CAPÍTULO 12 Risco e refinamentos em orçamento de capital **491**

Tabela 12.4 — Principais tipos de opções reais

Tipo de opção	Descrição
Abandono	A opção de abandonar ou encerrar um projeto antes do fim de sua duração planejada. Essa opção permite que a administração evite ou minimize perdas com projetos malsucedidos. Identificar explicitamente a opção de abandono ao avaliar um projeto muitas vezes aumenta seu VPL.
Flexibilidade	A opção de incorporar flexibilidade às operações da empresa, em particular a produção. Geralmente inclui a oportunidade de projetar o processo de produção para aceitar múltiplos *inputs*, usar tecnologia de produção flexível para criar uma variedade de *outputs*, ao reconfigurar as instalações e equipamentos e comprar e reter o excesso de capacidade em setores de capital intensivos, sujeitos a grandes oscilações de demanda por *outputs* e longo *lead time* para construir novas capacidades. A identificação dessa opção em um investimento em bens de capital deve aumentar o VPL do projeto.
Crescimento	A opção de desenvolver projetos de acompanhamento, expandir mercados, ampliar ou reequipar fábricas, e assim por diante; não seria possível sem a implementação do projeto que está sendo avaliado. Se um projeto em análise tiver o potencial mensurável para abrir novas portas se for bem-sucedido, a identificação dos fluxos de caixa dessas oportunidades deve ser incluído no processo de decisão inicial. As oportunidades de crescimento implícitas em um projeto muitas vezes aumentam o VPL desse projeto.
Timing	A opção de determinar quando diversas atividades com relação a um determinado projeto são tomadas. Essa opção reconhece a oportunidade da empresa de adiar a aceitação de um projeto por um ou mais períodos, acelerar ou retardar o processo de implementação de um projeto em virtude de novas informações ou suspender temporariamente um projeto em razão de mudanças das condições de mercado do produto ou da concorrência. Como no caso dos outros tipos de opção, a identificação explícita de oportunidades de timing pode melhorar o VPL de um projeto.

A Tabela 12.4 descreve sucintamente alguns dos tipos mais comuns de opções reais — abandono, flexibilidade, crescimento e timing. A partir das descrições, deve ficar claro que cada um desses tipos de opções poderia ser incorporado a uma decisão de orçamento de capital e que seu reconhecimento explícito provavelmente alteraria o fluxo de caixa e o risco de um projeto, mudando, assim, seu VPL.

Ao reconhecer explicitamente essas opções na tomada de decisões de orçamento de capital, os administradores podem tomar decisões melhores e mais estratégicas que consideram antecipadamente o impacto econômico de certas ações contingentes no fluxo de caixa e no risco do projeto. A identificação explícita de opções reais implícitas em projetos de orçamento de capital fará com que o *VPL estratégico* do projeto seja diferente de seu *VPL tradicional*, como indica a Equação 12.6.

$$VPL_{estratégico} = VPL_{tradicional} + \text{Valor das opções reais} \qquad (12.6)$$

A aplicação dessa relação é ilustrada no exemplo a seguir.

Exemplo 12.9

Suponha que uma análise estratégica dos projetos A e B da Bennett Company (veja os fluxos de caixa e os VPLs na Tabela 12.1) não encontre opções reais implícitas no projeto A, mas encontre duas opções reais implícitas no B. As duas opções reais no B são as seguintes: (1) o projeto teria, durante os dois primeiros anos, algum tempo de inatividade que resultaria em capacidade ociosa de produção, que poderia ser utilizada para fabricar sob contrato para outra empresa; e (2) o sistema computadorizado de controle do projeto poderia, com algumas modificações, controlar duas outras máquinas, reduzindo o custo de mão de obra sem afetar a operação do novo projeto.

A administração da Bennett estimou que o VPL da fabricação sob contrato nos dois anos após a implementação do projeto B em $ 1.500 e o VPL do compartilhamento do controle computadorizado em $ 2.000. A administração acreditava que haveria 60% de probabilidade de a opção de fabricação sob contrato ser exercida e 30% de probabilidade de a opção de compartilhamento de controle computadorizado ser exercida. O valor combinado dessas duas opções reais seria a soma de seus valores esperados:

$$\text{Valor das opções reais do projeto B} = (0{,}60 \times \$\,1.500) + (0{,}30 \times \$\,2.000)$$
$$= \$\,900 + \$\,600 = \$\,1.500$$

Substituindo o valor de $ 1.500 das opções reais, junto com o VPL tradicional de $ 10.924 do projeto B (da Tabela 12.1) na Equação 12.7, obtemos o VPL estratégico do projeto B:

$$VPL_{estratégico} = \$\,10.924 + \$\,1.500 = \underline{\underline{\$\,12.424}}$$

Assim, o projeto B da Bennett Company tem VPL estratégico de $ 12.424, acima de seu VPL tradicional, e agora maior também que o VPL do A de $ 11.071. Fica claro que a identificação das opções reais do projeto B melhorou seu VPL (de $ 10.924 para $ 12.424) e fez com que se tornasse preferível ao projeto A (VPL de $ 12.424 de B > VPL de $ 11.071 de A), que não tem opções reais implícitas.

É importante perceber que a identificação de opções reais atraentes, quando da determinação do VPL pode fazer com que um projeto antes inaceitável, ($VPL_{tradicional}$ < $ 0) se torne aceitável ($VPL_{estratégico}$ > $ 0). Deixar de identificar o valor das opções reais pode, portanto, fazer com que a administração rejeite projetos que são aceitáveis. Embora isso exija mais pensamento estratégico e análise, é importante que o administrador financeiro identifique e incorpore as opções reais ao processo do VPL. Os procedimentos para fazer isso com eficiência estão surgindo, e o uso do VPL estratégico que incorpora opções reais deve se tornar mais comum no futuro.

RACIONAMENTO DE CAPITAL

As empresas geralmente operam sob *racionamento de capital*, em que têm mais projetos independentes aceitáveis do que podem financiar. Em tese, o racionamento de capital não deveria existir. As empresas deveriam aceitar todos os projetos com VPLs positivos (ou TIRs > custo do capital). Entretanto, na prática, a maioria das empresas opera sob condições de racionamento de capital. Geralmente, as empresas tentam isolar e selecionar os melhores projetos aceitáveis sujeitos a um orçamento de capital definido pela administração. Pesquisas constataram que a administração impõe restrições internas ao investimento em bens de capital para evitar o que considera um nível "excessivo" de novos financiamentos, especialmente com capital de terceiros. Embora deixar de financiar todos os projetos independentes aceitáveis seja teoricamente incompatível com o objetivo de maximizar a riqueza dos proprietários, discutiremos aqui os procedimentos de racionamento de capital, uma vez que são amplamente utilizados na prática.

O objetivo do *racionamento de capital* é selecionar o grupo de projetos que proporciona o *maior valor presente líquido total* e não exige mais dinheiro do que o previsto no orçamento. Como pré-requisito ao racionamento de capital, o melhor de quaisquer projetos mutuamente excludentes deve ser selecionado e colocado no grupo de projetos independentes. Duas abordagens básicas para a seleção de projetos sob racionamento de capital são discutidas aqui.

abordagem da taxa interna de retorno
Uma abordagem ao racionamento de capital que envolve representar em um gráfico as TIRs do projeto em ordem decrescente em relação ao investimento total em unidades monetárias para determinar o grupo de projetos aceitáveis.

Abordagem da taxa interna de retorno

A **abordagem da taxa interna de retorno** envolve representar em um gráfico as TIRs do projeto em ordem decrescente em relação ao investimento total em unidades monetárias. Esse gráfico é chamado de **escala de oportunidades de investimento (EOI)**. Ao traçar a linha do custo de capital e impor uma restrição orçamentária, o administrador financeiro pode determinar o grupo de projetos aceitáveis. O problema dessa técnica é que não garante o retorno monetário máximo para a empresa. Fornece apenas uma solução de apelo intuitivo a problemas de racionamento de capital.

escala de oportunidades de investimento (EOI)
O gráfico que apresenta as TIRs do projeto em ordem decrescente em relação ao investimento total em unidades monetárias.

Exemplo 12.10

A Tate Company, uma empresa de plásticos em rápido crescimento, depara-se com seis projetos competindo por seu orçamento fixo de $ 250.000. O investimento inicial e a TIR de cada projeto são os seguintes:

Projeto	Investimento inicial	TIR
A	-$ 80.000	12%
B	-70.000	20%
C	-100.000	16%
D	-40.000	8%
E	-60.000	15%
F	-110.000	11%

A empresa tem um custo de capital de 10%. A Figura 12.4 apresenta a EOI resultante da classificação dos seis projetos em ordem decrescente, com base em suas TIRs. De acordo com a escala, somente os projetos B, C e E devem ser aceitos. Juntos, absorverão $ 230.000 do orçamento de $ 250.000. Os projetos A e F são aceitáveis, mas não podem ser escolhidos por causa da restrição orçamentária. O projeto D não deve ser considerado; sua TIR é inferior ao custo de capital de 10% da empresa.

A deficiência dessa abordagem é não haver garantia de que a aceitação dos projetos B, C e E maximizará o *retorno* total em unidades monetárias e, portanto, a riqueza dos proprietários.

Figura 12.4 — Escala de oportunidades de investimento

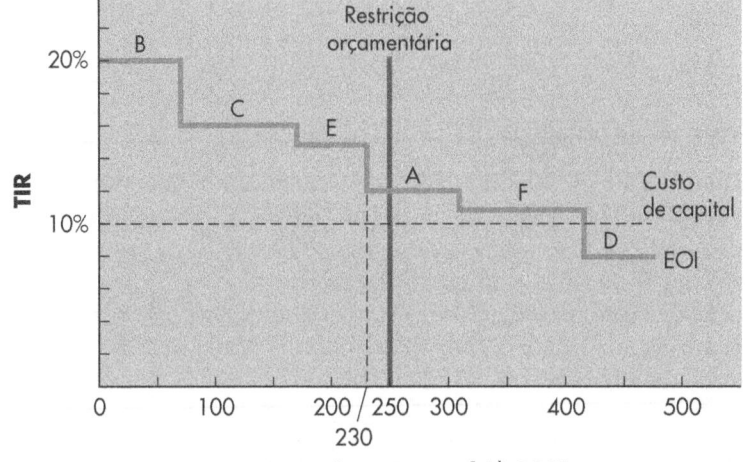

Escala de oportunidades de investimento (EOI) para projetos da Tate Company.

Abordagem do valor presente líquido

abordagem do valor presente líquido
Uma abordagem ao racionamento de capital baseada no uso de valores presentes para determinar o grupo de projetos que maximizará a riqueza dos proprietários.

A **abordagem do valor presente líquido** baseia-se no uso de valores presentes para determinar o grupo de projetos que maximizará a riqueza dos proprietários. É implementada por meio da classificação dos projetos com base nas TIRs, seguida da avaliação do valor presente dos benefícios de cada projeto potencial para determinar *a combinação de projetos com o maior valor presente total*. Isso equivale a maximizar o valor presente líquido pois todo o orçamento é visto como investimento inicial total. Qualquer parcela do orçamento da empresa que não seja utilizada deixa de aumentar o valor da empresa. Na melhor das hipóteses, o dinheiro não utilizado pode ser investido em títulos negociáveis ou devolvido aos proprietários na forma de dividendos. Em qualquer dos casos, a riqueza dos proprietários provavelmente não aumentará.

Exemplo 12.11

Os projetos descritos no exemplo anterior estão classificados na Tabela 12.5 com base nas TIRs. O valor presente das entradas de caixa associadas aos projetos também foi incluído na tabela. Os projetos B, C e E, que juntos requerem $ 230.000, geram um valor presente de $ 336.000. No entanto, se os projetos B, C e A forem implementados, o orçamento total de $ 250.000 seria utilizado e o valor presente das entradas de caixa seria de $ 357.000, que é maior do que o retorno esperado com a seleção dos projetos com base nas TIRs mais altas. A implementação de B, C e A é preferível porque esses projetos maximizam o valor presente do orçamento especificado. *O objetivo da empresa é usar seu orçamento para gerar o maior valor presente das entradas de caixa.* Assumindo que qualquer parcela não utilizada do orçamento não ganha nem perde dinheiro, o VPL total dos projetos B, C e E seria de $ 106.000 ($ 336.000 − $ 230.000), ao passo que o VPL total dos projetos B, C e A seria de $ 107.000 ($ 357.000 − $ 250.000). A escolha dos projetos B, C e A, portanto, maximizará o VPL.

Tabela 12.5 Classificação dos projetos da Tate Company

Projeto	Investimento inicial	TIR	Valor presente das entradas de caixa a 10%	
B	−$ 70.000	20%	$ 112.000	
C	−100.000	16%	145.000	
E	−60.000	15%	79.000	
A	−80.000	12%	100.000	
F	−110.000	11%	126.500	Ponto de corte (TIR < 10%)
D	−40.000	8%	36.000	

→ QUESTÕES PARA REVISÃO

12.8 Explique por que não basta uma simples comparação dos VPLs de projetos mutuamente excludentes com durações diferentes e em andamento. Descreva a *abordagem do valor presente líquido anualizado* (*VPLA*) para comparar projetos mutuamente excludentes e com durações diferentes.

12.9 O que são *opções reais*? Quais são alguns dos principais tipos de opções reais?

12.10 Qual a diferença entre o *VPL estratégico* e o *VPL tradicional*? Eles sempre resultam nas mesmas decisões de aceitar–rejeitar?

12.11 O que é *racionamento de capital*? Em tese, o racionamento de capital deveria existir? Por que isso ocorre com frequência na prática?

12.12 Compare e contraste a *abordagem da taxa interna de retorno* e a *abordagem do valor presente líquido* ao racionamento de capital. Qual das duas é melhor? Por quê?

Resumo

ÊNFASE NO VALOR

Nem todos os projetos de orçamento de capital têm o mesmo risco que a carteira de projetos existentes na empresa. O administrador financeiro deve ajustar os projetos aos diferentes riscos ao avaliar sua aceitabilidade. Sem tal ajuste, a administração poderia aceitar erroneamente projetos que podem destruir valor para os acionistas ou rejeitar projetos que criariam valor para os acionistas. Para garantir que nenhum desses resultados ocorra, o administrador financeiro deve certificar-se que sejam recomendados apenas projetos que criam valor para o acionista.

As taxas de desconto ajustadas ao risco (TDARs) proporcionam um mecanismo para ajustar a taxa de desconto para que seja consistente com as preferências de risco-retorno dos participantes do mercado. Procedimentos para comparar projetos com durações diferentes, para reconhecer explicitamente as opções reais implícitas em projetos de capital e para selecionar projetos sob racionamento de capital permitem que o administrador financeiro refine ainda mais o processo de orçamento de capital. Esses procedimentos, juntamente com técnicas de ajuste ao risco, devem permitir ao administrador financeiro tomar decisões de orçamento de capital consistentes com o objetivo da empresa de **maximizar o preço da ação**.

REVISÃO DOS OBJETIVOS DE APRENDIZAGEM

OA 01 **Entender a importância de reconhecer o risco na análise de projetos de orçamento de capital.** Os fluxos de caixa associados a projetos de orçamento de capital apresentam normalmente diferentes níveis de risco, e a aceitação de um projeto, em geral, afeta o risco total da empresa. Assim, é importante incorporar o risco ao orçamento de capital. Diversas abordagens comportamentais podem ser usadas para se ter uma "noção" do nível de risco do projeto. Outras abordagens reconhecem explicitamente o risco do projeto na análise de projetos de orçamento de capital.

OA 02 **Discutir risco e entradas de caixa, análise de cenários e simulações como abordagens comportamentais para lidar com o risco.** O risco em orçamento de capital é o grau de variabilidade dos fluxos de caixa, o que, para projetos convencionais de orçamento de capital, resultam quase exclusivamente dos *fluxos de caixa* líquidos. Encontrar a entrada de caixa de equilíbrio e estimar a probabilidade de que seja realizada é uma das abordagens comportamentais para avaliar o risco em orçamento de capital. A análise de cenários é outra abordagem comportamental que captura a variabilidade das entradas de caixa e dos VPLs. A simulação é uma abordagem baseada em estatística que resulta em uma distribuição de probabilidade dos retornos do projeto.

OA 03 **Rever os riscos específicos que as empresas multinacionais enfrentam.** Embora as técnicas básicas de orçamento de capital sejam as mesmas para empresas multinacionais e totalmente domésticas, as que operam em diversos países também devem lidar com riscos cambiais e políticos, diferentes legislações tributárias, preços de transferência e questões estratégicas.

OA 04 **Descrever a determinação e o uso de taxas de desconto ajustadas ao risco (TDARs), efeitos de carteira e os aspectos práticos de TDARs.** O risco de um projeto cujo investimento inicial é conhecido com certeza está incorporado ao valor presente de suas entradas de caixa, usando o VPL. Há duas oportunidades para ajustar o valor presente das entradas de caixa ao risco: (1) ajustar as entradas de caixa ou (2) ajustar a taxa de desconto. Como o ajuste das entradas de caixa é altamente subjetivo, é mais comum ajustar as taxas de desconto. As TDARs usam um ajuste da taxa de desconto baseado no mercado para calcular o VPL. A TDAR está intimamente associada ao CAPM, mas como os ativos reais das empresas, em geral, não são negociados em um mercado eficiente, o CAPM não pode ser aplicado diretamente ao orçamento de capital. Em vez disso, as empresas desenvolvem alguma relação tipo CAPM para vincular o risco de um projeto a seu retorno exigido, que é utilizado como taxa de desconto. Muitas vezes, por conveniência, as empresas usam o risco total como uma aproximação do risco relevante ao estimar o retorno exigido de um projeto. As TDARs são muito utilizadas na prática porque os tomadores de decisão acham as taxas de retorno fáceis de estimar e aplicar.

OA 05 Selecionar o melhor de um grupo de projetos mutuamente excludentes e com durações diferentes usando valores presentes líquidos anualizados (VPLAs). A abordagem do VPLA é o método mais eficiente para comparar projetos mutuamente excludentes, em andamento, que tenham vidas úteis diferentes. Ele converte o VPL de cada projeto de duração diferente em um montante anual equivalente, o VPLA. O VPLA pode ser calculado usando equações, uma calculadora financeira ou uma planilha eletrônica. O melhor projeto será o de maior VPLA.

OA 06 Explicar o papel das opções reais e o objetivo e os procedimentos para a seleção de projetos sob racionamento de capital. Opções reais são oportunidades implícitas em projetos de capital que permitem que os administradores alterem seus fluxos de caixa e risco de forma que afete a aceitabilidade (VPL) do projeto. Ao identificar explicitamente as opções reais, o administrador financeiro pode encontrar o VPL estratégico de um projeto. Alguns tipos mais comuns de opções reais são: abandono, flexibilidade, crescimento e timing. O VPL estratégico melhora a qualidade da decisão de orçamento de capital.

Há racionamento de capital quando as empresas têm mais projetos independentes aceitáveis do que podem financiar. O racionamento de capital ocorre frequentemente na prática. Seu objetivo é selecionar, dentre todos os projetos aceitáveis, o grupo que proporcione o maior valor presente líquido total e não exija mais dinheiro do que o previsto no orçamento. As duas abordagens básicas para a escolha de projetos sob racionamento de capital são a abordagem da taxa interna de retorno e a abordagem do valor presente líquido. A abordagem do VPL alcança melhor o objetivo de utilizar o orçamento para gerar o maior valor presente das entradas de caixa.

Revisão da abertura do capítulo

A abertura do capítulo descreve a expropriação do investimento de uma empresa espanhola em uma empresa de petróleo e gás na Argentina, bem como a decisão da Chevron de fazer um grande novo investimento naquele país. Se você fosse um analista financeiro da Chevron, como poderia usar a análise de cenários para avaliar o risco de entrar em uma *joint venture* na Argentina com a YPF?

Exercício de autoavaliação

AA12.1 Taxas de desconto ajustadas ao risco. A CBA Company está analisando dois projetos mutuamente excludentes, A e B. A tabela a seguir mostra relações do tipo CAPM entre um índice de risco e o retorno exigido (TDAR) aplicável à CBA.

Índice de risco	Retorno exigido (TDAR)
0,0	7,0% (taxa livre de risco, R_F)
0,2	8,0%
0,4	9,0%
0,6	10,0%
0,8	11,0%
1,0	12,0%
1,2	13,0%
1,4	14,0%
1,6	15,0%
1,8	16,0%
2,0	17,0%

Os dados dos projetos são apresentados a seguir:

	Projeto A	Projeto B
Investimento inicial (FC_0)	–$ 15.000	–$ 20.000
Duração do projeto	3 anos	3 anos
Entrada anual de caixa (FC)	$ 7.000	$ 10.000
Índice de risco	0,4	1,8

a. Ignorando quaisquer diferenças de risco e assumindo que o custo de capital da empresa seja de 10%, calcule o *valor presente líquido* (VPL) de cada projeto.

b. Use o VPL para avaliar os projetos, usando *taxas de desconto ajustadas ao risco* (*TDARs*) para incorporar o risco.

c. Compare, contraste e explique suas conclusões nos itens **a** e **b**.

Exercícios de aquecimento

A12.1 A Birkenstock está pensando em investir em uma máquina de malharia em nylon. A máquina requer um investimento inicial de $ 25.000, tem vida útil de cinco anos e não terá valor residual no final dos cinco anos. O custo de capital da empresa é de 12%. As entradas de caixa efetivas após imposto de renda para cada um dos cinco anos não são conhecidas com certeza. A empresa estimou as entradas de caixa esperadas para três cenários: pessimista, mais provável e otimista. Essas entradas de caixa esperadas estão apresentadas na tabela a seguir. Calcule a amplitude do VPL em cada cenário.

	Entradas de caixa esperadas		
Ano	Pessimista	Mais provável	Otimista
1	$ 5.500	$ 8.000	$ 10.500
2	6.000	9.000	12.000
3	7.500	10.500	14.500
4	6.500	9.500	11.500
5	4.500	6.500	7.500

A12.2 Você deseja analisar um projeto que exige investimento inicial de $ 45.000 e tem vida útil de cinco anos. Qual o valor mínimo de entrada de caixa anual que você precisa se sua empresa tiver um custo de capital de 8%? Se o projeto prevê render $ 12.500 por ano, ao longo dos cinco anos, qual é a TIR? O projeto é aceitável?

A12.3 Como a maioria das empresas de seu setor, a padaria Yeastime Bakeries usa uma ferramenta subjetiva de avaliação de risco que ela mesma criou. A ferramenta é um índice simples que possibilita classificar os projetos por nível de risco percebido em uma escala de 0 a 10. A escala está apresentada na tabela a seguir.

Índice de risco	Retorno exigido
0	4,0% (taxa livre de risco corrente)
1	4,5%
2	5,0%
3	5,5%
4	6,0%
5	6,5% (TIR corrente)
6	7,0%
7	7,5%
8	8,0%
9	8,5%
10	9,0%

A empresa está analisando dois projetos com base em suas TDARs. O projeto Sourdough requer um investimento inicial de $ 12.500 e foi-lhe atribuído um índice de risco de 6. O projeto Greek Salad requer um investimento inicial de $ 7.500 e foi-lhe atribuído um índice de risco de 8. Os dois projetos têm prazos de sete anos. Espera-se que o projeto Sourdough gere entradas de caixa de $ 5.500 por ano; e o projeto Greek Salad de $ 4.000 por ano. Use a TDAR de cada projeto para escolher o melhor.

A12.4 Você foi contratado pela Outcast, Inc. para prestar assessoria em uma questão de orçamento de capital que envolve dois projetos mutuamente excludentes com durações diferentes, M e N. Os fluxos de caixa de cada projeto são apresentados na tabela a seguir. Calcule o VPL e o *valor presente líquido anualizado* (*VPLA*) de cada projeto usando o custo de capital da empresa de 8%. Qual projeto você recomendaria?

	Projeto M	Projeto N
Investimento inicial	−$ 35.000	−$ 55.000
Ano	Entradas de caixa	
1	$ 12.000	$ 18.000
2	$ 25.000	$ 15.000
3	$ 30.000	$ 25.000
4	—	$ 10.000
5	—	$ 8.000
6	—	$ 5.000
7	—	$ 5.000

A12.5 A Longchamps Electric tem um orçamento de capital de $ 150.000 para o próximo ano. A empresa está analisando seis projetos de investimento e seu custo de capital é de 7%. Os seis projetos, juntamente com seus investimentos iniciais e suas TIRs, estão relacionados na tabela a seguir. Usando os dados fornecidos, elabore uma *escala de oportunidades de investimento (EOI)*. Que projetos a EOI sugere que sejam financiados? Esse grupo de projetos maximiza o VPL? Explique.

Projeto	Investimento inicial	TIR
1	–$ 75.000	8%
2	–40.000	10%
3	–35.000	7%
4	–50.000	11%
5	–45.000	9%
6	–20.000	6%

Exercícios

E12.1 Identificando o risco. A Caradine Corp., uma empresa de serviços de comunicação com lucro líquido de $ 3,2 milhões no último ano, está analisando os projetos a seguir.

Projeto	Investimento inicial	Detalhes
A	–$ 35.000	Substituir os móveis atuais do escritório.
B	–500.000	Comprar equipamento digital de vídeos para uso com diversos clientes existentes.
C	–450.000	Elaborar proposta para um contrato de $ 2 milhões por ano, com duração de dez anos, com a Marinha, que ainda não é um cliente.
D	–685.000	Adquirir os direitos exclusivos de comercialização de um programa de TV educativa de elevada qualidade, em consórcio com mercados locais da União Europeia, como parte das atividades atuais da empresa.

O negócio de serviços de mídia é cíclico e altamente competitivo. O conselho de administração pediu que você, como diretor financeiro da empresa, faça o seguinte:

a. Avalie o risco de cada projeto proposto e o classifique como "baixo", "médio" ou "alto".

b. Comente por que escolheu cada classificação.

E12.2 Entradas de caixa de equilíbrio. A One Ring Company, uma grande produtora de joias finas de prata, está considerando a compra de um novo equipamento de moldagem que lhe permitirá expandir sua linha de produtos. O custo inicial do equipamento é de $ 750.000. A empresa espera que o equipamento produza rendimentos estáveis durante toda a sua vida útil de dez anos.

a. Se a empresa exige retorno de 9% em seus investimentos, qual a entrada de caixa mínima anual será necessária para que a empresa decida realizar o projeto?

b. Como a entrada de caixa mínima anual mudaria se a empresa exigisse 12% de retorno em seus investimentos?

E12.3 Entrada de caixa de equilíbrio e risco. A Blair Gasses & Chemicals é uma fornecedora de gases extremamente purificados para fabricantes de semicondutores. Um grande fabricante de chips pediu que a Blair construísse uma nova unidade de produção de gás perto de uma fábrica de semicondutores existente. Quando a nova instalação estiver em operação, a Blair será a fornecedora exclusiva dessa fábrica nos cinco anos subsequentes. A Blair está analisando dois projetos: o primeiro é uma unidade de produção "padrão", que custará $ 30 milhões para ser construída; o segundo é uma unidade de produção "customizada", que custará $ 40 milhões para ser construída. A customizada permitirá que a Blair produza gases extremamente especializados que são necessários no processo de fabricação de semicondutores. A Blair estima que seu cliente encomendará $ 10 milhões por ano de produtos se a unidade tradicional for construída, mas se for construída a customizada, a Blair espera vender $ 15 milhões por ano. A Blair tem recursos suficientes para construir qualquer um dos tipos de unidade de produção e, na ausência de diferenças de risco, aceita o projeto com maior VPL. O custo de capital é de 12%.

a. Encontre o VPL de cada projeto. Os projetos são aceitáveis?

b. Encontre a *entrada de caixa de equilíbrio* de cada projeto.

c. A empresa estimou as probabilidades de atingir diversas amplitudes de entradas de caixa dos dois projetos, como mostra a tabela a seguir. Qual é a probabilidade de cada projeto atingir a entrada de caixa de equilíbrio encontrada no item **b**?

	Probabilidade de atingir a entrada de caixa em determinada amplitude	
Amplitude de entrada de caixa ($ milhões)	Unidade padrão	Unidade customizada
$ 0 a $ 5	0%	5%
$ 5 a $ 8	10%	10%
$ 8 a $ 11	60%	15%
$ 11 a $ 14	25%	25%
$ 14 a $ 17	5%	20%
$ 17 a $ 20	0%	15%
Acima de $ 20	0%	10%

d. Qual projeto é mais arriscado? Qual projeto tem o VPL mais alto? Discuta os trade-offs para a relação risco–retorno dos dois projetos.

e. Se a empresa quisesse minimizar perdas (isto é, VPL < $ 0), qual projeto você recomendaria? Qual você recomendaria se o objetivo fosse atingir o maior VPL?

 E12.4 Análise básica de cenários. A Murdock Paints está avaliando dois complementos mutuamente excludentes à sua capacidade de processamento. Os analistas financeiros da empresa desenvolveram estimativas pessimista, mais provável e otimista das entradas anuais de caixa associadas a cada projeto. Essas estimativas são apresentadas na tabela a seguir.

	Projeto A	Projeto B
Investimento inicial (FC0)	–$ 8.000	–$ 8.000
Resultado	Entradas anuais de caixa (*FC*)	
Pessimista	$ 200	$ 900
Mais provável	1.000	1.000
Otimista	1.800	1.100

a. Determine a *amplitude* das entradas anuais de caixa de cada um dos dois projetos.

b. Suponha que o custo de capital da empresa seja de 10% e que os dois projetos tenham duração de 20 anos. Construa uma tabela semelhante a essa com os VPLs de cada projeto. Inclua a *amplitude* dos VPNs de cada projeto.

c. Os itens **a** e **b** proporcionam visões uniformes dos dois projetos? Explique.

d. Qual projeto você recomendaria? Por quê?

E12.5 Análise de cenários. A Automated Food Distribution Corp. (AFDC) produz máquinas de venda automática de alimentos e as instala em edifícios públicos. A empresa conseguiu autorização para instalar uma de suas máquinas em uma biblioteca local. A AFDC fabrica dois tipos de máquinas: uma distribui refrigerantes e a outra, salgadinhos. Ela espera que as duas máquinas proporcionem benefícios por um período de dez anos e cada uma exige um investimento de $ 3.000. A empresa utiliza um custo de capital de 10%. A administração montou a tabela a seguir, com estimativas das entradas anuais de caixa para resultados pessimista, mais provável e otimista.

	Refrigerantes	Salgadinhos
Investimento inicial (FC_0)	–$ 3.000	–$ 3.000
Resultado	Entradas anuais de caixa (FC)	
Pessimista	$ 500	$ 400
Mais provável	750	750
Otimista	1.000	1.200

a. Determine a *amplitude* das entradas anuais de caixa para cada uma das duas máquinas de venda automática.

b. Construa uma tabela semelhante a essa com os VPLs associados a cada um dos resultados das duas máquinas.

c. Encontre a *amplitude* dos VPLs e compare subjetivamente os riscos associados a essas máquinas.

E12.6 Impacto da inflação nos investimentos. Você está interessado em um projeto de investimento que custa $ 40.000 inicialmente. O investimento tem horizonte de cinco anos e promete entradas de caixa futuras no final de cada ano de $ 12.000, $ 12.500, $ 11.500, $ 9.000 e $ 8.500, respectivamente. Seu custo de oportunidade corrente é de 6,5% ao ano. No entanto, o Banco Central anunciou que a inflação pode aumentar em 1,5% ou cair na mesma porcentagem durante os próximos cinco anos.

Suponha um impacto positivo e direto da inflação nas taxas vigentes (efeito Fisher) e responda às perguntas a seguir. (Suponha que a inflação tem um impacto no custo de oportunidade, mas que os fluxos de caixa sejam fixos por contrato e não são afetados pela inflação.)

a. Qual o *valor presente líquido* (*VPL*) do investimento com a atual taxa de retorno exigida?

b. Qual o *valor presente líquido* (*VPL*) do investimento em um período de inflação ascendente?

c. Qual o *valor presente líquido* (*VPL*) do investimento em um período de inflação em queda?

d. Com base em suas respostas nos itens **a**, **b** e **c**, que relação aparece entre mudanças na inflação e avaliação de ativos?

E12.7 Simulação. A Ogden Corporation compilou as informações a seguir sobre uma proposta de investimento em bens de capital:

(1) As *entradas* de caixa projetadas têm distribuição normal com média de $ 36.000 e desvio padrão de $ 9.000.
(2) As *saídas* de caixa projetadas têm distribuição normal com média de $ 30.000 e desvio padrão de $ 6.000.
(3) A empresa tem custo de capital de 11%.
(4) Não se espera que as distribuições de probabilidade das entradas e saídas de caixa mudem ao longo dos dez anos de duração do projeto.

a. Descreva como os dados acima podem ser utilizados para desenvolver um modelo de simulação para determinar o valor presente líquido do projeto.

b. Discuta as vantagens de usar uma simulação para avaliar o projeto proposto.

 E12.8 Taxas de desconto ajustadas ao risco: básico. A Country Wallpapers está analisando investir em um de três projetos mutuamente excludentes, E, F e G. O custo de capital da empresa, r, é 15%, e a taxa livre de risco, RF, é 10%. A empresa coletou os dados básicos de fluxo de caixa e de índice de risco para cada um dos três projetos, como mostra a tabela a seguir.

	Projeto (j)		
	E	F	G
Investimento inicial (FC_0)	–$ 15.000	–$ 11.000	–$ 19.000
Ano (t)	Entradas de caixa (FC_t)		
1	$ 6.000	$ 6.000	$ 4.000
2	6.000	4.000	6.000
3	6.000	5.000	8.000
4	6.000	2.000	12.000
Índice de risco (RI_j)	1,80	1,00	0,60

a. Encontre o *valor presente líquido* (*VPL*) de cada projeto usando o custo de capital da empresa.

Que projeto é preferível nessa situação?

b. A empresa usa a equação a seguir para determinar a taxa de desconto ajustada ao risco, $TDAR_j$, de cada projeto j:

$$TDAR_j = R_F + [RI_j \times (r - R_F)]$$

onde:

R_F = taxa de retorno livre de risco
RI_j = índice de risco do projeto j
r = custo de capital

Substitua o índice de risco de cada projeto nessa equação para determinar sua TDAR.

c. Use a TDAR de cada projeto para determinar seu *VPL ajustado ao risco*. Que projeto é preferível nessa situação?

d. Compare e discuta suas respostas nos itens **a** e **c**. Qual projeto você acredita que a empresa deva aceitar?

 E12.9 Taxas de desconto ajustadas ao risco: tabelas. Depois de uma cuidadosa avaliação de alternativas e oportunidades de investimento, a Masters School

Supplies desenvolveu uma relação do tipo CAPM associando um índice de risco ao retorno exigido (TDAR), como mostra a tabela a seguir.

Índice de risco	Retorno exigido (TDAR)
0,0	7,0% (taxa livre de risco, R_F)
0,2	8,0%
0,4	9,0%
0,6	10,0%
0,8	11,0%
1,0	12,0%
1,2	13,0%
1,4	14,0%
1,6	15,0%
1,8	16,0%
2,0	17,0%

A empresa está analisando dois projetos mutuamente excludentes, A e B. Veja a seguir os dados que a empresa conseguiu coletar sobre os projetos.

	Projeto A	Projeto B
Investimento inicial (FC_0)	–$ 20.000	–$ 30.000
Duração do projeto	5 anos	5 anos
Entrada anual de caixa (FC)	$ 7.000	$ 10.000
Índice de risco	0,2	1,4

Todas as entradas de caixa da empresa já foram ajustadas ao imposto de renda.

a. Avalie os projetos usando *taxas de desconto ajustadas ao risco*.

b. Discuta suas constatações no item **a** e recomende o projeto preferido.

E12.10 Investimentos mutuamente excludentes e risco. Lara Fredericks está interessada em dois investimentos mutuamente excludentes, ambos com o mesmo período de tempo de seis anos. O custo do primeiro investimento é de $ 10.000 e Lara espera pagamentos iguais e consecutivos de $ 3.000 no final de cada ano. O segundo investimento promete pagamentos iguais e consecutivos de $ 3.800, exigindo um desembolso inicial de $ 12.000. O retorno atual exigido do primeiro investimento é 8,5% e do segundo, 10,5%.  Exercício de finanças pessoais

a. Qual o *valor presente líquido* do primeiro investimento?

b. Qual o *valor presente líquido* do segundo investimento?

c. Sendo mutuamente excludentes, qual investimento Lara deveria escolher? Explique.

d. Que investimento é relativamente mais arriscado? Explique.

E12.11 Taxas de retorno ajustado ao risco usando CAPM. A Centennial Catering, Inc. está analisando dois investimentos mutuamente excludentes. A empresa pretende usar em sua análise uma taxa de desconto ajustada ao risco (TDAR) do tipo CAPM. Os administradores da Centennial acreditam que a taxa de retorno do mercado apropriada é de 12%, e eles constataram que a taxa de retorno livre de risco corrente é de 7%. Os fluxos de caixa associados aos dois projetos são apresentados na tabela a seguir.

	Projeto X	Projeto Y
Investimento inicial (FC_0)	–$ 70.000	–$ 78.000
Ano (t)	Entradas de caixa (FC_t)	
1	$ 30.000	$ 22.000
2	30.000	32.000
3	30.000	38.000
4	30.000	46.000

a. Use a abordagem da *taxa de desconto ajustada ao risco* para calcular o valor presente líquido de cada projeto, considerando que o X tem fator de TDAR de 1,20 e o Y, de 1,40. Os fatores de TDAR são semelhantes aos betas dos projetos. (Use a Equação 12.5 para calcular o retorno exigido de cada projeto.)

b. Discuta suas constatações no item **a** e recomende o projeto preferido.

E12.12 Classes de risco e TDAR. A Moses Manufacturing está tentando escolher o melhor de três projetos mutuamente excludentes, X, Y e Z. Embora todos tenham duração de cinco anos, eles apresentam diferentes graus de risco. O projeto X está na classe V, de risco mais alto; o Y na classe II, de risco abaixo da média; e o Z na classe III, de risco médio. Os dados básicos de fluxo de caixa de cada projeto e as classes de risco, bem como as taxas de desconto ajustadas ao risco (TDARs) utilizadas pela empresa são apresentados nas tabelas a seguir.

	Projeto X	Projeto Y	Projeto Z
Investimento inicial (FC_0)	–$ 180.000	–$ 235.000	–$ 310.000
Ano (t)	Entradas de caixa (FC_t)		
1	$ 80.000	$ 50.000	$ 90.000
2	70.000	60.000	90.000
3	60.000	70.000	90.000
4	60.000	80.000	90.000
5	60.000	90.000	90.000

Classes de risco e TDARs		
Classe de risco	Descrição	Taxa de desconto ajustada ao risco (TDAR)
I	Risco mais baixo	10%
II	Risco abaixo da média	13%
III	Risco médio	15%
IV	Risco acima da média	19%
V	Risco mais alto	22%

a. Encontre o *VPL ajustado ao risco* de cada projeto.

b. Qual projeto, se for o caso, você recomendaria que a empresa realizasse?

E12.13 Durações diferentes: abordagem do VPLA. A Evans Industries deseja selecionar a melhor de três máquinas, cada uma das quais deverá satisfazer a necessidade contínua da empresa por capacidade adicional de extrusão de alumínio. A três máquinas — A, B, e C — possuem o mesmo risco. A empresa pretende usar um custo de capital de 12% para avaliar cada uma delas. O investimento inicial e as entradas anuais de caixa durante a vida útil de cada máquina são mostrados na tabela a seguir.

	Máquina A	Máquina B	Máquina C
Investimento inicial (FC_0)	–$ 92.000	–$ 65.000	–$ 100.500
Ano (t)	Entradas de caixa (FC_t)		
1	$ 12.000	$ 10.000	$ 30.000
2	12.000	20.000	30.000
3	12.000	30.000	30.000
4	12.000	40.000	30.000
5	12.000	—	30.000
6	12.000	—	—

a. Calcule o *VPL* de cada máquina durante sua vida útil. Classifique as máquinas em ordem decrescente de VPL.

b. Use a abordagem do *valor presente líquido anualizado* (*VPLA*) para avaliar e classificar as máquinas em ordem decrescente de VPLA.

c. Compare e contraste suas constatações nos itens **a** e **b**. Qual máquina você recomendaria que a empresa adquirisse? Por quê?

E12.14 Durações diferentes: abordagem do VPLA. A Portland Products está analisando a compra de um de três projetos mutuamente excludentes para aumentar a eficiência de sua produção. A empresa pretende usar um custo de capital de 14% para avaliar esses projetos de mesmo risco. O investimento inicial e as entradas anuais de caixa ao longo da duração de cada projeto são mostrados na tabela a seguir.

	Projeto X	Projeto Y	Projeto Z
Investimento inicial (FC_0)	–$ 78.000	–$ 52.000	–$ 66.000
Ano (t)	Entradas de caixa (FC_t)		
1	$ 17.000	$ 28.000	$ 15.000
2	25.000	38.000	15.000
3	33.000	—	15.000
4	41.000	—	15.000
5	—	—	15.000
6	—	—	15.000
7	—	—	15.000
8	—	—	15.000

a. Calcule o VPL de cada projeto ao longo de sua duração. Classifique os projetos em ordem decrescente de VPL.

b. Use a abordagem do *valor presente líquido anualizado* (*VPLA*) para avaliar e classificar os projetos em ordem decrescente de VPLA.

c. Compare e contraste suas constatações nos itens **a** e **b**. Qual projeto você recomendaria que a empresa comprasse? Por quê?

E12.15 Durações diferentes: abordagem do VPLA. A JBL Co. projetou um novo sistema de esteiras transportadoras. A administração precisa escolher entre três alternativas de ação: (1) vender o projeto diretamente a outra empresa com pagamento em dois anos; (2) licenciar o projeto a outro fabricante por um período de cinco anos, que é a vida útil provável do sistema; ou (3) fabricar e comercializar ela mesma o sistema, uma alternativa que resultará em seis anos de entradas de caixa. A empresa tem um custo de capital de 12%. Os fluxos de caixa associados a cada alternativa são apresentadas na tabela a seguir.

Alternativa	Vender	Licenciar	Fabricar
Investimento inicial (FC_0)	–$ 200.000	–$ 200.000	–$ 450.000
Ano (t)	\multicolumn{3}{c}{Entradas de caixa (FC_t)}		
1	$ 200.000	$ 250.000	$ 200.000
2	250.000	100.000	250.000
3	—	80.000	200.000
4	—	60.000	200.000
5	—	40.000	200.000
6	—	—	200.000

a. Calcule o *valor presente líquido* de cada alternativa e classifique-as com base no VPL.

b. Calcule o *valor presente líquido anualizado* (*VPLA*) de cada alternativa e classifique-as.

c. Por que o VPLA é preferido em relação ao VPL ao classificar projetos com durações diferentes?

Exercício de finanças pessoais

 E12.16 Decisões pelo VPL e pelo VPLA. Richard e Linda Butler decidiram que é hora de comprar uma TV de alta definição (HD) porque houve muitos avanços tecnológicos e os preços caíram nos últimos três anos. Com base nas pesquisas que fizeram, restringiram suas opções a dois aparelhos: Samsung de plasma — de 64 polegadas e resolução de 1080p — e Sony de plasma — de 64 polegadas e resolução de 1080p. O preço do aparelho da Samsung é $ 2.350 e o da Sony, $ 2.700. Eles esperam ficar com o Samsung por três anos; se comprarem o aparelho mais caro, Sony, esperam ficar com ele por quatro anos. Eles esperam poder vender o Samsung por $ 400 no final de três anos, e o Sony por $ 350 no final de quatro anos. Richard e Linda estimam que os benefícios de entretenimento no final de cada ano (isto é, não ir ao cinema ou a eventos e assisti-los em casa) serão de $ 900 para o Samsung e de $ 1.000 para o Sony. Os dois aparelhos podem ser considerados de alta qualidade e são compras de risco equivalente. Eles estimam que o custo de oportunidade é de 9%.

O casal deseja escolher a melhor alternativa do ponto de vista puramente financeiro. Para conduzir essa análise, eles pretendem fazer o seguinte:

a. Determinar o *VPL* do aparelho Samsung.

b. Determinar o *VPLA* do aparelho Samsung.

c. Determinar o *VPL* do aparelho Sony.

d. Determinar o *VPLA* do aparelho Sony.

e. Qual aparelho os Butlers devem comprar? Por quê?

 E12.17 Opções reais e VPL estratégico. Jenny Rene, diretora financeira da Asor Products, Inc., acabou de concluir a avaliação de uma proposta de investimento em um equipamento que expandiria a capacidade de produção da empresa. Utilizando a metodologia do VPL tradicional, considerou o projeto inaceitável pois:

$$\text{VPL}_{\text{tradicional}} = -\$\,1.700 < \$\,0$$

Antes de recomendar a rejeição do projeto proposto, decidiu investigar se poderiam existir opções reais implícitas nos fluxos de caixa da empresa. Sua análise revelou três opções:

Opção 1: Abandono. O projeto poderia ser abandonado no final de três anos, resultando em acréscimo de $ 1.200 ao VPL.

Opção 2: Crescimento. Se ocorrerem os resultados projetados haveria uma oportunidade de expandir ainda mais a oferta de produtos da empresa no final de quatro anos. Estima-se que o exercício dessa opção adicionaria $ 3.000 ao VPL do projeto.

Opção 3: Timing. Algumas etapas do projeto proposto poderiam ser adiadas se as condições de mercado e concorrência fizessem com que as receitas previstas pela empresa se desenvolvesse mais lentamente que o planejado. Tal adiamento na implementação, nesse ponto, tem um VPL de $ 10.000.

Jenny estimou que haveria 25% de probabilidade de que a opção de abandono fosse exercida, 30% de probabilidade de exercício da opção de crescimento e apenas 10% de probabilidade de que a implementação de determinadas etapas do projeto afetasse o timing.

a. Use as informações fornecidas para calcular o *VPL estratégico*, do investimento no equipamento proposto.

b. Com base nas constatações no item **a**, que ação Jenny deveria recomendar à administração com relação ao investimento no equipamento proposto?

c. Em geral, como este exercício demonstra a importância de considerar as opções reais ao tomar decisões de orçamento de capital?

E12.18 Racionamento de capital: abordagens da TIR e do VPL. A Valley Corporation está tentando selecionar o melhor de um grupo de projetos independentes que competem pelo orçamento de capital fixo de $ 4,5 milhões da empresa. A Valley reconhece que qualquer parcela não utilizada do orçamento renderá menos que o custo de capital de 15%, resultando, desse modo, em um valor presente das entradas de caixa inferior ao investimento inicial. A empresa resumiu, na tabela a seguir, os principais dados a serem usados na seleção do melhor grupo de projetos.

Projeto	Investimento inicial	TIR	Valor presente de entradas a 15%
A	−$ 5.000.000	17%	$ 5.400.000
B	−800.000	18%	1.100.000
C	−2.000.000	19%	2.300.000
D	−1.500.000	16%	1.600.000
E	−800.000	22%	900.000
F	−2.500.000	23%	3.000.000
G	−1.200.000	20%	1.300.000

a. Use a *abordagem da taxa interna de retorno (TIR)* para selecionar o melhor grupo de projetos.

b. Use a *abordagem do valor presente líquido (VPL)* para escolher o melhor grupo de projetos.

c. Compare, contraste e discuta suas constatações nos itens **a** e **b**.

d. Quais projetos a empresa deve implementar? Por quê?

E12.19 Racionamento de capital: abordagem do VPL. Uma empresa com custo de capital de 13% deve selecionar o grupo ótimo de projetos dentre os apresentados na tabela a seguir, dado seu orçamento de capital de $ 1 milhão.

Projeto	Investimento inicial	VPL ao custo de capital de 13%
A	-$ 300.000	$ 84.000
B	-200.000	10.000
C	-100.000	25.000
D	-900.000	90.000
E	-500.000	70.000
F	-100.000	50.000
G	-800.000	160.000

a. Calcule o *valor presente* das *entradas de caixa* associadas a cada projeto.

b. Selecione o grupo ótimo de projetos, tendo em mente que os fundos não utilizados têm custo.

E12.20 Problema de ética. A Agência de Proteção Ambiental dos Estados Unidos (EPA, na sigla em inglês para Environmental Protection Agency) às vezes impõe sanções às empresas que poluem o ambiente (veja o quadro *Foco na Ética* deste capítulo). Mas você sabia que existe um mercado legal para a poluição? Um mecanismo que foi desenvolvido para limitar a poluição excessiva do ar é usar créditos de carbono. Os créditos de carbono são um esquema de licença negociável que permite que as empresas incapazes de atender aos limites de emissões de gases de efeito estufa compre créditos de carbono de empresas que estejam abaixo de sua cota. Ao permitir que os créditos sejam comprados e vendidos, uma empresa para a qual a redução de emissões seria caro ou proibitivo pode pagar a outra empresa para fazer a redução. Você concorda com esse mecanismo? Como você se sentiria se fosse investidor de uma empresa que usa créditos de carbono para ultrapassar legalmente seus limites de poluição?

Exercício com planilha

A Isis Corporation tem dois projetos que gostaria de empreender. No entanto, devido a restrições de capital, os dois projetos — Alpha e Beta — devem ser tratados como mutuamente excludentes. Eles são igualmente arriscados, e a empresa pretende usar um custo de capital de 10% para avaliar cada um deles. O projeto Alpha tem duração estimada de 12 anos e o Beta, de nove anos. Os dados de fluxo de caixa foram preparados como apresentados na tabela a seguir.

	Fluxos de caixa	
	Projeto Alpha	Projeto Beta
FC_0	-$ 5.500.000	-$ 6.500.000
FC_1	300.000	400.000
FC_2	500.000	600.000
FC_3	500.000	800.000
FC_4	550.000	1.100.000
FC_5	700.000	1.400.000
FC_6	800.000	2.000.000
FC_7	950.000	2.500.000
FC_8	1.000.000	2.000.000
FC_9	1.250.000	1.000.000

(*continua*)

(continuação)
FC_{10}	1.500.000
FC_{11}	2.000.000
FC_{12}	2.500.000

TAREFA

Crie uma planilha para resolver os itens a seguir:

a. Calcule o *VPL* de cada projeto ao longo de sua respectiva duração. Classifique os projetos em ordem decrescente de VPL. Qual projeto você escolheria?

b. Use a *abordagem do valor presente líquido anualizado* (*VPLA*) para avaliar e classificar os projetos em ordem decrescente de VPLA. Qual projeto você escolheria?

c. Compare e contraste suas constatações nos itens **a** e **b**. Qual projeto você recomendaria que a empresa escolhesse? Explique.

CASO INTEGRATIVO 5

LASTING IMPRESSIONS COMPANY

A Lasting Impressions (LI) Company é uma gráfica comercial de médio porte especializada em produzir brochuras promocionais, folhetos e outros materiais de mala direta. Os principais clientes da empresa são agências de publicidade sediadas em Nova York e Chicago. A encomenda típica caracteriza-se pela alta qualidade e produção de mais de 50.000 unidades. A LI não tem conseguindo competir de forma eficaz com gráficas maiores por causa de suas atuais impressoras, antigas e ineficientes. A empresa está atualmente tendo problemas para atender aos requisitos de cumprimento de execução, bem como atender aos padrões de qualidade de forma econômica.

O diretor geral propôs a compra de uma de duas impressoras de grande porte, de seis cores, projetadas para lotes grandes e de alta qualidade. A compra de uma nova impressora permitiria à LI reduzir seu custo de mão de obra e, portanto, o preço para o cliente, colocando-a em uma posição mais competitiva. As principais características financeiras da impressora antiga e das duas propostas são resumidas a seguir.

Impressora antiga Originalmente comprada três anos atrás a um custo instalado de $ 400.000, vem sendo depreciada pelo MACRS usando período de recuperação de cinco anos. A impressora antiga tem uma vida econômica remanescente de cinco anos. Pode ser vendida hoje por $ 420.000 líquido, antes do imposto de renda; se mantida, pode ser vendida por $ 150.000 líquido, antes do imposto de renda, no final de cinco anos.

Impressora A Essa impressora altamente automatizada pode ser comprada por $ 830.000 e exigirá $ 40.000 em custos de instalação. Será depreciada pelo MACRS usando período de recuperação de cinco anos. No final de cinco anos, pode ser vendida por $ 400.000 líquido, antes do imposto de renda. Se essa máquina for adquirida, estão previstas variações das contas circulantes, apresentadas na tabela a seguir.

Caixa	+ $ 25.400
Contas a receber	+ 120.000
Estoques	− 20.000
Fornecedores	+ 35.000

Impressora B Essa impressora não é tão sofisticada quanto a A. Custa $ 640.000 e exige $ 20.000 em custos de instalação. Será depreciada pelo MACRS usando período de recuperação de cinco anos. No final de cinco anos, pode ser vendida por $ 330.000 líquido, antes do imposto de renda. A aquisição dessa impressora não afetará o investimento da empresa em capital de giro líquido.

A empresa estima que o lucro antes de depreciação, juros e imposto de renda com a impressora antiga e com as A ou B em cada um dos cinco anos seria o mostrado na tabela a seguir. A empresa está sujeita à alíquota de imposto de renda de 40%. O custo de capital da empresa, r, aplicável à substituição proposta, é de 14%.

	Lucro antes de depreciação, juros e imposto de renda das impressoras da Lasting Impressions Company		
Ano	Impressora antiga	Impressora A	Impressora B
1	$ 120.000	$ 250.000	$ 210.000
2	120.000	270.000	210.000
3	120.000	300.000	210.000
4	120.000	330.000	210.000
5	120.000	370.000	210.000

TAREFA

a. Para cada uma das duas impressoras propostas para substituir a impressora antiga, determine: (1) investimento inicial; (2) entradas de caixa operacionais (*Observação:* não deixe de considerar a depreciação do ano 6); (3) Fluxo de caixa terminal (*Observação:* no final do ano 5).

b. Usando os dados determinados no item **a**, encontre e represente em uma linha do tempo a série de fluxos de caixa relevantes associada a cada uma das duas impressoras propostas, assumindo que cada uma será liquidada no final de cinco anos.

c. Usando os dados desenvolvidos no item **b**, aplique cada uma das técnicas de decisão a seguir:

(1) Período de *payback*. (*Observação:* para o ano 5, use apenas as entradas de caixa operacionais — ou seja, exclua o fluxo de caixa terminal — ao fazer esse cálculo.)
(2) Valor presente líquido (VPL).
(3) Taxa interna de retorno (TIR).

d. Trace os *perfis de valor presente líquido* das duas impressoras propostas em um mesmo conjunto de eixos e discuta classificações conflitantes das duas impressoras, se houver, resultantes do uso das técnicas de decisão de VPL e TIR.

e. Recomende qual das impressoras, se for o caso, a empresa deve adquirir, se a empresa tem: (1) fundos ilimitados ou (2) racionamento de capital.

f. As entradas de caixa operacionais associadas à impressora A são caracterizadas como muito arriscadas em comparação com as entradas de caixa operacionais de baixo risco da impressora B. Que impacto isto teria em sua recomendação?

PARTE 6
Decisões financeiras de longo prazo

Capítulos desta parte

13 Alavancagem e estrutura de capital

14 Política de dividendos

CASO INTEGRATIVO 6 ▸ O'Grady Apparel Company

▸ Os capítulos 10, 11 e 12 focaram em como as empresas devem investir seu capital, mas não abordaram de onde as empresas obtiveram esse dinheiro para investir. Nos capítulos 13 e 14, analisaremos as decisões financeiras de longo prazo das empresas. Em termos gerais, esses capítulos focam nos trade-offs associados a diferentes fontes de capital de investimento.

O Capítulo 13 analisa a decisão financeira de longo prazo mais básica da empresa: levantar fundos por meio da venda de ações (capital próprio) ou por meio de empréstimos (capital de terceiros). O mix de financiamento de capital de terceiros e capital próprio de uma empresa é chamado de estrutura de capital. Algumas empresas escolhem uma estrutura de capital que não contém capital de terceiros, enquanto que outras dependem mais do financiamento com capital de terceiros do que com capital próprio. A escolha da estrutura de capital é extremamente importante, pois a proporção de capital de terceiros que uma empresa usa influencia os retornos que ela pode proporcionar a seus investidores, bem como os riscos associados a esses retornos. Mais capital de terceiros geralmente significa retornos mais altos, mas também riscos maiores. O Capítulo 13 mostra como as empresas equilibram esse trade-off.

O Capítulo 14 foca na política de dividendos, que refere-se às decisões que as empresas tomam sobre se devem distribuir dinheiro aos acionistas e como essa distribuição deve ser feita, por meio de dividendos ou de recompra de ações. Sobre a política de dividendos, podemos fazer uma observação semelhante a que fizemos sobre estrutura de capital. Algumas empresas optam por não distribuir o dinheiro, preferindo, em vez disso, reinvesti-lo no negócio ou acumular grandes reservas de caixa que poderão ser utilizadas em investimentos estratégicos tais como aquisições. Outras empresas, no entanto, pagam bilhões em dividendos e recompra de ações todos os anos. O Capítulo 14 explica os fatores que as empresas consideram ao definir suas políticas de dividendos.

Capítulo 13

Alavancagem e estrutura de capital

Objetivos de aprendizagem

OA 1 Discutir alavancagem, estrutura de capital, análise de equilíbrio, ponto de equilíbrio operacional e o efeito das variações dos custos sobre o ponto de equilíbrio.

OA 2 Compreender alavancagem operacional, financeira e total, e as relações entre elas.

OA 3 Descrever os tipos de capital, a avaliação externa da estrutura de capital, a estrutura de capital de empresas não norte-americanas e a teoria da estrutura de capital.

OA 4 Explicar a estrutura ótima de capital utilizando uma representação gráfica das funções de custo de capital da empresa e um modelo de avaliação de crescimento zero.

OA 5 Discutir a abordagem LAJIR–LPA para a estrutura de capital.

OA 6 Rever o retorno e o risco de estruturas de capital alternativas, sua vinculação com o valor de mercado e outras considerações importantes relativas à estrutura de capital.

Por que este capítulo é importante para você?

Na sua vida PROFISSIONAL

CONTABILIDADE Para saber como calcular e analisar as alavancagens operacional e financeira e conhecer bem os efeitos das diversas estruturas de capital sobre o imposto de renda e os lucros.

SISTEMAS DE INFORMAÇÃO Para conhecer os tipos de capital e a estrutura de capital, já que deve fornecer grande parte das informações necessárias para que a administração possa determinar a melhor estrutura de capital para a empresa.

GESTÃO Para entender o que é alavancagem, a fim de poder controlar o risco e aumentar os retornos para os proprietários da empresa, bem como a teoria da estrutura de capital para tomar decisões à respeito da estrutura ótima de capital da empresa.

MARKETING Para entender a análise de equilíbrio, que será utilizada em decisões de preços e viabilidade de produtos.

OPERAÇÕES Para entender o impacto dos custos operacionais fixos e variáveis sobre o ponto de equilíbrio da empresa e sua alavancagem operacional, uma vez que esses custos terão um efeito significativo sobre o risco e o retorno da empresa.

Na sua vida PESSOAL

Do mesmo modo que as pessoas jurídicas, uma pessoa física frequentemente incorre em dívidas, seja utilizando cartão de crédito para necessidades de curto prazo, seja negociando empréstimos de longo prazo. Quando você toma dinheiro de longo prazo emprestado, experimenta os benefícios e as consequências da alavancagem. Além disso, o saldo de suas dívidas com relação a seu patrimônio líquido é conceitualmente o mesmo que a estrutura de capital de uma empresa, e isso reflete o seu risco financeiro e afeta a disponibilidade e o custo de empréstimos.

Lowe's

Lowe's reforça a alavancagem

Em abril de 2012, a Lowe's, uma rede de lojas de materiais de construção e reformas domésticas, emitiu US$ 2 bilhões em títulos de dívida com vencimentos que variavam de cinco a 30 anos. O diretor financeiro da empresa, Robert Hull, explicou em uma conferência por telefone com investidores, que a Lowe's planejava usar os recursos financeiros ou obtidos com a venda dos títulos de dívida, juntamente com o fluxo de caixa gerado pelo negócio, para recomprar US$ 4,5 bilhões de suas ações. Esse plano representou uma mudança significativa na estrutura de capital da empresa (seu mix de financiamento de capital de terceiros e próprio), uma manobra que colocaria mais dinheiro nas mãos dos acionistas e aplicaria mais pressão sobre a administração da Lowe's para gerar fluxo de caixa positivo para pagar a dívida. Com o aumento da propor-

ção de capital de terceiros em seu mix de financiamento, a Lowe's estava reforçando a alavancagem financeira de seu negócio, o que significa que, se a empresa conseguisse vender seus produtos, os retornos aos acionistas seriam ampliados. No entanto, se a Lowe's experimentasse um declínio em seus negócios, pagar a dívida poderia ser difícil e os retornos para os acionistas sofreriam os efeitos.

A princípio, a estratégia financeira da Lowe's pareceu não trazer bons resultados, quando a empresa reportou lucros e receitas decepcionantes nos meses relativos à primavera e ao verão de 2012 e o preço de sua ação caiu de cerca de US$ 31 em abril para US$ 24,50 no início de agosto. Entretanto, com a ajuda de uma economia em recuperação e do Furacão Sandy, a situação da Lowe's começou a melhorar. No terceiro trimestre de 2012, os lucros da empresa cresceram 76% e os investidores viram o preço de sua ação subir 7% em um único dia. Nos 12 meses seguintes a 1 de agosto de 2012, o preço da ação da Lowe's subiu mais de 70%, enquanto o índice Standard & Poor 500 subiu apenas pouco mais de 20%.

A experiência da Lowe's depois de alterar sua estrutura de capital, aumentando a proporção de capital de terceiros, ilustra o princípio geral de que, à medida que a empresa depende mais fortemente de capital de terceiros, seus lucros tornam-se mais sensíveis à situação do negócio. Os lucros crescem rapidamente em tempos bons e caem mais fortemente em tempos ruins, e o preço da ação reage do mesmo modo. Neste capítulo, descobriremos os fatores que influenciam as decisões da empresa sobre o financiamento de suas operações com capital de terceiros ou capital próprio.

13.1 Alavancagem

alavancagem
Refere-se aos efeitos que os custos fixos têm nos retornos recebidos pelos acionistas; maior alavancagem geralmente resulta em retornos mais altos, porém mais voláteis.

Alavancagem refere-se aos efeitos que os custos fixos têm nos retornos recebidos pelos acionistas. Por "custos fixos" queremos dizer os custos que não sobem e descem com as variações das vendas de uma empresa. As empresas têm de pagar esses custos fixos independentemente de as condições do negócio serem boas ou ruins. Esses custos fixos podem ser custos operacionais, como os custos incorridos na compra e operação de instalações e equipamentos, ou podem ser custos financeiros, como os custos fixos de pagamentos de dívida. Dizemos que uma empresa com custos fixos mais altos tem maior alavancagem. Em geral, a alavancagem aumenta tanto os retornos quanto os riscos. Uma empresa com mais alavancagem pode obter, em média, retornos mais altos do que uma empresa com menos alavancagem, mas os retornos da empresa mais alavancada serão também mais voláteis.

Muitos dos riscos econômicos estão fora do controle dos administradores, mas não os riscos associados à alavancagem. Os administradores podem aumentar ou diminuir a alavancagem adotando estratégias que dependem mais de custos fixos ou de variáveis. Por exemplo, muitas empresas escolhem fabricar seus produtos ou terceirizar a fabricação para outra empresa. A empresa que fabrica seus produtos pode investir bilhões em fábricas ao redor do mundo. Essas fábricas geram custos, quer estejam em operação ou não, de modo que a empresa que fabrica seus produtos tende a ter maior alavancagem. Por outro lado, uma empresa que terceiriza a produção pode reduzir rapidamente seus custos quando a demanda for baixa simplesmente não fazendo pedidos. Assim, essa empresa em geral terá menor alavancagem se comparada àquela que fabrica seus produtos.

estrutura de capital
O mix de capital de terceiros de longo prazo e capital próprio mantidos por uma empresa.

Os administradores também podem influenciar a alavancagem ao escolher uma determinada **estrutura de capital**, que é o mix de capital de terceiros de longo prazo e capital próprio mantidos por uma empresa. Quanto mais títulos de dívida uma empresa emitir, maiores serão seus custos de amortização da dívida, e esses custos devem ser pagos independentemente das vendas da empresa. Como a alavancagem pode ter um impacto muito grande sobre a empresa, o administrador financeiro deve saber como medir e avaliar a alavancagem, especialmente ao tomar decisões de estrutura de capital.

A Tabela 13.1 usa uma demonstração de resultado para mostrar a origem das diferentes fontes de alavancagem.

Tabela 13.1 Formato básico de demonstração de resultado e tipos de alavancagem

Alavancagem operacional	Receita de vendas	
	Menos: Custo dos produtos vendidos	
	Lucro bruto	
	Menos: Despesas operacionais	
Alavancagem financeira	Lucro antes de juros e imposto de renda (LAJIR)	Alavancagem total
	Menos: Juros	
	Lucro líquido antes do imposto de renda	
	Menos: Imposto de renda	
	Lucro líquido após imposto de renda	
	Menos: Dividendos de ações preferenciais	
	Lucro disponível aos acionistas ordinários	
	Lucro por ação (LPA)	

- A *alavancagem operacional* diz respeito à relação entre a receita de vendas da empresa e seu lucro antes de juros e imposto de renda (LAJIR) ou *lucro operacional*. Quando os custos das operações (tais como custo dos produtos vendidos e despesas operacionais) são em grande parte fixos, pequenas variações da receita levarão a variações muito maiores do LAJIR.
- A *alavancagem financeira* diz respeito à relação entre o LAJIR da empresa e seu lucro líquido por ação ordinária (LPA). Na demonstração de resultado, podemos ver que as deduções do LAJIR para chegar ao LPA incluem juros, imposto de renda e dividendos preferenciais. O imposto de renda é claramente variável, aumentando e diminuindo com o lucro da empresa, mas a despesa de juros e os dividendos preferenciais em geral são fixos. Quando esses itens fixos são elevados (isto é, quando a empresa tem muita alavancagem financeira), pequenas variações do LAJIR provocam grandes variações do LPA.
- A *alavancagem total* é o efeito combinado de alavancagem operacional e alavancagem financeira. Diz respeito à relação entre a receita de vendas da empresa e seu LPA.

Analisaremos em detalhes os três conceitos de alavancagem. Em primeiro lugar, contudo, discutiremos a análise de equilíbrio, que estabelece as bases para os conceitos de alavancagem, ao demonstrar os efeitos dos custos fixos sobre as operações da empresa.

ANÁLISE DE EQUILÍBRIO

As empresas usam a **análise de equilíbrio**, também chamada de *análise custo–volume–lucro* para (1) determinar o nível de operações necessário para cobrir todos os custos e (2) avaliar a lucratividade associada a diversos níveis de vendas. O **ponto de equilíbrio operacional da empresa** é o nível de vendas necessário para cobrir todos os *custos operacionais*. Nesse ponto, o lucro antes de juros e imposto de renda (LAJIR) é igual a $ 0.[1]

O primeiro passo para encontrar o ponto de equilíbrio operacional consiste em separar o custo dos produtos vendidos e as despesas operacionais em custos operacionais fixos e variáveis. Os *custos fixos* são custos que a empresa deve pagar em um determinado período, independente do volume de vendas alcançado durante esse período. Esses custos costumam ser contratuais; o aluguel, por exemplo, é um custo fixo. Como os custos fixos não variam com as vendas, normalmente os medimos em relação ao tempo. Por exemplo, normalmente deveríamos medir o aluguel como o valor devido *por mês*. Os *custos variáveis* variam diretamente com o volume de vendas. Custos de transporte, por exemplo, são um custo variável.[2] Normalmente medimos os custos variáveis em unidades monetárias por unidade vendida.

análise de equilíbrio
Usada para indicar o nível de operações necessário para cobrir todos os custos e para avaliar a lucratividade associada a diversos níveis de vendas; também chamada de *análise custo–volume–lucro*.

ponto de equilíbrio operacional
O nível de vendas necessário para cobrir todos os *custos operacionais*; o ponto em que o LAJIR é igual a $ 0.

Abordagem algébrica

Usando as variáveis a seguir, podemos reformular a parte operacional da demonstração de resultado da empresa, apresentada na Tabela 13.1, na representação algébrica na Tabela 13.2, onde:

P = preço de venda por unidade
Q = quantidade de unidades vendidas
CF = custo *operacional* fixo por período
CV = custo *operacional* variável por unidade

---

1 O ponto de equilíbrio é calculado de modo a representar o ponto em que *todos os custos, operacionais e financeiros*, são cobertos. Por ora, vamos nos concentrar no ponto de equilíbrio operacional como uma forma de introduzir o conceito de alavancagem operacional. Discutiremos a alavancagem financeira mais adiante.
2 Alguns custos, comumente chamados de *semifixos* ou *semivariáveis*, são em parte fixos e em parte variáveis. Um exemplo são as comissões de vendas, que são fixas até um determinado volume de vendas e, em seguida, aumentam para níveis mais altos quando os volumes são maiores. Por conveniência e clareza, assumimos que todos os custos podem ser classificados como fixos ou variáveis.

Tabela 13.2 — Alavancagem operacional, custos e análise de equilíbrio

	Item	Representação algébrica
Alavancagem operacional	Receita de vendas	$(P \times Q)$
	Menos: Custos operacionais fixos	$- \ CF$
	Menos: Custos operacionais variáveis	$-(CV \times Q)$
	Lucro antes de juros e imposto de renda	LAJIR

Reescrevendo os cálculos algébricos da Tabela 13.2 como uma fórmula de lucro antes de juros e imposto de renda, temos a Equação 13.1:

$$\text{LAJIR} = (P \times Q) - CF - (CV \times Q) \tag{13.1}$$

Simplificando a Equação 13.1, temos:

$$\text{LAJIR} = Q \times (P - CV) - CF \tag{13.2}$$

Como já vimos, o ponto de equilíbrio operacional é o nível de vendas em que todos os *custos operacionais* fixos e variáveis são cobertos, isto é, o nível em que o LAJIR é igual a $ 0. Definindo o LAJIR igual a $ 0 e resolvendo a Equação 13.2 para Q, temos:

$$Q = \frac{CF}{P - CV} \tag{13.3}$$

onde Q é o ponto de equilíbrio operacional da empresa.[3]

Exemplo 13.1

Suponha que a Cheryl`s Posters, um pequeno revendedor de pôsteres, tenha custos operacionais fixos de $ 2.500. O preço de venda é de $ 10 por pôster e o custo operacional variável é de $ 5 por pôster. Aplicando a Equação 13.3 a esses dados, temos:

$$Q = \frac{\$2.500}{\$10 - \$5} = \frac{\$2.500}{\$5} = 500 \text{ unidades}$$

Com vendas de 500 unidades, o LAJIR da empresa deve ser igual a $ 0. Ela terá LAJIR positivo apenas no caso de vendas superiores a 500 unidades e LAJIR negativo, ou prejuízo, para vendas inferiores a 500 unidades. Podemos confirmar essa conclusão substituindo na Equação 13.1 os valores acima e abaixo de 500 unidades, juntamente com os demais valores dados.

---

[3] Como supomos que a empresa tem um único produto, seu ponto de equilíbrio operacional é encontrado em termos de unidades vendidas, Q. No caso de empresas com mais de um produto, o ponto de equilíbrio operacional normalmente é encontrado em termos de vendas em unidades monetárias, RV (receita de vendas). Podemos encontrar RV substituindo a margem de contribuição, que é 100% menos os custos operacionais variáveis totais como uma porcentagem do total de vendas, representada por $CV\%$, no denominador da Equação 13.3. O resultado é a Equação 13.3a:

$$S = \frac{FC}{1 - VC\%} \tag{13.3a}$$

Esse ponto de equilíbrio para uma empresa com mais de um produto pressupõe que o mix de produtos da empresa permanece o mesmo em todos os níveis de vendas.

Abordagem gráfica

A Figura 13.1 apresenta graficamente a análise de equilíbrio dos dados do exemplo anterior. O ponto de equilíbrio operacional da empresa é o ponto em que seu *custo operacional total* — a soma dos custos operacionais fixos e variáveis — é igual à receita de vendas. Nesse ponto, o LAJIR é igual a $ 0. A figura mostra que, para vendas *abaixo* de 500 unidades, o custo operacional total é superior à receita de vendas e o LAJIR é menor que $ 0 (prejuízo). Para vendas *acima* do ponto de equilíbrio de 500 unidades, a receita de vendas é superior ao custo operacional total e o LAJIR é maior que $ 0.

Variação de custos e ponto de equilíbrio operacional

O ponto de equilíbrio operacional de uma empresa é sensível a diversas variáveis: custo operacional fixo (CF), preço de venda por unidade (P) e custo operacional variável por unidade (CV). Consulte a Equação 13.3 para ver como aumentos ou diminuições dessas variáveis afetam o ponto de equilíbrio. A sensibilidade do volume de vendas de equilíbrio (Q) a um *aumento* de cada uma dessas variáveis é resumida na Tabela 13.3. Como seria de se esperar, um aumento de custo (CF ou CV) tende a elevar o ponto de equilíbrio operacional, ao passo que um aumento do preço de venda por unidade (P) reduz o ponto de equilíbrio operacional.

Figura 13.1 Análise de equilíbrio

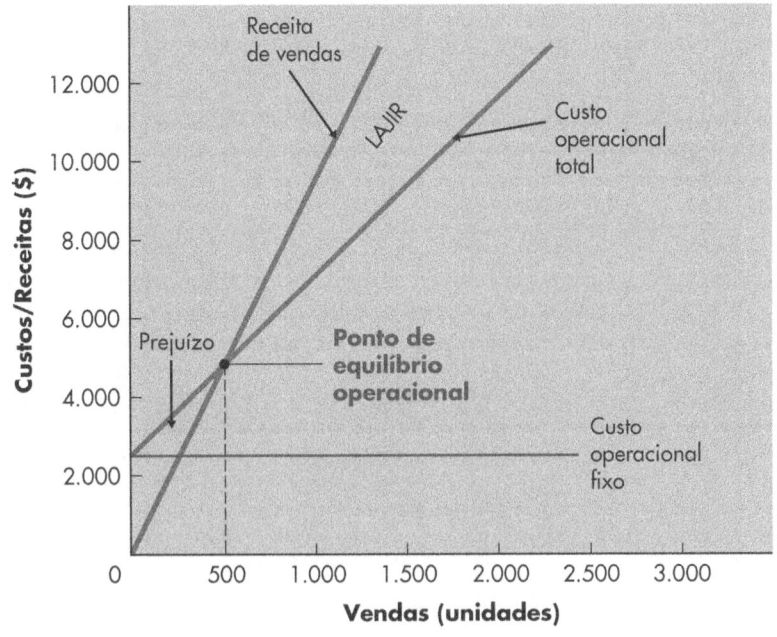

Análise gráfica de equilíbrio operacional.

Tabela 13.3 Sensibilidade do ponto de equilíbrio operacional a aumentos das variáveis fundamentais

Aumento da variável	Efeito sobre o ponto de equilíbrio operacional
Custo operacional fixo (CF)	Aumento
Preço de venda por unidade (P)	Redução
Custo operacional variável por unidade (CV)	Aumento

Observação: reduções em cada uma das variáveis apresentadas teriam efeito oposto sobre o ponto de equilíbrio operacional.

Exemplo 13.2

Vamos supor que a Cheryl's Posters queira avaliar o impacto de diversas opções: (1) aumentar o custo operacional fixo para $ 3.000, (2) aumentar o preço de venda por unidade para $ 12,50, (3) aumentar o custo operacional variável por unidade para $ 7,50 e (4) implementar simultaneamente todas as três alterações. Substituindo os dados apropriados na Equação 13.3, temos:

(1) Ponto de equilíbrio operacional = $\dfrac{\$3.000}{\$10 - \$5}$ = 600 unidades

(2) Ponto de equilíbrio operacional = $\dfrac{\$2.500}{\$12,50 - \$5}$ = 333,333 unidades

(3) Ponto de equilíbrio operacional = $\dfrac{\$2.500}{\$10 - \$7,50}$ = 1.000 unidades

(4) Ponto de equilíbrio operacional = $\dfrac{\$3.000}{\$12,50 - \$7,50}$ = 600 unidades

Comparando os pontos de equilíbrio operacional resultantes com o valor inicial de 500 unidades, vemos que aumentos de custos (opções 1 e 3) elevam o ponto de equilíbrio, enquanto o aumento de receita (opção 2) reduz o ponto de equilíbrio. O efeito combinado do aumento das três variáveis (opção 4) também resulta em um ponto de equilíbrio operacional mais alto.

Finanças pessoais Exemplo 13.3

Rick Polo está pensando em instalar um novo dispositivo de economia de combustível em seu carro. O custo instalado do dispositivo é de $ 240 à vista, mais uma mensalidade de $ 15. Ele pode descontinuar o uso do dispositivo a qualquer momento, sem multa. Rick estima que o dispositivo reduzirá seu consumo médio mensal de combustível em 20%, o que, assumindo uma quilometragem mensal constante, resultaria em uma economia de cerca de $ 28 por mês. Ele pretende ficar com o carro por mais dois anos e quer determinar se deveria instalar o dispositivo.

Para avaliar a viabilidade financeira da compra do dispositivo, Rick calcula o número de meses que levará para atingir o equilíbrio. Considerando o custo instalado de $ 240 como custo fixo (CF), a economia mensal de $ 28 como benefício (P) e a taxa mensal de $ 15 como custo variável (CV), e substituindo esses valores na equação do ponto de equilíbrio, Equação 13.3, obtemos:

Ponto de equilíbrio (em meses) = $ 240 · ($ 28 – $ 15) = $ 240 · $ 13
= 18,5 meses

Como o dispositivo de economia de combustível se paga em 18,5 meses, que é menos que os 24 meses que Rick pretende ficar com o carro, ele deveria instalar o dispositivo.

ALAVANCAGEM OPERACIONAL

A alavancagem operacional resulta da existência de *custos fixos* que a empresa deve pagar para funcionar. Usando a estrutura apresentada na Tabela 13.2, podemos definir **alavancagem operacional** como o uso de *custos operacionais fixos* para ampliar os efeitos das variações das vendas sobre o lucro antes de juros e imposto da renda da empresa.

Com base no Exemplo 13.4, vemos que a alavancagem operacional atua nas *duas direções*. Quando uma empresa tem custos operacionais fixos, existe alavancagem operacional.

Um aumento de vendas resulta em um aumento mais do que proporcional do LAJIR; uma redução de vendas resulta em uma redução mais do que proporcional do LAJIR.

alavancagem operacional
O uso de *custos operacionais fixos* para ampliar os efeitos das variações das vendas sobre o lucro antes de juros e imposto de renda da empresa.

Figura 13.2 > Alavancagem operacional

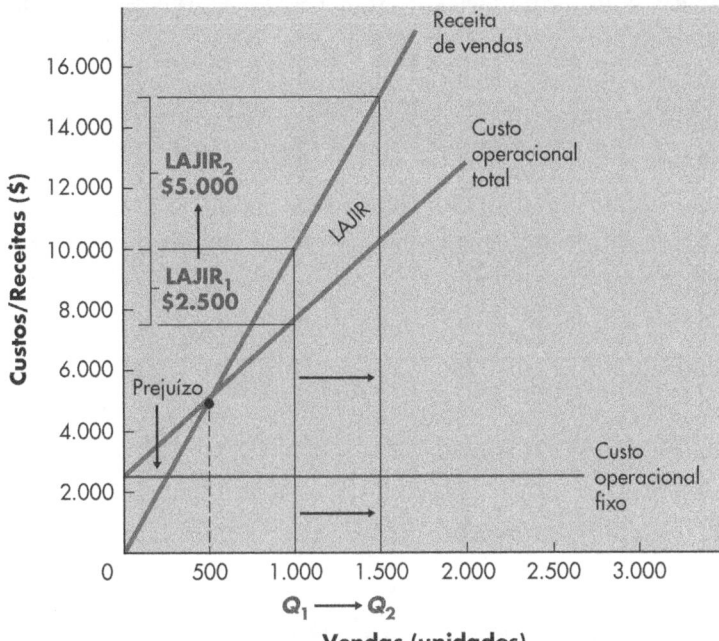

Análise do equilíbrio e alavancagem operacional.

Exemplo 13.4

Utilizando os dados da Cheryl's Posters (preço de venda, $P = \$10$ por unidade; custo operacional variável, $CV = \$5$ por unidade; custo operacional fixo, $CF = \$2.500$), a Figura 13.2 apresenta o gráfico do ponto de equilíbrio operacional originalmente mostrado na Figura 13.1. As notações adicionais no gráfico indicam que, à medida que as vendas da empresa aumentam de 1.000 para 1.500 unidades (Q_1 para Q_2), seu LAJIR aumenta de $\$2.500$ para $\$5.000$ (LAJIR$_1$ para LAJIR$_2$). Em outras palavras, um aumento de 50% das vendas (1.000 para 1.500 unidades) resulta em um aumento de 100% do LAJIR ($\$2.500$ para $\$5.000$). A Tabela 13.4 inclui os dados da Figura 13.2, e os dados relevantes para um nível de vendas de 500 unidades. Podemos ilustrar dois casos utilizando o nível de vendas de 1.000 unidades como ponto de referência:

Caso 1 Um *aumento* de 50% das vendas (de 1.000 para 1.500 unidades) resulta em um *aumento* de 100% do lucro antes de juros e imposto de renda (de $\$2.500$ para $\$5.000$).

Caso 2 Uma *redução* de 50% das vendas (de 1.000 para 500 unidades) resulta em uma *redução* de 100% do lucro antes de juros e imposto de renda (de $\$2.500$ para $\$0$).

Tabela 13.4 > LAJIR em diversos níveis de vendas

	Caso 2		Caso 1
	−50%		+50%
Vendas (em unidades)	500	1.000	1.500
Receita de vendas[a]	$ 5.000	$ 10.000	$15.000
Menos: Custos operacionais variáveis[b]	2.500	5.000	7.500
Menos: Custos operacionais fixos	2.500	2.500	2.500
Lucro antes de juros e imposto de renda (LAJIR)	$ 0	$ 2.500	$ 5.000
	−100%		+100%

[a] Receita de vendas = $ 10/unidade × vendas em unidades.
[b] Custos operacionais variáveis = $ 5/unidade × vendas em unidades.

Mensuração do grau de alavancagem operacional (GAO)

O **grau de alavancagem operacional** (**GAO**) é uma medida numérica da alavancagem operacional da empresa. Pode ser derivado usando a equação:[4]

$$\text{GAO} = \frac{\text{Variação percentual do LAJIR}}{\text{Variação percentual das vendas}} \quad (13.4)$$

Sempre que a variação percentual do LAJIR resultante de uma dada variação percentual das vendas for maior que a variação percentual das vendas, existe alavancagem operacional. Isso significa que, sempre que o GAO for maior que 1, haverá alavancagem operacional.

Exemplo 13.5

Aplicando a Equação 13.4 aos casos 1 e 2 da Tabela 13.4, temos os resultados a seguir:

$$\textbf{Caso 1:} \quad \frac{+100\%}{+50\%} = 2$$

$$\textbf{Caso 2:} \quad \frac{-100\%}{-50\%} = 2$$

Esses cálculos mostram que o LAJIR da Cheryl`s Posters varia duas vezes mais (em termos percentuais) do que suas vendas. Para um determinado nível básico de vendas, quanto maior o valor resultante da aplicação da Equação 13.4, maior o grau de alavancagem operacional.

Uma fórmula mais direta para o cálculo do grau de alavancagem operacional no nível de vendas de referência, Q, é:[5]

$$\text{GAO no nível de referência de vendas } Q = \frac{Q \times (P - VC)}{Q \times (P - VC) - FC} \quad (13.5)$$

Exemplo 13.6

Substituindo $Q = 1.000$, $P = \$10$, $CV = \$5$ e $CF = \$2.500$ na Equação 13.5, temos:

$$\text{GAO para 1.000 unidades} = \frac{1.000 \times (\$10 - \$5)}{1.000 \times (\$10 - \$5) - \$2.500} = \frac{\$5.000}{\$2.500} = 2,0$$

Como antes, o valor do GAO de 2,0 significa que uma variação do volume de vendas da Cheryl`s Posters resulta em uma variação do LAJIR duas vezes maior em termos percentuais.[6]

Veja, no quadro *Foco na Prática*, uma discussão sobre alavancagem operacional na empresa de softwares Adobe.

---

[4] O grau de alavancagem operacional também depende do nível de vendas utilizado como ponto de referência. Quanto mais próximo o nível de referência de vendas estiver do ponto de equilíbrio operacional, maior será a alavancagem operacional. *A comparação do grau de alavancagem operacional de duas empresas é válida somente quando é usado o mesmo nível de referência de vendas para ambas.*

[5] Tecnicamente falando, a fórmula do GAO dada na Equação 13.5 deve incluir sinais de valor absoluto, porque é possível obter GAO negativo quando o LAJIR para o nível de referência de vendas for negativo. Como supomos que o LAJIR do nível de referência de vendas é positivo, não usamos sinais de valor absoluto.

Foco na PRÁTICA

A alavancagem da Adobe

na prática A Adobe Systems, uma das maiores empresas de software para computadores pessoais dos Estados Unidos, domina os mercados de design gráfico, imagem, mídia dinâmica e ferramentas de criação de conteúdo multimídia. Os designers de websites têm os aplicativos Photoshop e Illustrator como favoritos, então, o Acrobat tornou-se programa padrão para compartilhar documentos on-line.

A capacidade da Adobe de administrar as despesas discricionárias ajuda a manter resultados elevados. A empresa tem uma vantagem adicional: a *alavancagem operacional*, o uso de custos operacionais fixos para ampliar o efeito das variações das vendas sobre o lucro antes de juros e imposto de renda (LAJIR). A Adobe e outras empresas do setor de software incorrem na maior parte de seus custos no início do ciclo de vida de um produto, nas etapas de pesquisa e desenvolvimento e comercialização inicial. Os custos iniciais de desenvolvimento são fixos e os custos de produção subsequentes são praticamente iguais a zero. As economias de escala são enormes: uma vez que a empresa consiga vender um número suficiente de cópias para cobrir seus custos fixos, a receita incremental de vendas vai quase toda para o lucro.

Como podemos ver na tabela a seguir, a alavancagem operacional intensificou o *aumento* do LAJIR da Adobe em 2007, 2010 e 2012 e intensificou a redução do LAJIR em 2009. Um aumento de 22,6% das vendas em 2007 resultou em um aumento de 39,7% do LAJIR, mas, em 2009, como a economia sofreu uma grave recessão, a receita da Adobe caiu 17,7%. O efeito da alavancagem operacional fez com que o LAJIR caísse ainda mais, registrando uma queda de 35,3%.

- Resuma os prós e os contras da alavancagem operacional.

Item	2007	2008	2009	2010	2011	2012
Receita de vendas (em milhões)	US$ 3.158	US$ 3.580	US$ 2.946	US$ 3.800	US$ 4.216	US$ 4.404
LAJIR (em milhões)	US$ 947	US$ 1.089	US$ 705	US$ 1.000	US$ 1.102	US$ 1.186
(1) Variação percentual das vendas	22,6%	13,4%	−17,7%	29,0%	11,0%	4,4%
(2) Variação percentual do LAJIR	39,7%	15,0%	−35,3%	41,9%	10,2%	7,6%
GAO [(2) ÷ (1)]	1,8	1,1	2,0	1,4	0,9	1,7

Fonte: Adobe Systems Inc., "Relatórios Anuais de 2009 e 2012". Disponível em: <http://www.adobe.com/investor-relations/financial-documents.html>. Acesso em: 9 jan. 2016.

Custos fixos e alavancagem operacional

As variações dos custos operacionais fixos afetam de modo significativo a alavancagem operacional. Às vezes, as empresas podem alterar o mix de custos fixos e variáveis de suas operações. Por exemplo, uma empresa poderia fazer pagamentos fixos de arrendamento em vez de pagamentos iguais a uma porcentagem das vendas. Ou poderia remunerar os representantes de vendas com salário fixo e bônus em vez de apenas comissão com base em percentual das vendas. Os efeitos das variações dos custos operacionais fixos sobre a alavancagem operacional podem ser ilustrados dando continuidade ao nosso exemplo.

---

6 Quando a receita total de vendas em unidades monetárias está disponível — em vez de em unidades —, podemos usar a equação a seguir, em que RT = receita total em unidades monetárias no nível de referência de vendas e CVT = custo operacional variável total em unidades monetárias:

$$\text{GAO no nível de referência de vendas em unidades monetárias } RT = \frac{RT - CVT}{RT - CVT - CF}$$

Essa fórmula é particularmente útil para determinar o GAO em empresas com mais de um produto. Deve ficar claro que, como no caso de uma empresa com um único produto $RT = Q \cdot P$ e $CVT = Q \cdot CV$, a substituição desses valores na Equação 13.5 resulta na equação aqui apresentada.

Exemplo 13.7

Suponha que a Cheryl`s Posters elimine as comissões de vendas e aumente os salários. Essa mudança resulta em uma redução do custo variável por unidade de $ 5 para $ 4,50 e um aumento dos custos fixos de $ 2.500 para $ 3.000. A Tabela 13.5 apresenta uma análise semelhante a da Tabela 13.4, usando os novos custos. Embora o LAJIR de $ 2.500 no nível de vendas de 1.000 unidades seja o mesmo que antes da mudança da estrutura de custos, a Tabela 13.5 mostra que a empresa aumentou sua alavancagem operacional ao aumentar os custos fixos e reduzir os custos variáveis.

Com a substituição dos valores apropriados na Equação 13.5, o grau de alavancagem operacional no nível de referência de vendas de 1.000 unidades passa a ser:

$$\text{GAO para 1.000 unidades} = \frac{1.000 \times (\$10 - \$4{,}50)}{1.000 \times (\$10 - \$4{,}50) - \$3.000} = \frac{\$5.500}{\$2.500} = 2{,}2$$

Comparando esse valor com o GAO de 2 antes da mudança para maiores custos fixos, deixa claro que, quanto maior a proporção de custos operacionais fixos em relação aos custos operacionais variáveis, maior o grau de alavancagem operacional. De acordo com a nova estrutura de custos, uma variação de 50% das vendas levaria a uma variação de 110% (50% 2,2) do LAJIR.

ALAVANCAGEM FINANCEIRA

alavancagem financeira
O uso de *custos financeiros fixos* para ampliar os efeitos das variações do lucro antes de juros e imposto de renda sobre o lucro por ação da empresa.

A alavancagem financeira resulta da presença de *custos financeiros fixos* que a empresa deve pagar. Utilizando a estrutura da Tabela 13.1, podemos definir a **alavancagem financeira** como o uso de *custos financeiros fixos* para ampliar os efeitos das variações do lucro antes de juros e imposto de renda sobre o lucro por ação da empresa. Os dois custos financeiros fixos mais comuns são: (1) juros de dívida e (2) dividendos de ações preferenciais. Esses encargos devem ser pagos independentemente do montante de LAJIR disponível para saldá-los.[7]

O efeito da alavancagem financeira é tal que um aumento do LAJIR resulta em um aumento mais do que proporcional do lucro por ação da empresa, ao passo que uma redução do LAJIR resulta em uma redução mais do que proporcional do LPA.

Tabela 13.5 Alavancagem operacional e aumento dos custos fixos

	Caso 2		Caso 1
	−50%		+50%
Vendas (em unidades)	500	1.000	1.500
Receita de vendas[a]	$ 5.000	$10.000	$15.000
Menos: Custos operacionais variáveis[b]	2.250	4.500	6.750
Menos: Custos operacionais fixos	3.000	3.000	3.000
Lucro antes de juros e imposto de renda (LAJIR)	−$ 250	$ 2.500	$ 5.250
	−110%		+110%

[a] A receita de vendas foi calculada como mostra a Tabela 13.4.
[b] Custos operacionais variáveis = $ 4,50/unidade × vendas em unidades.

---

[7] Embora o conselho de administração de uma empresa possa optar por deixar de pagar dividendos de ações preferenciais, a empresa normalmente não pode pagar dividendos de ações ordinárias até que os acionistas preferenciais recebam todos os dividendos que lhes são devidos. Embora a falta de pagamento de dividendos preferenciais não possa forçar a falência da empresa, ela aumenta o risco dos acionistas ordinários, que não podem receber dividendos até que sejam atendidos os direitos dos acionistas preferenciais.

> **Exemplo 13.8**

A Chen Foods, uma pequena empresa de alimentos da Ásia, espera um LAJIR de $ 10.000 no ano corrente. Ela tem um título de dívida de $ 20.000 com cupom (anual) de 10% e 600 ações preferenciais de $ 4 (dividendo anual por ação) em circulação. Também possui 1.000 ações ordinárias em circulação. O juro anual da emissão de título de dívida é de $ 2.000 (0,10 $ 20.000). Os dividendos anuais de ações preferenciais são de $ 2.400 ($ 4/ação 600 ações). A Tabela 13.6 apresenta o lucro por ação (LPA) correspondente aos níveis de LAJIR de $ 6.000, $ 10.000 e $ 14.000, supondo que a empresa esteja na faixa de 40% de imposto de renda. A tabela ilustra duas situações:

Caso 1 Um *aumento* de 40% do LAJIR (de $ 10.000 para $ 14.000) resulta em um *aumento* de 100% do lucro por ação (de $ 2,40 para $ 4,80).

Caso 2 Uma *redução* de 40% do LAJIR (de $ 10.000 para $ 6.000) resulta em uma *redução* de 100% do lucro por ação (de $ 2,40 para $ 0).

Tabela 13.6 LPA para diversos níveis de LAJIR[a]

	Caso 2		Caso 1
	−40%		+40%
LAJIR	$ 6.000	$ 10.000	$ 14.000
Menos: Juros (*I*)	2.000	2.000	2.000
Lucro líquido antes do imposto de renda	$ 4.000	$ 8.000	$ 12.000
Menos: Imposto de renda (*T* = 0,40)	1.600	3.200	4.800
Lucro líquido após imposto de renda	$ 2.400	$ 4.800	$ 7.200
Menos: Dividendos de ações preferenciais (*DP*)	2.400	2.400	2.400
Lucro disponível aos acionistas ordinários (LDA)	$ 0	$ 2.400	$ 4.800
Lucro por ação (LPA)	$\frac{\$0}{1.000} = \$0$	$\frac{\$2.400}{1.000} = \$2,40$	$\frac{\$4.800}{1.000} = \$4,80$
		−100%	+100%

[a] Como observamos no Capítulo 2, para fins contábeis e tributários, os juros são considerados uma *despesa dedutível de imposto de renda*, ao passo que os dividendos devem ser pagos com os fluxos de caixa após imposto de renda.

Mensuração do grau de alavancagem financeira (GAF)

O **grau de alavancagem financeira (GAF)** é uma medida numérica da alavancagem financeira da empresa. Seu cálculo é muito parecido com o do grau de alavancagem operacional. Uma abordagem para obter o GAF é:[8]

grau de alavancagem financeira (GAF)
Medida numérica da alavancagem financeira da empresa.

$$\text{GAF} = \frac{\text{Variação percentual do LPA}}{\text{Variação percentual do LAJIR}} \quad (13.6)$$

Sempre que a variação percentual do LPA resultante de uma dada variação percentual do LAJIR for maior que a variação percentual do LAJIR, existe alavancagem financeira. Em outras palavras, sempre que o GAF for maior que 1, haverá alavancagem financeira.

---

[8] Essa abordagem é válida somente quando for usado o mesmo nível de referência do LAJIR para calcular e comparar os valores. Em outras palavras, *o nível de referência do LAJIR deve ser mantido constante para comparar a alavancagem financeira associada a diferentes níveis de custos financeiros fixos.*

Exemplo 13.9

Aplicando a Equação 13.6 aos casos 1 e 2 da Tabela 13.6, temos:

$$\text{Caso 1: } \frac{+100\%}{+40\%} = 2,5$$

$$\text{Caso 2: } \frac{-100\%}{-40\%} = 2,5$$

Esses cálculos mostram que, quando o LAJIR da Chen Foods varia, seu LPA varia 2,5 vezes mais rápido, em termos percentuais, devido à alavancagem financeira da empresa. Quanto maior esse valor, maior o grau de alavancagem financeira.

Finanças pessoais
Exemplo 13.10

Shanta e Ravi Shandra desejam avaliar o impacto de mais um empréstimo de longo prazo sobre seu grau de alavancagem financeira (GAF). Os Shandra têm atualmente $ 4.200 disponíveis após todas as despesas mensais de custeio (operacionais) e *antes* de fazer os pagamentos mensais de empréstimos. Atualmente, eles têm obrigações mensais de empréstimo de $ 1.700 e estão pensando em comprar um carro novo, o que resultaria em um aumento de $ 500 por mês (para $ 2.200) no total de pagamentos mensais de empréstimos. Como grande parte da renda mensal de Ravi vem de comissões, os Shandra acreditam que os $ 4.200 por mês atualmente disponíveis para pagar os empréstimos podem variar em 20% para mais ou para menos.

Para avaliar o impacto potencial de mais um empréstimo sobre sua alavancagem financeira, os Shandra calcularam seu GAF para os pagamentos de empréstimos atuais ($ 1.700) e com o empréstimo proposto ($ 2.200), como mostramos a seguir, usando os $ 4.200 atualmente disponíveis como referência e uma variação de 20%.

Com base em seus cálculos, a quantia que os Shandra terão disponível após os pagamentos dos empréstimos com a dívida atual, varia em 1,68% para cada 1% de variação da quantia que terão disponível para fazer os pagamentos dos empréstimos.

	GAF atual			GAF proposto		
Disponível para fazer pagamentos de empréstimos	$ 4.200	(+20%)	$ 5.040	$ 4.200	(+20%)	$ 5.040
Menos: Pagamento de empréstimos	1.700		1.700	2.200		2.200
Disponível após pagamentos de empréstimos	$ 2.500	(+33,6%)	$ 3.340	$ 2.000	(+42%)	$ 2.840
	GAF = $\frac{+33,6\%}{+20\%}$ = 1,68			GAF = $\frac{+42\%}{+20\%}$ = 2,10		

Essa variação é consideravelmente menos sensível — e, portanto, menos arriscada — do que a variação de 2,10% da quantia disponível após os pagamentos de empréstimos para cada 1% de variação da quantia disponível para fazer os pagamentos de empréstimos com o acréscimo proposto de $ 500 em pagamentos mensais. Embora possa parecer que os Shandra podem arcar com os pagamentos adicionais de empréstimos, eles devem decidir se, dada a variabilidade da renda de Ravi, sentem-se confortáveis com o aumento da alavancagem financeira e do risco.

Uma fórmula mais direta para calcular o grau de alavancagem financeira no nível de referência do LAJIR é dada pela Equação 13.7, que usa a notação da Tabela 13.6.[9]

---

[9] Ao utilizar a fórmula do GAF, da Equação 13.7, é possível obter um valor negativo para o GAF, caso o LPA do nível de referência do LAJIR seja negativo. Em vez de mostrar sinais de valor absoluto na equação, assumimos que o LPA do nível de referência é positivo.

Observe que, no denominador, o termo $1/(1 - T)$ converte o dividendo das ações preferenciais após imposto de renda em um valor antes do imposto de renda por uma questão de consistência com os outros termos da equação.

$$\text{GAF no nível de referência do LAJIR} = \frac{\text{LAJIR}}{\text{LAJIR} - I - \left(DP \times \dfrac{1}{1 - T}\right)} \quad (13.7)$$

Observe que a fórmula contida na Equação 13.7 fornece um método mais direto para o cálculo do grau de alavancagem financeira do que a ilustrada usando a Tabela 13.6 e a Equação 13.6.

> **Exemplo 13.11**
>
> Inserindo LAJIR = $ 10.000, I = $ 2.000, DP = $ 2.400 e a alíquota de imposto de renda (T = 0,40) da Tabela 13.6 na Equação 13.7, temos:
>
> $$\text{GAF para LAJIR de } \$10.000 = \frac{\$10.000}{\$10.000 - \$2.000 - \left(\$2.400 \times \dfrac{1}{1 - 0,40}\right)}$$
>
> $$= \frac{\$10.000}{\$4.000} = 2,5$$

ALAVANCAGEM TOTAL

Também podemos avaliar o efeito combinado da alavancagem operacional e financeira sobre o risco da empresa usando uma estrutura semelhante à utilizada para desenvolver os conceitos individuais de alavancagem. Esse efeito combinado, ou **alavancagem total**, pode ser definido como o uso de *custos fixos, tanto operacionais quanto financeiros*, para ampliar os efeitos das variações das vendas sobre o lucro por ação da empresa. A alavancagem total pode ser vista, portanto, como o *impacto total dos custos fixos* na estrutura operacional e financeira da empresa.

alavancagem total
O uso de *custos fixos, tanto operacionais quanto financeiros*, para ampliar os efeitos das variações das vendas sobre o lucro por ação da empresa.

> **Exemplo 13.12**
>
> A Cables Inc., uma fabricante de cabos de computador, espera vender 20.000 unidades a $ 5 cada no próximo ano e precisa cobrir as seguintes obrigações: custos operacionais variáveis de $ 2 por unidade, custos operacionais fixos de $ 10.000, juros de $ 20.000 e dividendos de ações preferenciais de $ 12.000. A empresa está na faixa de 40% do imposto de renda e tem 5.000 ações ordinárias em circulação. A Tabela 13.7 apresenta os níveis de lucro por ação associados a vendas esperadas de 20.000 e 30.000 unidades.
>
> A Tabela 13.7 mostra que, em consequência de um aumento de 50% das vendas (de 20.000 para 30.000 unidades), a empresa teria um aumento de 300% no lucro por ação (de $ 1,20 para $ 4,80). Embora não seja mostrado na tabela, uma redução de 50% das vendas resultaria, por outro lado, em uma redução de 300% do lucro por ação. A natureza linear da relação de alavancagem é responsável pelo fato de variações das vendas de igual magnitude, mas em direções opostas, resultarem em variações do LPA de igual magnitude na direção correspondente. A esta altura, deve estar claro que, sempre que uma empresa tiver custos fixos — operacionais ou financeiros — em sua estrutura, haverá alavancagem total.

Tabela 13.7 — Efeito da alavancagem total

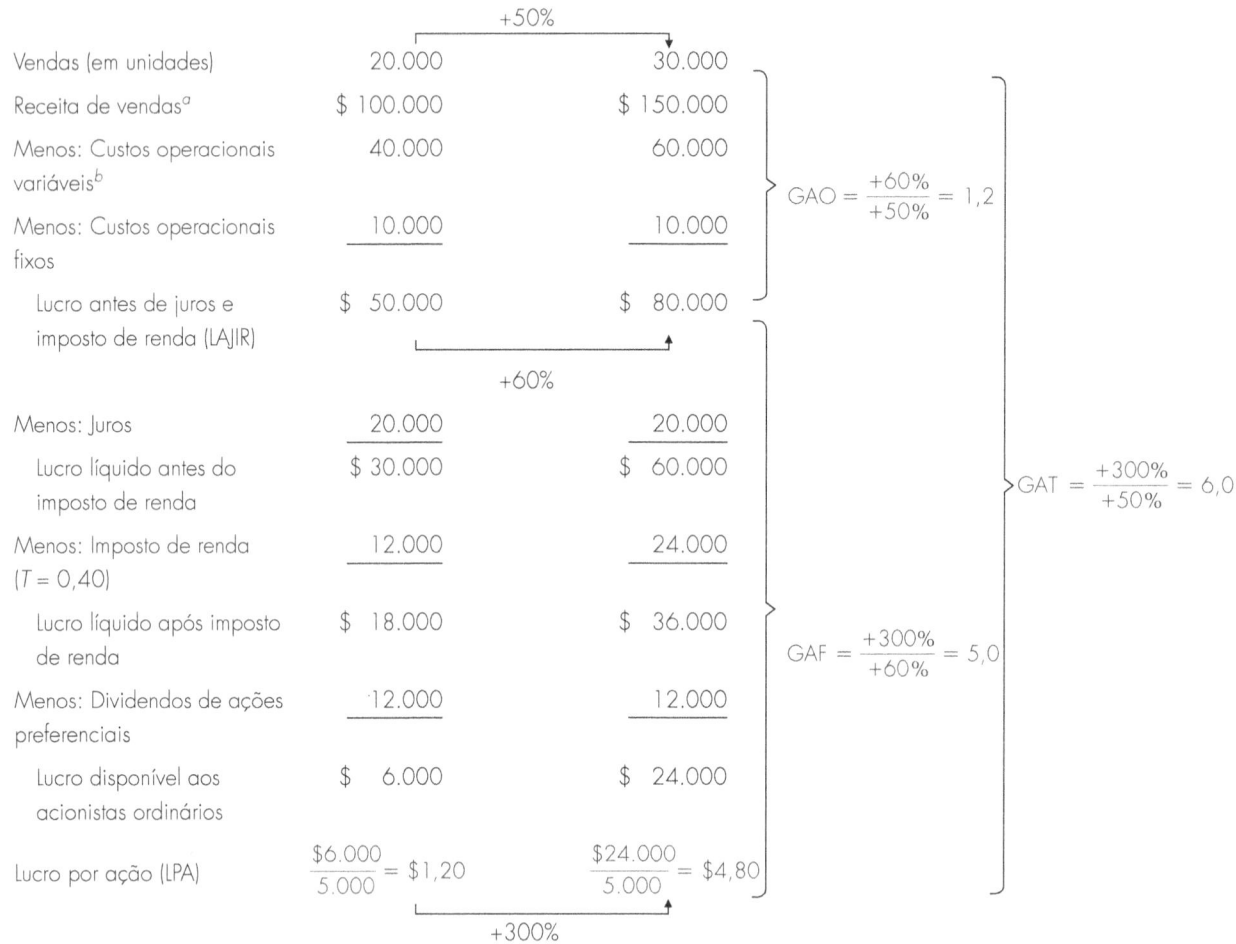

^a Receita de vendas = $ 5/unidade × vendas em unidades.
^b Custos operacionais variáveis = $ 2/unidade × vendas em unidades.

Mensuração do grau de alavancagem total (GAT)

grau de alavancagem total (GAT)
Medida numérica da alavancagem total da empresa.

O **grau de alavancagem total (GAT)** é uma medida numérica da alavancagem total da empresa. Pode ser calculado de forma semelhante às alavancagens operacional e financeira. Uma abordagem possível para calcular o GAT é:[10]

$$\text{GAT} = \frac{\text{Variação percentual do LPA}}{\text{Variação percentual das vendas}} \tag{13.8}$$

Sempre que a variação percentual do LPA resultante de uma dada variação percentual das vendas for superior à variação percentual das vendas, existe alavancagem total. Em outras palavras, se o GAT for maior que 1, haverá alavancagem total.

---

[10] Essa abordagem somente é válida quando se usa o mesmo nível de referência de vendas para calcular e comparar os valores. Em outras palavras, *o nível de referência de vendas deve ser mantido constante para que se possa comparar a alavancagem total associada a diferentes níveis de custo fixo.*

Aplicando a Equação 13.8 aos dados da Tabela 13.7, temos:

Exemplo 13.13

$$GAT = \frac{+300\%}{+50\%} = 6,0$$

Como esse resultado é maior que 1, existe alavancagem total. Quanto maior o valor, maior o grau de alavancagem total.

Uma fórmula mais direta para calcular o grau de alavancagem total para um dado nível de referência de vendas, Q, é dada pela equação a seguir,[11] que usa a mesma notação que a apresentada anteriormente:

$$\text{GAT no nível de referência de vendas } Q = \frac{Q \times (P - CV)}{Q \times (P - CV) - CF - I - \left(DP \times \dfrac{1}{1-T}\right)} \quad (13.9)$$

Substituindo $Q = 20.000$, $P = \$5$, $CV = \$2$, $CF = \$10.000$, $I = \$20.000$, $DP = \$12.000$ e a alíquota de imposto de renda ($T = 0,40$) na Equação 13.9, temos:

Exemplo 13.14

GAT para 20.000 unidades =

$$= \frac{20.000 \times (\$5 - \$2)}{20.000 \times (\$5 - \$2) - \$10.000 - \$20.000 - \left(\$12.000 \times \dfrac{1}{1 - 0,40}\right)}$$

$$= \frac{\$60.000}{\$10.000} = 6,0$$

Evidentemente, a fórmula usada na Equação 13.9 fornece um método mais direto para o cálculo do grau de alavancagem total do que a abordagem ilustrada usando a Tabela 13.7 e a Equação 13.8.

Relação entre alavancagem operacional, financeira e total

A alavancagem total reflete o *impacto combinado* da alavancagem operacional e financeira sobre a empresa. Graus elevados de alavancagem operacional e financeira resultarão em elevada alavancagem total. O contrário também é verdade. A relação entre alavancagem operacional e alavancagem financeira é *multiplicativa*, não *aditiva*. A relação entre o grau de alavancagem total (GAT) e os graus de alavancagem operacional (GAO) e financeira (GAF) é dada por:

$$GAT = GAO \times GAF \quad (13.10)$$

---

11 Ao utilizar a fórmula do GAT da Equação 13.9, é possível obter um valor negativo para o GAT se o LPA para o nível de referência de vendas for negativo. Neste livro, em vez de mostrar sinais de valor absoluto na equação, supomos que o LPA para o nível de referência é positivo.

Exemplo 13.15

Substituindo na Equação 13.10 os valores calculados para GAO e GAF, mostrados no lado direito da Tabela 13.7, temos:

$$GAT = 1,2 \times 5,0 = 6,0$$

O grau de alavancagem total resultante é o mesmo valor que calculamos diretamente nos exemplos anteriores.

O quadro *Foco na Ética* analisa algumas questões éticas relacionadas ao tema da alavancagem.

Foco na ÉTICA

Repo 105

na prática A queda do Lehman Brothers foi talvez o resultado mais impressionante da crise financeira. Remontando a meados dos anos 1800, a empresa tinha sobrevivido à Grande Depressão e a inúmeras recessões e se tornara um importante player em Wall Street e em todo o mundo. Os negócios do Lehman incluíam banco de investimento, vendas, pesquisa e negociação, gestão de investimentos, *private equity* e *private banking*. O Lehman foi também um dos principais players do setor de hipotecas *subprime*, o que acabaria por levar à derrocada da empresa.

Nos anos que antecederam à crise das hipotecas *subprime*, as empresas financeiras contraíram muitos empréstimos, e o Lehman não foi exceção. Até o início de 2008, o Lehman tinha US$ 32 de capital de terceiros para cada US$ 1 de capital próprio. Essa alavancagem significava que uma pequena queda no valor dos ativos do Lehman poderia acabar com a empresa.

A exposição do Lehman ao setor de hipotecas *subprime* o deixou vulnerável durante a crise. À medida que sua saúde financeira se deteriorava, a empresa passou a usar transações *off-balance* para ocultar a extensão de seu endividamento. As manobras, conhecidas dentro do Lehman como "Repo 105", foram executadas perto do final de cada trimestre, pouco antes de a empresa apresentar seus relatórios financeiros trimestrais. Nessas manobras ela vendeu alguns de seus ativos com um acordo para comprá-los de volta (com juros) alguns dias depois. O Lehman usou o dinheiro da venda dos ativos para pagar outras obrigações. As transações Repo 105 possibilitaram à empresa reduzir tanto o total do passivo quanto o total do ativo e permitiram que ela reportasse índices de alavancagem mais baixos. No início de cada novo trimestre, o Lehman desfazia as transações e restaurava os passivos em seu balanço patrimonial.

Os efeitos das transações Repo 105 foram consideráveis, permitindo que a empresa removesse temporariamente até $ 50 bilhões de dívidas de seu balanço patrimonial. Como o Lehman não detalhava as transações Repo 105 em suas demonstrações financeiras, pessoas de fora da empresa desconheciam estas transações. Dentro do Lehman surgiram preocupações com o programa Repo 105, e o controller da empresa chegou a alertar sobre o risco de reputação caso o público tomasse conhecimento do fato de a empresa ser dependente de tais transações.

- *Suponha que as transações Repo 105 do Lehman se enquadrem nos limites permitidos pelos princípios contábeis geralmente aceitos, como a gestão do Lehman argumentou. Quais são as implicações éticas de realizar transações com o objetivo expresso de ocultar temporariamente o montante de empréstimos de uma empresa?*

→ **QUESTÕES PARA REVISÃO**

13.1 O que significa *alavancagem*? Como a alavancagem operacional, a alavancagem financeira e a alavancagem total se relacionam com a demonstração de resultado do exercício?

13.2 O que é o *ponto de equilíbrio operacional*? Como é afetado por variações dos custos operacionais fixos, do preço de venda por unidade e do custo operacional variável por unidade?

13.3 O que é *alavancagem operacional*? O que a causa? Como se mede o *grau de alavancagem operacional (GAO)*?

13.4 O que é *alavancagem financeira*? O que a causa? Como se mede o *grau de alavancagem financeira (GAF)*?

13.5 Qual é a relação geral entre alavancagem operacional, alavancagem financeira e alavancagem total de uma empresa? Esses tipos de alavancagem se complementam? Por quê?

13.2 Estrutura de capital da empresa

A estrutura de capital é uma das áreas mais complexas da tomada de decisões financeiras por causa de sua interação com outras variáveis de decisão em finanças. Decisões equivocadas de estrutura de capital podem resultar em custo de capital elevado, reduzindo, assim, o VPL de projetos e tornando vários deles inaceitáveis. Decisões eficazes de estrutura de capital podem reduzir o custo de capital, resultando em VPLs maiores e mais projetos aceitáveis, aumentando, assim, o valor da empresa.

TIPOS DE CAPITAL

Todos os itens apresentados no lado direito do balanço patrimonial da empresa, com exceção do passivo circulante, são fontes de capital. O balanço patrimonial simplificado a seguir ilustra a decomposição básica do capital total em seus dois componentes, *capital de terceiros* e *capital próprio*:

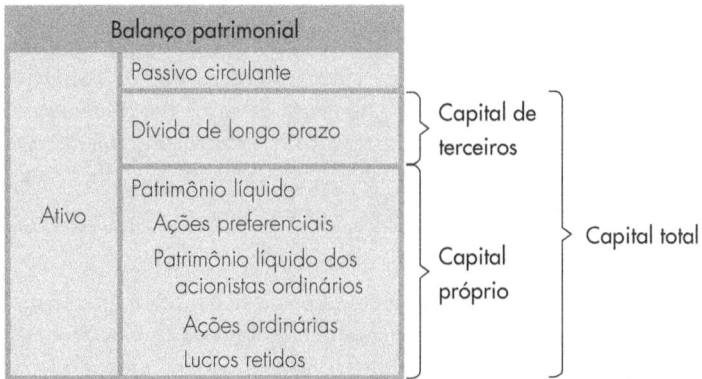

O custo de capital de terceiros é menor que o custo de outras formas de financiamento. Os credores exigem retornos relativamente menores porque assumem menor risco em comparação com os demais fornecedores de capital de longo prazo. Os credores têm maior direito de preferência sobre quaisquer lucros ou ativos disponíveis para pagamento, e podem exercer pressão legal muito maior contra a empresa para que faça o pagamento, em comparação com os detentores de ações preferenciais ou ordinárias. A possibilidade de dedução fiscal dos pagamentos de juros também reduz substancialmente o custo de capital de terceiros para a empresa.

Ao contrário do capital de terceiros, que a empresa deverá pagar em uma data futura, o *capital próprio* permanece investido na empresa por tempo indeterminado, sem data de vencimento. As duas principais fontes de capital próprio são: (1) ações preferenciais e (2) patrimônio líquido dos acionistas ordinários, que inclui ações ordinárias e lucros retidos. As ações ordinárias costumam ser a forma mais cara de capital próprio, seguido dos lucros retidos e, por fim, das ações preferenciais. O nosso foco aqui é a relação entre o capital de terceiros e o capital próprio. Em geral, quanto mais capital de terceiros uma empresa utiliza, maior sua alavancagem financeira. Essa alavancagem torna os direitos dos acionistas ordinários ainda mais arriscados. Além disso, uma empresa que aumenta significativamente o uso de alavancagem pode ver o custo de capital de terceiros aumentar à medida que os credores começarem a se preocupar com a capacidade da empresa de pagar suas dívidas. Não importa quanto a empresa toma emprestado, é sempre verdade que os direitos dos acionistas ordinários são mais arriscados do que os dos credores, de modo que o custo do capital próprio é sempre maior que o custo de capital de terceiros.

AVALIAÇÃO EXTERNA DA ESTRUTURA DE CAPITAL

Vimos que a *alavancagem financeira* resulta do uso de financiamento de custo fixo, como dívidas e ações preferenciais, para ampliar o retorno e o risco. O volume de alavancagem na estrutura de capital da empresa pode afetar seu valor, afetando o retorno e o risco. Analistas externos podem fazer uma avaliação superficial da estrutura de capital usando medidas encontradas nas demonstrações financeiras da empresa. Alguns desses importantes índices de endividamento foram apresentados no Capítulo 3. Por exemplo, uma medida direta do grau de endividamento é o *índice de endividamento* (total do passivo · total do ativo). Quanto mais elevado esse índice, maior a quantidade relativa de capital de terceiros (ou alavancagem financeira) na estrutura de capital da empresa. Medidas da capacidade da empresa de honrar os pagamentos contratuais associados ao capital de terceiros incluem o *índice de cobertura de juros* (LAJIR · juros) e o *índice de cobertura de pagamentos fixos* (veja página 82). Esses índices fornecem informações indiretas sobre a alavancagem financeira. Em geral, quanto menores esses índices, maior a alavancagem financeira da empresa e menor sua capacidade de honrar os pagamentos à medida que vencem.

Um nível de endividamento (alavancagem financeira) considerado aceitável para um setor ou ramo de atividade pode ser altamente arriscado em outro, porque diferentes setores e ramos de atividade possuem diferentes características operacionais. A Tabela 13.8 apresenta os índices de endividamento e de cobertura de juros de diversos setores e ramos de atividade. Diferenças significativas entre os setores podem ser vistas nesses dados. Diferenças nas posições de endividamento também podem existir *dentro* de um setor ou ramo de atividade.

Finanças pessoais
Exemplo 13.16

Da mesma forma que os credores de empresas, aqueles que concedem crédito a pessoas físicas normalmente usam índices para avaliar a capacidade do solicitante de quitar os pagamentos contratuais associados à dívida. O credor, depois de obter informações do solicitante e de outras fontes, calcula os índices e os compara com valores predeterminados aceitáveis. Normalmente, se os valores dos índices do solicitante estiverem dentro da faixa aceitável, o credor concederá o empréstimo solicitado.

O melhor exemplo desse processo é uma solicitação de empréstimo hipotecário. O credor normalmente impõe as duas exigências a seguir:

1. Pagamentos mensais da hipoteca ≤ 25% a 30% da renda mensal bruta (antes do imposto de renda)
2. Total de pagamentos mensais (incluindo o pagamento da hipoteca) ≤ 33% a 38% da renda mensal bruta (antes do imposto de renda)

Tabela 13.8 — Índices medianos de endividamento para diversos setores (exercício de 2011)

Setor	Índice de endividamento	Índice de cobertura de juros
Agricultura, silvicultura, pesca e caça	41,0%	2,6
Mineração, pedreiras e extração de petróleo e gás	44,8%	1,8
Serviços de utilidade pública (água, luz etc.)	69,2%	3,1
Construção civil	57,7%	1,2
Manufatura	47,8%	3,8
Comércio atacadista	58,7%	5,5
Comércio varejista	56,4%	5,2
Transporte e armazenagem	61,2%	2,8
Informação	52,6%	2,3
Finanças e seguros	88,3%	3,9
Imóveis, locação e arrendamento	56,4%	1,3
Serviços especializados, científicos e técnicos	46,9%	3,9
Serviços administrativos e de apoio e gestão de resíduos e despoluição	54,9%	3,7
Serviços educacionais	38,8%	21,5
Saúde e assistência social	62,0%	3,1
Artes, entretenimento e recreação	54,7%	2,2
Serviços de hospedagem e alimentação	59,3%	2,8
Outros serviços (exceto administração pública)	76,2%	3,0

Fonte: Valores gerados pelo autor. Os setores foram retirados da classificação NAICS (North American Industry Classification System — Sistema de Classificação de Setores dos Estados Unidos) de 2012.

Vamos supor que a família Loo está solicitando um empréstimo hipotecário. A renda mensal bruta (antes do imposto de renda) da família é de $ 5.380 e suas obrigações mensais atuais com empréstimo totalizam $ 560. O empréstimo hipotecário de $ 200.000 que eles estão solicitando exigirá pagamentos mensais de $ 1.400. O credor exige (1) que o pagamento mensal da hipoteca seja inferior a 28% da renda mensal bruta e (2) que o total de pagamentos mensais (incluindo o pagamento da hipoteca) seja inferior a 37% da renda mensal bruta. O credor calcula e avalia esses índices para a família Loo da seguinte maneira:

1. Pagamento da hipoteca · Renda bruta = $ 1.400 · $ 5.380 = 26% < máximo de 28%, portanto **OK**.
2. Total de pagamentos mensais · Renda bruta = ($ 560 + $ 1.400) · $ 5.380 = $ 1.960 · $ 5.380 = 36,4% < máximo de 37%, portanto **OK**.

Os índices da família atendem aos padrões do credor. Então, supondo que eles têm fundos suficientes para o pagamento inicial e que atendem a outros requisitos do credor, a família receberá o empréstimo.

ESTRUTURA DE CAPITAL DE EMPRESAS NÃO NORTE-AMERICANAS

Em geral, empresas não norte-americanas apresentam níveis de endividamento muito mais elevados do que seus pares norte-americanos. Em grande parte, as razões para isso incluem o fato de que os mercados de capitais dos Estados Unidos são muito mais desenvolvidos e desempenham um papel muito mais importante no financiamento de empresas do que em outros países. Na maioria dos países da Europa, e especialmente no Japão e em outras nações do Pacífico Asiático, grandes bancos comerciais estão mais ativamente envolvidos no financiamento da atividade empresarial do que nos Estados Unidos. Além disso, em muitos desses países, é permitido aos bancos fazer grandes investimentos de capital próprio em empresas não financeiras, uma prática proibida aos bancos norte-americanos. Por fim, a estrutura de participação acionária tende a ser mais concentrada entre famílias de fundadores, investidores institucionais e até mesmo investidores públicos na Europa e na Ásia do que na maioria das grandes empresas dos Estados Unidos. Uma propriedade concentrada permite aos proprietários conhecer melhor a situação financeira da empresa, resultando em disposição para tolerar um nível mais elevado de endividamento.

> **FATOS e DADOS**
>
> **Alavancagem ao redor do mundo**
>
> Um estudo sobre o uso de capital de terceiros de longo prazo em 42 países constatou que as empresas argentinas usavam mais dívida de longo prazo do que as empresas de qualquer outro país. Com relação a seus ativos, as empresas argentinas usaram quase 60% mais capital de terceiros de longo prazo do que as norte-americanas. As empresas indianas também eram grandes usuárias de dívida de longo prazo. No outro extremo, empresas da Itália, Grécia e Polônia usavam muito pouco capital de terceiros de longo prazo. Nesses países, as empresas usavam apenas cerca de 40% de dívida de longo prazo, assim como as norte-americanas.

Por outro lado, existem semelhanças entre as empresas norte-americanas e as de outros países. Em primeiro lugar, os mesmos padrões setoriais de estrutura de capital podem ser encontrados em todo o mundo. Por exemplo, em quase todos os países, indústrias farmacêuticas e outras empresas industriais de alto crescimento tendem a apresentar índices de endividamento menores do que siderúrgicas, companhias aéreas e empresas do setor de energia elétrica. Em parte, isso tem a ver com a natureza dos ativos detidos por essas empresas. As empresas de alto crescimento cujos principais ativos são intangíveis (tais como patentes e direitos de propriedade intelectual) tendem a tomar menos empréstimos do que as empresas que possuem ativos tangíveis que podem ser usados como garantia de empréstimos. Em segundo lugar, as estruturas de capital das maiores multinacionais com sede nos Estados Unidos, que têm acesso aos mercados de capitais de todo o mundo, geralmente se assemelham mais às estruturas de capital de multinacionais de outros países do que as de empresas americanas de menor porte. Em outras palavras, na maioria dos países existe uma tendência de as empresas de grande porte tomarem mais empréstimos do que as de menor porte. Em terceiro lugar, as empresas que têm mais risco e fluxos de lucro mais voláteis tendem a tomar menos empréstimos, assim como empresas altamente lucrativas. Por fim, a tendência mundial é de se usar cada vez menos os bancos como fonte de financiamento e cada vez mais a emissão de valores mobiliários. Com o tempo, as diferenças de estruturas de capital entre empresas norte-americanas e não norte-americanas provavelmente diminuirão.

TEORIA DA ESTRUTURA DE CAPITAL

Pesquisas sugerem que existe uma faixa ótima de estrutura de capital. *Ainda não é possível fornecer aos administradores financeiros uma metodologia específica para determinar a estrutura ótima de capital de uma empresa.* Ainda assim, a teoria financeira ajuda a entender como a estrutura de capital afeta o valor da empresa.

Em 1958, Franco Modigliani e Merton H. Miller[12] (conhecidos como "MM") demonstraram matematicamente que, presumindo mercados perfeitos,[13] a estrutura de capital escolhida por uma empresa não afeta seu valor. Muitos pesquisadores, inclusive MM, examinaram se a estrutura de capital pode, de fato, afetar o valor da empresa em mercados imperfeitos do mundo real. O resultado é uma *estrutura ótima de capital* teórica baseada no equilíbrio entre os benefícios e os custos do financiamento com capital de terceiros. O principal benefício do financiamento com capital de terceiros é *o benefício fiscal*, que permite que os pagamentos de juros sejam deduzidos do lucro tributável. O custo do financiamento com capital de terceiros resulta (1) da maior probabilidade de falência causada por obrigações de dívida, (2) dos *custos de agência* do credor para restringir as ações da empresa e (3) dos custos associados ao fato que os administradores têm mais informações sobre as perspectivas da empresa do que os investidores.

Benefícios fiscais

Permitir que as empresas deduzam os pagamentos de juros sobre a dívida ao calcular o lucro tributável reduz a quantia de imposto de renda sobre os lucros, deixando um valor disponível maior aos credores e acionistas. A possibilidade de dedução dos juros significa que o custo de capital de terceiros, r_i, para a empresa é subsidiado pelo governo. Sendo r_d igual ao custo de capital de terceiros antes do imposto de renda e T a alíquota de imposto de renda, como vimos no Capítulo 9 (Equação 9.2) temos: $r_i = r_d \ (1 - T)$.

Probabilidade de falência

A probabilidade de uma empresa ir à falência por causa da incapacidade de honrar suas obrigações à medida que vencem depende em grande parte de seu nível de risco, tanto econômico quanto financeiro.

Risco econômico Definimos *risco* econômico como o risco de a empresa não ser capaz de cobrir seus custos operacionais. Em geral, quanto maior a *alavancagem operacional* — o uso de custos operacionais fixos — maior o risco econômico. Embora a alavancagem operacional seja um fator importante de risco econômico, dois outros — estabilidade da receita e estabilidade do custo — também o afetam. A *estabilidade da receita* reflete a variabilidade relativa da receita de vendas da empresa. Empresas com níveis estáveis de demanda e de preços de produtos tendem a ter receitas estáveis, que resultam em baixos níveis de risco econômico. Empresas com demanda e preços de produtos altamente voláteis têm receitas instáveis, que resultam em altos níveis de risco econômico. A *estabilidade de custo* reflete a relativa previsibilidade dos preços de insumos como mão de obra e matérias-primas. Quanto mais previsíveis e estáveis os preços dos insumos, menor o risco econômico; quanto menos previsíveis e estáveis eles forem, maior o risco econômico.

O risco econômico varia de uma empresa para outra, independentemente de seu ramo de atividade, e não é afetado por decisões de estrutura de capital. O nível de risco econômico deve ser tomado como um "acordo". Quanto maior o risco econômico de uma empresa, mais cautelosa ela deverá ser ao definir sua estrutura de capital. Empresas com alto risco econômico tendem, portanto, a optar por estruturas de capital menos alavancadas, ao passo que empresas com baixo risco econômico tendem a estruturas de capital mais alavancadas. Manteremos constante o risco econômico nas discussões que se seguem.

---

[12] Franco Modigliani e Merton H. Miller, "The cost of capital, corporation finance, and the theory of investment", *American Economic Review*, v. 47, n. 3, p. 261-297, jun. 1958.

[13] As premissas do mercado perfeito incluem (1) inexistência de impostos, (2) inexistência de custos de corretagem ou de lançamento de títulos, (3) informações simétricas — isto é, os investidores e os administradores têm as mesmas informações sobre as perspectivas de investimento da empresa — e (4) o investidor é capaz de tomar dinheiro emprestado à mesma taxa de juros que a empresa.

Exemplo 13.17

A Cooke Company, uma fabricante de refrigerantes, está se preparando para tomar uma decisão de estrutura de capital. Ela obteve de sua equipe de previsão as estimativas de vendas e os níveis associados de lucro antes de juros e imposto de renda (LAJIR): há 25% de probabilidade de que as vendas totalizem $ 400.000, 50% de que as vendas totalizem $ 600.000 e 25% de que totalizem $ 800.000. Os custos operacionais fixos totalizam $ 200.000 e os custos operacionais variáveis correspondem a 50% das vendas. Esses dados aparecem resumidos com o LAJIR resultante na Tabela 13.9.

Tabela 13.9 Vendas e cálculo do LAJIR para a Cooke Company

Probabilidade de vendas	0,25	0,50	0,25
Receita de vendas	$ 400.000	$ 600.000	$ 800.000
Menos: Custos operacionais fixos	200.000	200.000	200.000
Menos: Custos operacionais variáveis (50% das vendas)	200.000	300.000	400.000
Lucro antes de juros e imposto de renda (LAJIR)	$ 0	$ 100.000	$ 200.000

A Tabela 13.9 mostra que há 25% de probabilidade de que o LAJIR seja $ 0, 50% de que seja $ 100.000 e 25% de que seja $ 200.000. Ao estabelecer a estrutura de capital da empresa, o administrador financeiro deve aceitar como dados esses níveis de LAJIR e as probabilidades associadas. Esses dados de LAJIR refletem efetivamente um certo nível de risco econômico que capta a alavancagem operacional, a variabilidade da receita de vendas e a previsibilidade de custos da empresa.

A penalidade pelo não cumprimento das obrigações financeiras é a falência. Quanto mais financiamento de custo fixo — capital de terceiros (incluindo arrendamento financeiro) e ações preferenciais — uma empresa tiver em sua estrutura de capital, maiores sua alavancagem financeira e seu risco. O risco financeiro depende da decisão de estrutura de capital tomada pela administração e essa decisão é afetada pelo risco econômico da empresa.

Risco total O *risco total* de uma empresa — a combinação de risco econômico e risco financeiro — determina sua probabilidade de falência. O risco financeiro, sua relação com o risco econômico e o impacto combinado dos dois podem ser demonstrados com a continuidade do exemplo da Cooke Company.

Exemplo 13.18

A atual estrutura de capital da Cooke Company é a seguinte:

Estrutura de capital atual	
Capital de terceiros de longo prazo	$ 0
Capital próprio (25.000 ações ordinárias a $ 20)	500.000
Capital total (ativo)	$ 500.000

Vamos supor que a empresa esteja analisando sete estruturas de capital alternativas. Se medirmos essas estruturas usando o índice de endividamento, elas estão associadas a índices de 0%, 10%, 20%, 30%, 40%, 50% e 60%. Supondo que (1) a empresa não tem passivo circulante, (2) sua estrutura de capital atual contém apenas capital próprio, como mostra a tabela, e (3) o montante total de capital permanece constante[14] em $ 500.000, o mix de capital de terceiros e capital próprio associado aos sete índices de endividamento seria como mostra a Tabela 13.10. A tabela também mostra o número de ações ordinárias em circulação em cada alternativa.

Tabela 13.10 Estruturas de capital associadas a índices alternativos de endividamento da Cooke Company

Índice de endividamento (1)	Estrutura de capital			Ações ordinárias em circulação [(4) ÷ $ 20][b] (5)
	Ativo Total[a] (2)	Capital de terceiros [(1) × (2)] (3)	Capital próprio [(2) − (3)] (4)	
0%	$ 500.000	$ 0	$ 500.000	25.000
10%	500.000	50.000	450.000	22.500
20%	500.000	100.000	400.000	20.000
30%	500.000	150.000	350.000	17.500
40%	500.000	200.000	300.000	15.000
50%	500.000	250.000	250.000	12.500
60%	500.000	300.000	200.000	10.000

[a] Como supomos, por conveniência, que a empresa não possui passivo circulante, seu ativo total é igual a seu capital total de $ 500.000.
[b] O valor de $ 20 representa o valor contábil de cada ação ordinária, como indicado anteriormente.

Associada a cada nível de endividamento da coluna 3 da Tabela 13.10 há uma taxa de juros que deve aumentar com o aumento da alavancagem financeira. O nível de endividamento, a taxa de juros associada (que assumimos aplicar-se a *toda* a dívida) e o valor monetário dos juros anuais associados a cada uma das estruturas de capital alternativas estão resumidos na Tabela 13.11. Como tanto o nível de endividamento quanto a taxa de juros aumentam com a elevação da alavancagem financeira (índice de endividamento), o valor anual dos juros também aumenta.

A Tabela 13.12 usa os níveis de LAJIR e as probabilidades associadas encontradas na Tabela 13.9, o número de ações ordinárias encontrado na coluna 5 da Tabela 13.10 e os valores dos juros anuais calculados na coluna 3 da Tabela 13.11 para determinar o lucro por ação (LPA) para os índices de endividamento de 0%, 30% e 60%.

Tabela 13.11 Nível de endividamento, taxa de juros e valor em unidades monetárias dos juros anuais associados às estruturas de capital alternativas da Cooke Company

Estrutura de capital índice de endividamento	Capital de terceiros (1)	Taxa de juros sobre toda a dívida (2)	Juros [(1) × (2)] (3)
0%	$ 0	0,0%	$ 0,00
10%	50.000	9,0%	4.500
20%	100.000	9,5%	9.500

(continua)

---

[14] Essa premissa é necessária para podermos avaliar as estruturas de capital alternativas sem ter de considerar os retornos associados ao investimento de fundos adicionais levantados. Aqui, damos atenção apenas ao mix de capital, não ao seu investimento.

(continuação)

30%	150.000	10,0%	$ 15.000
40%	200.000	11,0%	22.000
50%	250.000	13,5%	33.750
60%	300.000	16,5%	$ 49.500

Tabela 13.12 Cálculo do LPA ($ 000) para alguns índices de endividamento da Cooke Company

Probabilidade de LAJIR		0,25	0,50	0,25
Índice de endividamento = 0%				
LAJIR (Tabela 13.9)		$ 0,00	$ 100,00	$ 200,00
Menos: Juros (Tabela 13.11)		0,00	0,00	0,00
Lucro líquido antes do imposto de renda		$ 0,00	$ 100,00	$ 200,00
Menos: Imposto de renda (T = 0,40)		0,00	40,00	80,00
Lucro líquido após imposto de renda		$ 0,00	$ 60,00	$ 120,00
LPA (25,0 ações, Tabela 13.10)		$ 0,00	$ 2,40	$ 4,80
LPA esperado^a	$ 2,40			
Desvio padrão do LPA^a	$ 1,70			
Coeficiente de variação do LPA^a	0,71			
Índice de endividamento = 30%				
LAJIR (Tabela 13.9)		$ 0,00	$ 100,00	$ 200,00
Menos: Juros (Tabela 13.11)		15,00	15,00	15,00
Lucro líquido antes do imposto de renda		($ 15,00)	$ 85,00	$ 185,00
Menos: Imposto de renda (T = 0,40)		(6,00)^b	34,00	74,00
Lucro líquido após imposto de renda		($ 9,00)	$ 51,00	$ 111,00
LPA 17,50 ações, Tabela 13.10)		(0,51)	$ 2,91	$ 6,34
LPA esperado^a	$ 2,91			
Desvio padrão do LPA^a	$ 2,42			
Coeficiente de variação do LPA^a	0,83			
Índice de endividamento = 60%				
LAJIR (Tabela 13.9)		$ 0,00	$ 100,00	$ 200,00
Menos: Juros (Tabela 13.11)		49,50	49,50	49,50
Lucro líquido antes do imposto de renda		($ 49,50)	$ 50,50	$ 150,50
Menos: Imposto de renda (T = 0,40)		(19,80)^b	20,20	60,20
Lucro líquido após imposto de renda		($ 29,70)	$ 30,30	$ 90,30
LPA (10,00 ações, Tabela 13.10)		($ 2,97)	$ 3,03	$ 9,03
LPA esperado^a	$ 3,03			
Desvio padrão do LPA^a	$ 4,24			
Coeficiente de variação do LPA^a	1,40			

a Os procedimentos utilizados para calcular o valor esperado, o desvio padrão e o coeficiente de variação foram apresentados no Capítulo 8.
b Suponha que a empresa receba o benefício fiscal do prejuízo no período corrente como resultado da aplicação dos procedimentos de *reporte de prejuízo fiscal* especificados na legislação tributária, mas não discutidos neste texto.

Supõe-se alíquota de imposto de renda de 40%. Também são mostrados o LPA esperado resultante, o desvio padrão do LPA e o coeficiente de variação do LPA associados a cada índice de endividamento.[15]

A Tabela 13.13 resume os dados pertinentes para as sete estruturas de capital alternativas. Os valores apresentados para os índices de endividamento de 0%, 30% e 60% foram desenvolvidos na Tabela 13.12; os cálculos de valores similares para os outros índices de endividamento (10%, 20%, 40% e 50%) não são mostrados. Por medir o risco referente ao LPA esperado, o coeficiente de variação é a medida de risco preferida para uso na comparação de estruturas de capital. À medida que a alavancagem financeira da empresa cresce, aumenta o coeficiente de variação do LPA. Como seria de se esperar, um nível crescente de risco está associado a maiores níveis de alavancagem financeira.

Os riscos relativos dos dois extremos das estruturas de capital avaliadas na Tabela 13.12 (índices de endividamento = 0% e 60%) podem ser ilustrados mostrando a distribuição de probabilidade de LPA associada a cada um deles. A Figura 13.3, a seguir, mostra essas duas distribuições. O nível esperado de LPA sobe com o aumento da alavancagem financeira, assim como o risco refletido pela diferença na dispersão entre as distribuições. Evidentemente, a incerteza do LPA esperado, bem como a probabilidade de LPA negativo são maiores quando se empregam níveis mais elevados de alavancagem financeira.

Além disso, a natureza do trade-off risco e retorno associado às sete estruturas de capital em consideração pode ser claramente observada ao traçar no gráfico o LPA esperado e o coeficiente de variação em relação ao índice de endividamento. O gráfico dos dados da Tabela 13.13 resulta na Figura 13.4. A figura mostra que, à medida que se substitui capital próprio por capital de terceiros (à medida que aumenta o índice de endividamento), o nível de LPA sobe e depois começa a cair (gráfico **a**). O gráfico demonstra que o pico do lucro por ação ocorre com um índice de endividamento de 50%. O declínio do lucro por ação além desse índice resulta do fato de os aumentos significativos de juros não serem totalmente compensados pela redução do número de ações ordinárias em circulação.

Se analisarmos o comportamento do risco, medido pelo coeficiente de variação (gráfico **b**), vemos que o risco aumenta com o aumento da alavancagem. Uma parte do

Tabela 13.13 — LPA esperado, desvio padrão e coeficiente de variação para estruturas de capital alternativas da Cooke Company

Estrutura de capital índice de endividamento	LPA esperado (1)	Desvio padrão do LPA (2)	Coeficiente de variação do LPA [(2) ÷ (1)] (3)
0%	$ 2,40	$ 1,70	0,71
10%	2,55	1,88	0,74
20%	2,72	2,13	0,78
30%	2,91	2,42	0,83
40%	3,12	2,83	0,91
50%	3,18	3,39	1,07
60%	3,03	4,24	1,40

---

[15] Para facilitar a explicação, o *coeficiente de variação do LPA*, que mede o risco total (não diversificável e diversificável), é utilizado ao longo deste capítulo como proxy do beta, que mede o risco não diversificável relevante.

risco pode ser atribuída ao risco econômico, mas a parte que varia em resposta ao aumento da alavancagem financeira seria atribuída ao risco financeiro.

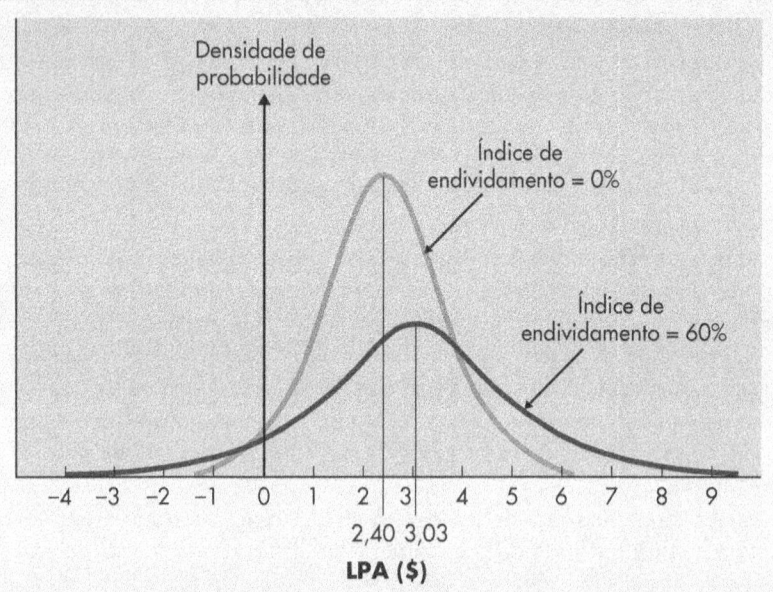

Figura 13.3 Distribuições de probabilidade

Distribuições de probabilidade do LPA para índices de endividamento de 0% e 60% da Cooke Company.

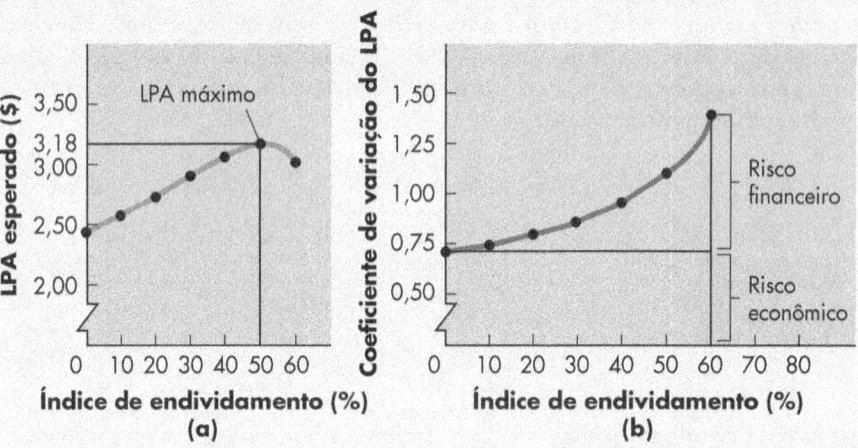

Figura 13.4 LPA esperado e coeficiente de variação do LPA

LPA esperado e coeficiente de variação do LPA para estruturas de capital alternativas da Cooke Company.

É evidente que existe um trade-off risco e retorno com relação ao uso da alavancagem financeira. Mais adiante neste capítulo, veremos como combinar esses fatores de risco e retorno em uma estrutura de avaliação. O ponto fundamental a reconhecer aqui é que, à medida que uma empresa introduz mais alavancagem em sua estrutura de capital, terá aumentos tanto do nível esperado de retorno quanto do risco associado.

Custos de agência impostos por credores

Como vimos no Capítulo 1, normalmente os administradores de empresas atuam como *agentes* dos proprietários (acionistas). Os proprietários delegam aos administradores a autoridade para gerir a empresa em seu benefício. O *problema* de agência criado por essa relação se estende não apenas à relação entre proprietários e administradores, mas também à relação entre proprietários e credores.

Quando um credor fornece fundos a uma empresa, a taxa de juros cobrada baseia-se em sua avaliação do risco da empresa. Portanto, a relação entre credor e tomador depende das expectativas do credor quanto ao comportamento subsequente da empresa. As taxas de empréstimos, com efeito, são determinadas quando os empréstimos são negociados. Depois de obter um empréstimo a uma determinada taxa, a empresa poderia aumentar seu risco ao investir em projetos arriscados ou ao incorrer em mais dívidas. Essa prática poderia enfraquecer a posição do credor quanto ao seu direito sobre o fluxo de caixa da empresa. De outro ponto de vista, se essas estratégias arriscadas de investimento derem bons resultados, os acionistas se beneficiarão. Como as obrigações de pagamento ao credor permanecem inalteradas, os fluxos de caixa excedentes gerados por um resultado positivo de práticas mais arriscadas aumentariam o valor da empresa para seus proprietários. Em outras palavras, se os investimentos arriscados derem bons resultados, os proprietários receberão todos os benefícios; se não derem bons resultados, os credores compartilharão dos custos.

Evidentemente existe um incentivo para que os administradores ajam em nome dos acionistas para "tirar proveito" dos credores. Para evitar essa situação, os credores impõem determinadas técnicas de monitoramento aos tomadores do empréstimo, que, em consequência, incorrem em *custos de agência*. A estratégia mais óbvia é negar solicitações subsequentes de empréstimo ou aumentar o custo dos empréstimos futuros para a empresa. Mas essa estratégia constitui uma abordagem *a posteriori*. Assim, os credores normalmente se protegem, incluindo cláusulas no contrato de empréstimo que limitam a capacidade da empresa de alterar seu risco econômico e financeiro. Essas cláusulas tendem a concentrar-se em questões como nível mínimo de liquidez, aquisição de ativos, salários dos executivos e pagamento de dividendos.

Ao incluir cláusulas apropriadas no contrato do empréstimo, o credor pode controlar o risco da empresa e, desse modo, proteger-se das consequências adversas desse problema de agência. Evidentemente, em troca de incorrer em custos de agência por concordar com as restrições operacionais e financeiras impostas pelas cláusulas do empréstimo, a empresa deve se beneficiar obtendo fundos a um custo menor.

Informação assimétrica

Quando duas partes em uma transação econômica têm informações diferentes, dizemos que existe **informação assimétrica**. No contexto das decisões de estrutura de capital, informação assimétrica significa simplesmente que os administradores da empresa têm mais informações sobre as operações e as perspectivas futuras da empresa do que os investidores. Para entender como a informação assimétrica entre administradores e investidores pode ter implicações na estrutura de capital de uma empresa, considere as seguintes ilustrações das teorias *pecking order* e *sinalização*.

Teoria pecking order Suponha que os administradores de uma empresa tenham identificado uma oportunidade de investimento altamente lucrativa que exigirá financiamento adicional. Eles gostariam de informar os investidores sobre essa excelente oportunidade de investimento, mas os investidores estão desconfiados. Afinal, os administradores sempre têm incentivos para afirmar que suas decisões de investimento levarão a lucros fabulosos, mas os investidores não têm como verificar essas alegações. Se os administradores tentarem vender ações para financiar os investimentos, os investidores só estarão dispostos a pagar um preço que reflita as informações comprovadas que possuem, o que significa que os administradores terão de vender as ações com deságio (em relação ao preço que poderiam obter na ausência de assimetria de informação). Essa situação aumenta em muito os custos de levantar novos fundos e, por vezes, os administradores podem decidir abrir mão de investimentos com VPL positivo para evitar ter que vender capital próprio com deságio.

informação assimétrica
A situação em que os administradores de uma empresa possuem mais informações sobre as operações e as perspectivas futuras da empresa do que os investidores.

teoria *pecking order*
Uma hierarquia de financiamento que começa com os lucros retidos, seguido de financiamento com capital de terceiros e, finalmente, financiamento externo por emissão de ações.

Uma solução para esse problema é os administradores manterem folga financeira, que consiste em reservas de caixa de lucros retidos que podem utilizar para financiar novos investimentos. Quando as empresas não têm folga financeira suficiente para financiar suas oportunidades de investimento rentáveis, os administradores preferirão levantar financiamento externo emitindo títulos de dívida, em vez de capital próprio. Os fornecedores de recursos por títulos de dívida recebem um retorno fixo, de modo que, quando o novo investimento começa a gerar altos retornos para a empresa, esses fluxos de caixa irão em grande parte para os acionistas existentes.

A consequência é que existe uma hierarquia (*pecking order*) financeira — uma hierarquia de alternativas de financiamento que começa com lucros retidos —, seguida de capital de terceiros e, finalmente, de emissão de novas ações. Quando os administradores querem financiar um novo projeto, eles começam usando lucros retidos. Se o caixa gerado internamente for insuficiente para financiar novos investimentos, os administradores levantarão financiamento externo no mercado de dívida. A emissão de novas ações é o último recurso dos administradores.

Essa teoria *pecking order* é consistente com diversos fatos sobre as decisões de financiamento das empresas. Em primeiro lugar, a grande maioria dos novos investimentos é financiada por meio de lucros retidos, por empresas que levantam financiamento externo com pouca frequência. Em segundo lugar, as empresas levantam capital de terceiros com mais frequência do que capital próprio, como prevê a teoria *pecking order*. Em terceiro lugar, como já observamos, existe uma tendência geral para as empresas lucrativas (que têm muita folga financeira) tomarem menos empréstimo do que as empresas não lucrativas.

Teoria da sinalização Há um velho ditado que diz: "Coloque o seu dinheiro naquilo que você acredita". A ideia é que qualquer um pode se gabar, mas só se deve acreditar naqueles que estão dispostos a colocar dinheiro em suas próprias alegações. O que essa máxima tem a ver com as decisões de estrutura de capital? Suponha, por exemplo, que a administração tenha informações de que as perspectivas para o futuro da empresa são muito boas. Os administradores poderiam emitir um comunicado à imprensa tentando convencer os investidores de que o futuro da empresa é brilhante, mas os investidores querem evidências tangíveis para essas alegações. Além disso, fornecer essas evidências deve ser dispendioso para a empresa; caso contrário, outras empresas com perspectivas menos otimistas apenas imitariam as atitudes da empresa com perspectivas verdadeiramente excelentes. Uma coisa que os administradores podem fazer é emprestar muito dinheiro por meio da emissão de títulos de dívida. Ao fazer isso, eles estão demonstrando ao mercado que acreditam que a empresa gerará fluxos de caixa suficientes no futuro para saldar a dívida. Empresas com perspectivas não tão boas hesitarão em emitir muitos títulos de dívida, pois podem ter dificuldade em saldá-la e acabar indo à falência. Em outras palavras, emitir título de dívida é um **sinal** confiável de que os administradores acreditam que o desempenho da empresa será muito bom no futuro. O financiamento com capital de terceiros é um *sinal positivo*, sugerindo que a administração acredita que a ação está "subavaliada" e, portanto, é uma pechincha.

Da mesma forma, quando as empresas decidem emitir ações, os investidores preocupam-se, pois esse movimento pode ser um *sinal negativo*, indicando que os administradores acreditam que a lucratividade futura da empresa pode ser baixa e que o preço da ação está superavaliado. Portanto, os investidores em geral interpretam o anúncio de uma emissão de ações como uma má notícia e o preço da ação cai.

A maioria das pesquisas questiona a importância da sinalização como determinante básico das escolhas de estrutura de capital da empresa. Por exemplo, já vimos que as empresas mais lucrativas tendem a tomar menos empréstimo, ao passo que a teoria da sinalização diz que as empresas lucrativas devem tomar mais empréstimos como forma de convencer os investidores de que os lucros futuros da empresa serão altos. Além disso, em pesquisas que pedem aos administradores para descrever

---

teoria da sinalização
Uma prática de financiamento por parte da administração que acredita refletir sua visão do valor da ação da empresa; em geral, o financiamento com capital de terceiros é visto como um *sinal positivo* de que a administração acredita que a ação está "subavaliada", e uma emissão de ações é vista como um *sinal negativo* de que a administração acredita que a ação está "superavaliada".

como escolhem entre financiamento com capital de terceiros e próprio, os administradores raramente dizem que escolhem o capital de terceiros como forma de transmitir informações aos investidores. Todavia, a teoria da sinalização prevê que o preço da ação de uma empresa deve subir quando ela emite título de dívida e deve cair quando emite ações, e isso é exatamente o que acontece no mundo real na maior parte do tempo.

ESTRUTURA ÓTIMA DE CAPITAL

O que, então, é a estrutura ótima de capital mesmo que exista (até o momento) apenas em teoria? Para fornecer alguma luz a uma resposta, vamos examinar algumas relações financeiras básicas. Como o valor de uma empresa é igual ao valor presente de seus fluxos de caixa futuros, segue que o *valor da empresa é maximizado quando o custo de capital é minimizado*. Em outras palavras, o valor presente dos fluxos de caixa futuros está no seu máximo quando a taxa de desconto (o custo de capital) está no seu mínimo. Usando uma modificação do modelo simples de avaliação de crescimento zero (veja a Equação 7.2 no Capítulo 7), podemos definir o valor da empresa, V, como sendo:

$$V = \frac{\text{LAJIR} \times (1 - T)}{r_a} = \frac{\text{NOPAT}}{r_a} \qquad (13.11)$$

onde:

LAJIR = lucro antes de juros e imposto de renda
T = alíquota de imposto de renda
NOPAT = lucro líquido operacional após imposto de renda, que é o lucro operacional após imposto de renda disponível aos detentores de títulos de dívida e acionistas, LAJIR $(1 - T)$
r_a = custo médio ponderado de capital

Evidentemente, se assumirmos que o NOPAT (e, portanto, o LAJIR) é constante, o valor da empresa, V, é maximizado com a minimização do custo médio ponderado de capital, r_a.

Funções de custo

A Figura 13.5(*a*) apresenta três funções de custo — o custo de capital de terceiros, o custo de capital próprio e o custo médio ponderado de capital (CMPC) — como uma função da alavancagem financeira medida pelo índice de endividamento (razão entre o capital de terceiros e o ativo total). O *custo de capital de terceiros*, r_i, permanece baixo por causa do benefício fiscal, mas aumenta lentamente à medida que aumenta a alavancagem, para remunerar os credores pelo risco crescente. O *custo de capital próprio*, r_s, é superior ao custo de capital de terceiros e aumenta à medida que aumenta a alavancagem financeira, mas em geral aumenta mais rapidamente que o custo de capital de terceiros. O custo de capital próprio aumenta porque os acionistas exigem retorno maior à medida que a alavancagem aumenta para remunerar o grau mais elevado de risco financeiro.

O *custo médio ponderado de capital*, r_a, resulta de uma média ponderada do custo de capital de terceiros e do custo de capital próprio da empresa. A um índice de endividamento igual a zero, a empresa é 100% financiada com capital próprio. À medida que o capital de terceiros substitui o capital próprio e o índice de endividamento aumenta, o CMPC cai porque o custo de capital de terceiros após imposto de renda é menor que o custo de capital próprio ($r_i < r_s$). Nessa faixa, os benefícios fiscais do

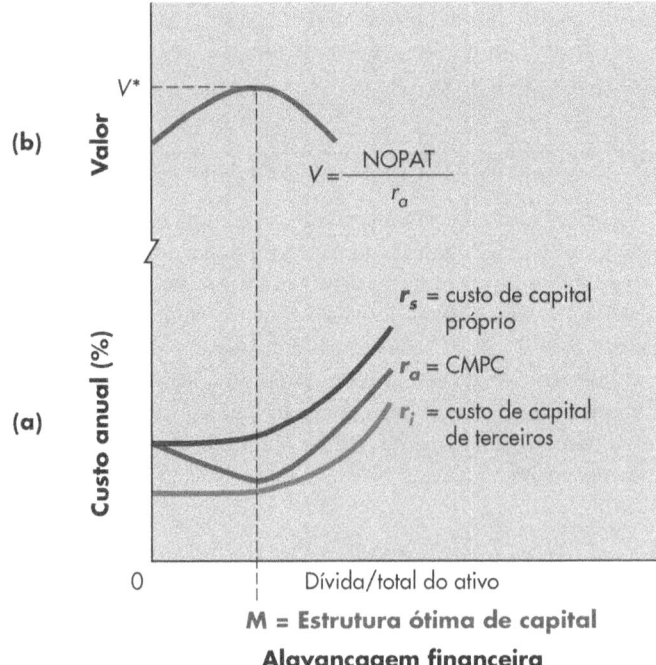

Figura 13.5 Funções de custo e valor

Custos de capital e a estrutura ótima de capital.

M = **Estrutura ótima de capital**
Alavancagem financeira

capital de terceiros adicional superam os custos de tomar mais empréstimos. No entanto, à medida que o índice de endividamento continua a aumentar, o aumento dos custos de capital de terceiros e de capital próprio, eventualmente, levam o CMPC a subir, como pode ser visto depois do ponto M na Figura 13.5(a). Em outras palavras, os custos de falência, custos de agência e outros custos associados a níveis mais altos de endividamento superam os benefícios fiscais adicionais que a empresa poderia gerar ao tomar mais empréstimos. Esse comportamento resulta em uma função de custo médio ponderado de capital, r_a, em forma de U.

Representação gráfica da estrutura ótima

Como a maximização do valor, V, é atingida quando o custo total de capital, r_a, é mínimo (veja a Equação 13.11), a **estrutura ótima de capital** é aquela em que o custo médio ponderado de capital, r_a, é minimizado.

estrutura ótima de capital
A estrutura de capital em que o custo médio ponderado de capital é minimizado, maximizando assim o valor da empresa.

Na Figura 13.5(a), o ponto M representa o *custo médio ponderado de capital mínimo*, o ponto de alavancagem financeira ótima e, portanto, a estrutura ótima de capital para a empresa. A Figura 13.5(b) mostra o valor da empresa que resulta da substituição de r_a da Figura 13.5(a) para diversos níveis de alavancagem financeira no modelo de avaliação de crescimento zero da Equação 13.11. Como mostra a Figura 13.5(b), na estrutura ótima de capital, ponto M, o valor da empresa é maximizado em V^*.

Em termos simples, minimizar o custo médio ponderado de capital permite que a administração realize maior número de projetos lucrativos, aumentando assim o valor da empresa. Entretanto, em termos práticos, não há como calcular a estrutura ótima de capital implícita na Figura 13.5. Como não é possível conhecer com precisão a estrutura ótima de capital, ou nela permanecer, as empresas geralmente tentam operar em um intervalo que as coloque perto do que acreditam ser a estrutura ótima de capital. Em outras palavras, as empresas costumam administrar em direção a uma *estrutura alvo de capital*.

→ QUESTÕES PARA REVISÃO

13.6 O que é a *estrutura de capital* de uma empresa? Quais índices medem o grau de alavancagem financeira de uma estrutura de capital?

13.7 Em que diferem as estruturas de capital de empresas norte-americanas e não norte-americanas? E em que se assemelham?

13.8 Qual é o principal benefício do financiamento com capital de terceiros? Como ele afeta o custo de capital de terceiros da empresa?

13.9 O que são o *risco econômico* e o *risco financeiro*? Como cada um deles influencia as decisões de estrutura de capital da empresa?

13.10 Descreva sucintamente o *problema de agência* que existe entre proprietários e credores. Como os credores fazem com que as empresas incorram em *custos de agência* para resolver esse problema?

13.11 Como a *informação assimétrica* afeta as decisões de estrutura de capital da empresa? Como as opções de financiamento da empresa dão aos investidores *sinais* que refletem a visão da administração a respeito do valor da ação?

13.12 Como o custo de capital de terceiros, o custo de capital próprio e o custo médio ponderado de capital (CMPC) se comportam à medida que a alavancagem financeira aumenta acima de zero? Onde se situa a *estrutura ótima de capital*? Qual é a relação com o valor da empresa nesse ponto?

13.3 Abordagem LAJIR–LPA para a estrutura de capital

Deve estar claro, dos capítulos anteriores, que o objetivo do administrador financeiro é maximizar a riqueza dos proprietários, ou seja, o preço da ação da empresa. Uma das variáveis amplamente acompanhada que afeta o preço da ação da empresa é seu lucro, que representa os retornos obtidos em nome dos proprietários. Mesmo que o foco no lucro ignore o risco (a outra variável chave que afeta o preço da ação da empresa), o lucro por ação (LPA) pode ser convenientemente utilizado para analisar estruturas de capital alternativas. A **abordagem LAJIR–LPA** para a estrutura de capital envolve selecionar a estrutura de capital que maximiza o lucro por ação (LPA) acima da faixa esperada de lucro antes de juros e imposto de renda (LAJIR).

abordagem LAJIR–LPA
Uma abordagem para selecionar a estrutura de capital que maximiza o lucro por ação (LPA) acima da faixa esperada de lucro antes de juros e impostos (LAJIR).

REPRESENTAÇÃO GRÁFICA DE UM PLANO DE FINANCIAMENTO

Para analisar os efeitos da estrutura de capital de uma empresa sobre os retornos para os proprietários, examinamos a relação entre lucro antes de juros e imposto de renda (LAJIR) e lucro por ação (LPA). Em outras palavras, queremos ver como as variações do LAJIR levam a variações do LPA em diferentes estruturas de capital. Em todos os nossos exemplos, assumimos que o risco econômico permanece constante. Isto é, os riscos operacionais básicos da empresa permanecem constantes e apenas o risco financeiro varia à medida que as estruturas de capital mudam. O LPA é utilizado para medir os retornos dos proprietários, que se espera estejam estreitamente relacionados com o preço da ação.[16]

---

[16] A relação que se espera existir entre LPA e riqueza dos proprietários não é de causa e efeito. Como vimos no Capítulo 1, a maximização dos lucros não garante necessariamente que a riqueza dos proprietários também seja maximizada. Mesmo assim, espera-se que a variação do lucro por ação tenha algum efeito sobre a riqueza dos proprietários, pois dados de LPA constituem uma das poucas informações que os investidores recebem, e que geralmente fazem o preço da ação da empresa subir ou cair em resposta ao nível desses lucros.

Dados necessários

Para traçar um gráfico ilustrando como as variações do LAJIR levam a variações do LPA, precisamos simplesmente encontrar duas coordenadas e traçar uma linha reta entre elas. Em nosso gráfico, vamos marcar o LAJIR no eixo horizontal e o LPA no eixo vertical. O exemplo a seguir ilustra a abordagem para construir o gráfico.

Exemplo 13.19

Podemos traçar as coordenadas no gráfico LAJIR–LPA assumindo valores específicos de LAJIR e calculando o LPA associado a ele.[17] Esses cálculos para três estruturas de capital — índices de endividamento de 0%, 30% e 60% — da Cooke Company estão na Tabela 13.12. Para valores de LAJIR de $ 100.000 e $ 200.000, os valores de LPA correspondentes encontram-se resumidos na tabela abaixo do gráfico da Figura 13.6.

Figura 13.6 — Abordagem LAJIR–LPA

Comparação de algumas estruturas de capital da Cooke Company (dados da Tabela 13.12).

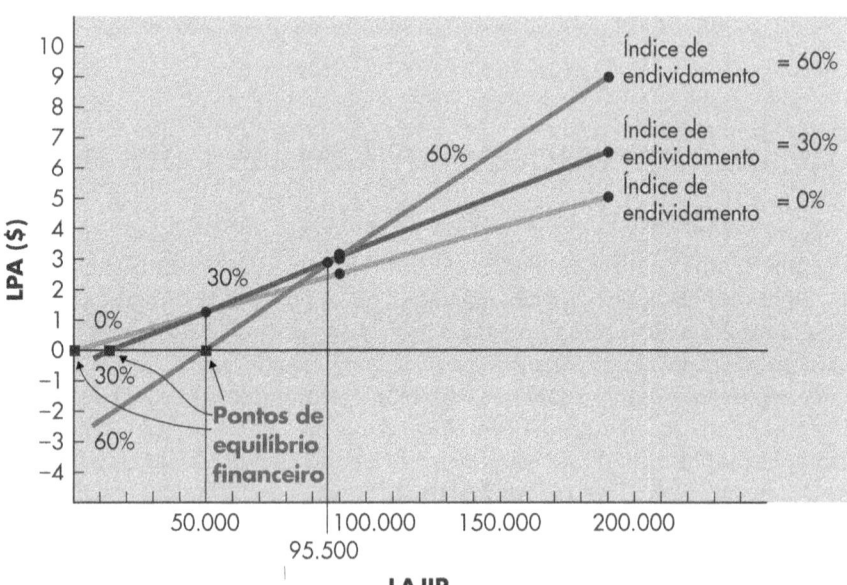

Estrutura de capital	LAJIR	
	$ 100.000	$ 200.000
Índice de endividamento	Lucro por ação (LPA)	
0%	$ 2,40	$ 4,80
30%	2,91	6,34
60%	3,03	9,03

---

[17] Um método conveniente para encontrar uma coordenada LAJIR–LPA é calcular o *ponto de equilíbrio financeiro*, o nível de LAJIR para o qual o LPA da empresa é igual a $ 0. Trata-se do nível de LAJIR necessário para cobrir todos os custos financeiros fixos: juro anual (I) e dividendos de ações preferenciais (DP). A equação do ponto de equilíbrio financeiro é:

$$\text{Ponto de equilíbrio financeiro} = I + \frac{DP}{1 - T}$$

onde T é a alíquota de imposto de renda. Podemos ver que, quando $DP = \$ 0$, o ponto de equilíbrio financeiro é igual a I, o pagamento anual de juros.

Representação gráfica dos dados

Os dados da Cooke Company podem ser traçados em um conjunto de eixos LAJIR-LPA como mostra a Figura 13.6. A figura mostra o nível de LPA esperado para cada nível de LAJIR. Para níveis de LAJIR abaixo do intercepto em x resulta em prejuízo (LPA negativo). Cada intercepto em x é um **ponto de equilíbrio financeiro**, o nível de LAJIR necessário para cobrir todos os *custos financeiros fixos* (LPA = $ 0).

ponto de equilíbrio financeiro
O nível de LAJIR necessário para cobrir todos os *custos financeiros fixos*; o nível de LAJIR para o qual LPA = $ 0.

COMPARAÇÃO DE ESTRUTURAS DE CAPITAL ALTERNATIVAS

Podemos comparar estruturas de capital alternativas por meio de gráficos de planos de financiamento como mostra a Figura 13.6.

> **Exemplo 13.20**
>
> As alternativas de estrutura de capital da Cooke Company foram traçadas nos eixos LAJIR–LPA da Figura 13.6. A figura mostra que cada estrutura de capital é superior às demais em termos de maximização do LPA dentro de determinadas faixas de LAJIR. A estrutura de capital sem capital de terceiros (índice de endividamento = 0%) é melhor para níveis de LAJIR entre $ 0 e $ 50.000. Essa conclusão faz sentido, pois quando a situação do negócio é relativamente fraca, a Cooke teria dificuldade de honrar suas obrigações financeiras se tivesse alguma dívida. Entre $ 50.000 e $ 95.500 de LAJIR, a estrutura de capital associada a um índice de endividamento de 30% produz LPA maior do que as outras duas estruturas de capital. E, quando o LAJIR é maior que $ 95.500, é a estrutura de capital com índice de endividamento de 60% que fornece o maior lucro por ação.[18] Novamente, a lógica por trás desse resultado é bastante simples. Quando o negócio está crescendo, a melhor coisa para os acionistas é que a empresa use muito capital de terceiros. A empresa paga aos credores uma taxa de retorno relativamente baixa, e os acionistas ficam com o resto.

INCLUSÃO DO RISCO NA ANÁLISE LAJIR–LPA

Ao interpretar a análise LAJIR–LPA, é importante considerar o risco de cada estrutura de capital alternativa. No gráfico, o risco de cada estrutura de capital pode ser visto em termos de duas medidas: (1) o *ponto de equilíbrio financeiro* (intercepto em LAJIR) e (2) o *grau de alavancagem financeira* refletido na inclinação da linha da estrutura de capital: *quanto*

---

[18] Uma técnica algébrica pode ser utilizada para encontrar os *pontos de indiferença* entre estruturas de capital alternativas. Essa técnica envolve expressar cada estrutura de capital como uma equação em termos de lucro por ação, igualar as equações das duas estruturas de capital e calcular o nível de LAJIR que faz as equações serem iguais. Utilizando a notação da nota de rodapé 17 e considerando n o número de ações ordinárias em circulação, chegamos à equação geral do lucro por ação de um plano de financiamento:

$$\text{LPA} = \frac{(1-T) \times (\text{LAJIR} - I) - DP}{n}$$

Comparando as estruturas de capital de 0% e 30% da Cooke Company, obtemos:

$$\frac{(1-0{,}40) \times (\text{LAJIR} - \$0) - \$0}{25.000} = \frac{(1-0{,}40) \times (\text{LAJIR} - \$15.000) - \$0}{17.500}$$

$$\frac{0{,}60 \times \text{LAJIR}}{25.000} = \frac{0{,}60 \times \text{LAJIR} - \$9.000}{17.500}$$

10.500 LAJIR = 15.000 LAJIR − $ 225.000
$ 225.000 = 4,50 LAJIR
LAJIR = $ 50.000

O valor calculado do ponto de indiferença entre as estruturas de capital de 0% e 30% é, portanto, $ 50.000, como pode ser visto na Figura 13.6.

mais alto o ponto de equilíbrio financeiro e mais inclinada a linha da estrutura de capital, maior o risco financeiro.[19]

Uma avaliação adicional do risco pode ser feita por meio de índices. À medida que a alavancagem financeira (medida pelo índice de endividamento) aumenta, espera-se uma queda correspondente da capacidade da empresa de fazer os pagamentos de juros programados (medida pelo índice de cobertura de juros).

Exemplo 13.21

Analisando as três estruturas de capital da Cooke Company representadas na Figura 13.6, podemos ver que, à medida que o índice de endividamento aumenta, o mesmo acontece com o risco financeiro de cada alternativa. Tanto o ponto de equilíbrio financeiro quanto a inclinação das linhas de estrutura de capital aumentam com o aumento dos índices de endividamento. Quando usamos o valor de $ 100.000 para o LAJIR, por exemplo, o índice de cobertura de juros (LAJIR · juros) para a estrutura de capital com alavancagem zero é infinito ($ 100.000 · $ 0); no caso de 30% de endividamento, o índice é de 6,67 ($ 100.000 · $ 15.000); e, no caso de 60% de endividamento, o índice é de 2,02 ($ 100.000 · $ 49.500). Como índices de cobertura de juros menores refletem risco mais elevado, esses índices sustentam a conclusão de que o risco das estruturas de capital aumenta com o aumento da alavancagem financeira. A estrutura de capital com índice de endividamento de 60% é mais arriscada do que a estrutura com 30% de endividamento, que, por sua vez, é mais arriscada que a estrutura de capital com 0% de endividamento.

UMA LIMITAÇÃO BÁSICA DA ANÁLISE LAJIR–LPA

O fato mais importante a destacar, quando se usa a análise LAJIR–LPA, é que essa técnica tende a se concentrar na *maximização do lucro* e não na maximização da riqueza dos proprietários, refletida no preço da ação da empresa. O uso de uma abordagem de maximização do LPA em geral ignora o risco. Se os investidores não exigissem prêmios pelo risco (retornos adicionais) à medida que a empresa aumentasse a proporção de capital de terceiros em sua estrutura de capital, uma estratégia envolvendo a maximização do LPA também maximizaria o preço da ação. Mas, como os prêmios pelo risco aumentam com o aumento da alavancagem financeira, a maximização do LPA *não* garante a maximização da riqueza dos proprietários. Para escolher a melhor estrutura de capital, as empresas devem integrar retorno (LPA) e risco (por meio do retorno exigido, r_S) em uma estrutura de avaliação compatível com a teoria da estrutura de capital apresentada acima.

→ **QUESTÃO PARA REVISÃO**

13.13 Explique a *abordagem* LAJIR–LPA para a estrutura de capital. Inclua em sua explicação um gráfico indicando o *ponto de equilíbrio financeiro* e identifique os eixos. Essa abordagem é compatível com a maximização da riqueza dos proprietários?

13.4 Escolha da estrutura ótima de capital

Esta seção descreve os procedimentos para vincular ao valor de mercado o retorno e o risco associados a estruturas de capital alternativas.

---

[19] O grau de alavancagem financeira (GAF) está refletido na inclinação da função LAJIR–LPA. Quanto maior a inclinação, maior o grau de alavancagem financeira porque a variação do LPA (eixo y) resultante de uma determinada variação do LAJIR (eixo x) aumenta com o aumento da inclinação e diminui com a diminuição da inclinação.

VINCULAÇÃO

Para determinar seu valor sob estruturas de capital alternativas, a empresa deve encontrar o nível de retorno que deve atingir para remunerar os proprietários pelo risco assumido. Essa abordagem é consistente com a estrutura geral de avaliação desenvolvida nos capítulos 6 e 7 e aplicado às decisões de orçamento de capital nos capítulos 10, 11 e 12.

O retorno exigido associado a um determinado nível de risco financeiro pode ser estimado de diversas maneiras. Teoricamente, a abordagem preferível seria, primeiro, estimar o beta associado a cada estrutura de capital alternativa e, em seguida, usar a estrutura CAPM apresentada na Equação 8.8 para calcular o retorno exigido, r_S. Uma abordagem mais operacional envolve vincular o risco financeiro associado a cada estrutura de capital alternativa diretamente ao retorno exigido. Essa abordagem é semelhante à abordagem tipo CAPM, demonstrada no Capítulo 12, para ligar risco do projeto e retorno exigido (TDAR). Aqui, entretanto, isso envolve estimar o retorno exigido associado a cada nível de risco financeiro, medido por uma estatística, como o coeficiente de variação do LPA. Independentemente da abordagem utilizada, pode-se esperar que o retorno exigido aumente à medida que o risco financeiro aumente.

> **Exemplo 13.22**
>
> A Cooke Company, usando como medidas de risco os coeficientes de variação do LPA associados a cada uma das sete estruturas de capital alternativas, estimou os retornos exigidos correspondentes, mostrados na Tabela 13.14. Como esperado, o retorno exigido estimado dos proprietários, r_S, aumenta com o risco crescente, medido pelo coeficiente de variação do LPA.

ESTIMATIVA DO VALOR

O valor da empresa associado às estruturas de capital alternativas pode ser estimado usando um dos modelos padrão de avaliação. Se, para simplificar, supuséssemos que todo o lucro é distribuído como dividendo, podemos usar um modelo padrão de avaliação de crescimento zero, como o desenvolvido no Capítulo 7. O modelo, originalmente apresentado na Equação 7.2, é reapresentado aqui com o LPA no lugar de dividendos (pois em cada ano os dividendos seriam iguais ao LPA):

$$P_0 = \frac{LPA}{r_S} \quad (13.12)$$

Ao substituir o nível esperado de LPA e o retorno exigido correspondente, r_S, na Equação 13.12, podemos estimar o valor por ação da empresa, P_0.

Tabela 13.14 Retornos exigidos para as estruturas de capital alternativas da Cooke Company

Estrutura de capital Índice de endividamento	Coeficiente de variação do LPA (coluna 3 da Tabela 13.13) (1)	Retorno exigido estimado, r_s (2)
0%	0,71	11,5%
10%	0,74	11,7%
20%	0,78	12,1%
30%	0,83	12,5%
40%	0,91	14,0%
50%	1,07	16,5%
60%	1,40	19,0%

Exemplo 13.23

Agora podemos estimar o valor da ação da Cooke Company sob cada uma das estruturas de capital alternativas. Substituindo na Equação 13.12 o LPA esperado (coluna 1 da Tabela 13.13) e os retornos exigidos, r_s (coluna 2 da Tabela 13.14 em forma decimal) para cada uma das estruturas de capital, obtemos os valores da ação apresentados na coluna 3 da Tabela 13.15. Fazendo um gráfico dos valores da ação em relação aos índices de endividamento associados, como mostra a Figura 13.7, fica claro que o valor máximo da ação ocorre com a estrutura de capital associada a um índice de endividamento de 30%.

Tabela 13.15 — Cálculo de estimativas do valor da ação associado a estruturas de capital alternativas da Cooke Company

Estrutura de capital Índice de endividamento	LPA esperado (coluna 1 da Tabela 13.13) (1)	Retorno exigido estimado, r_s (coluna 2 da Tabela 13.14) (2)	Valor estimado da ação [(1) ÷ (2)] (3)
0%	$ 2,40	0,115	$ 20,87
10%	2,55	0,117	21,79
20%	2,72	0,121	22,48
30%	2,91	0,125	23,28
40%	3,12	0,140	22,29
50%	3,18	0,165	19,27
60%	3,03	0,190	15,95

Figura 13.7 — Estimativa do valor

Valor estimado das ações e LPA para estruturas de capital alternativas da Cooke Company.

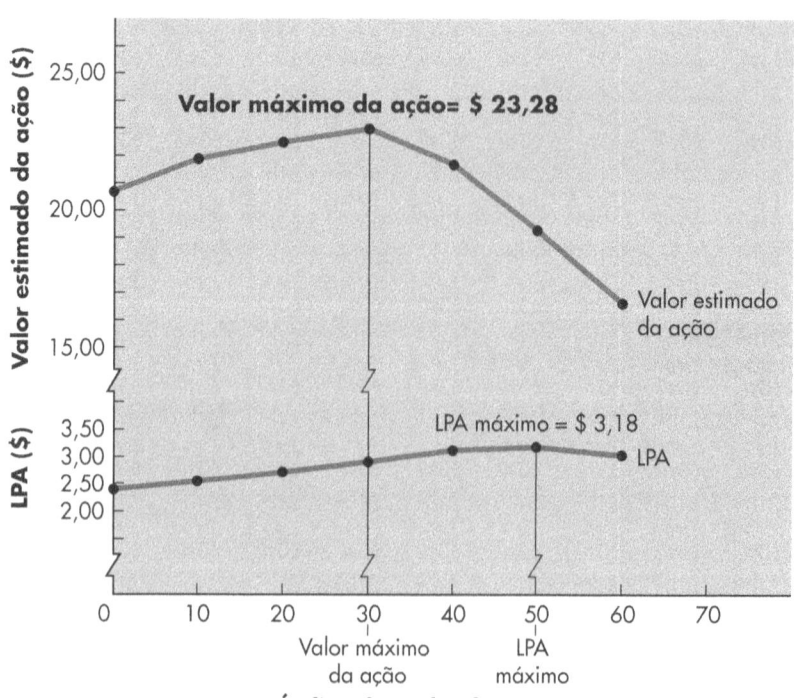

MAXIMIZAÇÃO DO VALOR E MAXIMIZAÇÃO DO LPA

Ao longo deste texto, descrevemos que o objetivo do administrador financeiro é maximizar a riqueza dos proprietários, e não o lucro. Embora haja alguma relação entre lucro esperado e valor, não há razão para acreditar que as estratégias que maximizam o lucro resultem necessariamente em maximização da riqueza. Portanto, é a riqueza dos proprietários, refletida no valor estimado da ação, que deve ser o critério para selecionar a melhor estrutura de capital. Uma análise final da Cooke Company exemplificará esse ponto.

> **Exemplo 13.24**
>
> Uma análise adicional da Figura 13.7 mostra com clareza que, embora o lucro da empresa (LPA) seja maximizado com um índice de endividamento de 50%, o valor da ação é maximizado com um índice de endividamento de 30%. Portanto, a estrutura de capital preferível seria a com 30% de índice de endividamento. As duas abordagens fornecem conclusões diferentes porque a maximização do LPA não considera o risco.

OUTRAS CONSIDERAÇÕES IMPORTANTES

Como, na verdade, não existe qualquer maneira prática de calcular a estrutura ótima de capital, qualquer análise quantitativa da estrutura de capital deve ser ajustada a outras considerações importantes. A Tabela 13.16 resume alguns dos fatores adicionais mais importantes envolvidos nas decisões de estrutura de capital.

Tabela 13.16 Fatores importantes a considerar na tomada de decisões de estrutura de capital

Preocupação	Fator	Descrição
Risco econômico	Estabilidade da receita	Empresas que possuem receitas estáveis e previsíveis podem adotar, de forma mais segura, estruturas de capital altamente alavancadas do que empresas com padrões voláteis de receita de vendas. Empresas com vendas crescentes tendem a se beneficiar do acréscimo de capital de terceiros; elas podem colher os benefícios positivos da alavancagem financeira, que amplia o efeito desse aumento.
	Fluxo de caixa	Ao analisar uma nova estrutura de capital, a empresa deve se concentrar em sua capacidade de gerar os fluxos de caixa necessários para honrar suas obrigações. As previsões de caixa que refletem a capacidade de serviço das dívidas (e das ações preferenciais) devem apoiar qualquer mudança na estrutura de capital.
Custos de agência	Obrigações contratuais	Uma empresa pode estar contratualmente restrita com respeito ao tipo de fundos que pode levantar. Por exemplo, uma empresa pode estar proibida de vender dívida adicional, a menos que os direitos dos detentores dessa dívida sejam subordinados aos direitos dos detentores da dívida existente. Também pode haver restrições contratuais à venda de novas ações, bem como à capacidade de distribuir dividendos.
	Preferências da administração	Em alguns casos, uma empresa pode impor uma restrição interna ao uso de capital de terceiros para limitar sua exposição ao risco a um nível considerado aceitável pela administração. Em outras palavras, por causa da aversão ao risco, a administração da empresa pode restringir a estrutura de capital da empresa a um nível que pode ou não ser o ótimo.

(continua)

(continuação)		
	Controle	Um grupo de administradores preocupados com o controle pode preferir emitir título de dívida em vez de ações ordinárias (que dão direito a voto). Em condições favoráveis de mercado, uma empresa que queira vender ações pode fazer uma *oferta de subscrição* ou emitir *ações sem direito a voto*, permitindo que cada acionista mantenha sua participação proporcional. De modo geral, só em empresas de capital fechado ou empresas ameaçadas por uma aquisição é que a questão do controle ganha importância na decisão de estrutura de capital.
Informação assimétrica	Avaliação externa do risco	A capacidade da empresa de levantar fundos rapidamente e a taxas favoráveis depende das avaliações externas de risco de credores e de agências de *rating*. A empresa deve considerar o impacto das decisões de estrutura de capital tanto sobre o valor da ação quanto sobre as demonstrações financeiras publicadas, com base nas quais credores e agências de *rating* avaliam o risco da empresa.
	Timing	Às vezes, quando as taxas de juros estão baixas, o financiamento com capital de terceiros pode ser mais atraente; quando as taxas de juros estão altas, a venda de ações pode ser mais interessante. Algumas vezes, tanto capital de terceiros quanto capital próprio tornam-se indisponíveis em condições razoáveis. Desse modo, as condições econômicas gerais — especialmente as do mercado de capitais — podem afetar significativamente as decisões de estrutura de capital.

→ **QUESTÕES PARA REVISÃO**

13.14 Por que a *maximização do LPA* e a *maximização do valor* não levam necessariamente à mesma conclusão quanto à estrutura ótima de capital?

13.15 Que fatores importantes, além dos quantitativos, uma empresa deve considerar ao tomar uma decisão de estrutura de capital?

Resumo

ÊNFASE NO VALOR

O volume de alavancagem (ativos ou fundos de custo fixo) empregado por uma empresa afeta diretamente seu risco, seu retorno e o valor de sua ação. Em geral, uma alavancagem maior aumenta o risco e o retorno, ao passo que uma alavancagem menor reduz o risco e o retorno. A alavancagem operacional diz respeito ao nível de custos operacionais fixos, enquanto a alavancagem financeira concentra-se nos custos financeiros fixos, em especial juros sobre a dívida e dividendos de ações preferenciais. A estrutura de capital da empresa determina sua alavancagem financeira. Por causa dos pagamentos fixos de juros, quanto mais capital de terceiros uma empresa empregar em relação a seu capital próprio, maior sua alavancagem financeira.

O valor de uma empresa é claramente afetado por seu grau de alavancagem operacional e pela composição de sua estrutura de capital. O administrador financeiro deve, portanto, analisar cuidadosamente os tipos de custos operacionais e financeiros que assumirá, reconhecendo que custos fixos mais altos acarretam risco maior. As principais decisões com relação à estrutura de custo operacional e estrutura de capital devem, portanto, se concentrar em seu impacto sobre o valor da empresa. Esta deve implementar apenas as decisões de alavancagem e de estrutura de capital que são consistentes com seu objetivo de **maximizar o preço da ação**.

REVISÃO DOS OBJETIVOS DE APRENDIZAGEM

OA 01 **Discutir alavancagem, estrutura de capital, análise de equilíbrio, ponto de equilíbrio operacional e o efeito das variações dos custos sobre o ponto de equilíbrio.** A alavancagem resulta do uso de custos fixos para ampliar os retornos aos proprietários de uma empresa. A estrutura de capital – o mix de capital de terceiros de longo prazo e capital próprio – afeta a alavancagem e, portanto, o valor da empresa. A análise de equilíbrio mede o nível de vendas necessário para cobrir o total de custos operacionais. O ponto de equilíbrio operacional pode ser calculado algebricamente, dividindo-se os custos operacionais fixos pela diferença entre o preço de venda por unidade e o custo operacional variável por unidade, ou determinado graficamente. O ponto de equilíbrio operacional aumenta com o aumento dos custos operacionais fixos e variáveis, e diminui com o aumento do preço de venda, e vice-versa.

OA 02 **Compreender alavancagem operacional, financeira e total, e as relações entre elas.** A alavancagem operacional consiste no uso dos custos operacionais fixos para ampliar os efeitos das variações das vendas sobre o lucro antes de juros e imposto de renda (LAJIR). Quanto mais altos forem os custos operacionais fixos, maior será a alavancagem operacional. A alavancagem financeira é o uso dos custos financeiros fixos para ampliar os efeitos das variações do lucro antes de juros e imposto de renda (LAJIR) sobre o lucro por ação (LPA). Quanto mais altos forem os custos financeiros fixos, maior será a alavancagem financeira. A alavancagem total consiste no uso dos custos fixos – tanto operacionais quanto financeiros – para ampliar os efeitos das variações das vendas sobre o LPA.

OA 03 **Descrever os tipos de capital, a avaliação externa da estrutura de capital, a estrutura de capital de empresas não norte-americanas e a teoria da estrutura de capital.** O capital de terceiros e o capital próprio compõem a estrutura de capital de uma empresa. A estrutura de capital pode ser avaliada externamente por meio de índices financeiros: índice de endividamento, índice de cobertura de juros e índice de cobertura de pagamentos fixos. Empresas não norte-americanas tendem a ter níveis mais elevados de endividamento do que seus pares norte-americanos, principalmente porque os mercados de capitais norte-americanos são mais desenvolvidos.

Pesquisas sugerem que existe uma estrutura ótima de capital que equilibra os benefícios e os custos do financiamento com capital de terceiros. A maior vantagem do financiamento com capital de terceiros é o benefício fiscal. Os custos do financiamento com capital de terceiros incluem a probabilidade de falência, os custos de agência impostos pelos credores e a informação assimétrica, que costuma fazer com que as empresas levantem fundos segundo uma hierarquia de modo a enviar sinais positivos ao mercado e, desse modo, aumentar a riqueza dos acionistas.

OA 04 **Explicar a estrutura ótima de capital usando uma representação gráfica das funções de custo de capital da empresa e um modelo de avaliação de crescimento zero.** O modelo de avaliação de crescimento zero define o valor da empresa como o lucro líquido operacional após imposto de renda (NOPAT), ou LAJIR depois do imposto de renda, dividido pelo custo médio ponderado de capital. Supondo que o NOPAT seja constante, o valor da empresa é maximizado pela minimização de seu custo médio ponderado de capital (CMPC). A estrutura ótima de capital minimiza o CMPC. Graficamente, o CMPC da empresa tem forma de U, cujo valor mínimo define a estrutura ótima de capital que maximiza a riqueza do proprietário.

OA 05 **Discutir a abordagem LAJIR–LPA para a estrutura de capital.** A abordagem LAJIR–LPA avalia estruturas de capital à luz dos retornos que fornecem aos proprietários da empresa e de seu grau de risco financeiro. De acordo com a abordagem

LAJIR–LPA, a estrutura de capital preferível é aquela que se espera fornecer LPA máximo sobre a faixa esperada de LAJIR da empresa. Graficamente, essa abordagem reflete o risco em termos do ponto de equilíbrio financeiro e da inclinação da linha de estrutura de capital. A principal limitação da análise LAJIR–LPA é o fato de concentrar-se na maximização dos lucros (retornos) e não da riqueza dos proprietários, que considera tanto o risco quanto o retorno.

OA 06 Rever o retorno e o risco de estruturas de capital alternativas, sua vinculação com o valor de mercado e outras considerações importantes relativas à estrutura de capital. A melhor estrutura de capital pode ser selecionada por meio de um modelo de avaliação para vincular o retorno aos fatores de risco. A estrutura de capital preferível é aquela que resulta no maior valor estimado da ação e não no maior LPA. Outros fatores importantes não quantitativos também devem ser considerados ao tomar decisões de estrutura de capital.

Revisão da abertura do capítulo

Na abertura deste capítulo vimos uma mudança na estratégia financeira da Lowe`s que teve início em abril de 2012. Especificamente, a empresa tomou medidas que aumentaram sua dependência por capital de terceiros. A tabela a seguir mostra as receitas anuais da Lowe`s (em milhões de dólares) e seu lucro por ação (LPA) referentes aos exercícios fiscais encerrados em fevereiro de 2011, 2012 e 2013. Use esses dados para responder às perguntas abaixo.

	Fev. 2011	Fev. 2012	Fev. 2013
Receitas	$ 48.815	$ 50.208	$ 50.521
LPA	$ 1,52	$ 1,53	$ 1,80

a. A empresa decidiu usar os rendimentos de uma emissão de títulos de dívida para recomprar ações. Na sua opinião, qual o efeito dessa decisão no grau de alavancagem total da Lowe`s?

b. Calcule a variação percentual das receitas e do LPA de 2011 a 2012 (antes de a Lowe`s alterar sua estrutura de capital). Qual era o grau de alavancagem total da Lowe`s na ocasião?

c. Calcule a variação percentual das receitas e do LPA de 2012 a 2013 (depois de a Lowe`s alterar sua estrutura de capital). Qual era o grau de alavancagem total da Lowe`s na ocasião?

d. As suas respostas para os itens **b** e **c** estão de acordo com as suas expectativas no item **a**?

e. O que você acha que aconteceu com o beta das ações ordinárias da Lowe`s de 2011 a 2013?

Exercícios de autoavaliação

 **AA13.1 Ponto de equilíbrio e todas as formas de alavancagem.** Recentemente, a TOR vendeu 100.000 unidades a $ 7,50 cada; seus custos operacionais

variáveis são de $ 3 por unidade e seus custos operacionais fixos, de $ 250.000. O total de juros anual é de $ 80.000 e a empresa tem 8.000 ações preferenciais de $ 5 (dividendo anual) em circulação. A empresa também tem 20.000 ações ordinárias em circulação. Suponha que a empresa está sujeita à alíquota de imposto de renda de 40%.

a. Em que nível de vendas (em unidades) a empresa atingiria o ponto de equilíbrio operacional (isto é, LAJIR = $ 0)?

b. Em uma tabela, calcule o *lucro por ação (LPA)* da empresa com: (1) o nível atual de vendas e (2) um nível de vendas de 120.000 unidades.

c. Usando o *nível atual de vendas de $ 750.000 como referência*, calcule o grau de alavancagem operacional (GAO) da empresa.

d. Usando o LAJIR associado ao *nível de vendas de referência de $ 750.000*, calcule o grau de alavancagem financeira (GAF) da empresa.

e. Use o conceito de grau de alavancagem total (GAT) para determinar o efeito (em termos percentuais) sobre o lucro por ação de um aumento de 50% das vendas da TOR em relação ao *nível de vendas de referência de $ 750.000*.

AA13.2 Análise LAJIR–LPA. A Newlin Electronics está pensando em fazer um financiamento adicional de $ 10.000. Atualmente, a empresa tem $ 50.000 em títulos de dívida a 12% (juro anual) e 10.000 ações ordinárias em circulação. A empresa pode obter financiamento por meio da emissão de título de dívida a 12% (juro anual) ou da venda de 1.000 ações ordinárias. A alíquota de imposto de renda da empresa é de 40%.

a. Calcule duas coordenadas LAJIR–LPA para cada plano, selecionando dois valores quaisquer de LAJIR e encontrando os valores de LPA correspondentes.

b. Trace os dois planos de financiamento em um conjunto de eixos LAJIR–LPA.

c. Com base no gráfico do item **b**, em que nível de LAJIR o plano de títulos de dívida passa a ser superior ao plano de ações ordinárias?

AA13.3 Estrutura ótima de capital. A Hawaiian Macadamia Nut Company coletou os dados apresentados na tabela a seguir, relativos a estrutura de capital, lucro por ação esperado e retorno exigido.

Estrutura de capital Índice de endividamento	Lucro por ação esperado	Retorno exigido, r_s
0%	$ 3,12	13%
10%	3,90	15%
20%	4,80	16%
30%	5,44	17%
40%	5,51	19%
50%	5,00	20%
60%	4,40	22%

a. Calcule o *valor estimado da ação* associado a cada uma das estruturas de capital, usando o método simplificado descrito neste capítulo (veja a Equação 13.12).

b. Determine a estrutura ótima de capital com base: (1) na maximização do lucro por ação esperado e (2) na maximização do valor da ação.

c. Qual estrutura de capital você recomendaria? Por quê?

Exercícios de aquecimento

A13.1 A Canvas Reproductions tem custos operacionais fixos de $ 12.500, custos operacionais variáveis de $ 10 por unidade e vende seus quadros por $ 25 cada. Em que nível de vendas (em unidades) a empresa atingirá o ponto de equilíbrio em termos de LAJIR?

A13.2 Atualmente, a Great Fish Taco Corporation tem custos operacionais fixos de $ 15.000, vende seus tacos congelados a $ 6 por caixa e incorre em custos operacionais variáveis de $ 2,50 por caixa. Se a empresa tiver um investimento potencial capaz de, ao mesmo tempo, elevar seus custos fixos para $ 16.500 e permitir a cobrança de um preço de venda de $ 6,50 por caixa devido à melhor qualidade dos tacos, qual será o impacto em seu ponto de equilíbrio operacional (em número de caixas)?

A13.3 O Chico`s tem vendas de 15.000 unidades a um preço de $ 20 por unidade. A empresa incorre em custos operacionais fixos de $ 30.000 e custos operacionais variáveis de $ 12 por unidade. Qual é o *grau de alavancagem operacional* (*GAO*) do Chico`s em um nível de referência de vendas de 15.000 unidades?

A13.4 A Parker Investments tem LAJIR de $ 20.000, despesa de juros de $ 3.000 e dividendos preferenciais de $ 4.000. Se pagar o imposto de renda à alíquota de 38%, qual é o *grau de alavancagem financeira* (*GAF*) da Parker em um nível de referência do LAJIR de $ 20.000?

A13.5 A Cobalt Industries vendeu 150.000 unidades a um preço de $ 10 por unidade. Tem custos operacionais fixos de $ 250.000 e custos operacionais variáveis de $ 5 por unidade. A empresa está sujeita à alíquota de imposto de renda de 38% e tem custo médio ponderado de capital de 8,5%. Calcule o *lucro operacional líquido após imposto de renda* (*NOPAT*) e use esse valor para estimar o valor da empresa.

Exercícios

E13.1 Ponto de equilíbrio: algébrico. Kate Rowland quer estimar o número de arranjos florais que precisa vender a $ 24,95 para atingir o equilíbrio. Ela estimou custos operacionais fixos de $ 12.350 por ano e custos operacionais variáveis de $ 15,45 por arranjo. Quantos arranjos florais Kate precisa vender para atingir o ponto de equilíbrio em termos de custos operacionais?

E13.2 Comparação de equilíbrio: algébrico. Considerando os preços e os custos apresentados na tabela a seguir para cada uma das três empresas F, G e H, responda às perguntas que se seguem.

Empresa	F	G	H
Preço de venda por unidade	$ 18,00	$ 21,00	$ 30,00
Custo operacional variável por unidade	6,75	13,50	12,00
Custo operacional fixo	45.000	30.000	90.000

a. Qual é o *ponto de equilíbrio operacional* em unidades para cada empresa?

b. Como você classificaria essas empresas em termos de risco?

E13.3 Ponto de equilíbrio: algébrico e gráfico. A Fine Leather Enterprises vende seu único produto a $ 129 por unidade. Os custos operacionais fixos da empresa são de $ 473.000 por ano e seus custos operacionais variáveis são de $ 86 por unidade.

a. Encontre o *ponto de equilíbrio operacional* da empresa em unidades.

b. Em um gráfico, nomeie o eixo *x* "Vendas (unidades)" e o eixo *y* "Custos/receitas ($)"; em seguida, trace nesses eixos as funções de receita de vendas, custo operacional total e custo operacional fixo da empresa. Além disso, indique o ponto de equilíbrio operacional e as áreas de prejuízo e lucro (LAJIR).

E13.4 Análise do ponto de equilíbrio. Barry Carter está pensando em abrir uma loja de DVDs. Ele quer estimar o número de DVDs que precisa vender para atingir o equilíbrio. Os DVDs serão vendidos a $ 13,98 cada, os custos operacionais variáveis são de $ 10,48 por DVD e os custos operacionais fixos anuais são de $ 73.500.

a. Encontre o *ponto de equilíbrio operacional* em número de DVDs.

b. Calcule o custo operacional total no volume de equilíbrio encontrado no item **a**.

c. Se Barry estimar que consegue vender pelo menos 2.000 DVDs *por mês*, ele deve abrir a loja?

d. Qual será o LAJIR de Barry se ele vender o mínimo de 2.000 DVDs por mês, como especificado no item **c**?

E13.5 Análise de equilíbrio. Paul Scott tem um Cadillac 2008 que quer equipar com um sistema de GPS para ter acesso a mapas e indicações de rotas. Depois de comprado, o equipamento pode ser instalado a uma taxa fixa de $ 500 e o provedor do serviço cobra uma mensalidade de $ 20. Paul é um vendedor itinerante e estima que o dispositivo poderá lhe poupar tempo e dinheiro, cerca de $ 35 por mês (considerando que o preço do combustível não para de aumentar). Ele planeja manter o carro por mais três anos.

a. Calcule o *ponto de equilíbrio* do dispositivo, em meses.

b. Com base na resposta no item **a**, Paul deveria instalar o sistema GPS no carro?

E13.6 Ponto de equilíbrio: variação de custos/receitas. A JWG Company publica a revista *Creative Crosswords*. No último ano, a revista de palavras cruzadas foi vendida a $ 10, com custo operacional variável de $ 8 por exemplar e custo operacional fixo de $ 40.000.

a. Quantas revistas a JWG precisa vender este ano para atingir o *ponto de equilíbrio* para os custos operacionais indicados, se todos os dados permanecerem inalterados em relação ao último ano?

b. Quantas revistas a JWG precisa vender este ano para atingir o *ponto de equilíbrio* para os custos operacionais indicados, se os custos operacionais fixos subirem para $ 44.000 e todos os outros valores permanecerem os mesmos?

c. Quantas revistas a JWG precisa vender este ano para atingir o *ponto de equilíbrio* dos custos operacionais indicados, se o preço de venda subir para $ 10,50 e todos os custos permanecerem inalterados em relação ao último ano?

d. Quantas revistas a JWG precisa vender este ano para atingir o *ponto de equilíbrio* dos custos operacionais indicados, se o custo operacional variável por revista subir para $ 8,50 e todos os outros valores permanecerem os mesmos?

e. Quais conclusões você pode tirar sobre o ponto de equilíbrio operacional com base em suas respostas?

E13.7 Análise de equilíbrio. Molly Jasper e sua irmã, Caitlin Peters, entraram no negócio de presentes quase por acaso. Molly, uma escultora talentosa, costumava fazer estatuetas para presentear os amigos. Às vezes, ela e Caitlin montavam um estande em uma feira de artesanato e vendiam as estatuetas, juntamente com as bijuterias que Caitlin fazia. Aos poucos, a demanda pelas estatuetas, chamadas de Mollycaits, cresceu e as irmãs começaram a reproduzir algumas das mais populares em resina, usando moldes dos originais. Um dia, o comprador de uma grande loja de departamentos ofereceu-lhes um contrato para que produzissem 1.500 estatuetas de diversos modelos por $ 10.000. Molly e Caitlin perceberam que era hora de levar o negócio a sério. Para simplificar a contabilidade, Molly fixou o preço de todas as estatuetas em $ 8 cada. Os custos operacionais variáveis eram, em média, de $ 6 por unidade. Para produzir a encomenda, Molly e Caitlin teriam que alugar instalações industriais por um mês, o que lhes custaria $ 4.000.

a. Calcule o *ponto de equilíbrio operacional* das Mollycaits.

b. Calcule o LAJIR das Mollycaits para a encomenda da loja de departamentos.

c. Se Molly renegociar o contrato a um preço de $ 10 por estatueta, qual será o LAJIR?

d. Se a loja se recusar a pagar mais do que $ 8 por unidade, mas estiver disposta a renegociar a quantidade, qual número de estatuetas resultará em um LAJIR de $ 4.000?

e. Atualmente, as irmãs produzem 15 modelos de Mollycaits. Embora o custo variável médio por unidade seja de $ 6, o custo efetivo varia de modelo para modelo. Que recomendação você faria a Molly e Caitlin à respeito do preço e dos números e modelos de estatuetas oferecidas à venda?

 E13.8 Sensibilidade do LAJIR. A Stewart Industries vende seu produto acabado a $ 9 por unidade. Seus custos operacionais fixos são de $ 20.000 e os custos operacionais variáveis são de $ 5 por unidade.

a. Calcule o lucro antes de juros e imposto de renda (LAJIR) da empresa para vendas de 10.000 unidades.

b. Calcule o LAJIR da empresa para vendas de 8.000 e 12.000 unidades, respectivamente.

c. Calcule as variações percentuais das vendas (a partir do nível de referência de 10.000 unidades) e as variações percentuais correspondentes do LAJIR para as variações das vendas indicadas no item **b**.

d. Com base em suas respostas no item **c**, comente a sensibilidade das variações do LAJIR em resposta às variações das vendas.

 E13.9 Grau de alavancagem operacional. A Grey Products tem custos operacionais fixos de $ 380.000, custos operacionais variáveis de $ 16 por unidade e preço de venda de $ 63,50 por unidade.

a. Calcule o *ponto de equilíbrio operacional* em unidades.

b. Calcule o LAJIR da empresa para 9.000, 10.000 e 11.000 unidades, respectivamente.

c. Com 10.000 unidades como referência, quais são as variações percentuais das unidades vendidas e do LAJIR, à medida que as vendas passem do nível de referência os demais usados no item **b**?

d. Use as porcentagens calculadas no item **c** para determinar o *grau de alavancagem operacional (GAO)*.

e. Use a fórmula do grau de alavancagem operacional para determinar o GAO para 10.000 unidades.

 E13.10 Grau de alavancagem operacional: gráfico. A Levin Corporation tem custos operacionais fixos de $ 72.000, custos operacionais variáveis de $ 6,75 por unidade e um preço de venda de $ 9,75 por unidade.

a. Calcule o *ponto de equilíbrio operacional* em unidades.

b. Calcule o *grau de alavancagem operacional (GAO)* utilizando como referência os níveis de vendas em unidades a seguir: 25.000, 30.000 e 40.000. Use a fórmula apresentada no capítulo.

c. Trace em um gráfico os valores de GAO que você calculou no item **b** (no eixo y) em relação aos níveis de vendas de referência (no eixo x).

d. Calcule o grau de alavancagem operacional para 24.000 unidades; inclua esse ponto no seu gráfico.

e. Qual princípio é ilustrado pelo gráfico e pelos dados?

E13.11 Cálculo do LPA. A Southland Industries tem $ 60.000 em títulos de dívida em circulação a 16% (juro anual), 1.500 ações preferenciais pagando um dividendo anual de $ 5 por ação e 4.000 ações ordinárias em circulação. Assumindo que a empresa esteja sujeita à alíquota de imposto de renda de 40%, calcule o *lucro por ação (LPA)* para os seguintes níveis de LAJIR:

a. $ 24.600

b. $ 30.600

c. $ 35.000

E13.12 Grau de alavancagem financeira. A estrutura de capital da Northwestern Savings & Loan consiste em $ 250.000 de títulos de dívida a 16% (juro anual) e 2.000 ações ordinárias. A empresa paga imposto de renda à alíquota de 40%.

a. Usando valores de LAJIR de $ 80.000 e $ 120.000, determine o *lucro por ação (LPA)* associado.

b. Usando como base um LAJIR de $ 80.000, calcule o *grau de alavancagem financeira (GAF)*.

c. Refaça os itens **a** e **b** supondo que a empresa tenha $ 100.000 de títulos de dívida a 16% (juro anual) e 3.000 ações ordinárias.

E13.13 Alavancagem financeira. Max Small fez um financiamento estudantil que requer pagamentos mensais de $ 1.000. Ele precisa comprar um carro novo para ir trabalhar e estima que essa compra acrescentará $ 350 por mês às obrigações existentes. Max terá $ 3.000 disponíveis após fazer frente a todas as despesas mensais de custeio (operacionais). Esse valor pode variar em mais ou menos 10%.

a. Para avaliar o impacto potencial do endividamento adicional sobre a alavancagem financeira de Max, calcule o *GAF*, em uma tabela, para os pagamentos atual e proposto, usando os $ 3.000 disponíveis como base e uma variação de 10%.

b. Max pode arcar com o pagamento adicional?

c. Max deveria assumir o pagamento adicional?

E13.14 GAF e representação gráfica de planos de financiamento. A Wells and Associates tem LAJIR de $ 67.500. Os juros são de $ 22.500 e a empresa tem 15.000 ações ordinárias em circulação. Suponha uma alíquota de imposto de renda de 40%.

a. Use a fórmula do grau de alavancagem financeira (GAF) para calcular o *GAF* da empresa.

b. Utilizando um conjunto de eixos LAJIR–LPA, trace em um gráfico o plano de financiamento da empresa.

c. Se a empresa tiver também 1.000 ações preferenciais pagando um dividendo anual de $ 6 por ação, qual será seu GAF?

d. Represente graficamente o plano de financiamento, incluindo as 1.000 ações preferenciais de $ 6 nos eixos do gráfico do item **b**.

e. Discuta sucintamente o gráfico dos dois planos de financiamento.

E13.15 Integrativo: diferentes medidas de alavancagem. A Play-More Toys produz bolas de praia infláveis e vende 400.000 unidades por ano. Cada bola produzida tem custo operacional variável de $ 0,84 e é vendida por $ 1. Os custos operacionais fixos são de $ 28.000. A empresa tem juros anuais de $ 6.000, dividendos preferenciais de $ 2.000 e alíquota de imposto de renda de 40%.

a. Calcule o *ponto de equilíbrio operacional* em unidades.

b. Use a fórmula do grau de alavancagem operacional (GAO) para calcular o *GAO*.

c. Use a fórmula do grau de alavancagem financeira (GAF) para calcular o *GAF*.

d. Use a fórmula do grau de alavancagem total (GAT) para calcular o *GAT*. Compare essa resposta com os resultados do GAO e do GAF calculados nos itens **b** e **c**.

E13.16 Integrativo: alavancagem e risco. A empresa R tem vendas de 100.000 unidades a $ 2 por unidade, custos operacionais variáveis de $ 1,70 por unidade e custos operacionais fixos de $ 6.000. Os juros são de $ 10.000 por ano. A empresa W tem vendas de 100.000 unidades a $ 2,50 por unidade, custos operacionais variáveis de $ 1 por unidade e custos operacionais fixos de $ 62.500. Os juros são de $ 17.500 por ano. Suponha que as duas empresas estejam na faixa de 40% de imposto de renda.

a. Calcule o grau de alavancagem operacional, financeira e total da empresa R.

b. Calcule o grau de alavancagem operacional, financeira e total da empresa W.

c. Compare os riscos relativos das duas empresas.

d. Discuta os princípios de alavancagem ilustrados por suas respostas.

E13.17 Integrativo: diferentes medidas de alavancagem e previsões. A Carolina Fastener Inc. produz um fecho patenteado para embarcações navais que é vendido no atacado por $ 6. Cada fecho tem custos operacionais variáveis de $ 3,50. Os custos operacionais fixos são de $ 50.000 por ano. A empresa paga $ 13.000 em juros e dividendos preferenciais de $ 7.000 por ano. Atualmente, a empresa vende 30.000 fechos por ano e a alíquota de imposto de renda é de 40%.

a. Calcule o *ponto de equilíbrio operacional* da empresa.

b. Com base nas vendas atuais da empresa de 30.000 unidades por ano e em seus encargos com juros e dividendos preferenciais, calcule o LAJIR e o lucro disponível aos acionistas ordinários da empresa.

c. Calcule o *grau de alavancagem operacional (GAO)* da empresa.

d. Calcule o *grau de alavancagem financeira (GAF)* da empresa.

e. Calcule o *grau de alavancagem total (GAT)* da empresa.

f. A empresa fechou um contrato para produzir e vender 15.000 fechos adicionais no próximo ano. Use o GAO, o GAF e o GAT para prever e calcular as variações do LAJIR e do lucro disponível aos acionistas ordinários da empresa. Verifique suas respostas por meio de um cálculo simples do LAJIR e do lucro disponível aos acionistas ordinários, usando as informações fornecidas.

E13.18 Estrutura de capital. Kirsten Neal está interessada em comprar uma casa nova, já que as taxas de hipoteca estão baixas. Seu banco tem regras específicas à respeito da capacidade dos solicitantes de honrar os pagamentos contratuais associados ao empréstimo solicitado. Kirsten deve fornecer dados financeiros pessoais à respeito de sua renda, despesas e pagamentos de empréstimos existentes. O banco então calcula determinados índices e os compara com valores predeterminados aceitáveis para decidir se concede o empréstimo solicitado. Os requisitos são os seguintes:

 Exercício de finanças pessoais

(1) Pagamentos mensais da hipoteca < 28% da renda mensal bruta (antes do imposto de renda).
(2) Total de pagamentos mensais (incluindo o pagamento da hipoteca) < 37% da renda mensal bruta (antes do imposto de renda).

Kirsten forneceu os seguintes dados financeiros pessoais:

Renda mensal bruta (antes do imposto de renda)	$ 4.500
Obrigações mensais de empréstimos	375
Hipoteca solicitada	150.000
Pagamentos mensais da hipoteca	1.100

a. Calcule o índice referente ao requisito 1.
b. Calcule o índice referente ao requisito 2.
c. Supondo que Kirsten tenha fundos suficientes para fazer o pagamento inicial e atender aos demais requisitos do banco, o empréstimo será concedido?

E13.19 Diversas estruturas de capital. Atualmente, a Charter Enterprises tem ativo total de $ 1 milhão e é financiada exclusivamente com capital próprio. A empresa está pensando em alterar sua estrutura de capital. Calcule o valor de capital de terceiros e de capital próprio para o caso de a empresa adotar cada um dos índices de endividamento a seguir: 10%, 20%, 30%, 40%, 50%, 60% e 90%. (*Observação:* o valor do ativo total não mudaria.) Existe um limite para o valor do índice de endividamento?

E13.20 Dívida e risco financeiro. A Tower Interiors preparou a previsão de vendas apresentada na tabela a seguir. Também incluiu a probabilidade de cada nível de vendas.

Vendas	Probabilidade
$ 200.000	0,20
300.000	0,60
400.000	0,20

A empresa tem custos operacionais fixos de $ 75.000 e custos operacionais variáveis iguais a 70% do nível de vendas. A empresa paga $ 12.000 em juros por período. A alíquota de imposto de renda é de 40%.

a. Calcule o lucro antes de juros e imposto de renda (LAJIR) para cada nível de vendas.
b. Calcule o lucro por ação (LPA) para cada nível de vendas, o LPA esperado, o desvio padrão do LPA e o coeficiente de variação do LPA, supondo que haja 10.000 ações ordinárias em circulação.

c. A Tower tem a oportunidade de reduzir sua alavancagem a zero e não pagar juros. Para isso, o número de ações em circulação deverá aumentar para 15.000. Resolva novamente o item **b** partindo dessa premissa.

d. Compare suas respostas nos itens **b** e **c** e comente o efeito da redução da dívida a zero sobre o risco financeiro da empresa.

E13.21 LPA e índice ótimo de endividamento. A Williams Glassware estimou, para diversos índices de endividamento, o lucro por ação esperado e o desvio padrão do lucro por ação, como mostra a tabela a seguir.

Índice de endividamento	Lucro por ação (LPA)	Desvio padrão do LPA
0%	$ 2,30	$ 1,15
20%	3,00	1,80
40%	3,50	2,80
60%	3,95	3,95
80%	3,80	5,53

a. Estime o *índice ótimo de endividamento* com base na relação entre lucro por ação e índice de endividamento. Você provavelmente achará útil representar a relação em um gráfico.

b. Represente graficamente a relação entre o *coeficiente de variação* e o índice de endividamento. Indique as áreas associadas ao risco econômico e ao risco financeiro.

E13.22 LAJIR–LPA e estrutura de capital. A Data-Check está analisando duas estruturas de capital. As principais informações são apresentadas na tabela a seguir. Suponha uma alíquota de imposto de renda de 40%.

Fonte de capital	Estrutura A	Estrutura B
Dívida de longo prazo	$ 100.000, com cupom de 16%	$ 200.000, com cupom de 17%
Ações ordinárias	4.000 ações	2.000 ações

a. Calcule duas *coordenadas de LAJIR–LPA* para cada estrutura, escolhendo dois valores quaisquer para o LAJIR e encontrando os valores de LPA associados.

b. Represente graficamente as duas estruturas de capital em um conjunto de eixos de LAJIR–LPA.

c. Indique em que faixa de LAJIR, se for o caso, cada estrutura é preferível.

d. Discuta os aspectos de alavancagem e risco de cada estrutura.

e. Se a empresa estiver razoavelmente certa de que seu LAJIR será superior a $ 75.000, qual estrutura você recomendaria? Por quê?

E13.23 LAJIR–LPA e ações preferenciais. A Litho-Print está analisando duas possíveis estruturas de capital, A e B, apresentadas na tabela a seguir. Suponha alíquota de imposto de renda de 40%.

Fonte de capital	Estrutura A	Estrutura B
Dívida de longo prazo	$ 75.000, com cupom de 16%	$ 50.000, com cupom de 15%
Ações preferenciais	$ 10.000, com dividendo anual de 18%	$ 15.000, com dividendo anual de 18%
Ações ordinárias	8.000 ações	10.000 ações

a. Calcule duas *coordenadas de LAJIR–LPA* para cada estrutura, escolhendo dois valores quaisquer para o LAJIR e encontrando os valores de LPA associados.

b. Represente graficamente as duas estruturas de capital no mesmo conjunto de eixos de LAJIR–LPA.

c. Discuta os aspectos de alavancagem e risco associado a cada uma das estruturas.

c. Em que faixa de LAJIR cada estrutura é preferível?

e. Qual estrutura você recomendaria, se a empresa esperasse que o LAJIR seja de $ 35.000? Explique.

E13.24 Integrativo: estrutura ótima de capital. A Medallion Cooling Systems Inc. tem ativo total de $ 10 milhões, LAJIR de $ 2 milhões, dividendos preferenciais de $ 200.000 e alíquota de imposto de renda de 40%. Para determinar a estrutura ótima de capital, a empresa coletou dados sobre o custo de capital de terceiros, o número de ações ordinárias para diversos níveis de endividamento e o retorno total exigido sobre o investimento:

Estrutura de capital Índice de endividamento	Custo de capital de terceiros, r_d	Número de ações ordinárias	Retorno exigido, r_s
0%	0%	200.000	12%
15%	8%	170.000	13%
30%	9%	140.000	14%
45%	12%	110.000	16%
60%	15%	80.000	20%

a. Calcule o *lucro por ação* para cada nível de endividamento.

b. Use a Equação 13.12 e o lucro por ação calculado no item **a** para calcular o *preço por ação* para cada nível de endividamento.

c. Escolha a estrutura ótima de capital. Justifique a sua escolha.

E13.25 Integrativo: estrutura ótima de capital. A Nelson Corporation elaborou a previsão de vendas a seguir, e incluiu as respectivas probabilidades de ocorrência.

Vendas	Probabilidade
$ 200.000	0,20
300.000	0,60
400.000	0,20

A empresa tem custos operacionais fixos de $ 100.000 por ano e os custos operacionais variáveis representam 40% das vendas. A estrutura de capital existente é composta de 25.000 ações ordinárias com um valor contábil de $ 10 por ação. Não há outros itens de capital em circulação. O mercado atribuiu os seguintes retornos exigidos por risco do lucro por ação.

Coeficiente de variação do LPA	Retorno exigido estimado, r_s
0,43	15%
0,47	16%
0,51	17%
0,56	18%
0,60	22%
0,64	24%

A empresa está pensando em *alterar sua estrutura de capital*, substituindo as ações ordinárias por dívida. Os três índices de endividamento em consideração são apresentados na tabela a seguir, juntamente com uma estimativa, para cada índice, da taxa de juros exigida sobre toda *a dívida*.

Índice de endividamento	Taxa de juros sobre toda a dívida
20%	10%
40%	12%
60%	14%

A alíquota de imposto de renda é de 40%. O valor de mercado do capital próprio de uma empresa alavancada pode ser calculado por meio do método simplificado (veja a Equação 13.12).

a. Calcule o lucro por ação (LPA) esperado, o desvio padrão do LPA e o coeficiente de variação do LPA para as três estruturas de capital propostas.

b. Determine a *estrutura ótima de capital*, supondo (1) maximização do lucro por ação e (2) maximização do valor da ação.

c. Construa um gráfico (semelhante ao gráfico da Figura 13.7) mostrando as relações do item **b**. (*Observação:* as linhas provavelmente terão que ser esboçadas, pois só existem dados para três pontos.)

E13.26 Integrativo: estrutura ótima de capital. O conselho de administração da Morales Publishing Inc. encomendou uma análise da estrutura de capital. A empresa tem ativo total de $ 40 milhões. Seu lucro antes de juros e imposto de renda é de $ 8 milhões e a alíquota de imposto de renda é de 40%.

a. Crie uma planilha como a da Tabela 13.10, mostrando os valores do capital de terceiros e do capital próprio bem como o número total de ações, supondo valor contábil de $ 25 por ação.

Capital de terceiros (%)	Ativo total	Capital de terceiros ($)	Capital próprio ($)	Número de ações a $ 25
0%	$ 40.000.000	$_____	$_____	_____
10%	40.000.000	_____	_____	_____
20%	40.000.000	_____	_____	_____
30%	40.000.000	_____	_____	_____
40%	40.000.000	_____	_____	_____
50%	40.000.000	_____	_____	_____
60%	40.000.000	_____	_____	_____

b. Dado o custo de capital de terceiros antes do imposto de renda para diversos níveis de endividamento, calcule as despesas de juros anuais.

Capital de terceiros (%)	Total do capital de terceiros ($)	Custo de capital de terceiros antes do imposto de renda, r_d	Despesas de juros ($)
0%	$_____	0,0%	$_____
10%	_____	7,5%	_____
20%	_____	8,0%	_____
30%	_____	9,0%	_____
40%	_____	11,0%	_____
50%	_____	12,5%	_____
60%	_____	15,5%	_____

c. Usando LAJIR de $ 8.000.000 milhões, alíquota de imposto de renda de 40% e as informações desenvolvidas nos itens **a** e **b**, calcule o lucro por ação mais provável para a empresa nos diversos níveis de endividamento. Indique o nível de endividamento que maximiza o LPA.

Capital de terceiros (%)	Lucro antes de juros e imposto de renda (LAJIR)	Despesas de juros	Lucro antes do imposto de renda	Imposto de renda	Lucro líquido	Número de ações	Lucro por ação (LPA)
0%	$ 8.000.000	$_____	$_____	$_____	$_____	_____	$_____
10%	8.000.000	_____	_____	_____	_____	_____	_____
20%	8.000.000	_____	_____	_____	_____	_____	_____
30%	8.000.000	_____	_____	_____	_____	_____	_____
40%	8.000.000	_____	_____	_____	_____	_____	_____
50%	8.000.000	_____	_____	_____	_____	_____	_____
60%	8.000.000	_____	_____	_____	_____	_____	_____

d. Usando os LPAs calculados no item **c**, as estimativas de retorno exigido, r_s, e a Equação 13.12, estime o valor por ação em diferentes níveis de endividamento. Indique, na tabela a seguir, o nível de endividamento que resulta no preço máximo por ação, P_0.

Capital de terceiros	LPA	r_s	P_0
0%	$_____	10,0%	$_____
10%	_____	10,3%	_____
20%	_____	10,9%	_____
30%	_____	11,4%	_____
40%	_____	12,6%	_____
50%	_____	14,8%	_____
60%	_____	17,5%	_____

e. Faça uma recomendação ao conselho de administração da Morales Publishing especificando em que grau de endividamento o objetivo da empresa de otimizar a riqueza dos acionistas será atingido. Use as respostas nos itens de **a** a **d** para justificar sua recomendação.

E13.27 Integrativo: estrutura ótima de capital. A Country Textiles, que tem custo operacional fixo de $ 300.000 e custos operacionais variáveis iguais a 40% das vendas, elaborou as três estimativas de vendas a seguir, com as respectivas probabilidades.

Vendas	Probabilidade
$ 600.000	0,30
900.000	0,40
1.200.000	0,30

A empresa quer analisar cinco possíveis estruturas de capital, com índices de endividamento de 0%, 15%, 30%, 45% e 60%. Supõe-se constante o ativo total da empresa de $ 1 milhão. Suas ações ordinárias têm valor contábil de $ 25 por ação e a alíquota de imposto de renda é de 40%. Os dados adicionais a seguir foram coletados para a análise das cinco estruturas de capital.

Estrutura de capital Índice de endividamento	Custo de capital de terceiros antes do imposto de renda, r_d	Retorno exigido, r_s
0%	0,0%	10,0%
15%	8,0%	10,5%
30%	10,0%	11,6%
45%	13,0%	14,0%
60%	17,0%	20,0%

a. Calcule o nível de LAJIR associado a cada um dos três níveis de vendas.

b. Calcule o valor do capital de terceiros, o valor do capital próprio e o número de ações ordinárias em circulação para cada uma das cinco estruturas de capital em análise.

c. Calcule o juro anual sobre a dívida em cada uma das cinco estruturas de capital em análise. (*Observação:* o custo de capital de terceiros antes do imposto de renda, r_d, é a taxa de juros aplicável ao total da dívida, associada ao índice de endividamento correspondente.)

d. Calcule o LPA associado a cada um dos três níveis de LAJIR calculados no item **a** para cada uma das cinco estruturas de capital em análise.

e. Calcule (1) o LPA esperado, (2) o desvio padrão do LPA e (3) o coeficiente de variação do LPA para cada uma das cinco estruturas de capital, usando suas respostas no item **d**.

f. Trace em um gráfico o LPA esperado e o coeficiente de variação do LPA em relação à estrutura de capital (eixo *x*) em conjuntos de eixos separados e comente sobre o retorno e o risco relativos à estrutura de capital.

g. Usando os dados de LAJIR–LPA desenvolvidos no item **d**, represente graficamente as estruturas de capital de 0%, 30% e 60% em um mesmo conjunto de eixos de LAJIR-LPA e discuta as faixas em que cada estrutura é preferível. Qual é o maior problema dessa abordagem?

h. Usando o modelo de avaliação dado na Equação 13.12 e as respostas no item **e**, estime o valor da ação para cada uma das estruturas de capital em análise.

i. Compare e contraste suas respostas nos itens **f** e **h**. Qual estrutura é preferível, se o objetivo for *maximizar o LPA*? Qual estrutura é preferível se o objetivo for *maximizar o valor da ação*? Qual estrutura de capital você recomendaria? Explique.

E13.28 Problema de ética. "A assimetria de informação está no cerne do dilema ético que gestores, acionistas e detentores de títulos enfrentam quando as empresas são adquiridas por parte de seus administradores (*management buyout*) ou trocam capital próprio por capital de terceiros". Comente essa declaração. Que medidas um conselho de administração pode tomar para garantir que os atos da empresa sejam éticos frente a todas as partes?

Exercício com planilha

A Starstruck Company quer determinar sua estrutura ótima de capital. Vários de seus administradores acreditam que o melhor método é basear-se no lucro por ação (LPA) estimado da empresa, pois acreditam que lucro e preço da ação estão intimamente relacionados. Os administradores financeiros sugeriram outro método que utiliza os retornos exigidos estimados para obter o valor da ação da empresa. Os dados financeiros a seguir estão disponíveis.

Estrutura de capital Índice de endividamento	LPA estimado	Retorno exigido estimado
0%	$ 1,75	11,40%
10%	1,90	11,80%
20%	2,25	12,50%
30%	2,55	13,25%
40%	3,18	18,00%
50%	3,06	19,00%
60%	3,10	25,00%

TAREFA

a. Com base nos dados financeiros apresentados, crie uma planilha para calcular os valores estimados da ação associados às sete estruturas de capital alternativas. Consulte a Tabela 13.15.

b. Use o Excel para representar graficamente a relação entre a estrutura de capital e o LPA estimado da empresa. Qual é o índice ótimo de endividamento? Consulte a Figura 13.7.

c. Use o Excel para representar graficamente a relação entre a estrutura de capital e o valor estimado da ação da empresa. Qual é o índice ótimo de endividamento? Consulte a Figura 13.7.

d. Os dois métodos levam à mesma *estrutura ótima de capital*? Qual método você prefere? Explique.

e. Qual é a principal diferença entre o método do LPA e o método do valor da ação?

Capítulo 14

Política de dividendos

Objetivos de aprendizagem

OA 1 Entender os procedimentos de pagamento de dividendos, seu tratamento fiscal e o papel dos planos de reinvestimento de dividendos.

OA 2 Descrever a teoria residual dos dividendos e os principais argumentos referentes à irrelevância ou relevância dos dividendos.

OA 3 Discutir os principais fatores envolvidos no estabelecimento de uma política de dividendos.

OA 4 Rever e avaliar os três tipos básicos de política de dividendos.

OA 5 Avaliar os dividendos pagos em ações dos pontos de vista contábil, do acionista e da empresa.

OA 6 Explicar o que são desdobramentos de ações e a motivação da empresa para realizá-los.

▶ Por que este capítulo é importante para você?

Na sua vida PROFISSIONAL

CONTABILIDADE Para conhecer os tipos de dividendos e seus procedimentos de pagamento, de modo a ser capaz de registrar e reportar o anúncio e o pagamento de dividendos, além de fornecer os dados financeiros de que a administração necessita para tomar decisões relativas aos dividendos.

SISTEMAS DE INFORMAÇÃO Para saber os tipos de dividendos, os procedimentos de pagamento e os dados financeiros de que a empresa precisa para tomar e implementar decisões relativas aos dividendos.

GESTÃO Para compreender os tipos de dividendos, os argumentos sobre sua relevância ou irrelevância, os tipos de políticas de dividendos e os fatores que afetam estas, a fim de tomar decisões adequadas para a empresa.

MARKETING Para entender os fatores que afetam a política de dividendos, de modo que consiga argumentar que seria melhor para a empresa reter fundos para serem utilizados em novos programas de marketing ou produtos, em vez de pagar dividendos.

OPERAÇÕES Para entender os fatores que afetam a política de dividendos e constatar que ela impõe limitações a projetos de expansão, substituição ou renovação.

Na sua vida PESSOAL

Muitos investidores individuais compram ações ordinárias tendo em vista receber os dividendos esperados. Do ponto de vista de finanças pessoais, você deve entender por que e como as empresas pagam dividendos, bem como as implicações informativas e financeiras desse recebimento. Essa compreensão o ajudará a escolher ações ordinárias com padrões de pagamento de dividendos que vão de acordo com seus objetivos financeiros de longo prazo.

Whirlpool Corporation

Dividendos em alta

Em outro sinal de recuperação da economia, a Whirlpool Corporation, fabricante mundial de eletrodomésticos, anunciou que aumentaria o dividendo trimestral pago a seus acionistas em 25%, chegando a US$ 0,625 por ação, em relação aos US$ 0,50 do trimestre anterior. Jeff Fettig, CEO da Whirlpool, explicou: "Nossas atividades apresentaram boa situação financeira, o que nos permite melhorar o retorno aos acionistas por meio de um aumento de dividendos. Esse aumento dos dividendos ressalta nossa confiança de que nossa estratégia de crescimento e inovação de longo prazo continuará a criar valor para nossos acionistas". Os mercados reagiram a essa notícia aumentando o preço da ação da Whirlpool em 3,2%.

Por que a Whirlpool paga dividendos? O comunicado de Fettig à imprensa sugere duas possibilidades. Uma delas é que, ao pagar dividendos, a empresa pode "melhorar os retornos" aos acionistas. Em outras palavras, a Whirlpool acredita que os retornos aos acionistas serão mais altos se a empresa pagar dividendo (e aumentá-lo) do que se a empresa não pagar dividendo. Pode parecer lógico, mas considere que, quando uma empresa paga dividendo, ela simplesmente saca dinheiro de sua conta bancária e coloca esse dinheiro nas mãos dos acionistas. Provavelmente, depois de pagar dividendo, o preço da ação refletirá o fato de a empresa já não possuir tanto dinheiro como antes do pagamento do dividendo. Em outras palavras, pagar dividendo pode significar simplesmente passar dinheiro de um bolso (da empresa) para outro (do acionista).

Outra razão para a Whirlpool pagar dividendo é revelada na segunda parte da declaração de Fettig. A Whirlpool aumentou seu dividendo para "ressaltar nossa confiança". Em outras palavras, os executivos da Whirlpool estão dizendo ao mercado que a situação financeira da empresa é forte o suficiente e suas perspectivas são excelentes a ponto de os gestores estarem confiantes de que podem aumentar os dividendos em 25% e ainda assim administrar a empresa de forma eficaz. Na verdade, a história da Whirlpool sugere que seus administradores são cautelosos ao aumentar dividendos. De 1995 a 2013, a Whirlpool aumentou seus dividendos em apenas três ocasiões. Compare isso com o histórico de dividendos da Emerson Electric Co., uma empresa que, até 2013, aumentou seu dividendo por 54 anos consecutivos. Portanto, fica evidente que Emerson e Whirlpool adotam políticas diferentes no que diz respeito ao aumento de dividendo.

14.1 Fundamentos da política de dividendos

política de dividendos
Decisões que uma empresa toma sobre a distribuição de caixa aos acionistas, quanto dinheiro distribuir e os meios pelos quais o dinheiro deve ser distribuído.

O termo **política de dividendos** diz respeito às decisões que uma empresa toma com relação à distribuição de caixa aos acionistas, quanto dinheiro distribuir e os meios pelos quais o dinheiro deve ser distribuído. Embora essas decisões sejam provavelmente menos importantes do que as decisões de investimento que vimos nos capítulos 10, 11 e 12 e as decisões de financiamento que discutimos no Capítulo 13, não deixam de ser decisões que os administradores e o conselho de administração precisam tomar regularmente. Os investidores monitoram com atenção as políticas de dividendos da empresa, e alterações inesperadas dessas políticas podem ter efeitos significativos nos preços da ação da empresa. A história recente da Whirlpool Corporation, descrita sucintamente na abertura deste capítulo, demonstra muitas das importantes dimensões da política de dividendos.

ELEMENTOS DA POLÍTICA DE DIVIDENDOS

Os dividendos não são o único meio pelo qual as empresas podem distribuir dinheiro aos acionistas. As empresas também podem readquirir ações, comprando algumas de suas ações ordinárias em circulação no mercado aberto. A Whirlpool Corporation, como muitas outras empresas, usa os dois métodos para colocar dinheiro nas mãos de seus acionistas. Além de aumentar o pagamento de dividendos, a Whirlpool retomou também, em 2013, seu programa de recompra de ações, que tinha sido interrompido durante a recessão econômica. No momento da retomada do programa de recompra de ações, o fluxo de caixa livre da empresa estava entre US$ 600 milhões e US$ 650 milhões, com expectativas de aumentar para algo entre US$ 650 milhões e US$ 700 milhões. Jeff Fettig, o CEO da Whirlpool, declarou que "as vendas aumentaram em todas as regiões do mundo" e como a empresa continuou expandindo suas margens e executando sua "estratégia de crescimento de longo prazo [...] [a empresa] continuaria a promover práticas voltadas a criar valor [...] aos acionistas."

Se generalizarmos as lições sobre a política de dividendos, podemos esperar que as afirmações a seguir sejam verdadeiras:

1. Empresas em rápido crescimento geralmente não pagam dividendos aos acionistas.
2. Crescimento lento, geração de fluxo de caixa positivo e condições fiscais favoráveis podem levar as empresas a pagar dividendos aos investidores. A estrutura de propriedade da empresa também pode ser um fator importante na decisão de distribuir dividendos.
3. Os pagamentos em dinheiro podem ser feitos por meio de dividendos ou recompra de ações. Muitas empresas utilizam os dois métodos. Em certos anos, mais dinheiro é distribuído por meio de pagamentos de dividendos, mas às vezes as recompras de ações são mais vultosas do que a primeira opção.
4. Quando a economia está fraca, as empresas são mais propensas a reduzir a recompra de ações do que cortar os dividendos.

TENDÊNCIAS DE LUCROS E DIVIDENDOS

A Figura 14.1 ilustra as duas tendências de longo prazo e os movimentos cíclicos de lucros e dividendos pagos por grandes empresas norte-americanas que compõem o Índice Standard & Poor's 500. A figura apresenta lucros mensais e pagamentos de dividendos de 1950 até o primeiro trimestre de 2012. A linha de cima representa o lucro por ação do índice S&P 500 e a linha de baixo representa os dividendos por ação. As barras verticais destacam dez períodos durante os quais a economia dos Estados Unidos estava em recessão. Várias lições importantes podem ser obtidas a partir dessa figura. Em primeiro lugar, observe que, no longo prazo, as linhas de lucro e dividendos tendem a mover-se juntas. A Figura 14.1 usa uma escala logarítmica, de modo que a inclinação de cada linha representa a taxa de crescimento de lucro ou dividendos. Ao longo dos 60 anos abordados, as duas linhas tendem a ter a mesma inclinação, o que significa que lucros e dividendos crescem aproximadamente na mesma taxa quando se toma uma perspectiva de longo prazo. E isso faz todo o sentido: as empresas pagam os dividendos dos lucros, de modo que, para que os dividendos cresçam no longo prazo, os lucros também devem crescer.

Em segundo lugar, a série de lucros é muito mais volátil do que a série de dividendos. Isto é, a linha de lucro por ação é bastante irregular, ao passo que a linha de dividendos é muito mais regular, o que sugere que as empresas não ajustam seus pagamentos de dividendos a cada variação dos lucros. Em vez disso, as empresas tendem a suavizar os dividendos, aumentando-os discretamente quando os lucros estão crescendo rapidamente e mantendo seus pagamentos — em vez de cortá-los — quando os lucros diminuem.

Para observar essa segunda lição, analise as barras verticais da Figura 14.1. É evidente que durante períodos de recessão, os lucros da empresa costumam diminuir, mas os dividendos não diminuem ou, ao menos, não diminuem tanto quanto os lucros. Em seis das últimas dez recessões, os dividendos estavam mais altos no fim da recessão do que quando ela começou, embora as duas últimas recessões tenham sido exceções a esse padrão. Observe também que, logo após o fim de uma recessão, os lucros costumam aumentar rapidamente. Os dividendos aumentam também, mas não tão rápido.

A terceira lição da Figura 14.1 é que o efeito da recessão mais recente sobre os lucros e dividendos das empresas foi grande para os padrões históricos. Um enorme declínio dos lucros ocorreu de 2007 a 2009. Esse declínio forçou as empresas a reduzir os dividendos de forma mais drástica do que fizeram anteriormente. No entanto, a queda dos dividendos foi pequena em comparação com a queda dos lucros.

Figura 14.1 Lucro por ação e dividendos do índice S&P 500

Valor mensal em dólares de lucro e dividendos por ação do índice S&P 500 de 1950 até o primeiro trimestre de 2012 (a figura usa uma escala logarítmica no eixo vertical).

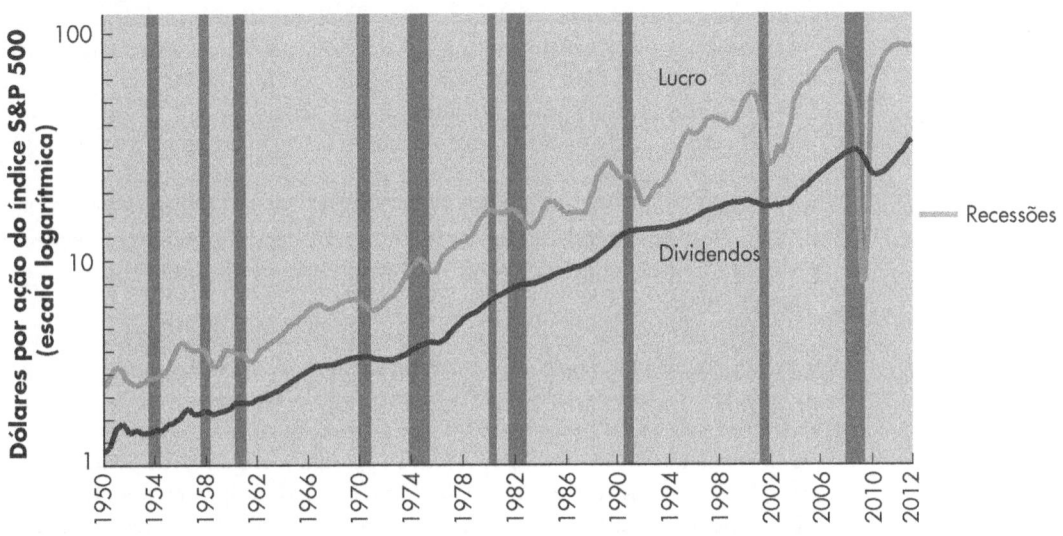

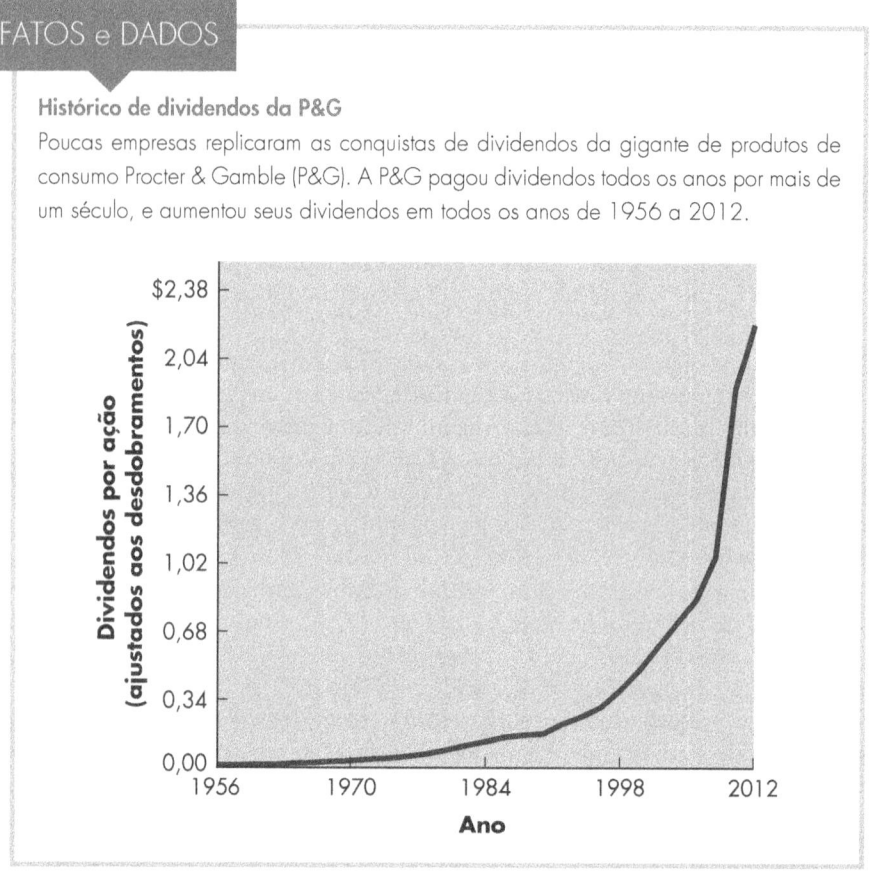

FATOS e DADOS

Histórico de dividendos da P&G

Poucas empresas replicaram as conquistas de dividendos da gigante de produtos de consumo Procter & Gamble (P&G). A P&G pagou dividendos todos os anos por mais de um século, e aumentou seus dividendos em todos os anos de 1956 a 2012.

TENDÊNCIAS DE DIVIDENDOS E RECOMPRA DE AÇÕES

Quando as empresas querem distribuir dinheiro aos acionistas, podem pagar dividendos ou recomprar ações em circulação. A Figura 14.2 mostra dividendos agregados e recompra de ações de 1971 a 2011 de todas as empresas norte-americanas listadas em bolsas de valores dos Estados Unidos (novamente, a figura usa uma escala logarítmica no eixo vertical). Uma rápida análise da figura revela que a recompra de ações teve um papel relativamente menor nas práticas de pagamento das empresas na década de 1970. Em 1971, por exemplo, os dividendos agregados totalizaram US$ 21 bilhões e a recompra de ações foi de apenas US$ 1,1 bilhão. Na década de 1980, a recompra de ações começou a crescer rapidamente e voltou a diminuir no início dos anos 1990. O valor de recompra de ações agregada superou pela primeira vez o pagamento total de dividendos em 1998. Naquele ano, as empresas pagaram US$ 175 bilhões em dividendos e recompraram US$ 185 bilhões em ações. A recompra de ações continuou a superar os dividendos, exceto em três dos 13 anos subsequentes, atingindo US$ 677 bilhões em 2007.

Considerando que os dividendos agregados aumentam suavemente ao longo do tempo, a Figura 14.2 mostra que a recompra de ações apresenta muito mais volatilidade. As maiores quedas na atividade de recompra ocorreram em 1974–1975, 1981, 1986, 1989–1991, 2000–2002 e 2008–2010. Todas essas quedas correspondem a períodos em que a economia norte-americana estava mergulhada em uma recessão ou simplesmente emergia de uma. Durante a maior parte desses períodos, os dividendos continuaram a crescer modestamente. A recompra de ações e os dividendos caíram somente durante a recente e grave recessão.

Figura 14.2 — Dividendos e recompras agregados de todas as empresas norte-americanas listadas

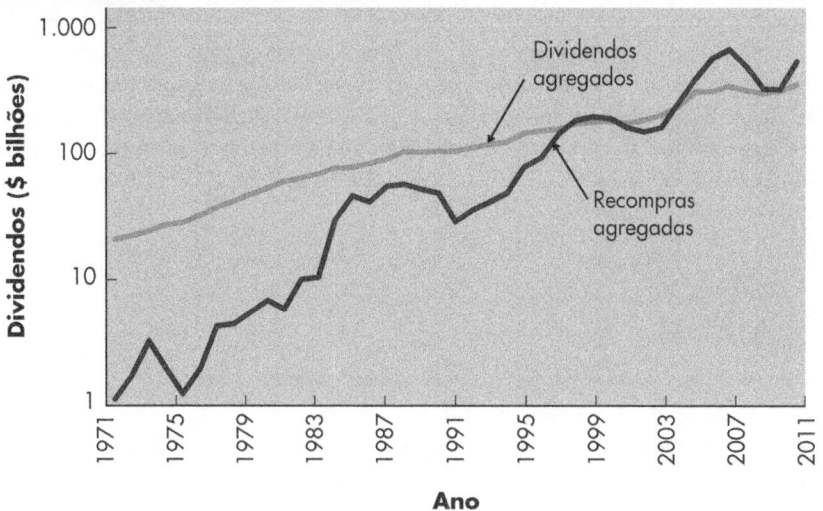

Montante agregado em dólares de dividendos e recompra de ações de todas as empresas norte-americanas listadas em bolsas de valores dos Estados Unidos de 1971 a 2011 (a figura usa uma escala logarítmica no eixo vertical).

Foco na ÉTICA

As recompras são mesmo um bom negócio?

na prática Quando a CBS anunciou em março de 2007 que recompraria US$ 1,4 bilhão de ações, o preço de sua ação, que estava em queda, teve o maior aumento desde que a gigante da mídia se separou da Viacom em 2005. O salto de 4,5% pode ter sido um bom presságio — pelo menos, mostrou o quanto os acionistas gostam de recomprar.

As empresas estão devorando suas próprias ações mais rápido do que nunca em um mundo de capital barato e balanços patrimoniais inchados. Desde 2003, o mercado de recompra de ações cresceu, com números quase iguais aos de investimentos em bens de capital. Alguns, no entanto, questionaram os movimentos e os motivos que levaram a uma grande recompra.

Além de simplesmente devolver dinheiro aos acionistas, muitas empresas também recompram porque acreditam que sua ação está subavaliada. Novas pesquisas, entretanto, mostram que as empresas costumam usar relatórios financeiros criativos para derrubar o lucro antes da recompra, fazendo com que a ação pareça subavaliada e levando seu preço a subir após a recompra. Isso agrada aos investidores que, em seguida, ampliam o efeito, empurrando o preço ainda mais para cima.

"Administradores que agem de forma oportunista podem usar seu poder discricionário para reduzir o preço de recompra, deflacionando temporariamente os lucros", argumentam Guojin Gong, Henock Louis e Amy Sun da Faculdade de Administração Smeal da Universidade Estadual da Pensilvânia. Analisando dados de 1.720 empresas, os autores afirmam que as empresas podem facilmente criar uma queda aparente, adiantando ou retardando o reconhecimento de despesas, alterando a forma de contabilizar estoques ou revisando as estimativas de dívidas incobráveis, todos métodos clássicos para tornar os números piores sem quebrar as regras contábeis.

A penalidade por ser pego gerenciando deliberadamente os lucros antes de uma recompra pode ser grave. Com os diversos escândalos contábeis que surgiram no início dos anos 2000, os executivos, sem dúvida, deveriam se preocupar com a deflação dos lucros apenas para impulsionar a recompra. Ainda assim, Louis acredita que é isso o que alguns estão fazendo. "Não acho que o que eles estão fazendo seja ilegal", diz ele. "Mas estão enganando seus investidores".

- *Você concorda com a afirmação de que os administradores manipulariam o valor de suas ações antes de uma recompra, ou você acredita que as empresas são mais propensas a iniciar um processo de recompra para aumentar o valor aos acionistas?*

Com base nas lições das figuras 14.1 e 14.2, podemos tirar três grandes conclusões sobre as políticas de dividendos das empresas. Em primeiro lugar, as empresas apresentam forte desejo de manter um crescimento modesto e estável dos dividendos, o que de certa forma é consistente com o crescimento dos lucros no longo prazo. Em segundo lugar, a recompra de ações representa uma parcela crescente dos pagamentos totais em dinheiro ao longo do tempo. Em terceiro lugar, quando os lucros flutuam, as empresas ajustam seus pagamentos de curto prazo principalmente ajustando a recompra de ações (em vez de dividendos), reduzindo a recompra durante as recessões e aumentando-as rapidamente durante as expansões econômicas.

> **FATOS e DADOS**
>
> **Recompra de ações ganha popularidade no mundo todo**
>
> A importância crescente da recompra de ações na política de dividendos das empresas não se limita aos Estados Unidos. Na maior parte das maiores economias do mundo, a recompra tem aumentado nos últimos anos, superando os pagamentos de dividendos, pelo menos algumas vezes, em países tão diversos quanto Bélgica, Dinamarca, Finlândia, Hungria, Irlanda, Japão, Holanda, Coreia do Sul e Suíça. Um estudo da política de dividendos em empresas de 25 países diferentes constatou que a recompra de ações aumentou a uma taxa anual de 19% entre 1999 e 2008.

→ QUESTÕES PARA REVISÃO

14.1 Quais são as duas maneiras pelas quais as empresas podem distribuir dinheiro a seus acionistas?

14.2 Por que empresas de crescimento rápido em geral não pagam dividendos?

14.3 A taxa de distribuição de dividendos é igual a dividendos pagos dividido pelo lucro. Como você esperaria que esse índice se comportasse durante uma recessão? E durante um período de crescimento econômico?

14.2 Mecanismos da política de dividendos

Em reuniões trimestrais ou semestrais, o conselho de administração de uma empresa decide se e em que montante pagará dividendos em dinheiro. Se a empresa já estabeleceu um precedente de pagamento de dividendos, o conselho de administração geralmente precisa decidir se mantém ou aumenta o dividendo, e essa decisão se baseia principalmente no desempenho recente da empresa e em sua capacidade de gerar fluxo de caixa no futuro. Os conselhos de administração raramente reduzem os dividendos, a não ser que acreditem que a capacidade da empresa de gerar caixa esteja comprometida. A Figura 14.3 apresenta o número de empresas industriais norte-americanas de capital aberto que aumentaram, reduziram ou mantiveram seu pagamento de dividendos em cada ano de 1999 a 2011. Evidentemente, o número de empresas que aumentaram seus dividendos é muito maior que o de empresas que os reduziram, na maioria dos anos. Quando a economia está em alta, como de 2003 a 2006, a proporção de empresas industriais que aumentaram os dividendos em relação às que reduziram pode ser de 10 para 1 ou superior. No entanto, um indicativo da gravidade da recessão mais recente foi que, em 2009, essa proporção era de apenas 1,5 para 1. Naquele ano, 401 empresas industriais norte-americanas de capital aberto aumentaram seus dividendos, enquanto 266 diminuíram.

Figura 14.3 — Empresas industriais norte-americanas de capital aberto que aumentaram, reduziram ou mantiveram dividendos

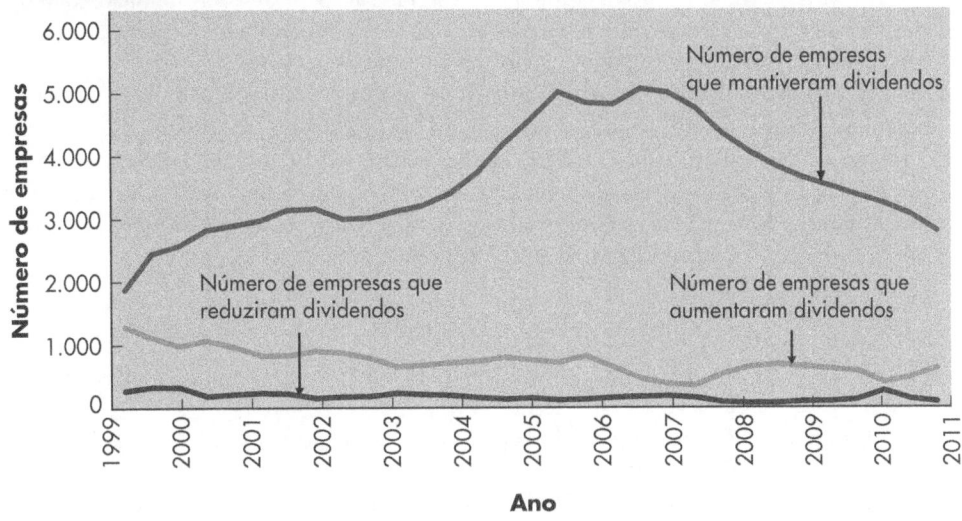

Número de empresas industriais norte-americanas de capital aberto que aumentaram, reduziram ou mantiveram o pagamento de dividendos no período de 1999 a 2011.

A Figura 14.3 mostra claramente que as empresas preferem aumentar em vez de diminuir os dividendos, mas o que é mais evidente é que, entre as três possibilidades, elas preferem manter os níveis estabelecidos de dividendos. Na média anual, 79% das empresas industriais norte-americanas optaram por manter a distribuição de dividendos do ano anterior, e 96% evitaram reduzir seus dividendos. Embora algumas empresas optem por aumentar o pagamento de dividendos, o objetivo principal de quase todas as empresas é fazer o que for necessário para evitar o corte de dividendos.

PROCEDIMENTOS DE PAGAMENTO DE DIVIDENDOS EM DINHEIRO

Quando os membros do conselho de uma empresa anunciam um dividendo, eles emitem uma declaração indicando o valor do dividendo e definindo três datas importantes: a *data de registro*, a *data ex-dividendo* e a *data de pagamento*. Todas as pessoas cujos nomes estão registrados como acionistas na **data de registro** recebem o dividendo. Esses acionistas costumam ser chamados de *titulares registrados*.

Em razão do tempo necessário para fazer os registros contábeis quando uma ação é negociada, ela começa a ser vendida **ex-dividendo** *dois dias úteis* antes da data de registro. Os compradores de uma ação vendida ex-dividendo não recebem o dividendo corrente. Uma maneira simples de determinar o primeiro dia em que a ação é vendida ex-dividendo é subtrair dois dias úteis da data de registro.

A **data de pagamento** é a data efetiva em que a empresa envia o pagamento de dividendo aos titulares registrados. Geralmente, algumas semanas após a data de registro. O Exemplo 14.1 deve esclarecer as diversas datas e os efeitos contábeis.

PROCEDIMENTOS DE RECOMPRA DE AÇÕES

A mecânica dos pagamentos de dividendos em dinheiro é praticamente a mesma para cada dividendo pago por cada empresa de capital aberto. No caso da recompra de ações, as empresas podem usar pelo menos dois métodos diferentes para colocar dinheiro nas mãos dos acionistas. O método mais comum é chamado de **recompra de ações no mercado aberto**. Como o próprio nome sugere, ao fazer uso desse método, as empresas simplesmente compram de volta algumas de suas ações em circulação no

data de registro (dividendos)
Definida pelos membros do conselho da empresa, é a data em que todas as pessoas cujos nomes estão registrados como acionistas recebem o dividendo declarado.

ex-dividendo
Período que se inicia *dois dias úteis* antes da data de registro, durante o qual uma ação é vendida sem o direito de receber o dividendo corrente.

data de pagamento
Definida pelos membros do conselho da empresa, é a data efetiva em que a empresa envia o pagamento de dividendos aos titulares registrados.

recompra de ações no mercado aberto
Um programa de recompra de ações em que as empresas simplesmente compram de volta algumas de suas ações em circulação no mercado aberto.

Exemplo 14.1

Em 21 de agosto de 2013, o conselho de administração da Best Buy anunciou que o próximo dividendo trimestral em dinheiro da empresa seria de US$ 0,17 por ação, a ser pago em 1 de outubro de 2013 aos acionistas registrados na terça-feira, 10 de setembro de 2013. As ações da Best Buy começariam a ser negociadas ex-dividendo na sexta-feira anterior, 6 de setembro. No momento do anúncio, a Best Buy tinha 340.967.179 ações ordinárias em circulação, de modo que o pagamento total de dividendos seria de US$ 57.964.420. A Figura 14.4 mostra uma linha do tempo com as principais datas relativas ao dividendo da Best Buy. Antes do anúncio do dividendo, as principais contas da empresa eram as seguintes (valores em milhares de dólares):[1]

Caixa	US$ 680.000	Dividendos a pagar	US$ 0
		Lucros retidos	3.395.000

Quando o dividendo foi anunciado pelo conselho de administração, quase US$ 58 milhões de lucros retidos (US$ 0,17 por ação 341 milhões de ações) foram transferidos para a conta dividendos a pagar. Com isso, as principais contas ficaram como se segue:

Caixa	US$ 680.000	Dividendos a pagar	US$ 57.964
		Lucros retidos	3.337.036

Quando a Best Buy efetivamente pagou o dividendo em 26 de outubro, isso levou aos seguintes saldos das principais contas da empresa:

Caixa	US$ 622.036	Dividendos a pagar	US$ 0
		Lucros retidos	3.337.036

O efeito líquido do anúncio e pagamento do dividendo foi a redução do ativo total da empresa (e do patrimônio líquido) em quase US$ 58 milhões.

Figura 14.4 Linha do tempo de pagamento de dividendo

Linha do tempo do anúncio e pagamento de dividendo em dinheiro da Best Buy.

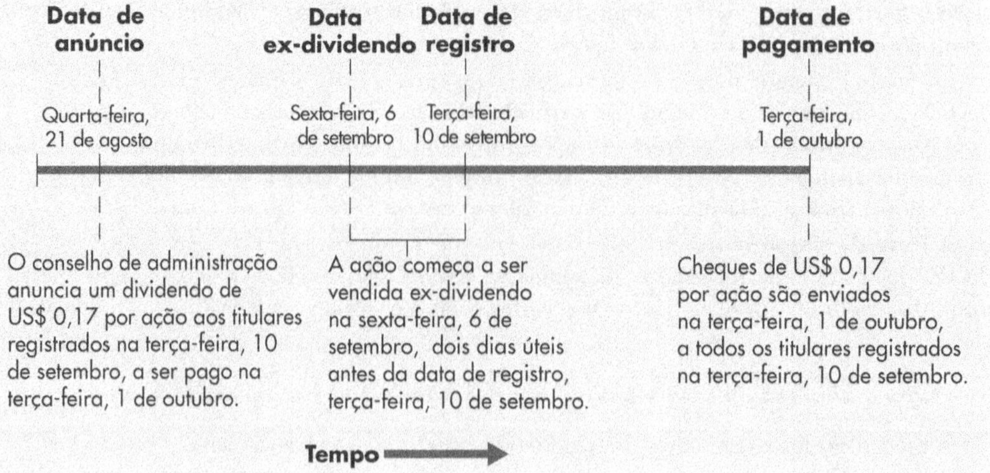

Data de anúncio — Quarta-feira, 21 de agosto
O conselho de administração anuncia um dividendo de US$ 0,17 por ação aos titulares registrados na terça-feira, 10 de setembro, a ser pago na terça-feira, 1 de outubro.

Data ex-dividendo — Sexta-feira, 6 de setembro
A ação começa a ser vendida ex-dividendo na sexta-feira, 6 de setembro, dois dias úteis antes da data de registro, terça-feira, 10 de setembro.

Data de registro — Terça-feira, 10 de setembro

Data de pagamento — Terça-feira, 1 de outubro
Cheques de US$ 0,17 por ação são enviados na terça-feira, 1 de outubro, a todos os titulares registrados na terça-feira, 10 de setembro.

Tempo ⟶

---

[1] As transações contábeis descritas aqui refletem apenas os efeitos dos dividendos. As demonstrações financeiras reais da Best Buy durante esse período naturalmente refletem muitas outras transações.

mercado aberto. As empresas têm mais liberdade para tomar decisões quanto ao momento e a maneira como executam essas compras no mercado aberto. Algumas empresas fazem compras em montantes fixos em intervalos regulares, enquanto outras tentam se comportar de maneira mais oportunista, recomprando mais ações quando consideram que o preço da ação está relativamente baixo e menos ações quando consideram que o preço está alto.

Por outro lado, as empresas às vezes recompram ações por meio de uma *oferta pública de compra*. Em uma **oferta pública de recompra**, uma empresa anuncia o preço que está disposta a pagar e o número de ações que pretende recomprar. O preço da oferta pública costuma ser fixado com um prêmio significativo acima do preço de mercado corrente. Os acionistas que desejam participar informam à empresa quantas ações gostariam de revender ao preço indicado. Se os acionistas não se oferecerem para revender o número total de ações que a empresa deseja recomprar, a empresa poderá cancelar ou estender a oferta. Se a oferta for ultrapassada, o que significa que os acionistas desejam vender mais ações do que as empresas querem recomprar, a empresa normalmente recomprará ações em uma base proporcional (*pro rata*). Por exemplo, se a empresa deseja recomprar 10 milhões de ações, mas os investidores oferecem 20 milhões de ações, a empresa recompraria exatamente a metade das ações ofertadas por cada acionista.

Um terceiro método de recompra de ações é chamado de **recompra de ações por leilão holandês**. Em um leilão holandês, a empresa especifica uma faixa de preços em que está disposta a recomprar ações e o número de ações. Os investidores podem oferecer suas ações à empresa a qualquer preço dentro dessa faixa, o que permite que a empresa trace uma curva de demanda para suas ações. Isto é, a curva de demanda indica quantas ações os investidores revenderão para a empresa a cada preço da faixa especificada. Essa análise permite que a empresa determine o preço mínimo necessário para recomprar a quantidade desejada de ações e todos os acionistas recebem esse valor.

oferta pública de recompra
Um programa de recompra em que uma empresa oferece para recomprar um número fixo de ações, normalmente com um prêmio em relação ao valor de mercado, e os acionistas decidem se querem ou não vender suas ações a esse preço.

recompra de ações por leilão holandês
Um método de recompra em que a empresa especifica quantas ações deseja recomprar e a faixa de preços em que está disposta a recomprar. Os investidores indicam quantas ações venderão a cada preço da faixa e a empresa determina o preço mínimo necessário para recomprar o número almejado de ações. Todos os investidores que fizeram ofertas recebem o mesmo valor.

Exemplo 14.2

Em julho de 2013, a Fidelity National Information Services anunciou uma recompra por leilão holandês de 86 milhões de ações ordinárias a preços que variavam de US$ 29 a US$ 31,50 por ação. Os acionistas da Fidelity foram instruídos a entrar em contato com a empresa para informar quantas ações estariam dispostos a vender nessa faixa de preços. Suponha que, depois de coletar essa informação dos investidores, a Fidelity construiu a tabela de demanda a seguir:

Preço de oferta	Ações oferecidas	Total acumulado
US$ 29,00	5.000.000	5.000.000
29,25	10.000.000	15.000.000
29,50	15.000.000	30.000.000
29,75	18.000.000	48.000.000
30,00	18.500.000	66.500.000
31,25	19.500.000	86.000.000
31,50	20.000.000	106.000.000

A um preço de US$ 31,25, os acionistas estão dispostos a oferecer um total de 86 milhões de ações, exatamente o número que a Fidelity deseja recomprar. Cada acionista que manifestou o desejo de oferecer suas ações ao preço de US$ 31,25 *ou menos*, recebe US$ 31,25 e a Fidelity recompra todas as 86 milhões de ações a um custo de aproximadamente US$ 2,7 bilhões.

TRATAMENTO TRIBUTÁRIO DE DIVIDENDOS E DE RECOMPRA

Por muitos anos, dividendos e recompra de ações tiveram consequências tributárias muito diferentes. Os dividendos que os investidores recebem são geralmente tributados às taxas ordinárias de imposto de renda. Portanto, se uma empresa paga $ 10 milhões em dividendos, esse pagamento provoca obrigações tributárias significativas para os acionistas da empresa (pelo menos àqueles sujeitos a imposto de renda pessoa física). Por outro lado, quando as empresas recompram ações, os impostos desencadeados por esse tipo de pagamento são em geral muito menores. Existem diversas razões para essa diferença. Apenas os acionistas que venderam suas ações como parte do programa de recompra tiveram qualquer obrigação tributária imediata. Os acionistas que não participaram não devem qualquer imposto de renda. Além disso, alguns acionistas que participaram do programa de recompra podem não dever qualquer imposto de renda sobre os fundos que receberam se forem instituições isentas de imposto de renda ou se venderam suas ações com prejuízo. Por fim, mesmo os acionistas que participaram do programa de recompra e venderam suas ações com lucro pagaram apenas imposto de renda sobre ganhos de capital (geralmente menor — supondo que as ações foram mantidas por pelo menos um ano), e mesmo esse imposto foi aplicado apenas sobre o lucro, e não sobre o valor total das ações recompradas. Em consequência, os investidores podem, em geral, esperar pagar muito menos imposto de renda sobre o valor que a empresa distribuiu por meio de uma recompra de ações em comparação com o pago como dividendo. Esse tratamento tributário diferenciado explica em parte a crescente popularidade dos programas de recompra de ações nas décadas de 1980 e 1990.

Nos Estados Unidos, o *Jobs and Growth Tax Relief Reconciliation Act* de 2003 alterou significativamente o tratamento tributário dos dividendos para a maioria dos contribuintes. Antes da aprovação da lei, os dividendos recebidos por investidores eram tributados como rendimentos ordinários, a alíquotas de até 35%. A lei de 2003 reduziu a alíquota sobre dividendos para a maioria dos contribuintes à alíquota aplicável aos ganhos de capital, que vai de 5% a 15%, dependendo da faixa de tributação do contribuinte. Essa mudança diminuiu significativamente o grau de "bitributação" dos dividendos, que resulta quando a empresa é tributada sobre seu lucro e os acionistas pagam imposto de renda sobre os dividendos que recebem. O fluxo de caixa depois do imposto de renda para quem recebe dividendo é muito maior com a alíquota menor; como resultado, houve um aumento perceptível em distribuições de dividendos por parte das empresas com relação ao período anterior à aprovação da lei de 2003.

No início de 2012, o Congresso dos Estados Unidos aprovou o *American Taxpayer Relief Act* de 2012. Para todos os indivíduos, exceto aqueles que se acham na faixa mais elevada de imposto de renda recém-criada, dividendos e ganhos de capital continuam a ser tributados a 15%. (Para mais detalhes sobre o impacto da lei de 2012, veja o quadro *Foco na Prática* adiante.)

Finanças pessoais
Exemplo 14.3

O conselho de administração da Espinoza Industries, Inc., anunciou em 4 de outubro do corrente ano dividendo trimestral de $ 0,46 por ação a ser pago a todos os titulares registrados na sexta-feira, 30 de outubro, e data de pagamento em 19 de novembro. Rob e Kate Heckman, que adquiriram 500 ações ordinárias da Espinoza na quinta-feira, 15 de outubro, querem saber se receberão o dividendo recentemente anunciado e, em caso afirmativo, quando e quanto receberiam após imposto de renda, dado que os dividendos estão sujeitos a um imposto de renda federal de 15%.

Dada a data de registro na sexta-feira, 30 de outubro, a ação começaria a ser vendida *ex-dividendo* dois dias úteis antes, na quarta-feira, 28 de outubro. Assim, quem comprou a ação na terça-feira, 27 de outubro, ou antes, receberia o direito ao dividendo. Como os Heckman compraram a ação em 15 de outubro, teriam direito ao dividendo de $ 0,46 por ação. Desse modo, os Heckman receberão $ 230 em dividendos ($ 0,46 por ação 500 ações), que lhes serão enviados na data de pagamento, 19 de novembro. Como estão sujeitos à alíquota de imposto de renda federal de 15% sobre dividendos, eles receberão $ 195,50 [(1 − 0,15) $ 230] após imposto de renda, referente aos dividendos da Espinoza Industries.

Foco na PRÁTICA

Tratamento tributário de ganhos de capital e dividendos prorrogado até 2012

na prática Em 1980, a quantidade de empresas que pagavam dividendos mensais, trimestrais, semestrais ou anuais era de 60%. No final de 2002, essa proporção tinha caído para 20%. Em maio de 2003, o presidente George W. Bush sancionou o *Jobs and Growth Tax Relief Reconciliation Act* de 2003 (JGTRRA). Antes dessa nova lei, os dividendos eram tributados uma vez como parte dos lucros da empresa e novamente como rendimentos pessoais do investidor, em ambos os casos com alíquota máxima de 35%. O resultado era uma alíquota efetiva de 57,75% sobre alguns dividendos. Embora a lei de 2003 não tenha eliminado completamente a bitributação dos dividendos, ela reduziu o efeito máximo possível para 44,75%. Para os contribuintes das faixas mais baixas de imposto de renda, o efeito combinado foi uma alíquota máxima de 38,25%. Tanto o número de empresas que pagam dividendos quanto o valor dos dividendos aumentaram depois da redução das alíquotas sobre dividendos. Por exemplo, o total de dividendos pagos aumentou quase 14% no primeiro trimestre que se seguiu à promulgação dessa nova lei e a quantidade de empresas que começaram a pagar dividendos aumentou quase 40% no mesmo trimestre.

As alíquotas de imposto do JGTRRA foram originalmente programadas para expirar no final de 2008. No entanto, em maio de 2006, o Congresso dos Estados Unidos sancionou o *Tax Increase Prevention and Reconciliation Act* de 2005 (TIPRA), prorrogando as alíquotas reduzidas por mais dois anos. Os contribuintes nas faixas de imposto de renda acima de 15% pagavam 15% sobre dividendos recebidos antes de 31 de dezembro de 2008. Para aqueles com alíquota marginal de 15% ou menos, a alíquota sobre dividendos foi de 5% até 31 de dezembro de 2007 e de 0% de 2008 a 2010. As alíquotas sobre ganhos de capital de longo prazo foram reduzidas aos mesmos níveis das novas alíquotas sobre dividendos até 2010. Embora o JGTRRA tenha expirado no final de 2010, o Congresso prorrogou a lei até 2012 por meio do *Tax Relief, Unemployment Insurance Reauthorization e Job Creation Act* de 2010.

No início de 2012, a tributação de dividendos pré-JGTRRA voltaria a entrar em vigor a menos que uma nova legislação tornasse as medidas permanentes. Aqueles que defendiam o JGTRRA permanente justificaram sua posição apontando para a economia fraca e sugeriram que os impostos precisavam permanecer baixos para estimular o investimento das empresas e a criação de empregos. Outros observaram que o déficit orçamentário dos Estados Unidos nunca tinha sido tão alto, de modo que era necessária uma combinação de impostos mais altos e gastos menores para evitar problemas econômicos associados a dívida excessiva.

No início de 2012, o Congresso aprovou o *American Taxpayer Relief Act* de 2012. Para os indivíduos nas faixas de 25%, 28%, 33% e 35%, os dividendos qualificados e os ganhos de capital continuaram sendo tributados a 15%. No entanto, para os indivíduos com rendimento tributável superior a US$ 400.000 — e casais com rendimento tributável superior a US$ 450.000 —, a alíquota aumentou para 20%. Como acontecia com o JGTRRA, as pessoas nas faixas de 10% e 15% terão uma alíquota zero sobre dividendos e ganhos de capital.

- *Como o futuro reaparecimento de alíquotas mais elevadas sobre indivíduos que recebem dividendos afeta as políticas de pagamento de dividendos das empresas?*

PLANOS DE REINVESTIMENTO DE DIVIDENDOS

planos de reinvestimento de dividendos
Planos que permitem que os acionistas usem os dividendos recebidos sobre as ações de uma empresa para adquirir ações adicionais — ou até mesmo frações de ações — a um custo de transação baixo ou nulo.

Hoje em dia, muitas empresas oferecem **planos de reinvestimento de dividendos**, que permitem que os acionistas usem os dividendos recebidos sobre as ações de uma empresa para adquirir ações adicionais — ou até mesmo frações de ações — a um custo de transação baixo ou nulo. Algumas empresas permitem até que os investidores façam suas *compras iniciais* de ações diretamente da empresa, sem a necessidade de recorrer a um corretor. Com os planos de reinvestimento de dividendos, os participantes do plano podem, normalmente, adquirir ações a um preço cerca de 5% menor do que o vigente no mercado. A empresa, por sua vez, pode emitir novas ações aos participantes de maneira mais econômica, evitando o *underpricing* e os custos de lançamento que acompanhariam a venda pública de novas ações. Evidentemente, a existência de um plano de reinvestimento de dividendos pode aumentar a atratividade das ações de uma empresa.

REAÇÕES DO PREÇO DA AÇÃO AOS PAGAMENTOS DE UMA EMPRESA

O que acontece com o preço da ação quando uma empresa paga dividendos ou recompra ações? Teoricamente, as respostas a essas perguntas são simples. Tome, por exemplo, um pagamento de dividendos. Suponha que uma empresa tenha $ 1 bilhão em ativos, financiado inteiramente por 10 milhões de ações ordinárias. Cada ação deveria valer $ 100 ($ 1 bilhão · 10 milhões de ações). Agora, vamos supor que a empresa pague dividendos em dinheiro de $ 1 por ação, totalizando um pagamento de dividendos de $ 10 milhões. Os ativos da empresa cairão para $ 990 milhões. Como as ações em circulação continuam sendo de 10 milhões, cada ação passaria a valer $ 99. Em outras palavras, o preço da ação deve cair $ 1, exatamente o valor do dividendo. A redução do preço da ação reflete simplesmente o fato de que o dinheiro antes detido pela empresa está agora nas mãos dos investidores. Para sermos mais precisos, essa redução do preço da ação não deve ocorrer quando os cheques dos dividendos forem enviados, mas sim quando a ação começar a ser negociada ex-dividendo.

No caso de recompra de ações, a lógica é que "você recebe pelo que você paga". Em outras palavras, se a empresa recompra ações ao preço de mercado, a redução no caixa é compensada pela redução do número de ações em circulação, de modo que o preço de mercado da ação deve permanecer o mesmo. Mais uma vez, considere a empresa com $ 1 bilhão em ativos e 10 milhões de ações em circulação no valor de $ 100 cada. Digamos que a empresa decida distribuir $ 10 milhões em dinheiro por meio da recompra de 100.000 ações. Concluída a recompra, os ativos da empresa diminuirão de $ 10 milhões para $ 990 milhões, e as ações em circulação cairão de 100.000 para 9,9 milhões. O novo preço da ação é, portanto, $ 990 milhões · 9,9 milhões, ou $ 100, como antes.

Na prática, impostos e uma variedade de outras imperfeições de mercado podem causar a mudança efetiva do preço da ação em resposta a um pagamento de dividendos ou recompra de ações desviando-se do que é esperado na teoria. Além disso, a reação do preço da ação a um pagamento em dinheiro pode ser diferente da reação a um anúncio sobre um pagamento próximo. Por exemplo, quando uma empresa anuncia que aumentará seu dividendo, o preço da ação geralmente sobe em razão da notícia, apesar de ele cair quando o dividendo for efetivamente pago. Na próxima seção discutiremos mais profundamente o impacto da política de distribuição sobre o valor da empresa.

→ **QUESTÕES PARA REVISÃO**

14.4 Quem são os *titulares registrados*? Quando uma ação é vendida *ex-dividendo*?

14.5 Qual o efeito do *Jobs and Growth Tax Relief Reconciliation Act* de 2003 sobre a tributação dos dividendos das empresas? E sobre os pagamentos de dividendos pelas empresas?

14.6 Que benefício está disponível aos participantes de um *plano de reinvestimento de dividendos*? Como a empresa pode se beneficiar?

14.3 Relevância da política de distribuição

A literatura de finanças relata diversas teorias e evidências empíricas à respeito da política de distribuição. Embora essas pesquisas forneçam alguns *insights* interessantes sobre o assunto, as decisões relativas a orçamento de capital e estrutura de capital costumam ser consideradas muito mais importantes do que as decisões de distribuição. Em outras palavras, as empresas não devem sacrificar boas decisões de investimento e de financiamento em nome de uma política de distribuição de importância questionável.

A questão mais importante sobre política de distribuição é: a política de distribuição tem um efeito significativo sobre o valor de uma empresa? Uma série de respostas teóricas e empíricas a essa pergunta tem sido proposta, mas ainda não existe uma regra amplamente aceita para ajudar uma empresa a determinar sua política "ótima" de distribuição. A maioria das teorias que foram propostas para explicar as consequências da política de distribuição foca em dividendos. Daqui em diante, usaremos os termos *política de dividendos* e *política de distribuição* como sinônimos, o que significa que não faremos qualquer distinção entre pagamentos de dividendos e recompra de ações em termos das teorias que tentam explicar se essas políticas têm algum efeito sobre o valor da empresa.

TEORIA RESIDUAL DOS DIVIDENDOS

A **teoria residual dos dividendos** é uma escola de pensamento que sugere que o dividendo pago por uma empresa deve ser visto como um *resíduo*, o montante que sobra após o financiamento de todas as oportunidades de investimento aceitáveis. Ao usar essa abordagem, a empresa trataria a decisão de dividendos em três etapas, como a seguir:

teoria residual dos dividendos
Uma escola de pensamento que sugere que o dividendo pago por uma empresa deve ser visto como um *resíduo*, o montante que sobra após o financiamento de todas as oportunidades de investimento aceitáveis.

Etapa 1 Determinar o nível ótimo de investimentos em bens de capital, que seria o nível que explora todos os projetos com VPL positivo de uma empresa.

Etapa 2 Usar as proporções ótimas de estrutura de capital (veja o Capítulo 13), estimar o montante total de financiamento com capital próprio necessário para suportar os investimentos gerados na Etapa 1.

Etapa 3 Como o custo de lucros retidos, r_r, é menor que o custo de novas ações ordinárias, r_n, use os lucros retidos para satisfazer a exigência de capital próprio determinada na Etapa 2. Se os lucros retidos são insuficientes para satisfazer essa necessidade, venda novas ações ordinárias. Se os lucros retidos disponíveis excedem essa necessidade, distribua o valor excedente — o resíduo — como dividendos.

De acordo com essa abordagem, desde que a necessidade de capital próprio de uma empresa exceda o valor de lucros retidos, nenhum dividendo em dinheiro é pago. O argumento para essa abordagem é que a garantia de que a empresa tenha o dinheiro que necessita para competir eficazmente é um indicativo de uma boa gestão. Essa visão dos dividendos sugere que o retorno exigido dos investidores, r_s, não é influenciado pela política de dividendos da empresa, uma premissa que, por sua vez, implica que a política de dividendos é irrelevante no sentido de que não afeta o valor da empresa.

A TEORIA DA IRRELEVÂNCIA DOS DIVIDENDOS

A teoria residual dos dividendos implica que, se a empresa não puder investir seus lucros para obter um retorno que exceda o custo de capital, deverá distribuir os lucros através do pagamento de dividendos aos acionistas. Essa abordagem sugere que os dividendos representam um resíduo dos lucros e não uma variável de decisão ativa que afete o valor da empresa. Essa visão é coerente com a **teoria da irrelevância dos dividendos** proposta por Merton H. Miller e Franco Modigliani (MM).[2] Eles argumentam que o valor da empresa é determinado unicamente pela capacidade de gerar resultados e pelo risco de seus ativos (investimentos) e que a maneira como divide seu fluxo de lucros entre dividendos e fundos internamente retidos (e reinvestidos) não afeta esse valor. A teoria de MM sugere que, em um mundo perfeito (na ausência de incertezas, impostos, custos de transação e outras imperfeições de mercado), o valor da empresa não é afetado pela distribuição de dividendos.

teoria da irrelevância dos dividendos
Teoria de Miller e Modigliani segundo a qual, em um mundo perfeito, o valor da empresa é determinado unicamente pela capacidade de gerar resultados e pelo risco de seus ativos (investimentos) e que a maneira como a empresa divide seu fluxo de lucros entre dividendos e fundos internamente retidos (e reinvestidos) não afeta esse valor.

Naturalmente, os mercados reais não satisfazem as premissas de "mercado perfeito" da teoria original de Modigliani e Miller. Uma imperfeição de mercado que pode ser importante é a tributação. Historicamente, os dividendos são normalmente tributados a taxas mais elevadas do que os ganhos de capital. Uma empresa que distribui seus lucros como dividendos pode desencadear maiores passivos tributários para seus investidores do que uma empresa que retém lucros. Quando uma empresa retém lucros, o preço de sua ação deve subir e os investidores desfrutam de ganhos de capital. Os investidores podem diferir indefinidamente o pagamento de imposto de renda sobre esses ganhos simplesmente não vendendo suas ações. E mesmo que as vendam, podem pagar uma alíquota relativamente baixa sobre os ganhos de capital. Por outro lado, quando uma empresa paga dividendos, os investidores recebem o dinheiro imediatamente e pagam imposto de renda às alíquotas estipuladas pelas leis tributárias vigentes.

Apesar de essa discussão poder dar a impressão de que reter os lucros, em vez de distribuí-los como dividendos, pode ser melhor para os acionistas em uma base "após imposto de renda", Modigliani e Miller argumentam que esse pressuposto pode não ser o caso. Eles observam que nem todos os investidores estão sujeitos ao imposto de renda. Alguns investidores institucionais, como fundos de pensão, não pagam imposto de renda sobre dividendos e ganhos de capital recebidos. Para esses investidores, as políticas de dividendos de diferentes empresas não têm impacto no imposto de renda que os investidores precisam pagar. Portanto, Modigliani e Miller argumentam que pode haver um **efeito clientela** em que diferentes tipos de investidores são atraídos para empresas com diferentes políticas de dividendos em função de efeitos tributários. Investidores isentos de impostos podem investir mais em empresas que pagam dividendos, pois não são afetados pelas alíquotas normalmente mais altas sobre os dividendos. Investidores que teriam de pagar alíquotas mais altas sobre dividendos podem preferir investir em empresas que retêm mais lucros em vez de pagar dividendos. Se uma empresa altera sua política de dividendos, o valor da empresa não mudará; na verdade, o que mudará é o tipo de investidor que detém ações da empresa. De acordo com esse argumento, clientela fiscal significa que as políticas de dividendos não podem afetar o valor da empresa, mas podem afetar a base de proprietários da empresa.

efeito clientela
O argumento de que diferentes políticas de dividendos atraem diferentes tipos de investidores, mas mesmo assim não alteram o valor da empresa.

Em suma, MM e outros proponentes da irrelevância dos dividendos argumentam que, tudo o mais permanecendo igual, o retorno exigido de um investidor — e, portanto, o valor da empresa — não é afetado pela política de dividendos. Em outras palavras, não existe uma política "ótima" de dividendos para uma empresa.

---

2 MILLER, Merton H.; MODIGLIANI, Franco. Dividend policy, growth and the valuation of shares. *Journal of Business*, v. 34, n. 4, p. 411–433, out. 1961.

ARGUMENTOS FAVORÁVEIS À RELEVÂNCIA DOS DIVIDENDOS

A afirmação de Modigliani e Miller de que a política de dividendos é irrelevante foi uma ideia radical quando proposta pela primeira vez. O que se acreditava na época era que a política de dividendos poderia aumentar o valor da empresa e, por isso, era relevante. O principal argumento em defesa da **teoria da relevância dos dividendos** é atribuído a Myron J. Gordon e John Lintner,[3] que sugerem que existe de fato uma relação direta entre a política de dividendos da empresa e seu valor de mercado. Fundamental para essa proposição é o **argumento do pássaro na mão**, que sugere que os investidores consideram os dividendos correntes como menos arriscados que os dividendos ou ganhos de capital futuros: "um pássaro na mão vale mais do que dois voando". Gordon e Lintner argumentam que o pagamento de dividendos correntes reduz a incerteza dos investidores, fazendo com que descontem os lucros da empresa a uma taxa menor e, tudo o mais permanecendo igual, atribuam um valor mais elevado às ações da empresa. Por outro lado, se os dividendos forem reduzidos ou não forem pagos, a incerteza do investidor aumentará, elevando o retorno exigido e reduzindo o valor da ação da empresa.

Modigliani e Miller argumentaram que a teoria do pássaro na mão era uma falácia. Eles disseram que o investidor que deseja um fluxo de caixa imediato de uma empresa que não paga dividendos poderia simplesmente vender uma parte de suas ações. Lembre-se de que o preço da ação de uma empresa que retém lucros deve aumentar com o tempo à medida que a empresa acumula caixa. Ao vender algumas ações a cada trimestre ou a cada ano, os investidores poderiam, de acordo com Modigliani e Miller, replicar a mesma série de fluxos de caixa que receberiam se a empresa tivesse pago dividendos em vez de reter lucros.

Estudos mostram que grandes mudanças em dividendos afetam o preço da ação. Aumentos dos dividendos resultam em aumento do preço da ação, e reduções dos dividendos resultam em redução do preço da ação. Uma interpretação dessa evidência é que não são os dividendos em si que importam, mas o **conteúdo informacional** dos dividendos com relação aos lucros futuros. Em outras palavras, os investidores veem uma mudança nos dividendos, para cima ou para baixo, como um *sinal* de que a administração espera lucros futuros mudando na mesma direção. Os investidores veem um aumento dos dividendos como um *sinal positivo* e elevam o preço da ação. Eles consideram uma redução dos dividendos como um *sinal negativo* que leva os investidores a vender suas ações, resultando em uma queda do preço da ação.

Outro argumento em defesa da ideia de que os dividendos podem afetar o valor da empresa é a *teoria dos custos de agência*. Relembre que os custos de agência são custos resultantes da separação entre propriedade e gestão da empresa. Os administradores às vezes têm interesses diferentes dos proprietários. Os administradores podem querer reter lucros simplesmente para aumentar o tamanho da base de ativos da empresa. Existe mais prestígio e talvez remuneração mais alta associada à administração de uma empresa maior. Os acionistas estão conscientes das tentações que os administradores enfrentam e se preocupam com a possibilidade de os lucros retidos não serem investidos adequadamente. Segundo a *teoria dos custos de agência*, uma empresa que se compromete a pagar dividendos está tranquilizando os acionistas de que os administradores não vão desperdiçar seu dinheiro. Assim, os investidores pagarão preços mais elevados às empresas que prometem pagamentos regulares de dividendos.

Embora muitos outros argumentos relacionados à relevância dos dividendos tenham sido propostos, *estudos empíricos não forneceram evidências que encerrem definitivamente o debate sobre se e como a política de dividendos afeta o valor da empresa*. Como já dissemos, ainda que a política de dividendos seja realmente importante, com certeza importa menos do que outras decisões tomadas pelos administradores financeiros, como a decisão de investir

teoria da relevância dos dividendos
Teoria proposta por Gordon e Lintner, segundo a qual há uma relação direta entre a política de dividendos de uma empresa e seu valor de mercado.

argumento do pássaro na mão
A crença, em defesa da *teoria da relevância dos dividendos*, de que os investidores consideram os dividendos correntes como menos arriscados que os dividendos ou ganhos de capital futuros.

conteúdo informacional
As informações fornecidas pelos dividendos de uma empresa em relação aos lucros futuros, o que faz com que os proprietários elevem ou baixem o preço da ação da empresa.

---

3 GORDON, Myron J. Optimal investment and financing policy. *Journal of Finance*, v. 18, n. 2, p. 264–272, mai 1963; e LINTNER, John. Dividends, earnings, leverage, stock prices, and the supply of capital to corporations. *Review of Economics and Statistics*, v. 44, n. 3, p. 243–269, ago. 1962.

em um grande e novo projeto ou a decisão sobre qual combinação de capital de terceiros e capital próprio a empresa deve usar para financiar suas operações. Ainda assim, a maioria dos administradores financeiros, especialmente os que administram grandes empresas, acredita que a política de dividendos pode afetar o valor da empresa.

→ **QUESTÕES PARA REVISÃO**

14.7 A adoção da *teoria residual dos dividendos* leva ao pagamento de dividendos estáveis? Essa abordagem é consistente com a relevância dos dividendos?

14.8 Compare os argumentos básicos sobre a política de dividendos desenvolvidos por Miller e Modigliani (MM) e por Gordon e Lintner.

14.4 Fatores que afetam a política de dividendos

política de dividendos
Plano de ação da empresa a ser seguido sempre que uma decisão de dividendos for tomada.

A **política de dividendos** da empresa é o plano de ação a ser seguido sempre que uma decisão de dividendos for tomada. As empresas desenvolvem políticas consistentes com seus objetivos. Antes de revermos alguns dos tipos de política de dividendos mais comuns, discutiremos cinco fatores que as empresas levam em consideração ao estabelecer uma política de dividendos. São eles: restrições legais, restrições contratuais, perspectivas de crescimento da empresa, considerações dos proprietários e considerações de mercado.

RESTRIÇÕES LEGAIS

Nos Estados Unidos, a maioria dos estados proíbe as empresas de capital aberto de distribuir como dividendos em dinheiro qualquer parcela de seu "capital social", que normalmente é medido pelo valor nominal das ações ordinárias. Outros estados definem capital social de modo a incluir não apenas o valor nominal das ações ordinárias, mas também qualquer parcela do capital integralizado acima do valor nominal. Essas *restrições à deterioração do capital* costumam ser estabelecidas para fornecer uma base patrimonial suficiente para proteger os direitos dos credores. Vamos esclarecer com um exemplo as diferentes definições de capital.

Exemplo 14.4 ▶ A conta patrimônio líquido da Miller Flour Company, uma grande processadora de grãos, é apresentada na tabela a seguir.

Miller Flour Company Patrimônio líquido	
Ações ordinárias ao valor nominal	$ 100.000
Capital integralizado acima do valor nominal	200.000
Lucros retidos	140.000
Total do patrimônio líquido	$ 440.000

Nos estados em que o capital social da empresa é definido como o valor nominal de suas ações ordinárias, a empresa poderia distribuir $ 340.000 ($ 200.000 + $ 140.000) em dividendos em dinheiro sem prejudicar seu capital. Nos estados onde o capital social da empresa inclui todo o capital integralizado, a empresa poderia distribuir somente $ 140.000 em dividendos em dinheiro.

As empresas às vezes impõem uma exigência com relação aos lucros que limita o valor dos dividendos. Com essa restrição, a empresa não pode pagar mais dividendos em dinheiro do que a soma de seus lucros retidos dos exercícios anteriores e do mais recente. No entanto, a *empresa não está proibida de pagar mais dividendos do que seu lucro corrente*.[4]

> **Exemplo 14.5**
>
> Suponha que a Miller Flour Company, do exemplo anterior, tenha tido no ano recém-encerrado $ 30.000 em lucros disponíveis para dividendos aos acionistas ordinários. Como mostra a tabela do Exemplo 14.4, a empresa tem lucros retidos de exercícios anteriores de $ 140.000. Assim, pode pagar legalmente dividendos de até $ 170.000.

Se uma empresa tiver obrigações em atraso ou estiver legalmente insolvente ou falida, a maioria dos estados proíbe o pagamento de dividendos em dinheiro. Além disso, o Internal Revenue Service (IRS) proíbe as empresas de acumular lucros para reduzir o imposto de renda dos proprietários. Se o IRS puder determinar que a empresa acumulou lucros em excesso para permitir que os proprietários adiem o pagamento de imposto de renda sobre os dividendos recebidos, pode cobrar um **imposto sobre a acumulação excessiva de lucros** sobre quaisquer lucros retidos acima de $ 250.000 para a maioria das empresas.

Durante a recente crise financeira, diversas instituições financeiras receberam assistência financeira do governo federal norte-americano. Essas empresas tiveram de concordar com restrições aos pagamentos de dividendos aos acionistas até devolverem o dinheiro recebido do governo. O Bank of America, por exemplo, teve mais de 30 anos de aumentos consecutivos de dividendos antes de aceitar o resgate financeiro do governo federal. Como parte dos termos do resgate, o Bank of America teve de reduzir os dividendos para $ 0,01 por ação.

imposto sobre a acumulação excessiva de lucros
Imposto cobrado pela IRS (Internal Revenue Service) da maioria das empresas sobre lucros retidos acima de $ 250.000 quando se constata que a empresa acumulou lucros em excesso para permitir que os proprietários adiem o pagamento de imposto de renda sobre os dividendos recebidos.

RESTRIÇÕES CONTRATUAIS

Em muitos casos, a capacidade da empresa de pagar dividendos em dinheiro é limitada por condições restritivas impostas por contratos de empréstimo. Em geral, essas restrições proíbem o pagamento de dividendos em dinheiro até que a empresa atinja um determinado nível de lucros, ou podem limitar os dividendos a um determinado valor monetário ou porcentagem dos lucros. As restrições sobre os dividendos ajudam a proteger os credores de prejuízos decorrentes da insolvência da empresa.

PERSPECTIVAS DE CRESCIMENTO

As necessidades financeiras de uma empresa estão diretamente relacionadas a quanto ela espera crescer e aos ativos que precisará adquirir. A empresa deve avaliar sua lucratividade e seu risco para estimar sua capacidade de levantar capital externamente. Além disso, deve determinar o custo do financiamento e a velocidade com que pode obtê-lo. Em geral, empresas de grande porte e maduras têm facilidade de acesso a novo capital, ao passo que outras em crescimento acelerado podem não ter fundos disponíveis suficientes para suportar seus projetos aceitáveis. É provável que uma empresa em crescimento tenha de depender fortemente de financiamento interno na forma de lucros retidos, de modo que é provável que distribua apenas uma porcentagem muito pequena de seus lucros como dividendos. Uma empresa madura está em melhor posição para distribuir uma grande proporção de seus lucros, especialmente se tiver acesso fácil a fontes de financiamento.

---

4 Uma empresa que tenha prejuízo operacional no exercício corrente ainda pode pagar dividendos em dinheiro desde que tenha lucros retidos suficientes contra os quais lançar o dividendo e, é claro, desde que tenha caixa para efetuar os pagamentos.

CONSIDERAÇÕES RELACIONADAS AOS PROPRIETÁRIOS

A empresa deve estabelecer uma política que tenha efeito favorável sobre a riqueza da *maioria* dos proprietários. Uma consideração é a *situação fiscal dos proprietários*. Se uma empresa tiver uma grande porcentagem de acionistas ricos com rendimentos consideráveis, pode decidir por distribuir uma *porcentagem menor* de seus lucros de modo a permitir que os proprietários adiem o pagamento do imposto de renda até que vendam a ação. Como os dividendos em dinheiro são tributados à mesma alíquota que os ganhos de capital (por causa das leis tributárias de 2003 e 2012, nos Estados Unidos), essa estratégia beneficia os proprietários por meio do diferimento do imposto de renda e não como resultado de uma alíquota menor. Entretanto, os acionistas com rendimento mais baixo, que necessitam do rendimento proporcionado pelos dividendos, preferirão uma distribuição *maior* de lucros.

Uma segunda consideração diz respeito às *oportunidades de investimento dos proprietários*. Uma empresa não deve reter fundos para investir em projetos que forneçam retornos menores do que os proprietários poderiam obter com investimentos externos de igual risco. Se os proprietários tiverem melhores oportunidades externas, a empresa deve distribuir uma porcentagem maior de seus lucros. Se as oportunidades de investimento da empresa forem pelo menos tão boas quanto os investimentos externos de risco semelhante, justifica-se uma distribuição menor.

Uma última consideração é a *diluição potencial da propriedade*. Se uma empresa distribuir elevada porcentagem dos lucros, um novo capital próprio precisará ser levantado com ações ordinárias. O resultado de uma nova emissão de ações pode ser a diluição tanto do controle quanto dos lucros para os proprietários existentes. Ao distribuir uma baixa porcentagem de seus lucros, a empresa pode minimizar a possibilidade de tal diluição.

CONSIDERAÇÕES DE MERCADO

teoria de *catering*
Uma teoria segundo a qual as empresas atendem às preferências dos investidores, iniciando ou aumentando os pagamentos de dividendos durante períodos em que as ações de altos dividendos são especialmente atraentes para os investidores.

Uma das mais recentes teorias propostas para explicar a decisão de dividendos das empresas é chamada de **teoria de *catering***. De acordo com essa teoria, as demandas dos investidores por dividendos mudam ao longo do tempo. Por exemplo, durante um período de crescimento econômico acompanhado por um mercado de ações em alta, os investidores podem se sentir mais atraídos por ações que ofereçam perspectivas de grandes ganhos de capital. Quando a economia está em recessão e o mercado de ações está em baixa, os investidores podem preferir a segurança de um dividendo. A teoria de *catering* sugere que as empresas são mais propensas a iniciar o pagamento de dividendos ou aumentar os pagamentos existentes quando os investidores apresentam uma grande preferência por dividendos. As empresas atendem às preferências dos investidores.

→ **QUESTÃO PARA REVISÃO**

14.9 Quais são os cinco fatores que as empresas levam em consideração ao estabelecer sua *política de dividendos*? Descreva sucintamente cada um deles.

14.5 Tipos de políticas de dividendos

A política de dividendos da empresa deve ser formulada com dois objetivos em mente: fornecer financiamento suficiente e maximizar a riqueza dos proprietários da empresa. Três políticas de dividendos diferentes estão descritas nas seções a seguir. A política de dividendos de uma empresa em particular pode incorporar elementos de cada uma.

POLÍTICA DE DIVIDENDOS COM TAXA DE DISTRIBUIÇÃO CONSTANTE

Um tipo de política de dividendos envolve o uso de uma taxa de distribuição constante. A **taxa de distribuição de dividendos** indica a porcentagem de cada unidade monetária de lucro que uma empresa distribui em dinheiro aos proprietários. É calculada dividindo-se o dividendo por ação em dinheiro pelo lucro por ação da empresa. Com uma **política de dividendos com taxa de distribuição constante**, a empresa determina que uma dada porcentagem dos lucros será paga aos proprietários a cada exercício.

O problema dessa política é que, se os lucros da empresa caírem, ou se ocorrer prejuízo em determinado exercício, os dividendos podem ser baixos, ou mesmo inexistentes. Como os dividendos muitas vezes são considerados um indicador da situação futura da empresa, o preço de sua ação pode ser negativamente afetado.

taxa de distribuição de dividendos
Indica a porcentagem de cada unidade monetária de lucro que uma empresa distribui em dinheiro aos proprietários. É calculada dividindo-se o dividendo por ação em dinheiro pelo lucro por ação da empresa.

política de dividendos com taxa de distribuição constante
Uma política de dividendos baseada no pagamento de uma determinada porcentagem dos lucros aos proprietários a cada exercício.

Exemplo 14.6

A Peachtree Industries, uma empresa mineradora de potássio, tem uma política de distribuir 40% dos lucros como dividendos em dinheiro. Nos exercícios em que ocorre prejuízo, a política da empresa é não pagar dividendos em dinheiro. Veja a seguir dados referentes a lucros, dividendos e preços médios da ação da Peachtree nos últimos seis anos.

Ano	Lucro/ação	Dividendos/ação	Preço médio/ação
2015	-$ 0,50	$ 0,00	$ 42,00
2014	3,00	1,20	52,00
2013	1,75	0,70	48,00
2012	-1,50	0,00	38,00
2011	2,00	0,80	46,00
2010	4,50	1,80	50,00

Os dividendos subiram em 2013 e em 2014, mas caíram nos outros anos. Nos anos de dividendos decrescentes, o preço da ação da empresa caiu; quando os dividendos aumentaram, o preço da ação subiu. O pagamento esporádico de dividendos da Peachtree parece gerar incerteza em seus proprietários quanto aos retornos esperados.

POLÍTICA DE DIVIDENDOS REGULARES

A **política de dividendos regulares** baseia-se no pagamento de um dividendo fixo em unidades monetárias em cada período. É comum as empresas que utilizam essa política aumentarem o dividendo regular assim que ocorre um aumento *sustentável* dos lucros. De acordo com essa política, os dividendos quase nunca são reduzidos.

Muitas vezes uma política de dividendos regulares é construída em torno de uma **taxa meta de distribuição de dividendos**. Segundo essa política, a empresa procura distribuir uma determinada *porcentagem* dos lucros, mas, em vez de deixar que os dividendos flutuem, paga um dividendo declarado em unidades monetárias e o ajusta em direção à meta de distribuição, à medida que ocorrem aumentos comprovados de lucros. Por exemplo, a Woodward Laboratories parece ter uma taxa meta de distribuição de aproximadamente 35%. A distribuição era de cerca de 35% ($ 1 · $ 2,85) quando a política de dividendos foi estabelecida em 2004 e, quando o dividendo foi elevado para $ 1,50 em 2013, a taxa de distribuição era de cerca de 33% ($ 1,50 · $ 4,60).

política de dividendos regulares
Uma política de dividendos baseada no pagamento de um dividendo fixo em unidades monetárias em cada período.

taxa meta de distribuição de dividendos
Uma política de dividendos segundo a qual a empresa procura distribuir uma determinada *porcentagem* dos lucros na forma de um dividendo fixo em unidades monetárias e ajusta esse dividendo em direção à meta de distribuição, à medida que ocorrem aumentos comprovados de lucros.

Exemplo 14.7

A política de dividendos da Woodward Laboratories, fabricante de um popular adoçante artificial, é pagar dividendos anuais de $ 1 por ação até que os lucros por ação superem $ 4 por três anos consecutivos. Nesse ponto, o dividendo anual é elevado para $ 1,50 por ação e um novo patamar de lucros é estabelecido. A empresa não prevê reduzir seus dividendos, a menos que sua liquidez esteja em jogo. Veja a seguir dados referentes a lucros, dividendos e preços médios da ação da Woodward nos últimos 12 anos.

Ano	Lucro/ação	Dividendos/ação	Preço médio/ação
2015	$ 4,50	$ 1,50	$ 47,50
2014	3,90	1,50	46,50
2013	4,60	1,50	45,00
2012	4,20	1,00	43,00
2011	5,00	1,00	42,00
2010	2,00	1,00	38,50
2009	6,00	1,00	38,00
2008	3,00	1,00	36,00
2007	0,75	1,00	33,00
2006	0,50	1,00	33,00
2005	2,70	1,00	33,50
2004	2,85	1,00	35,00

Independentemente do nível de lucros, a Woodward Laboratories pagou dividendos de $ 1 por ação até 2012. Em 2013, o dividendo subiu para $ 1,50 por ação porque lucros superiores a $ 4 por ação foram atingidos por três anos. Em 2013, a empresa também teve de estabelecer um novo patamar de lucros para aumentos subsequentes dos dividendos. O preço médio por ação da Woodward Laboratories apresentou comportamento estável e crescente, apesar de um padrão um tanto volátil dos lucros.

POLÍTICA DE DIVIDENDOS REGULARES BAIXOS MAIS DIVIDENDOS EXTRAORDINÁRIOS

política de dividendos regulares baixos mais dividendos extraordinários
Uma política de dividendos baseada no pagamento de um dividendo regular baixo, complementado por um dividendo adicional ("extraordinário") quando os lucros são superiores ao normal em um determinado período.

dividendo extraordinário
Um dividendo adicional opcionalmente pago pela empresa quando os lucros são superiores ao normal em um determinado período.

Algumas empresas estabelecem uma **política de dividendos regulares baixos mais dividendos extraordinários**, pagando um dividendo regular baixo complementado por um dividendo adicional ("extraordinário") quando os lucros forem superiores ao normal em um determinado período. Ao chamar esse dividendo adicional de **dividendo extraordinário**, a empresa evita criar expectativas de que o aumento dos dividendos será permanente. Essa política é especialmente comum entre empresas que passam por variações cíclicas de lucros.

Ao estabelecer um dividendo regular baixo pago a cada período, a empresa dá aos investidores o rendimento estável necessário para criar confiança na empresa e o dividendo extraordinário permite que eles compartilhem os lucros de um período especialmente bom. As empresas que utilizam essa política precisam aumentar o nível do dividendo regular, assim que atingirem um aumento comprovado dos lucros. O dividendo extraordinário não deve ser um evento regular, porque isso faz com que perca seu sentido. Recomenda-se utilizar uma taxa meta de distribuição de dividendos ao estabelecer o nível de dividendo regular.

→ **QUESTÃO PARA REVISÃO**

14.10 Descreva a política de dividendos com taxa de distribuição constante, a política de dividendos regulares e a política de dividendos regulares baixos mais dividendos extraordinários. Quais são os efeitos dessas políticas?

14.6 Outras modalidades de dividendos

Duas transações comuns que têm alguma semelhança com dividendos em dinheiro são dividendos em ações e desdobramentos de ações. Embora os dividendos em ações e os desdobramentos de ações estejam intimamente relacionados, seus efeitos econômicos são bastante diferentes de dividendos em dinheiro ou recompra de ações.

DIVIDENDOS EM AÇÕES

Um **dividendo em ações** é o pagamento aos proprietários existentes de um dividendo sob a forma de ações. Frequentemente, as empresas pagam dividendos em ações para substituir ou complementar os dividendos em dinheiro. Em um dividendo em ações, os investidores simplesmente recebem ações adicionais, proporcionais às ações que já possuem. Nenhum dinheiro é distribuído e nenhum valor efetivo é transferido da empresa aos investidores. Em vez disso, como o número de ações em circulação aumenta, o preço da ação cai aproximadamente em linha com o valor do dividendo em ações.

dividendo em ações
O pagamento, aos proprietários existentes, de um dividendo sob a forma de ações.

Aspectos contábeis

Do ponto de vista contábil, o pagamento de um dividendo em ações é a transferência de fundos entre contas do patrimônio líquido, e não uma saída de fundos. Quando uma empresa anuncia um dividendo em ações, os procedimentos para o anúncio e a distribuição são os mesmos que os descritos anteriormente para dividendo em dinheiro. Os lançamentos contábeis associados ao pagamento de um dividendo em ações variam de acordo com sua magnitude. Um **pequeno dividendo (ou *dividendo ordinário*) em ações** é um dividendo em ações que representa menos que 20% a 25% das ações ordinárias em circulação quando o dividendo é anunciado. Os pequenos dividendos em ações são os mais comuns.

pequeno dividendo (ou *dividendo ordinário*) em ações
Um dividendo em ações que representa menos de 20% a 25% das ações ordinárias em circulação quando o dividendo é anunciado.

> **Exemplo 14.8**
>
> O patrimônio líquido corrente no balanço patrimonial da Garrison Corporation, uma distribuidora de armários pré-fabricados, é mostrado nas contas a seguir.
>
> | | |
> |---|---:|
> | Ações preferenciais | $ 300.000 |
> | Ações ordinárias (100.000 ações, valor nominal de $ 4) | 400.000 |
> | Capital integralizado acima do valor nominal | 600.000 |
> | Lucros retidos | 700.000 |
> | Total do patrimônio líquido | $ 2.000.000 |
>
> A Garrison, com 100.000 ações ordinárias em circulação, anuncia um dividendo em ações de 10% quando o preço de mercado de sua ação é de $ 15 cada. Como 10.000 novas ações (10% de 100.000) são emitidas ao preço de mercado vigente de $ 15 por ação, $ 150.000 ($ 15 por ação 10.000 ações) são transferidos da conta de lucros retidos para as contas de ações ordinárias e capital integralizado. Um total de

$ 40.000 (valor nominal de $ 4 × 10.000 ações) é acrescentado às ações ordinárias e os $ 110.000 [($ 15 − $ 4) × 10.000 ações] restantes são somados ao capital integralizado acima do valor nominal. Os saldos das contas resultantes são os seguintes:

Ações preferenciais	$ 300.000
Ações ordinárias (110.000 ações, valor nominal de $ 4)	440.000
Capital integralizado acima do valor nominal	710.000
Lucros retidos	550.000
Total do patrimônio líquido	$ 2.000.000

O total do patrimônio líquido da empresa não mudou; os fundos foram apenas *transferidos* entre as contas do patrimônio líquido.

Ponto de vista do acionista

O acionista que recebe um dividendo em ações normalmente não recebe nada de valor. Depois de pago o dividendo, o valor unitário das ações diminui proporcionalmente ao dividendo, de tal forma que o valor de mercado de sua participação total na empresa permanece inalterado. Portanto, os dividendos em ações em geral são não tributáveis. A participação proporcional do acionista na empresa também permanece inalterada e, *desde que o lucro da empresa se mantenha inalterado*, o mesmo acontece com sua participação no lucro total. (Entretanto, se os lucros e os dividendos em dinheiro da empresa aumentarem quando o dividendo em ações é emitido, é provável que resulte em um aumento do valor da ação.)

Exemplo 14.9 A Srta. X detinha 10.000 ações da Garrison Corporation. O lucro mais recente da empresa foi de $ 220.000, e não são esperadas mudanças no futuro próximo. Antes do dividendo em ações, a Srta. X detinha 10% (10.000 ações ÷ 100.000 ações) das ações da empresa, que estavam sendo negociadas a $ 15 cada. O lucro por ação era de $ 2,20 ($ 220.000 ÷ 100.000 ações). Como a Srta. X detinha 10.000 ações, seu lucro foi de $ 22.000 ($ 2,20 por ação × 10.000 ações). Depois de receber o dividendo em ações de 10%, a Srta. X passou a ter 11.000 ações, o que novamente representa 10% da propriedade (11.000 ações ÷ 110.000 ações). Pode-se esperar que o preço de mercado da ação caia para $ 13,64 por ação [$ 15 × (1 ÷ 1,10)], o que significa que o valor de mercado da participação da Srta. X é de $ 150.000 (11.000 ações × $ 13,64 por ação). Esse valor é igual ao valor inicial de sua participação (10.000 ações × $ 15 por ação). O lucro por ação futuro cai para $ 2 ($ 220.000 ÷ 110.000 ações), pois os mesmos $ 220.000 de lucro devem agora ser divididos entre 110.000 ações. Como a Srta. X ainda possui 10% das ações, sua participação no lucro total continua sendo de $ 22.000 ($ 2 por ação × 11.000 ações).

Em suma, se os lucros da empresa permanecerem constantes e o total de dividendos em dinheiro não aumentar, um dividendo em ações resulta em um menor valor de mercado das ações da empresa.

Ponto de vista da empresa

Os dividendos em ações são mais caros do que os dividendos em dinheiro, mas certas vantagens podem superar esses custos. As empresas acham que o dividendo em ações é uma forma de dar algo aos proprietários sem ter de usar caixa. Em geral, quando uma empresa precisa preservar caixa para financiar um crescimento acelerado, usa o dividendo em ações. Quando os acionistas reconhecem que a empresa está reinvestindo o fluxo de caixa de modo a maximizar os lucros futuros, o valor de mercado da empresa deve, pelo menos, permanecer inalterado. No entanto, se o dividendo em ações for pago de modo a reter caixa para satisfazer contas em atraso, pode ocorrer uma redução do valor de mercado.

DESDOBRAMENTOS DE AÇÕES

Embora não seja um tipo de dividendo, os *desdobramentos de ações* afetam o preço da ação de uma empresa de maneira semelhante aos dividendos em ações. Um **desdobramento de ações** é um método comumente utilizado para reduzir o preço de mercado da ação de uma empresa por meio do aumento do número de ações pertencentes a cada acionista. Em um desdobramento 2:1, por exemplo, cada ação antiga é trocada por duas novas ações, sendo que cada nova ação vale a metade do valor de cada ação antiga. Um desdobramento de ações não tem efeito algum sobre a estrutura de capital da empresa e geralmente não é tributável.

Muitas vezes, uma empresa acredita que o preço de sua ação está elevado demais e que reduzir o preço de mercado aumentará o volume de negociações. Desdobramentos de ações são muitas vezes realizados antes da emissão de novas ações para aumentar a negociabilidade e estimular a atividade no mercado. Não é incomum que um desdobramento de ações leve a um pequeno aumento no valor de mercado da ação, que pode ser atribuído a seu conteúdo informacional e porque o *total* de dividendos pagos normalmente aumenta um pouco após um desdobramento.[5]

desdobramento de ações
Um método comumente usado para reduzir o preço de mercado da ação de uma empresa mediante o aumento do número de ações pertencentes a cada acionista.

Exemplo 14.10

A Delphi Company, uma empresa de produtos florestais, tem em circulação 200.000 ações ordinárias com valor nominal de $ 2 e nenhuma ação preferencial. Como a ação estava sendo negociada a um preço de mercado elevado, a empresa anunciou um desdobramento de ações 2:1. O patrimônio líquido total, antes e depois do desdobramento, é apresentado na tabela a seguir.

Antes do desdobramento		Depois do desdobramento 2:1	
Ações ordinárias		Ações ordinárias	
(200.000 ações, valor nominal de $ 2)	$ 400.000	(400.000 ações, valor nominal de $ 1)	$ 400.000
Capital integralizado acima do valor nominal	4.000.000	Capital integralizado acima do valor nominal	4.000.000
Lucros retidos	2.000.000	Lucros retidos	2.000.000
Total do patrimônio líquido	$ 6.400.000	Total do patrimônio líquido	$ 6.400.000

Fica claro o efeito insignificante do desdobramento de ações sobre as contas da empresa.

---

5 FAMA, Eugene F. et al. The adjustment of stock prices to new information. *International Economic Review*, v. 10, n. 1, p. 1–21, fev. 1969. Os autores constataram que o preço da ação aumenta antes do anúncio do desdobramento e que esse aumento mantém-se caso os dividendos por ação aumentem, mas se perde, caso os dividendos por ação *não* aumentem depois do desdobramento.

desdobramento reverso
Um método usado para elevar o preço de mercado das ações de uma empresa por meio da troca de um determinado número de ações em circulação por uma nova ação.

As ações podem ser desdobradas da maneira que se desejar. Às vezes, é feito um **desdobramento reverso**: a empresa troca um determinado número de ações em circulação por uma nova ação. Por exemplo, em um desdobramento 1:3, uma nova ação é trocada por três ações antigas. Em um desdobramento reverso, o preço da ação da empresa sobe devido à redução do número de ações em circulação. As empresas podem realizar um desdobramento reverso se o preço de sua ação estiver tão baixo que a Bolsa onde é negociada ameaça deslistá-la. Por exemplo, a Bolsa de Valores de Nova York exige que o preço médio de fechamento de um valor mobiliário listado não seja inferior a US$ 1 em qualquer período de negociação de 30 dias consecutivos. Em junho de 2010, a cadeia de locadoras de vídeo Blockbuster pediu aos acionistas que aprovassem um desdobramento reverso para impedir que a Bolsa de Valores de Nova York deslistasse as ações da empresa. Os acionistas não aprovaram a medida e a Bolsa de Valores de Nova York tirou as ações da Blockbuster de sua lista no mês seguinte.

Finanças pessoais Exemplo 14.11

Shakira Washington, uma investidora individual que está na faixa de 25% do imposto de renda, detém 260 ações ordinárias da Advanced Technology, Inc., Ela comprou as ações dois anos atrás ao preço da oferta pública inicial (IPO) de $ 9 por ação. As ações dessa empresa de tecnologia em crescimento acelerado estão sendo negociadas hoje a $ 60 por ação, de modo que o valor atual das ações que detém da Advanced Technology é de $ 15.600 (260 ações $ 60 por ação). Como o conselho de administração da empresa acredita que a ação seria negociada mais ativamente na faixa de preços entre $ 20 e $ 30, anunciou um desdobramento de ações 3:1. Shakira quer determinar o impacto do desdobramento sobre sua participação e imposto de renda.

Como as ações serão desdobradas em 3:1, depois do desdobramento, Shakira terá 780 ações (3 260 ações). Ela deve esperar que o preço de mercado da ação caia para $ 20 (1/3 $ 60) imediatamente após o desdobramento; então, o valor de sua participação após o desdobramento será de $ 15.600 (780 ações $ 20 por ação). Como esse valor após o desdobramento é exatamente igual ao valor de $15.600 antes do desdobramento, não houve ganho nem perda em consequência do desdobramento 3:1. Mesmo se houvesse um ganho ou perda atribuível ao desdobramento, Shakira não teria qualquer obrigação fiscal, a menos que vendesse as ações e realizasse um lucro ou prejuízo.

→ **QUESTÕES PARA REVISÃO**

14.11 Por que as empresas distribuem *dividendos em ações*? Comente a seguinte afirmação: "Tenho uma ação que promete pagar dividendo em ações de 20% a cada ano, e isso garante que eu atingirei o equilíbrio em cinco anos".

14.12 Compare um *desdobramento de ações* com um *dividendo em ações*.

Resumo

ÊNFASE NO VALOR

A política de dividendos se refere aos fluxos de caixa que uma empresa distribui a seus acionistas ordinários. Uma ação ordinária dá a seu titular o direito de receber todos os dividendos futuros. O valor presente de todos os dividendos futuros esperados ao longo da vida supostamente infinita de uma empresa determina o valor da ação.

Os dividendos não só representam fluxos de caixa para os acionistas, mas também contêm informações úteis sobre o desempenho atual e futuro da empresa. Essas informações afetam a percepção dos acionistas sobre o risco da empresa. Esta também pode pagar dividendos em ações, iniciar desdobramentos de ações ou recomprar ações. Todas essas práticas relacionadas aos dividendos podem afetar o risco, o retorno e o valor da empresa como resultado de seus fluxos de caixa e conteúdo informacional.

Embora a teoria da relevância dos dividendos ainda esteja em evolução, o comportamento da maioria das empresas e dos acionistas sugere que a política de dividendos afeta o preço da ação. Portanto, os administradores financeiros tentam desenvolver e implementar política de dividendos consistente com o objetivo da empresa de **maximizar o preço da ação**.

REVISÃO DOS OBJETIVOS DE APRENDIZAGEM

OA 01 Entender os procedimentos de pagamento de dividendos, seu tratamento fiscal e o papel dos planos de reinvestimento de dividendos. O conselho de administração toma a decisão de distribuir dividendos e estabelece as datas de registro e de pagamento. Nos Estados Unidos, em consequência das mudanças das leis tributárias sancionadas em 2003 e 2012, a maioria dos contribuintes paga imposto de renda sobre dividendos a uma alíquota máxima de 5% a 15%, dependendo da faixa de tributação do contribuinte. Algumas empresas oferecem planos de reinvestimento de dividendos que permitem aos acionistas adquirir ações em vez de receber dividendos em dinheiro.

OA 02 Descrever a teoria residual dos dividendos e os principais argumentos referentes à irrelevância ou relevância dos dividendos. A teoria residual dos dividendos defende que eles devem ser vistos como os lucros remanescentes depois de realizar todas as oportunidades de investimento aceitáveis. Miller e Modigliani argumentam a favor da irrelevância dos dividendos, com base na premissa de um mundo perfeito em que imperfeições de mercado, como custos de transação e impostos, não existem. Gordon e Lintner desenvolveram a teoria da relevância dos dividendos, baseando seus argumentos no efeito redutor de incerteza dos dividendos, sustentado pelo argumento do pássaro na mão. Estudos empíricos não fornecem suporte claro sobre a relevância dos dividendos. Mesmo assim, a prática dos administradores financeiros e acionistas tende a sustentar a crença de que a política de dividendos de fato afeta o valor da ação.

OA 03 Discutir os principais fatores envolvidos no estabelecimento de uma política de dividendos. A política de dividendos de uma empresa deve fornecer financiamento suficiente e maximizar a riqueza dos acionistas. A política de dividendos é afetada por restrições legais e contratuais, por perspectivas de crescimento e por considerações pertinentes aos proprietários e ao mercado. Restrições legais proíbem as empresas de pagar como dividendos qualquer parcela de seu "capital social". O mesmo se aplica a empresas com obrigações em atraso, legalmente insolventes ou falidas. As restrições contratuais resultam de disposições restritivas nos contratos de empréstimos da empresa. As perspectivas de crescimento afetam a importância relativa de reter os lucros em vez de distribuí-los como dividendos. A situação fiscal dos proprietários, suas oportunidades de investimento e a diluição potencial da propriedade são considerações importantes no que diz respeito aos acionistas. Por fim, as considerações de mercado estão relacionadas à preferência dos acionistas pelo pagamento contínuo de séries fixas ou crescentes de dividendos.

OA 04 Rever e avaliar os três tipos básicos de política de dividendos. Com uma política de dividendos com taxa de distribuição constante, a empresa paga uma porcentagem fixa dos lucros aos proprietários a cada período; os dividendos sobem e descem com os lucros e não são pagos quando ocorre prejuízo. Ao adotar uma política de dividendos regulares, a empresa paga um dividendo de valor fixo a cada período; aumenta o valor dos dividendos somente depois de um aumento comprovado dos lucros.

A política de dividendos regulares baixos mais dividendos extraordinários é semelhante à política de dividendos regulares, a não ser pelo fato de que paga um dividendo extraordinário quando os lucros da empresa são maiores do que o normal.

OA 05 Avaliar os dividendos pagos em ações dos pontos de vista contábil, do acionista e da empresa. As empresas podem pagar dividendos em ações para substituir ou complementar os dividendos em dinheiro. O pagamento de dividendos em ações envolve uma transferência de fundos entre contas de capital, em vez de uma saída de fundos. Os dividendos em ações não alteram o valor de mercado dos papéis dos acionistas, sua participação percentual na propriedade ou sua participação no lucro total. Desse modo, os dividendos em ações geralmente não são tributáveis. No entanto, podem satisfazer os proprietários e permitir que a empresa preserve seu valor de mercado sem ter de usar caixa.

OA 06 Explicar os desdobramentos de ações e a motivação da empresa para realizá-la. Os desdobramentos de ações são usados para aumentar a negociação das ações de uma empresa por meio da redução ou elevação de seu preço de mercado. Um desdobramento de ações envolve apenas ajustes contábeis e não tem qualquer efeito sobre o caixa ou sobre a estrutura de capital da empresa, de modo que normalmente não é tributável.

Para retirar ações em circulação, as empresas podem recomprar as ações em vez de pagar um dividendo em dinheiro. Ao reduzir o número de ações em circulação aumenta-se o lucro por ação e o preço de mercado por ação. A recompra de ações também difere o pagamento do imposto de renda dos acionistas.

Revisão da abertura do capítulo

A abertura deste capítulo descreveu a decisão da Whirlpool de aumentar drasticamente seus dividendos no início de 2013 para $ 0,625 por ação. Quando fez o anúncio, a Whirlpool indicou que a data de registro do dividendo seria sexta-feira, 17 de maio, e que a data de pagamento seria sábado, 15 de junho. Quando você esperaria que a ação fosse ex-dividendo? O preço de mercado da ação da Whirlpool pouco antes da data ex-dividendo era $ 129. Imediatamente após a ação ser ex-dividendo, o preço de mercado era $ 129,67. Essa variação de preço surpreende? Calcule o retorno que um investidor poderia ter obtido se tivesse comprado a ação antes da data ex-dividendo, vendido imediatamente após e recebido o dividendo algumas semanas mais tarde.

Exercício de autoavaliação

 AA14.1 Recompra de ações. A Off-Shore Steel Company tem lucro disponível para os acionistas ordinários de $ 2 milhões e tem 500.000 ações ordinárias em circulação a $ 60 cada. A empresa está pensando em pagar $ 2 por ação em dividendos em dinheiro.

a. Calcule o *lucro por ação (LPA)* corrente e o *índice preço/lucro (P/L)* da empresa.

b. Se a empresa puder recomprar ações a $ 62 cada, quantas ações poderão ser recompradas em vez de fazer o pagamento proposto de dividendos?

c. De quanto será o LPA depois da recompra proposta? Por quê?

d. Se a ação for negociada ao antigo índice P/L, qual será o preço de mercado depois da recompra?

e. Compare e contraste o lucro por ação antes e depois da recompra proposta.

f. Compare e contraste a situação dos acionistas ante as alternativas de dividendo e recompra.

Exercícios de aquecimento

A14.1 A Stephanie`s Cafes, Inc., anunciou um dividendo de $ 1,30 por ação para os acionistas registrados na terça-feira, 2 de maio. A empresa tem 200.000 ações em circulação e pagará o dividendo em 24 de maio. Quanto caixa será necessário para pagar o dividendo? Quando a ação começará a ser negociada *ex-dividendo*?

A14.2 A Chancellor Industries tem lucros retidos disponíveis de $ 1,2 milhão. A empresa planeja fazer dois investimentos que exigem financiamento de $ 950.000 e $ 1,75 milhão, respectivamente. A Chancellor adota uma estrutura alvo de capital com 60% de capital de terceiros e 40% de capital próprio. Aplique a *teoria residual* para determinar quanto dividendo, se for o caso, pode ser pago e calcule a *taxa de distribuição de dividendos* resultante.

A14.3 A Ashkenazi Companies tem a seguinte conta de patrimônio líquido:

Ações ordinárias (350.000 ações, valor nominal de $ 3)	$ 1.050.000
Capital integralizado acima do valor nominal	2.500.000
Lucros retidos	750.000
Total do patrimônio líquido	$ 4.300.000

Supondo que as leis estaduais definem o capital social unicamente como o valor nominal das ações ordinárias, quanto a Ashkenazi pode pagar em *dividendos por ação*? Se o capital social fosse definido de maneira mais ampla e incluísse todo o capital integralizado, quanto a Ashkenazi poderia pagar em *dividendos por ação*?

A14.4 O conselho de administração da Kopi Industries está analisando uma nova política que fixaria os dividendos em 60% dos lucros. No passado recente, o lucro por ação (LPA) e os dividendos pagos por ação foram os seguintes:

Ano	Lucro por ação (LPA)	Dividendo/ação
2012	$ 1,75	$ 0,95
2013	1,95	1,20
2014	2,05	1,25
2015	2,25	1,30

Com base na taxa histórica de distribuição de dividendos da Kopi, discuta se uma *taxa constante de distribuição de dividendos* de 60% beneficiaria ou não os acionistas.

A14.5 A conta de patrimônio líquido atual da Hilo Farms é a seguinte:

Ações ordinárias (50.000 ações, valor nominal de $ 3)	$ 150.000
Capital integralizado acima do valor nominal	250.000
Lucros retidos	450.000
Total do patrimônio líquido	$ 850.000

A Hilo anunciou planos de emitir mais 5.000 ações ordinárias como parte de seu plano de dividendo em ações. O preço de mercado atual de sua ação ordinária é de $ 20 cada. Demonstre como o *dividendo em ações* proposto afetaria a conta de patrimônio líquido.

Exercícios

 E14.1 Procedimentos de pagamento de dividendos. Na assembleia trimestral de dividendos, a Wood Shoes anunciou dividendo em dinheiro de $ 1,10 por ação para os titulares registrados na segunda-feira, 10 de julho. A empresa tem 300.000 ações ordinárias em circulação e fixou a data de pagamento em 31 de julho. Antes do anúncio do dividendo, as principais contas da empresa eram as seguintes:

Caixa	$ 500.000	Dividendos a pagar	$ 0
		Lucros retidos	2.500.000

a. Indique os lançamentos após o encerramento da assembleia.

b. Quando é a data *ex-dividendo*?

c. Quais seriam os valores das principais contas depois da data de pagamento, 31 de julho?

d. Que efeito, se for o caso, terá o dividendo sobre o ativo total da empresa?

e. Desconsiderando as flutuações de mercado em geral, que efeito, se for o caso, terá o dividendo sobre o preço da ação da empresa na data ex-dividendo?

Exercício de finanças pessoais **E14.2 Pagamento de dividendos.** Kathy Snow quer comprar ações da Countdown Computing, Inc. O conselho de administração da empresa anunciou dividendo em dinheiro de $ 0,80 a ser pago aos titulares registrados na quarta-feira, 12 de maio.

a. Qual é o último dia em que Kathy pode comprar a ação (data de negociação) e ainda receber o dividendo?

b. Em que dia a ação começa a ser negociada ex-dividendo?

c. Que mudança, se for o caso, você esperaria do preço por ação quando a ação começar a ser negociada no dia ex-dividendo?

d. Se Kathy ficar com as ações por menos de um trimestre e então as vender por $ 39 cada, ela conseguiria um retorno maior do investimento: (1) se comprasse as ações *antes* da data ex-dividendo por $ 35 cada e recebesse o dividendo de $ 0,80; ou (2) se comprasse as ações na data ex-dividendo por $ 34,20 cada, mas não recebesse o dividendo?

 E14.3 Política residual de dividendos. Como presidente da Young`s of Califórnia, uma grande cadeia de lojas de vestuário, você acabou de receber uma carta de um grande acionista. Ele pergunta sobre a política de dividendos da empresa. Na verdade, ele pede que você estime o valor do dividendo que a empresa deve pagar no próximo ano. Você ainda não coletou todas as informações sobre o pagamento de dividendos esperado, mas sabe que:

(1) A empresa adota uma política residual de dividendos.

(2) O orçamento de capital total para o próximo ano provavelmente terá um de três valores possíveis, dependendo dos resultados dos estudos atualmente em andamento. Os montantes possíveis dos investimentos em bens de capital são: $ 2 milhões, $ 3 milhões e $ 4 milhões.

(3) O nível previsto de lucros retidos potenciais para o próximo ano é de $ 2 milhões.

(4) A estrutura alvo ou ótima de capital é um índice de endividamento de 40%.

Você decidiu responder a carta enviando ao acionista as informações mais confiáveis de que dispõe.

a. Descreva a *política residual de dividendos*.

b. Calcule o valor do dividendo (ou o montante de novas ações ordinárias necessárias) e a taxa de distribuição de dividendos para cada um dos três valores de investimentos em bens de capital.

c. Compare, contraste e discuta o valor dos dividendos (calculado no item **b**) associado a cada um dos três valores de investimentos em bens de capital.

E14.4 Restrições a dividendos. A conta de patrimônio líquido da Howe Company é a seguinte:

Ações ordinárias (400.000 ações, valor nominal de $ 4)	$ 1.600.000
Capital integralizado acima do valor nominal	1.000.000
Lucros retidos	1.900.000
Total do patrimônio líquido	$ 4.500.000

O lucro disponível para os acionistas ordinários resultante das operações desse exercício é de $ 100.000, que estão incluídos nos lucros retidos de $ 1,9 milhão.

a. Qual é o *dividendo máximo por ação* que a empresa pode pagar? (Suponha que o capital social inclui *todo* o capital integralizado.)

b. Se a empresa tem $ 160.000 em caixa, qual é o maior dividendo por ação que pode pagar sem contrair empréstimos?

c. Indique as contas e as mudanças, se for o caso, que resultarão se a empresa pagar os dividendos indicados nos itens **a** e **b**.

d. Indique os efeitos de um dividendo em dinheiro de $ 80.000 sobre o patrimônio líquido.

E14.5 Restrições a dividendos. Uma empresa tem capital integralizado de $ 800.000, lucros retidos de $ 40.000 (incluídos os lucros do ano corrente) e 25.000 ações ordinárias em circulação. No ano corrente, tem $ 29.000 em lucro disponível para os acionistas ordinários.

a. Qual é o máximo que a empresa pode pagar em dividendos em dinheiro a cada acionista ordinário? (Suponha que o capital social inclui *todo* o capital integralizado.)

b. Qual o efeito de um dividendo em dinheiro de $ 0,80 por ação sobre as contas do balanço patrimonial da empresa?

c. Se a empresa não puder levantar novos recursos de fontes externas, qual, em sua opinião, seria a principal restrição com relação à magnitude do pagamento de dividendos da empresa? Por quê?

E14.6 Política de dividendos regulares baixos mais dividendos extraordinários. A Bennett Farm Equipment Sales, Inc., atua em um segmento altamente cíclico. Embora tenha uma taxa alvo de distribuição de dividendos de 25%, seu conselho de administração constata que a adesão estrita a essa taxa resultaria em dividendo flutuante e criaria incerteza para os acionistas da empresa. Desse modo, a empresa anunciou um dividendo regular de $ 0,50 por ação por ano, mais dividendos extraordinários a serem pagos quando os lucros os justificarem. O lucro por ação dos últimos anos é apresentado na tabela a seguir.

Ano	LPA	Ano	LPA
2015	$ 3,00	2012	$ 2,80
2014	2,40	2011	2,15
2013	2,20	2010	1,97

a. Calcule a *taxa de distribuição de dividendos* de cada ano com base no dividendo regular de $ 0,50 e no respectivo LPA.

b. Calcule, para cada ano, a diferença entre o dividendo regular de $ 0,50 e uma taxa de distribuição de 25%.

c. A Bennett estabeleceu a política de pagar um dividendo extraordinário de $ 0,25 apenas quando a diferença entre o dividendo regular e a taxa de distribuição de 25% chegar a $ 1 ou mais. Mostre os dividendos regular e extraordinário nos anos em que o dividendo extraordinário seria pago. O que seria feito com o lucro "extraordinário" que não fosse distribuído?

d. A empresa espera que o lucro por ação futuro continue cíclico, mas permaneça acima de $ 2,20 por ação na maioria dos anos. Quais fatores devem ser levados em consideração ao fazer uma revisão do valor pago como dividendo regular? Se a empresa revisar o dividendo regular, qual o novo montante que deveria pagar?

E14.7 Políticas alternativas de dividendos. Nos últimos dez anos, uma empresa teve o lucro por ação apresentado na tabela a seguir.

Ano	Lucro por ação	Ano	Lucro por ação
2015	$ 4,00	2010	$ 2,40
2014	3,80	2009	1,20
2013	3,20	2008	1,80
2012	2,80	2007	–0,50
2011	3,20	2006	0,25

a. Se a política de dividendos da empresa se baseasse em uma *taxa constante de distribuição* de 40% em todos os anos com resultados positivos e de 0% caso contrário, qual seria o dividendo anual pago em cada ano?

b. Se a empresa tem uma distribuição de dividendo de $ 1 por ação, aumentando em $ 0,10 por ação sempre que a distribuição de dividendos ficasse abaixo de 50% por dois anos consecutivos, qual o dividendo anual que a empresa pagaria a cada ano?

c. Se a política da empresa fosse pagar $ 0,50 por ação a cada período, exceto quando o lucro por ação fosse superior a $ 3, caso em que seria pago um dividendo extraordinário igual a 80% dos lucros acima de $ 3, que dividendo anual a empresa pagaria a cada ano?

d. Discuta os prós e os contras de cada uma das políticas de dividendos descritas nos itens **a** a **c**.

E14.8 Políticas alternativas de dividendos. Dado os lucros por ação do período 2008–2015 apresentado na tabela a seguir, determine o dividendo anual por ação sob cada uma das políticas descritas nos itens **a** a **d**.

Ano	Lucro por ação
2015	$ 1,40
2014	1,56
2013	1,20
2012	−0,85
2011	1,05
2010	0,60
2009	1,00
2008	0,44

a. Distribuir 50% do lucro em todos os anos com resultados positivos.

b. Pagar $ 0,50 por ação e aumentar para $ 0,60 por ação quando o lucro por ação subir acima de $ 0,90 por ação por dois anos consecutivos.

c. Pagar $ 0,50 por ação, exceto quando os lucros excederem $ 1 por ação, caso em que se pagaria um dividendo extraordinário de 60% do lucro acima de $ 1 por ação.

d. Combinar as políticas descritas nos itens **b** e **c**. Quando o dividendo aumentar (no item **b**), elevar a base do dividendo extraordinário (no item **c**) de $ 1 para $ 1,10 por ação.

e. Compare e contraste cada uma das políticas de dividendos descritas nos itens **a** a **d**.

E14.9 Dividendo em ações: empresa. A Columbia Paper tem o patrimônio líquido apresentado a seguir. Suas ações ordinárias têm preço de mercado corrente de $ 30 por ação.

Ações preferenciais	$ 100.000
Ações ordinárias (10.000 ações, valor nominal de $ 2)	20.000
Capital integralizado acima do valor nominal	280.000
Lucros retidos	100.000
Total do patrimônio líquido	$ 500.000

a. Demonstre os efeitos de um dividendo em ações de 5% sobre a Columbia.

b. Demonstre os efeitos de um dividendo em ações de: (1) 10% e (2) 20%.

c. À luz de suas respostas nos itens **a** e **b**, discuta os efeitos dos dividendos em ações sobre o patrimônio líquido.

E14.10 Dividendo em dinheiro *versus* dividendo em ações. A Milwaukee Tool tem o patrimônio líquido apresentado a seguir. As ações ordinárias da empresa são negociadas atualmente a $ 4 por ação.

Ações preferenciais	$ 100.000
Ações ordinárias (400.000 ações, valor nominal de $ 1)	400.000
Capital integralizado acima do valor nominal	200.000
Lucros retidos	320.000
Total do patrimônio líquido	$ 1.020.000

a. Demonstre os efeitos sobre a empresa de um dividendo *em dinheiro* de $ 0,01, $ 0,05, $ 0,10 e $ 0,20 por ação.

b. Demonstre os efeitos sobre a empresa de um dividendo *em ações* de 1%, 5%, 10% e 20%.

c. Compare os efeitos dos itens **a** e **b**. Quais são as principais diferenças entre os dois métodos de pagamento de dividendos?

Exercício de finanças pessoais

E14.11 Dividendo em ações: investidor. Sarah Warren detém atualmente 400 ações da Nutri-Foods. A empresa tem 40.000 ações em circulação. No período mais recente, o lucro disponível para os acionistas ordinários da empresa era de $ 80.000 e sua ação era negociada a $ 22 cada. A empresa pretende reter seu lucro e pagar um dividendo em ações de 10%.

a. Quanto a empresa ganha atualmente por ação?

b. Que proporção da empresa Sarah detém atualmente?

c. Que proporção da empresa Sarah deterá depois do dividendo em ações? Explique sua resposta.

d. A que preço de mercado você espera que a ação seja negociada depois do dividendo em ações?

e. Discuta o efeito, caso haja, do pagamento de dividendos em ações sobre a participação de Sarah e o lucro da Nutri-Foods.

Exercício de finanças pessoais

E14.12 Dividendo em ações: investidor. A Security Data Company tem 50.000 ações ordinárias em circulação, negociadas atualmente a $ 40 cada. Mais recentemente, o lucro disponível para os acionistas ordinários da empresa era de $ 120.000, mas ela decidiu reter esses fundos e está estudando um dividendo em ações de 5% ou 10% em vez de um dividendo em dinheiro.

a. Determine o *lucro por ação* atual da empresa.

b. Se Sam Waller possui hoje 500 ações da empresa, determine sua participação atual e sob cada um dos planos propostos de dividendo em ações. Explique suas respostas.

c. Calcule e explique o preço de mercado por ação sob cada um dos planos propostos de dividendo em ações.

d. Para cada um dos planos propostos de dividendos em ações, calcule o lucro por ação depois do pagamento do dividendo em ações.

e. Qual o valor da participação de Sam sob cada um dos planos? Explique.

f. Sam deveria ter alguma preferência com relação aos dividendos em ações propostos? Por quê?

E14.13 Desdobramento de ações: empresa. O patrimônio líquido da Growth Industries é apresentado a seguir:

Ações preferenciais	$ 400.000
Ações ordinárias (600.000 ações, valor nominal de $ 3)	1.800.000
Capital integralizado acima do valor nominal	200.000
Lucros retidos	800.000
Total do patrimônio líquido	$ 3.200.000

a. Indique a variação esperada, caso haja, se a empresa anunciar um desdobramento de ações de 2:1.

b. Indique a variação esperada, caso haja, se a empresa anunciar um desdobramento *reverso* de 1:1 .

c. Indique a variação esperada, caso haja, se a empresa anunciar um desdobramento de ações de 3:1.

d. Indique a variação esperada, caso haja, se a empresa anunciar um desdobramento de ações de 6:1.

e. Indique a variação esperada, caso haja, se a empresa anunciar um desdobramento *reverso* de 1:4.

E14.14 Desdobramentos de ações. Nathan Detroit possui 400 ações da empresa alimentícia General Mills, Inc., que adquiriu durante a recessão em janeiro de 2009 por $ 35 por ação. A General Mills é considerada uma empresa relativamente segura por fornecer um produto básico que os consumidores precisam tanto em bons quanto em maus momentos econômicos. Nathan leu no *Wall Street Journal* que o conselho de administração da empresa votou desdobrar as ações em 2:1. Em junho de 2010, pouco antes do desdobramento, as ações da General Mills eram negociadas a $ 75,14. Responda às perguntas a seguir quanto ao impacto do desdobramento de ações sobre a participação e o imposto de renda de Nathan, que está na faixa de 28%.

Exercício de finanças pessoais

a. Quantas ações da General Mills terá Nathan depois do desdobramento de ações?

b. Imediatamente após o desdobramento, qual deve ser o valor da General Mills?

c. Compare o valor total das ações de Nathan antes e depois do desdobramento, dado que o preço da ação da General Mills imediatamente após o desdobramento era de $ 37,50. Qual a sua conclusão?

d. Nathan tem um ganho ou um prejuízo com as ações em virtude do desdobramento 2:1?

e. Qual é a obrigação tributária de Nathan resultante do evento?

E14.15 Desdobramento de ações *versus* dividendo em ações: empresa. A Mammoth Corporation está analisando um desdobramento de ações de 3:2. Tem atualmente o patrimônio líquido mostrado na tabela a seguir. O preço corrente da ação é de $ 120 cada. O lucro disponível para as ações ordinárias no período mais recente está incluído nos lucros retidos.

Ações preferenciais	$ 1.000.000
Ações ordinárias (100.000 ações, valor nominal de $ 3)	300.000
Capital integralizado acima do valor nominal	1.700.000
Lucros retidos	10.000.000
Total do patrimônio líquido	$ 13.000.000

a. Quais os efeitos do *desdobramento de ações* sobre a Mammoth?

b. Que variação do preço da ação você esperaria como resultado do desdobramento de ações?

c. Qual é o dividendo em dinheiro máximo por ação que a empresa poderia pagar para as ações ordinárias antes e depois do desdobramento? (Suponha que o capital social inclui *todo* o capital integralizado.)

d. Compare suas respostas nos itens **a** a **c** com as circunstâncias correspondentes a um *dividendo em ações* de 50%.

e. Explique as diferenças entre desdobramentos de ações e dividendos em ações.

E14.16 Dividendo em ações *versus* desdobramento de ações: empresa. O conselho de administração da Wicker Home Health Care, Inc., está analisando maneiras de expandir o número de ações ordinárias em circulação em uma tentativa de reduzir o preço de mercado por ação a um nível que a empresa considere mais atraente para os investidores. As opções em análise são um dividendo em ações de 20% e um desdobramento de ações de 5:4. No momento, o patrimônio líquido da empresa e outras informações relativas às ações são apresentados a seguir:

Ações preferenciais	$ 0
Ações ordinárias (100.000 ações, valor nominal de $ 1)	100.000
Capital integralizado acima do valor nominal	900.000
Lucros retidos	700.000
Total do patrimônio líquido	$ 1.700.000
Preço por ação	$ 30,00
Lucro por ação	$ 3,60
Dividendo por ação	$ 1,08

a. Demonstre o efeito de um *dividendo em ações* de 20% sobre o patrimônio líquido e os dados relativos às ações da empresa.

b. Demonstre o efeito de um *desdobramento de ações* de 5:4 sobre o patrimônio líquido e os dados relativos às ações da empresa.

c. Qual opção alcançará o objetivo da Wicker de reduzir o preço corrente da ação, mantendo um nível estável de lucros retidos?

d. Quais restrições legais poderiam incentivar a empresa a optar pelo desdobramento de ações em vez de dividendo em ações?

 E14.17 Recompra de ações. Estão disponíveis os seguintes dados financeiros da Bond Recording Company:

Lucro disponível para os acionistas ordinários	$ 800.000
Número de ações ordinárias em circulação	400.000
Lucro por ação ($ 800.000 ÷ 400.000)	$ 2
Preço de mercado por ação	$ 20
Índice preço/lucro (P/L) ($ 20 ÷ $ 2)	10

Atualmente a empresa está analisando se deveria usar $ 400.000 de seu lucro para pagar dividendos em dinheiro de $ 1 por ação, ou recomprar ações a $ 21 por ação.

a. Aproximadamente quantas ações a empresa pode recomprar ao preço de $ 21 por ação, usando os fundos que iriam para o pagamento de dividendos em dinheiro?

b. Calcule o *LPA* após a recompra. Explique seus cálculos.

c. Se a ação ainda for negociada a dez vezes o lucro, qual será o *preço de mercado* após a recompra?

d. Compare o lucro por ação antes e depois da recompra.

e. Compare e contraste a situação dos acionistas sob as alternativas de dividendo e recompra. Quais são as implicações fiscais de cada alternativa?

E14.18 Recompra de ações. A Harte Textiles, Inc., uma fabricante de tecidos especiais para estofados, está preocupada com a preservação da riqueza de seus acionistas durante uma queda cíclica no segmento de mobiliário doméstico. A empresa tem mantido um pagamento constante de dividendos de $ 2 atrelado a uma taxa alvo de distribuição de 40%. A administração está preparando uma recomendação de recompra de ações para apresentar ao conselho de administração da empresa. Os dados a seguir foram coletados dos dois últimos anos.

	2014	2015
Lucro disponível para os acionistas ordinários	$ 1.260.000	$ 1.200.000
Número de ações em circulação	300.000	300.000
Lucro por ação	$ 4,20	$ 4,00
Preço de mercado por ação	$ 23,50	$ 20,00
Índice preço/lucro (P/L)	5,6	5,0

a. Quantas ações a empresa deveria ter em circulação em 2015 se seu lucro disponível para os acionistas ordinários naquele ano for de $ 1,2 milhão e ela pagar um dividendo de $ 2, considerando que sua taxa de distribuição desejada é de 40%?

b. Quantas ações a Harte teria de recomprar para atingir o nível de ações em circulação calculado no item **a**?

E14.19 Problema de ética. Suponha que você seja o diretor financeiro de uma empresa que está analisando uma recompra de ações no próximo trimestre. Você sabe que existem diversos métodos para reduzir o lucro trimestral corrente, o que poderia levar a uma queda do preço da ação antes do anúncio da recompra proposta. Que procedimento você recomendaria ao CEO de sua empresa? Se ele recomendasse reduzir o lucro do trimestre corrente, qual seria sua resposta?

Exercício com planilha

Uma maneira de reduzir o preço de mercado da ação de uma empresa é realizando um desdobramento de ações. A Rock-O Corporation encontra-se em uma situação diferente: sua ação está sendo negociada a preços relativamente baixos. Para elevar o preço de mercado da ação, a empresa decide por um *desdobramento reverso* de 2:3.

A empresa tem atualmente 700.000 ações ordinárias em circulação e nenhuma ação preferencial. O valor nominal da ação ordinária é de $ 1. No momento, o capital integralizado acima do valor nominal é de $ 7 milhões e os lucros retidos da empresa são de $ 3,5 milhões.

TAREFA

Crie uma planilha para determinar os itens a seguir:

a. O grupo do patrimônio líquido do balanço patrimonial *antes* do desdobramento reverso.

b. O grupo do patrimônio líquido do balanço patrimonial *depois* do desdobramento reverso.

CASO INTEGRATIVO 6

O'GRADY APPAREL COMPANY

A O'Grady Apparel Company foi fundada há cerca de 160 anos, quando um comerciante irlandês chamado Garrett O'Grady desembarcou em Los Angeles com um estoque de lona que esperava vender a mineradores a caminho das minas de ouro da Califórnia, para uso em barracas e coberturas de vagões. No entanto, acabou se voltando para a venda de roupas reforçadas.

Hoje, a O'Grady Apparel Company é uma pequena fabricante de tecidos e vestuário, com ações negociadas no mercado de balcão. Em 2015, a empresa com sede em Los Angeles experimentou forte aumento nos mercados doméstico e europeu, que resultou em lucros recordes. As vendas aumentaram de $ 15,9 milhões em 2014 para $ 18,3 milhões em 2015, com um lucro por ação de $ 3,28 e $ 3,84, respectivamente.

As vendas na Europa representaram 29% do total das vendas em 2015, um grande aumento em relação a 24% no ano anterior e apenas 3% em 2010, um ano depois do início das operações no exterior. Embora as vendas no exterior representem quase um terço do total das vendas, espera-se que o crescimento no mercado doméstico afete muito mais a empresa. A administração espera que as vendas superem $ 21 milhões em 2016 e que o lucro por ação atinja $ 4,40. (Itens selecionados da demonstração de resultados são apresentados na Tabela 1.)

Devido ao crescimento recente, Margaret Jennings, tesoureira da empresa, está preocupada com a possibilidade de os fundos disponíveis não estarem sendo bem utilizados. Espera-se que os fundos gerados internamente de $ 1,3 milhão projetados para 2016 sejam insuficientes para atender às necessidades de expansão da empresa. A administração estabeleceu a política de manter as atuais proporções de estrutura de capital de 25% de dívida de longo prazo, 10% de ações preferenciais e 65% de ações ordinárias por no mínimo pelos próximos três anos. Além disso, planeja continuar distribuindo 40% de seus lucros em dividendos. O investimento total em bens de capital ainda não foi determinado.

Os administradores de divisão e de produto apresentaram a Jennings diversas oportunidades de investimento. No entanto, como os fundos são limitados, a empresa precisa escolher quais projetos aceitar. Uma lista de oportunidades de investimento é apresentada na Tabela 2. Para analisar o efeito das necessidades crescentes de financiamento sobre o custo médio ponderado de capital (CMPC), Jennings procurou um banco de investimento que forneceu os dados de custo de financiamento apresentados na Tabela 3. A alíquota de imposto de renda da O'Grady é de 40%.

Tabela 1

Itens selecionados da demonstração de resultado

	2013	2014	2015	2016 projetado
Receita líquida de vendas	$ 13.860.000	$ 15.940.000	$ 18.330.000	$ 21.080.000
Lucro líquido após imposto de renda	$ 1.520.000	$ 1.750.000	$ 2.020.000	$ 2.323.000
Lucro por ação (LPA)	2,88	3,28	3,84	4,40
Dividendo por ação	1,15	1,31	1,54	1,76

Tabela 2

Oportunidades de investimento

Oportunidade de investimento	Taxa interna de retorno (TIR)	Investimento inicial
A	21%	$ 400.000
B	19%	200.000
C	24%	700.000
D	27%	500.000
E	18%	300.000
F	22%	600.000
G	17%	500.000

Tabela 3

Dados de custo de financiamento

Dívida de longo prazo: a empresa pode levantar $ 700.000 vendendo títulos de dívida de dez anos, com valor nominal de $ 1.000, juros anual de 12%, com ingresso líquido de $ 970 após os custos de lançamento. Qualquer dívida acima de $ 700.000 terá custo antes de imposto de renda, r_d, de 18%.

Ações preferenciais: ações preferenciais, independentemente do número vendido, podem ser emitidas com valor nominal de $ 60 e taxa de dividendos anual de 17%. O ingresso líquido será de $ 57 por ação após os custos de lançamento.

Ações ordinárias: a empresa espera que seus dividendos e lucros continuem crescendo a uma taxa constante de 15% ao ano. A ação da empresa é negociada atualmente por $ 20 cada. A empresa espera ter $ 1,3 milhão em lucros retidos disponíveis. Uma vez esgotados os lucros retidos, a empresa pode levantar fundos adicionais com a venda de novas ações ordinárias, com ingresso líquido de $ 16 por ação depois do *underpricing* e dos custos de lançamento.

TAREFA

a. Complete a tabela a seguir, calculando o custo após imposto de renda para cada fonte de financiamento e para cada faixa indicada.

Fonte de capital	Faixa de novo financiamento	Custo após imposto de renda (%)
Dívida de longo prazo	$ 0 – $ 700.000	_____
	$ 700.000 ou mais	_____
Ações preferenciais	$ 0 ou mais	_____
Ações ordinárias	$ 0 – $ 1.300.000	_____
	$ 1.300.000 ou mais	_____

b. (1) Determine o *ponto de ruptura* associado às ações ordinárias. Um ponto de ruptura representa o montante total de financiamento que a empresa pode levantar antes de provocar um aumento no custo de uma fonte de financiamento específica. Por exemplo, a O`Grady planeja usar 25% de dívida de longo prazo em sua estrutura de capital. Desse modo, para cada $ 1 de dívida que a empresa usa, serão utilizados $ 3 de outras fontes de financiamento (o financiamento total é então de $ 4 e, como $ 1 vem de dívida de longo prazo, sua participação no total é o desejado 25%). Com base nos dados apresentados na Tabela 3, vemos que, depois que a empresa levantar $ 700.000 em dívida de longo prazo, o custo dessa fonte de financiamento começa a subir. Entretanto, a empresa pode levantar capital total de $ 2,8 milhões antes de o custo da dívida subir ($ 700.000 em dívida mais $ 2,1 milhões em outras fontes para manter a proporção de 25% para dívida) e $ 2,8 milhões é o ponto de ruptura para a dívida. Se a empresa quiser manter a estrutura de capital com 25% de dívida de longo prazo e quiser também levantar mais que $ 2,8 milhões em financiamento total, serão necessários mais que $ 700.000 em dívida de longo prazo, e isso acionará o custo mais elevado da dívida adicional, emitida acima de $ 700.000.

(2) Usando os pontos de ruptura desenvolvidos no item (1), determine cada uma das faixas do novo financiamento *total* em que o custo médio ponderado de capital (CMPC) permanece constante.

(3) Calcule o custo médio ponderado de capital para cada faixa do novo financiamento total. Trace um gráfico com o CMPC no eixo vertical e o montante total de recursos levantado no eixo horizontal, e mostre como o CMPC da empresa sobe em "degraus" à medida que o montante de recursos levantado aumenta.

c. (1) Classifique as oportunidades de investimento descritas na Tabela 2 em ordem decrescente de retorno (do maior para o menor) e trace uma linha no gráfico do item (3) mostrando quanto recurso é necessário para financiar os investimentos, começando com o retorno mais alto para o retorno mais baixo. Em outras palavras, essa linha mostrará a relação entre o TIR dos investimentos e o financiamento total necessário para empreender esses investimentos.

(2) Qual dos investimentos, se for o caso, você recomendaria à empresa aceitar? Explique sua resposta.

d. (1) Supondo que os custos de financiamento específicos não se alterem, que efeito teria em seus resultados anteriores uma mudança para uma *estrutura de capital* mais alavancada consistindo de 50% de dívida de longo prazo, 10% de ações preferenciais e 40% de ações ordinárias? (*Observação:* refaça os itens **b** e **c** usando essa nova estrutura de capital.)

(2) Qual estrutura de capital – a original ou a nova – parece melhor? Por quê?

e. (1) Que tipo de *política de dividendos* a empresa parece empregar? Ela parece apropriada, dado o crescimento recente das vendas e do lucro, e as atuais oportunidades de investimento da empresa?

(2) Você recomendaria uma outra política de dividendos? Explique. Como essa política afetaria os investimentos recomendados no item **c** (2)?

PARTE 7

Decisões financeiras de curto prazo

Capítulos desta parte

15 Administração do capital de giro e do ativo circulante

16 Administração do passivo circulante

CASO INTEGRATIVO 7 ▶ Casa de Diseño

▶ As decisões financeiras de curto prazo são orientadas pelos mesmos princípios de administração financeira que as decisões financeiras de longo prazo, apenas o período de tempo é diferente: trata-se de dias, semanas e meses, em vez de anos. A administração do capital de giro foca na administração de fluxos de caixa de curto prazo, avaliando seu timing, risco e impacto sobre o valor da empresa. Embora as decisões financeiras de longo prazo determinem a capacidade da empresa de maximizar a riqueza dos acionistas, pode não haver a possibilidade de um longo prazo se os administradores financeiros não conseguirem tomar boas decisões financeiras de curto prazo.

O Capítulo 15 discute as técnicas e estratégias para administrar o capital de giro e o ativo circulante, além de apresentar os fundamentos do capital de giro líquido e a importância do ciclo de conversão de caixa. O Capítulo 16 discute a importância de controlar as contas a pagar e administrar outros passivos circulantes. Você vai aprender como as empresas usam o passivo circulante, incluindo fornecedores, contas a pagar, linhas de crédito, *commercial paper* e empréstimos de curto prazo, para financiar os ativos circulantes. A adesão bem-sucedida aos fundamentos da administração do capital de giro ajudará a garantir que a empresa possa cumprir suas obrigações operacionais e maximizar seus investimentos de longo prazo.

Capítulo 15

Administração do capital de giro e do ativo circulante

Objetivos de aprendizagem

OA 1 Entender a administração do capital de giro, o capital de giro líquido e a relação entre rentabilidade e risco.

OA 2 Descrever o ciclo de conversão de caixa, suas necessidades de financiamento e as principais estratégias para administrá-lo.

OA 3 Discutir a administração de estoques: diferentes visões, técnicas comuns e considerações internacionais.

OA 4 Explicar o processo de seleção de crédito e o procedimento quantitativo para avaliar as mudanças dos padrões de crédito.

OA 5 Rever os procedimentos para avaliar quantitativamente as mudanças em descontos financeiros, outros aspectos de termos de crédito e monitoramento de crédito.

OA 6 Compreender a administração de recebimentos e pagamentos — incluindo *float* —, agilizar recebimentos, postergar pagamentos, concentração de caixa, contas de saldo zero e investimentos em títulos negociáveis.

▶ Por que este capítulo é importante para você?

Na sua vida PROFISSIONAL

CONTABILIDADE Para entender o ciclo de conversão de caixa, a administração de estoque, contas a receber e os processos de recebimentos e pagamentos.

SISTEMAS DE INFORMAÇÃO Para entender o ciclo de conversão de caixa, estoque, contas a receber e os processos de recebimentos e pagamentos de caixa, a fim de criar sistemas de informações financeiras que facilitem a administração eficaz do capital de giro.

GESTÃO Para entender a administração do capital de giro, de modo a administrar com eficácia o ativo circulante e decidir entre financiar as necessidades de fundos da empresa de maneira agressiva ou conservadora.

MARKETING Para entender a seleção e o monitoramento de crédito, pois as vendas serão afetadas pela disponibilidade de crédito aos compradores e pela administração de estoque.

OPERAÇÕES Para entender o ciclo de conversão de caixa e buscar reduzi-lo por meio da administração eficiente de produção, estoque e custos.

Na sua vida PESSOAL

Com frequência, você terá de lidar com decisões de compra de curto prazo, que tendem a se concentrar em bens de consumo. Muitas delas envolvem escolher entre quantidade e preço: é melhor comprar grandes quantidades para pagar um preço unitário menor, guardar os bens e consumi-los ao longo do tempo? Ou comprar quantidades menores com maior frequência e pagar um preço unitário um pouco mais alto? A análise desses tipos de decisões de compra de curto prazo o ajudará a aproveitar o seu dinheiro ao máximo.

Pesquisa de risco de tesouraria em 2013

Preocupações com a liquidez ocupam as mentes dos gerentes de tesouraria

Em sua pesquisa anual com gerentes de tesouraria de empresas, a Global Treasury News descobriu que o principal risco nas mentes desses profissionais, nos Estados Unidos e na Europa, em 2013, era o risco de liquidez. O risco de liquidez refere-se à possibilidade de a empresa não ter caixa ou acesso a caixa por meio dos mercados de crédito quando necessário. As preocupações com o risco de liquidez em 2013 foram provavelmente um efeito prolongado da crise financeira global de 2008. Durante esse período, muitas empresas descobriram que as fontes de financiamento em que haviam confiado no passado, como linhas de crédito bancário e *commercial paper*, secaram de repente. As empresas começaram a economizar caixa e, com isso, contribuíram para uma grave recessão global. Não surpreendentemente, nos anos que se seguiram à crise, as empresas começaram a construir suas reservas de caixa. Um estudo de 2012 da Moody's descobriu que as empresas norte-americanas estavam retendo mais de US$ 1,2 trilhão em caixa, um recorde histórico.

Embora manter grandes reservas de caixa possa proteger as empresas de uma crise de liquidez, existem desvantagens para essa estratégia. As empresas normalmente investem suas reservas de caixa em ativos de curto prazo e de baixo risco e os retornos desses ativos em 2013 estavam em mínimos históricos. Por exemplo, os rendimentos das *Treasury bills* de curto prazo em 2013 variaram de 0,01% a 0,20%, dependendo do vencimento. A empresa com o maior saldo de caixa durante esse período foi a Apple, Inc. Com mais de US$ 100 bilhões em caixa, a Apple atraiu críticas de acionistas que queriam que a empresa colocasse o dinheiro em investimentos que gerassem retornos maiores ou distribuísse o dinheiro aos acionistas por meio de dividendos ou recompras de ações.

O caixa é apenas um dos componentes do capital de giro de uma empresa, mas as questões que as empresas devem ponderar ao decidir quanto caixa manter também surgem na administração de outros itens do capital de giro, como contas a receber, estoques e contas a pagar. Este capítulo explica os trade-offs envolvidos na administração do capital de giro e como os administradores devem avaliar esses trade-offs.

15.1 Fundamentos do capital de giro líquido

O balanço patrimonial fornece informações, de um lado, sobre a estrutura dos investimentos de uma empresa e, de outro, sobre a estrutura de suas fontes de financiamento. As estruturas escolhidas devem levar constantemente à maximização do valor do investimento dos proprietários na empresa.

ADMINISTRAÇÃO DO CAPITAL DE GIRO

A importância da administração eficiente do capital de giro é indiscutível, uma vez que a viabilidade de uma empresa depende da capacidade do administrador financeiro de administrar com eficácia as contas a receber, os estoques e as contas a pagar. O objetivo da **administração do capital de giro (ou administração financeira de curto prazo)** é administrar cada um dos ativos circulantes (estoque, contas a receber, títulos negociáveis e caixa) e dos passivos circulantes da empresa (títulos a pagar, contas a pagar e fornecedores) para atingir um equilíbrio entre rentabilidade e risco que contribua positivamente para o valor da empresa.

As empresas podem reduzir os custos de financiamento ou aumentar os fundos disponíveis para expansão, minimizando o montante de fundos vinculados ao capital de giro. Portanto, não deve ser surpreendente saber que o capital de giro é uma das atividades mais importantes e que mais consome tempo do administrador financeiro. Estudos conduzidos pela revista *CFO* e pela Universidade Duke, na Carolina do Norte, constataram que os diretores financeiros das empresas gastam quase 30 horas por mês na administração do capital de giro e do caixa, que é mais tempo do que gastam em qualquer outra atividade. Pesquisas semelhantes descobriram que os diretores financeiros acreditam que seus esforços para administrar o capital de giro efetivamente agregam tanto valor à empresa quanto qualquer outra atividade em que se envolvam.

A seguir, usaremos o *capital de giro líquido* para analisar a relação entre ativo circulante e passivo circulante e, depois, usaremos o *ciclo de conversão de caixa* para avaliar os principais aspectos da administração do ativo circulante. No Capítulo 16, analisaremos a administração do passivo circulante.

administração do capital de giro (ou administração financeira de curto prazo)
Administração do ativo circulante e do passivo circulante.

CAPITAL DE GIRO LÍQUIDO

O ativo circulante, comumente chamado de **capital de giro**, representa a parcela do investimento que circula, de uma forma para outra, na condução normal dos negócios. Essa ideia abrange a transição recorrente de caixa para estoques, depois para contas a receber e de volta para caixa. Como substitutos do caixa, os *títulos negociáveis* também fazem parte do capital de giro.

O passivo circulante representa o financiamento de curto prazo da empresa, pois inclui todas as dívidas que vencem em um ano ou menos. Essas dívidas normalmente incluem valores devidos a fornecedores, funcionários e governos (contas a pagar), bancos (títulos a pagar), entre outros. (Você pode consultar o Capítulo 3 para uma discussão completa dos itens do balanço patrimonial.)

Como vimos no Capítulo 11, o **capital de giro líquido** é definido como a diferença entre o ativo circulante da empresa e seu passivo circulante. Quando o ativo circulante é maior que o passivo circulante, a empresa tem *capital de giro líquido positivo*. Quando o ativo circulante é menor que o passivo circulante, a empresa tem *capital de giro líquido negativo*.

A conversão do estoque para contas a receber (e posteriormente para caixa) fornece o dinheiro usado para pagar o passivo circulante. Os desembolsos de caixa para pagar

capital de giro
Ativo circulante, que representa a parcela do investimento que circula, de uma forma para outra, na condução normal dos negócios.

capital de giro líquido
A diferença entre o ativo circulante da empresa e seu passivo circulante.

FATOS e DADOS

Os diretores financeiros valorizam a administração do capital de giro

Uma pesquisa com diretores financeiros de empresas ao redor do mundo sugere que a administração do capital de giro está no topo da lista de funções de finanças mais valorizadas. Entre 19 funções, os diretores financeiros consideraram a administração do capital de giro como sendo tão importante quanto estrutura de capital, emissão e administração de dívida, relações com os bancos e gestão tributária. No entanto, a satisfação dos diretores financeiros com o desempenho da administração do capital de giro foi o oposto. Eles consideravam o desempenho da administração do capital de giro melhor apenas do que o desempenho da administração de aposentadorias. De acordo com a visão de que a administração do capital de giro é uma atividade de alto valor, mas de baixa satisfação, ela foi identificada como a segunda função de finanças que mais necessita de recursos adicionais.[1]

o passivo circulante são relativamente previsíveis. Ao incorrer em uma obrigação, a empresa normalmente sabe quando o pagamento correspondente será devido. A dificuldade está em prever as entradas de caixa: a conversão do ativo circulante em formas mais líquidas. Quanto mais previsíveis forem as entradas de caixa, menor o capital de giro líquido necessário. Como a maioria das empresas é incapaz de conciliar com certeza as entradas e as saídas de caixa, costumam manter um ativo circulante mais do que suficiente para cobrir as saídas de caixa associadas ao passivo circulante. Em geral, quanto maior a margem pela qual o ativo circulante de uma empresa cobre seu passivo circulante, maior sua capacidade de pagar as contas à medida que vencem.

TRADE-OFF ENTRE RENTABILIDADE E RISCO

Existe um trade-off entre a rentabilidade da empresa e seu risco. **Rentabilidade**, nesse contexto, é a relação entre receitas e custos gerados pelo uso dos ativos da empresa — tanto circulantes quanto fixos — em atividades produtivas. Uma empresa pode aumentar seus lucros por meio: (1) do aumento das receitas ou (2) da redução dos custos. O **risco**, no contexto da administração do capital de giro, é a probabilidade de uma empresa ser incapaz de pagar suas contas quando vencem. Uma empresa que não pode pagar suas contas no vencimento é considerada **insolvente**. Em geral, supõe-se que, quanto maior o capital de giro líquido, menor o risco. Em outras palavras, quanto maior o capital de giro líquido, mais líquida é a empresa e, portanto, menor é o risco de tornar-se insolvente. Usando essas definições de rentabilidade e risco, podemos demonstrar o trade-off entre eles ao analisar separadamente as variações do ativo circulante e do passivo circulante.

Variações do ativo circulante

Podemos demonstrar como mudanças do nível do ativo circulante da empresa afetam o trade-off rentabilidade–risco, utilizando a razão entre ativo circulante e ativo total. Essa razão indica a *porcentagem circulante do ativo total*. Para exemplificar, assumiremos que o nível de ativo total permaneça inalterado. Os efeitos sobre a rentabilidade e o risco de um aumento ou uma diminuição dessa razão estão resumidos na parte superior da Tabela 15.1. Quando a razão aumenta — isto é, quando o ativo circulante aumenta —, a rentabilidade diminui. Por que isso acontece? Porque o ativo circulante é menos

rentabilidade
A relação entre receitas e custos gerados pelo uso dos ativos da empresa — tanto circulantes quanto fixos — em atividades produtivas.

risco (de insolvência)
A probabilidade de uma empresa ser incapaz de pagar suas contas no vencimento.

insolvente
Diz-se da empresa que é incapaz de pagar suas contas no vencimento.

---

1 SERVAES, Henri; TUFANO, Peter. CFO views on the importance and execution of the finance function. *CFO Views*, p. 1-104, jan. 2006.

Tabela 15.1 — Efeitos da variação da razão sobre o lucro e o risco

Razão	Variação da razão	Efeito sobre o lucro	Efeito sobre o risco
$\dfrac{\text{Ativo circulante}}{\text{Ativo total}}$	Aumento	Diminuição	Diminuição
	Diminuição	Aumento	Aumento
$\dfrac{\text{Passivo circulante}}{\text{Ativo total}}$	Aumento	Aumento	Aumento
	Diminuição	Diminuição	Diminuição

rentável do que o ativo imobilizado. E o ativo imobilizado é considerado mais rentável pois adiciona mais valor ao produto do que o fornecido pelo ativo circulante.

O efeito risco, entretanto, diminui à medida que aumenta a razão entre ativo circulante e ativo total. O aumento do ativo circulante aumenta o capital de giro líquido, reduzindo, assim, o risco de insolvência. Além disso, à medida que descemos pelo lado do ativo do balanço patrimonial, o risco associado aos ativos aumenta: o investimento em caixa e títulos negociáveis é menos arriscado que o investimento em contas a receber, estoques e ativo imobilizado. O investimento em contas a receber é menos arriscado que o investimento em estoques e ativo imobilizado. O investimento em estoques é menos arriscado que o investimento em ativo imobilizado. Quanto mais próximo um ativo estiver do caixa, menos arriscado ele é. Os efeitos opostos sobre o lucro e o risco resultam da diminuição da razão entre ativo circulante e ativo total.

Em um esforço para administrar o efeito risco, as empresas estão se afastando de componentes mais arriscados do ativo circulante, como o estoque. A Figura 15.1 mostra que, ao longo do tempo, o ativo circulante representa consistentemente cerca de 60% do ativo total em empresas industriais norte-americanas, mas que os níveis de estoques estão caindo acentuadamente. O fato de a razão entre o ativo circulante e o ativo total permanecer relativamente constante enquanto o investimento em estoque está diminuindo indica que as empresas industriais norte-americanas estão substituindo o estoque — o ativo circulante mais arriscado — por ativos circulante menos arriscados. Com efeito, a Figura 15.1 mostra que os níveis de caixa estão aumentando em relação ao ativo total.

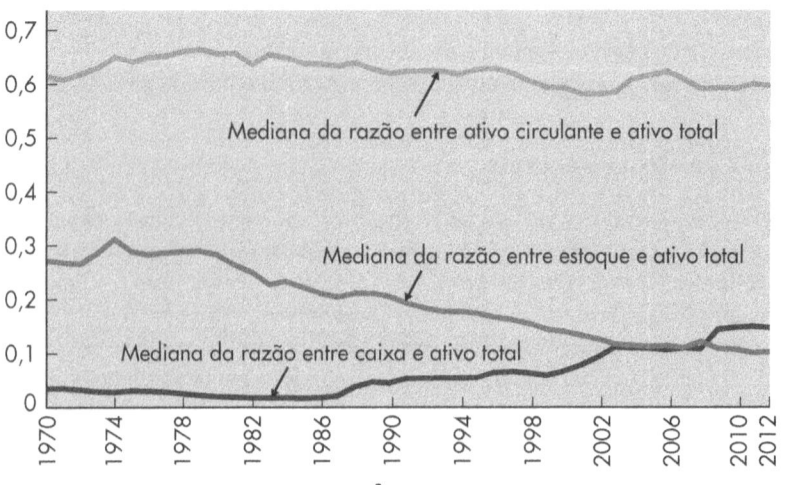

Figura 15.1 — Medianas anuais para todas as empresas industriais norte-americanas listadas

Variações do passivo circulante

Também podemos demonstrar como a variação do nível do passivo circulante da empresa afeta o trade-off rentabilidade–risco utilizando a razão entre o passivo circulante e o ativo total. Essa razão indica a porcentagem de ativo total financiada pelo passivo circulante. Também nesse caso, supondo que o ativo total permaneça inalterado, os efeitos rentabilidade e risco de um aumento ou de uma diminuição da razão estão resumidos na parte inferior da Tabela 15.1. Quando a razão aumenta, a rentabilidade aumenta. Por quê? Nesse caso, porque a empresa utiliza mais financiamento com passivo circulante (mais barato) e menos financiamento de longo prazo. O passivo circulante é mais barato porque apenas a conta títulos a pagar, que representa cerca de 20% do passivo circulante de uma empresa industrial típica, tem custo. As demais formas de passivo circulante são, basicamente, dívidas sobre as quais a empresa não paga encargos ou juros. No entanto, quando a razão entre passivo circulante e ativo total aumenta, o risco de insolvência também aumenta porque o aumento do passivo circulante reduz o capital de giro líquido. Efeitos opostos sobre o lucro e o risco resultam de uma diminuição da razão entre passivo circulante e ativo circulante.

→ QUESTÕES PARA REVISÃO

15.1 Por que a *administração do capital de giro* é uma das atividades mais importantes e que mais consomem o tempo do administrador financeiro? O que é *capital de giro líquido*?

15.2 Qual é a relação entre a previsibilidade das entradas de caixa de uma empresa e o nível necessário de capital de giro líquido? Como se relacionam o capital de giro líquido, a liquidez e o *risco de insolvência*?

15.3 Por que um aumento do quociente entre ativo circulante e ativo total reduz tanto o lucro quanto o risco, medido pelo capital de giro líquido? Como as variações da razão entre passivo circulante e ativo total afetam a rentabilidade e o risco?

15.2 Ciclo de conversão de caixa

Para administrar o capital de giro é fundamental entender o *ciclo de conversão de caixa* da empresa. O **ciclo de conversão de caixa (CCC)** mede o tempo necessário para uma empresa converter o caixa investido em suas operações em caixa recebido como resultado de suas operações. Esse ciclo fundamenta a discussão da administração do ativo circulante neste capítulo e a discussão da administração do passivo circulante no Capítulo 16. Começaremos demonstrando o cálculo e a aplicação do ciclo de conversão de caixa.

ciclo de conversão de caixa (CCC)
O tempo necessário para uma empresa converter o caixa investido em suas operações em caixa recebido como resultado de suas operações.

CÁLCULO DO CICLO DE CONVERSÃO DE CAIXA

O **ciclo operacional (CO)** de uma empresa é o tempo decorrido do início do processo de produção até a entrada de caixa resultante da venda do produto acabado. O ciclo operacional abrange duas principais categorias de ativos de curto prazo, estoque e contas a receber. É medido em tempo decorrido por meio da soma da *idade média do estoque* (*IME*) e do *prazo médio de recebimento* (*PMR*) — também conhecido por prazo médio de cobrança:

ciclo operacional (CO)
O tempo decorrido do início do processo de produção até a entrada de caixa resultante da venda do produto acabado.

$$CO = IME + PMR \qquad (15.1)$$

> **FATOS e DADOS**
>
> **Acelerar reduz o capital de giro**
> Uma empresa pode reduzir seu capital de giro se puder acelerar seu ciclo operacional. Por exemplo, se uma empresa aceita crédito bancário (como um cartão Visa), receberá caixa mais rapidamente, após a transação de venda, do que se tiver de esperar até que o cliente pague a conta.

Entretanto, o processo de produção e venda de um produto também inclui a compra a prazo de insumos de produção (matérias-primas), que resulta em contas a pagar a fornecedores. As contas a pagar a fornecedores reduzem o número de dias em que os recursos de uma empresa estão comprometidos com o ciclo operacional. O tempo até o pagamento das contas a pagar a fornecedores, medido em dias, é o *prazo médio de pagamento (PMP)*. O ciclo operacional menos o prazo médio de pagamento resulta no ciclo de conversão de caixa. A fórmula do ciclo de conversão de caixa é a seguinte:

$$CCC = CO - PMP \qquad (15.2)$$

Substituindo a relação da Equação 15.1 na Equação 15.2, podemos ver que o ciclo de conversão de caixa tem três componentes básicos — (1) idade média do estoque, (2) prazo médio de recebimento e (3) prazo médio de pagamento —, de modo que:

$$CCC = IME + PMR - PMP \qquad (15.3)$$

Fica claro que, se uma empresa alterar qualquer um desses períodos alterará o montante de recursos comprometidos com a operação rotineira dela.

Exemplo 15.1

Em seu relatório anual de 2012, a Whirlpool Corporation reportou receitas de US$ 18,1 bilhões, custo dos produtos vendidos de US$ 15,2 bilhões, contas a receber de US$ 2 bilhões e estoque de US$ 2,4 bilhões. Com base nessas informações (e supondo, por simplificação, que o custo dos produtos vendidos é igual às compras), podemos determinar que a idade média do estoque da empresa era de 58 dias, seu prazo médio de recebimento era de 40 dias e seu prazo médio de pagamento era de 89 dias. Desse modo, o ciclo de conversão de caixa da Whirlpool era de apenas 9 dias (58 + 40 − 89). A Figura 15.2 apresenta o ciclo de conversão de caixa em uma linha do tempo.

Os recursos que a Whirlpool investiu em seu ciclo de conversão de caixa (supondo um ano de 365 dias) foram:

Estoque	=	US$ 15,2 bilhões	(58 · 365)	=	US$ 2,4
+ Contas a receber	=	18,1 bilhões	(40 · 365)	=	2,0
− Contas a pagar a fornecedores	=	15,2 bilhões	(89 · 365)	=	3,7
	=	Recursos investidos		=	0,7

Com aproximadamente US$ 700 milhões comprometidos com o capital de giro, a Whirlpool tinha muitos motivos para fazer melhorias. Alterações em qualquer um dos ciclos componentes alterariam os recursos investidos nas operações da Whirlpool. Por exemplo, se a Whirlpool pudesse reduzir seu prazo de recebimento de 40 para 30 dias, mantendo todos os outros fatores inalterados, o capital de giro necessário cairia em mais de US$ 500 milhões. Fica claro, então, por que as empresas dão tanta atenção à administração do capital de giro.

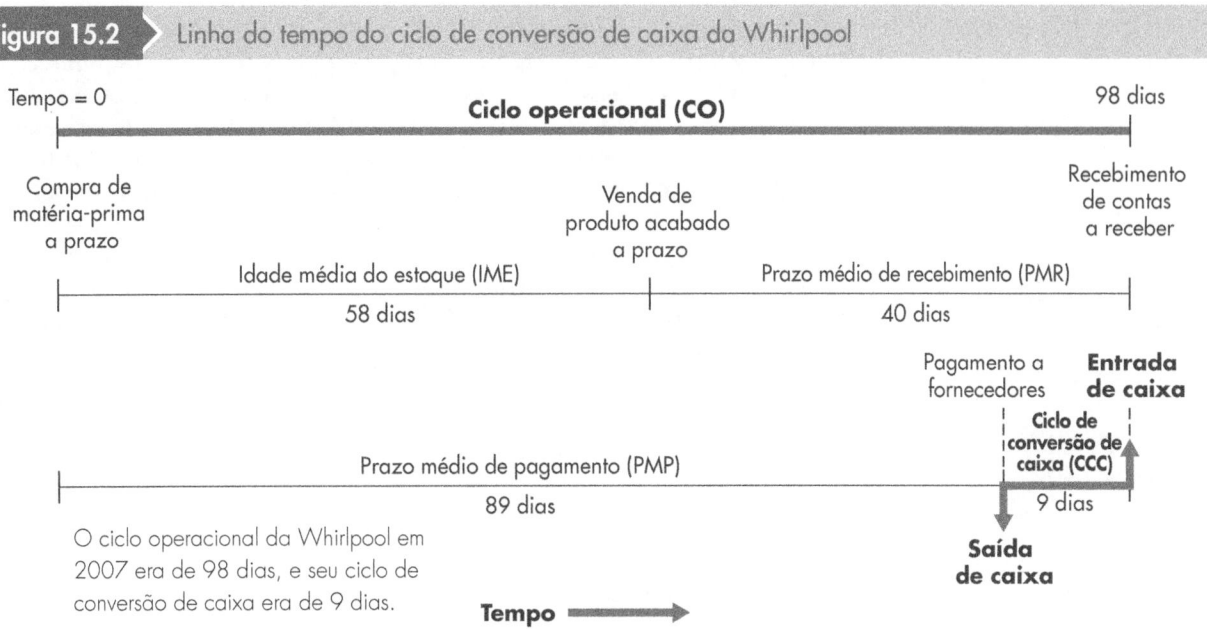

Figura 15.2 Linha do tempo do ciclo de conversão de caixa da Whirlpool

O ciclo operacional da Whirlpool em 2007 era de 98 dias, e seu ciclo de conversão de caixa era de 9 dias.

NECESSIDADES DE FINANCIAMENTO RESULTANTES DO CICLO DE CONVERSÃO DE CAIXA

Podemos usar o ciclo de conversão de caixa como base para discutir como a empresa financia o investimento necessário em ativos operacionais. Primeiro, faremos a distinção entre necessidades de financiamento permanente e sazonal e, depois, descreveremos as estratégias agressivas e conservadoras de financiamento sazonal.

Necessidades de financiamento permanente *versus* sazonal

Se as vendas da empresa forem constantes, seu investimento em ativos operacionais também será constante e ela terá apenas **necessidade de financiamento permanente**. Se as vendas da empresa forem cíclicas, seu investimento em ativos operacionais variará ao longo do tempo conforme seus ciclos de vendas e a empresa terá **necessidade de financiamento sazonal**, além do financiamento permanente necessário para um investimento mínimo em ativos operacionais.

necessidade de financiamento permanente
Um investimento constante em ativos operacionais resultante de vendas constantes ao longo do tempo.

necessidade de financiamento sazonal
Investimento em ativos operacionais que varia ao longo do tempo como resultado de vendas cíclicas.

> **Exemplo 15.2**
>
> A Nicholson Company mantém, em média, $ 50.000 em caixa e títulos negociáveis, $ 1,25 milhão em estoque e $ 750.000 em contas a receber. O negócio da Nicholson é muito estável ao longo do tempo, de modo que seus ativos operacionais podem ser considerados permanentes. Além disso, as contas a pagar a fornecedores de $ 425.000 são estáveis ao longo do tempo. Desse modo, a empresa tem um investimento permanente em ativos operacionais de $ 1.625.000 ($ 50.000 + $ 1.250.000 + $ 750.000 − $ 425.000). Esse valor também seria igual a sua necessidade de financiamento permanente.
>
> Por outro lado, a Semper Pump Company, que produz bombas para pneus de bicicleta, tem necessidades de financiamento sazonal. A empresa tem vendas sazonais, atingindo o pico no verão. A Semper mantém, no mínimo, $ 25.000 em caixa e títulos negociáveis, $ 100.000 em estoque e $ 60.000 em contas a receber. Em épocas

de pico, o estoque aumenta para $ 750.000 e as contas a receber para $ 400.000. Para obter eficiência de produção, a Semper produz as bombas em um ritmo constante ao longo do ano. Desse modo, as contas a pagar a fornecedores permanecem em $ 50.000 durante todo o ano. Assim, a empresa tem uma necessidade de financiamento permanente para seu nível mínimo de ativos operacionais de $ 135.000 ($ 25.000 + $ 100.000 + $ 60.000 − $ 50.000) e necessidades de financiamento sazonal para o pico (além de sua necessidade permanente) de $ 990.000 [($ 25.000 + $ 750.000 + $ 400.000 − 50.000) − $ 135.000]. A necessidade total de financiamento dos ativos operacionais da empresa varia entre um mínimo de $ 135.000 (permanente) e um pico sazonal de $ 1.125.000 ($ 135.000 + $ 990.000). A Figura 15.3 ilustra essas necessidades ao longo do tempo.

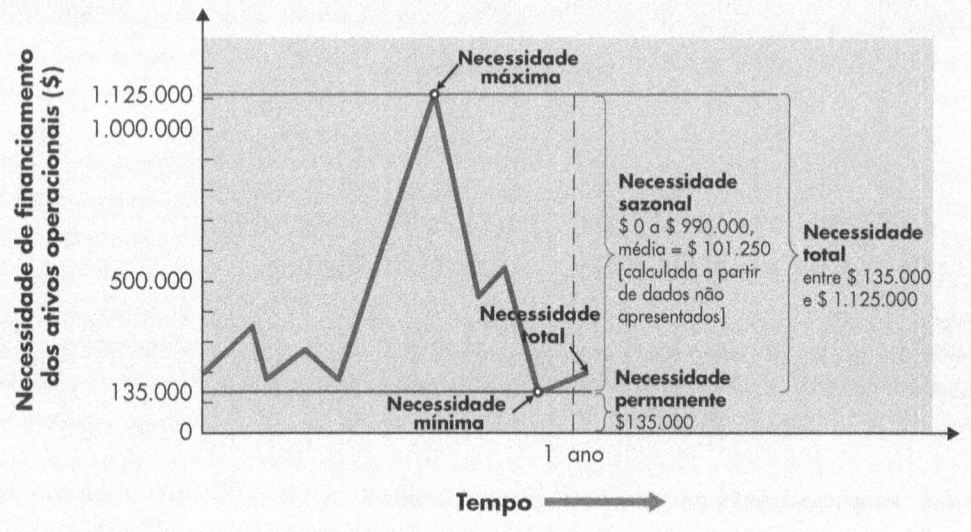

Figura 15.3 Necessidade de financiamento total da Semper Pump Company

A necessidade máxima de fundos da Semper Pump Company é de $ 1.125.000, e sua necessidade mínima é de $ 135.000.

estratégia de financiamento agressiva
Uma estratégia de financiamento em que a empresa financia suas necessidades sazonais com capital de terceiros de curto prazo e suas necessidades permanentes com capital de terceiros de longo prazo.

estratégia de financiamento conservadora
Uma estratégia de financiamento em que a empresa financia suas necessidades tanto sazonais quanto permanentes com capital de terceiros de longo prazo.

Estratégias agressiva *versus* conservadora de financiamento sazonal

Os fundos de curto prazo costumam ser mais baratos que os de longo prazo. Isto é, as taxas de juros dos empréstimos de curto prazo são normalmente menores que as taxas dos empréstimos de longo prazo, pois a curva de rendimento costuma ter inclinação positiva. No entanto, os fundos de longo prazo permitem que a empresa "congele" o custo dos fundos por um determinado período e, assim, evite o risco de aumento das taxas de juros de curto prazo. Além disso, o financiamento de longo prazo assegura que os fundos necessários estejam disponíveis para a empresa quando for preciso. O financiamento de curto prazo expõe a empresa ao risco de não ser capaz de obter os fundos necessários para cobrir seus picos sazonais. Com uma **estratégia de financiamento agressiva**, a empresa financia suas necessidades sazonais com capital de terceiros de curto prazo e suas necessidades permanentes com capital de terceiros de longo prazo. Com uma **estratégia de financiamento conservadora**, a empresa financia suas necessidades tanto sazonais quanto permanentes com capital de terceiros de longo prazo.

> **Exemplo 15.3**
>
> A Semper Pump Company tem necessidade de financiamento permanente de $ 135.000 em ativos operacionais e necessidade de financiamento sazonal que varia entre $ 0 e $ 990.000, com média de $ 101.250 (calculada a partir de dados não apresentados). Se a empresa puder obter fundos de curto prazo a 6,25% e fundos de longo prazo a 8% e, se puder obter 5% sobre o investimento de eventuais saldos excedentes, então o custo anual de uma estratégia agressiva de financiamento sazonal será:
>
> | | | | | |
> |---|---|---|---|---|
> | Custo do financiamento de curto prazo | = 0,0625 | $ 101.250 | = | $ 6.328,13 |
> | + Custo do financiamento de longo prazo | = 0,0800 | 135.000 | = | 10.800,00 |
> | − Ganhos sobre saldos excedentes | = 0,0500 | 0 | = | 0 |
> | Custo total da estratégia agressiva | | | | $ 17.128,13 |
>
> Como, com essa estratégia, o valor do financiamento é exatamente igual à necessidade estimada de financiamento, não existem saldos excedentes.
>
> Alternativamente, a Semper pode optar por uma estratégia conservadora, em que os saldos excedentes de caixa são totalmente investidos. (Na Figura 15.3, esses excedentes serão a diferença entre a necessidade máxima de $ 1.125.000 e a necessidade total, que varia entre $ 135.000 e $ 1.125.000 ao longo do ano.) O custo da estratégia conservadora será:
>
> | | | | | |
> |---|---|---|---|---|
> | Custo do financiamento de curto prazo | = 0,0625 | $ 0 | = | $ 0 |
> | + Custo do financiamento de longo prazo | = 0,0800 | 1.125.000 | = | 90.000,00 |
> | − Ganhos sobre saldos excedentes | = 0,0500 | 888.750 | = | 44.437,50 |
> | Custo total da estratégia conservadora | | | | $ 45.562,50 |
>
> O saldo excedente médio poderia ser calculado subtraindo-se a soma da necessidade permanente ($ 135.000) e da necessidade sazonal média ($ 101.250) da necessidade sazonal no pico ($ 1.125.000), para obter $ 888.750 ($ 1.125.000 − $ 135.000 − $ 101.250). Isso representa o valor excedente de financiamento que, em média, poderia ser investido em ativos de curto prazo que rendem um retorno anual de 5%.
>
> Esses cálculos deixam claro que, para a Semper, a estratégia agressiva é muito mais barata que a estratégia conservadora. No entanto, também fica claro que a empresa tem necessidades substanciais de ativos operacionais em tempos de pico e que deve ter financiamento adequado disponível para atender às necessidades nesses momentos e garantir a continuidade das operações.

O fato de a estratégia agressiva depender muito de financiamento de curto prazo faz com que ela seja mais arriscada do que a estratégia conservadora devido às flutuações da taxa de juros e de possíveis dificuldades de obtenção rápida do financiamento de curto prazo necessário quando ocorrem picos sazonais. A estratégia conservadora evita esses riscos com o "congelamento" da taxa de juros e o financiamento de longo prazo, mas é mais dispendiosa devido ao *spread* negativo entre a taxa de retorno sobre os fundos excedentes (5%, no exemplo) e o custo dos fundos de longo prazo que criam o excedente (8%, no exemplo). O ponto em que a empresa opera, entre os extremos das estratégias agressiva e conservadora de financiamento sazonal, depende da propensão de sua administração ao risco e da solidez de seus relacionamentos com os bancos.

ESTRATÉGIAS DE ADMINISTRAÇÃO DO CICLO DE CONVERSÃO DE CAIXA

Algumas empresas estabelecem um ciclo de conversão de *caixa-alvo* e, então, monitoram e administram o ciclo de conversão de caixa *efetivo* para aproximá-lo do valor-alvo. Um ciclo de conversão de caixa positivo, como foi o caso da Whirlpool em 2012, significa que a empresa deve usar passivos negociados (como empréstimos bancários) para sustentar seus ativos operacionais. Os passivos negociados carregam um custo explícito, de modo que a empresa se beneficia ao minimizar seu uso para manter os ativos operacionais. Em termos simples, o objetivo é *minimizar a duração do ciclo de conversão de caixa*, o que, por sua vez, minimiza os passivos negociados. Esse objetivo pode ser realizado por meio do uso das estratégias a seguir:

1. *Girar o estoque o mais rapidamente possível*, sem faltas que resultem em vendas perdidas.
2. *Cobrar as contas a receber o mais rapidamente possível*, sem perder vendas por conta de técnicas de cobrança muito agressivas.
3. *Administrar os prazos de postagem, processamento e compensação* para reduzi-los ao cobrar dos clientes e aumentá-los ao pagar fornecedores.
4. *Quitar as contas a pagar a fornecedores o mais lentamente possível* sem prejudicar a classificação de crédito da empresa ou seu relacionamento com os fornecedores.

Técnicas para implantar essas quatro estratégias são o foco do restante deste capítulo e do próximo.

→ QUESTÕES PARA REVISÃO

15.4 Qual é a diferença entre o *ciclo operacional* da empresa e seu *ciclo de conversão de caixa*?

15.5 Por que é útil dividir as necessidades de financiamento de um negócio sazonal em necessidades de financiamento permanente e sazonal ao desenvolver uma estratégia de financiamento?

15.6 Quais são os benefícios, custos e riscos de uma *estratégia de financiamento agressiva* e de uma *estratégia de financiamento conservadora*? Segundo qual estratégia o endividamento costuma exceder a necessidade efetiva?

15.7 Por que é importante para uma empresa minimizar a duração de seu ciclo de conversão de caixa?

▶15.3 Administração de estoque

O primeiro componente do ciclo de conversão de caixa é a idade média do estoque. O objetivo da administração de estoque, como já vimos, é girá-lo o mais rapidamente possível sem perder vendas devido a falta de estoque. O administrador financeiro tende a agir com um consultor ou "vigia" no que diz respeito ao estoque. Ele não tem controle direto sobre o estoque, mas fornece dados ao processo de administração de estoque.

DIFERENTES PONTOS DE VISTA SOBRE O NÍVEL DE ESTOQUE

É comum haver, entre os administradores de finanças, marketing, produção e compras de uma empresa, pontos de vista divergentes quanto aos níveis apropriados de estoque. Cada um encara a questão à luz de seus próprios objetivos. A inclinação geral do *administrador financeiro* quanto ao nível de estoque é mantê-lo baixo, para garantir que o dinheiro da empresa não seja investido imprudentemente em recursos excedentes. O *administrador de marketing*, por outro lado, prefere ter grandes estoques de produtos acabados. Isso garantiria atendimento rápido a todos os pedidos, eliminando atrasos devido à falta de estoque.

A principal responsabilidade do *administrador de operações* é implementar o plano de produção de modo que resulte na quantidade desejada de produtos acabados, de qualidade aceitável, disponíveis no prazo e a baixo custo. Para cumprir esse papel, o administrador de operações gostaria de manter grandes estoques de matérias-primas para evitar atrasos na produção. Também prefereria grandes lotes de produção para reduzir os custos unitários, o que resultaria em níveis elevados de estoque de produtos acabados.

O *administrador de compras* preocupa-se exclusivamente com os estoques de matérias-primas. Precisa ter à mão, nas quantidades corretas, no momento desejado e a um preço favorável, quaisquer matérias-primas solicitadas pela produção.

Sem controle adequado, em um esforço para obter descontos por volume ou antecipando-se a aumentos de preços ou escassez de determinadas matérias-primas, o administrador de compras pode adquirir quantidades maiores de recursos do que as efetivamente necessárias.

TÉCNICAS COMUNS DE ADMINISTRAÇÃO DE ESTOQUE

Diversas técnicas estão disponíveis para a administração eficaz do estoque de uma empresa. Analisaremos brevemente quatro técnicas comumente usadas.

Sistema ABC

Uma empresa que utiliza o **sistema ABC de estoque** classifica seu estoque em três grupos: A, B e C. O grupo A inclui os itens com o maior investimento. Normalmente, esse grupo compreende 20% dos itens mantidos em estoque, mas representa 80% do investimento da empresa em estoque. O grupo B compreende os itens responsáveis pelo segundo maior investimento em estoque. O grupo C é formado por um grande número de itens que exigem um investimento relativamente pequeno.

O grupo de estoque em que se encontra cada item determina seu nível de monitoramento. Os itens do grupo A recebem o monitoramento mais intenso devido ao alto investimento. Normalmente, os itens do grupo A são acompanhados por meio de um sistema de estoque permanente que permite a verificação diária do nível de estoque de cada um dos itens. Os itens do grupo B são frequentemente controlados por meio de verificações periódicas de seus níveis, provavelmente semanais. Os itens do grupo C são monitorados com técnicas pouco sofisticadas, como o método das duas gavetas. Com o **método das duas caixas (ou gavetas)**, o item é armazenado em dois compartimentos, ou "gavetas". Quando um item é necessário, retira-se da primeira gaveta. Quando ela fica vazia, é feito um pedido para reabastecê-la enquanto o estoque é retirado da segunda gaveta. A segunda gaveta é utilizada até ficar vazia, e assim por diante.

O grande investimento nos itens dos grupos A e B sugere a necessidade de um método melhor de administração de estoque do que o sistema ABC. O modelo EOQ, que discutiremos a seguir, é um modelo apropriado para a administração dos itens dos grupos A e B.

Modelo do lote econômico (EOQ)

Uma das técnicas mais comuns para determinar o tamanho ideal do pedido de itens do estoque é o **modelo do lote econômico (EOQ — *economic order quantity*)** — também chamado de lote econômico de compra (LEC). Esse modelo considera diversos custos de estoque para determinar que tamanho de pedido minimiza o custo total do estoque.

O EOQ supõe que os custos relevantes de estoque podem ser divididos em *custos de pedido* e *custos de carregamento* (o modelo exclui o custo efetivo do item). Cada um desses dois custos tem determinados componentes e características. Os **custos de pedido** incluem os custos administrativos fixos de emissão e recebimento dos pedidos — o custo de preencher um pedido de compra, de processar a documentação resultante e de receber o pedido e verificar se está de acordo com a fatura. Os custos de pedido são expressos em unidades monetárias por pedido. Os **custos de carregamento** são os custos variáveis

sistema ABC de estoque
Técnica de administração de estoque que o divide em três grupos — A, B e C, em ordem decrescente de importância e nível de monitoramento — com base no investimento em cada grupo.

método das duas caixas (ou gavetas)
Técnica pouco sofisticada de monitoramento de estoque que normalmente é aplicada a itens do grupo C e envolve a emissão de novos pedidos quando uma das duas "gavetas" fica vazia.

modelo do lote econômico (EOQ)
Técnica de administração de estoque para determinar o tamanho ótimo do pedido de um item, que minimiza o total dos *custos de pedido* e *custos de carregamento*.

custos de pedido
Os custos administrativos fixos de emissão e recebimento de um pedido para estoque.

custos de carregamento
Os custos variáveis por unidade, ao se manter um item em estoque por um determinado período.

por unidade para manter um item em estoque por um determinado período. Incluem custos de armazenagem, de seguro, de deterioração e obsolescência, e o custo de oportunidade ou financeiro de ter fundos investidos em estoque. Esses custos são expressos em unidades monetárias por unidade por período.

Os custos de pedido diminuem com o tamanho do pedido. Os custos de carregamento, entretanto, aumentam com o tamanho do pedido. O modelo EOQ analisa o trade-off entre custos de pedido e custos de carregamento para determinar o *tamanho do pedido que minimiza o custo total do estoque*.

Desenvolvimento matemático do EOQ. Uma fórmula pode ser desenvolvida para determinar o lote econômico (EOQ) de uma empresa para um determinado item em estoque, onde:

S = consumo em unidades por período
O = custo de pedido, por pedido
C = custo de carregamento por unidade, por período
Q = quantidade (em unidades) por pedido

O primeiro passo é derivar as funções de custo para o custo de pedido e o custo de carregamento. O custo de pedido pode ser expresso como o produto do custo por pedido e do número de pedidos. Como o número de pedidos é igual ao consumo durante o período dividido pela quantidade por pedido (S/Q), o custo de pedido pode ser expresso da seguinte maneira:

$$\text{Custo de pedido} = O \times (S \div Q) \qquad (15.4)$$

O custo de carregamento é definido como o custo de manter uma unidade em estoque por período, multiplicado pelo estoque médio da empresa. O estoque médio é a quantidade por pedido dividida por 2 ($Q/2$), porque se supõe que o estoque é reduzido a uma taxa constante. Desse modo, o custo de carregamento pode ser expresso como:

$$\text{Custo de carregamento} = C \times (Q \div 2) \qquad (15.5)$$

custo total de estoque
A soma dos custos de pedido e dos custos de carregamento de estoque.

O **custo total de estoque** da empresa é encontrado somando-se o custo de pedido e o custo de carregamento. Assim, a função do custo total é:

$$\text{Custo total} = [O \times (S \div Q)] + [C \times (Q \div 2)] \qquad (15.6)$$

Como o lote econômico (EOQ) é definido como a quantidade por pedido que minimiza a função de custo total, devemos resolver a função de custo total para EOQ.[2] A equação resultante é:

---

[2] Nesse modelo simples, o EOQ ocorre no ponto em que o custo de pedido $[O \times (S \div Q)]$ é igual ao custo de carregamento $[C \times (Q \div 2)]$. Para demonstrar, igualamos os dois custos e resolvemos para Q:

$$[O \times (S \div Q)] = [C \times (Q \div 2)]$$

Multiplicando cruzado, temos:

$$2 \times O \times S = C \times Q^2$$

Dividindo os dois lados por C, temos:

$$Q^2 = (2 \times O \times S) \div C$$

assim:

$$Q = \sqrt{(2 \times O \times S) \div C}$$

$$EOQ = \sqrt{\frac{2 \times S \times O}{C}} \qquad (15.7)$$

Embora o modelo EOQ tenha limitações, ele é certamente melhor do que tomar decisões de modo subjetivo. Mesmo que o uso do modelo EOQ esteja fora do controle do administrador financeiro, este deve estar ciente de sua utilidade e deve fornecer determinados dados, mais especificamente no que diz respeito aos custos de carregamento de estoque.

Finanças pessoais Exemplo 15.4

Às vezes precisamos tomar decisões de finanças pessoais que envolvem trade-offs de custo semelhantes ao trade-off entre o custo fixo de pedido e o custo variável de carregamento de estoque das empresas. Vejamos o caso da família von Dammes, que está tentando decidir o que seria mais eficaz em termos de custo, um carro convencional (a gasolina) ou um carro híbrido (a gasolina e a bateria elétrica).

A família planeja manter o carro escolhido por três anos e espera rodar com ele 12.000 quilômetros em cada um desses anos. Eles usarão o mesmo valor financiado e as mesmas condições de pagamento, além de esperarem custos de manutenção idênticos durante esse período de três anos. Eles também presumem que o valor de revenda dos dois carros no final de três anos será idêntico. Ambos usam gasolina comum, que eles estimam que custará, em média, $ 3,20 por litro ao longo dos três anos. Os dados relevantes de cada carro são apresentados a seguir:

	Convencional	Híbrido
Custo total	$ 24.500	$ 27.300
Quilometragem média por litro	12	16

Podemos começar calculando o custo total do combustível para cada carro ao longo do período de três anos:

Convencional: [(3 anos 12.000 quilômetros por ano) · 12 quilômetros por litro]
$ 3,20 por litro
= 3.000 litros $ 3,20 por litro = $ 9.600

Híbrido: [(3 anos 12.000 quilômetros por ano) · 16 quilômetros por litro]
$ 3,20 por litro
= 2.250 litros $ 3,20 por litro = $ 7.200

Para comprar o carro híbrido, a família terá de pagar $ 2.800 a mais ($ 27.300 – $ 24.500) do que o custo do carro convencional, mas economizará $ 2.400 ($ 9.600 – $ 7.200) em custos de combustível no período de três anos. Desconsiderando as diferenças de timing, em termos estritamente econômicos, *eles deveriam comprar o carro convencional porque o custo marginal de $ 2.800 do carro híbrido resulta em uma economia marginal de combustível de $ 2.400*. Evidentemente, há outros fatores que poderiam afetar a decisão da família, tais como preocupações ambientais e a razoabilidade das premissas.

Ponto de pedido Uma vez determinado o lote econômico, a empresa precisa determinar em que momento um pedido deve ser feito. O **ponto de pedido** reflete o número de dias necessários para fazer e receber um pedido e o consumo diário do item em estoque. Supondo que o estoque é consumido a uma taxa constante, a fórmula do ponto de emissão do novo pedido é:

ponto de pedido
O ponto em que se faz um novo pedido de itens para o estoque, expresso em dias de *lead time* (número de dias entre fazer e receber um pedido) multiplicado pelo consumo diário.

$$\text{Ponto de pedido} = \text{Dias de } \textit{lead time} \times \text{Consumo diário} \quad (15.8)$$

Por exemplo, se uma empresa sabe que são necessários três dias para fazer e receber um pedido e se utilizam 15 unidades por dia do item em estoque, o ponto de pedido é no momento em que há 45 unidades em estoque (3 dias × 15 unidades/dia). Desse modo, assim que o nível do item em estoque atingir o ponto de pedido (45 unidades, nesse caso), será emitido um novo pedido de quantidade igual ao do lote econômico do item. Se as estimativas de *lead time* e consumo estiverem corretas, o pedido será entregue no momento em que o nível do estoque chegar a zero. No entanto, *lead times* e taxas de consumo não costumam ser precisos, de modo que a maioria das empresas mantém um **estoque de segurança** (estoque adicional) para evitar a falta de itens importantes.

estoque de segurança
Estoque adicional mantido pela empresa para evitar a falta de itens importantes.

Exemplo 15.5

A MAX Company, uma fabricante de louças, tem um item de estoque pertencente ao grupo A que é essencial para o processo de produção. O item custa $ 1.500 e a MAX usa 1.100 unidades por ano. A MAX quer determinar a estratégia ótima de pedido para o item. Para calcular o lote econômico, precisamos dos seguintes dados:

$$\text{Custo de pedido, por pedido} = \$ 150$$
$$\text{Custo de carregamento por unidade por ano} = \$ 200$$

Substituindo na Equação 15.7, temos:

$$\text{EOQ} = \sqrt{\frac{2 \times 1.100 \times \$150}{\$200}} \approx \underline{\underline{41}} \text{ unidades}$$

O ponto de pedido da MAX depende do número de dias que a empresa opera por ano. Supondo que opere 250 dias por ano e use 1.100 unidades desse item, o consumo diário é de 4,4 unidades (1.100 ÷ 250). Se o *lead time* for de dois dias e a MAX quiser manter um estoque de segurança de quatro unidades, o ponto de pedido para o item será de [(2 × 4,4) + 4] ou 12,8 unidades. No entanto, como os pedidos são feitos apenas em unidades inteiras, o pedido será feito quando o estoque atingir 13 unidades.

O objetivo da empresa para o estoque é girá-lo o mais rapidamente possível sem que ocorram faltas. A melhor maneira de calcular o giro de estoque é dividindo o custo dos produtos vendidos pelo estoque médio. O modelo EOQ determina o tamanho ótimo de pedido e, indiretamente, o estoque médio, por meio da premissa de consumo constante. Assim, o modelo EOQ determina a taxa ótima de giro do estoque, dados os custos específicos de estoque da empresa.

Sistema *just-in-time* (JIT)

sistema *just-in-time* (JIT)
Técnica de administração de estoque que minimiza o investimento em estoque ao fazer com que as matérias-primas cheguem exatamente no momento em que são necessárias para a produção.

O **sistema *just-in-time* (JIT)** é utilizado para minimizar o investimento em estoque. A ideia é que as matérias-primas cheguem exatamente no momento em que são necessárias para a produção. De preferência, a empresa manteria apenas estoques de produtos em fabricação. Como seu objetivo é minimizar o investimento em estoques, o sistema JIT não usa estoque de segurança (ou, se usa, é muito pequeno). Deve haver uma ampla coordenação entre os funcionários da empresa, seus fornecedores e as empresas de transporte para garantir que os insumos cheguem a tempo, já que um atraso resultará em interrupção da produção até a chegada das matérias-primas. Da mesma forma, um sistema JIT exige que os fornecedores entreguem insumos de alta qualidade. Quando surgem problemas de qualidade, a produção precisa ser interrompida até que os problemas sejam resolvidos.

CAPÍTULO 15 Administração do capital de giro e do ativo circulante   **621**

O objetivo do sistema JIT é a eficiência da produção. O sistema usa o estoque como uma ferramenta para alcançar a eficiência, enfatizando a qualidade das matérias-primas utilizadas e a entrega em tempo oportuno. Quando o JIT funciona adequadamente, faz com que as ineficiências do processo venham à tona.

Conhecer o nível do estoque é, naturalmente, uma parte importante de qualquer sistema de administração de estoque. Como descrito no quadro *Foco na prática*, a seguir, a tecnologia de identificação por radiofrequência pode ser a "próxima novidade" em administração de estoque e cadeia de suprimento.

Foco na PRÁTICA

RFID: a onda do futuro?

na prática A empresa Walmart Stores, Inc., maior varejista do mundo, tem quase 11.000 unidades de varejo sob 55 bandeiras diferentes, em 27 países, e emprega mais de 2 milhões de pessoas ao redor do mundo. Além disso, o Walmart ficou em terceiro lugar entre os varejistas na pesquisa das Empresas Mais Admiradas da revista *Fortune*, em 2013. Com vendas de $ 469 bilhões no exercício fiscal de 2013, o Walmart é capaz de exercer enorme pressão sobre seus fornecedores. Quando a empresa anunciou, em abril de 2004, que estava lançando um programa-piloto para testar a tecnologia de *identificação por radiofrequência* (RFID, do inglês *radio frequency identification*) para melhorar sua administração de estoque e da cadeia de suprimento, fornecedores e concorrentes ficaram atentos.

Uma das primeiras empresas a introduzir códigos de barras no início da década de 1980, o Walmart exigiu que seus 100 principais fornecedores incluíssem etiquetas RFID em engradados e paletes até janeiro de 2005, devendo os 200 seguintes adotar a tecnologia até janeiro de 2006. Os executivos do Walmart acreditavam que as etiquetas RFID permitiriam que a empresa eliminasse as ineficiências de suas operações de estoque e cadeia de suprimentos, reduzindo, assim, as despesas e os investimentos em capital de giro. Em fevereiro de 2007, os executivos do Walmart afirmaram que 600 de seus fornecedores estavam habilitados para a tecnologia RFID. No entanto, o objetivo final da empresa de ter todos os seus mais de 100.000 fornecedores usando os códigos eletrônicos de produtos (EPC, do inglês *electronic product codes*) com a tecnologia RFID começou a atrasar. A empresa não conseguiu apresentar grandes reduções de estoque (na verdade, os estoques aumentaram, em vez de diminuírem, depois da implementação do programa RFID) e alguns fornecedores resistiram à mudança.

O principal problema das etiquetas RFID é o custo por *chip*. Em 2004, quando o Walmart anunciou a intenção de usá-las, as etiquetas eram vendidas entre $ 0,30 e $ 0,50 cada. O Walmart solicitou um preço de $ 0,05 por etiqueta, esperando que o aumento da demanda e das economias de escala pressionasse o preço para baixo, tornando-as mais competitivas em relação aos códigos de barras, mais baratos. O aumento da demanda reduziu o preço das etiquetas RFID de geração atual para cerca de $ 0,15 cada, mas os códigos de barras custavam apenas uma fração de um centavo. Os códigos de barras ajudam a rastrear o estoque e podem "casar" um produto a um preço, mas não têm a capacidade das etiquetas eletrônicas de armazenar informações mais detalhadas, como o número de série de um produto, a localização da fábrica que o produziu, quando ele foi produzido e quando foi vendido.

O Walmart espera que a tecnologia RFID melhore sua administração de estoque e continua comprometido com a maior adoção da tecnologia. Em 2010, durante a convenção Retail's Big Show, da National Retail Federation, o diretor de informática do Walmart, Rollin Ford, declarou: "Ainda estamos otimistas com relação ao RFID". Ele também afirmou que o Walmart tinha executado alguns pilotos em itens de vestuário no ano anterior que apresentaram bons resultados e que a varejista planejava "provar do próprio remédio". O Walmart fabrica alguns artigos de vestuário e controla a própria cadeia de suprimentos e, segundo Ford, a empresa planeja usar a tecnologia RFID em sua cadeia de suprimentos de vestuário. O Walmart irá então compartilhar os benefícios e as melhores práticas com seus fornecedores, que podem querer obter os mesmos benefícios da tecnologia.

- *Que problemas podem ocorrer com a plena implementação da tecnologia RFID no varejo? Mais especificamente, considere a quantidade de dados que poderiam ser coletados.*

Fonte: 2010 Most Admired Companies, *Fortune* (22 mar. 2010); WALMART. *Walmart 2010 Financial Report*. Disponível em: <http://c46b2bcc0db5865f5a76-91c2ff8eba65983a1c33d367b8503d02.r78.cf2.rackcdn.com/6c/20/87b0b3df469ebee838a2630c2c1a/2010-annual-report-for-walmart-stores-inc_130221021765802161.pdf>. Acesso em: 16 set. 2017; ROBERTI, Mark. Wal-Mart CIO Still 'Bullish' on RFID. Blog do *RFID Journal*. Disponível em: <http://www.rfidjournal.com/article/view/7315>. Acesso em: 20 jan. 2016.

Sistemas informatizados de controle de recursos

Atualmente, vários sistemas estão disponíveis para controlar estoque e outros recursos. Um dos mais básicos é o **sistema de planejamento de necessidades de materiais** (**MRP** — *materials requirement planning*). Esse sistema é utilizado para determinar quais matérias-primas pedir e em que momento emitir o pedido. O MRP aplica conceitos de lote econômico (EOQ) para determinar a quantidade a ser pedida. Utilizando um computador, o MRP simula a lista de materiais, a situação do estoque e o processo de produção de cada produto. A *lista de materiais* é simplesmente uma relação de todas as peças e matérias-primas necessárias para fabricar o produto acabado. Para um dado plano de produção, o computador simula as matérias-primas necessárias comparando as necessidades de produção com os saldos disponíveis de estoque. Com base no tempo necessário para que um produto em processo passe pelos diversos estágios de produção e no tempo de espera para receber os insumos, o sistema MRP determina quando devem ser feitos os pedidos dos diversos itens da lista de materiais. O objetivo desse sistema é reduzir o investimento em estoque sem prejudicar a produção. Se o custo de oportunidade do capital antes do imposto de renda para investimentos de igual risco for de 20%, cada unidade monetária de investimento liberado do estoque aumentará o lucro antes do imposto de renda em $ 0,20.

Uma extensão popular do MRP é o **planejamento de recursos de produção II** (**MRP II** — *manufacturing resource planning II*), que integra dados de diversas áreas da empresa, como finanças, contabilidade, marketing, engenharia e produção, utilizando um sofisticado sistema informatizado. Esse sistema gera planos de produção além de diversos relatórios financeiros e gerenciais. Em essência, modela os processos da empresa para que os efeitos das mudanças em uma área operacional sobre outras possam ser avaliados e monitorados. Por exemplo, o sistema MRP II permite que a empresa avalie o efeito de um aumento dos custos de mão de obra sobre vendas e lucros.

Enquanto o MRP e o MRP II tendem a focar as operações internas, os sistemas de *enterprise resource planning* (**ERP**) ampliam o foco para o ambiente externo ao incluir informações sobre fornecedores e clientes. O ERP integra eletronicamente todos os departamentos de uma empresa, de modo que, por exemplo, a produção pode acessar informações de vendas e saber imediatamente quanto deve ser produzido para atender os pedidos de clientes. Como todos os recursos disponíveis — humanos e materiais — são conhecidos, o sistema pode eliminar atrasos na produção e controlar os custos. Os sistemas ERP sinalizam automaticamente alterações, como a incapacidade de um fornecedor para atender uma data de entrega programada, de forma que os ajustes necessários possam ser feitos.

ADMINISTRAÇÃO INTERNACIONAL DE ESTOQUE

A administração internacional de estoque costuma ser muito mais complicada para os exportadores em geral e para as empresas multinacionais do que para as empresas puramente domésticas. As economias de escala de produção e fabricação que poderiam ser esperadas da venda global de produtos podem se revelar difíceis se os produtos tiverem de ser adaptados para cada mercado local, como acontece frequentemente, ou se a produção ocorrer em fábricas ao redor do mundo. Quando matérias-primas, bens intermediários ou produtos acabados precisam ser transportados por longas distâncias — em particular por transporte marítimo — haverá mais atrasos, confusão, danos e roubos do que em uma operação que envolve apenas um país. Desse modo, o administrador de estoque internacional precisa privilegiar a flexibilidade. Ele geralmente está menos preocupado em pedir a quantidade economicamente ótima de estoque do que se certificar de que quantidades suficientes de estoque são entregues onde são necessárias, quando são necessárias e em condições de serem utilizadas conforme o planejado.

---

sistema de planejamento de necessidades de materiais (MRP)
Técnica de administração de estoque que aplica conceitos do lote econômico (EOQ) para comparar as necessidades de produção com os saldos disponíveis de estoque e determinar em que momento os pedidos devem ser feitos para diversos itens da *lista de materiais* de um produto.

planejamento de recursos de produção II (MRP II)
Um sofisticado sistema informatizado que integra dados de diversas áreas, como finanças, contabilidade, marketing, engenharia e produção, e gera planos de produção e diversos relatórios financeiros e gerenciais.

enterprise resource planning (ERP)
Um sistema informatizado que integra eletronicamente informações externas sobre fornecedores e clientes da empresa com os dados internos dos departamentos da empresa, de modo que as informações sobre todos os recursos disponíveis — humanos e materiais — possam ser obtidas instantaneamente de uma forma que elimine os atrasos na produção e controle os custos.

→ QUESTÕES PARA REVISÃO

15.8 Quanto aos níveis dos diversos tipos de estoque, quais são os pontos de vista dos administradores das áreas a seguir: finanças, marketing, produção e compras? Por que o estoque é um investimento?

15.9 Descreva sucintamente as seguintes técnicas de administração de estoque: (1) sistema ABC, modelo do lote econômico (EOQ), (2) sistema *just-in-time* (JIT) e (3) sistemas informatizados de controle de recursos, MRP, MRP II e ERP.

15.10 Que fatores tornam a administração de estoque mais difícil para exportadores e empresas multinacionais?

15.4 Administração de contas a receber

O segundo componente do ciclo de conversão de caixa é o prazo médio de recebimento. Esse prazo é o tempo médio entre uma venda a prazo e a conversão do pagamento em fundos que a empresa pode utilizar. O prazo médio de recebimento possui duas partes. A primeira é o tempo entre a venda e o envio do pagamento pelo cliente. A segunda é o tempo entre o envio do pagamento e a disponibilidade dos fundos recebidos na conta bancária da empresa. A primeira parte do prazo médio de recebimento envolve a administração do crédito disponível aos clientes da empresa e a segunda parte envolve a cobrança e o processamento de pagamentos. Nesta seção do capítulo discutiremos a administração de crédito das contas a receber de uma empresa.

O objetivo da administração das contas a receber é cobrá-las o mais rapidamente possível, sem perder vendas devido a técnicas muito agressivas de cobrança. Atingir esse objetivo envolve três tópicos: (1) seleção e padrões de crédito, (2) termos de crédito e (3) monitoramento de crédito.

SELEÇÃO E PADRÕES DE CRÉDITO

A seleção de crédito envolve a aplicação de técnicas para determinar quais clientes devem receber crédito. O processo envolve a avaliação da qualidade do crédito do cliente e a comparação com os **padrões de crédito** da empresa, isto é, seus requisitos mínimos para conceder crédito a um cliente.

Cinco Cs do crédito

Uma técnica popular de seleção de crédito é os **cinco Cs do crédito**, que fornece uma estrutura para a análise aprofundada de crédito. Por causa do tempo e dos custos envolvidos, esse método de seleção de crédito é usado para solicitações de crédito de alto valor. Os cinco Cs são os seguintes:

1. *Caráter*: o histórico do solicitante em termos de cumprimento de obrigações.
2. *Capacidade*: a capacidade do solicitante de pagar o crédito solicitado, avaliada com base na análise de demonstrações financeiras, com ênfase em fluxos de caixa disponíveis para o pagamento de dívidas.
3. *Capital*: a relação entre a dívida do solicitante e seu capital próprio.
4. *Colateral*: o montante de ativos que o solicitante tem disponível para uso como garantia do crédito. Quanto maior o montante de ativos disponíveis, maior a probabilidade de uma empresa recuperar os fundos em caso de inadimplência do solicitante.
5. *Condições*: condições econômicas gerais e específicas do setor e condições especiais envolvidas em uma transação específica.

cinco Cs do crédito
As cinco principais dimensões — caráter, capacidade, capital, colateral e condições — utilizadas por analistas de crédito, fornece uma estrutura para a análise aprofundada de crédito.

escore de crédito
Um método de seleção de crédito comumente utilizado em caso de alto volume de solicitações de crédito de baixo valor monetário. Baseia-se em uma pontuação de crédito determinada pela aplicação de pesos derivados estatisticamente à pontuação obtida por um solicitante em diversas características financeiras e de crédito.

A análise por meio dos cinco Cs do crédito não resulta em uma decisão específica de aceitar/rejeitar, de modo que o seu uso requer um especialista em análise e concessão de crédito. A aplicação dessa estrutura tende a assegurar que os clientes da empresa paguem, sem serem pressionados, segundo os termos de crédito estabelecidos.

Escore de crédito

O **escore de crédito** é um método de seleção de crédito que as empresas geralmente usam em caso de alto volume de solicitações de crédito de baixo valor monetário. O escore de crédito aplica pesos, derivados estatisticamente, à pontuação obtida pelo solicitante em diversas características financeiras e de crédito para prever se ele irá pagar, no prazo, o crédito solicitado. Em termos simples, o procedimento resulta em uma pontuação que mede a qualidade geral do crédito do solicitante, e essa pontuação é utilizada para tomar a decisão de aceitar/rejeitar a solicitação. O escore de crédito é mais utilizado em grandes operações com cartões de crédito, como as de bancos, postos de gasolina e lojas de departamento. O objetivo do escore de crédito é tomar uma decisão de crédito relativamente fundamentada, de maneira rápida e barata, reconhecendo que o custo de uma decisão incorreta é baixo. No entanto, se as dívidas incobráveis resultantes de decisões de escore aumentarem, o sistema deve ser reavaliado.

Alteração dos padrões de crédito

Às vezes, a empresa pode considerar a possibilidade de alterar seus padrões de crédito em um esforço para melhorar seus retornos e criar mais valor para seus proprietários. Para demonstrar isso, considere as seguintes alterações e efeitos esperados sobre o lucro decorrentes da *flexibilização* dos padrões de crédito.

Efeitos da flexibilização dos padrões de crédito		
Variável	Direção da alteração	Efeito sobre o lucro
Volume de vendas	Aumento	Positivo
Investimento em contas a receber	Aumento	Negativo
Despesas com créditos incobráveis	Aumento	Negativo

Se os padrões de crédito fossem mais rígidos, seriam esperados efeitos opostos.

Exemplo 15.6

A Dodd Tool, uma fabricante de ferramentas de tornearia, vende atualmente um produto por $ 10 a unidade. As vendas (todas a prazo) do último ano foram de 60.000 unidades. O custo variável por unidade é de $ 6. Os custos fixos totais da empresa são de $ 120.000.

A empresa está considerando a possibilidade de *flexibilizar os padrões de crédito* e espera que os resultados sejam os seguintes: um aumento de 5% das vendas unitárias, para 63.000 unidades; um aumento do prazo médio de recebimento de 30 dias (o nível atual) para 45 dias; um aumento das despesas com créditos incobráveis de 1% das vendas (o nível atual) para 2%. A empresa calcula que o custo de imobilizar fundos em contas a receber é de 15% antes do imposto de renda.

Para determinar se deve flexibilizar seus padrões de crédito, a Dodd Tool precisa calcular o efeito sobre a contribuição das vendas adicionais ao lucro da empresa, o custo do investimento marginal em contas a receber e o custo marginal com créditos incobráveis.

Contribuição das vendas adicionais ao lucro Como os custos fixos são "irrecuperáveis" (*sunk*) e, portanto, não são afetados por uma alteração do nível de vendas, o único custo relevante para essa análise é o custo variável. Espera-se que as vendas aumentem 5%, ou 3.000 unidades. A contribuição de cada unidade ao lucro será igual à diferença entre o preço de venda por unidade ($ 10) e o custo variável por unidade ($ 6). Assim, a contribuição de cada unidade ao lucro será de $ 4. A contribuição total das vendas adicionais ao lucro será de $ 12.000 (3.000 unidades $ 4 por unidade).

Custo do investimento marginal em contas a receber Para determinar o custo do investimento marginal em contas a receber, a Dodd precisa encontrar a diferença do custo das contas a receber nos dois padrões de crédito. Como a única preocupação da empresa é com os custos desembolsados, *só o custo variável é relevante*. O investimento médio em contas a receber pode ser calculado usando a fórmula:

$$\frac{\text{Investimento médio}}{\text{em contas a receber}} = \frac{\text{Custo variável total das vendas anuais}}{\text{Giro das contas a receber}} \quad (15.9)$$

onde:

$$\text{Giro das contas a receber} = \frac{365}{\text{Prazo médio de recebimento}}$$

O custo variável total das vendas anuais sob os planos atual e proposto pode ser encontrado como mostrado a seguir, usando o custo variável unitário de $ 6.

Custo variável total das vendas anuais

Plano atual: ($ 6 60.000 unidades) = $ 360.000

Plano proposto: ($ 6 63.000 unidades) = $ 378.000

O giro das contas a receber é o número de vezes, em cada ano, que as contas a receber de uma empresa são efetivamente transformadas em caixa. É encontrado dividindo-se 365 (o número de dias em um ano) pelo prazo médio de recebimento.

Giro das contas a receber

$$\text{Plano atual: } \frac{365}{30} = 12{,}2$$

$$\text{Plano proposto: } \frac{365}{45} = 8{,}1$$

Substituindo os dados de custo e giro que acabamos de calcular na Equação 15.9 para cada caso, obtemos os seguintes investimentos médios em contas a receber:

Investimento médio em contas a receber

$$\text{Plano atual: } \frac{\$\,360.000}{12{,}2} = \$\,29.508$$

$$\text{Plano proposto: } \frac{\$\,378.000}{8{,}1} = \$\,46.667$$

Calculamos o investimento marginal em contas a receber e seu custo como segue:

Custo do investimento marginal em contas a receber

Investimento médio no plano proposto	$ 46.667
– Investimento médio no plano atual	29.508
Investimento marginal em contas a receber	$ 17.159
Custo dos fundos imobilizados em contas a receber	0,15
Custo do investimento marginal em contas a receber	$ 2.574

O valor resultante de $ 2.574 é considerado um custo porque representa o valor máximo que poderia ter sido obtido antes do imposto de renda sobre os $ 17.159 se tivessem sido aplicados em um investimento de igual risco que rendesse 15% antes do imposto de renda.

Custo marginal com créditos incobráveis Encontramos o custo marginal com créditos incobráveis tomando a diferença entre os níveis de créditos incobráveis antes e depois da proposta de flexibilizar os padrões de crédito.

Custo marginal com créditos incobráveis

Plano proposto: (0,02 $ 10/unidade 63.000 unidades)	= $ 12.600
− Plano atual: (0,01 $ 10/unidade 60.000 unidades)	= 6.000
Custo marginal com créditos incobráveis	$ 6.600

Observe que os custos com créditos incobráveis são calculados usando-se o preço de venda por unidade ($ 10) para deduzir não apenas a perda efetiva do custo variável ($ 6), que resulta quando um cliente deixa de pagar a conta, mas também a contribuição de cada unidade ao lucro (nesse caso, $ 4) que está incluída na "contribuição das vendas adicionais ao lucro". Assim, o custo marginal com créditos incobráveis resultante é de $ 6.600.

Tomada de decisão quanto aos padrões de crédito Para decidir se flexibiliza seus padrões de crédito, a empresa deve comparar a contribuição das vendas adicionais ao lucro com os custos adicionais marginais do investimento em contas a receber e com créditos incobráveis. Se a contribuição adicional ao lucro for maior que os custos marginais, os padrões de crédito devem ser flexibilizados.

Exemplo 15.7 ▸ Os resultados e os principais cálculos relacionados à decisão da Dodd Tool sobre flexibilizar seus padrões de crédito estão resumidos na Tabela 15.2. O acréscimo líquido ao lucro total resultante da medida será de $ 2.826 por ano. Portanto, a empresa deve flexibilizar seus padrões de crédito da maneira proposta.

O procedimento descrito aqui para avaliar uma proposta de alteração dos padrões de crédito também é utilizado com frequência para avaliar outras alterações na administração de contas a receber. Se a Dodd Tool estivesse pensando em tornar mais rígidos seus padrões de crédito, por exemplo, o custo teria sido uma redução da contribuição das vendas ao lucro e o retorno teria sido uma redução do custo do investimento em contas a receber e do custo com créditos incobráveis. Outra aplicação desse procedimento será demonstrada mais adiante neste capítulo.

Administração internacional de crédito

A administração de crédito é bastante difícil para os administradores de empresas puramente domésticas e torna-se muito mais complexa para empresas com operações internacionais. Isso se deve, em parte, porque (como já vimos) as operações internacionais normalmente expõem a empresa ao *risco de taxa de câmbio*. Além disso, devido aos perigos e atrasos associados à remessa de bens a longas distâncias e à necessidade de cruzar fronteiras internacionais.

Tabela 15.2 > Efeitos da flexibilização dos padrões de crédito da Dodd Tool

Contribuição das vendas adicionais ao lucro [3.000 unidades × ($ 10 – $ 6)]	$ 12.000
Custo do investimento marginal em contas a receber[a]	
Investimento médio de acordo com o plano proposto:	
$\dfrac{\$6 \times 63.000}{8,1} = \dfrac{\$378.000}{8,1}$	$ 46.667
– Investimento médio de acordo com o plano atual:	
$\dfrac{\$6 \times 60.000}{12,2} = \dfrac{\$360.000}{12,2}$	29.508
Investimento marginal em contas a receber	$ 17.159
Custo do investimento marginal em contas a receber (0,15 × $ 17.159)	(2.574)
Custo marginal com créditos incobráveis	
Créditos incobráveis de acordo com o plano proposto (0,02 × $ 10 × 63.000)	$ 12.600
– Créditos incobráveis de acordo com o plano atual (0,01 × $ 10 × 60.000)	6.000
Custo marginal com créditos incobráveis	(6.600)
Lucro líquido com a implementação do plano proposto	$ 2.826

[a] Os denominadores 8,1 e 12,2 no cálculo do investimento médio em contas a receber de acordo com os planos proposto e atual são os giros das contas a receber em cada um dos planos (365 ÷ 45 = 8,1 e 365 ÷ 30 = 12,2).

As exportações de produtos acabados costumam ter seus preços fixados na moeda do mercado local do importador; a maioria das *commodities*, por outro lado, tem o preço cotado em dólares americanos. Desse modo, uma empresa norte-americana que vende um produto para o Japão, por exemplo, teria que fixar o preço desse produto em ienes japoneses e conceder crédito a um atacadista japonês na moeda local (iene). Se o iene *se desvalorizar* em relação ao dólar antes que o exportador norte-americano consiga cobrar a conta a receber, a empresa norte-americana sofrerá uma perda com a taxa de câmbio; os ienes recebidos valerão menos dólares do que o esperado no momento da venda. É claro que o dólar também poderia se desvalorizar em relação ao iene, resultando em um ganho de taxa de câmbio para o exportador norte-americano.[3] No entanto, a maioria das empresas teme mais a perda do que aprecia o ganho.

No caso de moedas fortes como o iene japonês, o exportador pode fazer um *hedge* contra esse risco por meio dos mercados de futuros, a termo ou de opções em moedas, mas isso é dispendioso, especialmente quando os valores envolvidos são relativamente pequenos. Se o exportador estiver vendendo a um cliente em um país em desenvolvimento, provavelmente não haverá instrumento eficaz para se proteger do risco de taxa de câmbio. E esse risco ainda pode ser ainda maior porque os padrões de crédito podem ser muito inferiores (e as técnicas aceitáveis de cobrança podem ser muito diferentes) em países em desenvolvimento em comparação com os Estados Unidos. Embora possa parecer tentador simplesmente "não se dar ao trabalho" de exportar, as empresas norte-americanas não podem mais ceder mercados estrangeiros a concorrentes internacionais. Essas vendas resultantes de exportação, se cuidadosamente monitoradas e (se possível) protegidas por *hedges* contra o risco de taxa de câmbio, muitas vezes se revelam altamente lucrativas.

TERMOS DE CRÉDITO

Os **termos de crédito** são as condições de venda para os clientes aos quais a empresa concedeu crédito. Termos como *líquido 30* significam que o cliente tem 30 dias a contar do

termos de crédito
As condições de venda para os clientes aos quais a empresa concedeu crédito.

---

[3] O exportador norte-americano também teria um ganho de taxa de câmbio se o iene se valorizasse em relação ao dólar. (N. da R. T.)

desconto financeiro
Uma dedução percentual do preço de compra; disponível para o cliente que compra a prazo e paga a conta dentro de um período estipulado.

início do período de crédito (normalmente o *final do mês* ou a *data da fatura*) para pagar o valor integral da fatura. Algumas empresas oferecem **descontos financeiros**, deduções percentuais do preço de compra para o pagamento dentro de um determinado prazo. Por exemplo, termos como *2/10 líquido 30* significam que o cliente poderá obter um desconto de 2% sobre o valor da fatura se o pagamento for feito dentro de dez dias a contar do início do período de crédito, ou pode pagar o valor integral da fatura se fizer o pagamento dentro de 30 dias.

O setor de atuação da empresa afeta muito seus termos regulares de crédito. Por exemplo, uma empresa que vende itens perecíveis terá termos de crédito muito curtos porque suas mercadorias têm pouco valor como garantia no longo prazo; uma empresa em um negócio sazonal pode adequar seus termos de crédito aos ciclos do setor. A empresa quer que seus termos regulares de crédito se adequem aos padrões do setor de atuação. Se seus termos forem mais rígidos do que os dos concorrentes, a empresa perderá clientes; se forem menos rígidos, atrairá clientes de qualidade de crédito inferior que provavelmente não poderiam pagar segundo os termos padrão do setor. Em última análise, a empresa deve competir com base na qualidade e no preço de seus produtos e serviços, não nos seus termos de crédito. Desse modo, os termos regulares de crédito da empresa devem ser semelhantes aos padrões do setor, mas os termos para cada cliente específico devem refletir o risco do cliente.

Desconto financeiro

Incluir um desconto financeiro nos termos de crédito é uma maneira comum de acelerar os recebimentos sem exercer pressão sobre os clientes. O desconto financeiro proporciona um incentivo para que os clientes paguem antecipadamente. Ao acelerar os recebimentos, o desconto reduz o investimento da empresa em contas a receber, mas também reduz o lucro por unidade. Além disso, introduzir um desconto financeiro deve reduzir os créditos incobráveis porque os clientes pagarão antecipadamente, e deve aumentar o volume de vendas porque os clientes que usam o desconto pagam um preço menor pelo produto. Desse modo, as empresas que consideram oferecer um desconto financeiro devem fazer uma análise do custo-benefício para determinar se essa iniciativa é lucrativa.

Exemplo 15.8

A MAX Company tem vendas anuais de $ 10 milhões e um prazo médio de recebimento de 40 dias (giro = 365 · 40 = 9,1). De acordo com os termos de crédito da empresa de líquido 30, esse período divide-se em 32 dias até que os clientes enviem seus pagamentos pelo correio (nem todos pagam em 30 dias) e oito dias para receber, processar e compensar os pagamentos remetidos. A MAX está pensando em introduzir um desconto financeiro por meio da alteração de seus termos de crédito de líquido 30 para 2/10 líquido 30. A empresa espera que essa mudança reduza o tempo para a colocação dos pagamentos no correio, resultando em um prazo médio de recebimento de 25 dias (giro = 365 · 25 = 14,6).

Como já vimos no Exemplo 15.5, a MAX usa uma matéria-prima cujo consumo anual é de 1.100 unidades. Cada produto fabricado acabado requer uma unidade dessa matéria-prima a um custo variável de $ 1.500 por unidade, incorre em outros $ 800 de custo variável no processo de produção e é vendido por $ 3.000 em termos de líquido 30. Assim, os custos variáveis totalizam $ 2.300 ($ 1.500 + $ 800). A MAX estima que 80% de seus clientes utilizarão o desconto de 2% e que a oferta do desconto aumentará as vendas do produto acabado em 50 unidades (de 1.100 para 1.150 unidades) por ano, mas não deve alterar a porcentagem de créditos incobráveis. O custo de oportunidade dos fundos investidos em contas a receber é de 14%. A MAX deveria oferecer o desconto financeiro proposto? Uma análise semelhante à demonstrada anteriormente para a decisão de padrão de crédito, apresentada na Tabela 15.3, mostra um prejuízo líquido de $ 6.640 com o desconto financeiro. Desse modo, *a MAX não deve introduzir o desconto financeiro proposto*. Entretanto, outros descontos podem ser vantajosos.

Tabela 15.3 — Análise da oferta de um desconto financeiro pela MAX Company

Contribuição das vendas adicionais ao lucro	
[50 unidades × ($ 3.000 − $ 2.300)]	$ 35.000
Custo do investimento marginal em contas a receber[a]	
Investimento médio atual (sem o desconto):	
$\dfrac{\$2.300 \times 1.100 \text{ unidades}}{9,1} = \dfrac{\$2.530.000}{9,1}$	$ 278.022
− Investimento médio com o desconto financeiro proposto:[b]	
$\dfrac{\$2.300 \times 1.150 \text{ unidades}}{14,6} = \dfrac{\$2.645.000}{14,6}$	181.164
Redução do investimento em contas a receber	$ 96.858
Economia de custo com a redução do investimento em contas a receber (0,14 × $ 96.858)[c]	13.560
Custo do desconto financeiro (0,02 × 0,80 × 1.150 × $ 3.000)	(55.200)
Lucro líquido com a introdução do desconto financeiro proposto	($ 6.640)

[a] Ao analisar o investimento em contas a receber, utilizamos o custo variável do produto vendido (custo de matéria-prima de $ 1.500 + custo de produção de $ 800 = custo variável de $ 2.300 por unidade) em vez do preço de venda, porque o custo variável é um indicador melhor do investimento feito pela empresa.

[b] Estima-se que o investimento médio em contas a receber com o desconto financeiro proposto fique imobilizado por 25 dias, em média, em vez dos 40 dias dos termos atuais.

[c] O custo de oportunidade dos fundos da MAX é de 14%.

Prazo do desconto financeiro

O administrador financeiro pode alterar o **prazo do desconto financeiro**, o número de dias após o início do período de crédito durante o qual o desconto financeiro está disponível. O efeito líquido das alterações desse período devido é difícil de analisar por conta da natureza das forças envolvidas. Por exemplo, se uma empresa aumenta seu prazo do desconto financeiro em dez dias (alterando seus termos de crédito de 2/10 líquido 30 para 2/20 líquido 30), pode-se esperar as seguintes alterações: (1) as vendas aumentariam, afetando positivamente o lucro; (2) as despesas com créditos incobráveis diminuiriam, afetando positivamente o lucro; e (3) o lucro por unidade diminuiria como resultado de mais clientes utilizarem o desconto, afetando negativamente o lucro.

A dificuldade para o administrador financeiro reside em avaliar o impacto que um aumento do prazo do desconto financeiro teria sobre o investimento da empresa em contas a receber. Esse investimento diminuirá por conta dos que não utilizavam o desconto e passaram a pagar antecipadamente. No entanto, o investimento em contas a receber aumentará por duas razões: (1) clientes que já usam o desconto continuarão a fazê-lo, mas pagarão mais tarde e (2) novos clientes atraídos pela nova política resultarão em novas contas a receber. Se a empresa reduzisse o prazo do desconto financeiro, os efeitos seriam o inverso dos que acabamos de descrever.

> **prazo do desconto financeiro**
> O número de dias após o início do período de crédito durante o qual o desconto financeiro está disponível.

Período de crédito

Alterações do **período de crédito**, o número de dias após o início do período de crédito até o pagamento total da conta no vencimento, também afetam a rentabilidade de uma empresa. Por exemplo, aumentar o período de crédito de uma empresa de líquido 30 dias para líquido 45 dias deve aumentar as vendas, afetando positivamente o lucro. Mas,

> **período de crédito**
> O número de dias após o início do período de crédito até o pagamento total da conta no vencimento.

tanto o investimento em contas a receber quanto as despesas com créditos incobráveis também aumentariam, afetando negativamente o lucro. O maior investimento em contas a receber resultaria tanto em mais vendas quanto em pagamento geralmente mais lento, em média, como resultado do período de crédito mais longo. O aumento em despesas com créditos incobráveis ocorreria porque, quanto mais longo o período de crédito, mais tempo disponível para uma empresa falir, impossibilitando-a de honrar suas contas a pagar. Uma redução do período de crédito provavelmente terá os efeitos opostos. Observe que as variáveis afetadas por um aumento do período de crédito se comportam da mesma maneira que uma flexibilização dos padrões de crédito, como vimos na Tabela 15.2.

MONITORAMENTO DE CRÉDITO

monitoramento de crédito
A revisão contínua das contas a receber de uma empresa para determinar se os clientes estão pagando de acordo com os termos de crédito estipulados.

O último aspecto que uma empresa deve considerar na administração de contas a receber é o monitoramento de crédito. O **monitoramento de crédito** é uma revisão contínua das contas a receber de uma empresa para determinar se os clientes estão pagando de acordo com os termos de crédito estipulados. Se não estiverem pagando em dia, o monitoramento de crédito alertará a empresa para o problema. Pagamentos atrasados geram custos para a empresa por estenderem o prazo médio de recebimento e, desse modo, aumentarem o investimento da empresa em contas a receber. Duas técnicas utilizadas com frequência para monitorar o crédito são o prazo médio de recebimento e a idade das contas a receber. Além disso, uma série de técnicas populares de cobrança são utilizadas pelas empresas.

Prazo médio de recebimento

O *prazo médio de recebimento* é o segundo componente do ciclo de conversão de caixa. Como vimos no Capítulo 3, trata-se do número médio de dias em que as vendas a prazo ficam em aberto. O prazo médio de recebimento tem dois componentes: (1) o tempo desde a venda até o cliente enviar o pagamento pelo correio e (2) o tempo necessário para receber, processar e compensar o pagamento remetido pelo cliente. A fórmula para encontrar o prazo médio de recebimento é:

$$\text{Prazo médio de recebimento} = \frac{\text{Contas a receber}}{\text{Vendas médias por dia}} \quad (15.10)$$

Supondo que o tempo necessário para receber, processar e compensar o pagamento é constante, o prazo médio de recebimento diz à empresa, em média, quando seus clientes pagam as contas.

Conhecer o prazo médio de recebimento permite à empresa determinar se há algum problema com as contas a receber em geral. Por exemplo, uma empresa com termos de crédito de líquido 30 pode esperar que seu prazo médio de recebimento (menos o tempo de recebimento, processamento e compensação) seja igual a cerca de 30 dias. Se o prazo de recebimento atual for significativamente maior que 30 dias, a empresa tem razões para rever suas operações de crédito. Se o prazo médio de recebimento da empresa estiver aumentando com o passar do tempo, há razões para ela se preocupar com sua administração de contas a receber. Um primeiro passo na análise de problemas nas contas a receber é a "idade" dessas contas. Por meio desse processo, a empresa pode determinar se o problema está em suas contas a receber em geral ou se pode ser atribuído a algumas contas específicas.

cronograma das idades das contas a receber
Uma técnica de monitoramento de crédito que classifica as contas a receber em grupos com base na data de origem; mostra as porcentagens do saldo total das contas a receber que se encontram em aberto por períodos específicos de tempo.

Idade das contas a receber

Um **cronograma das idades das contas a receber** classifica as contas a receber em grupos com base em sua data de origem. A classificação é feita normalmente em base mensal, retrocedendo três ou quatro meses. O cronograma resultante mostra as porcentagens do saldo total das contas a receber que se encontram em aberto por períodos específicos de tempo. O objetivo desse cronograma é permitir que a empresa identifique problemas. Ilustraremos com um exemplo simples a forma e a avaliação de uma tabela das idades das contas a receber.

Exemplo 15.9

O saldo das contas a receber nos livros contábeis da Dodd Tool em 31 de dezembro de 2015 era de $ 200.000. A empresa oferece a seus clientes termos de crédito de líquido 30 dias. Para obter informações sobre o prazo médio de recebimento relativamente longo — 51,3 dias —, a Dodd preparou a tabela a seguir.

Idade da conta	Saldo em aberto	Porcentagem do saldo total em aberto
0–30 dias	$ 80.000	40%
31–60 dias	36.000	18%
61–90 dias	52.000	26%
91–120 dias	26.000	13%
Mais de 120 dias	6.000	3%
Totais em 31 dez. 15	$ 200.000	100%

Como a Dodd oferece termos de crédito de 30 dias a seus clientes, eles têm 30 dias a contar do final do mês da venda para efetuar o pagamento. Portanto, os 40% do saldo em aberto com idade de 0–30 dias estão *em dia*. Os saldos em aberto de 31–60 dias, 61–90 dias, 91–120 dias e mais de 120 dias estão *em atraso*.

Analisando a tabela, vemos que 40% das contas estão em dia (idade < 30 dias) e os 60% restantes estão em atraso (idade > 30 dias). 18% do saldo em aberto estão com 1–30 dias de atraso, 26% estão com 31–60 dias de atraso, 13% estão com 61–90 dias de atraso e 3% estão com mais de 90 dias de atraso. Embora os recebimentos pareçam, de maneira geral lentos, uma irregularidade que se nota nesses dados é a elevada porcentagem do saldo em aberto com 31–60 dias de atraso (idades de 61–90 dias). Evidentemente, um problema deve ter ocorrido 61–90 dias atrás. Uma investigação poderia revelar que o problema pode ser atribuído à contratação de um novo gerente de crédito, à aceitação de um novo cliente que fez uma grande compra a prazo, mas que ainda não a pagou, ou a uma política ineficaz de cobrança. Quando esse tipo de discrepância é encontrada no cronograma das idades das contas a receber, o analista deve identificar, avaliar e reparar suas causas.

Técnicas comuns de cobrança

Uma série de técnicas de cobrança, que variam de cartas a medidas judiciais, é empregada. À medida que aumenta o atraso de uma conta, o esforço de cobrança torna-se mais pessoal e intenso. Na Tabela 15.4 estão listadas e descritas brevemente as técnicas mais comuns de cobrança na ordem em que costumam ser aplicadas no processo de cobrança.

Tabela 15.4 Técnicas comuns de cobrança

Técnica[a]	Breve descrição
Cartas	Decorrido um determinado número de dias, a empresa envia uma carta educada lembrando o cliente da conta em atraso. Se a conta não for paga dentro de um determinado período após o envio dessa carta, uma segunda carta, mais incisiva, é enviada.

(continua)

(continuação)	
Telefonemas	Se as cartas não surtirem efeito, pode ser feito um telefonema ao cliente para solicitar o pagamento imediato. Se o cliente tiver uma explicação razoável, pode ser feito um acordo de prorrogação do prazo de pagamento. Um telefonema do advogado do vendedor também pode ser usado.
Visitas pessoais	Essa técnica é muito mais comum no nível de crédito ao consumidor, mas também pode ser empregada com eficácia por fornecedores industriais. Enviar um vendedor ou cobrador para confrontar o cliente pode ser muito eficaz, pois o pagamento pode ser feito no ato.
Agências de cobrança	As empresas podem entregar as contas em aberto a uma agência de cobrança ou a um advogado especializado nesse tipo de serviço. Os honorários por esse serviço costumam ser bastante elevados. A empresa pode acabar ficando com menos da metade dos valores cobrados dessa maneira.
Medidas judiciais	Mover uma ação judicial de cobrança é a medida mais extrema e uma alternativa ao uso de uma agência de cobrança. Um processo judicial não só é dispendioso como pode levar o devedor à falência, sem garantia de recebimento do valor em atraso.

a As técnicas estão listadas na ordem em que costumam ser adotadas no processo de cobrança.

→ **QUESTÕES PARA REVISÃO**

15.11 Qual é o papel dos *cinco Cs do crédito* na atividade de seleção de crédito?

15.12 Explique por que o *escore de crédito* costuma ser aplicado às decisões de crédito ao consumidor e não às de crédito mercantil.

15.13 Quais são os trade-offs básicos em padrões de crédito *mais rigorosos*?

15.14 Por que os riscos envolvidos na administração internacional de crédito são mais complexos do que aqueles associados a vendas a crédito puramente domésticas?

15.15 Por que os termos regulares de crédito de uma empresa normalmente estão em conformidade com os de seu setor?

15.16 Por que uma empresa deve monitorar ativamente as contas a receber de seus clientes? Como o *prazo médio de recebimento* e o *cronograma das idades das contas a receber* são utilizados para monitorar o crédito?

▶15.5 Administração de recebimentos e pagamentos

O terceiro componente do ciclo de conversão de caixa, o prazo médio de pagamento, também tem duas partes: (1) o tempo entre a compra a prazo de bens e o momento em que o cliente envia o pagamento pelo correio e (2) o tempo de recebimento, processamento e compensação exigido pelos fornecedores da empresa. O tempo de recebimento, processamento e compensação para a empresa, tanto de seus clientes quanto de seus fornecedores, é o foco da administração de recebimentos e pagamentos.

FLOAT

float
Fundos que foram enviados pelo pagador, mas ainda não estão disponíveis ao beneficiário.

O termo **float** refere-se a fundos que foram enviados pelo pagador, mas ainda não estão disponíveis ao beneficiário. O *float* é importante no ciclo de conversão de caixa porque sua presença alonga tanto o prazo médio de recebimento da empresa quanto seu prazo médio de pagamento. No entanto, o objetivo da empresa deve ser encurtar seu prazo médio de recebimento e estender o prazo médio de pagamento. Ambos podem ser alcançados por meio da administração do *float*.

O *float* tem três componentes:

1. **Float de postagem** é o tempo entre o momento em que o pagamento é colocado no correio e seu recebimento pelo beneficiário.
2. **Float de processamento** é o tempo entre o recebimento do pagamento e seu depósito na conta da empresa.
3. **Float de compensação** é o tempo entre o depósito do pagamento e o momento em que os fundos tornam-se disponíveis para a empresa. Este componente do *float* é atribuído ao tempo necessário para um cheque ser compensado pelo sistema bancário.

Descreveremos a seguir algumas técnicas comuns para administrar os componentes do *float* para acelerar os recebimentos e retardar os pagamentos.

AGILIZAR OS RECEBIMENTOS

Agilizar os recebimentos reduz o tempo do *float de cobrança* e, desse modo, reduz o prazo médio de recebimento da empresa, o que, por sua vez, reduz o investimento que a empresa deve fazer em seu ciclo de conversão de caixa. Nos exemplos anteriores, a MAX Company tinha vendas anuais de $ 10 milhões e oito dias de *float* total de cobrança (tempo de recebimento, processamento e compensação). Se a MAX conseguisse reduzir o *float* em três dias, diminuiria seu investimento no ciclo de conversão de caixa em $ 82.192 [$ 10.000.000 (3 · 365)].

Uma técnica popular para agilizar os recebimentos é usar um sistema de caixa postal (*lockbox*). Um **sistema de caixa postal**[4] funciona da seguinte maneira: em vez de remeter os pagamentos para a empresa, os clientes enviam os pagamentos pelo correio para uma caixa postal. O banco da empresa esvazia regularmente essa caixa postal, processa cada pagamento e os deposita na conta da empresa. Os comprovantes de depósito, juntamente com os envelopes de pagamento são enviados (ou transmitidos eletronicamente) para a empresa pelo banco, para que ela possa dar baixa nas contas dos clientes. As caixas postais são distribuídas geograficamente para coincidir com a localização dos clientes da empresa. Um sistema de caixa postal afeta todos os três componentes do *float*: reduz o tempo de postagem e, muitas vezes, o tempo de compensação por estar próximo dos clientes da empresa. Reduz o tempo de processamento para quase zero, pois o banco deposita os pagamentos antes que a empresa os processe. Evidentemente, um sistema de caixa postal reduz o tempo de *float* de cobrança, mas não sem custo; portanto, uma empresa deve fazer uma análise econômica para determinar se deve ou não implementar o sistema.

float **de postagem**
O tempo decorrido entre o momento em que o pagamento é colocado no correio e o momento em que é recebido.

float **de processamento**
O tempo entre o recebimento de um pagamento e seu depósito na conta da empresa.

float **de compensação**
O tempo entre o depósito de um pagamento e o momento em que os fundos se tornam disponíveis para a empresa.

sistema de caixa postal (*lockbox*)
Um procedimento de cobrança em que os clientes enviam os pagamentos a uma caixa postal do correio que é esvaziada regularmente pelo banco da empresa, que, a seguir, processa os pagamentos e os deposita na conta da empresa. Esse sistema acelera o tempo de recebimento ao reduzir o tempo de processamento, de postagem e de compensação.

FATOS e DADOS

Problemas do Serviço Postal dos Estados Unidos criam oportunidades para os bancos

Há décadas, o Serviço Postal dos Estados Unidos (*United States Postal Service* — USPS) está em dificuldades financeiras. Em 2012, o USPS anunciou que, para cortar custos, reduziria drasticamente o número de unidades de processamento de correspondência. Para as empresas, essa mudança significou um aumento do *float* de postagem. Já para o Fifth Third Bank foi uma oportunidade. O banco anunciou um novo programa de captura remota de caixa postal em que os pagamentos entre empresas seriam recolhidos nas agências dos correios locais em todo o país. O Fifth Third Bank faria, então, imagens eletrônicas desses pagamentos e essas imagens seriam processadas no centro de processamento do banco em Cincinnati. O Fifth Third Bank prometeu aos clientes que reduziria o *float* de postagem e agilizaria o processo de cobrança para seus clientes.

---
4 Nos Estados Unidos, a maioria dos pagamentos entre empresas é feito por meio de cheques, que são enviados pelo correio. Além disso, os bancos não têm abrangência nacional. Assim, é comum as empresas utilizarem o sistema *lockbox* (caixas postais especiais) para o recolhimento dos cheques. (N. da R. T.)

Os sistemas de caixa postal são muito usados por grandes empresas com clientes geograficamente dispersos. No entanto, uma empresa não precisa ser de grande porte para beneficiar-se do sistema. Empresas de menor porte também podem se beneficiar de um sistema como esse. O benefício para as pequenas empresas, em geral, decorre principalmente da transferência do processamento de pagamentos para o banco.

POSTERGAR OS PAGAMENTOS

O *float* também é um componente do prazo médio de pagamento da empresa. Nesse caso, o *float* atua a favor da empresa. A empresa pode se beneficiar ao aumentar todos os três componentes de seu *float de pagamento*. Uma técnica comum para aumentar o *float* de pagamento é o **controle de desembolsos**, que envolve o uso estratégico de pontos de postagem e de contas bancárias para estender o *float* de postagem e o *float* de compensação, respectivamente. No entanto, as empresas devem usar essa abordagem com cuidado, pois prazos mais longos de pagamento podem prejudicar as relações com os fornecedores.

O quadro *Foco na ética*, adiante, analisa mais de perto as questões éticas envolvidas no adiamento de pagamentos por meio do controle de desembolsos e outros métodos, uma técnica conhecida coletivamente como *estender o prazo de contas a pagar a fornecedores*. Retomaremos esse assunto no Capítulo 16.

Em suma, uma política geral razoável para a administração do *float* é: (1) receber os pagamentos o mais rápido possível, pois, uma vez postados, os fundos pertencem à empresa e (2) postergar o pagamento aos fornecedores, pois, uma vez remetidos, os fundos pertencem ao fornecedor.

CONCENTRAÇÃO DE CAIXA

A **concentração de caixa** é o processo utilizado pela empresa para reunir os depósitos em caixas postais e outros em um só banco, muitas vezes chamado de *banco de concentração*. A concentração de caixa apresenta três vantagens principais. Em primeiro lugar, cria um grande *pool* de fundos que pode ser utilizado para fazer investimentos de curto prazo. Como há um componente fixo no custo de transação associado a esses investimentos, investir um único *pool* de fundos reduz os custos de transação da empresa. O maior *pool* de investimentos também permite à empresa escolher entre uma maior variedade de investimentos de curto prazo. Em segundo lugar, concentrar o caixa da empresa em uma só conta melhora o acompanhamento e o controle interno de caixa. Em terceiro lugar, ter um banco de concentração permite que a empresa adote estratégias de pagamento que reduzem os saldos de caixa ociosos.

Nos Estados Unidos, existem diversos mecanismos para transferir recursos do banco de caixa postal e de outros bancos arrecadadores (bancos locais que recebem os pagamentos dos clientes da empresa) para o banco de concentração. Um mecanismo é o **cheque de transferências de depósitos (*depository transfer check* — DTC)**, que é um cheque sem assinatura, sacado de uma das contas bancárias da empresa e depositado em outra. Para a concentração de caixa, um DTC é sacado de cada caixa postal ou outra conta bancária arrecadadora e depositado na conta do banco de concentração. Uma vez compensado o DTC (o que pode levar vários dias), a transferência de fundos está concluída. Atualmente, a maioria das empresas fornece informações de depósito por telefone ao banco de concentração, que então prepara e deposita em sua conta o DTC sacado da conta caixa postal ou de outras contas bancárias de arrecadação.

Um segundo mecanismo é uma **transferência ACH (câmara de compensação automatizada)**, que é uma retirada eletrônica pré-autorizada da conta do pagador. Uma instalação de compensação informatizada (chamada de *câmara de compensação automatizada* — ACH) faz uma transferência eletrônica de fundos entre os bancos do pagador e do beneficiário. Uma ACH liquida as contas entre os bancos participantes. As

---

controle de desembolsos
O uso estratégico de pontos de postagem e de contas bancárias para estender o *float* de postagem e o *float* de compensação, respectivamente.

concentração de caixa
O processo utilizado pela empresa para reunir os depósitos em caixas postais e outros em um só banco, muitas vezes chamado de *banco de concentração*.

cheque de transferências de depósitos (DTC)
Um cheque sem assinatura, sacado de uma das contas bancárias de uma empresa e depositado em outra.

transferência ACH (câmara de compensação automatizada)
Retirada eletrônica pré-autorizada da conta do pagador e depósito na conta do beneficiário via uma liquidação entre os bancos por meio da *câmara de compensação automatizada, ou ACH*.

Foco na ÉTICA

Estender o prazo de contas a pagar a fornecedores: é uma boa política?

na prática A extensão do prazo de contas a pagar a fornecedores costuma ser considerada uma boa prática de administração de caixa. Ao adiar ao máximo os pagamentos das contas, sem prejudicar o seu crédito, as empresas obtêm de seus fornecedores empréstimos livres de juros. Algumas alongam deliberadamente o prazo de suas contas a pagar a fornecedores para cobrir déficits temporários de caixa.

Essa prática, no entanto, pode trazer consequências negativas, pois estender demais o prazo das contas a pagar a fornecedores pode fazer com que a empresa seja vista como procrastinadora de pagamentos. Os fornecedores acabarão aumentando a pressão sobre a empresa para que faça os pagamentos no prazo.

Além disso, a extensão do prazo de contas a pagar a fornecedores também levanta questões éticas. Em primeiro lugar, pode levar a empresa a violar o acordo firmado com o fornecedor por ocasião da compra da mercadoria. E, o que é mais importante para os investidores, a empresa pode estender as contas a pagar a fornecedores para aumentar artificialmente o fluxo de caixa operacional divulgado em um determinado período. Em outras palavras, as empresas podem melhorar seus fluxos de caixa operacionais reportados apenas com a decisão de postergar os pagamentos aos fornecedores. Infelizmente, para os investidores, a melhoria do fluxo de caixa operacional pode ser insustentável, se os fornecedores forçarem a empresa a melhorar seu histórico de pagamentos. No mínimo, qualquer melhoria ano a ano do fluxo de caixa operacional pode ser insustentável.

A postergação das contas a pagar pode ser identificada por meio do monitoramento dos *dias de vendas a pagar* (DVP), calculados como o saldo, no final do período, das contas a pagar a fornecedores dividido pelo custo dos produtos vendidos e multiplicado pelo número de dias do período. Um aumento do DVP eleva os fluxos de caixa operacionais.

Uma versão mais complexa de estender o prazo de pagamento das contas a pagar a fornecedores é o financiamento de contas a pagar, que ocorre quando a empresa usa uma instituição financeira para pagar o fornecedor no exercício corrente e quita a dívida com o banco em um exercício subsequente. Essa abordagem reclassifica o valor das contas a pagar como empréstimos de curto prazo. A reclassificação resulta em uma redução do fluxo de caixa operacional naquele trimestre e um aumento do fluxo de caixa de financiamento. Normalmente, os desembolsos de caixa para as contas a pagar a fornecedores são incluídos nas atividades operacionais. Como o timing e o volume do financiamento de fornecedores ficam a critério da administração da empresa, a tentação de manipular os fluxos de caixa operacionais pode ser muito grande para alguns.

Deixando de lado as implicações éticas de estender o prazo das contas a pagar a fornecedores, pode haver incentivos financeiros para evitar a prática. As empresas que podem se mudar para um sistema automatizado de contas a pagar podem aproveitar os descontos benéficos por pagamento antecipado que proporcionam uma taxa de retorno livre de risco muito melhor do que estender as contas a pagar. Por exemplo, um desconto de 2/10 líquido 30 equivale a um retorno anualizado de cerca de 36%. Visto desse modo, o saldo de contas a pagar a fornecedores pode ser a dívida mais cara do balanço patrimonial.

- *Embora os descontos de fornecedores para pagamento antecipado sejam compensadores, quais são algumas das dificuldades que podem impedir que uma empresa aproveite esses descontos?*

---

contas individuais são liquidadas pelos respectivos ajustes do saldo bancário. As transferências ACH são compensadas em um dia. Para a concentração de caixa, uma transferência ACH é feita de cada banco de caixa postal ou outro banco arrecadador para o banco de concentração. Uma transferência ACH pode ser vista como um DTC eletrônico, mas, como a transferência ACH é compensada em um dia, traz mais benefícios do que um DTC. No entanto, os dois bancos da transferência ACH devem ser membros da câmara de compensação.

Um terceiro mecanismo de concentração de caixa é uma **transferência eletrônica**. A transferência eletrônica é uma comunicação eletrônica que, via lançamentos contábeis, retira fundos do banco do pagador e os deposita no banco do beneficiário. As transferências eletrônicas podem eliminar o *float* de postagem e o de compensação, e

transferência eletrônica
Uma comunicação eletrônica que, via lançamentos contábeis, retira fundos do banco do pagador e os deposita no banco do beneficiário.

também podem reduzir o *float* de processamento. Para a concentração de caixa, a empresa transfere fundos por via eletrônica de cada caixa postal ou outra conta de arrecadação para sua conta de concentração. As transferências eletrônicas são um substituto para as transferências DTC e ACH, mas são mais caras.

Fica claro que a empresa deve equilibrar os custos e os benefícios da concentração de caixa para determinar o tipo e o timing das transferências de sua caixa postal e outras contas de arrecadação para a conta de concentração. O mecanismo de transferência escolhido deve ser o mais lucrativo. (O lucro por período de qualquer mecanismo de transferência é igual ao ganho com o aumento da disponibilidade de fundos menos o custo do sistema de transferência.)

CONTAS DE SALDO ZERO

conta de saldo zero (ZBA)
Uma conta de desembolso que sempre tem saldo zero no final do dia, pois a empresa faz depósitos para cobrir os cheques sacados dessa conta somente quando são apresentados para pagamento a cada dia.

As **contas de saldo zero** (**ZBAs** — *zero-balance accounts*) são contas de desembolso que sempre têm saldo zero no final do dia. Seu objetivo é eliminar saldos de caixa não remunerados das contas correntes da empresa. Uma ZBA funciona bem como uma conta de desembolso em um sistema de concentração de caixa.

Essas contas de saldo zero funcionam da seguinte maneira: uma vez que todos os cheques de um determinado dia são apresentados para pagamento na ZBA da empresa, o banco a notifica do valor total dos cheques e a empresa transfere fundos para a conta para cobrir o valor dos cheques do dia. Essa transferência deixa um saldo de $ 0 no final do dia. A ZBA permite que a empresa mantenha todo o seu caixa operacional em uma conta remunerada, eliminando, assim, saldos de caixa ociosos. Dessa forma, uma empresa que usa uma ZBA em conjunto com um sistema de concentração de caixa precisaria manter duas contas. A empresa concentraria os fundos provenientes das caixas postais e de outros bancos arrecadadores em uma conta remunerada e emitiria cheques contra sua ZBA. A empresa cobriria o valor exato dos cheques apresentados contra a ZBA com transferências da conta remunerada, deixando um saldo de $ 0 na ZBA no final do dia.

A ZBA é uma ferramenta de administração de desembolsos. Como discutimos anteriormente, a empresa prefere maximizar seu *float* de pagamento. No entanto, alguns administradores de caixa acreditam ser antiético tentar ativamente aumentar o tempo de *float* dos pagamentos. Uma ZBA permite que a empresa maximize o uso do *float* de cada cheque sem alterar o tempo de *float* dos pagamentos a seus fornecedores. Manter todo o dinheiro da empresa em uma conta remunerada permite que a empresa maximize os rendimentos sobre os saldos de caixa, ao capturar todo o tempo de *float* de cada cheque emitido.

Finanças pessoais Exemplo 15.10

Megan Laurie, uma enfermeira de 25 anos de idade, trabalha em um hospital que paga seu salário a cada duas semanas por meio de depósito em sua conta corrente, que não paga juros e não exige saldo mínimo. Ela recebe cerca de $ 1.800 a cada duas semanas ou cerca de $ 3.600 por mês, e mantém em conta corrente um saldo aproximado de $ 1.500. Sempre que esse valor é ultrapassado, ela transfere o excedente para sua conta poupança, que atualmente paga juros anuais de 1,5%. Seu saldo atual na conta poupança é de $ 17.000 e ela estima que transfere cerca de $ 600 por mês da conta corrente para a conta poupança.

Megan paga suas contas assim que as recebe. O total mensal de suas contas é, em média, de $ 1.900, e as saídas mensais de caixa com alimentação e combustível totalizam aproximadamente $ 900. Uma análise dos pagamentos de contas de Megan indica que, em média, ela as paga oito dias antes do vencimento. A maioria dos títulos negociáveis rende atualmente juros anuais de cerca de 4,2%. Megan está interessada em aprender como poderia administrar melhor seus saldos de caixa.

Ela conversou com a irmã, que fez um curso de finanças, e juntas encontraram três maneiras para Megan administrar melhor seu saldo de caixa:

1. **Investir os saldos correntes.** Megan pode transferir o saldo atual de sua conta poupança para um título negociável líquido, elevando, desse modo, a taxa de juros recebida de 1,5% para cerca de 4,2%. Com seu saldo atual de $ 17.000, ela aumentaria imediatamente seu rendimento anual com juros em aproximadamente $ 460 [(0,042 – 0,015) $ 17.000].
2. **Investir os excedentes mensais.** Megan pode transferir $ 600 mensais de sua conta corrente para um título negociável líquido, aumentando, desse modo, o rendimento anual sobre cada transferência mensal em aproximadamente $ 16 [(0,042 – 0,015) $ 600], o que, para as 12 transferências, geraria um rendimento anual adicional de cerca de $ 192 (12 meses $ 16).
3. **Postergar os pagamentos.** Em vez de pagar as contas assim que as receber, Megan pode pagá-las no vencimento. Fazendo isso, ela ganharia oito dias de *float* por mês, ou 96 dias por ano (8 dias por mês 12 meses), sobre uma média de $ 1.900 em contas. Supondo que possa receber juros anuais de 4,2% sobre os $ 1.900, postergar seus pagamentos levaria a uma economia anual de cerca de $ 21 [(96 · 365) 0,042 $ 1.900].

Com base nessas três recomendações, Megan aumentaria seus ganhos anuais em um total de aproximadamente $ 673 ($ 460 + $ 192 + $ 21). Evidentemente, Megan pode aumentar seus ganhos ao administrar melhor seus saldos de caixa.

INVESTIMENTO EM TÍTULOS NEGOCIÁVEIS

Títulos negociáveis de curto prazo (ou investimentos remunerados de curto prazo) são instrumentos do mercado monetário que podem ser facilmente convertidos em caixa. Os títulos negociáveis são classificados como parte do ativo líquido da empresa, que os utiliza para obter retorno sobre fundos temporariamente ociosos. Para ser verdadeiramente negociável, um título deve ter: (1) um mercado ativo, de modo a minimizar o tempo necessário para convertê-lo em caixa e (2) segurança do principal, o que significa que apresenta pouca ou nenhuma perda de valor ao longo do tempo.

Os valores mobiliários que são mais comumente mantidos como parte da carteira de títulos negociáveis da empresa são divididos em dois grupos: (1) emissões do governo, que oferecem rendimentos relativamente baixos devido ao baixo risco; e (2) emissões privadas, que oferecem rendimentos um pouco mais elevados do que os do governo com prazos semelhantes, já que apresentam risco um pouco mais alto. A Tabela 15.5 resume as principais características dos títulos negociáveis mais comuns.

Tabela 15.5 Características dos títulos negociáveis mais comuns

Título	Emitente	Descrição	Prazo de vencimento original	Risco e retorno
Emissões do governo				
Treasury bills	Tesouro dos Estados Unidos	Emitidas semanalmente em leilão; vendidas com deságio; forte mercado secundário	4, 13 e 26 semanas	Mínimo, virtualmente livre de risco
Treasury notes	Tesouro dos Estados Unidos	Taxa de juros declarada; juros pagos semestralmente; forte mercado secundário	1 a 10 anos	Baixo, mas mais alto que *Treasury bills*

(continua)

(continuação)

Treasury bonds	Tesouro dos Estados Unidos	Taxa de juros declarada; juros pagos semestralmente; forte mercado secundário	11 a 30 anos	Mais baixo que os títulos de dívida privados, mas mais alto que Treasury bills e notes
Emissões de agências federais	Agências do governo federal	Não são obrigações do Tesouro dos Estados Unidos; forte mercado secundário	9 meses a 30 anos	Ligeiramente mais altos que as emissões do Tesouro dos Estados Unidos
Emissões privadas				
Certificados de depósito (CDs) negociáveis	Bancos comerciais	Representam depósitos à vista específicos em bancos comerciais; valores e vencimentos ajustados às necessidades do investidor; valores elevados; bom mercado secundário	1 mês a 3 anos	Mais elevados que as emissões do Tesouro dos Estados Unidos e comparáveis aos de commercial paper
Commercial paper	Sociedade anônima de capital aberto com nível elevado de crédito	Nota sem garantia do emitente; denominações elevadas	3 a 270 dias	Mais elevado que as emissões do Tesouro dos Estados Unidos e comparáveis aos CDs negociáveis
Aceites bancários	Bancos	Resultam de uma garantia bancária a uma transação comercial; vendidos com deságio em relação ao valor do vencimento	30 a 180 dias	Aproximadamente o mesmo que CD negociável e commercial paper, mas mais alto que as emissões do Tesouro dos Estados Unidos
Depósitos em eurodólares	Bancos estrangeiros	Depósitos de moeda que não a do país em que o banco está localizado; denominações elevadas; mercado secundário ativo	1 dia a 3 anos	Alto, por causa da menor regulação dos bancos depositários e algum risco de câmbio
Fundos mútuos do mercado monetário	Companhias de administração profissional de carteira	Carteiras de títulos negociáveis administradas profissionalmente; oferecem liquidez imediata	Inexistente (depende do desejo dos investidores)	Variável, mas em geral mais altos do que as emissões do Tesouro dos Estados Unidos e comparáveis aos CDs negociáveis e commercial paper
Acordos de recompra	Banco ou distribuidora de valores imobiliários	Banco ou distribuidoras de valores mobiliários vendem títulos específicos à empresa e se comprometem a recomprá-los a um preço e em um momento específicos	Adequado às necessidades do comprador	Em geral um pouco abaixo ao associado à compra direta do valor mobiliário

→ **QUESTÕES PARA REVISÃO**

15.17 O que é *float* e quais são seus três componentes?

15.18 Quais são os objetivos da empresa no que diz respeito ao *float de cobrança* e ao *float de pagamento*?

15.19 Quais são as três principais vantagens da *concentração de caixa*?

15.20 Quais são os três mecanismos de concentração de caixa? Qual o objetivo de usar uma *conta de saldo zero* (*ZBA*) em um sistema de concentração de caixa?

15.21 Quais são as duas características que fazem com que um título seja negociável? Por que os rendimentos de títulos negociáveis privados são, em geral, mais altos do que os de emissões do governo com prazos de vencimento semelhantes?

Resumo

ÊNFASE NO VALOR

É importante para uma empresa manter um nível razoável de capital de giro líquido. Para tanto, ela deve equilibrar alto lucro e alto risco associados a baixos níveis de ativo circulante e altos níveis de passivo circulante com baixo lucro e baixo risco que resultam de altos níveis de ativo circulante e baixos níveis de passivo circulante. Uma estratégia que consiga um equilíbrio razoável entre lucros e risco deve contribuir positivamente para o valor da empresa.

Da mesma forma, a empresa deve administrar seu ciclo de conversão de caixa por meio do giro rápido do estoque; do recebimento rápido das contas a receber; da administração do tempo de postagem, processamento e compensação; e do pagamento mais lento das contas a pagar a fornecedores. Essas estratégias devem permitir que ela administre com eficiência suas contas circulantes e minimize o volume de recursos investidos em ativos operacionais.

O administrador financeiro pode administrar estoque, contas a receber e recebimentos para minimizar o investimento no ciclo operacional reduzindo, assim, o volume de recursos necessários para sustentar o negócio. O uso dessas estratégias e a administração das contas a pagar e dos desembolsos, de modo a encurtar o ciclo de conversão de caixa, devem minimizar os passivos negociados necessários para sustentar as necessidades de recursos da empresa. A administração ativa do capital de giro líquido e do ativo circulante da empresa deve contribuir positivamente para o objetivo da empresa de **maximizar o preço de sua ação**.

REVISÃO DOS OBJETIVOS DE APRENDIZAGEM

OA 01 **Entender a administração do capital de giro, o capital de giro líquido e a relação entre rentabilidade e risco.** A administração do capital de giro (ou administração financeira de curto prazo) foca na administração de cada ativo circulante da empresa (estoque, contas a receber, caixa e títulos negociáveis) e passivo circulante (fornecedores, contas a pagar e títulos a pagar) de maneira a contribuir positivamente para o valor da empresa. O capital de giro líquido é a diferença entre o ativo circulante e o passivo circulante da empresa. O risco, no contexto das decisões financeiras de curto prazo, é a probabilidade de que uma empresa torne-se incapaz de pagar suas contas à medida que vencem. Supondo um nível constante de ativo total, quanto mais alta a razão entre ativo circulante e ativo total da empresa, menor a rentabilidade e o risco. O inverso também é verdadeiro. Com um nível constante de ativo total, quanto maior a razão entre passivo circulante e ativo total, maior a rentabilidade e o risco. O inverso também é verdadeiro.

OA 02 **Descrever o ciclo de conversão de caixa, suas necessidades de financiamento e as principais estratégias para administrá-lo.** O ciclo de conversão de caixa tem três componentes: (1) idade média do estoque, (2) prazo médio de recebimento e (3) prazo médio de pagamento. A duração do ciclo de conversão de caixa determina o tempo e os recursos comprometidos com as operações do dia a dia da empresa. O investimento em ativos de curto prazo consiste muitas vezes em necessidades de financiamento tanto permanentes quanto sazonais. As necessidades sazonais podem ser financiadas usando uma estratégia de financiamento agressiva (baixo custo e alto risco) ou conservadora (alto custo e baixo risco). A decisão de financiamento do ciclo de conversão de caixa da empresa depende, em última análise, da propensão da administração ao risco e da solidez de suas relações com os bancos. Para minimizar sua dependência de passivos negociados, o administrador financeiro procura: (1) girar o estoque o mais rapidamente possível; (2) receber as contas a receber o mais rapidamente possível; (3) administrar o tempo de postagem, processamento e compensação; e (4) prorrogar o pagamento a fornecedores o máximo possível. O uso dessas estratégias deve minimizar a duração do ciclo de conversão de caixa.

OA 03 **Discutir a administração de estoque: diferentes visões, técnicas comuns e considerações internacionais.** Os pontos de vista dos administradores de marketing, produção e compras quanto aos níveis apropriados de estoque tendem a gerar estoques mais elevados do que o administrador financeiro consideraria adequado. Quatro técnicas comumente utilizadas para a administração eficaz de estoque, para manter baixo seu nível, são: (1) o sistema ABC, (2) o modelo do lote econômico (EOQ), (3) o sistema *just-in-time* (JIT) e (4) sistemas informatizados de controle de recursos: MRP, MRP II e ERP. Os administradores de estoque internacional preferem garantir a disponibilidade de estoque em quantidade suficiente onde e quando necessário, e nas condições certas, do que comprar quantidades economicamente ótimas.

OA 04 **Explicar o processo de seleção de crédito e o procedimento quantitativo para avaliar as mudanças dos padrões de crédito.** As técnicas de seleção de crédito determinam quais clientes apresentam a qualidade de crédito condizente com os padrões de crédito da empresa. Duas técnicas populares de seleção de crédito são os cinco Cs do crédito e o escore de crédito. Mudanças nos padrões de crédito podem ser avaliadas matematicamente por meio da análise dos efeitos da alteração proposta sobre os lucros decorrentes das vendas adicionais, sobre o custo do investimento em contas a receber e sobre os custos com créditos incobráveis.

OA 05 **Rever os procedimentos para avaliar quantitativamente as alterações em descontos financeiros, outros aspectos de termos de crédito e monitoramento de crédito.** Alterações dos termos de crédito — o desconto financeiro, o prazo do desconto financeiro e o período de crédito — podem ser quantificadas de maneira semelhante às alterações dos padrões de crédito. O monitoramento de crédito, que é a revisão contínua das contas a receber, muitas vezes envolve a utilização do prazo médio de recebimento e de um cronograma das idades das contas a receber. As empresas usam uma série de técnicas populares de cobrança.

OA 06 **Compreender a administração de recebimentos e pagamentos, incluindo *float*, agilizar recebimentos, postergar pagamentos, concentração de caixa, contas de saldo zero e investimentos em títulos negociáveis.** *Float* são fundos que foram enviados pelo pagador, mas ainda não estão disponíveis ao beneficiário. Os componentes do *float* são os tempos de postagem, de processamento e de compensação. O *float* ocorre tanto no prazo médio de recebimento quanto no prazo médio de pagamento. Uma técnica para agilizar os recebimentos é o sistema de caixa postal (*lockbox*). Uma técnica popular para postergar os pagamentos é o controle de desembolsos.

O objetivo para a administração do caixa operacional é equilibrar o custo de oportunidade de saldos não remunerados com o custo de transação de investimentos temporários. As empresas usam comumente cheques de transferências de depósitos (DTCs), transferências ACH e transferências eletrônicas para transferir rapidamente os recebimentos em suas caixas postais para o banco de concentração. As contas de saldo zero (ZBAs) podem ser utilizadas para eliminar das contas correntes da empresa, os saldos de caixa não remunerados. Os títulos negociáveis são instrumentos remunerados, de curto prazo, do mercado monetário, utilizados pela empresa para obter um retorno sobre os fundos temporariamente ociosos. Podem ser emissões do governo ou privadas.

Revisão da abertura do capítulo

Na abertura deste capítulo vimos que as empresas norte-americanas aumentaram seus saldos de caixa depois da crise financeira, apesar de as taxas de juros que poderiam obter em investimentos líquidos de baixo risco serem extremamente baixas. Descreva o trade-off que as empresas enfrentam quando estão decidindo quanto manter em caixa.

Exercícios de autoavaliação

AA15.1 Ciclo de conversão de caixa. A Hurkin Manufacturing Company quita suas contas a pagar a fornecedores no décimo dia após a compra. O prazo médio de recebimento é de 30 dias e a idade média do estoque é de 40 dias. A empresa tem, atualmente, vendas anuais de cerca de $ 18 milhões e compras de $ 14 milhões. A Hurkin está avaliando um plano que postergaria seu pagamento a fornecedores em 20 dias. Se a empresa paga 12% ao ano por seu investimento em recursos, que economia anual poderia realizar com esse plano? Suponha um ano de 365 dias.

AA15.2 Análise de EOQ. A Thompson Paint Company usa 60.000 litros de pigmento por ano. O custo de pedir o pigmento é de $ 200 por pedido e o custo de carregamento do pigmento em estoque é de $ 1 por litro por ano. A empresa utiliza o pigmento a uma taxa constante todos os dias ao longo do ano.

a. Calcule o lote econômico (EOQ).

b. Supondo que sejam necessários 20 dias para receber um pedido, após ele ter sido feito, determine o ponto de pedido em termos de litros de pigmento. (*Observação*: use um ano de 365 dias.)

AA15.3 Flexibilizar os padrões de crédito. A Regency Rug Repair Company está avaliando flexibilizar seus padrões de crédito. A empresa restaura 72.000 tapetes por ano a um preço médio de $ 32 cada. As despesas com créditos incobráveis correspondem a 1% das vendas, o prazo médio de recebimento é de 40 dias e o custo variável por unidade é de $ 28. A Regency espera que, se optar por flexibilizar seus padrões de crédito, o prazo médio de recebimento aumentará para 48 dias e os créditos incobráveis aumentarão para 1,5% das vendas. As vendas aumentarão em 4.000 restaurações por ano. Se a empresa tem uma taxa de retorno exigido sobre investimentos de igual risco de 14%, que recomendação você daria a ela? Use sua análise para justificar a resposta. (*Observação:* use um ano de 365 dias.)

Exercícios de aquecimento

A15.1 A Everdeen, Inc., tem um *ciclo operacional* de 100 dias. Se a idade média do estoque for de 35 dias, qual seu prazo médio de recebimento? Se o prazo médio de pagamento for de 30 dias, qual seu *ciclo de conversão de caixa*? Coloque todas essas informações em uma linha do tempo semelhante à Figura 15.2.

A15.2 A Icy Treats, Inc., é um negócio sazonal que vende sobremesas congeladas. No pico da estação de vendas, durante o verão, a empresa tem $ 35.000 em caixa, $ 125.000 em estoque, $ 70.000 em contas a receber e $ 65.000 em contas a pagar a fornecedores. Durante o período de baixa demanda, no inverno, a empresa mantém $ 10.000 em caixa, $ 55.000 em estoque, $ 40.000 em contas a receber e $ 35.000 em contas a pagar a fornecedores. Calcule as necessidades de financiamento mínima e máxima da Icy Treats.

A15.3 A Mama Leone`s Frozen Pizzas usa 50.000 quilos de queijo por ano. Cada quilo custa $ 2,50. O custo de pedido do queijo é de $ 250 por pedido e o custo de carregamento é de $ 0,50 por quilo por ano. Calcule o *lote econômico* (*EOQ*) da empresa para o queijo. A Mama Leone`s opera 250 dias por ano e mantém um nível mínimo de estoque de dois dias de queijo como estoque de segurança. Supondo que o tempo para receber o pedido de queijo é de três dias, calcule o *ponto de pedido*.

A15.4 A Forrester Fashions tem vendas anuais a prazo de 250.000 unidades com prazo médio de recebimento de 70 dias. A empresa tem custo variável por unidade de $ 20 e preço de venda por unidade de $ 30. Créditos incobráveis são atualmente de 5% das vendas. A empresa estima que uma proposta de flexibilizar os padrões de crédito não afetaria seu prazo médio de recebimento de 70 dias, mas aumentaria os créditos incobráveis para 7,5% das vendas, as quais aumentariam para 300.000 unidades por ano. A Forrester exige retorno de 12% sobre investimentos. Mostre todos os cálculos necessários para avaliar a proposta de flexibilizar os padrões de crédito da Forrester.

A15.5 A Klein`s Tools está avaliando a possibilidade de oferecer um desconto financeiro para antecipar o recebimento de suas contas a receber. Atualmente, a empresa tem um prazo médio de recebimento de 65 dias, as vendas anuais são de 35.000 unidades, o preço por unidade é de $ 40 e o custo variável por unidade é de $ 29. A Klein`s está avaliando a possibilidade de oferecer um desconto financeiro de 2%. Ela estima que 80% de seus clientes utilizarão o desconto de 2%. Se as vendas aumentarem para 37.000 unidades por ano e a empresa exigir uma taxa de retorno de 15%, qual o prazo médio de recebimento mínimo necessário para que o plano de desconto financeiro seja aprovado?

Exercícios

E15.1 Ciclo de conversão de caixa. A American Products está preocupada com a administração eficiente do caixa. Em média, os estoques têm 90 dias de idade e as contas a receber são realizadas em 60 dias. As contas a pagar a fornecedores são quitadas cerca de 30 dias após a compra. A empresa tem vendas anuais de cerca de $ 30 milhões. O custo dos produtos vendidos é de $ 20 milhões e as compras são de $ 15 milhões.

a. Calcule o *ciclo operacional* da empresa.

b. Calcule *ciclo de conversão de caixa* da empresa.

c. Calcule o montante de recursos necessários para sustentar o ciclo de conversão de caixa da empresa.

d. Discuta como a administração poderia reduzir o ciclo de conversão de caixa.

E15.2 Mudança do ciclo de conversão de caixa. A Camp Manufacturing gira seu estoque cinco vezes por ano, tem prazo médio de pagamento de 35 dias e prazo médio de recebimento de 60 dias. A empresa tem vendas anuais de $ 3,5 milhões e custo das mercadorias vendidas de $ 2,4 milhões.

a. Calcule o *ciclo operacional* e o *ciclo de conversão de caixa* da empresa.

b. Qual é o valor em unidades monetárias do estoque mantido pela empresa?

c. Se a empresa pudesse reduzir a idade média de seu estoque de 73 dias para 63 dias, em quanto isso reduziria seu investimento em capital de giro?

E15.3 Múltiplas mudanças do ciclo de conversão de caixa. A Garrett Industries gira seu estoque seis vezes por ano, tem prazo médio de recebimento de 45 dias e prazo médio de pagamento de 30 dias. A empresa tem vendas anuais de $ 3 milhões. Suponha que não existe diferença no investimento por unidade monetária de vendas em estoque, contas a receber e contas a pagar a fornecedores, e suponha um ano de 365 dias.

a. Calcule o *ciclo de conversão de caixa* da empresa, seu desembolso diário de caixa operacional e o montante de recursos necessários para sustentar seu ciclo de conversão de caixa.

b. Encontre o ciclo de conversão de caixa da empresa e o investimento necessário se forem feitas simultaneamente as alterações a seguir.

(1) Redução da idade média do estoque em cinco dias.

(2) Aceleração do recebimento de contas a receber em uma média de dez dias.

(3) Extensão do prazo médio de pagamento em dez dias.

c. Se a empresa paga 13% por seus recursos investidos, em quanto, se for o caso, poderia aumentar seu lucro anual como resultado das mudanças especificadas no item **b**?

d. Se o custo anual para atingir o lucro do item **c** é de $ 35.000, que medida você recomendaria que a empresa tomasse? Por quê?

E15.4 Estratégias de financiamento sazonal agressiva *versus* conservadora. A Dynabase Tool preparou uma previsão de suas necessidades totais de fundos para o próximo ano como mostra a tabela a seguir.

Mês	Valor	Mês	Valor
Janeiro	$ 2.000.000	Julho	$ 12.000.000
Fevereiro	2.000.000	Agosto	14.000.000
Março	2.000.000	Setembro	9.000.000
Abril	4.000.000	Outubro	5.000.000
Maio	6.000.000	Novembro	4.000.000
Junho	9.000.000	Dezembro	3.000.000

a. Divida a necessidade mensal de fundos da empresa em: (1) um componente *permanente* e (2) um componente *sazonal*, e encontre a média mensal para cada um desses componentes.

b. Descreva o valor do financiamento de longo prazo e de curto prazo utilizado para atender às necessidades totais de fundos sob: (1) uma *estratégia de financiamento agressiva* e (2) uma *estratégia de financiamento conservadora*. Suponha que, sob a estratégia agressiva, os fundos de longo prazo financiem as necessidades permanentes e os fundos de curto prazo sejam usados para financiar as necessidades sazonais.

c. Supondo que os fundos de curto prazo custem 5% ao ano e que o custo dos fundos de longo prazo seja de 10% ao ano, use as médias encontradas no item **a** para calcular o custo total de cada estratégia descrita no item **b**. Suponha que a empresa possa ganhar 3% sobre saldos excedentes de caixa.

d. Discuta os trade-offs entre rentabilidade-risco associados às estratégias agressiva e conservadora.

 E15.5 Análise de EOQ. A Tiger Corporation compra 1,2 milhão de unidades por ano de um componente. O custo fixo por pedido é de $ 25. O custo de carregamento do item é igual a 27% do custo de $ 2.

a. Determine o lote econômico (EOQ) se: (1) as condições mencionadas acima se mantiverem, (2) o custo de pedido for zero em vez de $ 25 e (3) o custo de pedido for de $ 25, mas o custo de carregamento for de $ 0,01.

b. O que suas respostas demonstram sobre o modelo EOQ? Explique.

 E15.6 Lote econômico, ponto de pedido e estoque de segurança. A Alexis Company usa 800 unidades de um produto por ano, de forma contínua. O produto tem um custo fixo de $ 50 por pedido e seu custo de carregamento é de $ 2 por unidade por ano. São necessários cinco dias para receber cada remessa após o pedido ser feito, e a empresa deseja manter em estoque dez dias de uso como estoque de segurança.

a. Calcule o lote econômico (EOQ).

b. Determine o nível médio de estoque. (*Observação:* use um ano de 365 dias para calcular o uso diário.)

c. Determine o *ponto de pedido*.

d. Indique quais das variáveis a seguir mudarão se a empresa não mantiver o estoque de segurança: (1) custos de pedido, (2) custo de carregamento, (3) custo total do estoque (4), ponto de pedido e (5) lote econômico. Explique.

Exercício de finanças pessoais **E15.7 Custos marginais.** Jimmy Johnson está interessado em comprar um novo SUV. Existem duas opções disponíveis, o modelo V-6 e o V-8. Qualquer que seja o modelo escolhido, ele planeja ficar com o carro por cinco anos e então vendê-lo. Suponha que o valor de revenda dos dois carros no final de cinco anos seja o mesmo.

Existem diferenças claras entre os dois modelos e Jimmy precisa fazer uma comparação financeira. O preço sugerido no varejo para o V-6 é de $ 30.260 e para o V-8 é de $ 44.320. Jimmy acredita que a diferença de $ 14.060 seja a diferença de custo marginal entre os dois veículos. No entanto, existem muito mais dados disponíveis e você sugere a Jimmy que sua análise pode ser simplista demais e levá-lo a tomar uma decisão financeira equivocada. Suponha que a taxa de desconto para os dois carros seja de 5,5% ao ano. Outras informações relevantes para a compra são mostradas na tabela a seguir.

	V-6	V-8
Preço sugerido no varejo	$ 30.260	$ 44.320
Motor (litros)	3,7	5,7
Cilindros	6	8
Depreciação ao longo de 5 anos	$ 17.337	$ 25.531
Encargos financeiros[a] durante todo o período de 5 anos	$ 5.171	$ 7.573
Seguro ao longo de 5 anos	$ 7.546	$ 8.081
Impostos e taxas ao longo de 5 anos	$ 2.179	$ 2.937
Manutenção e reparos ao longo de 5 anos	$ 5.600	$ 5.600
Quilometragem média por litro	19	14
Período de propriedade em anos	5	5

(continua)

(continuação)

Quilometragem rodada por ano ao longo de 5 anos	15.000	15.000
Custo por litro de combustível ao longo de 5 anos	$ 3,15	$ 3,15

^a Os encargos financeiros são a diferença entre o principal total e os juros pagos durante todo o período de 5 anos menos o custo efetivo do SUV. Supondo uma taxa de desconto anual de 5,5% sobre cada um dos 5 anos e os respectivos valores presentes de $ 30.260 do V-6 e $ 44.320 do V-8, os pagamentos anuais de anuidade são de $ 7.086,20 e $ 10.379,70, respectivamente. [V-6: (5 × $ 7.086,20) − $ 30.260 = $ 5.171 e V-8: (5 × $ 10.379,70) − $ 44.320 = $ 7.573]

a. Calcule o custo total "verdadeiro" de cada veículo ao longo do período de cinco anos.

b. Calcule o custo total de combustível para cada veículo ao longo do período de cinco anos.

c. Qual é o custo marginal de combustível decorrente da compra do modelo V-8?

d. Qual é o custo marginal de compra do modelo V-8, maior e mais caro?

e. Qual é o custo marginal total associado à compra do modelo V-8? Como esse número se compara com os $ 14.060 que Jimmy calculou?

E15.8 Mudanças das contas a receber sem créditos incobráveis A Tara`s Textiles tem atualmente vendas a prazo de $ 360 milhões por ano e prazo médio de recebimento de 60 dias. Suponha que o preço dos produtos da Tara`s seja de $ 60 por unidade e que os custos variáveis sejam de $ 55 por unidade. A empresa está analisando uma mudança das contas a receber que resultará em um aumento de 20% das vendas e um aumento de 20% do prazo médio de recebimento. Não se espera alteração em créditos incobráveis. O custo de oportunidade de igual risco da empresa sobre o investimento em contas a receber é de 14%. (*Observação:* suponha um ano de 365 dias.)

a. Calcule a *contribuição das vendas adicionais ao lucro* que a empresa realizará se fizer a mudança proposta.

b. Que *investimento marginal em contas a receber* resultará?

c. Calcule o *custo do investimento marginal em contas a receber*.

d. A empresa deve implementar a mudança proposta? Que outras informações seriam úteis em sua análise?

E15.9 Mudanças das contas a receber com créditos incobráveis. Uma empresa está analisando uma mudança das contas a receber que aumentaria os créditos incobráveis de 2% para 4% das vendas. As vendas são atualmente de 50.000 unidades, o preço de venda é de $ 20 por unidade e o custo variável por unidade é de $ 15. Como resultado da mudança proposta, as vendas devem aumentar para 60.000 unidades.

a. Qual o valor em unidades monetárias dos créditos incobráveis atualmente e com a mudança proposta?

b. Calcule o *custo marginal de créditos incobráveis* para a empresa.

c. Ignorando a contribuição adicional ao lucro decorrente do aumento das vendas, se a mudança proposta gerar economias de $ 3.500 e não causar qualquer alteração do investimento médio em contas a receber, você a recomendaria? Explique.

d. Considerando *todas* as alterações de custos e benefícios, você recomendaria a mudança proposta? Explique.

e. Compare e discuta as respostas nos itens **c** e **d**.

E15.10 Flexibilizar os padrões de crédito. A Lewis Enterprises está pensando em flexibilizar seus padrões de crédito para aumentar as vendas atualmente em baixa. Como resultado dessa proposta, as vendas devem aumentar em 10%, de 10.000 para 11.000 unidades, durante o próximo ano; o prazo médio de recebimento deve aumentar de 45 para 60 dias; e os créditos incobráveis devem aumentar de 1% para 3% das vendas. O preço de venda por unidade é de $ 40 e o custo variável por unidade é de $ 31. O retorno exigido sobre investimentos de igual risco é de 25%. Avalie a proposta de flexibilizar os padrões de crédito e faça uma recomendação à empresa. (*Observação*: suponha um ano de 365 dias.)

E15.11 Adoção de um desconto financeiro. Atualmente, a Gardner Company faz todas as vendas a prazo e não oferece desconto financeiro. A empresa está pensando em oferecer um desconto financeiro de 2% para pagamento dentro de 15 dias. O prazo médio de recebimento atual da empresa é de 60 dias, as vendas são de 40.000 unidades, o preço de venda é de $ 45 por unidade e o custo variável por unidade é de $ 36. A empresa espera que a mudança dos termos de crédito resulte em um aumento das vendas para 42.000 unidades, que 70% das vendas usarão o desconto e que o prazo médio de recebimento diminuirá para 30 dias. Se a taxa de retorno exigida sobre investimentos de igual risco for de 25%, o desconto proposto deve ser oferecido? (*Observação:* suponha um ano de 365 dias.)

E15.12 Diminuir o período de crédito. Uma empresa está pensando em *diminuir* seu período de crédito de 40 para 30 dias e acredita que, como resultado dessa mudança, seu prazo médio de recebimento caia de 45 para 36 dias. Espera-se que as despesas com créditos incobráveis caiam de 1,5% para 1% das vendas. Atualmente, a empresa vende 12.000 unidades, mas acredita que as vendas cairão para 10.000 unidades como resultado da mudança proposta. O preço de venda por unidade é de $ 56 e o custo variável por unidade é de $ 45. A empresa exige um retorno de 25% sobre investimentos de igual risco. Avalie a decisão e faça uma recomendação à empresa. (*Observação:* suponha um ano de 365 dias.)

E15.13 Extensão do período de crédito. A Parker Tool está pensando em estender seu período de crédito de 30 para 60 dias. Todos os clientes continuarão a pagar na data de vencimento. Atualmente, a empresa tem vendas de $ 450.000 e custos variáveis de $ 345.000. A mudança dos termos de crédito deve aumentar as vendas para $ 510.000. As despesas com créditos incobráveis aumentarão de 1% para 1,5% das vendas. A empresa tem uma taxa de retorno exigida de 20% sobre investimentos de igual risco. (*Observação:* suponha um ano de 365 dias.)

a. Qual será a *contribuição das vendas adicionais ao lucro* em decorrência da mudança proposta?

b. Qual é o *custo do investimento marginal em contas a receber*?

c. Qual é o *custo marginal dos créditos incobráveis*?

d. Você recomendaria essa mudança dos termos de crédito? Por quê?

E15.14 *Float*. A Simon Corporation tem recebimentos diários de $ 65.000. Uma análise recente de suas cobranças revelou que os pagamentos dos clientes ficam em postagem, em média, por dois dias. Uma vez recebidos, os pagamentos são processados em dois dias. Depois de depositados, levam em média 2,5 dias para serem compensados no sistema bancário.

a. Qual é o *float de cobrança (em dias)* atual da empresa?

b. Se o custo de oportunidade da empresa é de 9%, seria economicamente aconselhável para ela pagar uma taxa anual de $ 16.500 para reduzir o *float* de cobrança em três dias? Explique por quê.

E15.15 Sistema de caixa postal. A Eagle Industries acredita que um sistema de caixa postal poderia reduzir seu prazo de recebimento de contas a receber em três dias. As vendas a prazo são de $ 3.240.000 por ano, faturadas de forma contínua. A empresa tem outros investimentos de igual risco que proporcionam um retorno de 15%. O custo do sistema de caixa postal é de $ 9.000 por ano. (*Observação:* suponha um ano de 365 dias.)

a. Que montante de caixa ficará disponível para outros usos se a empresa adotar o sistema de caixa postal?

b. Que benefício líquido (custo) a empresa realizará se adotar o sistema de caixa postal? Ela deve adotar o sistema de caixa postal proposto?

E15.16 Contas de saldo zero. A Union Company está analisando estabelecer uma conta de saldo zero. A empresa mantém saldo médio de $ 420.000 em sua conta de desembolso. Como remuneração ao banco por manter a conta de saldo zero, a empresa terá de pagar uma taxa mensal de $ 1.000 e manter no banco um depósito não remunerado de $ 300.000. Atualmente, a empresa não tem outros depósitos no banco. Avalie a proposta de conta de saldo zero e faça uma recomendação à empresa, supondo que seu custo de oportunidade é de 12%.

E15.17 Administração do saldo de caixa. Alexis Morris, assistente administrativa de uma loja de departamentos, recebe o salário a cada duas semanas por meio de um depósito direto em sua conta corrente. Essa conta não rende juros e não tem qualquer exigência de saldo mínimo. A renda mensal de Alexis é de $ 4.200. Ela tem um saldo de caixa "meta" de cerca de $ 1.200 e, sempre que excede esse valor, ela transfere o excedente para sua conta poupança, que rende juros anuais de 2%. Seu saldo atual na conta poupança é de $ 15.000 e ela estima transferir cerca de $ 500 por mês da conta corrente para a conta poupança. Alexis não perde tempo para pagar suas contas que chegam a cerca de $ 2.000 por mês. Seus gastos mensais com alimentação, combustível e outros itens diversos totalizam cerca de $ 850. Ao analisar seus hábitos de pagamento, ela nota que paga suas contas, em média, nove dias antes do vencimento. A maioria dos títulos negociáveis rende juros anuais de cerca de 4,75%.

Mostre como Alexis pode administrar melhor seu saldo de caixa.

Exercício de finanças pessoais

a. O que Alexis pode fazer com relação a seus saldos?

b. O que você sugere que ela faça com seus excedentes mensais?

c. O que você sugere que Alexis faça com relação à maneira como paga suas contas?

d. Alexis pode aumentar seus lucros se administrar melhor seus saldos de caixa? Demonstre sua resposta.

E15.18 Problema de ética. Um grupo de acionistas irritados colocou uma resolução a todos os acionistas na assembleia anual de acionistas de uma empresa. A resolução exige que a empresa *estenda seu prazo de contas a pagar a fornecedores* porque esses acionistas constataram que todos os concorrentes da empresa adotam esse procedimento e a empresa atua em um setor altamente competitivo. Como a administração poderia defender, na reunião anual de acionistas, a prática da empresa de pagar os fornecedores no prazo?

Exercício com planilha

O saldo atual das contas a receber da Eboy Corporation é de $ 443.000. Esse nível foi atingido com vendas a prazo anuais (365 dias) de $ 3.544.000. A empresa oferece a seus clientes termos de crédito de *líquido 30*. No entanto, na tentativa de melhorar a situação de seu fluxo de caixa e seguir as práticas de seus concorrentes, a empresa está analisando alterar seus termos de crédito de líquido 30 para *2/10 líquido 30*. O objetivo é antecipar os recebimentos e, assim, melhorar os fluxos de caixa da empresa. A Eboy Corporation gostaria de aumentar o giro de suas contas a receber para 12.

A empresa trabalha com uma matéria-prima com utilização anual atual de 1.450 unidades. Cada produto acabado requer uma unidade dessa matéria-prima a um custo variável de $ 2.600 por unidade e é vendido por $ 4.200 em termos de líquido 30. Estima-se que 70% dos clientes da empresa usarão o desconto financeiro de 2% e que, com o desconto, as vendas do produto acabado aumentarão em 50 unidades por ano. O custo de oportunidade dos fundos investidos em contas a receber é de 12,5%.

Ao analisar o investimento em contas a receber, use o custo variável do produto vendido em vez do preço de venda, pois o custo variável é um indicador melhor do investimento da empresa.

TAREFA

Crie uma planilha semelhante à Tabela 15.3 para analisar se a empresa deveria adotar o desconto financeiro proposto. O que você aconselharia? Certifique-se de calcular o seguinte:

a. A contribuição das vendas adicionais ao lucro.

b. O investimento médio atual em contas a receber (sem o desconto financeiro).

c. O investimento médio em contas a receber com o desconto financeiro proposto.

d. A redução do investimento em contas a receber.

e. A economia de custo decorrente da redução do investimento em contas a receber.

f. O custo do desconto financeiro.

g. O lucro (ou prejuízo) líquido decorrente da adoção do desconto financeiro proposto.

Capítulo 16

Administração do passivo circulante

Objetivos de aprendizagem

OA 1 Rever contas a pagar a fornecedores, os principais componentes dos termos de crédito e os procedimentos para analisar esses termos.

OA 2 Entender os efeitos de estender o pagamento de contas a pagar a fornecedores sobre seu custo e o uso de contas a pagar.

OA 3 Descrever as taxas de juros e os principais tipos de empréstimos bancários de curto prazo sem garantia.

OA 4 Discutir as características básicas de *commercial paper* e os principais aspectos dos empréstimos internacionais de curto prazo.

OA 5 Explicar as características dos empréstimos de curto prazo com garantia e o uso das contas a receber como garantia de empréstimos de curto prazo.

OA 6 Descrever as diversas maneiras em que o estoque pode ser usado como garantia de empréstimos de curto prazo.

Por que este capítulo é importante para você?

Na sua vida PROFISSIONAL

CONTABILIDADE Para aprender a analisar os termos de crédito dos fornecedores e decidir se a empresa deve aproveitar, ou não, descontos financeiros; para entender os diversos tipos de empréstimo de curto prazo, com e sem garantia, para poder registrá-los e relatá-los.

SISTEMAS DE INFORMAÇÃO Para entender de quais dados a empresa precisará para processar as contas a pagar a fornecedores, monitorar as contas a pagar e pagar em dia os empréstimos bancários e outras obrigações de curto prazo.

GESTÃO Para conhecer as fontes de empréstimo de curto prazo, de modo que, se houver necessidade de financiamento de curto prazo, você conheça sua disponibilidade e seu custo.

MARKETING Para entender como as contas a receber e o estoque podem ser utilizados como garantia de empréstimos e como os procedimentos adotados pela empresa para dar garantias em seus empréstimos de curto prazo podem afetar o relacionamento com clientes.

OPERAÇÕES Para entender o uso de contas a pagar como forma de financiamento de curto prazo e o efeito de postergar as contas a pagar sobre o relacionamento com os fornecedores; para entender o processo pelo qual a empresa usa estoque como garantia de empréstimos.

Na sua vida PESSOAL

A administração do passivo circulante é uma parte importante de sua estratégia financeira. É preciso disciplina para evitar encarar as compras à vista e a prazo da mesma maneira. Você precisa tomar empréstimos com um objetivo em vista, não por simples conveniência. Suas compras a prazo devem ser pagas em dia. O uso excessivo de crédito de curto prazo, sobretudo com cartões de crédito, pode criar problemas de liquidez pessoal e, em casos extremos, levar à insolvência.

FastPay

Recebendo dinheiro das mãos de empresas de mídia online

As receitas de publicidade digital atingiram US$ 36,6 bilhões em 2012, um aumento de 15% em relação a 2011, um ano com resultado recorde. Os anúncios online estão por toda parte, nas páginas de busca do Google, nos vídeos do YouTube e no feed de notícias do Facebook. Um desafio para os veículos de mídia online está em receber o dinheiro desses anúncios. O padrão do setor exige que esses veículos de mídia enviem as faturas no prazo de 30 dias após a conclusão de uma campanha publicitária, e o anunciante tem 30 dias ou mais para pagar o anúncio. Assim, as empresas que vendem publicidade online podem acumular grandes saldos de contas a receber e sua cobrança pode acabar sendo um processo lento.

É aí que entra a empresa FastPay. A empresa faz empréstimos aos veículos de mídia, às empresas de tecnologia de anúncios e às outras empresas de mídia digital com base nas contas a receber dessas empresas. A FastPay empresta até US$ 5 milhões por tomador, com os termos do empréstimo baseados na qualidade das contas a receber. Por exemplo, se a Pepsi quisesse fechar um acordo com o YouTube para colocar anúncios em vídeos, a FastPay concederia um empréstimo ao YouTube com termos relativamente favoráveis porque considera que a Pepsi tem baixo risco de crédito. A FastPay está se expandindo rapidamente na área de fazer empréstimos aos Desenvolvedores de Marketing Favoritos do Facebook, uma rede de pequenas e médias empresas que cria apps de publicidade no Facebook, gerencia campanhas publicitárias e ajuda o Facebook a desenvolver novas estratégias de marketing.

As empresas contam com uma ampla variedade de veículos de financiamento de curto prazo. Neste capítulo, você aprenderá como as empresas podem usar o financiamento de curto prazo para ajudar a maximizar a riqueza de seus acionistas.

16.1 Passivos espontâneos

Os **passivos espontâneos** decorrem do curso normal dos negócios. Por exemplo, quando um varejista faz um pedido de mercadorias para estoque, o fabricante dessas mercadorias não costuma exigir o pagamento imediato, em vez disso, concede um empréstimo de curto prazo ao varejista, que aparece no balanço patrimonial deste em *contas a pagar a fornecedores*. Quanto mais pedidos o varejista fizer, maior será o saldo de contas a pagar a fornecedores. Também em resposta ao aumento das vendas, as contas a pagar da empresa aumentam à medida que a folha de pagamento e os impostos aumentam em razão de maiores exigências de mão de obra e ao aumento dos impostos sobre a maior receita da empresa. Normalmente, não há qualquer custo explícito associado a esses passivos circulantes, embora tenham certos custos implícitos. Além disso, os dois são formas de **financiamento de curto prazo sem garantia**, isto é, financiamento de curto prazo obtido sem a oferta de ativos específicos como garantia de pagamento. A empresa deve aproveitar essas fontes "sem juros" de financiamento de curto prazo sem garantia sempre que possível.

passivos espontâneos
Financiamento que decorre do curso normal dos negócios; as duas principais fontes de passivos espontâneos de curto prazo são fornecedores a pagar e contas a pagar.

financiamento de curto prazo sem garantia
Financiamento de curto prazo obtido sem a oferta de ativos específicos como garantia de pagamento.

ADMINISTRAÇÃO DE CONTAS A PAGAR A FORNECEDORES

As contas a pagar a fornecedores são a principal fonte de financiamento de curto prazo sem garantia. Resultam de transações em que mercadorias são compradas, mas nenhum documento é assinado para comprovar a dívida do comprador com o vendedor. O comprador concorda em pagar ao fornecedor o montante exigido de acordo com os termos de crédito normalmente declarados na fatura do fornecedor. Aqui, a discussão de contas a pagar a fornecedores é apresentada do ponto de vista do comprador.

Papel no ciclo de conversão de caixa

O prazo médio de pagamento é o componente final do *ciclo de conversão de caixa* que foi apresentado no Capítulo 15. O prazo médio de pagamento tem duas partes: (1) o tempo decorrido entre a compra de matérias-primas e a remessa do pagamento pela empresa; e (2) o tempo de *float* de pagamento (o tempo decorrido entre a remessa do pagamento pela empresa e a retirada pelo fornecedor dos fundos da conta da empresa). No Capítulo 15, discutimos questões relacionadas ao tempo de *float* de pagamento. Neste capítulo, discutiremos a administração, por parte da empresa, do tempo decorrido entre a compra de matérias-primas e a remessa do pagamento ao fornecedor. Chamamos essa atividade de **administração de contas a pagar a fornecedores**.

Quando o vendedor de mercadorias não cobra juros e não oferece desconto para o comprador por pagamento antecipado, o objetivo do comprador é estender o pagamento ao máximo sem prejudicar sua classificação de crédito. Em outras palavras, as contas devem ser pagas o mais tarde possível, considerando os termos de crédito declarados do fornecedor. Por exemplo, se os termos forem *líquido 30*, a conta deve ser paga 30 dias após o *início do período de crédito*, que costuma ser a *data da fatura* ou o *final do mês* (*FDM*) em que a compra foi feita. Esse timing permite o uso máximo de um empréstimo sem juros do fornecedor e não prejudica a classificação de crédito da empresa (pois a conta é paga de acordo com os termos de crédito declarados). Além disso, algumas empresas oferecem um "período de carência" explícito ou implícito que estende em alguns dias a data de pagamento declarada. Se o aproveitamento desse período de carência não prejudicar a relação do comprador com o vendedor, o comprador normalmente utilizará o período de carência.

administração de contas a pagar a fornecedores
Administração, por parte da empresa, do tempo decorrido entre a compra de matérias-primas e seu pagamento ao fornecedor.

Exemplo 16.1

Em 2013, a Brown-Forman Corporation (BF), fabricante de marcas de bebidas alcoólicas, como a Jack Daniels, teve receitas anuais de US$ 3,8 bilhões, custo de mercadorias vendidas de US$ 1,8 bilhão e contas a pagar a fornecedores de US$ 468 milhões. A BF tem idade média do estoque (IME) de 168 dias, prazo médio de recebimento (PMR) de 55 dias e prazo médio de pagamento (PMP) de 136 dias (as compras da BF totalizaram US$ 1,3 bilhão). Desse modo, o ciclo de conversão de caixa da BF foi de 87 dias (168 + 55 − 136).

Os recursos investidos pela BF em seu ciclo de conversão de caixa (presumindo um ano de 365 dias) foram:

Estoque	= US$ 1,8 bilhão	(168 · 365)	= US$ 0,83 bilhão
+ Contas a receber	= US$ 3,8 bilhões	(55 · 365)	= US$ 0,57 bilhão
− Contas a pagar a fornecedores	= US$ 1,3 bilhão	(136 · 365)	= US$ 0,48 bilhão
=		Recursos investidos	= US$ 0,92 bilhão

Com base no PMP e na média das contas a pagar a fornecedores da BF, as contas a pagar a fornecedores diárias geradas pela empresa foram de cerca de US$ 3,5 milhões (US$ 0,48 bilhão · 136). Se a BF aumentasse seu prazo médio de pagamento em cinco dias, suas contas a pagar a fornecedores aumentariam em cerca de US$ 17,5 milhões (5 US$ 3,5 milhões). Como resultado, o ciclo de conversão de caixa da BF diminuiria em cinco dias e a empresa reduziria seu investimento em operações em US$ 17,5 milhões. É evidente que, se essa decisão não prejudicasse a classificação de crédito da BF, a empresa se beneficiaria.

Análise dos termos de crédito

Os termos de crédito que os fornecedores oferecem a uma empresa permitem a ela postergar o pagamento de suas compras. Como o custo do fornecedor de ter seu dinheiro "amarrado" na mercadoria após a venda provavelmente já está refletido no preço de compra, o comprador paga indiretamente por esse benefício. Algumas vezes, o fornecedor oferecerá um desconto financeiro para pagamento antecipado. Nesse caso, o comprador deve analisar cuidadosamente os termos de crédito para determinar o melhor momento para pagar o fornecedor. E o comprador deve ponderar os benefícios de postergar ao máximo o pagamento ao fornecedor em relação aos custos de renunciar a um desconto por pagamento antecipado.

Aproveitando o desconto financeiro Se uma empresa pretende aproveitar o desconto financeiro, deve fazer o pagamento no último dia do período de desconto. Não há benefício adicional no pagamento antes dessa data.

Exemplo 16.2

A Lawrence Industries, operadora de uma pequena rede de videolocadoras, comprou $ 1.000 em mercadorias no dia 27 de fevereiro de um fornecedor que concede termos de 2/10, líquido 30 a contar do fim do mês (FDM). Se a empresa aceitar o desconto financeiro, terá de pagar $ 980 [$ 1.000 − (0,02 $ 1.000)] até o dia 10 de março, poupando, desse modo, $ 20.

custo de renunciar a um desconto financeiro
A taxa implícita de juros incorrida por postergar o pagamento de uma conta a pagar em mais alguns dias.

Renunciando ao desconto financeiro Se a empresa optar por renunciar ao desconto financeiro, deve fazer o pagamento no último dia do período de crédito. No entanto, há um custo implícito associado a essa renúncia. O **custo de renunciar a um desconto financeiro** é a taxa de juros implícita paga por postergar o pagamento de uma conta a pagar a fornecedores em mais alguns dias. Em outras palavras, quando uma empresa renuncia a um desconto, ela paga um custo mais alto pelas mercadorias que compra. O custo mais alto que a empresa paga é como os juros sobre um empréstimo, e a duração desse empréstimo é o número de dias adicionais que o comprador pode postergar o pagamento ao vendedor. Esse custo pode ser ilustrado de forma simples pelo Exemplo 16.3, que supõe que o pagamento será feito no último dia possível (último dia do prazo do desconto financeiro ou último dia do período de crédito).

Exemplo 16.3

No Exemplo 16.2, vimos que a Lawrence Industries poderia aproveitar o desconto financeiro na compra de 27 de fevereiro, pagando $ 980 em 10 de março. Se ela renunciar ao desconto financeiro, poderá pagar em 30 de março. Para ficar com seu dinheiro por mais 20 dias, a empresa deve pagar um adicional de $ 20, ou $ 1.000 em vez de $ 980. Em outras palavras, se a empresa pagar em 30 de março, pagará $ 980 (valor que poderia ter pago em 10 de março) mais $ 20. Os $ 20 adicionais são como os juros de um empréstimo e, nesse caso, os $ 980 são como o principal do empréstimo. A Lawrence Industries deve $ 980 ao fornecedor em 10 de março, mas o fornecedor está disposto a aceitar $ 980 mais $ 20 de juros em 30 de março. A Figura 16.1 mostra as opções de pagamento que a empresa tem.

Para calcular a taxa de juros implícita, associada à renúncia ao desconto financeiro, tratamos $ 980 como o principal do empréstimo, $ 20 como os juros e 20 dias (o número de dias entre 10 de março e 30 março) como o prazo do empréstimo. Novamente, o trade-off que a Lawrence enfrenta é que pode pagar $ 980 em 10 de março ou $ 980 mais $ 20 em juros, 20 dias depois, em 30 de março. Assim, a taxa de juros que a Lawrence está pagando por renunciar ao desconto é de 2,04% ($ 20 · $ 980). Tenha em mente que a taxa de juros de 2,04% aplica-se a um empréstimo de 20 dias. Para calcular a taxa de juros anualizada, multiplicamos a taxa de juros da transação pelo número de períodos de 20 dias durante um ano. A expressão geral para o cálculo do custo percentual anual por renunciar a um desconto financeiro pode ser expressa como:[1]

$$\text{Custo de renúncia ao desconto financeiro} = \frac{DF}{100\% - DF} \cdot \frac{365}{N} \quad (16.1)$$

Figura 16.1 Opções de pagamento

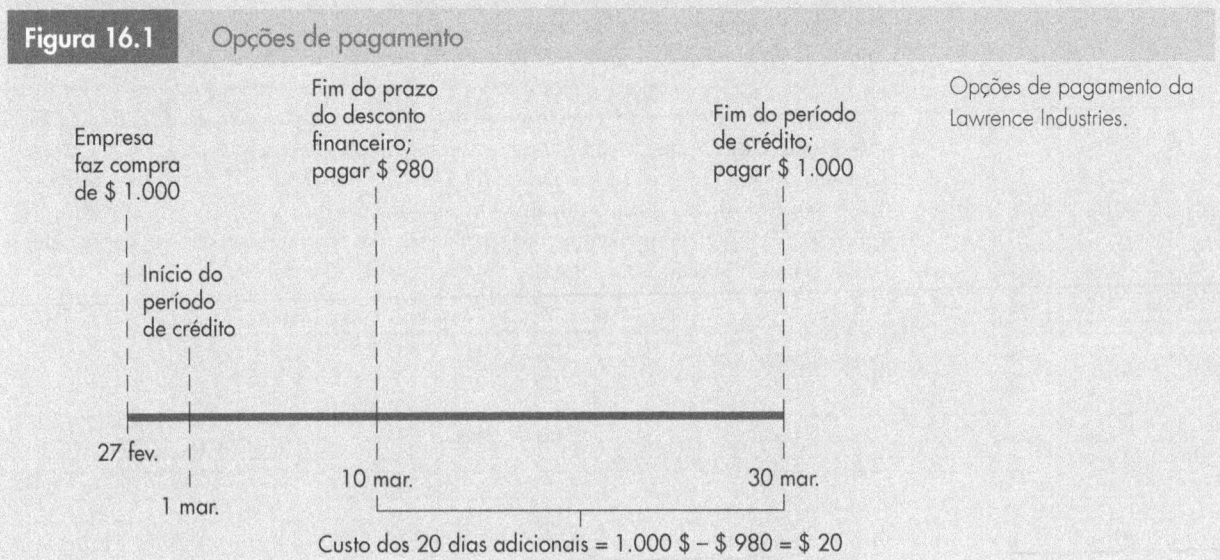

Opções de pagamento da Lawrence Industries.

---

[1] A Equação 16.1 e as discussões relacionadas baseiam-se na premissa de que é oferecido apenas um desconto. Caso mais de um desconto seja oferecido, o cálculo do custo de renúncia ao desconto financeiro deve ser feito para cada alternativa.

onde:

DF = desconto financeiro em termos percentuais

N = número de dias que o pagamento pode ser postergado com a renúncia ao desconto financeiro

Substituindo os valores de DF (2%) e N (20 dias) na Equação 16.1, obtemos um custo anualizado de renúncia ao desconto financeiro de 37,24% [(2% · 98%) (365 · 20)].

Uma maneira simples de *aproximar* o custo de renúncia a um desconto financeiro é utilizar o desconto financeiro percentual, DF, em vez do primeiro termo da Equação 16.1:

$$\text{Custo aproximado de renúncia ao desconto financeiro} = DF \: \frac{365}{N} \quad (16.2)$$

Quanto menor o desconto financeiro, mais perto a aproximação estará do custo efetivo de renúncia ao desconto. Usando essa aproximação, o custo de renúncia ao desconto financeiro para a Lawrence Industries é de 36,5% [2% (365 · 20)].

Uso do custo de renúncia a um desconto financeiro na tomada de decisão O administrador financeiro deve determinar se é recomendável aproveitar um desconto financeiro. Uma consideração importante que influencia essa decisão é o custo de outras fontes de financiamento de curto prazo. Quando uma empresa pode obter financiamento de um banco ou outra instituição a um custo mais baixo do que a taxa de juros implícita oferecida pelos fornecedores, é melhor para a empresa tomar um empréstimo de um banco e aproveitar o desconto oferecido pelo fornecedor.

Exemplo 16.4

A Mason Products, uma grande empresa de materiais de construção, tem quatro fornecedores possíveis, cada um com termos de crédito diferentes. Fora isso, os produtos e serviços são idênticos. A Tabela 16.1 apresenta os termos de crédito oferecidos pelos fornecedores A, B, C e D e o custo de renúncia ao desconto financeiro por transação. Foi utilizado o método de cálculo por aproximação do custo de renúncia a um desconto financeiro (Equação 16.2). O custo de renúncia ao desconto financeiro do fornecedor A é de 36,5%; do B, 4,9%; do C, 21,9%; e do D, 29,2%.

Se a empresa precisar de fundos de curto prazo, pode tomar emprestado de seu banco a uma taxa de juros de 6%, e se cada fornecedor for analisado *separadamente*, qual dos descontos financeiros (se for o caso) a empresa deverá renunciar? Ao negociar com o fornecedor A, a empresa deveria aproveitar o desconto financeiro, pois o custo de renúncia é de 36,5%, e então emprestar de seu banco os fundos de que necessita a juros de 6%. Com o fornecedor B, seria melhor renunciar ao desconto financeiro, pois o custo dessa decisão é menor que o custo de tomar dinheiro emprestado do banco (4,9% *versus* 6%). Com os fornecedores C e D, a empresa deveria aproveitar o desconto financeiro, pois em ambos os casos o custo de renúncia é superior ao custo de 6% do empréstimo bancário.

Tabela 16.1 Descontos financeiros e custos associados da Mason Products

Fornecedor	Termos de crédito	Custo aproximado de renúncia ao desconto financeiro
A	2/10 líquido 30 FDM	36,5%
B	1/10 líquido 85 FDM	4,9%
C	3/20 líquido 70 FDM	21,9%
D	4/10 líquido 60 FDM	29,2%

O Exemplo 16.4 mostra que o custo de renunciar a um desconto financeiro é relevante ao avaliar os termos de crédito de um fornecedor individualmente à luz de um determinado *custo de empréstimo bancário*. No entanto, outros fatores relativos às estratégias de pagamento também podem ser considerados. Por exemplo, algumas empresas, em especial as de pequeno porte e as mal administradas, rotineiramente renunciam a *todos* os descontos, porque não têm fontes alternativas de financiamento de curto prazo sem garantia ou porque deixam de reconhecer os custos implícitos de suas decisões.

Efeitos de estender o prazo de pagamento de contas a pagar a fornecedores

Uma estratégia frequentemente usada pelas empresas é **estender o prazo de pagamento de contas a pagar a fornecedores**, isto é, pagar as contas o mais tarde possível, sem prejudicar sua classificação de crédito. Essa estratégia pode reduzir o custo de renúncia a um desconto financeiro.

estender o prazo de pagamento de contas a pagar a fornecedores
Pagar as contas o mais tarde possível, sem prejudicar a classificação de crédito da empresa.

Exemplo 16.5

Foram oferecidos à Lawrence Industries termos de crédito de 2/10 líquido 30 FDM. O custo de renúncia ao desconto financeiro, presumindo pagamento no último dia do período de crédito, era de aproximadamente 36,5% [2% (365 · 20)]. Se a empresa pudesse estender o pagamento dessas contas para 70 dias sem prejudicar sua classificação de crédito, o custo de renúncia ao desconto financeiro seria de apenas 12,2% [2% (365 · 60)]. Estender o prazo de pagamento de contas a pagar a fornecedores reduz o custo implícito de renúncia a um desconto financeiro.

Embora estender o prazo de pagamento de contas a pagar a fornecedores possa ser financeiramente atrativo, levanta uma importante questão ética: pode levar a empresa a violar o acordo firmado com seu fornecedor ao comprar a mercadoria. É claro que o fornecedor não veria com bons olhos o cliente que adiasse, de maneira regular e proposital, o pagamento das compras.

Finanças pessoais Exemplo 16.6

Jack e Mary Nobel, um jovem casal, estão comprando uma TV de alta definição de 50 polegadas a um custo de $ 1.900. A loja de produtos eletrônicos tem um plano de financiamento especial que lhes permitiria: (1) dar $ 200 de entrada e financiar em 24 meses o saldo de $ 1.700 a juros anuais de 3%, resultando em pagamentos de $ 73 por mês; ou (2) receber um desconto imediato de $ 150, pagando, assim, apenas $ 1.750 à vista. O casal, que poupou o suficiente para pagar pela TV à vista, pode obter 5% de juros anuais sobre suas economias. Eles querem determinar se devem financiar a TV ou pagá-la à vista.

O desembolso imediato da alternativa de financiamento é a entrada de $ 200, enquanto para a alternativa de compra à vista é de $ 1.750. Assim, a compra à vista exigirá um desembolso inicial de $ 1.550 ($ 1.750 – $ 200), maior que a alternativa de financiamento. Assumindo que eles podem obter uma taxa de juros simples de 5% sobre suas economias, a compra à vista levará o casal a renunciar à oportunidade de ganhar $ 155 (2 anos 0,05 $ 1.550) ao longo dos dois anos.

Se optarem pelo financiamento, os $ 1.550 aumentariam para $ 1.705 ($ 1.550 + $ 155) no final de dois anos. No entanto, com essa alternativa, Jack e Mary pagarão um total de $ 1.752 (24 meses $ 73 por mês) ao longo dos dois anos de vigência do empréstimo. O custo da alternativa de financiamento seria de $ 1.752 e o custo do pagamento à vista (incluindo os juros perdidos) seria de $ 1.705. Como esse valor é mais barato, o casal *deveria comprar a TV à vista*. O custo mais baixo dessa alternativa deve-se, em grande parte, ao desconto de $ 150.

CONTAS A PAGAR

contas a pagar
Passivos por serviços recebidos para os quais o pagamento ainda não foi feito.

A segunda fonte espontânea de financiamento de curto prazo é representada por **contas a pagar**, que são os passivos por serviços recebidos para os quais o pagamento ainda não foi feito. Os itens mais comuns são salários e impostos. Como os impostos são pagamentos ao governo, não podem ser manipulados pela empresa. No entanto, os salários a pagar podem ser manipulados em certa medida por meio do adiamento do pagamento dos salários, recebendo, assim, um empréstimo sem juros dos funcionários, os quais são pagos em algum momento após a prestação do serviço. O prazo de pagamento a funcionários horistas é frequentemente regido por normas sindicais ou por leis estaduais ou federais. Em outros casos, contudo, a frequência de pagamento fica a critério da administração da empresa.

Foco na ÉTICA

Administração de contas a pagar

na prática Em 2 de junho de 2010, a Diebold, Inc., concordou em pagar uma multa de US$ 25 milhões para liquidar acusações de fraude contábil levantadas pela Securities and Exchange Commission (SEC) dos Estados Unidos. De acordo com a SEC, a administração da fabricante de caixas eletrônicos, sistemas de segurança bancária e urnas eletrônicas com sede em Ohio recebia regularmente relatórios comparando os lucros da empresa com as previsões dos analistas. Quando os lucros ficavam abaixo das previsões, a administração identificava oportunidades, algumas das quais equivalentes a fraude contábil, para eliminar a diferença.

"Os executivos financeiros da Diebold usaram inúmeras técnicas diferentes de contabilidade enganosa para aumentar de maneira fraudulenta a lucratividade da empresa", disse Robert Khuzami, diretor de fiscalização da SEC, em um comunicado. "Quando os executivos ignoram suas obrigações profissionais para com os investidores, tanto eles quanto suas empresas enfrentam graves consequências legais."[a]

Várias acusações da SEC se concentraram no reconhecimento antecipado de receitas. Por exemplo, a Diebold foi acusada de uso indevido de transações do tipo "faturar e aguardar" (bill and hold). Segundo os princípios contábeis geralmente aceitos, a receita costuma ser reconhecida depois do envio do produto. No entanto, em alguns casos, os vendedores podem reconhecer a receita antes do envio para certas transações do tipo "faturar e aguardar". De acordo com a SEC, a Diebold utilizou indevidamente a contabilidade "faturar e aguardar" para registrar receitas antecipadamente.

A SEC também afirmou que a Diebold manipulou várias contas a pagar. A Diebold foi acusada de subavaliar passivos vinculados ao Plano de Incentivo de Longo Prazo da empresa, comissões a serem pagas ao pessoal de vendas e incentivos a serem pagos ao pessoal de atendimento. A Diebold reduziu temporariamente uma conta de passivo criada para pagamento de descontos de clientes. A empresa também foi acusada de superavaliar o valor do estoque e fazer anotações inadequadas de estoque.

Cada uma dessas atividades permitiram que a Diebold inflasse o desempenho financeiro da empresa. De acordo com a SEC, as atividades fraudulentas da Diebold distorceram os lucros declarados antes dos impostos em pelo menos US$ 127 milhões entre 2002 e 2007. Dois anos antes do acordo judicial, a Diebold atualizou os lucros relativos ao período coberto pelas acusações.

A previsão de devolução da lei antifraude Sarbanes-Oxley de 2002 exige que os executivos devolvam a remuneração que receberam no período em que suas empresas enganaram os acionistas. Walden O'Dell, ex-CEO da Diebold, concordou em devolver US$ 470.000 em dinheiro, além de ações e opções sobre ações. A SEC está processando judicialmente dois outros ex-executivos da Diebold pelo papel desempenhado na fraude.

- Por que os administradores financeiros podem ser tentados a manipular lucros mesmo quando a devolução é uma possibilidade legítima?

[a] U.S. Securities and Exchange Commission, "SEC Charges Diebold and Former Executives with Accounting Fraud", comunicado à imprensa, 2 jun. 2010. Disponível em: <www.sec.gov/news/press/2010/2010-93.htm>. Acesso em: 8 nov. 2017.

> **Exemplo 16.7**
>
> A Tenney Company, uma grande prestadora de serviços de limpeza, paga seus funcionários no final de cada semana de trabalho. A folha de pagamentos semanal totaliza $ 400.000. Se a empresa estendesse o prazo de pagamento de modo a pagar seus funcionários uma semana depois, durante todo o ano, os funcionários estariam na prática emprestando à empresa $ 400.000 por um ano. Se a empresa pudesse obter 10% ao ano sobre os fundos investidos, essa estratégia renderia $ 40.000 por ano (0,10 $ 400.000).

→ **QUESTÕES PARA REVISÃO**

16.1 Quais são as duas principais fontes de financiamento espontâneo de curto prazo para uma empresa? Como os seus saldos se comportam em relação às vendas da empresa?

16.2 Há algum custo associado ao *aproveitamento de um desconto financeiro*? Há algum custo associado à *renúncia a um desconto financeiro*? Como os custos de empréstimos de curto prazo afetam a decisão referente ao desconto financeiro?

16.3 O que é "estender o prazo de pagamento de contas a pagar a fornecedores"? Que efeito esse ato tem sobre o custo de renúncia a um desconto financeiro?

16.2 Fontes de empréstimos de curto prazo sem garantia

As empresas obtêm empréstimos de curto prazo sem garantia de duas fontes principais: bancos e *commercial papers*. Ao contrário das fontes espontâneas de financiamento de curto prazo sem garantia, os empréstimos bancários e os *commercial papers* são negociados e resultam de iniciativas do administrador financeiro. Os empréstimos bancários são mais comuns, porque estão disponíveis a empresas de todos os portes; o *commercial paper* tende a estar disponível apenas a empresas de grande porte. Além disso, as empresas podem recorrer a empréstimos internacionais para financiar transações internacionais.

EMPRÉSTIMOS BANCÁRIOS

Os bancos são uma importante fonte de empréstimos de curto prazo sem garantia para empresas. O principal tipo de empréstimo bancário é o **empréstimo autoliquidável de curto prazo**, que se destina simplesmente a ajudar as empresas a superar os picos sazonais de necessidade de financiamento, que ocorrem principalmente pelo acúmulo de estoques e contas a receber. À medida que a empresa converte estoques e contas a receber em caixa, são gerados os fundos necessários para liquidar esses empréstimos. Em outras palavras, o uso que se dá ao dinheiro emprestado fornece o mecanismo pelo qual o empréstimo é pago, daí o termo *autoliquidável*.

empréstimo autoliquidável de curto prazo
Um empréstimo de curto prazo sem garantia em que o uso que se dá ao dinheiro emprestado fornece o mecanismo pelo qual o empréstimo é pago.

Os bancos emprestam fundos de curto prazo sem garantia de três maneiras básicas: notas promissórias de pagamento único, linhas de crédito e contratos de crédito rotativo. Antes de tratarmos desses tipos de empréstimo, abordaremos as taxas de juros dos empréstimos.

Taxas de juros de empréstimos

A taxa de juros de um empréstimo bancário pode ser fixa ou flutuante e normalmente se baseia na taxa básica de juros. A **taxa básica de juros (*prime rate* ou taxa preferencial)** é a taxa de juros mais baixa cobrada pelos principais bancos em empréstimos a seus melhores clientes pessoa jurídica. A taxa básica de juros flutua com a

taxa básica de juros (*prime rate* ou taxa preferencial)
A taxa de juros mais baixa cobrada pelos principais bancos em empréstimos a seus melhores clientes pessoa jurídica.

variação das condições de oferta e demanda de fundos de curto prazo. Os bancos geralmente determinam a taxa a ser cobrada de seus diversos clientes acrescentando um prêmio à taxa básica para ajustá-la ao risco do tomador. O prêmio pode chegar a 4% ou mais, embora muitos empréstimos de curto prazo sem garantia utilizem prêmios inferiores a 2%.

Empréstimos com taxa fixa e taxa flutuante Os empréstimos podem ter taxas de juros fixas ou flutuantes. Em um **empréstimo com taxa fixa**, a taxa de juros é determinada com um acréscimo acima da taxa básica, permanecendo constante até o vencimento. Em um **empréstimo com taxa flutuante**, o acréscimo acima da taxa básica é inicialmente determinado e a taxa de juros pode "flutuar", ou variar, acima da taxa básica *à medida que a taxa básica varia* até o vencimento. Em geral, o acréscimo acima da taxa básica será *menor* em um empréstimo com taxa flutuante do que em um com taxa fixa, de risco equivalente, porque o risco do tomador é menor. *A maioria dos empréstimos de curto prazo a empresas é constituída de empréstimos com taxa flutuante.*

empréstimo com taxa fixa
Um empréstimo cuja taxa de juros é determinada com um acréscimo acima da taxa básica de juros, permanecendo constante até o vencimento.

empréstimo com taxa flutuante
Um empréstimo com uma taxa de juros inicialmente determinada com um acréscimo acima da taxa básica de juros e que pode "flutuar", ou variar, acima da taxa básica *à medida que ela varia* até o vencimento.

Método de cálculo dos juros Uma vez estabelecida a *taxa anual nominal (ou taxa declarada)*, determina-se o método de cálculo dos juros. Eles podem ser pagos no vencimento do empréstimo ou antecipadamente. Se forem pagos *no vencimento*, a *taxa efetiva (ou verdadeira) anual* — a taxa de juros efetivamente paga — por um período presumido de um ano é igual a:

$$\frac{\text{Juros}}{\text{Valor emprestado}} \quad (16.3)$$

A maioria dos empréstimos bancários a empresas exige o pagamento de juros no vencimento.

Quando os juros são pagos *antecipadamente*, são deduzidos do empréstimo de modo que o tomador, na verdade, recebe menos dinheiro do que solicitou (e menos do que deve pagar). Empréstimos em que os juros são pagos antecipadamente são chamados de **empréstimos com desconto**. A *taxa efetiva anual de um empréstimo com desconto*, presumindo o período de um ano, é calculada como:

empréstimo com desconto
Empréstimo em que os juros são pagos antecipadamente, sendo deduzidos do valor emprestado.

$$\frac{\text{Juros}}{\text{Valor emprestado} - \text{Juros}} \quad (16.4)$$

O pagamento antecipado de juros eleva a taxa efetiva anual acima da taxa nominal anual.

Exemplo 16.8

A Wooster Company, uma fabricante de vestuário esportivo, deseja tomar um empréstimo de $ 10.000 a uma taxa de juros nominal anual de 10%, por um ano. Se os juros sobre o empréstimo forem pagos no vencimento, a empresa pagará $ 1.000 (0,10 $ 10.000) pelo uso de $ 10.000 por um ano. No final do ano, a Wooster fará um cheque de $ 11.000 ($ 1.000 de juros, mais a devolução do principal de 10.000) para o credor. Substituindo na Equação 16.3, temos que a taxa efetiva anual é de:

$$\frac{\$\ 1.000}{\$\ 10.000} = 10,0\%$$

Se o dinheiro for tomado à mesma *taxa nominal anual* por um ano, mas os juros forem pagos antecipadamente, a empresa continuará pagando $ 1.000 em juros, mas receberá apenas $ 9.000 ($ 10.000 − $ 1.000). Nesse caso, a taxa de juros efetiva anual será de:

$$\frac{\$ 1.000}{\$ 10.000 - \$ 1.000} = \frac{\$ 1.000}{\$ 9.000} = 11,1\%$$

Nesse caso, no final do ano a Wooster fará um cheque ao credor de $ 10.000, tendo "pago" os juros de $ 1.000 antecipadamente ao captar apenas $ 9.000. Desse modo, pagar os juros antecipadamente faz com que a taxa efetiva anual (11,1%) seja maior que a taxa nominal anual (10,0%).

Notas promissórias de pagamento único

Uma **nota promissória de pagamento único** pode ser obtida de um banco comercial por uma pessoa jurídica com boa classificação de crédito. Esse tipo de empréstimo costuma ser feito uma única vez a um tomador que precisa de fundos para uma finalidade específica por um breve período. O instrumento resultante é uma *nota promissória*, assinada pelo tomador, especificando os termos do empréstimo, incluindo o prazo e a taxa de juros. Esse tipo de nota promissória de curto prazo geralmente tem vencimento entre 30 dias e nove meses, mas pode se estender por mais tempo. Os juros cobrados geralmente estão atrelados de alguma maneira à taxa básica de juros.

nota promissória de pagamento único
Um empréstimo de curto prazo e único, feito a um tomador que precisa de fundos para uma finalidade específica por um breve período.

Exemplo 16.9

A Gordon Manufacturing, uma fabricante de lâminas para roçadeiras, recentemente tomou emprestado de dois bancos diferentes – A e B – a mesma quantia de $100.000. Os empréstimos foram contratados no mesmo dia, quando a taxa básica de juros era de 6%. Cada empréstimo envolvia uma nota promissória de 90 dias com pagamento dos juros no final de 90 dias. A taxa de juros foi fixada em 1,5% acima da taxa básica no caso da *nota promissória com taxa fixa* do banco A. Ao longo do período de 90 dias, a taxa de juros sobre essa nota promissória será de 7,5% (taxa básica de 6% + incremento de 1,5%), independentemente de flutuações da taxa básica. O custo total dos juros sobre esse empréstimo é de $ 1.849 [$ 100.000 (7,5% 90 · 365)], o que significa que a taxa de 90 dias sobre esse empréstimo é de 1,85% ($ 1.849 · $ 100.000).

Supondo que o empréstimo do banco A seja rolado a cada 90 dias ao longo do ano, nos mesmos termos e condições, podemos determinar sua taxa de juros efetiva *anual*, ou *EAR*, usando a Equação 5.10. Como o empréstimo custa 1,85% por 90 dias, é necessário compor (1 + 0,0185) pelos 4,06 períodos do ano (ou seja, 365 · 90) e então subtrair 1:

$$EAR = (1 + 0,0185)^{4,06} - 1$$
$$= 1,0773 - 1 = 0,0773 = \underline{\underline{7,73\%}}$$

A taxa de juros efetiva anual sobre a nota promissória de 90 dias com taxa fixa é de 7,73%.

O banco B fixou a taxa de juros em 1% acima da taxa básica em sua *nota promissória com taxa flutuante*. A taxa cobrada pelos 90 dias irá variar diretamente com a taxa básica. Inicialmente, a taxa será de 7% (6% + 1%), mas, quando a taxa básica variar, o mesmo acontecerá com a taxa de juros da nota promissória. Por exemplo, se depois de 30 dias a taxa básica subir para 6,5% e, depois de mais 30 dias cair para 6,25%, a empresa pagará 0,575% pelos 30 primeiros dias (7% 30 · 365), 0,616% pelos 30 dias seguintes (7,5% 30 · 365) e 0,596% pelos últimos 30 dias (7,25% 30 · 365). O custo total dos juros será de $ 1.787 [$ 100.000 (0,575% + 0,616, + 0,596%)], resultando em uma taxa efetiva ao longo de 90 dias de 1,79% ($ 1,787 · $ 100.000).

Novamente, presumindo que o empréstimo seja rolado a cada 90 dias ao longo do ano, nos mesmos termos e condições, sua taxa efetiva *anual* será de 7,46%:

$$EAR = (1 + 0,01787)^{4,06} - 1$$
$$= 1,0746 - 1 = 0,0746 = \underline{\underline{7,46\%}}$$

É evidente, nesse caso, que o empréstimo com taxa flutuante teria sido menos dispendioso do que o empréstimo com taxa fixa por causa de sua menor taxa efetiva anual.

Finanças pessoais — Exemplo 16.10

Megan Schwartz teve aprovado pelo Clinton National Bank um empréstimo de $ 30.000 por 180 dias, que lhe permitirá fazer o pagamento inicial e fechar o empréstimo de um novo apartamento. Ela precisa dos fundos para ganhar tempo até a venda de seu apartamento atual, do qual espera receber $ 42.000.

O banco ofereceu a Megan as duas opções de financiamento a seguir: (1) um *empréstimo com taxa fixa* de 2% acima da taxa básica ou (2) um *empréstimo com taxa flutuante* de 1% acima da taxa básica. Atualmente, a taxa básica de juros é de 8% e a projeção consensual de um grupo de economistas especializados em hipotecas para as variações dessa taxa nos próximos 180 dias é a seguinte:

Em 60 dias a partir de hoje, a taxa básica aumentará 1%.
Em 90 dias a partir de hoje, a taxa básica aumentará mais 0,5%.
Em 150 dias a partir de hoje, a taxa básica cairá 1%.

Usando as variações projetadas da taxa básica, Megan quer determinar o empréstimo de menor custo para os próximos 180 dias.

Empréstimo com taxa fixa: custo total dos juros em 180 dias:

$$= \$ 30.000 \quad (0,08 + 0,02) \quad (180 \cdot 365)$$
$$= \$ 30.000 \quad 0,04932 \quad \underline{\$ 1.480}$$

Empréstimo com taxa variável: a taxa de juros aplicável começaria em 9% (8% + 1%) e assim permaneceria por 60 dias. Em seguida, subiria para 10% (9% + 1%) nos 30 dias seguintes e então para 10,50% (10% + 0,50%) nos 60 dias seguintes. Por fim, a taxa cairia para 9,50% (10,50% − 1%) nos últimos 30 dias.

Custo total dos juros em 180 dias:

$$= \$ 30.000 \quad [(0,09 \quad 60 \cdot 365) + (0,10 \quad 30 \cdot 365)$$
$$+ (0,105 \quad 60 \cdot 365) + (0,095 \quad 30 \cdot 365)]$$
$$= \$ 30.000 \quad (0,01479 + 0,00822 + 0,01726 + 0,00781)$$
$$= \$ 30.000 \quad 0,04808 \quad \underline{\$ 1.442}$$

Como o custo total estimado dos juros sobre o empréstimo com taxa variável de $ 1.442 é menor que o custo total dos juros sobre o empréstimo com taxa fixa de $ 1.480, *Megan deve contratar o empréstimo com taxa variável*. Com isso, poupará cerca de $ 38 ($ 1.480 − $ 1.442) em juros ao longo dos 180 dias.

Linhas de crédito

linha de crédito
Um contrato entre um banco comercial e uma empresa, especificando o valor do financiamento de curto prazo sem garantia que o banco disponibilizará à empresa por um determinado período.

Uma **linha de crédito** é um contrato entre um banco comercial e uma empresa, especificando o valor do financiamento de curto prazo sem garantia que o banco disponibilizará à empresa por um determinado período. É similar ao contrato em que emissores de cartões de crédito bancários, como MasterCard, Visa e Discover, concedem crédito pré-aprovado aos portadores de cartões. Os contratos de linha de crédito costumam ter vigência de um ano e frequentemente impõem algumas restrições ao tomador. Não se trata de um *empréstimo com garantia*; em vez disso, indica que, se o banco tiver fundos suficientes disponíveis, permitirá que o tomador deva até um determinado valor em dinheiro. O valor de uma linha de crédito é *o valor máximo que a empresa pode dever ao banco* em qualquer momento.

Ao solicitar uma linha de crédito, o tomador pode precisar apresentar documentos como orçamento de caixa, demonstração de resultados projetada, balanço patrimonial projetado e demonstrações financeiras recentes. Se o banco considerar o cliente aceitável, a linha de crédito será concedida. O principal atrativo de uma linha de crédito, do ponto de vista do banco, está em eliminar a avaliação da qualidade de crédito do cliente a cada solicitação de recursos no ano.

Taxas de juros A taxa de juros de uma linha de crédito costuma ser estipulada como flutuante: a *taxa básica mais um prêmio*. Se a taxa básica mudar, a taxa de juros cobrada sobre empréstimos novos *e correntes* mudará automaticamente. O valor cobrado do tomador acima da taxa básica depende de sua qualidade de crédito. Quanto melhor a qualidade de crédito do tomador, menor o prêmio (incremento de juros) sobre a taxa básica e vice-versa.

Restrições a mudanças operacionais Em um contrato de linha de crédito, um banco pode impor **restrições a mudanças operacionais**, que dão ao banco o direito de revogar a linha de crédito em caso de mudanças significativas da situação financeira ou das operações da empresa. Normalmente, a empresa deve apresentar demonstrações financeiras atualizadas e, de preferência, auditadas, para fins de avaliação periódica. Além disso, o banco normalmente precisa ser informado sobre mudanças dos principais administradores ou nas operações da empresa antes que elas ocorram. Essas mudanças podem afetar o futuro e a capacidade de pagamento da empresa e, portanto, podem alterar sua situação de crédito. Se o banco discordar das mudanças propostas e a empresa realizá-las mesmo assim, o banco tem o direito de revogar a linha de crédito.

restrições a mudanças operacionais
Restrições contratuais que um banco pode impor à situação financeira ou às operações de uma empresa como parte de um contrato de linha de crédito.

Saldos mínimos Para garantir que o tomador seja um "bom cliente", muitos empréstimos bancários de curto prazo sem garantia — notas promissórias de pagamento único e linhas de crédito — exigem que o tomador mantenha, em uma conta corrente, um **saldo mínimo** igual a uma determinada porcentagem do valor tomado em empréstimo. Os bancos costumam exigir saldos mínimos de 10% a 20%. Um saldo mínimo não só obriga o tomador a ser um bom cliente do banco, como também pode elevar o custo dos juros para o tomador.

saldo mínimo
Saldo exigido em conta corrente igual a uma determinada porcentagem do valor emprestado de um banco, em um contrato de linha de crédito ou crédito rotativo.

> **Exemplo 16.11**
>
> A Estrada Graphics, uma empresa de design gráfico, tomou emprestado $ 1 milhão em um contrato de linha de crédito. A empresa deve pagar uma taxa nominal de juros de 10% e manter, em sua conta corrente, um saldo mínimo igual a 20% do valor tomado em empréstimo, ou seja, $ 200.000. Desse modo, tem o direito de usar apenas $ 800.000. Para usar esse valor por um ano, a empresa paga juros de $ 100.000 (0,10 · $ 1 milhão). A taxa efetiva anual sobre os fundos é, portanto, de 12,5% ($ 100.000 · $ 800.000), 2,5% a mais do que a taxa nominal de 10%.
>
> Se a empresa normalmente mantiver um saldo de $ 200.000 ou mais em sua conta corrente, a taxa efetiva anual é igual à taxa nominal anual de 10%, pois nada do $ 1 milhão emprestado será necessário para satisfazer a exigência de saldo mínimo. Se a empresa normalmente mantiver um saldo de $ 100.000 em sua conta corrente, mais $ 100.000 serão imobilizados, deixando $ 900.000 em fundos disponíveis para uso. A taxa efetiva anual, nesse caso, seria de 11,1% ($ 100.000 · $ 900.000). Assim, o saldo mínimo eleva o custo do empréstimo *somente* se for maior que o saldo de caixa normal da empresa.

Saneamento (cleanup) anual Para garantir que o dinheiro emprestado por meio de um contrato de linha de crédito seja realmente utilizado para financiar necessidades sazonais, muitos bancos exigem um **saneamento (*cleanup*) anual**. Nesses casos, o tomador deve ter um saldo de empréstimo igual a zero — isto é, dever nada ao banco — por um certo número de dias durante o ano. A exigência de que o tomador tenha um saldo de empréstimo igual a zero por um determinado período garante que os empréstimos de curto prazo não se transformem em empréstimos de longo prazo.

saneamento (*cleanup*) anual
A exigência de que, por um certo número de dias durante o ano, os tomadores de uma linha de crédito possuam um saldo de empréstimo zero (ou seja, não devam nada ao banco).

Todas as características de um contrato de linha de crédito são negociáveis até certo ponto. Atualmente, os bancos tendem a fazer ofertas competitivas para atrair empresas de grande porte e bem conhecidas. Um tomador em potencial deve tentar negociar uma linha de crédito dentro da taxa de juros mais favorável, para montante ótimo de recursos e com o mínimo de restrições. Muitas vezes, os tomadores pagam tarifas aos credores em vez de manter saldos em conta corrente, como compensação por empréstimos e outros serviços. O credor procura obter um bom retorno com a máxima segurança. As negociações devem levar a uma linha de crédito que seja adequada tanto para o tomador quanto para o credor.

Contratos de crédito rotativo

contrato de crédito rotativo
Uma linha de crédito garantida concedida a um tomador por um banco comercial independentemente da escassez de dinheiro.

taxa de compromisso
Taxa normalmente cobrada em um *contrato de crédito rotativo*; aplicado geralmente sobre o *saldo médio não utilizado* da linha de crédito do tomador.

Um **contrato de crédito rotativo** nada mais é que uma *linha de crédito garantida*. Diz-se garantida no sentido de que o banco comercial assegura ao tomador que um determinado montante estará disponível independentemente da escassez de dinheiro. A taxa de juros e outros requisitos são semelhantes aos de uma linha de crédito. Não é incomum que um contrato de crédito rotativo seja por um período superior a um ano.[2] Como o banco garante a disponibilidade de fundos, uma **taxa de compromisso** costuma ser cobrada em um contrato de crédito rotativo. Essa taxa normalmente é aplicada sobre o saldo médio não utilizado da linha de crédito do tomador e costuma ser de cerca de 0,5% *da parcela média não utilizada* da linha.

> **Exemplo 16.12**
>
> A REH Company, uma grande incorporadora imobiliária, tem um contrato de crédito rotativo de $ 2 milhões com seu banco. A utilização média do contrato no ano anterior foi de $ 1,5 milhão. O banco cobra uma taxa de compromisso de 0,5% sobre o saldo médio não utilizado. Como a parcela média não utilizada dos fundos comprometidos foi de $ 500.000 ($ 2 milhões – $ 1,5 milhão), a taxa de compromisso para o ano foi de $ 2.500 (0,005 $ 500.000). É claro que a REH também teve de pagar juros sobre o $ 1,5 milhão efetivamente emprestado, de acordo com o contrato. Supondo que os juros de $ 112.500 foram pagos com o empréstimo de $ 1,5 milhão, o custo efetivo do contrato foi de 7,67% [($ 112.500 + $ 2.500) · $ 1.500.000]. Embora mais caro que uma linha de crédito, um contrato de crédito rotativo pode ser menos arriscado do ponto de vista do tomador, uma vez que a disponibilidade de fundos é assegurada.

COMMERCIAL PAPER

commercial paper
Uma forma de financiamento que consiste em notas promissórias de curto prazo, sem garantia, emitidas por empresas com alto nível de crédito.

Commercial paper é uma forma de financiamento que consiste em notas promissórias de curto prazo, sem garantia, emitidas por empresas com alto nível de crédito. Em geral, somente empresas de grande porte e com solidez financeira inquestionável podem emitir *commercial papers*. A maioria das emissões de *commercial paper* tem vencimento entre três e 270 dias. Embora não haja uma denominação unitária formal, esse tipo de financiamento costuma ser emitido em múltiplos de $ 100.000 ou mais. Atualmente, grande parte dos *commercial papers* é emitida por instituições financeiras; as empresas manufatureiras respondem por uma parcela menor desse tipo de financiamento. Muitas vezes, as empresas compram *commercial paper* para manter como títulos negociáveis e fornecer uma reserva remunerada de liquidez. Para mais informações sobre o uso recente de *commercial paper*, veja o quadro *Foco na Prática*.

Juros de *commercial paper*

O *commercial paper* é vendido com deságio em relação ao seu *valor de face, ou nominal*. O tamanho do deságio e o prazo até o vencimento determinam os juros pagos pelo emissor dos títulos. Os juros efetivamente recebidos pelo comprador são determinados por certos cálculos, ilustrados pelo Exemplo 16.13.

---

2 Muitos autores classificam o contrato de crédito rotativo como uma forma de *financiamento de médio prazo*, definido como aquele que tem vencimento entre um a sete anos. Neste texto, usamos apenas as classificações de financiamento de curto e longo prazos, e não a de médio prazo. Como muitos contratos de crédito rotativo têm vigência superior a um ano, podem ser classificados como uma forma de financiamento de longo prazo; entretanto, são discutidos aqui por causa de sua semelhança com os contratos de linha de crédito.

Foco na PRÁTICA

O vai e vem do *commercial paper*

na prática O difícil ambiente econômico e de crédito da era pós-11 de setembro, combinado a taxas de juros historicamente baixas e um profundo desejo dos emissores corporativos de reduzir sua exposição ao risco de refinanciamento, provocou a redução do volume de *commercial paper* de 2001 a 2003. De acordo com o Federal Reserve (o Banco Central Norte-Americano), o *commercial paper* do setor não financeiro dos Estados Unidos, por exemplo, caiu 68% no período de três anos, de US$ 315,8 bilhões em circulação no início de 2001 para US$ 101,4 bilhões em dezembro de 2003. Além do menor volume, a qualidade do crédito desses títulos declinou no mesmo período, com a taxa de rebaixamentos superando a de elevações em 17 para 1 em 2002.

Em 2004, surgiram sinais de que a contração do volume e da classificação de crédito desses títulos estava finalmente chegando ao fim. O mais encorajador deles foi a retomada do crescimento econômico, que aumentou a necessidade de dívida de curto prazo para financiar o capital de giro das empresas. Embora o *commercial paper* seja, em geral, usado para financiar capital de giro, muitas vezes seu uso é impulsionado por um aumento súbito da atividade de crédito em outras atividades estratégicas, como fusões e aquisições e investimentos de capital de longo prazo. Segundo dados do Federal Reserve Board, no final de julho de 2004, o total de *commercial paper* em circulação nos Estados Unidos era de US$ 1,33 trilhão.

Em 2006, o *commercial paper* atingiu US$ 1,98 trilhão, um aumento de 21,5% em relação aos níveis de 2005. No entanto, após um pico de US$ 2,22 trilhões, a maré mudou em resposta à crise de crédito que começou em agosto de 2007. Segundo dados do Federal Reserve, em 1º de outubro de 2008, o mercado de *commercial paper* tinha retraído para US$ 1,6 trilhão, uma redução de quase 28%, e novas emissões desapareceram virtualmente por várias semanas. Como grande parte dos *commercial papers* em circulação no início da crise de crédito vinha de renovações, o Federal Reserve começou a operar o Commercial Paper Funding Facility (CPFF), em 27 de outubro de 2008. O CPFF destinava-se a proporcionar uma barreira de liquidez aos emissores norte-americanos de *commercial papers* e, desse modo, aumentar a disponibilidade de crédito nos mercados de capitais de curto prazo. O CPFF permitiu que o Federal Reserve Bank de Nova York financiasse a compra de *commercial papers* de *rating* elevado, sem garantia e lastreadas por ativos, de emissores elegíveis.

Mesmo com o CPFF funcionando, as empresas que estavam preocupadas com a capacidade de rolar seus *commercial papers* em circulação a cada poucas semanas se voltaram para a dívida de longo prazo para atender suas necessidades de liquidez. Dados da Merrill Lynch & Co. e da Bloomberg mostraram que, para administrar o risco do passivo de curto prazo, as empresas pagavam até US$ 75 milhões em juros anuais adicionais para trocar dívida de longo prazo por US$ 1 bilhão em *commercial papers* de 30 dias.

Com a recessão para trás e os mercados de crédito de curto prazo funcionando novamente, o CPFF foi encerrado em 1º de fevereiro de 2010. Mas, três anos depois, o mercado de *commercial paper* ainda era muito menor do que antes da crise financeira. Em março de 2013, o Federal Reserve informou que o volume total de *commercial paper* em circulação era um pouco mais do que US$ 1 trilhão, cerca de metade do tamanho do mercado em 2007, antes da crise.

* *Que fatores contribuem para uma expansão do mercado de commercial paper? Que fatores causam uma contração do mercado de commercial paper?*

Exemplo 16.13

A Bertram Corporation, uma grande empresa de construção naval, acabou de emitir $ 1 milhão em *commercial paper* com vencimento em 90 dias e vendidos a $ 990.000. No final de 90 dias, o comprador desse título receberá $ 1 milhão por seu investimento de $ 990.000. Os juros pagos pelo financiamento são, portanto, de $ 10.000 sobre um principal de $ 990.000. A taxa efetiva de 90 dias sobre o título é de 1,01% ($ 10.000 · $ 990.000). Presumindo que o título seja rolado a cada 90 dias ao longo do ano (isto é, 365 · 90 = 4,06 vezes por ano), a taxa efetiva anual do *commercial paper* da Bertram, calculada por meio da Equação 5.10, é de 4,16% $[(1 + 0,0101)^{4,06} - 1]$.

Uma característica interessante do *commercial paper* é o fato de que o custo de juros *normalmente* está 2% a 4% abaixo da taxa básica. Em outras palavras, as empresas conseguem levantar fundos mais baratos ao vender *commercial paper* do que ao tomar empréstimo de um banco comercial. A razão é que muitos fornecedores de fundos de curto prazo não têm a opção, como os bancos têm, de fazer empréstimos de baixo risco à taxa básica de juros. Eles podem investir com segurança apenas em títulos negociáveis, como *Treasury bills* e *commercial paper*.

Embora o custo de juros declarado do empréstimo por meio da venda de *commercial paper* seja, normalmente, inferior à taxa básica, o *custo* total do *commercial paper* pode não ser inferior a de um empréstimo bancário. Custos adicionais incluem diversas taxas e custos de lançamento. Além disso, ainda que seja um pouco mais caro tomar um empréstimo de um banco comercial, por vezes é aconselhável fazê-lo para estabelecer uma boa relação de trabalho com um banco. Essa estratégia assegura que, quando o dinheiro for "curto", os fundos podem ser obtidos prontamente e com uma taxa de juros razoável.

FATOS e DADOS

Limites de empréstimo

Os bancos comerciais são legalmente proibidos de emprestar valores superiores a 15% (mais 10% adicionais para empréstimos lastreados por garantias prontamente negociáveis) de seu capital imobilizado e excedente a qualquer tomador. Ao obrigar o banco comercial a distribuir seu risco entre diversos tomadores, essa restrição tem como objetivo proteger os depositantes. Além disso, os bancos comerciais menores não têm muitas oportunidades de emprestar às empresas de grande porte e alta qualidade.

EMPRÉSTIMOS INTERNACIONAIS

Em alguns aspectos, o financiamento de curto prazo para o comércio internacional não é diferente do financiamento de operações puramente domésticas. Nos dois casos, os produtores precisam financiar a produção e o estoque, para depois financiar as contas a receber, antes de cobrar quaisquer pagamentos em dinheiro pelas vendas. Em outros aspectos, entretanto, o financiamento de curto prazo de vendas e compras internacionais é fundamentalmente diferente do comércio estritamente doméstico.

Transações internacionais

A principal diferença entre as transações domésticas e internacionais é que os pagamentos são, frequentemente, feitos ou recebidos em moeda estrangeira. Uma empresa norte-americana precisa não só arcar com os custos de fazer negócios no mercado de câmbio, mas também se expõe ao *risco de taxa de câmbio*. Uma empresa sediada nos Estados Unidos, que exporta bens e tem contas a receber denominadas em moeda estrangeira, corre o risco de valorização do dólar norte-americano em relação a essa moeda. Já o risco para um importador norte-americano com contas a pagar denominadas em moeda estrangeira é de desvalorização do dólar. Embora frequentemente seja possível fazer *hedge* contra o *risco de taxa de câmbio* por meio dos mercados a termo, futuros ou de opções em moeda, isso é custoso e não é possível para todas as moedas estrangeiras.

As transações internacionais costumam ser de grande valor e ter longo prazo de vencimento. Desse modo, as empresas envolvidas no comércio internacional, em geral, precisam financiar grandes quantias por períodos mais longos do que as que só operam no mercado doméstico. Além disso, como as empresas estrangeiras raramente são bem conhecidas nos Estados Unidos, algumas instituições financeiras relutam em conceder empréstimos a exportadores ou importadores norte-americanos, sobretudo de pequeno porte.

Financiamento do comércio internacional

Foram desenvolvidas diversas técnicas especializadas para financiar o comércio internacional. Talvez o veículo de financiamento mais importante seja a **carta de crédito**, uma carta escrita pelo banco de uma empresa ao fornecedor estrangeiro da empresa declarando que o banco garante o pagamento de um valor faturado caso todos os acordos subjacentes forem cumpridos. Essencialmente, a carta de crédito substitui a reputação e a qualidade de crédito do cliente comercial pelas de seu banco. Um exportador norte-americano estará mais disposto a vender a um comprador estrangeiro se a transação tiver a cobertura de uma carta de crédito emitida por um banco com bom reconhecimento no país de origem do comprador.

Empresas que negociam com frequência com países estrangeiros costumam financiar suas operações, pelo menos em parte, no mercado local. Uma empresa que tenha uma fábrica no México, por exemplo, pode optar por financiar suas compras de bens e serviços mexicanos com pesos emprestados de um banco mexicano. Essa prática não só minimiza o risco de taxa de câmbio como também melhora os vínculos comerciais da empresa com a comunidade anfitriã. Entretanto, as empresas multinacionais muitas vezes financiam suas transações internacionais por meio de empréstimos denominados em dólares de bancos internacionais. Os *mercados de crédito em euromoedas* permitem que os tomadores com boa qualidade de crédito obtenham financiamento em condições atraentes.

carta de crédito
Uma carta escrita pelo banco de uma empresa ao fornecedor estrangeiro da empresa declarando que o banco garante o pagamento de um valor faturado caso todos os acordos subjacentes forem cumpridos.

Transações entre subsidiárias

Grande parte do comércio internacional envolve transações entre subsidiárias de um mesmo grupo. Uma empresa norte-americana poderia, por exemplo, fabricar parte em uma fábrica na Ásia, parte nos Estados Unidos, montar o produto no Brasil e vendê-lo na Europa. A remessa de mercadorias entre subsidiárias cria contas a receber e contas a pagar, mas a matriz tem poder considerável sobre como e quando os pagamentos são feitos. Em particular, a matriz pode minimizar os custos de câmbio e outros custos de transação ao "compensar" o que cada afiliada deve a outra e pagar apenas o valor líquido devido, em vez de ambas as subsidiárias pagarem os valores brutos devidos.

→ QUESTÕES PARA REVISÃO

16.4 Como a taxa básica de juros é relevante para o custo dos empréstimos bancários de curto prazo? O que é um empréstimo com taxa flutuante?

16.5 Em que difere a taxa efetiva anual de um empréstimo que exige pagamento de juros no vencimento e outro, semelhante, que exige pagamento antecipado de juros?

16.6 Quais são os termos e as características básicas de uma nota promissória de pagamento único? Como se determina a taxa efetiva anual desse tipo de título?

16.7 O que é uma linha de crédito? Descreva cada uma das características a seguir, que costumam ser incluídas nesses contratos: (a) restrições a mudanças operacionais, (b) saldo mínimo e (c) saneamento anual.

16.8 O que é um contrato de crédito rotativo? Em que ele difere do contrato de linha de crédito? O que é uma taxa de compromisso?

16.9 Como as empresas usam *commercial paper* para levantar fundos de curto prazo? Quem pode emitir esses títulos? Quem os compra?

16.10 Qual é a principal diferença entre transações internacionais e domésticas? Como se usa uma carta de crédito no financiamento de transações de comércio internacional? Como se usa a "compensação" em transações entre subsidiárias?

16.3 Fontes de empréstimos de curto prazo com garantia

financiamento de curto prazo com garantia
Financiamento (empréstimo) de curto prazo que possui bens específicos como garantia.

contrato de garantia
Contrato entre o tomador e o credor especificando o ativo oferecido como garantia de um empréstimo.

Quando uma empresa tiver esgotado suas fontes de financiamento de curto prazo sem garantia, pode recorrer ao financiamento de curto prazo com garantia. O **financiamento de curto prazo com garantia** tem bens específicos oferecidos como garantia. A *garantia* normalmente assume a forma de um ativo, como contas a receber ou estoque. O credor obtém direitos sobre o bem por meio de um **contrato de garantia** firmado com o tomador que especifica o bem dado em garantia do empréstimo. Além disso, também constam do contrato de garantia os termos do empréstimo. Uma cópia do contrato de garantia é registrada em algum órgão público, normalmente municipal ou estadual. Esse registro fornece aos credores subsequentes informações sobre quais bens de um tomador em potencial não estão disponíveis para uso como garantia e protegem o credor ao estabelecer legalmente seus direitos sobre o bem.

CARACTERÍSTICAS DOS EMPRÉSTIMOS DE CURTO PRAZO COM GARANTIA

Embora muitas pessoas acreditem que dar bens em garantia reduz o risco de um empréstimo, os credores geralmente não veem dessa maneira. Eles reconhecem que as garantias podem reduzir perdas em caso de inadimplência do tomador, mas a presença de *garantia não tem impacto no risco de inadimplência*. Um credor exige garantias para assegurar a recuperação de alguma parcela do empréstimo em caso de inadimplência. No entanto, o que o credor deseja acima de tudo é ser pago como acordado. Em geral, os credores preferem fazer empréstimos de menor risco com taxas de juros mais baixas a ficar em uma posição em que precisem executar as garantias.

Garantias e condições

Os credores de fundos de curto prazo com garantia preferem garantias que tenham duração correspondente ao prazo do empréstimo. Itens do ativo circulante são as garantias de curto prazo mais desejáveis, pois, normalmente, podem ser convertidos em caixa muito mais rapidamente que os itens do ativo imobilizado. Desse modo, o credor de fundos de curto prazo com garantia geralmente aceitam apenas itens do ativo circulante líquido como garantia.

adiantamento percentual
A porcentagem do valor contábil da garantia que constitui o principal de um empréstimo com garantia.

Normalmente, o credor determina a **adiantamento percentual** desejável a fazer contra a garantia. Essa porcentagem de adiantamento constitui o principal do empréstimo com garantia e costuma ficar entre 30% e 100% do valor contábil da garantia, variando de acordo com o tipo e liquidez da garantia.

A taxa de juros cobrada sobre empréstimos de curto prazo com garantia costuma ser *maior* que os juros dos empréstimos de curto prazo sem garantia. Os credores normalmente não consideram os empréstimos com garantia menos arriscados que os sem garantia. Além disso, é mais trabalhoso para o credor negociar e administrar os empréstimos com garantia do que os sem garantia. O credor normalmente exige uma remuneração adicional na forma de uma taxa de serviço, uma taxa de juros mais elevada, ou ambas.

Instituições que concedem empréstimos de curto prazo com garantia

As principais fontes de empréstimos de curto prazo com garantia para as empresas são os bancos comerciais e as financiadoras. Os dois tipos de instituição oferecem empréstimos de curto prazo com garantia principalmente por contas a receber e estoques.

Já descrevemos as operações dos bancos comerciais. As **financiadoras** são instituições de crédito que concedem apenas empréstimos com garantia — tanto de curto quanto de longo prazo — para empresas. Ao contrário dos bancos, as financiadoras não estão autorizadas a receber depósitos.

Somente depois de esgotar sua capacidade de tomar empréstimos de curto prazo com e sem garantia dos bancos comerciais é que um tomador recorre às financiadoras para obter novos empréstimos com garantia. Como a financiadora, em geral, fica com os tomadores de mais alto risco, os juros cobrados sobre empréstimos de curto prazo com garantia costumam ser mais elevados do que os cobrados por bancos comerciais. As principais financiadoras dos Estados Unidos incluem o CIT Group e a General Electric Corporate Financial Services.

financiadoras
Instituições de crédito que concedem apenas empréstimos com garantia — tanto de curto prazo quanto de longo prazo — para empresas.

USO DE CONTAS A RECEBER COMO GARANTIA

Duas maneiras normalmente utilizadas para obter financiamento de curto prazo com contas a receber são *dar em caução as contas a receber* e o *factoring*. Atualmente, apenas a caução de contas a receber gera um empréstimo de curto prazo com garantia; o *factoring* implica a *venda* com deságio de contas a receber. Embora o *factoring* não seja efetivamente uma forma de empréstimo de curto prazo com garantia, ele envolve o uso de contas a receber para obter os fundos de curto prazo necessários.

Caução de contas a receber

A **caução de contas a receber** é frequentemente utilizada para garantir empréstimos de curto prazo. Como as contas a receber costumam ser bastante líquidas, elas são uma forma atraente de garantia em empréstimos de curto prazo.

O processo de caução Quando uma empresa solicita um empréstimo oferecendo em garantia suas contas a receber, o credor primeiro avalia as contas a receber da empresa para determinar se são aceitáveis como garantia. O credor faz uma lista das contas aceitáveis, juntamente com as datas de pagamento e valores. Se for solicitado um empréstimo de valor fixo, o credor precisa apenas selecionar contas suficientes para garantir os fundos solicitados. Se o tomador desejar o máximo de empréstimo disponível, o credor avalia todas as contas para selecionar a maior garantia aceitável que puder.

caução de contas a receber
O uso de contas a receber de uma empresa como garantia para obter um empréstimo de curto prazo.

Depois de selecionar as contas aceitáveis, o credor normalmente ajusta o valor dessas contas às devoluções esperadas de vendas e outros abatimentos. Se um cliente cuja conta tiver sido dada em caução devolver a mercadoria ou receber algum tipo de abatimento, como um desconto financeiro por pagamento antecipado, o valor da garantia é automaticamente reduzido. Para se proteger dessas ocorrências, o credor normalmente reduz o valor da garantia aceitável em uma porcentagem fixa.

Em seguida, é preciso determinar a porcentagem que será adiantada contra a garantia oferecida. O credor avalia a qualidade das contas a receber aceitáveis e seu custo esperado de liquidação. Essa porcentagem representa o principal do empréstimo e normalmente fica entre 50% e 90% do valor de face das contas a receber aceitáveis. Para proteger seu direito sobre a garantia, o credor registra um **penhor**, que é um direito legal, divulgado publicamente, sobre a garantia.

penhor
Um direito legal, divulgado publicamente, sobre a garantia de um empréstimo.

sem notificação
A situação em que um tomador, tendo caucionado uma conta a receber, continua a fazer a cobrança dos pagamentos dessa conta sem notificar o cliente.

Notificação A caução de contas a receber normalmente é feita **sem notificação**, o que significa que um cliente, cuja conta tenha sido dada em garantia, não é notificado. Em contratos sem notificação, o tomador é que fará a cobrança das contas a receber dadas em garantia e o credor confia que o tomador remeterá esses pagamentos à medida que os receber. Se a caução de contas a receber for feita **com notificação**, o cliente é notificado de que deve fazer o pagamento diretamente ao credor.

com notificação
A situação em que um cliente, cuja conta foi dada em caução (ou vendida a um *factoring*), é notificado para fazer o pagamento diretamente ao credor (ou *factor*).

> **FATOS e DADOS**
>
> **Negociação de contas a receber**
> Fundada em 2007, a Receivables Exchange é um mercado online em que organizações como fundos de *hedge* e bancos comerciais que buscam por investimentos de curto prazo podem dar lances em contas a receber oferecidas em garantia por empresas de pequeno, médio e grande porte de uma ampla gama de setores. As empresas que precisam de dinheiro colocam suas contas a receber em leilão na Receivables Exchange e os investidores fazem lances. Em seus primeiros anos de operação, a Receivables Exchange forneceu fundos de mais de US$ 1 bilhão a empresas que estavam vendendo suas contas a receber. A Receivables Exchange chamou a atenção da NYSE Euronext, que adquiriu uma participação minoritária da empresa em 2011.

Custo da caução O custo nominal da caução de contas a receber costuma ser de 2% a 5% acima da taxa básica de juros. Além da taxa de juros nominal, o credor pode cobrar uma taxa de serviço de até 3% para cobrir os custos administrativos. Fica claro que a caução de contas a receber é uma fonte muito cara de financiamento de curto prazo.

Factoring

factoring
A venda definitiva de contas a receber, com deságio, para um *factor* ou outra instituição financeira.

factor
Uma instituição financeira especializada na compra de contas a receber de empresas.

sem recurso
A situação em que as contas a receber são vendidas a um *factor* com o entendimento de que este assume todos os riscos de crédito das contas adquiridas.

O **factoring** envolve a venda definitiva de contas a receber, com deságio, para uma instituição financeira. O **factor** é uma instituição financeira especializada na compra de contas a receber de empresas. Embora não seja o mesmo que obter um empréstimo de curto prazo, o *factoring* é semelhante a tomar um empréstimo usando as contas a receber como garantia.

Contrato de factoring Um contrato de *factoring* normalmente estipula com exatidão as condições e os procedimentos para a compra de uma conta. O *factor*, assim como um credor em uma caução de contas a receber, escolhe as contas que pretende comprar, selecionando apenas aquelas que aparentam ter risco de crédito aceitável. Quando o *factoring* é feito de forma contínua, o *factor*, na prática, tomará as decisões de crédito da empresa, pois isso garante a aceitação das contas. O *factoring* costuma ser feito *com notificação*, e o *factor* recebe o pagamento da conta diretamente do cliente. Além disso, a maioria das vendas de contas a receber a um *factor* é feita **sem recurso**, o que significa que o *factor* concorda em assumir todos os riscos de crédito. Assim, se uma conta adquirida não puder ser cobrada, o *factor* deverá absorver o prejuízo.

> **FATOS e DADOS**
>
> **Quase *factoring***
> O uso de cartões de crédito como MasterCard, Visa e Discover pelos consumidores tem alguma semelhança com o *factoring*, pois o vendedor que aceita o cartão é reembolsado com deságio pelas compras realizadas com o cartão. A diferença entre o *factoring* e os cartões de crédito é que os cartões não são mais do que uma linha de crédito concedida pelo emissor, que cobra dos vendedores uma taxa pela aceitação dos cartões. No caso do *factoring*, o *factor* não analisa o crédito até que a venda tenha sido feita; em muitos casos (exceto quando o *factoring* é utilizado de forma contínua), a decisão inicial de crédito é de responsabilidade do vendedor, e não do *factor* que compra a conta.

Normalmente, o *factor* não é obrigado a pagar à empresa até o recebimento da conta ou até o último dia do período de crédito, o que ocorrer primeiro. O *factor* cria uma conta semelhante a uma conta de depósito bancário para cada cliente. Quando o pagamento é recebido ou a data de vencimento chega, o *factor* deposita na conta do vendedor, que é livre para fazer saques conforme a necessidade.

Em muitos casos, se a empresa deixar o dinheiro na conta, haverá um *excedente* pelo qual o *factor* deverá pagar juros. Em outros casos, o *factor* pode fazer *adiantamentos* à empresa com base nas contas não recebidas e que não estão vencidas. Esses adiantamentos representam um saldo negativo na conta da empresa, sobre o qual há a cobrança de juros.

Custo do factoring Os custos do *factoring* incluem comissões, juros pagos sobre adiantamentos e juros recebidos sobre saldos excedentes. O *factor* deposita na conta da empresa o valor contábil das contas recebidas ou devidas que tiver comprado, menos as comissões. As comissões costumam ser de 1% a 3% do valor contábil das contas a receber. Os *juros cobrados sobre os adiantamentos* são, em geral, de 2% a 4% acima da taxa básica de juros e são cobrados sobre o valor do adiantamento. Os *juros pagos sobre os excedentes* ficam, em geral, entre 0,2% e 0,5% ao mês.

Embora os custos possam parecer elevados, o *factoring* tem algumas vantagens que o tornam atraente para muitas empresas. Uma delas é a possibilidade de *conversão imediata das contas a receber em caixa* sem a preocupação com os pagamentos pelo cliente. Outra vantagem é que garante um *padrão de fluxo de caixa conhecido*. Além disso, se o *factoring* for realizado de forma contínua, a empresa pode *eliminar seus departamentos de crédito e cobrança*.

USO DE ESTOQUES COMO GARANTIA

Os estoques costumam vir depois das contas a receber como garantia de empréstimos de curto prazo e normalmente têm valor de mercado superior a seu valor contábil, sendo este a base para determinar o valor da garantia. Um credor, cujo empréstimo é garantido por estoques, provavelmente será capaz de vendê-los, no mínimo, pelo valor contábil, caso o tomador venha a se tornar inadimplente.

A característica mais importante dos estoques para sua avaliação como garantia de empréstimos é sua *facilidade de venda*. Um armazém cheio de produtos *perecíveis*, como pêssegos frescos, pode ser negociável, mas, se o custo de armazenamento e venda dos pêssegos for elevado, eles podem não ser interessantes como garantia. *Itens especializados*, como veículos lunares, também não são desejáveis como garantia, pois seria difícil encontrar um comprador para eles. Ao avaliar o estoque como possível garantia de empréstimo, o credor procura itens com preços de mercado estáveis, que tenham mercados de fácil acesso e sem propriedades físicas indesejáveis.

Penhor flutuante sobre estoques

Um credor pode estar disposto a garantir um empréstimo com **penhor flutuante de estoques**, que é um direito sobre os estoques em geral. Esse acordo é mais atraente quando a empresa tem um nível estável de estoques composto de um grupo diversificado de mercadorias relativamente baratas. Estoques de itens como pneus, parafusos e sapatos são bons candidatos a penhor flutuante. Como é difícil para um credor verificar a existência do estoque, ele, em geral, oferece adiantamentos inferiores a 50% do valor contábil do estoque médio. Os juros cobrados sobre o penhor flutuante são de 3% a 5% acima da taxa básica de juros. Os bancos comerciais geralmente exigem penhor flutuante como segurança adicional sobre o que, de outra forma, seria um empréstimo sem garantia. Empréstimos com penhor flutuante sobre estoques também estão disponíveis nas financiadoras.

penhor flutuante de estoques
Um empréstimo de curto prazo garantido por estoques em que o direito do credor estende-se a todo o estoque do tomador.

Empréstimos com alienação de estoques

empréstimo com alienação de estoques
Um empréstimo de curto prazo garantido por estoques, em que o credor adianta de 80% a 100% do custo dos itens em estoque relativamente dispendiosos do tomador, em troca da promessa deste de reembolsar o credor, com juros, imediatamente após a venda de cada item dado em garantia.

Um **empréstimo com alienação de estoques** costuma ser feito contra produtos automotivos, bens de consumo duráveis e bens industriais relativamente dispendiosos, que podem ser identificados por um número de série. Nesse contrato, o tomador fica com o estoque e o credor pode adiantar de 80% a 100% de seu custo. O credor registra uma penhora sobre todos os itens financiados. O tomador fica livre para vender a mercadoria, mas *deve* remeter ao credor o valor emprestado, acrescido dos juros devidos, imediatamente após a venda. O credor então cancela a penhora sobre o item. Ele verifica periodicamente o estoque do tomador para se certificar de que a garantia exigida ainda está em seu poder. Os juros cobrados do tomador são normalmente de 2% ou mais acima da taxa básica.

Os empréstimos com alienação de estoques são muitas vezes concedidos pelas financeiras ligadas a fabricantes, conhecidas como *financeiras cativas*, aos clientes desses fabricantes. As financeiras cativas são especialmente comuns em setores que fabricam bens de consumo duráveis, pois fornecem ao fabricante boa ferramenta de vendas. Por exemplo, a General Motors Acceptance Corporation, subsidiária da General Motors, concede esses tipos de empréstimos às suas concessionárias. Os empréstimos com alienação de estoques também podem ser obtidos em bancos comerciais e financiadoras.

Empréstimos garantidos por recibo de depósito

empréstimo garantido por recibo de depósito
Um empréstimo de curto prazo garantido por estoques em que o credor recebe o controle dos estoques oferecidos em garantia, que são armazenados em um depósito designado em nome do credor.

Um **empréstimo garantido por recibo de depósito** é um contrato em que o credor, que pode ser um banco comercial ou uma financiadora, recebe o controle dos estoques oferecidos em garantia, que ficam armazenados em um depósito designado em nome do credor. Depois de selecionar garantias aceitáveis, o credor contrata uma empresa de armazenagem para atuar como seu agente e tomar posse dos estoques.

São possíveis dois tipos de contrato de armazenagem. O *terminal de armazenagem* é um armazém central usado para armazenar mercadorias de diversos clientes. O credor normalmente usa esse tipo de armazém quando o estoque pode ser transportado com facilidade e entregue ao armazém a um custo relativamente baixo. Nos *armazéns de campo*, o credor contrata uma empresa especializada para instalar um armazém nas dependências do tomador ou para alugar parte do armazém do tomador para armazenar as garantias oferecidas. Independentemente do tipo de armazém, a empresa armazenadora mantém guarda sobre os estoques e só pode liberar qualquer parte deles com autorização por escrito do credor.

Os contratos de crédito propriamente ditos especificam as exigências para a liberação de estoques. Como acontece com outros empréstimos com garantia, o credor aceita apenas garantias que acredita ser facilmente negociáveis e adianta apenas uma parcela — geralmente de 75% a 90% — do valor da garantia. Os custos específicos dos empréstimos garantidos por conhecimento de depósito são geralmente mais altos do que os outros contratos de empréstimo com garantia em virtude da necessidade de contratar e pagar uma empresa de armazenagem para guardar e supervisionar as garantias. Os juros cobrados sobre os empréstimos garantidos por conhecimento de depósito são mais altos do que os cobrados sobre empréstimos sem garantia, variando de 3% a 5% acima da taxa básica de juros. Além dos juros, o tomador deve absorver e pagar os custos de armazenagem, que costumam ficar entre 1% e 3% do valor do empréstimo. Exige-se normalmente do tomador o pagamento dos custos de seguro da mercadoria armazenada.

→ QUESTÕES PARA REVISÃO

16.11 Os empréstimos de curto prazo com garantia são considerados mais ou menos arriscados que os empréstimos de curto prazo sem garantia? Por quê?

16.12 Em geral, que taxas de juros e tarifas são cobradas em empréstimos de curto prazo com garantia? Por que essas taxas costumam ser mais elevadas do que as taxas de empréstimos de curto prazo sem garantia?

16.13 Descreva e compare as características básicas dos seguintes métodos de utilização de contas a receber para obter financiamento de curto prazo: (a) desconto de contas a receber e (b) *factoring*. Não deixe de mencionar as instituições que oferecem cada tipo de serviço.

16.14 Para os métodos a seguir de utilização de estoques como garantia de empréstimos de curto prazo, descreva as características básicas de cada um e compare sua utilização: (a) penhor flutuante, (b) empréstimo com alienação de estoques e (c) empréstimo garantido por recibo de depósito.

Resumo

ÊNFASE NO VALOR

O passivo circulante representa uma importante fonte de financiamento e, em geral, de baixo custo para uma empresa. O nível de financiamento de curto prazo (passivo circulante) usado por uma empresa afeta sua rentabilidade e seu risco. As contas a pagar a fornecedores e as contas a pagar são passivos espontâneos que devem ser administrados com cautela, pois representam um financiamento gratuito. Os títulos a pagar, que representam financiamentos negociados de curto prazo, devem ser obtidos ao menor custo e com as melhores condições possíveis. Empresas de grande porte e conhecidas podem obter financiamento de curto prazo sem garantia por meio da venda de *commercial paper*. Quanto aos empréstimos com garantia, as empresas podem obtê-los de bancos ou financiadoras, usando contas a receber ou estoques como garantia.

O administrador financeiro deve obter a quantidade e a modalidade corretas de financiamento com passivo circulante para fornecer fundos ao menor custo e com o menor risco. Essa estratégia deve contribuir positivamente para o objetivo da empresa de **maximizar o preço da ação**.

REVISÃO DOS OBJETIVOS DE APRENDIZAGEM

OA 01 **Rever contas a pagar a fornecedores, os principais componentes dos termos de crédito e os procedimentos para analisar esses termos.** A principal fonte espontânea de financiamento de curto prazo é representada pelas contas a pagar a fornecedores. Elas são a principal fonte de fundos de curto prazo. Os termos de crédito podem variar no que diz respeito ao período de crédito, desconto financeiro, prazo do desconto financeiro e início do período de crédito. Os descontos financeiros devem ser recusados apenas quando a empresa, que necessita de fundos de curto prazo, precisar pagar taxa de juros sobre o empréstimo superior ao custo de renúncia ao desconto financeiro.

OA 02 **Entender os efeitos de estender o pagamento de contas a pagar a fornecedores sobre seu custo e o uso de contas a pagar.** Estender o pagamento de contas a pagar a fornecedores pode reduzir o custo de renúncia a um desconto financeiro. As contas a pagar, que resultam sobretudo da folha de pagamentos e dos impostos, são praticamente gratuitas.

OA 03 **Descrever as taxas de juros e os principais tipos de empréstimos bancários de curto prazo sem garantia.** Os bancos são a principal fonte de empréstimos de curto prazo sem garantia para as empresas. A taxa de juros sobre esses empréstimos está atrelada à taxa básica de juros mais um prêmio pelo risco e pode ser fixa ou flutuante. Ela deve ser avaliada por meio da taxa efetiva anual. O pagamento dos juros na data de vencimento ou na data de concessão do empréstimo afeta a taxa. Os empréstimos bancários podem assumir a forma de nota promissória de pagamento único, linha de crédito ou contrato de crédito rotativo.

OA 04 **Discutir as características básicas do *commercial paper* e os principais aspectos dos empréstimos internacionais de curto prazo.** *Commercial paper* é uma nota promissória sem garantia emitida por empresas com boa qualidade de crédito. As vendas e compras internacionais expõem as empresas ao risco de taxa de câmbio. Essas transações são maiores em valor e prazo que as transações domésticas e podem ser financiadas por meio de carta de crédito, por empréstimos no mercado local ou empréstimos denominados em dólar concedidos por bancos internacionais. Nas transações entre subsidiárias, pode ser usado um sistema interno de compensação para minimizar as tarifas de moeda estrangeira e outros custos de transação.

OA 05 **Explicar as características dos empréstimos de curto prazo com garantia e o uso das contas a receber como garantia de empréstimos de curto prazo.** Os empréstimos de curto prazo com garantia são empréstimos em que o credor exige garantias, que são normalmente itens do ativo circulante, como contas a receber ou estoque. Somente uma porcentagem do valor contábil de uma garantia aceitável é adiantada pelo credor. Esses empréstimos são mais caros que os sem garantia. Bancos comerciais e financiadoras concedem empréstimos de curto prazo com garantia. Tanto o desconto de contas a receber quanto o *factoring* envolvem o uso de contas a receber para obter fundos necessários de curto prazo.

OA 06 **Descrever as diversas maneiras em que o estoque pode ser usado como uma garantia de empréstimos de curto prazo.** O estoque pode ser utilizado como garantia de empréstimos de curto prazo por meio de penhor flutuante, alienação de estoques ou recibo de depósito.

Revisão da abertura do capítulo

Na abertura do capítulo, vimos o caso da FastPay, uma empresa que concede empréstimos a veículos de mídia online com base nas contas a receber dessas empresas. Suponha que você esteja administrando um negócio que depende de receitas de anúncios online. Normalmente, você leva 60 dias para cobrar os clientes e converter as contas a receber em caixa. A FastPay oferece a você US$ 150.000 em dinheiro em troca do direito de receber US$ 155.000 em contas a receber de um determinado cliente. Você tem uma linha de crédito bancário que permite a você empréstimos de curto prazo com uma taxa de juros anual de 7%. Você deveria usar a linha de crédito ou aceitar a oferta da FastPay?

Exercício de autoavaliação

AA16.1 Decisões sobre desconto financeiro. Os termos de crédito de três fornecedores constam na tabela a seguir. (*Observação:* presuma um ano de 365 dias.)

Fornecedor	Termos de crédito
X	1/10 líquido 55 FDM
Y	2/10 líquido 30 FDM
Z	2/20 líquido 60 FDM

a. Determine o custo *aproximado* da renúncia ao desconto financeiro de cada fornecedor.

b. Supondo que a empresa precise de financiamento de curto prazo, indique se seria melhor renunciar ao desconto financeiro ou aproveitá-lo e tomar um empréstimo bancário a 15% de juros anuais. Avalie cada fornecedor *separadamente* usando as respostas no item **a**.

c. Agora suponha que a empresa possa postergar suas contas a pagar a fornecedores (apenas o prazo líquido) em 20 dias com o fornecedor Z. Que impacto, se algum, isso teria em sua resposta no item **b** com relação a esse fornecedor?

Exercícios de aquecimento

A16.1 A Lyman Nurseries comprou sementes ao custo de $ 25.000 com termos de 3/15 líquido 30 FDM em 12 de janeiro. Quanto a empresa pagará se aproveitar o desconto financeiro? Qual é o *custo aproximado* da renúncia ao *desconto financeiro* usando a fórmula simplificada?

A16.2 A Cleaner`s, Inc., passará a pagar os funcionários a cada duas semanas, e não mais semanalmente, de modo que "pulará" o pagamento de uma semana. A empresa tem 25 funcionários que trabalham 60 horas por semana e ganham um salário médio de $ 12,50 por hora. Usando uma taxa de juros de 10%, que economia essa mudança trará à empresa por ano?

A16.3 A Jasmine Scents recebeu duas ofertas concorrentes de financiamento de curto prazo. Ambas envolvem um empréstimo de $ 15.000 por um ano. A primeira oferta é um *empréstimo com desconto* a 8% e a segunda envolve o pagamento de juros *no vencimento* a uma taxa de juros nominal de 9%. Calcule a *taxa efetiva anual de cada* empréstimo e indique qual deles oferece as melhores condições.

A16.4 A Jackson Industries tomou emprestado $ 125.000 em um contrato de linha de crédito. A empresa normalmente mantém um saldo em conta corrente de $ 15.000 no banco credor, mas a linha de crédito exige um saldo mínimo de 20%. A taxa de juros nominal sobre os recursos emprestados é de 10%. Qual é a *taxa efetiva de juros anual* da linha de crédito?

A16.5 A Horizon Telecom vendeu $ 300.000 em *commercial paper* de 120 dias por $ 298.000. Qual é o valor, em unidades monetárias, dos juros pagos sobre o *commercial paper*? Qual é a *taxa efetiva de 120 dias* do título?

Exercícios

E16.1 Datas de pagamento. Determine quando uma empresa deve pagar as compras feitas e as faturas datadas de 25 de novembro, em cada um dos termos de crédito a seguir:

a. Líquido 30 data da fatura.

b. Líquido 30 FDM.

c. Líquido 45 data da fatura.

d. Líquido 60 FDM.

E16.2 Custo de renúncia a descontos financeiros. Determine o *custo de renúncia a desconto financeiro* em cada um dos termos de venda a seguir. (*Observação:* presuma um ano de 365 dias.)

a. 2/10 líquido 30.

b. 1/10 líquido 30.

c. 1/10 líquido 45.

d. 3/10 líquido 90.

e. 1/10 líquido 60.

f. 3/10 líquido 30.

g. 4/10 líquido 180.

 E16.3 Termos de crédito. Compras feitas a prazo são devidas integralmente no final do prazo de pagamento. Muitas empresas concedem um desconto para pagamento feito na primeira etapa do prazo de pagamento. A fatura original contém uma espécie de notação abreviada que explica os termos de crédito aplicáveis. (*Observação:* presuma um ano de 365 dias.)

a. Escreva a expressão abreviada para cada um dos termos de crédito a seguir:

Desconto financeiro	Prazo do desconto financeiro	Período de crédito	Início do período de crédito
1%	15 dias	45 dias	data da fatura
2%	10 dias	30 dias	final do mês
2%	7 dias	28 dias	data da fatura
1%	10 dias	60 dias	final do mês

b. Para cada conjunto de termos de crédito do item **a**, calcule o número de dias até que o pagamento integral seja devido para as faturas datadas em 12 de março.

c. Para cada um dos conjuntos de termos de crédito, calcule o *custo de renúncia ao desconto financeiro*.

d. Se o custo do financiamento de curto prazo de uma empresa for de 8%, o que você recomendaria, em cada caso, no que diz respeito a aproveitar ou renunciar ao desconto?

 E16.4 Desconto financeiro *versus* empréstimo. Joanne Germano trabalha no departamento de contas a pagar de um grande varejista. Ela tentou convencer seu chefe a aproveitar o desconto dos termos de crédito de 1/15 líquido 65 oferecido pela maioria dos fornecedores, mas ele argumentou que renunciar ao desconto de 1% é mais barato do que um empréstimo de curto prazo a 7%. Prove quem está certo. (*Observação:* presuma um ano de 365 dias.)

Exercício de finanças pessoais **E16.5 Tomar empréstimo ou pagar à vista por um bem.** Bob e Carol Gibbs estão prestes a se mudar para seu primeiro apartamento. Eles foram a uma loja de móveis em busca de uma mesa de jantar e de um *buffet*. Os conjuntos de jantar costumam estar entre os itens mais caros do mobiliário, e a loja oferece financiamento aos clientes. Bob e Carol têm dinheiro para pagar à vista pelos móveis, mas isso esgotaria sua poupança, de modo que gostariam de estudar todas as opções.

O conjunto de móveis custa $ 3.000 e a loja oferece um plano de financiamento que lhes permitiria: (1) dar 10% de entrada e financiar o restante em 24 meses a uma taxa de juros anuais de 4%; ou (2) receber um desconto imediato de $ 200, pagando, assim, apenas $ 2.800 à vista pelos móveis.

Bob e Carol recebem atualmente juros anuais de 5,2% sobre a poupança.

a. Calcule a entrada do empréstimo.

b. Calcule o pagamento mensal do empréstimo disponível. (*Dica:* trate o empréstimo como uma anuidade e calcule o pagamento mensal.)

c. Calcule o desembolso inicial na opção de pagamento à vista.

d. Dado que eles podem receber uma taxa de juros simples de 5,2% sobre a poupança, de quanto eles abrirão mão (custo de oportunidade) ao longo dos dois anos, se pagarem à vista?

e. Qual é o custo da alternativa de pagamento à vista no final de dois anos?

f. Bob e Carol deveriam escolher o financiamento ou o pagamento à vista?

E16.6 Decisões sobre desconto financeiro. A Prairie Manufacturing tem quatro fornecedores possíveis, que oferecem diferentes termos de crédito. Exceto por essas diferenças, seus produtos e serviços são idênticos. Os termos de crédito oferecidos pelos fornecedores são mostrados na tabela a seguir. (*Observação:* presuma um ano de 365 dias.)

Fornecedor	Termos de crédito
J	1/5 líquido 30 FDM
K	2/20 líquido 80 FDM
L	1/15 líquido 60 FDM
M	3/10 líquido 90 FDM

a. Calcule o *custo aproximado de renúncia ao desconto financeiro* de cada fornecedor.

b. Se a empresa precisa de fundos de curto prazo, que estão disponíveis atualmente em seu banco comercial por 9%, e se cada um dos fornecedores for considerado *separadamente*, quais, se algum, dos descontos financeiros a empresa deveria renunciar? Explique por quê.

c. Agora suponha que a empresa possa postergar o pagamento das contas a pagar ao fornecedor M (apenas o prazo líquido) em 30 dias. Que impacto, se algum, isso teria em sua resposta no item **b** com relação a esse fornecedor?

E16.7 Mudança do ciclo de pagamento. Ao aceitar o cargo de diretor executivo e presidente do conselho da Muse, Inc., Dominic Howard mudou o dia de pagamento semanal da empresa, da tarde de segunda-feira para a tarde da sexta-feira seguinte. A folha de pagamento semanal da empresa era de $ 100 milhões e o custo de fundos de curto prazo, de 5%. Se o efeito dessa mudança foi adiar a compensação de cheques em uma semana, qual foi a economia *anual*, se houve alguma?

E16.8 Fontes espontâneas de fundos, contas a pagar. Quando a Tallman Haberdashery, Inc., realizou uma fusão com a Meyers Men`s Suits, Inc., os funcionários da Tallman, que até então recebiam semanalmente, passaram a receber quinzenalmente. A folha de pagamento semanal da Tallman totalizava $ 750.000. O custo de fundos para as duas empresas combinadas é de 11%. Que economia anual, se alguma, essa mudança no período do pagamento trará?

E16.9 Custo de empréstimo bancário. A Data Back-Up Systems obteve um empréstimo bancário de $ 10.000 com vencimento em 90 dias a uma taxa de juros anual de 15% pagáveis no vencimento. (*Observação:* presuma um ano de 365 dias.)

a. Quanto de juros (em unidades monetárias) a empresa pagará pelo empréstimo de 90 dias?

b. Calcule a *taxa de 90 dias* do empréstimo.

c. Anualize seu resultado no item **b** para determinar a *taxa efetiva anual* do empréstimo, supondo que ele seja rolado a cada 90 dias ao longo do ano nos mesmos termos e condições.

Exercício de finanças pessoais

E16.10 Fontes de empréstimos de curto prazo sem garantia. John Savage obteve um empréstimo de curto prazo do First Carolina Bank. O empréstimo, no valor de $ 45.000, vence em 180 dias. John precisa do dinheiro para cobrir os custos iniciais de sua nova empresa. Ele espera obter financiamento suficiente de outros investidores em seis meses. O First Carolina Bank oferece a John duas opções de financiamento para o empréstimo de $ 45.000: (1) um *empréstimo com taxa fixa* de 2,5% acima da taxa básica de juros ou (2) um *empréstimo com taxa* variável de 1,5% acima da taxa básica de juros.

Atualmente, a taxa básica de juros é de 6,5% e a previsão consensual de um grupo de economistas sobre a taxa de juros é a seguinte: 60 dias a partir de hoje, aumentará em 0,5%; 90 dias a partir de hoje, a taxa básica subirá mais 1%; 180 dias a partir de hoje, a taxa básica de juros cairá 0,5%.

Usando as previsões de mudança da taxa básica de juros, responda às perguntas a seguir.

a. Calcule o custo total dos juros ao longo de 180 dias para o *empréstimo com taxa fixa*.

b. Calcule o custo total dos juros ao longo de 180 dias para o *empréstimo com taxa variável*.

c. Qual empréstimo apresenta o menor custo ao longo dos próximos 180 dias?

E16.11 Taxa efetiva anual. Uma instituição financeira concedeu um empréstimo com desconto no valor de $ 4 milhões, com vencimento em um ano e juros de 6%, exigindo saldo mínimo igual a 5% do valor nominal do empréstimo. Determine a *taxa efetiva anual* associada a esse empréstimo. (*Observação:* suponha que a empresa atualmente mantenha um saldo de $ 0 na instituição financeira.)

E16.12 Saldos mínimos e taxas efetivas anuais. A Lincoln Industries tem uma linha de crédito no Bank Two que exige pagamento de juros de 11% sobre o empréstimo e manutenção de saldo mínimo igual a 15% do valor do empréstimo. A empresa tomou empréstimo de $ 800.000 durante o ano.

a. Calcule a *taxa efetiva anual* do empréstimo se a empresa não mantiver normalmente saldo depositado no banco.

b. Calcule a *taxa efetiva anual* do empréstimo se a empresa mantiver normalmente saldo de $ 70.000 depositado no banco.

c. Calcule a *taxa efetiva anual* do empréstimo se a empresa mantiver normalmente saldo de $ 150.000 depositado no banco.

d. Compare, contraste e discuta seus resultados nos itens **a**, **b** e **c**.

E16.13 Saldo mínimo *versus* empréstimo com desconto. A Weathers Catering Supply, Inc., precisa tomar emprestado $ 150.000 por seis meses. O State Bank ofereceu o empréstimo a uma taxa anual de 9%, exigindo um saldo mínimo de 10%. (*Observação:* a Weathers atualmente mantém um saldo de $ 0 no State Bank.) A Frost Finance, Co., ofereceu emprestar os fundos com desconto a uma taxa anual de 9%. O principal dos dois empréstimos deve ser pago de uma só vez no vencimento.

a. Calcule a *taxa efetiva de juros anual* de cada empréstimo.

b. O que a Weathers poderia fazer para reduzir a taxa efetiva anual do empréstimo do State Bank?

E16.14 Integrativo: comparação de termos de empréstimo. A Cumberland Furniture quer fechar um contrato de empréstimo com um banco comercial local. Os termos do banco para uma linha de crédito são de 3,3% acima da taxa básica de juros e, a cada ano, o saldo devedor deve ser zerado por um período de 30 dias. Para um contrato equivalente de crédito rotativo, a taxa é de 2,8% acima da taxa básica de juros com uma taxa de compromisso de 0,5% sobre o saldo médio não utilizado. Nos dois empréstimos, o saldo mínimo exigido é de 20% do valor do empréstimo. (*Observação:* a Cumberland atualmente mantém um saldo de $ 0 no banco.) Atualmente, a taxa básica de juros é de 8%. Os dois contratos têm limite de crédito de $ 4 milhões. A empresa espera emprestar em média $ 2 milhões durante o ano, independentemente do contrato que decidir usar.

a. Qual é a *taxa efetiva anual* da linha de crédito?

b. Qual é a *taxa efetiva anual* do contrato de crédito rotativo? (*Dica:* calcule o quociente entre o valor em unidades monetárias que a empresa pagará em juros e taxas de compromisso e o valor em unidades monetárias que a empresa efetivamente utilizará.)

c. Se a empresa espera emprestar em média a metade do valor disponível, qual contrato você recomendaria? Explique por quê.

E16.15 Custo de *commercial paper*. *Commercial paper* costuma ser vendido com deságio. A Fan Corporation acabou de vender uma emissão de *commercial paper* de 90 dias com valor de face de $ 1 milhão. A empresa recebeu $ 978.000. (*Observação:* presuma um ano de 365 dias.)

a. Que *taxa efetiva anual* a empresa pagará pelo financiamento com *commercial paper*, supondo que seja rolado a cada 90 dias ao longo do ano?

b. Se foi paga uma taxa de corretagem de $ 9.612 ao banco de investimento, abatida dos recebimentos iniciais, que *taxa efetiva anual* a empresa pagará, presumindo que o título será rolado a cada 90 dias ao longo do ano?

E16.16 Contas a receber como garantia. A Kansas City Castings (KCC) quer obter o empréstimo máximo possível usando suas contas a receber como garantia. A empresa oferece termos de crédito de líquido 30 dias. Os valores que são devidos à KCC por seus 12 clientes a crédito, a idade média de cada conta e o prazo médio de pagamento dos clientes estão apresentados na tabela a seguir.

Cliente	Contas a receber	Idade média da conta	Prazo médio de pagamento do cliente
A	$ 37.000	40 dias	30 dias
B	42.000	25 dias	50 dias
C	15.000	40 dias	60 dias
D	8.000	30 dias	35 dias
E	50.000	31 dias	40 dias
F	12.000	28 dias	30 dias
G	24.000	30 dias	70 dias

(*continua*)

(continuação)

H	46.000	29 dias	40 dias
I	3.000	30 dias	65 dias
J	22.000	25 dias	35 dias
K	62.000	35 dias	40 dias
L	80.000	60 dias	70 dias

a. Se o banco aceitar todas as contas recebíveis em 45 dias ou menos, desde que o cliente tenha um histórico de pagamento dentro desse prazo, quais contas serão aceitáveis? Qual será o valor total em unidades monetárias das contas a receber dadas e aceitas como garantia? (*Observação:* as contas a receber com idade média maior que o prazo médio de pagamento do cliente também são excluídas.)

b. Além das condições do item **a**, o banco reconhece que 5% das vendas a prazo serão perdidas com devoluções e abatimentos. Além disso, o banco emprestará apenas 80% do valor da garantia aceitável (após o ajuste para devoluções e abatimentos). Que volume de fundos ficará disponível por essa fonte de crédito?

E16.17 Contas a receber como garantia. A Springer Products quer emprestar $ 80.000 de um banco local usando suas contas a receber como garantia do empréstimo. A política do banco é aceitar como garantia quaisquer contas que normalmente sejam pagas no prazo de 30 dias após o final do período de crédito, desde que a idade média da conta não seja superior ao prazo médio de pagamento do cliente. As contas a receber da Springer, sua idade média e o prazo médio de pagamento de cada cliente são mostrados na tabela a seguir. A empresa oferece termos de credito de líquido 30 dias.

Cliente	Contas a receber	Idade média da conta	Prazo médio de pagamento do cliente
A	$ 20.000	10 dias	40 dias
B	6.000	40 dias	35 dias
C	22.000	62 dias	50 dias
D	11.000	68 dias	65 dias
E	2.000	14 dias	30 dias
F	12.000	38 dias	50 dias
G	27.000	55 dias	60 dias
H	19.000	20 dias	35 dias

a. Calcule o valor em unidades monetárias das contas a receber aceitáveis como garantia da Springer Products.

b. O banco reduz o valor da garantia em 10% por causa de devoluções e abatimentos. Qual será o volume da garantia aceitável sob essa condição?

c. O banco adiantará 75% da garantia aceitável da empresa (após ajuste para devoluções e abatimentos). Que valor a Springer pode emprestar com essas contas como garantia?

E16.18 Contas a receber como garantia, custo de crédito. O Maximum Bank analisou as contas a receber da Scientific Software, Inc., O banco escolheu oito contas, num total de $ 134.000, que aceitará como garantia. Os termos do banco incluem uma taxa de empréstimo igual à taxa básica de juros mais 3% e uma taxa de comissão de 2%. A taxa básica atual é de 8,5%.

a. O banco ajustará as contas em 10% para levar em consideração devoluções e abatimentos. Então, emprestará até 85% do valor ajustado da garantia aceita. Qual será o valor máximo que o banco emprestará à Scientific Software?

b. Qual será a *taxa efetiva de juros anual* da Scientific Software se tomar emprestado $ 100.000 por 12 meses? E por seis meses? E por três meses? (*Observação:* suponha um ano de 365 dias e taxa básica de juros constante em 8,5% durante a vigência do empréstimo.)

E16.19 Factoring. A Blair Finance presta serviços de *factoring* à Holder Company. As oito contas negociadas são apresentadas na tabela a seguir, com o valor do *factoring*, a data de vencimento e a situação em 30 de maio. Indique os valores que a Blair deveria remeter à Holder a partir de 30 de maio e as datas dessas remessas. Suponha que a comissão de 2% do *factor* seja deduzida na determinação do valor da remessa.

Conta	Valor	Data de vencimento	Situação em 30 de maio
A	$ 200.000	30 de maio	Recebida em 15 de maio
B	90.000	30 de maio	Ainda não recebida
C	110.000	30 de maio	Ainda não recebida
D	85.000	15 de junho	Recebida em 30 de maio
E	120.000	30 de maio	Recebida em 27 de maio
F	180.000	15 de junho	Recebida em 30 de maio
G	90.000	15 de maio	Ainda não recebida
H	30.000	30 de junho	Recebida em 30 de maio

E16.20 Financiamento garantido por estoques. A Raymond Manufacturing passa por uma crise de liquidez e precisa de um empréstimo de $ 100.000 por um mês. Não dispondo de outra fonte de financiamento sem garantia, a empresa precisa encontrar um credor que lhe conceda crédito de curto prazo com garantia. As contas a receber da empresa são muito baixas, mas seus estoques são considerados líquidos e representam uma garantia razoavelmente boa. O valor contábil dos estoques é de $ 300.000, dos quais $ 120.000 em produtos acabados. (*Observação:* presuma um ano de 365 dias.)

(1) O City-Wide Bank oferece um empréstimo de $ 100.000 com alienação do estoque de produtos acabados. A taxa de juros anual do empréstimo é de 12% sobre o saldo devedor mais uma taxa de administração de 0,25% sobre o valor inicial de $ 100.000. Como o crédito será amortizado à medida que os estoques forem vendidos, o valor médio devido ao longo do mês deverá ser de $ 75.000.

(2) O Sun State Bank oferece empréstimo de $ 100.000 com penhor flutuante sobre o valor contábil dos estoques pelo prazo de um mês a uma taxa de juros anual de 13%.

(3) O Citizens` Bank and Trust oferece um empréstimo de $ 100.000 garantido por conhecimento de depósito dos estoques de produtos acabados e cobrará 15% de juros anuais sobre o saldo devedor do empréstimo. Uma taxa de armazenagem de 0,5% será cobrada sobre o valor médio emprestado. Como o empréstimo será amortizado à medida que os estoques forem vendidos, o saldo médio devido deverá ser de $ 60.000.

a. Calcule o custo em unidades monetárias de cada plano proposto para a obtenção de um empréstimo no valor inicial de $ 100.000.

b. Qual plano você recomendaria? Por quê?

c. Se a empresa tivesse feito uma compra de $ 100.000 com termos de 2/10 líquido 30, sua rentabilidade aumentaria, caso ela renunciasse ao desconto e não tomasse o empréstimo como recomendado no item **b**? Por quê?

E16.21 Problema de ética. A Rancco, Inc., declarou vendas totais de $ 73 milhões no último ano, incluindo $ 13 milhões isentos de imposto sobre vendas (mão de obra, vendas a entidades isentas de impostos). A empresa recolhe imposto sobre vendas à alíquota de 5%. Ao analisar essas informações como parte de uma solicitação de empréstimo, você nota que os pagamentos de impostos sobre vendas da Rancco mostram um total de $ 2 milhões no mesmo período. Quais são suas conclusões a respeito das demonstrações financeiras que está analisando? Como você pode verificar quaisquer discrepâncias?

Exercício com planilha

Sua empresa está pensando em fabricar estojos de proteção para um novo smartphone popular. A administração decide tomar emprestado $ 200.000 de um dos seguintes bancos: o First American ou o First Citizen. No dia em que você visita os dois bancos, a taxa básica de juros é de 7%. Os dois empréstimos são semelhantes e envolvem uma nota promissória de 60 dias com juros a serem pagos no final de 60 dias.

A taxa de juros foi fixada em 2% acima da taxa básica para a *nota promissória com taxa fixa* do First American. Ao longo do período de 60 dias, a taxa de juros sobre essa nota promissória permanecerá em 2% mais a taxa básica, independentemente de flutuações da taxa básica de juros.

O First Citizen fixa sua taxa de juros em 1,5% acima da taxa básica para sua *nota promissória com taxa flutuante*. A taxa cobrada ao longo dos 60 dias irá variar diretamente com a taxa básica.

TAREFA

Crie uma planilha para calcular e analisar os itens a seguir para o empréstimo do First American:

a. Calcule o custo total, em unidades monetárias, dos juros sobre o empréstimo. Presuma um ano de 365 dias.

b. Calcule a *taxa de 60 dias* do empréstimo.

c. Suponha que o empréstimo seja rolado a cada 60 dias ao longo do ano sob condições e termos idênticos. Calcule a *taxa efetiva de juros anual* da nota promissória com taxa fixa e vencimento em 60 dias do First American.

Em seguida, crie uma planilha para calcular os itens a seguir para o empréstimo do First Citizen:

d. Calcule a taxa de juros inicial.

e. Presumindo que a taxa básica suba imediatamente para 7,5% e que depois de 30 dias caia para 7,25%, calcule a taxa de juros para os primeiros 30 dias e para o segundo período de 30 dias do empréstimo.

f. Calcule o custo total dos juros em unidades monetárias.

g. Calcule a *taxa de juros de 60 dias*.

h. Suponha que o empréstimo seja rolado a cada 60 dias ao longo do ano sob as mesmas condições e termos. Calcule a *taxa efetiva de juros anual*.

i. Qual empréstimo você escolheria e por quê?

CASO INTEGRATIVO 7

CASA DE DISEÑO

Em janeiro de 2015, Teresa Leal foi nomeada tesoureira da Casa de Diseño. Ela percebeu que poderia orientar-se melhor se examinasse sistematicamente cada área de operações financeiras da empresa e começou analisando as atividades de financiamento de curto prazo.

A Casa de Diseño, localizada no sul da Califórnia, é especializada em uma linha de móveis chamada "Ligne Moderna". Com produtos de alta qualidade e design contemporâneo, a empresa atrai clientes que procuram móveis originais para suas casas ou apartamentos. A maioria dos móveis da Ligne Moderna é feita sob encomenda, em razão da grande variedade de forros, acabamentos e cores. A linha de produtos é distribuída por meio de contratos de exclusividade com renomadas lojas de varejo. O processo de fabricação da Casa de Diseño praticamente elimina o uso de madeira. A estrutura é feita de plástico e metal e a madeira é utilizada apenas para fins decorativos.

A Casa de Diseño entrou no mercado de móveis de plástico no final de 2007 e promove seus produtos de plástico como itens de mobiliário interior e exterior sob a marca "Futuro". Os móveis de plástico da marca Futuro enfatizam o conforto, a durabilidade e a praticidade e são distribuídos por meio de atacadistas. A linha Futuro tem sido bem-sucedida, respondendo por quase 40% das vendas e dos lucros da empresa em 2014. A Casa de Diseño pretende ampliar a linha Futuro e fazer algumas pequenas mudanças com relação à promoção da linha em um esforço para expandir o uso dos móveis de plástico.

Leal decidiu analisar as práticas de administração de caixa da empresa. Para conhecer os efeitos dessas práticas, precisa primeiro determinar o ciclo de conversão de caixa e o ciclo operacional correntes. Em suas investigações, descobriu que a Casa de Diseño compra todas as matérias-primas e insumos de produção a prazo. A empresa opera em níveis de produção que inviabilizam descontos por volume. A maioria dos fornecedores não oferece descontos financeiros e a Casa de Diseño normalmente recebe termos de crédito de líquido 30. Uma análise das contas a pagar a fornecedores revelou que seu prazo médio de pagamento é de 30 dias. Leal consultou dados do setor e descobriu que o prazo médio de pagamento do setor era de 39 dias. Um levantamento com seis fabricantes de móveis da Califórnia revelou que o prazo médio de pagamento dessas empresas também era de 39 dias.

Em seguida, Leal estudou o ciclo de produção e as políticas de estoque da empresa. A Casa de Diseño tentava manter apenas os estoques necessários de matérias-primas e produtos acabados. A idade média do estoque era de 110 dias. Ela constatou que o padrão do setor, de acordo com um levantamento da *Furniture Age*, um periódico da associação comercial, era de 83 dias.

A Casa de Diseño vende a todos os clientes com termos de crédito de líquido 60, acompanhando a tendência do setor de móveis especiais. Leal constatou, analisando a idade das contas a receber, que o prazo médio de recebimento da empresa era de 75 dias. Uma análise das médias da associação comercial e dos fabricantes da Califórnia revelou o mesmo prazo de recebimento quando termos de crédito de líquido 60 eram oferecidos. Quando eram oferecidos descontos financeiros, o prazo de recebimento caía consideravelmente. Leal acreditava que, se a Casa de Diseño oferecesse termos de crédito de 3/10 líquido 60, o prazo médio de recebimento poderia ser reduzido em 40%.

A Casa de Diseño estava desembolsando cerca de $ 26,5 milhões ao ano em investimentos no ciclo operacional. Leal considerou esse nível como o mínimo que a empresa poderia desembolsar durante 2015. Sua preocupação era se a administração de caixa da empresa era tão eficiente quanto poderia ser. Ela sabia que a empresa pagava 15% de juros anuais pelo investimento de recursos. Por isso, estava preocupada com o custo de financiamento resultante de eventuais ineficiências na administração do ciclo de conversão de caixa da Casa de Diseño. (*Observação:* suponha um ano de 365 dias e que o investimento no ciclo operacional, por unidade monetária, de contas a pagar a fornecedores, estoques e contas a receber seja o mesmo.)

TAREFA

a. Presumindo uma taxa constante de compras, produção e vendas ao longo do ano, quais são o ciclo operacional (CO), o ciclo de conversão de caixa (CCC) e a necessidade de investimento de recursos atuais da Casa de Diseño.

b. Se Leal puder otimizar as operações da Casa de Diseño de acordo com os padrões do setor, quais são o ciclo operacional (CO), o ciclo de conversão de caixa (CCC) e a necessidade de investimento de recursos da Casa de Diseño sob essas condições mais eficientes.

c. Em termos de exigências de investimento de recursos, qual é o custo da ineficiência operacional da Casa de Diseño?

d. (1) Se, além de atingir os padrões do setor para as contas a pagar a fornecedores e os estoques, a empresa conseguir reduzir o prazo médio de recebimento com a oferta de termos de crédito de 3/10 líquido 60, que economia adicional em investimento de recursos resultará do menor ciclo de conversão de caixa, supondo que o nível de vendas permaneça constante?

(2) Se as vendas da empresa (todas a prazo) forem de $ 40 milhões e 45% dos clientes aproveitem o desconto financeiro, em quanto as receitas anuais da empresa serão reduzidas em consequência do desconto?

(3) Se o custo variável da empresa para os $ 40 milhões em vendas for de 80%, determine a redução do investimento médio em contas a receber e a economia anual resultante desse investimento menor, supondo que as vendas permaneçam constantes.

(4) Se as perdas da empresa com créditos incobráveis caírem de 2% para 1,5% das vendas, qual será a economia anual resultante, supondo que as vendas permaneçam constantes?

(5) Use suas respostas nos itens (2) a (4) para avaliar se a oferta de desconto financeiro pode ser justificada financeiramente. Explique por quê.

e. Com base na sua análise nos itens de **a** a **d**, quais recomendações você faria a Teresa Leal?

f. Analise para Teresa Leal as principais fontes de financiamento de curto prazo, além das contas as pagar a fornecedores, que ela pode considerar para financiar a necessidade de investimento de recursos da Casa de Diseño calculada no item **b**. Não deixe de mencionar fontes com e sem garantia.

PARTE 8

Tópicos especiais em administração financeira

Capítulos desta parte

17 Títulos híbridos e derivativos

18 Fusões, aquisições alavancadas, alienações e falência de empresas

19 Administração financeira internacional

CASO INTEGRATIVO 8 ▶ Organic Solutions

▶ Nesta parte final, examinaremos três tópicos especiais que estão entre os temas mais desafiadores e empolgantes de toda a área de finanças.

O Capítulo 17 apresenta os títulos híbridos e derivativos. Um título híbrido é aquele que mistura características semelhantes de diferentes tipos de títulos. Por exemplo, a ação preferencial é um título híbrido porque tem algumas características parecidas com o capital de terceiros e algumas características similares às do capital próprio. Já um derivativo é aquele que deriva seu valor de algum outro título. Por exemplo, uma opção de compra é um derivativo porque seu valor aumenta se o preço da ação aumenta; ou diminui caso o preço da ação diminua.

O Capítulo 18 foca em fusões, aquisições alavancadas e falências. Estes são três dos maiores "eventos" que podem acontecer na vida de uma empresa, e a maioria das grandes empresas costuma, de tempos em tempos, adquirir outras empresas. O capítulo explica as técnicas que as empresas utilizam para executar diversos tipos de fusões e aquisições e destaca as motivações por trás dessas transações. Além disso, também aborda um evento significativo que as empresas geralmente desejam evitar: a falência. Discutimos os diferentes tipos e causas de falência de empresas, bem como diversos mecanismos que são utilizados para resolver essa situação.

O Capítulo 19 enfatiza as dimensões globais da administração financeira, começando com uma visão geral dos blocos econômicos e outras instituições internacionais que têm um impacto significativo nas empresas multinacionais. O capítulo apresenta uma cobertura aprofundada dos riscos financeiros associados ao negócio internacional, especialmente os riscos relacionados aos movimentos nas taxas de câmbio, e as técnicas que as empresas utilizam para administrar esses riscos. Por fim, o Capítulo 19 fornece um vislumbre da vasta gama de opções disponíveis para empresas multinacionais para levantar dinheiro em mercados ao redor do mundo.

Capítulo 17

Títulos híbridos e derivativos

Objetivos de aprendizagem

OA 1 Distinguir títulos híbridos e derivativos e seus papéis na empresa.

OA 2 Rever os tipos de arrendamento, os contratos, a decisão entre arrendar e comprar, os efeitos do arrendamento sobre o financiamento futuro e as vantagens e desvantagens do arrendamento.

OA 3 Descrever os tipos de títulos conversíveis, suas características gerais e o financiamento com conversíveis.

OA 4 Demonstrar os procedimentos para determinar o valor de um título de dívida conversível como se fosse um título de dívida simples, o valor de conversão e o valor de mercado de um título de dívida conversível.

OA 5 Explicar as principais características dos *warrants* de compra de ações, o preço implícito de um *warrant* associado e os valores dos *warrants*.

OA 6 Definir opções e discutir opções de compra e de venda, mercados e negociação de opções, o papel das opções de compra e de venda no levantamento de fundos e cobertura de exposições à moeda estrangeira com opções.

▶ Por que este capítulo é importante para você?

Na sua vida PROFISSIONAL

CONTABILIDADE Para conhecer os tipos de contratos de arrendamento e as características gerais dos títulos conversíveis, *warrants* de compra de ações e opções, necessários para registrar e reportar.

SISTEMAS DE INFORMAÇÃO Para conhecer os tipos de contratos de arrendamento e as características gerais dos títulos conversíveis, a fim de projetar sistemas que monitorem os dados utilizados para tomar decisões de arrendamento ou compra e de conversão.

GESTÃO Para entender quando e por que pode fazer mais sentido arrendar ativos em vez de comprá-los; para entender como funcionam os títulos conversíveis e os *warrants* de compra de ações, para decidir quando a empresa se beneficiaria de seu uso; e para conhecer o impacto de opções de compra e de venda sobre a empresa.

MARKETING Para entender o arrendamento como uma maneira de financiar uma nova proposta de projeto. Para entender também como os títulos híbridos podem ser usados para levantar fundos para novos projetos.

OPERAÇÕES Para entender o papel do arrendamento no financiamento de novos equipamentos. Para entender também as obrigações de manutenção associadas aos equipamentos arrendados.

Na sua vida PESSOAL

Conhecer os títulos híbridos e derivativos será útil em suas atividades de investimento. E ainda mais útil será entender o arrendamento, que você pode utilizar para financiar certos ativos de longa duração, como imóveis ou carros. Saber analisar e comparar o arrendamento com a alternativa de compra irá ajudá-lo a administrar melhor suas finanças pessoais.

Nokia Corporation

A Nokia recorre ao mercado de títulos de dívida conversíveis

A empresa finlandesa Nokia Corporation, outrora a maior fabricante de celulares do mundo, não conseguiu acompanhar a concorrência após o lançamento dos smartphones. Enquanto empresas como Apple e Samsung dominavam esse mercado, a Nokia teve dificuldades para oferecer um produto competitivo. A empresa perdeu seu cobiçado grau de investimento em 2011 e viu suas reservas de caixa serem consumidas.

Para refinanciar algumas de suas dívidas em aberto que estavam próximas do vencimento, a Nokia anunciou em outubro de 2012 que emitiria € 750 milhões em títulos de dívida conversíveis. Com vencimento em 2017, esses títulos pagariam uma taxa de juros de 5% sobre o valor de face de € 1.000. Após 6 de dezembro de 2012, o investidor que detivesse um desses títulos poderia optar por trocá-lo por 383 ações ordinárias da Nokia. Naturalmente, os investidores só estariam dispostos a trocar seus títulos de dívida por ações se o valor das ações que receberiam fosse superior ao valor dos títulos. Em outras palavras, a estrutura de títulos de dívida conversíveis permitiria que os investidores se beneficiassem caso o preço das ações da Nokia subisse. Por causa desse benefício potencial, os investidores estavam dispostos a aceitar uma taxa de juros mais baixa sobre os títulos de dívida da Nokia do que exigiriam em outras circunstâncias.

Os títulos de dívida conversíveis são um exemplo de título híbrido. Os títulos conversíveis apresentam algumas características semelhantes aos títulos de dívida comuns, tais como principal fixo, pagamentos periódicos de juros e data de vencimento. No entanto, os títulos conversíveis também se comportam um pouco como as ações, pois os investidores que os detêm podem obter retornos mais elevados do que os títulos de dívida comuns se o preço das ações ordinárias da empresa emitente subir. Neste capítulo, você aprenderá sobre títulos conversíveis e outros títulos híbridos usados em finanças corporativas.

17.1 Visão geral de títulos híbridos e derivativos

título híbrido
Uma forma de financiamento por capital de terceiros ou capital próprio que possui características de ambos.

derivativo
Um valor mobiliário que não é nem capital de terceiros nem capital próprio, mas que deriva seu valor de um ativo subjacente, geralmente outro título; chamado de "derivativos".

Os capítulos 6 e 7 descreveram as características dos principais valores mobiliários – títulos de dívida, ação ordinária e ação preferencial – usados pelas sociedades por ações de capital aberto para levantar fundos de longo prazo. Em sua forma mais simples, os títulos de dívida são puramente capital de terceiros e a ação ordinária é puramente capital próprio. A ação preferencial, por sua vez, é uma forma de capital próprio que promete pagar dividendos periódicos fixos, que são semelhantes aos pagamentos de juros contratuais fixos dos títulos de dívida. Por combinar características tanto de capital de terceiros (pagamento de dividendos fixos) quanto de capital próprio (propriedade), a ação preferencial é considerada um **título híbrido**. Outros tipos comuns de títulos híbridos incluem arrendamentos financeiros, títulos conversíveis e *warrants* de compra de ações. Cada um desses títulos híbridos será descrito nas seções a seguir.

A última seção deste capítulo aborda as *opções*, um título que não é nem capital de terceiros nem capital próprio, mas que deriva seu valor de um ativo subjacente, geralmente outro ativo, como uma ação ordinária. Como veremos, os **derivativos** não são usados pelas empresas para levantar fundos, mas sim como uma ferramenta para administrar certos aspectos do risco da empresa.

→ **QUESTÃO PARA REVISÃO**

17.1 Diferencie *título híbrido* de *derivativo*.

17.2 Arrendamento

arrendamento (leasing)
O processo pelo qual uma empresa pode obter o uso de certos ativos imobilizados em troca de uma série de pagamentos contratuais, periódicos e dedutíveis do imposto de renda.

arrendatário
O beneficiário dos serviços dos ativos em um contrato de arrendamento.

arrendador
O proprietário dos ativos que estão sendo arrendados.

arrendamento operacional
Um contrato *cancelável* pelo qual o arrendatário concorda em fazer pagamentos periódicos ao arrendador, geralmente por cinco anos ou menos, para obter os serviços de um ativo; geralmente, o total de pagamentos durante o prazo do arrendamento são *inferiores* ao custo inicial do ativo arrendado para o arrendador.

O **arrendamento** (*leasing*) permite que a empresa obtenha o uso de certos ativos imobilizados em troca de uma série de pagamentos contratuais, periódicos e dedutíveis do imposto de renda. O **arrendatário** é o beneficiário dos serviços dos ativos sob contrato de arrendamento e o **arrendador** é o proprietário dos ativos. O arrendamento pode assumir diversas formas.

TIPOS DE ARRENDAMENTO

Os dois tipos básicos de arrendamento disponíveis a uma empresa são os *arrendamentos operacionais* e os *arrendamentos financeiros* (também chamados, pelos contadores, de *arrendamentos de capital*).

Arrendamentos operacionais

Um **arrendamento operacional** normalmente é um contrato pelo qual o arrendatário concorda em fazer pagamentos periódicos ao arrendador, geralmente por cinco anos ou menos, para obter os serviços de um ativo. Esses arrendamentos costumam ser canceláveis a critério do arrendatário, que pode ser obrigado a pagar uma multa pelo cancelamento. Os ativos sob contratos de arrendamento operacional têm uma vida útil *superior* ao prazo do arrendamento. Entretanto, se arrendados por prazos mais longos, esses ativos se tornariam menos eficientes e tecnologicamente obsoletos. Sistemas de computação são exemplos clássicos de ativos cuja eficiência relativa diminui à medida que ocorrem mudanças tecnológicas. O arrendamento operacional é, portanto, um acordo comum para a obtenção de tais sistemas, bem como de outros ativos de vida relativamente curta, como automóveis.

Se um arrendamento operacional for mantido até o vencimento, o arrendatário devolve no vencimento o ativo arrendado ao arrendador, que pode arrendá-lo novamente ou vendê-lo. Normalmente, o ativo ainda tem valor de mercado positivo no final do contrato. Em alguns casos, o contrato de arrendamento dá ao arrendatário a possibilidade de comprar o ativo arrendado. De modo geral, o total de pagamentos feitos pelo arrendatário ao arrendador são *inferiores* ao custo inicial do ativo arrendado para o arrendador.

Arrendamento financeiro (ou de capital)

Um **arrendamento financeiro (ou de capital)** é um arrendamento de *prazo mais longo* que um arrendamento operacional. Os arrendamentos financeiros não são canceláveis e obrigam o arrendatário a fazer pagamentos pelo uso de um ativo durante um período de tempo predefinido. Os arrendamentos financeiros costumam ser usados para arrendar terrenos, prédios e equipamentos de grande porte. A característica do arrendamento financeiro de não ser cancelável faz com que seja semelhante a certos tipos de dívidas de longo prazo. Quando uma empresa arrenda um ativo sob um contrato de arrendamento de capital, o ativo aparece no balanço patrimonial da empresa e é depreciado ao longo do tempo, quase como se a empresa realmente possuísse o ativo. Como acontece com a dívida, a falta de pagamento do contrato de arrendamento pode resultar em falência para o arrendatário.

Em um arrendamento financeiro, os pagamentos totais ao longo do prazo do contrato são maiores que o custo inicial do ativo arrendado para o arrendador. Em outras palavras, o arrendador deve receber mais do que o preço de compra do ativo para obter o retorno exigido sobre o investimento. Tecnicamente, de acordo com a Norma 13 "Contabilização de arrendamentos" do FASB (Financial Accounting Standards Board), um arrendamento financeiro (ou de capital) é definido como aquele que possui qualquer um dos seguintes elementos:[1]

1. O arrendamento transfere a propriedade do ativo ao arrendatário no final do prazo de arrendamento.
2. O arrendamento contém uma opção de compra do ativo por um preço abaixo do valor justo de mercado (*bargain price*).
3. O prazo de arrendamento é igual a 75% ou mais da vida econômica estimada do ativo (existem exceções para ativos arrendados perto do final de sua vida útil).
4. No início do arrendamento, o valor presente dos pagamentos é igual a 90% ou mais do valor justo de mercado do ativo arrendado.

A ênfase neste capítulo é nos arrendamentos financeiros, porque resultam em compromissos financeiros de longo prazo inevitáveis para as empresas.

O quadro *Foco na Prática*, mais adiante, discute um arrendamento feito pela Disney que não teve um final feliz.

arrendamento financeiro (ou de capital)
Um arrendamento de prazo *mais longo* que um arrendamento operacional, que não pode ser cancelado e que obriga o arrendatário a fazer pagamentos pelo uso de um ativo durante um período de tempo predefinido; o total de pagamentos ao longo do prazo do arrendamento são maiores que o custo inicial do ativo arrendado.

MODALIDADES DE ARRENDAMENTO

Os arrendadores usam três técnicas básicas para obter os ativos a serem arrendados. O método depende, em grande parte, dos desejos do potencial arrendatário.

1. Um **arrendamento direto** surge quando um arrendador possui ou adquire os ativos que estão sendo arrendados a um certo arrendatário. Em outras palavras, o arrendatário não era anteriormente proprietário dos ativos que está arrendando.

arrendamento direto
Arrendamento em que um arrendador possui ou adquire os ativos que estão sendo arrendados a um certo arrendatário.

---

[1] Essa maneira de contabilização de arrendamento é utilizada nos Estados Unidos. (N. da R.T.)

contrato de venda e leaseback (sale-leaseback)
Arrendamento em que o arrendatário vende um ativo a um potencial arrendador e, em seguida, *arrenda de volta* o mesmo ativo, fazendo pagamentos fixos e periódicos por seu uso.

arrendamento alavancado
Arrendamento em que o arrendador age como um participante de capital próprio, fornecendo somente cerca de 20% do custo do ativo, enquanto um credor fornece o restante.

cláusulas de manutenção
Cláusulas normalmente incluídas em um arrendamento operacional, exigindo que o arrendador faça a manutenção dos ativos e dos pagamentos de seguro e impostos.

2. Em um **contrato de venda e leaseback (*sale-leaseback*)**, os arrendadores adquirem ativos arrendados por meio da compra de ativos que já são de propriedade do arrendatário e os arrendam de volta. Essa técnica costuma ser adotada por empresas com necessidade de fundos para suas operações. Ao vender um ativo existente a um arrendador e em seguida *arrendá-lo de volta*, o arrendatário obtém, imediatamente, caixa em troca do ativo ao mesmo tempo em que se obriga a fazer pagamentos fixos e periódicos pelo uso do ativo arrendado.

3. Contratos de arrendamento que incluem um ou mais terceiros como credores são chamados de **arrendamentos alavancados**. Em um arrendamento alavancado, o arrendador age como um participante de capital próprio, fornecendo somente cerca de 20% do custo do ativo, enquanto um credor fornece o restante. Os arrendamentos alavancados são especialmente populares na estruturação de arrendamentos de ativos muito caros.

O contrato de arrendamento normalmente especifica se o arrendatário é responsável pela manutenção dos ativos arrendados. Os arrendamentos operacionais normalmente incluem **cláusulas de manutenção** exigindo que o arrendador faça a manutenção dos ativos e dos pagamentos de seguro e impostos. Os arrendamentos financeiros quase sempre exigem que o arrendatário pague a manutenção e outros custos.

Foco na PRÁTICA

Arrendamentos a companhias aéreas não têm um final feliz

na prática A Walt Disney Company está no negócio de fornecer experiências de entretenimento baseadas em seu rico legado de conteúdo criativo e excepcional habilidade narrativa. De parques temáticos e *resorts* a filmes e desenhos animados, a Walt Disney Company apresenta histórias em que muitos personagens vivem felizes para sempre. No entanto, uma história da Disney que não teve um final feliz foi o investimento da empresa em arrendamentos alavancados de aeronaves.

Usando uma estrutura conhecida como *arrendamento alavancado*, a Disney, com caixa de sobra, comprou aviões no início da década de 1990 e os arrendou a companhias aéreas. As transações, protegidas por rigorosos contratos, foram consideradas seguras e ofereciam vantagens fiscais. Desde a década de 1980, grandes empresas faziam arrendamento de aeronaves para aproveitar regras tributárias que permitam a depreciação acelerada de equipamentos de grande porte.

Em um arrendamento alavancado típico, a Disney entrava com 20% do preço de compra. O restante era tomado na forma de empréstimo usando a aeronave como garantia. Nenhum dos outros ativos da Disney era colocado em risco.

Durante a década de 1990, os arrendamentos alavancados eram investimentos atraentes que aumentaram o retorno sobre investimento da empresa. No entanto, os ataques em 11 de setembro de 2001 e a reação que se seguiu a potenciais ameaças terroristas abalaram as viagens aéreas e colocaram as companhias aéreas dos Estados Unidos sob enorme pressão financeira. O resultado para a United Airlines foi a falência. Sob proteção de falência, a empresa foi capaz de interromper os arrendamentos que não desejava manter, dando a ela poderosa alavancagem para renegociar pagamentos mais baixos de arrendamentos a taxas de mercado mais baixas. Quando não se chegava a um acordo, a United Airlines podia simplesmente abandonar os arrendamentos. A Disney teve de baixar integralmente o valor contábil de US$ 114 milhões de seu investimento em dois Boeing 747 e dois 767 arrendados à United. Ao levar o caso aos tribunais, a Disney conseguiu recuperar da United US$ 50 milhões pelos benefícios fiscais perdidos.

Com outras aeronaves arrendadas para a Delta Air Lines (cinco aeronaves, US$ 119 milhões), a história da Disney de arrendamentos alavancados não tinha chegado ao fim. A Delta Air Lines anunciou o corte de 7.000 empregos em setembro de 2004 como parte de um programa de redução de custos de US$ 5 bilhões e entrou em falência no final de 2005. Na época, a Disney foi forçada a declarar uma baixa de US$ 68 milhões pelos arrendamentos à Delta e acabou abandonando completamente o negócio de arrendamentos de aeronaves.

- *Os arrendamentos da Disney de aeronaves para a United Airlines foram operacionais ou financeiros?*

O arrendatário geralmente tem a opção de renovar um arrendamento no vencimento. As **opções de renovação**, que concedem aos arrendatários o direito de arrendar novamente os ativos no vencimento, são particularmente comuns em arrendamentos operacionais, pois seu prazo costuma ser maior que a vida útil dos ativos arrendados. As **opções de compra**, que permitem que o arrendatário compre o ativo arrendado no vencimento, normalmente por um preço predeterminado, são frequentemente incluídas tanto em arrendamentos operacionais quanto financeiros.

O arrendador pode ser uma de diversas partes. Em arrendamentos operacionais, o arrendador provavelmente será a subsidiária de arrendamento do fabricante ou uma empresa de arrendamento independente. Os arrendamentos financeiros são frequentemente geridos por empresas de arrendamento independentes ou por subsidiárias de arrendamento de grandes instituições financeiras, como bancos comerciais e companhias de seguro de vida. As companhias de seguro de vida são especialmente ativas em arrendamento de imóveis. Os fundos de pensão, assim como bancos comerciais, também ampliaram suas atividades de arrendamento.

opções de renovação
Cláusulas particularmente comuns em arrendamentos operacionais, concedendo ao arrendatário o direito de arrendar novamente os ativos no vencimento do arrendamento.

opções de compra
Cláusulas incluídas com frequência tanto em arrendamentos operacionais quanto em financeiros, que permitem ao arrendatário adquirir o ativo arrendado no vencimento, normalmente por um preço predeterminado.

DECISÃO DE ARRENDAR *VERSUS* COMPRAR

As empresas que estão analisando a aquisição de novos ativos imobilizados comumente se defrontam com a **decisão de arrendar *versus* comprar**. As alternativas disponíveis são: (1) arrendar os ativos, (2) tomar empréstimos para comprar os ativos ou (3) comprar os ativos utilizando os recursos líquidos disponíveis. As alternativas 2 e 3, embora diferentes, são analisadas de maneira semelhante; mesmo que a empresa tenha recursos líquidos para comprar os ativos, o uso desses fundos é visto como equivalente a tomar um empréstimo. Desse modo, precisamos comparar apenas as alternativas de arrendamento e compra.

A decisão de arrendar *versus* comprar envolve a aplicação dos métodos de orçamento de capital apresentados nos capítulos 10 a 12. Em primeiro lugar, determinamos os fluxos de caixa relevantes e, em seguida, aplicamos as técnicas de valor presente. A análise envolve as etapas a seguir:

Etapa 1 Determinar as *saídas de caixa após imposto de renda para cada ano da alternativa de arrendamento*. Esta etapa em geral envolve um ajuste fiscal bastante simples dos pagamentos anuais de arrendamento. Além disso, o custo de exercício da opção de compra no último ano do prazo de arrendamento deve ser, com frequência, incluído.[2]

Etapa 2 Determinar as *saídas de caixa após imposto de renda para cada ano da alternativa de compra*. Esta etapa envolve o ajuste da soma dos pagamentos do empréstimo e do custo de manutenção programados pelos benefícios fiscais resultantes das deduções fiscais atribuíveis à manutenção, depreciação e juros.

Etapa 3 Calcular o *valor presente das saídas de caixa* associadas às alternativas de arrendamento (Etapa 1) e de compra (Etapa 2) utilizando o *custo de capital de terceiros após imposto de renda* como taxa de desconto. O custo de capital de terceiros após imposto de renda é usado para avaliar a decisão de arrendar *versus* comprar porque a decisão em si envolve escolher entre duas modalidades de *financiamento* — arrendamento ou empréstimo — com risco muito baixo.

Etapa 4 Escolher a alternativa que apresente o *menor valor presente* das saídas de caixa da Etapa 3. Essa será a alternativa de financiamento de *menor custo*.

A aplicação de cada uma dessas etapas é demonstrada no Exemplo 17.1.

decisão de arrendar *versus* comprar
A decisão com que se defrontam as empresas que necessitam adquirir novos ativos imobilizados: arrendar os ativos ou comprá-los usando fundos emprestados ou recursos líquidos disponíveis.

---

[2] A inclusão do custo de exercício da opção de compra nos fluxos de caixa da alternativa de arrendamento garante que, tanto na alternativa de arrendamento quanto na de compra, a empresa detenha o ativo no final do horizonte de tempo relevante. A outra abordagem envolveria incluir os fluxos de caixa provenientes da venda do ativo nos fluxos de caixa da alternativa de compra no final do prazo do arrendamento. Essas estratégias procuram evitar as diferenças de vida útil, que discutimos no Capítulo 12. Além disso, tornam irrelevantes quaisquer fluxos de caixa posteriores, pois seriam idênticos ou inexistentes, respectivamente, em cada alternativa.

Exemplo 17.1

A Roberts Company, uma pequena oficina mecânica, está analisando a possibilidade de adquirir uma nova máquina que custa $ 24.000. A empresa pode arrendar ou comprar essa máquina. A alíquota de imposto de renda da empresa é de 40%.

Arrendamento A empresa faria um arrendamento por cinco anos com pagamento de $ 6.000 no final de cada ano. Todos os custos de manutenção seriam pagos pelo arrendador, e o arrendatário se encarregaria do seguro e dos demais custos. O arrendatário exerceria a opção de compra da máquina por $ 1.200 no final do arrendamento.[3]

Compra A empresa financiaria a compra da máquina com um empréstimo de cinco anos a juros de 9% e pagamentos de $ 6.170 no final de cada ano.[4] A máquina seria depreciada pelo MACRS usando um período de recuperação de cinco anos. A empresa pagaria $ 1.500 por ano por um contrato de serviço que cobriria todos os custos de manutenção; seguro e outros custos seriam assumidos pela empresa, que pretende manter a máquina e usá-la além de seu período de recuperação de cinco anos.

Utilizando esses dados, podemos aplicar as etapas apresentadas anteriormente:

Etapa 1 A saída de caixa após imposto de renda dos pagamentos do arrendamento pode ser encontrada multiplicando-se o pagamento de $ 6.000 antes do imposto de renda por 1 menos a alíquota de imposto de renda, T, de 40%.

$$\text{Saída de caixa após imposto de renda do arrendamento} = \$ 6.000 \ (1 - T)$$
$$= \$ 6.000 \ (1 - 0,40)$$
$$= \$ 3.600$$

Portanto, a alternativa de arrendamento resulta em saídas de caixa anuais de $ 3.600 durante os cinco anos do arrendamento. No último ano, o custo de $ 1.200 da opção de compra seria somado à saída de caixa do arrendamento de $ 3.600, resultando em saída de caixa total de $ 4.800 ($ 3.600 + $ 1.200) no ano 5.

Etapa 2 A saída de caixa após imposto de renda da alternativa de compra é um pouco mais difícil de calcular. Em primeiro lugar, é preciso determinar o componente de juros de cada pagamento anual do empréstimo, pois a Receita Federal permite deduzir apenas os juros — e não o principal — do lucro tributável.[5] A Tabela 17.1 apresenta os cálculos necessários para separar os pagamentos do empréstimo em seus componentes de juros e principal. As Colunas 3 e 4 mostram os juros e o principal pagos a cada ano.

---

[3] Os pagamentos de arrendamento costumam ser feitos no início do ano. Para simplificar as discussões a seguir, presumimos *pagamentos de arrendamento no final do ano*. Supomos que tanto o valor de mercado quanto o valor contábil da máquina sejam de $ 1.200 no final de cinco anos.

[4] O pagamento anual do empréstimo de $ 24.000 por cinco anos a juros de 9% é calculado utilizando a técnica de amortização de empréstimos descrita no Capítulo 5. Para calcular o pagamento do empréstimo no Excel utilizamos a função "PMT", digitando, em qualquer célula vazia, = PMT(0,09;5;24000;0;0). Os termos entre parênteses, 0,09 é a taxa de juros, 5 é o prazo do arrendamento em anos e 24.000 é o valor do empréstimo (ou o custo da nova máquina). Os dois últimos zeros dentro dos parênteses informam ao Excel que depois de cinco anos o empréstimo está totalmente pago (saldo remanescente zero) e que os pagamentos são feitos no final de cada ano. O pagamento exato do empréstimo é de $ 6.170,22, mas, no nosso exemplo, arredondamos para baixo, para o inteiro mais próximo.

[5] Quando a taxa de juros do empréstimo utilizado para financiar a compra é igual ao custo de capital de terceiros, o valor presente dos pagamentos após imposto de renda do empréstimo (pagamentos anuais do empréstimo – benefícios fiscais) descontado ao custo de capital de terceiros após imposto de renda é exatamente igual ao principal do empréstimo. Nesse caso, não é necessário amortizar o empréstimo para determinar o valor do pagamento e o valor dos juros ao encontrar as saídas de caixa após imposto de renda. Os pagamentos do empréstimo e os pagamentos dos juros (colunas 1 e 4 da Tabela 17.2) podem ser ignorados e, em seu lugar, o principal do empréstimo ($ 24.000) é mostrado como uma saída de caixa ocorrendo na data zero. Para permitir uma taxa de juros que seja diferente do custo de capital de terceiros da empresa e para facilitar a compreensão, isolamos, neste exemplo, os pagamentos do empréstimo e os pagamentos dos juros em vez de usar essa abordagem computacionalmente mais eficiente.

Tabela 17.1 — Determinação dos componentes de juros e principal dos pagamentos do empréstimo da Roberts Company

Final do ano	Pagamentos (1)	Principal no início do ano (2)	Juros [0,09 × (2)] (3)	Principal [(1) − (3)] (4)	Principal no final do ano [(2) − (4)] (5)
1	$ 6.170	$ 24.000	$ 2.160	$ 4.010	$ 19.990
2	6.170	19.990	1.799	4.371	15.619
3	6.170	15.619	1.406	4.764	10.855
4	6.170	10.855	977	5.193	5.662
5	6.170	5.662	510	5.660	—ª

ª Os valores desta tabela foram arredondados para o inteiro mais próximo, resultando em uma pequena diferença (de $ 2) entre o principal do início do ano 5 (na coluna 2) e o pagamento do principal no final do ano 5 (na coluna 4).

Tabela 17.2 — Saídas de caixa após imposto de renda associadas à alternativa de compra da Roberts Company

Final do ano	Pagamentos (1)	Custos de manutenção (2)	Depreciação (3)	Jurosª (4)	Dedução total [(2) + (3) + (4)] (5)	Benefícios fiscais [0,40 × (5)] (6)	Saídas de caixa após imposto de renda [(1) + (2) − (6)] (7)
1	$ 6.170	$ 1.500	$ 4.800	$ 2.160	$ 8.460	$ 3.384	$ 4.286
2	6.170	1.500	7.680	1.799	10.979	4.392	$ 3.278
3	6.170	1.500	4.560	1.406	7.466	2.986	$ 4.684
4	6.170	1.500	2.880	977	5.357	2.143	$ 5.527
5	6.170	1.500	2.880	510	4.890	1.956	$ 5.714

ª Extraído da Tabela 17.1, coluna 3.

Na Tabela 17.2, o pagamento anual do empréstimo é mostrado na coluna 1 e o custo anual de manutenção, que é uma despesa dedutível do imposto de renda, é mostrado na coluna 2. Em seguida, calculamos a depreciação anual da máquina de $ 24.000. Usando as taxas de depreciação aplicáveis do MACRS para o período de recuperação de cinco anos — 20% no ano 1, 32% no ano 2, 19% no ano 3 e 12% nos anos 4 e 5 — apresentadas na Tabela 4.2 (Capítulo 4), temos a depreciação anual dos anos 1 a 5, mostrada na coluna 3 da Tabela 17.2.[6]

A Tabela 17.2 apresenta os cálculos necessários para determinar as saídas de caixa[7] associadas ao empréstimo para a compra da nova máquina. A coluna 7 da tabela apresenta as saídas de caixa após imposto de renda associadas à alternativa de compra. É

---

[6] Ignoramos a depreciação no ano 6 porque, independentemente da opção que a empresa escolher, haverá um valor de depreciação restante de $ 1.200.

[7] Embora outras saídas de caixa, como seguro e despesas operacionais, pudessem ser relevantes neste caso, elas seriam idênticas nas duas alternativas, de arrendamento e de compra e, portanto, se cancelariam na análise final.

preciso esclarecer alguns pontos referentes aos cálculos da Tabela 17.2. As principais saídas de caixa são o pagamento total do empréstimo a cada ano, apresentado na coluna 1, e o custo anual de manutenção, na coluna 2. A soma dessas duas saídas de caixa é reduzida pela economia fiscal decorrente das despesas de manutenção, depreciação e juros associadas à nova máquina e a seu financiamento. As saídas de caixa resultantes são as saídas de caixa após imposto de renda associadas à alternativa de compra.

Etapa 3 Os valores presentes das saídas de caixa associadas às alternativas de arrendamento (Etapa 1) e compra (Etapa 2) são calculados na Tabela 17.3, utilizando o custo de 6% de capital de terceiros após imposto de renda da empresa.[8] A soma dos valores presentes das saídas de caixa para a alternativa de arrendamento é dada na coluna 2 da Tabela 17.3 e a soma dos valores presentes das saídas de caixa para a alternativa de compra é dada na coluna 4.

Etapa 4 Como o valor presente das saídas de caixa do arrendamento ($ 16.062) é menor que o da compra ($ 19.541), *a alternativa de arrendamento é preferível*. O arrendamento resulta em uma economia incremental de $ 3.479 ($ 19.541 − $ 16.062) e, portanto, é a alternativa de custo mais baixo.

Tabela 17.3 Comparação das saídas de caixa associadas ao arrendamento *versus* compra da Roberts Company

	Arrendamento		Compra	
Final do ano	Saídas de caixa após imposto de renda (1)	Valor presente das saídas de caixa (2)	Saídas de caixa após imposto de renda[a] (3)	Valor presente das saídas de caixa (4)
1	$ 3.600	$ 3.396	$ 4.286	$ 4.043
2	3.600	3.204	3.278	2.917
3	3.600	3.023	4.684	3.933
4	3.600	2.852	5.527	4.378
5	4.800[b]	3.587	5.714	4.270
	VP das saídas de caixa	$ 16.062	VP das saídas de caixa	$ 19.541

[a] Extraído da Tabela 17.2, coluna 7.
[b] Saída de caixa após imposto de renda de pagamento de arrendamento de $ 3.600 mais o custo de $ 1.200 de exercício da opção de compra.

As técnicas descritas aqui para comparar as alternativas de arrendamento e de compra podem ser aplicadas de diversas maneiras. A abordagem ilustrada pelos dados da Roberts Company é uma das mais diretas. É importante reconhecer que o menor custo de uma alternativa em relação à outra resulta de fatores como as diferentes faixas de tributação do arrendador e do arrendatário, os diferentes tratamentos fiscais de arrendamentos *versus* compras e os diferentes riscos e custos de empréstimo para o arrendador e o arrendatário. Portanto, ao tomar uma decisão de arrendar *versus* comprar, a empresa

---

8 Se ignorarmos quaisquer custos de lançamento, o custo de capital de terceiros após imposto de renda seria de 5,4% [custo de capital de terceiros de 9% (1 − alíquota de imposto de renda de 0,40)]. Para refletir tanto os custos de lançamento associados à venda de novo capital de terceiros quanto a possível necessidade de vendê-lo com deságio, utilizamos um custo de capital de terceiros após imposto de renda de 6% como taxa de desconto aplicável. Uma discussão mais detalhada das técnicas de cálculo do custo de capital de terceiros após imposto de renda é encontrada no Capítulo 9.

verá que as oportunidades de empréstimos baratos, os altos retornos exigidos pelo arrendador e o baixo risco de obsolescência aumentam a atratividade da alternativa de compra. Fatores subjetivos também devem ser incluídos no processo de tomada de decisão. Como a maioria das decisões financeiras, a decisão arrendar *versus* comprar exige algum julgamento ou intuição.

> **Finanças pessoais
> Exemplo 17.2**
>
> Jake Jiminez está analisando se arrenda ou compra um novo carro que custa $ 15.000. O arrendamento de três anos exige uma entrada de $ 1.800 e pagamentos mensais de $ 300. A compra exige uma entrada de $ 2.500, imposto sobre vendas de 5% ($ 750) e 36 pagamentos mensais de $ 392. Ele estima que o valor de revenda do novo carro será de $ 8.000 no final de três anos. Assumindo que Jake possa obter juros anuais de 4% sobre as suas economias e está sujeito a um imposto sobre compras de 5%, podemos fazer uma recomendação razoável a Jake usando a análise a seguir (para simplificar, ignoramos o valor do dinheiro no tempo).
>
> | Custo do arrendamento | |
> |---|---:|
> | Entrada | $ 1.800 |
> | Total de pagamentos do arrendamento (36 meses × $ 300/mês) | 10.800 |
> | Custo de oportunidade da entrada (3 anos × 0,04 × $ 1.800) | 216 |
> | Custo total do arrendamento | $ 12.816 |
> | **Custo da compra** | |
> | Entrada | $ 2.500 |
> | Imposto sobre vendas (0,05 × $ 15.000) | 750 |
> | Total de pagamentos do empréstimo (36 meses × $ 392/mês) | 14.112 |
> | Custo de oportunidade da entrada (3 anos × 0,04 × $ 2.500) | 300 |
> | Menos: Valor estimado de revenda do carro no final do empréstimo | − 8.000 |
> | Custo total da compra | $ 9.662 |
>
> Como o custo total do arrendamento, de $ 12.816, é maior que o custo total da compra, de $ 9.662, Jake deve comprar o carro em vez de *arrendar*.

EFEITOS DO ARRENDAMENTO SOBRE FINANCIAMENTOS FUTUROS

Por ser considerado um tipo de financiamento, o arrendamento afeta os financiamentos futuros da empresa, assim como ter dívidas tem um impacto na capacidade da empresa de tomar mais empréstimos. Os pagamentos do arrendamento são apresentados como uma despesa dedutível do imposto de renda na demonstração de resultados da empresa. Qualquer pessoa que analise a demonstração de resultados da empresa provavelmente reconheceria que um ativo está sendo arrendado, embora o valor e o prazo do arrendamento não sejam claros.

A *Norma 13* do FASB, "Contabilização de arrendamentos", exige a divulgação explícita das obrigações de *arrendamento financeiro (de capital)* no balanço patrimonial da empresa. Esse arrendamento deve ser lançado como um **arrendamento capitalizado**, o que significa que o valor presente de todos os seus pagamentos é incluído como ativo e correspondente passivo no balanço patrimonial da empresa.[9] Um *arrendamento*

arrendamento capitalizado
Um *arrendamento financeiro (de capital)* que tem o valor presente de todos os seus pagamentos incluídos como ativo e correspondente passivo no balanço patrimonial da empresa, conforme exigido pelo Financial Accounting Standards Board (FASB) em sua Norma 13.

---

[9] O valor presente dos pagamentos dos arrendamentos capitalizados aparece no lado direito (passivo) do balanço patrimonial e um valor idêntico é lançado no lado esquerdo (ativo) do balanço patrimonial. Esse modo de contabilizar o arrendamento é utilizado nos Estados Unidos. (N. da R.T.)

operacional, por outro lado, não precisa ser capitalizado, mas suas características básicas devem ser divulgadas nas notas explicativas das demonstrações financeiras. A *Norma 13* do FASB estabelece diretrizes detalhadas a serem usadas na capitalização de arrendamentos. Normas posteriores refinaram ainda mais os procedimentos de capitalização e divulgação de arrendamentos.

Exemplo 17.3

A Jeffrey Company, uma fabricante de purificadores de água, está arrendando um ativo por dez anos, com pagamentos anuais de $ 15.000 no final do ano. O arrendamento pode ser capitalizado por meio do simples cálculo do valor presente dos pagamentos ao longo da vida do contrato. Entretanto, a taxa a que os pagamentos devem ser descontados é difícil de determinar.[10] Se usarmos a taxa de 10%, o valor presente, ou capitalizado, do arrendamento seria de $ 92.169. Esse valor seria mostrado como ativo e correspondente passivo no balanço patrimonial da empresa, resultando em um reflexo preciso de sua verdadeira situação financeira.

Como as consequências da falta de pagamento de um arrendamento financeiro são iguais às da falta de pagamento de juros ou do principal de uma dívida, um analista financeiro deve considerar o arrendamento como um compromisso financeiro de longo prazo do arrendatário. De acordo com a *A Norma nº 13* do FASB, a inclusão de cada arrendamento financeiro (de capital) como ativo e correspondente passivo (isto é, dívida de longo prazo) proporciona um balanço patrimonial que reflete com mais precisão a situação financeira da empresa. Isso permite que diversos tipos de análise com índices financeiros sejam realizados diretamente com as demonstrações por qualquer parte interessada.

VANTAGENS E DESVANTAGENS DO ARRENDAMENTO

O arrendamento apresenta uma série de vantagens e desvantagens comumente citadas, as quais os administradores devem considerar ao tomar uma decisão de arrendar *versus* comprar. Não é incomum que algumas delas se apliquem em uma dada situação. A Tabela 17.4 descreve as vantagens e desvantagens comumente citadas do arrendamento.

Tabela 17.4 Vantagens e desvantagens do arrendamento

Vantagens

- A empresa pode evitar o *custo de obsolescência*. Essa vantagem é especialmente verdadeira no caso de arrendamentos operacionais, que geralmente têm vidas relativamente curtas.
- O arrendatário evita muitas *cláusulas restritivas* (como liquidez mínima, empréstimos subsequentes e pagamentos de dividendos) que normalmente são incluídas como parte em um empréstimo de longo prazo, mas *não* são normalmente encontradas em um contrato de arrendamento.
- No caso de ativos de baixo custo que são adquiridos esporadicamente, os arrendamentos — em especial os arrendamentos operacionais — podem proporcionar à empresa a necessária *flexibilidade de financiamento*. A empresa não precisa arrumar outros financiamentos para esses ativos.

(continua)

---

10 A Norma 13 do Financial Accounting Standards Board (FASB) estabeleceu certas diretrizes para a taxa de desconto apropriada a ser utilizada na capitalização de arrendamentos. Na maioria dos casos, é utilizada a taxa que o arrendatário teria incorrido para emprestar os fundos para comprar o ativo com um empréstimo com garantia sob termos similares ao cronograma de pagamento do arrendamento. Isso representa simplesmente o *custo antes do imposto de renda de uma dívida com garantia*.

(continuação)

- O arrendamento permite, na prática, que o arrendatário *deprecie terrenos*, o que seria proibido se os terrenos fossem comprados. Como o arrendatário que arrenda o terreno pode deduzir o *pagamento total do arrendamento* como uma despesa para fins de imposto de renda, o efeito é o mesmo que se obteria se a empresa tivesse comprado o terreno e, então, o depreciasse.

- Como o arrendamento pode não aumentar os ativos ou passivos no balanço patrimonial da empresa, o arrendamento pode resultar em *índices financeiros* enganosos. Subestimar ativos e passivos pode fazer com que certos índices, como giro dos ativos totais, pareçam melhores do que de fato são. Com a adoção *da Norma 13* do FASB, essa vantagem já não se aplica aos arrendamentos financeiros, embora permaneça uma vantagem potencial para arrendamentos operacionais.

- O arrendamento proporciona *financiamento integral*. A maioria dos contratos de empréstimo para a compra de ativos imobilizados requer o pagamento de uma entrada; assim, o mutuário pode emprestar apenas de 90 a 95% do preço de compra do ativo.

- Em caso de *falência* ou *reorganização*, o direito máximo dos arrendadores contra a empresa é de três anos de pagamentos do arrendamento. Se for usado capital de terceiros para comprar um ativo, o direito dos credores é igual ao saldo total do empréstimo em aberto.

Desvantagens

- Em muitos arrendamentos, o *retorno do arrendador é bastante elevado*; pode ser melhor para a empresa contrair um empréstimo para comprar o ativo.

- O *valor residual* de um ativo, caso haja, é realizado pelo arrendador. Se o arrendatário tivesse comprado o ativo, poderia ter reivindicado seu valor residual. É claro que, um valor residual esperado, quando reconhecido pelo arrendador, resulta em menores pagamentos de arrendamento.

- O arrendatário, geralmente, é *proibido de fazer melhorias* na propriedade ou ativo arrendado sem a aprovação do arrendador. Entretanto, os arrendadores, em geral, incentivam melhorias quando esperam aumentar o valor residual do ativo.

- Se um arrendatário arrendar um *ativo que posteriormente se torna obsoleto*, ainda assim, deve fazer os pagamentos do arrendamento durante o prazo restante de arrendamento. Isso é verdade mesmo que o ativo não seja utilizável.

→ **QUESTÕES PARA REVISÃO**

17.2 O que é *arrendamento*? Defina, compare e contraste *arrendamentos operacionais* e *arrendamentos financeiros (ou de capital)*. Como a Norma 13 do FASB define um arrendamento financeiro (ou de capital)? Descreva três métodos utilizados pelos arrendadores para adquirir ativos para serem arrendados.

17.3 Descreva as quatro etapas básicas envolvidas no processo de *decisão de arrendar versus comprar*. Como os métodos de orçamento de capital são aplicados nesse processo?

17.4 Que tipo de arrendamento deve ser tratado como um *arrendamento capitalizado* no balanço patrimonial? Como o administrador financeiro capitaliza um arrendamento?

17.5 Enumere e discuta as vantagens e desvantagens comumente citadas que devem ser consideradas ao decidir arrendar ou comprar.

17.3 Títulos conversíveis

Uma **cláusula de conversão** é uma opção incluída em uma emissão de títulos de dívida ou de ações preferenciais que permite a seu detentor trocar o valor mobiliário por um determinado número de ações ordinárias. A cláusula de conversão geralmente aumenta a negociabilidade de uma emissão.

cláusula de conversão
Uma opção incluída em uma emissão de títulos de dívida ou de ações preferenciais e que permite a seu detentor trocar o valor mobiliário por um determinado número de ações ordinárias.

TIPOS DE TÍTULOS CONVERSÍVEIS

Títulos de dívida corporativos e ações preferenciais podem ser convertidas em ações ordinárias. O tipo mais comum de título conversível é o título de dívida. Os títulos conversíveis normalmente contêm uma *cláusula de resgate*, que permite ao emitente liquidar ou incentivar sua conversão quando apropriado.

Títulos de dívida conversíveis

título de dívida conversível
Um título de dívida que pode ser trocado por um determinado número de ações ordinárias.

título de dívida simples
Um título de dívida que não é conversível, ou seja, sem cláusula de conversão.

Um **título de dívida conversível** pode ser trocado por um determinado número de ações ordinárias. Quase sempre é uma *debênture* — um título de dívida sem garantia — com cláusula de resgate. Como a cláusula de conversão dá ao comprador a possibilidade de se tornar um acionista em condições favoráveis, os títulos de dívida conversíveis são, em geral, uma forma mais cara de financiamento do que os títulos de dívida não conversíveis de mesmo risco, ou **títulos de dívida simples**. A cláusula de conversão adiciona certo grau de especulação a uma emissão de títulos de dívida, embora o título ainda mantenha seu valor como um título de dívida.

Ações preferenciais conversíveis

ação preferencial conversível
Ação preferencial que pode ser trocada por um determinado número de ações ordinárias.

ação preferencial simples
Ação preferencial que não é conversível, ou seja, sem cláusula de conversão.

A **ação preferencial conversível** é uma ação preferencial que pode ser trocada por um determinado número de ações ordinárias. Normalmente pode ser vendida com um dividendo nominal menor que o de uma ação preferencial não conversível de mesmo risco, ou **ação preferencial simples**. A razão para isso é que o detentor da ação preferencial conversível tem a garantia de pagamento de um dividendo fixo associado a uma ação preferencial, além de poder receber a valorização resultante do aumento do preço de mercado da ação ordinária subjacente. As ações preferenciais conversíveis comportam-se de maneira muito semelhante aos títulos de dívida conversíveis. As discussões a seguir se concentrarão nos títulos de dívida conversíveis mais difundidos.

> **FATOS e DADOS**
>
> **Mercado ativo de títulos conversíveis em 2013**
>
> Com as taxas de juros historicamente baixas naquele ano, relativamente poucas empresas levantaram capital de terceiros por meio de títulos de dívida conversíveis em 2012. Muitas empresas optaram por refinanciar dívidas em aberto, de modo que mais títulos conversíveis foram resgatados do que emitidos. No início de 2013, entretanto, os *spreads* dos títulos de dívida eram reduzidos e parte do mercado de títulos de dívida corporativos estava supervalorizado, tornando os títulos conversíveis mais atraentes. No primeiro trimestre de 2013, as empresas emitiram mais de $ 25 bilhões em títulos conversíveis em todo o mundo, mais que o dobro do valor do primeiro trimestre de 2012.

CARACTERÍSTICAS GERAIS DOS TÍTULOS CONVERSÍVEIS

De modo geral, os títulos conversíveis podem ser convertidos a qualquer momento durante o prazo do título. Ocasionalmente, a conversão é permitida apenas por um número limitado de anos, como por cinco ou dez anos após a emissão do título.

Índice de conversão

O **índice de conversão** é a proporção em que um título conversível pode ser trocado por ações ordinárias. O índice de conversão pode ser expresso de duas maneiras:

1. Às vezes, o índice de conversão é expresso em termos de um determinado número de ações ordinárias. Para encontrar o **preço de conversão**, que é o preço por ação efetivamente pago pela ação ordinária como resultado da conversão, dividimos o *valor de face* (não o valor de mercado) do título conversível pelo índice de conversão.

índice de conversão
A proporção em que um título conversível pode ser trocado por ações ordinárias.

preço de conversão
O preço por ação efetivamente pago pela ação ordinária como resultado da conversão de um título.

> **Exemplo 17.4**
> A Western Wear Company, fabricante de roupas de brim, tem um título de dívida em circulação com valor de face de $ 1.000 e é conversível em 25 ações ordinárias. O índice de conversão do título de dívida é de 25. O preço de conversão do título de dívida é de $ 40 por ação ($ 1.000 · 25).

2. Às vezes, em vez do índice de conversão, é dado o preço de conversão. O índice de conversão pode ser obtido dividindo-se o *valor* de face do título conversível pelo preço de conversão.

> **Exemplo 17.5**
> A Mosher Company, franqueadora de restaurantes especializados em frutos do mar, tem em circulação um título de dívida conversível de 20 anos com valor de face de $ 1.000. O título de dívida é conversível em ações ordinárias a $ 50 por ação. O índice de conversão é de 20 ($ 1.000 · $ 50).

O emitente de um título conversível normalmente estabelece um índice de conversão ou preço de conversão que *fixa o preço de conversão por ação no momento da emissão acima do preço de mercado corrente das ações da empresa*. Se os potenciais compradores acharem que a conversão não será viável, comprarão um título não conversível ou alguma outra emissão conversível.

Valor de conversão

O **valor de conversão** é o valor do título conversível medido em termos do preço de mercado da ação ordinária em que pode ser convertido. O valor de conversão pode ser encontrado multiplicando-se o índice de conversão pelo preço corrente de mercado da ação ordinária da empresa.

valor de conversão
O valor de um título conversível medido em termos do preço de mercado da ação ordinária em que pode ser convertido.

> **Exemplo 17.6**
> A McNamara Industries, uma refinadora de petróleo, tem em circulação título de dívida de $ 1.000, conversível em ações ordinárias a $ 62,50 por ação. O índice de conversão é, portanto, de 16 ($ 1.000 · $ 62,50). Como o preço de mercado corrente da ação ordinária é de $ 65, o valor de conversão é de $ 1.040 (16 $ 65). Como o valor de conversão é superior ao valor do título de dívida de $ 1.000, a conversão é uma opção viável para os detentores do título conversível.

Efeito sobre o lucro por ação

títulos contingentes
Títulos conversíveis, *warrants* e opções de compra de ações (*stock options*). Sua presença afeta a divulgação do lucro por ação (LPA) da empresa.

LPA básico
Lucro por ação (LPA) calculado sem considerar a existência de quaisquer títulos contingentes.

LPA diluído
Lucro por ação (LPA) calculado segundo a premissa de que *todos* os títulos contingentes, que poderiam ter efeitos de diluição, são convertidos e exercidos e, portanto, são ações ordinárias.

A presença de **títulos contingentes**, que incluem títulos conversíveis, bem como *warrants* e opções de compra de ações (*stock options*), descritos mais adiante neste capítulo, afeta a divulgação do lucro por ação (LPA) da empresa. Empresas com títulos contingentes, que se convertidos ou exercidos diluiriam (isto é, reduziriam) o lucro por ação, são obrigadas a divulgar lucros de duas maneiras: o *LPA básico* e o *LPA diluído*.

O **LPA básico** é calculado sem considerar os títulos contingentes. É encontrado dividindo-se os lucros disponíveis aos acionistas ordinários pelo número de ações ordinárias em circulação. Utilizamos esse método padrão de cálculo do LPA ao longo deste livro.

O **LPA diluído** é calculado segundo a premissa de que *todos* os títulos contingentes, que poderiam ter efeitos de diluição, são convertidos e exercidos e, portanto, são ações ordinárias. É encontrado ajustando-se o LPA básico pelo impacto da conversão de todos os títulos conversíveis e do exercício de todos os *warrants* e opções que teriam efeitos de diluição sobre o lucro da empresa. Essa abordagem trata como ações ordinárias *todos* os títulos contingentes. É calculado dividindo-se o lucro disponível aos acionistas ordinários (ajustado por juros e dividendos de ações preferenciais que *não* seriam pagos, supondo a conversão de *todos* os títulos contingentes em circulação que teriam efeitos de diluição) pelo número de ações ordinárias que estariam em circulação se *todos* os títulos contingentes, que tivessem efeitos de diluição, fossem convertidos e exercidos. Em vez de demonstrar esses cálculos contábeis,[11] é suficiente dizer que empresas com títulos conversíveis, *warrants* e/ou opções de compra de ações (*stock options*) em circulação devem divulgar o LPA básico e o LPA diluído em suas demonstrações de resultados.

FINANCIAMENTO POR MEIO DE TÍTULOS CONVERSÍVEIS

Utilizar títulos conversíveis para levantar fundos de longo prazo pode ajudar a empresa a alcançar suas metas de custo de capital e de estrutura de capital. Há também uma série de motivos e considerações mais específicas envolvidas na avaliação do financiamento por meio de títulos conversíveis.

Motivos para o financiamento por meio de títulos conversíveis

Títulos conversíveis podem ser utilizados por uma série de razões. O motivo mais comum é seu uso como uma forma de *financiamento diferido por meio de ações ordinárias*. Quando um título conversível é emitido, tanto o emitente quanto o comprador esperam que o título seja convertido em ações ordinárias em alguma data futura. Como o título é vendido inicialmente com um preço de conversão acima do preço corrente de mercado da ação da empresa, a conversão no início não é atrativa. O emitente de um título conversível poderia, alternativamente, vender ações ordinárias, mas somente ao preço corrente de mercado ou abaixo dele. Ao vender o título conversível, o emitente, na prática, faz uma *venda diferida* de ações ordinárias. À medida que o preço de mercado da ação ordinária da empresa sobe, a conversão pode ocorrer. Adiar a emissão de novas ações ordinárias até que seu preço de mercado tenha subido significa que menos ações terão que ser emitidas, reduzindo, assim, a diluição tanto da propriedade quanto do lucro.

Outro motivo para usar o financiamento por meio de títulos conversíveis é seu uso como "adoçante" do *financiamento*. Como ao comprador do título conversível é dada a oportunidade de tornar-se acionista ordinário e partilhar do sucesso futuro da empresa, os *títulos conversíveis podem ser, normalmente, vendidos com taxas de juros mais baixas do que os títulos*

---

[11] Para discussões e demonstrações dos dois métodos de divulgação do LPA, veja: KIESO, Donald A.; WEYGANDT, Jerry J.; WARFIELD, Terry D. *Intermediate Accounting*. 12. ed. Nova York: John Wiley, pp. 792–805, 812–816, 2007.

não conversíveis. Desse modo, do ponto de vista da empresa, incluir uma cláusula de conversão reduz o custo de juros do capital de terceiros. O comprador da emissão sacrifica parte do retorno de juros em troca da oportunidade potencial de se tornar um acionista ordinário. Outro importante motivo para emitir títulos conversíveis é que, de modo geral, *os títulos conversíveis podem ser emitidos com muito menos condições restritivas do que os não conversíveis*. Como muitos investidores encaram os títulos conversíveis como patrimônio líquido, a questão das restrições não é tão importante para eles.

Um último motivo para utilizar títulos conversíveis é *levantar temporariamente fundos de baixo custo*. Ao utilizar títulos de dívida conversíveis, a empresa pode levantar temporariamente capital de terceiros, que normalmente é mais barato do que ações ordinárias, para financiar projetos. Uma vez que os projetos estejam em andamento, a empresa pode querer alterar sua estrutura de capital para uma posição menos alavancada. Uma cláusula de conversão dá ao emitente a oportunidade, por meio de atos dos detentores desses títulos, de alterar sua estrutura de capital em uma data futura.

Outras considerações

Quando o preço da ação ordinária da empresa sobe acima do preço de conversão, o preço de mercado do título conversível, em geral, sobe para um nível próximo do valor de conversão. Quando isso acontece, muitos detentores de títulos conversíveis não os convertem, pois já possuem o benefício do preço de mercado obtido a partir da conversão e ainda podem receber pagamentos de juros fixos e periódicos. Por causa desse comportamento, praticamente todos os títulos conversíveis têm uma *cláusula de resgate* que permite ao emitente incentivar ou *"forçar" a conversão*. O preço de resgate do título, em geral, supera o valor de face do título em um montante igual a um ano de juros declarados sobre o título. Embora o emitente precise pagar um prêmio pelo resgate do título, o privilégio de resgate geralmente não é exercido até que o valor de conversão do título esteja 10 a 15% *acima do preço de resgate*. Esse tipo de prêmio ajuda a garantir ao emitente que os detentores do título conversível o converterão quando o resgate for feito, em vez de aceitar o preço de resgate.

Infelizmente, há situações em que o preço de mercado de um título não atinge um nível suficiente para incentivar a conversão dos títulos conversíveis a ele associados. Um título conversível cuja conversão não pode ser forçada pelo uso da cláusula de resgate é chamado de **título excedente**. Esse título excedente pode ser muito prejudicial para uma empresa. Se a empresa resgatar o título, os detentores de títulos de dívida poderiam aceitar o preço de resgate em vez de converter os títulos. Nesse caso, a empresa não só teria que pagar o prêmio de resgate como também precisaria de financiamento adicional para resgatar os títulos de dívida por seu valor de face. Se a empresa levantasse esses fundos por meio da venda de capital próprio, um grande número de ações teria que ser emitido em razão de seu baixo preço de mercado, o que, por sua vez, poderia resultar na diluição da participação dos acionistas existentes. Outro meio de financiar o resgate seria utilizar dívida ou ações preferenciais, mas isso não deixaria a estrutura de capital da empresa menos alavancada que a existente antes do resgate.

título excedente
Um título conversível cuja conversão não pode ser forçada pelo uso da cláusula de resgate.

DETERMINAÇÃO DO VALOR DE UM TÍTULO DE DÍVIDA CONVERSÍVEL

A principal característica dos títulos conversíveis e que aumenta sua negociabilidade é sua capacidade de minimizar a possibilidade de perdas ao mesmo tempo em que oferece a possibilidade de ganhos de capital. Discutiremos aqui os três valores de um título de dívida conversível: (1) o valor como título de dívida simples, (2) o valor de conversão e (3) o valor de mercado.

Valor como título de dívida simples

valor como título de dívida simples
O preço ao qual um título de dívida conversível seria vendido no mercado sem a cláusula de conversão.

O **valor como título de dívida simples**, de um título de dívida conversível, é o preço ao qual seria vendido no mercado sem a cláusula de conversão. Esse valor é encontrado determinando-se o valor de um título de dívida não conversível com pagamentos semelhantes emitido por uma empresa com o mesmo nível de risco. O valor como título de dívida simples costuma ser o *piso*, ou o preço mínimo pelo qual o título de dívida conversível seria negociado, e é igual ao valor presente dos pagamentos de juros e principal do título de dívida descontado à taxa de juros que a empresa teria que pagar em um título de dívida não conversível.

Exemplo 17.7

A Duncan Company, uma cadeia de lojas de desconto do Sudeste dos Estados Unidos, acaba de vender um título de dívida conversível com valor de face de $ 1.000, prazo de 20 anos e cupom de 12%. Os juros do título de dívida serão pagos no final de cada ano e o principal será amortizado no vencimento.[12] Um título de dívida simples poderia ter sido vendido com cupom de 14%, pois essa é a taxa de desconto que usamos para calcular o valor como título de dívida simples do título conversível da Duncan. O valor como título de dívida simples do título conversível é calculado como segue:

Ano(s)	Pagamentos	Valor presente
1–20	$ 120ª	$ 794,78
20	$ 1.000	$ 72,76
	Valor como título de dívida simples	$ 867,54

ª $ 1.000 a 12% = $ 120 de juros ao ano.

Esse valor, $ 867,54, é o preço mínimo a que o título de dívida conversível seria vendido. Em geral, somente em alguns casos em que o preço de mercado da ação está abaixo do preço de conversão, o título de dívida seria vendido a esse preço.

Valor de conversão

Lembre-se que o *valor de conversão* de um título conversível é o valor do título conversível medido em termos do preço de mercado da ação ordinária na qual ele pode ser convertido. Quando o preço de mercado da ação ordinária for superior ao preço de conversão, o valor de conversão é superior ao valor de face. Vamos esclarecer isso com o Exemplo 17.8.

Valor de mercado

prêmio de mercado
O montante pelo qual o valor de mercado é superior ao valor como título de dívida simples ou de conversão de um título conversível.

O valor de mercado de um título conversível provavelmente é maior que seu valor como título de dívida simples ou seu valor de conversão. O montante pelo qual o valor de mercado excede o valor como título de dívida simples ou de conversão é chamado de **prêmio de mercado**. A Figura 17.1 mostra a relação geral entre o valor como título de dívida simples, o valor de conversão, o valor de mercado e o prêmio de mercado do título de dívida conversível da Duncan Company. O valor como título de dívida simples atua como piso do valor do título até o ponto X, no qual o preço da ação é alto o suficiente para fazer com que o valor de

---

[12] Assim como fizemos no Capítulo 6, continuamos supondo pagamento anual, em vez de semestral, de juros do título de dívida. Essa suposição simplifica os cálculos envolvidos, mantendo a precisão conceitual dos procedimentos apresentados.

Figura 17.1 › Valores e prêmio de mercado

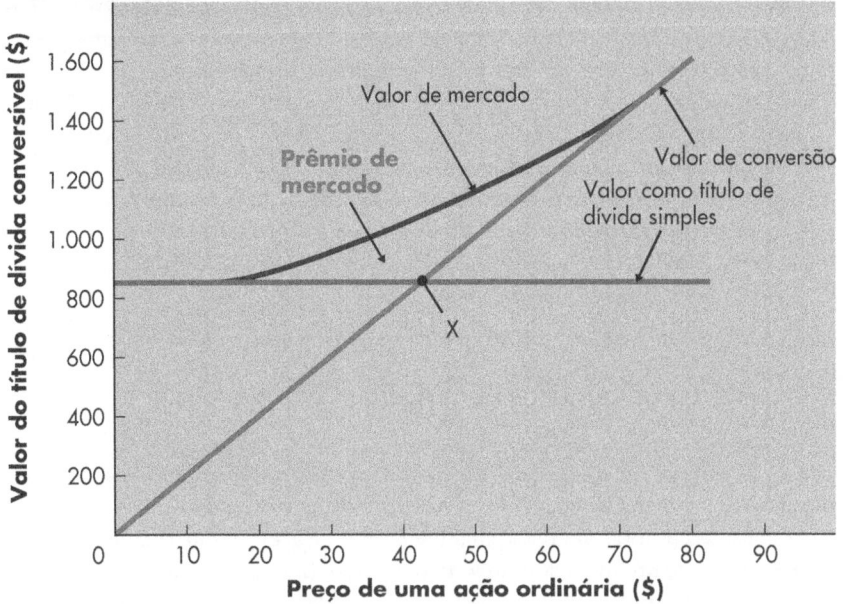

Valores e prêmio de mercado do título de dívida conversível da Duncan Company.

Exemplo 17.8

O título de dívida conversível da Duncan Company, descrito no Exemplo 17.7, pode ser convertido a $ 50 por ação. Cada título de dívida pode ser convertido em 20 ações porque cada título de dívida tem valor de face de $ 1.000. Os valores de conversão do título de dívida quando a ação é vendida a $ 30, $ 40, $ 50, $ 60, $ 70 e $ 80 são apresentados na tabela a seguir:

Preço de mercado da ação	Valor de conversão
$ 30	$ 600
40	800
50 (preço de conversão)	1.000 (valor de face)
60	1.200
70	1.400
80	1.600

Quando o preço de mercado da ação ordinária for superior ao preço de conversão de $ 50, o valor de conversão supera o valor de face de $ 1.000. Como o valor como título de dívida simples (calculado no Exemplo 17.7) é de $ 867,54, o título de dívida, em um ambiente estável, será vendido por valor inferior a esse valor, independente de quão baixo seja seu valor de conversão. Se o preço de mercado por ação for de $ 30, o título de dívida continuaria sendo vendido a $ 867,54 — e não $ 600 — porque seu valor como título de dívida predominaria.

conversão supere o valor como título de dívida simples. O prêmio de mercado é atribuído ao título conversível, proporcionando aos investidores a oportunidade de experimentar atraentes ganhos de capital com os aumentos no preço da ação, ao mesmo tempo em que assumem menos risco. O piso (valor como título de dívida simples) fornece uma proteção contra perdas resultantes de uma queda do preço da ação causada pela redução de lucros ou outros fatores. O prêmio de mercado tende a ser maior quando o valor como título de dívida simples e o valor de conversão forem quase iguais. Os investidores percebem que os benefícios dessas duas fontes de valor atingem o máximo nesse ponto.

→ **QUESTÕES PARA REVISÃO**

17.6 O que é *cláusula de conversão*? O que é *índice de conversão*? Como os títulos conversíveis e outros *títulos contingentes* afetam o LPA? Descreva sucintamente os motivos para o financiamento por meio de títulos conversíveis.

17.7 Quando o preço de mercado da ação se eleva acima do preço de conversão, por que um título conversível pode *não* ser convertido? Como a *cláusula de resgate* pode ser usada para forçar a conversão nessa situação? O que é um *título excedente*?

17.8 Defina o *valor como título de dívida simples*, o *valor de conversão*, o *valor de mercado* e o *prêmio de mercado* associados a um título de dívida conversível e descreva a relação geral entre eles.

17.4 *Warrants* de compra de ações

warrants de compra de ações
Instrumentos que dão a seus detentores o direito de comprar um determinado número de ações ordinárias do emitente, a um preço especificado, durante um certo período de tempo.

Os *warrants* de compra de ações são semelhantes aos *direitos* de compra de ações, que descrevemos brevemente no Capítulo 7. Os **warrants de compra de ações** dão a seus detentores o direito de comprar um determinado número de ações ordinárias do emitente, a um preço especificado, durante certo período de tempo. (Evidentemente, os detentores de *warrants* não recebem rendimento até que os *warrants* sejam exercidos ou vendidos.) Os *warrants* também têm alguma semelhança com os títulos conversíveis, na medida em que preveem a injeção de capital próprio adicional na empresa em alguma data futura.

PRINCIPAIS CARACTERÍSTICAS

Os *warrants* são, frequentemente, associados a emissões de títulos de dívida como "adoçantes". Quando uma empresa faz uma grande emissão de títulos de dívida, a associação de *warrants* de compra de ações pode aumentar a negociabilidade da emissão e reduzir a taxa de juros exigida. Como "adoçantes", os *warrants* são semelhantes à cláusula de conversão. De modo geral, quando uma nova empresa está levantando capital inicial, os fornecedores de capital de terceiros exigem *warrants* que lhes permitam compartilhar o sucesso da empresa. Além disso, empresas já estabelecidas às vezes oferecem *warrants* com seus títulos de dívida para compensar o risco e, assim, reduzir a taxa de juros e/ou diminuir as *cláusulas restritivas*.

Preço de exercício

preço de exercício
O preço pelo qual os detentores de *warrants* podem comprar um determinado número de ações ordinárias.

O preço pelo qual os detentores de *warrants* podem comprar um determinado número de ações ordinárias é, normalmente, chamado de **preço de exercício**. Em geral, esse preço é fixado entre 10 e 20% acima do preço de mercado da ação da empresa no momento da emissão. Enquanto o preço de mercado da ação não superar o preço de exercício, os detentores dos *warrants* não os exercerão porque podem comprar a ação no mercado a um preço mais baixo.

Os *warrants* geralmente têm uma vida não superior a dez anos, embora alguns tenham vida infinita. Ao contrário dos títulos conversíveis, os *warrants* não podem ser resgatados, mas sua vida limitada incentiva seus detentores a exercer seus *warrants* quando o preço de exercício for inferior ao preço de mercado da ação da empresa.

Negociação de *warrants*

Em geral, um *warrant é destacável*, o que significa que o detentor do título de dívida pode vender o *warrant* sem vender o título ao qual está associado. Muitos *warrants* destacáveis são ativamente negociados em bolsa de valores e no mercado de balcão. Muitos *warrants* ativamente negociados são listados na American Stock Exchange e, geralmente, oferecem aos investidores melhores oportunidades de ganho (com maior risco) do que a ação ordinária subjacente.

Comparação de *warrants* com direitos e títulos conversíveis

A semelhança entre um *warrant* e um direito deve ficar clara: os dois resultam em novo capital próprio, embora o *warrant* forneça financiamento *diferido* com capital próprio. A vida de um direito geralmente não passa de alguns meses; um *warrant* em geral pode ser exercido por um período de anos. Os direitos são emitidos a um preço de subscrição *inferior* ao preço de mercado vigente da ação; os *warrants*, na maioria das vezes, são emitidos a um preço de exercício de 10 a 20% *acima* do preço de mercado da ação.

Os *warrants* e os títulos conversíveis também têm semelhanças. O exercício de um *warrant* altera a estrutura de capital da empresa para uma posição menos alavancada porque são emitidas novas ações ordinárias sem alteração do capital de terceiros. Se um título de dívida conversível fosse convertido, a redução da alavancagem seria ainda mais acentuada, porque seriam emitidas ações ordinárias em troca de uma redução da dívida. Além disso, o exercício de um *warrant* fornece um influxo de capital novo; com os títulos conversíveis, o novo capital é levantado quando os títulos são emitidos, não quando são convertidos. O influxo de capital próprio novo, resultante do exercício de um *warrant* não ocorre até que a empresa tenha atingido certo grau de sucesso, refletido em um aumento de preço de sua ação. Nesse caso, a empresa obtém os fundos necessários de forma conveniente.

PREÇO IMPLÍCITO DE UM *WARRANT* ASSOCIADO

Quando *warrants* são associados a um título de dívida, o **preço implícito de um *warrant*** — o preço efetivamente pago por cada *warrant* associado — pode ser determinado usando primeiro a Equação 17.1:

$$\begin{array}{c} \text{Preço implícito de} \\ \textit{todos} \text{ os } \textit{warrants} \end{array} = \begin{array}{c} \text{Preço do título de dívida} \\ \text{com } \textit{warrants} \text{ associados} \end{array} - \begin{array}{c} \text{Valor como título} \\ \text{de dívida simples} \end{array} \quad (17.1)$$

preço implícito de um *warrant*
O preço efetivamente pago por cada *warrant* associado a um título de dívida.

O valor como título de dívida simples é encontrado de forma semelhante à utilizada na avaliação de título de dívida conversível. Dividir o preço implícito de *todos* os *warrants* pelo número de *warrants* associados a cada título de dívida resulta no preço implícito de *cada warrant*.

Exemplo 17.9

A Martin Marine Products, uma fabricante de eixos e hélices de motores náuticos, acabou de emitir um título de dívida com valor de face de $ 1.000, prazo de 20 anos e cupom de 10,5%, que paga juros anuais e tem 20 *warrants* associados para a compra de ações da empresa. O título de dívida foi inicialmente vendido por seu valor de face de $ 1.000. Na época da emissão, títulos de dívida simples, de risco semelhante, eram vendidos com uma taxa de retorno de 12%. O valor do título de dívida, como título de dívida simples, seria o valor presente de seus pagamentos, descontado à taxa de 12% dos títulos de dívida simples de risco semelhante:

Ano(s)	Pagamentos	Valor presente
1–20	$ 105ª	$ 784,29
20	1.000	103,67
	Valor como título de dívida simples	$ 887,96

ª $ 1.000 a 10,5% = $ 105 de juros ao ano.

Substituindo o preço de $ 1.000 do título de dívida com *warrants* associados e o valor como título de dívida simples de $ 887,96 na Equação 17.1, obtemos um preço implícito de *todos* os *warrants* de $ 112,04:

Preço implícito de *todos* os *warrants* = $ 1.000 − $ 887,96 = $ 112,04

Dividindo o preço implícito de *todos* os *warrants* pelo número de *warrants* associados a cada título de dívida — 20, nesse caso — encontramos o preço implícito de *cada warrant*:

Preço implícito de *cada warrant* = $ 112,04 · 20 = $ 5,60

Portanto, ao comprar por $ 1.000 o título de dívida da Martin Marine Products com *warrants* associados, o comprador está pagando efetivamente $ 5,60 por cada *warrant*.

O preço implícito de cada *warrant* tem significado somente quando comparado às características específicas do *warrant*, isto é, o número de ações que podem ser compradas e o preço de exercício especificado. Essas características podem ser analisadas à luz do preço vigente da ação ordinária para estimar o verdadeiro *valor de mercado* de cada *warrant*. Evidentemente, se o preço implícito estiver acima do valor estimado de mercado, o preço do título de dívida com *warrants* associados pode ser demasiadamente alto. Se o preço implícito estiver abaixo do valor estimado de mercado, o título de dívida pode ser muito atraente. As empresas devem, portanto, fixar o preço de seus títulos de dívida com *warrants* associados de modo a fazer com que o preço implícito de seus *warrants* fiquem ligeiramente abaixo do valor estimado de mercado. Essa abordagem permite que a empresa venda os títulos de dívida mais facilmente com cupom menor do que o que se aplicaria a um título de dívida simples, reduzindo, assim, os custos de serviço da dívida.

VALOR DE *WARRANTS*

prêmio do *warrant*
A diferença entre o valor de mercado e o valor teórico de um *warrant*.

Assim como os títulos conversíveis, os *warrants* têm tanto um valor de mercado quanto um valor teórico. A diferença entre esses valores, ou o **prêmio do *warrant***, depende em grande parte das expectativas dos investidores e de sua capacidade de obter mais alavancagem dos *warrants* do que da ação subjacente.

Valor teórico de um *warrant*

O *valor teórico* de um *warrant* de compra de ações é o montante pelo qual se espera que o *warrant* seja vendido no mercado. A equação para o valor teórico de um *warrant* é:

$$VTW = (P_0 - E) \times N \quad (17.2)$$

onde:
VTW = valor teórico de um *warrant*
P_0 = preço corrente de mercado de uma ação ordinária
E = preço de exercício do *warrant*
N = número de ações ordinárias que pode ser obtido com um *warrant*

O uso da Equação 17.2 pode ser ilustrado pelo Exemplo 17.10.

Exemplo 17.10

A Dustin Electronics, uma grande produtora de transistores, tem em circulação *warrants* que podem ser exercidos a $ 40 por ação e que conferem a seus detentores o direito de comprar três ações ordinárias. Os *warrants* foram inicialmente associados a uma emissão de títulos de dívida para "adoçá-la". A ação ordinária da empresa está sendo vendida a $ 45 cada. Substituindo P_0 = $ 45, E = $ 40 e N = 3 na Equação 17.2, temos um valor teórico do *warrant* de $ 1,5 ($ 45 − $ 40) 3.

Figura 17.2 — Valores e prêmio do warrant

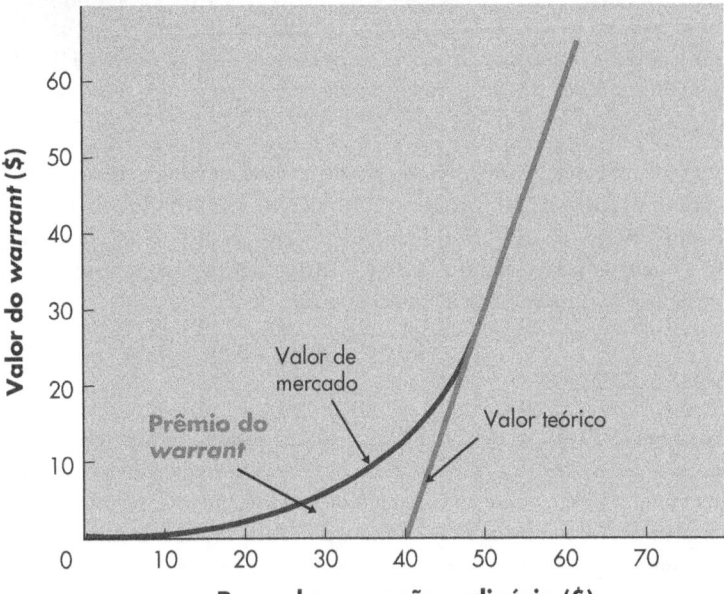

Valor e prêmio do *warrant* de compra de ações da Dustin Electronics.

Valor de mercado de um *warrant*

O valor de mercado de um *warrant* de compra de ações costuma ser superior a seu valor teórico. Somente quando o valor teórico do *warrant* é muito alto ou o *warrant* encontra-se perto de sua data de vencimento, os valores de mercado e teórico se aproximam. A relação geral entre os valores teórico e de mercado dos *warrants* da Dustin Electronics é representada graficamente na Figura 17.2. Em geral, o valor de mercado dos *warrants* supera o valor teórico pelo maior montante quando o preço de mercado da ação está próximo do preço de exercício do *warrant* por ação. O prazo até o vencimento também afeta o valor de mercado do *warrant*. De modo geral, quanto mais próximo o *warrant* está de seu vencimento, maior a probabilidade de que seu valor de mercado seja igual a seu valor teórico.

Prêmio do *warrant*

O *prêmio do warrant*, ou o montante pelo qual o valor de mercado dos *warrants* da Dustin Electronics excede o valor teórico desses *warrants*, também é mostrado na Figura 17.2. Esse prêmio resulta de uma combinação de expectativas positivas dos investidores e da capacidade do investidor — com uma quantia fixa para investir — de obter potenciais retornos (e risco) muito maiores ao negociar com *warrants* do que com ação subjacente.

**Finanças pessoais
Exemplo 17.11**

Stan Buyer tem $ 2.430 e está interessado em investir na Dustin Electronics. A ação da empresa está sendo vendida a $ 45 cada e seus *warrants* estão sendo vendidos a $ 18 cada. Cada *warrant* dá ao titular o direito de comprar três ações ordinárias da Dustin a $ 40 cada. Como a ação está sendo vendida a $ 45, o valor teórico do *warrant*, calculado no Exemplo 17.10, é de $ 15 [($ 45 − $ 40) 3].

O prêmio do *warrant* resulta das expectativas positivas do investidor e das oportunidades de alavancagem. Stan Buyer poderia gastar seus $ 2.430 de duas maneiras: comprando 54 ações ordinárias a $ 45 cada, ou 135 *warrants* a $ 18 *cada*, ignorando as taxas de corretagem. Se comprar as ações e o preço subir para $ 48, ele ganhará $ 162

($ 3 por ação 54 ações) ao vender as ações. Se, em vez disso, ele comprar os 135 *warrants* e o preço da ação subir $ 3 por ação, ganhará cerca de $ 1.215. Como o preço de uma ação subiu $ 3, podemos esperar que o preço de cada *warrant* suba $ 9 (porque cada *warrant* pode ser usado para comprar três ações ordinárias). Um ganho de $ 9 por *warrant* sobre 135 *warrants* significa um ganho total de $ 1.215.

A maior alavancagem associada à negociação de *warrants* deve ter ficado evidente nesse exemplo. É claro que, como a alavancagem funciona nos dois sentidos, resulta em maior risco. Se o preço de mercado cair $ 3, a perda com a ação será de $ 162, ao passo que a perda com os *warrants* será algo em torno de $ 1.215. Evidentemente, investir em *warrants* é mais arriscado do que investir na ação subjacente.

→ QUESTÕES PARA REVISÃO

17.9 O que são *warrants de compra de ações*? Quais são as principais semelhanças e diferenças entre os efeitos dos *warrants* e os dos títulos conversíveis sobre a estrutura de capital da empresa e sua capacidade de levantar capital novo?

17.10 O que é o *preço implícito de um warrant*? Como estimá-lo? Para ser eficaz, como deve relacionar-se com o *valor estimado de mercado* de um *warrant*?

17.11 Qual é a relação geral entre o valor teórico e o valor de mercado de um *warrant*? Em que circunstâncias esses valores ficam bem próximos? O que é o *prêmio do warrant*?

17.5 Opções

opção
Um instrumento que dá a seu detentor a oportunidade de comprar ou vender um ativo especificado a um preço determinado em uma *data de vencimento* estipulada ou antes dela.

Em seu sentido mais geral, uma **opção** pode ser vista como um instrumento que dá a seu detentor a oportunidade de comprar ou vender um ativo especificado a um preço determinado em uma *data de vencimento* estipulada ou antes dela. As opções talvez sejam o tipo mais popular de *derivativos*. Atualmente, o interesse maior está voltado para as opções de ações ordinárias.[13] O desenvolvimento de bolsas de opções criou mercados em que elas podem ser negociadas. As três formas básicas de opções são: direitos, *warrants* e opções de compra (*calls*) e de venda (*puts*). Os direitos foram discutidos no Capítulo 7 e os *warrants* foram descritos na seção anterior.

OPÇÕES DE COMPRA E OPÇÕES DE VENDA

opção de compra (*call*)
Uma opção para *comprar* um determinado número de ações (normalmente 100) em uma data futura especificada, ou antes dela, a um preço estabelecido.

Os dois tipos mais comuns de opção são as de compra e as de venda. Uma **opção de compra (*call*)** é uma opção para *comprar* um determinado número de ações (normalmente 100) em uma data futura especificada, ou antes dela, a um preço estabelecido. A ação, que o detentor da opção tem o direito de comprar, é chamada de *ativo subjacente* e a opção de compra deriva seu valor do valor da ação subjacente (daí o termo *derivativo*). As opções de compra normalmente têm prazos de vencimentos que expiram em poucos meses, embora algumas tenham prazos muito mais longos. O

---

[13] As *opções reais* — oportunidades encontradas em projetos de investimento que permitem à administração alterar os fluxos de caixa e o risco da empresa — foram apresentadas no Capítulo 12. As *opções* descritas aqui diferem das opções reais; são um tipo de derivativo que deriva seu valor de um ativo financeiro subjacente, em geral ação ordinária. Embora algumas das ferramentas analíticas utilizadas para avaliar os dois tipos de opções sejam semelhantes, o foco aqui é meramente sobre os aspectos de definição das opções. Os modelos utilizados para avaliar essas opções costumam ser discutidos em livros mais avançados de administração financeira.

preço de exercício é o preço em que o detentor da opção pode comprar uma determinada quantia de ações a qualquer momento antes da data de vencimento da opção. Uma opção de compra é mais valiosa quando seu preço de exercício está bem abaixo do preço de mercado da ação subjacente (por essa razão, a opção dá a seu detentor o direito de comprar as ações a um preço justo). Quando o preço de exercício de uma opção de compra for menor que o preço de mercado da ação, diz-se que a opção está "*in the money*". A bolsa em que a opção é negociada, em geral, fixa o preço de exercício da opção ao preço vigente de mercado da ação, ou próximo dele, no momento em que a opção é listada para negociação. Por exemplo, se a ação de uma empresa estiver sendo vendida a $ 50 cada, uma bolsa de opções deve listar os contratos de opção para negociação com preços de exercício de $ 45, $ 50 e $ 55. Como outros títulos, o valor de uma opção de compra é determinado pela interação de compradores e vendedores negociando opções no mercado. O preço de mercado de uma opção de compra é chamado de *prêmio da opção* e representa o preço que deve ser pago para adquirir o direito de comprar a ação pelo preço de exercício.

Uma **opção de venda** é uma opção para *vender* um determinado número de ações (normalmente 100) em uma data futura especificada, ou antes dela, a um preço estabelecido. Como a opção de compra, o preço de exercício da opção de venda é fixado ao preço de mercado da ação subjacente, ou próximo dele, no momento da emissão. Os prazos e os custos das opções de venda são semelhantes aos das opções de compra. Diz-se que a opção de venda está "*in the money*" quando o preço de mercado da ação subjacente estiver abaixo do preço de exercício. Nesse caso, o detentor da opção pode vender a ação a um preço acima do mercado.

preço de exercício
O preço em que o detentor de uma opção de compra pode comprar (ou o detentor de uma opção de venda pode vender) uma determinada quantia de ações a qualquer momento antes da data de vencimento da opção.

opção de venda (*put*)
Uma opção para *vender* um determinado número de ações (normalmente 100) em uma data futura especificada, ou antes dela, a um preço estabelecido.

MERCADOS DE OPÇÕES

Há duas maneiras de fazer transações com opções. A primeira envolve fazer uma transação por meio de uma das cerca de vinte distribuidoras de opções, com a ajuda de uma corretora. A outra, mais popular, é por intermédio das bolsas organizadas. A principal bolsa é a *Chicago Board Options Exchange* (*CBOE*), fundada em 1973. Outras bolsas em que se negociam opções incluem a International Securities Exchange (ISE), a American Stock Exchange e a Philadelphia Stock Exchange. As opções negociadas nessas bolsas são padronizadas e, portanto, consideradas títulos registrados. Cada opção refere-se a 100 unidades da ação subjacente. O preço em que as opções podem ser negociadas é definido pelas forças de oferta e demanda.

FATOS e DADOS

Recessão desacelera negociação de opções

Como muitas outras empresas, a Chicago Board Options Exchange (CBOE) sofreu uma queda em seus negócios em 2009 devido à recessão. Naquele ano, a CBOE reportou um volume total de negociações de 1,135 bilhão de contratos de opções, abaixo dos 1,193 bilhão de 2008. O maior declínio veio de uma área que tinha sido a linha de negócio de crescimento mais rápido da CBOE: opções de fundos negociados em bolsa (*Exchange Traded Funds* — ETFs). Em 2009, a negociação de opções de ETFs caiu para 277 milhões de contratos, 16% menor que no ano anterior. O volume de opções de ETFs não se recuperou imediatamente após o fim da recessão, mas, em vez disso, caiu um pouco mais em 2010, para 276 milhões de contratos. A recuperação veio em 2011 e 2012, quando o volume de opções de ETFs foi superior a 368 milhões e 311 milhões de contratos, respectivamente.

NEGOCIAÇÃO DE OPÇÕES

O motivo mais comum para a aquisição de opções de compra (*call*) é a expectativa de que o preço de mercado da ação subjacente *subirá* mais do que o suficiente para cobrir o custo da opção, permitindo que o comprador tenha lucro.

**Finanças pessoais
Exemplo 17.12**

Suponha que Cindy Peters pague $ 250 por uma *opção de compra* de ações da Wing Enterprises, uma fabricante de componentes de aeronaves, com prazo de três meses e a um preço de exercício de $ 50. Ao pagar $ 250, Cindy recebe a garantia de que pode comprar 100 ações da Wing a $ 50 cada a qualquer momento durante os próximos três meses. Se o preço da ação da Wing subir acima de $ 50, Cindy pode exercer sua opção e comprar a ação por $ 50, e imediatamente vendê-la no mercado aberto por um preço de mercado mais alto. O preço da ação precisa subir $ 2,50 ($ 250 · 100 ações), para $ 52,50, para cobrir o custo da opção (ignore quaisquer taxas de corretagem). Se o preço da ação subir mais do que isso, Cindy obtém um lucro líquido com a compra e exercício da opção. Por exemplo, se o preço da ação subir para $ 60 durante o período, o lucro líquido de Cindy seria de $ 750. Ela poderia obter um lucro de $ 10 por ação ao exercer seu direito de comprar ações a $ 50 e imediatamente vendê-las no mercado aberto por $ 60 cada. Como ela tem o direito de comprar 100 ações, o lucro bruto de Cindy nessa transação seria de $ 1.000, mas, como ela gastou $ 250 para adquirir a opção, seu lucro líquido seria de $ 750.

Como esse lucro de $ 750 seria obtido de um investimento inicial de $ 250, isso ilustra o elevado potencial de retorno sobre investimento que as opções oferecem (no caso, um ganho de 300%). É claro que, se o preço da ação não subisse acima de $ 50, Cindy poderia perder os $ 250 que investiu, pois não haveria motivo para exercer a opção e seu retorno sobre o investimento seria 100% negativo. Se o preço da ação subisse para algo entre $ 50 e $ 52,50, Cindy exerceria a opção, embora o ganho proveniente do exercício não fosse suficiente para cobrir totalmente o preço de $ 250 de compra da opção.

As opções de venda costumam ser compradas com a expectativa de que o preço das ações de um dado título *cairá* durante o prazo da opção. Os investidores ganham com as opções de venda quando o preço da ação subjacente cai mais do que o custo por ação da opção. A lógica por trás da compra de uma opção de venda é exatamente o oposto daquela por trás do uso de opções de compra.

**Finanças pessoais
Exemplo 17.13**

Suponha que Don Kelly pague $ 325 por uma opção de venda de ações da Dante United, uma fabricante de bolos, com prazo de seis meses e preço de exercício de $ 40. Don comprou a opção de venda na expectativa de que o preço da ação caia por causa do lançamento de uma nova linha de produtos pelo principal concorrente da Dante. Ao pagar $ 325, Don recebe a garantia de poder vender 100 ações da Dante a $ 40 cada, a qualquer momento durante os próximos seis meses. Se o preço da ação cair abaixo de $ 40, Don pode comprar 100 ações ao preço de mercado vigente e exercer sua opção de vendê-las por $ 40 cada. O preço da ação precisa cair $ 3,25 ($ 325 · 100 ações), para $ 36,75, para cobrir o custo da opção (ignore quaisquer taxas de corretagem). Se o preço da ação cair mais do que isso, Don obterá um lucro líquido com a compra e exercício da opção. Por exemplo, se o preço da ação caísse para $ 30 durante o período, Don poderia comprar 100 ações no mercado aberto por $ 3.000 e então exercer o direito de vendê-las por $ 40 cada (ou $ 4.000 no total). O lucro líquido de Don seria de $ 675 [(100 ações $ 40/ação) − (100 ações $ 30/ação) − $ 325].

> Como esse lucro de $ 675 seria obtido sobre um investimento de apenas $ 325, isso ilustra o alto potencial de retorno sobre investimento que as opções oferecem. É claro que, se o preço da ação subisse acima de $ 40, Don perderia os $ 325 que investiu porque não haveria motivo para exercer a opção. Se o preço da ação caísse para algo entre $ 36,75 e $ 40,00, Don exerceria a opção para reduzir sua perda a algo inferior a $ 325.

Alguns investidores compram opções de venda (*puts*) não para especular sobre uma potencial queda de preço, mas para se proteger desse evento. Os compradores de opções de venda normalmente são detentores das ações subjacentes, e a compra dessas opções fornece uma maneira de proteger o valor das ações que o investidor já possui. Por exemplo, um investidor que possui 100 ações da Intel Corp., vendidas a $ 22 cada, poderia comprar opções de venda de ações da Intel com um preço de exercício de $ 20. Essa opção garantiria que, mesmo se o preço da ação da Intel despencasse, o investidor seria capaz de vender suas ações a $ 20 cada.

O PAPEL DAS OPÇÕES DE COMPRA E DE VENDA NO LEVANTAMENTO DE FUNDOS

Embora as opções de compra e de venda sejam veículos de investimento muito populares, elas *não* desempenham qualquer papel direto nas atividades de levantamento de fundos da empresa. Essas opções são emitidas por investidores, não por empresas. *Elas não são uma fonte de financiamento para a empresa porque a empresa não recebe os rendimentos quando os investidores compram opções, nem recebem fundos quando os investidores exercem as opções de compra de ações.* Os compradores de opções não têm qualquer influência na administração da empresa e não têm direito a voto; somente acionistas recebem esses privilégios. Apesar da popularidade das opções como investimento, o administrador financeiro tem pouca necessidade de lidar com elas, especialmente como parte de suas atividades de levantar fundos.

Entretanto, os administradores financeiros lidam com opções de ações (*stock options*) quando elas fazem parte dos pacotes de remuneração dos funcionários. As opções de compra de ações dos funcionários são uma forma de opção de compra. Como podemos ver no quadro *Foco na Ética*, adiante, diversas empresas e executivos passaram perto, ou ultrapassaram, os limites éticos ao alterar a data de opções.

COBERTURA DE EXPOSIÇÕES A MOEDAS ESTRANGEIRAS COM OPÇÕES

A Chicago Mercantile Exchange (CME) e a Philadelphia Stock Exchange (PHLX) oferecem contratos de opções negociados em bolsa de dólar canadense, euro, iene japonês, franco suíço e várias outras moedas importantes. As *opções de câmbio* são usadas por uma grande variedade de operadores de mercado, das maiores multinacionais a pequenos exportadores e importadores, bem como por investidores e especuladores individuais. As opções permitem que as empresas façam **hedge**, que envolve a compensação ou a proteção contra o risco de movimentos adversos de preços, e simultaneamente preserva a possibilidade de lucrar com os movimentos favoráveis de preços. Usar opções para se proteger do risco (fazer *hedge*) é semelhante a comprar um seguro. A empresa paga um prêmio (o custo da opção) e em troca recebe uma entrada de caixa caso o evento, contra o qual a empresa está se protegendo, de fato ocorrer. Se o evento não ocorrer, a opção expira e fica sem valor, e a empresa perde o dinheiro gasto para adquirir a opção, como seria o caso se você contratasse um seguro de carro e nunca sofresse um acidente.

hedge
Compensação ou proteção contra o risco de movimentos adversos de preços.

Foco na ÉTICA

Opções com data retroativa

na prática A concessão de opções de ações (*stock options*) a executivos e funcionários foi uma prática popular no setor de tecnologia por muitos anos. *Startups* que não podiam pagar altos salários ofereciam opções de ações aos funcionários dispostos a assumir o risco de que essas opções viessem a valer muito caso a empresa desse certo. Até gigantes da tecnologia como Microsoft e Intel concederam opções a quase todos os funcionários, muitos dos quais enriqueceram quando as ações de empresas de tecnologia dispararam durante a década de 1990.

Normalmente, a opção de ações concedida a funcionários tem um preço de exercício igual ao preço de mercado da ação da empresa no momento da concessão da opção. Essa prática garante que os funcionários tenham lucro com suas opções somente se o preço da ação subir após a concessão dessas opções. Uma prática que as empresas podem adotar para tornar suas concessões de *stock options* ainda mais valiosas para os funcionários é conhecida como *backdating*. O *backdating* ocorre quando uma empresa escolhe uma data retroativa para estabelecer a data de concessão da opção, de modo que a data coincida com um momento em que o preço da ação da empresa está, temporariamente, em seu mínimo. Por exemplo, em 1º de abril, ao olhar dados do trimestre anterior, os administradores constatam que o preço da ação da empresa atingiu o menor nível em 20 de fevereiro. Os administradores, então, anunciam que opções foram concedidas em 20 de fevereiro com preço de exercício igual ao preço da ação naquela data. Com o benefício da retrospectiva, os administradores sabem que o preço da ação em 1º de abril era muito mais alto do que em 20 de fevereiro, assim essas opções com data retroativa já possuíam um lucro incorporado. Os professores de finanças Erik Lie, da Universidade de Iowa, e Randall Heron, da Universidade de Indiana, publicaram diversos estudos mostrando que o timing da concessão de *stock options* a funcionários em momentos de baixa do mercado era comum demais para ser coincidência e concluíram que muitas concessões de opções tinham data retroativa. A SEC, posteriormente, realizou uma investigação de um ano e começou a penalizar empresas com políticas questionáveis na condução da concessão de *stock options*. Pelo menos 260 empresas anunciaram auditorias internas ou foram submetidas a investigações da SEC ou do Departamento de Justiça relacionadas às opções com datas retroativas. As empresas que foram investigadas viram os preços de mercado de suas ações caírem. Como resultado do aumento do escrutínio, diversos executivos do alto escalão de uma série de empresas pediram demissão ou foram demitidos. Uma série de empresas anunciou que emitiriam uma atualização dos resultados para registrar encargos contra lucros que deveriam ter sido registrados quando as opções foram concedidas.

Embora opções com datas retroativas não sejam necessariamente ilegais, as questões relacionadas ao *backdating* envolvem falha na divulgação de informações aos acionistas, falta de pagamento de impostos adicionais e demonstrações de resultados que deveriam ter refletido as alterações das datas de concessão. Qualquer uma dessas três questões poderia levar a ações civis (e talvez criminais).

Felizmente, novas exigências de divulgação dificultaram a prática de *backdating*. A Seção 403 da Lei Sarbanes-Oxley de 2002 exige que diretores reportem à SEC sobre as concessões de opções no prazo de dois dias úteis em vez de semanas e meses, como permitido pela legislação anterior.

- *Se as empresas quisessem conceder stock options com preço de exercício abaixo do preço vigente de mercado de sua ação, elas poderiam fazê-lo. Por que você acha que algumas empresas optaram por retroagir as datas das opções, dando a impressão de que as opções tinham sido concedidas com preço de exercício igual ao preço vigente de mercado da ação quando, na verdade, as opções estavam "in the money" no momento da concessão?*

Exemplo 17.14   Suponha que um exportador norte-americano tenha acabado de fechar uma venda denominada em francos suíços com pagamento na entrega daqui a três meses. O exportador está exposto ao risco cambial, pois, ao receber o pagamento em francos, trocará esses francos por dólares, e a taxa de câmbio em que essa transação ocorrerá é desconhecida. Se o valor do franco suíço cair, o valor do pagamento em dólares que o exportador receberá daqui a três meses será reduzido (porque cada franco comprará menos dólares no mercado de câmbio). A empresa poderia fazer um *hedge* para se proteger do risco de desvalorização do franco, comprando uma opção de venda de franco suíço, o que daria à empresa o direito de vender francos suíços a um preço fixo (digamos, um franco em troca de 1,04 dólar). Essa opção se tornaria valiosa se o valor do franco suíço fosse menor que US$ 1,04 quando o pagamento em francos fosse recebido daqui a três meses. Por outro lado, se um franco suíço valesse mais que US$ 1,04 quando o exportador receber o pagamento, a empresa poderia deixar a opção de venda expirar sem ser exercida e converteria os francos suíços recebidos em dólares ao novo preço do dólar, mais alto. O exportador estaria protegido do risco de preço adverso, mas ainda assim poderia lucrar com os movimentos favoráveis dos preços.

→ QUESTÕES PARA REVISÃO

17.12 O que é uma *opção*? Defina *opções de compra* (*calls*) e *de venda* (*puts*). Que papel, se algum, as opções de compra e de venda desempenham nas atividades de levantamento de fundos de uma empresa?

17.13 Como uma empresa pode usar opções de moeda para fazer *hedge* contra a exposição à moeda estrangeira resultante de transações internacionais?

Resumo

ÊNFASE NO VALOR

Além dos títulos corporativos básicos, como ações e títulos de dívida, a empresa pode usar títulos híbridos em suas atividades de levantamento de fundos. Esses títulos, que possuem características tanto de capital de terceiros quanto de capital próprio, permitem que a empresa levante fundos ao menor custo ou promova mudanças futuras desejadas em sua estrutura de capital.

O arrendamento, especialmente o financeiro (de capital), pode permitir que a empresa use o arrendamento como um substituto para a compra financiada com capital de terceiros, de trade-offs de risco e retorno mais atraentes. Da mesma forma, ao emitir títulos conversíveis em vez de títulos de dívida simples ou ao associar *warrants* de compra de ações a uma emissão de título de dívida ou financiamento com capital de terceiros, a empresa pode fornecer aos credores o potencial de se beneficiar das movimentações dos preços da ação em troca de uma taxa de juros mais baixa ou cláusulas menos restritivas no título de dívida ou contrato de dívida. Embora as opções não sejam uma fonte de financiamento para a empresa, esse derivativo pode ajudar a fornecer incentivos aos funcionários. Opções de câmbio podem ser usadas para fazer *hedge* contra movimentos adversos de moeda em transações internacionais.

É evidente que o administrador financeiro deve usar títulos híbridos e derivativos para aumentar o retorno (muitas vezes pela redução dos custos de financiamento) e reduzir o risco. Ao tomar apenas essas medidas que acredita-se resultar em trade-offs de risco e retorno atrativos, o administrador financeiro pode contribuir positivamente para o objetivo da empresa de **maximizar o preço da ação**.

REVISÃO DOS OBJETIVOS DE APRENDIZAGEM

OA 01 **Distinguir títulos híbridos e derivativos e seus papéis na empresa.**
Os títulos híbridos são formas de financiamento com capital de terceiros ou capital

próprio que possuem características de ambos. Os títulos híbridos mais comuns incluem ações preferenciais, arrendamentos financeiros, títulos conversíveis e *warrants* de compra de ações. Os derivativos não são capital de terceiros ou capital próprio e derivam seu valor de um ativo subjacente, normalmente outro título. As opções são um tipo comum de derivativo.

OA 02 Rever os tipos de arrendamento, os contratos, a decisão entre arrendar e comprar, os efeitos do arrendamento no financiamento futuro e as vantagens e desvantagens do arrendamento. O arrendamento permite que a empresa faça pagamentos contratuais e dedutíveis do imposto de renda para obter o uso de ativos imobilizados. Arrendamentos operacionais têm, geralmente, prazo de cinco anos ou menos, podem ser cancelados e renovados e a manutenção fica a encargo do arrendador. Os arrendamentos financeiros têm prazo mais longo, não podem ser cancelados nem renovados e a manutenção quase sempre fica a cargo do arrendatário. A Norma 13 do FASB apresenta diretrizes específicas para definir um arrendamento financeiro (de capital). Um arrendador pode obter ativos a serem arrendados por meio de um arrendamento direto, um contrato de venda e *leaseback* ou um arrendamento alavancado. A decisão de arrendar ou comprar pode ser avaliada calculando-se as saídas de caixa após imposto de renda associadas às alternativas de arrendamento e compra. A alternativa mais interessante é aquela que apresentar o menor valor presente das saídas de caixa após imposto de renda. A Norma 13 do FASB exige que as empresas mostrem os arrendamentos financeiros como ativos e respectivos passivos em seus balanços patrimoniais; os arrendamentos operacionais devem ser mostrados nas notas explicativas das demonstrações financeiras. Vantagens e desvantagens podem ser consideradas ao tomar decisões de arrendar ou comprar.

OA 03 Descrever os tipos de títulos conversíveis, suas características gerais e o financiamento com conversíveis. Títulos de dívida corporativos e ações preferenciais podem ser convertidas em ações ordinárias. O índice de conversão indica o número de ações pelo qual um título conversível pode ser trocado e determina o preço de conversão. O direito de conversão quase sempre pode ser exercido a qualquer momento durante a vigência do título. O valor de conversão é o valor do título conversível medido em termos do preço de mercado da ação ordinária em que pode ser convertido. A presença de títulos conversíveis e outros títulos contingentes (*warrants* e opções de compra de ações), em geral, exige que a empresa divulgue o lucro por ação (LPA) tanto básico quanto diluído. Os títulos conversíveis são usados para obter financiamento diferido por meio de ações ordinárias para "adoçar" as emissões de títulos de dívida, para minimizar cláusulas restritivas e para levantar temporariamente fundos de baixo custo. A cláusula de resgate é por vezes usada para incentivar ou "forçar" a conversão; às vezes pode resultar em um título excedente.

OA 04 Demonstrar os procedimentos para determinar o valor de um título de dívida conversível como se fosse um título de dívida simples, o valor de conversão e o valor de mercado de um título de dívida conversível. O valor de um título de dívida conversível, como se fosse um título de dívida simples, é o preço a que seria vendido no mercado sem a cláusula de conversão. Geralmente representa o valor mínimo a que um título de dívida conversível seria negociado. O valor de conversão é encontrado multiplicando-se o título de conversão pelo preço corrente de mercado da ação ordinária subjacente. O valor de mercado de um título conversível, em geral, excede o valor como título de dívida simples e o valor de conversão, resultando em um prêmio de mercado. O prêmio atinge o máximo quando os valores como título de dívida simples e de conversão são quase iguais.

OA 05 Explicar as principais características dos *warrants* de compra de ações, o preço implícito de um *warrant* associado e os valores dos *warrants*.

Os *warrants* de compra de ações permitem que seus detentores comprem um certo número de ações ordinárias a um preço de exercício especificado. Os *warrants* são, frequentemente, associados a emissões de títulos de dívida como "adoçantes", costumam ter um prazo limitado, são destacáveis e podem ser negociados em bolsas de valores. Os *warrants* são semelhantes aos direitos de ações exceto que o preço de exercício de um *warrant* é inicialmente fixado acima do preço corrente de mercado da ação subjacente. Os *warrants* são semelhantes aos títulos conversíveis, mas seu exercício tem um efeito menos pronunciado sobre a alavancagem da empresa e traz novos fundos. O preço implícito de um *warrant* associado pode ser encontrado dividindo-se a diferença entre o preço do título de dívida com *warrants* associados e o valor como título de dívida simples pelo número de *warrants* associados a cada título de dívida. O valor de mercado de um *warrant* costuma ser maior que seu valor teórico, criando um prêmio do *warrant*. Em geral, os investidores obtêm mais alavancagem com a negociação de *warrants* do que com a negociação da ação subjacente.

OA 06 **Definir opções e discutir opções de compra e de venda, mercados de opções, negociação de opções, o papel das opções de compra e de venda no levantamento de fundos e cobertura de exposições à moeda estrangeira com opções.** Uma opção fornece a seu detentor a oportunidade de comprar ou vender um determinado ativo a um preço especificado em uma determinada data de vencimento ou antes dela. Direitos, *warrants* e opções de compra (*calls*) e de venda (*puts*) são todos opções. As opções de compra são opções para comprar ação ordinária e as opções de venda são opções para vender ação ordinária. Bolsas de opções são mercados organizados em que são realizadas compras e vendas de opções de compra e de venda. As opções negociadas nessas bolsas são padronizadas e os preços de negociação são determinados pelas forças de oferta e demanda. As opções de compra e venda não desempenham um papel direto nas atividades do administrador financeiro de levantar fundos. As opções de câmbio podem ser utilizadas para fazer *hedge* da exposição à moeda estrangeira resultante de transações internacionais.

Revisão da abertura do capítulo

Na abertura do capítulo, descrevemos uma emissão de títulos de dívida conversíveis da Nokia em que cada investidor podia trocar seu título de dívida com valor de face de j 1.000 por 383 ações ordinárias da Nokia. Quando esses títulos de dívida foram emitidos, a ação da Nokia estava sendo negociada a j 2,04.

a. Qual é o índice de conversão dos títulos de dívida conversíveis da Nokia?

b. Qual é o preço de conversão dos títulos de dívida conversíveis da Nokia?

c. Qual era o valor de conversão dos títulos de dívida conversíveis da Nokia no momento de sua emissão?

d. Quanto o preço da ação da Nokia precisaria subir (a partir de seu valor inicial de j 2,04) para os investidores se interessarem em trocar seus títulos de dívida por ações ordinárias?

e. Se a Nokia tivesse tentado emitir títulos de dívida não conversíveis depois de perder sua classificação de *investment grade*, ela teria que pagar uma taxa de juros de 7%. Qual era o valor dos títulos de dívida conversíveis como se fosse título de dívida simples da Nokia no momento de sua emissão? (Para simplificar, suponha pagamentos de juros anuais.)

Exercícios de autoavaliação

AA17.1 Arrendar *versus* comprar. A Hot Bagel Shop está avaliando dois planos para financiar um forno: arrendamento ou empréstimo para compra. A alíquota do imposto de renda da empresa é de 40%.

Arrendamento A empresa pode arrendar o forno por cinco anos com pagamentos anuais no final de cada ano de $ 5.000. Todos os custos de manutenção serão pagos pelo arrendador, e o arrendatário se encarregará do seguro e dos demais custos. O arrendatário exercerá sua opção de compra do forno por $ 4.000 no término do arrendamento.

Compra O forno custa $ 20.000 e tem vida útil de cinco anos. Será depreciado pelo MACRS usando um período de recuperação de cinco anos. (Consulte as taxas de depreciação aplicáveis na Tabela 4.2, no Capítulo 4.) O preço total de compra será financiado por um empréstimo com prazo de cinco anos, juros de 15% e pagamentos iguais e anuais de $ 5.967 no final de cada ano. A empresa pagará $ 1.000 por ano por um contrato de serviço que cobrirá todos os custos de manutenção; seguro e demais custos serão assumidos pela empresa, que pretende manter o forno e usá-lo além de seu período de recuperação de cinco anos.

a. Para o plano de arrendamento, calcule:
(1) A saída de caixa após imposto de renda de cada ano.
(2) O valor presente das saídas de caixa, usando a *taxa de desconto de 9%*.

b. Para o plano de compra, calcule:
(1) A despesa anual de juros dedutível para fins fiscais para cada um dos cinco anos.
(2) A saída de caixa após imposto de renda resultante da compra para cada um dos cinco anos.
(3) O valor presente das saídas de caixa, usando a *taxa de desconto de 9%*.

c. Compare os valores presentes das saídas de caixa dos dois planos e determine qual deles seria preferível. Explique sua resposta.

AA17.2 Determinação dos valores de um título de dívida conversível. A Mountain Mining Company tem em circulação uma emissão de o títulos de dívida conversíveis com valor de face de $ 1.000. Esses títulos de dívida são conversíveis em 40 ações ordinárias, pagam juros anuais de 11% e seu prazo de vencimento é de 25 anos. A taxa de juros de um título de dívida simples de risco semelhante é de 13%.

a. Calcule o *valor do título de dívida como se fosse um título de dívida simples*.

b. Calcule o *valor de conversão* do título de dívida quando o preço de mercado da ação ordinária for $ 20, $ 25, $ 28, $ 35 e $ 50.

c. Para cada preço da ação dado no item **b**, a que preço você esperaria vender o título de dívida? Por quê?

d. A que preço mínimo você esperaria que o título de dívida fosse vendido, independentemente do comportamento do preço da ação ordinária?

Exercícios de aquecimento

A17.1 A N & M Corp. está avaliando o arrendamento de uma nova máquina por $ 25.000 ao ano. O contrato de arrendamento prevê um prazo de cinco anos com opção de compra da máquina no final do contrato por $ 3.500. A alíquota de imposto de renda da empresa é de 34%. Qual é o valor presente das saídas de caixa do arrendamento, incluindo a opção de compra, se os pagamentos forem feitos no final de cada ano e se o custo de capital de terceiros após imposto de renda for de 7%?

A17.2 Nos dois últimos anos, a Meacham Industries emitiu três títulos de dívida conversíveis diferentes. Para cada um deles, calcule o *preço de conversão*:

a. Um título de dívida com valor de face de $ 1.000, que é conversível em 10 ações ordinárias.

b. Um título de dívida com valor de face de $ 2.000, que é conversível em 20 ações ordinárias.

c. Um título de dívida com valor de face de $ 1.500, que é conversível em 30 ações ordinárias.

A17.3 A Newcomb Company tem um título de dívida em circulação com valor de face de $ 1.500 e conversível a $ 30 por ação. Qual é *o índice de conversão* do título de dívida? Se a ação subjacente estiver sendo negociada a $ 25, qual será o *valor de conversão* do título de dívida? Seria aconselhável ao detentor do título de dívida exercer a opção de conversão?

A17.4 A Crystal Cafés vendeu recentemente um título de dívida conversível com valor de face de $ 2.000, vencimento em dez anos e cupom de 8%. Os pagamentos de juros serão feitos no final de cada ano e o principal será amortizado no vencimento. Um título de dívida semelhante e sem cláusula de conversão seria vendido com cupom de 9%. A que preço mínimo o título de dívida conversível da Crystal Cafés deveria ser vendido?

A17.5 Uma opção de compra com vencimento em seis meses sobre 100 ações da SRS Corp. está sendo negociada por $ 300. O preço de exercício da opção é de $ 40. A ação da empresa está sendo negociada a $ 38. Desconsiderando as taxas de corretagem, que preço a ação deve atingir para cobrir exatamente a despesa da opção? Se o preço da ação subir para $ 45, qual será o lucro líquido sobre a opção?

Exercícios

E17.1 Fluxos de caixa de arrendamento. Dados os pagamentos e os prazos de arrendamento apresentados na tabela a seguir, determine as *saídas de caixa anuais após imposto de renda* para cada empresa, presumindo que os pagamentos sejam feitos no final de cada ano e que a alíquota de imposto de renda da empresa seja de 40%. Suponha que não exista opção de compra.

Empresa	Pagamento anual do arrendamento	Prazo do arrendamento
A	$ 100.000	4 anos
B	80.000	14 anos
C	150.000	8 anos
D	60.000	25 anos
E	20.000	10 anos

E17.2 Juros de empréstimo. Para cada um dos valores, taxas de juros, pagamentos anuais e condições de empréstimo apresentados na tabela a seguir, calcule os *juros* *anuais pagos* em cada ano durante a vigência do empréstimo, presumindo que os pagamentos sejam feitos no final de cada ano.

Empréstimo	Valor	Taxa de juros	Pagamento anual	Prazo
A	$ 14.000	10%	$ 4.416	4 anos
B	17.500	12%	10.355	2 anos
C	2.400	13%	1.017	3 anos
D	49.000	14%	14.273	5 anos
E	26.500	16%	7.191	6 anos

 E17.3 Prestações e juros de empréstimos. A Schuyler Company está pensando em comprar um ativo que custa $ 117.000. O valor total necessário para financiar o ativo pode ser emprestado a juros de 14%. Os termos do empréstimo exigem prestações iguais no final do ano, nos próximos seis anos. Determine o valor da prestação anual do empréstimo e decomponha esse valor em juros e amortização do principal a cada ano. (*Dica:* use as técnicas apresentadas no Capítulo 5 para encontrar o valor da prestação.)

 E17.4 Arrendar *versus* comprar. A JLB Corporation está tentando determinar se arrenda ou compra um equipamento para pesquisa. A alíquota de imposto de renda da empresa é de 40% e o custo de capital de terceiros após imposto de renda é de 8%. As condições do arrendamento e da compra são as seguintes:

Arrendamento Pagamentos anuais de $ 25.200 no final do ano, durante a vigência do contrato de três anos. Todos os custos de manutenção seriam pagos pelo arrendador, e o arrendatário se encarregaria do seguro e dos demais custos. O arrendatário exerceria sua opção de compra do ativo por $ 5.000 no final do prazo do arrendamento.

Compra O equipamento de pesquisa, que custa $ 60.000, pode ser totalmente financiado com um empréstimo a juros de 14%, que exige prestações anuais de $ 25.844 no final de cada ano, por três anos. A empresa depreciaria o equipamento pelo MACRS, usando um período de recuperação de três anos. (Consulte as taxas de depreciação aplicáveis na Tabela 4.2, no Capítulo 4.) A empresa pagaria $ 1.800 por ano por um contrato de serviço, que cobriria todos os custos de manutenção; seguros e demais custos ficariam por conta da empresa, que pretende manter o equipamento e usá-lo além de seu período de recuperação de três anos.

a. Calcule as *saídas de caixa após imposto de renda* associadas a cada alternativa.

b. Calcule o valor presente de cada série de saídas de caixa, utilizando o custo de capital de terceiros após imposto de renda.

c. Qual alternativa — arrendamento ou compra — você recomendaria? Por quê?

 E17.5 Arrendar *versus* comprar. A Northwest Lumber Company precisa expandir suas instalações. Para isso, a empresa deve adquirir uma máquina que custa $ 80.000. A máquina pode ser arrendada ou comprada. A alíquota de imposto de renda da empresa é de 40% e seu custo de capital de terceiros após imposto de renda é de 9%. As condições dos planos de arrendamento e de compra são as seguintes:

Arrendamento O contrato de arrendamento exige pagamentos de $ 19.800 no final do ano, por cinco anos. Todos os custos de manutenção serão pagos pelo arrendador, e o arrendatário se encarregaria do seguro e demais custos. O arrendatário exercerá sua opção de compra do ativo por $ 24.000 no final do contrato.

Compra Se a empresa comprar a máquina, seu custo de $ 80.000 será financiado com um empréstimo de cinco anos, juros de 14% e prestações anuais de $ 23.302, no final do ano. A máquina será depreciada pelo MACRS usando um período de recuperação de cinco anos. (Consulte as taxas de depreciação aplicáveis na Tabela 4.2, no Capítulo 4.) A empresa pagará $ 2.000 por ano por um contrato de serviço, que cobre todos os custos de manutenção; seguro e demais custos ficariam por conta da empresa, que pretende manter o equipamento e usá-lo além de seu período de recuperação de cinco anos.

a. Determine as *saídas de caixa após imposto de renda* da Northwest Lumber para cada alternativa.

b. Encontre o valor presente de cada série de saídas de caixa após imposto de renda usando o custo de capital de terceiros após imposto de renda.

c. Qual alternativa — arrendamento ou compra — você recomendaria? Por quê?

E17.6 Decisão de arrendar *versus* comprar. Joanna Browne está analisando arrendar (fazer *leasing*) ou comprar um novo carro, que tem preço sugerido ao varejo (PSV) de $ 33.000. A concessionária oferece um arrendamento de três anos, que exige um pagamento inicial de $ 3.300 (entrada de $ 3.000 + caução de $ 300) e pagamentos mensais de $ 494. A alternativa de compra exige uma entrada de $ 2.640, imposto sobre vendas de 6,5% ($ 2.145) e 36 prestações mensais de $ 784. Joanna estima que o valor do carro será de $ 17.000 no final de três anos. Ela pode obter 5% de juros anuais sobre sua poupança e está sujeita a imposto sobre compras de 6,5%. Faça uma recomendação razoável à Joanna usando a análise arrendar *versus* comprar que, para simplificar, desconsidera o valor do dinheiro no tempo.

Exercício de finanças pessoais

a. Calcule o custo total do arrendamento.

b. Calcule o custo total da compra.

c. O que Joanna deveria fazer?

E17.7 Valores do arrendamento capitalizado. Dados os pagamentos do arrendamento, os prazos remanescentes até o vencimento do contrato e as taxas de desconto apresentados na tabela a seguir, calcule o *valor capitalizado* de cada arrendamento, presumindo que os pagamentos são feitos anualmente, no final de cada ano.

Arrendamento	Pagamento do arrendamento	Prazo remanescente	Taxa de desconto
A	$ 40.000	12 anos	10%
B	120.000	8 anos	12%
C	9.000	18 anos	14%
D	16.000	3 anos	9%
E	47.000	20 anos	11%

E17.8 Preço de conversão. Calcule o *preço de conversão* de cada título de dívida conversível a seguir:

a. Um título de dívida com valor de face de $ 1.000, que é conversível em 20 ações ordinárias.

b. Um título de dívida com valor de face de $ 500, que é conversível em 25 ações ordinárias.

c. Um título de dívida com valor de face de $ 1.000, que é conversível em 50 ações ordinárias.

E17.9 Índice de conversão. Qual é o *índice de conversão* para cada um dos títulos de dívida a seguir?

a. Um título de dívida com valor de face de $ 1.000, que é conversível em ações ordinárias a $ 43,75 por ação.

b. Um título de dívida com valor de face de $ 1.000, que é conversível em ações ordinárias a $ 25 por ação.

c. Um título de dívida com valor de face de $ 600, que é conversível em ações ordinárias a $ 30 por ação.

E17.10 Valor de conversão. Qual é o *valor de conversão* de cada um dos títulos de dívida conversíveis a seguir?

a. Um título de dívida com valor de face de $ 1.000, que é conversível em 25 ações ordinárias. A ação ordinária está sendo vendida a $ 50.

b. Um título de dívida com valor de face de $ 1.000, que é conversível em 12,5 ações ordinárias. A ação ordinária está sendo vendida a $ 42.

c. Um título de dívida com valor de face de $ 1.000, que é conversível em 100 ações ordinárias. A ação ordinária está sendo vendida a $ 10,50.

E17.11 Valor de conversão. Encontre o *valor de conversão* de cada um dos títulos de dívida conversíveis com valor de face de $ 1.000 descritas na tabela a seguir.

Título de dívida conversível	Índice de conversão	Preço corrente de mercado da ação
A	25	$ 42,25
B	16	50,00
C	20	44,00
D	5	19,50

E17.12 Valor como título de dívida simples. Calcule o *valor como título de dívida simples* para cada um dos títulos de dívida apresentadas na tabela a seguir.

Título de dívida	Valor de face	Cupom (pago anualmente)	Taxa de juros de um título de dívida simples de igual risco	Anos até o vencimento
A	$ 1.000	10%	14%	20
B	800	12%	15%	14
C	1.000	13%	16%	30
D	1.000	14%	17%	25

E17.13 Determinação de valores: título de dívida conversível. A Eastern Clock Company tem em circulação uma emissão de títulos de dívida conversíveis com valor de face de $ 1.000. Esses títulos de dívida são conversíveis em 50 ações ordinárias, têm cupom de 10% e prazo de vencimento de 20 anos. A taxa de juros de um título de dívida simples de risco semelhante é de 12%.

a. Calcule o *valor do título de dívida como se fosse um título de dívida simples*.

b. Calcule o *valor de conversão* do título de dívida quando o preço de mercado da ação ordinária for de $ 15, $ 20, $ 23, $ 30 e $ 45.

c. Para cada preço da ação dado no item **b**, a que preço você esperaria que o título de dívida fosse vendido? Por quê?

d. Qual é o preço mínimo que você esperaria que o título de dívida fosse vendido, independentemente do comportamento do preço da ação ordinária?

E17.14 Determinação de valores: título de dívida conversível. A Craig's Cake Company tem em circulação uma emissão de títulos de dívida conversíveis de 15 anos com valor de face de $ 1.000. Esses títulos de dívida são conversíveis em 80 ações ordinárias, têm cupom de 13% e a taxa de juros de títulos de dívida simples de risco semelhante é de 16%.

a. Calcule o *valor do título de dívida como se fosse título de dívida simples*.

b. Calcule o *valor de conversão* do título de dívida quando o preço de mercado da ação ordinária for de $ 9, $ 12, $ 13, $ 15 e $ 20.

c. Para cada preço da ação dado no item **b**, a que preço você esperaria que o título de dívida fosse vendido? Por quê?

d. Faça um gráfico do valor como título de dívida simples e do valor de conversão do título de dívida para cada preço de ação ordinária fornecido. Represente os preços por ação ordinária no eixo x e os valores do título de dívida no eixo y. Use o gráfico para indicar o valor mínimo de mercado do título de dívida associado a cada preço da ação ordinária.

E17.15 Preço implícito de *warrants* associados. Calcule o preço implícito de *cada warrant* para cada um dos títulos de dívida apresentadas na tabela a seguir.

Título de dívida	Preço do título de dívida com warrants associados	Valor de face	Cupom (pago anualmente)	Taxa de juros de um título de dívida simples de igual risco	Anos até o vencimento	Número de warrants associados ao título de dívida
A	$ 1.000	$ 1.000	12 %	13%	15	10
B	1.100	1.000	9,5%	12%	10	30
C	500	500	10 %	11%	20	5
D	1.000	1.000	11 %	12%	20	20

E17.16 Avaliação do preço implícito de um *warrant* associado. Dinoo Mathur quer saber se o preço de $ 1.000 pedido por um título de dívida da Stanco Manufacturing é justo, tendo em vista o valor teórico dos *warrants* associados. O título de dívida tem valor de face de $ 1.000, prazo de 30 anos, cupom de 11,5% pago anualmente e dez *warrants* associados para a compra de ações ordinárias. O valor teórico de cada *warrant* é de $ 12,50. A taxa de juros de um título de dívida simples de igual risco é de 13%.

a. Calcule o *valor do título de dívida como título de dívida simples* da Stanco Manufacturing.

b. Calcule o preço implícito de *todos* os *warrants* associados ao título de dívida da Stanco.

c. Calcule o preço implícito de *cada warrant* associado ao título de dívida da Stanco.

d. Compare o preço implícito de cada *warrant* calculado no item **c** com seu respectivo valor teórico. Com base nessa comparação, você diria que o preço do título de dívida da Stanco é justo? Explique.

E17.17 Valores de *warrants*. A Kent Hotels tem *warrants* que permitem comprar três de suas ações ordinárias em circulação a $ 50 cada. O preço da ação ordinária e o valor de mercado do *warrant* associado a esse preço da ação são apresentados na tabela.

Preço da ação ordinária	Valor de mercado do *warrant*
$ 42	$ 2
46	8
48	9
54	18
58	28
62	38
66	48

a. Para cada preço da ação ordinária, calcule o *valor teórico do warrant*.

b. Represente graficamente os valores teórico e de mercado do *warrant*, com o preço da ação ordinária no eixo *x* e o valor do *warrant* no eixo *y*.

c. Suponha que o valor do *warrant* é $ 12 quando o preço de mercado da ação ordinária é $ 50. Isso contradiz ou confirma o gráfico que você traçou? Explique.

d. Especifique a área do *prêmio do warrant*. Por que existe esse prêmio?

e. Se a data de vencimento dos *warrants* estivesse próxima, o gráfico seria diferente? Explique.

Exercício de finanças pessoais

E17.18 Investimento em ações ordinárias versus em *warrants*. Susan Michaels está avaliando a ação ordinária e os *warrants* da Burton Tool Company para escolher o melhor investimento. A ação da empresa está sendo vendida a $ 50; os *warrants* para a compra de três ações ordinárias por $ 45 cada estão sendo vendidos a $ 20. Desconsiderando custos de transação, Susan tem $ 8.000 para investir. Ela está bastante otimista a respeito da Burton, porque possui "informações privilegiadas" sobre as perspectivas da empresa de fechar um grande contrato com o governo.

a. Quantas ações ordinárias e quantos *warrants* Susan pode comprar?

b. Suponha que Susan compre as ações, fique com elas por um ano e depois as venda por $ 60 cada. Qual seria o ganho total realizado, desconsiderando as taxas de corretagem e os impostos?

c. Suponha que Susan compre os *warrants*, fique com eles por um ano e o preço de mercado da ação suba para $ 60. Desconsiderando as taxas de corretagem e os impostos, qual seria seu ganho total se o valor de mercado dos *warrants* subisse para $ 45 e ela os vendesse?

d. Qual o benefício, se algum, os *warrants* ofereceriam? Há alguma diferença com relação ao risco das duas alternativas de investimento? Explique.

Exercício de finanças pessoais

E17.19 Investimento em ações ordinárias ou em *warrants*. Tom Baldwin pode investir $ 6.300 em ações ordinárias ou em *warrants* da Lexington Life Insurance. A ação ordinária está sendo vendida a $ 30. Os *warrants*, que permitem a compra de duas ações ordinárias a $ 28 cada, estão sendo vendidos a $ 7. Espera-se que o preço de mercado da ação suba para $ 32 no próximo ano, de modo que o valor teórico esperado de um *warrant* no próximo ano é de $ 8. A data de vencimento do *warrant* é de um ano a partir de hoje.

a. Se Tom comprar a ação, ficar com elas por um ano e então vendê-las por $ 32, qual será seu ganho total? (Desconsidere as taxas de corretagem e os impostos.)

b. Se Tom comprar os *warrants* e convertê-los em ações ordinárias daqui a um ano, qual será seu ganho total, se o preço de mercado da ação ordinária for de $ 32? (Desconsidere as taxas de corretagem e os impostos.)

c. Refaça os itens **a** e **b** presumindo que o preço de mercado da ação, daqui a um ano, seja de: (1) $ 30 e (2) $ 28.

d. Discuta as duas alternativas e os trade-offs associados a elas.

E17.20 Lucros e prejuízos com opções. Para cada uma das *opções envolvendo 100 ações* apresentadas na tabela a seguir, use o preço da ação subjacente no vencimento e as demais informações para determinar o valor do lucro ou do prejuízo que um investidor teria, desconsiderando as taxas de corretagem.

Opção	Tipo de opção	Custo da opção	Preço de exercício por ação	Preço da ação subjacente no vencimento
A	Compra (*call*)	$ 200	$ 50	$ 55
B	Compra (*call*)	350	42	45
C	Venda (*put*)	500	60	50
D	Venda (*put*)	300	35	40
E	Compra (*call*)	450	28	26

E17.21 Opção de compra. Carol Krebs está avaliando a compra de 100 ações da Sooner Products Inc. a $ 62 cada. Ela leu que a empresa pode receber em breve grandes pedidos do exterior e espera que o preço da ação da Sooner suba para $ 70. Alternativamente, Carol está avaliando a aquisição de uma opção de compra (*call*) de 100 ações da Sooner a um preço de exercício de $ 60. A opção, com vencimento em 90 dias, custa $ 600. Desconsidere quaisquer taxas de corretagem ou dividendos.

Exercício de finanças pessoais

a. Qual será o lucro de Carol na transação com as ações, se seu preço subir para $ 70 e ela decidir vendê-las?

b. Quanto Carol ganhará na transação com a opção, se o preço da ação subjacente subir para $ 70?

c. Quanto o preço da ação precisa subir para que Carol atinja o ponto de equilíbrio na transação com a opção?

d. Compare, contraste e discuta o lucro e o risco relativos, associados às transações com a ação e a opção.

E17.22 Opção de venda. Ed Martin, administrador do fundo de pensão da Stark Corporation, está avaliando a aquisição de uma opção de venda, pois espera uma queda no preço da ação da Carlisle Inc. A opção para a venda de 100 ações da Carlisle a qualquer momento, durante os próximos 90 dias, a um preço de exercício de $ 45, pode ser comprada por $ 380. A ação da Carlisle está sendo vendida por $ 46.

Exercício de finanças pessoais

a. Desconsiderando quaisquer taxas de corretagem ou dividendos, que lucro ou prejuízo Ed terá se comprar a opção e o menor preço da ação da Carlisle, durante os 90 dias, for de $ 46, $ 44, $ 40 e $ 35?

b. Que efeito sobre a compra de Ed teria o fato de o preço da ação da Carlisle subir lentamente do nível inicial de $ 46 para $ 55, no final de 90 dias?

c. À luz das suas respostas, discuta os possíveis riscos e retornos do uso de opções de venda para tentar lucrar com uma queda esperada do preço da ação.

E17.23 Problema de ética. Um fundo *hedge* encarregado de administrar parte das doações recebidas pela Universidade de Harvard comprou mais de 1 milhão de opções de venda de ações da Enron pouco antes de a empresa ir à falência, ganhando dezenas de milhões de dólares no processo. Alguns membros da universidade alegaram que foi antiético lucrar com a falência da Enron. O que você diria?

Exercício com planilha

A Morris Company, uma pequena empresa manufatureira, quer adquirir uma nova máquina que custa $ 30.000. A empresa pode arrendar ou comprar a máquina. A alíquota de imposto de renda da empresa é de 40%, e ela coletou as informações a seguir sobre as duas alternativas:

Arrendamento A Morris faria um arrendamento por cinco anos, com pagamentos anuais de $ 10.000 no final do ano. Todos os custos de manutenção seriam pagos pelo arrendador, e o arrendatário se encarregaria do seguro e dos demais custos. A Morris receberia o direito de exercer a opção de compra da máquina por $ 3.000 no final do arrendamento.

Compra A Morris poderia financiar a compra da máquina com um empréstimo de cinco anos, a 8,5% e pagamentos anuais no fim do ano. A máquina seria depreciada pelo MACRS usando um período de recuperação de cinco anos. As taxas de depreciação nos próximos seis períodos seriam de 20%, 32%, 19%, 12%, 12% e 5%, respectivamente. A Morris pagaria $ 1.200 ao ano por um contrato de serviço que cobriria todos os custos de manutenção. A empresa pretende manter a máquina e usá-la além de seu período de recuperação de cinco anos.

TAREFA

Crie uma planilha semelhante às tabelas 17.1, 17.2 e 17.3 para responder os itens a seguir:

a. Calcule as saídas de caixa após imposto de renda do arrendamento.

b. Calcule o valor das prestações anuais do empréstimo.

c. Determine os componentes de juros e de principal dos pagamentos do empréstimo.

d. Calcule as saídas de caixa após imposto de renda associadas à opção de compra.

e. Calcule e compare os valores presentes das saídas de caixa associadas tanto à alternativa de arrendamento quanto a de compra.

f. Qual alternativa é preferível? Explique.

Capítulo 18

Fusões, aquisições alavancadas, alienações e falência de empresas

Objetivos de aprendizagem

OA 1 Compreender os fundamentos de fusões, incluindo terminologia, motivos para a fusão e tipos de fusão.

OA 2 Descrever os objetivos e os procedimentos utilizados nas aquisições alavancadas (LBOs) e alienações.

OA 3 Demonstrar os procedimentos utilizados para avaliar a empresa-alvo e discutir o efeito de transações de *swap* de ações sobre o lucro por ação.

OA 4 Discutir o processo de negociação de fusões, as *holdings* e as fusões internacionais.

OA 5 Compreender os tipos e as principais causas de quebra de empresas e o uso de acordos voluntários para salvar ou liquidar a empresa falida.

OA 6 Explicar a legislação de falência e os procedimentos envolvidos na reorganização ou na liquidação de uma empresa falida.

▶ Por que este capítulo é importante para você?

Na sua vida PROFISSIONAL

CONTABILIDADE Para compreender fusões, aquisições alavancadas e alienações de ativos, a fim de registrar e reportar essas mudanças organizacionais e para entender os procedimentos de falência, pois terá grande participação em qualquer processo de reorganização ou liquidação.

SISTEMAS DE INFORMAÇÃO Para saber que dados devem ser monitorados no caso de fusões, aquisições alavancadas, alienações de ativos ou falência, a fim de criar os sistemas necessários para realizar essas mudanças organizacionais.

GESTÃO Para conhecer os motivos para realizar fusões e saber quando e porque elas são uma boa alternativa. Além disso, para saber como resistir a uma tentativa indesejada de aquisição, quando alienar ativos da empresa por razões estratégicas e que alternativas estão disponíveis em caso de falência.

MARKETING Para entender fusões e alienações, que podem permitir que a empresa cresça, diversifique ou obtenha sinergia e que, portanto, exigem mudanças na organização, nos planos e nos objetivos de marketing da empresa.

OPERAÇÕES Para compreender fusões e alienações, visto que as operações correntes serão afetadas significativamente por essas mudanças organizacionais. Além disso, para saber que a falência pode resultar em reorganização da empresa, de modo a proporcionar financiamento adequado para as operações correntes.

Na sua vida PESSOAL

Como investidor, você precisa entender fusões, aquisições alavancadas e alienações. Mais importante do que isso, contudo, é entender as causas e soluções associadas à falência de empresas. Claramente, uma meta financeira pessoal não declarada é evitar a falência, um resultado improvável para quem souber desenvolver e implementar planos financeiros pessoais razoáveis.

Dell, Inc

Carl Icahn e o fundador Michael Dell brigam pela fabricante de computadores

Fundada em 1984 por um rapaz de 19 anos que largou a faculdade, a Dell era uma das maiores e mais renomadas fabricantes de computadores na década de 1990. Em março de 2000, pouco antes do estouro da "bolha de tecnologia", o preço da ação da Dell atingiu o máximo histórico de quase US$ 59, deixando os acionistas da empresa extremamente satisfeitos e transformando o fundador, Michael Dell, em um dos homens mais ricos do mundo. Entretanto, pouco depois, a sorte da Dell começou a mudar. Com os consumidores passando a gastar menos em novos computadores e mais em smartphones e outros dispositivos móveis como tablets, a Dell demorou para inovar e seus produtos não conseguiram acompanhar as tendências do mercado. Em novembro de 2012, o preço da ação tinha perdido quase 85% de seu valor, despencando para US$ 9.

No fim de 2012, Michael Dell pensou ter encontrado uma solução para as mazelas de sua empresa. Junto com a empresa de *private equity* Silver Lake Partners, ele planejou fechar o capital da Dell em uma transação conhecida como aquisição alavancada (LBO). Em uma aquisição alavancada típica, um pequeno grupo de investidores investe o próprio dinheiro — bem como fundos consideráveis emprestados de bancos e outros credores — para comprar as ações em circulação de uma empresa, em geral a um preço que reflete um prêmio com relação ao preço corrente da ação. Em sua oferta de compra pelas ações da Dell, a Silver Lake fez uma sequência de ofertas, começando em US$ 11,22 por ação e atingindo US$ 13,65 em fevereiro de 2013. Alguns acionistas, no entanto, acreditavam que Michael Dell estava tentando comprar as ações por uma pechincha. Entre eles estava o famoso "comprador de empresas" Carl Icahn, que comprou grande quantidade de ações da Dell enquanto a empresa estava planejando fechar o capital. Icahn acumulou mais de US$ 2 bilhões em ações da Dell, tornando-se o maior acionista da empresa. Nessa posição, Icahn propôs uma nova lista de diretores para substituir a diretoria existente da Dell e argumentou que a empresa deveria fazer uma oferta pública para recomprar mais de um bilhão de suas ações a US$ 14 cada. Michael Dell respondeu que a oferta de Icahn era arriscada demais e comprometeria o futuro da empresa.

A pitoresca batalha entre Michael Dell e Carl Icahn não é incomum. Quando as empresas têm problemas, especialmente quando um fundador de longa data está no comando, surgem divergências sobre que caminhos tomar e, nesse cenário, investidores externos podem tentar assumir o controle da empresa. O conselho de administração tem o dever de agir de acordo com o interesse dos acionistas quando ocorre uma disputa pela aquisição hostil da empresa, mas o ato que melhor representa o interesse dos acionistas nem sempre é evidente. Nesse caso, os acionistas receberiam um prêmio de Michael Dell e da Silver Lake se a empresa fechasse o capital, mas Icahn acreditava que, sob sua liderança, o preço da ação da empresa seria ainda mais alto.

18.1 Fundamentos de fusões

Em alguns casos, as empresas usam fusões para se expandir por meio da aquisição do controle de outra empresa. Embora o principal objetivo de uma fusão deva ser aumentar o valor das ações da empresa, existe uma série de motivos mais imediatos, como diversificação, questões fiscais e aumento da liquidez dos proprietários. Em outros casos, fusões são realizadas para adquirir ativos específicos de propriedade da empresa-alvo, e não pelo desejo de adquirir a empresa inteira. Aqui discutiremos os fundamentos das fusões: terminologia, motivos e tipos. Nas seções a seguir, descreveremos os tópicos relacionados a aquisições alavancadas (LBOs) e alienações e examinaremos os procedimentos utilizados para analisar e negociar fusões.

TERMINOLOGIA

No sentido mais amplo, as atividades que envolvem expansão ou contração das operações de uma empresa ou mudanças em sua estrutura de ativos ou financeira (estrutura de propriedade) são chamadas de **reestruturações empresariais**. Os temas abordados neste capítulo — fusões, aquisições alavancadas e alienações — são algumas das formas mais comuns de reestruturação empresarial. Aqui, definiremos alguns termos básicos relativos às fusões; outros termos serão apresentados e definidos em discussões subsequentes.

reestruturação empresarial
Atividades que envolvem expansão ou contração das operações de uma empresa ou mudanças em sua estrutura de ativos ou financeira (estrutura de propriedade).

Fusões, aquisições e *holdings*

Uma **aquisição** ocorre quando duas ou mais empresas são combinadas e a empresa resultante mantém a identidade de uma delas. Normalmente, os ativos e passivos da empresa menor são incorporados aos da maior. Uma **fusão**, por sua vez, envolve a combinação de duas ou mais empresas para formar uma totalmente nova, que, geralmente, absorve os ativos e passivos das empresas pelas quais é formada. Em razão das semelhanças entre fusões e aquisições, utilizaremos o termo *fusão* ao longo deste capítulo para nos referir às duas.

Uma **holding** é uma sociedade por ações que detém o controle de voto de uma ou mais empresas. As empresas controladas por uma *holding*, em geral, são chamadas de **subsidiárias**. O controle de uma subsidiária costuma ser obtido pela compra de um número suficiente de ações, geralmente 50% ou mais, embora, às vezes, o controle de uma grande empresa, com muitos acionistas, pode ser obtido com uma participação acionária muito inferior a 50%.

aquisição
A combinação de duas ou mais empresas, em que a empresa resultante mantém a identidade de uma das empresas, em geral a maior.

fusão
A combinação de duas ou mais empresas para formar uma empresa totalmente nova.

holding
Uma sociedade por ações que detém o controle de voto de uma ou mais empresas.

subsidiárias
As empresas controladas por uma *holding*.

Empresa adquirente *versus* empresa-alvo

Em uma operação de fusão, a empresa que tenta adquirir outra empresa costuma ser chamada de **empresa adquirente**. A empresa que a adquirente busca adquirir é chamada de **empresa-alvo**. Em geral, a empresa adquirente identifica, avalia e negocia com os administradores e/ou os acionistas da empresa-alvo. Em alguns casos, a administração de uma empresa-alvo inicia sua aquisição, procurando potenciais compradores.

empresa adquirente
A empresa, em uma operação de fusão, que tenta adquirir outra.

empresa-alvo
A empresa, em uma operação de fusão, que a empresa adquirente está buscando.

Aquisições amigáveis *versus* aquisições hostis de controle

As aquisições podem ocorrer de forma amigável ou hostil. Normalmente, após identificar a empresa-alvo, a adquirente inicia as negociações. Se os administradores da empresa-alvo forem receptivos à proposta da adquirente, poderão endossar a aquisição e recomendar sua aprovação aos acionistas. Se estes aprovarem a fusão, a

aquisição amigável
Uma transação de fusão endossada pela administração da empresa-alvo, aprovada por seus acionistas e facilmente consumada.

aquisição hostil
Uma transação de fusão que não conta com o apoio da administração da empresa-alvo, forçando a empresa adquirente a tentar obter o controle da empresa por meio da compra de ações no mercado.

fusão estratégica
Uma transação de fusão realizada para alcançar economias de escala.

fusão financeira
Uma transação de fusão realizada com o objetivo de reestruturar a empresa adquirida para melhorar seu fluxo de caixa e gerar valor.

transação normalmente é consumada por meio de uma compra em dinheiro de ações pela adquirente, de uma troca de ações da adquirente ou de alguma combinação de ações e dinheiro. Esse tipo de operação negociada é conhecido como uma **aquisição amigável**.

Se os administradores da empresa-alvo não apoiarem a proposta de aquisição de controle, poderão lutar contra as atitudes da adquirente. Nesse caso, a adquirente pode tentar tomar o controle da empresa comprando ações suficientes da empresa-alvo no mercado. Esse movimento é geralmente realizado usando uma *oferta pública de compra*, que, como vimos no Capítulo 14, é uma oferta formal para adquirir um determinado número de ações a um preço especificado. Esse tipo de transação não amigável costuma ser chamado de **aquisição hostil**. Evidentemente, as aquisições hostis são mais difíceis de serem consumadas, porque os administradores da empresa-alvo agem para impedir, e não facilitar, a aquisição. Mesmo assim, as aquisições hostis de controle, às vezes, são bem-sucedidas.

Fusões estratégicas *versus* fusões financeiras

As fusões podem ser realizadas por razões estratégicas ou financeiras. As **fusões estratégicas** procuram alcançar diversas economias de escala, por meio da eliminação de funções redundantes, aumento da participação de mercado, melhora no acesso a matérias-primas, distribuição de produtos acabados e assim por diante.[1] Nessas fusões, as operações das empresas adquirente e alvo são combinadas para obter sinergias, fazendo com que o desempenho da empresa resultante da fusão exceda o das empresas que lhe deram origem. As fusões da Intel e McAfee (duas empresas de alta tecnologia) e da Norwest e Wells Fargo (dois bancos) são exemplos de fusões estratégicas. Uma variação interessante da fusão estratégica envolve a compra de linhas de produtos específicas (e não de toda a empresa) por razões estratégicas. A aquisição da divisão de publicações universitárias da HarperCollins pela Addison-Wesley é um exemplo desse tipo de fusão.

Já as **fusões financeiras** baseiam-se na aquisição de empresas que podem ser reestruturadas para melhorar seus fluxos de caixa. Essas fusões envolvem a aquisição da empresa-alvo por uma adquirente, que pode ser outra empresa ou um grupo de investidores que pode até incluir os administradores da empresa-alvo. O objetivo da adquirente é cortar drasticamente os custos e vender determinados ativos improdutivos ou incompatíveis, em um esforço para aumentar o fluxo de caixa da empresa-alvo. O aumento do fluxo de caixa é usado para atender o serviço da dívida considerável que geralmente é incorrida para financiar essas operações. As fusões financeiras não se baseiam na capacidade da empresa de obter economias de escala, mas na crença da adquirente de que a reestruturação liberará valor.

A pronta disponibilidade de financiamento com a emissão de *junk bonds* durante a década de 1980 alimentou a onda de fusões financeiras nesse período. O colapso do mercado de *junk bonds* no início dos anos 1990, os pedidos de falência de uma série de importantes fusões financeiras realizadas na década de 1980 e a alta do mercado de ações no final da década de 1990 reduziram muito o apelo das fusões financeiras. Em consequência, a fusão estratégica, que não depende tanto de capital de terceiros, continua a predominar nos dias de hoje.

---

1 Um esquema semelhante, mas sem fusão, é a *aliança estratégica*, um acordo realizado, geralmente, entre uma grande empresa com produtos e canais de distribuição consolidados e uma empresa emergente de tecnologia com um programa promissor de pesquisa e desenvolvimento em áreas de interesse da empresa maior. Em troca de seu apoio financeiro, a grande e consolidada empresa obtém uma participação na tecnologia que está sendo desenvolvida pela empresa emergente. Hoje em dia, alianças estratégicas são comuns nos setores de biotecnologia, tecnologia de informação e software.

FATOS e DADOS

Limites ao crescimento

Há algumas restrições legais às fusões e aquisições, especialmente quando uma proposta de aquisição pode levar à redução de concorrência. Nos Estados Unidos, diversas leis antitruste, que são aplicadas pela Federal Trade Commission (FTC) e pelo Departamento de Justiça, proíbem combinações de empresas que eliminem a concorrência.

MOTIVOS PARA A FUSÃO

As empresas se fundem para cumprir determinados objetivos. O principal objetivo da fusão é maximizar a riqueza dos proprietários, refletida no preço das ações da adquirente. Motivos mais específicos incluem crescimento ou diversificação, sinergia, captação de fundos, aumento da capacidade gerencial ou tecnológica, considerações fiscais, aumento da liquidez para os proprietários e defesa contra aquisições hostis. Esses motivos devem ser perseguidos quando levarem à maximização da riqueza dos proprietários.

Crescimento ou diversificação

As empresas que desejam crescimento rápido em *porte*, *participação de mercado* ou *diversificação do leque de produtos* podem acreditar que uma fusão pode atingir esse objetivo. Em vez de confiar inteiramente no crescimento interno ou "orgânico", a empresa pode alcançar seus objetivos de crescimento ou diversificação mais rapidamente por meio da fusão com uma empresa já existente. Essa estratégia costuma ser menos custosa do que a alternativa de desenvolver a capacidade de produção necessária. Se uma empresa que deseja expandir suas operações puder encontrar outra que atenda a essas necessidades, pode evitar muitos dos riscos associados ao design, fabricação e venda de produtos adicionais ou novos. Além disso, quando uma empresa expande ou estende sua linha de produtos por meio da aquisição de outra empresa, pode eliminar um potencial concorrente.

Sinergia

A *sinergia* de fusões refere-se às economias de escala resultantes da menor despesa geral das empresas combinadas. Essas economias de escala decorrentes da redução da despesa geral elevam o lucro a um nível superior à soma dos lucros de cada uma das empresas envolvidas. A sinergia fica mais evidente quando uma empresa se funde com outra do mesmo segmento, pois muitas funções e cargos redundantes podem ser eliminados. Funções de apoio, como as de compras e vendas, tendem a ser mais afetadas por esse tipo de combinação.

Captação de fundos

Frequentemente, as empresas se combinam para aumentar sua capacidade de levantar fundos. Uma empresa pode ser incapaz de obter fundos para sua expansão interna, mas capaz de obter fundos para realizar combinações com outras empresas. Com frequência, uma empresa pode se combinar com outra que tenha ativo líquido elevado e baixos níveis de passivo. A aquisição desse tipo de empresa "rica em caixa" aumenta imediatamente o poder de tomada de empréstimo da empresa ao reduzir sua alavancagem financeira, o que deve permitir que os fundos sejam captados externamente a um custo menor.

Aumento da capacidade gerencial ou tecnológica

Pode acontecer de uma empresa ter bom potencial, mas ser incapaz de se desenvolver plenamente em razão de deficiências em determinadas áreas de gestão ou da ausência de alguma tecnologia de produto ou de produção. Se a empresa não puder contratar administradores ou desenvolver a tecnologia que necessita, pode se combinar com uma empresa compatível, que já possua o pessoal ou a especialização técnica necessários. Naturalmente, qualquer fusão deve contribuir para maximizar a riqueza dos proprietários.

Considerações fiscais

Frequentemente, as considerações fiscais são um dos principais motivos para a fusão. Nesse caso, o benefício fiscal, geralmente, decorre do fato de uma das empresas poder realizar uma **compensação de prejuízos fiscais**. Em outras palavras, prejuízos fiscais transferíveis de uma empresa podem ser aplicados contra um valor limitado do lucro futuro da empresa combinada por 20 anos ou até que os prejuízos fiscais tenham sido totalmente recuperados, o que ocorrer primeiro.[2] Duas situações podem existir. Uma empresa com prejuízo fiscal pode adquirir uma empresa lucrativa para utilizar esse prejuízo fiscal. Nesse caso, a empresa adquirente aumentaria o lucro após imposto de renda da empresa combinada ao reduzir o lucro tributável da empresa adquirida. Um prejuízo fiscal também pode ser útil quando uma empresa nessa situação é adquirida por uma empresa lucrativa. Em qualquer uma dessas duas situações, no entanto, a fusão deve ser justificada não apenas com base nos benefícios fiscais, mas também por ser condizente com o objetivo de maximizar a riqueza dos proprietários. Além disso, os benefícios fiscais descritos podem ser utilizados apenas em fusões — não na formação de *holdings* —, porque apenas no caso de fusões os resultados operacionais são reportados em base consolidada. O Exemplo 18.1 esclarecerá o uso da compensação de prejuízo fiscal.

compensação de prejuízos fiscais
Em uma fusão, o prejuízo fiscal de uma das empresas pode ser aplicado contra um valor limitado do lucro futuro da empresa combinada por 20 anos ou até que o prejuízo fiscal tenha sido totalmente recuperado, o que ocorrer primeiro.

> **Exemplo 18.1**
>
> A Bergen Company, uma fabricante de rolamentos, tem um total de $ 450.000 em prejuízo fiscal, que pode ser compensado, decorrente de prejuízos fiscais operacionais de $ 150.000 por ano, em cada um dos três últimos anos. Para usar esses prejuízos e diversificar suas operações, a Hudson Company, uma fabricante de objetos de plásticos, adquiriu a Bergen por meio de uma fusão. A Hudson espera ter *lucro antes do imposto* de renda de $ 300.000 por ano. Vamos supor que esses lucros sejam realizados; que fiquem dentro do limite anual legal permitido para a aplicação da compensação de prejuízo fiscal em decorrência de fusão (veja a nota de rodapé 2); que a parte da Bergen na empresa combinada apenas atinja o ponto de equilíbrio; e que a alíquota de imposto de renda da Hudson seja de 40%. O total de impostos pagos pelas duas empresas e seus lucros após imposto de renda, sem e com a fusão, são apresentados na Tabela 18.1.
>
> Com a fusão, o total de imposto de renda pago é menor: $ 180.000 (total da linha 7) *versus* $ 360.000 (total da linha 2). Com a fusão, o total de lucro após imposto de renda é maior: $ 720.000 (total da linha 8) *versus* $ 540.000 (total da linha 3). A empresa resultante da fusão é capaz de deduzir o prejuízo fiscal por 20 anos ou até que o prejuízo fiscal seja totalmente recuperado, o que ocorrer primeiro. Neste exemplo, o total de prejuízo fiscal é totalmente deduzido no final do ano 2.

---

2 Para impedir as empresas de se combinarem apenas para compensação de prejuízo fiscal, a Lei de Reforma Tributária *(Tax Reform Act)* de 1986 impôs um limite anual sobre o valor do lucro tributável contra o qual esses prejuízos podem ser aplicados. O limite anual é determinado por uma fórmula e atrelado ao valor da empresa com prejuízo antes da fusão. Apesar de não eliminar completamente esse motivo para a fusão, a lei torna difícil para as empresas justificarem as fusões somente com base na compensação de prejuízo fiscal.

Tabela 18.1 Total de impostos e lucros após imposto de renda da Hudson Company sem e com a fusão

	Ano			Total nos
	1	2	3	três anos
Total de impostos e lucros após imposto de renda sem a fusão				
(1) Lucro antes do imposto de renda	$ 300.000	$ 300.000	$ 300.000	$ 900.000
(2) Imposto de renda [0,40 × (1)]	120.000	120.000	120.000	360.000
(3) Lucro após imposto de renda [(1) − (2)]	$ 180.000	$ 180.000	$ 180.000	$ 540.000
Total de impostos e lucros após imposto de renda com a fusão				
(4) Lucro antes do prejuízo	$ 300.000	$ 300.000	$ 300.000	$ 900.000
(5) Compensação do prejuízo fiscal	300.000	150.000	0	450.000
(6) Lucro antes do imposto de renda [(4) − (5)]	0	$ 150.000	$ 300.000	$ 450.000
(7) Imposto de renda [0,40 × (6)]	0	60.000	120.000	180.000
(8) Lucro após imposto de renda [(4) − (7)]	$ 300.000	$ 240.000	$ 180.000	$ 720.000

Aumento da liquidez para os proprietários

A fusão de duas pequenas empresas ou de uma pequena com outra maior pode proporcionar aos proprietários da(s) pequena(s) empresa(s) maior liquidez, em virtude da maior facilidade de negociação das ações das empresas de maior porte. Em vez de manter ações de uma pequena empresa, que tem um mercado mais "restrito", os proprietários recebem ações que são negociadas em um mercado mais amplo e que podem, assim, ser liquidadas mais facilmente. Além disso, ter ações para as quais há cotações de preços de mercado prontamente disponíveis proporciona aos proprietários uma noção melhor do valor de suas participações. Especialmente no caso de empresas de pequeno porte e capital fechado, a melhora da liquidez decorrente da fusão com uma empresa aceitável pode ser muito atraente.

Defesa contra aquisição hostil

Ocasionalmente, quando uma empresa se torna o alvo de uma aquisição hostil, ela pode adquirir outra empresa como uma tática defensiva. Normalmente, em uma estratégia como essa, a empresa-alvo original assume dívidas para financiar sua aquisição defensiva. Por causa da carga de dívida, a empresa-alvo torna-se altamente alavancada financeiramente, deixando de ser interessante para a empresa pretendente. Para ter êxito, uma aquisição defensiva deve criar mais valor para os acionistas do que eles teriam realizado se a empresa tivesse sido fundida com a empresa pretendente.

TIPOS DE FUSÃO

Os quatro tipos de fusão são: (1) fusão horizontal, (2) fusão vertical, (3) fusão de congêneres e (4) formação de conglomerado. Uma **fusão horizontal** ocorre quando duas empresas *do mesmo ramo de atividade* se fundem. Um exemplo é a fusão de duas fabricantes de ferramentas motorizadas. Esse tipo de fusão resulta na expansão das operações da empresa em uma determinada linha de produtos e, ao mesmo tempo, elimina um concorrente. Uma **fusão vertical** ocorre quando uma empresa adquire *um fornecedor ou um cliente*. Por exemplo, a fusão de uma fabricante de ferramentas motorizadas com seu fornecedor de moldes é uma fusão vertical. O benefício econômico de uma fusão vertical

fusão horizontal
Fusão de duas empresas *do mesmo ramo de atividade.*

fusão vertical
Fusão em que uma empresa adquire *um fornecedor ou um cliente.*

fusão de congêneres
Fusão em que uma empresa adquire outra, do *mesmo setor*, mas não do mesmo ramo de atividade e sem ser um fornecedor ou cliente.

formação de conglomerado
Fusão combinando empresas em *setores de atividades não relacionados*.

decorre do maior controle da empresa sobre a aquisição de matérias-primas ou a distribuição de produtos acabados.

Uma **fusão de congêneres** é alcançada pela aquisição de uma empresa *do mesmo setor*, mas não no mesmo ramo de atividade e sem ser um fornecedor ou cliente. Um exemplo é a fusão de uma fabricante de ferramentas motorizadas com uma fabricante de sistemas de esteiras transportadoras industriais. O benefício de uma fusão de congêneres está na capacidade resultante de usar os mesmos canais de vendas e distribuição para atingir os clientes das duas empresas. Uma **formação de conglomerado** envolve a combinação de empresas em *setores de atividades não relacionados*. A fusão de uma fabricante de ferramentas motorizadas com uma cadeia de restaurantes de *fast food* é um exemplo desse tipo de fusão. O maior benefício da formação de conglomerado é a possibilidade de *reduzir risco* por meio da combinação de empresas com diferentes padrões sazonais ou cíclicos de vendas e lucros.

→ **QUESTÕES PARA REVISÃO**

18.1 Defina e diferencie os membros de cada um dos conjuntos de termos a seguir: (**a**) fusões, aquisições e *holdings*; (**b**) empresa adquirente e empresa-alvo; (**c**) aquisição amigável e aquisição hostil; e (**d**) fusão estratégica e fusão financeira.

18.2 Descreva sucintamente cada um dos motivos a seguir para realizar uma fusão: (**a**) crescimento ou diversificação, (**b**) sinergia, (**c**) captação de fundos, (**d**) aumento da capacidade gerencial ou tecnológica, (**e**) considerações fiscais, (**f**) aumento da liquidez para os proprietários e (**g**) defesa contra aquisições hostis.

18.3 Descreva sucintamente cada um dos tipos de fusão a seguir: (**a**) horizontal, (**b**) vertical, (**c**) de congêneres e (**d**) formação de conglomerado.

▶18.2 Aquisições alavancadas e alienações

Antes de tratarmos da mecânica de análise e negociação de fusões, precisamos entender dois temas intimamente relacionados às fusões: aquisições alavancadas (LBOs) e alienações. Uma aquisição alavancada é um método de estruturação de uma aquisição e as alienações envolvem a venda de ativos de uma empresa.

AQUISIÇÕES ALAVANCADAS (LBOS)

aquisição alavancada (LBO)
Uma técnica de aquisição que envolve o uso de um grande volume de dívida para a compra de uma empresa; um exemplo de *fusão financeira*.

Uma técnica muito utilizada na década de 1980 para se fazer aquisições é a **aquisição alavancada** (*leveraged buyout* – **LBO**), que envolve o uso de um grande volume de dívida para comprar uma empresa. As aquisições alavancadas são um exemplo claro de uma *fusão financeira* realizada para criar uma empresa de capital fechado altamente endividada, com melhor fluxo de caixa e maior valor. Normalmente, em uma aquisição alavancada, 90% ou mais do preço de compra é financiado com capital de terceiros. Grande parte do empréstimo é garantida por ativos da empresa adquirida, e os credores, por causa do alto risco, ficam com uma parte das ações da empresa. *Junk bonds* foram muito utilizados para levantar grandes volumes de capital de terceiros necessários para financiar operações de aquisição alavancada. É claro que, em uma transação de aquisição alavancada, os compradores esperam usar o melhor fluxo de caixa para custear o serviço da grande quantidade de *junk bonds* e de outras dívidas incorridas na aquisição.

Uma candidata atraente para aquisição alavancada deve possuir três atributos principais:

1. Deve ter um bom posicionamento em seu setor, com um sólido histórico de lucros e expectativas razoáveis de crescimento.
2. Deve ter um nível de endividamento relativamente baixo e um elevado volume de ativos que possam ser utilizados como garantia do empréstimo.
3. Deve ter fluxos de caixa estáveis e previsíveis — que são suficientes para fazer frente aos pagamentos de juros e principal da dívida — e fornecer capital de giro adequado.

Naturalmente, também é necessário que os proprietários e os administradores da empresa estejam dispostos a vendê-la com base em alavancagem.

Muitas aquisições alavancadas não atingiram as expectativas originais. Uma das maiores foi no final de 1988, a aquisição da RJR Nabisco pela KKR por US$ 24,5 bilhões. A RJR abriu o capital em 1991 e continuou a lutar sob a pesada dívida da LBO por alguns anos antes de melhorar sua situação de endividamento e *rating* de crédito. As aquisições da Allied Stores e da Federated Department Stores pela Campeau Corporation resultaram em um pedido de recuperação, do qual emergiram, mais tarde, empresas reorganizadas. Em anos anteriores, outras LBOs bastante divulgadas deixaram de honrar as dívidas de alto custo incorridas para financiar a aquisição. Embora a LBO permaneça sendo uma técnica viável de financiamento nas circunstâncias certas, o seu uso diminuiu em comparação com o ritmo frenético da década de 1980. Enquanto as aquisições alavancadas da década de 1980 foram utilizadas, muitas vezes de maneira indiscriminada, para aquisições hostis, atualmente elas são mais utilizadas para financiar aquisições pelos próprios administradores.

ALIENAÇÕES

As empresas muitas vezes se expandem por meio da aquisição de uma **unidade operacional** — fábrica, divisão, linha de produtos, subsidiária e assim por diante — de outra empresa. Nesse caso, a empresa vendedora, em geral, acredita que seu valor aumentará com a conversão da unidade em caixa ou algum outro ativo mais produtivo. A venda de alguns dos ativos da empresa é chamada de **alienação ou desinvestimento**. Diferentemente da falência de empresas, a alienação costuma se realizar por motivos positivos, como gerar caixa para a expansão de outras linhas de produtos, eliminar uma operação de baixo desempenho, tornar a empresa mais enxuta ou reestruturar o negócio de maneira condizente com suas metas estratégicas.

unidade operacional
Parte de uma empresa, como uma fábrica, divisão, linha de produtos ou subsidiária, que contribui para as operações efetivas da empresa.

alienação ou desinvestimento
A venda de alguns ativos de uma empresa por diversas razões estratégicas.

Finanças pessoais Exemplo 18.2

Uma decisão de finanças pessoais que jovens famílias com filhos enfrentam com frequência é saber se o pai ou a mãe que não trabalha fora deve "alienar" a tarefa de cuidar dos filhos, ou seja, colocá-los em uma creche e voltar ao emprego. Apesar de os aspectos emocionais de uma decisão como essa não serem quantificáveis, os efeitos econômicos dessa decisão são mensuráveis.

Vejamos o caso de Elena e Gino Deluca, que têm dois filhos, de dois e quatro anos. Eles estão analisando se faz sentido econômico colocá-los na creche para Elena voltar a trabalhar como analista de crédito. Eles estimam que Elena ganhará $ 5.800 brutos por mês, incluindo as contribuições para a aposentadoria feitas pelo empregador. Além disso, ela espera receber benefícios mensais pagos pelo empregador, que incluem plano de saúde, seguro de vida e outras contribuições, totalizando $ 1.800. Ela espera que os impostos federais e estaduais sobre seus rendimentos cheguem a cerca de $ 1.900 por mês. Os Deluca estimam que as despesas totais adicionais (creche, vestuário e despesas pessoais, refeições fora de casa e transporte) relacionadas com o trabalho de Elena totalizam $ 1.500 por mês. Eles resumiram essas estimativas mensais como segue:

Rendimento adicional bruto	$ 5.800	
+ Benefícios pagos pelo empregador	1.800	
(1) Rendimento e benefícios adicionais		$ 7.600
Impostos adicionais	1.900	
+ Despesas adicionais	1.500	
(2) Impostos e despesas adicionais		3.400
Rendimento (prejuízo) líquido [(1) − (2)]		$ 4.200

Como os Deluca aumentarão seu rendimento líquido em $ 4.200 por mês, faz sentido, do ponto de vista econômico, Elena "alienar" sua responsabilidade de cuidar dos filhos e colocá-los na creche.

As empresas se desfazem de unidades operacionais por uma variedade de métodos. Um deles envolve a *venda de uma linha de produtos a outra empresa*. Um exemplo é a venda da Simon & Schuster da Paramount para a Pearson PLC, para liberar caixa e permitir que a Paramount concentrasse melhor suas atividades nos mercados globais de consumo de massa. As vendas diretas de unidades operacionais podem ser realizadas em troca de caixa ou ações por meio dos procedimentos descritos mais adiante neste capítulo. Um segundo método que se popularizou envolve a *venda da unidade aos próprios administradores*. Essa venda costuma ser realizada por meio de uma *aquisição alavancada* (*LBO*).

cisão (spin-off)
Forma de alienação em que uma unidade operacional torna-se uma empresa independente por meio da emissão de ações, em uma base proporcional, aos acionistas da empresa-mãe.

Em algumas ocasiões, a alienação é realizada por meio de uma **cisão (*spin-off*)**, que converte uma unidade operacional em uma empresa independente. Uma cisão é realizada por meio da emissão de ações da unidade operacional em uma base proporcional aos acionistas da empresa-mãe. Isso permite que a unidade seja separada da empresa e seja negociada como uma entidade à parte. Um exemplo foi a decisão da AT&T, de fazer a cisão de sua unidade de Soluções Globais de Informação (a NCR, que produz terminais eletrônicos e computadores), o que permitiu que ela concentrasse seu foco na atividade principal de comunicações. Como uma venda direta, esta é uma abordagem de alienação, embora não traga caixa ou ações adicionais à empresa-mãe. A última e menos popular abordagem de alienação envolve a *liquidação dos ativos da unidade operacional*.

valor de dissolução
O valor de uma empresa, medido como a soma dos valores de suas unidades operacionais, caso cada uma fosse vendida separadamente.

Seja qual for o método utilizado para alienar uma unidade operacional indesejada de uma empresa, o objetivo costuma ser criar uma operação mais enxuta e focada, que aumente a eficiência e a lucratividade do empreendimento e crie o máximo valor aos acionistas. Alienações recentes sugerem que muitas unidades operacionais valem muito mais para os outros do que para a própria empresa. Comparações dos valores de mercado pós e pré-alienação demonstram que o **valor de dissolução** — a soma dos valores das unidades operacionais de uma empresa, se cada uma fosse vendida separadamente — é significativamente maior que seu valor combinado. Como resultado das avaliações do mercado, a alienação, geralmente, cria valor além do dinheiro ou das ações recebidos na transação. Embora esses resultados sejam frequentes, a teoria financeira não consegue explicá-los de modo pleno e satisfatório.

→ **QUESTÕES PARA REVISÃO**

18.4 O que é uma *aquisição alavancada* (*LBO*)? Quais são os três principais atributos de uma candidata atraente à aquisição por meio de LBO?

18.5 O que é uma *unidade operacional*? O que é *alienação*? Quais são os quatro métodos comuns utilizados pelas empresas para alienar unidades operacionais? O que é *valor de dissolução*?

18.3 Análise e negociação de fusões

Inicialmente, discutiremos como avaliar a empresa-alvo e como usar transações de troca de ações para adquirir empresas. Em seguida, trataremos do processo de negociação de fusões. E veremos também as principais vantagens e desvantagens das *holdings*. Por fim, discutiremos as fusões internacionais.

AVALIAÇÃO DA EMPRESA-ALVO

Uma vez que a empresa adquirente escolhe uma empresa-alvo que deseja adquirir, ela deve estimar seu valor. O valor é então utilizado juntamente com uma proposta de financiamento para negociar a transação, seja ela amigável ou hostil. O valor da empresa-alvo é estimado utilizando as técnicas de avaliação apresentadas no Capítulo 7 e aplicadas às decisões de investimento de longo prazo, que vimos nos capítulos 10, 11 e 12. Técnicas semelhantes de orçamento de capital são aplicadas independentemente de a empresa-alvo estar sendo adquirida por seus ativos ou como uma empresa em funcionamento.

Aquisições de ativos

Ocasionalmente uma empresa é adquirida não por seu potencial de lucros, mas como um conjunto de ativos (em geral, ativos imobilizados) que a empresa adquirente necessita. O preço pago por esse tipo de aquisição depende em grande parte de quais ativos estão sendo adquiridos. Também deve ser levado em consideração o valor de quaisquer prejuízos fiscais. Para determinar se a compra de ativos justifica-se financeiramente, a empresa adquirente deve estimar os custos e os benefícios dos ativos da empresa-alvo. Essa estimativa é um problema de orçamento de capital (veja os capítulos 10, 11 e 12), porque é feito um desembolso inicial de caixa para a compra dos ativos, e como resultado são esperadas entradas de caixa futuras.

Exemplo 18.3

A Clark Company, uma grande fabricante de transformadores elétricos, está interessada em adquirir determinados ativos imobilizados da Noble Company, uma empresa de equipamentos eletrônicos industriais. A Noble, que pode compensar prejuízos dos últimos cinco anos, está interessada em vender, mas deseja vender tudo, não apenas certos ativos imobilizados. Veja a seguir o balanço patrimonial condensado da Noble Company.

Balanço patrimonial da Noble Company			
Ativo		Passivo e patrimônio líquido	
Caixa	$ 2.000	Total do passivo	$ 80.000
Títulos negociáveis	0	Patrimônio líquido	120.000
Contas a receber	8.000	Total do passivo e patrimônio líquido	$ 200.000
Estoques	10.000		
Máquina A	10.000		
Máquina B	30.000		
Máquina C	25.000		
Terrenos e edifícios	115.000		
Total do ativo	$ 200.000		

A Clark Company precisa apenas das máquinas B e C e dos terrenos e edifícios. No entanto, fez algumas consultas e planejou vender as contas a receber, os estoques e a máquina A por $ 23.000. Como também há $ 2.000 em caixa, ela receberá $ 25.000 pelos ativos excedentes. A Noble quer receber $ 100.000 pela empresa toda, o que significa que a Clark terá de pagar $ 80.000 aos credores da empresa e $ 20.000 aos proprietários. O desembolso efetivo da Clark, após liquidar os ativos desnecessários, será de $ 75.000 [($ 80.000 + $ 20.000) – $ 25.000].

Em outras palavras, para obter o uso dos ativos desejados (máquinas B e C e os terrenos e edifícios) e os benefícios dos prejuízos fiscais da Noble, a Clark deve pagar $ 75.000. As *entradas de caixa após imposto de renda* são esperadas como resultado dos novos ativos e os prejuízos fiscais aplicáveis são de $ 14.000 ao ano pelos próximos cinco anos e de $ 12.000 ao ano pelos cinco anos seguintes. A Tabela 18.2 mostra como determinar se essa aquisição de ativos é desejável ou não por meio do cálculo do valor presente líquido desse desembolso, usando o custo de capital de 11% da Clark Company. *Como o valor presente líquido de $ 3.063 é maior do que zero, o valor da Clark deve aumentar com a aquisição de ativos da Noble Company.*

Tabela 18.2 — Valor presente líquido dos ativos da Noble Company

Ano(s)	Entradas de caixa	Valor presente
1–5	$ 14.000	$ 51.743
6	12.000	6.416
7	12.000	5.780
8	12.000	5.207
9	12.000	4.691
10	12.000	4.226
	Valor presente das entradas de caixa	$ 78.063
	Menos: Desembolso necessário	75.000
	Valor presente líquido	$ 3.063

Aquisições de empresas em funcionamento

A melhor maneira de analisar as aquisições de empresas em funcionamento é aplicando técnicas de orçamento de capital semelhantes às descritas para as aquisições de ativos. Os métodos de estimativa de fluxos de caixa esperados de uma aquisição são semelhantes aos utilizados para estimar os fluxos de caixa de orçamento de capital. Normalmente, são elaboradas *demonstrações de resultados projetadas* que reflitam as receitas e os custos após a fusão, atribuíveis à empresa-alvo (veja o Capítulo 4). Essas demonstrações de resultados são então ajustadas para refletir os fluxos de caixa esperados no período em questão. Sempre que uma empresa considera a aquisição de outra com diferente comportamento de risco, deve ajustar o custo de capital ao risco antes de aplicar as técnicas apropriadas de orçamento de capital (veja o Capítulo 12).

Exemplo 18.4 A Square Company, uma grande empresa de comunicação, está pensando em adquirir a Circle Company, uma pequena produtora de filmes independentes que pode ser comprada por $ 60.000. Atualmente, a Square tem um alto grau de alavancagem financeira, refletida em seu custo de capital de 13%. Por causa da baixa alavancagem financeira da Circle Company, a Square estima que o custo de capital total cairá para 10% após a aquisição. Como o efeito da estrutura de capital menos arriscada não pode ser refletido nos fluxos de caixa esperados, o custo de capital pós-fusão (10%) deve ser utilizado para avaliar os fluxos de caixa esperados da aquisição.

Os fluxos de caixa pós-fusão que podem ser atribuídos à empresa-alvo são previstos para um horizonte de tempo de 30 anos. Esses fluxos de caixa estimados (todos entradas) e o valor presente líquido resultante da empresa-alvo, a Circle Company, são apresentados na Tabela 18.3.

Tabela 18.3 Valor presente líquido da aquisição da Circle Company

Ano(s)	Entradas de caixa	Valor presente
1–10	$ 5.000	$ 30.723
11–18	13.000	26.739
19–30	4.000	4.902
	Valor presente das entradas de caixa	$ 62.364
	Menos: Preço de compra em dinheiro	60.000
	Valor presente líquido	$ 2.364

Como o valor presente líquido de $ 2.364 da empresa-alvo é maior do que zero, a fusão é aceitável. Observe que, se o efeito da mudança da estrutura de capital sobre custo de capital não fosse levado em consideração, a aquisição seria considerada inaceitável, pois o valor presente líquido, *a um custo de capital de 13%,* seria de $ 11.868 negativo.

TRANSAÇÕES DE TROCA DE AÇÕES

Uma vez determinado o valor da empresa-alvo, a adquirente deve elaborar uma proposta de pacote de financiamento. O caso mais simples (mas provavelmente o menos comum) é uma compra com pagamento em dinheiro à vista. Fora esse caso extremo, há um número virtualmente infinito de pacotes de financiamento que utilizam diferentes combinações de caixa, títulos de dívida, ações preferenciais e ações ordinárias.

Aqui, trataremos do outro extremo, as **transações de troca de ações**, em que se paga a aquisição com uma permuta de ações ordinárias. A empresa adquirente troca suas ações por ações da empresa-alvo de acordo com uma proporção predeterminada. *A proporção de troca* de ações é determinada nas negociações da fusão e afeta os vários parâmetros financeiros — que são utilizados pelos acionistas existentes e potenciais — para avaliar as ações da empresa resultante da fusão. O uso de troca de ações é uma abordagem muito utilizada no financiamento de fusões.

transações de troca de ações
Um método de aquisição em que a empresa adquirente troca suas ações por ações da empresa-alvo de acordo com uma proporção predeterminada.

Proporção de troca

Quando uma empresa troca suas ações por ações de outra empresa, deve determinar o número de ações da empresa adquirente a ser trocado por ação da empresa-alvo. O primeiro requisito, naturalmente, é que a empresa adquirente tenha ações disponíveis em número suficiente para concluir a transação. Frequentemente, é necessário que a empresa recompre ações (como vimos no Capítulo 14) para obter ações suficientes para uma operação como essa. Em geral, a empresa adquirente oferece mais por cada ação da empresa-alvo do que o preço corrente de mercado das ações publicamente negociadas. A **proporção de troca** efetiva nada mais é que a divisão do valor *pago* por ação da empresa-alvo pelo preço de mercado da ação da empresa adquirente. É calculado dessa forma porque a empresa adquirente paga a empresa-alvo com ações de valor igual ao preço de mercado.

proporção de troca
Divisão do valor *pago* por ação da empresa-alvo pelo preço de mercado da ação da empresa adquirente.

Exemplo 18.5

A Grand Company, uma fabricante de produtos de couro cuja ação está sendo negociada a $ 80, está interessada em adquirir a Small Company, uma fabricante de cintos. Para se preparar para a aquisição, a Grand passou os últimos três anos recomprando suas ações. A ação da Small está sendo vendida a $ 75, mas nas negociações de fusão a Grand considerou necessário oferecer-lhe $ 110 por ação. Como a Grand não tem recursos financeiros suficientes para realizar a compra em dinheiro e não quer levantar esses fundos, a Small concordou em aceitar ações da Grand em troca das suas. Como vimos, a ação da Grand está sendo negociada a $ 80 e ela precisa pagar $ 110 por ação da Small. Portanto, a proporção de troca é de 1,375 ($ 110 ÷ $ 80). Assim, a Grand Company deve trocar 1,375 de suas ações por ação da Small.

Efeito sobre o lucro por ação

Embora os fluxos de caixa e o valor sejam o foco principal da análise de fusões, é útil considerar os efeitos de uma proposta de fusão sobre o lucro por ação — o retorno contábil relacionado aos fluxos de caixa e ao valor (veja Capítulo 7). Normalmente, o lucro por ação resultante difere do lucro por ação pré-fusão da empresa adquirente e da empresa-alvo. Isso depende, em grande parte, da proporção de troca e do lucro por ação antes da fusão de cada empresa. É melhor analisar separadamente o efeito inicial e o de longo prazo da proporção de troca sobre o lucro por ação.

Efeito inicial Quando a proporção de troca é igual a 1 e tanto a empresa adquirente quanto a alvo têm o *mesmo* lucro por ação pré-fusão, inicialmente, o lucro por ação da empresa resultante da fusão permanecerá constante. Nesse caso raro, tanto a empresa adquirente quanto a alvo também teriam o mesmo índice preço/lucro (P/L). Na realidade, o lucro por ação da empresa resultante da fusão, em geral, é superior ao lucro por ação pré-fusão de uma empresa e inferior ao da outra, depois de feitos os ajustes necessários à proporção de troca.

Exemplo 18.6

Como vimos no exemplo anterior, a Grand Company está pensando em adquirir a Small Company por meio da troca de 1,375 ação de sua emissão por ação da Small. Os dados financeiros atuais relativos ao lucro e ao preço de mercado de cada empresa são apresentados na Tabela 18.4.

Tabela 18.4 Dados financeiros da Grand Company e da Small Company

Item	Grand Company	Small Company
(1) Lucro disponível para as ações ordinárias	$ 500.000	$ 100.000
(2) Número de ações ordinárias em circulação	125.000	20.000
(3) Lucro por ação [(1) ÷ (2)]	$ 4	$ 5
(4) Preço de mercado da ação	$ 80	$ 75
(5) Índice preço/lucro (P/L) [(4) ÷ (3)]	20	15

Para concluir a fusão e retirar de circulação as 20.000 ações da Small Company, a Grand terá de emitir e/ou usar ações em tesouraria, totalizando 27.500 ações ($ 1,375 × 20.000 ações). Uma vez concluída a fusão, a Grand terá 152.500 ações ordinárias (125.000 + 27.500) em circulação. Se o lucro de cada uma das empresas permanecer constante, a empresa resultante da fusão deverá ter um lucro disponível aos acionistas ordinários de $ 600.000 ($ 500.000 + $ 100.000). O lucro por ação da empresa resultante da fusão, portanto, deve ser igual a aproximadamente $ 3,93 ($ 600.000 · 152.500 ações).

À primeira vista, pode parecer que os acionistas da Small Company experimentaram uma redução no lucro por ação de $ 5 para $ 3,93, mas, como cada ação da Small Company equivale a 1,375 ação da empresa resultante da fusão, o lucro por ação equivalente é, na verdade, de $ 5,40 ($ 3,93 × 1,375). Em outras palavras, como resultado da fusão, os acionistas originais da Grand Company experimentam uma redução do lucro por ação de $ 4 para $ 3,93 em benefício dos acionistas da Small Company, cujo lucro por ação aumenta de $ 5 para $ 5,40. Esses resultados estão resumidos na Tabela 18.5.

Tabela 18.5 Resumo dos efeitos sobre o lucro por ação de uma fusão entre a Grand Company e a Small Company a $ 110 por ação

	Lucro por ação	
Acionistas	Antes da fusão	Depois da fusão
Grand Company	$ 4,00	$ 3,93[a]
Small Company	5,00	5,40[b]

[a] $\dfrac{\$500.000 + \$100.000}{125.000 + (1,375 \times 20.000)} = \$3,93$

[b] $ 3,93 × 1,375 = $ 5,40.

O lucro por ação pós-fusão para os proprietários das empresas adquirente e alvo pode ser explicado pela comparação do índice preço/lucro pago pela empresa adquirente com seu índice P/L inicial. A Tabela 18.6 resume essa relação. Ao pagar mais do que seu valor corrente em unidade monetária de lucro para adquirir cada unidade monetária de lucro (P/L pago > P/L da empresa adquirente), a empresa adquirente transfere o direito sobre parte de seu lucro pré-fusão para os proprietários da empresa-alvo. Portanto, após a fusão, *o LPA da empresa-alvo aumenta e o LPA da empresa adquirente diminui*. Observe que esse resultado é *quase sempre* o que ocorre, pois a adquirente normalmente paga, em média, um prêmio de 50% sobre o preço de mercado da empresa-alvo, o que faz com que o P/L pago fique muito acima de seu próprio P/L. Os índices P/L associados à fusão da Grand–Small demonstram o efeito de fusões sobre o LPA.

Exemplo 18.7

O índice P/L da Grand Company é de 20 e o índice P/L pago pela Small Company foi de 22 ($ 110 ÷ $ 5). Como o P/L pago pela Small Company foi maior do que o P/L da Grand Company (22 *versus* 20), o efeito da fusão foi uma redução do LPA para os detentores originais das ações da Grand Company (de $ 4,00 para $ 3,93) e um aumento do LPA efetivo para os detentores originais das ações da Small Company (de $ 5,00 para $ 5,40).

Tabela 18.6 Efeito dos índices preço/lucro (P/L) sobre o lucro por ação (LPA)

	Efeito sobre o LPA	
Relação entre o P/L pago e o P/L da empresa adquirente	Empresa adquirente	Empresa-alvo
P/L pago > P/L da empresa adquirente	Redução	Aumento
P/L pago = P/L da empresa adquirente	Constante	Constante
P/L pago < P/L da empresa adquirente	Aumento	Redução

Efeito de longo prazo O efeito de longo prazo de uma fusão sobre o lucro por ação da empresa resultante da fusão depende, em grande parte, de o lucro da empresa resultante aumentar. Embora, frequentemente, se espere uma redução inicial do lucro por ação para os proprietários originais da empresa adquirente, os efeitos de longo prazo da fusão sobre o lucro por ação são bastante favoráveis. Como as empresas, em geral, esperam crescimento do lucro, o principal fator que permite à empresa adquirente ter maior LPA futuro do que teria sem a fusão é que o lucro atribuível aos ativos da empresa-alvo aumente mais rapidamente do que aquele resultante dos ativos da empresa adquirente antes da fusão. Vamos esclarecer esse ponto com um exemplo.

Exemplo 18.8

Em 2015, a Grand Company adquiriu a Small Company trocando 1,375 ação ordinária de sua emissão por ação da Small Company. Outros dados financeiros importantes e os efeitos dessa proporção de troca foram discutidos nos exemplos anteriores. Esperava-se um crescimento do lucro total da Grand Company a uma taxa anual de 3% sem a fusão e um crescimento do lucro da Small Company a uma taxa anual de 7% sem a fusão. As mesmas taxas de crescimento devem ser aplicadas às séries de lucro componentes após a fusão. A tabela da Figura 18.1 mostra os efeitos futuros sobre o LPA da Grand Company sem e com a proposta de fusão com a Small Company, com base nessas taxas de crescimento.

A tabela indica que o lucro por ação sem a fusão será maior do que o LPA com a fusão para os anos de 2015 a 2017. Após 2017, entretanto, o LPA será maior do que seria sem a fusão, em razão da taxa de crescimento mais acelerada do lucro da Small Company (7% *versus* 3%). Embora sejam necessários alguns anos para que essa diferença na taxa de crescimento do lucro produza efeito, no futuro, a Grand Company receberá um benefício em lucros como resultado da fusão com a Small Company, a uma proporção de troca de 1,375. A vantagem de longo prazo da fusão fica clara na Figura 18.1.[3]

Figura 18.1 LPA futuro

LPA futuro sem e com a fusão da Grand com a Small.

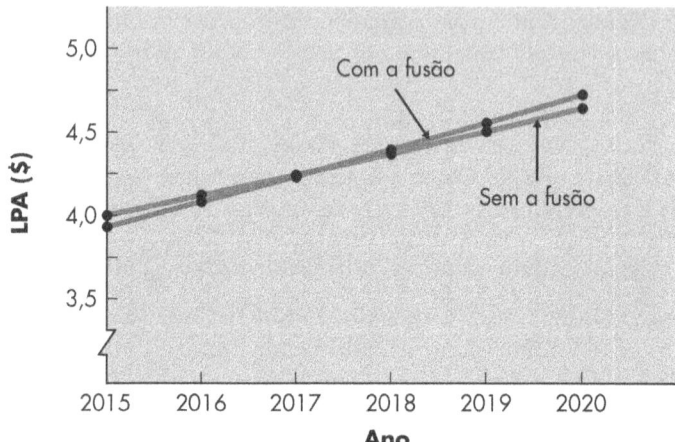

---

[3] Para determinar corretamente se a fusão é benéfica, as estimativas de lucro de cada alternativa devem ser realizadas para um período longo – digamos, 50 anos – e depois convertidas em fluxos de caixa e descontadas à taxa apropriada. A alternativa de valor presente mais elevado seria preferível. Para simplificar, apresentamos aqui apenas uma visão intuitiva básica do efeito de longo prazo.

	Sem a fusão		Com a fusão	
Ano	Lucro total[a]	Lucro por ação[b]	Lucro total[c]	Lucro por ação[d]
2015	$ 500.000	$ 4,00	$ 600.000	$ 3,93
2016	515.000	4,12	622.000	4,08
2017	530.450	4,24	644.940	4,23
2018	546.364	4,37	668.868	4,39
2019	562.755	4,50	693.835	4,55
2020	579.638	4,64	719.893	4,72

[a] Com base em uma taxa de crescimento anual de 3%.

[b] Com base em 125.000 ações em circulação.

[c] Com base em um crescimento anual de 3% do lucro da Grand Company e de 7% do lucro da Small Company.

[d] Com base em 152.500 ações em circulação [125.000 ações + ($ 1,375 × 20.000 ações)].

Efeito sobre o preço de mercado da ação

O preço de mercado da ação não permanece necessariamente constante após a aquisição de uma empresa por outra. Ajustes ocorrem no mercado em resposta a mudanças do lucro esperado, à diluição de propriedade, a mudanças do risco e outras mudanças operacionais e financeiras. Ao usar a proporção de troca, podemos calcular a **proporção de troca em termos de preço de mercado**, que indica o preço de mercado por ação da empresa adquirente *pago* por unidade monetária de preço de mercado da ação da empresa-alvo. Essa proporção, o *PTPM*, é definido pela seguinte fórmula:

proporção de troca em termos de preço de mercado Indica o preço de mercado por ação da empresa adquirente *pago* por unidade monetária de preço de mercado da ação da empresa-alvo.

$$PTPM = \frac{PM_{adquirente} \times PT}{PM_{alvo}} \quad (18.1)$$

onde:

$PTPM$ = proporção de troca em preço de mercado
$PM_{adquirente}$ = preço de mercado por ação da empresa adquirente
PT = proporção de troca
PM_{alvo} = preço de mercado por ação da empresa-alvo

> **Exemplo 18.9**
>
> O preço de mercado da ação da Grand Company era de $ 80 e o da Small Company, de $ 75. A proporção de troca era de 1,375. Substituindo esses valores na Equação 18.1, temos uma proporção de troca em preço de mercado de 1,47 [($ 80 × 1,375) ÷ $ 75]. Isso significa que $ 1,47 do preço de mercado da Grand Company é dado em troca de cada $ 1,00 do preço de mercado da Small Company.

A proporção de troca em preço de mercado normalmente é maior do que 1, indicando que, para adquirir uma empresa, a adquirente precisa pagar um prêmio sobre o preço de mercado da empresa-alvo. Mesmo assim, os proprietários originais da empresa adquirente ainda podem ganhar, pois a ação da empresa resultante da fusão pode ser vendida a um índice P/L acima dos índices individuais pré-fusão, como resultado da melhor relação risco e retorno percebida por acionistas e demais investidores.

Exemplo 18.10

Os dados financeiros anteriormente desenvolvidos para a fusão da Grand com a Small podem ser utilizados para explicar os efeitos de uma fusão sobre o preço de mercado. Se o lucro da empresa resultante da fusão permanecer nos níveis pré-fusão e se a ação da empresa resultante da fusão for vendida a um múltiplo presumido de 21 vezes o lucro, podemos esperar os valores da Tabela 18.7. Embora o lucro por ação da Grand Company caia de $ 4,00 para $ 3,93 (veja a Tabela 18.5), o preço de mercado de suas ações subirá de $ 80,00 para $ 82,53, em virtude da fusão.

Tabela 18.7 Preço de mercado da Grand Company após a fusão, usando um índice P/L de 21

Item	Empresa resultante da fusão
(1) Lucro disponível às ações ordinárias	$ 600.000
(2) Número de ações ordinárias em circulação	152.500
(3) Lucro por ação [(1) ÷ (2)]	$ 3,93
(4) Índice preço/lucro (P/L)	21
(5) Preço de mercado esperado por ação [(3) × (4)]	$ 82,53

bancos de investimento
Intermediários financeiros que, além de seu papel na venda de novas emissões de valores mobiliários, podem ser contratados por empresas adquirentes em operações de fusão para encontrar empresas-alvo adequadas e auxiliar nas negociações.

Embora o comportamento apresentado no exemplo anterior não seja incomum, o administrador financeiro deve reconhecer que apenas uma administração apropriada da empresa resultante da fusão pode aumentar seu valor de mercado. Se a empresa resultante da fusão não puder atingir lucro suficientemente elevado frente ao risco, não haverá garantias de que seu preço de mercado atingirá o valor previsto. Ainda assim, uma política de aquisição de empresas com P/L baixo pode produzir resultados favoráveis para os proprietários da empresa adquirente. As aquisições são especialmente atraentes quando o preço da ação da empresa adquirente é alto, pois menos ações precisarão ser trocadas para adquirir a empresa-alvo.

PROCESSO DE NEGOCIAÇÃO DE FUSÕES

As fusões são frequentemente conduzidas por **bancos de investimento**, intermediários financeiros que, além de seu papel na venda de novas emissões de valores mobiliários (descrito no Capítulo 7), podem ser contratados por empresas adquirentes em operações de fusão para encontrar empresas-alvo adequadas e auxiliar nas negociações. Uma vez escolhida uma empresa-alvo, o banco de investimento negocia com seus administradores ou seu banco de investimento. Da mesma forma, quando os administradores desejam vender a empresa ou uma de suas unidades operacionais poderá contratar um banco de investimento para procurar potenciais compradores.

Se as tentativas de negociar com a administração da empresa-alvo não tiverem êxito, a empresa adquirente, muitas vezes com a ajuda de seu banco de investimento, pode recorrer diretamente aos acionistas utilizando *ofertas públicas de compra* (como veremos a seguir). O banco de investimento normalmente é remunerado com uma taxa fixa, uma comissão atrelada ao preço da transação ou uma combinação dos dois.

Negociações com a administração

Para iniciar as negociações, a empresa adquirente deve fazer uma oferta em dinheiro ou um *swap* de ações com uma proporção de troca especificada. A empresa-alvo então analisa a oferta e, à luz de ofertas alternativas, aceita ou rejeita os termos apresentados.

Uma candidata desejável à fusão pode receber mais de uma oferta. Normalmente, é necessário solucionar algumas questões não financeiras relacionadas à administração existente, às políticas de linhas de produto, às políticas de financiamento e à independência da empresa-alvo. Mas o principal fator, naturalmente, é o preço por ação oferecido em dinheiro ou refletido na proporção de troca. Às vezes, as negociações fracassam.

Ofertas públicas de compra

Quando as negociações para uma aquisição fracassam, podem ser usadas ofertas públicas de compra para negociar uma "aquisição hostil" diretamente com os acionistas da empresa. Como vimos no Capítulo 14, uma oferta pública de compra é uma oferta formal para adquirir um determinado número de ações de uma empresa a um preço especificado. A oferta é feita a todos os acionistas a um preço superior ao de mercado (prêmio). Ocasionalmente, a adquirente fará uma **oferta em dois níveis**, em que os termos oferecidos são mais atrativos para os que vendem suas ações antecipadamente. Um exemplo de uma oferta em dois níveis é quando a adquirente oferece pagar $ 25 por ação pelos primeiros 60% das ações em circulação e apenas $ 23 por ação para as restantes. Os acionistas são avisados de uma oferta pública de compra por meio de anúncios em jornais de negócios ou comunicados diretos da empresa ofertante. Em algumas ocasiões, uma oferta pública de compra é feita para aumentar a pressão em negociações de fusão em andamento. Em outros casos, a oferta pública de compra pode ser feita sem aviso, em uma tentativa de tomar o controle de forma inesperada.

Combate a aquisições hostis

Se a administração de uma empresa-alvo não for favorável à fusão ou considerar o preço oferecido muito baixo, é provável que tomará medidas defensivas para evitar a *aquisição hostil*. Essas medidas costumam ser tomadas com a assistência de bancos de investimento e advogados que ajudam a empresa a desenvolver e empregar, com eficácia, táticas de **defesa contra aquisição hostil**. Há estratégias óbvias, como informar os acionistas sobre os possíveis efeitos prejudiciais de uma aquisição, adquirir outra empresa (como já vimos neste capítulo) ou tentar processar a empresa adquirente por formação de monopólio ou outros motivos. Além disso, há muitas outras defesas (algumas com nomes pitorescos), como "cavaleiro branco", "pílula de veneno", *greenmail*, recapitalização alavancada, "paraquedas de ouro" e "repelentes de tubarão".

Na estratégia do **cavaleiro branco** a empresa-alvo encontra uma adquirente mais adequada (o "cavaleiro branco"), incitando-a a competir com a adquirente hostil inicial para assumir o controle da empresa. Se a aquisição for inevitável, a empresa-alvo tenta ser adquirida por outra considerada mais aceitável pela administração. As **pílulas de veneno** normalmente envolvem a criação de valores mobiliários que conferem a seus detentores certos direitos que se tornam efetivos quando ocorre uma tentativa de aquisição hostil. A "pílula" permite que os acionistas recebam direitos especiais de voto ou valores mobiliários que tornam a empresa menos desejável à adquirente hostil. *Greenmail* é uma estratégia em que a empresa recompra com prêmio, por meio de negociação privada, um grande lote de ações, de um ou mais acionistas, para encerrar uma tentativa de aquisição hostil por parte desses acionistas. Claramente, o *greenmail* é uma forma de chantagem corporativa por parte dos detentores de grandes blocos de ações.

Outra tática de defesa contra a aquisição hostil envolve o uso de uma **recapitalização alavancada**, uma estratégia que envolve o pagamento de um grande dividendo em dinheiro, financiado com capital de terceiros. Essa estratégia aumenta significativamente a alavancagem financeira da empresa, desencorajando, desse modo, a tentativa de aquisição. Além disso, a recapitalização é, frequentemente, estruturada para aumentar o patrimônio líquido e o controle da administração existente. Os

oferta em dois níveis
Uma *oferta pública de compra* em que os termos oferecidos são mais atraentes para os que vendem suas ações antecipadamente.

defesas contra aquisição hostil
Estratégias para enfrentar tentativas de aquisição hostil.

cavaleiro branco
Uma defesa contra aquisição em que a empresa-alvo encontra uma adquirente que mais lhe agrade — em relação à adquirente hostil inicial — e leva as duas a competir pelo controle da empresa.

pílula de veneno
Uma defesa contra aquisição em que uma empresa emite valores mobiliários que dão a seus detentores certos direitos que se tornam efetivos quando ocorre uma tentativa de aquisição hostil; esses direitos tornam a empresa-alvo menos desejável a uma adquirente hostil.

greenmail
Uma tática de defesa contra aquisição, em que a empresa-alvo recompra com prêmio, por meio de negociação privada, um grande lote de ações, de um ou mais acionistas, para encerrar uma tentativa de aquisição hostil por parte desses acionistas.

recapitalização alavancada
Uma tática de defesa contra aquisição em que a empresa-alvo paga um grande dividendo em dinheiro, financiado com capital de terceiros, aumentando a alavancagem financeira da empresa e desencorajando, desse modo, a tentativa de aquisição.

paraquedas de ouro
Cláusulas nos contratos de trabalho dos principais executivos que lhes proporcionam uma remuneração considerável, se o controle da empresa for tomado; impedem aquisições hostis na medida em que as saídas de caixa exigidas são grandes o suficiente para tornar a aquisição não atraente.

repelentes de tubarão
Alterações antiaquisição feitas no contrato social que limitam a capacidade da empresa de transferir seu controle administrativo como resultado de uma fusão.

paraquedas de ouro são cláusulas nos contratos de trabalho dos principais executivos que lhes proporcionam uma remuneração considerável, se o controle da empresa for tomado. Os paraquedas de ouro impedem aquisições hostis na medida em que as saídas de caixa exigidas por esses contratos são grandes o suficiente para tornar a aquisição não atraente para a adquirente. Outra tática de defesa é o uso de **repelentes de tubarão**, que são alterações antiaquisição feitas no contrato social que limitam a capacidade da empresa de transferir seu controle administrativo como resultado de uma fusão, embora essa tática de defesa possa entrincheirar a administração existente. Muitas empresas tiveram essas alterações ratificadas pelos acionistas.

Como as táticas de defesa contra aquisição hostil tendem a isolar a administração dos acionistas, o potencial para litígios é grande quando essas estratégias são empregadas. Processos judiciais são, por vezes, apresentados contra a administração por acionistas dissidentes. Além disso, os governos federal e municipal, frequentemente, intervêm quando consideram que uma proposta de aquisição infringe as leis. Diversos estados norte-americanos têm leis que limitam ou restringem as aquisições hostis de empresas domiciliadas em seu território.

HOLDINGS

Uma *holding* é uma sociedade por ações que detém o controle de voto de uma ou mais sociedades por ações. A *holding* precisa possuir apenas uma pequena porcentagem das ações em circulação para ter esse controle de voto. No caso de empresas com um número relativamente pequeno de acionistas, podem ser necessários de 30 a 40% das ações. No caso de empresas com propriedade amplamente pulverizada, 10 a 20% das ações podem ser suficientes para conquistar o controle de voto. Uma *holding* que deseja obter o controle de voto de uma empresa pode usar compras diretas no mercado ou ofertas públicas de compra para adquirir as ações necessárias. Embora haja relativamente poucas *holdings*, e elas sejam bem menos importantes do que as fusões, é útil compreender suas principais vantagens e desvantagens.

Vantagens das *holdings*

A principal vantagem das *holdings* é o *efeito de alavancagem*, que permite a uma empresa controlar um grande volume de ativos com um investimento relativamente pequeno. Em outras palavras, os proprietários de uma *holding* podem *controlar* volumes significativamente maiores de ativos do que poderiam *adquirir* por meio de fusões.

Exemplo 18.11

A *holding* Carr Company detém atualmente o controle de voto de duas subsidiárias, a empresa X e a Y. A Tabela 18.8 apresenta os balanços patrimoniais da Carr e de suas duas subsidiárias. A Carr detém aproximadamente 17% ($ 10 ÷ $ 60) da empresa X e 20% ($ 14 ÷ $ 70) da empresa Y. Essas participações são suficientes para o controle de voto.

Tabela 18.8 Balanços patrimoniais da Carr Company e de suas subsidiárias

Ativo		Passivo e patrimônio líquido	
Carr Company			
Investimento em ações ordinárias		Dívida de longo prazo	$ 6
Empresa X	$ 10	Ações preferenciais	6
Empresa Y	14	Ações ordinárias	12
Total	$ 24	Total	$ 24

(continua)

(continuação)

Empresa X			
Ativo circulante	$ 30	Passivo circulante	$ 15
Ativo imobilizado	70	Dívida de longo prazo	25
Total	$ 100	Ações ordinárias	60
		Total	$ 100
Empresa Y			
Ativo circulante	$ 20	Passivo circulante	$ 10
Ativo imobilizado	140	Dívida de longo prazo	60
Total	$ 160	Ações preferenciais	20
		Ações ordinárias	70
		Total	$ 160

Os proprietários das ações ordinárias da Carr Company no valor de $ 12 controlam $ 260 em ativos ($ 100 da empresa X e $ 160 da empresa Y). Assim, as ações ordinárias dos proprietários representam apenas cerca de 4,6% ($ 12 ÷ $ 260) do total de ativos da controladora. Com base nas discussões sobre análise de índices, alavancagem e estrutura de capital nos capítulos 3 e 13, deve estar claro que se trata de um nível muito alto de alavancagem. Se um acionista individual ou mesmo outra *holding* possuir $ 3 das ações da Carr Company, que se supõe ser suficiente para controlar a empresa, terá o controle efetivo sobre os $ 260 em ativos. O investimento, nesse caso, representaria apenas 1,15% ($ 3 ÷ $ 260) dos ativos da controlada.

A alavancagem elevada obtida por meio de um acordo entre *holdings* amplifica consideravelmente os lucros e prejuízos para a *holding*. Em muitos casos, a **pirâmide** de *holdings* ocorre quando uma *holding* controla outras *holdings*, causando uma amplificação ainda maior de lucros e prejuízos. Quanto maior a alavancagem, maior é o risco envolvido. O trade-off risco–retorno é um elemento fundamental na decisão de formar *holdings*.

Outra vantagem comumente citada das *holdings* é a proteção contra o risco, em que a falência de uma das empresas (como a Y no exemplo anterior) não resulta na falência de toda a *holding*. Como cada subsidiária é uma empresa separada, a falência de uma empresa deve custar à *holding*, no máximo, o investimento feito nessa subsidiária. Outras vantagens são as seguintes: (1) certos *benefícios fiscais* estaduais podem ser obtidos por cada subsidiária no estado em que estiver sediada, (2) *processos judiciais ou ações legais* contra uma subsidiária não ameaçam as demais e (3) *costuma ser fácil assumir o controle* de uma empresa, porque em geral não é necessário a aprovação dos acionistas ou da administração.

pirâmide
Um acordo entre *holdings*, em que uma *holding* controla outras *holdings*, causando uma amplificação ainda maior de lucros e prejuízos.

Desvantagens das *holdings*

A principal desvantagem das *holdings* é o *maior risco* resultante do efeito de alavancagem. Quando as condições econômicas são desfavoráveis, o prejuízo de uma subsidiária pode ser ampliado. Por exemplo, se a subsidiária X da Tabela 18.8 tiver prejuízo, sua incapacidade de pagar dividendos para a Carr Company poderia resultar na incapacidade da Carr Company de honrar seus próprios pagamentos programados.

Outra desvantagem é a *bitributação*. Antes de pagar dividendos, uma subsidiária deve pagar os impostos federais e estaduais sobre o lucro. Embora seja permitida uma dedução fiscal de 70% sobre os dividendos recebidos de uma empresa por outra, os 30% restantes são tributáveis. (No caso de a *holding* deter entre 20% e 80% das ações de uma subsidiária, a dedução é de 80%; se detiver mais de 80% das ações da subsidiária, 100% dos dividendos são deduzidos.) Se uma subsidiária fizesse parte de uma empresa resultante de fusão, não haveria bitributação.

Outra desvantagem é que as *holdings* são *difíceis de analisar*. Analistas e investidores geralmente têm dificuldade de entender as *holdings* por causa da complexidade dessas empresas. Em consequência, essas empresas tendem a ser vendidas a baixos múltiplos de lucro (P/L) e o valor das *holdings* para os acionistas pode ser afetado.

Uma última desvantagem das *holdings* é o *custo de administração geralmente elevado* para a manutenção de cada subsidiária como uma entidade separada. Uma fusão, por outro lado, provavelmente resultaria em algumas economias de escala administrativas. A necessidade de coordenação e comunicação entre a *holding* e suas subsidiárias pode elevar ainda mais esses custos.

FUSÕES INTERNACIONAIS

Talvez a área em que a prática financeira norte-americana mais se distancie da de outros países seja a de fusões. Fora dos Estados Unidos (e, em menor grau, da Grã-Bretanha), as aquisições hostis são virtualmente inexistentes e, em alguns países (como o Japão), aquisições de qualquer espécie são raras. A ênfase dada nos Estados Unidos e na Grã-Bretanha ao valor para o acionista e à dependência dos mercados de capitais para o financiamento, em geral, não é compartilhada pelas empresas da Europa continental, pois costumam ser menores e porque outras partes interessadas, como funcionários, bancos e governos, têm mais voz ativa. A abordagem norte-americana também não é a norma no Japão e em outros países asiáticos.

Mudanças na Europa Ocidental

Hoje em dia é possível notar que a Europa Ocidental está se aproximando da abordagem norte-americana de foco no valor ao acionista e no financiamento por meio do mercado de capitais. Desde 1º de janeiro de 2002, com a integração econômica e monetária (IEM) da União Europeia (UE), que introduziu uma moeda única — o euro — a seus países integrantes, o número, o tamanho e a importância das fusões transfronteiriças europeias têm crescido contínua e rapidamente. Empresas de foco nacional desejam alcançar economias de escala na produção, encorajar estratégias de desenvolvimento de produtos internacionais e desenvolver redes de distribuição em todo o continente. Também são conduzidas pela necessidade de competir com empresas norte-americanas, que há décadas vêm operando de forma continental na Europa.

Espera-se que essas grandes empresas europeias se tornem concorrentes ainda mais importantes à medida que mais barreiras nacionais forem removidas. Embora a grande maioria dessas fusões transfronteiriças seja de natureza amigável, algumas enfrentaram resistência ativa por parte da administração da empresa-alvo. Parece claro que, à medida que as empresas europeias passaram a depender mais dos mercados de capitais para financiamento e que o mercado de ações se torna mais efetivamente europeu, em vez de francês, britânico ou alemão, os mercados ativos de capitais europeus continuarão a se desenvolver.

Aquisição de empresas norte-americanas por empresas estrangeiras

Nos últimos anos, empresas europeias e japonesas têm sido ativas como adquirentes de empresas norte-americanas. Empresas estrangeiras compram empresas norte-americanas por duas razões principais: para ter acesso ao maior, mais rico e menos regulamentado mercado do mundo e para adquirir uma tecnologia de classe mundial. Historicamente, as maiores adquirentes de empresas norte-americanas têm sido as empresas britânicas. No final da década de 1980, as empresas japonesas se destacaram com uma série de aquisições de grande porte, incluindo duas no setor de entretenimento: a compra da Columbia Pictures pela Sony e da MCA pela Matsushita. Mais recentemente, as empresas alemãs tornaram-se adquirentes especialmente ativas de empresas norte-americanas, já que a produção de bens para exportação na Alemanha tornou-se proibitivamente caro. (Os trabalhadores alemães têm um dos salários mais altos do mundo e semanas de trabalho mais curtas.) O quadro *Foco Global* adiante descreve fusões recentes da gigante australiana das comunicações News Corp. Parece inevitável que empresas estrangeiras continuem a adquirir empresas norte-americanas, ao mesmo tempo em que estas continuam buscando aquisições atraentes no exterior.

→ **QUESTÕES PARA REVISÃO**

18.6 Descreva os procedimentos comumente utilizados por uma empresa adquirente para avaliar uma empresa-alvo, quer esteja sendo adquirida por seus ativos quer como uma empresa em funcionamento.

18.7 O que é a *proporção de troca*? Ela se baseia nos preços correntes de mercado das ações da empresa adquirente e da empresa-alvo? Por que uma visão de longo prazo do lucro por ação da empresa resultante da fusão pode alterar a decisão de fusão?

18.8 Que papel *bancos de investimento* frequentemente desempenham em um processo de negociação de fusão? O que é uma *oferta pública de compra*? Quando e como ela é utilizada?

18.9 Descreva sucintamente cada uma das táticas de *defesa contra uma aquisição hostil* relacionadas a seguir: **(a)** cavaleiro branco, **(b)** pílula de veneno, **(c)** *greenmail*, **(d)** recapitalização alavancada, **(e)** paraquedas de ouro e **(f)** repelentes de tubarão.

18.10 Quais são as principais vantagens e desvantagens associadas às *holdings*? O que é *pirâmide* e quais são suas consequências?

18.11 Discuta as diferenças em práticas de fusão entre empresas norte-americanas e de outros países. Que mudanças estão ocorrendo na atividade de fusão internacional, especialmente na Europa Ocidental e no Japão?

Foco GLOBAL

Fusões internacionais

na prática Em julho de 2005, a gigante australiana das comunicações News Corp iniciou uma série de aquisições de ativos norte-americanos. A primeira foi a aquisição, por US$ 580 milhões, da Intermix Media, proprietária do MySpace.com, na época, o quinto domínio de internet mais visualizado dos Estados Unidos. Rupert Murdoch, o magnata das comunicações no comando da News Corp, calculou que o site de relacionamentos MySpace geraria tráfego para seus sites da Fox TV.

A compra seguinte de Murdoch ocorreu em setembro de 2006, quando a News Corp adquiriu da Verisign uma participação majoritária da Jamba, que administra o Jamster, um serviço de download de produtos como *ringtones* e papéis de parede para celular. A intenção da News Corp era marcar a presença da Fox em todo o ciclo de vida dos conteúdos, desde a criação, passando pela produção, até a entrega na tela do celular. A empresa já tinha um provedor de conteúdo móvel, a Mobizzo, lançado em junho de 2005, sob a divisão Fox Mobile Entertainment. Entre as coisas que a Mobizzo pretendia oferecer estavam episódios de um minuto derivados de linhas da Fox, como a franquia *American Idol*.

Em maio de 2007, a News Corp visou um novo alvo, a Dow Jones, que publica o *Wall Street Journal* e o *Barron's* e é proprietária de outros ativos de notícias e conteúdo financeiro, incluindo o Dow Jones Newswires, o site financeiro MarketWatch e diversos indicadores do mercado de ações (como, por exemplo, o Dow Jones Industrial Average). A News Corp de Murdoch ofereceu US$ 5 bilhões pela Dow Jones, mas enfrentou resistência dos membros da família Bancroft — descendentes de Clarence Barron, o "pai do jornalismo financeiro" —, que controla mais de 50% do poder de voto da empresa. A oferta da News Corp foi notável por seu prêmio, mais do que o dobro do valor de negociação da Dow Jones antes da oferta.

Fusões internacionais como as realizadas pela News Corp não são tão fáceis de executar quanto as domésticas. Entre os fatores de complicação, estão diferentes regimes legais e regulatórios, diferenças culturais e exigências complexas de timing envolvendo o fechamento simultâneo de negociação em diferentes jurisdições. Outras complicações podem surgir da possível desconfiança de empregados ou proprietários de outros países. No caso da Dow Jones, o conselho de administração da empresa e a família Bancroft procuraram negociar certo nível de independência para o *Journal*, para que permanecesse livre de interferência corporativa.

No final das contas, Rupert Murdoch conseguiria o que queria. Em 13 de dezembro de 2007, a News Corp anunciou a conclusão da aquisição da Dow Jones. Os termos do acordo de fusão previam que cada ação ordinária da Dow Jones teria o direito a receber, na eleição do detentor, US$ 60 em dinheiro ou 2,8681 ações ordinárias de Classe B da Ruby Newco LLC, uma subsidiária de propriedade integral da News Corp. As ações ordinárias de Classe B da Ruby Newco seriam convertidas após um determinado prazo em uma ação ordinária de Classe A da News Corp. Após a conclusão da fusão, a Dow Jones tornou-se uma subsidiária de propriedade integral da Ruby Newco, e Natalie Bancroft foi nomeada para o conselho de administração da empresa.

Em 2010, a maré internacional mudou para a News Corp, e vender, em vez de comprar, tornou-se a norma. Em 2010, o governo de Fiji começou a exigir que os meios de comunicação do país fossem 90% de propriedade de cidadãos de Fiji, resultando na venda de jornais de Fiji (*Fiji Times*, *Nai Lalakai* e *Shanti Dut*) ao conglomerado Motibhai. Então, em 2011, o MySpace, depois de muito esforço para encontrar um comprador, foi vendido a Justin Timberlake e à Specific Media. Em julho de 2011, a News Corp fechou no Reino Unido seu jornal *News of the World*, que estava no meio de um escândalo, e retirou sua oferta de aquisição da BSkyB.

Citando preocupações crescentes sobre os escândalos recentes e um desejo de "liberar para o acionista um valor ainda maior de longo prazo", Murdoch anunciou, em 28 de junho de 2012, que a News Corp seria dividida em duas novas sociedades por ações de capital aberto. As operações de publicação se tornaram a "nova" News Corporation, com Robert James Thomson, editor do *The Wall Street Journal*, como CEO. Murdoch permaneceu como o CEO das operações de comunicações e propriedades (como o Fox Entertainment Group e a 20th Century Fox), que se tornaram a 21st Century Fox. Murdoch continua na presidência do conselho de administração das duas empresas.

- *Se você fosse um acionista da Dow Jones, que trade-offs teria considerado ao decidir se deveria tomar os US$ 60 por ação ou as ações da Ruby Newco?*

OA 05 ▶18.4 Fundamentos da quebra de empresas

A quebra de uma empresa é um acontecimento lamentável. Embora a maioria das empresas quebre no primeiro ou segundo ano de vida, outras empresas crescem, amadurecem e quebram muito mais tarde. A quebra de uma empresa pode ser vista de diversas maneiras e pode resultar de uma ou mais causas.

TIPOS DE QUEBRA DE EMPRESAS

Uma empresa pode quebrar porque seus *retornos são negativos ou baixos*. Uma empresa que reporta constantes prejuízos operacionais provavelmente experimentará uma queda de seu valor de mercado. Se a empresa não for capaz de obter um retorno maior que seu custo de capital, pode-se dizer que ela quebrou. Retornos negativos ou baixos, a menos que solucionados, tendem a resultar em um dos tipos mais graves de quebra, listados a seguir.

Um segundo tipo de quebra, a **insolvência**, ocorre quando uma empresa não é capaz de pagar suas contas no vencimento. Quando uma empresa está insolvente, seus ativos ainda são maiores que seus passivos, mas ela enfrenta uma *crise de liquidez*. Se alguns de seus ativos puderem ser convertidos em caixa dentro de um prazo razoável, a empresa pode ser capaz de escapar da quebra completa. Do contrário, o resultado é o terceiro e mais grave tipo de quebra, a falência.

insolvência
Quebra da empresa que ocorre quando ela não é capaz de pagar suas contas no vencimento.

A **falência** ocorre quando o valor declarado dos passivos de uma empresa excede o valor justo de mercado de seus ativos. Uma empresa falida tem um patrimônio líquido negativo,[4] o que significa que os direitos dos credores não podem ser satisfeitos a menos que os ativos da empresa possam ser liquidados por um valor maior que seu valor contábil. Embora a falência seja uma forma óbvia de quebra, os *tribunais tratam a insolvência e a falência da mesma maneira*. Considera-se que ambas indicam a quebra financeira da empresa.

falência
Quebra da empresa que ocorre quando o valor declarado de seus passivos excede o valor justo de mercado de seus ativos.

PRINCIPAIS CAUSAS DE QUEBRA DE EMPRESAS

A principal causa de quebra de empresas é a *má administração*, que responde por mais de 50% dos casos. Entretanto, diversos erros administrativos específicos podem levar uma empresa a quebrar, como: expansão excessiva, decisões financeiras equivocadas, uma força de vendas ineficaz e elevados custos de produção. As decisões financeiras equivocadas incluem, por exemplo, más decisões de orçamento de capital (baseadas em previsões de vendas e de custos não realistas, na incapacidade de identificar todos os fluxos de caixa relevantes ou na incapacidade de avaliar corretamente o risco), avaliação financeira equivocada dos planos estratégicos da empresa antes de assumir compromissos financeiros, planejamento inadequado ou inexistente de fluxo de caixa e falta de controle de contas a receber e estoques. Como todas as principais decisões empresariais são, eventualmente, medidas em termos monetários, o administrador financeiro pode desempenhar um papel fundamental para evitar ou causar a quebra de uma empresa. É seu dever monitorar a saúde financeira da empresa. Por exemplo, a falência da Enron Corporation no início de 2002 (então a maior da história) foi atribuída principalmente a parcerias questionáveis estabelecidas por seu diretor financeiro, Andrew Fastow. Essas parcerias foram firmadas para ocultar as dívidas da Enron, inflar seus lucros e enriquecer a alta administração. No final de 2001, essas transações perderam grandes quantias de dinheiro, levando a empresa a declarar falência e resultando em acusações criminais contra seus principais executivos, bem como sua auditoria, a Arthur Andersen, que deixou de divulgar com precisão a situação financeira da Enron.

A *atividade econômica* — especialmente recessões — pode contribuir para a quebra de uma empresa.[5] Se a economia entra em recessão, as vendas podem cair abruptamente, deixando a empresa com elevados custos fixos e receitas insuficientes para cobri-los. Elevações rápidas das taxas de juros pouco antes de uma recessão podem contribuir para os problemas de fluxo de caixa e tornar mais difícil para a empresa obter e manter o financiamento necessário.

---

4 Como no balanço patrimonial o total de ativos da empresa é igual à soma do passivo e do patrimônio líquido, a única maneira da empresa que tem mais passivo do que ativo, poder equilibrar seu balanço patrimonial é ter um patrimônio líquido *negativo*.

5 O sucesso de algumas empresas se dá em sentido contrário ao ciclo da atividade econômica e outras empresas não são afetadas pela atividade econômica. Por exemplo, é provável que o setor de reparos de automóveis cresça durante a recessão, porque as pessoas tendem a comprar menos carros novos, e, portanto, precisam de mais reparos em seus carros mais velhos e fora da garantia. As vendas de barcos e outros itens de luxo podem cair durante uma recessão, ao passo que a venda de itens essenciais, como eletricidade, não costuma ser afetada. Em termos de *beta* — a medida de risco não diversificável que vimos no Capítulo 8 —, uma ação de *beta* negativo estaria associada a uma empresa com comportamento em sentido contrário ao ciclo da atividade econômica.

Foco na ÉTICA

Grande demais para quebrar?

na prática "O que é bom para a General Motors é bom para a América." Essa afirmação, frequentemente atribuída a Charlie Wilson, presidente do conselho de administração e CEO da General Motors (GM) de 1941 a 1953, tem a intenção de transmitir a importância da GM para a economia dos Estados Unidos. Durante a maior parte da segunda metade do século XX, a GM foi classificada como a maior empresa em capitalização de mercado dos Estados Unidos. Em seu auge, na década de 1970, a empresa empregava cerca de 400.000 operários. Muitos outros estavam empregados em subsidiárias de financiamento da empresa, fornecedores, varejistas e outras empresas de apoio.

Entretanto, no final da primeira década do novo milênio, a sorte da GM mudou. A empresa, que em seus tempos áureos produzia um de cada dois carros vendidos nos Estados Unidos, estava sendo desafiada pela Toyota para o primeiro lugar. A GM demorou a se adaptar às mudanças das demandas do consumidor e se viu inchada e sobrecarregada com compromissos de pensão e assistência médica a seus aposentados, a um valor estimado em US$ 2.000 por automóvel vendido. Em 2008, veio a recessão e as vendas totais de veículos nos Estados Unidos caíram quase 20%. A GM entrou em queda livre e, em 1º de junho de 2009, entrou com pedido de recuperação. Ciente da importância da empresa para sua economia, os governos dos Estados Unidos e do Canadá forneceram apoio financeiro e receberam uma participação acionária de 60% e 12,5%, respectivamente.

O resgate financeiro por parte do governo levanta um dilema ético interessante. Quando uma empresa torna-se grande demais para quebrar, como as decisões de seus administradores financeiros podem mudar quando podem contar com o apoio do governo se surgir uma crise? Alguns sugerem que uma proteção implícita por parte do governo encoraja as empresas a assumir mais riscos. Essencialmente, como a garantia do governo protege uma empresa em desvantagem, ela acaba sendo uma tentação para a empresa assumir riscos maiores, com o potencial de maiores recompensas. Infelizmente, as garantias não são de graça, como os contribuintes podem descobrir em breve.

- *Quem se beneficia e quem perde quando uma empresa torna-se grande demais para quebrar?*
- *Os administradores financeiros têm incentivos para tornar suas empresas grandes (ou vitais) demais para quebrar? Quais são as medidas que podem levar a aumentar a importância de sua empresa?*

Uma última causa de quebra é a *maturidade corporativa*. As empresas, como os indivíduos, não têm vida infinita. Como um produto, uma empresa passa pelos estágios de nascimento, crescimento, maturidade e declínio. A administração da empresa deve tentar prolongar o estágio de crescimento por meio de pesquisas, novos produtos e fusões. Uma vez que atinja a maturidade e comece a declinar, a empresa deve tentar ser adquirida por outra ou liquidar suas atividades antes que quebre. Um planejamento eficaz por parte da administração deve ajudar a empresa a postergar o declínio e, no final, a quebra.

ACORDOS VOLUNTÁRIOS

acordo voluntário
Um acordo entre uma empresa insolvente ou falida e seus credores que lhe permite evitar muitos dos custos envolvidos em processos legais de falência.

Quando uma empresa se torna insolvente ou vai à falência, ela pode firmar com seus credores um **acordo voluntário**, que lhe permite evitar muitos dos custos envolvidos em processos judiciais de falência. Em geral, é proposto pela empresa devedora, pois esse acordo pode permitir que ela continue a existir ou ser liquidada de maneira que dê aos proprietários chances de recuperar parte de seu investimento. A devedora reúne-se com todos os seus credores e nessa reunião forma-se um comitê de credores para analisar a situação e recomendar um plano de ação. As recomendações do comitê são discutidas com a devedora e os credores e elabora-se um plano para salvar ou liquidar a empresa.

Acordo voluntário para salvar a empresa

Normalmente, o motivo para salvar uma empresa depende da viabilidade de sua recuperação. Ao salvar a empresa, o credor pode continuar a negociar com ela. Diversas estratégias são normalmente utilizadas. Uma **prorrogação** é um acordo pelo qual os credores da empresa recebem o pagamento integral, embora não imediatamente. De modo geral, quando os credores concedem uma prorrogação, exigem que a empresa faça compras à vista até que todas as dívidas tenham sido pagas. Já a **composição** é um acordo proporcional em dinheiro dos direitos dos credores. Em vez de receber o pagamento integral de seus direitos, os credores recebem apenas uma parte do que lhes é devido. Uma porcentagem uniforme de cada unidade monetária devida é paga para satisfazer o direito de cada credor.

Um terceiro tipo de acordo é o **controle por credores**. Nesse caso, o comitê de credores pode decidir que só é viável salvar a empresa se a administração operacional for substituída. O comitê pode então assumir o controle da empresa e administrá-la até que todas as reivindicações tenham sido atendidas. Às vezes, pode resultar em um plano que combine prorrogação, composição e controle por credores. Um exemplo disso é um acordo em que a empresa devedora concorde em pagar um total de $ 0,75 por unidade monetária da dívida em três parcelas anuais de $ 0,25 por unidade monetária da dívida e os credores concordam em vender mercadorias adicionais para a empresa, com prazo de 30 dias, caso a administração existente seja substituída por uma nova que é aceita pelos credores.

prorrogação
Um acordo pelo qual os credores da empresa recebem o pagamento integral, embora não imediatamente.

composição
Um acordo proporcional em dinheiro dos direitos dos credores pela empresa devedora; paga-se uma porcentagem uniforme de cada unidade monetária devida.

controle por credores
Um acordo em que o comitê de credores substitui a administração operacional da empresa e a administra até que todos os direitos tenham sido pagos.

Acordo voluntário resultando em liquidação

Depois que o comitê de credores investiga a situação da empresa, a única solução aceitável pode ser a liquidação, que pode ser realizada de maneira privada ou por meio de procedimentos legais previstos pela lei de falência. Se a empresa devedora estiver disposta a aceitar a liquidação, os procedimentos legais podem não ser necessários. Geralmente, evitar litígios permite que os credores obtenham acordos *mais rápidos* e de *maior valor*. No entanto, todos os credores devem concordar com uma liquidação privada para que seja viável.

O objetivo do processo de liquidação voluntária é recuperar o máximo possível por unidade monetária de dívida. Em uma liquidação voluntária, os acionistas ordinários (os verdadeiros proprietários da empresa) não podem receber quaisquer fundos até que as reivindicações de todas as demais partes tenham sido satisfeitas. Um procedimento comum é realizar uma reunião de credores em que eles assinam uma **cessão (*assignment*)**, transferindo o poder de liquidar os ativos da empresa a um *adjustment bureau*, uma associação comercial ou um terceiro, designado síndico. Sua função é liquidar os ativos, obtendo o melhor preço possível. Às vezes, ele é chamado de *agente fiduciário*, pois a ele são confiadas a propriedade dos ativos da empresa e a responsabilidade de liquidá-los com eficiência. Uma vez liquidados os ativos pelo agente fiduciário, ele distribui os fundos recuperados aos credores e proprietários (se sobrar algum fundo). A última etapa de uma liquidação voluntária é a assinatura pelos credores de uma declaração de quitação, atestando que todas as reivindicações foram atendidas.

cessão (*assignment*)
Um procedimento de liquidação voluntária pelo qual os credores de uma empresa transferem o poder de liquidar os ativos da empresa a um *adjustment bureau*, uma associação comercial ou a um terceiro, designado síndico.

→ QUESTÕES PARA REVISÃO

18.12 Quais são os três tipos de quebra de empresas? Qual é a diferença entre *insolvência* e *falência*? Quais são as principais causas de quebra de empresas?

18.13 Defina *prorrogação* e composição e explique como eles podem ser combinados para formar um plano de acordo voluntário para salvar uma empresa. Como é tratado um acordo voluntário que resulta em liquidação?

18.5 Reorganização e liquidação

Se não for possível chegar a um acordo voluntário, a empresa pode ser forçada por seus credores a pedir falência. Como resultado de processos de falência, a empresa pode ser reorganizada ou liquidada. Embora empresas de todos os portes possam ir à falência, os casos das empresas maiores acabam ganhando mais destaque. O quadro *Fatos e dados* a seguir relaciona as dez maiores falências dos Estados Unidos.

FATOS e DADOS

As dez maiores falências dos Estados Unidos

Empresa	Data da falência	Total de ativos antes da falência (em bilhões)
Lehman Brothers Holdings, Inc.	15 set. 2008	US$ 691,0
Washington Mutual	26 set. 2008	327,9
Worldcom, Inc.	21 jul. 2002	103,9
General Motors	1 jun. 2009	91,0
CIT Group	1 nov. 2009	80,4
Enron Corp.	2 dez. 2001	65,5
Conseco, Inc.	17 dez. 2002	61,4
MF Global	31 out. 2011	41,0
Chrysler	30 abr. 2009	39,3
Thornburg Mortgage	1 maio 2009	36,5

LEGISLAÇÃO DE FALÊNCIA E RECUPERAÇÃO

A *falência*, no sentido legal, ocorre quando a empresa não pode pagar suas contas ou quando seu passivo excede o valor justo de mercado de seus ativos. Em ambos os casos, uma empresa pode ser declarada legalmente falida. Entretanto, os credores geralmente tentam evitar a falência de uma empresa se houver probabilidade de sucesso no futuro.

A Constituição dos Estados Unidos (Artigo 1, Seção 8, Cláusula 4) regulamenta a falência no país e autoriza o Congresso a promulgar "leis uniformes sobre o tema falências em todo o território norte-americano". Desde 1801, o Congresso exerceu sua autoridade várias vezes e, em 1978, alterou significativamente a legislação anterior de falência ao promulgar a **Bankruptcy Reform Act de 1978**, comumente chamada de "Código de Falências" (ou somente "Código"). Essa lei contém oito capítulos com números ímpares (1 a 15) e um de número par (12). Diversos desses capítulos seriam aplicáveis no caso de quebra; os dois principais são os Capítulos 7 e 11. O **Capítulo 7** da lei detalha os procedimentos a serem seguidos ao liquidar uma empresa quebrada. O Capítulo 7 normalmente é utilizado quando se determina que não existe uma base justa, equitativa e viável para a reorganização de uma empresa quebrada (embora uma empresa possa, por sua própria iniciativa, optar por não se reorganizar e entrar diretamente em liquidação). Já o **Capítulo 11** descreve os procedimentos para reorganizar uma empresa quebrada, quer sua petição seja requerida de forma voluntária ou involuntária. Se um plano viável de reorganização não puder ser elaborado, a empresa será liquidada nos termos do Capítulo 7.

Bankruptcy Reform Act de 1978
Legislação de falência atualmente em vigor nos Estados Unidos.

Capítulo 7
Parte da Bankruptcy Reform Act de 1978, que detalha os procedimentos a serem seguidos ao liquidar uma empresa quebrada.

Capítulo 11
Parte da Bankruptcy Reform Act de 1978, que descreve os procedimentos para reorganizar uma empresa quebrada, quer sua petição seja requerida de forma voluntária ou involuntária.

REORGANIZAÇÃO (CAPÍTULO 11)

Há dois tipos básicos de petição de reorganização: voluntária e involuntária. Nos Estados Unidos, qualquer empresa que não seja uma instituição do governo municipal ou financeira pode apresentar uma petição de **reorganização voluntária** em seu próprio nome.[6] A **reorganização involuntária**, por sua vez, é iniciada por um terceiro, geralmente um credor. Uma petição involuntária contra uma empresa pode ser apresentada caso uma das três condições a seguir for constatada:

1. A empresa tem dívidas vencidas de US$ 5.000 ou mais.
2. Três ou mais credores podem provar que têm direitos não pagos agregados de US$ 5.000 contra a empresa. Se a empresa tiver menos de 12 credores, qualquer um deles que possua mais de US$ 5.000 pode apresentar a petição.
3. A empresa está *insolvente*, o que significa que: (a) não está pagando suas dívidas no prazo, (b) nos 120 dias anteriores um custodiante (terceiro) foi nomeado ou tomou posse das propriedades do devedor ou (c) o valor justo de mercado dos ativos da empresa é menor do que o valor declarado de seu passivo.

reorganização voluntária
Uma petição feita por uma empresa quebrada, em seu próprio nome, para reorganizar sua estrutura e pagar seus credores.

reorganização involuntária
Uma petição iniciada por um terceiro, geralmente um credor, para a reorganização e pagamento de credores de uma empresa quebrada.

Procedimentos

Uma petição de reorganização sob o Capítulo 11 deve ser protocolada em um tribunal federal de falência. Na apresentação dessa petição, a empresa que a apresenta torna-se o **fiel depositário** dos ativos. Se os credores se opuserem que a empresa solicitante seja o fiel depositário, podem pedir ao juiz que nomeie um agente fiduciário. Após rever a situação da empresa, o fiel depositário submete um plano de reorganização e uma declaração resumindo o plano para o tribunal. Uma audiência é realizada para determinar se o plano é *justo, equitativo e viável* e se a declaração contém as informações necessárias. A aprovação ou rejeição pelo tribunal baseia-se na avaliação do plano à luz desses padrões. Um plano é considerado *justo e equitativo* se *mantiver as prioridades* dos direitos contratuais dos credores, acionistas preferenciais e acionistas ordinários. O tribunal também deve considerar o plano de recuperação *viável*, ou seja, possível de *ser posto em prática*. A empresa reorganizada deve ter capital de giro suficiente, fundos suficientes para cobrir encargos fixos, perspectivas adequadas de crédito e a capacidade de quitar ou refinanciar suas dívidas como proposto pelo plano.

Uma vez aprovados, o plano e a declaração são encaminhados aos credores e acionistas da empresa para sua aceitação. Sob a Bankruptcy Reform Act, credores e proprietários são separados em grupos com tipos semelhantes de direitos. No caso do grupo de credores, exige-se a aprovação do plano pelos detentores de no mínimo dois terços do valor, em unidades monetárias, dos direitos, bem como a maioria numérica dos credores. No caso do grupo de proprietários (acionistas preferenciais e ordinários), o plano de reorganização deve ser aprovado por dois terços das ações em cada grupo. Uma vez aceito e confirmado pelo tribunal, o plano é colocado em prática o mais rapidamente possível.

fiel depositário
O termo para uma empresa que apresenta uma petição de reorganização sob o Capítulo 11 e, em seguida, desenvolve, se possível, um plano de reorganização.

**Finanças pessoais
Exemplo 18.12**

Os indivíduos, assim como as empresas, às vezes quebram financeiramente. Normalmente, a falta de planejamento financeiro, uma carga de dívida pesada ou uma recessão econômica são fatores que fazem com que os devedores deixem de honrar pagamentos e experimentem uma deterioração em seu *rating* de crédito. A menos que tomem medidas corretivas, haverá a reintegração de posse da propriedade financiada pela dívida e, eventualmente, a falência pessoal. Indivíduos em dificuldades financeiras têm duas opções legais: um plano para assalariados (*wage earner plan*) ou falência direto.

---

6 Às vezes, as empresas apresentam uma petição voluntária para obter proteção legal temporária dos credores ou de litígios prolongados. Uma vez resolvida sua situação financeira ou legal — antes de medidas de reorganização ou liquidação —, elas desistem da petição. Embora tais práticas não sejam a intenção da lei de falência, a dificuldade de aplicação da lei permite a ocorrência desses abusos.

Um *plano para assalariados*, definido sob o *Capítulo 13* do Código de Falências norte-americano, é um procedimento que envolve algum tipo de reestruturação de dívida, geralmente estabelecendo um cronograma de amortização da dívida que é viável, tendo em conta a renda pessoal do indivíduo. Ele é semelhante à *reorganização* no caso de falência de uma empresa. A maioria dos credores precisa concordar com o plano, sob o qual renuncia-se aos pagamentos de juros e às multas por atraso durante o período de amortização. Se aprovado, o indivíduo, que mantém o uso e o título de todos os ativos, faz pagamentos ao judiciário, que os repassa aos credores.

A *falência direto* é permitida sob o Capítulo 7 do Código de Falências. É um procedimento legal, semelhante à liquidação no caso de falência de uma empresa, que na prática permite que o devedor "apague o passado e recomece do zero". Entretanto, a falência direto não elimina todas as obrigações do devedor, e ele não perde todos os seus bens. Por exemplo, o devedor deve fazer o pagamento de alguns impostos e manter os pagamentos de pensão alimentícia, mas pode reter determinados pagamentos de previdência social, aposentadoria e benefícios por invalidez. Dependendo da legislação estadual, o devedor pode reter uma certa quantia do patrimônio em um imóvel, um carro e outros ativos.

A Bankruptcy Abuse Prevention and Consumer Protection Act de 2005 fez diversas mudanças significativas no Código de Falências dos Estados Unidos. Muitas das disposições destinam-se a tornar mais difícil para os indivíduos solicitarem a falência via Capítulo 7, segundo o qual, parte considerável da dívida é exonerada. Em vez disso, a nova lei requer que eles solicitem a falência por meio do Capítulo 13, segundo o qual, se dá baixa apenas de parte da dívida.

O papel do fiel depositário

Como as atividades de reorganização estão em grande parte nas mãos do fiel depositário, é útil entender suas responsabilidades. A primeira delas é avaliar a empresa para determinar se a reorganização é apropriada. Para isso, o fiel depositário deve estimar tanto o *valor de liquidação* da empresa quanto seu valor *em funcionamento*. Se o valor em funcionamento for menor que o de liquidação, o fiel depositário recomendará a liquidação. Caso contrário, recomendará a reorganização e um plano de recuperação deve ser elaborado.

O elemento central de um plano de reorganização, em geral, diz respeito à estrutura de capital da empresa. Como as dificuldades financeiras da maioria das empresas resultam de encargos fixos elevados, a estrutura de capital da empresa, geralmente, é *recapitalizada* para reduzir esses encargos. Com a **recapitalização**, as dívidas em geral são trocadas por capital próprio, ou os vencimentos das dívidas existentes são prorrogados. Ao recapitalizar a empresa, o fiel depositário procura construir um mix de capital de terceiros e capital próprio que permitirá a ela honrar suas dívidas e proporcionar um nível razoável de lucros a seus proprietários.

Uma vez determinada a nova estrutura de capital, o fiel depositário deve estabelecer um plano para trocar as obrigações em circulação por novos títulos. O princípio orientador é observar as prioridades. Os direitos prioritários (segundo a lei) devem ser satisfeitos antes dos direitos subordinados (aqueles com menor prioridade legal). Para atender a esse princípio, os fornecedores prioritários de capital precisam receber direitos sobre o novo capital igual a seus direitos originais. Os acionistas ordinários são os últimos a receber quaisquer novos valores mobiliários (não é incomum que eles acabem por não receber nada). Os detentores de valores mobiliários não precisam necessariamente receber o mesmo tipo de valor mobiliário que detinha antes; geralmente, recebem uma combinação de valores mobiliários. Uma vez que o fiel depositário tenha determinado a nova estrutura de capital e a distribuição de capital, submeterá o plano de reorganização e a declaração ao tribunal como descrito acima.

recapitalização
Procedimento de reorganização sob o qual as dívidas de uma empresa quebrada são, em geral, trocadas por capital próprio ou os vencimentos das dívidas existentes são estendidos.

LIQUIDAÇÃO (CAPÍTULO 7)

A liquidação de uma empresa falida, em geral, ocorre assim que a vara de falências determina que a reorganização não é viável. Uma petição de reorganização deve ser apresentada pelos administradores ou credores da empresa falida. Se nenhuma petição for apresentada, se uma petição for apresentada e negada ou se o plano de reorganização for rejeitado, a empresa deve ser liquidada.

Procedimentos

Quando uma empresa é considerada falida, o juiz pode nomear um *agente fiduciário* para executar as muitas tarefas rotineiras para administrar a falência. O agente fiduciário se encarrega da propriedade da empresa falida e protege os interesses dos credores. Uma reunião de credores deve ser realizada entre 20 e 40 dias após o julgamento da falência. Nessa reunião, os credores estão cientes dos prospectos da liquidação. Ao agente fiduciário, é atribuída a responsabilidade de liquidar a empresa, manter registros, examinar os direitos dos credores, realizar desembolsos, fornecer as informações necessárias e elaborar os relatórios finais sobre a liquidação. Em suma, o agente fiduciário é o responsável pela liquidação da empresa. Ocasionalmente, o tribunal convocará reuniões subsequentes de credores, mas apenas uma reunião final para encerrar a falência é necessária.

Prioridade de direitos

É responsabilidade do agente fiduciário liquidar todos os ativos da empresa e distribuir os proventos aos detentores de *direitos comprovados*. Os tribunais estabeleceram procedimentos específicos para determinar a comprovação de direitos. A prioridade de direitos, especificada no Capítulo 7 da Bankruptcy Reform Act, deve ser mantida pelo agente fiduciário ao distribuir os fundos obtidos da liquidação. Quaisquer **credores com garantias** possuem ativos específicos dados em garantia e, na liquidação da empresa falida, recebem os proventos da venda desses ativos. Se esses proventos forem insuficientes para satisfazer completamente seus direitos, os credores com garantias juntam-se aos **credores sem garantias**, ou credores gerais, para o valor em aberto, porque a garantia específica deixa de existir. Esses credores e todos os outros sem garantias dividirão, proporcionalmente, os fundos restantes, após todas as reivindicações anteriores serem satisfeitas. Se os proventos da venda de ativos com garantia excederem os direitos contra eles, os fundos em excesso tornam-se disponíveis para satisfazer os direitos dos credores sem garantias.

A ordem completa de prioridades de direitos é apresentada na Tabela 18.9. Independentemente das prioridades relacionadas nos itens de 1 a 7, os credores com garantias têm preferência sobre os proventos da venda dos bens dados em garantia. Os direitos dos credores sem garantias, incluindo direitos não pagos dos credores com garantias, são satisfeitos em seguida e, por fim, vêm os direitos dos acionistas preferenciais e ordinários.

credores com garantias Credores que possuem ativos específicos dados em garantia e, na liquidação da empresa falida, recebem os proventos da venda desses ativos.

credores sem garantias Credores que possuem direitos gerais contra todos os ativos da empresa, além daqueles especificamente dados em garantia.

Prestação final de contas

Após a liquidação pelo agente fiduciário de todos os ativos da empresa falida e a distribuição dos proventos para satisfazer todos os direitos na ordem adequada de prioridade, ele elabora uma prestação final de contas ao tribunal de falência e aos credores. Uma vez aprovada a prestação final de contas pelo tribunal, a liquidação está concluída.

Tabela 18.9 — Ordem de prioridade de direitos na liquidação de uma empresa falida

1. Despesas de administração dos processos de falência.
2. Quaisquer despesas provisórias incorridas e não pagas no curso normal do negócio entre a apresentação da petição de falência e a ação formal pelo tribunal em um processo involuntário. (Essa etapa *não* se aplica ao processo voluntário.)
3. Salários não superiores a US$ 4.650 por funcionário, devidos no período de 90 dias imediatamente anterior ao início do processo de falência.
4. Contribuições não pagas ao plano de benefícios dos funcionários e que deveriam ter sido pagos no período de 180 dias que antecederam a apresentação do pedido de falência ou o encerramento das atividades, o que ocorrer primeiro. Para qualquer funcionário, a soma desse direito com os salários não pagos (item 3) não pode exceder US$ 4.650.
5. Direitos de produtores rurais ou pescadores em instalações de armazenamento de cereais ou de pescado, não devendo exceder US$ 4.650 por produtor.
6. Depósitos sem garantia de clientes, não devendo exceder US$ 2.100 cada, resultantes de compra ou arrendamento de um bem ou serviço da empresa falida.
7. Impostos legalmente vencidos e devidos pela empresa falida ao governo federal, governo estadual ou qualquer outra subdivisão governamental.
8. Direitos de credores com garantias, que recebem os proventos da venda dos ativos dados em garantia, independentemente das prioridades anteriores. Se os proventos da liquidação dos ativos dados em garantia forem insuficientes para satisfazer os direitos dos credores com garantias, eles se tornam credores sem garantias com relação ao montante não pago.
9. Direitos de credores sem garantias. Os direitos de credores sem garantias e os direitos de parcelas não satisfeitas do credor com garantias (item 8) são tratados igualmente.
10. Acionistas preferenciais, que recebem uma quantia limitada ao valor ao par, ou declarado, de suas ações preferenciais.
11. Acionistas ordinários, que recebem quaisquer fundos remanescentes, distribuídos de forma equitativa, por ação. Se existirem diferentes classes de ações ordinárias em circulação, poderá haver uma escala de prioridades entre elas.

→ QUESTÕES PARA REVISÃO

18.14 Do que trata o Capítulo 11 da Bankruptcy Reform Act de 1978? Como o *fiel depositário* se envolve: (1) na avaliação da empresa, (2) na recapitalização da empresa e (3) na troca de obrigações usando as regras de prioridades?

18.15 Do que trata o Capítulo 7 da Bankruptcy Reform Act de 1978? Sob que condições uma empresa é liquidada em um processo de falência? Descreva os procedimentos (incluindo o papel do *agente fiduciário*) envolvidos na liquidação de uma empresa falida.

18.16 Indique em que ordem os direitos a seguir seriam cobertos ao distribuir os proventos da liquidação de uma empresa falida: **(a)** direitos de acionistas preferenciais; **(b)** direitos de credores com garantias; **(c)** despesas de administração da falência; **(d)** direitos de acionistas ordinários; **(e)** direitos de credores sem garantias; **(f)** impostos legalmente devidos; **(g)** depósitos não garantidos de clientes; **(h)** certos salários elegíveis; **(i)** contribuições não pagas ao plano de benefícios dos funcionários; **(j)** despesas não pagas, incorridas entre o momento do pedido e a ação formal do tribunal; e **(k)** direitos de produtores rurais ou pescadores em armazéns de cereais ou peixes.

Resumo

ÊNFASE NO VALOR

Às vezes, o administrador financeiro envolve-se em atividades de reestruturação de empresas, que incluem a expansão e a contração das operações ou mudanças na estrutura de ativos ou na estrutura de propriedade. Uma série de motivos pode levar uma empresa a realizar uma fusão, mas o objetivo principal deve ser a maximização da riqueza dos proprietários. Em alguns casos, as transações de fusão são aquisições alavancadas (LBOs) altamente financiadas por dívida. Em outros casos, as empresas tentam aumentar seu valor por meio da alienação de certas unidades operacionais que julgam estar limitando seu valor, particularmente quando o valor de dissolução é maior do que o valor corrente.

Quando uma empresa adquire outra, pagando em dinheiro ou usando troca de ações, o valor presente líquido ajustado ao risco da transação deve ser positivo. Nas transações de troca de ações, o impacto de longo prazo sobre os lucros e o risco da empresa podem ser avaliados para estimar o valor pós-aquisição da empresa adquirente. A transação só deve ser realizada em casos em que há criação de valor adicional.

A quebra de empresas, embora desagradável, deve ser tratada de forma semelhante. Uma empresa quebrada deve ser reorganizada apenas se tal medida maximizar a riqueza dos proprietários. Do contrário, deve-se prosseguir com a liquidação de maneira que permita aos proprietários o maior valor de recuperação possível. Independentemente de estar crescendo, encolhendo, sendo reorganizada ou liquidada em um processo de falência, a empresa deve agir somente quando isso resultar em uma contribuição positiva para a **maximização da riqueza dos proprietários**.

REVISÃO DOS OBJETIVOS DE APRENDIZAGEM

OA 01 **Compreender os fundamentos de fusões, incluindo terminologia, motivos para a fusão e tipos de fusão.** As fusões resultam da combinação de empresas. Normalmente, a empresa adquirente tenta se unir com a empresa-alvo, em termos amigáveis ou hostis. As fusões são realizadas por motivos estratégicos, para alcançar economias de escala, ou por razões financeiras para reestruturar a empresa e melhorar seu fluxo de caixa. O objetivo primordial de uma fusão é a maximização do preço da ação. Outros motivos específicos incluem crescimento ou diversificação, sinergia, captação de fundos, aumento da capacidade gerencial ou tecnológica, considerações fiscais, aumento da liquidez para os proprietários e defesa contra aquisições hostis. Os quatro tipos básicos de fusão são: fusão horizontal, fusão vertical, fusão de congêneres e formação de conglomerado.

OA 02 **Descrever os objetivos e os procedimentos utilizados em aquisições alavancadas (LBOs) e alienações.** As aquisições alavancadas envolvem o uso de grande volume de dívida para comprar uma empresa. A alienação envolve a venda de ativos de uma empresa, normalmente uma unidade operacional; a cisão (*spin-off*) de ativos em uma empresa independente; ou a liquidação de ativos. Os motivos para a alienação incluem geração de caixa e reestruturação da empresa.

OA 03 **Demonstrar os procedimentos utilizados para avaliar a empresa-alvo e discutir o efeito de transações de *swap* de ações sobre o lucro por ação.** O valor de uma empresa-alvo pode ser estimado aplicando-se técnicas de orçamento de capital aos fluxos de caixa relevantes. Todas as propostas de fusões com valor presente líquido positivo são consideradas aceitáveis. Em uma transação de *swap* de ações, é preciso estabelecer uma proporção de troca para medir o valor pago por ação da empresa-alvo em preço de mercado da ação da empresa adquirente. A relação resultante entre o índice preço/lucro (P/L) pago pela empresa adquirente e seu P/L inicial afeta o lucro por ação (LPA) e o preço de mercado da empresa resultante da fusão. Se o P/L pago for maior que o P/L da empresa adquirente, o LPA da empresa adquirente diminuirá e o LPA da empresa-alvo aumentará.

OA 04 **Discutir o processo de negociação de fusões, as *holdings* e as fusões internacionais.** É comum as empresas adquirentes contratarem bancos de investimento para encontrar uma empresa-alvo adequada e auxiliar nas negociações. Uma fusão pode ser negociada com os administradores da empresa-alvo ou, no caso de uma aquisição hostil, diretamente com os acionistas, por meio de ofertas públicas de compra. Os administradores da empresa-alvo podem empregar diversas táticas de defesa contra a aquisição hostil, como cavaleiro branco, pílula de veneno, *greenmail*, recapitalização alavancada, paraquedas de ouro e repelentes de tubarão. Uma *holding* pode ser criada por meio da aquisição, por uma empresa, do controle de outras, muitas vezes possuindo apenas 10% a 20% de suas ações. As principais vantagens das *holdings* são o efeito de alavancagem, a proteção contra riscos, os benefícios fiscais, a proteção contra processos judiciais e a facilidade de tomada de controle de uma subsidiária. As desvantagens incluem maior risco por causa da amplificação de prejuízos, bitributação, dificuldade de análise e custos elevados. Hoje em dia, as fusões de empresas na Europa Ocidental estão se aproximando da abordagem norte-americana de valor para o acionista e financiamento em mercado de capitais. Empresas europeias e japonesas estão se tornando compradoras ativas de empresas norte-americanas.

OA 05 **Compreender os tipos e as principais causas de quebra de empresas e o uso de acordos voluntários para salvar ou liquidar a empresa falida.** Uma empresa pode quebrar porque tem retornos negativos ou baixos, está insolvente ou foi à falência. As principais causas da quebra de empresas são má administração, desaceleração da atividade econômica e maturidade da empresa. Acordos voluntários são iniciados pelo devedor e podem resultar no salvamento da empresa por meio de prorrogação, composição, controle por credores da empresa ou uma combinação dessas estratégias. Se os credores não concordarem com um plano para salvar a empresa, podem recomendar a liquidação voluntária, que elimina muitas das exigências legais e dos custos de um processo de falência.

OA 06 **Explicar a legislação de falência e os procedimentos envolvidos na reorganização ou na liquidação de uma empresa falida.** Uma empresa quebrada pode, voluntária ou involuntariamente, entrar com um pedido de reorganização na vara federal de falências sob o Capítulo 11 ou de liquidação sob o Capítulo 7 da Bankruptcy Reform Act de 1978. Sob o Capítulo 11, o juiz nomeará um fiel depositário, que desenvolverá um plano de reorganização. Uma empresa que não puder ser reorganizada sob o Capítulo 11 ou não entrar com uma petição para reorganização será liquidada sob o Capítulo 7. A responsabilidade pela liquidação é confiada a um agente fiduciário nomeado pelo juiz, e cujos deveres incluem a liquidação de ativos, a distribuição dos proventos obtidos e a elaboração do relatório final de prestação de contas. Os procedimentos de liquidação seguem uma ordem de prioridade dos direitos para a distribuição dos proventos da venda de ativos.

Revisão da abertura do capítulo

Pouco antes de o público ficar sabendo da potencial aquisição alavancada da Dell, Inc., o preço da ação da empresa era de US$ 10. Qual o tamanho do prêmio que a Silver Lake e Michael Dell estavam oferecendo aos acionistas na oferta pública de compra? Em julho de 2013, uma empresa independente que assessora investidores institucionais sobre a forma como deveriam votar em assembleias de acionistas emitiu uma carta apoiando a oferta de Michael Dell. A empresa argumentou que em uma transação de aquisição alavancada, os acionistas poderiam receber um prêmio "com certeza", ao passo que, com a oferta de Carl Icahn, não era possível saber ao certo se o valor da empresa seria superior ao preço proposto da aquisição alavancada. Se você fosse um acionista da Dell, como esse conselho afetaria seu voto?

Exercícios de autoavaliação

AA18.1 Decisão de aquisição em dinheiro. A Luxe Foods está analisando a aquisição da Valley Canning Company por $ 180.000 em dinheiro. A Luxe tem, atualmente, uma alta alavancagem financeira e, por isso, tem custo de capital de 14%. Com a aquisição da Valley Canning, totalmente financiada com capital próprio, a empresa espera reduzir sua alavancagem financeira e espera que seu custo de capital caia para 11%. Espera-se que a aquisição da Valley Canning aumente as entradas de caixa da Luxe em $ 20.000 por ano, nos três primeiros anos e em $ 30.000 por ano, nos 12 anos seguintes.

a. Determine se a proposta de aquisição em dinheiro é desejável. Explique a sua resposta.

b. Se a alavancagem financeira da empresa permanecesse inalterada como resultado da proposta de aquisição, isso mudaria sua recomendação no item **a**? Justifique sua resposta com dados numéricos.

AA18.2 LPA esperado: decisão de fusão. No final de 2012, a Lake Industries tinha 80.000 ações ordinárias em circulação e lucro disponível para as ações ordinárias de $ 160.000. A Butler Company, no final de 2012, tinha 10.000 ações ordinárias em circulação e lucro de $ 20.000 para os acionistas ordinários. Espera-se que o lucro da Lake cresça a uma taxa anual de 5% e que a taxa de crescimento do lucro da Butler seja de 10% ao ano.

a. Calcule o *lucro por ação* (*LPA*) da Lake Industries para cada um dos próximos cinco anos (2013–2017), supondo que não haja fusão.

b. Calcule o *lucro por ação* (*LPA*) dos próximos cinco anos (2013–2017) da Lake, se ela adquirir a Butler a uma *proporção de troca* de 1,1.

c. Compare as respostas nos itens **a** e **b** e explique por que a fusão parece atraente quando vista no longo prazo.

Exercícios de aquecimento

A18.1 A Toni's Typesetters está analisando uma possível fusão com a Pete's Print Shop. A Toni's tem prejuízo fiscal de $ 200.000, que pode ser compensado no lucro esperado antes do imposto de renda da Pete's, no valor de $ 100.000 por ano, durante os próximos cinco anos. Usando uma alíquota de imposto de renda de 34%, compare os lucros *após imposto de renda* da Pete's nos próximos cinco anos *sem* e *com* a fusão.

A18.2 A Cautionary Tales, Inc. está analisando a aquisição da Danger Corp. ao preço de $ 150.000. A Cautionary precisaria vender imediatamente alguns dos ativos da Danger por $ 15.000 se realizar a aquisição. A Danger tem saldo de caixa de $ 1.500 no momento da aquisição. Se a Cautionary acreditar que pode gerar entradas de caixa após imposto de renda de $ 25.000 por ano, nos próximos sete anos, a contar da aquisição da

Danger, a empresa deveria realizar a aquisição? Baseie sua recomendação no valor presente líquido do desembolso, usando o custo de capital de 10% da Cautionary.

A18.3 A Willow Enterprises está analisando a aquisição da Steadfast Corp. em uma transação de *swap* de ações. Atualmente, a ação da Willow está sendo vendida a $ 45. Embora a ação da Steadfast esteja sendo negociada a $ 30, o preço pedido pela empresa é de $ 60 por ação.

a. Se a Willow aceitar os termos da Steadfast, qual é a proporção *de troca*?

b. Se a Steadfast tem 15.000 ações em circulação, quantas novas ações a Willow precisa emitir para consumar a transação?

c. Se a Willow tem 110.000 ações em circulação antes da aquisição e o lucro da empresa resultante da fusão está estimado em $ 450.000, qual é o *LPA* da empresa resultante da fusão?

A18.4 Atualmente a ação da Phylum Plants`s está sendo negociada ao preço de $ 55. A empresa está avaliando a aquisição da Taxonomy Central, cuja ação está sendo negociada a $ 20. A transação exige que a Phylum faça um *swap* de suas ações pelas da Taxonomy, que receberia $ 60 por ação. Calcule *a proporção de troca* e *a proporção de troca em preço de mercado* para essa transação.

A18.5 A All-Stores, Inc., é uma *holding* que tem o controle de voto da General Stores e da Star Stores. A All-Stores tem ações ordinárias da General Stores e da Star Stores avaliadas em $ 15.000 e $ 12.000, respectivamente. O balanço patrimonial da General registra $ 130.000 de ativo total e a Star tem ativo total de $ 110.000. A All-Stores tem patrimônio líquido total (ações ordinárias) de $ 20.000.

a. Quanto representa (em porcentagem) o patrimônio líquido (ações ordinárias) do *ativo total controlado* pela All-Stores?

b. Se um acionista tem $ 5.000 em patrimônio líquido (ações ordinárias) da All-Stores e esse valor dá a esse acionista o controle de voto, quanto representa (em porcentagem) o investimento desse acionista do *ativo total controlado*?

Exercícios

  E18.1 Efeitos fiscais de uma aquisição. A Connors Shoe Company está avaliando a aquisição da Salinas Boots, uma empresa que tem apresentado grandes prejuízos operacionais fiscais nos últimos anos. Com a aquisição, a Connors acredita que o lucro total antes do imposto de renda da fusão não mudará em relação ao nível atual, por 15 anos. A Salinas tem $ 800.000 em prejuízos para compensar e a Connors estima que seu lucro anual antes do imposto de renda será de $ 280.000 por ano, para cada um dos próximos 15 anos. Presume-se que esses lucros fiquem dentro do limite anual permitido por lei para a aplicação da compensação de prejuízos, resultante da proposta de fusão (veja a nota de rodapé 2 deste capítulo). A alíquota de imposto de renda da empresa é de 40%.

a. Se a Connors não realizar a aquisição, qual será o passivo fiscal da empresa e o lucro após imposto de renda da empresa em cada um dos próximos 15 anos?

b. Se a aquisição ocorrer, qual será o passivo fiscal e o lucro após imposto de renda da empresa em cada um dos próximos 15 anos?

c. Se a Salinas puder ser adquirida por $ 350.000 em dinheiro, a Connors deveria realizar a aquisição, julgando com base em considerações fiscais? (Ignore o valor presente.)

E18.2 Efeitos fiscais de uma aquisição. A Trapani Tool Company está avaliando a aquisição da Sussman Casting, que pode compensar $ 1,8 milhão em prejuízos. A Trapani pode comprar a Sussman por $ 2,1 milhões e vender os ativos pelo valor contábil de $ 1,6 milhão. A Trapani espera que seu lucro antes do imposto de renda nos cinco anos após a fusão seja como mostra a tabela a seguir.

Ano	Lucro antes do imposto de renda
1	$ 150.000
2	400.000
3	450.000
4	600.000
5	600.000

Presume-se que os lucros fiquem dentro do limite anual permitido para a compensação de prejuízos, resultante da proposta de fusão (veja a nota de rodapé 2 deste capítulo). A alíquota de imposto de renda da Trapani é de 40%.

a. Calcule os pagamentos de imposto de renda e o lucro após imposto de renda da empresa para cada um dos próximos cinco anos *sem* a fusão.

b. Calcule os pagamentos de imposto de renda e o lucro após imposto de renda da empresa para cada um dos próximos cinco anos *com* a fusão.

c. Qual o benefício total associado aos prejuízos fiscais com a fusão? (Ignore o valor presente.)

d. Discuta se você recomendaria a proposta de fusão. Fundamente sua decisão com números.

E18.3 Benefícios fiscais e preço. A Hahn Textiles tem prejuízos de $ 800.000, que podem ser compensados. Duas empresas estão interessadas em adquiri-la por causa do benefício fiscal. A Reilly Investment Group tem lucro esperado antes do imposto de renda de $ 200.000 por ano, em cada um dos próximos sete anos e custo de capital de 15%. A Webster Industries tem lucro antes do imposto de renda pelos próximos sete anos, como mostra a tabela a seguir.

	Webster Industries
Ano	Lucro antes do imposto de renda
1	$ 80.000
2	120.000
3	200.000
4	300.000
5	400.000
6	400.000
7	500.000

O lucro esperado tanto da Reilly quanto da Webster devem ficar dentro do limite anual permitido por lei para a compensação de prejuízos, resultante da proposta de fusão (veja a nota de rodapé 2 deste capítulo). A Webster tem custo de capital de 15%. As duas empresas estão sujeitas à alíquota de imposto de renda de 40%.

a. Qual o benefício fiscal da fusão a cada ano para a Reilly?

b. Qual o benefício fiscal da fusão a cada ano para a Webster?

c. Qual o preço máximo em dinheiro que cada empresa interessada estaria disposta a pagar pela Hahn Textiles? (*Dica:* calcule o valor presente dos benefícios fiscais.)

d. Use as respostas nos itens de **a** a **c** para explicar por que uma empresa-alvo pode ter diferentes valores para diferentes adquirentes em potencial.

E18.4 Decisão de aquisição de ativos. A Zarin Printing Company está avaliando a aquisição da Freiman Press por $ 60.000 em dinheiro. A Freiman Press tem passivos de $ 90.000 e possui uma grande impressora industrial que a Zarin precisa. Os demais ativos poderiam ser vendidos por $ 65.000 líquido. Com a aquisição da impressora, a Zarin teria um aumento em sua entrada de caixa de $ 20.000 por ano nos próximos dez anos. A empresa tem custo de capital de 14%.

a. Qual é o *custo efetivo, ou líquido,* da impressora?

b. Se essa for a única maneira de a Zarin obter a impressora industrial, ela deveria ir em frente com a fusão? Explique a sua resposta.

c. Se a empresa puder comprar por $ 120.000 uma impressora industrial de qualidade um pouco melhor, que proporcione entrada de caixa anual de $ 26.000 por dez anos, que alternativa você recomendaria? Explique sua resposta.

E18.5 Decisão de aquisição em dinheiro. A Dodd Oil está avaliando a possibilidade de adquirir a Benson Oil. A Dodd acredita que a fusão aumentaria em $ 25.000 suas entradas de caixa para cada um dos próximos cinco anos e em $ 50.000 para cada um dos cinco anos posteriores. A Benson tem elevada alavancagem financeira e a Dodd espera que seu custo de capital aumente de 12 para 15% se a fusão se realizar. O preço em dinheiro da Benson é de $ 125.000.

a. Você recomendaria a fusão?

b. Você recomendaria a fusão se a Dodd pudesse usar os $ 125.000 para comprar equipamentos que proporcionassem entradas de caixa de $ 40.000 por ano em cada um dos próximos dez anos?

c. Se o custo de capital não mudasse com a fusão, sua decisão no item **b** seria diferente? Explique.

Exercício de finanças pessoais

E18.6 Alienações. No ambiente de negócios não é incomum que as empresas avaliem a viabilidade financeira de uma unidade de negócios e decidam entre mantê-la ou aliená-la. A venda de unidades que parecem não se "encaixar" deve proporcionar maior sinergia para a empresa. Essa mesma lógica pode ser aplicada em uma situação de finanças pessoais. Uma questão importante que pode surgir em famílias com pais que trabalham fora e filhos pequenos é se um dos adultos deveria ficar em casa cuidando dos filhos ou se a família deveria colocá-los na creche.

Suponha que Ted e Maggie Smith tenham dois filhos pequenos que precisam de cuidados constantes. Atualmente, Maggie não trabalha fora, mas poderia retomar seu antigo emprego como analista de marketing. Ela estima que poderia ganhar $ 3.800 brutos por mês, incluindo as contribuições para a aposentadoria feitas por seu empregador. Ela receberia, ainda, benefícios mensais pagos pelo empregador, que incluem seguro saúde, seguro de vida e demais contribuições, totalizando $ 1.200.

Maggie acredita que seus impostos federais e estaduais totalizem cerca de $ 1.300 por mês. Os Smiths calculam que as despesas totais adicionais, como creche, vestuário, despesas pessoais, refeições fora de casa e transporte, relacionadas ao trabalho de Maggie, cheguem a $ 1.400 por mês.

Do ponto de vista econômico, faz sentido para a família Smith colocar os filhos em uma creche para que Maggie retorne ao trabalho? Para responder a essa pergunta, calcule o lucro líquido ou o prejuízo líquido decorrente do possível retorno de Maggie ao trabalho.

E18.7 Proporção de troca e LPA. O Marla's Cafe está tentando adquirir o Victory Club. Alguns dados financeiros relevantes dessas empresas estão resumidos na tabela a seguir.

Item	Marla's Cafe	Victory Club
Lucro disponível às ações ordinárias	$ 20.000	$ 8.000
Número de ações ordinárias em circulação	20.000	4.000
Preço de mercado da ação	$ 12	$ 24

O Marla's Cafe tem ações autorizadas, mas não emitidas, em quantidade suficiente para realizar a fusão proposta.

a. Se *a proporção de troca* for de 1,8, qual será o lucro por ação (LPA) com base nas ações originais de cada empresa?

b. Refaça o item **a** se a *proporção de troca* for 2,0.

c. Refaça o item **a** se a *proporção de troca* for 2,2.

d. Discuta o princípio ilustrado pelas respostas nos itens de **a** a **c**.

E18.8 LPA e termos de uma fusão. A Cleveland Corporation está interessada em adquirir a Lewis Tool Company por meio de *swap* de 0,4 ação de sua emissão por ação da Lewis. Alguns dados financeiros dessas empresas são apresentados na tabela a seguir.

Item	Cleveland Corporation	Lewis Tool
Lucro disponível às ações ordinárias	$ 200.000	$ 50.000
Número de ações ordinárias em circulação	50.000	20.000
Lucro por ação (LPA)	$ 4,00	$ 2,50
Preço de mercado da ação	$ 50,00	$ 15,00
Índice preço/lucro (P/L)	12,5	6

A Cleveland tem ações autorizadas, mas não emitidas, em quantidade suficiente para realizar a fusão proposta.

a. Quantas novas ações a Cleveland terá que emitir para realizar a fusão proposta?

b. Se os lucros de cada empresa permanecerem inalterados, qual será o *lucro por ação depois da fusão*?

c. Quanto, efetivamente, foi ganho em nome de cada ação original da Lewis?

d. Quanto, efetivamente, foi ganho em nome de cada ação original da Cleveland Corporation?

E18.9 Proporção de troca. Calcule *a proporção de troca*: (1) em ações e (2) em preço de mercado para cada um dos casos apresentados na tabela a seguir. O que significa cada uma dessas proporções? Explique.

	Preço corrente de mercado da ação		
Caso	Empresa adquirente	Empresa-alvo	Preço oferecido por ação
A	$ 50	$ 25	$ 30,00
B	80	80	100,00
C	40	60	70,00
D	50	10	12,50
E	25	20	25,00

 E18.10 LPA esperado: decisão de fusão. A Graham & Sons deseja avaliar uma proposta de fusão com o RCN Group. A Graham teve lucro de $ 200.000 em 2012, possui 100.000 ações ordinárias em circulação e espera que seu lucro cresça a uma taxa anual de 7%. O RCN teve lucro de $ 800.000 em 2012, possui 200.000 ações ordinárias em circulação e espera que seu lucro cresça 3% ao ano.

a. Calcule o *lucro por ação* (*LPA*) *esperado* da Graham & Sons para cada um dos próximos cinco anos (2013–2017) *sem* a fusão.

b. Quanto os acionistas da Graham ganhariam em cada um dos próximos cinco anos (2013–2017) sobre cada uma de suas ações da Graham trocadas (*swap*) por ações do RCN, em uma proporção de: (1) 0,6 e (2) 0,8 ação do RCN por uma ação da Graham?

c. Faça um gráfico dos valores de LPA antes e depois da fusão encontrados nos itens **a** e **b**, com o ano no eixo x e o LPA no eixo y.

d. Se você fosse o administrador financeiro da Graham & Sons, o que recomendaria no item b, proporção (1) ou (2)? Explique a sua resposta.

 E18.11 LPA e preço pós-fusão. A tabela a seguir apresenta dados da Henry Company e da Mayer Services. A Henry Company está avaliando a fusão com a Mayer, por meio do *swap* de 1,25 ação de sua emissão por ação da Mayer. A Henry Company espera que depois da fusão, sua ação seja vendida ao mesmo índice preço/lucro (P/L) antes da fusão.

Item	Henry Company	Mayer Services
Lucro disponível às ações ordinárias	$ 225.000	$ 50.000
Número de ações ordinárias em circulação	90.000	15.000
Preço de mercado da ação	$ 45	$ 50

a. Calcule a *proporção de troca* em preço de mercado.

b. Calcule o lucro por ação (LPA) e o índice preço/lucro (P/L) de cada empresa.

c. Calcule o índice preço/lucro (P/L) usado para adquirir a Mayer Services.

d. Calcule o *lucro por ação* (*LPA*) pós-fusão da Henry Company.

e. Calcule o preço de mercado esperado por ação da empresa resultante da fusão. Discuta esse resultado à luz de sua resposta no item **a**.

 E18.12 *Holding*. A Scully Corporation detém ações suficientes das empresas A e B para conferir-lhe o controle de voto de ambas. Os balanços patrimoniais simplificados das empresas em questão são apresentados na tabela a seguir.

Ativo		Passivo e patrimônio líquido	
	Scully Corporation		
Investimento em ações ordinárias		Dívida de longo prazo	$ 40.000
Empresa A	$ 40.000	Ações preferenciais	25.000
Empresa B	60.000	Ações ordinárias	35.000
Total	$ 100.000	Total	$ 100.000
	Empresa A		
Ativo circulante	$ 100.000	Passivo circulante	$ 100.000
Ativo imobilizado	400.000	Dívida de longo prazo	200.000
Total	$ 500.000	Ações ordinárias	200.000
		Total	$ 500.000
	Empresa B		
Ativo circulante	$ 180.000	Passivo circulante	$ 100.000
Ativo imobilizado	720.000	Dívida de longo prazo	500.000
Total	$ 900.000	Ações ordinárias	300.000
		Total	$ 900.000

a. Quanto (em porcentagem) representa o patrimônio líquido (ações ordinárias) do *ativo total controlado* pela Scully Corporation?

b. Se outra empresa possuir 15% das ações ordinárias da Scully Corporation e, com isso, detiver o controle de voto, quanto (em porcentagem) representa o *patrimônio líquido externo do ativo total controlado*?

c. Como uma *holding* pode efetivamente proporcionar controle considerável com um pequeno investimento (em unidades monetárias)?

d. Responda aos itens **a** e **b** à luz dos fatos adicionais a seguir.

(1) O ativo imobilizado da empresa A consiste de $ 20.000 em ações ordinárias da empresa C. Esse nível de propriedade proporciona controle de voto.

(2) O ativo total da empresa C, de $ 400.000, inclui $ 15.000 em ações da empresa D, o que dá à empresa C o controle de voto sobre o ativo total de 50.000 da D.

(3) O ativo imobilizado da empresa B consiste de $ 60.000 em ações das empresas E e F. Nos dois casos, esse nível de propriedade lhe dá o controle de voto. As empresas E e F têm ativo total de $ 300.000 e $ 400.000, respectivamente.

E18.13 Acordos voluntários. Classifique cada um dos acordos voluntários a seguir como prorrogação, composição ou combinação dos dois.

a. Pagar a todos os credores $ 0,30 por unidade monetária em troca da quitação total da dívida.

b. Pagar integralmente todos os credores em três parcelas periódicas.

c. Pagar integralmente um grupo de credores com direitos de $ 10.000 ao longo de dois anos e pagar imediatamente aos demais credores $ 0,75 por unidade monetária.

E18.14 Acordos voluntários. Para uma empresa com dívida em aberto de $ 125.000, classifique cada um dos acordos voluntários a seguir como prorrogação, composição ou combinação dos dois.

a. Pagar integralmente um grupo de credores em quatro parcelas periódicas e pagar integralmente e imediatamente os demais credores.

b. Pagar imediatamente $ 0,90 por unidade monetária a um grupo de credores e pagar $ 0,80 por unidade monetária aos demais credores em duas parcelas periódicas.

c. Pagar $ 0,15 por unidade monetária a todos os credores.

d. Pagar todos os credores integralmente em 180 dias.

 E18.15 Acordos voluntários: pagamentos. Recentemente, a Jacobi Supply Company enfrentou dificuldades financeiras que resultaram no início de procedimentos de acordo voluntário. A empresa tem, atualmente, $ 150.000 em dívidas e aproximadamente $ 75.000 em ativos liquidáveis de curto prazo. Indique, para cada plano a seguir, se é uma prorrogação, uma composição ou uma combinação dos dois. Indique também o valor do pagamento à vista e o cronograma de pagamentos exigidos da empresa em cada plano.

a. Cada credor receberá imediatamente $ 0,50 por unidade monetária e as dívidas serão consideradas totalmente quitadas.

b. Cada credor receberá $ 0,80 por unidade monetária em duas parcelas trimestrais de $ 0,50 e $ 0,30. A primeira parcela será paga em 90 dias.

c. Cada credor receberá integralmente seus direitos em três parcelas de $ 0,50, $ 0,25 e $ 0,25 por unidade monetária. As parcelas serão pagas a intervalos de 60 dias, começando daqui a 60 dias.

d. A um grupo de credores com direitos de $ 50.000 será pago imediatamente e integralmente; os demais receberão $ 0,85 por unidade monetária, pagos em 90 dias.

Exercício de finanças pessoais **E18.16 Legislação de falência: plano para assalariado.** Jon Morgan está em uma situação financeira em que deve mais do que ganha por mês. Por falta de planejamento financeiro e de uma dívida elevada, Jon começou a não honrar pagamentos e viu seu *rating* de crédito despencar. A menos que sejam tomadas medidas corretivas, ocorrerá falência pessoal.

Jon contatou recentemente seu advogado para que elaborasse um *plano para assalariado* com seus credores e estabelecesse um cronograma de amortização da dívida que fosse viável, tendo em vista sua renda pessoal. Seus credores concordam com um plano em que o pagamento de juros e de multas por atraso serão dispensados durante o período de amortização. O processo exigiria que Jon fizesse pagamentos ao tribunal, que então pagaria os credores.

Jon tem dívidas de $ 28.000. Seus credores estabeleceram um período de amortização de quatro anos, durante os quais serão exigidos pagamentos mensais do principal. Eles renunciaram a todos os encargos de juros e multas por atraso. A renda líquida anual de Jon é de $ 30.600.

a. Calcule o valor mensal da amortização da dívida.

b. Determine quanto Jon terá em renda excedente a cada mês depois de fazer esses pagamentos.

E18.17 Problema de ética. Por que funcionários e fornecedores poderiam apoiar a administração em uma declaração de falência pelo Capítulo 11 se, com isso, terão de esperar para receber, correndo o risco de jamais receberem? Como pode um CEO agir de maneira ética frente a esses dois grupos de stakeholders antes, durante e após o período de falência?

Exercício com planilha

A Cavalier Electric está analisando a aquisição da Ram Electric Company. A Cavalier espera que a seguir combinação aumente seu fluxo de caixa em $ 100.000 em cada um dos próximos cinco anos e em $ 125.000 em cada um dos cinco anos posteriores. A Ram Electric tem alavancagem financeira relativamente elevada; a Cavalier espera que seu custo de capital seja de 12% nos primeiros cinco anos e estima que aumentará para 16% nos cinco anos seguintes se a fusão ocorrer. O preço, em dinheiro, da Ram Electric é de $ 325.000.

TAREFA

Crie uma planilha semelhante à Tabela 18.3 para responder os itens a seguir:

a. Determine o valor presente das *entradas de caixa futuras esperadas* ao longo dos próximos dez anos.

b. Calcule o *valor presente líquido* (*VPL*) da aquisição da Ram Electric.

c. Tudo o mais permanecendo igual, você recomendaria a aquisição da Ram Electric pela Cavalier Electric? Explique.

Capítulo 19

Administração financeira internacional

Objetivos de aprendizagem

OA 1 Entender os principais fatores que influenciam as operações financeiras de empresas multinacionais (EMNs).

OA 2 Descrever as principais diferenças entre as demonstrações financeiras puramente domésticas e internacionais, em questões como consolidação, conversão de contas individuais e lucros internacionais.

OA 3 Discutir o risco de taxa de câmbio e o risco político e explicar como as empresas multinacionais administram esses riscos.

OA 4 Descrever o investimento estrangeiro direto, os fluxos de caixa e as decisões de investimento, a estrutura de capital das empresas multinacionais e os instrumentos internacionais de captação de capital de terceiros e próprio disponíveis para essas empresas.

OA 5 Discutir o papel do mercado de euromoedas em financiamentos e nos investimentos de curto prazo e os fundamentos da administração de caixa, crédito e estoques em operações internacionais.

OA 6 Rever as tendências recentes em fusões e *joint ventures* internacionais.

▶ Por que este capítulo é importante para você?

Na sua vida PROFISSIONAL

CONTABILIDADE Para entender as regras tributárias aplicáveis a empresas multinacionais e saber como preparar demonstrações financeiras consolidadas para subsidiárias e contabilizar operações internacionais nas demonstrações financeiras.

SISTEMAS DE INFORMAÇÃO Para saber que, se a empresa realizar operações no exterior, ela necessitará de sistemas que acompanhem investimentos e operações em outra moeda, bem como as flutuações dessa moeda em relação à moeda doméstica.

GESTÃO Para conhecer as oportunidades e os riscos envolvidos em operações internacionais, o papel dos mercados financeiros internacionais no levantamento de capital e as estratégias básicas de *hedge* que as empresas multinacionais podem utilizar para se proteger do risco de taxa de câmbio.

MARKETING Para entender o potencial de expansão em mercados internacionais e as maneiras de realizá-la (exportações, investimento estrangeiro direto, fusões e *joint ventures*) e saber como são medidos os fluxos de caixa de projetos de investimento no exterior.

OPERAÇÕES Para identificar os custos e os benefícios de transferir operações para o exterior e/ou comprar equipamentos, peças e estoques em mercados estrangeiros. Esse conhecimento permitirá a participação nas decisões da empresa no que diz respeito às operações internacionais.

Na sua vida PESSOAL

Seu envolvimento direto no mercado global provavelmente resultará de gastos feitos durante viagens ao exterior. Além disso, você pode investir direta ou indiretamente (por meio de fundos mútuos) em ações de empresas estrangeiras. Provavelmente, o maior benefício pessoal proporcionado por este capítulo esteja na compreensão das taxas de câmbio, que podem impactar significativamente os gastos, as compras e o retorno sobre investimento no exterior.

Air New Zealand

Neozelandeses voam alto em ganhos cambiais

Em 1º de março de 2013, a Air New Zealand declarou um aumento de lucro de 28% — cerca de US$ 100 milhões — apesar de suas receitas operacionais terem aumentado apenas pouco mais de 4%. Os analistas que estudaram a fundo os relatórios financeiros da companhia aérea identificaram um importante direcionador desse aumento de lucro. No período de análise anterior, a Air New Zealand relatou uma perda de US$ 46 milhões em seu programa de *hedge* cambial. No período corrente, entretanto, o programa de *hedge* da empresa acrescentou US$ 3 milhões ao lucro. Em outras palavras, de um período de análise para o outro, o programa de *hedge* cambial da Air New Zealand foi responsável por US$ 49 milhões dos US$ 100 milhões de aumento do lucro.

Quase todas as grandes empresas hoje em dia fazem transações comerciais em diversas moedas, e, portanto, estão expostas ao risco cambial. A maioria das empresas tenta se proteger desse risco por meio da negociação de instrumentos financeiros, como contratos a termo e contratos futuros, e, em geral, essas negociações não são desenhadas para aumentar ou diminuir o lucro de uma empresa, mas, sim, para proteger o lucro das oscilações cambiais. Entretanto, para decidir quantos instrumentos financeiros a empresa deve comprar para se proteger da exposição cambial, ela estima o valor das receitas que receberá e das despesas que pagará em diversas moedas. Essas estimativas são inevitavelmente imperfeitas, de modo que, por vezes, as empresas terão ganhos ou perdas cambiais inesperadas de seus programas de *hedge*.

19.1 A empresa multinacional e seu ambiente

FATOS e DADOS

Diversificação de operações

Uma das razões que levam as empresas a ter operações em mercados estrangeiros é o conceito de carteira que vimos no Capítulo 8. Assim como não é recomendável investir todos os recursos em ações de uma única empresa, não é sensato uma empresa investir em apenas um mercado. Ao manter operações em muitos mercados, as empresas podem minimizar algumas das mudanças cíclicas que ocorrem em cada um deles.

---

empresas multinacionais (EMNs)
Empresas que têm ativos e operações internacionais em mercados estrangeiros e extraem parte de sua receita total e lucro desses mercados.

Nos últimos anos, à medida que os mercados mundiais tornaram-se mais interdependentes, as finanças internacionais tornaram-se um elemento cada vez mais importante na administração de **empresas multinacionais (EMNs)**. Desde a Segunda Guerra Mundial, um número crescente de empresas, incluindo muitas sediadas em países emergentes ou em desenvolvimento, passaram a ser multinacionais (também conhecidas como *empresas globais* ou *transnacionais*), desenvolvendo mercados externos específicos, principalmente por meio de investimento estrangeiro direto (IED) — ou seja, pelo estabelecimento de subsidiárias ou coligadas no exterior — e por meio de fusões e aquisições. Os princípios de administração financeira deste texto aplicam-se à administração tanto de EMNs quanto de empresas puramente domésticas. No entanto, alguns fatores próprios do cenário internacional tendem a complicar a administração financeira das empresas multinacionais. Uma simples comparação entre uma empresa norte-americana doméstica (empresa A) e uma EMN sediada nos Estados Unidos (empresa B), como mostra a Tabela 19.1, revela a influência de alguns fatores internacionais sobre as operações das EMNs.

As multinacionais deparam-se com uma série de leis e restrições ao operar em diferentes Estados-nações. As complexidades legais e econômicas presentes nesses ambientes são significativamente diferentes das que uma empresa doméstica enfrentaria. Aqui, faremos uma breve análise desse ambiente, começando pelos principais blocos econômicos.

Acordo de Livre-Comércio da América do Norte (NAFTA)
Tratado que estabelece livre-comércio e mercados abertos entre Canadá, México e Estados Unidos.

Acordo de Livre-Comércio da América Central (CAFTA)
Acordo comercial assinado em 2003–2004 pelos Estados Unidos, República Dominicana e cinco países da América Central (Costa Rica, El Salvador, Guatemala, Honduras e Nicarágua).

União Europeia (UE)
Uma importante potência econômica atualmente composta de 28 nações que permitem o livre-comércio dentro da união.

OS PRINCIPAIS BLOCOS ECONÔMICOS

No final de 1992, os presidentes dos Estados Unidos e do México e o primeiro-ministro do Canadá assinaram o **Acordo de Livre-Comércio da América do Norte (NAFTA)**. O Congresso dos Estados Unidos ratificou o acordo em novembro de 1993. Esse pacto comercial simplesmente reflete a realidade econômica subjacente que o Canadá e o México estão entre os maiores parceiros comerciais dos Estados Unidos. Em 2003 e 2004, os Estados Unidos assinaram um acordo comercial bilateral com o Chile e também um pacto regional, conhecido como **Acordo de Livre-Comércio da América Central (CAFTA)**, com a República Dominicana e cinco países da América Central (Costa Rica, El Salvador, Guatemala, Honduras e Nicarágua).

A **União Europeia (UE)**, existe desde 1957. Atualmente tem 28 países-membros.[1] Com uma população total estimada em mais de 500 milhões (superior à população dos Estados Unidos, que tem cerca de 326 milhões) e um produto interno bruto total superior ao dos Estados Unidos, a UE é uma importante potência econômica global. Os

---

[1] Um referendo realizado em 23 de junho de 2016 no Reino Unido colocou em votação sua saída ou permanência como membro da União Europeia. A maior parte da população votou pela saída, evento que ficou conhecido como *Brexit*. Até o momento desta edição o acordo de saída não havia sido divulgado em detalhes. (N. do E.)

Tabela 19.1 — Fatores internacionais e sua influência sobre as operações das EMNs

Fator	Empresa A (doméstica)	Empresa B (EMN)
Propriedade por estrangeiros	Todos os ativos pertencem a entidades nacionais	Parte do capital dos investimentos no exterior são de propriedade de sócios estrangeiros, afetando a tomada de decisão e os lucros no exterior
Mercados de capitais multinacionais	Todas as estruturas de capital de terceiros e próprio baseadas no mercado de capitais doméstico	Oportunidades e desafios surgem de diferentes mercados de capitais, nos quais as empresas podem emitir títulos de dívida e ações
Contabilidade multinacional	Todas as consolidações de demonstrações financeiras baseadas em uma única moeda	Diferentes moedas e regras específicas de conversão influenciam a consolidação das demonstrações financeiras em uma única moeda
Riscos cambiais	Todas as operações em uma única moeda	Flutuações nos mercados de câmbio no exterior podem afetar as receitas e os lucros no exterior, assim como o valor geral da empresa

países da Europa Ocidental inauguraram uma nova era de livre-comércio dentro da União quando caíram as barreiras tarifárias intrarregionais no final de 1992. Essa transformação é comumente chamada de **Mercado Aberto Europeu**. Embora a UE tenha conseguido chegar a acordos sobre a maioria das disposições econômicas, monetárias, financeiras e legais, os debates continuam sobre alguns outros aspectos (alguns fundamentais), incluindo os relacionados à produção e importação de automóveis, união monetária, tributação e direitos dos trabalhadores.

Como resultado do Tratado de Maastricht de 1991, 12 nações da UE adotaram uma moeda única, o **euro**, como meio de troca de todo o continente. A partir de 1º de janeiro de 2002, as moedas nacionais desses 12 países que participavam da **união monetária** desapareceram, e um único conjunto de moedas e cédulas de euro passou a ser adotado. Em 2013, o euro já estava sendo usado por 17 países-membros como moeda nacional.

Na mesma época em que implementou a união monetária (que também envolveu a criação de um novo Banco Central Europeu), a UE atravessou uma onda de novas solicitações de participação, resultando na admissão de dez novos membros em 1º de maio de 2004, e na admissão de dois novos membros vindos da Europa Oriental e do Mediterrâneo em 1º de janeiro de 2007. Essa nova comunidade europeia emergente oferece desafios e oportunidades para diversos agentes econômicos, incluindo as empresas multinacionais. Atualmente, as EMNs enfrentam níveis elevados de concorrência ao operar dentro da UE. À medida que as restrições e as regulamentações existentes forem sendo eliminadas, as multinacionais norte-americanas, por exemplo, terão que enfrentar outras EMNs, algumas da própria UE.

Além do NAFTA e da UE, foram criados uma série de outros blocos econômicos bilaterais ou regionais. A própria UE firmou acordos comerciais com no mínimo 35 países. A América Latina tem vários desses blocos, incluindo o maior, o **Mercosul**, composto por Argentina, Brasil, Paraguai, Uruguai e Venezuela, com uma população de mais de 250 milhões e um porte econômico de cerca de US$ 1,1 trilhão. Um bloco ainda maior é a **ASEAN** (Associação de Nações do Sudeste Asiático), composta de dez membros. Em 2010, a Área de Livre-Comércio ASEAN-China (ACFTA) foi estabelecida entre os dez Estados-membros da ASEAN e a República Popular da China. A ACFTA é a maior área de livre-comércio em termos de população e a terceira maior em termos de PIB nominal. Compreende um mercado livre regional que engloba mais de 1,8 bilhão de pessoas. Outros acordos comerciais envolvendo Japão, Índia, Coreia do Sul, Singapura, Austrália, Nova Zelândia e diversos países da África foram firmados ou estão em fase de negociação.

Mercado Aberto Europeu
A transformação da União Europeia em um mercado único no final de 1992.

euro
Moeda única adotada em 1º de janeiro de 1999 por 12 nações da UE, que passaram a usar um único conjunto de cédulas e moedas em 1º de janeiro de 2002.

união monetária
A transformação oficial das moedas nacionais dos países da UE em uma moeda única, o *euro*, em 1º de janeiro de 2002.

Mercosul
Importante bloco econômico da América do Sul que inclui países que respondem por mais da metade do total do PIB sul-americano.

ASEAN
Grande bloco econômico composto de dez países-membros, todos do Sudeste Asiático. Também chamado de *Associação de Nações do Sudeste Asiático*.

Como resultado desses acordos, uma parcela crescente do comércio mundial estará coberta por acordos regionais. Enquanto isso, uma consequência inesperada tem sido o surgimento de contradições e incompatibilidades com relação ao sistema multilateral da OMC (discutida na próxima seção). Tudo isso obrigará as multinacionais a navegar por um número crescente de acordos comerciais em todo o mundo. Apesar dos desafios, contudo, as empresas norte-americanas podem se beneficiar da formação de pactos comerciais regionais e bilaterais, mas apenas se estiverem preparadas para isso. Elas precisam oferecer um mix de produtos atraente a um grupo variado de consumidores e estar prontas para tirar proveito de diversas moedas, mercados e instrumentos financeiros (como os euro-títulos, que discutiremos mais adiante neste capítulo). Deverão contar com uma combinação adequada de pessoal local e estrangeiro e, quando necessário, formar *joint ventures* e alianças estratégicas.

GATT E OMC

Acordo Geral de Tarifas e Comércio (GATT)
Um tratado que governou o comércio mundial durante a maior parte da era pós-Segunda Guerra Mundial; estende as regras de livre-comércio a amplas áreas de atividade econômica e é fiscalizado pela *Organização Mundial do Comércio (OMC)*.

Organização Mundial do Comércio (OMC)
Órgão internacional que monitora as práticas de comércio mundiais e arbitra disputas entre os países-membros.

Embora possa parecer que o mundo está se dividindo em uns poucos blocos econômicos, esse cenário é menos ameaçador do que pode parecer, pois muitos tratados internacionais em vigor garantem acesso relativamente livre a pelo menos às principais economias. O tratado mais importante é o **Acordo Geral de Tarifas e Comércio** (**GATT**, *General Agreement on Tariffs and Trade*). Em 1994, o Congresso dos Estados Unidos ratificou a versão mais recente desse tratado, que tem governado o comércio mundial durante a maior parte da era pós-Segunda Guerra. O acordo vigente estende regras de livre-comércio a amplas áreas de atividade econômica — como agricultura, serviços financeiros e direitos de propriedade intelectual — não haviam sido cobertas anteriormente por tratados internacionais e, portanto, estavam efetivamente fora dos limites de competição internacional.

O GATT de 1994 estabeleceu também um novo órgão internacional, a **Organização Mundial do Comércio (OMC)**, para monitorar as práticas de comércio mundiais e mediar disputas entre os países-membros. A OMC começou a operar em janeiro de 1995. Em 2004, foram concedidas aprovações preliminares para uma eventual adesão da Federação Russa na organização. Em dezembro de 2001, a República Popular da China foi aceita, após anos de controvérsia, como um membro da OMC. Em 2013, a OMC tinha 159 membros. Dado o surgimento de mais acordos de comércio bilaterais e regionais, contudo, suas perspectivas e eficácia de longo prazo são cada vez mais incertas. Uma importante evidência disso é a incapacidade da organização de chegar a um acordo final na rodada global de negociações comerciais, a Rodada de Doha, que começou em 2001.

FORMAS JURÍDICAS DE ORGANIZAÇÃO DE EMPRESAS

Em muitos países fora dos Estados Unidos, operar uma empresa estrangeira como subsidiária ou filial pode assumir duas formas, ambas semelhantes à sociedade por ações (*corporation*) norte-americana. Nos países de língua alemã, as duas formas são a *Aktiengesellschaft* (A.G.) e a *Gesellschaft mit beschrankter Haftung* (GmbH). Em outros países, as formas semelhantes são a *Société Anonyme* (S.A.) e a *Société à Responsabilité Limitée* (S.A.R.L.). As formas A.G. e S.A. são as mais comuns, mas a GmbH e a S.A.R.L. exigem menos formalidades para constituição e atuação.

joint venture
Uma parceria em que os participantes concordam contratualmente em contribuir com volumes específicos de capital e experiência em troca de determinada participação na propriedade e no lucro.

Criar uma empresa na forma de uma S.A. pode envolver a maioria das disposições que regem uma sociedade por ações sediada nos Estados Unidos. Além disso, para atuar em muitos países estrangeiros, costuma ser essencial firmar acordos comerciais de *joint venture* com investidores privados ou órgãos governamentais do país anfitrião. Uma ***joint venture*** é uma parceria em que os participantes concordam contratualmente em contribuir com volumes específicos de capital e experiência em troca de determinada participação na propriedade e no lucro. Elas são comuns em muitos países emergentes e em desenvolvimento. Esses países possuem diferentes leis e regulamentações aplicáveis às subsidiárias das EMNs e às operações de *joint venture*. Enquanto muitos países anfitriões (como México, Brasil, Coréia do Sul e Taiwan) eliminaram totalmente ou liberalizaram consideravelmente suas exigências quanto à participação local na propriedade, outras grandes economias (como China e Índia) estão apenas começando a afrouxar essas restrições. A China, por exemplo, tem aberto gradualmente novos setores econômicos e indústrias à participação estrangeira parcial (e, em alguns casos, integral). A Índia continua a insistir na participação majoritária local em muitos segmentos de sua economia. As EMNs, especialmente as sediadas nos Estados Unidos, na UE e no Japão, enfrentarão, no futuro, novos desafios e oportunidades em termos de exigências de propriedade, fusões e aquisições.

A existência de leis e restrições a *joint ventures* tem implicações para a operação de subsidiárias sediadas no exterior. Em primeiro lugar, a propriedade majoritária estrangeira pode resultar em um grau considerável de administração e controle por parte dos participantes do país anfitrião, que, por sua vez, pode influenciar as operações do dia a dia em detrimento de políticas e procedimentos administrativos normalmente adotados pelas EMNs. Em segundo lugar, a participação de estrangeiros na propriedade pode resultar em desavenças entre os parceiros quanto à distribuição dos lucros e à parcela a ser alocada para reinvestimento. Além disso, operar em países estrangeiros, especialmente por meio de *joint ventures*, pode envolver dificuldades de remessa de lucros. No passado, os governos de Argentina, Brasil, Venezuela e Tailândia, entre outros, impuseram tetos não apenas para a repatriação de capital por EMNs, mas também para as remessas de lucros dessas empresas para as matrizes. Esses governos costumam citar a escassez de moeda estrangeira como motivação para tais medidas. Finalmente, do ponto de vista "positivo", pode-se argumentar que as EMNs que operam em muitos dos países menos desenvolvidos beneficiam-se de acordos de *joint venture*, considerando os riscos potenciais decorrentes da instabilidade política dos países anfitriões. Discutiremos essa questão em detalhes mais adiante.

IMPOSTOS

As empresas multinacionais, ao contrário das empresas domésticas, têm obrigações financeiras em países estrangeiros. Uma de suas responsabilidades básicas é a tributação internacional, uma questão complexa devido ao fato de que os governos nacionais adotam diferentes políticas tributárias. Em geral, as EMNs sediadas nos Estados Unidos precisam levar em conta diversos fatores.

Alíquotas de imposto e lucro tributável

Em primeiro lugar, as EMNs precisam analisar o *nível* de tributação no exterior. Entre os principais países industrializados, as alíquotas de imposto de renda de pessoas jurídicas variam. Embora as alíquotas médias nos Estados Unidos, na Alemanha e no Japão estejam próximas de 40%, as do Reino Unido e da Austrália estão próximas de 30%. A Irlanda tem uma alíquota de cerca de 12%. Muitos países menos industrializados mantêm alíquotas relativamente moderadas, em parte como incentivo para atrair capital estrangeiro. Alguns países – em particular, Bahamas, Suíça, Liechtenstein, Ilhas Cayman e Bermudas – são conhecidos por seus baixos níveis de tributação. Como vimos no quadro *Foco Global* do Capítulo 11, a China aplica uma taxa baixa a investidores estrangeiros para atrair investimentos. Esses países, em geral, não retêm impostos sobre *dividendos intramultinacionais*.

Em segundo lugar, há a questão da definição de *lucro tributável*. Alguns países tributam o lucro sob o *regime de caixa*, enquanto outros, sob o *regime de competência*. Também podem haver diferenças no tratamento de encargos que não representam saída de caixa, como depreciação, amortização e exaustão. Por fim, a existência de acordos tributários entre os Estados Unidos e outros governos pode influenciar não apenas a tributação total da matriz, como também suas operações e atividades financeiras internacionais.

Regras de tributação

Cada país aplica alíquotas e regras de tributação diferentes aos lucros totais de suas multinacionais. Além disso, as regras de tributação estão sujeitas a modificações frequentes. Nos Estados Unidos, por exemplo, a Tax Reform Act de 1986 resultou em diversas alterações que afetaram a tributação de EMNs sediadas no país. Disposições especiais aplicam-se a diferimentos de impostos sobre lucros obtidos no exterior por EMNs; atividades estabelecidas em possessões norte-americanas, como Ilhas Virgens Americanas, Guam e Samoa Americana; ganhos de capital com a venda de ações de uma empresa estrangeira; e retenção de impostos na fonte. Além disso, as EMNs (tanto norte-americanas quanto estrangeiras) podem estar sujeitas a impostos nacionais e locais. Evidentemente, essas leis podem fazer muita diferença nos impostos devidos por uma multinacional.

Como prática geral, o governo dos Estados Unidos reivindica jurisdição sobre *todo* o lucro de uma EMN, independentemente de onde tenha sido obtido. (Regras especiais aplicam-se a sociedades por ações estrangeiras com negócios nos Estados Unidos.) No entanto, é possível a uma multinacional lançar os impostos de renda pagos no exterior como um crédito direto contra seu imposto devido nos Estados Unidos. O exemplo a seguir ilustra uma maneira de realizar essa manobra.

Exemplo 19.1

A American Enterprises, uma EMN com sede nos Estados Unidos que fabrica maquinário pesado, possui uma subsidiária no exterior que apresentou lucro de $ 100.000 antes do imposto de renda local. Todos os fundos após imposto de renda estão disponíveis à matriz sob a forma de dividendos. Os impostos aplicáveis consistem em uma alíquota de imposto de renda no exterior de 35%, uma alíquota de imposto de renda retido na fonte de dividendos no exterior de 10% e uma alíquota de imposto de renda de 34% nos Estados Unidos.

Lucro da subsidiária antes do imposto de renda local	$ 100.000
− Imposto de renda no exterior a 35%	35.000
Dividendo disponível a declarar	$ 65.000
− Imposto retido na fonte de dividendos no exteriorestrangeiros a 10%	6.500
Dividendos recebidos pela EMN	$ 58.500

Usando o procedimento conhecido como *agregação (grossing up)*, a EMN soma o lucro total antes do imposto de renda da subsidiária a seu lucro tributável total. Em seguida, a empresa calcula o imposto devido nos Estados Unidos sobre o lucro agregado. Por fim, os impostos relacionados pagos no país estrangeiro são lançados como crédito contra o imposto adicional devido nos Estados Unidos:

Lucro adicional da EMN		$ 100.000
Imposto de renda nos Estados Unidos a 34%	$ 34.000	
− Total de impostos pagos no exterior, a ser usado como crédito ($ 35.000 + $ 6.500)	41.500	41.500
Imposto a pagar nos Estados Unidos		0
Fundos líquidos disponíveis à matriz da EMN		$ 58.500

Como o imposto de renda devido nos Estados Unidos é menor que o total de impostos pagos ao governo estrangeiro, *não há imposto adicional devido nos Estados Unidos* sobre o lucro da subsidiária no exterior. Em nosso exemplo, se não tivessem sido permitidos créditos fiscais, haveria "bitributação" pelas duas autoridades tributárias, como mostrado a seguir, resultando em uma queda substancial dos fundos líquidos totais disponíveis à matriz da EMN:

Lucro da subsidiária antes do imposto de renda local	$ 100.000
− Imposto de renda no exterior a 35%	35.000
Dividendo disponível a declarar	$ 65.000
− Imposto retido na fonte de dividendos no exterior a 10%	6.500
Dividendos recebidos pela EMN	$ 58.500
− Imposto de renda nos Estados Unidos a 34%	19.890
Fundos líquidos disponíveis à matriz da EMN	$ 38.610

O exemplo anterior demonstra claramente que a existência de acordos tributários bilaterais e a aplicação subsequente de créditos fiscais podem aumentar significativamente os fundos líquidos totais disponíveis às EMNs gerados por seus lucros no mundo todo. Consequentemente, em um ambiente financeiro internacional cada vez mais complexo e competitivo, a tributação internacional é uma das variáveis que as empresas multinacionais devem utilizar para tirar o maior proveito possível.

MERCADOS FINANCEIROS

Desde a década de 1990, o **euromercado** — em que é possível conceder e tomar empréstimos em moedas que não a do país de origem — tem crescido rapidamente. O euromercado fornece às multinacionais uma oportunidade "externa" de captar ou emprestar fundos, com a característica adicional de fazê-lo com menos regulamentação governamental.

euromercado
Mercado financeiro internacional que fornece empréstimos e captações em moedas fora do país de origem.

Crescimento do euromercado

O euromercado tem crescido por diversas razões. Em primeiro lugar, no começo da década de 1960, a União Soviética desejava manter seus lucros em dólares fora da jurisdição norte-americana, principalmente por causa da Guerra Fria. Em segundo lugar, os elevados e constantes déficits do balanço de pagamentos dos Estados Unidos ajudaram a "espalhar" dólares pelo mundo. Em terceiro lugar, a existência de regras e controles específicos sobre depósitos em dólares nos Estados Unidos, incluindo tetos às taxas de juros impostos pelo governo, incentivou o envio desses depósitos para lugares fora dos Estados Unidos.

Esses e outros fatores combinaram-se e contribuíram para a criação de um mercado de capital "externo". Seu porte não pode ser determinado com precisão, sobretudo em razão da falta de regulação e controle. Algumas fontes que estimam periodicamente o tamanho desse mercado são o Bank for International Settlements (BIS), o Morgan Guaranty Trust, o Banco Mundial e a Organização para a Cooperação e Desenvolvimento Econômico (OCDE). Em 2007, o tamanho do euromercado estava bem acima de $ 4 trilhões de empréstimos internacionais *líquidos*.

A existência de **centros *offshore*** é outro aspecto do euromercado. Algumas cidades ou países ao redor do mundo — como Londres, Cingapura, Bahrein, Nassau, Hong

centros *offshore*
Algumas cidades ou estados (como Londres, Cingapura, Bahrein, Nassau, Hong Kong e Luxemburgo) que ganharam proeminência como importantes centros de negócios do euromercado.

Kong e Luxemburgo — são considerados grandes centros *offshore* do euromercado. A disponibilidade de meios de comunicação e transporte, assim como idioma, custos, fuso horário, impostos e regulamentação bancária local, estão entre as principais razões da proeminência desses centros.

Nas últimas décadas, sugiram nos mercados financeiros internacionais diversos novos instrumentos financeiros, como *swaps* de taxa de juros e de taxa de câmbio. Também há diversas combinações de contratos a termo e de opções em diferentes moedas. Uma terceira variedade inclui novos tipos de títulos de dívida e notas — juntamente com uma versão internacional de *commercial paper* norte-americano — com características flexíveis em termos de moeda, prazo e taxa de juros. Mais detalhes serão fornecidos adiante.

Principais participantes

O dólar norte-americano ainda predomina em diversos segmentos dos mercados financeiros globais. Por exemplo, bancos centrais de todo o mundo mantêm a maior parte de suas reservas em dólares. Em outras atividades, contudo — inclusive moeda em circulação e mercado de títulos de dívida internacional —, o euro tem superado o dólar, e outros desafios surgem de outros concorrentes potenciais, como o yuan chinês. Da mesma maneira, embora os bancos e as demais instituições financeiras dos Estados Unidos ainda tenham um papel importante nos mercados globais, gigantes financeiros do Japão e da Europa tornaram-se grandes participantes do euromercado.

Nas três décadas que antecederam a virada do milênio, muitos países da América Latina, Ásia e África tomaram empréstimos nos mercados financeiros globais, acumulando enormes dívidas externas que resultaram em muitas crises financeiras e monetárias. Claramente, como mostraram as crises financeiras e monetárias asiáticas de 1997, o colapso monetário russo de 1998 e a moratória argentina de 2001–2002, uma excessiva dívida externa associada a economias e moedas instáveis pode levar a grandes perdas financeiras e dificuldades para as EMNs. Os dados mais recentes do FMI, entretanto, confirmam que a partir de 2000 a dívida externa dos países não industrializados (como uma porcentagem da exportação de bens e serviços) vem caindo e assim deve continuar. Muitos desses países substituíram sua dívida em moeda estrangeira por instrumentos em moeda local. Além disso, também liberalizaram suas economias, permitindo a entrada de investimentos estrangeiros diretos de longo prazo, reduzindo, assim, a exposição ao risco cambial.

Embora os países tenham, desde então, reduzido a tomada de empréstimos oficiais, empresas do setor privado, incluindo multinacionais, continuam obtendo fundos (e investindo) nos mercados internacionais. As EMNs fazem uso extensivo dos mercados de euromoedas e eurobônus.

→ **QUESTÕES PARA REVISÃO**

19.1 Quais são os principais blocos econômicos internacionais? O que é a União Europeia e qual é sua moeda única? O que é GATT? O que é OMC?

19.2 O que é uma *joint venture*? Por que é essencial usar esse tipo de acordo? Qual é o efeito de leis e restrições às *joint ventures* sobre as operações de subsidiárias sediadas no exterior?

19.3 Do ponto de vista de uma EMN sediada nos Estados Unidos, quais são os principais fatores tributários a se considerar?

19.4 Discuta os principais motivos para o crescimento do *euromercado*. O que é um *centro offshore*? Indique os principais participantes do euromercado.

19.2 Demonstrações financeiras

Diversas características distinguem os relatórios financeiros internacionais das demonstrações financeiras domésticas. Entre elas estão as questões de caracterização de subsidiárias estrangeiras (consolidação), a abordagem de moeda funcional de EMNs norte-americanas e a conversão de contas individuais.

CARACTERIZAÇÃO DE SUBSIDIÁRIAS E MOEDA FUNCIONAL

Para uma multinacional com sede fora dos Estados Unidos, o tipo de operação de suas subsidiárias no exterior determinará o método de conversão de moeda a ser utilizado. Para EMNs com sede nos Estados Unidos, o fator determinante é a moeda funcional de cada subsidiária. A Tabela 19.2 apresenta mais detalhes sobre esses pontos.

CONVERSÃO DE CONTAS INDIVIDUAIS

Ao contrário de itens de origem doméstica nas demonstrações financeiras, os itens de origem internacional precisam ser convertidos em dólares. Desde dezembro de 1982, todas as demonstrações financeiras de multinacionais norte-americanas (exceto as indicadas a seguir) precisam obedecer à *Norma 52* do Financial Accounting Standards Board (FASB). As regras básicas do *FASB 52* são apresentadas na Figura 19.1.

FASB 52

Sob o **FASB 52**, o *método da taxa corrente* é implementado em duas etapas. Primeiro, o balanço patrimonial e a demonstração de resultados de cada subsidiária são *medidos* em termos da moeda funcional, observando-se os princípios contábeis geralmente aceitos (GAAP, na sigla em inglês). Ou seja, cada subsidiária converte os elementos de moeda estrangeira em **moeda funcional** — a principal moeda em que a subsidiária gera e gasta fundos e em que mantém suas contas —, antes do envio das demonstrações financeiras à matriz para consolidação.

Na segunda etapa, as demonstrações financeiras denominadas em moeda funcional da subsidiária são convertidas em moeda da matriz. Isso é feito utilizando o **método da taxa corrente**, que exige a conversão de todos os itens do balanço patrimonial à taxa de fechamento, e de todos os itens da demonstração de resultados à taxa média.

FASB 52
Norma emitida pelo FASB exigindo que as multinacionais norte-americanas primeiro convertam as contas das demonstrações financeiras de subsidiárias no exterior na *moeda funcional* e, então, convertam as contas na moeda da matriz usando o *método da taxa corrente*.

moeda funcional
A principal moeda em que uma subsidiária gera e gasta fundos e em que mantém suas contas.

método da taxa corrente
O método pelo qual as demonstrações financeiras *denominadas em moeda funcional* da subsidiária de uma multinacional são convertidas à moeda da matriz.

Tabela 19.2 Subsidiárias, operações de moeda e método de conversão

Tipo de operação	Método de conversão
Entidade no exterior integrada (prática internacional)	Opera como uma extensão da matriz; a principal ferramenta de conversão é o método temporal
Entidade no exterior autônoma (prática internacional)	Opera independentemente da matriz; a abordagem predominante é o método da taxa corrente
Abordagem de moeda funcional (utilizada por EMNs dos Estados Unidos)	A moeda dominante em que a subsidiária no exterior conduz suas operações; pode ser a mesma da matriz (nesse caso, aplica-se o método temporal), da subsidiária (método da taxa corrente) ou uma terceira moeda (temporal e, depois, corrente)

Fonte: EITEMAN, David K.; STONEHILL, Arthur I.; MOFFETT, Michael H. *Multinational Business Finance.* 11. ed. Boston, Massachusetts: Addison-Wesley, p. 336–342, 2007.

Figura 19.1 Fluxograma dos procedimentos de conversão pela prática norte-americana

Objetivo: as demonstrações financeiras em moeda estrangeira precisam ser convertidas em dólares norte-americanos.

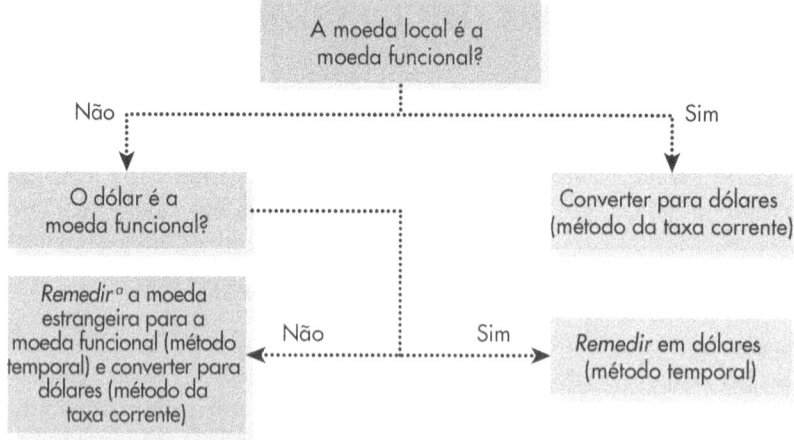

ª O termo "remedir" (*remeasure*) significa "converter", no sentido de mudar a unidade de medida, da moeda estrangeira para a moeda funcional.

Fonte: EITEMAN, David K.; STONEHILL, Arthur I.; MOFFETT, Michael H. *Multinational Business Finance*. 11. ed. Boston, Massachusetts: Addison-Wesley, 2007, p. 341.

Cada uma dessas etapas pode resultar em ganhos ou em perdas. A primeira etapa pode gerar ganhos ou perdas de transação (em caixa). Sendo realizados ou não, esses ganhos e perdas são lançados diretamente no resultado corrente. A conclusão da segunda etapa pode resultar em ajustes (contábeis) de conversão, que são excluídos do resultado corrente. Em vez disso, a EMN divulga e lança esses valores em um componente separado do patrimônio líquido.

Método temporal

O método temporal, juntamente com uma variante chamada *método monetário/não monetário*, é uma abordagem alternativa à conversão usada em todo o mundo. Para multinacionais com sede nos Estados Unidos, como mostram a Tabela 19.2 e a Figura 19.1, o **método temporal** é utilizado quando a moeda funcional é o dólar norte-americano ou uma terceira moeda. Esse método exige a conversão de ativos e passivos específicos, as chamadas taxas de câmbio históricas, e que ganhos e perdas de conversão sejam refletidos no resultado do respectivo exercício. Além disso, se uma EMN norte-americana tiver uma subsidiária em um país sujeito a *hiperinflação* — ou seja, um país anfitrião com taxa acumulada de inflação superior a 100% ao longo de um período de três anos — usa-se o método temporal. (Em alguns países, as taxas de inflação podem ser significativamente maiores. No Zimbábue, por exemplo, a taxa de inflação *mensal* no início de 2007 superava 1.500%).

método temporal
Um método que exige a conversão de ativos e passivos específicos às chamadas taxas de câmbio históricas e que ganhos e perdas de conversão sejam refletidos no resultado do respectivo exercício.

→ **QUESTÃO PARA REVISÃO**

19.5 Segundo o *FASB 52*, quais são as regras de conversão de moeda aplicáveis às demonstrações financeiras? Como o *método temporal* difere dessas regras?

19.3 Risco

O conceito de risco naturalmente se aplica tanto a investimentos internacionais quanto aos puramente domésticos. Entretanto, as EMNs precisam levar em conta outros fatores, como o risco de câmbio e o risco político.

RISCOS DE CÂMBIO

Como as empresas multinacionais atuam em diversos mercados estrangeiros, partes de suas receitas e custos são denominados em moedas estrangeiras. Para entender o **risco de câmbio** causado pela oscilação das taxas de câmbio entre duas moedas, examinaremos as relações existentes entre diferentes moedas, as causas de variação das taxas de câmbio e o impacto das flutuações cambiais.

risco de câmbio
O risco causado pela oscilação das taxas de câmbio entre duas moedas.

Relações entre moedas

Desde meados da década de 1970, as principais moedas do mundo mantêm uma relação *flutuante* com o dólar norte-americano e entre si, em oposição a uma relação *fixa*. Dentre as moedas consideradas importantes (ou "fortes") estão a libra esterlina (£), o euro (j), o iene (¥), o dólar canadense (C$) e, é claro, o dólar norte-americano (US$). Como observamos anteriormente, em 2013, o euro, em circulação desde 2002, já tinha sido adotado por 17 membros da UE e conquistou ampla aceitação e utilização em transações internacionais — especialmente nas emissões de títulos de dívida.

O valor de uma moeda em relação à outra, ou sua **taxa de câmbio**, é expresso da seguinte forma:

$$US\$ 1,00 = ¥ 98,03$$
$$¥ 1,00 = US\$ 0,01020$$

taxa de câmbio
O valor de uma moeda em relação à outra.

Como o dólar norte-americano tem sido, há mais de 60 anos, a principal moeda em finanças internacionais, a cotação habitual do câmbio nos mercados internacionais é dada como ¥ 98,03/US$, onde a unidade de medida é o iene e a unidade monetária que está sendo cotada é um dólar norte-americano. Nesse caso, o dólar é a moeda que está sendo realmente cotada. A forma US$ 0,01020/¥ indicaria o preço em dólares para um iene.

Para as principais moedas, a existência de uma **relação flutuante** significa que se permite que o valor de quaisquer duas moedas, uma em relação a outra, flutue diariamente. Por outro lado, algumas moedas mais fracas procuram manter uma **relação fixa (ou semifixa)** com alguma das moedas fortes, uma combinação (cesta) de moedas fortes, ou algum tipo de padrão internacional de câmbio.

relação flutuante
A relação flutuante dos valores de duas moedas, uma em relação à outra.

relação fixa (ou semifixa)
Relação constante (ou relativamente constante) entre uma moeda e alguma das moedas fortes, uma combinação (cesta) de moedas fortes ou ainda algum tipo de padrão internacional de câmbio.

Todos os dias, os mercados de câmbio estabelecem dois preços-chave que governam o comércio nas principais moedas do mundo. Um desses preços é a **taxa de câmbio à vista (*spot*)**, ou a taxa no dia em questão. O outro preço é a **taxa de câmbio a termo**, ou a taxa em alguma data futura especificada. As taxas de câmbio apresentadas na Figura 19.2 ilustram esses conceitos. Por exemplo, a figura mostra que, no fechamento, na terça-feira, 30 de julho de 2013, a taxa à vista do iene japonês era de US$ 0,01020 (ou ¥ 98,03/US$, como normalmente cotada) e a taxa a termo (futura) era de US$ 0,01021/¥ (ou ¥ 97,91/US$) para entrega em seis meses. Em outras palavras, em 30 de julho de 2013 era possível fechar um contrato para receber iene japonês em seis meses a um preço em dólares de US$ 0,01021/¥. Taxas a termo também são cotadas para contratos com prazos de um e três meses (podendo haver outros contratos "sob medida", com os vencimentos desejados pelo cliente no mercado interbancário). Para todos esses contratos, os acordos e as assinaturas são fechados, por exemplo, em 30 de julho de 2013, mas a troca efetiva de dólares e ienes entre compradores e vendedores só terá lugar na data futura (digamos, seis meses mais tarde).

taxa de câmbio à vista (*spot*)
Taxa de câmbio entre duas moedas em qualquer dia.

taxa de câmbio a termo
Taxa de câmbio entre duas moedas em alguma data futura especificada.

A Figura 19.2 também ilustra as diferenças entre as moedas flutuantes e as que são fixas, ou que exibem menos flutuação ao longo do tempo. As colunas centrais da Figura 19.2 mostram a variação percentual de 1 dia e o acumulado no ano de cada moeda em relação ao dólar norte-americano. Todas as principais moedas mencionadas anteriormente, bem como outras menores (ou "fracas"), como o rublo russo e o rand da África do Sul, sofreram alguma alteração desde o início de 2013. Por outro lado, o rial da Arábia Saudita e o dirham dos Emirados Árabes Unidos não oscilaram no período.

Figura 19.2 — Taxas de câmbio (terça-feira, 30 de julho de 2013)

Cotações de taxas de câmbio à vista e a termo (lista parcial).
Taxa de câmbio: fechamento da Bolsa de Valores de Nova York na terça-feira, 30 de julho de 2013.

País/moeda	Em US$		US$ versus Variação (%)		Por US$	
	Terça-feira	Segunda-feira	1 dia	Acumulado no ano	Terça-feira	Segunda-feira
Ásia-Pacífico						
Dólar (Hong Kong)	0,13	0,1289	inalterado	0,1	7,7550	7,7573
Rupia (Índia)	0,02	0,01687	2,60	10,6	60,81545	59,27495
Rupia (Indonésia)	0,0000970	0,0000973	0,36	7,0	10315	10277
Iene (Japão)	0,01020	0,01021	0,08	13,0	98,03	97,95
1 mês a termo	0,01020	0,01021	0,08	11,5	98,02	97,94
3 meses a termo	0,01021	0,01021	0,08	11,5	97,98	97,91
6 meses a termo	0,01021	0,01022	0,08	11,5	97,91	97,83
Rupia (Paquistão)	0,00983	0,00982	−0,08	4,6	101,745	101,825
Dólar (Taiwan)	0,03335	0,03339	0,13	3,2	29,983	29,945
Baht (Tailândia)	0,03199	0,03208	0,29	2,2	31,260	31,168
Dong (Vietnã)	0,00005	0,00005	0,50	2,0	21210	21105
Europa						
Coroa (Rep. Tcheca)	0,05	0,05	−0,07	2,4	19,462	19,476
Coroa (Dinamarca)	0,1779	0,1779	inalterado	−0,6	5,6209	5,6209
Euro (UE)	1,3263	1,3263	inalterado	−0,5	0,7540	0,7540
Rublo (Rússia)	0,03034	0,03044	0,36	8,1	32,965	32,847
Lira (Turquia)	0,5201	0,5188	−0,24	7,8	1,09229	1,9275
Libra esterlina (Reino Unido)	1,5237	1,5341	0,68	6,6	0,6563	0,6518
1 mês a termo	1,5234	1,5338	0,68	6,2	0,6564	0,6520
3 meses a termo	1,5228	1,5332	0,68	6,2	0,6567	0,6522
6 meses a termo	1,5222	15,326	0,68	6,2	0,6570	0,6525
Oriente Médio/África						
Libra (Egito)	0,14	0,14	inalterado	10,1	7,0015	7,0022
Shekel (Israel)	0,28	0,28	inalterado	−4,2	3,5739	3,5736
Dinar (Kuwait)	3,5156	3,5174	0,05	1,1	0,2845	0,2843
Rial (Arábia Saudita)	0,2666	0,2667	inalterado	inalterado	3,7504	3,7496
Rand (África do Sul)	0,1020	0,1021	0,10	15,8	9,8021	9,7921
Dirham (Emirados Árabes Unidos)	0,2722	0,2723	inalterado	inalterado	3,6732	3,6730

Fonte: Dados do Yahoo Finance.

CAPÍTULO 19 Administração financeira internacional

No caso de moedas flutuantes, as variações das taxas de câmbio são chamadas de valorização ou desvalorização. Para qualquer moeda com taxa fixa (em relação ao dólar norte-americano ou a outra moeda forte), as variações de valor são chamadas de reavaliação ou desvalorização oficiais, mas o significado é o mesmo que *valorização* e *desvalorização*, respectivamente.

Finanças pessoais — Exemplo 19.2

Floyd Gonzalez, um entusiasta do ciclismo, está pensando em fazer uma viagem de bicicleta que inclui passar uma semana fazendo o Tour de France. O custo da viagem e do *tour*, que inclui transporte terrestre, hotéis e apoio na França, é de 3.675 euros (j). Ele estima que a passagem aérea de ida e volta (incluindo o despacho de sua bicicleta) partindo de sua casa em Iowa será de US$ 1.100. Além disso, ele incorrerá em mais US$ 100 para cobrir despesas eventuais de viagem nos Estados Unidos. Ele estima que o custo com alimentação na França será de j 400 e pretende levar mais US$ 1.000 para comprar presentes e outros itens. Presumindo uma taxa corrente de câmbio de US$ 1,3033/j 1,00 (ou j 0,7673/US$ 1,00), Floyd quer determinar: (1) o custo total em dólares da viagem e (2) a quantia em euros necessária para cobrir o custo com alimentação, presentes e outras compras na França.

(1) Custo total da viagem em dólares norte-americanos	
Custo da viagem/*tour* (€ 3.675 × US$ 1,3033/€)	US$ 4.790
Passagem aérea de ida e volta	1.100
Despesas eventuais de viagem nos EUA	100
Custo com alimentação na França (€ 400 × US$ 1,3033/€)	521
Presentes e outras compras	1.000
Custo total da viagem em US$	US$ 7.511
(2) Quantia de euros necessária na França	
Custo com alimentação na França	€ 400
Presentes e outras compras (US$ 1.000 × € 0,7673)	767
Quantia de euros necessária na França	€ 1.167

O custo total da viagem de Floyd seria de US$ 7.511 e ele precisaria de j 1.167 para cobrir os custos com alimentação, presentes e outras compras na França.

O que causa variações de taxas de câmbio?

Embora diversos fatores econômicos e políticos possam influenciar a movimentação das taxas de câmbio, a explicação mais importante para suas variações de longo prazo está na diferença da taxa de inflação entre dois países. Os países com altas taxas de inflação verão suas moedas perder valor (desvalorizarem-se) em relação às moedas de países com taxas de inflação mais baixas.

Exemplo 19.3

Suponha que a taxa corrente de câmbio entre os Estados Unidos e o recém-formado país de Farland seja de 2 guinéus de Farland (FG) por dólar norte-americano, FG 2,00/US$, o que também corresponde a US$ 0,50/FG. Essa taxa de câmbio significa que uma cesta de produtos que vale US$ 100 nos Estados Unidos é vendida por (US$ 100 × FG 2/US$) = FG 200 em Farland e vice-versa (bens que valem FG 200 em Farland seriam vendidos por US$ 100 nos Estados Unidos).

Vamos supor, agora, que a inflação anual em Farland seja de 25%, mas de apenas 2% nos Estados Unidos. Daqui a um ano, essa mesma cesta será vendida por 1,25 × FG 200 = FG 250 em Farland e por 1,02 × US$ 100 = US$ 102 nos Estados Unidos. Esses preços relativos implicam que, em um ano, FG 250 valerão US$ 102, de modo que a taxa de câmbio em 1 ano deve mudar para FG 250/US$ 102 = FG 2,45/US$, ou US$ 0,41/FG. Em outras palavras, o guinéu de Farland se desvalorizará de FG 2/US$ para FG 2,45/US$, enquanto o dólar se valorizará de US$0,50/FG para US$ 0,41/FG.

Esse exemplo simples também pode ajudar a prever o nível das taxas de juros nos dois países. Para incentivar a poupança, é preciso oferecer aos investidores um retorno maior do que a inflação do país — do contrário, não haveria motivo para abrir mão do prazer de gastar dinheiro (consumir) hoje, porque a inflação faria com que o dinheiro valesse menos em 1 ano. Vamos supor que essa *taxa real de juros* seja de 3% ao ano, tanto em Farland quanto nos Estados Unidos. Usando a Equação 6.3 (Capítulo 6), podemos entender que a *taxa nominal de juros* — a taxa de mercado sem ajuste ao risco — será aproximadamente igual à taxa real mais a taxa de inflação de cada país, ou 3 + 25 = 28% em Farland e 3 + 2 = 5% nos Estados Unidos.[2]

Impacto das flutuações cambiais

As empresas multinacionais enfrentam riscos de câmbio, tanto no regime de taxa flutuante como no de taxa fixa. Usaremos as taxas flutuantes para ilustrar esses riscos. Vamos considerar a relação entre o dólar norte-americano e a libra esterlina. Observe que as forças de oferta e demanda internacionais, além de elementos econômicos e políticos, ajudam a formar as taxas à vista (*spot*) e a termo entre as duas moedas. Como a EMN não pode controlar muitos desses elementos "externos" (ou a maioria deles), ela enfrenta potenciais variações das taxas de câmbio. Essas variações, por sua vez, afetam as receitas, os custos e os lucros em dólares norte-americanos da EMN. Para moedas com câmbio fixo, as valorizações ou desvalorizações oficiais, como as mudanças provocadas pelo mercado no caso de câmbio flutuante, podem afetar as operações da EMN e sua posição financeira em dólares.

Exemplo 19.4 A EMN, Inc., uma empresa multinacional que fabrica brocas odontológicas, tem uma subsidiária no Reino Unido que, no final de 2015, apresentava as demonstrações financeiras da Tabela 19.3. Os dados do balanço patrimonial e da demonstração de resultados são fornecidos em moeda local, a libra esterlina (£). Usando a taxa de câmbio de £ 0,70/US$ vigente em 31 de dezembro de 2015, a EMN converteu suas demonstrações para dólares norte-americanos. Para simplificar, vamos supor que todos os valores locais mantenham-se constantes durante 2016. Por isso, em 1º de janeiro de 2016, a subsidiária espera que os dados apresentados em libras esterlinas em 31 de dezembro de 2016 sejam os mesmos de 31 de dezembro de 2015. Entretanto, por causa da *valorização* do valor presumido da libra esterlina em relação ao dólar, de £ 0,70/US$ para £ 0,60/US$, os valores convertidos para dólar dos itens do balanço patrimonial, assim como o lucro em dólares em 31 de dezembro de 2016, são mais altos que os valores do ano anterior. As mudanças devem-se apenas à flutuação da taxa

---

2 Trata-se de uma aproximação da verdadeira relação, que é multiplicativa. A fórmula correta diz que 1 mais a taxa nominal de juros, r, é igual ao produto de 1 mais a taxa real de juros, r^*, por 1 mais a taxa de inflação, IP, ou seja, $(1 + r) = (1 + r^*) \times (1 + IP)$. Em outras palavras, as taxas nominais de juros de Farland e dos Estados Unidos seriam de 28,75% e 5,06%, respectivamente.

de câmbio. Nesse caso, a libra esterlina *valorizou-se* em relação ao dólar norte-americano, o que significa que o dólar americano *desvalorizou-se* em relação à libra esterlina.

Tabela 19.3 Demonstrações financeiras da subsidiária britânica da EMN, Inc.

	Conversão do balanço patrimonial		
	31/12/15		31/12/16
Ativo	£	US$[a]	US$[b]
Caixa	8,00	11,43	13,33
Estoque	60,00	85,72	100,00
Instalações e equipamentos (líquido)	32,00	45,71	53,34
Total	100,00	142,86	166,67
Passivo e patrimônio líquido			
Capital de terceiros	48,00	68,57	80,00
Capital integralizado	40,00	57,15	66,67
Lucros retidos	12,00	17,14	20,00
Total	100,00	142,86	166,67
Conversão da demonstração de resultados			
Receita de Vendas	600,00	857,14	1.000,00
Custo dos produtos vendidos	550,00	785,71	916,67
Lucro operacional	50,00	71,43	83,33

[a] Taxa de câmbio: $1,00 = £0,70

[b] Taxa de câmbio: $1,00 = £0,60

Observação: este exemplo foi simplificado para demonstrar como o balanço patrimonial e a demonstração de resultados são afetados por flutuações da taxa de câmbio. Quanto às regras aplicáveis à conversão de contas em moeda estrangeira, consulte a Seção 19.2 sobre demonstrações financeiras internacionais.

Há complexidades adicionais associadas a cada conta das demonstrações financeiras. Por exemplo, faz diferença se as dívidas de uma subsidiária estão todas denominadas em moeda local, em dólares norte-americanos ou em diversas moedas. Além disso, também é importante conhecer a moeda (ou as moedas) em que estão denominados as receitas e os custos. Os riscos apresentados até aqui referem-se ao que se chama de **exposição contábil**. Em outras palavras, as flutuações das taxas de câmbio afetam as contas individuais das demonstrações financeiras.

Um elemento de risco diferente – e talvez mais importante – diz respeito à **exposição econômica**, que é o potencial impacto das flutuações de taxa de câmbio sobre o valor da empresa. Considerando que todas as receitas futuras e, portanto, o lucro líquido podem estar sujeitos a variações de taxa de câmbio, fica claro que o *valor presente* dos lucros líquidos gerados em operações no exterior terá, como parte de seu risco diversificável total, um elemento que refletirá a valorização ou a desvalorização de várias moedas em relação ao dólar norte-americano.

O que os administradores das EMNs podem fazer com relação a esses riscos? Isso dependerá de sua atitude com relação ao risco. Essa atitude, por sua vez, traduz-se no grau de agressividade com que eles querem proteger (isto é, fazer *hedge*) as posições e exposições indesejáveis para a empresa. Ela pode utilizar os mercados monetários, mercados a termo (futuro) e os mercados de opções em moeda estrangeira – individualmente ou combinados – para

exposição contábil
Risco resultante dos efeitos de variações de taxas de câmbio sobre o valor convertido das contas da demonstração financeira de uma empresa denominadas em uma determinada moeda estrangeira.

exposição econômica
Risco decorrente dos efeitos de variações de taxas de câmbio sobre o valor da empresa.

proteger-se de exposições ao risco de câmbio. Mais detalhes sobre algumas estratégias de *hedge* são discutidas adiante.

RISCOS POLÍTICOS

Outro risco importante que as EMNs enfrentam é o **risco político**, que diz respeito à adoção, por um governo anfitrião, de regras e regulamentos específicos que podem resultar em descontinuidade ou expropriação das operações de empresas estrangeiras. O risco político geralmente se manifesta sob a forma de nacionalização, desapropriação ou confisco. Nesses casos, o governo do país anfitrião assume os ativos e as operações de uma empresa estrangeira, quase sempre sem indenização apropriada ou sem nenhuma indenização.

O risco político segue duas trajetórias básicas, *macro* e *micro*. O **risco político macro** diz respeito a mudanças políticas, revoluções ou a adoção de novas políticas pelo governo do país anfitrião, sujeitando *todas* as empresas estrangeiras ali presentes ao risco político. Em outras palavras, nenhum país ou empresa recebe tratamento diferenciado; todos os ativos e operações de empresas estrangeiras são tomados de maneira generalizada. Um exemplo de risco político macro foi o que aconteceu depois que regimes comunistas assumiram o poder na China em 1949 e em Cuba em 1959–1960. O **risco político micro**, por outro lado, refere-se a casos em que uma empresa individual, um setor específico ou empresas de um determinado país estrangeiro ficam sujeitos à tomada de controle. Na primeira década do século XXI — sobretudo na segunda metade dessa década —, Rússia, Venezuela e Bolívia estiveram entre os países que nacionalizaram operações ou suspenderam contratos de longo prazo de multinacionais estrangeiras em seus respectivos territórios. Os últimos anos viram também o surgimento de um terceiro caminho de risco político que abrange eventos "globais", como terrorismo, movimentos e manifestações antiglobalização, riscos ligados à internet e preocupações com pobreza, Aids e meio ambiente, que afetam as operações de diversas EMNs em todo o mundo.

Embora o risco político possa existir em qualquer país — até mesmo nos Estados Unidos —, a instabilidade política de muitos países em desenvolvimento geralmente faz com que neles as EMNs sejam mais vulneráveis. Ao mesmo tempo, alguns desses países têm os mercados mais promissores para os bens e serviços oferecidos pelas EMNs. A principal questão, portanto, refere-se a como operar e investir nesses países e, ao mesmo tempo, evitar ou minimizar o potencial risco político.

A Tabela 19.4 mostra algumas das abordagens que as multinacionais podem adotar para lidar com o risco político. As *abordagens negativas* costumam ser usadas por empresas de setores de extração, como petróleo, gás natural e mineração. As *abordagens externas* também são de utilidade limitada. As melhores políticas que as EMNs podem seguir são as *abordagens positivas*, que incluem aspectos tanto econômicos quanto políticos.

Nos últimos anos, as EMNs têm confiado em uma variedade de técnicas complexas de previsão, por meio das quais os especialistas internacionais, utilizando dados históricos disponíveis, preveem a probabilidade de instabilidade política em um país anfitrião e os potenciais efeitos sobre as operações das EMNs. Eventos no Afeganistão, Paquistão, Índia e Rússia, entre outros, entretanto, apontam para o uso limitado dessas técnicas e tendem a reforçar a utilidade das abordagens positivas.

Uma questão final refere-se à introdução, nas últimas duas décadas e pela maioria dos países, de conjuntos abrangentes de regras, regulamentos e incentivos. Conhecidos como **sistemas nacionais de controle de ingresso**, têm por objetivo regular as entradas de *investimentos estrangeiros direto* envolvendo EMNs. São concebidos para extrair mais benefícios da presença das EMNs por meio da regulamentação dos fluxos de diversos fatores — participação acionária local, nível de exportação, uso de insumos locais, número de administradores locais, localização geográfica interna, nível de empréstimo local, porcentagem dos lucros a ser remetida e de capital a ser repatriado para as matrizes, por exemplo. Os países

Tabela 19.4 — Abordagens para lidar com riscos políticos

Abordagens positivas		Abordagens negativas
Negociação prévia de controles e contratos operacionais	Diretas	Restrições ao uso de licenças ou patentes sob acordos internacionais
Acordo prévio de venda		Controle de matérias-primas externas
Joint venture com governo ou setor privado local		Controle de transporte para mercados (externos)
Uso de pessoal local na administração	Indiretas	Controle de processamento posterior
Joint venture com bancos locais		Controle de mercados externos
Participação de capital da classe média		
Fornecedor local		
Lojas de varejo locais		

Abordagens externas para minimizar perdas

Seguro internacional ou garantias a investimento

Empresas pouco capitalizadas:

   Financiamento local

   Financiamento externo garantido apenas por ativos locais

Fonte: RODRIGUEZ, Rita M.; CARTER, E. Eugene. *International Financial Management*. 3. ed. Englewood Cliffs, New Jersey: Prentice-Hall, 1984, p. 512.

anfitriões esperam que, à medida que as EMNs cumpram esses regulamentos, o potencial de atos de risco político diminuirá, beneficiando assim as EMNs.

→ QUESTÕES PARA REVISÃO

19.6 Defina *taxa de câmbio à vista* (*spot*) e *taxa de câmbio a termo*. Defina e compare *exposições contábeis* e *exposições econômicas* a variações da taxa de câmbio.

19.7 Explique como diferenças de taxas de inflação entre dois países afetam a taxa de câmbio de suas moedas no longo prazo.

19.8 Discuta *risco político macro* e *micro*. Qual é o *terceiro caminho emergente* de risco político? Descreva algumas técnicas para lidar com o risco político.

Foco na ÉTICA

A situação complicada da Chiquita

na prática Para muitas pessoas, o pequeno adesivo azul da "Chiquita" é tão conhecido quanto a casca amarela de uma banana. Uma das duas maiores produtoras e distribuidoras de bananas do mundo (juntamente com a Dole Food Co.), a Chiquita, sediada em Cincinnati, é uma empresa global com operações em seis continentes. A Chiquita compra bananas da América Latina e tem plantações de bananas do México ao Equador. A empresa investiu tanto na região que, por um tempo, foi o maior empregador da América Latina.

As bananas não são o único item da linha de produtos da Chiquita, mas são, de longe, o mais importante, respondendo por mais de 50% das vendas da empresa. Como o setor de bananas é extremamente competitivo, as relações da Chiquita na América Latina são vitais para seu sucesso, como podemos constatar na seguinte afirmação retirada do Relatório Anual de 2009 da empresa: "Para competir com sucesso, devemos ser capazes de comprar bananas de alta qualidade a um custo competitivo, manter sólidas relações com os clientes e transportar e distribuir produtos com rapidez e confiabilidade para mercados de todo o mundo".

Infelizmente, alguns dos países onde a Chiquita tem operações são inseguros e instáveis. Um bom exemplo disso é a Colômbia, onde organizações paramilitares, como a Autodefesas Unidas da Colômbia (AUC), detêm poder considerável.

Em 1997, a Chiquita recebeu ameaças às suas instalações e funcionários e, por meio de sua subsidiária colombiana, começou a fazer pagamentos à AUC em troca de proteção. Embora os pagamentos de extorsão não fossem tecnicamente ilegais quando a Chiquita começou a fazê-los, representaram um desafio ético. A legalidade dos pagamentos mudou em 2001, quando o Departamento de Estado dos Estados Unidos identificou a AUC como uma organização terrorista estrangeira especialmente designada, tornando ilegal o negócio que a Chiquita fazia com o grupo.

Em 2003, a empresa procurou orientação do Departamento de Justiça dos Estados Unidos e admitiu ter pago milhões de dólares à AUC. Os pagamentos foram interrompidos em 2004, quando a Chiquita vendeu suas operações na Colômbia a uma empresa local. A Chiquita resolveu seu caso com o Departamento de Justiça dos Estados Unidos em 2007, declarando-se culpada de uma única acusação e concordando em pagar uma multa de $ 25 milhões. A empresa tem agora a duvidosa distinção de se tornar a primeira empresa norte-americana condenada por realizar transações financeiras com terroristas.

- *Para a Chiquita, suas únicas opções na Colômbia eram: (a) pagar extorsão a uma organização terrorista ou (b) colocar a segurança de seus funcionários em risco. Você acha que é ético violar a lei para salvar vidas?*
- *O que, se for o caso, você acha que a Chiquita deveria ter feito de maneira diferente?*

▶19.4 Decisões de investimento e de financiamento de longo prazo

Alguns aspectos importantes da administração financeira internacional de longo prazo incluem investimento estrangeiro direto, fluxos de caixa e decisões de investimento, estrutura de capital, capital de terceiros de longo prazo e capital próprio. Aqui, trataremos das dimensões internacionais desses tópicos.

INVESTIMENTO ESTRANGEIRO DIRETO (IED)

investimento estrangeiro direto (IED)
A transferência, por uma empresa multinacional, de capital, ativos gerenciais e técnicos para um país estrangeiro.

O **investimento estrangeiro direto (IED)** é a transferência, por uma empresa multinacional, de capital, ativos gerenciais e técnicos para um país estrangeiro. Podemos explicar o IED com base em duas abordagens principais: *paradigma PLI* e *motivos estratégicos* das EMNs. A primeira abrange vantagens específicas do "P" (proprietário) no mercado-sede de uma EMN, características "L" (de localização) no exterior e "I" (internalização), por meio da qual a multinacional controla a cadeia de valor em seu setor. A segunda refere-se a empresas que investem no exterior em busca de mercados, matérias-primas, eficiência produtiva, conhecimento e/ou segurança política.

A participação de uma EMN no capital acionário pode ser de 100% (resultando em uma subsidiária estrangeira integralmente controlada) ou menos (levando a um projeto de *joint venture* com participantes estrangeiros). Ao contrário dos investimentos estrangeiros em carteira de curto prazo feitos por pessoas físicas e jurídicas (como os fundos mútuos diversificados internacionalmente), o IED envolve participação acionária, controle gerencial e atividades operacionais do dia-a-dia por parte das EMNs. Portanto, os projetos de IED estarão sujeitos não só a riscos econômicos, financeiros, de inflação e câmbio (como estariam os investimentos estrangeiros em carteira), mas também ao elemento adicional de risco político.

Há várias décadas as EMNs sediadas nos Estados Unidos dominam o cenário internacional em termos tanto de *fluxo* quanto de *estoque* de IED. O estoque total de IED, por exemplo, aumentou de US$ 7,7 bilhões, em 1929, para mais de US$ 2.050 bilhões, no final de 2005. Desde a década de 1970, contudo, sua presença global vem enfrentando o crescimento de multinacionais sediadas na Europa Ocidental, no Japão e em outros países desenvolvidos e em desenvolvimento. Na verdade, até o mercado "doméstico" das multinacionais norte-americanas vem sendo desafiado por empresas estrangeiras. Por exemplo, em 1960, o IED *nos* Estados Unidos correspondia a apenas 11,5% do investimento norte-americano no exterior. De acordo com dados do Department of Commerce's Bureau of Economic Analysis dos Estados Unidos, no final de 2005, a posição de investimento direto dos Estados Unidos no exterior, em termos de custo histórico, era de cerca de US$ 2,070 bilhões, enquanto a posição de investimento estrangeiro direto nos Estados Unidos em termos de custo histórico girava em torno de US$ 1,635 bilhão. Este segundo valor representa cerca de 80% do primeiro.

> **FATOS e DADOS**
>
> **Ajustando as taxas de desconto**
> As taxas de desconto usadas por matriz e subsidiária para calcular o VPL são diferentes. A matriz deve adicionar um prêmio pelo risco com base na possibilidade de flutuação de taxas de câmbio e no risco de não poder retirar o dinheiro do país estrangeiro.

FLUXOS DE CAIXA E DECISÕES DE INVESTIMENTO

É difícil medir o valor investido em um projeto no exterior, os fluxos de caixa resultantes e o risco associado. Os retornos e VPLs desses investimentos podem variar muito do ponto de vista da subsidiária e da matriz. Portanto, diversos fatores que são exclusivos do cenário internacional precisam ser examinados ao tomar decisões de investimento de longo prazo.

Em primeiro lugar, as empresas precisam considerar elementos relacionados ao *investimento* da matriz em uma subsidiária e o conceito de impostos. Por exemplo, em caso de investimentos industriais, podem surgir questões quanto ao valor dos equipamentos que a matriz pode fornecer à subsidiária. O valor baseia-se nas condições de mercado do país da matriz ou do país anfitrião? Em geral, o "preço" relevante é o valor de mercado do país anfitrião.

A existência de diferentes impostos — como já vimos — pode complicar a mensuração dos *fluxos de caixa* a serem recebidos pela matriz, pois podem surgir diferentes definições de lucro tributável. Há ainda outras complicações quando se trata de medir o fluxo de caixa real. Do ponto de vista da matriz, os fluxos de caixa são aqueles que a subsidiária repatria. Em alguns países, entretanto, esses fluxos de caixa podem ser total ou parcialmente bloqueados. É evidente que, dependendo da duração do projeto no país anfitrião, os retornos e VPLs associados a esses projetos podem variar significativamente do ponto de vista da subsidiária e da matriz. Por exemplo, para um projeto que dure apenas cinco anos, se todos os fluxos de caixa anuais forem bloqueados pelo governo anfitrião, a subsidiária poderá exibir retorno e VPL "normais" ou até mesmo superiores, embora a matriz não possa mostrar qualquer retorno. Para um projeto mais longo, ainda que os fluxos de caixa fiquem bloqueados nos primeiros anos, os decorrentes de anos posteriores poderão contribuir para o retorno e o VPL da matriz. Mesmo assim, uma empresa ainda pode optar por investir em um país como esse se puder reinvestir os fluxos de caixa em projetos adicionais com VPL positivo no mesmo país.

Por fim, há a questão do *risco* associado aos fluxos de caixa internacionais. Os três tipos básicos de risco são: (1) riscos econômico e financeiro, (2) riscos de inflação e de taxa de câmbio e (3) riscos políticos. A primeira categoria reflete o tipo de setor de atuação da subsidiária, além de sua estrutura financeira. Veremos detalhes dos riscos financeiros mais adiante. Quanto às duas outras categorias, já discutimos os riscos de se ter investimentos, lucros e ativos/passivos em diferentes moedas e os impactos dos riscos políticos anteriormente.

A presença desses três tipos de risco influenciará a taxa de desconto a ser usada na avaliação dos fluxos de caixa internacionais. A regra básica é que: o custo local de capital próprio (aplicável aos ambientes locais de negócios e financeiro em que a subsidiária opera) é a taxa de desconto usada como ponto de partida. A essa taxa a multinacional deve adicionar os riscos decorrentes de taxa de câmbio e fatores políticos e, disso, subtrair os benefícios decorrentes do menor custo de capital da matriz.

ESTRUTURA DE CAPITAL

Tanto a teoria quanto as evidências empíricas indicam que a estrutura de capital de multinacionais difere daquela das empresas estritamente domésticas. Além disso, diferenças foram observadas entre as estruturas de capital de EMNs domiciliadas em diferentes países. Diversos fatores tendem a afetar a estrutura de capital das EMNs.

Mercado de capitais internacionais

As EMNs, ao contrário das empresas domésticas e de menor porte, têm acesso ao euromercado (que já discutimos) e à variedade de instrumentos financeiros nele disponíveis. Em razão do acesso aos mercados internacionais de títulos de dívida e de capital próprio, as EMNs podem ter custos de financiamento de longo prazo mais baixos, resultando em diferenças entre a estrutura de capital das EMNs e a de empresas puramente domésticas. Da mesma forma, EMNs sediadas em diferentes países e regiões podem ter acesso a diferentes moedas e mercados, resultando em variações nas estruturas de capital dessas multinacionais.

Diversificação internacional

É conhecido o fato de que as EMNs, ao contrário das empresas domésticas, podem conseguir redução adicional do risco de seus fluxos de caixa por meio da diversificação internacional. Essa diversificação pode levar a diversas proporções de capital de terceiros e capital próprio. Empiricamente, as evidências sobre os índices de endividamento não são claras. Alguns estudos constataram que as proporções de endividamento das EMNs são maiores que as de empresas domésticas. Outros estudos concluíram o contrário e citam imperfeições em determinados mercados estrangeiros, fatores de risco político e complexidades do ambiente financeiro internacional como causas de maiores custos de agência de capital de terceiros para as EMNs.

Finanças pessoais Exemplo 19.5

Um aspecto importante do planejamento financeiro pessoal envolve a canalização de poupanças para investimentos que possam crescer e financiar as metas financeiras de longo prazo. É possível investir em empresas tanto domésticas quanto estrangeiras. O investimento internacional oferece maior diversificação do que o doméstico. Diversos estudos acadêmicos dão amplo suporte ao argumento de que uma diversificação internacional bem estruturada pode realmente reduzir o risco de uma carteira e aumentar o retorno de carteiras de risco comparável. Um estudo indicou que, no decênio encerrado em 1994, uma carteira diversificada composta de 70% de ações domésticas e 30% de estrangeiras reduziu o risco em cerca de 5% e aumentou o retorno em cerca de 7%.

Para capturar esses retornos maiores e riscos menores, a maioria dos investidores individuais compra *fundos mútuos internacionais*. Esses fundos aproveitam os desenvolvimentos econômicos internacionais (1) ao capitalizar sobre a mudança das condições do mercado externo e (2) ao posicionar seus investimentos para se beneficiar da desvalorização do dólar. É evidente que os indivíduos devem considerar a inclusão de alguns investimentos internacionais — provavelmente fundos mútuos internacionais — em suas carteiras de investimento.

Foco GLOBAL

Aceite um cargo no exterior para subir na hierarquia corporativa

na prática Não há nada como uma estadia prolongada em um país estrangeiro para adquirir uma perspectiva diferente dos acontecimentos mundiais e, além disso, trabalhar no exterior pode ser um grande impulsionador da carreira. A experiência internacional pode lhe dar uma vantagem competitiva e ser vital para o progresso profissional. Essa experiência vai muito além de dominar códigos tributário e contábil específicos de cada país.

A demanda por trabalhadores interessados em um cargo no exterior teve uma tendência de alta entre 2005 e 2008. Impulsionada por uma economia global em expansão, mais de dois terços das empresas multinacionais relataram um aumento do número de transferências internacionais em 2006, de acordo com a *Global Relocation Trends Survey*, publicada anualmente pela GMAC Global Relocation Services. Uma porcentagem semelhante de empregadores enviou ainda mais empregados para missões no exterior em 2007 em comparação com 2006.

Por causa da recessão global, um número recorde de empresas reduziu o número de transferências de funcionários ao exterior em 2009. Quarenta e seis por cento das empresas multinacionais relataram uma queda no número de transferências internacionais, mas, com a maior estabilização da economia, 44% das multinacionais aumentaram o número de transferências internacionais em 2010. Até o momento da edição original deste livro, 45% das empresas esperavam que o número de transferências internacionais aumentasse em 2014.

Ao chegar a uma cidade no exterior, os expatriados tendem a viver em um bairro preferido por outros que se encontram na mesma situação. Por razões de segurança, alguns executivos também usam limusines com motorista que fale inglês. É possível para os executivos norte-americanos viver no exterior por longo período sem se expor muito à cultura local. Isso pode elevar seu nível de conforto, mas à custa de algumas valiosas lições que poderiam ser aprendidas.

Cargos no exterior envolvem alguns sacrifícios. Longas estadias no exterior podem ser desgastantes para a família. A razão mais comum para a recusa de um cargo internacional envolve questões familiares, como educação dos filhos, ajuste familiar, resistência do cônjuge e idioma. A segunda razão mais comum é a preocupação com a carreira do cônjuge, não muito diferente daquela que pode surgir com a aceitação de um emprego que exija transferência dentro do mesmo país.

No entanto, à medida que a globalização leva empresas a cruzar cada vez mais fronteiras, tem aumentado a demanda por diretores financeiros com experiência internacional. Alguns presidentes de empresas valorizam a experiência internacional de seus diretores financeiros mais do que a experiência com fusões e aquisições ou captação de fundos.

- *Se não for possível ir para o exterior para uma missão de imersão total, quais são alguns substitutos que podem fornecer alguma experiência global, mesmo que limitada?*

Fatores do país

Diversos estudos concluíram que determinados fatores específicos de cada país anfitrião podem levar a diferenças nas estruturas de capital. Esses fatores incluem aspectos legais, tributários, políticos, sociais e financeiros, além da relação geral entre os setores público e privado. Devido a esses fatores, foram encontradas diferenças não apenas entre EMNs sediadas em diversos países, mas também entre subsidiárias estrangeiras de uma mesma EMN. Entretanto, como não existe uma única estrutura de capital que seja ideal para todas as EMNs, cada multinacional tem que considerar um conjunto de fatores globais e domésticos ao decidir sobre a estrutura de capital apropriada, tanto para a empresa como um todo quanto para suas subsidiárias. Conhecer os fatores do país pode ajudar os administradores financeiros a tomar decisões mais bem informadas. Como vimos no quadro *Foco Global*, uma maneira de melhorar a capacidade de entender como os negócios são conduzidos em outros países é assumir um posto no exterior.

CAPITAL DE TERCEIROS DE LONGO PRAZO

Como já vimos, as empresas multinacionais têm acesso a diversos instrumentos financeiros internacionais. Aqui, trataremos de títulos de dívida internacionais, o papel de instituições financeiras internacionais na subscrição desses instrumentos e o uso de diversas técnicas, por EMNs, para alterar a estrutura do endividamento de longo prazo.

Títulos de dívida internacionais

título de dívida internacional
Um título de dívida inicialmente vendido fora do país do tomador e frequentemente distribuído em diversos países.

título de dívida estrangeiro
Um título de dívida emitido por uma empresa estrangeira ou um governo estrangeiro, denominado na moeda nacional do investidor e vendido no mercado do investidor.

eurobônus
Um título de dívida emitido por um tomador internacional e vendido a investidores em países com moedas diferentes da moeda em que o título de dívida é denominado.

Em geral, um **título de dívida internacional** é aquele inicialmente vendido fora do país do tomador e frequentemente distribuído em diversos países. Quando o título de dívida é emitido por uma empresa estrangeira ou um governo estrangeiro e é denominado na moeda nacional do investidor e vendido no mercado do investidor, é chamado de **título de dívida estrangeiro**. Por exemplo, uma EMN com sede na Alemanha pode lançar uma emissão de títulos de dívida estrangeiros no mercado de capitais britânico, subscrito por um consórcio financeiro inglês e denominado em libras esterlinas. Quando um título de dívida internacional é vendido a investidores em países com moedas diferentes da moeda em que o título de dívida é denominado, é chamado de **eurobônus**. Assim, uma EMN com sede nos Estados Unidos pode lançar um eurobônus em diversos mercados de capitais europeus, subscrito por um consórcio financeiro internacional e denominado em dólares norte-americanos.

O dólar norte-americano e o euro são as moedas mais frequentemente usadas para emissões de eurobônus, com o euro aumentando rapidamente em popularidade em relação ao dólar norte-americano. Na categoria de títulos de dívida estrangeiros, o dólar norte-americano e o euro também são as escolhas mais comuns. As baixas taxas de juros, a estabilidade geral da moeda e a eficiência geral dos mercados de capitais da União Europeia estão entre as principais razões para a crescente popularidade do euro.

Os eurobônus são muito mais populares do que os títulos de dívida estrangeiros. Esses instrumentos são muito utilizados, especialmente em relação aos empréstimos em euromoedas nos anos recentes, por grandes participantes do mercado, incluindo empresas norte-americanas. Os títulos conhecidos como *equity-linked eurobonds* (isto é, eurobônus conversíveis em ações), sobretudo aqueles oferecidos por algumas empresas norte-americanas, tiveram grande demanda entre os participantes do euromercado. Espera-se que mais desses tipos inovadores de instrumentos surjam na cena internacional nos próximos anos.

Um último ponto refere-se aos níveis das taxas de juros nos mercados internacionais. No caso dos títulos de dívida estrangeiros, as taxas de juros estão, normalmente, diretamente correlacionadas com as taxas domésticas vigentes nos respectivos países. Para os eurobônus, diversas taxas de juros podem ser influentes. Por exemplo, no caso de título de dívida em eurodólares, a taxa de juros refletirá várias taxas diferentes, principalmente a de longo prazo dos Estados Unidos, a do eurodólar e as de longo prazo de outros países.

O papel das instituições financeiras internacionais

Para *títulos de dívida estrangeiros*, as instituições subscritoras são as que tratam da emissão dos títulos de dívida nos países em que são emitidos. Para *eurobônus*, diversas instituições financeiras dos Estados Unidos, da Europa e do Japão formam consórcios internacionais de subscrição. Os custos de subscrição dos eurobônus são comparáveis aos de lançamento de títulos de dívida no mercado doméstico norte-americano. Embora as instituições dos Estados Unidos já tenham dominado o cenário dos eurobônus, a força econômica e financeira demonstrada por algumas instituições financeiras da Europa (especialmente da Alemanha) atenuaram esse domínio. Desde 1986, diversas instituições europeias têm compartilhado com instituições norte-americanas as principais posições em termos de subscritoras de emissões de eurobônus. Entretanto, os bancos de investimento norte-americanos ainda dominam a maioria dos demais mercados de emissão de títulos internacionais — como o de capital próprio internacional, o de notas promissórias de médio prazo, o de empréstimos em consórcio e o de *commercial paper*. Empresas dos Estados Unidos respondem por bem mais da metade das emissões mundiais de valores mobiliários realizadas a cada ano.

Para levantar fundos por meio de emissões de títulos de dívida internacionais, muitas EMNs estabelecem suas próprias subsidiárias financeiras. Muitas multinacionais norte-americanas, por exemplo, criaram subsidiárias nos Estados Unidos e na Europa, especialmente em Luxemburgo. Essas subsidiárias podem ser usadas para levantar grandes volumes de fundos "de uma só vez", redistribuindo os recursos onde quer que as EMNs precisem deles (regras fiscais especiais aplicáveis a essas subsidiárias também as tornam desejáveis para as EMNs).

Alteração da estrutura de endividamento

Como veremos adiante, as EMNs podem usar *estratégias de hedging* para alterar a estrutura ou as características de seus ativos e passivos de longo prazo. Por exemplo, as multinacionais podem utilizar *swaps de taxa de juros* para obter uma série desejada de pagamentos de juros (por exemplo, taxa fixa) em troca de outra (por exemplo, taxa flutuante). Com os *swaps de moeda*, elas podem trocar um ativo/passivo denominado em uma moeda (por exemplo, dólar norte-americano) por outro (por exemplo, libras esterlinas). O uso dessas ferramentas permite que as EMNs tenham acesso a um conjunto mais amplo de mercados, moedas e prazos, levando, assim, a economias de custo e a um meio de reestruturação dos ativos/passivos existentes. Houve um crescimento significativo desse uso nos últimos anos, e a expectativa é de que a tendência continue.

CAPITAL PRÓPRIO

Aqui, trataremos de como as multinacionais podem levantar capital próprio no exterior. Elas podem vender suas ações nos mercados de capitais internacionais ou recorrer a *joint ventures*, o que às vezes é exigido pelo país anfitrião.

Emissões e mercados de ações

Uma maneira para levantar capital próprio para as EMNs é fazer com que as ações da matriz sejam distribuídas internacionalmente e fiquem em poder de acionistas de diferentes nacionalidades. Apesar de alguns avanços recentes que permitiram a diversas EMNs a listagem simultânea de suas ações em diversas bolsas, os mercados de capitais do mundo continuam a ser dominados por bolsas de valores nacionais distintas (como as de Nova York, Londres e Tóquio). No final de 2006, por exemplo, uma parcela relativamente pequena em cada uma das principais bolsas do mundo consistia de listagem de "empresas estrangeiras". Muitos comentaristas concordam que a maioria das EMNs se beneficiaria enormemente de um **mercado de ações internacional**, com regras e regulamentos uniformes que governassem as principais bolsas de valores. Infelizmente, talvez ainda sejam necessários muitos anos até que esse mercado se torne realidade.

Mesmo com a total integração econômica da União Europeia, algumas bolsas de valores da Europa continuam a competir entre si. Outras têm pedido maior cooperação

mercado de ações internacional
Um mercado com regras e regulamentos uniformes que governam as principais bolsas de valores. As multinacionais se beneficiariam muito de um mercado desse tipo, que ainda não se tornou uma realidade.

na formação de um mercado único capaz de competir com as bolsas de Nova York e Tóquio. Como já vimos, do ponto de vista das multinacionais, o resultado mais desejável seria ter regras e regulamentos internacionais uniformes em todas as principais bolsas de valores nacionais. Essa uniformidade daria às multinacionais acesso irrestrito a um mercado de ações internacional, semelhante aos mercados internacionais de moeda e títulos de dívida.

Joint ventures

Discutimos anteriormente os aspectos básicos da propriedade estrangeira em operações internacionais. Vale enfatizar, entretanto, que determinadas leis e regulamentos promulgados por diversos países exigem que as EMNs detenham menos de 50% da propriedade de suas subsidiárias estabelecidas nesses países. Para uma EMN com sede nos Estados Unidos, por exemplo, estabelecer uma subsidiária estrangeira sob a forma de *joint venture* significa que uma determinada parcela do capital acionário internacional total pertencerá (indiretamente) a sócios estrangeiros.

Ao abrir uma subsidiária no exterior, uma EMN pode desejar usar o mínimo possível de capital próprio e o máximo possível de capital de terceiros, com este último vindo de fontes locais do país anfitrião ou da própria multinacional. Cada uma dessas escolhas pode ser justificada. O uso de capital de terceiros local pode ser uma boa medida de proteção contra o potencial impacto do risco político. E, como existem fontes locais envolvidas na estrutura de capital de uma subsidiária, haveria menos ameaças por parte das autoridades locais em caso de mudanças de governo, ou mesmo imposição de novos regulamentos a empresas estrangeiras.

Em defesa da outra escolha — ter mais capital de terceiros da própria EMN na estrutura de capital da subsidiária — muitos governos de países anfitriões são menos restritivos a pagamentos de juros entre EMNs do que a remessas de dividendos entre EMNs. Assim, a matriz pode ficar em uma posição melhor se tiver mais dívida da própria EMN do que capital próprio na estrutura de capital de suas subsidiárias.

→ QUESTÕES PARA REVISÃO

19.9 Indique como o VPL pode diferir, dependendo de ser medido do ponto de vista da matriz da EMN ou da subsidiária estrangeira, quando os fluxos de caixa estiverem sujeitos a bloqueio pelas autoridades locais.

19.10 Discuta brevemente alguns dos fatores internacionais que fazem com que a estrutura de capital das EMNs difira da estrutura de capital das empresas puramente domésticas.

19.11 Descreva a diferença entre *títulos de dívida estrangeiros* e *eurobônus*. Explique como cada um é vendido e discuta o(s) determinante(s) de suas taxas de juros.

19.12 Quais são as vantagens, no longo prazo, de ter mais capital de terceiros *local* e menos capital *próprio* da EMN na estrutura de capital de uma subsidiária no exterior?

▶19.5 Decisões financeiras de curto prazo

Em operações internacionais, as fontes domésticas usuais de financiamento de curto prazo, além de outras fontes, estão disponíveis às EMNs. Entre elas estão contas a pagar (fornecedores e outros), bancos e fontes não bancárias no ambiente local de cada subsidiária e o euromercado. Aqui, daremos ênfase às fontes "estrangeiras".

O mercado econômico local é uma fonte de financiamento tanto de curto como de longo prazo para a subsidiária de uma multinacional. Além disso, a posição de captação e aplicação da subsidiária em relação a uma empresa local na mesma economia pode ser superior, pois a subsidiária pode contar com o potencial apoio e garantia de sua matriz. Uma desvantagem, contudo, é que a maioria dos mercados locais e das moedas locais é regulamentada por autoridades também locais. Uma subsidiária pode escolher por recorrer ao euromercado e tirar vantagem de operações de captação e aplicação em um fórum financeiro não regulamentado.

O euromercado oferece oportunidades de financiamento não doméstico de longo prazo por meio de eurobônus, que discutimos no Capítulo 6. As oportunidades de financiamento de curto prazo estão disponíveis nos **mercados de euromoedas**. As forças de oferta e de demanda estão entre os principais fatores determinantes das taxas de câmbio nos mercados de euromoedas. A taxa de juros de cada moeda é influenciada pelas políticas econômicas adotadas pelo governo de seu país. Por exemplo, as taxas de juros oferecidas no euromercado sobre o dólar norte-americano são bastante afetadas pela taxa básica nos Estados Unidos, e as taxas de câmbio do dólar frente a outras moedas fortes são influenciadas pelas forças de oferta e demanda nesses mercados (e em resposta às taxas de juros).

Ao contrário da tomada de empréstimos nos mercados domésticos, que envolve apenas uma moeda e uma **taxa nominal de juros**, as atividades de financiamento no euromercado podem envolver diversas moedas e taxas tanto nominais quanto efetivas de juros. As **taxas efetivas de juros** são iguais às taxas nominais mais (ou menos) qualquer valorização (ou desvalorização) esperada de uma moeda estrangeira em relação à moeda da matriz da multinacional. Em outras palavras, os valores são derivados ajustando as taxas nominais de juros ao impacto dos movimentos de moeda estrangeira sobre os valores do principal e dos juros. A Equação 19.1 pode ser usada para calcular a taxa efetiva de juros de uma determinada moeda (E), dadas a taxa nominal de juros da moeda (N) e sua variação percentual prevista (P):

$$E = N + P + (N \times P) \qquad (19.1)$$

Um exemplo ilustrará a aplicação e interpretação dessa relação.

mercados de euromoedas
O segmento do euromercado que fornece financiamento de curto prazo, em moeda estrangeira, para subsidiárias de multinacionais.

taxa nominal de juros
No contexto internacional, a taxa de juros declarada, cobrada sobre o financiamento, quando apenas a moeda da matriz da multinacional está envolvida.

taxa efetiva de juros
No contexto internacional, a taxa igual à taxa nominal mais (ou menos) qualquer valorização (ou desvalorização) prevista de uma moeda estrangeira em relação à moeda da matriz da multinacional.

Exemplo 19.6

A International Molding, uma fabricante multinacional do setor de plásticos, tem subsidiárias na Suíça (moeda local, franco suíço, F) e no Japão (moeda local, iene, ¥). Com base nas operações previstas de cada subsidiária, as necessidades financeiras de curto prazo (em dólares norte-americanos) são as seguintes:

Suíça: US$ 80 milhões de excedente de caixa para investir (conceder empréstimo)
Japão: US$ 60 milhões em fundos a levantar (tomar empréstimo)

Com base em todas as informações disponíveis, a matriz forneceu a cada subsidiária os dados apresentados na tabela a seguir sobre as taxas de câmbio e de juros. (Os dados das taxas efetivas mostradas são derivados usando a Equação 19.1.)

Do ponto de vista da EMN, as taxas efetivas de juros, que levam em conta a variação percentual (valorização ou desvalorização) prevista de cada moeda em relação ao dólar norte-americano, são os principais dados a serem considerados em decisões de investimento e de empréstimo (assume-se aqui que, em razão de regulamentações locais, uma subsidiária *não* pode usar o mercado doméstico de *qualquer outra* subsidiária). A questão relevante é onde os fundos poderiam ser aplicados e captados.

Para fins de investimento, a taxa efetiva de juros mais alta disponível é 3,30% no euromercado de dólares. Portanto, a subsidiária suíça deveria aplicar os $ 80 milhões de francos suíços em dólares norte-americanos. Para captar fundos, a fonte mais barata disponível para a subsidiária japonesa é a taxa efetiva de 2,01% do franco suíço no euromercado. A subsidiária deveria, portanto, captar os $ 60 milhões de francos suíços no euromercado. Essas duas transações resultarão em receita máxima e custo mínimo, respectivamente.

Item	Moeda		
	US$	£	¥
Taxas de câmbio à vista (spot)		£1,27/US$	¥108,37/US$
Variação percentual prevista		−2,0%	+1,0%
Taxas de juros			
Nominal			
Euromercado	3,30%	4,10%	1,50%
Doméstico	3,00%	3,80%	1,70%
Efetiva			
Euromercado	3,30%	2,01%	2,51%
Doméstico	3,00%	1,72%	2,71%

Vale a pena esclarecer alguns pontos do exemplo anterior. Primeiro, trata-se de um caso simplificado do real funcionamento dos mercados de euromoedas. O exemplo ignora impostos, investimentos e empréstimos entre subsidiárias e prazos superiores ou inferiores a 1 ano. Mesmo assim, mostra como a existência de diversas moedas pode fornecer desafios e oportunidades para as EMNs. Em segundo lugar, o foco foi somente nos valores contábeis; de maior importância seria o impacto dessas transações sobre o valor de mercado. Por fim, é importante observar os detalhes a seguir sobre os dados apresentados. Os dados de variação percentual prevista são aqueles normalmente fornecidos pelos administradores financeiros internacionais da EMN. A administração pode preferir, em vez disso, uma *faixa de previsões*, da mais provável à menos provável. Além disso, a administração da empresa provavelmente adotará uma posição específica em termos de sua resposta a quaisquer exposições à taxa de câmbio remanescente. Qualquer que seja a atitude tomada, determinadas quantias de uma ou mais moedas poderão ser captadas e então aplicadas em outras moedas na esperança de realizar ganhos potenciais para compensar possíveis perdas associadas a essas exposições.

ADMINISTRAÇÃO DE CAIXA

Na administração internacional de caixa, a EMN pode responder aos riscos de taxa de câmbio protegendo (fazendo *hedge*) suas exposições indesejáveis em termos de caixa e títulos negociáveis, ou fazendo certos ajustes em suas operações. A primeira abordagem é mais aplicável em resposta a *exposições contábeis* e a segunda, a *exposições econômicas*. Vamos analisar abaixo as duas abordagens.

Estratégias de *hedging*

estratégias de *hedging*
Técnicas usadas para compensação ou proteção contra riscos; no contexto internacional, incluem a captação ou a aplicação em diferentes moedas, empreender contratos nos mercados a termo, futuros e/ou de opções e realizar operações de *swap* de ativos/passivos com outros participantes do mercado.

As **estratégias de *hedging*** são técnicas utilizadas para compensar ou se proteger de riscos. Na administração internacional de caixa, essas estratégias incluem iniciativas como captar ou aplicar em diferentes moedas; empreender contratos nos mercados a termo, futuros e/ou de opções; e realizar operações de *swap* de ativos/passivos com outros participantes do mercado. A Tabela 19.5 descreve sucintamente algumas das principais ferramentas de *hedging* disponíveis para as EMNs. De longe, a técnica mais utilizada é o contrato a termo.

Tabela 19.5 — Ferramentas de *hedging* de risco de câmbio

Ferramenta	Descrição	Impacto sobre o risco
Captação ou aplicação	Captação ou aplicação em diferentes moedas para tirar a vantagem de diferenciais de taxa de juros e valorização/desvalorização de moedas; podem ser em condições de certeza, com custos fixados no início, ou especulativas.	Podem ser usadas para compensar exposições em ativos/passivos existentes e em receitas/despesas esperadas.
Contratos a termo	Contratos elaborados "sob medida", representando uma obrigação de compra/venda, com valor, taxa e vencimento acertados entre as duas partes; tem baixo custo inicial.	Podem eliminar risco de perda, mas eliminam qualquer possibilidade de ganho.
Contratos futuros	Contratos padronizados oferecidos em bolsas organizadas; mesma ferramenta básica que um contrato a termo, porém menos flexível por causa da padronização; mais flexíveis em razão da existência de mercado secundário; têm alguns custos iniciais (comissões).	Podem eliminar risco de perda; além disso, a posição pode ser cancelada, criando possibilidade de ganho.
Opções	Contratos sob medida ou padronizados que dão o direito de comprar ou vender um determinado volume de moeda, a um preço determinado, durante um período especificado; têm custo inicial (prêmio).	Podem eliminar risco de perda, preservando a possibilidade de ganho ilimitado.
Swaps de taxa de juros	Permitem a troca de séries de fluxos de caixa a uma taxa de juros (por exemplo, a de um instrumento em dólares com taxa fixa de juros) por outras (por exemplo, a de um instrumento em dólares com taxa flutuante de juros); uma comissão deve ser paga ao intermediário.	Permitem às empresas mudar a estrutura de taxa de juros de seus ativos/passivos e obter economia de custo via acesso a mercado mais amplo.
Swaps de taxa de câmbio	Duas partes trocam os principais em duas moedas diferentes; fazem os pagamentos de juros uma à outra e, depois, desfazem a troca de principais a uma taxa de câmbio prefixada na data de vencimento; mais complexos que *swaps* de taxa de juros.	Têm todas as características dos *swaps* de taxas de juros, além de permitir à empresa trocar a estrutura de moedas de seus ativos/passivos.
Híbridos	Uma variedade de combinações de algumas das ferramentas anteriores; podem ser muito caros e/ou especulativos.	Podem criar, com a combinação apropriada, uma proteção perfeita contra determinadas exposições a risco de taxa de câmbio.

Observação: os participantes nessas atividades incluem EMNs, instituições financeiras e corretoras. As bolsas organizadas são as de Amsterdã, Chicago, Londres, Nova York, Filadélfia e Zurique, entre outras. Embora a maioria dessas ferramentas possa ser utilizada para administrar exposições de curto prazo, algumas, como os *swaps*, são mais apropriadas para estratégias de *hedging* de longo prazo.

Para demonstrar como usar um contrato a termo para proteger a empresa do risco da taxa de câmbio, suponha que você seja um administrador financeiro da Boeing Company, que acabou de fechar a venda de três aviões no valor de US$ 360 milhões para a All Nippon Airways do Japão. A venda é denominada em ienes e a taxa de câmbio à vista (*spot*) é de ¥ 108,37/US$. Portanto, você precificou essa venda de aviões em ¥ 39,0132 bilhões. Se a entrega ocorresse hoje, não haveria risco de taxa de câmbio. Entretanto, a entrega e o pagamento ocorrerão em 90 dias. Se essa transação não for coberta, a Boeing estará exposta a um risco significativo de perda, caso o iene desvalorize nos próximos três meses.

Suponha que, de hoje até a data de entrega, o dólar valorize em relação ao iene de ¥ 108,37/US$ para ¥ 110,25/US$. Na entrega dos aviões, o valor acordado de

¥ 39,0132 bilhões valeria apenas US$ 353,861 milhões [(¥ 39,0132 bilhões) ÷ (¥ 110,25/US$)], e não os US$ 360 milhões originalmente previstos, uma perda cambial de mais de US$ 6,1 milhões. Ao contrário, se você tivesse vendido os ¥ 39,0132 bilhões a termo de três meses à taxa a termo de 90 dias de ¥ 107,92/US$, oferecida por seu banco, você poderia ter garantido um preço líquido de venda em dólares de US$ 361,501 milhões [(¥ 39,0132 bilhões/US$) ÷ (¥ 107,92/US$)], realizando um *ganho* de taxa de câmbio de mais de US$ 1,5 milhão. Evidentemente, a segunda opção é uma alternativa melhor. É claro que, se a Boeing tivesse ficado sem cobertura e o iene tivesse valorizado além de ¥ 107,92/US$, sua empresa teria realizado um lucro cambial ainda maior. No entanto, a maioria das EMNs prefere realizar lucros por meio da venda de bens e serviços em vez de especular sobre a direção das taxas de câmbio.

Ajustes nas operações

Em resposta às flutuações de taxas de câmbio, as EMNs podem dar a seus fluxos de caixa internacionais alguma proteção por meio de ajustes apropriados em ativos e passivos. Há dois caminhos disponíveis. O primeiro concentra-se nas relações operacionais que uma subsidiária de uma EMN mantém com *outras* empresas, ou *terceiros*. Dependendo da expectativa da administração quanto à posição da moeda local, os ajustes nas operações envolveriam a redução de passivos, se a moeda estiver se valorizando, ou a redução de ativos financeiros, se a moeda estiver se desvalorizando. Por exemplo, se uma EMN com sede nos Estados Unidos e com uma subsidiária no México achar que o peso mexicano valorizará em relação ao dólar norte-americano, as contas a receber de clientes locais poderiam ser aumentadas e as contas a pagar a fornecedores poderiam ser reduzidas, se isso fosse possível. Como o dólar é a moeda em que a matriz deverá preparar suas demonstrações financeiras consolidadas, o resultado líquido, nesse caso, seria o aumento dos recursos da subsidiária mexicana em moeda local. Se, por outro lado, a expectativa fosse de *desvalorização* do peso mexicano, as contas a receber de clientes locais seriam *reduzidas* e as contas a pagar a fornecedores, aumentadas, reduzindo, assim, os recursos da subsidiária em moeda local.

O segundo caminho possível foca na relação operacional da subsidiária com sua matriz ou com outras subsidiárias da mesma EMN. Ao lidar com riscos de taxa de câmbio, uma subsidiária pode recorrer às contas *intramultinacionais*. Especificamente, exposições cambiais indesejáveis podem ser corrigidas na medida em que a subsidiária puder tomar as atitudes a seguir:

1. Em países propensos à valorização de suas moedas, cobrar as contas a receber intramultinacionais o mais rápido possível e postergar o pagamento das contas a pagar a fornecedores intramultinacionais o máximo possível.
2. Em países propensos à desvalorização de suas moedas, cobrar as contas a receber intramultinacionais o mais lentamente possível e pagar as contas a pagar a fornecedores intramultinacionais o mais rápido possível.

Essa técnica é conhecida como "*leading and lagging*" ou simplesmente "*leads and lags*".

Exemplo 19.7 Suponha que uma matriz com sede nos Estados Unidos, a American Computer Corporation (ACC), compre e venda peças de sua subsidiária de propriedade integralmente mexicana, a Tijuana Computer Company (TCC). Suponha, ainda, que a ACC tenha contas a pagar a fornecedores de US$ 10 milhões à TCC, que vencem em 30 dias e, por sua vez, tenha contas a receber de 115 milhões de pesos mexicanos (PM) da TCC daqui a 30 dias. Como a taxa de câmbio atual é de PM 11,50/US$, as contas a receber também valem US$ 10 milhões. Portanto, matriz e subsidiária devem o mesmo valor uma à outra (embora em moedas diferentes), ambos com vencimento em 30 dias, mas, como a TCC é uma subsidiária totalmente controlada pela ACC, a matriz tem poder total sobre o timing em que esses pagamentos deverão ser feitos.

Se a ACC acreditar que o peso mexicano desvalorizará de PM 11,50/US$ para, digamos, PM 12,75/US$ nos próximos 30 dias, as empresas poderão, em conjunto, lucrar, ao cobrar imediatamente a dívida em moeda fraca (PM) e retardar o pagamento da dívida em moeda forte (US$) pelo prazo máximo permitido de 30 dias. Se matriz e subsidiária fizerem isso e o peso se desvalorizar como previsto, o resultado líquido será que o pagamento de PM 115 milhões da TCC à ACC será feito imediatamente e convertido com segurança em US$ 10 milhões à taxa de câmbio atual. Por outro lado, o adiamento do pagamento de US$ 10 milhões da ACC à TCC valerá PM 127,50 milhões [(US$ 10 milhões) × (PM 12,75/US$)]. Assim, a subsidiária mexicana terá um lucro da negociação cambial de PM 12,50 milhões (PM 127,50 milhões − PM 115 milhões), enquanto a matriz nos Estados Unidos receberá o valor total (US$ 10 milhões) devido pela TCC e, portanto, não será prejudicada.

Como esse exemplo sugere, a manipulação das contas internas consolidadas de uma EMN por uma subsidiária, em geral, beneficia a subsidiária (ou a matriz), ao mesmo tempo que outra subsidiária (ou a matriz) não é prejudicada. A intensidade exata e a direção das manipulações efetivas, entretanto, podem depender dos aspectos tributários de cada país. A EMN, evidentemente, desejaria ter prejuízos cambiais no país com a alíquota de imposto mais alta. Por fim, as variações das contas intramultinacionais podem também estar sujeitas a restrições e regulamentos impostos por países anfitriões das diversas subsidiárias.

ADMINISTRAÇÃO DE CRÉDITO E ESTOQUES

Empresas multinacionais sediadas em diferentes países competem pelos mesmos mercados globais de exportação. Portanto, é essencial que ofereçam condições de crédito atraentes aos potenciais clientes. Entretanto, a maturidade dos mercados desenvolvidos está forçando cada vez mais as EMNs a manter e aumentar receitas por meio de exportações e vendas de porcentagem maior de sua produção a países em desenvolvimento. Tendo em conta os riscos associados a esses compradores, evidenciados em parte pela falta de uma moeda forte, a EMN deve usar uma variedade de ferramentas para proteger essas receitas. Além do uso do *hedge* e de diversos ajustes de ativo e passivo (descritos anteriormente), as EMNs devem buscar o apoio dos respectivos governos tanto na identificação de mercados-alvo quanto na concessão de crédito. Multinacionais sediadas em diversos países da Europa Ocidental e no Japão beneficiam-se do envolvimento amplo de órgãos governamentais que lhes fornecem os serviços e o apoio financeiro necessários. No caso de EMNs com sede nos Estados Unidos, órgãos governamentais como o Export-Import Bank não fornecem nível comparável de suporte.

Em termos de administração de estoques, as EMNs devem levar em consideração diversos fatores econômicos e políticos. Além de manter o nível apropriado de estoques em diversos locais ao redor do mundo, uma EMN precisa lidar com flutuações de taxa de câmbio, tarifas, barreiras não tarifárias, esquemas de integração como a UE, e outras regras e regulamentos. Politicamente, os estoques podem estar expostos a guerras, desapropriações, bloqueios e outras formas de intervenção governamental.

→ QUESTÕES PARA REVISÃO

19.13 O que é o *mercado de euromoedas*? Quais são os principais fatores determinantes das taxas de câmbio nesse mercado? Diferencie *taxa nominal de juros* e *taxa efetiva de juros* nesse mercado.

19.14 Discuta os passos a serem seguidos para ajustar as contas de uma subsidiária com *terceiros*, quando se espera uma *valorização* da moeda local da subsidiária em relação à moeda da matriz.

19.15 Indique as mudanças a serem feitas nas contas *intramultinacionais*, quando se espera uma *desvalorização* da moeda da subsidiária em relação à moeda da matriz.

▶19.6 Fusões e *joint ventures*

Todos os motivos para realizar fusões e aquisições domésticas — crescimento ou diversificação, sinergia, captação de fundos, aumento da capacidade gerencial ou tecnológica, considerações fiscais, aumento da liquidez para os proprietários e defesa contra aquisição hostil — são aplicáveis a fusões, aquisições e *joint ventures* internacionais pelas multinacionais. Diversos pontos adicionais também devem ser considerados.

Em primeiro lugar, as fusões e *joint ventures* internacionais, especialmente as que envolvem empresas europeias adquirindo ativos nos Estados Unidos, cresceram substancialmente a partir da década de 1980. São muitas as EMNs sediadas na Europa Ocidental, no Japão e na América do Norte. Além disso, surgiu um grupo de EMNs que cresceu rapidamente nas duas últimas décadas. São multinacionais nos chamados países recentemente industrializados (como Singapura, Coreia do Sul, Taiwan e Hong Kong) e outras operando em países emergentes (como Brasil, Argentina, México, Israel, China, Malásia, Tailândia e Índia). Embora muitas dessas empresas tenham sido fortemente atingidas por crises econômicas e monetárias (a asiática em 1997, a russa em 1998 e a latino-americana em 2001–2003), as principais empresas desses e de outros países conseguiram sobreviver e até mesmo prosperar. Além disso, muitas empresas ocidentais tiraram proveito das fraquezas econômicas temporárias desses países para adquirir o controle de empresas que antes estavam fora do alcance dos investidores estrangeiros. Isso aumentou o número e o valor das fusões internacionais.

A economia norte-americana está entre as maiores receptoras de entradas de investimento estrangeiro direto (IED). A maioria dos investidores estrangeiros que realiza investimento direto nos Estados Unidos vem de sete países: Reino Unido, Canadá, França, Holanda, Japão, Suíça e Alemanha. Os dados disponíveis indicam que, em termos de método de entrada — isto é, fusões e aquisições *versus* "empreendimentos" —, uma grande parte dos desembolsos feitos por multinacionais estrangeiras nos Estados Unidos entre 1980 e 2006 se deu sob a forma de fusões e aquisições. Essas empresas preferem fusões e aquisições por meio das quais elas podem visar empresas norte-americanas, em razão de sua tecnologia avançada (por exemplo, empresas de biotecnologia), marcas mundiais (cadeias de restaurantes e produtos alimentícios), entretenimento/mídia (parques temáticos) e instituições financeiras (bancos de investimento). Por outro lado, na maioria dos países emergentes/em desenvolvimento (incluindo a China), as entradas de IED ocorrem principalmente por meio de empreendimentos.

Embora os Estados Unidos ainda sejam um dos países mais abertos a entradas de IED, algumas de suas medidas nos últimos anos foram vistas como menos acolhedoras. Em 2005, por exemplo, o governo norte-americano opôs-se à oferta feita por uma estatal chinesa do setor de petróleo (a CNOOC) para a compra de outra norte-americana (a UNOCAL), levando à retirada da proposta. Em seguida, em 2005 e 2006, uma oposição semelhante e com resultado idêntico teve lugar em relação à oferta feita por uma empresa pertencente ao governo de Dubai (nos Emirados Árabes Unidos) para a aquisição de operações portuárias nos Estados Unidos.

Outra tendência é o aumento atual do número de *joint ventures* entre empresas com sede no Japão e empresas com sede em outros locais do mundo industrializado, especialmente EMNs com sede nos Estados Unidos. Na visão de alguns executivos norte-americanos, esses empreendimentos seriam como uma "porta de entrada para o mercado japonês", bem como uma forma de conter um concorrente potencialmente difícil.

Os países em desenvolvimento também têm atraído investimentos estrangeiros direto em muitos setores. Enquanto isso, diversos desses países adotaram políticas e regulamentos específicos com o objetivo de controlar as entradas de investimentos estrangeiros, sendo que um dos principais é o limite de 49% de participação na propriedade aplicado às EMNs. É evidente que a competição internacional entre EMNs tem beneficiado alguns países em desenvolvimento em suas tentativas de extrair concessões dessas empresas. Entretanto, um número cada vez maior desses países tem demonstrado maior flexibilidade em suas negociações recentes com as multinacionais, à medida que as EMNs tornam-se mais relutantes em formar *joint ventures* nas condições declaradas. Além disso, é provável que, à medida que mais países em desenvolvimento reconheçam a necessidade de capital e tecnologia estrangeiros, eles demonstrem maior flexibilidade em seus acordos com EMNs.

Um último ponto refere-se à existência de *holdings* internacionais. Países como Liechtenstein e Panamá são considerados, há um bom tempo, locais promissores para a formação de *holdings* por causa de seus ambientes legal, empresarial e tributário favoráveis. As *holdings* internacionais controlam muitas empresas sob a forma de subsidiárias, filiais, *joint ventures* e outras. Por razões de direito internacional (especialmente relacionados a impostos), bem como por questões de anonimato, essas *holdings* tornaram-se cada vez mais populares nos últimos anos.

→ **QUESTÃO PARA REVISÃO**

19.16 Quais são algumas das principais razões determinantes para a rápida expansão de fusões, aquisições e *joint ventures* internacionais?

Resumo

ÊNFASE NO VALOR

A crescente interdependência dos mercados mundiais aumentou a importância de finanças internacionais na administração de empresas multinacionais (EMNs). Por isso, o administrador financeiro precisa lidar com questões internacionais relacionadas a impostos, mercados financeiros, contabilidade e mensuração e repatriação de lucros, riscos de taxa de câmbio decorrentes da realização de negócios em mais de uma moeda, riscos políticos, financiamento (capital de terceiros e próprio) e estrutura de capital, financiamento de curto prazo, questões de administração de caixa relacionadas a *hedge* e ajustes em operações e oportunidades de fusões e *joint ventures*.

A complexidade de cada uma dessas questões é significativamente maior para as multinacionais do que para as empresas puramente domésticas. Consequentemente, o administrador financeiro deve agir e tomar decisões na empresa multinacional usando tanto ferramentas e técnicas financeiras convencionais como outros procedimentos adicionais que reconheçam as diferenças legal, institucional e operacional que existem no ambiente multinacional. Assim como acontece em uma empresa puramente doméstica, qualquer iniciativa somente deve ser levada adiante depois que o administrador financeiro tiver determinado que ela contribuirá para o objetivo geral de maximizar a riqueza dos proprietários da matriz, refletido no preço de sua ação.

REVISÃO DOS OBJETIVOS DE APRENDIZAGEM

OA 01 **Entender os principais fatores que influenciam as operações financeiras de empresas multinacionais (EMNs).** Na década de 1990, surgiram importantes blocos econômicos internacionais: um nas Américas, com a assinatura do NAFTA; a União Europeia (UE); e o Mercosul na América do Sul. A UE está se tornando cada vez mais competitiva à medida que consolida a união monetária e muitos de seus membros adotem o euro como moeda única. O livre-comércio entre as principais potências econômicas é governado pelo Acordo Geral de Tarifas e Comércio (GATT) e fiscalizado pela Organização Mundial do Comércio (OMC).

O estabelecimento de operações em países estrangeiros pode envolver problemas específicos relacionados à forma jurídica de organização escolhida, o grau de participação na propriedade permitido pelo país anfitrião e possíveis restrições e regulamentos quanto à repatriação de capital e lucros. A tributação de empresas multinacionais é uma questão complexa por causa da existência de diversas alíquotas de impostos, diferentes definições de lucro tributável e diferentes mensurações e tratados de tributação.

A existência e a expansão de dólares fora dos Estados Unidos contribuíram para o desenvolvimento de um importante mercado financeiro internacional, o euromercado. Os grandes bancos internacionais, os países industrializados e em desenvolvimento e as empresas multinacionais participam desse mercado como tomadores e fornecedores de recursos.

OA 02 Descrever as principais diferenças entre demonstrações financeiras puramente domésticas e internacionais, em questões como consolidação, conversão de contas individuais e lucros internacionais. Os regulamentos aplicados a operações internacionais complicam a preparação de demonstrações financeiras baseadas em operações no exterior. Regras nos Estados Unidos exigem a determinação, para fins de conversão, da moeda funcional usada nas operações de uma subsidiária estrangeira. As contas individuais das subsidiárias devem ser convertidas em dólares norte-americanos por meio dos procedimentos estabelecidos no *FASB 52* e/ou do método temporal. Essa norma também exige que determinados ganhos ou perdas com transações em operações internacionais sejam incluídos na demonstração de resultados da matriz nos Estados Unidos.

OA 03 Discutir o risco de taxa de câmbio e o risco político e explicar como as empresas multinacionais administram esses riscos. A exposição econômica ao risco de taxa de câmbio resulta da existência de diferentes moedas e de seu impacto sobre o valor das operações no exterior. Mudanças de longo prazo das taxas de câmbio resultam principalmente de diferenças nas taxas de inflação dos dois países. Os mercados monetários, os mercados a termo (futuros) e os mercados de opções de moeda estrangeira podem ser usados para proteger a exposição a risco de câmbio. Os riscos políticos resultam sobretudo das implicações que a instabilidade política impõe aos ativos e às operações das EMNs. Elas podem adotar abordagens negativas, externas e positivas para lidar com o risco político.

OA 04 Descrever o investimento estrangeiro direto, os fluxos de caixa e as decisões de investimento, a estrutura de capital das empresas multinacionais e os instrumentos internacionais de captação de capital de terceiros e próprio disponíveis para essas empresas. O investimento estrangeiro direto (IED) envolve a transferência de ativos de capital, gerenciais e técnicos de uma EMN de seu país de origem para o país anfitrião. Os fluxos de caixa dos IEDs estão sujeitos a diversos fatores, incluindo impostos nos países anfitriões, regulamentos que podem bloquear a repatriação dos fluxos de caixa das EMNs, diversos riscos econômicos e financeiros e a aplicação de um custo de capital local.

As estruturas de capital de EMNs diferem daquelas de empresas puramente domésticas por causa do acesso das EMNs ao euromercado e aos instrumentos financeiros que ele oferece; de sua capacidade de reduzir o risco de seus fluxos de caixa por meio da diversificação internacional; e do impacto de fatores específicos a cada país anfitrião. As EMNs podem levantar capital de terceiros de longo prazo por meio da emissão de títulos de dívida internacionais em diversas moedas. Os títulos de dívida estrangeiros são vendidos principalmente no país da moeda de emissão; os eurobônus são vendidos principalmente em países que não o da moeda de emissão. As EMNs podem levantar capital próprio por meio da venda de ações em mercados internacionais de capitais ou por meio de *joint ventures*. Ao estabelecer subsidiárias estrangeiras, pode ser mais vantajoso emitir título de dívida do que ações da própria EMN.

OA 05 Discutir o papel do mercado de euromoedas em financiamentos e investimentos de curto prazo e os fundamentos da administração de caixa, crédito e estoques em operações internacionais. Os mercados de euromoedas permitem às multinacionais aplicar e captar fundos de curto prazo em diversas moedas e proteger-se do risco de taxa de câmbio. As EMNs consideram as taxas efetivas de juros, que levam em conta as flutuações das moedas, ao tomar decisões de investimento e de empréstimo. As EMNs investem na moeda com a taxa efetiva mais alta e tomam empréstimos na moeda com a menor taxa efetiva. As multinacionais devem oferecer termos de crédito competitivos e manter estoques adequados para que haja entrega no prazo a compradores estrangeiros. A obtenção de apoio dos governos estrangeiros é útil para a administração eficaz de crédito e estoques.

OA 06 Rever as tendências recentes em fusões e *joint ventures* internacionais. Fusões e *joint ventures* internacionais, incluindo as *holdings* internacionais, cresceram significativamente desde o início da década de 1980. Fatores especiais que afetam essas fusões incluem as condições econômicas e comerciais e os diversos regulamentos impostos pelos países anfitriões às EMNs.

Revisão da abertura do capítulo

Na abertura capítulo, vimos como um ganho no programa de *hedge* em moeda estrangeira da Air New Zealand contribuiu para os lucros totais da empresa. A Air New Zealand incorre em grandes despesas operacionais em dólares norte-americanos, principalmente para pagar os custos operacionais de voos para os Estados Unidos. Suponha que o dólar neozelandês se valorize em relação ao dólar norte-americano e que a Air New Zealand não faça nada para proteger sua exposição à moeda norte-americana. Que impacto teria uma valorização da moeda neozelandesa sobre os lucros da empresa?

Exercício de autoavaliação

AA19.1 Créditos fiscais. Uma multinacional norte-americana tem uma subsidiária no exterior que aufere lucro de $ 150.000 antes do imposto de renda local e todos os fundos após imposto de renda ficam disponíveis para a matriz sob a forma de dividendos. Os impostos aplicáveis consistem em uma alíquota de imposto de renda no exterior de 32%, uma alíquota de imposto de renda retido na fonte de dividendos no exterior de 8%, e uma alíquota de imposto de renda de 34% nos Estados Unidos. Calcule os fundos líquidos disponíveis para a matriz, se:

a. Os impostos no exterior puderem ser aplicados como crédito contra o imposto de renda devido nos Estados Unidos.

b. Não forem permitidos créditos fiscais.

Exercícios de aquecimento

A19.1 A Santana Music é uma multinacional sediada nos Estados Unidos, cuja subsidiária no exterior teve lucros antes do imposto de renda de $ 55.000; todos os lucros após imposto de renda ficam disponíveis para a matriz sob a forma de dividendos. A alíquota do imposto de renda local é de 40%, a alíquota do imposto de renda retido na fonte de dividendos no exterior é de 5% e a alíquota de imposto de renda nos Estados Unidos é de 34%. Compare os fundos líquidos disponíveis para a matriz: (a) se os impostos no exterior puderem ser lançados contra o imposto de renda devido nos Estados Unidos e (b) se não puderem.

A19.2 Suponha que o peso mexicano esteja sendo negociado a 12 pesos por dólar norte-americano. Durante o ano, espera-se que a inflação nos Estados Unidos seja de 3% e no México, de 5%. Qual é o valor atual de um peso em dólares norte-americanos? Dadas as taxas de inflação relativas, quais serão as taxas de câmbio em um ano? Qual moeda valorizará e qual desvalorizará ao longo do próximo ano?

A19.3 Se a Like A Lot Corp. tomar um empréstimo em ienes a uma taxa nominal de juros anual de 2% e durante o ano o iene valorizar 10%, qual será a taxa efetiva de juros anual do empréstimo?

A19.4 A Carry Trade, Inc. toma empréstimo em ienes quando o iene está sendo negociado a ¥ 110/US$. Se a taxa nominal de juros anual do empréstimo é de 3% e no final do ano o iene for negociado a ¥ 120/US$, qual será a *taxa efetiva de juros anual* do empréstimo?

A19.5 A Denim Industries pode tomar o financiamento de que necessita para sua expansão usando uma dentre duas possibilidades no exterior. Pode emprestar a uma taxa nominal de juros anual de 8% em pesos mexicanos, ou pode emprestar a 3% em dólares canadenses. Se a expectativa for de desvalorização do peso mexicano em 10% e de valorização do dólar canadense em 3%, qual dos dois empréstimos teria a menor *taxa efetiva de juros anual*?

Exercícios

E19.1 Créditos fiscais. Uma EMN com sede nos Estados Unidos tem uma subsidiária no exterior que obtém lucro de $ 250.000 antes do imposto de renda local, ficando todos os fundos após imposto de renda disponíveis para a matriz sob a forma de dividendos. Os impostos aplicáveis consistem em: uma alíquota de imposto de renda no exterior de 33%, uma alíquota de imposto de renda retido na fonte do dividendo no exterior de 9% e uma alíquota de imposto de renda nos Estados Unidos de 34%. Calcule os fundos líquidos disponíveis para a matriz, se:

a. Os impostos no exterior puderem ser lançados como crédito contra o imposto de renda devido da EMN nos Estados Unidos.

b. Não forem permitidos créditos fiscais.

E19.2 Conversão de demonstrações financeiras. Uma EMN com sede nos Estados Unidos tem uma subsidiária na França (moeda local: euro, j). São fornecidos a seguir o balanço patrimonial e a demonstração de resultados da subsidiária. Em 31 de dezembro de 2015, a taxa de câmbio é de US$ 1,20/j. Suponha que os valores locais (em euros) das demonstrações permaneçam inalterados em 31 de dezembro de 2016. Calcule os valores convertidos em dólares norte-americanos para os dois finais de ano, presumindo que entre 31 de dezembro de 2015 e 31 de dezembro de 2016 o euro tenha valorizado 6% em relação ao dólar norte-americano.

	Conversão da demonstração de resultados		
	31 de dezembro de 2015		31 de dezembro de 2016
	Euro	US$	US$
Receita de Vendas	30.000,00		
Custo dos produtos vendidos	29.750,00	30.000,00	30.000,00
Lucro operacional	250,00	30.000,00	30.000,00

	Conversão do balanço patrimonial		
	31 de dezembro de 2015		31 de dezembro de 2016
Ativo	Euro	US$	US$
Caixa	40,00		
Estoque	300,00		
Instalações e equipamentos (líquido)	160,00	30.000,00	30.000,00
Total	500,00	30.000,00	30.000,00
Passivo e patrimônio líquido			
Capital de terceiros	240,00		
Capital integralizado	200,00		
Lucros retidos	60,00	30.000,00	30.000,00
Total	500,00	30.000,00	30.000,00

E19.3 Taxas de câmbio. Fred Nappa pretende fazer um *tour* de degustação de vinhos na Itália no próximo verão. O *tour* custará j 2.750 e inclui transporte, hospedagem e um guia. Ele estima que a passagem aérea de ida e volta de sua casa, na Carolina do Norte, para Roma, na Itália, custe US$ 1.490; ele também incorrerá em US$ 300 de despesas eventuais de viagem. Fred estima que o custo de alimentação na Itália seja de cerca de j 500 e levará mais US$ 1.000 para cobrir despesas diversas. Atualmente, a taxa de câmbio está em US$ 1,3411/j 1,00 (ou j 0,7456/US$ 1,00).

Exercício de finanças pessoais

a. Determine o custo total em dólares da viagem.

b. Determine o montante em euros (j) que Fred necessitará para cobrir refeições e despesas diversas.

E19.4 Diversificação internacional de investimentos. A atividade nas economias do mundo tende a subir e descer em ciclos que se compensam uns aos outros. Ações internacionais podem fornecer possível diversificação a uma carteira com muitas ações norte-americanas. Como costuma ser difícil para investidores individuais pesquisar empresas estrangeiras por conta própria, fundos mútuos de ações estrangeiras oferecem a experiência de um administrador de fundos globais.

Exercício de finanças pessoais

Os fundos de ações estrangeiras proporcionam exposição a mercados externos com níveis variáveis de risco. Os riscos econômico e de câmbio podem oscilar de forma positiva ou negativa. Desse modo, a diversificação é fundamental para a gestão do risco. Os fundos que investem em empresas estrangeiras enquadram-se em quatro categorias principais: globais, internacionais, de mercados emergentes e de países específicos. Quanto maior for a amplitude do fundo, menor tenderá a ser seu risco.

a. Visite o site <http://finances-com.com/>. Clique em "Foreign Stock Funds Explained" no menu "Categories", à direita.

b. Explique sucintamente as diferenças entre os fundos a seguir:
(1) Fundo global
(2) Fundo internacional
(3) Fundo de mercados emergentes
(4) Fundo de países específicos

 E19.5 Aplicação e captação no euromercado. Uma empresa multinacional norte-americana tem duas subsidiárias, uma no México (moeda local: peso mexicano, PM) e outra no Japão (moeda local: iene, ¥). As previsões de negócios indicam a seguinte posição de financiamento de curto prazo para cada subsidiária:

México: US$ 80 milhões em excedente de caixa para investir
Japão: US$ 60 milhões em fundos a captar

A administração coletou os dados a seguir:

	Moeda		
Item	US$	PM	¥
Taxas de câmbio à vista (spot)		PM 11,60/US$	¥108,25/US$
Variação percentual prevista		−3,0%	+1,5%
Taxas de juros			
Nominal			
Euromercado	4,00%	6,20%	2,00%
Doméstica	3,75%	5,90%	2,15%
Efetiva			
Euromercado	___	___	___
Doméstica	___	___	___

Determine as taxas efetivas de juros das três moedas no euromercado e no mercado doméstico. A seguir, indique onde os fundos devem ser investidos e captados. (*Observação:* suponha que, em decorrência de regulamentações locais, uma subsidiária não possa usar o mercado doméstico de *qualquer outra* subsidiária).

 E19.6 Problema de ética. Há conflito entre a maximização da riqueza do acionista e nunca pagar propinas ao fazer negócios no exterior? Em caso positivo, como explicar a posição da empresa a acionistas que perguntem por que ela não paga propinas quando seus concorrentes externos de diferentes países evidentemente o fazem?

Exercício com planilha

 Como administrador financeiro de uma grande multinacional você foi encarregado de avaliar a *exposição econômica* da empresa. As duas principais moedas que afetam a empresa, além do dólar norte-americano, são o peso mexicano (PM) e a libra esterlina (£). Você recebeu os seguintes fluxos de caixa futuros previstos para o próximo ano:

Moeda	Total de entradas	Total de saídas
Libras esterlinas	£ 17.000.000	£ 11.000.000
Pesos mexicanos	PM 100.000.000	PM 25.000.000

A taxa de câmbio esperada atual em dólares norte-americanos em relação às duas moedas é a seguinte:

Moeda	Taxa de câmbio
Libras esterlinas	US$ 1,66
Pesos mexicanos	US$ 0,10

TAREFA

Suponha que os movimentos do peso mexicano e da libra esterlina estejam altamente correlacionadas. Crie uma planilha para resolver os itens a seguir:

a. Determine os fluxos de caixa líquidos para o peso mexicano e para a libra esterlina.

b. Determine o fluxo de caixa líquido em dólares norte-americanos. Isso representará o valor da *exposição econômica*.

c. Dê sua avaliação à respeito do grau de exposição econômica da empresa. Em outras palavras, é alta ou baixa, com base na resposta ao item **b**?

CASO INTEGRATIVO 8

ORGANIC SOLUTIONS

A Organic Solutions (OS), uma das maiores atacadistas de plantas do sudeste dos Estados Unidos, estava preparada para iniciar um processo de expansão. Graças a uma elevada rentabilidade, a uma política de dividendos conservadora e a alguns ganhos realizados recentemente com imóveis, a posição de caixa da OS era muito favorável e ela estava buscando uma empresa para adquirir. Os membros executivos do comitê de busca para a aquisição concordaram que preferiam uma empresa de um ramo de atividade semelhante em vez de uma que levasse a uma diversificação muito ampla. Como essa seria sua primeira aquisição, eles preferiram manter-se em um negócio já conhecido. Jennifer Morgan, diretora de marketing, identificou os ramos de atividade de interesse por meio de uma exaustiva pesquisa de mercado.

Jennifer determinou que os serviços de manutenção de jardins em grandes centros comerciais, hotéis, zoológicos e parques temáticos complementaria a atividade existente de distribuição no atacado. Frequentemente, grandes clientes da OS solicitavam orçamentos de serviços de manutenção. No entanto, a empresa não tinha nem pessoal nem equipamento suficiente para entrar nesse mercado. Jennifer estava familiarizada com as principais empresas de manutenção e jardinagem da região e sugeriu a Green Thumbs, Inc. (GTI) como uma empresa alvo para a aquisição, em razão de sua expressiva participação de mercado e excelente reputação.

A GTI conseguira sucesso comercial em um mercado dominado por pequenas empreiteiras locais e departamentos internos de paisagismo. A partir de um contrato com um dos maiores parques temáticos dos Estados Unidos, o crescimento de suas vendas tinha se multiplicado em seus oito anos de existência. A GTI também fora selecionada por causa de sua ampla carteira de contratos de serviço de longo prazo com muitas das principais empresas incluídas na lista das 500 maiores empresas da revista *Fortune*. Esses clientes forneceriam uma base cativa para a distribuição dos produtos da OS.

Na reunião da National Horticultural em Los Angeles, Jennifer e o diretor financeiro da OS, Jack Levine, entraram em contato com o proprietário da GTI (uma empresa de capital fechado) para descobrir se uma proposta de aquisição seria bem recebida. O sócio majoritário e presidente da GTI, Herb Merrell, reagiu favoravelmente e posteriormente forneceu dados financeiros da empresa, inclusive o histórico de lucros e o balanço patrimonial corrente da GTI. Esses dados são apresentados nas tabelas 1 e 2.

Jack Levine estimou que a entrada de caixa incremental após imposto de renda, decorrente da aquisição, seria de $ 18,750 millhões nos anos 1 e 2; $ 20,5 milhões no ano 3; $ 21,750 milhões no ano 4; $ 24 milhões no ano 5; e $ 25 milhões do ano 6 até o ano 30. Também estimou que a empresa deveria obter uma taxa de retorno de no mínimo 16% em um investimento desse tipo. Dados financeiros adicionais para o ano de 2015 são fornecidos na Tabela 3.

Tabela 1 — Histórico de lucros da Green Thumbs, Inc.

Ano	LPA	Ano	LPA
2008	$ 2,20	2012	$ 2,85
2009	2,35	2013	3,00
2010	2,45	2014	3,10
2011	2,60	2015	3,30

Tabela 2 — Balanço patrimonial da Green Thumbs, Inc. (31 de dezembro de 2015)

Ativo		Passivo e patrimônio líquido	
Caixa	$ 2.500.000	Passivo circulante	$ 5.250.000
Contas a receber	1.500.000	Hipoteca a pagar	3.125.000
Estoques	7.625.000	Ações ordinárias	15.625.000
Terrenos	7.475.000	Lucros retidos	$ 9.000.000
Ativo imobilizado (líquido)	$13.900.000	Total de passivo e patrimônio líquido	$33.000.000
Total de ativos	$33.000.000		

Tabela 3 — Balanço patrimonial da Green Thumbs, Inc. (31 de dezembro de 2015)

Item	OS	GTI
Lucro disponível às ações ordinárias	$ 35.000.000	$ 15.246.000
Número de ações ordinárias	10.000.000	4.620.000
Preço de mercado da ação	$ 50	$ 30[a]

[a] Estimado pela Organic Solutions.

TAREFA

a. Qual é o preço máximo que a Organic Solutions deve oferecer à GTI por uma aquisição com pagamento em dinheiro? (*Observação:* suponha que o horizonte de tempo relevante para a análise seja de 30 anos.)

b. Se a OS planejasse vender títulos de dívida para financiar 80% do preço de aquisição em dinheiro calculado no item **a**, como a emissão de cada um dos tipos de títulos de dívida a seguir poderia afetar a empresa? Descreva as características e os prós e contras de cada tipo de título de dívida:

(1) Títulos de dívida simples.

(2) Títulos de dívida conversíveis.

(3) Títulos de dívida com *warrants* de compra de ações.

c. (1) Qual seria *a proporção de troca* em uma aquisição por *swap* de ações se a OS pagasse $ 30 por ação da GTI? Explique por quê.

(2) Que efeito esse *swap* de ações teria sobre o LPA dos acionistas originais da (a) Organic Solutions e (b) Green Thumbs, Inc.? Explique por quê.

(3) Se os lucros atribuídos aos ativos da GTI crescerem a uma taxa mais baixa que os atribuídos aos ativos existentes na OS antes da aquisição, que efeito poderia haver sobre o LPA da empresa resultante da fusão no longo prazo?

d. Que outras propostas de aquisição a OS poderia fazer aos proprietários da GTI?

e. Que impacto sobre a análise precedente teria o fato de que a GTI é uma empresa estrangeira? Descreva os regulamentos, os custos, os benefícios e os riscos adicionais que estariam associados a uma aquisição internacional.

Créditos

- **p. 3:** Archivo particular GDA Photo Service/Newscom
- **p. 32:** Barry Blackman/Corbis
- **p. 59:** Kris Tripplaar/SIPA/Newscom
- **p. 119:** Christof Stache/AFP/Getty Images/Newscom
- **p. 165:** Jamie Pham Stock Connection Worldwide/Newscom
- **p. 227:** Anthony Behar/Sipa USA/Newscom
- **p. 273:** Brian Kersey/UPI/Newscom
- **p. 317:** Kurt Brady/Alamy
- **p. 363:** Grzegorz Knec/Alamy
- **p. 395:** Michael DeFreitas/Robert Harding World Imagery/Corbis
- **p. 434:** Paul Seheult/Eye Ubiquitous/Corbis
- **p. 471:** Juan Mabromata/AFP/Getty Images
- **p. 513:** Philip Scalia/Alamy
- **p. 567:** Stuwdamdorp/Alamy
- **p. 607:** Koya979/Fotolia
- **p. 650:** ZUMA Press, Inc./Alamy
- **p. 685:** Stanca Sanda/Alamy
- **p. 724:** Sebastian Widmann/EPA/Newscom
- **p. 767:** Charles Polidano/Touch The Skies/Alamy

Índice remissivo

Observação: números de página **em negrito** indicam as páginas nas quais os termos são definidos.

A

AAFM. *Veja* American Academy of Financial Management
Abordagem LAJIR–LPA, 543-546, 551-552
  Ação ordinária, 8, 36, 37, 276--280
    ações autorizadas, 277
    ações com supervotos, 278
    ações em circulação, 277
    ações em tesouraria, 277
    ações emitidas, 277
    avaliação, 286-299
    características de, 302
    custo da nova emissão de, 375, 381
    custo de, 371-376, 380-381
    de propriedade difusa, 276
    de propriedade privada, 276
    diluição de propriedade, 277
    diluição dos lucros, 277
    direito de preferência, 276-277
    direitos, 276-277
    direitos de voto, 278
    disputa por procurações, 278
    dividendos, 278-279
    emissão de, 281-284, 302-303
    equação de avaliação, 288-289
    internacional, 279-280
    mudanças dos dividendos e, 299-300
    mudanças dos riscos e, 300
    procuração, 278
    propriedade privada, 276
    propriedade pública, 276
    sem direito a voto, 278
    tomada de decisão e, 299-301
    underpriced, **375**
    valor nominal, 276
  Ação preferencial, 35, **37**, 275--276, 280-281
    avaliação, 288
    característica de conversão, 281
    característica de resgate, 281
    características, 280-281, 302
    cláusulas restritivas, 280
    com valor nominal, 280
    conversível, 696
    cumulativa, 281
    custo, 370-**371**, 380
    direitos básicos e, 280
    dividendos, 370-371
    não cumulativa, 281
    sem valor nominal, 280
    simples, 696
Acionistas, 8
  carta aos, 60
  demonstração de patrimônio líquido, 67
  direito sobre o resultado, 274
  direitos sobre os ativos, 274-275
  dividendos em ações e, 588, 592
  lucro disponível para, 62
  relatório, 60-69, 95
Acordo de Livre-Comércio da América Central (CAFTA), 768
Acordo de Livre-Comércio da América do Norte (NAFTA), 768
Acordo Geral de Tarifas e Comércio (GATT), 770
Acordos voluntários, 748-749, 756
  para salvar a empresa, 749
  prestação final de contas (liquidação), 749
Adiantamento salarial, 193
Administração de contas a pagar a fornecedores, 651. *Veja também* Estender o prazo de contas a pagar a fornecedores
  análise dos termos de crédito e, 652-655
  ciclo de conversão de caixa e, 651-652
  estender o prazo de contas a pagar a fornecedores e, 655
Administração de recebimentos, 632--638, 640
  e pagamentos, 632-638, 640
Administração do capital de giro, 608, 639
Administração financeira, 4-5
  oportunidades de carreira, 10
Administrador financeiro, 4
  principais atividades do, 20, 26
Adobe Systems, 521
ADRs. *Veja* **American Depository Receipts**
ADSs. *Veja* **American Depository Shares**
Agência, 20-23
  custos, 22
  estrutura de capital e custos impostos pelo credor, 538-539
  problemas de, 22-23, 538-539
Air New Zealand, 767
Alavancagem financeira, 79, 514, 515, 522-525, 551. *Veja também* **Grau de alavancagem financeira (GAF)**
Alavancagem operacional, 514, 515, **518**-522, 551. *Veja também* **Grau de alavancagem operacional**
  Adobe Systems, 521
  análise de equilíbrio e, 519
  custos fixos e, 520
Alavancagem total, 515, 525-528, 551. *Veja também* **Grau de alavancagem total**
Alavancagem, 514-529, 551. *Veja também* **Alavancagem financeira; Alavancagem operacional; Alavancagem total**
  arrendamento, 687-688

na Argentina, 533
recapitalização, 741
relação, 527
tipos, 529
Alcoa., 363, 381, 406
Alienação, 731, 754
cisão, 732
Ameaças de aquisição, 23
combate às, 741-742
de empresas norte-americanas, 744
fusões e, 725-726, 727
hostil, 278
American Academy of Financial Management (AAFM), 5
American Depositary Receipts (ADRs), 279
American Depositary Shares (ADSs), 279
American TaxPayer Relief Act de 2012, 576, 577
Amortização de empréstimo, 195
calculadoras e, 195
empréstimo de, 195
planilhas e, 195
Análise de cenários, 321, 474-475
amplitude, 321-322
orçamento de caixa, 139
Análise de equilíbrio, 515-519, 551. *Veja também* **Ponto de equilíbrio financeiro; Ponto de equilíbrio operacional**
abordagem algébrica, 515-516
abordagem gráfica, 517
alavancagem operacional e, 518--519
Análise de *payback*
limites da, 401
na Europa, 400
prós e contras, 400-402
Análise marginal de custo--benefício, 17
Ano fiscal, 62
Anuidade, 169, 176-184
comum, 176, 177-180
tipos de, 176-177
valor futuro da, 177-178
valor presente da, 178-179
Anuidade antecipada, 176
valor futuro da, 180-181
valor presente da, 181-183
Aplicando técnicas de funcionamento, 734-735

Apple, Inc., 607
APR. *Veja* **Taxa percentual anual (APR)**
APY. *Veja* Rendimento percentual anual
Aquisição alavancada (LBO), 729-730
objetivos, 755
procedimentos, 755
Aquisições, 725
bancária, 34
de demonstrações financeiras internacionais, 69
Argentina, 532
Argumento do pássaro na mão, 581
Arrendador, 686
Arrendamento, 686-695
alavancado, 688
capitalizado, 693-694
cláusulas de manutenção, 688
contrato de *sale-leaseback*, 688
contratos, 688, 712
direto, 687
financeiro, 687
financiamento futuro e, 693-694, 712
opções de compra, 689
opções de renovação, 689
operacional, 686-687
tipos de, 686-687, 712
vantagens e desvantagens, 694, 712
Arrendatário, 686
Ascot Partners, 318
ASEAN, 769
Ativos. *Veja também* **Modelo de precificação de ativos financeiros; Investimento em ativo circulante líquido (IACL); Investimento em ativo imobilizado líquido (IAIL); Retorno sobre o ativo total (ROA)**
aquisições de, 733-734
circulantes, 64
custo do novo, 439
custo instalado do novo ativo, 439
direitos dos acionistas sobre, 274--275
falência e divisão de, 274

giro do ativo total, 78-79
recebimentos após imposto de renda com a venda do ativo antigo, 441-443, 455
recebimentos com a venda de, 450
risco de um ativo individual, 321--328, 347
variações do ativo circulante, 609-610
Avaliação, 246
ação ordinária, 286-299
ação preferencial, 289-290
dados para, 246-248, 259
dividendos, 289-293
fluxo de caixa livre, 293-296, **303**
fluxos de caixa e, 247
fundamentos, 246-248
maximização do, 549
modelo, 248
retornos exigidos e, 247
risco e, 247
tempo e, 246
Aversão ao risco, 13, 320
linha de mercado de títulos e, 341-344

B

Balanço patrimonial projetado, 148
abordagem subjetiva, 145--146
financiamento externo necessário, 145
valor de fechamento, 145
Balanço patrimonial, 62. *Veja também* **Saldo excedente de caixa**
exemplo, 66-67
projetado, 144-146, 148-149
Bancos comerciais, 34
Bankruptcy Reform Act de 1978, 750
Bankruptcy Abuse Prevention and Consumer Protection Act (BAPCPA), 752
BAPCPA. *Veja* Bankruptcy Abuse Prevention and Consumer Protection Act
Bear Stearns, 44
Berkshire Hathaway, 38
Bolsas de valores, 37
BP. *Veja* British Petroleum

British Petroleum (BP), 482
Buffett, Warren, 38, 61-62

C

CAFTA. *Veja* **Acordo de Livre-Comércio da América Central**
Caixa
  bônus em dinheiro, 23
  concentração de, 634-636
  planejamento, 130, 133-140, 148
  procedimentos para dividendos, 573-574
  regime de competência, 18
  saldo de caixa final, 136
  saldo excedente de, 137
  total de desembolsos, 135--137
  total de recebimentos, 134--135
Calculadoras, 167-168
  amortização de empréstimo e, 195
  comandos, 168
  para capitalização, 189-190
  para rendimento até o vencimento, 254
  para taxa interna de retorno, 408--409
  para taxas de crescimento, 198
  para taxas de desconto ajustadas ao risco, 483
  para taxas de juros, 198-199
  para valor de título de dívida, 250, 251
  para valor futuro, 171-172, 177, 180, 184
  para valor presente líquido anualizado, 489
  para valor presente líquido, 405
  para valor presente, 174, 179, 182, 186
Campbell, Ian, 401
Capital. *Veja também* **Capital de giro líquido**
  capital de terceiros, 529
  capital próprio, 529
  de giro, 608, 612
  de longo prazo, 366
  fontes de, 366, 380
  ganhos de, 50
  investimento em bens de capital, 396

tipos de, 529-530, 551
Capital de giro, 608
  acelerar o, 612
Capital de giro líquido, 443
  variação, 443-444, 451
Capital de risco (*venture capital*), 281, 302-303
  estrutura da transação, 282
  organização, 282
Capital integralizado acima do valor nominal, 66
Capital próprio/patrimônio líquido, 63, **274**. *Veja também* **Retorno sobre patrimônio líquido (ROE)**
  capital, 529
  demonstração das mutações do patrimônio líquido, 67
  diferença entre capital de terceiros e capital, 274-275, 302
  empresas multinacionais e, 789--790
  estrutura de capital e custo do, 541
  externo, 274
  índices, 81
  internamente, 274
  mercado internacional, 40
  permanente do, 275
Capitalização, 167
  calculadoras para, 189, 191
  contínua, 190-191
  equação, 188-189
  ferramentas de cálculo para, 189--190
  frequência de, 187-194
  juros, 170, 187-194
  planilhas para, 189, 191
  semestral, 187
  trimestral, 188
Capítulo 11 Bankruptcy Reform Act de 1978, 750
Capítulo 7 Bankruptcy Reform Act de 1978, 750
CAPM *Veja* Modelo de precificação de ativos financeiros
Captação de fundos
  fusões e, 727
  opções de compra, 708
  opções de venda, 708
Carteira, 318, 347
  correlação, 330

  desvio padrão, 320-330
  diversificação, 331-332
  retorno, 329-330
  risco, 328-336
  taxas de desconto ajustadas ao risco e, 484, 495
Casa de Diseño, 681-682
Cavaleiro branco, 741
CBOE. *Veja* Chicago Board Options Exchange
CCC. *Veja* **Ciclo de conversão de caixa**
Centros *offshore*, 773
CEO. *Veja* Chief executive officer
Certificados com garantia de equipamento, 244
Certified Financial Planner (CFP), 5
Certified Treasury Professional (CTP), 5CFA. *Veja* Chartered Financial Analyst (CFA)
Cessão (*assignment*), 749
CFP. *Veja* Certified Financial Planner
Chartered Financial Analyst (CFA), 5
Check Into Cash, 193
Cheque de transferências de depósitos (CTD), 634
Chevron Corp., 471
Chicago Board Options Exchange (CBOE), 707
Chicago Mercantile Exchange (CME), 709
Chipotle Mexican Grill, 417
Chiquita, 783-784
Ciclo de conversão de caixa (CCC), 611, 639-640
  administração de contas a pagar a fornecedores e, 651-652
  cálculo, 611-612
  estratégias de administração de, 615-616
  linha do tempo, 613
  necessidades de financiamento, 613-615
Ciclo operacional (CO), 611-612
Cincinnati, 165
  cisão, 732
Cisco Systems, 129
Cisne negro, 322
Cláusula de conversão, 695
  ação preferencial, 281
  título de dívida, 241

CME. *Veja* Chicago Mercantile Exchange
CMPC. *Veja* **Custo médio ponderado de capital (CMPC)**
CO. *Veja* **Ciclo operacional (CO)**
Coeficiente de variação (CV), 327-328
Colocação privada, 33, **35**
Commercial paper, **663**, 672
    juros sobre, 662
    vai e vem, 663
Compartimento de manada, 288
Compensação automatizada. *Veja* Transferência eletrônica
Comportamento de manada, 288-289
Composição (falência), 749
Conselho de administração, 8-89
Conselho de Auditores de Companhias Abertas (PCAOB), 60
Consolidação bancária, 34
Consórcio de subscrição, 284
Consumer Price Index for All Urban Consumers (CPI-U), 231
Contabilidade
    exemplo, 18-19
    exposição, 781
    fluxo de caixa e, 18-19
    prestação final de contas (liquidação), 753-754
    tomada de decisão e, 20
Contas a pagar, 656-657, 672
    ética, 656
    regime de competência, 18
Contas a receber
    administração de, 623-632
    caução de, 667-668
    empréstimos de curto prazo com garantia e, 666-669, 672
    factoring, **668**
Contas de saldo zero (ZBAs), 636--637
Contratos de crédito rotativo, 662
Controle de desembolsos, 634
Controller, **17**
Cooke, Robert A., 14
Correlação, 347. *Veja também* **Não correlacionado**
    carteira, 331
    coeficiente de, 330-331
    negativamente, 330-331
    perfeita negativamente, 331
    perfeita positivamente, 331
    positivamente, 330-331
CPI-U. *Veja* Consumer Price Index for All Urban Consumers
Crédito. *Veja também* **Linha de crédito; Contratos de crédito rotativo**
    administração de, por empresas multinacionais, 795
    carta de, 665
    cinco Cs do, 623
    escore de, 624
    período de, 629-630
    seleção de, 640
Credores
    com garantia, 753
    com garantias reais, 753
    controle por, 749
    sem garantia, 753
    sem garantias reais, 753
Crise de confiança, 44
Crise do mercado imobiliário, 32, 43-44
Crise financeira, 42-45
    causas fundamentais da, 51
    crise de confiança e, 44
    hipotecas inadimplentes e, 43-44
    produto interno bruto e, 45
    repercussões, 45
    valores dos imóveis residenciais e, 43-44
Cronograma das idades das contas a receber, 630-631
    prazo médio de recebimento, 630
    técnicas de cobrança, 631-632
CTP. *Veja* Certified Treasury Professional
Cupom de juros, 36, 238-**239**
Curva de rendimento, 232
    decisões baseadas na, 233
    horizontal, 233
    invertida, 233
    normal, 232-233
    Treasury, 233
Custo de capital, 364. *Veja também* **Custo médio ponderado de capital (CMPC)**
    conceitos básicos, 365
    divisional, 486
    ética e, 482
    funções, 551
    marginal, 380
    visão geral, 364-365
Custo de mercadorias vendidas, 62
Custo médio ponderado de capital (CMPC), 315, 376
    cálculo do, 376-377, 380-381
    esquemas de ponderação, 378-380, 381
    estrutura ótima de capital e, 541
    incerteza e, 378
    mínimo, 542
    pesos de valor contábil, 378
    pesos de valor de mercado, 378
    pesos históricos, 379
    pesos-meta, 379
Custos de carregamento, 617--618
Custos de oportunidade, 437, 454--455
Custos de pedido, 617
Custos fixos, 525
    alavancagem operacional e, 520
Custos irrecuperáveis, 437, 454
CV. *Veja* **Coeficiente de variação**

D

Debêntures, 244
    subordinadas, 243
Decisão de arrendar *versus* comprar, 689-693, 712
Deepwater Horizon (acidente), 482
Deflação, 231
Dell, 724
Dell, Michael, 724
Demonstração de fluxo de caixa, 68
    elaboração, 123-127
    interpretação, 126-127
    preparação, 124
Demonstração de resultados projetada, 148
    método da porcentagem de vendas, 142
    preparação, 142-144
Demonstrações financeiras, 94. *Veja também demonstrações financeiras também específicas*
    ano anterior, 140
    auditadas, 72
    consolidação de demonstrações financeiras internacionais, 69
    empresas multinacionais e, 775--776, 797-798

notas, 69
   principais, 60-68
Demonstrações projetadas, 140, 149
   avaliação, 146
Depósitos a prazo, 36
Depreciação, 120, 147-148
   métodos, 121-122
   para fins fiscais, 121
   para o relatório financeiro, 121
   recuperada, 442-443
Desconto, 167. *Veja também* **Taxas de desconto ajustadas ao risco (TDAR)**
   caixa, 627-629, 640-641, 652-655
   empréstimo, 658
   fluxos de caixa, 173
   título de dívida, 251
Desconto financeiro, 627-628
   alterações, 640
   análise, 629
   aproveitar, 652
   custo de renúncia, 652-655
   prazo do, 629
   tomada de decisão e, 654-655
Desdobramento de ações, 589-590
   desdobramento reverso, 590
   razões para realizar, 592
Despesa de operação, 63, 396
Despesa não desembolsável, 124
Desvio padrão, 324-326, 347
   carteira, 328-330
Determinação do depósito necessário para acumular um montante futuro, 194
Diamond Comic Distributors, 433, 455-456
Diebold, Inc., 656
Direito de voto, 278
Disputa por procuração, 278
Distribuição normal de probabilidade, 326
Distribuições de probabilidade
   contínua, 323
   lucro por ação, 537
   normal, 326-327
   risco, 322-323
Diversificação, 331, 347
   carteira, 331-332
   empresas multinacionais e, 333-336, 768, 786

fusões para, 727
internacional, 335-336, 768, 786
retorno proveniente de diversificação internacional, 335
risco de diversificação internacional, 335-336
risco, 336-337
Dívida federal, 227
Dívida/capital de terceiros, 62-63, 274. *Veja também* **Grau de endividamento**
   aceitável, 530
   custo da dívida antes do imposto de renda, 367-369
   custo da dívida após imposto de renda, 369-370, 380-381
   custo de capital de terceiros de longo prazo, 367-370, 380-381
   de capital, 529
   de longo prazo, 65, 788-789
   diferenças entre capital próprio, 274-275, 302
   empresas multinacionais e, 788-789
   escritura de emissão da, 238
   estrutura ótima de capital e, 541
   federal, 227
   grau de envidamento da, 79
   impostos e, 275, 367-370
   individamento, 78
   prêmio pelo risco e, 237
Dividendo em ações, 587
   pequeno dividendo (ordinário) em ações, 587
   ponto de vista do acionista, 588, 592
   visão da empresa sobre, 589-590, 592
Dividendos, 8
   ação preferencial, 370-371
   ações, 587-588, 592
   ações ordinárias, 278
   ações ordinárias e variações do, 299-300
   agregados, 571
   aumento, 567
   avaliação de, 288-292
   considerações de mercado, 584
   considerações relacionadas aos proprietários, 584
   conteúdo informacional de, 581

cortes nos impostos e, 279
data de pagamento, 573
data de registro, 573
empresas industriais, 573
***ex*, 573**
extraordinários, 586
impostos e, 576-577
linha do tempo de pagamento dos, 574
perspectivas de crescimento, 583
política de, 582-586, 591
política de dividendos regulares baixos mais dividendos extraordinários, 586
por ação (DPA), 62
procedimentos para o pagamento de dividendos em dinheiro, 573-574
Procter & Gamble, 570
regulares, 585-586
renda, 49
restrições contratuais, 583
restrições legais, 582-583
S&P 500, 569
taxa de distribuição constante, 584
taxa de distribuição de, 585
taxa meta de distribuição de, 585
tendências de, 568-572
teoria da irrelevância dos, 580, 591
teoria da relevância dos, 581-582, 591
teoria residual dos, 579
tipos de políticas de, 582-586, 591-592
Dobson, John, 416-417
Domanico, Ron, 378
Donaldson, William, 297 DPA. *Veja* **Dividendos por ação**
Drucker, Peter, 364

E

EADS. *Veja* European Aeronautic Defense and Space Co. (EADS)
Eco Plastics Company, 391
Economia, 17
   função de finanças, 25-26
   lucro econômico puro, 406
Efeito clientela, 580
EMNs. *Veja* Empresas multinacionais

Empresa adquirente, 725
Empresa-alvo, 725
  avaliação, 733-734, 755
Empresas multinacionais (EMNs), 477-478, 768-774
  administração de caixa, 792-795
  administração de crédito, 795
  administração de estoques, 795
  capital de terceiros de longo prazo e, 788
  capital próprio e, 789-790
  caracterização de subsidiária, 775
  conversão de contas individuais, 775-776
  decisões financeiras de curto prazo e, 790-792
  demonstrações financeiras, 775-776, 798
  diversificação e, 333-334, 768, 786
  estrutura de capital, 786-788, 798
  fluxos caixa e, 785-786
  fusões e, 796-797
  hedge, 789, 795
  impostos e, 771-773
  influências sobre, 768, 797
  investimento estrangeiro direto e, 798
  joint ventures e, 790, 796-797
  moeda funcional, 775
  risco de taxa de câmbio e, 798
  risco e, 777-784
  risco político e, 782-783, 798
Empréstimo autoliquidável de curto prazo, 657
Empréstimo com alienação de estoques, 670
Empréstimo com taxa fixa, 658
Empréstimo com taxa flutuante, 658
Empréstimo garantido por recibo de depósito, 670
Empréstimos bancários, 657-662
Empréstimos de curto prazo com garantia, 666
  características dos, 666-667
  com notificação, 667
  concessão de, 667
  contas a receber como garantia por, 667-669, 672
  contrato de garantia, 666
  desconto de contas a receber, 667-668
  estoque como garantia para, 669-670, 672
  factoring, 668
  garantia, 666-667
  percentual de adiantamento, 666
  prazo, 666-667
  sem notificação, 667
  sem recurso, 668-669
Empréstimos de curto prazo sem garantia, 666-669, 671-672
Empréstimos. *Veja empréstimos específicos*
Encore International, 313-314
Enron Corporation, 747
Enterprise resource planning (ERP), 622
Entradas de caixa, 123-124, 167
  de análise de equilíbrio, 473
  fontes, 123
  intermediárias, 412-413
  operacionais, 436
  risco e, 472-473
EOQ. *Veja* Modelo do lote econômico
ERP. *Veja* Enterprise resource planning
Escritura de emissão, 238
  agente fiduciário, 239
  cláusulas padrão de dívida, 238
  cláusulas restritivas, 238
  exigência de fundo de amortização, 239
  subordinação, 238
Estabilidade da receita, 549
Estender o prazo de contas a pagar a fornecedores, 634, 671
  administração de contas a pagar a fornecedores e, 655-656
  ética e, 655
Estoque de segurança, 620
Estratégia de financiamento
  agressiva, 614-615
  conservadora, 614-615
  permanente, 613
  requisitos do ciclo de conversão de caixa, 613-615
  sazonal, 613
Estratégia de financiamento agressiva, 614-615
Estratégia de financiamento conservadora, 614-615
Estrutura de capital, 514, 529-550
  abordagem do lucro por ação, 543-546
  alternativa, 552
  alvo, 542
  avaliação externa, 530-531, 550, 551
  benefícios fiscais e, 533
  com índices de endividamento alternativos, 535
  comparação de alternativas, 545-546
  controle e, 550
  custo de capital de terceiros e, 541
  custo de capital próprio e, 541
  custo médio ponderado de capital, 541
  custos de agência impostos pelos credores e, 538-539
  de empresas não norte-americanas, 531-532
  empresas multinacionais e, 786-787, 798-799
  escolha da, 546-550
  estabilidade da receita e, 549
  estimativas de valor e, 547-548
  falência e, 533-538
  fatores do país, 787-788
  fluxo de caixa e, 549
  funções de custo, 541
  obrigações contratuais e, 549
  ótima, 541-542, 551
  preferências da administração e, 549
  representação gráfica de, 542
  risco e, 533-538
  risco total e, 534-538
  teoria, 532-541, 551
  timing e, 550
  vinculação e, 547
Ética, 14
  adiantamento salarial e, 193-194
  Chiquita e, 783-784
  contas a pagar e, 656
  custo de capital e, 482
  estender o prazo de pagamento de contas a pagar a fornecedores e, 655
  fluxo de caixa, 435

Google Glass e, 15
insider trading e, 41
Lehman Brothers e, 528
lucro, 364
no preço das ações, 16
orçamento de capital, 416-417
preço das ações e, 16
quebra e, 748
recompra de ações, 571
Repo 105, 528
Euro, 769
Eurobônus, 246, 788
mercado de, 39-40
Euromercado, 773
 crescimento do, 773-774
European Aeronautic Defense and Space Co. (EADS), 119
EVA. *Veja* Valor econômico adicionado
Exposição econômica, 781

F

Facebook, 3
Facilidade de venda, 669
Falência, 747
 as maiores, 750
 direto, 752
 distribuição de ativos em caso de, 274
 estrutura de capital e, 532-538
 legislação, 750, 756
 liquidação, 753-754
 probabilidade de, 533-538
 reorganização em caso de, 751-753
Fama, Eugene, 41
FASB. *Veja* Financial Accounting Standards Board
Fastow, Andrew, 747
FastPay, 650
FCL. *Veja* **Fluxo de caixa livre**
FCO. *Veja* **Fluxo de caixa operacional (FCO)**
FDIC. *Veja* Federal Deposit Insurance Corporation
Federal Deposit Insurance Corporation (FDIC), 46, 51-52
Fettig, Jeff, 567, 568
Fiel depositário, 751
 papel do, 752
Fijalkowski, Ron, 401-402
Finanças, 4-10
 administração financeira, 4-5

comportamentais, 42, **287,** 288-289, 472-477
 financeiras cativas, 670
 financiadoras, 666-667
 oportunidades de carreira em, 4-5
Finanças comportamentais, 42, **287,** 288
 risco e, 472-477
Financeiras cativas, 670
Financiadoras, 667
Financial Accounting Standards Board (FASB), 60
 FASB 52, 69, 775
Financiamento de curto prazo sem garantia, 651
Financiamento total necessário, 137
Firma individual, 6
 pontos fortes e fracos, 7
Fitch Ratings, 242-243
Float, **632,** 640
 custos, 367
 de compensação, 633
 de postagem, 633
 processamento, 633
 taxa de câmbio, 777
Fluxo de caixa, 145. *Veja também* Anuidade; Entradas de caixa; Saídas de caixa; **Fluxo de caixa livre (FCL); Série mista; Fluxo de caixa operacional (FCO)**
 análise, 120-129
 avaliação e, 246
 Cisco Systems, 129
 componentes, 435-436, 454
 contabilidade e, 18-20
 de atividades de financiamento, 123
 de atividades de investimento, 123
 de atividades operacionais, 123
 decisões de expansão *versus* de substituição, 436-437, 454-455
 desconto, 173
 empresas multinacionais e, 786-787
 estrutura de capital e, 549
 ética, 435
 European Aeronautic Defense and Space Co., 119
 incremental, 435, 449-450
 líquido, 136

lucros e, 12
no mês, 140
orçamento de capital e timing de, 415
orçamento de capital, 393
padrões, 169, 201
relevante, 435-439, 452-454
sinais, 168
terminal, 436, 450-452, 455
Fluxo de caixa livre (FCL), 127--128, 148
 modelo de avaliação, 293-296, **303**
Fluxo de caixa operacional (FCO), 127, 148, 446-450, 458
 cálculo, 446
Função de finanças, 16-17, 25
 economia e, 25-26
Fundos
de curto prazo, 36
de longo prazo, 36
Fusão, 725
 análise de, 733-746
 aquisição amigável, 724-725
 aquisição hostil, 726-727
 aquisições hostis, 725-726
 aumento da liquidez para os proprietários e, 729
 bancos de investimento e, 740
 captação de fundos e, 727
 crescimento e, 727
 de congêneres, 730
 efeito de longo prazo, 738
 efeito inicial, 736
 empresas multinacionais e, 795
 estratégias, 792-794
 financeira, 726
 formação de conglomerado, 730
 fundamentos, 755
 horizontal, 729
 impostos e, 728
 internacionais, 745-746, 756, 799
 lucro por ação e, 736-739
 motivos para a, 727-729, 755
 mudanças na Europa Ocidental e, 744
 negociação de, 730-746, 756
 negociações com a administração, 740-741
 oferta em dois níveis, 741
 para diversificação, 727

sinergia de, 727
tipos de, 729, 755
vertical, 729
Fusões e aquisições (M&A), 796

G

GAAP. *Veja* Princípios contábeis geralmente aceitos
GAF. *Veja* **Grau de alavancagem financeira**
Gardner, Chris, 401-402
Gateway Computers, 416-417
GATT. *Veja* **Acordo Geral de Tarifas e Comércio**
GD. *Veja* General Dynamics
Geithner, Timothy, 34
General Dynamics (GD), 59
General Motors (GM), 748
Gerente de operações de câmbio, 17
GM. *Veja* General Motors
Gong, Guojin, 571
Google Glass, 15
Google, 15
Gordon, Myron J., 581-582
Governança, 20-24
 corporativa, 20
Gráfico de barras, 323
Grau de alavancagem financeira (GAF), 523
 mensuração do, 523-525
Grau de alavancagem operacional (GAO), 520-521
Grau de alavancagem total (GAT), 526
Grau de endividamento, 79
 grau de envididamento da, 79
greenmail, **741**
Grupo de vendas, 284
Gurtcheff, Glenn, 435

H

Hedge, **709**
 cobertura de exposições cambiais com opções, 709, 713
 empresas multinacionais e, 789, 792-794
 estratégias, 792-794
 ferramentas de *hedging* de risco de taxa de câmbio, 793
Hipoteca com taxa ajustável, 197
Hipotecas

inadimplentes, 43-44
subprime, 197-198
Hipótese de mercado eficiente, 41, 287
Holding, **725**, 756
 desvantagens, 743-744
 internacional, 797
 vantagens, 742-743
Home Depot, 132
Hull, Robert, 513

I

IACL. *Veja* Investimento em ativo circulante líquido
IAFL. *Veja* Investimento em ativo fixo líquido
IED. *Veja* **Investimento estrangeiro direto**
IL. *Veja* Índice de lucratividade
Imposto sobre a acumulação excessiva de lucros, 583
Impostos, 47-50, 52. *Veja também impostos e leis tributárias específicas*
 alíquota tributária marginal, 48
 alíquotas de imposto das sociedades anônimas nos Estados Unidos, 48
 benefícios fiscais, 533
 bitributação, 49
 capital de terceiros e, 274
 com a venda de ativo antigo, 441-443, 455
 custo de capital de terceiros antes dos, 367-369
 custo de capital de terceiros após, 369-370, 380
 despesas dedutíveis do imposto de renda, 49-50
 dividendos e, 576-577
 dividendos e cortes em, 278
 empresas multinacionais e, 770-773
 estrutura de capital e, 533
 fusões e, 726
 lucro líquido antes e depois dos, 63
 métodos de depreciação, 120
 política de dividendos e, 590
 recompra de ações e, 576-577
 tributária média, 48
Incerteza

custo médio ponderado de capital e, 377
 em orçamentos de caixa, 139
 orçamento de capital, 477
Índice de conversão, 697
Índice de endividamento, 79-82, **81**, 89-90, 96
 estrutura de capital com alternativa de, 535
 lucro por ação e, 536
Índice de lucratividade (IL), 405-406
Índice de valor de mercado/ valor contábil (VM/VC), 87
Índice preço/lucro (P/L), 87
 abordagem do múltiplo, 297-298, 303
 problemas da, 297
Índices, 59. *Veja também índices específicos*
 análise, 72, 94
 análise combinada, 71
 análise completa, 88-95
 análise de séries temporais, 71
 análise transversal, **70**-73
 benchmarking, **70**
 cobertura, 79
 de atividade, 76-79, 88, 95
 de cobertura de juros, 81-82
 de cobertura de pagamento fixo, 82
 de endividamento, 79-82, **81**, 88-89, 96, 535, 536
 de liquidez, 74-76, 88, 96
 de liquidez corrente, 73
 de liquidez seca, 75
 de rentabilidade, 83-86, 89, 96
 de valor de mercado, 86-87, 89
 grau de endividamento, 79
 precauções, 72
 resumo, 88-91
 tipos de comparações, 70-71
Informação assimétrica, 539-541
Instituições financeiras, 33, 34--42. *Veja também instituições específicas*
 clientes, 33
 demandantes líquidos de, 33
 fluxo de fundos, 35
 fornecedores líquidos de, 33
 papel das, 40-41

principais, 33
regulamentos, 46, 51-52
relacionamento com mercados financeiros, 35, 51
Investidores anjos, 281
Investidores em capital de risco (VCs), 282
Investimento em ativo circulante líquido (IACL), 127
Investimento em ativo imobilizado líquido (IAIL), 127
Investimento estrangeiro direto (IED), 438, 784-785. *Veja também* Empresas multinacionais
abertos a entradas de, 796-797
empresas multinacionais e, 798
na China, 440

J

Japão, 796
JIT. *Veja* **Sistema *just-in-time***
Jobs and Growth Tax Relief Reconciliation Act de 2003, 279, 576
***Joint venture*, 770**
empresas multinacionais e, 788, 795
internacional, 798
Japão e, 796
JPMorgan Chase, 44
***Junk bonds*, 243**
Juros semestrais, 187, 259
valores dos títulos de dívida e, 256-257

K

Kahneman, Daniel, 287
Khuzami, Robert, 656

L

LAJIR. *Veja* Lucro antes de juros e imposto de renda
Lasting Impressions Company, 509
LBO. *Veja* **Aquisição alavancada**
Leads and lags, 793
Leal, Teresa, 681-682
Legg Mason Value Trust, 317
Lehman Brothers, 44
ética e, 528
Lei Dodd-Frank de Reforma de Wall Street e Proteção ao Consumidor, 46
Lei Glass-Steagall, 34, 46, 51-52

Lei Gramm-Leach-Bliley, 46, 51--52
Lei Sarbanes-Oxley (SOX), 15, 22, 60
Liechtenstein, 797
Limites de empréstimo, 664
Linha de crédito, 660
restrições a mudanças operacionais, 661
saldo mínimo, 661
saneamento anual, 661
taxas de juros, 661
Linha de mercado de títulos (SML), 341, 347, 481
aversão ao risco e, 343-344
deslocamento, 342-345
inflação e, 342-343
Linha do tempo, 167
ciclo de conversão de caixa, 613
pagamento de dividendos, 573
Lintner, John, 581
Liquidez, 74
acordo voluntário resultante em, 748
em falência, 752
fusões e maior liquidez para os proprietários, 728
índices de liquidez, 73, 74, 98
prestação final de contas, 752-753
prioridade de direitos, 753
procedimentos, 753
resumo, 87
risco, 607
teoria da preferência pela liquidez, 228 (preferência pela liquidez), 235
valor contábil por ação, 296--297, 303
Lista de materiais, 622
London, Scott, 41
Louis, Henock, 571
Lowes, 513
LPA. *Veja* Lucro por ação
Lucro
ações ordinárias e diluição do, 276-277
custo dos lucros retidos, 374
demonstração de lucros retidos, 67
disponível aos acionistas ordinários, 62

imposto sobre a acumulação excessiva de, 583
retido, 65
tendências de, 568-570
Lucro antes de juros e imposto de renda (LAJIR), 62, 515
limitações do, 347
níveis de venda e, 520
por ação para níveis de, 523
risco do, 545-546
Lucro bruto, 62
margem de, 83
Lucro líquido
antes do imposto de renda, 62
após imposto de renda, 62
margem, 83-84
Lucro operacional líquido após imposto de renda (NOPAT), 127
Lucro operacional, 62, 515. *Veja também* **Lucro operacional líquido após imposto de renda**
margem, 84
Lucro por ação (LPA), 61, 62, 85, 515
abordagem da estrutura de capital, 543-546
coeficiente de variação, 538
diluído, 698
distribuições de probabilidade, 538
esperado, 538
exemplo, 12
fusões e, 736-737
índices de endividamento e, 536
lucro antes de juros e imposto de renda e, 523
maximização do, 549
S&P 500, 569
títulos conversíveis e, 698
transações de swap de ações e, 755-756
Lucros retidos, 65
custo, 374
demonstração de lucros retidos, 67-68

M

MACRS. *Veja* **Sistema de recuperação acelerada de custo modificado**
Madoff, Bernard, 318

MAF. *Veja* **Multiplicador de alavancagem financeira**
Markopolos, Harry, 318
McLemore, Samantha, 317
Mercado
   eficiência de, 286, 303
   market makers, 37
   pesos de valor de, 378
   prêmio, 700
   teoria da segmentação de, 235
Mercado Aberto Europeu, 768
Mercado de balcão, 37, 39
Mercado de capitais, 36
   diferenças entre mercado monetário e, 51
   internacional, 39-40, 785-786
   papel do, 40-41
Mercado de corretagem, 37, 39-40
Mercado de distribuição, 37, 39
Mercado de euromoedas, 36, 791, 799
Mercado eficiente, 40
Mercado monetário, 35, 36
   diferenças entre mercados de capitais e, 51
Mercado Nasdaq, 37, 39
Mercados financeiros, 33, 35.
   Veja também mercados financeiros específicos
   fluxo de fundos, 35
   internacionais, 773-774
   papel dos, 50, 51
   primários, 35
   regulamentação, 46-47, 51-52
   relacionamento das instituições financeiras com, 35, 51
   secundários, 35
Merck, 364
Mercosul, 769
Merit Enterprise Corp., 56
Metas mensuráveis, 282
Método da taxa corrente, 69
Método da taxa corrente, 775
Método das duas gavetas, 617
Método de Monte Carlo, 477
Método temporal, 776
Miller, Bill, 317
Miller, Merton H., 533, 580, 581
Missões no exterior, 787

Modelo de crescimento constante, 290-291, 303, 372-373
   modelo de precificação de ativos financeiros comparado com, 373-374
Modelo de crescimento variável, 291-293, 303
Modelo de crescimento zero, 289-290, 303, 551
Modelo de Gordon, 290-291, 372--373
Modelo de precificação de ativos financeiros (CAPM), 315, 336, 337-347, 373
   coeficiente beta, 337-340
   equação, 341-342
   modelo de crescimento constante, comparação com, 373-374
   retorno de mercado, 338
   risco e, 340-341, 479-481
   risco histórico e, 341
   taxas de desconto ajustadas ao risco e, 480-481
Modelo do lote econômico (EOQ), 617-620
   desenvolvimento matemático do, 618
Modigliani, Franco, 533, 580, 581
Moeda estrangeira
   Hedge com opções, 709, 713
   taxa, 777
Monitoramento de crédito, 630, 640
Moody`s Investors Service, 242-243
MRP II. *Veja* **Planejamento de recursos de produção II**
MRP. *Veja* Planejamento de necessidades de materiais
Multiplicador de alavancagem financeira (MAF), 92
Munger, Charlie, 38
Murdoch, Rupert, 745
Musk, Elon, 273

N

NAFTA. *Veja* **Acordo de Livre-Comércio da América do Norte**
Não correlacionado, 332
Nardelli, Robert L., 132
Necessidade de financiamento permanente, 613

Necessidade de financiamento sazonal, 613
Negociação de alta frequência, **38**
News Corp, 745
Nokia Corporation, 685
NOPAT. *Veja* **Lucro operacional líquido após imposto de renda (NOPAT)**
Notas promissórias de pagamento único, 659
Notas prorrogáveis, 245
NYSE Euronext, 39

O

O`Grady Apparel Company, 602-604
Oferta pública, 35
Ofertas públicas de compra, 575, 741
Opção
   de abandono, 491
   de crescimento, 491
   de flexibilidade, 491
Opções, 706. *Veja também opções específicas*
   backdating, 709
   cobertura de exposições a moeda estrangeira com, 709, 713
   de compra (*call*), 706, 709, 713
   de venda (*put*), 706-707, 708, 712
   mercado de, 706-707, 712
   negociação de, 708-709, 712-713
   no levantamento de fundos, 709
Opções estratégicas, 490-492
Opções por **ações por desempenho, 23**
Opções reais, 490-491, 496
   tipos, 491
Orçamento de capital, 366, **396**
   abordagem aceitar-rejeitar, 397
   abordagem da classificação, 397
   classificações conflitantes, 412-415
   durações diferentes e, 487-490, 496
   ética, 416-417
   fluxos de caixa, 393
   fundos ilimitados, 397
   incerteza, 477
   internacional, 437, 454-455

magnitude do investimento inicial, 414-415
mutuamente excludentes, 397
premissa de reinvestimento, 412-413
principais elementos do, 418
processo de, 396-397
projetos independentes, 397
refinamentos, 487-494
riscos, 472, 495
técnicas, 393, 398-399
terminologia, 397
timing dos fluxos de caixa, 414
visão geral, 396-399
Orçamentos de caixa, 132-140, 154
análise de cenários, 139
avaliações, 138
formato, 133-134
incerteza em, 139
pessoais, 138
preparação, 134-138
simulação,140
Organic Solutions (OS), 803-804
Organização Mundial do Comércio (OMC), 770
Organização, 5-9, 25. *Veja também* Reorganização
capital de risco (*venture capital*), 281
de sociedades anônimas, 7-8
formas jurídicas de, 770-771
internacional, 770
OS. *Veja* Organic Solutions
Ouro, 395

P

P/L. *Veja* **Índice preço/lucro**
Pacote de estímulo, 45
Padrões de crédito, 623-627
alterações de, 624-627, 640
internacional, 626
lucro e, 624
Panamá, 797
Paraquedas de ouro, 741-742
Partnerships, 6
contrato social, 7
pontos fortes e fracos, 7
Passivo
circulante, 64
espontâneo, 651-657
responsabilidade ilimitada, 7
responsabilidade limitada, 7
variações do passivo circulante, 611

Passivo circulante, 64
variações do, 611
Passivos espontâneos, 651-657
PCAOB. *Veja* Conselho de Auditores de Companhias Abertas
Penhor, 669
flutuante sobre estoques, 670
Período de *payback*, 399-403
avaliar, 418
cálculo, 418
critérios de decisão, 399-400
interpretar, 418
Perpetuidade, 183
Philadelphia Stock Exchange (PHLX), 709
PIB. *Veja* Produto interno bruto
Pílulas de veneno, 741-742
Pirâmides, 743
Planejamento de lucros, 130, 140
previsão de vendas e, 140
Planejamento de necessidades de materiais (MRP), 622
Planejamento de recursos de produção II (MRP II), 622
Planilhas
amortização de empréstimos e, 195
para capitalização, 189
para rendimento até o vencimento, 254-256
para taxa interna de retorno, 409-410
para taxas de crescimento, 198
para taxas de desconto ajustadas ao risco, 483-484
para taxas de juros, 198
para valor dos títulos de dívida, 251, 252
para valor futuro, 172, 178, 180, 184-185
para valor presente líquido anualizado, 489-490
para valor presente líquido, 404-405
para valor presente, 174, 179, 182, 186
valor do dinheiro no tempo, 168
Planos
de desempenho, 23
de reinvestimento de dividendos, 578, 591
de remuneração dos executivos, 23
Política de dividendos, 568

elementos da, 568
fundamentos, 568-572
impostos e, 591
mecanismos da, 572-578
reações do preço da ação ao, 578
relevância da, 579-582
Ponto de equilíbrio financeiro, 545
Ponto de equilíbrio operacional, 515, 551
variação de custos e, 517-518
Ponto de pedir, 619
Prazo médio de pagamento, 78
Prazo médio de recebimento, 77
monitoramento de crédito, 630
Preço
de demanda (*ask price*), 39
de exercício, 706-707
de oferta (*bid price*), 39
Preços de transferência, 478
Prejuízos fiscais, 728
Prêmio pelo risco, 230, 258
característica da emissão, 236-237
característica do emitente, 236-237
dívida de terceiros e, 237
Presidente ou Diretor Executivo (CEO), 9
Previsão de vendas, 133
externa, 133
interna, 133
planejamento de lucros e, 140
Principal, 170
Princípios contábeis geralmente aceitos (GAAP), 60
Probabilidade, 322
de falência, 533-538
Processo de planejamento financeiro, 130-132
de curto prazo (operacional), 130-131, 148
de longo prazo (estratégico), 130, 148
representação gráfica, 543-545
Procter & Gamble, 570
Procuração, 278
Produto interno bruto (PIB), 45
Proporção de troca, 735-736
preço de mercado, 739
Prorrogação, 749
de empréstimos de curto prazo com garantia, 666-667
Prospecto, 283

Q

Quase *factoring*, 668
Quebra
    causas de, 747-748, 756
    ético e, 748
    fundamentos, 746-749
    tipos de, 746-747, 756

R

Racionamento de capital, 397, 492, 496
    abordagem da taxa interna de retorno, 493
    abordagem do valor presente líquido, 494
Recapitalização, 752
    alavancada, 741
Recebimentos líquidos, 367
Receita de vendas, 62
Recompra de ações, 570-572
    empresas norte-americanas, 571
    ética, 571
    impostos e, 576-577
    leilão holandês (*Dutch auction*), 575
    no mercado aberto, 573-575
    norte-americana, 572
    oferta pública de recompra, 575
    procedimentos, 573-575
Recompras. *Veja* Recompra de ações
Red herring, **283**
Reestruturações empresariais, 725
Regulamentação governamental, 21-22
Relação principal-agente, 22, 26
Rendimento até o vencimento (YTM), 232, 259
    calculadora para, 255
    planilha para, 255-256
    valores dos títulos de dívida e, 254-256
Rendimento percentual anual (APY), 193
Rentabilidade, 609. *Veja também*
    Lucro líquido
        bruto, 62, 83
        econômico puro, 406
        ética, 364
        fluxo de caixa e, 12

    índices, 83-86, 88, 89, 96
    maximização do, 12-13
    padrões de crédito e, 624
    risco e, 13, 609-611, 639
    timing, 12
Reorganização
    involuntária, 751
    na falência, 750-752
    procedimentos, 751-752
    voluntária, 751
    wage earner plan, 751
Repelentes de tubarão, 742
Repo 105, 528
Repsol S. A., 471
Responsabilidade
    ilimitada, 6
    limitada, 8
Retorno. *Veja também retornos específicos*
    anormais, 287
    carteira, 329
    com a diversificação internacional, 334
    fundamentos, 318-321, 346
    histórico, 320
    mensuração, 347
    valor esperado do, 324
Retorno exigido, 228-237
    avaliação e, 246
    constante, 253
    valor de títulos de dívida e, 251-252
    variáveis, 253-254
Retorno sobre o ativo total (ROA), 85
    Sistema DuPont e, 89
Retorno sobre patrimônio líquido (ROE), 86
    Sistema DuPont e, 92
Retornos anormais, 287
RFID, 621
Risco, 13, 316, 473, 609. *Veja também riscos específicos*
    abaixo da média, 486
    abordagens comportamentais, 472-476
    acima da média, 486
    ações ordinárias e variações do, 296
    alto, 486
    avaliação e, 246, 321-323
    carteira, 328-336

    classes de, 484
    de liquidez, 607
    de um ativo individual, 321-328, 347
    distribuições de probabilidade, 322-323
    diversificável, 337
    econômico, 533-534
    empresas multinacionais e, 777-784
    entradas de caixa e, 472-474
    estrutura de capital e, 533-538
    fundamentos, 318-321, 346
    histórico, 324-325, 341
    indiferença ao, 320
    internacional, 477-478, 495
    lucro e, 12, 610-611, 639
    média, 486
    mensuração, 323-328
    modelo de precificação de ativos financeiros e, 341-342, 479
    na abordagem LAJIR-LPA, 543-546
    não diversificável, 335
    orçamento de capital e, 471,495
    político, 335-336, 438, **478, 782**-783, 798
    preferências, 320-321, 350
    propensão ao, 320-321
    redução, 335
    retornos com a diversificação internacional, 335
    taxa de câmbio, 478, 777-782, 798
    taxa de juros, 253
    taxa de retorno livre de, 341
    tipos de, 336-337, 347
    título de dívida, 239
    total, 337, 481, 533-538
Risco de taxa de câmbio, 478, 777-782
    empresas multinacionais e, 797-798
Risco político, 335, 348, 478, **782**, 798
    empresas multinacionais e, 780-781, 797
    lidar com, 783
    macro, 782
    micro, 782
ROA. *Veja* **Retorno sobre ativo total**

ROE. *Veja* **Retorno sobre patrimônio líquido**
RP. *Veja* Prêmio pelo risco

S

Saídas de caixa, 123-124, 167
 fontes, 123
Saldo de caixa final, 136
Saldo excedente de caixa, 136
Sazonalidade, 72
Seafield Resources, 395
SEC. *Veja* Securities and Exchange Commission
Securities Act of 1933, 47, 51-52
Securities Act of 1934, 47
Securities and Exchange Commission (SEC), 47, 52, 60
Securitização, 43
Série mista, 169, 184
 valor futuro da, 184-185, 201
 valor presente da, 185-187, 201
Serviço Postal dos Estados Unidos, 633
Serviços financeiros, 4. *Veja também serviços específicos*
Shaw, Bryan, 41
Simulação, 475, 495
 orçamentos de caixa, 140
 quantias únicas, 169, 201
 valor futuro da, 170-173
 valor presente da, 173-175
 valor presente líquido, 476
Sistema ABC de estoques, 617
Sistema bancário paralelo, 33
Sistema de caixa postal, 633--634
Sistema de recuperação acelerada de custo modificado (MACRS), 120
 categorias de ativos, 120-121
 período de recuperação, 121
Sistema DuPont, 88, **89**-96
 aplicação do, 94
 fórmula, 92
 fórmula modificada, 92
 retorno sobre ativo total e, 92
 retorno sobre patrimônio líquido e, 92
Sistema *just-in-time* (JIT), 620--621
Sistemas nacionais de controle de ingresso, 782

SML *Veja* **Linha de mercado de títulos**
Sociedades anônimas de capital aberto, 7. *Veja também sociedades anônimas de capital aberto específicas*
 de capital aberto, 60
 organização de, 8
 pontos fortes e fracos das, 7
SOX. *Veja* **Lei Sarbanes-Oxley**
Stakeholders, 13
Standard & Poor`s, 242-243
Stock options, 23
Subsidiárias, 725
 caracterização pelas empresas multinacionais, 775
 transações internacionais entre, 665
Sun, Amy, 571
Supervotos, 278
Swaps de moeda, 789

T

Taleb, Nassim Nicholas, 322
Taxa básica de juros (prime rate), 657-659
Taxa de câmbio, 777-779
 a termo, 777
 à vista, 777
 ferramentas de *hedge*, 793
 impacto das variações do, 780-782
 relação fixa, 777
 relação flutuante, 777
 variações do, 779-780
Taxa de distribuição constante, 585
Taxa de distribuição de dividendos, 585
 constante, 585
 taxa, 585
Taxa percentual anual (APR), 193
Taxa total de retorno, 319-320. *Veja também* **Taxa interna de retorno**
 livre de risco, 341
Taxas de crescimento
 calculadora para, 198-199
 planilha para, 198-199
Taxas de desconto ajustadas ao risco (TDAR), 479-486, 495
 aplicação das, 481-484
 calculadora para, 483

carteira e, 484, 495
determinação das, 479-481
modelo de precificação de ativos financeiros e, 479-480
na prática, 485-486
planilha para, 483-484
TDAR. *Veja* **Taxas de desconto ajustadas ao risco**
Técnicas de, Defesa contra aquisição hostil, 741
Teoria
 da sinalização, 540
 das expectativas, 234-235
 do arrependimento, 288
 do *catering*, 584
 dos prospecto, 28-289
 ***pecking order*, 539**
 residual dos dividendos, 579
Termos de crédito, 627-630
 administração de contas a pagar a fornecedores e, 651-652
 análise de, 652-655
Tesla Motors, 273, 303
Tesoureiro, 16
Timing
 estrutura de capital e, 551
 fluxos de caixa, 414
 lucro, 12
 opção, 491
 orçamento de capital, 415
Título de dívida, 36, 225. *Veja também tipos específicos*
Título de dívida simples, 696
 valor, 700, 712
Título derivativo, 686
 diferenças entre título híbrido e, 711-712
Título excedente, 699
Título híbrido, 686
 diferenças entre título derivativo e, 711-712
Títulos contingentes, 698
Títulos conversíveis, 695-702
 características dos, 696-698, 712
 financiamento com, 698-699, 712
 lucro por ação e, 698
 negociação de *warrants* comparados com, 702
 preço de conversão, 697
 tipos de, 243-244
 valor de, 697
Títulos de dívida

com garantia real, 244
com opção de venda, 245
com taxas flutuantes, 245
Títulos de dívida conversíveis, 685, 696
valor de, 699-701, 712
Títulos de dívida corporativo, 36, **238**-246, 258-259
aspectos legais do, 238-239, 258--259
características do, 240-241
certificados com garantia de equipamento, 244
classificação (*rating*), 242-243
cláusula de conversão, 240
cláusula de resgate, 240
com garantia, 244
com garantia real, 244
com opção de venda, 243
com taxa flutuante, 245
corporativos, 36, **238**-246, 258-259
custo do dinheiro e, 240
custo para o emitente, 239
de cupom nulo, 243
debêntures, 244
debêntures subordinadas, 242
deságio, 251
estrangeiro, 40, 246, 788
fundamentos, 249
hipotecários, 242
internacional, 245-246
junk bonds, 245
notas prorrogáveis, 245
preço de resgate, 240
preços, 240-242
prêmio de resgate, 240
prêmio, 251
rendimento corrente, 241
rendimento, 244
risco, 239
sem garantia, 244
tipos de, 243-244
vencimento, 36, 239
volume da emissão de, 239
Títulos de dívida de cupom nulo, 245
Títulos de dívida estrangeiros, 40, 246, 788
Títulos hipotecários, 43, 244
Títulos negociáveis, 36

características dos, 637-638
investimento em, 637
Tomada de decisão
ação ordinária e, 299-301
contabilidade e, 20
curvas de rendimento e, 233
custo de renúncia ao desconto financeiro e, 654-655
decisão de arrendar *versus* comprar, 689-693, 712
fluxo de caixa, 436-437, 454
período de *payback* e, 399-400
taxa interna de retorno, 407-408
valor presente líquido, 403-404
Track Software, Inc., 220-223
Transações envolvendo swap de ações, 735
lucro por ação e, 755-756
Transferência eletrônica, 635
Treasury bills, 228, 230, **339**
curvas de rendimento, 233
inflação e, 232

U

UE. *Veja* **União Europeia**
***Underwriting*, 283**
União Europeia (UE), 768
União monetária, 769
Unidade operacional, 730-731

V

Valor contábil 65, 303, **441**
pesos, 379
por ação, 296
Valor de dissolução, 732
Valor do dinheiro no tempo, 166-169, 201. *Veja também* **Valor futuro; Valor presente**
aplicações especiais do, 194-200
avaliação e, 246
ferramentas de cálculo, 167-168
futuro *versus* presente, 166-167
planilhas, 168
Valor dos títulos de dívida, 36, 249--258
básico, 249-250
calculadoras para, 250-251
comportamento, 251-254
dados para, 259
juros semestrais e, 256-257
planilhas para, 250-251

prazo até o vencimento e, 253--254
rendimento até o vencimento e, 254-256
retornos exigidos e, 250-251
Valor econômico adicionado (EVA)
avaliar, 418
cálculo, 418
interpretar, 418
valor presente líquido e, 406-407
Valor futuro, 170
calculadora para, 171-172, 176, 180, 185
da anuidade antecipada, 180--181
da anuidade comum, 177-178
de série mista, 184-186
equação, 170-171
montante único, 169-171
planilha para, 172, 178, 180, 185
relações, 173
valor presente *versus*, 166-167, 201
visão gráfica, 172-173
Valor nominal, 276, 280
Valor presente, 172. *Veja também* **Valor presente líquido (VPL)**
calculadora para, 174, 177, 182, 186
da anuidade antecipada, 180--183
da anuidade comum, 178-179
de montante único, 173-175
de perpetuidade, 183
de série mista, 185-187, 201
equação, 174
planilha para, 174, 179, 182, 186
relações, 175
valor futuro *versus*, 166-167, 201
visão gráfica, 175
Valor presente líquido (VPL), 403. *Veja também* **Valor presente líquido anualizado**
avaliar, 418
calculadora para, 405
cálculo, 418
critérios de decisão, 404-405
equação, 479
índice de lucratividade e, 405-406
interpretar, 418
maior valor presente líquido total, 492

perfis de, 410-412
planilha para, 405
racionamento de capital e, 492-493
simulação, 475
taxa interna de retorno comparada com, 410-417, 419
valor econômico adicionado e, 406-407
Valor presente líquido anualizado (VPLA), 489, 496
calculadora para, 489-490
planilha para, 490
Valor residual, 450
VCs. *Veja* Investidores em capital de risco

VM/VP. *Veja* **Índice de valor de mercado/valor contábil**
VPLA. *Veja* **Valor presente líquido anualizado**

W

Walmart Stores, Inc., 621
Walt Disney Company, 688
***Warrants* de compra de ações, 241, 702**
características dos, 702-703, 712-713
negociação dos, 702-703
preço implícito dos, 703-704, 712-713

preços de exercício, 702
prêmio, 704, 705-706
títulos conversíveis comparados com, 703
valor de mercado dos, 705
valor dos, 712
valor teórico dos, 704
Welch, Jack, 132
Whirlpool Corporation, 567
Wilson, Charlie, 748

Y

YPF, 471, 496
YTM. *Veja* **Rendimento até o vencimento**